Kinder- und Jugendpsychiatrie
in Klinik und Praxis

In drei Bänden

Band II

Kinder- und Jugendpsychiatrie in Klinik und Praxis

In drei Bänden

Herausgegeben von Helmut Remschmidt und Martin H. Schmidt

Band I: Grundprobleme, Pathogenese, Diagnostik, Therapie

Band II: Entwicklungsstörungen, organisch bedingte Störungen, Psychosen, Begutachtung

Band III: Alterstypische, reaktive und neurotische Störungen

Georg Thieme Verlag Stuttgart · New York

Entwicklungsstörungen, organisch bedingte Störungen, Psychosen Begutachtung

Band II

Bearbeitet von

R. J. Corboz
Chr. Eggers
R. Lempp
G. Neuhäuser
G. Nissen
H. Remschmidt
D. Scheffner
M. H. Schmidt
D. Shaffer
D. Weber
R. Voll

18 Abbildungen, 47 Tabellen

1985
Georg Thieme Verlag Stuttgart · New York

CIP-Kurztitelaufnahme der Deutschen Bibliothek

Kinder- und Jugendpsychiatrie in Klinik und Praxis : in 3 Bd. / hrsg. von Helmut Remschmidt u. Martin H. Schmidt. – Stuttgart ; New York : Thieme.

NE: Remschmidt, Helmut [Hrsg.]

Bd. 2. Entwicklungsstörungen, organisch bedingte Störungen, Psychosen, Begutachtung / bearb. von R. J. Corboz . . . – 1985.

NE: Corboz, Robert J. [Mitverf.]

Geschützte Warennamen (Warenzeichen) werden *nicht* besonders kenntlich gemacht. Aus dem Fehlen eines solchen Hinweises kann also nicht geschlossen werden, daß es sich um einen freien Warennamen handele.

– Printed in Germany –
Satz: Druckhaus Dörr, Inhaber Adam Götz, D-7140 Ludwigsburg, gesetzt auf Linotype System 5 (202)
Druck: Georg Appl, Wemding

ISBN 3-13-658201-2 1 2 3 4 5 6

Wichtiger Hinweis: Medizin als Wissenschaft ist ständig im Fluß. Forschung und klinische Erfahrung erweitern unsere Kenntnisse, insbesondere was Behandlung und medikamentöse Therapie anbelangt. Soweit in diesem Werk eine Dosierung oder eine Applikation erwähnt wird, darf der Leser zwar darauf vertrauen, daß Autoren, Herausgeber und Verlag größte Mühe darauf verwandt haben, daß diese Angabe genau dem **Wissensstand bei Fertigstellung des Werkes** entspricht. Dennoch ist jeder Benutzer aufgefordert, die Beipackzettel der verwendeten Präparate zu prüfen, um in eigener Verantwortung festzustellen, ob die dort gegebene Empfehlung für Dosierungen oder die Beachtung von Kontraindikationen gegenüber der Angabe in diesem Buch abweicht. Das gilt besonders bei selten verwendeten oder neu auf den Markt gebrachten Präparaten und bei denjenigen, die vom Bundesgesundheitsamt (BGA) in ihrer Anwendbarkeit eingeschränkt worden sind.

Unseren Lehrern

Hermann Stutte † (1909–1982)
Hubert Harbauer † (1919–1980)
und dem wissenschaftlichen
Nachwuchs unseres Faches

Vorwort

Nach mehrjähriger Arbeit freuen wir uns, Bd. II des mittlerweile dreibändigen Werkes „Kinder- und Jugendpsychiatrie in Klinik und Praxis“ der Öffentlichkeit übergeben zu können.
Der Band konzentriert sich auf hirnorganisch verursachte Krankheitsbilder, Oligophrenien, Epilepsien, Psychosen und Fragen der Begutachtung.
Untersuchungen der letzten Jahre haben in allen genannten Bereichen neue Erkenntnisse zutage gefördert. Es galt, diese synoptisch zu erfassen und in eine mehrdimensionale Perspektive einzubeziehen. Wir hoffen, daß dies gelungen ist.
Das Gebiet der forensischen Kinder- und Jugendpsychiatrie und der Begutachtung ist ebenfalls umfangreicher und z. T. auch unübersichtlich geworden und erfordert immer mehr Kenntnisse aus Nachbardisziplinen. Insofern war es an der Zeit, auch diesen Bereich im Rahmen einer umfassenden Übersicht abzuhandeln.
Der Inhalt dieses Bandes ist natürlich im Kontext mit den anderen Bänden zu sehen, von denen Bd. I die allgemeine Kinder- und Jugendpsychiatrie behandelt (historische Entwicklung, Grundlagenwissenschaften, Ätiologie und Pathogenese, Forschungsmethoden, Diagnostik und Therapie), während Bd. III den psychogenen und alterstypischen Erkrankungen von Kindern und Jugendlichen gewidmet ist. In dieser Trias wird mit der „Kinder- und Jugendpsychiatrie in Klinik und Praxis“ intendiert, einen möglichst vollständigen Überblick über den derzeitigen Wissensstand auf unserem Fachgebiet zu vermitteln, zugleich aber auch Grundlagenprobleme zu erörtern und empirisch begründete Handlungsanweisungen für die tägliche Praxis zu geben.
Angesichts des Aufwandes, der langen und langwierigen Vorbereitungen und der sich mit dem Wandel der Erkenntnisse auch verändernden Konzeption haben wir vielen zu danken: zunächst unseren Mitautoren für die gute Kooperation und die Geduld, die diese während der langen Entstehungsphase des Buches bewiesen haben. Wir haben auch unseren Mitarbeitern in Berlin, Marburg und Mannheim zu danken, die die Redaktionsarbeiten in vielfältiger Weise unterstützt haben, insbesondere Frau IHLE (Berlin), Frau GRUNDEL, Frau LE GUILLARME, Frau PENUGAOW, Frau SCHNEIDER und Herrn ULBRICH in Marburg, Frau RIES, Frau RÖSNER und Frau SCHNEIDER in Mannheim.
Wir danken ferner dem Abt des Klosters Neresheim, Herrn Pater Norbert STOFFELS, für die freundliche Aufnahme während der Schlußredaktionsarbeit, die wir in Abgeschiedenheit und klösterlicher Stille dort vollenden durften. Schließlich danken wir dem Georg Thieme Verlag in Stuttgart, insbesondere Herrn Dr. HAUFF und Herrn Dr. BREMKAMP, für das bereitwillige Aufgreifen unseres Planes und für ihre tatkräftige Unterstützung in allen Phasen seiner Verwirklichung.
Den Dank an alle, die uns geholfen haben, verbinden wir mit der Hoffnung, daß dieses Werk dazu beitragen möge, unsere Patienten und Familien besser zu verstehen, ihre Erkrankungen und Störungen sorgfältiger zu untersuchen und ihnen rascher und kompetenter zu helfen.

Marburg und Mannheim, im Sommer 1984

HELMUT REMSCHMIDT MARTIN H. SCHMIDT

Anschriften

Prof. Dr. med. Robert J. Corboz,
Direktor des Kinderpsychiatrischen Dienstes des Kantons Zürich,
Freiestr. 15,
CH-8028 Zürich

Prof. Dr. Christian Eggers,
Direktor der Universitäts-Klinik für Kinder- und Jugendpsychiatrie am Universitäts-Klinikum,
Hufelandstr. 55,
4300 Essen

Prof. Dr. Reinhart Lempp,
Ärztlicher Direktor der Klinik für Kinder- und Jugendpsychiatrie der Universität Tübingen,
Osianderstr. 14,
7400 Tübingen

Prof. Dr. med. Gerhard Neuhäuser,
Leiter der Abteilung Neuropädiatrie, Kinderklinik der Universität,
Feulgenstr. 12,
6300 Gießen

Prof. Dr. med. Gerhardt Nissen,
Direktor der Universitäts-Klinik und Poliklinik für Kinder- und Jugendpsychiatrie,
Füchsleinstr. 15,
8700 Würzburg

Prof. Dr. med., Dr. phil. Helmut Remschmidt,
Direktor der Klinik und Poliklinik für Kinder- und Jugendpsychiatrie der Philipps-Universität,
Hans-Sachs-Straße 6,
3550 Marburg

Prof. Dr. Dieter Scheffner,
Leiter der Neuropädiatrischen Abteilung der Universitäts-Kinderklinik,
Blumenstr. 8,
6900 Heidelberg

Prof. Dr. Dr. Martin H. Schmidt,
Ärztlicher Direktor der Kinder- und Jugendpsychiatrischen Klinik am Zentralinstitut für Seelische Gesundheit, J5,
Postfach 5970,
6800 Mannheim 1

David Shaffer, M.B., M.R. C.P., M.R.C. Psych., D.P.M.,
Director Division of Child Psychiatry, College of Physicians Surgeons of Columbia University,
722 West 168th Street,
New York, N. Y. 10032, USA

Dr. med. Renate Voll,
Zentralinstitut für Seelische Gesundheit, Klinikum Mannheim der Universität Heidelberg, J5,
Postfach 5970,
6800 Mannheim 1

Prof. Dr. med. Doris Weber,
Institut für ärztlich-pädagogische Jugendhilfe der Philipps-Universität,
Hans-Sachs-Straße 8,
3550 Marburg

Inhaltsverzeichnis

1 Psychische Entwicklung und ihre Varianten in Kindheit und Adoleszenz

Psychische Entwicklung und ihre Varianten in der Kindheit ... 2

MARTIN H. SCHMIDT

Verhaltensvariationen durch Entwicklung versus Symptombildung ... 2
Psychomotorische Entwicklung und gewohnheitsmäßige Handlungen ... 3
Bewußte Kontrolle vegetativer Funktionen .. 5
Wahrnehmung und Begriffsbildung ... 5
Gedächtnisfunktionen und Lernen ... 6
Denkvorgänge ... 7
Sprachverhalten ... 8
Emotionales Verhalten ... 8
Sexuelles Wissen und Verhalten ... 9
Motivation ... 10
Selbstbild und moralische Urteile ... 10
Sozialverhalten ... 10
Literatur ... 12

Psychische Entwicklung und ihre Varianten in Pubertät und Adoleszenz ... 13

HELMUT REMSCHMIDT

Definition von Pubertät und Adoleszenz ... 13
Wandlungen und Veränderungen in Pubertät und Adoleszenz ... 14
Physiologische Veränderungen ... 14
Subjektives Erleben körperlicher Veränderungen ... 15
Psychische und psychosoziale Veränderungen in Pubertät und Adoleszenz ... 15
Zusammenhänge zwischen physiologischen und psychologischen Veränderungen ... 17
Entwicklungspsychologische Gesichtspunkte zum Verständnis von Normvarianten und Störungen in Pubertät und Adoleszenz ... 18
Literatur ... 19

2 Klassifikation kinder- und jugendpsychiatrischer Erkrankungen und Störungen

HELMUT REMSCHMIDT

Allgemeine Gesichtspunkte ... 22

Klinisch bewährte Klassifikationssysteme ... 22

Eindimensionale Klassifikationssysteme ... 22
Multiaxiale Klassifikationssysteme klinischen Ursprungs ... 23
Multiaxiales Klassifikationsschema für psychiatrische Erkrankungen im Kindes- und Jugendalter ... 23
DSM III ... 24
Mehrdimensionale Klassifikationssysteme aufgrund der Anwendung multivariater statistischer Verfahren ... 24

Erfahrungen mit multiaxialen Klassifikationssystemen in der Klinik 25

Literatur 25

3 Intelligenzminderungen und andere Varianten der Intelligenz

MARTIN H. SCHMIDT, RENATE VOLL

Definitions- und Abgrenzungsfragen, Nomenklatur 30

Intelligenz 30
Pseudointelligenz 30
Oligophrenie 30
Pseudodebilität 31
Passagere Intelligenzminderung 31
Demenz 31
Pseudodemenz 31
Reversible Demenz 31
Teilleistungsschwächen 31
Sonderbegabungen; idiots-savants 32
Varianten der Intelligenz 32
Hochbegabung 32
Kreativität 33

Klassifikation und Epidemiologie 33

Verschiedene Ansätze zur Klassifikation von Varianten der Intelligenz 33
Klassifikation der Intelligenz nach dem MAS 36
Klassifikation der Intelligenzminderungen nach der ICD 36
Klassifikation der Intelligenzminderungen nach DSM III 37
Klassifikation der Intelligenzminderungen nach den Empfehlungen der AAMD 37
Prävalenz 39

Diagnostik 40

Ziele und Wege der Diagnostik 40
Vorgehensweisen der Diagnostik 41
Inhalte der Diagnostik 42
Schwierigkeiten der Intelligenzdiagnostik .. 44
Unterschiede in Entwicklungsstand und Intelligenzniveau 44
Geschlechterunterschiede 45
Förderungsunterschiede 45
Unterschiedliche Zusatzbehinderungen .. 45
Verfahren der Intelligenzmessung 48
Diagnostische Aussagen zur allgemeinen Intelligenz 48
Diagnostische Aussagen zum divergenten Denken bzw. zur Kreativität 48
Tests zur Erfassung spezifischer Fähigkeiten 48
Fehlermöglichkeiten und Differentialdiagnostik 50
Unterschätzung intellektueller Fähigkeiten 50
Überschätzung intellektueller Fähigkeiten 51
Differenzierung zwischen Oligophrenie und Demenz 52
Differenzierung gegenüber psychiatrischen Syndromen 52

Ätiologie und Pathogenese 53

Die Entwicklung kognitiver Fähigkeiten ... 53
Ätiologie und Pathogenese von Intelligenzminderungen 54
Intelligenzminderungen bei Chromosomenaberrationen 54
Intelligenzminderungen bei Stoffwechselstörungen 55
Intelligenzminderungen bei primären Fehlbildungen von Zentralnervensystem und Schädel 55
Intelligenzminderungen unklarer Pathogenese bei erblichen Erkrankungen ohne primäre Zusatzbehinderungen 55

Intelligenzminderungen unklarer Pathogenese bei teils erblichen Erkrankungen mit primären Zusatzbehinderungen 55
Intelligenzminderungen bei meist erworbenen Erkrankungen des Zentralnervensystems 55
Intelligenzminderungen infolge mangelnder Anregung durch die Umwelt 56
Intelligenzminderungen und Demenzprozesse unklarer Genese 56

Klinische Bilder 57

Intelligenzminderungen bei Chromosomenaberrationen 57
Bei Aberrationen der Autosomen 57
Bei Aberrationen oder Veränderungen der Geschlechtschromosomen 57
Intelligenzminderungen bei Stoffwechselkrankheiten 64
Bei Aminosäurestoffwechselstörungen 64
Bei Stoffwechselstörungen der Monosaccharide 64
Bei Stoffwechselstörungen der komplexen Kohlenhydrate (Heteroglykanosen) 74
Bei Stoffwechselstörungen der Sphingolipide 79
Bei zentralnervösen Affektionen mit vermutetem Stoffwechseldefekt 79
Bei sicheren und angenommenen Störungen des Hormonhaushaltes 79
Bei Störungen des Elektrolythaushaltes 88
Bei Stoffwechselstörungen der Plasmaproteine 88
Bei Störungen des Vitaminhaushaltes 88
Bei Störungen des Purinstoffwechsels 88
Bei Stoffwechselstörungen der Lipide 88
Bei Stoffwechselstörungen der Pigmente 88
Bei Störungen der Ernährung 88
Intelligenzminderungen bei primären Fehlbildungen von Zentralnervensystem und Schädel 92
Bei einzelnen Fehlbildungen des Nervensystems 92
Bei knöchernen Fehlbildungen 92
Intelligenzminderungen unklarer Pathogenese bei erblichen Erkrankungen ohne primäre Zusatzbehinderungen 98
Bei Phakomatosen 98
Bei Heredoataxien 98
Bei sonstigen 98
Intelligenzminderungen unklarer Pathogenese bei teils erblichen Erkrankungen mit primären Zusatzbehinderungen 101
Intelligenzminderungen bei meist erworbenen Erkrankungen des Zentralnervensystem („infantile Zerebralparesen“) 110
Embryo- und Fetopathien 110
Perinatale Faktoren 110
(Peri- und) postnatale Faktoren 110
Postnatale Faktoren 110
Exkurs 111

Die Entwicklung von Kindern und Jugendlichen mit Varianten der Intelligenz: Prävention, Therapie und Rehabilitation 132

Primäre Prävention von Zuständen, die zu Intelligenzminderungen führen können 132
Genetische Beratung und ihre Konsequenzen 132
Schwangerschaftsvorsorge 133
Betreuung von Risikokindern und Vorsorge für Risikokinder 133
Vorbeugung deprivierender Entwicklungsumstände 133
Therapeutische Maßnahmen bei bestehenden Grundkrankheiten zur Vorbeugung von Intelligenzminderungen (sekundäre Prävention) 133
Varianten der Intelligenz und psychiatrische Morbidität 134
Psychiatrische Morbidität bei Intelligenzminderungen 134
Psychiatrische Morbidität bei Varianten der Intelligenz 135
Hochbegabung und psychiatrische Morbidität 136
Tertiäre Prävention und Psychohygiene 136
Maßnahmen zur Vorbeugung von Folgestörungen bei intellektuell Behinderten 136
Psychohygiene bei Kindern mit Teil-, Sonder- und Hochbegabungen 137
Literatur 138

4 Psychische Störungen im Zusammenhang mit Hirnschädigungen oder Hirnfunktionsstörungen

Psychische Störungen nach früh erworbenen Hirnschädigungen 142

DAVID SHAFFER (Übersetzung: R. RENTZ)

Einleitung 142
Zur Häufigkeit psychiatrischer Störungen bei hirngeschädigten Kindern 142
Disponierende Faktoren für das Auftreten psychiatrischer Störungen bei hirngeschädigten Kindern 143
Alter 143
Geschlecht 144
Lokalisation der Hirnschädigung 144
Art der Hirnschädigung 144
Schwere der Hirnschädigung 145
Pathogenese psychiatrischer Störungen bei hirngeschädigten Kindern 145
Soziale und familiäre Benachteiligungen .. 145
Soziale Stigmatisierung 146
Intellektuelle Behinderung und Schulversagen 146
Temperament 147
Wechselwirkungen 147
Konzept der minimalen zerebralen Dysfunktion 148
Fragestellung 148
Passagere Verhaltenskorrelate leichter Hirnfunktionsstörungen 149
Überdauernde Verhaltensabweichungen als Ausdruck einer Hirnschädigung 152
Verhaltensauffälligkeiten und nicht optimale Hirnfunktion 154
Schlußfolgerungen zum Konzept der minimalen zerebralen Dysfunktion 155
Neuropsychologische Diagnostik von Hirnschädigungen 155
Therapie 156
Prognose 157
Literatur 157

Psychische Störungen nach Schädel-Hirn-Traumen 161

HELMUT REMSCHMIDT

Allgemeine Gesichtspunkte und Epidemiologie 161
Klassifikationsprobleme 161
Klinisch-psychiatrische Störungsbilder 162
Bewußtseinsstörungen und Durchgangssyndrome 162
Kontusionspsychosen 163
Apallisches Syndrom 163
Traumatisch bedingte Demenz 164
Hirnlokal bedingte Ausfälle 165
Hirnorganisches Psychosyndrom und posttraumatische Wesensveränderung 171
Epileptische Anfälle 171
Psychoreaktive und neurotische Störungen 172
Psychosoziale Folgen nach Schädel-Hirn-Traumen 173
Ätiologie und Pathogenese 175
Alter und Entwicklungsstand 176
Art und Lokalisation der zerebralen Schädigung 176
Zusammenhang zwischen Alter, Schädigungsart und Schädigungszeitpunkt 176
Vorschädigungen 176
Persönlichkeit 176
Umweltfaktoren 177
Intensität des Traumas 177
Therapie, Rehabilitation, Prävention 177
Therapie- und Rehabilitationsmaßnahmen im Hinblick auf neurologische Folgezustände 177
Therapie- und Rehabilitationsmaßnahmen im Hinblick auf psychiatrische Folgen 178
Therapie- und Rehabilitationsmaßnahmen im psychosozialen Bereich 178
Rechtliche Fragen und Fragen der Begutachtung 178
Gesetzliche Bestimmungen 178
Vorgehen bei der Begutachtung 179
Kriterien und Fragestellungen 180
Literatur 180

Psychische Störungen nach entzündlichen Erkrankungen des Zentralnervensystems 182

GERHARD NEUHÄUSER

Definition 182
Nomenklatur 182

Epidemiologie ... 183
Klassifikationsprobleme ... 183
Klinisches Bild ... 185
Neurologisches Defektsyndrom ... 187
Psychisches Defektsyndrom ... 188
Vegetative und endokrine Störungen ... 189
Postenzephalitische Wesensänderung ... 189
Diagnose und Differentialdiagnose ... 189
Ätiologie und Genese ... 190
Therapie, Rehabilitation, Prävention ... 191
Begutachtung ... 192
Prognose ... 192
Literatur ... 193

Psychische Störungen bei Hirntumoren ... 195

Robert J. Corboz

Vorbemerkungen ... 195
Epidemiologie ... 195
Klassifikation ... 195
Klinisches Bild ... 195
Infratentorielle Tumoren ... 195
Supratentorielle Tumoren ... 198
Diagnose und Differentialdiagnose ... 199
Therapie und Rehabilitation ... 200
Prognose ... 200
Literatur ... 200

Psychische Auffälligkeiten bei Stoffwechselstörungen und Intoxikationen ... 202

Christian Eggers

Psychische Auffälligkeiten bei Stoffwechselstörungen ... 202
Unspezifische Symptome bei metabolisch bedingten Demenzprozessen ... 202
Automutilatio bei Lesch-Nyhan-Syndrom ... 203
Psychopathologie der Hypothyreose ... 203
Psychische Auffälligkeiten beim adrenogenitalen Syndrom ... 204
Psychopathologische Auffälligkeiten bei Störungen des Elektrolyt- und Wasserhaushalts ... 204
Psychische Auffälligkeiten bei Intoxikationen ... 204
Intoxikationen durch Pharmaka ... 205
Intoxikationen mit Drogen ... 206
Intoxikationen mit Chemikalien ... 207
Besonderheiten der psychischen Begleitsymptome beim Kind gegenüber dem Erwachsenen ... 208
Überlegungen zur Pathogenese ... 208
Literatur ... 209

5 Epilepsien

Dieter Scheffner

Definition ... 212

Epidemiologie ... 213

Nomenklatur und Klassifikationsprobleme ... 213

Anfallsformen und Epilepsieverläufe ... 215

Generalisierte Anfälle ohne fokale Symptomatik ... 215
Grand mal-Anfälle ... 215
Absencen ... 216
Myoklonisch-astatische Anfälle ... 218
Impulsiv-Petit mal-Anfälle ... 219
Fokale epileptische Anfälle (epileptische Partialanfälle) ... 220
Fokale epileptische Anfälle mit elementarer Symptomatik ... 220
Fokale epileptische Anfälle mit komplexer Symptomatik ... 222
Sekundär-generalisierte, fokale epileptische Anfälle ... 225

Diagnose und Differentialdiagnose 228

Respiratorische Affektkrämpfe 230
Synkopale Anfälle 230
Fieberkrämpfe 231

Ätiologie und Pathogenese 232

Intrakranielle Raumforderung 233

Genetik der Epilepsien 234

Zwillingsbefunde 234
Familienuntersuchungen 234
EEG-Untersuchungen 235

Therapie der Epilepsien 236

Therapie des akuten epileptischen Anfalls .. 236
Akutbehandlung von Anfallserien, Status epilepticus 236
Antikonvulsive Langzeitmedikation 237
Nebenwirkungen der Antikonvulsiva 238
Initiale Nebenwirkungen 238
Nebenwirkungen bei Langzeittherapie .. 238
Nichtmedikamentöse Therapie der Epilepsien 239

Psychische Störungen bei Epilepsien 240

Episodische Störungen 240
Dämmerzustände 240
Verstimmungszustände 241
Episodische Psychosen 241
Kognitive Störungen 241
Affektive Störungen; Wesen und Verhalten . 242
Literatur 243

6 Umschriebene Entwicklungsrückstände und Teilleistungsschwächen

MARTIN H. SCHMIDT

Definition und Nomenklatur 248

Epidemiologie 249

Klassifikation 250

Ätiologie und Pathogenese 253

Symptomatologie, Diagnostik, Behandlung und Verlauf einzelner Teilleistungsschwächen 255

Generalisierbare Aussagen 255
Diagnostik 255
Therapie und Verlauf 256
Sekundäre psychiatrische Störungen 257
Einzelne umschriebene Leistungsschwächen . 258
Umschriebene Lese-Rechtschreib-Schwäche 258
Spezifische Rechenstörungen 260

Umschriebene Störungen der Sprech- und Sprachentwicklung 261
Spezifische dyspraktische Störungen im Kindesalter 261
Spezifische sensomotorische Entwicklungsverzögerungen/motorische Ungeschicklichkeit 262
Störungen der räumlichen Orientierung, Zeichenstörungen und andere „konstruktive Apraxien" im Entwicklungsalter 263
Spezifische Wahrnehmungsstörungen des Entwicklungsalters 264
Literatur 265

7 Autistische Syndrome

DORIS WEBER

Definition und Nomenklatur 270

Autistische Psychopathie 271

Epidemiologie 271
Klassifikationsprobleme 271
Klinisches Bild 271
Differentialdiagnose 272
Ätiologie und Genese 273
Therapie, Rehabilitation, Prävention 275
Prognose 276
Kasuistik 276

Frühkindlicher Autismus 278

Epidemiologie 278
Klassifikationsprobleme 278
Klinisches Bild 279
Neurologische Befunde 282
Metabolische, biochemische, chromosomale und hämatologische Befunde 282
Intelligenz 283
Episodische und konstante Verschlechterungen 284
Differentialdiagnose 284
Ätiologie und Genese 286
Therapie, Rehabilitation, Prävention 290
Prognose 293
Kasuistik 293
Literatur 294

8 Psychotische Störungen

Körperlich begründbare Psychosen 300

CHRISTIAN EGGERS

Definition, Nosologie, Noxenspezifität und Typologie 300
Symptomatologie und Differentialdiagnostik 301
Verlauf und Prognose 303
Ursachen exogener Psychosen des Kindesalters 303
Erscheinungsformen und alterstypische Besonderheiten 307
Syndromgenetische Überlegungen 307
Literatur 309

Affektive Psychosen 310

GERHARDT NISSEN

Definition 310
Nomenklatur 310
Epidemiologie 311
Klassifikationsprobleme 312

Klinisches Bild 313
Diagnose und Differentialdiagnose 315
Ätiologie und Genese 316
Therapie, Rehabilitation, Prävention 317
Prognose 319
Ergänzende Hinweise unter Einbeziehung neuerer Literatur nach Manuskriptabgabe .. 320
Literatur 321

Schizophrene Psychosen 323

Christian Eggers

Definition, Einteilung, Altersbegrenzung, Häufigkeit 323
Nosologische Auffassungen verschiedener kinderpsychiatrischer Schulen 324
Klinische Symptomatologie 326
Die Bedeutung der Emotionalität und des physiognomisch-magisch-animistischen Welterlebens für den kindlichen Wahn 328
Prodromalerscheinungen 329
Verlaufstypologie 330
Prognose 331
Differentialdiagnose 333
Ätiologische Hypothese 334
Therapie 336
Literatur 338

9 Gerichtliche Kinder- und Jugendpsychiatrie

Reinhart Lempp

Rechtliche Grundlagen 342

Allgemeine Aufgaben und Möglichkeiten des kinder- und jugendpsychiatrischen Sachverständigen 344

Die Indikation zur Einholung eines forensischen kinder- und jugendpsychiatrischen Gutachtens 344
Aufgabe und Rolle des kinder- und jugendpsychiatrischen Sachverständigen 345
Aufgabe und Rolle des kinder- und jugendpsychiatrischen Sachverständigen in Familienrechtsverfahren 347
Aufgabe des kinder- und jugendpsychiatrischen Sachverständigen in der Hauptverhandlung 347
Aufgabe des Gutachters und die ärztliche Schweigepflicht 348
Die Exploration durch den Gutachter und das Aussageverweigerungsrecht der zu Begutachtenden und ihrer Angehörigen 348
Kinderpsychiatrische oder -psychologische Kompetenz 349
Erstellung des Gutachtens 350
Die Wahl der Untersuchungsmethoden 351
Das mündliche Gutachten in der Hauptverhandlung 351

Spezielle Aufgaben des kinder- und jugendpsychiatrischen Sachverständigen im Jugendstrafrecht 352

Wesentliche Bestimmungen des Jugendgerichtsgesetzes 352
Die Frage der strafrechtlichen Verantwortlichkeit gemäß § 3 JGG 353
Zur Frage der Anwendung des Jugendstrafrechts auf Heranwachsende gemäß § 105 JGG 355
Schuldunfähigkeit wegen seelischer Störung gemäß §§ 20 und 21 StGB 357
Krankhafte seelische Störung 358
Tiefgreifende Bewußtseinsstörung 360
Tiefgreifende Bewußtseinsstörung durch außergewöhnlichen Affekt 362
Der Schwachsinn 362
Die schweren anderen seelischen Abartigkeiten 363
Konkurrenz der §§ 3 JGG und 20 und 21 StGB 363
Aufgabe des Sachverständigen zu den §§ 63 und 64 StGB 364
Aufgabe des Sachverständigen zum § 17 Absatz 2 JGG 365
Aufgabe des Sachverständigen zu § 10 Absatz 2 JGG 366
Aufgabe des Sachverständigen zur Frage der Motive des Täters 366

Aufgaben des jugendpsychiatrischen Sachverständigen bei der Beurteilung der Glaubwürdigkeit kindlicher und jugendlicher Zeugen ... 367
Allgemeine Glaubwürdigkeit ... 367
Spezielle Glaubwürdigkeit ... 367

Die Aufgabe des kinder- und jugendpsychiatrischen Sachverständigen in zivilrechtlichen Verfahren ... 369

Aufgaben des kinder- und jugendpsychiatrischen Sachverständigen in familienrechtlichen Verfahren ... 369
Die Sachverständigenaufgaben im Rahmen des Sorgerechtsverfahrens ... 370
Aufgabe des Sachverständigen beim Verfahren über den persönlichen Verkehr gemäß § 1634 BGB ... 371
Durchführung und Begutachtung im familienrechtlichen Verfahren ... 372
Aufgaben des Sachverständigen bei Gefährdung des Kindeswohls gemäß § 1666 BGB und bei Adoption ... 373
Aufgaben des kinder- und jugendpsychiatrischen Sachverständigen zur Frage der Deliktfähigkeit gemäß § 828 BGB ... 374
Die Aufgaben des kinder- und jugendpsychiatrischen Sachverständigen in Entschädigungsverfahren ... 375
Zur Feststellung der Minderung der Erwerbsfähigkeit bei Kindern ... 375
Gutachten im Rahmen des Bundesentschädigungsgesetzes ... 375

Die Aufgaben des kinder- und jugendpsychiatrischen Sachverständigen im Rahmen der Jugendhilfe ... 376

Aufgaben des kinder- und jugendpsychiatrischen Sachverständigen im Rahmen des Bundessozialhilfegesetzes (BSHG) ... 377

Aufgaben des kinder- und jugendpsychiatrischen Sachverständigen im Versorgungsrecht ... 378

Aufgaben des kinder- und jugendpsychiatrischen Sachverständigen im Versorgungswesen im Rahmen des Bundesseuchengesetzes . 378

Zu den gesetzlichen Bestimmungen in der Schweiz ... 378

Zu den gesetzlichen Bestimmungen in Österreich ... 379

Literatur ... 380

Sachverzeichnis ... 383

1 Psychische Entwicklung und ihre Varianten in Kindheit und Adoleszenz

Martin H. Schmidt, Helmut Remschmidt

Psychische Entwicklung und ihre Varianten in der Kindheit*

Martin H. Schmidt

Verhaltensvariationen durch Entwicklung versus Symptombildung

Als Ursache der untereinander zusammenhängenden Veränderungen, die zu bestimmten Zeitpunkten des individuellen Lebenslaufs auftreten und die als Entwicklungsgeschehen bezeichnet werden, sind Reifungs- und Anpassungsvorgänge bekannt; letztere vollziehen sich vorzugsweise als soziales Lernen. Viele Entwicklungsveränderungen beginnen endogen gesteuert und unterliegen dann zunehmend Umwelteinflüssen. Für einige Funktionen – etwa die Motorik – spielen diese eine geringe, für andere – etwa die Sprache – eine große Rolle. Die Gewichtung der Einflüsse von Reifung und Lernen ist heute weniger bedeutsam als der Gedanke, daß die Wechselwirkung zwischen ihnen das Entwicklungstempo und das schließlich erreichte Niveau wesentlich bestimmen und daß die Entwicklungsvoraussetzungen selbst durch Umwelteinflüsse – insbesondere durch mangelnde Nutzung des vorhandenen Potentials – ungünstig beeinflußt werden können. Offensichtlich verlaufen nicht alle Entwicklungsvorgänge in jeder Altersstufe gleich günstig, sind also auch nicht beliebig nachholbar. Andererseits sind Vorstellungen über die völlige Irreversibilität einmal versäumter Entwicklungschancen heute sehr umstritten.

Die Bedingungen des *sozialen Lernens* auf der von der genetischen Ausstattung und der biologischen Umwelt determinierten Basis werden von der Umwelt mehr oder weniger bewußt herbeigeführt. Jedoch enthält der obengenannte Adaptationsprozeß neben der Komponente des sozialen Lernens auch ein – individuell unterschiedlich ausgeprägtes – aktives Element. Denn schon im Vorschulalter ist das Kind den Umwelteinwirkungen nicht passiv ausgeliefert, sondern kann sich auf bestimmte Situationen bewußt einstellen. Diese mit dem Alter zunehmende Möglichkeit ist nicht nur für die wissenschaftliche Diskussion, sondern auch für die erzieherische und therapeutische Praxis wichtig.

Entwicklungsverläufe zeigen schon bei Funktionen, die stark *biologisch determiniert* sind, eine breite Streuung, um so mehr bei vorzugsweise von der Umwelt oder der Selbststeuerung abhängigen. Manche für eine bestimmte Altersstufe typischen Verhaltensweisen können lange persistieren; werden gewisse Toleranzgrenzen überschritten (bei der Blasenkontrolle z. B. das Ende des 4. Lebensjahres), dann werden sie deswegen als Auffälligkeiten betrachtet. Als auffällig gelten auch bezüglich der Intensität sehr hohe oder sehr niedrige Ausprägungen regelhaft vorhandener Verhaltensweisen, so etwa ständiges oder sehr seltenes Sprechen, auffallende Angstlosigkeit oder übermäßige Ängstlichkeit. Schließlich können auch physiologische Verhaltensmuster sich in ihrer Qualität verändern – z. B. das Erbrechen im Sinne des Ruminierens – und damit Auffälligkeiten darstellen.

Verhaltensauffälligkeiten betreffen häufig Funktionen, die sich gerade in rascher Entwicklung befinden – seien es nun körperliche, psychische oder soziale – und deswegen auch besonders störbar sind. Für die Eltern ist angesichts der breiten Varianz der Norm die Beurteilung noch schwieriger als für den Experten, zumal sie sich meist am Verhalten ihrer Kinder in irgendeiner Weise beteiligt fühlen. Je mehr Eltern zu solchen Zuschreibungen neigen, um so wirksamer werden bestimmte Auffälligkeiten eines Kindes, und der Appellcharakter seines Verhaltens ist um so deutlicher, je weniger die Umwelt es als selbstgesteuerte Unart und je mehr sie es als Ausdruck einer nicht vom Kind zu vertretenden und möglicherweise sogar organisch verursachten Störung auffaßt. Das frühe Kindesalter kennt schwerere psychische Störungen seltener, Reaktionen auf Veränderungen der meist familiären Umwelt aber häufiger. Aus entwicklungspsychologischen Gründen ist es mehr zu körperlichen Auffälligkeiten prädestiniert. Wegen der noch fehlenden Realitätsprüfung und der entsprechend unreiferen Abwehrmechanismen, wegen der noch nicht verbal möglichen Bearbeitung psychischer Sachverhalte, schließlich wegen der erst später möglichen Einfühlung in Fremdseelisches treten umschriebene psychische Auffälligkeiten in der Regel erst im Schulalter auf und sind Ausdruck einer differenzierteren intrapsychischen Verarbeitung. Entsprechend deuten extravertierte leibnahe Symptome im späteren Kindesalter auf eine gewisse Unreife hin. Viele psychische Symptome des Vorschulalters lassen sich zwar als reaktiv verste-

---

* Die Ausführungen zur Entwicklung des psychisch gesunden Kindes folgen der eigenen Darstellung „Entwicklungspsychologie bis zur Pubertät". In: Pädiatrie in Praxis und Klinik, A. D. Bachmann et al. Fischer/Thieme, Stuttgart 1981.

Tabelle 1.1 Varianten und Störungen der Entwicklung auf verschiedenen Altersstufen

Alters- und Entwicklungsstufe	Entwicklungsvarianten und Störungen
Säuglingsalter (1. u. 2. Lebensjahr)	Eßstörungen Einschlaf- und Durchschlafstörungen „Fremdeln" Schreien Pica
Kleinkindalter (3. u. 4. Lebensjahr)	Motorische Unruhe Ungeschicklichkeit Entwicklungsstottern und -stammeln Kontaktschwierigkeiten Trotz Einschlaf- und Durchschlafstörungen
Kindergartenalter (4. u. 5. Lebensjahr)	Daumenlutschen Nägelkauen Einnässen, Einkoten Jaktationen, Stereotypien Rhythmisches und periodisches Verhalten Motorische Ungeschicklichkeit Entwicklungsstottern „Lügen", „Stehlen" Abweichungen der sexuellen Entwicklung
Frühes Schulalter (6. bis 10. Lebensjahr)	Rituale und zwanghafte Gewohnheiten Nägelkauen Altersspezifische Ängstlichkeit „Lügen", „Stehlen", „Zündeln" Umstellungsschwierigkeiten
Späteres Schulalter (11. bis 13. Lebensjahr)	Probleme der sozialen Anpassung Motivationsprobleme (Entwicklung einer Eigenmotivation) Varianten sexuellen Verhaltens Kontaktprobleme Umstellungsschwierigkeiten
Pubertät und Adoleszenz	Kontaktprobleme Identitätsprobleme Autoritätsprobleme (Selbstbestimmungsprobleme) Selbstwertprobleme Abgrenzungsprobleme Probleme des sexuellen Verhaltens Probleme der Normfindung und Gewissensbildung Probleme der „Selbstakzeptanz" Thersites-Komplex Dysmorphophobie

hen, in ihrer Entstehung aber mehr durch Verstärkungslernen als im Sinne intrapsychischer Reaktionsbildung erklären.

Die nachstehende Darstellung beschäftigt sich mit der Entwicklung psychischer Funktionen während des Kindesalters und versucht die Variationen des Verhaltens in Abhängigkeit von einzelnen Altersstufen – geprägt durch biologische und soziale Determinanten – darzustellen. Zusätzlich wird auf Varianten der Entwicklung hingewiesen, die häufig als auffällig betrachtet werden, weil sie erzieherische Schwierigkeiten bereiten. Derartige Verhaltensvarianten sind oft altersspezifisch, ergeben sich also aus dem Zusammentreffen der Besonderheiten eines Entwicklungszustandes mit für ihn typischen Umwelterwartungen und Anforderungen. Mögliche Variationen und Störungen des Verhaltens in den einzelnen Alters- und Entwicklungsstufen zeigt Tab. 1.1.

Psychomotorische Entwicklung und gewohnheitsmäßige Handlungen

Die *psychomotorische Entwicklung* basiert auf altersgebundenen neurophysiologischen Voraussetzungen und auf den kognitiven Funktionen, die die Nutzung der jeweils gegebenen Möglichkeiten steuern. Das psychomotorische Verhalten – für die frühe Kindheit muß es auf das Gestationsalter bezogen werden – ist in den ersten drei Lebensmonaten weitgehend von lebenswichtigen reflektorischen Verhaltensmustern, von Abwehrreaktionen auf unangenehme Reize, aber auch schon von Spontanbewegungen bestimmt. Um die Mitte des ersten Lebensjahres tritt aktiv probierendes und übendes Verhalten stärker hervor. Einzelne Fertigkeiten werden durch die zunehmende Funktionsbreite untereinander verbunden, bis schließlich neben der Körperkontrolle am Ende des 1. Lebensjahres auch der Umgang mit dinglichen Objekten begrenzt möglich ist. Die feinmotorische Steuerung ist im 4. Lebensjahr so weit entwickelt, daß das Gefühl der Sicherheit auch Geschicklichkeitsspiele zuläßt. Dennoch gelingt die Kontrolle der Motorik nur begrenzt. Deswegen sind Mitbewegungen vor allem bei komplizierten selektiven Willkürbewegungen bis ins beginnende Schulalter verbreitet. Bei 3- und 4jährigen müssen sie gegen hyperkinetisches Verhalten abgegrenzt werden. Auch danach bleibt Zappeln bei Spannung oder freudiger Erregung noch lange verbreitet.

Im Schulalter nehmen die Körperkraft, die Verbesserung von Motorik und Koordination und vor allem das Bewegungs- und Reaktionstempo stetig zu. Daß eine relative motorische Ungeschicklichkeit auch in diesem Alter kein pathologisches Zeichen sein muß, zeigt die große Varianz der Norm. Geschlechtsunterschiede in Motorik und Koordination scheinen überwiegend soziokulturell bedingt zu sein. Körperliche Kraft und Geschicklichkeit, bei Mädchen auch das Aussehen, sind im 11./12. Lebensjahr wichtige Stützen der sozialen Anerkennung unter Gleichaltrigen.

Die *Sprechentwicklung* beginnt mit dem Lallen des Säuglings, bei dem weit mehr Laute gebildet werden, als für die Muttersprache später nötig sind. Bis zum dritten Lebensmonat werden gurrende Laute beobachtet. Die danach auftretende Bildung anderer einzelner Laute, später von Lautkombinationen, ist mit der Bildung erster Worte zu Beginn des 2. Lebensjahres nicht abgeschlossen, sondern in der Regel erst im 5. Lebensjahr. Stammelfehler finden sich bei 26% aller 5jährigen und 35% der Jungen dieses Alters und noch bei 15 bis 16% der 8jährigen, später praktisch nur noch bei Kindern mit Schwerhörigkeit oder Intelligenzminderungen. Wegen der Bedeutung von Hörstörungen und hirnorganischen Beeinträchtigungen, außerdem zur frühzeitigen Aufdeckung von Lautagnosien ist eine differenzierte Diagnostik im 4. Lebensjahr angezeigt. Stammelnde Kinder haben häufig auch eine verzögerte Entwicklung der Feinmotorik, unter ihnen finden sich vermehrt Linkshänder und Beidhänder. Während des Zahnwechsels im Einschulungsalter treten Sigmatismen gehäuft auf.

Analog dem physiologischen Stammeln tritt im dritten und vierten Lebensjahr bei vielen Kindern ein physiologisches Stottern auf, wiederum bei Jungen häufiger als bei Mädchen, da bei letzteren die Sprachentwicklung rascher verläuft. Es wird mit der noch unzureichenden Flexibilität der das Sprechen regulierenden zentralen Mechanismen erklärt, die der Geschwindigkeit der wachsenden sprachlichen Kompetenz noch nicht genügen können. Während beim physiologischen Stammeln Sprachvorbilder in einem gewissen Maße günstig wirken, verbietet sich übendes Wiederholen oder Aufmerksammachen auf die stockende Sprechweise beim Entwicklungsstottern.

Bezüglich der Entwicklung der *Zeichen- und Schreibmotorik* gelingt Vierjährigen jenseits des Kritzelstadiums zunächst die waagerechte, später auch die senkrechte Strichführung. Mit verzögerter allgemeiner Entwicklung treten diese Phänomene verspätet auf. Die Weiterentwicklung der Zeichen- und Schreibmotorik hängt bis ins 9. Lebensjahr stark von der (übbaren) visuomotorischen Koordination ab. Entwicklungsverzögerungen zeigen sich besonders in dysproportionierten Zeichnungen und im unzureichenden Ansatz einzelner Körperteile bei der Wiedergabe von Tieren und Menschen, die noch bei 8jährigen ohne zerebrale Beeinträchtigungen beobachtet werden können. Auch das Schreibtempo kann relativ verlangsamt sein; es ist eine Funktion, die sich bis jenseits der Pubertät noch deutlich verbessern läßt.

Verschiedene *motorische Phänomene,* die vor allem in späterem Alter Symptomcharakter haben, können – meist im frühen Kindesalter – passager auftreten, aber auch länger bestehenbleiben, ohne eine Intervention zu verlangen; dies gilt insbesondere für das Daumenlutschen und das spätere Nägelkauen. Wie Jaktationen, Stereotypien, wie die Trichotillomanie (Haare ausreißen), aber auch einige andere Automutilationen verstärken sie sich durch die mit ihnen verbundenen Sensationen selbst und können deswegen auch durch Nichtbeachtung nicht gelöscht werden, andererseits auch nach Wegfall eventueller auslösender Situationen fortbestehen. Früh – bereits im 4. Lebensjahr – können auch Tics auftreten, die passager bleiben. Sämtliche hier genannten uniformen Leerlaufhandlungen, für die der Betroffene allenfalls die Situationsabhängigkeit, nicht aber den Sinn erklären kann, haben im frühen Kindesalter ein Maximum, das mit der noch schwachen Kontrolle motorischer Vorgänge durch Hemmung erklärt wird. Beim Auftreten solcher motorischer Phänomene kann kurzfristig abgewartet werden, auch wenn die Ursache unklar ist, weil sie sich teilweise spontan zurückbilden und weil die häufigeren von ihnen nicht Symptome tiefgreifender psychischer Störungen sind. Oft sind sie als Zeichen für Belastung oder einen subjektiven Mangel an emotionaler Zuwendung verständlich und dienen dann der Spannungsabfuhr und/oder dem Herbeiführen angenehmer Sensationen. Bei minderbegabten oder anders behinderten Kindern sind Spontanremissionen deutlich seltener, deswegen sollte mit einer Klärung bei ihnen nicht gewartet werden.

Bewußte Kontrolle vegetativer Funktionen

Mit dem Zentralnervensystem reifen die Voraussetzungen für eine bewußte Kontrolle und für eine willkürliche Beeinflussung *vegetativer Funktionen*. Eß- und Schlafgewohnheiten und die Beherrschung der Ausscheidungsfunktionen zeigen im gleichen Alter nicht nur eine breite Streuung, sondern können auch mehr oder minder bewußt in den Dienst höherer psychischer Instanzen gestellt werden. Gerade die häufig auf bestimmte Speisen gerichtete Verweigerung von *Essen bzw. Gefüttertwerden* ist gegen die Appetitlosigkeit deutlich abzugrenzen und oft Ausdruck des Widerstandes gegen die Bezugsperson.

Als Rumination (Meryzismus) wird das Heraufwürgen der Nahrung etwa eine halbe Stunde nach deren Aufnahme bezeichnet. Zum Heraufwürgen werden Finger oder Zunge benutzt, nach kurzem Wiederkauen wird die Nahrung wieder heruntergeschluckt. Die Kinder – betroffen sind vorzugsweise Jungen – ruminieren häufig, wenn sie allein sind. Der Vorgang kann sich verselbständigen und bis ins 2., spätestens ins 3. Lebensjahr persistieren. Später gibt es vereinzelt Übergänge zum willkürlichen Erbrechen. Willkürliches Erbrechen ist sowohl vom habituellen wie auch vom primär-azetonämischen abzugrenzen, besonders aber von dem rezidivierenden Erbrechen irritierbarer Kleinkinder. Bei Aufregung oder Angst erbrechen Kinder vor allem während des frühen Schulalters, dieses funktionelle Erbrechen ist klar situationsabhängig.

Im Säuglings- und Kleinkindalter werden im Sinne explorativen Verhaltens zahlreiche Gegenstände in den Mund genommen und teilweise unabsichtlich verschluckt. Im 2. Lebensjahr ist häufig das Anknabbern nicht eßbarer Dinge wie Sand oder Seife zu beobachten, das als *Pica* bezeichnet wird und im Sinne einer Verhaltensstörung bei minderbegabten oder vernachlässigten Kindern auch im 3. Lebensjahr und danach beobachtet werden kann.

Die abnehmende *Schlafdauer* bei gleichzeitiger Herausbildung eines festen Schlafrhythmus am Mittag und in der Nacht schiebt mit fortschreitendem Alter die abendlichen Einschlafzeiten zunehmend hinaus. Das begünstigt wegen der mit dem Einschlafen verbundenen Trennungsprobleme und wegen der physiologischen Dunkelangst des Kleinkindes *Einschlafstörungen*, denen viele Kinder selbst durch die Ausbildung von Ritualen zu begegnen suchen. Spannungen erschweren das Einschlafen ebenso wie Lärm oder eine unruhige Umgebung, ohne daß das schon als pathologisch betrachtet werden muß. Da das Schlafbedürfnis individuell ebenfalls streut, wird die Bedeutung des vermuteten Schlafmangels leicht überschätzt, dies gilt auch für die Folgen von *Durchschlafstörungen*. Vorschulkinder, die am Ende eines Schlafzyklus aufwachen und schwer wieder einschlafen können, sich dann womöglich Licht machen und spielen, sind in der Regel nicht psychisch krank. Etwa 40% der Vierjährigen bilden im Zusammenhang mit Schlafzyklen die hartnäckige Gewohnheit heraus, nachts ins Bett der Eltern zu kommen; auch sie ist prognostisch günstig, wenn sie mit zunehmender Kompetenz des Kindes, d. h. noch vor der Einschulung, wieder abgebaut wird. Natürlich können sich Schlafstörungen autonomisieren und verlangen dann eine Intervention, auch wenn die auslösende Situation nicht fortbesteht. Als Durchschlafstörung mit offensichtlich stark konstitutioneller Komponente hat der *Pavor nocturnus* seinen Häufigkeitsgipfel im späteren Vorschulalter; Verdünnungsformen im Übergangsbereich zur Norm finden sich als ängstliches Erwachen in der ersten Schlafphase ohne Angstträume und ohne nennenswerte Bewußtseinstrübung.

Die *Blasen- und Mastdarmkontrolle* soll beim nicht entwicklungsverzögerten Kind mit drei Jahren erreicht sein. Aufgrund der entwicklungsneurologischen Voraussetzungen ist eine Sauberkeitserziehung vor dem 18. Lebensmonat nicht sinnvoll. Relativ unabhängig von der Art der Sauberkeitserziehung werden die meisten Kinder im dritten Lebensjahr trocken und sauber. Auch bei leichten Entwicklungsrückständen sollte dieses am Ende des vierten Lebensjahres erreicht sein. Danach fortbestehende Inkontinenz wird als *Enuresis* bzw. *Enkopresis* bezeichnet und als auffällig betrachtet, wobei die Übergänge zur Norm bei der Blasenkontrolle fließender und breiter sind als bei der Mastdarmkontrolle. Auch hier gilt, daß bei sporadischem Wiederauftreten des nächtlichen Einnässens im Zusammenhang mit belastenden Situationen (z. B. Krankenhausaufenthalt) zunächst abgewartet werden kann. Im Zusammenhang mit der Sauberkeitserziehung kommt es bei Angst vor Inkontinenz oder dem Benutzen fremder Toiletten bei einem geringen Prozentsatz der Kinder zur Retention des Stuhles, die zu habitueller Obstipation und schließlich zur (Überlauf-)Enkopresis führen kann.

Deutlich auf eine Funktion oder ein Organ bzw. Organsystem bezogene Somatisierungen, die als „Kranksein" erlebt werden, sind beim jungen Kind im Zusammenhang mit der relativen Unreife des Ich-Apparates schwer möglich. Sie treten erst mit Beginn des Schulalters auf. Im Grundschulalter haben demnach Inappetenz, Nabelkoliken oder morgendliche Kopfschmerzen ihr Maximum.

Wahrnehmung und Begriffsbildung

Die *ersten Wahrnehmungen* sind taktil-kinästhetische, obwohl der Säugling bereits mit 8 Wochen binokular scharf zu sehen vermag. Erst vom 3. Lebensjahr an treten visuelle Wahrnehmungen in den Vordergrund. Voraussetzung dafür ist nämlich die Entwicklung von *Konstanzphänomenen.* Tiefenwahrnehmung gelingt schon mit 6 Monaten, dann beginnt sich Formkonstanz zu entwickeln und ist im 6. Lebensjahr weitgehend vorhanden. Größenkonstanz besteht mit 12 Monaten sicher und entwickelt sich vom 2. bis 4. Lebensjahr sehr rasch. Der Symbolcharakter von Bildern kann vom 2. Lebensjahr an erkannt werden, allerdings in Abhängigkeit von der Sprachentwicklung und dem Ausmaß realer Erfahrungen. Größen-, Form-, Farb- und Helligkeitskonstanz werden im Schulalter deutlich verbessert, wiederum in starker Abhängigkeit von eigenen Erfahrungen. An die Stelle der bis zum 6./7. Lebensjahr typischen Farbbevorzugung tritt dann eine zunehmende Formbevorzugung. Raumlagestabilität wird im 7. Lebensjahr sowohl in der Wahrnehmung verfestigt als auch in der Wiedergabe erreicht. Die optische Wahrnehmung zeigt – bei zunehmender Abhängigkeit von intellektuellen Fähigkeiten – auch jenseits der Pubertät noch eine geringe Verbessserung, insbesondere bezüglich ihrer Komplexität. Ganzheitliche und einzelheitliche Wahrnehmungen entwickeln sich nebeneinander. Die (übbare) differenzierende Wahrnehmung erscheint für die intellektuelle Entwicklung besonders wichtig, da ihr analysierendes Vorgehen die für problemlösendes Denken notwendigen Inhalte gewissermaßen erzeugt.

Ein *Zahlbegriff* entwickelt sich im 4. Lebensjahr, zunächst mit dem Zählen, später mit dem Nachbilden von Reihen. Der Mengenbegriff ist abhängig von der oben beschriebenen Entwicklung der Konstanzphänomene; Operationen mit Mengen werden erst mit der Reversibilität von Denkprozessen im Schulalter geläufig und bestehen vorher nur ansatzweise. Abgesehen von der Tiefenwahrnehmung entsteht ein Raumbegriff erst im 2. Lebensjahr, bleibt aber bis zum Einsetzen reversibler Denkprozesse im Schulalter vom eigenen Standpunkt abhängig. Vom *Zeitbegriff* entwickelt sich im 5. Lebensjahr zunächst die Vorstellung des Zukünftigen, später des Vergangenen. Ein zeitliches Kontinuum kommt ebenfalls erst im Schulalter zustande; Vergangenheit wird jetzt früher als die Zukunftsvorstellung in sich differenziert, und zwar jeweils vom Gegenwärtigsten aus. Für den Raum- und Zeitbegriff werden im Schulalter affektive Momente wesentlich, so daß ein Raum- und Zeiterleben entsteht.

Eine für das frühere Kindesalter typische und keine psychische Erkrankung anzeigende Wahrnehmungsstörung ist das Vorkommen von illusionären Verkennungen (Umdeutung realer Wahrnehmungen), das zusammen mit Desorientierung und verwirrtem Reden bei raschem Fieberanstieg offensichtlich ohne Rücksicht auf die Herkunft des Fiebers, also auch bei banalen Infekten, vorkommen kann. Wird die Möglichkeit zu simultaner Wahrnehmung, also zur gleichzeitigen systematischen Berücksichtigung mehrerer Beobachtungsdimensionen, im 4. Lebensjahr nicht ansatzweise erlernt, so ist dies wie das Nichtentstehen eines Mengenbegriffs in der Regel Hinweis auf eine kognitive Störung häufig hirnorganischer Genese.

Kurzfristige wie *Daueraufmerksamkeit* als Voraussetzung für Wahrnehmungs- und Denkprozesse nehmen mit dem Alter zu, die Reaktionszeiten entsprechend ab, auch intraindividuell sinkt ihre Varianz. Zwischen dem 8. und 13. Lebensjahr sind die Daueraufmerksamkeitsleistungen von Mädchen größer als die von Jungen und geringer mit der allgemeinen Intelligenz korreliert als später. Die Zeit, die sich ein Kind auf eine Aufgabe konzentrieren kann, hängt stärker von Motivation und Kontext ab als von reifungsbiologischen Variablen.

Gedächtnisfunktionen und Lernen

Wiedererkennen als *erste Gedächtnisleistung* ist schon im 1. Lebensjahr möglich, wird aber im 2. wesentlich erweitert; die mögliche Behaltenszeit steigt dann von 3 auf 17 Minuten an. Das kompliziertere selbständige Reproduzieren beginnt am Ende des 1. Lebensjahres, hängt aber stark vom Fortschritt der Sprachentwicklung ab. Im 3. bis 4. Lebensjahr können mehrere Inhalte simultan behalten, allerdings nur ungeordnet reproduziert werden. Geordnete Reproduktion gelingt erst im Schulalter mit der Unterscheidung zwischen Wesentlichem und Unwesentlichem. Die Sprache wird als wichtiges Mittel zur Fixierung und zur Reproduktion von Vorstellungen angesehen.

Die frühesten Erinnerungen reichen für etwa 80% aller Individuen nicht vor das 4. Lebensjahr zurück und sind infolge der mangelnden Beziehungsstrukturen nur auf Einzelerlebnisse beschränkt. Infolge der unscharfen Wahrnehmung und der noch nicht voll entwickelten Realitätskontrolle sind sie wenig prägnant. Erst aus dem Schulalter sind auch komplexe Rückerinnerungen möglich. Affektiver Bezug und Sinngehalt beeinflussen Gedächtnisleistungen auch im Schulalter positiv. *Kurz-* und *Langzeitgedächtnis* werden aber mit den zunehmenden Strukturierungsmöglichkeiten generell erweitert. Diese wie auch die verfügbaren semantischen Strukturen begrenzen auf der jeweiligen Entwicklungsstufe wie auch endgültig den Komplexitätsgrad des reproduzierbaren Materials. Im Jugendalter erfolgt nur noch eine Verbesserung bezüglich der Reproduktion abstrakter Inhalte (analog der analytischen Auffassungsmöglichkeit), während die Gedächtnisfunktionen sich bei gleichbleibenden Strukturen nur noch quantitativ verbessern. In der Pubertät sind vorübergehende Einschränkungen der Gedächtnisfunktionen bekannt.

Schon das Ungeborene ist *reaktiv (klassisch) konditionierbar,* benötigt aber aufgrund seiner konstanten Umwelt kaum Anpassungsleistungen. Lernvorgänge werden deshalb erst im Zusammenhang mit der Fütterung beobachtet. Mit zunehmender Wachzeit gewinnen sie – zumeist in Form des vom 3. Lebensmonat an möglichen *Lernens am Erfolg* (instrumentelles oder operantes Konditionieren) – an Bedeutung. Das Lerntempo steigt zwar mit dem Alter, ist aber davon weniger abhängig als von früheren Lernerfahrungen. Erfolg und Mißerfolg werden schon bei Säuglingen von emotionalen Äußerungen begleitet. Fehlreaktionen und überschüssige Begleitreaktionen während des Konditionierungsprozesses sind häufig, die interindividuelle Streuung ist hoch. Selbst- und Fremdbekräftigung (durch Körperkontakt und sprachliche Zuwendung) sind wesentlich.

Modellernen (Imitations- oder Identifikationslernen) ist schon im 1. Lebensjahr möglich und wird durch eine (nicht unerläßliche) positive emotionale Beziehung zum Modell gefördert. Sehr bedeutsam ist es im Bereich des Spracherwerbs. Durch schulische Einwirkungen wird das Lernen gezielter und stärker verbal orientiert, analog den komplexeren Wahrnehmungs- und Lösungsstrategien, aber auch mehrdimensionaler und kategorienbezogener. Während im frühesten Kindesalter Signallernen, Reizreaktionslernen, motorische Ketten und sprachliche Assoziationen das kognitive Lernen bestimmen, werden sie noch vor Einschulung von multipler Diskrimination abgelöst; später herrschen Begriffslernen, Regellernen und Problemlösen vor.

Gewohnheitsbildungen werden auch in den Dienst der Umweltbewältigung gestellt. Sie sind Folge des noch magischen Weltbildes im Vorschulalter. Vor allem die von den erst am Ende des Grundschulalters auftretenden Zwängen abzugrenzenden Rituale dienen der Vorherbestimmbarkeit der Ereignisse bzw. der Vermeidung ungünstiger Vorkommnisse; begleitende Ängste, also die affektive Beteiligung, sind dabei eher gering ausgeprägt. Mangelnde Gedächtnisleistungen sind ebenso wie Perseverationen ein Hinweis auf Verzögerungen der kognitiven Entwicklung.

Denkvorgänge

Gegen Ende des 1. Lebensjahres sind Zweck-Mittel-Verknüpfungen und aktives Experimentieren (sensomotorische Intelligenz) beobachtbar. Im 2. Lebensjahr leitet das Vorstellungshandeln den Übergang vom aktiven Handeln über das verbalvisuell gesteuerte (2. bis 4. Lebensjahr; symbolisch-vorbegriffliches Denken) zum verbal-gedanklich gesteuerten (begrifflichen) *Denken* jenseits des 4. Lebensjahres ein. Im 7. Lebensjahr sind reversible Denkvorgänge geläufig; die Kausalitätsvorstellung hat sich bis zur Wenn-dann-Beziehung entwickelt. Unterscheidung, Generalisierung und Behalten erlauben die Begriffsbildung, die zunächst an konkreten, im Schulalter an funktionalen und später an abstrakten Kategorien orientiert ist und sich sowohl vom Allgemeinen zum Besonderen wie auch umgekehrt entwickelt. Zusammen mit der inneren Sprache und den Erfahrungsmöglichkeiten begünstigt sie das kausale Denken. Die Fähigkeit zum induktiven Schließen wird zwischen dem 7. und 13. Lebensjahr erworben. Für das Schließen aus unmittelbar gegebenen Sachverhalten nimmt sie im 7. bis 9. Lebensjahr stark zu. Entsprechende schulische Anforderungen begünstigen später das Schließen in Form von Syllogismen. Intelligenzniveau und Erfahrungsmöglichkeiten entscheiden über den Erwerb weiterreichender Kausalitätsmodelle, der mit der Bewältigung formaler Operationen (Hypothesenbildung und -prüfung auch für fiktive Probleme; kritische Reflexion über Denkansätze) gekoppelt ist. Inwieweit ein analytischer Wahrnehmungs- und Denkstil diese Entwicklung begünstigt, ist noch unklar.

Kognitive Leistungen im Vorschulalter beruhen überwiegend auf Symbolverständnis, daneben auf sprachgebundenem Denken, erst im 8. Lebensjahr wie beim Erwachsenen zunehmend auf abstrakt-logischem Denken. Reizarme Umgebung, restriktive Erziehung und mangelnde affektive Zuwendung erschweren die intellektuelle Entwicklung. Gegenläufige Einflüsse sind um so wirksamer, je früher sie einsetzen. Von den bei 17–19jährigen nachgewiesenen Intelligenzleistungen werden bis zum 4. Lebensjahr nach verschiedenen Autoren ca. 35%, bis zum 8. Lebensjahr ca. 65% erworben, woraus sich die Bedeutung einer Frühförderung ergibt. Steigerungen der Intelligenzleistung im Entwicklungsverlauf sind mit Selbständigkeit, Wettbewerbsverhalten, verbaler Aggressivität, Erfolgsmotivation und Arbeitshaltung (insbesondere für schulische Anforderungen) positiv korreliert. Wegen der Rolle der Motivation sind intellektuelle Fähigkeiten notwendige Voraussetzung, aber nicht ausreichendes prognostisches Kriterium für den Schul- und Ausbildungserfolg.

Der *kognitive* Stil beeinflußt die Denkfunktionen. Er trägt jedoch zu auftretender Schulunlust oder zeitweiser Leistungsverweigerung weniger bei als die Entwicklungsabhängigkeit bestimmter kognitiver Funktionen, etwa bei sehr früher Einschulung oder Übergang noch junger Kinder aufs Gymnasium. Gegenüber solchen aufholbaren Verzögerungen der intellektuellen Reifung werden auch Entwicklungsvorsprünge beobachtet. Sie fallen bei frühentwickelten oder sehr begabten Kindern auf, bei ersteren gleichen sie sich der Norm nach einigen Jahren wieder an. Da die psychische Entwicklung in verschiedenen Bereichen durch die Umwelt vorübergehend beeinflußbarer ist als die körperliche, kann es bei Kindern – insbesondere bei Einzelkindern, die wenig Umgang mit Gleichaltrigen haben – erst recht bei intellektuellen Familien und bei entsprechender erzieherischer Wertung kognitiver

Vorgänge vorübergehend zu Entwicklungsvorsprüngen kommen, die als altkluges Verhalten erscheinen können. Von den früh erkennbaren besonderen Begabungen von Kindern unterschiedlichen Intelligenzniveaus bleiben diejenigen dauerhaft bestehen, die nicht Ausdruck besonderer Förderung, sondern auch genetischer Dispositionen sind, so hervorstechende musikalische, naturwissenschaftliche, sprachliche oder technische Fertigkeiten.

Sprachverhalten

In den ersten 6 Lebensmonaten steuern Reifungsvorgänge die *Sprachentwicklung* weitgehend. Mit 12 Monaten verfügt das Kind über 18 Phoneme, also über die Hälfte des späteren Bestands; diese können allenfalls durch unterschiedliche Reaktionen der Umwelt Signalcharakter erhalten. Die Phonemproduktion bezieht zunehmend Konsonanten ein und wird durch Reifungsvorgänge wie durch Selbstbekräftigung (Lallmonologe) und Fremdbekräftigung sicherer. Bereits vom 6. Lebensmonat an korreliert die Häufigkeit lautlicher Äußerungen mit der sozialen Schicht. Modellernen beeinflußt die Lautproduktion in Richtung auf das Repertoire des Erwachsenen, erst durch Nachahmung von dessen Mundstellung, dann durch Nachahmung von Gehörtem. Erste Silbenkombinationen, vorwiegend Reduplikationen, werden meist durch Reaktionen der Bezugsperson rasch zum Ein-Wort-Satz ausgebaut.

In der ersten Hälfte des 2. Lebensjahres erlaubt die Benennungsfunktion der Sprache einen schnellen Symbolerwerb, der durch eigene Bedürfnisse und die Bekräftigung kindlicher Ausdrücke durch Erwachsene (Kindersprache) beschleunigt wird. Der passive Wortschatz ist dabei stets größer als der aktive, der erst am Ende des 2. Lebensjahres durch Nachfragen ausgeweitet wird; er scheint bei Mädchen konstant auch später etwas größer zu bleiben als bei Jungen. Der Wortschatz verdreifacht sich im 3. Lebensjahr und nochmals im Verlauf der drei nächsten Lebensjahre. Im Verlauf des 2. Lebensjahres kommen Verbindungen von Worten (noch ohne Adjektive) vor, grammatikalische Abwandlungen der Worte (zunächst nach Analogieprinzipien) im 3. Lebensjahr. Im 4. Lebensjahr spricht das Kind grammatikalisch weitgehend richtig (lediglich das Passiv wird erst im 6. Lebensjahr benutzt) und gebraucht alle Wortarten sowie einfache Satzverbindungen. Vom 4. Lebensjahr an vermag die Sprache verbal-begriffliche Vorstellungen zu vermitteln, die Denkprozesse von aktiven und visuellen Hilfen unabhängig machen und als Vermittlungsprozesse bei intellektuellen Leistungen dienen können.

Schichtenspezifische Unterschiede im Sprachverhalten können auf der Zuwendung zum Kind, der Intensität der sprachlichen Kommunikation, dem Sprachvorbild, dem Bekräftigungsmodus sowie dem Sprachanreiz beruhen. Sprachliche Unterschiede hängen aber auch von der allgemeinen Intelligenz und der spezifischen sprachlichen Begabung ab. Sie verstärken sich unter der verbalen Orientierung und Bekräftigung der Schule weiter. Lautdiskrimination und Artikulation werden vor allem durch den Erstleseunterricht verbessert. Lesefähigkeit und Sachunterricht sowie die realistische Orientierung des Kindes erweitern den aktiven und den passiven Wortschatz (zum Teil durch Bedeutungsdifferenzierung) während der gesamten Grundschulzeit und darüber hinaus erheblich (Verdoppelung bis zum 7. Schuljahr). Die Weiterentwicklung der Grammatik während des Schulalters ist nicht ausreichend untersucht. Sprachentwicklung und intaktes Sprechen sind als Kommunikationsvoraussetzung auch Bedingung der sozialen Anerkennung. Im Sozialkontakt bietet die Sprache aber erst vom 11. Lebensjahr an zunehmend (nun auch pädagogisch beeinflußbare) subtile Gestaltungsmöglichkeiten für das Kind; Sprache kann dann zum Ausdruck und zur Beeinflussung von Befindlichkeiten benutzt werden.

Die Sprachentwicklung wird von der kognitiven Entwicklung determiniert und zugleich begrenzt. Ein guter Indikator für das Sprachniveau in früher Kindheit ist die Zahl der in einzelnen Äußerungen erfaßten Morpheme. Große intraindividuelle Unterschiede gleichen sich im 4. Lebensjahr zumindest insoweit aus, als dann geringer Umfang sprachlicher Äußerungen auf eine weiter verzögerte Sprachentwicklung schließen läßt. Sprachentwicklungsverzögerungen äußern sich in Artikulation, Entwicklung grammatikalischer Strukturen und aktivem Wortschatz, letzteres nicht nur beim Erlernen, sondern auch beim Nichtauffinden des treffenden Wortes in sprachlichen Äußerungen. Noch während des 4. Lebensjahres wird für 18% der Jungen eine verzögerte Sprachentwicklung gegenüber 14% der Mädchen angegeben. Am Ende des 5. Lebensjahres betragen die Raten 11% bzw. 6%, bei 6½jährigen 3% bzw. 1,5%. Vom Sprachverständnis läßt sich auf die Entwicklung der aktiven Sprache schwer schließen, das Sprachverständnis korreliert deutlich enger mit der allgemeinen Intelligenz als die expressive Sprache.

Emotionales Verhalten

Als Anfang *emotionalen Verhaltens* heben sich in den ersten Lebenswochen aus einer allgemeinen Erregbarkeit Unlustreaktionen ab, die dann ausdifferenziert werden. Lustbetonte Reaktionen treten am Ende des I. Trimenons auf und werden erst um die Wende zum 2. Lebensjahr in Freude und Zuwendung differenziert. Anfänglich scheinen Reifungsvorgänge des Vegetativums an dieser Entwicklung stark beteiligt, später das Imitationslernen. Die emotionale Bindung an Bezugspersonen begünstigt das für das Erkunden der Umwelt notwendige *Neugierverhalten* im 2. Lebensjahr. Im 3. Lebensjahr genügt dafür das Bewußtsein der ständigen Erreichbarkeit der Bezugsperson, im 4. Lebensjahr ist auch das nur noch in fremder Umgebung notwendig. Angst vor fremden Gesichtern tritt erst im 7./8. Lebensmonat auf. Für die Entstehung von Ängsten sind sowohl Konditionierung als auch Imitationslernen (bei entsprechend differenzierter Wahrnehmung) als ursächlich nachgewiesen. Die Erweiterung der kognitiven Strukturen ermöglicht die Vorwegnahme (auch fälschlich gefolgerter) emotional erregender Situationen, die durch die Sprache noch verstärkt wird, da dann auch reproduzierte oder nur verbal vermittelte Vorstellungen Affekte auslösen können. Affektive Reaktionen werden im Vorschulalter weniger global und mehr situationsspezifisch. *Trotzreaktionen* treten gehäuft in der Zeit vom 18. Lebensmonat bis zum Ende des 3. Lebensjahres auf und werden in der Regel durch nicht kindgemäßes Verhalten der Erziehungspersonen bei den notwendigen Versagungen hervorgerufen.

Wenn *Angst* vom Kleinkind spontan geäußert und durch die Gegenwart der Mutter neutralisiert, also nicht gestaut wird, so ist dieser Zustand auf Trennungssituationen begrenzt. Trennungs- und Einschlafängste sind daher für dieses Alter typisch. Trennungsängste werden durch trennungsängstliche Mütter intensiviert. Affekte von Wut und Trotz können im Kleinstkindalter zum sogenannten *Wegschreien*, den respiratorischen Affektkrämpfen, führen, bei denen kontinuierliches Schreien verstärkte Exspiration nach sich zieht. Werden die Kinder zyanotisch, dann kommt es zu einer Pause (um 15 Sekunden). Bei überstrecktem Kopf wird mit den Armen geschlagen, bis eine neue Inspiration zustande kommt, danach sind die Kinder erschöpft oder weinerlich, gelegentlich leicht desorientiert. Bei längerem Ausbleiben der Inspiration geht das klinische Bild in das von zerebralen Anfällen mit tonisch-klonischen Zukkungen oder Tonusverlust, auch gelegentlichem Einnässen über. Auslöser können auch Angst und Schreck sein, die Anfälle sind situationsspezifisch und erfordern bei Fixierung Interventionen; sie sollen auf spätere psychische Labilität der Betroffenen hinweisen.

Die emotionale Entwicklung im Schulalter ist wenig untersucht. Interviewstudien zeigen, daß Kinder bereits im Grundschulalter über ihre eigene Befindlichkeit besser Auskunft geben können als ihre Eltern. Schüchternes Verhalten mit gehemmter Motorik ist häufiger Ausdruck einer sozialen Störung als von Ängsten. Ängste sind in diesem Alter überwiegend auf Umweltgegebenheiten, wie Dunkelheit, Gewitter, Schul- und Kontaktsituationen, gerichtet. Schon beim Vorschulkind kommen phobische Reaktionen vor. Ängste wie Phobien entspringen der mangelnden Kenntnis der Realität und der Unterschätzung der eigenen Bewältigungsmöglichkeiten. Etwa bei 10jährigen treten – vorübergehend gehäuft – reale Ängste (z. B. vor Krankheiten) auf, die Basis hypochondrischer Entwicklungen werden können. Bei Mädchen ist die Ängstlichkeit generell etwas höher als bei Jungen, sie nimmt vom 10. Lebensjahr an kontinuierlich ab. In der Adoleszenz werden die emotionalen Möglichkeiten wesentlich differenzierter und für die Gesamtentwicklung bestimmender. Über die Übergangsformen zu pathologischen Depressionen im Kindesalter gibt es wenig bestätigte Untersuchungen. Auch vorübergehendes Unglücklichsein drückt sich in Spiel- und Lernunlust und Rückzug vom Kontakt offensichtlich deutlicher aus als in ängstlich-gehemmtem Verhalten.

Sexuelles Wissen und Verhalten

Noch bevor das Vorschulkind die Unterschiede zwischen seinem eigenen Körper und dem von Erwachsenen sowie den Genitalien des anderen Geschlechts registriert, sind ihm angenehme Empfindungen bei Stimulation der Geschlechtsorgane bekannt. Sexuelle Spiele, die an Masturbation erinnern, kommen schon bei sehr kleinen Kindern beider Geschlechter vor und werden in der Vorschulzeit intensiver. Zwischen dem 2. und 5. Lebensjahr entsteht der Wunsch, die Unterschiede zwischen den Geschlechtern zu verstehen, Fragen insbesondere über die Herkunft von Babies und über die anatomischen Geschlechtsunterschiede sind häufig.

Bereits im Vorschulalter werden über das Modellernen *geschlechtsspezifische Verhaltensweisen* erworben. Sie verstärken sich im Schulalter rasch, bei Jungen früher als bei Mädchen. Damit geht eine Trennung der Geschlechter auch in den Spielgruppen einher. Geschlechtsspezifisches Sozialverhalten wird auf dem Weg des Modellernens jetzt auch von den eigenen umweltferneren Vorbildern übernommen. Typische äußere Merkmale des Alters, wie Geschicklichkeit und Körperkraft, begünstigen dabei den Prozeß der Rollenfindung, ihr Fehlen kann ihn nachhaltig beeinträchtigen.

Auch das Verständnis sexueller Vorgänge folgt der kognitiven Entwicklung. Empirische Belege für die Möglichkeit inzestuöser Beziehungswünsche in der Kindheit im Sinne des Ödipuskomplexes fehlen. Daß die Kindheit bezüglich sexueller Motive und sexueller Neugier eine Latenzphase sei, wird durch empirische Befunde widerlegt. Die Kinder registrieren in diesem Alter lediglich die innerfamiliären Tabus über Sexualität, ihr Wissen um die biologischen Vorgänge der Sexualität steigt aber in diesem Alter an, ebenso ihr Interesse, wenn es sich demgegenüber auch in der Pubertät deutlicher erhöht. Bereits am Ende des Schulalters liegen erste sexuelle Kontaktversuche, die häufig mehr im Rahmen der Identifikation mit der Geschlechtsrolle als im Zusammenhang mit genitaler Sexualität zu sehen ist. Unzureichende Identifikation mit der Rolle des eigenen Geschlechts ist nicht nur für die psychosexuelle Entwicklung, sondern auch für die Gesamtentwicklung hinderlich.

Motivation

Das *Neugierverhalten* des Kindes führt im frühen Alter zu verschiedensten Hantierungen an Spielzeug oder Gegenständen im Haushalt, die als Zerstörungsabsicht fehlgedeutet werden können. Fehldeutungen sind auch möglich für das gelegentliche Weglaufen sehr kleiner Kinder aus dem gewohnten Lebensbereich, bei dem das explorative Verhalten stärker ist als die reale Einschätzung der Fähigkeit, den Weg zurück zu finden.

Am besten ist die Entwicklung von Motiven im Bereich der *Leistungsmotivation* untersucht. Voraussetzungen für sie sind kognitive Fähigkeiten, nämlich das Hervorbringen eines meßbaren Handlungseffekts, die Erfassung von dessen Ausmaß und das Beziehen dieses Effekts auf die eigene Person. Diese Fähigkeiten sind beim gesunden Kind vom 4. Lebensjahr an vorhanden und entwickeln sich stetig weiter, so daß bereits im 5. Lebensjahr eine qualitative Ausrichtung auf das Erreichen von Erfolg oder das Vermeiden von Mißerfolg unterschieden werden kann. Vom 4. Lebensjahr an bildet sich ein individuelles Anspruchsniveau heraus. Im 6. Lebensjahr wird eigenes Versagen toleriert und auszugleichen versucht. Eine den Möglichkeiten des Kindes angemessene Selbständigkeit, wie sie durch frühzeitige Unterstützung explorativen Verhaltens begünstigt wird, sowie entsprechende Vorbilder und Bekräftigungen begünstigen diese Entwicklung und erklären auch schichtenspezifische Differenzen in der Leistungsmotivation. Überforderung, die vom Kind selbständige Handlungen im Sinne des Erwachsenen zu dessen Entlastung verlangt, hemmt die spätere Leistungsmotivation.

Schon vor Beginn des Schulalters wird der Verzicht auf unmittelbare Belohnung im Leistungsverhalten möglich. Die überbrückbare zeitliche Spanne ist dabei vom intellektuellen Niveau abhängig, außerdem von der sozialen Schicht. Zukunft- bzw. gegenwartsbezogene Erfolgserwartungen, die sich in diesem Alter herausbilden, persistieren bis ins Erwachsenenalter. Dem Realitätsbezug und den kognitiven Möglichkeiten entsprechend werden auch die Spiele dieser Altersstufe zunehmend erfolgsorientiert; das Kind bemüht sich um eine selbständige Beeinflussung des Spielgeschehens.

Pädagogisches Ziel bezüglich der Leistungsmotivation im Schulalter ist die Weiterentwicklung von einer belohnungsorientierten zu einer von eigenen Maßstäben kontrollierten Motivation.

Häufig wird davon ausgegangen, daß Angst die Leistung grundsätzlich beeinträchtige, das trifft jedoch nur bei stärkerer Ausprägung zu. Eine gleichzeitig verständnisvolle wie fordernde Haltung, insbesondere der Mütter, ist für eine adäquate Motivationsentwicklung im Alter bis zur Pubertät wichtig. Die so entstehende überdauernde Leistungsmotivation sagt allerdings nichts über das Verhalten in der aktuellen Situation, die von verschiedenen anderen Variablen abhängig ist, für das schulische Lernen vorzugsweise vom Lehrerverhalten.

Selbstbild und moralische Urteile

Mit dem Maximum der Realtitätsbezogenheit des kindlichen Weltbildes im 9./10. Lebensjahr wird nicht nur eine sachliche Durchdringung der weiteren Umwelt und der Vergangenheit versucht. Moralische *Wertvorstellungen*, Einstellungen zur eigenen Leistung wie die Beziehungen zu den Personen der Umgebung werden zunehmend nüchterner, distanzierter und kritischer, zumal das Kind sich in Fremdseelisches noch nicht einzufühlen vermag. Im 11. Lebensjahr wird das *Selbstwertgefühl* stärker von der Gruppe der Altersgleichen abhängig, deren Normen, Stereotype und Rangordnungen übernommen werden, womit Randständige zunehmend in Isolierung geraten. Aufgrund dieser altersspezifischen Gruppenkonformität lassen sich die Kinder auch häufig zu Handlungen mitreißen, die ihren eigenen Vorstellungen und Haltungen nicht entsprechen. In diesem Alter entwickeln sich aber bereits – nach anfänglicher Heteronomie durch Identifikation und nach einer Phase sehr rollenkonformer Moralvorstellungen – zunehmend autonome, an eigenen Werturteilen orientierte Verhaltensregeln, wenn auch nicht im Sinne einer individuellen Gewissensbildung, wie sie der Adoleszenz vorbehalten bleibt. Solange moralische Urteile von der Umwelt bestimmt, also einschränkungslos übernommen werden, sind bei konformistischer Erziehung intrapsychische Konflikte nicht selten, solche finden sich immer wieder auch im Vorfeld von Zwangsneurosen.

Sozialverhalten

Das *Sozialverhalten* ist von Zuwendung abhängig, die durch eine erwartungsgemäße Entwicklung des Kindes verstärkt wird, so zum Beispiel durch das erste Lächeln, das noch keine Signalintention hat. Eine solche tritt erst mit dem Lächeln jenseits des

6. Lebensmonats auf. Die Hauptbezugsperson kann jetzt auch so differenziert wahrgenommen werden, daß ihr Verlust mit einer Trauerreaktion beantwortet wird. Nahrungsverweigerung, Apathie und Abkehr von der Umwelt können die kindliche Entwicklung erheblich beeinträchtigen (ein Vorgang, der bei in stationärer Behandlung stehenden Kindern als Verlassenheitssyndrom bezeichnet wird). Analog dazu entwickelt sich, besonders bei Heimkindern ohne feste Bezugsperson, häufig eine Retardierung, vorzugsweise bei konstitutionell wenig aktiven Kindern. Diese als *Hospitalismus* bezeichnete Erscheinung – ihre Reversibilität wird unterschiedlich beurteilt – ist Folge des geringen körperlichen Kontakts und der fehlenden mimischen und sprachlichen Anreize.

Zuwendung zur Umwelt geschieht in den ersten Lebensjahren überwiegend unter dem Aspekt aktueller eigener Bedürfnisse. Das Kind kann sich zwar von seiner Umgebung unterscheiden, diese aber nur aus seiner („egozentrischen") Perspektive betrachten; außerdem ist sein Weltbild anthropomorph, d. h., die dingliche Umwelt wird als mit menschlichen Eigenschaften ausgestattet angesprochen. Beide Charakteristika schwinden bis zum 6./7. Lebensjahr; ein Durchgangsstadium auf diesem Weg ist die Zeit des stetigen Fragens nach Gründen im 4. Lebensjahr. Entsprechend wenig realistisch ist der Umgang mit der Umwelt im Spiel, dessen Ansätze aus dem 1. Lebensjahr sich im 2. Lebensjahr in Form sog. Funktionsspiele stark erweitern und die um die Wende zum 3. Lebensjahr durch Konstruktionsspiele abgelöst werden. Vom 4. Lebensjahr an treten Rollenspiele in den Vordergrund, die zunehmend auch zur Bearbeitung affektiver Erlebnisse dienen können. Solche Spiele setzen – wie ihre Vorläufer, die Kooperationsspiele – Kontakt mit Gleichaltrigen voraus. Derartige Kontakte sind für die Integration bedeutsam, da nur an Erwachsenen orientierte Kinder später von Gleichaltrigen häufig abgelehnt werden.

Zuwendung – Ablehnung und Kontrolle – freilassende Erziehung sind wesentliche Dimensionen mütterlichen Erziehungsverhaltens. Die in früheren Lebensabschnitten notwendige Zuwendung wirkt positiv und stabilisierend, besonders auf Jungen; Ablehnung wirkt verunsichernd und hemmt die Internalisierung von Verhaltensnormen. Bei Jungen fördert eine enge Bindung an die Mutter in den drei ersten Lebensjahren sozial wünschenswertes Verhalten; bei Mädchen erbringt eine altersangemessene Selbständigkeit demgegenüber längerfristig günstigere Effekte. Unklar ist, ob derart notwendige Einstellungen von einer Mutterfigur allein geleistet werden müssen oder von mehreren ausgehen können. Über diese Einflüsse hinaus spielen Eltern – wie die Erwachsenen insgesamt – für Kinder die Rolle von Modellen für die Übernahme von Verhaltensweisen. Jungen orientieren sich in der Regel an männlichen, Mädchen an den jeweils mächtigeren Modellen, zum Beispiel am dominanten Elternteil. Außerdem wird soziales Verhalten schon seit dem Vorschulalter auch durch stellvertretende (vikariierende), d. h. an anderen beobachtete Konditionierung übernommen. Zu Beginn des Schulalters ist der Lehrer für den sozialen Kontakt noch wesentlicher als die Mitschüler. Bereits in dieser Zeit werden aber durch das Einhalten von Regeln und das Anerkennen von Rollen im Spiel wichtige soziale Funktionen eingeübt.

Im Kontakt mit Dritten wird nach dem oben erwähnten *Fremdeln* und der beginnenden Herauslösung aus der Mutterbindung durch kurzfristige Trennungserfahrung bereits im Kindergartenalter zunehmende Distanz entwickelt. Ihr Fehlen weist auf Mängel in der sozialen Wahrnehmung hin. Übermäßig verstärkt erscheint sie in schüchternem Verhalten, dessen Prognose bei sonstiger Aktivität als eher günstig anzusehen ist. Formen des Rückzugs, die nicht mehr mit motorischer Gehemmtheit, sondern mit Verweigerung des sprachlichen Kontakts einhergehen, bedürfen wegen ihrer Nähe zum Mutismus der Intervention. Unbefangenes Verhalten im Kontakt zu fremden Kindern wie Erwachsenen ist wesentlich von einschlägigen positiven Vorerfahrungen abhängig. Rivalität gegenüber Geschwistern oder Gleichaltrigen ist verbreitet und unkritisch, solange parallel bzw. im zeitlichen Wechsel zu ihr positive Beziehungen zu den gleichen Alterskameraden bestehen. Durchgängiges Mittelpunktstreben sollte ebenso Interventionsgrund sein wie durchgehend aggressives Verhalten, während der Wechsel von (gesteuerter) aggressiver Durchsetzung mit ausgleichendem Verhalten im Kontakt zur gesunden Entwicklung gehört. Aggressivität gegen Sachen ist ebenso kritisch zu werten wie das Ausweichen vor Auseinandersetzungen mit eigenen Handlungsweisen, im Extremfall durch Weglaufen.

Dissozial erscheinende Handlungen (Eigentumsübergriffe und Lügen) sind darauf zu prüfen, ob dem Kind Einfühlung in die Situation des Belogenen oder Bestohlenen möglich ist. Unwahre Aussagen, also scheinbare Lügen von Kleinkindern, basieren außer auf Irrtümern auch auf der magischen Vorstellung, daß damit auch eine Änderung der Realität erreicht werden könne. Weiter wird das Vorbringen an sich nicht vorhandener Wünsche (z. B. nach dem Schlafengehen zu trinken oder zu essen) in den Dienst des Kontaktbedürfnisses gestellt. Beide Mechanismen werden im Spiel des Vorschulkindes ohne weiteres toleriert, ebenso wie phantastische Erzählungen von kleinen Kindern. Schließlich übernehmen Kinder im Rahmen der Entwicklung mehrgleisigen Verhaltens von Erwachsenen die Gewohnheit, je nach Situation die Unwahrheit zu sagen. Intervention ist am Platz bei Kindern, in deren Milieu Lügen zu den gängigen Daseinstechniken von Erwachsenen gehört.

Entsprechendes gilt für kindliche Diebstähle, gegenüber denen sich auch am Ende des Grundschulalters noch keine Gewissensbarriere entwickelt hat. Interventionsbedürftig ist delinquentes Stehlen ebenso wie gehäuftes symbolisches Wegnehmen. Bei gelegentlichen symbolischen Diebstählen ist der Wert des Entwendeten in der Regel von untergeordneter Bedeutung, ähnlich wie bei Eigentumsübergriffen im Kleinkindesalter, die, wenn sie bewußt geschehen, meist Ausdruck aggressiver Impulse gegenüber dem Betroffenen – ähnlich wie das Zerstören von Besitz – sind.

Findet sich Spielen mit Feuer im Umfeld von Eigentumsdelikten, Lügen und Weglaufen, liegt der Verdacht auf eine *dissoziale Symptomatik* nahe. Spielereien mit dem Feuer sind – zumal bei der Verbotsbarriere – im Kindesalter häufig, erst recht bei intellektuellen Mängeln. Derartige Spiele geschehen häufig heimlich und ohne reale Einschätzung für die möglichen Folgen. Derartiges Verhalten ist am besten korrigierbar, wenn Feuer in sozial kontrollierten Situationen benutzt werden darf, im übrigen aber die Barrieren konsequent aufrechterhalten werden.

Frau Dipl.-Psych. *Petra Schneider* dankt der Autor für vielfache und unermüdliche redaktionelle Hilfe

Literatur

Ausubel, D. P., E. V. Sullivan: Das Kindesalter, 4. Aufl. Juventa, München 1974

Bloom, B. S.: Stabilität und Veränderung menschlicher Merkmale. Beltz, Weinheim 1971

Eisert, H. G.: Entwicklung der Vigilanzfunktionen. In: Neuropsychologie des Kindesalters, hrsg. von H. Remschmidt, M. H. Schmidt. Enke, Stuttgart 1981

Esser, G., A. Focken: Entwicklung von Gedächtnis und Lernen. In: Neuropsychologie des Kindesalters, hrsg. von H. Remschmidt, M. H. Schmidt. Enke, Stuttgart 1981

Ljublinskaja, A.: Kinderpsychologie. VEB Volk und Wissen, Berlin 1975

Mussen, P. H.: Carmichael's Manual of Child Psychology, 3. Aufl., Bd. I, II. Wiley, New York 1970

Mussen, P. H., J. J. Conger, J. Kagan: Lehrbuch der Kinderpsychologie. Klett, Stuttgart 1976

Nickel, H.: Entwicklungspsychologie des Kindes- und Jugendalters, Bd. I, II. Huber, Bern 1975, 1976

Niebergall, G., H. Remschmidt: Entwicklung des Sprechens und der Sprache. In: Neuropsychologie des Kindesalters, hrsg. von H. Remschmidt, M. H. Schmidt. Enke, Stuttgart 1981

Nissen, G.: Psychische Entwicklung und ihre Störungen. In: Lehrbuch der speziellen Kinder- und Jugendpsychiatrie, 3. Aufl., hrsg. von H. Harbauer, R. Lempp, G. Nissen, P. Strunk. Springer, Berlin 1976

Oerter, R.: Moderne Entwicklungspsychologie, 14. Aufl. Auer, Donauwörth 1974

Piaget, J., B. Inhelder: Die Psychologie des Kindes, 2. Aufl. Walter, Olten 1973

Schmidt, M. H.: Entwicklungspsychologie bis zur Pubertät. In: Pädiatrie in Praxis und Klinik, hrsg. von K. D. Bachmann, H. Ewerbeck, G. Joppich, E. Kleihauer, E. Rossi, G. R. Stalder. Fischer/Thieme, Stuttgart 1980

Psychische Entwicklung und ihre Varianten in Pubertät und Adoleszenz

Helmut Remschmidt

Definition von Pubertät und Adoleszenz

Unter *Pubertät* verstehen wir die biologischen und physiologischen Veränderungen, die mit der körperlichen und sexuellen Reifung verbunden sind. Sie wird durch das Auftreten der Menarche beim Mädchen und der ersten Ejakulation beim Jungen markiert, Merkmale, die in letzter Zeit als Grenzen für das Einsetzen der Pubertät wieder umstritten sind. In jedem Fall stehen aber die biologischen Veränderungen in der Pubertät am Anfang der Adoleszenzphase und stellen die wesentlichste Voraussetzung für alle folgenden Entwicklungsprozesse dar.

Adoleszenz umfaßt mehr die psychologische Bewältigung der körperlichen und sexuellen Reifung oder „die Anpassung der Persönlichkeit des Kindes an die Pubertät" (BERNFELD 1938). Pubertät umfaßt also den körperlichen Reifungsaspekt, Adoleszenz den psychischen Entwicklungsaspekt. Da die körperlichen Reifungsvorgänge aber den Anstoß für alle folgenden Wandlungen geben, läßt sich die Pubertät als Beginn der Adoleszenz auffassen. Pubertät und Adoleszenz gehen also ineinander über und sind sehr vielschichtige Phänomene, die sich auf verschiedenen Perspektiven präzisieren und differenzieren lassen:

Biologisch gesehen umfassen sie die Gesamtheit der somatischen Veränderungen, die sich am augenfälligsten in der körperlichen Entwicklung und in der sexuellen Reifung zeigen.

Psychologisch betrachtet umfaßt sie die Gesamtheit der individuellen Vorgänge, die mit dem Erleben, der Auseinandersetzung und der Bewältigung der somatischen Wandlungen sowie der sozialen Reaktionen auf diese verbunden sind. Dabei kommen insofern auch psychosoziale Faktoren ins Spiel, als in der jeweiligen Gesellschaft eine mehr oder weniger präzise Definition dessen besteht, was als Kindheit und was als Erwachsenenstatus zu bezeichnen ist.

Soziologisch betrachtet lassen sich Pubertät und Adoleszenz als ein Zwischenstadium definieren, in welchem die Jugendlichen mit der Pubertät die biologische Geschlechtsreife zwar erreicht haben, ohne jedoch „mit Heirat und Berufsfindung in den Besitz der allgemeinen Rechte und Pflichten gekommen zu sein, welche die verantwortliche Teilnahme an wesentlichen Grundprozessen der Gesellschaft ermöglichen und erzwingen. In positiver Wendung ließe sich diese Phase als jene bestimmen, in der im Hinblick auf Beruf und Ehepartner die ‚Objektwahlen' zunehmend motiviert, aber noch nicht institutionell vollzogen werden" (NEIDHARDT 1970).

In zeitlicher Hinsicht schließlich umfaßt Adoleszenz die Altersphase vom 12. bzw. 13. bis 20./24. Lebensjahr. Die zeitlichen Grenzen sind sowohl nach unten als auch nach oben unscharf. Während die untere Grenze mit dem Eintritt der Menarche und der ersten Ejakulation sowie durch die augenfälligen körperlichen Veränderungen noch einigermaßen präzise zu bestimmen ist, ist die obere Grenze sehr variabel und unterliegt weitaus stärker gesellschaftlichen Einflüssen. In diesem Zusammenhang sei nur an die 1975 erfolgte Herabsetzung des Volljährigkeitsalters auf 18 Jahre erinnert, eine legislative Maßnahme, die durch ihre Folgen in verschiedenen Rechtsbereichen die Definition der Adoleszentenphase beeinflußt und zu bereits sehr vielschichtigen Auswirkungen geführt hat. Angesichts der außerordentlichen Variabilität der oberen Grenze der Adoleszentenphase kommt man immer mehr davon ab, feste Altersmarken anzugeben. Vielmehr geht man in zunehmendem Maße dazu über, die obere Grenze der Adoleszentenphase nach Maßgabe sozialer Kriterien zu definieren.

Weitgehende Anerkennung gefunden hat eine Zweiteilung der Adoleszenz. Die *erste Phase* ist durch eine Fülle von Veränderungen im somatischen, psychischen und psychosozialen Bereich gekennzeichnet. Hier kommt es zu einem mehr oder weniger plötzlichen Verlust des Status der Kindheit, es existieren noch sehr unrealistische Vorstellungen von den Statusprivilegien der Jugendlichen wie der Erwachsenen. Die Jugendlichen nehmen eine eigenartige Zwitterstellung ein, sie sind nicht mehr Kind und noch nicht Jugendlicher und haben in der Subkultur der Gleichaltrigen noch nicht Fuß gefaßt (AUSUBEL 1974).

Zweite Phase: Die im ersten Stadium im Vordergrund stehende Beunruhigung und Verunsicherung nimmt ab, die Jugendlichen haben an Orientierung gewonnen und sind realistischer geworden. Sie haben Kontakt zu Gleichaltrigen gefunden und den Status der Kindheit weitgehend abgestreift. Gleichwohl ist aber die Übernahme des Erwachsenenstatus noch nicht gelungen, es entstehen Probleme der Identitätsfindung, und es kommt zu

Auseinandersetzungen mit den herkömmlichen Strukturen der Gesellschaft.

Wandlungen und Veränderungen in Pubertät und Adoleszenz

Physiologische Veränderungen

Am augenfälligsten sind *Wachstum* und damit im Zusammenhang die Veränderungen der *körperlichen Proportionen*. Diese werden hormonell gesteuert. Im Zusammenhang mit den endokrinen Regulationen erfolgt einerseits die Entwicklung zur *Geschlechtsreife*, zum anderen sind damit zum Teil erhebliche funktionelle und morphologische Veränderungen in verschiedenen Organsystemen verbunden. Die äußeren Merkmale der sexuellen Reifung stellen für den Kliniker wichtige Gesichtspunkte zur Beurteilung des Reifungsablaufes dar, wenngleich eine nicht geringe Spielbreite der Reifung dadurch zustande kommt, daß eine Reihe sehr unterschiedlicher Faktoren das Wachstum oder den Reifungsablauf beeinflußt. Dennoch lassen sich aber Stadien im Reifungsablauf unterscheiden, die unabhängig von psychosozialen und transkulturellen Veränderungen weitgehend einheitlich ablaufen.

In den ersten Lebensjahren erfolgt ein rapides Wachstum. Bis zum 9. Lebensjahr verläuft die Wachstumskurve dann relativ langsam; anschließend erfolgt der Pubertätswachstumsschub, der bei Mädchen rund 2 Jahre früher einsetzt als bei Jungen. Dieser Sachverhalt ist in Abb. 1.1 wiedergegeben. Die zeitlichen Zuordnungen der beobachtbaren körperlichen Merkmale zum chronologischen Alter ist in Tab. 1.2 und 1.3 wiedergegeben.

Auch im hormonellen Bereich kommt es zu einer erheblichen Umstellung. Während vor der Pubertät das Wachstum hauptsächlich unter dem Einfluß des Wachstumshormons und des Somatomedins steht, wird der Wachstumsschub in der Pubertät als Folge einer Androgenausschüttung (bei Mädchen aus der Nebennierenrinde, bei Jungen aus dem Hoden) angesehen.

Hervorzuheben ist, daß die verschiedenen physiologischen Veränderungen in Pubertät und Adoleszenz stets in der *gleichen zeitlichen Sukzession* und auch von erheblichen Veränderungen im subjektiven Erleben begleitet sind. Auch läßt sich eine „phylogenetische Konstanz“ der Abfolge pubertärer Veränderungen nachweisen“ (AUSUBEL 1975).

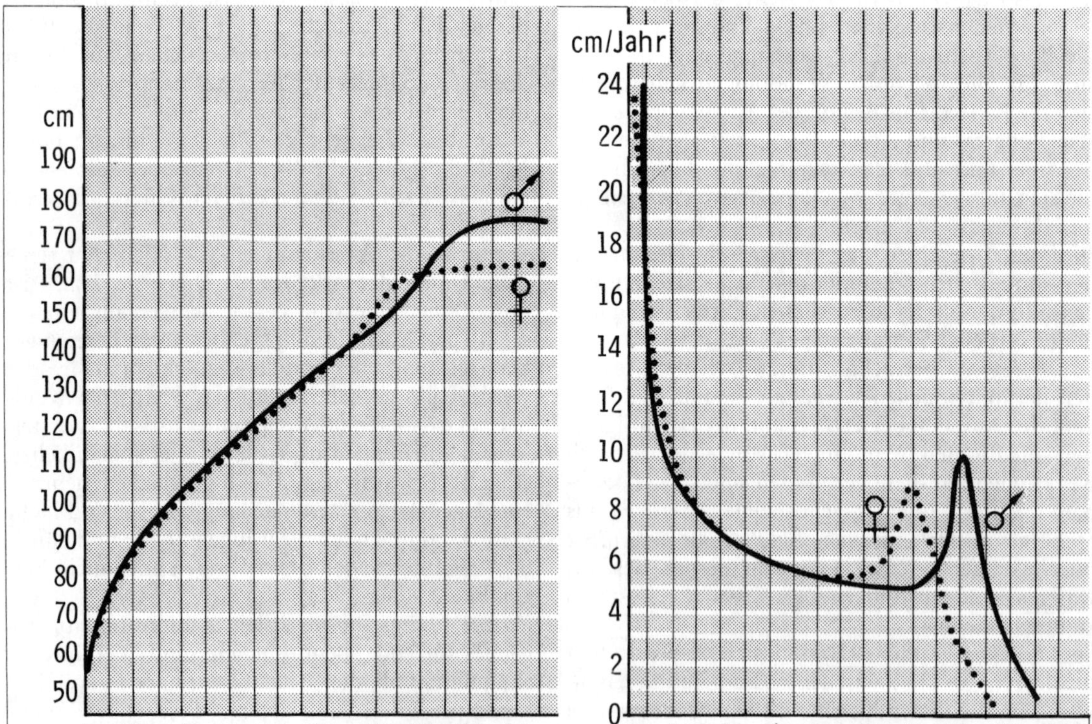

Abb. 1.1 Körpergröße (links) und Wachstumsgeschwindigkeit (rechts) bei Knaben und Mädchen (aus *J. R. Bierich*: Z. Kinder- u. Jugendpsychiat. 3 [1975] 300).

Tabelle 1.**2** Zeittafel der Pubertätsentwicklung beim Knaben (aus *J. R. Bierich:* Z. Kinder- u. Jugendpsychiat. 3 [1975] 300)

Alter (Jahre)	Körperliche Merkmale
vor 10	infantile Verhältnisse
10–12	Testes beginnen zu wachsen
12–13	erste Pubes = Pubarche (P 2) beginnende Vergrößerung des Penis Zunahme des Längenwachstums
13–14	starkes Wachstum von Testes und Penis Pubesstadium 3 leichte Brustdrüsenschwellung erstes Daumensesambein
14	stärkstes Längenwachstum
14–15	beginnende Behaarung Oberlippe Pubesstadium 4 Axillarbehaarung stärkere Brustdrüsenschwellung
15–16	Stimmbruch Pubesstadium 5 Hoden und Penis erwachsen, reife Spermien Rückgang der Brustdrüsenschwellung
17–19	Zunahme Gesichts- und Körperbehaarung Pubesstadium 6 männliche Stirn-Haar-Grenze Epiphysenschluß und Wachstumsstillstand

Tabelle 1.**3** Zeittafel der Pubertätsentwicklung beim Mädchen (aus *J. R. Bierich:* Z. Kinder- u. Jugendpsychiat. 3 [1975] 300)

Alter (Jahre)	Körperliche Merkmale
vor 8	infantile Verhältnisse
10–11	Brustknospen = Thelarche (B 2) Zunahme des Längenwachstums Reifung der Vaginalschleimhaut
11	erste Pubes = Pubarche (P 2) erstes Daumensesambein
11–12	starkes Wachstum des äußeren und inneren Genitales
12–13	Pubes- und Bruststadium 3 stärkstes Längenwachstum
13	Menarche, unregelmäßige anovulatorische Menses Axillarbehaarung Pubes- und Bruststadium 4
14–15	regelmäßige ovulatorische Menses Möglichkeit einer Gravidität Pubes- und Bruststadium 5
16–17	Epiphysenschluß und Wachstumsstillstand

Subjektives Erleben körperlicher Veränderungen

Es kann nicht ausbleiben, daß die umfangreichen physiologischen Veränderungen auch im *subjektiven Erleben* Folgen hinterlassen. Dabei sind zwei wichtige Aspekte hervorzuheben:

1. Selbstwahrnehmung der Veränderungen am eigenen Körper:

Durch die Wahrnehmung der verschiedenen Wandlungen im somatischen Bereich wird die *Vorstellung vom eigenen Körper* verändert. Im Zusammenhang damit wird auch von der sozialen Umwelt eine Einstellungsänderung zum nunmehr aufgrund seiner körperlichen Wandlung geschlechtsreifen Individuum vollzogen. Die vermehrte Beobachtung der eigenen Körperlichkeit und der Vergleich mit anderen führt häufig dazu, daß vorhandene oder vermeintliche körperliche Mängel überbewertet werden und zu schweren neurotischen Fehlentwicklungen oder gar kriminellen Delikten führen können, wie sie STUTTE (1962/63, 1974) unter der Bezeichnung Thersites-Komplex beschrieben hat. Sie disponiert aber auch zum Auftreten von Derealisations- und Depersonalisationserlebnissen, die gerade in der Adoleszenz einen Häufigkeitsgipfel erreichen und differentialdiagnostisch von schizophrenen Psychosen abzugrenzen sind. Im Zusammenhang mit den massiven körperlichen Veränderungen ist auch die Pubertätshypochondrie zu sehen, die häufig eine Variante der normalen Entwicklung darstellt, die sich aber auch im Rahmen von Adoleszentenkrisen und psychotischen Erkrankungen findet.

2. Wahrnehmung der sozialen Reaktionen auf die körperlichen Veränderungen:

Die Jugendlichen registrieren natürlich auch die *soziale Reaktion* seitens der Umwelt auf ihre körperlichen Veränderungen (z. B. Anerkennung, Bewunderung oder auch Ablehnung, Spott oder Mißachtung) und integrieren diese in ihr Selbstbild. Nicht selten findet man bei der Analyse von Pubertäts- und Adoleszentenkrisen derartige ungeschickte oder verletzende Reaktionen erwachsener Beziehungspersonen, deren Verhalten nicht selten zur Auslösung entsprechender Störungen Anlaß gibt.

Psychische und psychosoziale Veränderungen in Pubertät und Adoleszenz

Veränderungen im kognitiven Bereich

Die Umstrukturierung des kognitiven Bereiches in der Pubertät und der beginnenden Adoleszenz ist durch die Ablösung vom konkreten und die Hinwendung zum *formalen Denken* gekennzeichnet. Vorstufen hierzu finden sich bereits im Alter von 11–12 Jahren. Damit findet eine Entwicklung ihren Abschluß, die von den sensomotorischen Strukturen über die konkreten Operationen zu den formalen Denkoperationen führt. Die umfassendsten Untersuchungen über die Entwicklung des Denkens vom Säuglingsalter bis zur Adoleszenz verdanken wir dem Werk von Jean Piaget. Die von ihm beschriebenen fünf Stadien der kognitiven Entwicklung (1. sensomotorische Stufe, 2. vorbegrifflich-symbolisches Denken, 3. anschauliches Denken, 4. konkrete Operationen, 5. formale Operationen) lassen sich mit entsprechender Streuungsbreite bestimmten Altersstufen zuordnen. Ihre Kenntnis ist sowohl für das Verständnis der normalen wie der pathologischen Verhaltensweisen als auch für die Gestaltung pädagogischer Maßnahmen von größter Bedeutung. Jede Stufe baut auf der vorherigen auf und führt sie zugleich weiter. In der Zeit zwischen dem 11. und 15. Lebensjahr kommt es im kognitiven Bereich nach Piaget zu fundamentalen strukturellen Veränderungen. Diese sind gekennzeichnet durch drei wichtige Vorgänge: die Entwicklung der Kombinatorik, die Entwicklung der Aussageoperation und das Auftreten des hypothetisch-deduktiven Denkens. Alle Vorgänge führen aus dem konkreten Denken heraus und erschließen dem Jugendlichen über die Möglichkeit der formalen Denkoperation eine neue Dimension. Ihr Denken ist nunmehr in der Lage, auch Möglichkeiten und Hypothesen einzubeziehen, die in der Realität keine Entsprechungen haben. Es werden Gedanken in Vergangenheit und Zukunft möglich, Bezugssysteme können gewechselt werden, Wahrscheinlichkeitsbegriffe werden eingeführt, was u. a. zu einer Experimentierfreudigkeit im Denken und Erkennen und auch in der sprachlichen Formulierung führt. Die Konstruktion von Hypothesen ist nicht weit entfernt von der Bildung von Idealvorstellungen, die sich vielfach gar nicht überprüfen lassen oder mit den Gegebenheiten der Realität kollidieren können. Auf diese Weise lassen sich manche Konflikte der Adoleszenten aus der Veränderung ihrer kognitiven Struktur ableiten.

Veränderungen im emotionalen Bereich

Die Veränderungen im kognitiven Bereich stellen notwendige Voraussetzungen für die *emotionalen Wandlungen* in der Adoleszenz dar (Piaget 1975). Wenngleich der Wandlungsprozeß körperlicher Funktionen genetisch gesteuert zu werden scheint, so sind im kognitiven und affektiven Bereich Faktoren der Sozialisierung und der kulturellen Vermittlung unübersehbar. Erst mit dem Erreichen formaler Denkmöglichkeiten sind die Jugendlichen in der Lage, sich für Werte und Ideale zu interessieren und zu begeistern. Mit der vorhandenen Denkmöglichkeit werden auch die entsprechenden Motivationen und gefühlsmäßigen Reaktionen bereitgestellt. Z. B. ist die Idee der Gerechtigkeit, der Gleichheit der Menschen oder die der Wahrheit und der wissenschaftlichen Erkenntnis für ein 10jähriges Kind noch nicht faßbar. Mit der Entwicklung der formalen Denkprozesse wird aber nicht nur die Denkmöglichkeit geschaffen; es werden gleichzeitig, in engem Zusammenhang mit der körperlichen Reifung, neue emotionale Reaktionen möglich, die im wesentlichen mit drei verschiedenen Problemfeldern assoziiert sind: der Ich-Entwicklung und Identitätsfindung, der Entwicklung der Sexualität und der Auseinandersetzung mit der Autorität in Familie und Gesellschaft.

Problemfelder und Aufgaben

Ich-Entwicklung und Identitätsfindung

Ich-Entwicklung und *Identitätsfindung* sind miteinander zusammenhängende und sich komplementär ergänzende Vorgänge. Sie werden hier nur aus Gründen der Übersichtlichkeit nicht gemeinsam, sondern nacheinander dargestellt.

Nach Ausubel u. Kirk (1977) läßt sich die Ich-Entwicklung in der Adoleszenz unter zwei Gesichtspunkten betrachten: unter dem der Ziele der Ich-Reifung und unter dem der Ziele des Ich-Status. Erstere stellen eine kontinuierliche Fortentwicklung der Reifungsabläufe des Kindesalters dar, letztere umfassen diejenigen Statuseigenschaften, die dem Kindesalter vorenthalten sind, in der Adoleszenz jedoch erstmalig auftreten und zum Erwachsenenalter hinführen. Beispiele hierfür sind sexuelle und berufliche Statuseigenschaften.

In den letzten Jahren hat sich immer mehr die Betrachtungsweise durchgesetzt, Reifungs- und Entwicklungsprozesse an denjenigen Aufgaben zu messen, an deren erfolgreicher Bewältigung sie sichtbar werden. Unter dem Terminus *„Entwicklungsaufgaben"* haben sie Eingang in die Entwicklungspsychologie gefunden. Die wichtigsten dieser Entwicklungsaufgaben sind: Akzeptieren des eigenen Körpers und Umgang mit seinen Funktionen, Erlernen und Ausfüllen der Geschlechtsrolle, Erlangung der Unabhängigkeit vom Elternhaus sowie wirtschaftliche Unabhängigkeit, Entwicklung von Selbstvertrauen und Aufbau eines Wertsystems.

Identitätsfindung

Das Suchen nach *persönlicher Identität* ist ein zentrales Phänomen der Adoleszenz. Die körperliche und psychische Beunruhigung, die gesellschaftlichen Erwartungen und die Entwicklungsaufgaben der Adoleszenz stellen den Jugendlichen vor Probleme, die nicht einfach zu lösen sind. Wenn derart vielfältige Aufgaben von einer Persönlichkeit gefordert werden, die sich in mannigfachen biologischen Wandlungen befindet, so wird das Finden einer eigenen Mitte als Übereinstimmung zwischen Selbsterleben, Fremderleben und Anpassung an soziale Normen ungemein schwer. Die Entwicklungsphase Adoleszenz ist jedoch keine

Krankheit, sondern eine biologische und „normative" Krise (ERIKSON 1965), die neben der Labilisierung und Beunruhigung auch wesentliche Aufbaukräfte bereitstellt. Im Zentrum der Suche nach Identität stehen drei Fragen: „Wie bin ich? Wie möchte ich sein? Für wen hält man mich?". Die Beantwortung dieser Fragen kann nicht geschehen ohne Orientierung an Vorbildern im familiären und außerfamiliären Bereich. Aber gerade diese sind in dieser Altersgruppe fragwürdig geworden, so daß die Suche nach einer Antwort auf diese Fragen auf eine außerfamiliäre Orientierung hinausläuft.

Sexualreife

Hinsichtlich der *Sexualentwicklung* und Sexualreife müssen in der Adoleszenz zwei Vorgänge konvergieren: der *biologische* Vorgang der Entwicklung zur Vollfunktion der Sexualreife und der *psychosoziale* Vorgang und die Übernahme der Geschlechtsrolle durch das Individuum bzw. deren Anerkennung durch die Gesellschaft. Beide Vorgänge laufen nicht synchron ab, sondern sind zeitlich mehr oder weniger gegeneinander verschoben. Diese Verschiebung resultiert in unserem Kulturkreis aus der Tatsache, daß ein Jugendlicher auch nach Eintritt der vollen biologischen Sexualreife noch nicht in der Lage ist, die mit ihr verbundenen anderen gesellschaftlichen Funktionen (z. B. berufliche Selbständigkeit, Vaterschaft, Mutterschaft) wahrzunehmen. Dadurch entsteht eine Diskrepanz, die auf seiten des Jugendlichen zu einer Auflehnung gegenüber der Erwachsenenwelt und zu einem experimentellen Durchprobieren verschiedener Verhaltensweisen führt, die realiter gesellschaftlich noch nicht möglich sind. Hinsichtlich der weiteren sexuellen Entwicklung spielen neben genetischen Faktoren das Sexualverhalten der Eltern sowie erste eigene Erfahrungen mit Sexualpartnern eine entscheidende Rolle. Die Übernahme der biologischen Geschlechtsrolle wird den Jugendlichen durch drei Faktoren erleichtert (AUSUBEL 1974): Durch das elterliche Beispiel glücklicher ehelicher Beziehungen, durch eine positive Identifikation mit der Rolle des gleichgeschlechtlichen Elternteils und durch positive erste Erfahrungen mit Angehörigen des anderen Geschlechts. Sexuelle Fehlentwicklungen und Varianten sexuellen Verhaltens haben vielfach in der Pubertät ihren Ursprung.

Auseinandersetzung mit der Autorität in Familie und Gesellschaft

In der Adoleszenz kommt es fast gesetzmäßig zu Auseinandersetzungen mit *Autorität, Tradition* und *gesellschaftlichen Normen*. Diese spielen sich bei Adoleszenten der mittleren sozialen Schichten in Familie und Schule, bei den Angehörigen der unteren sozialen Schichten vorwiegend im beruflichen Bereich ab. Auch diese Problematik hat in der kognitiven Umstrukturierung ganz wesentliche Wurzeln. Die Auflehnung gegen Autorität, Tradition und Normen ist jedoch nicht in allen Kulturkreisen geläufig. Zu ihrer Erklärung gibt es eine Reihe von Thesen: Rollendiskrepanzen, kognitive und emotionale Ungewißheit, Verlust der Tradition und damit existentielles Vakuum für die Jugendlichen.

In diesen Auseinandersetzungen kommt zum Teil auch der *Ablösungsprozeß* von den Eltern zum Ausdruck. Mit dem zunehmenden Gewicht der Bezugsgruppe verändern sich auch die Kontakte zu den Eltern. Am besten läßt sich dies am Freizeitverhalten veranschaulichen. Die Jugendlichen verbringen häufiger den Abend außer Hause, fahren seltener mit den Eltern in Urlaub, gehen später schlafen, beurteilen zu Hause verbrachte Abende negativer usw. Dieser Rückzug aus der Familie stellt nicht geringe Anforderungen an die Eltern. Er wird vielfach als generelle Abwendung vom Elternhaus erlebt und kann sich auf der normativen Ebene in einem verstärkten Kontrollbedürfnis der Eltern äußern, was eine Fülle von Konflikten heraufbeschwört. Durch die Verlagerung von Beziehungsstrukturen aus dem Elternhaus heraus entsteht naturgemäß auch eine geringere Kontrollmöglichkeit. Durch die divergierenden Anschauungen über Normen und Werte kann das Kontrollbedürfnis der Eltern verstärkt werden. Gleichzeitig nimmt aber auch die Bereitschaft zu gehorchen und sich den Anweisungen der Eltern zu fügen ab. Empirische Untersuchungen zeigen aber dennoch, daß auch bei einer Abwendung aus der Familie tiefergehende emotionale Bindungen erhalten bleiben.

Zusammenhänge zwischen physiologischen und psychologischen Veränderungen

Die Beobachtung eines *parallelen* oder zumindest zeitlich weitgehend übereinstimmenden Verlaufes von *biologischen, psychologischen* und *psychosozialen Wandlungen* in Pubertät und Adoleszenz muß die Frage aufwerfen, in welcher Weise diese sehr vielschichtigen Vorgänge zusammenhängen. Am Beispiel der Sexualentwicklung soll die Problematik allgemein verdeutlicht werden. Zur Veranschaulichung dient Abb. 1.2. Sie skizziert auf der einen Seite die für die Pubertät charakteristischen Veränderungen, insbesondere den Anstieg der Sexualhormone (A), auf der anderen Seite die sich entwickelnden sexuellen Bedürfnisse und Triebe (B). Übereinstimmung zwischen A und B kann nach dem heutigen Stand der psychologischen Forschung nicht angenommen werden. Es ist auch kaum vorstellbar, daß der Vorgang B ein Epiphä-

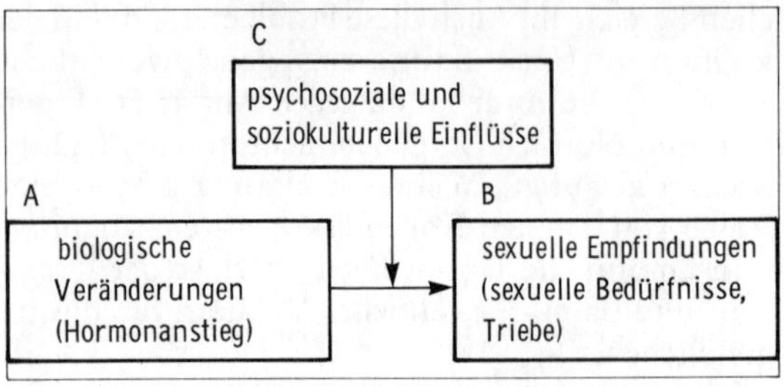

Abb. 1.**2** Zusammenhang biologischer, psychologischer und psychosozialer Veränderungen in Pubertät und Adoleszenz.

nomen des anderen (A) ist. Die Beziehung ist sicher viel komplizierter. Die biologischen Veränderungen (A) schaffen die Voraussetzungen dafür, daß entsprechende Erlebnisse überhaupt entstehen können. Dies ist aber nur möglich, wenn psychosoziale Vorgänge (C) als Erlebnis oder Auslöser zur Verfügung stehen, an denen sich entsprechendes Erleben und Verhalten formen kann. Den psychosozialen und soziokulturellen Einflüssen (C) kommt also gewissermaßen die Funktion eines Katalysators zu, der den Zusammenhang zwischen hormonellen Veränderungen und psychischen Erlebnissen vermittelt. Hort der Integration von nervösen Veränderungen und psychischen Vorgängen kann nur das Zentralnervensystem sein. Das am Beispiel der Sexualentwicklung aufgezeigte Zusammenwirken biologischer, psychologischer und psychosozialer Faktoren läßt sich analog auf andere Bereiche übertragen, wobei allerdings wesentliche Zwischenglieder noch unbekannt sind.

Entwicklungspsychologische Gesichtspunkte zum Verständnis von Normvarianten und Störungen in Pubertät und Adoleszenz

Die bislang geschilderten körperlichen und psychischen Veränderungen liefern vielfach den Schlüssel zum Verständnis von Normvarianten und Störungen der psychischen Entwicklung in Pubertät und Adoleszenz. Zum einen werden in diesen Entwicklungsphasen erstmalig Ausdrucksmöglichkeiten für eine Reihe von *psychischen Störungen* bereitgestellt, die typischerweise in der Adoleszenz einen Häufigkeitsanstieg zeigen. Dies ist z. B. der Fall bei depressiven Syndromen, schizophrenen Psychosen, manisch-depressiven Erkrankungen und Adoleszentenkrisen. Zum anderen werden durch die massiven Wandlungen im körperlichen Bereich auch eine Reihe von Störungen sichtbar, die eng an die Körperlichkeit gebunden sind, z. B. hypochondrische Tendenzen (Pubertätshypochondrie) Depersonalisations- und Derealisationserlebnisse, Pubertätsaskese und Onanieskrupel. So läßt sich z. B. feststellen, daß rund die Hälfte aller Mädchen und ein Drittel aller Jungen in der Adoleszenz Sorgen hinsichtlich ihrer Körpergröße, ihrer Figur oder ihres Gewichtes haben. Diese Sorgen beziehen sich im wesentlichen auf die Befürchtung, zu klein zu sein oder zu klein zu bleiben, zu groß zu sein sowie auf die in der Adoleszenz häufige Disproportionierung der Körpermaße. Hier haben Jungen wie Mädchen Sorgen, weil die Nase zu weit vorsteht, die Arme im Vergleich zu den Beinen zu lang wirken, die Beckenknochen zu weit vorstehen oder die Hüften zu breit wirken. Diese Disproportionierung, die durch eine unterschiedliche Wachstumsgeschwindigkeit verschiedener Körperteile entsteht, gleicht sich gegen Ende des Wachstums in der Regel vollkommen aus. Auch das Körpergewicht ist für viele Jugendliche eine Quelle der Beunruhigung. Es besteht ein kurvilinearer Zusammenhang zwischen Unzufriedenheit mit dem eigenen Körpergewicht und dem Ausmaß desselben.

Auch hinsichtlich der primären Geschlechtsmerkmale ergeben sich vor allem bei Jungen häufig psychische Probleme. Im Gegensatz zu den Mädchen spielt das Wachstum der äußeren Genitalien für die Jungen schon deshalb eine größere Rolle, weil sie außerhalb des Körpers liegen. Ferner wird die Größe der äußeren Genitalien häufig mit Männlichkeit und männlicher Potenz in Zusammenhang gebracht. Derartige Anschauungen werden auch nicht selten von Eltern vertreten, die sich dann Sorgen über ihren Jungen machen, der ein vermeintlich zu kleines Genitale hat. Die Größe der Genitalien wird sowohl genetisch als auch hormonell determiniert. Sie hat, von extremen Varianten abgesehen, jedoch keinerlei Bedeutung für die Funktionsfähigkeit der Sexualorgane. Bei Mädchen spielen Unterschiede hinsichtlich der Genitalien keine so große Rolle, da die Geschlechtsorgane im Körperinneren liegen. Große Bedeutung kommt allerdings der Menstruation zu. Ängste und Befürchtungen treten auf, wenn die Mädchen auf dieses Ereignis nicht vorbereitet sind. Beunruhigt sind sie aber auch, wenn die Menarche vermeintlich verzögert auftritt. Generell ist wichtig zu wissen, daß in der Adoleszenz eine ängstliche Beachtung von normativen Vorstellungen ubiquitär ist. Wie bereits erwähnt beziehen sich diese auf Körperwachstum, Größe, Gewicht, Körperproportionen, Haartracht, Gesicht, Verhalten und Bewegungen. Die Normvorstellungen sind jeweils kulturspezifisch. Adoleszenten sind sehr leicht geneigt, hinsichtlich ihrer eigenen Körperlichkeit eine Abweichung von der Norm festzustellen. Sie sind vielfach dieser Meinung, obwohl eine reale Betrachtung ergeben würde, daß sie sich noch weit im Normbereich bewegen. Diese Sensitivität führt häufig zu Konfliktreaktionen oder auch zu chronischen psychischen Beeinträchtigungen in Form von neurotischen Fehlentwicklungen. Ein sehr häufiger Anlaß für Beeinträchtigungen des Selbstwertgefühls ist die in der Adoleszenz häufige Acne vulgaris.

Für alle, die als Kinder- und Jugendpsychiater oder als klinische Psychologen mit Adoleszenten zu tun haben, ist es wichtig, um diese Entwicklungsprozesse zu wissen, um jeweils abschätzen zu können, ob ein bestimmtes Verhalten der Jugendlichen noch als Entwicklungsvariante oder bereits als psychische Störung aufzufassen ist.

Frau Dipl.-Psych. *Johanna Schneider* dankt der Verfasser für vielfältige und kenntnisreiche Hilfen bei der Redaktionsarbeit

Literatur

Ausubel, D. P., E. V. Sullivan: Das Kindesalter, 4. Aufl. Juventa, München 1974

Ausubel, D. P.: Das Jugendalter, 5. Aufl. Juventa, München 1975

Ausubel, D. P., D. Kirk: Ego Psychology and Mental Disorder. A Developmental Approach to Psychopathology. Grune & Stratton, New York 1977

Bernfeld, S.: Types of Adolescence. Psychoanal. Quart. 7 (1938) 243

Bierich, J. R.: Physiologische und pathologische Aspekte der Adoleszenz. Z. Kinder- u. Jugendpsychiat. 3 (1975) 300

Erikson, E.: Kindheit und Gesellschaft. Klett, Stuttgart 1965

Neidhardt, F.: Bezugspunkte einer soziologischen Theorie der Jugend. In: Jugend im Spektrum der Wissenschaften, hrsg. von F. Neidhardt et al. Juventa, München 1970

Piaget, J.: Die Entwicklung des Erkennens. Gesammelte Werke, Bd. VIII–X. Klett-Cotta, Stuttgart 1975

Stutte, H.: Der Thersiteskomplex, ein phasenspezifischer Konfliktfaktor der Adoleszenz. Separata de „A criança portugesa" 21 (1962/63) 451

Stutte, H.: Neurotische Dissozialität auf dem Boden eines Thersiteskomplexes. Prax. Kinderpsychol. 23 (1974) 161

2 Klassifikation kinder- und jugendpsychiatrischer Erkrankungen und Störungen[1]

Helmut Remschmidt

[1] Frau Dipl.-Psych. *Johanna Schneider* dankt der Verfasser für vielfältige und kenntnisreiche Hilfen bei der Redaktionsarbeit

Allgemeine Gesichtspunkte

Eine ausführliche Erörterung der Klassifikationsprobleme in der Kinder- und Jungendpsychiatrie findet sich im 1. Band. Auf das entsprechende Kapitel kann hier verwiesen werden. Die folgenden Ausführungen beziehen sich ausschließlich auf die Klassifikation von Diagnosen unter dem Gesichtspunkt der klinischen Praktikabilität.
An der Notwendigkeit und Zweckmäßigkeit der Klassifikation von Diagnosen kann mittlerweile kein Zweifel mehr bestehen. Erst eine einheitliche Diagnostik ermöglicht auch eine sinnvolle Kommunikation zwischen Klinikern und Wissenschaftlern unterschiedlicher Fachrichtung. Ohne ein derartiges Klassifikationssystem wären multizentrische Studien gar nicht möglich. Eines der wichtigsten Ziele aller Klassifikation ist es natürlich, eine Korrelation zwischen diagnostischen Kategorien und diesen Kategorien angemessenen Theapieverfahren herzustellen. Es ist zu hoffen, daß sich die Forschung auf dem Gebiet der Klassifikation und Dokumentation in diese Richtung entwickelt.
Für alle Formen der Klassifikation von Diagnosen müssen einige grundlegende Gesichtspunkte berücksichtigt werden (ausführlicher wird auf diese im 1. Band eingegangen):

- Klassifikation muß auf Fakten beruhen, sie darf sich nicht auf theoretische Konzepte stützen.
- Das Ziel aller Klassifikationsbemühungen ist nicht die Klassifikation von Personen, sondern von Störungen bzw. Problemen.
- In der Kinder- und Jugendpsychiatrie muß der Entwicklungsaspekt berücksichtigt werden.
- Die Klassifikationen müssen zuverlässig sein, wozu ein Glossar unerläßlich ist.
- Diagnosenklassifikationen müssen auch valide sein, d. h., sie müssen an Außenkriterien so weitgehend orientiert sein, daß die verwendeten Kategorien mit hoher Wahrscheinlichkeit das erfassen, was intendiert ist.
- Die Diagnosenklassifikation sollte möglichst Informationen enthalten, die für die klinische Situation bedeutsam sind und therapeutische Entscheidungen erleichtert.
- Schließlich muß die Klassifikation auch im klinischen Alltag praktikabel sein.

In den letzten Jahren wurden einige Klassifikationssysteme entwickelt, für die die hier erwähnten Kriterien im großen und ganzen zutreffen. *Kein* System entspricht in idealer Weise allen notwendigen Anforderungen. Die bisherigen Erfahrungen mit Klassifikationssystemen zeigen jedoch, daß diese durch sorgfältige Analysen und empirische Untersuchungen sinnvoll weiterentwickelt werden können.

Klinisch bewährte Klassifikationssysteme

Die im klinischen Bereich gebräuchlichen Klassifikationssysteme lassen sich in eindimensionale und mehrdimensionale einteilen. Unter den letzteren kann man multiaxiale Systeme klinischen Ursprungs und mehrdimensionale Klassifikationssysteme aufgrund statistischer Ableitungen voneinander unterscheiden.

Eindimensionale Klassifikationssysteme

Beispiele für *eindimensionale* und zugleich *multikategorielle* Systeme sind die Klassifikationssysteme ICD 8 und ICD 9. ICD 8 enthielt nur sehr wenige kinder- und jugendpsychiatrische Kategorien, weshalb auf dieses System hier nicht näher eingegangen wird. Demgegenüber ist erfreulich, daß die wichtigsten kinder- und jugendpsychiatrischen Kategorien Eingang in die 9. Revision des ICD-Systems gefunden haben. Damit kann dieses System gegenüber ICD 8 als wesentlich verbessert betrachtet werden. Aus dem Blickwinkel der Kinder- und Jugendpsychiatrie muß allerdings kritisch angemerkt werden, daß die Entwicklungsdimension als eigene Kategorie fehlt, daß das intellektuelle Funktionsniveau nicht unabhängig von den psychiatrischen Syndromen klassifiziert wird und daß die psychosoziale Situation nicht erfaßt wird. Diese Nachteile weisen die neueren multiaxialen Klassifikationssysteme nicht auf, auf die im folgenden eingegangen wird.

Multiaxiale Klassifikationssysteme klinischen Ursprungs

Die beiden wichtigsten neueren *multiaxialen Klassifikationssysteme,* die im wesentlichen aus klinischen Erfahrungen und Untersuchungen hervorgegangen sind, sind das multiaxiale Klassifikationsschema für psychiatrische Erkrankungen im Kindes- und Jugendalter nach RUTTER, SHAFFER u. STURGE (1976) (deutsche Bearbeitung REMSCHMIDT u. SCHMIDT 1977) und das DSM III der American Psychiatric Association. Das zuerst genannte System ist speziell für das Kindes- und Jugendalter entwickelt worden, das DSM III erlaubt sowohl die Klassifikation von kinder- und jugendpsychiatrischen Erkrankungen als auch von psychiatrischen Erkrankungen bei Erwachsenen. Auf die zahlreichen früheren Vorläufer multiaxialer Klassifikationssysteme kann hier nicht eingegangen werden. Auf sie wird in Kapitel „Klassifikation" in Band I Bezug genommen.

Multiaxiales Klassifikationsschema für psychiatrische Erkrankungen im Kindes- und Jugendalter

Dieses Klassifikationsschema wurde zunächst als triaxiales System entwickelt (RUTTER u. Mitarb. 1969), dann auf vier Achsen erweitert und schließlich in ein fünfachsiges System übergeführt (RUTTER u. Mitarb. 1976), das seit 1977 in deutscher Sprache vorliegt (REMSCHMIDT u. SCHMIDT 1977). Dieses Klassifikationsschema wird in der Zwischenzeit in zahlreichen kinder- und jugendpsychiatrischen Einrichtungen angewandt. Es erfaßt auf der ersten Achse das *klinisch-psychiatrische Syndrom,* auf der zweiten Achse *umschriebene Entwicklungsrückstände,* auf der dritten das *Intelligenzniveau,* auf der vierten die *körperliche Symptomatik* und auf der fünften *abnorme psychosoziale Umstände.* In Tab. 2.1 ist eine Übersicht über die Achsen des multiaxialen Klassifikationssystems wiedergegeben. Die Tabelle enthält auch einen Vergleich mit dem amerikanischen System Diagnostic and Statistical Manual of Mental Disorders DSM III.

Tabelle 2.**1** Vergleich des multiaxialen Klassifikationsschemas für psychiatrische Erkrankungen im Kindes- und Jugendalter mit dem ebenfalls multiaxialen Klassifikationssystem DSM III

Multiaxiales Klassifikationssystem (MAS) (1966, 1977)	DSM III (1980)
I. Klinisch-psychiatrisches Syndrom Kategorien der ICD 9 unter Einbeziehung spez. kinderpsychiatrischer Kategorien: 299 Typ Psychosen des Kindesalters; 300 Neurotische Störungen; 307 Spezielle Symptome; 309 Anpassungsreaktionen; 312 ... Störungen des Sozialverhaltens; 313 Spezifische emotionale Störungen des Kindes- und Jugendalters; 314 Hyperkinetische Syndrome	I. Klinisch psychiatrisches Syndrom Sehr differenzierte Kategorien unter teilweiser Einbeziehung der ICD 9 mit einem eigenen Abschnitt über „gewöhnlich im Kindes- und Jugendalter auftretende Erkrankungen", z. B. Störungen mit Aufmerksamkeitsdefizit (314), Angstzustände im Kindes- und Jugendalter (309.21; 313.0)
II. Umschriebene Entwicklungsrückstände 0 kein Rückstand; 1 umschriebene (u.) Lese-Rechtschreibeschwäche; 2 u. Rechenschwäche; 3 andere u. Lernstörungen; 4 u. Störungen der Sprech- und Sprachentwicklung; 5 u. Rückstände der motorischen Entwicklung; 6 Multiple Entwicklungsrückstände	II. Spezifische Störungen der Entwicklung (im Kindes- und Jugendalter) 315.60 Spezifische Lesestörung; 315.10 spezifische Rechenstörung; 315.32 Sprachentwicklungsstörung; 315.39 Entwicklungsbedingte Artikulationsstörung; 307.6 Enuresis; 307.7 Enkopresis; 315.50 Multiple Entwicklungsstörungen
III. Intelligenzniveau 9 Kategorien plus Zusatzkategorie (Maßstab ist der IQ, gemessen oder geschätzt)	III. Körperliche Erkrankungen und Bedingungen ICD-Kategorien für körperliche Erkrankungen jeglicher Art
IV. Körperliche Symptomatik Kategorien der ICD 9	IV. Psychosoziale Belastungsfaktoren Mutmaßliche *Spezifität* der Belastungsfaktoren für die vorliegende Erkrankung und Einschätzung ihres *Schweregrades*
V. Abnorme psychosoziale Umstände 18 inhaltlich heterogene, jedoch jedoch für die psychosoziale Situation bedeutsame Kategorien wie 01 Psychische Störungen bei anderen Familienmitgliedern; 02 Disharmonie in der Familie; 03 Mangel an emotionaler Wärme ...;07 Unzureichende Lebensbedingungen; 09 Abnorme familiäre Verhältnisse; 15 Verfolgung oder Diskriminierung usw.	V. Höchstes Adaptationsniveau im letzten Jahr 1 Hervorragend; 2 sehr gut; 3 gut; 4 mäßig; 5 deutlich eingeschränkt; 0 keine Information Die Kategorien beziehen sich auf die sozialen Beziehungen, die berufliche Tätigkeit und den Freizeitbereich

Dieses Klassifikationsschema hat sich in der klinischen Praxis gut bewährt und hat auch für die Schulung und Ausbildung von Kinder- und Jugendpsychiatern sowie klinischen Psychologen einen hohen didaktischen Wert. Sein Vorteil ist, daß neben dem klinisch-psychiatrischen Syndrom auch die Entwicklungsdimensionen, das Intelligenzniveau, die körperliche Symptomatik und psychosoziale Umstände einbezogen sind. Dadurch wird erreicht, daß jeder Benutzer dieses Systems nicht nur in den herkömmlichen Kategorien des „klinisch-psychiatrischen Syndroms" (erste Achse) denkt, sondern gleichzeitig die in den anderen Achsen erfaßten Bereiche „mit assoziiert". Dies ist kein äußerlicher Vorgang. Vielmehr zeigt sich in diesem Vorgehen ein umfassender Zugang zum psychisch kranken Kind und seiner Familie, wie sie heutigen Erkenntnissen angemessen ist.
Über eingehende Erfahrungen mit dem multiaxialen Klassifikationsschema haben REMSCHMIDT u. Mitarb. (1983) berichtet.

DSM III

Das DSM III der American Psychiatric Association benutzt ebenfalls einen multiaxialen Zugang. Auf der ersten Achse dieses Systems wird ebenfalls das klinisch-psychiatrische Syndrom erfaßt, auf der zweiten Achse im Kindes- und Jugendalter spezifische Störungen der Entwicklung, im Erwachsenenalter Persönlichkeitsstörungen. Die dritte Achse bezieht sich auf körperliche Erkrankungen, die vierte auf psychosoziale Belastungsfaktoren, und auf der fünften Achse ist das höchste Adaptationsniveau im letzten Jahr zu rubrizieren. Die Fortschritte des DSM III liegen nach SPITZER u. CANTWELL (1980) in folgenden Gesichtspunkten: der recht genauen Definition psychiatrischer Erkrankungen, dem deskriptiven Zugang, der umfassenden systematischen Beschreibung jeder Erkrankung, der Anwendung standardisierter diagnostischer Kriterien und der multiaxialen Vorgehensweise. Dennoch merkt man dem System an, daß es primär für das Erwachsenenalter konzipiert wurde und daß es für die Kinder- und Jugendpsychiatrie auch eine Reihe von Nachteilen enthält, die von RUTTER u. SHAFFER (1980) herausgestellt worden sind. Sie liegen vor allem darin, daß die geistigen Behinderungen auf der ersten Achse (klinisch-psychiatrisches Syndrom) klassifiziert werden, daß eine Reihe von nichtvalidierten Bezeichnungen in das System aufgenommen wurden (z. B. „schizoide Störungen, oppositionelles Verhalten"), daß die Einordnung der kindlichen Psychosen unbefriedigend ist, die Klassifikation der Angstsyndrome zu wünschen übrigläßt und neuere Bezeichnungen wie „Störungen mit Aufmerksamkeitsdefizit" noch nicht hinreichend definiert sind. Trotz dieser und einiger anderer Mängel muß jedoch festgehalten werden, daß das DSM III gegenüber früheren Klassifikationssystemen einen großen Fortschritt bedeutet und auch in der Kinder- und Jugendpsychiatrie mit Erfolg angewandt werden kann.

Mehrdimensionale Klassifikationssysteme aufgrund der Anwendung multivariater statistischer Verfahren

Der Ableitung dieser Systeme liegen große Datenerhebungen zugrunde, die mit Hilfe multivariater statistischer Verfahren analysiert wurden. Im Endergebnis führen derartige Versuche zur Abgrenzung verschiedener „Merkmalsbereiche" oder „Dimensionen", die zum Teil mit den Kategorien der klinisch abgeleiteten multiaxialen Klassifikationssysteme übereinstimmen, zum Teil jedoch von ihnen abweichen. Nach QUAY (1979) haben sich aus einer Vielzahl von Untersuchungen folgende, weitgehend übereinstimmende Verhaltensdimensionen herauskristallisiert: Störungen des Sozialverhaltens (Conduct Disorders), Angst und Rückzugssymptomatiken, Syndrome der Unreife, Störungen mit sozialisiertem aggressivem Verhalten, psychotische Störungen und Autismus und Hyperaktivitätssyndrome. Augrund eines taxonomischen Klassifikationsansatzes haben ACHENBACH u. EDELBROCK (1978) drei große Gruppen von übergeordneten Syndromen unterschieden: internalisierte, externalisierte und gemischte Syndrome.
Diese grobe Unterteilung zeigt, wie auf statistischem Wege und unter Berücksichtigung großer Datenmengen letztlich auch Störungsmuster abgeleitet werden können, die der klinischen Beobachtung entsprechen. Die statistisch abgeleiteten Klassifikationssysteme haben bislang nur punktuell Eingang in den klinisch-praktischen Bereich gefunden. Für den alltäglichen Gebrauch sind die multiaxialen Klassifikationssysteme klinischen Ursprungs vorzuziehen.

Erfahrungen mit multiaxialen Klassifikationssystemen in der Klinik

Über die beiden multiaxialen Klassifikationssysteme (MAS und DSM III) liegen inzwischen zahlreiche empirische Untersuchungen vor. Beide Systeme haben sich in der klinischen Praxis bewährt und sind auch als hervorragende didaktische Instrumente zur differentialdiagnostischen Schulung von angehenden Kinder- und Jugendpsychiatern anzusehen.

Die bislang vorliegenden *Erprobungs-* und *Reliabilitätsstudien* zum multiaxialen Klassifikationsschema (RUTTER u. Mitarb. 1975, CORBOZ u. Mitarb. 1983) können als ermutigend angesehen werden. Die Übereinstimmungen verschiedener Beurteiler waren recht gut für übergeordnete und globale Kategorien. Sie wurden bedeutsam schlechter, wenn es sich um die Klassifikation sehr differenzierter Subgruppen handelte.

Auch im Hinblick auf das DSM III wurden Evaluationsstudien durchgeführt (CANTWELL u. Mitarb. 1979a, 1979b; MATTISON u. Mitarb. 1979; RUSSEL u. Mitarb. 1979). Die Ergebnisse dieser Studien stehen im Einklang mit denjenigen, die hinsichtlich des multiaxialen Klassifikationsschemas erzielt wurden.

Für die in diesem Band gegebene Darstellung der klinischen Syndrome und Krankheitsbilder werden die Kategorien des multiaxialen Klassifikationssystems, an einigen Stellen unter Verweis auf das DSM III, zugrunde gelegt. In Tab. 2.2 ist eine Übersicht über die wichtigsten Kategorien der fünf Achsen wiedergegeben.

Tab. 2.3 enthält eine Zuordnung der diagnostischen Kategorien des multiaxialen Klassifikationsschemas (auf der Basis von ICD 9) zu den einzelnen Kapiteln dieses Bandes.

Literatur

Achenbach, T. M., L. G. Edelbrock: The classification of child psychopathology: a review and analysis of empirical effects. Psychol. Bull. 85 (1978) 1275

Cantwell, D. P., A. T. Russel, R. Mattison, L. Will: A Comparison of DSM II and DSM III in the diagnosis of childhood psychiatric disorders 1. Agreement with expected diagnosis. Arch. gen. Psychiat. 36 (1979) 1208

Corboz, R., M. Schmidt, H. Remschmidt, P. M. Schieber, D. Göbel: Multiaxiale Klassifikation in Berlin, Mannheim und Zürich. Gemeinsamkeiten und Differenzen der Inanspruchnahmepopulationen dreier Kliniken: Artefakt oder Realität. In: Multiaxiale Diagnostik in der Kinder- und Jugendpsychiatrie, hrsg. von H. Remschmidt, M. Schmidt. Huber, Bern 1983

Mattison, R., D. P. Cantwell, A. T. Russel, L. Will: A comparison of DSM II and DSM III in the diagnosis of childhood psychiatric disorders II. Interrater agreement. Arch. gen. Psychiat. 36 (1979) 1217

Quay, H. C.: Classification. In: Psychopathological Disorders of Childhood, hrsg. von H. C. Quay, J. S. Werry. Wiley, New York 1979

Remschmidt, H., M. H. Schmidt (Hrsg.): Multiaxiales Klassifikationsschema für psychiatrische Erkrankungen im Kindes- und Jugendalter nach Rutter, Shaffer und Sturge. Huber, Bern 1977

Remschmidt, H., M. Schmidt, D. Göbel: Erprobungs- und Reliabilitätsstudie zum multiaxialen Klassifikationsschema für psychiatrische Erkrankungen im Kindes- und Jugendalter. In: Multiaxiale Diagnostik in der Kinder- und Jugendpsychiatrie, hrsg. von H. Remschmidt, M. Schmidt. Huber, Bern 1983

Russel, A. T., D. P. Cantwell, R. Mattison, C. Will: A comparison of DSM II and DSM III in the diagnosis of childhood psychiatric disorders III. Multiaxial features. Arch. gen. Psychiat. 36 (1979) 1223

Rutter, M., D. Shaffer: DSM-III: A Step Forward or Back in Terms of the Classification of Child Psychiatric Disorders? J. Amer. Acad. Child Psychiat. 19 (1980) 371

Rutter, M., D. Shaffer, M. Shepherd: A multiaxial classification of child psychiatric disorders. World Health Organization, Genève 1975

Rutter, M., D. Shaffer, C. Sturge: A Guide to a Multiaxial Classification Scheme for Psychiatric Disorders in Childhood and Adolescence. Institute of Psychiatry, London 1976

Rutter, M., S. Lebovici, L. Eisenberg, A. V. Sneznevskij, R. Sadoun, E. Brooke, T.-Y. Lin: A triaxial classification of mental disorders in childhood. J. Child Psychol. Psychiat. 10 (1969) 41

Spitzer, R. L., D. P. Cantwell: The DSM-III Classification of the Psychiatric Disorders of Infancy, Childhood, and Adolescence. J. Amer. Acad. Child Psychiat. 19 (1980) 356

Tabelle 2.**2** Orientierungshilfe zur multiaxialen Klassifikation psychiatrischer Erkrankungen im Kindes- und Jugendalter (aus *H. Remschmidt, M. Schmidt* [Hrsg.]: Multiaxiales Klassifikationsschema für psychiatrische Erkrankungen im Kindes- und Jugendalter nach Rutter, Shaffer und Sturge. Huber, Bern 1977)

Erste Achse: klinisch-psychiatrisches Syndrom

0000 Keine psychiatrische Störung	293.0–293.9 Vorübergehende organisch bedingte, psychotische Zustandsbilder	297.0–297.9 Paranoide Syndrome	**300 Neurotische Störungen** 300.0 ... mit vorherrschender Angstsymptomatik 300.1 Hysterie 300.2 ... mit vorherrschender phobischer Symptomatik 300.3 ... mit vorherrschender Zwangssymptomatik 300.4 Neurotische Depressionen 300.5 Neurasthenie 300.6 Neurotisches Depersonalisationssyndrom 300.7 Hypochondrie 300.8 Andere neurotische Störungen 300.9 Nicht näher bezeichnete neurotische Störungen	301.1–301.9 Persönlichkeitsstörungen (Psychopathien, Charakterneurosen)	**307 Spezielle, nicht anderweitig klassifizierbare Symptome oder Syndrome** 307.0 Stammeln und Stottern 307.1 Anorexia nervosa 307.2 Tics 307.3 Stereotype Bewegungen 307.4 Spezifische Schlafstörungen 307.5 Eßstörungen 307.6 Enuresis 307.7 Enkopresis 307.8 Psychalgie 307.9 Andere und nicht näher bezeichnete spezifische Symptome oder Syndrome ...	**309 Anpassungsreaktionen** 309.0 Kurze depressive Reaktionen 309.1 Verlängerte depressive Reaktionen 309.2 ... mit vorherrschender emotionaler Störung 309.3 ... mit vorherrschender Störung des Sozialverhaltens 309.4 ... mit emotionaler Störung des Sozialverhaltens 309.8 Andere Anpassungsreaktionen 309.9 Nicht näher bezeichnete Anpassungsreaktionen	311 Nicht anderweitig klassifizierbare depressive Zustandsbilder	**313 Spezifische emotionale Störungen des Kindes- und Jugendalters** 313.0 ... mit Angst und Furchtsamkeit 313.1 ... mit Niedergeschlagenheit und Unglücklichsein 313.2 ... mit Empfindsamkeit, Scheu und Abkapselung 313.3 ... mit Beziehungsschwierigkeiten 313.8 Andere oder kombinierte ... 313.9 Nicht näher bezeichnete ...
290.0–290.9 Demenzen bei präsenilen und senilen organischen Psychosen	294.0–294.9 Andere chronische, organisch bedingte, psychotische Zustandsbilder	298.0–298.9 Andere nicht organisch bedingte Psychosen		302.0–302.9 Sexuelle Verhaltensabweichungen und -störungen	308.0–308.9 Akute Belastungsreaktionen	310.0–310.9 Spezifische, nichtpsychotische psychische Störungen nach Hirnschädigungen	**312 Nicht anderweitig klassifizierbare Störungen des Sozialverhaltens** 312.0 Nichtsozialisierte Störungen des Sozialverhaltens 312.1 Sozialisierte Störungen des Sozialverhaltens 312.2 Störungen des Sozialverhaltens mit Zwangscharakter 312.3 Störungen des Sozialverhaltens mit emotionalen Störungen 312.8 Andere Störungen des Sozialverhaltens 312.9 Nicht näher bezeichnete Störungen des Sozialverhaltens	**314 Hyperkinetische Syndrome des Kindesalters** 314.0 ... mit Störung von Aktivität und Aufmerksamkeit 314.1 ... mit Entwicklungsrückständen 314.2 ... mit Störung des Sozialverhaltens 314.8 Andere ... 314.9 Nicht näher bezeichnete ...
291.0–291.9 Alkoholpsychosen	295.0–295.9 Schizophrene Psychosen	**299 Typische Psychosen des Kindesalters** 299.0 Frühkindlicher Autismus 299.1 Desintegrative Psychose 299.8 Andere typische Psychosen des Kindesalters 299.9 Nicht näher bezeichnete neurotische Psychosen des Kindesalters		303 Alkoholabhängigkeit				316 Psychische Störungen in Verbindung mit anderweitig klassifizierten Erkrankungen
292.0–292.9 Psychosen bei Drogenmißbrauch	296.0–296.9 Affektive Psychosen			304.0–304.9 Drogenabhängigkeit				
				305.0–305.9 Drogen- und Medikamentenmißbrauch ohne Abhängigkeit				
				306.0–306.9 Körperliche Symptome psychischen Ursprungs				

Zweite Achse: Umschriebene Entwicklungsrückstände

0 Kein umschriebener Entwicklungsrückstand	1 Umschriebene Lese- Rechtschreibschwäche	2 Umschriebene Rechenschwäche	3 Andere umschriebene Lernschwächen	4 Umschriebener Rückstand in der Sprech- und Sprachentwicklung	5 Umschriebener Rückstand in der motorischen Entwicklung	6 Multiple Entwicklungsrückstände

Dritte Achse: Intelligenzniveau

	IQ 130	*IQ 115*	*IQ 85*	*IQ 70*	*IQ 50*	*IQ 35*	*IQ 20*		
8 Sehr hohe Intelligenz	7 Hohe Intelligenz	0 Durchschnittliche Intelligenz	6 Niedrige Intelligenz	1 Leichte intellektuelle Behinderung	2 Mäßige intellektuelle Behinderung	3 Schwere intellektuelle Behinderung	4 Schwerste intellektuelle Behinderung	5 Nicht näher bezeichnete intellektuelle Behinderung	9 Intelligenzniveau nicht bekannt.

Vierte Achse: Körperliche Symptomatik

Code	Krankheitsgruppe
000	Keine körperliche Symptomatik
001–136	Infektiöse und parasitäre Krankheiten
140–239	Neoplasmen
240–279	Ernährungsbedingte endokrine und metabolische Krankheiten
280–289	Krankheiten des Blutes und der blutbildenden Organe
	Krankheiten des Nervensystems
320.0–326.0	Entzündliche Erkrankungen des Zentralnervensystems
325.0	**Enzephalitis, Myelitis und Enzephalomyelitis**
330.0–337.0	Erbliche und degenerative Krankheiten des Zentralnervensystems
330.0	**Zerebrale Degenerationen, die gewöhnlich im Kindesalter auftreten**
333.0	**Sonstige extrapyramidale Krankheiten und Bewegungsstörungen**
340.0–349.0	Sonstige Krankheiten des Zentralnervensystems
343.0	**Infantile Zerebralparese**
345.0	**Epilepsien**
348.0	**Sonstige Erkrankungen des Gehirns**
350.0–359.0	Störungen des peripheren Nervensystems
359.0	**Muskeldystrophien und andere Myopathien**
360–379	Krankheiten des Auges und der Augenanhangsgebilde
380–389	Krankheiten des Ohres und des Processus mastoideus
390–458	Krankheiten des Kreislaufsystems
460–519	Krankheiten des respiratorischen Systems
520–577	Krankheiten des Verdauungssystems
580–629	Krankheiten der Harn- und Geschlechtsorgane
630–678	Komplikationen von Schwangerschaft Geburt- und Wochenbett
680–709	Krankheiten der Haut und des Unterhautbindegewebes
710–718	Krankheiten des Skeletts, der Muskulatur und des Bindegewebes
740–759	Angeborene Mißbildungen
760–779	Perinatale Morbidität und Mortalität
780–796	Symptome und mangelhaft bezeichnete Krankheiten
800–999	Unfälle, Vergiftungen und Gewalteinwirkungen

Fünfte Achse: Aktuelle abnorme psychosoziale Umstände

00 Keine bedeutsamen abnormen psychosozialen Umstände	02 Disharmonie in der Familie	04 Übermäßig ausgeprägte oder abnorme familiäre Beziehungen	06 Unzureichende Anregung im sozialen, sprachlichen oder Wahrnehmungsbereich	08 Unzureichende oder verzerrte intrafamiliäre Kommunikation	10 Belastung oder Störungen in der Schule oder am Arbeitsplatz	12 Naturkatastrophen	14 Abnorme psychosoziale Belastungen außerhalb der Familie	16 Andere psychosoziale Störungen in den Lebensbedingungen in der Gesellschaft
01 Psychische Störungen bei anderen Familienmitgliedern	03 Mangel an emotionaler Wärme in den intrafamiliären Beziehungen	05 Unzureichende oder inkonsistente elterliche Kontrolle	07 Unzureichende Lebensbedingungen	09 Abnorme familiäre Verhältnisse	11 Auswanderung oder soziale Verpflanzung	13 Andere psychosoziale Belastungen in der Familie	15 Verfolgung oder Diskriminierung	88 Andere abnorme psychosoziale Umstände 99 Unbekannte psychosoziale Umstände

Tabelle 2.**3** Zuordnung der diagnostischen Kategorien des multiaxialen Klassifikationsschemas zu den Kapiteln dieses Handbuches

00	Keine psychiatrische Störung	Kap. 1
290	Demenzen bei präsenilen und senilen Hirnkrankheiten	nicht behandelt
291	Alkoholpsychosen	Bd. III, Kap. 8
292	Psychosen bei Drogenmißbrauch	Bd. II, Kap. 8
293	Vorübergehende organisch bedingte psychotische Zustandsbilder	Bd. II, Kap. 8
294	Andere chronisch organisch bedingte psychotische Zustandsbilder	Bd. II, Kap. 3, 5, 8
295	Schizophrene Psychosen	Bd. II, Kap. 8
296	Affektive Psychosen	Bd. II, Kap. 8
297	Paranoide Zustandsbilder	Bd. II, Kap. 8
298	Andere nicht organisch bedingte Psychosen	Bd. III, Kap. 4
299	Typische Psychosen des Kindesalters	Bd. II, Kap. 7, 8
300.0	Neurotische Störung mit vorherrschender Angstsymptomatik	Bd. III, Kap. 4
300.1	Hysterie	Bd. III, Kap. 4
300.2	Neurotische Störungen mit vorherrschender phobischer Symptomatik	Bd. III, Kap. 4
300.3	Neurotische Störung mit vorherrschenden Zwangssymptomen	Bd. III, Kap. 4
300.4	Neurotische Depression	Bd. III, Kap. 4
300.6	Neurotisches Depersonalisationssyndrom	Bd. III, Kap. 4
300.7	Hypochondrie	Bd. III, Kap. 4
301	Persönlichkeitsstörungen	Bd. III, Kap. 6
302	Sexuelle Verhaltensabweichungen und Störungen	Bd. III, Kap. 10
303	Alkoholabhängigkeit	Bd. III, Kap. 8
304	Drogenabhängigkeit	Bd. III, Kap. 8
305	Drogen- und Medikamentenmißbrauch ohne Abhängigkeit	Bd. III, Kap. 8
306	Körperliche Symptome psychischen Ursprungs	Bd. III, Kap. 3, 5
307.0	Stammeln und Stottern	Bd. III, Kap. 2, 3
307.1	Anorexia nervosa	Bd. III, Kap. 5
307.2	Tics	Bd. III, Kap. 3
307.3	Stereotype Bewegungen	Bd. II, Kap. 7; Bd. III, Kap. 3
307.4	Spezifische Schlafstörungen	Bd. III, Kap. 3
307.5	Eßstörungen	Bd. III, Kap. 3
307.6	Enuresis	Bd. III, Kap. 3
307.7	Enkopresis	Bd. III, Kap. 3
307.8	Psychalgie	Bd. III, Kap. 3
307.9	Andere und nicht näher bezeichnete spezifische Symptome oder Syndrome, die nicht anderweitig klassifiziert werden können	Bd. II, Kap. 2; Bd. III, Kap. 3
308	Akute Belastungsreaktionen	Bd. III, Kap. 3, 4
309	Anpassungsreaktionen	Bd. III, Kap. 4
310	Spezifische nichtpsychotische psychische Störungen nach Hirnschädigungen	Bd. II, Kap. 4, 5
311	Nicht anderweitig klassifizierbare depressive Zustandsbilder	Bd. III, Kap. 4
312	Nicht anderweitig klassifizierbare Störungen des Sozialverhaltens	Bd. III, Kap. 4, 9
313	Spezifische emotionale Störungen des Kindes- und Jugendalters	Bd. III, Kap. 4
314	Hyperkinetische Syndrome des Kindesalters	Bd. III, Kap. 1
316	Psychische Störungen in Verbindung mit anderweitig klassifizierten Erkrankungen	Bd. III, Kap. 5
	Auf Achse II klassifizierte Auffälligkeiten	Bd. II, Kap. 6; Bd. III, Kap. 2
	Auf Achse III klassifizierte Auffälligkeiten	Bd. II, Kap. 3
	Ein Teil der auf Achse IV klassifizierten Auffälligkeiten	Bd. II, Kap. 4, 5; Bd. III, Kap. 5
	Ein Teil der auf Achse V klassifizierten Auffälligkeiten	Bd. III, Kap. 11, 12, 13, 14

3 Intelligenzminderungen und andere Varianten der Intelligenz[1,2]

Martin H. Schmidt, Renate Voll

[1] Auf die Grundlagen dieses Kapitels, die Professor Dr. *H. Harbauer*, früherer Direktor der Kinder- und Jugendpsychiatrischen Klinik an der Johann-Wolfgang-Goethe-Universität in Frankfurt, noch vor seinem Tod entworfen hat, wurde zurückgegriffen.

[2] Frau Dipl.-Psych. *Petra Schneider* danken die Autoren für vielfache und unermüdliche redaktionelle Hilfe.

Dieses Kapitel beschäftigt sich mit den Varianten intelligenten Verhaltens im Kindes- und Jugendalter. Unter diesem Begriff werden die verschiedenen Grade der Ausprägung der Intelligenz einschließlich der Intelligenzminderungen, kognitiver Teilleistungsschwächen, besonderen Fertigkeiten und sogenannten Hochbegabungen zusammengefaßt. Nach Fragen der Definition und Klassifikation werden die Vorkommenshäufigkeiten behandelt und allgemeine Ausführungen zur Diagnostik und zur Ätiologie und Pathogenese gemacht, anschließend die klinischen Bilder beschrieben. Es folgen Ausführungen über Verlauf und mögliche Interventionen, außerdem über die Prävention von Intelligenzminderungen. Ein abschließender Abschnitt ist psychiatrischen Auffälligkeiten bei Varianten der Intelligenz gewidmet. Absichtlich wurden die Minderbegabungen nicht getrennt von anderen Aspekten der Intelligenz in der Kinderpsychiatrie behandelt, um die Aufmerksamkeit auf die Parallelität der Probleme bei unterschiedlichem Intelligenzniveau und qualitativ verschiedener Intelligenzstruktur zu lenken.

Definitions- und Abgrenzungsfragen, Nomenklatur

Intelligenz

Den meisten Intelligenzdefinitionen ist gemeinsam, daß sie Intelligenz als eine Fähigkeit betrachten, auf die aus dem Verhalten geschlossen werden kann, vor allem aus dem auf eigenen Einsichten basierenden Verhalten in neuen Situationen und beim Lösen neuer Probleme, nicht so sehr aufgrund von Erfahrungen, sondern aufgrund der Erfassung von Beziehungen. Das bedeutet gleichzeitig, daß intelligentes Verhalten perzeptiv-integrative und produktiv-expressive Funktionen hat, also das durchdringende Auffassen der Umweltgegebenheiten, die dadurch verfügbar gemacht werden, und ihre Verarbeitung, die zur Entwicklung bzw. Auswahl der angemessenen Reaktionen führt, umfaßt (DORSCH 1976). Die hier gemeinten Funktionen implizieren also Lernfähigkeit, auch die Anwendung von Gelerntem in neuen Situationen, nicht aber erlerntes Verhalten im erweiterten Sinne; davon bleibt unberührt, daß intelligentes Verhalten auch teilweise erlernt werden muß. Zur Unterscheidbarkeit von Lernen und Intelligenz sei auf BECKER u. SCHMIDTKE (1977) verwiesen.

Das Lernen wird wie die Aufmerksamkeit als Voraussetzung intelligenten Verhaltens betrachtet, ebenso die Gedächtnisfunktion, die dem Lernen nahesteht, auch wenn sie häufig, wie zum Beispiel in der Hierarchie intellektueller Funktionen von GUILFORD (GUILFORD u. HOEPFNER 1976), als intellektuelle Vorgänge bezeichnet werden. Mindestens für das Kindesalter ist die Trennung von Wahrnehmungs- und Intelligenzfunktionen schwierig. Aufgrund der heute benutzten Modelle über die Entwicklung intelligenten Verhaltens sind Wahrnehmungsvorgänge integrierter Bestandteil und unverzichtbare Voraussetzung für komplizierte intellektuelle Funktionen; die von der optischen und akustischen Wahrnehmung abhängigen Vorgänge des Symbol- und Sprachverständnisses sind im Vorschulalter wesentlicher Ausdruck von Intelligenz. Umschriebene Wahrnehmungsstörungen werden unabhängig davon in Kapitel 6 dieses Bandes behandelt, im übrigen implizieren die hier beschriebenen Intelligenzfunktionen zahlreiche Wahrnehmungsvorgänge.

ANASTASI (1976) hat Intelligenz als die Summe der Fähigkeiten bezeichnet, die Erfolgreichen innerhalb einer bestimmten Kultur in hohem Maße gemeinsam sind, die also innerhalb dieser Kultur – was auch immer sie unter Erfolg verstehe – einen hohen Wert haben. Auf solchen Überlegungen gründet der Einwand der Kulturabhängigkeit der meßbaren Intelligenz, der zur Konstruktion sogenannter Culture-fair-Tests geführt hat. Gegen diese Kritik läßt sich einwenden, daß das, was eine Kultur zur Maxime erhoben hat, eben durch Intelligenzleistungen erreicht werde, die nicht von allen gleichermaßen bewältigt werden. Zumindest für das Kindes- und Jugendalter entscheidend bleibt aber die Förderung eines Individuums durch seine Kultur, somit sind die erlernten Intelligenzfunktionen weithin kulturabhängig. Die Berücksichtigung dieser Besonderheit ist in der Diagnostik zumindest gegenüber Gruppen angebracht, deren Förderung von der Allgemeinheit eher vernachlässigt wird.

Pseudointelligenz

Als Pseudointelligenz bezeichnete PETERS (1977) eine Testintelligenz am unteren Rand der Norm mit mangelnder Abstraktionsfähigkeit bei aktiven Persönlichkeiten, die den Eindruck höherer Intelligenz vermitteln.

Der Begriff wird auch auf Kinder angewandt, deren zum Teil schwere intellektuelle Behinderung aufgrund ihres untypischen Erscheinungsbildes nicht nur nicht vermutet, sondern auch lange nicht erkannt wird. Äußeres, differenzierte Mimik bei gutem Blickkontakt, Gestik und Motorik, das Fehlen motorischer Stereotypien, angepaßtes Verhalten und eine relativ gut ausgeprägte Sprache führen zu dieser Fehleinschätzung (SÜSS u. Mitarb. 1982).

Oligophrenie

Intelligenzminderungen sind keine nosologische Einheit, sondern nur Symptom oder Syndrom, das unterschiedlichste Grade der Einschränkung intellektueller Funktionen bei unterschiedlichen ätiologischen Möglichkeiten beinhalten kann. Bei Einschränkungen der Intelligenzfunktionen, die vom Beginn der Intelligenzentwicklung an bestehen, wird von Oligophrenie gesprochen (im Gegensatz zu den Demenzprozessen (s. unten). Je ausgeprägter die Minderung der Intelligenz ist, um so mehr sind in der Regel auch ihre Voraussetzungen, nämlich Aufmerksamkeit, Wahrnehmung, Lernen und Gedächtnis, betroffen. Der Begriff des Schwachsinns wird mit dem der Oligophrenie gleichsinnig gebraucht. Beide bezeichnen einen statischen Zustand bzw. während der Entwicklung der Intelligenz eine unverändert fortbestehende Begrenzung der Entwicklungsmöglichkeiten, dies ohne Rücksicht auf die Ätiologie, also darauf, ob der Zustand als angeboren oder sehr früh erworben betrachtet wird.

Pseudodebilität

Als Pseudodebilität werden Zustände bezeichnet, bei denen aufgrund emotionaler bzw. neurotischer Konflikte intellektuelle Leistungen nicht vollbracht werden können, obwohl die Kapazität dafür vorhanden wäre, eine Oligophrenie also vorgetäuscht wird (der Begriff rekurriert auf die Debilität, den geringsten Ausprägungsgrad der Oligophrenie). Das kann als klassische hysterische Symptomatik geschehen, die unterhalb der Bewußtseinsschwelle abläuft, oder als Simulation (Peters 1977).
In der Kinderpsychiatrie wurde der Begriff häufig als Ausdruck für Entwicklungsverzögerungen der Intelligenz aufgrund mangelnder äußerer Förderung, also als Folge von Deprivationen bezeichnet. Aus heutiger Sicht handelt es sich bei solchen Deprivationen um teilweise irreversible Entwicklungsverzögerungen, wobei der psychogene Anteil eher gering, der soziogene aber stark ausgeprägt ist. Diese Begriffserweiterung wird deswegen auch zunehmend aufgegeben.

Passagere Intelligenzminderung

Bei Intelligenzminderungen im Rahmen akuter hirnorganischer Beeinträchtigungen, also bei hochfieberhaften Erkrankungen, Enzephalitiden, Epilepsien, nach Schädel-Hirn-Traumen und Vergiftungen, kann es im Rahmen psychopathologischer Folgebilder auch zu vorübergehenden Intelligenzbeeinträchtigungen kommen. Ihr Grad variiert je nach Art und Schwere der Bewußtseinseinschränkungen und ist wie die Durchgangssyndrome unterschiedlich gefärbt (Peters 1977). Jüngere Kinder zeigen solche Zustände häufiger, womöglich im Zusammenhang mit der noch geringeren Verfestigung der sich entwickelnden psychischen Funktionen (vgl. Kap. 4 und 5). Pathogenetisch sind Hirnödeme und Stoffwechselbeeinträchtigungen für diese Zustände bedeutsam.

Demenz

Demenz umschreibt der Prozeß des Abbaus vorhandener intellektueller Fähigkeiten und sein Ergebnis. Charakteristikum von Demenzprozessen auch im Kindesalter ist das häufige Mitbetroffensein des Gedächtnisses. Zu Demenzprozessen kann der Betroffene bereits bei der Geburt disponiert sein, so zum Beispiel bei genetischen metabolischen Störungen, die sich erst im Verlauf des individuellen Lebens manifestieren, die Ursachen können auch erworben werden, wie etwa bei schweren Schädel-Hirn-Traumen oder ungünstig verlaufenden Epilepsien (vgl. Kap. 4, S. 161ff, und Kap. 5.). Formal ist die Unterscheidung zwischen Oligophrenie und Demenz bei von Geburt an wirksamen metabolischen Störungen, wie etwa der Phenylkentonurie, schwierig. Obwohl die Intelligenzminderung als stoffwechselbedingte Oligophrenie betrachtet wird, besteht ein zunehmender Funktionsverlust. Solche vor Abschluß der Zellteilung bzw. maximalen Dendritenaussprossung beginnenden Demenzprozesse werden häufig den Minderbegabungen zugeordnet. Zur Abgrenzung von Oligophrenie und Demenz vgl. auch Wieck u. Wartmann 1971. Die Diagnose eines Demenzprozesses unterstellt grundsätzlich eine gewisse, wenn auch kurze Zeit unbeeinträchtigter Entwicklung der intellektuellen Funktionen, während sie vom Ausgangsniveau dieser Funktionen unabhängig ist. Die Progredienz ist, wie Beispiele von Demenz nach Schädel-Hirn-Traumen zeigen, als diagnostisches Kriterium nicht tauglich.

Pseudodemenz

Darunter wird der vermeintliche Abbau intellektueller Funktionen verstanden, der durch situationsbedingte Störungen der Intelligenz aufgrund emotionaler Faktoren vorgetäuscht wird. Typisch ist u. a. der Wegfall elementarer Kenntnisse und Erfahrungen, die auch bei schweren Hirnkrankheiten in der Regel erhalten bleiben, wobei falsche Handlungen und eine emotionale Enthemmung als charakteristisch beschrieben werden (Peters 1977). Entsprechende Bilder stehen dem Ganser-Syndrom nahe. Nowak-Vogl benutzt den Begriff auch für akute Leistungszusammenbrüche (Nowak-Vogl 1982).

Reversible Demenz

Im Kindes- und Jugendalter spielt die Diskussion über die sogenannte reversible Demenz eine geringe Rolle. Von ihr wird gesprochen, wenn beispielsweise der Verlauf der paralytischen Demenz durch Penicillinbehandlung teilweise rückgängig gemacht werden kann. Begrifflich sind diese Vorgänge von den spontan rückbildungsfähigen, also ebenfalls passageren, Intelligenzminderungen im Rahmen von Durchgangssyndromen abzuheben (Peters 1977).

Teilleistungsschwächen

Teilleistungsschwächen unterscheiden sich von den generellen Intelligenzminderungen durch ihre Begrenzung auf bestimmte Bereiche. Bis heute kann ihnen nur Symptomcharakter zuerkannt werden; ihre Betrachtung als Syndrome oder nosologische Entitäten entbehrt noch der empirischen Grundlage, deswegen wird auch der Begriff der Teilleistungsschwäche dem der Teilleistungsstörung vorgezogen, da er keine spezifisch verursachte Störung nahelegt. Teilleistungsschwächen können Symptome neuropsychologischer Syndrome sein. Sie manifestieren sich als Entwicklungsverzögerungen oder als nicht aufholbare Defizite, die meist eine Zeitlang eine Entwicklungsverzögerung vortäuschen (vgl. Kap. 6). Sie bestehen also bereits während der Entwicklungszeit der betroffenen Funktionen, ob der Defekt nun

angelegt war oder die zugrundeliegenden Mängel in frühester Lebenszeit erworben wurden. Der Begriff wird im erweiterten Sinn auch für nach Ausbildung der betroffenen Funktionen eingetretene Verluste oder Abbauprozesse gebraucht, bei denen umschriebene neuropsychologische Syndrome vorliegen; der dort und darüber hinaus früher übliche Begriff der Werkzeugstörungen sollte nicht synonym für Teilleistungsschwächen benutzt werden.
Trotz der genannten Voraussetzung ist die Nomenklatur uneinheitlich. GRAICHEN hat 1973 als Definition vorgeschlagen, von „Leistungsminderungen einzelner Faktoren oder Glieder innerhalb eines größeren funktionellen Systems, das zur Bewältigung einer bestimmten komplexen Anpassungsaufgabe erforderlich ist", zu sprechen; er orientiert sich damit an der in der Neuropsychologie gängigen Vorstellung halbautonomer, isolierbarer Teilfunktionen oder Subsysteme des Zentralnervensystems. Konsequenterweise heißt das, daß Teilleistungsschwächen zu partiellen Intelligenzausfällen führen, aber nicht primär solche sind, wenn man die Denkfähigkeit (reasoning) als Kernfunktion der Intelligenz betrachtet.

Sonderbegabungen; idiots-savants

Unter Sonderbegabungen werden umschriebene Fertigkeiten verstanden, die das mittlere individuelle Niveau der intellektuellen Leistungsfähigkeit deutlich übersteigen. Der Begriff erstreckt sich auch auf Funktionen, die der Intelligenz im engeren Sinne nicht zugeordnet werden können, also etwa auf Musikalität oder körperliche Geschicklichkeit. Bei mittlerem oder überdurchschnittlichem Intelligenzniveau werden sie als besondere Kristallisationspunkte intellektueller Fähigkeiten angesehen, bei niedrigem überwiegend als Zeichen dafür betrachtet, daß von der Ursache der Minderbegabung bestimmte Dimensionen intelligenten Verhaltens nicht berührt wurden. Das legt die Überlegung nahe, daß sie dann vorzugsweise als unbeeinträchtigte Funktionen im Rahmen dementiver Prozesse bestehen, während es sich nur scheinbar um besonders gut entwickelte Leistungen handelt, wie manchmal angenommen wird (z. B. JONAS 1982).

Varianten der Intelligenz

Intelligenz ist eine Eigenschaft, die Individuen nur in mehr oder minder hohem Maße zugeschrieben werden kann; kein Kind kann als nicht intelligent bezeichnet werden. Die übliche Unterscheidung zwischen „normaler", d. h. durchschnittlicher Intelligenz und Minderbegabung legt von daher eine verkürzte Darstellung der Gegebenheiten nahe, schon weil die vorhandenen Varianten für die Zuweisung zu bestimmten Bildungswegen eine erhebliche Rolle spielen, aber auch weil sie für den Verlauf psychiatrischer Störungen nicht ohne Relevanz sind. Die hier besprochenen Varianten stellen quantitative Abweichungen vom Mittel dar, denen gegenüber man die Teilleistungsschwächen als qualitative Varianten betrachten kann, die generell unabhängig vom mittleren Intelligenzniveau auftreten können. Zur klassifikatorischen Gliederung dieser Varianten, die sich über das Intervall zwischen Intelligenzminderung und Hochbegabung erstrecken, vgl. S. 33ff.

Hochbegabung

Als hochbegabt werden Individuen definiert, die intelligentes Verhalten in sehr ausgeprägtem Maße zeigen. Die Bestimmung erfolgt durch den Grad der Abweichung vom Mittelwert. Die inhaltliche Definition richtet sich nach dem zugrunde gelegten Abweichungsmaß von 2,0 (seltener) bzw. 2,33 und überwiegend 2,66 Sigma-Einheiten, denen IQ-Werte von 130, 135 bzw. 140 entsprechen (Tab. 3.1); zum begrifflichen Konzept vgl. TORRANCE 1982.

Tabelle 3.**1** Normvarianten der Intelligenz

Klassenbezeichnung	Abweichung vom Mittelwert in Sigma-Einheiten	Anteil an der Gesamtbevölkerung	Bereich der Intelligenzquotienten	Anteil der gleich oder besser leistungsfähigen Gleichaltrigen
Unterdurchschnittliche Intelligenz	$-2\sigma <$ Testleistung $> -1\sigma$	13,9 %	= 70– 84	83,9%
Durchschnittliche Intelligenz	$+1\sigma <$ Testleistung $> -1\sigma$	67,8 %	= 85–114	16,1%
Überdurchschnittliche Intelligenz[1]	$+2\sigma <$ Testleistung $> +1\sigma$	13,9 %	= 115–129	2,2%
Hohe Intelligenz	$+2\sigma <$ Testleistung $> +1{,}35\sigma$	1,28% 1,88%	= 130–134 oder = 130–139	1,0% 0,4%
Hochbegabung	$> 1{,}35\sigma$ oder $> 1{,}66\sigma$	1,00% 0,4 %	$\geqslant$ 135 oder $\geqslant$ 140	–

[1] Dieser statistisch definierte Bereich überschneidet sich mit dem in Tab. 3.**2**, wo bei einem Abweichen von mehr als −1,33 Sigma vom Mittelwert (also etwa 10% der Bevölkerung) deswegen von niedriger Intelligenz gesprochen wird.

Kreativität

Intelligentes Verhalten subsumiert definitionsgemäß auch divergente Denkprozesse, also Problemlösungsverhalten im engeren Sinne, im Gegensatz zu den konvergenten, die nur zu einer Lösung führen können. Diese Implikation ist unstrittig, aus ihr werden wegen der schwierigen Meßbarkeit divergenter Denkprozesse aber unterschiedliche Konsequenzen gezogen, zumal eine überdurchschnittliche konvergente Intelligenz zwar eine notwendige, aber nicht hinreichende Bedingung für überdurchschnittliche Fähigkeiten im divergenten Denken ist (ULMANN 1968). Der Umstand, daß an Problemlöseprozessen auch andere Funktionen als das divergente Denken beteiligt sind, wird in den meisten Kreativitätstests berücksichtigt, während sich gängige Intelligenztests auf konvergentes Denken im Guilfordschen Sinne (GUILFORD u. HOEPFNER 1976) beschränken und auf eine Prüfung der Fähigkeit zum Auffinden neuer, unüblicher Problemlösungen verzichten. Hauptgrund dafür ist die Schwierigkeit der Bewertung der Ergebnisse kreativen Denkens, die notwendig ist, wenn man nicht bei der Quantifizierung von Produkten dieser Operation stehenbleiben will. Anders als für die pädagogische Praxis ist diese Frage kinderpsychiatrisch unerheblich, wenn die Korrelation zwischen Kreativität und Intelligenz insgesamt niedrig ist und wenn gemeinsames Auftreten beider Merkmale in hoher Ausprägung relativ konfliktfreie Persönlichkeiten vorauszusetzen scheint.

Klassifikation und Epidemiologie

Verschiedene Ansätze zur Klassifikation von Varianten der Intelligenz

Die Klassifikationen von Varianten der Intelligenz beziehen sich immer auf die meßbare Intelligenz im oben beschriebenen Sinne. Betrachtet man deren Gesamtspektrum, dann kommt nur der Ausprägungsgrad der Testintelligenz als Klassifikationsgrundlage in Frage, weil sämtliche anderen Einteilungsversuche sich nur auf Intelligenzminderungen beziehen. Eine entsprechende Klassifikation für die eigentlichen Normvarianten der Intelligenz, also jener 98%, bei denen nicht von geminderter Intelligenz gesprochen werden kann, zeigt Tab. 3.1. Sie berücksichtigt den bei der Eichung von Intelligenztests zur Ermittlung sogenannter Abweichungsquotienten üblichen Mittelwert von 100 bei einer Standardabweichung von 15. Bestimmte Vorkommenshäufigkeiten ergeben sich damit zwangsläufig bzw. werden bei der Testeichung zugrunde gelegt. Auch bei gleichem mittlerem Intelligenzniveau oder bei gleich gut ausgeprägtem Reasoning-Faktor als Kernfunktion der Intelligenz kann die Qualität der intellektuellen Leistungsfähigkeit durch Leistungsschwerpunkte oder Teilleistungsschwächen differieren. Die alleinige Angabe eines generellen Intelligenzniveaus ist daher in der Regel unzureichend und erlaubt, insbesondere bei der Analyse von Leistungsproblemen, nur eine unvollständige Klassifikation (s. S. 40ff und 53ff).

Für die *Intelligenzminderungen* sind Einteilungen nach dem *Schweregrad* ebenfalls vorherrschend und in Tab. 3.2 dargestellt (nach SCHMIDT 1981). Dazu werden die gängigen deutschen Termini den englischen Begriffen unterschiedlicher Herkunft gegenübergestellt, wobei nicht empfehlenswerte, aber weiterhin benutzte Termini in Klammern gesetzt sind. Die angegebenen IQ-Grenzen beziehen sich wie in Tab. 3.1 auf sogenannte Abweichungsquotienten bei einem zugrunde gelegten Mittelwert von 100 und einer Standardabweichung von 15, nur daß sich die in der vierten Spalte aufgelisteten Prozentsätze ab IQ < 75 nicht von selbst ergeben, da die Verteilung hier nicht mehr der Gausschen Kurve folgt.

Auch die Untersuchungen von LIEPMANN (1979) haben aufgrund der sensomotorischen und sprachlichen Zusatzbehinderungen zu einem IQ von < 50 für die Abgrenzung zwischen Debilität und Imbezillität, wie er international üblich ist, geführt, die Autorin möchte jedoch diese Abgrenzung bei der Entscheidung über den Bildungsweg behinderter Kinder nicht starr angewendet wissen. Wie die neunte Spalte der Tab. 3.2 zeigt, ist Zuweisungskriterium für eine Sonderschule für praktisch Bildbare ein IQ < 60.

Über die summierende Quantifizierung hinaus wird – sofern Testintelligenz überhaupt als Einteilungskriterium akzeptiert wird (s. u.) – aber nach qualitativen Merkmalen gesucht, die mit einem bestimmten Intelligenzmaß korreliert sind, also etwa kognitive Funktionen, die bei einer bestimmten meßbaren Intelligenz noch geleistet werden können. Auf derartige Versuche weist die Tab. 3.2 mit der Angabe eines erreichbaren Entwicklungsniveaus ebenfalls hin. Solche Versuche sind nicht so problematisch wie die Angabe eines erreichbaren „Entwicklungsalters“, das beim heutigen Erkenntnisstand noch immer lineare Modelle der Entwicklung kognitiver Fähigkeiten zugrunde legt. Vor 1970 hatten MUTAVOF u. SCHARF entsprechende Differenzierungsversuche publiziert, wobei sich nach ihren Befunden die Unterscheidbarkeit mäßiger Intelligenzminderungen von schweren als besonders schwierig erwies. Von ihnen stammen auch die in der 7. Spalte der Tab. 3.2 angegebenen

Tabelle 3.**2** Klassifikation intellektueller Störungen nach ihrem Ausmaß und darauf beziehbare Parameter (aus *H. Remschmidt, M. H. Schmidt* [Hrsg.]: Neuropsychologie des Kindesalters. Enke, Stuttgart 1981, S. 332)

Deutsche Klassifikationsbegriffe[1]	Englische Klassifikationsbegriffe	Bereich definiert durch Intelligenzquotienten (gemäß ICD-9)	Prävalenz	Spezifische Prävalenz[2]	Angaben zur Ätiologie	Erreichbares Entwicklungsalter[3]	Erreichbares Entwicklungsniveau	Förderungsmöglichkeiten
niedrige Intelligenz, unterdurchschnittliche Intelligenz (physiologische Dummheit, Grenzdebilität)	borderline intelligence, borderline mental deficiency/ subnormality, backwardness	80–70	IQ ≦ 81 10%[7] IQ ≦ 75 5%[6] IQ ≦ 72 3%[6]		Häufiger unklare (polygene) Erblichkeit häufiger unklare Ätiologie	entspricht dem Gesunden	formale Denkoperationen	Grund- und Hauptschule
leichte intellektuelle Behinderung, Debilität	mild mental deficiency/retardation/subnormality[5], (feeblemindedness), moron, high grade defect	69–50	IQ 60–50 2,23%[6] IQ < 70 2,56%[10] IQ ≦ 65 1,00%[7] IQ ≦ 60 0,76%[8] IQ ≦ 60 0,79%[9]	für IQ < 60 Jungen 0,87% Mädchen 0,64%	häufiger durch zu erwartende genetische Variation bedingt (inkl. subkultureller Einflüsse) weniger körperliche Abnormitäten	entspricht dem 15jähriger für Jungen und nicht ganz 15jähriger für Mädchen	konkrete Denkoperationen	Sonderschule für Lernbehinderte; Erwerb von Kulturtechniken
mäßige intellektuelle Behinderung, Imbezilität	moderate mental deficiency/retardation[6], (imbecile; unter Angabe eines IQ innerhalb der nebenstehenden Grenzen)	49–35	IQ 49–20 0,24%[10] IQ < 50 0,44%[8] IQ < 50 0,42%[9] IQ < 20 0,00%[7] IQ < 20 0,04%[10]	für IQ < 50 Jungen 0,54% Mädchen 0,29%	häufiger durch organpathogene Faktoren bedingt häufiger exogene, monogen erbliche und chromosomale Ätiologie häufiger aufklärbare Ätiologie	entspricht dem 6jähriger (für Mädchen etwas jüngerer als 6jähriger)	semiotisch oder symbolische Funktionen	Sonderschule für praktisch Bildbare (z. T. schon ab IQ 60); kein bzw. sehr begrenzter Erwerb von Kulturtechniken
schwere intellektuelle Behinderung, ausgeprägte Imbezilität	severe mental deficiency/retardation[6], (imbecile; nicht näher spezifiziert)	34–20						
schwerste intellektuelle Behinderung, (Idiotie)	profound mental deficiency/retardation[6], (idiocy)	< 20				entspricht dem etwa 18monatiger Kinder	sensomotorische Intelligenz; keine Ökonomisierung des Lernens durch die Sprache	Lernen durch Versuch und Irrtum bzw. Imitation

[1] nach *Remschmidt* u. *Schmidt* 1977; [2] nach *Liepmann* u. Mitarb. 1977; [3] z. T. nach *Mutavof* und *Scharf*; [4] nach *Piaget* und *Inhelder*; [5] auch educationally subnormal; [6] auch zusammengefaßt als: severely subnormal; [7] gemäß Normalverteilung bzw. Testeichung; [8] nach *Liepmann* u. Mitarb. 1977; [9] nach *Wing* 1970; [10] nach *Zigler* 1967

erreichbaren Endniveaus der kognitiven Entwicklung. In Annäherung an eine hierarchische Entwicklung solcher Funktionen im Sinne von PIAGET sind die maximalen Funktionsniveaus für die einzelnen Gruppen in der 8. Spalte der Tabelle definiert. Aus ihnen läßt sich die in der 9. Spalte angegebene Beschulbarkeit bzw. Förderbarkeit ableiten. Neuropsychologische Parameter zu einer sinnvollen Unterscheidung der Gruppen stehen bislang nicht zur Verfügung.

Intelligenzmaße werden nicht nur als Zuordnungskriterium für Kinder zu einem bestimmten Bereich der Intelligenzminderung abweichend von den übrigen Varianten der Intelligenz für unzureichend gehalten, sondern von einigen Autoren auch zur Klassifikation innerhalb der Gruppe der Intelligenzgeminderten. In der Regel wird – wie in der Definition der AAMD (s. S. 37) – auf das adaptive Verhalten als Bestimmungsstück verwiesen, das „eine Reihe von intellektuellen, affektiven, motivationalen, sozialen, motorischen usw. Fähigkeiten" einschließt (SPREEN 1978, S. 25).

Auch hier wird aber eine Klassifikation nach der Abweichung von der Erwartungsnorm benutzt, die in Standardabweichungen ausgedrückt wird. Die in Tab. 3.3 wiedergegebenen Stufen des Adaptationsniveaus entsprechen einer Abweichung von 2, 3, 4 oder 5 und mehr Standardabweichungen von der Norm. Definitionen nach diesem Konzept scheitern aber zum Teil daran, daß es eine einheitliche Definition adaptiven Verhaltens nicht gibt. Mit der Frage nach der Fähigkeit, dem eigenen Leben nachzugehen und für sich selbst zu sorgen, den von einer Kultur auferlegten Forderungen nach einer sozialen Verantwortung zu folgen, sind Dimensionen wie Fähigkeit zur Selbsthilfe, Kommunikation, Fortbewegung, manueller Betätigung, Eigeninitiative, persönliche Verantwortung, soziale Verantwortung und ökonomisch unabhängige Versorgung subsumiert, schließlich auch emotionale Reaktionen im Rahmen der Streuung der Norm. Demgegenüber müssen psychiatrische Auffälligkeiten wie Stereotypien, Impulsivität, aggressive Durchbrüche oder psychotische Phänomene als zusätzliche psychiatrische Symptome oder Syndrome betrachtet werden.

Versuche einer Klassifikation nach dem Termin des Auftretens der Intelligenzveränderungen können nur auf den Zeitpunkt der Manifestation zurückgreifen, der häufig nicht nur durch den Entwicklungsverlauf, sondern auch durch die in der Entwicklung erwarteten Leistungen und die aufgewendete Förderung bestimmt wird. Damit werden äußere Bedingungen in die Definition einbezogen. Der Rückgriff auf den Entstehungszeitpunkt der Störung ist schwierig und reduziert die Klassifikation auf angeborene bzw. sehr früh erworbene und später erworbene Beeinträchtigungen, ist somit für

Tabelle 3.**3** Adaptives Verhalten (aus *Spreen, O.:* Geistige Behinderung. Springer, Berlin 1978, S. 26)

Stufe	Vorschulalter (0–5 Jahre) Reifung und Entwicklung	Schulalter (6–21 Jahre) Erziehung und Bildung	Erwachsenenalter (über 21) Soziale und berufliche Zulänglichkeit
1	Grober Entwicklungsrückstand; minimale Fähigkeit zu Leistungen im sensorisch-motorischen Bereich; benötigt Krankenhausfürsorge.	Einige motorische Entwicklung vorhanden; Selbsthilfetraining ohne Erfolg; braucht vollständige Fürsorge.	Einige motorische und sprachliche Entwicklung; völlig unfähig zur Selbsterhaltung; braucht komplette Pflege und Aufsicht.
2	Schlechte motorische Entwicklung; Sprache minimal; im allgemeinen unfähig, Selbsthilfe zu erlernen; geringe oder fehlende Kommunikationsfähigkeit.	Kann sprechen oder Kommunikationsfertigkeiten erlernen; kann in einfachen Gesundheitsgewohnheiten angelernt werden; kann keine funktionellen akademischen Fertigkeiten erwerben; lernt mit Hilfe von systematischer Verhaltensmodifikation („trainierbar").	Kann teilweise zum Selbstunterhalt beitragen unter ständiger Aufsicht; kann bis zu minimal nützlichem Grade Selbstverteidigungsfähigkeiten in kontrollierter Umgebung erwerben.
3	Kann sprechen und Kommunikationsfähigkeiten erlernen; schlechtes Sozialverständnis; ausreichende motorische Entwicklung; kann Selbsthilfe erlernen; kann unter mäßiger Aufsicht fertig werden.	Kann funktionelle akademische Fähigkeiten etwa bis zum Niveau des 4. Schuljahres im späten Reifealter erwerben, wenn er Zugang zur Hilfsschule hat („erziehbar").	Fähigkeit zum Selbstunterhalt in ungelernten oder gelernten Berufen; braucht Aufsicht und Hilfe, wenn er unter leichtem sozialen oder ökonomischen Streß steht.
4	Kann soziale und Kommunikationsfähigkeiten erwerben; minimaler Rückstand im sensorisch-motorischen Bereich; von normalen Kindern erst im späteren Alter unterscheidbar.	Kann akademische Fähigkeiten bis etwa zum 6. Schuljahr im späteren Reifealter erwerben. Fähigkeiten zur Oberstufe fehlen. Braucht Schulhilfe, besonders im späteren Schulalter („erziehbar").	Mit ausreichender Bildung und Lehre fähig zu sozial und beruflich adäquater Leistung; braucht häufig Aufsicht und Hilfe bei schwerem sozialem oder ökonomischem Streß.

die Klinik wenig tauglich. Einteilungsversuche nach neuroanatomischen, neurophysiologischen oder neurochemischen Aspekten sind bis heute nur begrenzt möglich und werden in dem Versuch einer ätiologisch-pathogenetischen Klassifikation auf S. 37ff dargestellt, ein durchgehend anwendbares Schema ist dabei nicht vorhanden. Die Zuordnung wird deswegen von kategorial unterschiedlichen Gruppen aus versucht, wie sie auf S. 53ff und S. 57ff näher beschrieben sind. Auch in Spalte 6 der Tab. 3.2 sind Hinweise zur Ätiologie eingearbeitet.
Die verbreiteten Nomenklaturen befassen sich in der Regel nur mit der *Klassifikation von Intelligenzminderungen*. Sie sind nur darauf eingestellt, Normabweichungen von Krankheitswert zu klassifizieren, wenn auch die Rolle des Intelligenzniveaus für Auftreten und Verlauf kinderpsychiatrischer Störungen und damit seine Dokumentationswürdigkeit nicht übersehen werden darf. Multiaxiale Klassifikationssysteme wären dazu besser in der Lage, auch unter ihnen bildet das Klassifikationssystem nach RUTTER, SHAFFER u. STURGE in der Adaptierung an deutsche Verhältnisse (REMSCHMIDT u. SCHMIDT 1977) eine Ausnahme, die nachfolgend beschrieben wird. Im folgenden werden die auf Intelligenzminderungen beschränkten Klassifikationsversuche der ICD, des DSM III und der AAMD dargestellt.

Klassifikation der Intelligenz nach dem MAS

Das *Multiaxiale Klassifikationsschema* für psychiatrische Erkrankungen im Kindes- und Jugendalter nach RUTTER, SHAFFER u. STURGE beurteilt eine mögliche Intelligenzminderung unabhängig von dem vorhandenen psychiatrischen Syndrom, eventuellen umschriebenen Entwicklungsverzögerungen, somatischen Erkrankungen und abnormen psychosozialen Bedingungen. Damit ist eine parallele Betrachtung von Intelligenzniveau und anderen Besonderheiten möglich, auch wird die Ermittlung von Korrelationen ohne die Unterstellung gegenseitiger Bedingtheit korrelierter Phänomene nahegelegt. Die Einteilung folgt der ICD und wurde bei der deutschen Bearbeitung (REMSCHMIDT u. SCHMIDT 1977) um den Gesamtbereich der Variation der Norm erweitert, so daß die nachstehend beschriebene Klassifikation entsteht, zu der die Zuordnung durch klinisches Urteil oder durch testpsychologische Untersuchungen erfolgt.

Sehr hohe Intelligenz
Weit überdurchschnittliche Intelligenz
IQ über 129

Hohe Intelligenz
Überdurchschnittliche Intelligenz
IQ 115–129

Normvariante
Durchschnittliche Intelligenz
IQ 85–114

Niedrige Intelligenz
Unterdurchschnittliche Intelligenz
Grenzdebilität
IQ 70–84

Leichte intellektuelle Behinderung
Debilität
IQ 50–69

Mäßige intellektuelle Behinderung
Imbezillität
IQ 35–49

Schwere intellektuelle Behinderung
Ausgeprägte Imbezillität
IQ 20–34

Schwerste intellektuelle Behinderung
Idiotie
IQ unter 20

Nicht näher bezeichnete intellektuelle Behinderung
(auszuschließen niedrige Intelligenz)

Intelligenzniveau nicht bekannt
(Weder durch klinische noch psychometrische Einschätzung)

Die Zuordnung soll anhand des gegenwärtigen intellektuellen Niveaus ohne Berücksichtigung von dessen Ursache erfolgen. Sofern spezifische Behinderungen oder umschriebene Entwicklungsstörungen vorliegen, soll die Klassifikation auf einer Beurteilung des intellektuellen Niveaus basieren, die den beeinträchtigten Bereich nicht einbezieht.

Klassifikation der Intelligenzminderungen nach der ICD

Die deutsche Ausgabe der Internationalen Klassifikation der Krankheiten der WHO, der *International Classification of Diseases,* klassifiziert Oligophrenien in ihrer 9. Revision (nach DEGKWITZ u. Mitarb. 1980) wie folgt:

317 Leichter Schwachsinn

317.0 Niedrige Intelligenz
Grenzdebilität
IQ 70–84

317.1 Leichte intellektuelle Behinderung
Debilität
IQ 50–70

318 Andere Ausprägungsgrade des Schwachsinns

318.0 Deutlicher Schwachsinn
Imbezillität
IQ 35–49
Intellektuelle Behinderung mittleren Grades

318.1 Schwerer Schwachsinn
IQ 20–34
Schwere intellektuelle Behinderung

318.2 Hochgradiger Schwachsinn
Idiotie
IQ unter 20
Schwerste intellektuelle Behinderung

319 Nicht näher bezeichneter Schwachsinn
Nicht näher bezeichnete intellektuelle Behinderung

Diagnostisch wesentliches Merkmal ist dabei eine allgemeine Intelligenzminderung unabhängig von deren Ursache und von weiteren physischen oder psychischen Störungen. Spezifische Behinderungen werden gesondert verschlüsselt. Die Beurteilung des intellektuellen Niveaus soll auf allen verfügbaren Informationen beruhen, d. h. auf klinischem Eindruck, Anpassungsfähigkeit und Testergebnissen. Bei Vorliegen spezifischer Behinderungen sollte die differenzierte Klassifikation auf einer Beurteilung des intellektuellen Niveaus basieren, die diese spezifische Behinderung nicht einbezieht.

Klassifikation der Intelligenzminderungen nach DSM III

Das *Diagnostic and Statistical Manual of Mental Disorder* (DSM) greift in seiner 3. Revision (APA 1980) erkennbar auf die ICD-Klassifikation zurück. Unter dem Titel „mental retardation" werden fünf Subtypen aufgelistet:

317.0 Mild mental retardation
IQ 50–70

318.0 Moderate mental retardation
IQ 35–49

318.1 Severe mental retardation
IQ 20–34

318.2 Profound mental retardation
IQ unter 20

319.1 Unspecified mental retardation

Diagnostisch wichtig ist ein signifikant unterdurchschnittliches intellektuelles Leistungsniveau, das mit Defiziten oder Störungen im adaptiven Verhalten einhergeht und vor dem 18. Lebensjahr besteht oder einsetzt. Die Diagnose erfolgt unabhängig von zusätzlichen psychischen oder physischen Störungen anhand der testpsychologischen Untersuchung, während das adaptive Verhalten über ein klinisches Urteil eingeschätzt werden soll.

Klassifikation der Intelligenzminderungen nach den Empfehlungen der AAMD

Die *American Association of Mental Diseases* hat eine Klassifikation der Intelligenzminderungen nach ätiologischen Aspekten vorgeschlagen (Grossman 1973). Sie umfaßt acht Untergruppen, die anhand der deutschen Übersetzung bei Spreen (1978, S. 32ff.) wiedergegeben werden. Die in dieser Tabelle behandelten Intelligenzminderungen – in der Regel sind es solche ausgeprägten Grade sogenannter geistiger Behinderungen – werden von der AAMD nach Spreen (1978, S. 2f) definiert als „signifikant unterdurchschnittliche intellektuelle Funktionen, die gleichzeitig mit Mängeln im Anpassungsverhalten existieren und die sich während des Entwicklungsalters manifestieren". Quantitativ ist der Begriff auf deutlich negative Abweichungen von der Intelligenznorm festgelegt. Das gleichzeitige Vorhandensein von Anpassungsmängeln schließt eine rein auf testpsychologische Wertung aufgebaute Diagnose aus, der Hinweis auf die Manifestation im Entwicklungsalter hebt auf eine Manifestation spätestens vor dem 19. Lebensjahr ab. Eine solche Definition schließt die zu diesem Zeitpunkt erworbenen Demenzformen ein und muß unter der Demenz eingereiht werden. Sie enthält übrigens absichtlich keine Prognose über die Dauer der Behinderung.

I. Biologische Ursachen

0 Infektionen und Vergiftungen
Diese Gruppe von Ursachen bezieht sich sowohl auf Zustände des Kindes als auch der Mutter.

01 Vorgeburtliche Infektionen
In dieser Untergruppe werden Infektionskrankheiten der Mutter zusammengefaßt, die das Kind in utero beeinflussen. In seltenen Fällen treten solche Schädigungen auch ohne klinische Krankheitserscheinungen bei der Mutter auf. Besondere Aufmerksamkeit haben Infektionen während des ersten Trimesters der Schwangerschaft gefunden. Bei einer derartigen Dokumentation ist eine genaue Anamnese wichtig, da man vage Angaben der Mutter mehrere Jahre nach der Geburt kaum als festen Anhalt benutzen kann. Mit besonderen Ziffern sind die folgenden Einzelformen belegt worden Röteln...,...Syphilis...,...Toxoplasmose...,...andere vorgeburtliche Infektionen.

02 Zerebrale Infektionen nach der Geburt
In dieser Untergruppe finden sich alle nach der Geburt auftretenden Infektionen örtlicher oder allgemeiner Art durch Viren, Bakterien, Parasiten, Protozoen und Fungi. Als Beispiel sei hier vor allem die Enzephalitis nach Masern, Röteln, Mumps, tuberkulöser Meningitis... angeführt.

03 Vergiftungen
Zu dieser Gruppe gehören Vergiftungen aller Art. Sie können durch Selbstvergiftung (durch giftige Stoffwechselprodukte) oder exogen durch Gifte oder Drogen, die dem Körper zugeführt werden, entstanden sein.

1 Traumen und physische Schädigungen
Diese Hauptgruppe umfaßt hauptsächlich Hirnschädigungen vor oder nach der Geburt aufgrund von Hirntraumen oder durch andere auf das Gehirn einwirkende physische Mittel, wie z. B. Strahleneinwirkung oder Sauerstoffmangel...

11 Vorgeburtliche Schädigung

12 Mechanische Verletzung bei der Geburt

13 Sauerstoffmangel bei der Geburt

14 Nachgeburtlicher Sauerstoffmangel

15 Verletzungen des Gehirns nach der Geburt

2 Stoffwechsel- und Ernährungsstörungen
Zu dieser Gruppe gehören Störungen der geistigen Entwicklung aufgrund von Fehlfunktionen oder Störungen des Stoffwechsels oder der endokrinen Drüsenausscheidung, aufgrund von fehlerhafter Ernährung und von

Wachstumsstörungen... Diese Ursachen werden folgendermaßen weiter aufgeteilt:

21 Störungen des Fettstoffwechsels

22 Kohlenhydratstoffwechselstörungen

23 Aminosäurestoffwechselstörungen

24 Nukleinsäurestörungen

25 Störungen des Mineralstoffwechsels

26 Endokrine Störungen

27 Ernährungsstörungen

29 Andere Stoffwechsel- und Ernährungsstörungen

3 Grobe Hirnerkrankungen nach der Geburt
Während bei den vorhergehenden zwei Hauptgruppen sowohl die Ursache als auch die Krankheitsentstehung (Pathogenese) bekannt waren, ist bei der folgenden Gruppe die Ursache oft unbekannt oder ungewiß. Es handelt sich in dieser Gruppe um vielfach erbliche und während der postnatalen Entwicklung auftretende Tumoren und andere Hirnerkrankungen.

31 Neurokutane Dysplasien

32 Neoplasmen (Tumoren)

33 Abbauerkrankungen der weißen Masse des Gehirns

34 Abbauerkrankungen bestimmter Nervenfasern oder Gebiete des Nervensystems

35 Zerebrovaskuläre Erkrankungen

39 Andere grobe Hirn- und Nervenstörungen

4 Unbekannte vorgeburtliche Einflüsse
In dieser Gruppe ist die Ursache nicht klar, doch ist die Erkrankung eindeutig vor der Geburt entstanden. Es handelt sich vor allem um Schädelabnormalitäten und andere kongenitale Defektzustände.

41 Hirnmißbildungen

42 Kraniofaziale Anomalien

43 Status dysrhaphicus

44 Hydrozephalus

45 Hydranenzephalie

46 Multiple Fehlbildungen

47 Einfache Nabelschnurarterie

5 Chromosomenabnormitäten
Zahlreiche Chromosomenabnormitäten unbekannter oder nur teilweise geklärter Ursache sind beschrieben worden. Hier handelt es sich um eine Störung des Erbguts, die zu schweren Fehlentwicklungen des Kindes führt. Ursachen für solche Störungen sind in den sogenannten „spontanen" Mutationen, in Strahlungsschäden, Medikamenten und anderen chemischen Mitteln, Viren, Selbstimmunisierungsmechanismen, alternden Eizellen, dem Vorliegen von Normabweichungen und in einer Reihe von Umweltbedingungen wie Wärme, Zeiteinflüssen, geographischen und ökonomischen Faktoren gesucht worden... Auch der Einfluß von Inzucht ist untersucht worden. Bei der hier gegebenen Klassifikation zählen die Untergruppen systematisch die Chromosomenschäden auf und wiederholen sich für die verschiedenen Chromosomengruppen (50 = A-Gruppe = Chromosomengruppe 1 bis 3; 51 = B-Gruppe = Chromosomen 4 u. 5; 52 = C-Gruppe = Chromosomen 6 bis 12; 53 = D-Gruppe = Chromosomen 13–15; 54 = E-Gruppe = Chromosomen 16 bis 18; 55 = F-Gruppe = Chromosomen 19 u. 20; 56 = G-Gruppe = Chromosomen 21 u. 22; 57 = Geschlechtschromosom X; 58 = Geschlechtschromosom Y), während die dritte Ziffer jeweils die Art der Schädigung (z. B. 0 = zusätzliches Chromosom, 1 = fehlendes Chromosom, 2 = Mosaizismus, 3 = Fehlen des kurzen Arms, 4 = Fehlen des langen Arms, 5 = Ringchromosom, 6 = Translokation, 7 = andere Strukturveränderung, 8 = andere zahlenmäßige Veränderung, 9 = mehr als eine Chromosomenabnormität) angibt.

6 Störungen während der Schwangerschaft
In dieser Gruppe werden Defektzustände, die auf einen gestörten Ablauf der Schwangerschaft zurückgehen, zusammengefaßt. Hierzu gehören:

61 Frühgeburt

62 Untergewicht bei der Geburt

63 Spätgeburt

II. Psychologische und umweltbezogene Ursachen

Während bei den bisher beschriebenen Ursachen organische Faktoren eine deutlich erkennbare, wenn auch nicht immer eindeutige Rolle spielen, ist bei den folgenden Kategorien des Klassifikationssystems die geistige Behinderung lediglich auf psychologische oder auf umweltbezogene Faktoren zurückführbar. Stehen organische Ursachen im Vordergrund, werden diese Kategorien nicht gebraucht. Wie bereits zu Beginn dieses Kapitels ausgeführt, ist die Anzahl der diesen Kategorien zugeordneten Personen mit geistiger Behinderung (vor allem leichten und mäßigen Grades) erschreckend hoch und übertrifft alle für die „organischen" Kategorien berichteten Prozentsätze. Ob es sich bei einem Teil dieser Fälle um noch unerkannte, subtile organische Schädigungen handelt, bleibt fraglich, obwohl möglicherweise ein kleiner Teil dieser Fälle bei genauerer Untersuchung und bei weiterem Fortschritt unseres Wissens auf organische Ursachen umgruppiert werden muß... Bis dahin ist es vielleicht wichtiger, sich auf die Behebung der durch psychologische und umweltbezogene Faktoren bedingten Behinderung und auf Rehabilitationsmaßnahmen zu konzentrieren, statt auf die Entdekkung relativ esoterischer Ursachen ohne brauchbare Behandlungsmöglichkeiten zu warten.

7 Geistige Behinderung nach psychiatrischen Störungen (psychogen-reaktive geistige Behinderung)
In dieser Gruppe werden nur solche Formen geistiger Behinderung aufgenommen, die als Folge einer Psychose oder einer anderen psychiatrischen Störung auftreten und bei denen keine Belege für eine organische Verursachung vorliegen. Wenn also die psychiatrische Störung lediglich gleichzeitig mit der geistigen Behinderung auftritt oder wenn sie Begleiterscheinung einer organischen Pathologie ist, so wird diese Kategorie nicht verwendet. Im wesentlichen handelt es sich um:

71 Psychose

79 Andere Formen geistiger Behinderung nach psychiatrischen Störungen

8 Geistige Behinderung durch Umwelteinflüsse
In dieser Gruppe gehen nur Fälle ein, in denen Hinweise auf den ungünstigen Einfluß von Umweltbedingungen auf die geistige Entwicklung vorliegen und Belege für organische Erkrankungen oder Störungen fehlen. Die Gruppe schließt auch die sogenannte primäre oder familiäre geistige Behinderung ein, die von vielen Autoren als „erblich" angesehen wird. Die Miteinbeziehung der Beteiligung von Erbfaktoren in dieser Kategorie ist bewußt geschehen, da eine klare Trennung zwischen Erbe und Umwelt kaum möglich ist.

81 Psychosoziale Benachteiligung

82 Sinnesdeprivation

9 Andere Ursachen
Diese Gruppe ist hauptsächlich solchen Fällen vorbehalten, in denen die geistige Behinderung als Folge von Ausfall oder Schädigung eines oder mehrerer Sinnesorgane auftritt, bei denen zahlreiche biologische und soziale Bedingungen zu verlangsamter oder behinderter Entwicklung beitragen oder die sich nicht in die anderen Gruppen einordnen lassen. Ferner gehören in diese Gruppe mangelhaft definierte oder unbekannte Ursachen.
91 Defekte von Sinnesorganen
98 Andere Bedingungen

Prävalenz

Prävalenzraten für die Varianten der Norm sind aus Tab. 3.1 zu entnehmen. Frühere Zweifel an einer Gleichverteilung im Sinne einer Häufung für Jungen am oberen Extrem der Skala (ANASTASI 1976), genau wie es im unteren Extrem, also bei IQ-Werten unter 50, vorkommt (vgl. Tab. 3.2, Spalte 5), sind bislang nicht belegt. Auch wenn sie berechtigt wären, besagt das nichts über die genetische Bedingtheit eines solchen Phänomens, sondern könnte u. a. durch unterschiedliche Förderung von Jungen und Mädchen hervorgerufen sein. In einzelnen Dimensionen der Intelligenz gibt es jedoch Unterschiede zwischen den Geschlechtern (vgl. dazu Geschlechtsunterschiede, S. 45).
Die Prävalenzraten für den unteren Bereich der Verteilung entsprechen nicht den Erwartungswerten gemäß der Gausschen Normalverteilung, nach der Intelligenzquotienten sich als deutlich biologisch mitbedingtes Merkmal verteilen, sondern zeigen eine höhere Vorkommenshäufigkeit für die schwereren Ausprägungsgrade, zuletzt hat ZIGLER (1967) auf dieses Phänomen hingewiesen. Es wird erklärt durch das Zusammentreffen genetisch bedingter Minusvarianten, also von Varianten der Norm mit organisch bedingten Intelligenzminderungen (Abb. 3.1).
Der Mittelwert der Verteilung für die organisch bedingten Oligophrenien wird zwischen 32 und 35 angegeben. Die Kritik an diesem Vorstellungsmodell mit der Begründung, daß die meisten Intelligenztests im unteren Bereich unzureichend standardisiert seien, wird durch ähnliche bekannte Phänomene aus der kinderpsychiatrischen Epidemiologie entkräftet, so etwa die von YULE u. RUTTER (1976) nachgewiesene Häufung von spezifischen Lesestörungen im unteren Extrembereich der Verteilung gegenüber den erwarteten Werten.
Prävalenzwerte für die einzelnen Gruppen der Intelligenzgeminderten lassen sich der 4. Spalte der Tab. 3.2 entnehmen, geschlechtsbezogene Werte der 5. Spalte. Sie zeigen eine höhere Knabenwendigkeit für die ausgeprägteren Intelligenzminderungen, die aus der höheren Vulnerabilität von Knaben gegenüber organischen Beeinträchtigungen erklärt wird. Bei differenzierter Betrachtung

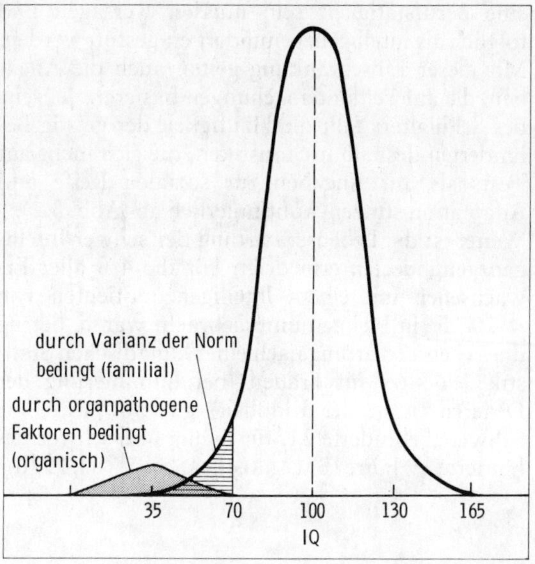

Abb. 3.1 Erklärung der Häufung schwerer Oligophrenien (aus *H. Remschmidt, M. H. Schmidt:* Neuropsychologie des Kindesalters. Enke, Stuttgart 1981).

sind Prävalenzangaben für Intelligenzminderungen jedoch nur für noch weiter spezifizierte Populationen möglich (Übersicht bei ABRAMOWICZ u. RICHARDSON 1975, ergänzt durch LIEPMANN 1979, S. 34ff).
Verschiedene Faktoren stehen generellen Angaben entgegen: im Kleinkindalter ist die Erkennbarkeit beschränkt, das Schulalter fördert das Auftreten geistiger Behinderungen und führt zu einer künstlichen Inflation der Prävalenzraten, die nach dem 15. Lebensjahr zurückgehen, da ein Teil der Intelligenzgeminderten bei den Anforderungen der Schule, die aber nicht notwendige Voraussetzungen für

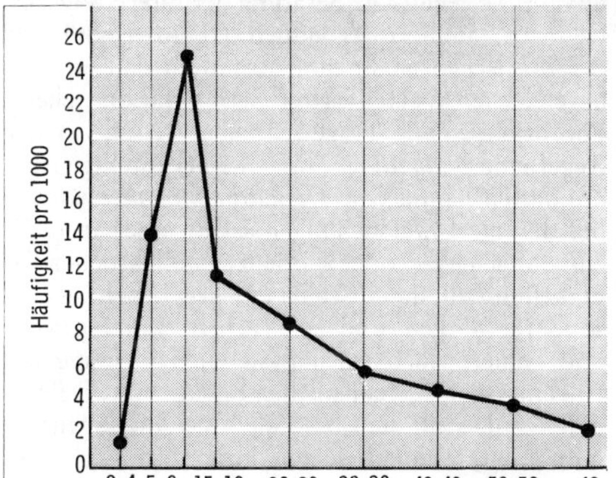

Abb. 3.2 Häufung der geistigen Behinderung nach dem Lebensalter (aus *O. Spreen:* Geistige Behinderung. Springer, Berlin 1978).

eine Berufstätigkeit sein müssen, versagen und folglich als intelligenzgemindert eingestuft werden. Mit dieser Einschränkung gelten auch die Angaben, die auf Felduntersuchungen basieren. Jenseits des Schulalters fällt die Häufigkeit der geistig Behinderten deshalb in Statistiken, die sich mehr auf Tests als auf Angaben zur sozialen Reife und Adaptation stützen, kontinuierlich ab (Abb. 3.2).
Weiter ist die Lebenserwartung der schwer Intelligenzgeminderten erniedrigt. Für die 4% aller Erwachsenen mit einem Intelligenzquotienten von < 70, die in Heimen untergebracht waren, betrug die Lebenserwartung nach einer kanadischen Statistik 1966–69 für Frauen (bei Eliminierung der Differenzen in der Kindheit) gut 30 Jahre, für Schwerstbehinderte 21, für mäßig und schwer Behinderte 39 Jahre (BALAKRISHNAN u. WOLF 1976).

Auch bei Berücksichtigung der Beziehungen zwischen genetischen und Umweltfaktoren in der Entwicklung der Intelligenz bleibt ein stärkerer Trend zur geistigen Behinderung bei den sozialen Grundschichten oder benachteiligten Gruppen. Der Zusammenhang von Kinderzahl und sozialer Schicht beeinflußt den zwischen der Häufigkeit von Intelligenzminderungen und Geschwisterzahl. Nach HEBER (1970) liegen die mittleren Intelligenzquotienten der Einzelkinder zum Teil deutlich über 100 und sinken kontinuierlich, um diesen Wert bei Sechs- und Mehrkindfamilien zu unterschreiten, ein Effekt, der das Intelligenzniveau und damit die Prävalenzraten differenziert beeinflußt. Auch auf das hauptsächlich ungeklärte Überwiegen Intelligenzgeminderter in der Landbevölkerung gegenüber den Großstädten sei hingewiesen.

Diagnostik

Ziele und Wege der Diagnostik

Ziel der Beurteilung des Intelligenzniveaus ist grundsätzlich die Voraussage der Entwicklung eines Kindes, sei es innerhalb der Varianz der Norm, sei es im positiven oder negativen Extrembereich. Ist eine wenigstens knapp durchschnittliche Entwicklung nicht zu erwarten, ergeben sich zusätzliche diagnostische Ziele, nämlich bei Intelligenzminderungen eine optimale ärztliche Behandlungsstrategie oder/und pädagogische Interventionsstrategie festzulegen. Sie soll nach Möglichkeit an der Ätiologie der Beeinträchtigung orientiert sein und zusätzlichen Aufschluß über Prognose und Verlauf liefern. Drittes Ziel ist, gegebenenfalls Informationen für die genetische Beratung der Eltern oder der weiteren Familie zu gewinnen. Die Invasivität der diagnostischen Maßnahmen muß zu den erreichbaren Zielen in einer vertretbaren Relation stehen.
Für orientierende Fragestellungen genügt in der Regel eine *Bilanzdiagnostik,* die bei Intelligenzgeminderten häufig eine *Defizitdiagnostik* darstellt, bei der die Untersuchung nur auf eine Abschätzung allgemeiner oder spezieller intellektueller Fähigkeiten zielt, um anschließend gegebenenfalls besondere Stärken und Schwächen, Lösungswege und Fehlerquellen zu analysieren. Die Frage der Angemessenheit einer solchen Bilanz- bzw. Defizitdiagnostik stellt sich besonders bei Intelligenzgeminderten, wenn diese mit Hilfe von Verfahren beurteilt werden, die für Nichtbehinderte konstruiert wurden. Anstelle der Defizitdiagnostik muß gerade bei Behinderten eine *Funktionsdiagnostik* treten, die auch andere als die rein kognitiven Fähigkeiten erfaßt; als solche gelten Gedächtnis und Feinmotorik, vor allem aber die soziale Adaptation, die ebenfalls Hinweise auf die Förderungsmöglichkeiten beinhaltet. Soziale Kompetenz ist beispielsweise ein wesentlich besseres Maß als der oft herangezogene passive Wortschatz, der mehr über die aktuelle Förderung eines Kindes aussagt (TRIVEDI 1977). Die Lernfähigkeit als prognostisch wichtigen Faktor systematisch zu erfassen, ist bislang nur experimentell möglich. GUTHKE (1977) hat versucht, den traditionellen Intelligenzquotienten durch einen Lernquotienten zu ersetzen, was den Einfluß eines besonders fördernden Milieus – der bei der Bilanz- oder Defizitdiagnostik entscheidend sein kann – vermindert, nicht aber die Folgen unzureichender Förderung für die Entwicklung der Lernfähigkeit eliminieren kann. Die Prinzipien des Testing the limits im Leistungsverhalten hat L. SCHMIDT bereits 1971 dargelegt, in jüngerer Zeit haben WIEDL u. CARLSON (1981) die Prinzipien dynamischen Testens bei Lernbehinderten angewendet.
Versuche, besonders förderungswürdige intellektuelle Leistungsschwächen bei Kindern zu bestimmen, werden erstmals in der Testbatterie von KORNMANN (1977) angestrebt. Die dort verwendeten Subtests decken aber nur einen Faktor der Intelligenzentwicklung neben einem Faktor der motorischen Entwicklung ab. Die Ergebnisse entsprechen jedoch im Resultat einer Prozeßdiagnostik, da sie auf die möglichen Ursachen eines Versagens wie verminderte Anstrengungsbereitschaft, spezielle Schwierigkeiten mit dem Test oder der Testsituation, Sehstörungen, inadäquates Lösungsverhalten aufgrund eines ungeübten kognitiven Stils oder fehlender Kenntnisse elementarer

Begriffe und sensomotorische Einschränkungen – sämtliche Faktoren jeweils unabhängig von den eigentlichen kognitiven Schwächen – hinweisen. Die Verfolgung dieser Prozesse ist bei Kindern im Einschulungsalter jedoch leichter als bei älteren oder Erwachsenen; jüngeren Kindern sind aber auch die benutzten dynamischeren Konstrukte intelligenten Verhaltens im Hinblick auf die Abhängigkeit von der äußeren Situation und die altersbedingt unterschiedlichen Komponenten der Intelligenz angemessener.
Mehrstufige Diagnostik strebt an, *Screeningverfahren* einzusetzen und die vermutlich Gruppen unterschiedlich Intelligenter angehörenden Kinder einer eingehenderen Diagnostik zuzuführen. Solche Screeningverfahren sind bislang inner- und außerhalb des deutschen Sprachraumes nicht geeicht. Die Auswahl an ungeeichten echten Screeningverfahren ist auch in der ausländischen Literatur ausgesprochen gering (CAMBELL u. CAMP 1975).

Vorgehensweisen der Diagnostik

Die Einschätzung der intellektuellen Fähigkeiten aufgrund des äußeren Eindrucks oder anamnestischer Fakten kann nur Anlaß für eine weitergehende Untersuchung sein, diese aber nicht ersetzen, auch wenn die Bewährung im Schulsystem oder bestimmte äußere Merkmale von intelligenzgeminderten Kindern den klinisch Erfahrenen dazu verleiten mögen. Wichtig zu wissen ist, daß die Schulbewährung auf weiterführenden Schulen nur etwa zu 25% von intellektuellen Faktoren, darüber hinaus aber von Hintergrundvariablen und vor allem von der entwickelten Leistungsmotivation abhängt, weiter, daß bei einer nicht geringen Zahl intelligenzgeminderter Kinder keine äußeren Auffälligkeiten registriert werden können, weder im Aussehen noch im Verhalten, daß dies sogar bei ausgeprägten dementiven Prozessen zutreffen kann, z. B. bei der sogenannten Hellerschen Demenz. Über- und Unterschätzungen der intellektuellen Fähigkeiten sind auf diesem Wege naheliegend, denn zwischen den Referenzkriterien und der Testintelligenz bestehen sehr niedrige Korrelationen, zumal die Förderung durch die Umwelt gerade im frühen Kindesalter Leistungen vortäuschen kann, die real nur Entwicklungsvorsprüngen entsprechen.
Auf die *Förderungsabhängigkeit der Intelligenz* wurde bereits hingewiesen. Sogenannte Culture-fair-Tests bzw. Culture-free-Tests können diesen Einfluß in der Intelligenzdiagnostik nur bedingt eliminieren, denn in gewissem Maße ist auch die Lernfähigkeit, die im Test bewiesen werden muß, förderbar. Verschiedene Versuche einer sogenannten objektiven Intelligenzdiagnostik, die den Förderungseinfluß weitgehend ausschalten soll, sind mittels neuropsychologischer Methoden gemacht worden. Sie basieren auf der Korrelation neuropsychologischer Variablen mit der Testintelligenz. Nutzbar sind sie praktisch nur für Intelligenzgeminderte. Sie haben sich neurologisch-motoskopischer Methoden, der Beurteilung des Hautwiderstandes, der Pupillenreaktion, des Elektromyogramms, der Herzfrequenz und des Blutdrucks bedient, diese aber meist nur mit der Reaktionszeit, nicht mit kognitiven Funktionen im engeren Sinne korreliert (Übersicht bei KARRER 1976). Die meisten der einschlägigen Ergebnisse münden in eine Theorie verminderten Arousals bei intellektuell Behinderten. Etwas bessere Ergebnisse haben Korrelationen mit EEG-Variablen erbracht. Die Grundaktivität erwies sich dabei nur als voraussagekräftig, wenn das Alter der untersuchten Kinder berücksichtigt wurde. Wird es nicht eliminiert, überdeckt es die Beziehungen, die als Korrelation zwischen Testintelligenz und Hirnreifung interpretiert werden können; sie sind bei intelligenzgeminderten Kindern enger als bei unbeeinträchtigter Intelligenz (GASSER u. Mitarb.). Nicht erfüllt haben sich die Hoffnungen, daß die Untersuchung langsamerer Potentiale, vorzugsweise die Contingent Negativ Variation (CNV), als Prädiktor für intelligentes Verhalten gelten kann; offensichtlich informiert sie nur über die Reizaufnahme, d. h. über das Aufgabenverständnis, bezüglich dessen sich bei angemessener Aufgabenstellung keine nennenswerten Unterschiede feststellen lassen, solche bestehen jedoch bezüglich der Verarbeitungskapazität. Eine geraffte Übersicht der Literatur bis 1977 findet sich bei SCHMIDT 1981. Für die Praxis sind die Fortschritte in der Verwendung neurophysiologischer und neuropsychologischer Variablen in der Intelligenzmessung bisher nicht nutzbar, zumal ihre Korrelationen in den Extrembereichen besser sind als im Zentrum der Verteilung. Auch ist unklar, wieweit die dort gemessenen Parameter ähnlich lernabhängig sind wie Intelligenzfunktionen.
Auf Versuche, Kinder und Jugendliche mit begrenzten intellektuellen Fähigkeiten nicht nur anhand ihrer Testintelligenz, sondern auch anhand ihres adaptiven Verhaltens zu klassifizieren, wurde bereits eingegangen, auch auf die Probleme solcher Verfahren, deren Korrelationen mit der Intelligenz teilweise recht hoch sind. Für deutsche Verhältnisse sind solche Meßverfahren bislang kaum adaptiert. Die 1936 entwickelte Vineland Social Maturity Scale wurde von EGGERT übernommen und in eine Kurzform gebracht, die später in die Testbatterie für geistig Behinderte eingegangen ist (BONDY u. Mitarb. 1969).
Sämtliche dieser Versuche sind noch keineswegs so weit entwickelt wie die Diagnostik mit Meßmethoden für die Intelligenz, bei der die Verwirklichung testtheoretischer Notwendigkeiten und inhaltlicher Strukturanalysen einen hohen Stand erreicht

hat. Wesentlich ist auch, daß sich die Resultate der Beurteilung der Umweltbewältigung nach der Beurteilungsquelle richten, d. h. danach, ob Kinder, beobachtende Eltern oder professionelle Pädagogen befragt werden. Das Verfahren von WING (WING u. GOULD 1978), das ebenfalls auf Fremdbeobachtung basiert, aber nach den Vorstellungen der Autoren nicht in einen Score mündet und nicht an Normen gemessen wird, versucht die Arbeitsgruppe um COOPER an deutsche Verhältnisse zu adaptieren (ORT 1981). Weiter ist bislang nicht klar, ob der prognostische Wert dieser Verfahren für die spätere Selbständigkeit intelligenzgeminderter Kinder sowie für ihre soziale und berufliche Eingliederung tatsächlich so hoch ist wie erwartet. Sicher ist lediglich, daß die Skalen für die Förderung deutlich intelligenzgeminderter Kinder unabhängig von diesen Test- und Meßproblemen gute Hinweise geben.

Analog den bei den diagnostischen Zielen entwikkelten Vorgehensweisen kommen bei einer festgestellten Intelligenzminderung weitere Untersuchungstechniken in Betracht, um ein optimales Behandlungskonzept zu entwickeln, das günstigenfalls an der Ätiologie orientiert ist. Die Feststellung und Beschreibung zusätzlicher Behinderungen ist dabei notwendig, weil sie sowohl für die pädagogische Intervention wie auch für ätiologische Schlüsse eine Rolle spielen. Die möglichst genaue ätiologische Zuordnung ist auch Voraussetzung für die Informationsgewinnung zur genetischen Beratung. Als diagnostische Maßnahmen kommen die in Tab. 3.4 zusammengestellten Verfahren – je nach diagnostischem Verdacht und Alter in unterschiedlicher Kombination und Folge – in Frage.

Bei der Intelligenzdiagnostik nichtintelligenzgeminderter Kinder sind Intelligenztests nach wie vor wichtigste Beurteilungsquelle. Auf den damit erfaßten Verhaltensbereich wird ähnlich wie für andere testpsychologische Beurteilungskriterien im folgenden eingegangen.

Inhalte der Diagnostik

Die meisten der heute benutzten Intelligenztestverfahren gehen davon aus, daß die untersuchten einzelnen Leistungen, die sich in den verschiedenen Aufgabentypen niederschlagen, nichts anderes als spezielle Ausdrucksformen der Intelligenz prüfen. Die verwendeten Subtests messen also nicht bestimmte Fähigkeiten – und dürfen auch nicht in

Tabelle 3.**4** Ärztliche Untersuchungsverfahren bei intelligenzgeminderten Kindern

Familienanamnese bezüglich des Vorkommens von Intelligenzminderungen oder anderen Erkrankungen.
Entwicklungsanamnese betreffend Besonderheiten von Schwangerschaft, Geburt, frühkindlicher Entwicklung und späteren Erkrankungen sowie des Alters beim Erkennen der Intelligenzminderung.
Somatometrie betreffend Kleinwuchs, Unter- oder Übergewicht sowie Mikro- oder Makrozephalie bzw. Entwicklung eines Hydrozephalus.
Klinische internistische Untersuchung, betreffend Besonderheiten des Körperbaues, aber auch Hinweise auf Abnormitäten der inneren Organe und auf Speicherkrankheiten.
Neurologisch-motoskopische Untersuchung bezüglich neuropathologischer Befunde, Besonderheiten der motorischen Entwicklung, insbesondere der Koordination.
Psychiatrische Untersuchung zum Stand der emotionalen und sozialen Entwicklung als Hilfe bei der Interpretation von Testergebnissen und zur Feststellung von Verhaltensauffälligkeiten, die nicht Ausdruck einer Entwicklungsverzögerung, sondern Hinweise auf pathologische Verhaltensmuster im Sinne einer sogenannten Plussymptomatik sind, also zusätzliche psychiatrische Erkrankungen signalisieren.
Neurophysiologische Untersuchung zur Feststellung dysphatischer und dyspraktischer Störungen, auch von Störungen der räumlichen Orientierung, der Rechts-Links-Unterscheidung, des Körperschemas und der Gedächtnisfunktionen, die parallel zur Intelligenzminderung, aber auch unabhängig von ihr beeinträchtigt sein können.
Untersuchungen zur Beurteilung der Hirnstrukturen zur Ermittlung von Dichteunterschieden, Hohlraumbildungen usw., die heute im wesentlichen aus Anwendungen der Ultraschalldiagnostik und der Computertomographie sowie verwandter Techniken bestehen.
Untersuchungen zur Beurteilung der Hirnfunktionen sowohl bezüglich der Grundaktivität des Gehirns unter unterschiedlichen Bedingungen wie auch bezüglich spezifischer Phänomene, vor allem zerebrale Anfallsleiden; bislang ist nur die routinemäßige Diagnostik verwendbar, evozierte Potentiale und Erwartungspotentiale sind lediglich bei Spezialfragen nutzbar (so etwa bei der objektiven Audiometrie).
Untersuchung peripher-neurophysiologischer Funktionen als Messung der Nervenleitgeschwindigkeit bei Verdacht auf einige Demenzprozesse.
Laborchemische Untersuchungen an Blut, Liquor (auch zur Feststellung überstandener Infektionen) und an bioptischem Material, teilweise an Gewebskulturen.
Chromosomenanalyse, Nachweis numerischer und struktureller Aberrationen der Autosomen und Gonosomen sowie zur Identifizierung von Mosaikbildern.

diesem Sinne interpretiert werden –, sondern nur unterschiedliche *Varianten des sogenannten Allgemeinfaktors,* mit dem die Subtestergebnisse besser korrelieren als unter sich. Inhaltlich entsprechen das Herstellen von Beziehungen und das schlußfolgernde Denken (reasoning) dem Allgemeinfaktor oder *g-Faktor* am besten (für eine zusammenfassende Darstellung s. CONRAD 1982); gängige Intelligenztests konzentrieren sich deswegen auf die Beurteilung konvergenter Denkprozesse (s. S. 33). Der Zugang über verschiedene Leistungswege ist notwendig, da die Auswirkung des g-Faktors bei auf sprachliche, mathematische oder räumliche Elemente bezogenen Denkprozessen ermittelt werden muß, denn diese unterschiedliche Auswirkung bestimmt ja die realisierbare Intelligenz, die letztlich gemessen werden soll. Die Erfassung einer rein potentiellen Intelligenzkapazität im Sinne des g-Faktors wäre – selbst falls möglich – wenig sinnvoll. Hochentwickelte spezifische Fähigkeiten können das Gesamtergebnis damit aufgrund dieses diagnostischen Zugangs relativ wenig beeinflussen, ebenso wie ausgeprägte, aber begrenzte Ausfälle.

Über den Ansatz, die Gesamtheit der intellektuellen Fähigkeiten anhand von Teilfaktoren der Intelligenz zu erfassen, hinaus gehen Tests, deren Ziel die Bestimmung der *Leistungsfähigkeit in einzelnen Bereichen* ist. Sie sind häufig an den mehrfach bestätigten *sieben Primärfaktoren* der Intelligenz nach THURSTONE (1941) (räumliches Denken, Wahrnehmungstempo, Rechenfähigkeit, Sprachverständnis, Wortflüssigkeit, Gedächtnis und logisches Denken, von denen lediglich die Rechenfähigkeit nicht ohne Anteile des logischen Denkens und dieses nicht ohne geringe Anteile der Gedächtnisfähigkeit erfaßt werden können) oder an dem von GUILFORD entwickelten Modell (siehe unten) orientiert. Solche Testverfahren messen in hohem Maße Erfahrungsintelligenz im Sinne CATTELLs, d. h. ihre Ergebnisse sind von der Förderung und den Lernmöglichkeiten abhängig. Sie werden in der Regel auch als Tests, die der Auslese für bestimmte Ausbildungsschwerpunkte dienen sollen, benutzt (Tests für mathematische Begabung, für naturwissenschaftliches Denken, Studieneignungstests und ähnliches). Umgekehrt können Tests für spezifische Fähigkeiten auch im Sinne einer Defizitdiagnostik angewendet werden, wie sie etwa bei Verdacht auf dementive Prozesse betrieben werden muß. Ihnen kommt außerdem im Rahmen einer förderungsorientierten Diagnostik größere Bedeutung zu.

GUILFORD (GUILFORD u. HOEPFNER 1976) hat die Vorstellung multipler intellektueller Fähigkeiten weiterentwickelt. Er unterscheidet die Funktionen von Erkennen, Behalten, schlußfolgerndem Denken, produktivem (problemlösendem) Denken und Bewerten, die auf figürliche, symbolische, semantische und Verhaltensinhalte angewendet werden können und zur Bildung von Einheiten, Klassen, Beziehungen, Systemen, Transformationen und Implikationen benutzt werden. Die Kombination dieser möglichen Kategorien führt zu 120 Intelligenzfunktionen, von denen bis heute nur ein Teil durch spezifische Tests abgedeckt ist.

Einen Kompromiß zwischen dem Konzept einer allgemeinen Intelligenz und dem ihrer Zusammensetzung aus multiplen Leistungen bieten Vorstellungen, die Faktoren unterschiedlicher Ordnung annehmen, wie die hierarchischen Modelle von BURT (1956), VERNON (1979) oder von CATTELL.

Tabelle 3.**5** Unterschiede zwischen *Cattells* Hauptfaktoren (nach *Wewetzer:* Intelligenz und Intelligenzmessung. Wiss. Buchgesellschaft, Darmstadt 1972, S. 37f)

Fluidität	Kristallisation
1. Erreicht früh ein Maximum (14 Jahre?), sinkt ungefähr nach dem 20. Lebensjahr ab	Erreicht ein Maximum später (20 Jahre?), zeigt mit zunehmendem Alter kein Absinken. Das erreichte Plateau wird durch den Stand beim Schulentlassungsalter bestimmt
2. Korreliert hoch mit der Lerngeschwindigkeit in neuer Umgebung	Korreliert weniger hoch mit der Lerngeschwindigkeit
3. Weitgehend anlagebedingt, mehr im zerebralen Geschehen verwurzelt; Schwankungen aufgrund physiologischer Bedingungen	Zur Varianz tragen kulturelle Unterschiede bei, besteht aus erworbenen Verhaltenssystemen (habit systems); eher spezifische zerebrale Bedingungen
4. Eine Hirnschädigung reduziert die Kapazität im Ganzen	Geringe Totalreduzierung, ungleichmäßige Einbuße bei spez. Funktionen (sprachl., symbolische oder mechanische Fertigkeiten)
5. Nur schwer in einer Struktur von Primärfähigkeiten zu entdecken	Führt zu prägnanten Entwicklungen von Primärfähigkeiten
6. Testladungen mit diesem Faktor nehmen bei Erwachsenen nur unwesentlich ab (in Faktorenanalysen)	Der Anteil dieses Faktors geht zunehmend zurück, besonders dann, wenn es sich um heterogene Personengruppen handelt (in verschiedenen Leistungsbereichen spezialisiert)
7. Am besten durch „Speed"-Tests zu messen, deren Werte auf Schnelligkeit der Lösung beruhen	Zu messen mit unbefristeten „Power"-Tests, die einen Irrtumsfaktor fast ausschließen

VERNON ordnet Intelligenzfaktoren vier Ebenen zu; jenseits des g-Faktors unterscheidet er zwei Hauptgruppenfaktoren, die er als „verbal educational" und „kinesthetic mechanical" beschreibt, danach Untergruppenfaktoren, ähnlich THURSTONE, und spezifische Faktoren vierter Ordnung, die er als situationsgebunden bezeichnet. CATTELL hat vorgeschlagen, zwischen zwei gleichrangigen Generalfaktoren zu unterscheiden, einem, den er als fluid ability (Fluidität; „Umstellungsintelligenz") und crystallized ability (Kristallisation; „Erfahrungsintelligenz") bezeichnet hat. Der erste wird als die allgemeine Kapazität zur Relationserfassung verstanden, die in allen Leistungsbereichen wirksam ist, der zweite als die Summe einzelner Fertigkeiten zur Erfassung von Beziehungen, die in speziellen Leistungsbereichen erworben wurden. Die Übersicht in Tab. 3.5 zeigt die von WEWETZER (1972, S. 37) nach CATTELL zusammengestellten Unterschiede der beiden übergreifenden Dimensionen der Intelligenz. Das Konzept hat den Vorteil, daß es sich bei verschiedenen Betrachtungsweisen zur Genese und zur Beeinträchtigung der intellektuellen Fähigkeiten anwenden läßt, auch mit multiplen Faktorentheorien zu vereinbaren ist. Die mit dem Flüssigkeitsfaktor zusammenhängenden Leistungen haben zahlreiche Überschneidungen zu den Konstrukten Aufmerksamkeit, Wahrnehmung, Lernen und Gedächtnis, also zu Fähigkeiten, die im wesentlichen als Voraussetzung intelligenten Verhaltens betrachtet werden.

Erst in jüngerer Zeit konzentriert sich die Intelligenzdiagnostik auf Ergebnisse nicht nur konvergenter, sondern auch divergenter Denkprozesse. Die Fähigkeit zum problemlösenden Denken wird als Ausdruck von Kreativität betrachtet. Die Ergebnisse einschlägiger Testverfahren sind jedoch in der Regel nur quantitativ und nicht qualitativ beurteilbar, weil Konsens darüber, was als kreativ zu betrachten ist, nicht besteht. Die Kategorie des Beurteilens steht in GUILFORDs Hierarchie der intellektuellen Funktionen deswegen auch höher als die des divergenten Denkens.

Schwierigkeiten der Intelligenzdiagnostik

Die bisherigen Überlegungen zu den Inhalten der Intelligenzmessung gehen davon aus, daß Intelligenz unabhängig von ihrem Niveau und auch unabhängig von anderen situativen Variablen auf allen Altersstufen die gleiche Struktur aufweist. Daran sind begründete Zweifel angemeldet worden. Von den intervenierenden Variablen können hier nur die für die Intelligenzmessung relevanten zur Sprache kommen, Faktoren, die die Genese der Intelligenz beeinflussen, werden später im Rahmen ätiologischer Überlegungen behandelt.

Unterschiede in Entwicklungsstand und Intelligenzniveau

Versuche, einen Wechsel der Intelligenzstruktur während einzelner Altersstufen nachzuweisen, waren nur begrenzt erfolgreich und wurden zugunsten komplizierterer Konzepte aufgegeben. Unter ihnen ist die Altersdifferenzierungshypothese zu nennen, die mit zunehmender Intelligenzentwicklung eine Ausdifferenzierung neuer Faktoren, bei abnehmendem g-Faktor und zunehmender Varianz zwischen einzelnen Individuen, annimmt. Meßtechnisch entspricht dem, daß es schwer ist, für Kinder im Alter von weniger als 9 Jahren Teilkomponenten der Intelligenz psychometrisch zu erfassen, die mit den später erfaßbaren vergleichbar sind, auch, daß Untersuchungen vor dem 10. Lebensjahr nur unzureichende Korrelationen mit späteren Intelligenzleistungen ergeben. Danach sind auch die Leistungen bei leichten Intelligenzminderungen (IQ > 50) relativ konstant; SILVERSTEIN (1982) ermittelte bei jährlichen Wiederholungstests vom 10.–14. Lebensjahr Korrelationen um .85 bei Streuungen um 10; 92% der Resultate schwanken innerhalb von 10, 65% innerhalb von 5 IQ-Punkten.

Weiter besteht die Vorstellung, daß sich der gleiche Differenzierungseffekt bei Personengruppen mit höherem Intelligenzniveau erkennen läßt. Zwar haben MERZ u. KALVERAM (1965) diese Befunde von WEWETZER (1957) und LIENERT (1961) als methodisches Artefakt zu interpretieren versucht, die Diskussion darüber ist jedoch nicht abgeschlossen, und die Differenzierungsvorstellungen entsprechen heute Überlegungen über eine hierarchische Gliederung der Intelligenzfunktionen, bei denen ein Minimum der Ausprägung niedrigerer Funktionen die Voraussetzung für die Entwicklungsmöglichkeit höherer ist, wobei der Funktionsschwerpunkt der Intelligenz bis zum 2. Lebensjahrzehnt ständig verschoben wird. ESSER u. SEITZ (1974) weisen darauf hin, daß Intelligenztests für das Vorschulalter vorzugsweise Seriationsprozesse erfassen müssen, wenn nicht dem soziokulturellen Hintergrund ein zu großer Einfluß eingeräumt werden soll.

Unabhängig von diesen Detailfragen darf davon ausgegangen werden, daß nicht nur die Intelligenzstruktur geistig behinderter Kinder mit dem Entwicklungsniveau sich verändert, sondern auch anders beschaffen ist als die von durchschnittlich begabten. Ähnliche Strukturverschiebungen wurden auch bei Hochbegabten festgestellt (GALLAHGER 1960). Ein anderes Beispiel sind die Unterschiede in der Intelligenzstruktur hirngeschädigter körperbehinderter Kinder unterschiedlicher Intelligenzhöhe oder Körperbehinderter ohne Hirnschädigung gegenüber Nichtbehindertern (SCHMIDT 1977 und NEUMANN 1977). WEWETZER (1972) hat aus solchen Befunden die Forderung nach einer „differentiellen Validität" abgeleitet, die letztlich besagt, daß jüngere Kinder nicht mit Tests, die an älteren geeicht sind, untersucht werden dürfen, Schulkinder nicht mit Tests für Erwachsene, Hochbegabte nicht mit Tests für durchschnittlich Intelligente und Hirngeschädigte nicht mit Tests für Nichthirngeschädigte und Intelligenzgeminderte nicht mit Test für durchschnittlich oder besser Begabte. WEWETZER hat darüber hinaus eine erweiterte Persönlichkeitsdiagnostik vorgeschlagen, die nicht so sehr auf die Intelligenz als auf die „intelligente Persönlichkeit" zielt, um damit dem Umstand Rechnung zu tragen, daß zur erfolgreichen Daseinsbewältigung ganz wesentlich auch andere Faktoren als die Intelligenz beitragen.

In praktischer Konsequenz wird den Erkenntnissen über die Intelligenzentwicklung und -differenzierung dadurch Rechnung getragen, daß in Tests für Intelligenzgeminderte andere Schwerpunkte benutzt werden; man hofft bessere Voraussagen für die künftige Lebensbewältigung zu erreichen durch Funktionen, die in der Regel auf früheren Entwicklungsstufen höheres Gewicht haben, wie Gedächtnis, Wahrnehmung, Feinmotorik usw. (von den 6 Subtests der Testbatterie für geistig Behinderte von BONDY u. Mitarb. 1969 können nur zwei als Intelligenztests im engeren Sinne bezeichnet werden). Verschiedene Tests – so die Columbia Mental Maturity Scale (Tab. 3.6) – haben eigene Formen für Lernbehinderte. Andere Tests tragen dem möglichen Unterschied zwischen Alter und Schulbildung dadurch Rechnung, daß sie Normwerte sowohl alters- wie auch schuljahresbezogen angeben, damit nicht ein 8jähriges Kind, das am Ende der 1. Klasse steht, mit den Erwartungen konfrontiert wird, die man an einen Zweitkläßler stellt.

Geschlechterunterschiede

Will man unter Intelligenz nicht nur erfassen, was beide Geschlechter gleich gut können, dann muß man mit geschlechtsspezifischen Schwerpunkten der intellektuellen Leistungen rechnen. Zunächst ist die breitere Streuung der Testleistungen bei Jungen zu nennen; zumindest im oberen Extrem könnte sie durch Förderung mitbedingt sein. Ließe sich dieser Befund erhärten, dann müßte man die Geschlechtschromosomen als Genorte für die Intelligenzausstattung mit berücksichtigen. Im Kindesalter schneiden Mädchen aufgrund ihres leichten Entwicklungsvorsprunges in Tests häufig besser ab als Jungen, im späten Jugendalter kehrt sich der Trend um; er ist ursächlich ungeklärt.

Die sprachlichen Fähigkeiten der Mädchen sind besser, bezogen auf das Alter bei Sprechbeginn, die Artikulation, die Wortflüssigkeit, den Satzbau, die Grammatik und die Rechtschreibkenntnisse. Die frühen sprachlichen Fähigkeiten der Mädchen lassen die späteren voraussagen, haben auch eine relativ enge Beziehung zur Testintelligenz. Stabil soll diese Überlegenheit der Mädchen erst bei 10- oder 11jährigen werden. Die mathematischen Fähigkeiten der Jungen (nicht die reinen Rechenleistungen) zeigen einen Geschlechterunterschied, der sich noch später entwickelt. Deutlich überlegen sind Jungen und Männer bei Leistungen, die räumliches Vorstellungsvermögen verlangen, was mit den stärker naturwissenschaftlichen Interessen männlicher Individuen zusammenhängen könnte, wohl auch die Unterlegenheit von Mädchen und Frauen bei Prüfungen des technischen Verständnisses erklärt. Die Leistungen im problemlösenden Denken sind vom Aufgabentyp abhängig. Im sprachgebundenen Denken sind Jungen leicht überlegen, Mädchen bei der Sprachbenutzung, beim Umstrukturieren und beim Behalten von verbalem Material. Mädchen und Frauen sind in der Wahrnehmungsgeschwindigkeit etwas besser als Jungen und Männer, ebenso bei künstlerisch darstellenden und musikalischen Fähigkeiten, Merkmale, die jedoch nicht im engeren Sinn zu den intellektuellen Leistungen gehören (zu dem gesamten Abschnitt vgl. MERZ 1979).

Förderungsunterschiede

Weitere Meßprobleme ergeben sich aus der unterschiedlichen Förderung in Familie und Schule, die in der Regel Folge unterschiedlicher sozialer Herkunft ist. Im Hinblick auf die Beeinflussung der psychometrisch erfaßbaren Intelligenz durch Erfahrungslernen wurden die schon erwähnten sogenannten Culture-free- oder Culture-fair-Tests konstruiert, die keine sprachlichen oder in der Schule erworbenen Fertigkeiten überprüfen. Eine solche Unabhängigkeit vom Herkunftsmilieu ist jedoch nur begrenzt realisierbar, denn schon die Gewöhnung an den Umgang mit Papier und Bleistift und die Lösung von intellektuellen Aufgaben überhaupt ist vom soziokulturellen Hintergrund abhängig. Auch liefern die Ergebnisse solcher Tests nur Angaben über die Funktionstüchtigkeit der für die kognitiven Funktionen verantwortlichen zentralnervösen Subsysteme, nicht aber für andere, deren Funktionieren für spezielle Intelligenzleistungen Voraussetzung ist, wie z. B. sprachliche Funktionen.

Unterschiedliche Zusatzbehinderungen

Bei der Intelligenzuntersuchung *behinderter Kinder* muß auf etwaige Zusatzbehinderungen, also Sehbehinderungen, Hörbehinderungen oder motorische Einschränkungen, geachtet werden, die sie beim Erfassen der Aufgabe oder beim Dokumentieren der erwarteten Antwort beeinträchtigen. Komplizierter ist die Berücksichtigung von Wahrnehmungs- oder Gedächtnisstörungen, die bei-

Tabelle 3.**6** Für die Bundesrepublik bearbeitete und genormte globale und differentielle Intelligenztests für Kinder und Jugendliche nach Angaben von *Brickenkamp* (1975), *Hiltmann* (1977), *Schmidtchen* (1975), *Conrad* (1982) und anderen

Test	Autor bzw. Bearbeiter/ Jahr des Erscheinens bzw. der letzten Revision	Altersbereich	Geeignet zur Untersuchung intellektuell Behinderter	Parallelform vorhanden	Als Gruppentests anwendbar	Zeitbegrenzungen vorgesehen
Snijders-Oomen Nicht verbale Intelligenztestreihe (S.O.N)	*J. T. Snijders, N. Snijders, Omen* (1958, 1970^{4})	≥ 4 Jahre	ja	Pseudoparallelform durch Halbierung	nein	nein
Bildertest 2–3 (BT 2–3)	*K. Ingenkamp* (1966)	6,9 bis 9,2 Jahre	ja (zur Diagnostik der Lernbehinderung)	nein	ja	ja
Bildertest 1–2 (BT 1–2)	*H. Horn* u. Mitarb. (1967)	6.1 bis 8,9 Jahre	ja (zur Diagnostik der Lernbehinderung)	nein	ja	ja
Prüfsystem für Schul- u. Bildungsberatung (PSB)	*W. Horn* (1969)	≥ 9,6 Jahre	nein	ja	ja	ja
Intelligenz-Struktur-Test 70 (IST 70)	*R. Amthauer* (1970, 1973^{4})	12 bis 60 Jahre	nein	ja	ja	ja
Testbatterie für geistig behinderte Kinder (TBGT)	*L. Bondy* u. Mitarb. (1969) Angabe nach *D. Eggert* (1971, 1975^{3})	7 bis 12 Jahre	speziell dafür entwickelt	nein	nein	nicht bei Intelligenztests
Columbia Mental Maturity Scale (CMM-LB)	*D. Eggert, K. D. Schuck* (1971)	9 bis 14 Jahre	speziell dafür entwickelt	nein	ja	nein
Grundintelligenztest / Skala 3 (CFT 3)	*R. H. Weiss* (1971)	≥ 14 Jahre	nein	Pseudoparallelform mit geänderter Aufgabenfolge	ja	ja
Mannheimer Intelligenztest (MIT)	*W. Conrad* u. Mitarb. (1971, 1975^{2})	12 bis 35 Jahre	nein	ja	ja	ja
Columbia Mental Maturity Scale (CMM 1–3)	*K. D. Schuck, D. Eggert* (1974)	6 bis 9 Jahre	ja	nein	ja	nein
Hannover-Wechsler- Intelligenztest für das Vorschulalter (HAWIVA)	*K. D. Schuck, D. Eggert* (1975)	4 bis 6 Jahre	erst bei ≥ 7 Jahre	Pseudoparallelform durch Halbierung	nein	z. T.
Heidelberger Intelligenztest (HIT 1–2)	*H. Kratzmeier* (1977)	1. und 2. Schuljahr	ja	ja	ja	ja
Grundintelligenztest / Skala 1 (CFT 1)	*R. H. Weiss, J. Osterland* (1977)	5 bis 9 Jahre	ja	Pseudoparallelform mit geänderter Aufgabenfolge	ja	ja
Grundintelligenztest / Skala 20 (CFT 20)	*R. Weiss* (1978)	8,5 bis 18 Jahre	nein	Pseudoparallelform mit geänderter Aufgabenfolge	ja	ja
Raven-Matrizen-Test (CPM)	*A. Schmidtke, S. Schaller, P. Becker* (1978)	4,9 bis 11,0 Jahre	ja	ja (nur zur Diagnostik der Lernbehinderung)	ab 8,0 Jahre	nein
Standard Progressive Matrices (SPM)	*H. Kratzmeier, R. Horn* (1979)	≥ 5 Jahre	ja	nein	ja	nein
Advanced Progressive Matrices (APM)	*H. Kratzmeier, R. Horn* (1980)	15 bis 25 Jahre	nein	nein	ja	nein
Intelligenztest für 6–14jährige körperbehinderte u. nicht körperbehinderte Kinder (ITK)	*K. Neumann* (1981)	6 bis 14 Jahre	ja	nein	ja	nein
Hamburg-Wechsler-Intelligenztest für Kinder Revision 1983 (HAWIK-R)	*U. Tewes* (1983)	6 bis 15 Jahre	ja	nein	nein	z. T.

Angaben zur Reliabilität	Angaben zur Validität	Umfang der Eich-stichprobe	Zahl der Sub-tests	Testkonzept all-gemein oder differentiell	Bemerkungen
≥ 0,76 bis ≥ 0,94 (Hörende)	wenige Angaben um ≥ 0,40	1160 Taube	8	allgemein	Sprachfreier Test, geeignet für Taubstumme (spezielle Normen; in den Niederlanden ermittelte Testkennwerte stimmen mit denen von deutschen Kindern gut überein)
≥ 0,90	≥ 0,60	2129	7	allgemein	–
≥ 0,90	≥ 0,70	3326	8	allgemein	–
wie LPS ≥ 0,90	≥ 0,60	10 000	9 + 1	differentiell	Weiterentwicklung des LPS
> 0,90	0,40 bis 0,65	15 000	9	differentiell	–
≥ 0,90	0,40 bis 0,60	1665	6 (davon 2 für Intelligenz)	allgemein	Durchführungsobjektivität begrenzt. Prüft neben Intelligenz, Motorik, Sprache und Merkfähigkeit. Intelligenztests sprachfrei
> 0,90	> 0,80 (Übereinstimmung mit anderen Intelligenztests)	6009	besteht aus Einzelaufgaben	allgemein	Sprachfreier Gruppenintelligenztest für die Sonderschule für Lernbehinderte
≥ 0,80	> 0,60	3476	4	allgemein	Sprachfreier Test für den oberen Intelligenzbereich (Schul- und Altersnormen)
um 0,80 (Stabilität) ≥ 0,95 (Interne Konsistenz)	0,30 bis 0,80	4818	10	allgemein	–
> 0,85	≥ 0,55 (Übereinstimmung mit anderen Intelligenztests)	8437	besteht aus Einzelaufgaben	allgemein	Sprachfreier Gruppenintelligenztest für die Grundschule
> 0,80 (Stabilität) bzw. > 0,90 (innere Konsistenz)	> 0,70	603	8	allgemein	zwei Teile à 4 Subtests
> 0,90	Übereinstimmung mit Schulnoten umfassend untersucht	2446	4 bzw. 5	allgemein	Sprachfreier Gruppentest für den Primärbereich mit einem Sondertest Kreativität. Sprachreduzierte bzw. -freie Instruktionen vorhanden
≥ 0,90	innere und äußere Validität umfassend untersucht	6078	5	allgemein	Sprachfreier Test, Schul- und Altersnorm. Zur Diagnose von Legasthenie u. Sonderschulbedürftigkeit geeignet
> 0,90 (Split half) > 0,70 (Stabilität)	0,78–0,83 (fakt. Val., g-Faktor) Zahlreiche Angaben zur externen Validität	4400	4	allgemein	Sprachfreier Test, Schul- und Altersnormen
um 0,80	Zufriedenstellende Angaben (keine Koeff.); begrenzte Übereinstimmungsvalidität	1009 (bzw. 2298 für Gruppentest)	1	allgemein	nicht für leistungsstarke Schüler (Oberschüler)
> 0,80 (Stabilität) 0,90 (interne Konsistenz)	0,35 bis 0,55	2985	5	allgemein	Sprachfreier Test mit gesonderten Normen für Hörgeschädigte. Die durchschnittl. Abweichung der dt. Normen von den engl. Normen beträgt etwa 10 T-Wert-Pkte.
> 0,80	keine Angaben für die dt. Fassung	2021	2	allgemein	Sprachfreier Test zur Differenzierung im oberen Normbereich
≥ 0,94	0,36–0,52 (Zu HAWIK) 0,10–0,53 (Schulnoten)	2693	10	allgemein	Gesonderte Normen für körperbehinderte Kinder
0,72–0,89	keine Angaben für die revidierte Fassung (HAWIK: ≥ 0,60)	2000	10 bzw. 11	allgemein	Profilauswertung verbietet sich wegen hoher Interkorrelation der Subtests. Anwendungsobjektivität nur zum Teil vorhanden

spielsweise bei hirngeschädigten Kindern beeinträchtigt sein können; diese Funktionen beeinträchtigen letztlich die Intelligenz. Von unbeeinträchtigter Intelligenz bei gestörten Gedächtnis- oder Wahrnehmungsprozessen zu sprechen, ist mehr eine Fiktion als Näherung an die klinische Wirklichkeit. Zudem schränken Zusatzbehinderungen die Erfahrungsmöglichkeiten von Kindern ein, können also die Entwicklung der sogenannten Erfahrungsintelligenz beeinträchtigen. Solche nichtintellektuellen Voraussetzungen für die Bewältigung von Intelligenztests lassen sich berücksichtigen, indem man die Anforderungen an Sprechmotorik und Feinmotorik minimiert und im Sinne einer Fähigkeitsdiagnostik auch auf Zeitbegrenzungen verzichtet, also keine Speed-Tests, sondern nur sogenannte Power-Tests verwendet (vgl. das Verfahren von NEUMANN 1981 in Tab. 3.6). Speed-Tests begrenzen die Lösungszeit und räumen damit Leistungsfaktoren wie Wahrnehmungsgeschwindigkeit, Aufmerksamkeit usw. eine u. U. entscheidende Bedeutung für die Resultate ein, Power-Tests können nur die unter optimalen Bedingungen möglichen Leistungen erfassen. So konzipierte Tests bestimmen also die förderbaren Anteile der Intelligenz, die sich insgesamt weniger gut durch eigene Erfahrung und Übung verbessern lassen. Die obigen Überlegungen weisen darauf hin, daß es unabdingbar ist, vor jeder Intelligenzdiagnostik Sinnesbehinderungen oder sensomotorische Störungen auszuschließen, auch daß bei psychisch auffälligen Kindern auf andere Leistungsvoraussetzungen, die in der Testsituation aktualisiert werden müssen, geachtet werden muß. Erst recht gilt das für die Untersuchung in Gruppen, die für psychisch auffällige oder sehr leistungsschwache Kinder nicht angezeigt ist.

Verfahren der Intelligenzmessung

Diagnostische Aussagen zur allgemeinen Intelligenz

Tab. 3.6 gibt eine Übersicht über gängige und empfehlenswerte Testverfahren. Es wurden nur solche aufgenommen, die bei Kindern und Jugendlichen anwendbar, für die Bundesrepublik Deutschland bearbeitet und geeicht sind und die Mindestanforderungen bezüglich Objektivität, Reliabilität und Gültigkeit erfüllen. Entsprechende Angaben sind in der Tabelle gemacht. Sie weist außerdem auf das Jahr der letzten Eichung, den Altersanwendungsbereich, die Eignung zur Diagnostik von Intelligenzminderungen, das Vorliegen von Parallelformen, die Benutzbarkeit als Gruppentests und die Einbeziehung von Zeitbegrenzungen hin, schließlich auf die Zahl der Subtests, des Testkonzepts und auf die Besonderheiten einiger Verfahren. Der Stanford-Binet-Intelligenztest, auch in der Fassung von LÜCKERT, wurde wegen des veralteten Testkonzepts nicht aufgenommen, obwohl er als einziges Verfahren diagnostische Einschätzungen (mehr des Entwicklungsstandes als der Intelligenz) bereits im 4. Lebensjahr gestattet.

Diagnostische Aussagen zum divergenten Denken bzw. zur Kreativität

Tab. 3.7 listet Verfahren zur Bewertung divergenten oder problemlösenden Denkens auf, sogenannte Kreativitätstests. Sie zeigt das zunehmende Interesse an solchen Verfahren in jüngeren Jahren. Für den deutschen Sprachraum genormt sind die Tests von SCHOPPE (1975), KRATZMEIER (1977) und MAINBERGER (1977). 1977 publizierte auch KRAUSE die deutsche Kurzfassung des Tests von WALLACH u. KOGAN. Diese vier Verfahren decken das gesamte Schulalter ab. Die Zahl der Verfahren zeigt den geringeren Entwicklungsstand der Kreativitätsdiagnostik und weist gleichzeitig auf die Beurteilungs- und Validierungsprobleme in diesem Bereich hin.

Tests zur Erfassung spezifischer Fähigkeiten

Nur wenige Intelligenztests, beispielsweise der PSB nach HORN oder der IST nach AMTHAUER (Tab. 3.8) gehen davon aus, daß mit ihren Subtestleistungen unabhängige Intelligenzfaktoren beurteilt werden. Sie folgen dem multifaktoriellen Ansatz von THURSTONE und sind auf dessen sieben Primärfaktoren hin konstruiert. Ihre Subtests sind idealtypische Beispiele für Tests bezüglich spezifischer kognitiver Fähigkeiten. Solche Fähigkeiten werden ausdrücklich von sogenannten Teilleistungen oder Teilfunktionen (vgl. Kap. 6) unterschieden. Sie haben anders als diese bei mittlerer Ausprägung eine deutliche Beziehung zur allgemeinen Intelligenz, deren Fehlen die Teilfunktionen auszeichnet. Teilfunktionen müssen sich neuropsychologisch identifizierbaren Funktionssystemen zuordnen und sich als Teile komplexer Funktionen beschreiben lassen. Die Abgrenzung ist jedoch nicht völlig eindeutig, wie etwa der Übergang von sprachbezogenen intellektuellen Fähigkeiten zu sprachlichen Teilfunktionen zeigt.
Die in Tab. 3.8 aufgelisteten Tests sind eine Auswahl solcher Verfahren, die zwar eine spezifische kognitive Fähigkeit als Zielvariable haben, aber noch relativ eng an intellektuellen Funktionen orientiert sind und nicht so sehr wie zahlreiche Schulleistungstests Lernergebnisse prüfen. Solche Verfahren sind bewußt ausgeklammert worden, ebenso Tests zur Untersuchung der beruflichen

Tabelle 3.**7** Verfahren zur Erfassung der Kreativität nach Angaben von *Ulmann* (1968), *Mühle* u. *Schell* (1970), *Davis* (1973), *Krämer* (1979) und anderen

Test	Autor/Jahr	Subtests	Altersbereich	Bemerkungen*
Noll Test of Scientific Thinking	(1935)	112 Fragen	7. bis 12. Schuljahr	Der Test soll die „wissenschaftliche Haltung" von Kindern erfassen, die durch sechs „Denkarten" definiert ist. Korreliert mit Schulauslesetests, (nur mangelhaft validiert)
Test von	*Welch* (1946)	4 Subtests	Erwachsene	Mißt die Fähigkeit, Ideen nach einem Plan zu kombinieren, anhand von 43 Materialbereichen
Kreativitätstest	*Getzels* u. *Jackson* (1962)	5 Subtests	für Kinder geeignet	Assoziationstests, die sich in Durchführung, Art und Inhalt von der „freien Assoziation" unterscheiden. Durchführung in einer Spielsituation fördert die Spontaneität. Übereinstimmungsvalidität mit Intelligenz 0,27, mit anderen Kreativitätstests 0,32
Test für „produktives Denken"	*Wallach* u. *Kogan* (1965)	5 Subtests	für Kinder geeignet	Verbale und figurale Aufgaben auf der Basis der assoziationspsychologischen Kreativitätstheorie (vgl. *Mednick*). Produktions- und Originalitätswerte werden ermittelt. Kurzform von *Krause* (1977)
Personality Measure of Creativity	*Eisenmann* u. Mitarb. (1968, 1971)	30 Fragen	?	Basiert auf dem Persönlichkeitsfragebogen von *Child* (1965). Mißt kreativitätsrelevante Persönlichkeitsmerkmale wie: Komplexitätstoleranz, Ambiguitätstoleranz, Aufmerksamkeitsbreite, Selbständigkeit des Urteils, Regression im Dienste des Ich
Preconscious Activity Scale (PAS)	*Holland* u. *Baird* (1968)	38 richtig/falsch Items	?	Erfaßt die Einstellung zu kreativen Aktivitäten; gute Vorhersage für die Entfaltung künstlerischer Originalität
Guilfords Testbatterie	*Guilford* (o. J.) (*Guilford* u. *Hoepfner* 1976)	Zahlreiche Subtests sind im Handel erhältlich	Erwachsene	In diese Testbatterie wurden zahlreiche, bereits bekannte Tests zur Erfassung der Kreativität mitaufgenommen sowie Aufgaben aus dem Intelligenz-Struktur-Modell. Die einzelnen Testskalen werden jeweils nur unter einem Gesichtspunkt ausgewertet und repräsentieren meist nur einen Faktor
Minnesota- (oder: Torrance-)Test für kreatives Denken	*Torrance* (1969)	Es gibt verschiedene Fassungen. Die Res. Ed. (1969) umfaßt 3 Subtests. Die von *Goldman* (1964) beschriebene Version 13 Subtests	ab Kindergartenalter	Abwandlung der Guilfordschen TB, so daß sie auch für Kinder eingesetzt werden kann. Insbesondere „nichtverbale" Aufgaben werden aufgenommen. Jede Testaufgabe wird nach vier Kriterien ausgewertet: Flüssigkeit, Flexibilität, Originalität, Elaboration. Kritisch zu bemerken ist die hohe Interkorrelation der vier Werte
Der verbale Kreativitätstest (VKT)	*Schoppe* (1975)	9 Subtests	ab 14,6 Jahre	Messung der verbalen Produktivität und Originalität. Für den deutschsprachigen Raum standardisiert (N = 5000). Parallelform vorhanden
Group Inventory for Finding Creative Talent (GIFT)	*Rimm* (1976)	ja/nein Items	Vorschule bis 6. Schuljahr	Screening-Fragebogenverfahren zur Identifizierung kreativer Fähigkeiten von Kindern. Es gibt drei Versionen: GIFT K–2, 3–4, 5–6. Auswertung (PR) erfolgt bei „Educational Assessment Service"
Heidelberger Intelligenztest (HIT 1–2) Sondertest Kreativität	*Kratzmeier* (1977)	1 Item	1. und 2. Schuljahr	Die Ausgestaltung eines Bildes wird nach vier Kriterien ausgewertet: Ergänzung, Ausgestaltung, Erweiterung, Verbindung. Für den deutschsprachigen Raum standardisiert (N = 2446)
Test zum divergenten Denken (Kreativität) (TDK 4–6)	*Mainberger* (1977)	11 Aufgaben (5 Bereiche)	4. bis 6 Klasse	Semantische und figurale Aufgaben zur Erfasssung des divergenten Denkens bei Schülern. Auswertung nach Anzahl der akzeptablen Antworten. Für den deutschsprachigen Raum standardisiert (N = 2262)

* (Soweit keine speziellen Bemerkungen vorliegen, erfüllen die genannten Verfahren Mindestanforderungen hinsichtlich Reliabilität und Validität)

Tabelle 3.**8** Tests zur Erfassung von spezifischen intellektuellen Fähigkeiten nach Angaben von *Brickenkamp* (1975), *Schmidtchen* (1975), *Conrad* (1982) u. a.

Test	Autor/Jahr	Meßintention	Altersbereich
Würfelabwicklungen	*Meili* 1955	„räumliches Vorstellungsvermögen"	14–19 Jahre
Figuren von Rybakoff	*Meili* 1955	visuelle räumliche Vorstellungsfähigkeit	≥ 11 Jahre
MDA 10+ Mathematische Denkaufgaben	*Bartel* u. Mitarb. 1970	mathematische Leistungsfähigkeit im oberen Intelligenzbereich	10. Klasse, Bewerber für den 2. Bildungsweg
WBT 10+ Wort-Bild-Test	*Anger* u. Mitarb. 1971	verbale Intelligenz	≥ 16 Jahre
FDA 3–6, Frankfurter Denkaufgaben	*Wendeler* 1973	Gesetzmäßigkeiten im Aufbau figuraler Elemente erkennen (Modell von Vernon: g-Faktor und Gruppenfaktor k : m)	8–13 Jahre
Labyrinthtest nach Portens	*Kramer* 1974	optische Orientierung in einem begrenzten Raum (zur Auslese von Sonderschülern geeignet)	3–14 Jahre
TEKO, Testbatterie zur Erfassung kognitiver Operationen	*Winkelmann* 1975	Erfassung konkreter Denkoperationen (nach der Theorie von Piaget)	5–8 Jahre
MTP: Mannheimer Test zur Erfassung des physikalisch-technischen Problemlösens	*Conrad* u. Mitarb. 1980	allgem. Fähigkeit zur Lösung physikal.-techn. Problemstellungen (Testkonstruktion nach dem Rasch-Modell)	Berufs- und Fachschüler
Subtests des PSB von *Horn*	s. Tab. 3.**6** S. 46/47	Faktoren: Verbal (Subtest 1+2, 5, 6), Reasoning (3,4), Word Fluency (5), Closure (8), Space (7, 8), Perceptual Speed (9, 10), Number (9)	
Subtests des IST von *Amthauer*	s. Tab. 3.**6** S. 46/47	Die Subtests erfassen nach Amthauer: „Urteilsbildung", „Erfassen von sprachl. Bedeutungsgehalten", „Kombinationsfähigkeit", „sprachliche Abstraktionsfähigkeit", „Merkfähigkeit", „praktisch-rechnerisches Denken", „theoretisch-rechnerisches Denken", „Vorstellungsfähigkeit", „räumliches Vorstellenkönnen"	

Eignung, bei denen häufig Interessen und erworbene Spezialkenntnisse wesentlich mitbeurteilt werden. Tests für spezifische kognitive Fähigkeiten beziehen sich im wesentlichen auf sprachliche Leistungen, wie Sprachverständnis, Wortkenntnis und Wortflüssigkeit, auf mathematische Leistungen, auf räumliche Vorstellung und technisches Verständnis.

Die Untersuchung spezifischer kognitiver Fähigkeiten erstreckt sich auch auf Sonderbegabungen bei Minderbegabten (und Autisten), bei denen sie häufiger registriert werden, aber seltener sind als bei durchschnittlicher oder besserer Intelligenz. HILL (1974) gibt eine Übersicht über die sehr spezifischen Fähigkeiten, u. a. Gedächtnisleistungen, musikalische Leistungen und Rechenleistungen (wie die beiden 1981 von ROSEN beschriebenen Kalenderkalkulatoren). Mit gängigen Testaufgaben sind sie in der Regel nicht zu erfassen, auch mit den Leistungen höherer Intelligenz nicht vergleichbar, da sie nur durch das seltene Zusammentreffen von extremer Isolierung, Konzentration auf wenige Stimuli, positive Verstärkung bestimmter Leistungen, zwanghafte Persönlichkeitszüge und besonderer genetischer Faktoren zustande kommen (SPREEN 1978).

Fehlermöglichkeiten und Differentialdiagnostik

Unterschätzung intellektueller Fähigkeiten

Die Differenzierung passagerer Intelligenzminderungen gegenüber chronischen ist im allgemeinen durch deren plötzliches Auftreten und die Begleitumstände nicht schwierig. Auf die Notwendigkeit des Ausschlusses bzw. der Berücksichtigung von Behinderungen der Sinnesfunktionen und der Sensomotorik wurde bereits hingewiesen; die Eliminierung andersbedingter Verlangsamungen oder mangelhafter Leistungsvoraussetzungen läßt sich allerdings nur begrenzt rechtfertigen. Daß Intelligenztests nicht am Nachmittag durchgeführt werden und ein gesundes, leistungsfähiges Kind voraussetzen, versteht sich von selbst. Emotionale Störungen als Grundlage schlechter Testleistungen trotz höherer Intelligenzkapazität sind in der Regel nur aus dem Verlauf zu belegen. Hinweisend sind erhebliche Schwankungen in den Subtestleistungen, parallel dazu, in Abhängigkeit von Lehrer, Fach und Zeitpunkt, deutlich schwankende Schulleistungen. Die Aufmerksamkeitsstörungen hyperkinetischer Kinder führen zu relativ verminderten Testleistungen in Gruppentests und bei Verfahren, bei denen die Kinder ohne häufige Ansprache über lange Strecken selbst konzentriert arbeiten müssen (der Tests mißt dann neben der Intelligenz auch die Konzentration); das Versagen in Konzentrationstests oder am Ende längerer Intelligenztests sowie Speed-Tests kann auf entsprechende Probleme hinweisen. Die Differenzierung ist wichtig, da hyperkinetische Kinder häufig auch schlechte Schulleistungen aufweisen, die oft Anlaß zur Konsultation auf Intelligenzdiagnostik sind.

Ein häufiger Überschätzungsgrund ist die Annahme einer aktualisierbaren intellektuellen Befähigung, von der aufgrund bestimmter Leistungen (z. B. im schlußfolgernden Denken) oder bestimmter Defizite (z. B. sprachliche Fertigkeiten) unterstellt wird, sie habe sich bislang lediglich aufgrund unzureichender Förderungsumstände nicht entfalten können, sei aber bei Kompensation dieser fehlenden Unterstützungen durchaus realisierbar. Mit solchen Überlegungen können Förderungsschwerpunkte festgelegt, nicht aber intellektuelle Fähigkeiten beurteilt werden (abgesehen davon, daß bei den meisten Intelligenztests Subtestergebnisse nicht unabhängig voneinander sind, so daß derartige Profildifferenzen nicht interpretiert werden dürfen).

Zur Unterschätzung der Leistungen führen auch schwere Teilleistungsschwächen, die die Bewältigung ganzer Testteile nicht erlauben, etwa ausgeprägte Lese-Rechtschreib-Schwächen, die Tests, die auf rasche Assimilierung sprachlichen Materials oder auf Rechtschreibkenntnisse zurückgreifen oder hohe Anforderungen an das Lesen von Instruktionen stellen, ähnlich verhält es sich mit dysphatischen Störungen, die zum Versagen bei sprachgebundenen Subtests führen, mit Störungen der optischen Wahrnehmung oder der Figur-Hintergrund-Differenzierung und mit den seltenen Rechenstörungen. Bei Tests, die die allgemeine Intelligenz erfassen wollen, gehen die entsprechenden Teilleistungen ins Gesamtergebnis ein. Hochrechnungen sind nicht ohne kritische Überlegungen erlaubt und sollten sich eher an den mittleren Werten als an den Spitzen des Leistungsprofils orientieren, da letztere Sonderbegabungen entsprechen können. Auch verbietet sich die Hochrechnung „beeinträchtigter Testteile" anhand von unbeeinträchtigten, etwa die sprachlicher fachgebundener Subtests aufgrund sprachfreier Leistungen. Bewährt hat sich bei derartigen Schwierigkeiten der Rückgriff auf die Leistungen im selbständigen Erkennen von Regel- und Gesetzmäßigkeiten, deren Anwendung auf schulfernes Material, also nicht auf sprachliche oder numerische Inhalte; mittlere Leistungen in solchen Aufgaben gestatten eine generelle Leistungsschwäche auszuschließen. Umgekehrt darf von günstigen Teilleistungen in anderen Bereichen aber nicht auf entsprechend hohe Fähigkeiten im schlußfolgernden Denken geschlossen werden.

Überschätzung intellektueller Fähigkeiten

Das Risiko der Überschätzung intellektueller Fähigkeiten bei intelligenzgeminderten Kindern im Sinne der auf S. 31 definierten Pseudointelligenz ist gering. Größer sind die Fehlerquellen bei der Differenzierung zwischen unterschiedlichen Graden der Intelligenzminderung. Auch hier ist eine sorgfältige Anamnese am Platz, die sich nicht auf von den Referenzpersonen berichtete Fähigkeiten oder Sonderleistungen allein stützen darf. Vorsicht ist geboten, wenn Eltern, die offensichtlich eine Beeinträchtigung der Intelligenzfunktionen ihres Kindes ahnen, in der Anamnese dessen Vermögen, sich Lieder und Melodien zu merken, Orte wiederzuerkennen oder von vergangenen Dingen zu reden, herausstellen und damit auf Fähigkeiten abheben, die eigentlich bereits für jüngere Kinder selbstverständlich sind.

Erhebliche Fehleinschätzungen können sich auch bei Varianten der Norm ergeben, wenn der soziokulturelle Hintergrund bei der Schätzung berücksichtigt wird, wenn bekannte Leistungen von Geschwistern einbezogen werden, wenn gerade bei jüngeren Kindern Leistungsvorsprünge, die auf eine besondere Förderung zurückgehen, nicht eliminiert werden, wenn von nichtintellektuellen Leistungen (Sportlichkeit, Musikalität, soziales Verhalten) auf die intellektuellen geschlossen wird, oder wenn der Schulbesuch, der ja den kognitiven Möglichkeiten durchaus nicht angemessen sein muß und durch vielfältige Hilfe möglich werden kann, zur Einschätzungsbasis wird. Ähnlich kritisch ist die Angabe von Eltern zu betrachten, nach ihrer oder der Überzeugung der Schule könne ein Versagen ihres Kindes nicht Folge kognitiver Mängel sein, es sei vielmehr „faul". Störungen der Leistungsmotivation sind tatsächlich häufiger Grund für das Versagen auf weiterführenden Schulen als kognitive Mängel; in Inanspruchnahmepopulationen sind jedoch Intelligenzmängel fast ebenso häufig wie Motivationsprobleme.

Schließlich ist die Berufung auf frühere Testergebnisse mit Vorsicht zu bewerten, vor allem wenn sie aus dem beginnenden Schulalter stammen, weil in dieser Zeit die Stabilität der Meßwerte gering ist und kleine Vorsprünge zu größeren Überschätzungen führen können, weiter wenn Tests von klinisch Unerfahrenen angewendet wurden oder wenn Verfahren benutzt wurden, deren Eichwerte längst überholt sind.

Differenzierung zwischen Oligophrenie und Demenz

Das Risiko, eine Demenz für eine Oligophrenie zu halten, ist größer als das umgekehrte. Grund dafür ist die bei der Erstkonsultation querschnittliche Betrachtung eines Kindes, aber auch die weniger geschulte Aufmerksamkeit der Eltern, die möglicherweise bestimmte Funktionsverluste nicht registrieren oder kausal anders einordnen. Ein weiterer Grund ist, daß allgemeine psychopathologische Auffälligkeiten wie Lustlosigkeit, Verstimmtheit usw. erste Signale des dementiven Abbaus sein können und daß, sobald leichte Leistungsstörungen auftreten, diese als Korrelat der sonstigen Symptomatik erklärt und mit – meist ubiquitären – Belastungsfaktoren in der Umwelt eines Kindes in Zusammenhang gebracht werden; alleinerziehende Eltern, belastende familiäre Verhältnisse, Lehrerwechsel in der Schule und ähnliche Faktoren sind so häufig, daß es nur wenige Kinder gibt, deren Anamnese von irgendwelchen Belastungen praktisch frei ist. Die Entscheidung für die falsche diagnostische Strategie beginnt also bereits an der Stelle, an der auf die Überprüfung der Leistungsfähigkeit, die in der Regel eine einfachere Maßnahme als eine ausführliche Familien- oder andere Psychodiagnostik ist, verzichtet wird. Testprofile weisen bei Kindern mit beginnenden Demenzprozessen keine spezifischen Zeichen eines Intelligenzabbaus auf, lediglich Speed-Tests werden schlechter bewältigt, und es wird über die Unfähigkeit, Neues zu lernen, geklagt, die aber in Tests nicht primär geprüft wird. Oft bestehen zeitig diskrete dysphatische und dyspraktische Phänomene. Die expressive Sprache weist Unschärfen auf, komplizierte Handlungsabläufe können nicht mehr wie gewohnt ausgeführt werden. Zusätzlich ist auf Beeinträchtigungen von Antrieb und Affekt zu achten. Über typische Symptome des Sprachabbaus wird in Kapitel 2/Bd. III berichtet.

Die Notwendigkeit, einen dementiven Prozeß auszuschließen, ergibt sich häufig aus Angaben der Eltern. Sie berichten von einem jungen Kind, das wegen Leistungsproblemen vorgestellt wird – etwa im Kindergartenalter oder vor der Einschulung –, es habe früher über bestimmte Fähigkeiten verfügt. Gleichgültig, ob dabei ungenaue Erinnerungen oder zutreffende Vorstellungen maßgeblich sind, sind solche Angaben vor der Einleitung differentialdiagnostischer Maßnahmen tunlichst zu objektivieren. Ähnliches gilt bei der gutachterlichen Beurteilung von Zuständen nach Erkrankungen des Zentralnervensystems, insbesondere nach Schädel-Hirn-Traumen. Die Angabe, die Entwicklung sei „normal" verlaufen, ist diesbezüglich unzureichend und sollte durch den Vergleich mit der Entwicklung von Geschwistern oder Altersgleichen spezifiziert oder durch objektiv-anamnestische Hinweise erhärtet werden.

Differenzierung gegenüber psychiatrischen Syndromen

Besonders schwierig ist bei jungen Kindern die Abgrenzung gegenüber dem frühkindlichen Autismus, zumal dieser selbst häufig mit einer Intelligenzminderung einhergeht. Zur Diagnose sind Kontaktvermeidung bzw. Unberührtbleiben von zwischenmenschlichen Kontakten, eingeschränkte Wahrnehmung, Rituale und Ängste Voraussetzung. Häufig erschwert auch eine erheblich beeinträchtigte Sprachentwicklung die Differentialdiagnose oder täuscht eine schwere Intelligenzminderung vor (wenngleich eine schlechte Sprachentwicklung bei Autisten prognostisch ungünstig für die kognitive Entwicklung ist). Die Entwicklungsmöglichkeiten der Intelligenz autistischer Kinder sind teilweise relativ gut, pessimistische Fehldiagnosen können deshalb eine adäquate Förderung unterbinden. Andererseits sind autistische Züge bei erheblich intelligenzgeminderten Kindern häufig.

Eine phänotypische Sonderform der Psychosen des Kindesalters bildet die sogenannte desintegrative Psychose, bei der es unter dem partiellen Abbau bereits erworbener Funktionen zur Entwicklung psychotischer Symptome kommt. Das Bild entspricht häufig dem der Anfänge eines dementiven Abbaus und hat eine unterschiedliche Ätiologie (die sogenannte Hellersche Demenz ist diesem Krankheitsbild zuzuordnen).

Die Differentialdiagnose von Begabungsvarianten gegenüber schizophrenen Psychosen ist nur für den Bereich der Intelligenzminderungen wesentlich. Angenommen wird im späteren Kindesalter und im Jugendalter eine Überlagerung von Intelligenzminderung und schizophrener Psychose im Sinne der sogenannten Pfropfpsychose, unabhängig davon, ob es sich um endogene, körperlich begründbare oder sogenannte reaktive Psychosen handelt. Bei jüngeren Kindern wird von einer Legierung zwischen Intelligenzminderung und Psychose gesprochen (MISES 1973). Die als primär psychotisch, infolge ihrer Psychose intelligenzgemindert beschriebenen Kinder erinnern im klinischen Bild an den frühkindlichen Autismus. Daneben wird angenommen, primär oligophrene Kinder würden in ihrer frühen Kommunikation durch ihre Defizite so stark beeinflußt, daß sich eine Isolation psychotischen Ausmaßes entwickele, nach MISES eine „disharmonische Defizienz mit psychotischer Komponente". Die Differentialdiagnose wird dadurch möglich, daß die kognitiven Defizite in der Regel lange vor der psychotischen Symptomatik bestehen.

Abgegrenzt werden müssen Intelligenzminderungen schließlich gegenüber Folgezuständen früher hirnorganischer Beeinträchtigungen, von Schädel-Hirn-Traumen im späteren Kindesalter und von Epilepsien, die sich wesentlich auf die Leistungsvoraussetzungen wie Aufmerksamkeit, Wahrnehmungstempo und Lernfähigkeit auswirken können. Sie sind in den Kapiteln 4 und 5 behandelt.

Ätiologie und Pathogenese

Die Entwicklung kognitiver Fähigkeiten

Die Ontogenese kognitiver Prozesse zeigt nicht nur bezüglich ihres Endergebnisses zum Teil erhebliche Varianz, sondern ist auch im altersbezogenen Verlauf variabel. Beide Vorgänge sind nachweislich weder allein genetisch noch allein durch Umweltfaktoren determiniert. Letztere sind nicht auf die soziokulturellen Entwicklungsbedingungen beschränkt, sondern umfassen auch die physische Umwelt des Kindes (Ernährung, chemische und physikalische Einflüsse). Das Ausmaß der Heteritabilität, also der genetischen Determinierung der Intelligenz, ist unklar. Auch die ermittelten Heteritabilitäskoeffizienten besagen lediglich, daß der Anteil der genetischen Varianz an der Intelligenz relativ hoch ist, nicht aber, wieviel er im Einzelfall ausmacht (PROPPING 1982). Bei der Berechnung des Verhältnisses von erblichen und Umwelteinflüssen muß nicht nur die Summe aus beiden Komponenten, sondern auch das Produkt ihrer gegenseitigen Bedingtheit einbezogen werden. Bei dieser multiplikativen Verknüpfung handelt es sich offensichtlich nicht um eine einfache lineare Funktion. Trotzdem ist davon auszugehen, daß das Resultat des Zusammenwirkens von Anlage- und Umweltfaktoren durch den relativ geringer ausgeprägten der beiden Faktoren limitiert wird. Die Wirkung optimaler Förderungsbedingungen ist daher begrenzt, so wie unter ungünstigen Entwicklungsbedingungen eine optimale genetische Ausstattung nur schwer vollends wirksam werden kann. Außerdem ist zu berücksichtigen, daß mehrere Faktoren an diesem Prozeß beteiligt sein können (genetische Ausstattung, zerebrale Schädigung, Erziehungsstil) und daß die Wechselwirkungen so weit reichen können, daß bestimmte genetische Voraussetzungen ein unterschiedliches Sozialverhalten nach sich ziehen, daß aber auch Sozialisationsbedingungen das Anlagepotential seinerseits soweit verändern können, daß diese Auswirkungen teilweise irreversibel sind.

Das Zentralnervensystem verändert sich durch seine Funktion ähnlich wie auch andere Organe selbst, seine Entwicklung muß teilweise durch Außenreize induziert werden. Diese Einwirkung vollzieht sich über die Dendritenaussprossung (DREYFUSS 1975), die nach AKERT (1979) teilweise autonom reifungsabhängig und teilweise völlig stimulusabhängig ist, zum anderen Teil sowohl auf Wechselwirkungen zwischen Reifungs- und Umweltfaktoren wie auch auf nicht regelhafte erklärbare („zufällige") Momente zurückgeht. Zwar können in der Ontogenese aufeinanderfolgende Entwicklungsstadien, die auch interindividuell vergleichbar sind, unterschieden werden. Die Unterschiede zwischen ihnen sind aber fließend. Die isolierte Betrachtung der Intelligenzentwicklung darf deren Integration in das Gesamtverhalten und auch in die körperliche Entwicklung nicht übersehen. Gerade in der frühen Kindheit bestehen hier enge Assoziationen. In frühen Stadien unterliegt auch die kognitive Entwicklung endogener Steuerung, Umwelteinflüsse werden dann aber zunehmend wirksam und sind längst vor dem Maximum der Entwicklung vorherrschende Determinante. Im ersten Lebensjahr spielen die Reifungsvorgänge im Bereich der Wahrnehmung, der Aufmerksamkeit und der Sprache eine wichtige Rolle; ohne sie können günstige Umweltverhältnisse nicht wirksam werden.

Übereinstimmend wird heute von einer hierarchischen Entwicklung der Intelligenzfunktionen ausgegangen, die als Ausdruck zunehmender Differenzierung verstanden wird. Reifere kognitive Funktionen überlagern dabei die unreiferen, ohne sie zu verdrängen, so daß sie im Bedarfsfall wieder aktiviert werden könen. Die Stabilität ontogenetisch älterer Verhaltensweisen ist höher als die jüngerer. Der Entwicklungsvorgang vollzieht sich im Wechsel der Bewältigung neuer Inhalte mittels der vorhandenen kognitiven Möglichkeiten (Assimilation), die dann durch die Anpassung der kognitiven Strukturen an die bewältigten Inhalte im Sinne einer Transformation verändert werden (Akkomodation; PIAGET u. INHELDER 1972). Dabei ist eine aktive Komponente mitwirksam, denn bereits das Vorschulkind ist den Einwirkungen seiner Umwelt nicht völlig passiv ausgesetzt. Selbstverständlich hat die aktive Komponente auch erhebliche interindividuelle Varianz.

Im einzelnen vollzieht sich die *kognitive Entwick-*

lung über folgende Stufen: zunehmende Körperkontrolle, aktiv probierendes und übendes Verhalten, Umgang mit dinglichen Objekten, rhythmische Vollzüge, Erwerb der Objektkonstanz, Auftreten erster Kausalitätsvorstellungen, Wahrnehmung des Symbolgehalts von Bildern, parallel zur Sprachentwicklung zunehmend differenzierende Wahrnehmung, Erwerb der Wahrnehmungskonstanz, auftretende Anfänge des Zahl- und Mengenbegriffs und eines vom eigenen Standpunkt abhängigen Raumbegriffs sowie eines zunächst begrenzten Zeitbegriffs, später die Entwicklung eines zeitlichen Kontinuums, die aufgeschobene Nachahmung, das Zeichnen, das Auftreten innerer Bilder und die sprachliche Bewältigung von Vorstellungen auch nicht aktuell wahrgenommener Objekte oder Ereignisse, unterstützt durch die Entwicklung des Gedächtnisses. Im weiteren Verlauf werden die verbal und visuell gesteuerten Zweck-Mittel-Verknüpfungen in ein verbal-gedanklich gesteuertes Denken übergeführt, in dessen Anfänge Begriffsbildungen stehen, zu denen sich im beginnenden Schulalter Kausalitätsvorstellungen im Sinne einer Wenn-Dann-Beziehung aufbauen. Die Begriffsbildung wird von konkreten auf abstrakte Kategorien ausgedehnt. Mit der Reversibilität von Denkoperationen kann sie sowohl vom Allgemeinen zum Besonderen wie auch umgekehrt vorgehen. Zusammen mit diesen Entwicklungen macht die innere Sprache schließlich induktives Schließen möglich, später deduktives und syllogistisches, während weiterreichende Kausalitätsvorstellungen stark vom Intelligenzniveau und den Erfahrungsmöglichkeiten abhängig sind. Bei höherem Intelligenzniveau werden auch Hypothesenbildung und Hypothesenprüfung für nichtreale Probleme und die kritische Reflexion eigener Denkansätze erworben.

In diesen Stadien zeigt sich bereits deutlich, daß die Erfahrungsmöglichkeiten die weitere Entwicklung limitiert oder begünstigt haben, das gilt vorzugsweise für die frühe Entwicklung. BLOOM (1971) gibt für die Intelligenzentwicklung an, daß 50% der bei den 17- bis 18jährigen nachweisbaren Intelligenzleistungen bis zum 4. Lebensjahr, 75% bis zum 8. Lebensjahr erworben bzw. entwickelt wurden, Schätzungen, die die Bedeutung der Beeinflußbarkeit der Kapazität des Zentralnervensystems durch übende Inanspruchnahme in frühester Lebenszeit stützen.

Ätiologie und Pathogenese von Intelligenzminderungen

Die Aufklärung der Ätiologie von Intelligenzminderungen ist von deren Schweregrad abhängig. Sie beträgt nach ZERBIN-RÜDIN (1973) in unausgelesenen Populationen Oligophrener mit Intelligenzquotienten < 70 18%, bei Patienten in Institutionen (bei entsprechend schwereren Bildern) 10%. Polygen-erbliche Verursachung ist bei den leichteren Formen häufiger als bei den schwereren, erstere sind auch eher durch die erwartungsgemäße Variation der Norm zuzüglich subkultureller Einflüsse bedingt und weisen weniger körperliche Abnormitäten auf. Mit zunehmendem Schweregrad häufen sich organpathogene Faktoren, exogen-somatische Einflüsse und monogen-erbliche sowie chromosomale Ätiologien. Auch hängen die Raten der ätiologischen Aufklärbarkeit von der Intensität und Genauigkeit der Diagnostik ab. Die hier gewählte ätiologisch-pathogenetische Einteilung folgt dem klinischen Bedürfnis, möglichst vom klinischen Bild her zuordenbare Gruppen zu unterscheiden. Auf die pathogenetische Differenz zwischen Oligophrenie und früher Demenz bei ähnlicher Ätiologie wird dabei nicht mehr eingegangen. Im übrigen bezieht sich die Einteilung auf im Kindes- und Jugendalter klinisch bedeutsame Intelligenzminderungen; sie wird auch in der Darstellung klinischer Bilder benutzt (s. S. 57ff).

Intelligenzminderungen bei Chromosomenaberrationen

Die meisten der ätiologisch aufklärbaren Intelligenzminderungen sind chromosomal verursacht. Chromosomale Störungen können sowohl ererbt wie in der frühen Ontogenese erworben sein. Ihr Anteil wird relativ einheitlich auf 10% aller Kinder mit Intelligenzminderungen geschätzt, wobei der in den letzten Jahren beschriebene X-chromosomal erbliche Schwachsinn nicht einbezogen ist (der die Rate erhöhen würde). Sie sind, zumal bei ihrer häufigen Verbindung mit äußeren Merkmalen, relativ leicht zu entdecken und grundsätzlich durch die Chromosomenanalyse belegbar, jedoch nicht beeinflußbar, außer im sekundär-präventiven Sinne. Trotz der häufigen systematischen Zusatzmerkmale ist der Anteil der zusätzlich intelligenzmindernden Behinderungen gering, und schwere Sprachstörungen werden dabei als Folge der Intelligenzminderung betrachtet. Beeinträchtigungen der Gonosomen wirken sich weniger gravierend auf das Intelligenzniveau aus als solche der Autosomen. Bei den numerischen Aberrationen der Autosomen ist Imbezillität häufig, ihre Wahrscheinlichkeit wächst mit der Zahl überzähliger Chromosomen. Bei Veränderungen an den Gonosomen sind die Intelligenzeinschränkungen häufig nur fakultativ vorhanden. Die Entwicklung der betroffenen Kinder vollzieht sich relativ einheitlich. Mosaikformen sind möglich und zeigen schwächere Ausprägungsgrade der Intelligenzminderung und der zusätzlichen Merkmale.

Intelligenzminderungen bei Stoffwechselstörungen

Es handelt sich um eine sehr vielfältige, aber wegen ihres Umfangs praktisch wenig bedeutende Gruppe der Intelligenzminderungen, häufig vom Typ des Demenzprozesses. Von den etwa 160 bekannten Krankheitsbildern ist der Stoffwechseldefekt nur bei einem Teil aufgeklärt. In der Regel handelt es sich um ein von Beginn an wirksames, primäres Enzymdefizit, seltener um ein zu einem bestimmten Lebensalter auftretendes, in Abhängigkeit von der Hirnentwicklung relatives Enzymdefizit, das zur Häufung abbaupflichtiger Substanzen oder – seltener – zum Mangel an essentiellen Metaboliten führt. Trotz der Diagnostizierbarkeit vieler Erkrankungen besteht lediglich für einzelne die Möglichkeit der Prävention, wie z. B. für die Phenylketonurie, für die Galaktosämie und für den Morbus Wilson. Die therapeutische Intervention ist bei vielen der genannten Erkrankungen unspezifisch und beschränkt sich auf Einschränkung der Proteinzufuhr, Azidosekorrektur etc. Pränatal sind nur wenige Erkrankungen erkennbar. Bei meist autosomal rezessivem Erbgang ist aber bei einem Teil die Identifizierung klinisch gesunder heterozygoter Überträger möglich, auf die sich die genetische Beratung stützt. Primäre Prävention ist also möglich. Ein Teil der stoffwechselbedingten Demenzprozesse ist mit körperlichen Beeinträchtigungen im Sinne zunehmenden Funktionsverlustes und zerebraler Anfälle verbunden, viele reduzieren die Lebenserwartung erheblich.

Intelligenzminderungen bei primären Fehlbildungen von Zentralnervensystem und Schädel

Diese Gruppe der Intelligenzminderungen ist lediglich morphologisch abgrenzbar, ihre Ätiologie ist vielfältig, die Pathogenese ergibt sich häufig aus den morphologischen Veränderungen. Ein Teil der Fehlbildungen ist ätiologisch nicht aufklärbar, ein anderer Teil basiert auf postpartal erworbenen Erkrankungen. Für die Zuordnung wird davon ausgegangen, daß es sich um bereits in frühester Lebenszeit bestehende Fehlbildungen des Zentralnervensystems handelt. Andere körperliche Anomalien sind bei einigen Formen vorhanden. Das Ausmaß der Intelligenzminderung zeigt – wenn man von den Anenzephalien und ähnlichen schweren Fehlbildungen absieht – wenig regelhafte Beziehungen zwischen Ausprägung der Mißbildung und Grad der Intelligenzminderung; so sind beispielsweise bei Kindern mit komplettem Balkenmangel unbeeinträchtigte kognitive Fähigkeiten beobachtet worden.

Intelligenzminderungen unklarer Pathogenese bei erblichen Erkrankungen ohne primäre Zusatzbehinderungen

Bei den meisten der in dieser Gruppe zusammengefaßten klinischen Bilder sind bei der Geburt keine oder oft nur diskrete Symptome vorhanden, der weitere Verlauf ist jedoch durch Progredienz gekennzeichnet. Klinisch wichtig sind in dieser Gruppe die Phakomatosen oder neurokutanen Dysplasiesyndrome, die vielgestaltige Entwicklungsstörungen mit mehr oder minder deutlichen blastomatösem Einschlag zeigen. Von den Störungen der Organdifferenzierung sind bei den Phakomatosen betroffen: Nervensystem, Auge und/oder Haut, nicht selten auch viszerale Organe. Die klinisch bedeutsamste Phakomatose im Kindesalter ist die tuberöse Hirnsklerose. Die übrigen aufgeführten Erkrankungen treten seltener auf als die Phakomatosen. Die Chorea Huntington kommt nur in 7% der Fälle vor dem 20. Lebensjahr vor. Wichtig ist die frühzeitige Diagnose der Krankheitsbilder, nicht zuletzt wegen der genetischen Beratung.

Intelligenzminderungen unklarer Pathogenese bei teils erblichen Erkrankungen mit primären Zusatzbehinderungen

Die in dieser Gruppe zusammengefaßten klinischen Bilder machen etwa 5% der Intelligenzminderungen aus. Sie haben Syndromcharakter, der andere körperliche Auffälligkeiten, z. B. motorische Störungen und Fehlbildungen des Zentralnervensystems, Hautaffektionen oder Augenfehlbildungen, einschließt. Trotz ihrer familiären Häufung sind sie ebenso variabel wie der Grad der dabei auftretenden Intelligenzminderung. Teils werden diese Symptome vererbt, teils werden teratogenetische Einflüsse diskutiert. Für nicht wenige Syndrome ist die Pathogenese unbekannt. Die diagnostische Zuordnung wird durch den Syndromcharakter erleichtert.

Intelligenzminderungen bei meist erworbenen Erkrankungen des Zentralnervensystems

Hierunter werden die Folgen von Beeinträchtigungen des Gehirns zusammengefaßt, die das Kind vor der Geburt, im Zusammenhang damit oder im Verlauf des Lebens betreffen. Sie werden deswegen auch als exogen bedingte Intelligenzminderungen bezeichnet, synonym in ungerechtfertigter Begriffsausweitung als „traumatisch". Soweit Schätzungen möglich sind, macht diese Gruppe ein Drittel der Intelligenzminderungen aus. Zum Teil multiplizieren die Ursachen einander, indem frühe Schädigungen zum ungünstigen Verlauf beim Einwirken späterer Noxen disponieren, z. B. wenn die Folgen einer postpartalen Hypoxie die Auswirkungen eines späteren Schädel-Hirn-Traumas aggravieren. In gleicher Weise können sich genetisch bedingte Varianten der Intelligenz mit solchen Einwirkungen multiplizieren. Die ätiologische Zuordnung ist beim jüngeren Kind häufig besser möglich als im späteren Alter. Die Intelligenzminderungen sind stationär und nicht beeinflußbar, allenfalls durch Prävention der Ursachen vermeidbar.

Eine große Untergruppe bilden die Embryo- und Fetopathien, gefolgt von den perinatalen Komplikationen. Im späteren Alter überwiegen die Schädel-Hirn-Traumen vor den entzündlichen Erkrankungen, einschließlich der sogenannten Slow-Virus-Erkrankungen und den neoplastischen Krankheitsbildern (Tumoren und Histiozytosen). Die beiden letzteren Gruppen führen wie einige andere Störungsbilder durch unterschiedliche Mechanismen zu Formen des Hydrozephalus, die allerdings auch primär als Mißbildungen existieren können und deshalb zusammenfassend hier abgehandelt werden. Ebenso werden in einem Exkurs zu den prä- und perinatalen Schädigungen die Intelligenzminderungen bei infantilen Zerebralparesen oder zerebralen Bewegungsstörungen dargestellt. Bei den letzteren überwiegen die pränatalen Einflüsse, die, wie erwähnt, häufig zu perinatalen Komplikationen disponieren. Prä- und perinatale Schädigungen machen den Großteil der in dieser Gruppe zusammengefaßten Intelligenzminderungen aus.

Intelligenzminderungen infolge mangelnder Anregung durch die Umwelt

Hierunter fallen vor allem die Wirkungen erheblicher psychosozialer Benachteiligung, wie etwa bei der Erziehung durch ein geistig behindertes oder sinnesbehindertes Elternteil, die Folgen von nichterkannten oder nicht adäquat kompensierten Defekten der Sinnesorgane, der Deprivation in Heimen und der emotionalen und erzieherischen Vernachlässigung im Elternhaus aufgrund defekter Eltern-Kind-Beziehungen, häufig verbunden mit unzureichenden Lebensbedingungen. Sämtliche einschlägige Folgezustände werden über die mangelnde Stimulation der Hirnentwicklung und zusätzliche lerntheoretische Verfestigung eines abweichenden Verhaltensrepertoires erklärt und sind in Kap. 12/Bd. III ausführlich beschrieben, werden deswegen im Folgenden nur aufgelistet.

Intelligenzminderungen und Demenzprozesse unklarer Genese

Ein nicht geringer Teil der Intelligenzminderungen läßt sich auch oder gerade bei sorgfältiger Diagnostik ätiologisch nicht einordnen. Sie werden häufig als idiopathisch oder kryptogen bezeichnet, während der Schluß, bei Nichtnachweisbarkeit somatisch-ätiologischer Faktoren sei Umweltbedingtheit anzunehmen, nicht nur problematisch, sondern beim heutigen Wissensstand auch ungerechtfertigt ist (ZERBIN-RÜDIN 1967).

Korrelate ätiologisch unklarer Intelligenzminderungen sind nämlich häufig neurologische Auffälligkeiten, pathologische Hirnstrombilder, motorische Entwicklungsrückstände, geringgradige körperliche Fehlbildungen („degenerative Stigmata"), geringfügige Veränderungen der Körpermaße, ein unabhängig von der Schichtenzugehörigkeit vermindertes Geburtsgewicht, eine Häufung von Frühgeburtlichkeit und von Zwillingsgeburten, ohne daß die Ursächlichkeit all dieser Faktoren für die Intelligenzminderung zu belegen ist. Die mangelnde Zuordenbarkeit ist durch das Zusammentreffen polygenetisch bedingter Minusvarianten (nach CORBETT 1977 bei Intelligenzquotienten von 50–70 bei 40%) mit organisch bedingten Minderbegabungen erklärbar, außerdem mit ungünstigen Umweltverhältnissen.

Auf die familiäre Häufung bei den leichteren Intelligenzminderungen weist ZERBIN-RÜDIN (1973) hin. Zu bedenken ist dabei, daß die familiäre Häufung von Ereignissen nicht auf genetische Bedingtheit hinweisen muß, sondern auch durch Faktoren, die alle Kinder einer Familie betreffen, wie etwa Infektionskrankheiten oder mangelnde Förderung, erklärt werden kann. Faktoren wie ungenügende Schwangerenfürsorge, unzureichende Betreuung von Risikogeburten, Mangelernährung oder Häufung postnataler Erkrankungen werden nicht nur in der Vorgeschichte von Kindern mit Intelligenzminderungen gehäuft beschrieben, sondern häufen sich gleichzeitig in den sozialen Grundschichten, in denen sich Intelligenzminderungen unklarer Herkunft vermehrt finden.

Familiäre Häufung leichter Intelligenzminderungen kann auch durch das Auftreten von Heterozygoten in einer Familie erklärt werden. Sie tragen gehäuft Gene, die bei Homozygotie Erkrankungen mit Schwachsinn hervorrufen würden. Solche Heterozygoten haben in der Regel leichte Intelligenzdefizite gegenüber der Norm, so für die Phenylketonurie um 5–6 Punkte, für verschiedene Lipidosen um 11 Punkte (Übersicht bei PROPPING 1982). Weiterhin kann durch den sogenannten X-chromosonalen Schwachsinn eine familiäre Häufung von Intelligenzminderungen bei männlichen Kindern einer Familie auftreten. Diese Minderbegabungsform, die klinisch bislang nicht sicher abgrenzbar ist, aber durch einen X-chromosonalen Marker nachgewiesen werden kann, der auch Konduktorinnen erkennen läßt (HERBST 1980, SCHMIDT u. PASSARGE 1981; bei der Beschreibung auf S. 63 wurde die von TARIVERDIAN u. WECK 1982 vorgeschlagene Unterteilung wiedergegeben), kann das Überwiegen männlicher Individuen

unter leicht Intelligenzgeminderten womöglich teilweise erklären.
In die genetischen Überlegungen einbezogen werden müssen selbstverständlich eine mögliche unzureichende Stimulierung des Zentralnervensystems (vgl. S. 56), die zur ungenügenden Entwicklung des Substrats als Teilvoraussetzung der Intelligenzminderung führen kann. Bei ohnehin angelegten Minusvarianten müssen sich derartige Einflüsse nach dem Prinzip der multifaktoriellen Bedingtheit gravierender auswirken als bei besser ausgestatteten Zentralnervensystemen. Mangelnde Stimulation, die allein Intelligenzminderungen bedingen soll, muß erheblich sein. Weitere Belege für die Rolle der Umwelt bei den genetisch unklaren Intelligenzminderungen stehen aus, denn es ist bislang nicht geklärt, ob es irgendwelche qualitativen Unterschiede zwischen Varianten der Norm und Intelligenzminderungen leichteren Grades gibt. Bekannt ist andererseits, daß intensive Frühförderung bei Kindern mit den genannten Risikofaktoren eine Hebung des mittleren Intelligenzniveaus bewirken kann. Es ist aber schwer zu beantworten, wie persistent solche Änderungen beim Verbleib im Herkunftsmilieu sind.
Erwähnt werden sollen auch schwere Demenzprozesse unklarer Genese, als Beispiel die sogenannte Hellersche Demenz. Bei ihr wurde für einen Abbauprozeß unbekannter Ätiologie wegen des Einsetzens im 3. und 4. Lebensjahr und des gleichbleibend unauffälligen Äußeren („Prinzengesicht") eine nosologische Identität vermutet. Der Abbau geht mit Unruhe, Angst, eventuell mit Zwangsphänomenen oder Halluzinationen einher, der Sprachverlust ist von Neologismen und Echolalien begleitet, motorische Stereotypien treten auf. HARBAUER hat zuletzt 1980 darauf hingewiesen, daß die Annahme einer Hellerschen Demenz eher der Aufforderung zu einer ätiologischen Diagnose als einer Diagnose selbst gleichkomme; vermutlich ist das Bild den desindegrativen Psychosen des Kindesalters (s. S. 52) zuzuordnen.

Klinische Bilder[1,2]

Intelligenzminderungen bei Chromosomenaberrationen

Bei Aberrationen der Autosomen

Monosomie 4p (Wolf-Syndrom)
Monosomie 5p (Cri-du-chat-Syndrom)
Partielle Monosomie 18q bzw. 18p
Partielle Trisomie 22q (Katzenaugensyndrom)
Ringchromosomenbildung
Trisomie 9p
Trisomie 10p
Trisomie 12p
Trisomie 13 (Pätau-Syndrom)
Trisomie 18 (Edwards-Syndrom)
Trisomie 21 (Down-Syndrom)

Bei Aberrationen oder Veränderungen der Geschlechtschromosomen

bei weiblichem Phänotyp
- XO-Syndrom (Ulrich-Turner-Syndrom)
- Triplo-X-Syndrom
- XXXX-Syndrom und XXXXX-Syndrom

bei männlichem Phänotyp
- XXY-Syndrom (Klinefelter-Syndrom)
- XXXY-Syndrom
- XXXXY-Syndrom
- XYY-Syndrom
- XXYY-Syndrom
- X-chromosomal erblicher Schwachsinn

---

[1] Bei den genannten Medikamentendosierungen handelt es sich nur um grobe Angaben, die als Orientierungshilfe dienen sollen.

[2] Die folgenden Angaben beziehen sich vorwiegend auf Bachmann u. Mitarb. (1978), des weiteren auf Bachmann u. Nyhan (1977), Carter (1978, 1979), Eggers u. Bickel (1974), König (1968), Labhart (1978), Leiber (1977), Matthes u. Kruse (1973), Neuhäuser (1982), Neuhäuser u. Opitz (1975), Rampini (1976), Scheid (1980), Schwarz (1964), Spranger (1972), Thom (1982), Vassella (1973), Wunderlich (1977).

Krankheitsbezeichnung	Ätiologie	Klinische Symptome	Weitere Befunde und Diagnostik	Therapie/ Verlauf/ Prognose
Monosomie 4p Syn.: Wolf-Syndrom	Fehlen des kurzen Arms eines Chromosoms 4	psychische Befunde: schwere Hirnschädigung mit entsprechendem geistigem und statomotorischem Entwicklungsrückstand somatische Befunde: schwere Hirnschädigung mit Mikrozephalie, Hydrocephalus internus und Krampfanfällen, Ptosis des Augenoberlids, Katarakt, Hypertelorismus, Kolobom, häufig Lippen-Kiefer-Gaumen-Spalte, tiefsitzende Ohrmuscheln, verzögerte Knochenkernentwicklung, Hypospadie	Chromosomenanalyse	Therapie: symptomatisch falls erforderlich, Antiepileptika
Monosomie 5p Syn.: Cri-du-chat-Syndrom	Deletion des kurzen Arms vom Chromosom 5 (5p) oder nur der distalen Bande des Chromosoms 5 Häufigkeit: 1 : 10 000 bis 1 : 50 000	psychische Symptome: schwere geistige und psychische Retardierung, verspätete motorische Entwicklung, meist kein Spracherlernen, Schreien im Neugeborenenalter wie bei jungen Katzen somatische Symptome: niedriges Geburtsgewicht, Mikrozephalie, Minderwuchs, präaurikuläre Anhänge, antimongoloide Augenstellung, Hypertelorismus, Strabismus, Epikanthus, Retro- und Mikrognathie, Epiglottishypoplasie und -malazie, kurze Hände und Füße, Klinodaktylie, Skoliose der Wirbelsäule	Chromosomenanalyse	Therapie: symptomatisch Prognose: Lebenserwartung in der Kindheit nicht eingeschränkt. Erreichen des Erwachsenenalters, hohe Mortalität im 3.-4. Lebensjahrzehnt
Partielle Monosomie 18q bzw. 18p	a) Deletion des langen Arms von Chromosom 18 (18p) b) Deletion des kurzen Arms von Chromosom 18 (18p) Häufigkeit: etwas seltener als das Cri-du-chat-Syndrom	psychische Befunde: schwere geistige Retardierung: IQ zwischen 20 und 70 somatische Befunde: Mikrozephalie, niedriges Geburtsgewicht, tiefsitzende Ohren, oft Schwerhörigkeit, Dysplasie des Mittelgesichts mit Hypoplasie der Maxilla, Hypertelorismus, Epikanthus, Nystagmus, Strabismus, Kolobome, Katarakte. Lange Finger, Coxa valga, unregelmäßig implantierte Zehen. Angeborene Herzfehler, Kryptorchismus, Hypospadie, Skelett- und Nierenmißbildungen	Chromosomenanalyse	Therapie: symptomatisch
Partielle Trisomie 22q Syn.: Katzenaugensyndrom	partielle Trisomie 22q, manchmal familiär auftretend	häufig Schwachsinn, präaurikuläre Anhänge, Iriskolobom, Analatresie oder -stenose eventuell mit perinealer oder rektovaginaler Fistelbildung	zusätzliche Mißbildungen an Herz und harnableitenden Wegen möglich	Therapie: operativ

Krankheitsbezeichnung	Ätiologie	Klinische Symptome	Weitere Befunde und Diagnostik	Therapie/ Verlauf/ Prognose
Ringchromosomenbildung	Ringbildung durch Zusammenwachsen zweier Chromosomenenden	psychische Befunde: Schwachsinn wechselnden Ausmaßes, psychomotorische Entwicklungsverzögerung somatische Befunde: Mißbildungen am ZNS, Mikrozephalus, Mikrophthalmie, ferner Mißbildungen an den Nieren und Geschlechtsorganen, Vierfingerfurche	Chromosomenanalyse	Therapie: symptomatisch Prognose: günstigere Lebenserwartung als beim Pätau- und Edwards-Syndrom
Trisomie 9p	Translokationstrisomie relativ häufige Aberration, genaue Frequenzangaben fehlen noch; über 50 Fälle berichtet	psychische Befunde: mäßige bis schwere geistige Retardierung, oft wird Sonderschulreife durch heilpädagogische und krankengymnastische Betreuung erlangt; statomotorische Entwicklungsverzögerung somatische Befunde: Mikrozephalie, Brachyzephalie, tiefsitzende Ohren, hoher Gaumen, Retrognathie, Enophthalmus, Hypertelorismus, antimongoloide Augenstellung, Strabismus, herabhängende Mundwinkel, Syndaktylie von 3. und 4. Finger bzw. Zehe, Klinodaktylie, Nagelhypoplasien, Brachyphalangie des 5. Fingers, Spina bifida, Beckenanomalien	Chromosomenanalyse	Therapie: symptomatisch Prognose: keine herabgesetzte Lebenserwartung
Trisomie 10p	Translokationstrisomie 17 Fälle bekannt	psychische Befunde: schwerste statomotorische und geistige Retardierung, meist keine Sprachentwicklung, meist kein Laufenlernen somatische Befunde: niedriges Geburtsgewicht, Dolichozephalie, später Fontanellenschluß, schmales Gesicht mit großen Ohren, Hypertelorismus, Iriskolobome, eingesunkene Nasenwurzel, schmale invertierte Oberlippe, häufig Lippen-Kiefer-Gaumen-Spalte, Retro- und Mikrognathie, Hand- und Fußdeformitäten, intersexuelles Genitale, Abdominal-Inguinal-Hernien, Fehlbildungen an ZNS und inneren Organen, Skelettmißbildungen, Hautleistendysplasie	Chromosomenanalyse	Therapie: symptomatisch Prognose: geringe Lebenserwartung; die Hälfte der Kinder stirbt im Kleinkindesalter
Trisomie 12p	Translokationstrisomie 12 Fälle bekannt	psychische Befunde: schwere geistiger und statomotorischer Retardierung somatische Befunde: Brachyzephalie, später Fontanellenschluß, tiefsitzende, dysplastische Ohren, breites Gesicht mit fischmaulartigem Mund, hoher Gaumen, Mikrognathie, dysplastische Zahnleiste, kurzer Hals, plumpe Hände und Füße, Flexionshaltung der Finger, Herzfehler	Chromosomenanalyse	Therapie: symptomatisch

Krankheitsbezeichnung	Ätiologie	Klinische Symptome	Weitere Befunde und Diagnostik	Therapie/ Verlauf/ Prognose
Trisomie 13 Syn.: Pätau-Syndrom	Trisomie des Chromosoms 13 Häufigkeit: 1 : 5000	psychische Befunde: hochgradige Hirnschädigung mit schwerem geistigem und statomotorischem Entwicklungsrückstand somatische Befunde: niedriges Geburtsgewicht, Taubheit, Krämpfe, Mikrozephalie, Mikrophthalmie, Anophthalmie, Zyklops, Katarakte, Iriskolobome, häufig Lippen-Kiefer-Gaumen-Spalte, Naevus flammeus des Gesichts, häufig Polydaktylie, Syndaktylie, Vierfingerfurche, Klumpfüße, Zygodaktylie, Fehlbildungen am ZNS (Kleinhirnanomalien, häufig Arhinenzephalie). Mißbildungen auch an Herz, Nieren und am Gastrointestinaltrakt. Kryptorchismus, Uterusfehlbildungen, Inguinal- und Umbilikalhernien	Chromosomenanalyse	Therapie: symptomatisch Prognose: sehr geringe Lebenserwartung: nur 18% überleben das erste Jahr
Trisomie 18 Syn.: Edwards-Syndrom	Trisomie des Chromosoms 18 Häufigkeit: 1 : 3000, weibliches Geschlecht bevorzugt, gehäuftes Auftreten bei älteren Müttern	psychische Befunde: hochgradige Hirnschädigung mit schwerer statomotorischer und geistiger Entwicklungsretardierung somatische Befunde: Taubheit, langer Schädel, Hypertelorismus, Epikanthus, häufig Lippen-Kiefer-Gaumen-Spalte, Mikrognathie, Skelettanomalien des Thorax, Inguinal- und Umbilikalhernien, häufig Fehlbildungen des ZNS, des Intestinaltraktes, der Nieren sowie am Herzen. Typische Fingerhaltung: Hände in Fauststellung, eingeschlagener Daumen, 5. Finger über Ringfinger, Zeigefinger über Mittelfinger geschlagen. Pes equinovarus, kurze retroflektierte Zehen, Gelenkkontrakturen, papilläre Hämangiome, Katarakte	Chromosomenanalyse	Therapie: symptomatisch Prognose: sehr geringe Lebenserwartung: nur 10% der Kinder erreichen das erste Jahr
Trisomie 21 Syn.: Down-Syndrom	verschiedene Chromosomenanomalien möglich: Trisomie 21 Mosaiktrisomie 21 und Translokation 21/13, 21/14, 21/15, 21/21, 21/22 Häufigkeit: 1 : 700, gehäuftes Auftreten bei älteren Müttern, bei sehr jungen Müttern meist Translokationen	psychische Befunde: geistiger Entwicklungsrückstand IQ meist < 70, gestörte Sprachentwicklung, gute Fähigkeit für visuelle Formerkennung, Kinder sind meist sonderschulfähig somatische Befunde: von Geburt an Wachstumsretardierung, Brachyzephalie, Makroglossie, Schrägstellung der Lidachsen, Epikanthus, Brushfieldsche Irisflecken, Hypertelorismus, plumpe Hände und Füße, Vierfingerfurche, Klinodaktylie der 5. Phalanx, überstreckbare Gelenke, Muskelhypotonie, hervorstehendes Abdomen, Rektusdiastase, oft Hernien, gehäuft Herzfehler, Hypoplasie von Penis, Skrotum und Testes	Diagnostik durch Chromosomenanalyse Frauen meist fertil, 50% ihrer Kinder haben wieder ein Down-Syndrom; Männer sind nicht fertil	Therapie: symptomatisch Krankengymnastik vom frühen Säuglingsalter an, heilpädagogische Förderung ab der Kindergartenzeit

Krankheitsbezeichnung	Ätiologie	Klinische Symptome	Weitere Befunde und Diagnostik	Therapie/ Verlauf/ Prognose
XO-Syndrom Syn.: Ulrich-Turner-Syndrom	⅔ der Patienten haben ein reines XO-Syndrom: Verlust eines X-Chromosoms durch Non-disjunction in der Oo- oder Spermatogenese; ⅓ der Patienten hat ein XO/XX-Mosaik-Syndrom oder Strukturanomalien eines X-Chromosoms Häufigkeit: 1 : 2500	psychische Befunde: meist normale Intelligenz, jedoch häufig Antriebsstörungen sowie Unselbständigkeit somatische Befunde: Minderwuchs meist von Geburt an, schildförmiger Thorax, Pterygium colli, Streakgonaden, primäre Amenorrhö, sexueller Infantilismus mit hypoplastischem innerem Genitale und spärlicher Sexualbehaarung sowie fehlender Brustentwicklung. Tiefer Haaransatz im Nacken, Verkürzung des Mittelhandknochens, im Neugeborenenalter lymphangiektatische Ödeme an Hand- und Fußrücken, hypoplastische Nägel. In 10–15% beim reinen XO-Typ Herz- und Aortendefekte, bei 38% Nierenanomalien. Beim XO/XX-Mosaik-Typ sind diese Anomalien der inneren Organe seltener	chromatinnegativ, Chromosomenanalyse, Vermehrung der Gonadotropinausscheidung (hypergonadotroper Hypogonadismus), Verminderung der Östrogene, Verminderung der 17-Ketosteroide jenseits der Pubertät	Therapie: Mammaentwicklung sowie Menstruation durch Gabe von Ovarialhormonen möglich. Prognose: Prognose quoad vitam gut, es sei denn, es liegen Mißbildungen innerer Organe vor
Triplo-X-Syndrom	47,XXX = Triplo-X-Karyogramm Häufigkeit: 1 : 1000, häufigste gonosomale Anomalie beim weiblichen Geschlecht	psychische Befunde: Schwachsinn etwas häufiger wie unter der Normal-XX-Konstellation, jedoch keineswegs obligat somatische Befunde: Phänotyp bietet keine Auffälligkeiten, bei 30% der Patientinnen finden sich Zeichen ovarieller Insuffizienz. Es besteht jedoch grundsätzlich Fertilität. Kinder von Triplo-X-Frauen zeigen überwiegend einen unauffälligen Gonosomensatz	Chromosomenanalyse, chromatinpositiv, jedoch 2 Barr-Körperchen	Therapie: symptomatisch Prognose: Prognose quoad vitam gut
XXXX-Syndrom und XXXXX-Syndrom	48,XXXX-Syndrom 49,XXXXX-Syndrom Ursache: doppelte Non-disjunction in der 1. und 2. Reifeteilung. Kein Zusammenhang mit dem Alter der Mutter Häufigkeit: XXXX-Syndrom 1 : 8000 XXXXX-Syndrom 1 : 25 000	psychische Befunde: Intelligenzminderung mit IQ von 30–80, meist jedoch über 50 somatische Befunde: Mikrozephalie, Hypertelorismus, Klinodaktylie es kann Fertilität bestehen	Karyogramm 3 bzw. 4 Barr-Körperchen in der Wangenschleimhaut	Therapie: psychagogische Maßnahmen, Behandlung der endokrinologischen Insuffizienz

Krankheitsbezeichnung	Ätiologie	Klinische Symptome	Weitere Befunde und Diagnostik	Therapie/ Verlauf/ Prognose
XXY-Syndrom Syn.: Klinefelter-Syndrom	47,XXY Häufigkeit: 1 : 600	psychische Befunde: Intelligenz ist häufiger normal als erniedrigt. Im Alltag meist angepaßt, infantile Züge, Passivität, Antriebsarmut, Stimmungslabilität somatische Befunde: eunuchoide Körperproportionen, Gynäkomastie, kleine, derbe Hoden, schwach ausgeprägte sekundäre Geschlechtsmerkmale, oft ausgesprochene Fettleibigkeit	histologisch Tubulussklerose mit Leydig-Zell-Hyperplasie. Azoospermie mit Sterilität, hypergonadotroper Hypogonadismus. Chromosomenanalyse zur Sicherung der Diagnose	Therapie: Behandlung der Verhaltensstörungen; nur bei nachgewiesener Hodeninsuffizienz Androgensubstitution Prognose: Prognose quoad vitam gut
XXXY-Syndrom	48,XXXY Ursache: doppelte Non-disjunction in der Meiose Häufigkeit: 1 : 5000 bis 1 : 23 000	psychische Befunde: herabgesetzte Intelligenz, IQ durchschnittlich zwischen 40 und 60 somatische Befunde: Phänotyp ähnlich dem des Klinefelter-Syndroms	histologisch Tubulusatrophie, Leydig-Zell-Hypoplasie, Fehlen von Spermatogonien	Therapie: symptomatisch, heilpädagogische Maßnahmen, Hormonsubstitution nur bei nachgewiesener endokriner Insuffizienz Prognose: quoad vitam gut
XXXXY-Syndrom	49,XXXXY Ursache: doppelte Non-disjunction bei der Meiose Häufigkeit: ca. 1 : 25 000	psychische Befunde: IQ meist niedriger als 60 somatische Befunde: deutliche dysplastische Zeichen: Brachy- und Mikrozephalie, tiefsitzende und dysplastische Ohren, Hypertelorismus, Epikanthus, Strabismus, Myopie, radioulnäre Synostosen mit eingeschränkter Gelenkbeweglichkeit, Klinodaktylie, Kleinwuchs, Hypogenitalismus, Testes nicht deszendiert	Karyogramm 3-Barr-Körperchen in der Wangenschleimhaut histologisches Bild des Hodens ähnlich wie bei XXXY- und XXY-Syndrom	Therapie: symptomatisch
XYY-Syndrom	47,XYY Ursache: Non-disjunction in der Spermatogenese Häufigkeit: ca. 1 : 1000	psychische Befunde: IQ überwiegend unterdurchschnittlich, einzelne Patienten hatten jedoch einen IQ bis 125. Kein Hinweis auf gesteigerte Aggressivität, vielmehr Kontaktarmut, Passivität, Labilität, Gefühlsarmut somatische Befunde: Hochwuchs von ca. 185 cm, Neigung zu Varikosis und Ulcera cruris, Hypogenitalismus nicht selten, Infertilität nicht obligat	Karyogramm histologisch Tubuli mit teils totaler Hyalinisierung, teils erhaltener Spermatozytogenese unauffällige endokrine Befunde	Therapie: symptomatisch Prognose: quoad vitam gut
XXYY-Syndrom	Ursache: doppelte Non-disjunction bei der Spermiogenese oder Zusammentreffen von YY-Spermium mit XX-Eizelle Häufigkeit: ca. 1 : 4000	psychische Befunde: IQ bei ⅔ der Patienten < 70 somatische Befunde: Phänotyp ähnlich wie Klinefelter-Syndrom, Körpergröße jedoch länger	siehe Klinefelter-Syndrom	siehe Klinefelter-Syndrom

Krankheitsbezeichnung	Ätiologie	Klinische Symptome	Weitere Befunde und Diagnostik	Therapie/ Verlauf/ Prognose
X-chromosomal mentale Retardierung	brüchige Stelle am distalen, langen Arm eines X-Chromosoms Ätiologie und Pathogenese unklar	es lassen sich 4 Phänotypen der X-chromosomal mentalen Retardierung mit brüchiger Stelle Xq27 oder 28 bei Hemizygoten voneinander abgrenzen, die alle ohne Stoffwechselerkrankung oder schwereren körperlichen Defekt einhergehen. Typ 4 unterscheidet sich von den Phänotypen 1–3 durch das Auftreten von schwereren neurologischen Defekten Typ 1: Martin-Bell-Syndrom X-chromosomal mentale Retardierung mit vermehrtem Hodenvolumen, großem und vorspringendem Kinn, großen Ohren und einem hohen Gaumen, Fakultativ: blaßblaue Iris, hohe Stirn, ausgeprägte Supraorbitalwülste, hypoplastisches Mittelgesicht Meist statomotorische Retardierung und verzögerte Sprachentwicklung. Bei Hemizygoten ist der Defekt klinisch meist durch eine mäßig bis schwere geistige Behinderung gekennzeichnet. Jedoch sind auch Borderline-Fälle mit IQ zwischen 85 und 68 bekannt Heterozygote weibliche Individuen sind im allgemeinen klinisch unauffällig, bisweilen besteht jedoch eine leichte mentale Retardierung Typ 2: hier bestehen keine körperlichen Anomalien Typ 3: Renpenning-Syndrom: X-chromosmal mentale Retardierung mit einer leichten Mikrozephalie und einer kurzen Statur Typ 4: X-chromosomal mentale Retardierung mit schwerer Muskelhypotonie, Schwäche, Muskelatrophie und verzögerter motorischer Entwicklung. Einige der betroffenen Hemizygoten haben nie laufen erlernt	die brüchige Stelle am langen Arm des X-Chromosoms tritt unter üblichen Kulturbedingungen nicht auf, sie muß durch Folsäuremangel im Kulturmedium provoziert werden. das brüchige X-Chromosom ist in den Lymphozytenkulturen nicht in allen Zellen betroffener männlicher Individuen (Hemizygoten) nachweisbar, nur in 4–56% der analysierten Metaphasen. Heterozygote können nicht sicher erkannt werden bei Phänotyp 1 (Martin-Bell-Syndrom) ist das fragile X-Chromosom bei Hemizygoten nachweisbar bei Phänotyp 2 und 3 kann das fragile X-Chromosom bei männlichen Personen nicht demonstriert werden	Häufigkeit: beim männlichen Geschlecht ist der X-chromosomal bedingte Schwachsinn eine der häufigsten genetisch bedingten Formen

Intelligenzminderungen bei Stoffwechselkrankheiten

Bei Aminosäurestoffwechselstörungen

Ahornsirupkrankheit (Leuzinose)
β-Alaninämie
Cross-Syndrom
Dibasische Aminoazidurie
γ-Glutamylcysteinsynthetasemangel
Glutaraturie
Hartnupsche Erkrankung
Histidinämie
Homokarnosinose
Homozystinurie
Hydroxykynureninurie
Hyperammonämien
Hyperlysinämie
Hypervalinämie
Isovalerianazidämie
Lysinintoleranz
2-Methylazetoazetaturie
Methylmalonazidämie mit Homozystinurie
Nichtketotische Hyperglyzinämie
Okulozerebrorenales Syndrom
2-Oxoadipaturie
Phenylketonurie
Pipekolaturie
Primäre kongenitale Lactatazidose
Propionazidämie und die verschiedenen Formen von Methylmalonazidämie ohne Homozystinurie
Pyroglutaminazidämie
Saccharopinämie
Sulfitoxidasemangel
Tryptophanurie
Tyrosinämie Typ II

Bei Stoffwechselstörungen der Monosaccharide

Galaktosämie
Hereditäre Fructoseintoleranz

Krankheits-bezeichnung	Ätiologie	Klinische Symptome	Weitere Befunde und Diagnostik	Therapie/ Verlauf/ Prognose
Ahornsirupkrankheit Syn.: Leuzinose	rezessiv autosomaler Enzymdefekt im Abbau der Ketosäuren von Leucin, Isoleucin und Valin (komplizierter Enzymkomplex betroffen: 3 Decarboxylasen, Transacylasen, Dehydrogenasen; 5 Coenzyme) Häufigkeit: 1 : 55 000 bis 1 : 250 000	meist am Ende der 1. Lebenswoche Apathie, Trinkschwäche, Verlust von Moro- und Sehnenreflexen, wechselnder Muskeltonus, Krämpfe, Koma, Apnoe, schrilles Schreien. Uringeruch und Atemluft süßlich-würzig wie Maggi oder Lakritze. (Aus Neuengland stammt die Assoziation mit Ahornsirup) überlebende Kinder sind psychomotorisch retardiert, falls nicht rechtzeitig die Behandlung begonnen wurde	Geruch, positive Dinitrophenylhydrazinprobe, positiver Acetontest beim Neugeborenen, Ketoazidose mit erhöhtem Anionendefizit	Therapie: leucin-, isoleucin- und valinarme Diät
Varianten der Ahornsirupkrankheit:				
1. intermediäre Form		im Säuglingsalter werden 1,5–2 g Protein/kg und Tag ertragen. Bei höherer Zufuhr treten klinische Symptome wie bei der klassischen Form auf	wie oben	wie oben
2. intermittierende Variante		normale Proteinzufuhr wird problemlos ertragen, bei Infekten mit kataboler Stoffwechsellage treten die oben beschriebenen Symptome auf, die oft als azetonämisches Erbrechen oder Enzephalitis interpretiert werden		

Krankheitsbezeichnung	Ätiologie	Klinische Symptome	Weitere Befunde und Diagnostik	Therapie/ Verlauf/ Prognose
3. thiaminabhängige Ahornsirupkrankheit	Thiaminpyrophosphat ist das Coenzym der Decarboxylase der verzweigtkettigen Ketosäuren		Diagnose ex juvantibus	Therapie: Thiamingaben
β-Alaninämie	Ursache des Defekts noch nicht klar 1 Kind in der Literatur beschrieben	Hyporeflexie gleich nach der Geburt, Hypotonie, Somnolenz, therapieresistente Grand-mal-Anfälle	β-Alanin und γ-Aminobuttersäure im Plasma, Liquor und Urin erhöht	Therapie: symptomatisch
Cross-Syndrom	eine der 6 beschriebenen Formen des Albinismus autosomal rezessiv vererbt	Symptome des Albinismus mit Nystagmus oder Photophobie. Hinzu kommt Oligophrenie, Spastizität, Athetose und gingivale Fibromatose	Fehlen von Melanin in Haut, Haar und Auge	Therapie: symptomatisch
Dibasische Aminoazidurie	Transportdefekt in Niere und Darm für Arginin, Lysin und Ornithin Erbmodus noch nicht geklärt 32 Patienten in der Literatur beschrieben	gelegentlich schwere geistige Retardierung, Wachstumsrückstand, Malabsorption, Erbrechen, Durchfall. Nach eiweißreicher Kost akute Symptomatik mit Lethargie, Krämpfen, intermittierendem Auftreten von zerebellaren Ataxien mit Nystagmus, Kopfschmerzen und Doppeltsehen	Nachweis der Aminosäuren im Urin Hyperammonämie	Therapie: eiweißarme Diät mit Zufuhr von Lysin und Citrullin
γ-Glutamylcysteinsynthetasemangel	der γ-Glutamylcysteinsynthetasemangel führt zu Glutathionmangel nur 4 Patienten in der Literatur beschrieben	spinozerebellare Degeneration, periphere Neuropathie, Myopathie, hämolytische Anämie	im Plasma und Urin Erhöhung der basischen Aminosäuren sowie von Valin, Alanin und α-Aminobuttersäure Nachweis des Defektes in Erythrozyten, Leukozyten und Muskulatur	Therapie: Versuch einer proteinarmen Diät, ansonsten symptomatisch
Glutaraturie	Glutaconyl-CoA-Decarboxylasemangel	geistige Retardation, Athetose, Dystonie, Erbrechen	Glutarsäure im Plasma und Urin erhöht	Therapie: Versuch einer eiweißarmen Diät, ansonsten symptomatisch Prognose: progredienter neurologischer Zerfall mit Tod im Alter von 2–2½ Jahren

Krankheitsbezeichnung	Ätiologie	Klinische Symptome	Weitere Befunde und Diagnostik	Therapie/ Verlauf/ Prognose
Hartnupsche Erkrankung	autosomal rezessiver Defekt der intestinalen Tryptophan-Reabsorption Häufigkeit: 1 : 16 000 bis 1 : 80 000 33 Familien in der Literatur beschrieben	Beginn in der Adoleszenz mit leichtem Entwicklungsrückstand, emotionaler Instabilität, Schwachsinn nicht obligat, Anfälle reversibler zerebellarer Ataxie, pellagraartige Hauterscheinungen	vermehrte Indolausscheidung im Urin	Therapie: orale Zufuhr von Nicotinamid Neomycingabe bewirkt über Beeinflussung der Darmflora die Verminderung der Indolmetabolitbildung
Histidinämie	häufigste Ursache ist der Histidasemangel Häufigkeit: 1 : 14 000 bis 1 : 32 000 autosomal-rezessiv vererbt	Verhaltensstörungen, geistige Retardation, Ataxie, zentral gestörte Gehörmerkfähigkeit, Dysarthrie Trotz biochemisch eindeutiger Histidinämie können die Symptome völlig fehlen, so daß zur Zeit fraglich ist, ob die Histidinämie per se zu einem Krankheitsbild führt	Erhöhung von Histidin im Plasma (6–30 mg pro 100 ml) und Urin Nachweis des Histidasemangels in der Haut	Therapie: Vermeiden einer exzessiven Proteinzufuhr regelmäßige Kontrolle der neurologischen Funktionen
Homokarnosinose	Ursache des Defekts noch unklar, erst eine Familie in der Literatur beschrieben	progressive spastische Paraplegie und geistige Retardation, Netzhautpigmentierungsstörungen	Homocarnosin im Liquor cerebrospinalis erhöht	Therapie: Versuch einer proteinarmen Diät, ansonsten symptomatisch
Homozystinurie	rezessiv autosomaler Defekt der Cystathionin-Synthetase Häufigkeit: 1 : 120 000 bis 1 : 350 000	Gesichtsröte, feines blondes Haar, 50% der Patienten sind geistig retardiert, frühzeitige Arteriosklerose, arterielle und venöse Thrombosen, Thromboembolien mit zunehmendem Alter Ähnlichkeit mit dem Marfan-Syndrom: Arachnodaktylie, watschelnder Gang mit Kyphoskoliose, Genu valgum, Großwuchs. Linsenluxation erfolgt jedoch bei der Homozystinurie im Vergleich zum Marfan-Syndrom erst nach einigen Lebensjahren	vermehrte Ausscheidung im Urin von: Homocystein (positive Cyanid-Nitroprussid-Probe), Cysteinhomocysteindisulfid, Homolanthionin. Homocystin- und Methioninvermehrung im Blut durch Homocystinerhöhung im Blut kommt es zur Endothelschädigung sowie zur Bildung von abnormem Kollagen pränatale Diagnostik möglich	Therapie: bei ca. 50% der Patienten ist Vit. B_6 wirksam: 500–1000 mg und Tag; durch sukzessive Reduktion der Vitamin-B_6-Gaben kann die therapeutisch notwendige Dosierung bestimmt werden bei Nichtansprechen auf Vitamin-B_6-Therapie lebenslange methioninarme, cystinreiche Diät. Therapie der Gefäßkomplikationen mit Acetylsalicylsäure und Sulfinpyrazon Prognose: ohne Therapie Hirnschädigung Tod an Thromboembolien im Schul- oder Erwachsenenalter

Krankheits-bezeichnung	Ätiologie	Klinische Symptome	Weitere Befunde und Diagnostik	Therapie/ Verlauf/ Prognose
Hydroxykyn-ureninurie	vermutlich Umwandlung von 3-Hydroxykynurenin zu 3-Hydroxyanthranilat gestört nur 1 Patient in der Literatur beschrieben	psychomotorischer Entwicklungsrückstand, hämolytische Anämie, Kleinwuchs	Anhäufung des Metaboliten bei Vit.-B_6-Mangel, Krankheitsbild hat aber nichts mit dem Krankheitsbild der sog. Vit.-B_6-abhängigen Krämpfe zu tun	Therapie: Versuch einer eiweißarmen Diät, ansonsten symptomatisch
Hyperammon-ämien	Einteilung nach *Bachmann* et al.: I. Primäre Hyperammonämien a) Carbamylphosphatsynthetasedefekt b) Ornithintranscarbamylasedefekt c) Zitrullinämie d) Argininbernsteinsäurekrankheit e) Argininämie II. Sekundäre Hyperammonämien a) Störungen des Leucin- und Isoleucinstoffwechsels b) lysinurische Proteinintoleranz c) Ornithinämien d) Hyperlysinämien mit periodischer Ammoniakintoxikation e) nichtketotische Hyperglyzinämie f) Leberinsuffizienz (einschließl. Reye-Syndrom) Erbgang autosomal rezessiv, beim Ornithintranscarbamylasemangel jedoch X-chromosomal	Episoden von Erbrechen, Muskelhypotonie, welche in Hypertonie übergeht, Hyperreflexie, gesteigerte Irritabilität, extrapyramidale Symptome Bei der Argininbernsteinsäureerkrankung zusätzlich: trockene brüchige Haare, Nägel, Haut- und Schleimhautläsionen je nach Ausprägung des Enzymdefektes finden sich akut neonatal verlaufende Formen sowie protrahierte als auch benigne Formen. Bei den beiden letzteren können leichte Infekte zur Enzephalopathie führen. Chronische Formen zeigen einen geistigen Entwicklungsrückstand	Diagnose der Erkrankungen, die unter Ic, d, e und IIb, c, e aufgeführt sind, durch Analyse der jeweiligen Aminosäure im Blut und Urin zusätzlich sind bei allen 1° und 2° Hyperammonämien die Spiegel von Lysin, Alanin, Glutamin und Glutamat erhöht. Ferner erhöhte Orotsäureausscheidung bei allen 1° Hyperammonämien mit Ausnahme von Ia	Therapie: Sofortmaßnahmen: Ernährung durch Glucose und Lipide, Proteinzufuhr absetzen Langzeittherapie: Beschränkung der Proteinzufuhr auf 1,5 g/kg und Tag und Zusatz von Arginin. Gabe von 0,1n HCl fördert die Ausscheidung von Ammoniumionen durch die Niere

Krankheits-bezeichnung	Ätiologie	Klinische Symptome	Weitere Befunde und Diagnostik	Therapie/ Verlauf/ Prognose
Hyperlysinämie	Mangel der Lysin-Oxoglutaratreduktase, der Saccharopindehydrogenase sowie der Aktivität der Saccharopinoxidoreduktase wahrscheinlich autosomal rezessiv vererbt	geistige Retardation nicht obligat, auch sind Patienten ohne klinische Symptome beschrieben	Erhöhung von Lysin im Plasma, Liquor und Urin	Therapie: proteinarme Diät, Therapieerfolg fraglich
Hypervalinämie	Defekt nicht bekannt 1 Kind beschrieben	von Geburt an wiederholtes Erbrechen, Hepatomegalie, Hyperkinesie, Amaurose und Nystagmus, rückständige psychomotorische Entwicklung, Dämmerzustand		Therapie: valinarme Diät
Isovalerianazidämie	autosomal rezessiv vererbt Enzymdefekt nach der irreversiblen Decarboxylierung der Ketosäuren die Krankheit ist eine organische Azidurie des Leucinstoffwechsels	Schweißfußgeruch von Urin u. Atemluft, Erbrechen, azidotische Krisen, Bewußtseinsstörungen bis zu Koma mit EEG-Veränderungen, unbehandelt kommt es zur Debilität oder Imbezillität	Isovaleriansäure im Plasma und Urin erhöht. Zusätzlich im Urin: ausgeprägte Ausscheidung von Isovalerylglycin	Therapie: leucinarme Diät
Lysinintoleranz	2 Patienten in der Literatur beschrieben	Erbrechen mit komatösen Zuständen gleich nach der Geburt, wechselnder Muskeltonus, Krämpfe. Einer der beiden beschriebenen Patienten war geistig retardiert		Therapie: proteinarme Diät
2-Methylazetoazetaturie	enzymatischer Block bisher noch nicht bewiesen die Krankheit ist eine organische Azidurie des Isoleucinabbaus	Erbrechen, Episoden von Ketoazidose mit Bewußtseinsstörungen bis zum Tode. Proteinaversion, Hyperammonämie, ketotisches Hyperglyzinämiesyndrom. Psychomotorische Retardation in Abhängigkeit von der Schwere der azidotischen Phasen	hohe Ausscheidung von 2-Methylacetoacetat, 2-Methyl-3-Hydroxybutyrat und Butanon führt zur atypischen braunen Farbe des Acetontests im Urin	Therapie: isoleucinarme Diät

Krankheitsbezeichnung	Ätiologie	Klinische Symptome	Weitere Befunde und Diagnostik	Therapie/ Verlauf/ Prognose
Methylmalonazidämie mit Homozystinurie infolge defekter B_{12}-Coenzym-Synthese	bislang noch nicht identifizierter Defekt des intrazellulären Cobalamintransports oder der Cobalaminreduktion erst bei 4 Patienten beschrieben autosomal rezessiver Erbgang	3 Verlaufsmöglichkeiten a) perakute Neugeborenenerkrankung: Erbrechen, Dystrophie, Tod bis zur 7. Lebenswoche b) protrahierter Verlauf: Krämpfe, Demenz, megaloblastäre Anämie, Tod mit 7 Jahren c) Minimalform: mäßige Retardierung, diskrete neurologische Symptome, marfanoider Habitus	der gestörte Folatmetabolismus führt zu Störungen der DNA-Synthese erhöhte Plasma-Homocystein-Konzentration führt zur Endothelschädigung und thrombosklerotischen Veränderungen der kleinen Arterien Methioninmangel führt zu mangelnder Methylierung Homozystinurie pränatale Diagnostik möglich	Therapie: Hydroxo-B_{12} 1 mg/die i.m. versuchsweise
Nichtketotische Hyperglyzinämie	komplexes Enzymsystem im Glycinabbau betroffen wahrscheinlich autosomal rezessiver Erbgang	klinischer Verlauf zeigt große Variabilität: neonatal letale Formen und protrahiert verlaufende Formen kommen vor; schwerer Zerebralschaden mit verminderter Spontanbewegung, ausgeprägter Muskelhypotonie, Hyporeflexie, myoklonischen Krämpfen mit Singultus	Glycinvermehrung im Blut und Urin. Glycinkonzentration im Liquor cerebrospinalis höher als im Blut. Ausscheidung von organischen Säuren normal Bestimmung der Aktivität des glycinabbauenden Enzymsystems in der Leber	Therapie: spezifische Therapie bislang nicht bekannt Prognose: Tod oft in den ersten Lebenswochen und -monaten. Patienten, welche überleben, sind geistig retardiert
Okulozerebrorenales Syndrom	Störung im Glutaminstoffwechsel wird vermutet X-chromosomal vererbt	geistige Retardierung, Blindheit, Katarakt, Muskelhypotonie, bizarre Bewegungen, hervorstehende Stirn, frühe Manifestation der Rachitis	Hyperaminoazidurie, Proteinurie (vor allem β-Globuline) von 50 mg bis 4 g/Tag, Urin-pH von 6,5–9 renal tubuläre Azidose, Glukosurie (nicht konstant), Phosphaturie	Therapie: Azidosekorrektur, Behandlung der Rachitis mit Vitamin D und Phosphat
2-Oxoadipaturie	2-Oxoadipatdecarboxylasemangel nur 2 Patienten in der Literatur beschrieben	einer der beiden Patienten zeigte geistige Retardierung und zeitweilig metabolische Azidose, der andere Patient war psychisch und physisch o. B.	2-Aminoadipinsäure erhöht, 2-Oxoadipinsäure, 2-Hydroxyadipinsäure, Butendicarboxylsäure und Glutarsäure erhöht	Therapie: Versuch einer eiweißarmen Diät, ansonsten symptomatisch

Krankheitsbezeichnung	Ätiologie	Klinische Symptome	Weitere Befunde und Diagnostik	Therapie/ Verlauf/ Prognose
Phenylketonurie (PKU) klassische Form Typ I	autosomal rezessiver Defekt des Enzyms Phenylalaninhydroxylase Häufigkeit: 1 : 13 500 bis 1 : 24 500	Debilität bis Idiotie, bei 90% blonde Haare, blaue Augen, mäuseartiger Geruch, bei 25–50% epileptische Anfälle, EEG-Veränderungen, Übererregbarkeit, muskuläre Hypertonie, Hyperreflexie, Hyperkinesie, Tremor, Mikrozephalie, bei 30% ekzematoide Hautveränderungen	zur Diagnostik notwendig sind quantitative Bestimmungen der Phenylalaninkonzentration im Plasma (chromatographisches Verfahren). Zur Diagnostik nicht ausreichend ist der Nachweis von Abbauprodukten des Phenylalanins mit Hilfe der Eisenchloridreaktion nach Fölling, Phenistix Screening: Guthrie-Test pränatale Diagnose der PKU derzeit noch nicht möglich	Therapie: phenylalaninarme Diät Prognose: ohne Therapie progredientes Zurückbleiben der geistigen Entwicklung bis zur Ausbildung einer schweren Demenz
Varianten der PKU				
Typ II	Phenylalaninhydroxylasemangel	spärliche Begleitsymptome weniger ausgeprägte Entwicklungsverzögerung. Phenylalaninspiegel > 30 mg/ 100 ml	Phenylalaninbelastungstest nach Blaskovics	
Typ III		Pat. entwickeln sich trotz Hyperphenylalaninämie normal und sind nicht behandlungsbedürftig	Phenylalaninbelastungstest	
Typ IV–V		ebenso wie bei Typ II normale Spontanentwicklung, keine Behandlungsbedürftigkeit, Phenylalaninspiegel < 20 mg/100 ml	Phenylalaninbelastungstest	
Typ I–V	Schwangerschaft einer Frau mit PKU, Typ I–V	für alle 5 Formen gilt: Kinder von unbehandelten Müttern mit Blutspiegeln über ca. 12 mg/100 ml werden intrauterin geschädigt: Kleinwuchs, häufig Mikrozephalie, geistige Retardation, Mißbildungen vor allem an Herz und Wirbelsäule		Therapie: Verhütung solcher Schwangerschaften dringend erforderlich
PKU durch Biopteridinreduktasemangel und Coenzym-Stoffwechselstörungen	diese Variante betrifft 1–2% der Phenylketonurien und Hyperphenylalaninämien a) Störung der Reduktion des Dihydrobiopterins zum Coenzym Tetrahydrobiopterin b) Synthesestörung der Biopterine	im 1. Lebensjahr Entwicklung einer progressiven neurologischen Erkrankung mit Schluckstörungen, Rumpfhypotonie, Tetraspastizität, mit Krämpfen (Grand mal, Myoklonien)	potentiell ist pränatale Diagnostik im Gegensatz zur PKU, Typ I–V, möglich	Therapie: Gabe von DOPA und 5-Hyroxitryptophan

Krankheits-bezeichnung	Ätiologie	Klinische Symptome	Weitere Befunde und Diagnostik	Therapie/ Verlauf/ Prognose
Pipekolaturie	Enzymdefekt nicht bewiesen: fraglicher Aminoadipinsemialdehyd-Oxidase-Mangel nur 2 Patienten in der Literatur beschrieben	schwerer psychomotorischer Entwicklungsrückstand, abnormes EEG, zentrales Fieber, Nystagmus, muskuläre Hypotonie, Augenhintergrundveränderungen	massive Pipecolsäureausscheidung, meßbare Spiegel von Pipecolsäure im Plasma	Therapie: Versuch einer eiweißarmen Diät, ansonsten symptomatisch
Primäre kongenitale Lactatazidose davon als nosologische Untergruppe: das Leigh-Syndrom	Defekte der Pyruvatcarboxylase, Pyruvatdehydrogenase-Komplex, Hemmung der Thiamin-Triphosphat-Synthese 100 Patienten in der Literatur beschrieben	akute Verlaufsform: schwere neonatale Azidosen mit uncharakteristischen neurologischen Symptomen, die oft tödlich sind chronische Verlaufsform: in den ersten Lebensmonaten Erbrechen, Eß- und Gedeihstörungen, muskuläre Schwäche, verzögerte psychomotorische Entwicklung; später Ataxie, Sprachstörungen, Krämpfe, gelegentlich Sehstörungen, schwere geistige Retardierung Leigh-Syndrom: Patienten mit kongenitaler Lactatazidose, oben beschriebenen Symptomen und subakuter, nekrotisierender Enzephalomyelopathie mit disseminierten, bilateral-symmetrischen Nekroseherden in den Basalganglien, Hirnstamm sowie Rückenmark	erhöhte Spiegel von Lactat, Pyruvat und Alanin im Blut bei fehlender Akkumulation anderer organischer Säuren zur Differenzierung des Defekts sind enzymatische Untersuchungen unerläßlich (Pyruvatcarboxylase in Niere und Leber, Pyruvatdehydrogenase-Komplex in Leukozyten, Fibroblasten und der Leber)	Therapie: Sofortmaßnahme: Azidosekorrektur (mit $NaHCO_3$) langfristige Maßnahmen: Therapie richtet sich nach der Lokalisation des Enzymdefektes. Procedere: Überprüfung des therapeutischen Effektes folgender Coenzyme bzw. Vorstufen, die an der Enzymreaktion beteiligt sind: Biotin: 20–50 mg/die p.o. Thiamin: bis zu 2 g/die p.o. Liponsäure: 3 ×/Woche 0,7 mg/kg i.m. evtl. Riboflavin: 10–20 mg/die p.o. Verlauf: Variabilität der klinischen Symptomatik entsprechend dem Schweregrad und der Ätiologie des Enzymdefektes. Prognose: bei ca. ⅔ der Kinder Tod im 2. Lebensjahr

Krankheitsbezeichnung	Ätiologie	Klinische Symptome	Weitere Befunde und Diagnostik	Therapie/ Verlauf/ Prognose
Propionazidämie und die verschiedenen Formen von Methylmalonazidämie ohne Homozystinurie	Propionazidämie: Propionyl-CoA-Carboxylase Methylmalonazidämie: Methylmalonyl-CoA-Racemase, Methylmalonyl-CoA-Mutase, Synthesestörung von 5-Desoxyadenosylcobalanin, Desoxyadenosyltransferase Propionazidämie kommt biotinabhängig sowie -unabhängig vor; ebenso Methylmalonazidämie Vit.-B_{12}-abhängig und Vit.-B_{12}-unabhängig. Häufigkeit der Methylmalonazidämie: 1 : 100 000 Propionazidämie ist etwas seltener Erbgang autosomal rezessiv	Hochgradige Enzymdefekte manifestieren sich als „ketotisches Hyperglyzinämiesyndrom" bereits in den ersten Lebenstagen (s. unter 2-Methylazetoazetaturie) bei weniger schweren Fällen findet man in der Neonatalperiode muskuläre Hypotonie, Lethargie, Erbrechen, Trinkschwäche, eventuell Hyperbilirubinämie und Hepatomegalie; Dystrophie, Osteoporose, Krämpfe und verzögerte psychomotorische Entwicklung unbehandelt kommt es zu einer schweren geistigen Retardierung	Glycin- und/oder Lysinerhöhung im Plasma und Hyperammonämie pränatale Diagnostik möglich	Therapie: Sofortmaßnahme bei ketoazidotischen Krisen: Korrektur der Azidose mit $NaHCO_3$, Therapie der eventuellen Hypoglykämie Langzeitherapie: Propionazidämie: 10–20 mg/die p.o. Biotin Methylmalonazidämie: Hydroxo-Vit. B_{12} 1–2 mg/die i.m.
Pyroglutaminazidämie	Glutathionsynthetasemangel führt zum Glutathionmangel autosomal rezessiv vererbt	neonatale Azidose, hämolytische Anämie; nicht bei allen Patienten Entwicklungsrückstand beschrieben	in den Erythrozyten kommt es bis zur 100fachen Konzentrationserhöhung freier Aminosäuren	Therapie: Versuch einer proteinarmen Diät, ansonsten symptomatisch
Saccharopinämie	Defekt der Saccharopindehydrogenase autosomal rezessiv vererbt	fragliche Verursachung eines geistigen Entwicklungsrückstandes	Erhöhung von Saccharopin in den Körperflüssigkeiten	Therapie: proteinarme Diät
Sulfitoxidasemangel	Fehlen des Apoenzyms der Sulfitoxidase 2 Patienten in der Literatur beschrieben	geistiger Entwicklungsrückstand, neurologische Symptome, Linsenektopie	erhöhte Ausscheidung im Urin von: S-Sulfocystein, Sulfit, Thiosulfat Erniedrigung der Sulfatausscheidung	Therapie: symptomatisch

Krankheits-bezeichnung	Ätiologie	Klinische Symptome	Weitere Befunde und Diagnostik	Therapie/ Verlauf/ Prognose
Tryptophanurie	fraglicher Defekt der Tryptophan-pyrrolase nur 2 Patienten in der Literatur beschrieben	geistige Retardation, zerebellare Ataxie, Minderwuchs, Photodermatose	vermehrte Tryptophanausscheidung, nach Tryptophanbelastung Verminderung der Metaboliten des Kynureninabbauweges	Therapie: Versuch einer eiweißarmen Diät
Tyrosinämie Typ II	Ursache des Defekts nicht gesichert (nur wenig beschriebene Patienten)	geistiger Entwicklungsrückstand, korneale und dermatologische Symptome (an Handflächen, Fußsohlen), kein Anhalt für eine Leber- oder Nierenschädigung wie bei Tyrosinämie Typ I	in Plasma Tyrosin erhöht, Phenylalanin normal. Im Urin vermehrt: Tyrosin, Tyramin, parahydroxylierte Phenolsäuren	Therapie: tyrosin- und phenylalaninarme Diät
Galaktosämie	Galaktose-1-phosphat-Uridyltransferasedefekt Häufigkeit: 1 : 50 000 6 Varianten der Erkrankung je nach Höhe der Enzymaktivität in den Erythrozyten	der Krankheitsverlauf hängt jeweils von der familiären Variante und der zeitlichen Diagnostik bzw. der ab dann eingehaltenen Diät ab foudroyante Verlaufsform meist bei Säuglingen, die zum erstenmal Muttermilch oder lactosehaltige Fertigmilch trinken, mit Erbrechen, Durchfall, Hepatomegalie und akutem Leberversagen zerebrohepatorenale Symptome meist bei älteren Kindern und Erwachsenen: geistige Retardation, fibrotischer Leberumbau, Tubulusschaden sowie Katarakt	3 Kriterien zur Diagnostik: 1. Okulozerebrohepatorenale Symptome müssen vorhanden sein 2. Nachweis des Enzymdefektes in Erythrozyten, Leukozyten, Fibroblasten 3. Nachweis der Heterozygotie der Eltern ferner finden sich: pathologische Leberfunktionsproben, in der Niere Tubulusschaden mit Hyperaminoazidurie, Proteinurie, Glykosurie, Bicarbonatverlust, sekundäre Zystathioninurie bei hohen Galaktosespiegeln kommt es zur hämolytischen Anämie	Therapie: galaktosefreie Diät Prognose: häufig infantilprogredienter Verlauf, seltener chronischer Verlauf
Hereditäre Fructoseintoleranz	Fructose-1-Phosphat-Aldolase besitzt weniger als 10% der Aktivität, ferner mäßige Verringerung der Fructose-1,6-Diphosphat-Aldolase autosomal rezessiver Erbgang	akute Symptome, kurz nach Zufuhr von Fructose: Übelkeit (nur bei oraler Zufuhr), Erbrechen, Hypoglykämie mit Tachykardie, Zittern, Schwitzen, Unruhe, Bewußtseinstrübung, Krämpfe Symptome bei chronisch andauernder, durch Unterbrechungen gekennzeichneter Fructosezufuhr: Gedeihstörung, Dystrophie, Erbrechen, Krampfanfälle, Leberstörung mit Hepatomegalie, Gelbsucht, Aszites. Bei chronisch andauernder Fruc-	akut, nach Zufuhr von Fructose: Fruktosämie, Fruktosurie, Hypophosphatämie, Hyperurikämie bei chronisch andauernder Fructosezufuhr: erhöhte Leberenzmye, Leberfibrose und Steatose, Zirrhose,	Therapie: fructosefreie Diät Prognose: bei entsprechender Therapie ist die Prognose gut, jedoch entwickelt sich auch bei sorgfältiger Überwachung und Betreuung häufig eine Steatose der

Krankheits-bezeichnung	Ätiologie	Klinische Symptome	Weitere Befunde und Diagnostik	Therapie/ Verlauf/ Prognose
	Häufigkeit: 1 : 20 000 bis 1 : 50 000	tosezufuhr kann es auch zu einem geistigen Entwicklungsrückstand kommen, falls nicht fructosehaltige Nahrung nach einem Lernvorgang instinktiv abgelehnt wird	Gerinnungsstörung, tubuläre Störungen mit Proteinurie, Hyperaminoazidurie, renale Azidose, positive DNPH-Probe die Diagnose wird durch Nachweis des Enzymdefektes in der Leber oder der Dünndarmschleimhaut gestellt	Leber, deren Entstehung unklar ist

Bei Stoffwechselstörungen der komplexen Kohlenhydrate (Heteroglykanosen)

Aspartylglukosaminurie
β-Galaktosidasedefekt I
(GM_1-Gangliosidose I)
β-Galaktosidasedefekt II
(GM_1-Gangliosidose II)
β-Galaktosidasedefekt III
Fukosidose I
Fukosidose II
Mannosidose
Morbus Sandhoff
(O-Variante der GM_2-Gangliosidose)
Mukolipidose I (Sialidose)
Mukolipidose II (I-cell-disease)
Mukolipidose III
(Pseudo-Hurler-Polydystrophie)
Mukopolysaccharidose I-H
(Typ Pfaundler-Hurler)
Mukopolysaccharidose I-S
(Typ Scheie)
Mukopolysaccharidose I-H/S
(Typ Hurler-Scheie)
Mukopolysaccharidose II A
(Morbus Hunter A)
Mukopolysaccharidose II B
(Morbus Hunter B)
Mukopolysaccharidose III A
(Morbus Sanfilippo A)
Mukopolysaccharidose III B
(Morbus Sanfilippo B)
Mukopolysaccharidose VII A
Mukopolysaccharidose VII B
Mukosulfatidose

Krankheits-bezeichnung	Ätiologie	Klinische Symptome	Weitere Befunde und Diagnostik	Therapie/ Verlauf/ Prognose
Aspartylglukosaminurie	Aspartylglucosaminidasedefekt autosomal rezessiv vererbt	gestörte Sprachentwicklung, langsam progrediente psychomotorische Retardierung. Demenz (IQ bei Erwachsenen um 20), schweres Dysmorphiesyndrom, welches sich im Schulalter herausbildet klinische Aspekte ähnlich Mukopolysaccharidose III	Urin: Aspartylglucosamin Enzymbestimmung aus Serum, Fibroblasten, Leukozyten mikroskopische Diagnostik: Blutzelleinschlüsse in Form von lymphozytären Vakuolen, ferner Knochenmarkspeicherzellen	Therapie: symptomatisch Prognose: langsame Progredienz, Überleben ins Erwachsenenalter

Krankheitsbezeichnung	Ätiologie	Klinische Symptome	Weitere Befunde und Diagnostik	Therapie/ Verlauf/ Prognose
β-Galaktosidasedefekt I Syn.: G_{M1}-Gangliosidose I	β-D-Galaktosidasedefekt autosomal rezessiv vererbt	Manifestation im Säuglingsalter mit erheblicher Dysmorphie, Demenz, kirschrotem Fleck bei 50% der Patienten schwere Skelettveränderungen (Dysostosis multiplex)	Urin: Oligosaccharide, Keratansulfat Enzymbestimmung aus Serum, Leukozyten, Fibroblasten mikroskopischer Nachweis: Blutzelleinschlüsse in Granulozyten, Lymphozyten, ferner Knochenmarkspeicherzellen	Therapie: symptomatisch Prognose: rasche Progredienz, Tod mit ca. 3 Jahren
β-Galaktosidasedefekt II Syn.: G_{M1}-Gangliosidose II	β-D-Galaktosidasedefekt autosomal rezessiv vererbt	Manifestation im 2. Lebensjahr, im Gegensatz zum β-Galaktosidasedefekt I kaum Dysmorphie, langsam progrediente Demenz, minimale Dysostosis multiplex	s. o.	Therapie: s. o. Prognose: langsamer progredienter Verlauf. Tod unter 10 Jahren
β-Galaktosidasedefekt III	β-D-Galaktosidasedefekt autosomal rezessiv vererbt	Manifestation im 4.–8. Lebensjahr mit dysproportioniertem Kleinwuchs aufgrund mesenchymaler Veränderungen (spondyloepiphysäre Skelettdysplasie) progrediente Demenz ist nicht obligat, es kann auch normale Intelligenz vorkommen	Urin: Oligosaccharide, Keratansulfat Enzymbestimmung aus Serum, Leukozyten, Fibroblasten	Therapie: symptomatisch
Fukosidose I	α-L-Fucosidasedefekt infantile Form: autosomal rezessiv vererbt	Manifestation im Säuglingsalter, geistige und motorische Fähigkeiten werden nicht entwickelt oder bilden sich zurück, schwere Muskelhypertonie bis zur Tetraspastik, chronisch-rezidivierende Infekte, Hepatosplenomegalie, gering ausgeprägte Dysmorphie, minimale Dysostosis multiplex	Urin: fucosehaltige Oligosaccharide Enzymbestimmung aus Leukozyten und Fibroblasten mikroskopische Diagnostik: Blutzelleinschlüsse in Form von lymphozytären Vakuolen, Knochenmarkspeicherzellen	Therapie: symptomatisch Prognose der infantilen Form (Fukosidose I): Tod unter 10 Jahren
Fukosidose II	α-L-Fucosidasedefekt juvenile Form: autosomal rezessiv vererbt	unauffällige Entwicklung im 1. Lebensjahr, danach Entwicklungsstillstand und -rückschritt mit progredienter psychomotorischer Retardierung und Demenz; ausgeprägte Dysmorphie, Kleinwuchs, ausgeprägte Dysostosis multiplex, Kardiomegalie, Angiokeratoma diffusum, Schweißausbrüche	s. Fukosidose I	Therapie: s. Fukosidose I Prognose der juvenilen Form (Fukosidose II): Überleben ins Erwachsenenalter

Krankheitsbezeichnung	Ätiologie	Klinische Symptome	Weitere Befunde und Diagnostik	Therapie/ Verlauf/ Prognose
Mannosidose	α-Mannosidasedefekt autosomal rezessiv vererbt	gehemmte Sprachentwicklung, geistige Retardation, überwiegend sind die Kinder jedoch sonderschulfähig klinischer Aspekt wie Mukopolysaccharidose III, jedoch ohne aggressive oder erethische Verhaltensstörungen	Urin: mannosehaltige Oligosaccharide Enzymbestimmung aus Serum, Leukozyten, Fibroblasten mikroskopische Diagnostik: Blutzelleinschlüsse in Form von lymphozytären Vakuolen, ferner Knochenmarkspeicherzellen	Therapie: symptomatisch Prognose: im Kindesalter kaum Progredienz
Morbus Sandhoff Syn.: β-Hexosaminidasedefekt O-Variante der G_{M2}-Gangliosidose	Defekt der Hexosaminidasen A und B autosomal rezessiv vererbt	Manifestation im 2. Lebenshalbjahr mit motorischer Retardierung, Myoklonien, Spastik, Krämpfen, progredienter Demenz, kirschrotem Makulafleck, minimale Dysostosis multiplex	Urin: Ceramidtetrahexosid Enzymbestimmung aus Serum, Leukozyten, Fibroblasten mikroskopische Diagnostik: Blutzelleinschlüsse in Form von lymphozytären Vakuolen	Therapie: symptomatisch Prognose: progredientes Leiden mit Tod unter 10 Jahren
Mukolipidose I Syn.: Sialidose	α-Neuraminidasedefekt autosomal rezessiv vererbt	im 1. Lebenshalbjahr noch normale psychomotorische Entwicklung, dann Zurückbleiben der Sprachentwicklung und der psychomotorischen Entwicklung, Imbezillität. Früh fallen schon grobe Gesichtszüge und Kyphose auf, ab dem 7. Lebensjahr ist die Hurler-Dysmorphie ausgeprägt, kombiniert mit progredienter Neurodegeneration (extrapyramidale Bewegungsstörungen, Muskelhypotonie, Spastik, Myoklonien, Krampfanfälle); mäßig ausgeprägte Dysostosis multiplex, vereinzelt kirschroter Makulafleck sowie Hornhauttrübungen	Urin: neuraminsäurehaltige Oligosaccharide Enzymbestimmung nur aus Fibroblasten möglich mikroskopische Diagnostik: Blutzelleinschlüsse in Form von lymphozytären Vakuolen, ferner Knochenmarkspeicherzellen	Therapie: symptomatisch Prognose: Tod unter 20 Jahren
Mukolipidose II Syn.: I-cell-disease	Defekt multipler lysosomaler Enzyme autosomal rezessiv vererbt	Bild des im 1. Lebensjahr einsetzenden Morbus Hurler mit schwerer Dysmorphie, Gelenkkontrakturen, Kleinwuchs, Hepatosplenomegalie, Hernien, Hornhauttrübung schwerer psychomotorischer Entwicklungsrückstand, Demenz. Der Entwicklungsstand eines 6 Monate alten Kleinkindes wird nicht überschritten	Enzymbestimmung aus Serum, Leukozyten und Fibroblasten mikroskopische Diagnostik: Blutzelleinschlüsse in Form von lymphozytären Granula	Therapie: symptomatisch Prognose: Tod unter 6 Jahren an rezidivierenden Atemwegsinfekten

Krankheitsbezeichnung	Ätiologie	Klinische Symptome	Weitere Befunde und Diagnostik	Therapie/ Verlauf/ Prognose
Mukolipidose III Syn.: Pseudo-Hurler-Polydystrophie	Defekt multipler lysosomaler Enzyme autosomal rezessiv vererbt	Manifestation erst beim jungen Kleinkind. Unterschiedliche Schweregrade der Erkrankung, die schwere Verlaufsform ähnelt dem Krankheitsbild der Mukolipidose II, leichtere Formen beginnen erst im Schulalter mit Wachstumsverzögerung und Gelenkkontrakturen; manchmal normale Intelligenz, sonst leichte Demenz, feine Hornhauttrübungen, ausgeprägte Dysostosis multiplex	Enzymbestimmung aus Serum, Leukozyten und Fibroblasten	Therapie: symptomatisch Prognose: Überleben ins Schulalter
Mukopolysaccharidose I-H Typ Pfaundler-Hurler	α-Iduronidasedefekt autosomal rezessiv vererbt Speicherung von Mukopolysacchariden in Hirn, Herz, Leber, Milz, Knochenmark	Beginn Ende des 1. Lebensjahres mit rezidivierenden Atemwegsinfekten, Hernien, zu großem Kopf. Die Verzögerung der psychomotorischen Entwicklung ist im 2. Lebensjahr, der Abbau derselben im 4. Lebensjahr zu beobachten. Die Kinder erreichen den Entwicklungsstand eines 2–3jährigen Kindes im 4. Lebensjahr Vollbild des Morbus Pfaundler Hurler: Wasserspeiergesicht, Schwachsinn, Hornhauttrübung, Schwerhörigkeit, Minderwuchs, dorsolumbale Kyphose, Gelenkkontrakturen, Herzklappenfehler, Blutdruckerhöhung, Hepatosplenomegalie, rezidivierende Infekte der Luftwege	Urin: Dermatansulfat, Heparansulfat Enzymbestimmung aus Leukozyten, Fibroblasten Blutzelleinschlüsse in Form von lymphozytären Granula, Knochenmarkspeicherzellen röntgenologisch: Dysostosis multiplex	Therapie: symptomatisch Prognose: Tod nach chronisch-rezidivierenden Infekten mit zunehmend erschwerter Atmung an Herzversagen
Mukopolysaccharidose I-S Typ Scheie	α-Iduronidasedefekt autosomal rezessiv vererbt	Beginn erst im Schulalter Symptome: eingeschränkte Gelenkbeweglichkeit, Gelenkkontrakturen (bei Erwachsenen Klauenhände), grobe Gesichtszüge, Hornhauttrübung, Herzklappenfehler, Hepatosplenomegalie wichtig: normale Intelligenz normale Körpergröße	Urin: Dermatansulfat Enzymbestimmung: aus Leukozyten und Fibroblasten, mikroskopischer Nachweis entfällt	Therapie: symptomatisch
Mukopolysaccharidose I-H/S Typ Hurler-Scheie	α-Iduronidasedefekt autosomal rezessiv vererbt	Symptomatik setzt im Vergleich zum Morbus Pfaundler-Hurler später ein, die geistige Entwicklung ist fast normal	Urin: Dermatansulfat, Heparansulfat Enzymbestimmung aus Leukozyten und Fibroblasten mikroskop. Nachweis: Bluteinschlüsse in Form von lymphozytären Granula, Knochenmarkspeicherzellen	Therapie: symptomatisch Prognose: Überleben der Patienten bis ins 2. Dezennium

Krankheitsbezeichnung	Ätiologie	Klinische Symptome	Weitere Befunde und Diagnostik	Therapie/ Verlauf/ Prognose
Mukopolysaccharidose II A Syn.: Morbus Hunter A	Sulfoiduronatsulfatasedefekt X-chromosomal rezessiv vererbt	schwerer Verlauf wie beim Morbus Pfaundler-Hurler, Hornhäute jedoch meist klar, zudem apfelsinenschalenartige Hautveränderungen	Urin: Heparansulfat, Dermatansulfat; Enzymbestimmung aus Serum, Leukozyten, Fibroblasten, mikroskopischer Nachweis: Blutzelleinschlüsse in Form von lymphozytären Granula, Knochenmarkspeicherzellen	Therapie: symptomatisch Prognose: Tod bis zum 14. Lebensjahr
Mukopolysaccharidose II B Syn.: Morbus Hunter B	Sulfoiduronatsulfatasedefekt X-chromosomal rezessiv vererbt	leichte Verlaufsform mit Manifestation erst beim älteren Kleinkind bzw. jungen Schulkind. Die geistige Entwicklung kann normal bleiben. Symptome stellen sich nur langsam ein: Hurler-Dysmorphie, Gelenkkontrakturen, Hernien, Hepatosplenomegalie, Kyphose, Hüftgelenksarthrose, Kleinwuchs, Innenohrschwerhörigkeit, Retinitis pigmentosa, Hornhäute bleiben klar	wie bei Morbus Hunter A	Therapie: symptomatisch Prognose: langsame Progredienz, Überleben ins Erwachsenenalter
Mukopolysaccharidose III A Syn.: Morbus Sanfilippo A	Heparansulfatsulfamidasedefekt autosomal rezessiv vererbt	nach normaler frühkindlicher Entwicklung Stillstand derselben im Kleinkindesalter, zunehmender Verlust der geistigen und motorischen Fähigkeiten, Sprachverlust, progrediente Demenz bis zur erethischen Idiotie. Gangstörungen, athetoide Bewegungen, später spastische Gelenkkontrakturen, X-Beine, Kyphose. Grobe Gesichtszüge, dickes, strohiges Haar, häufig blondes Haar. Hepatomegalie, Durchfälle, Schluckstörungen (Bulbärparalyse), chronisch-rezidivierende Atemwegserkrankungen, Schwerhörigkeit, Kornea meist klar	Urin: Heparansulfat Enzymbestimmung aus Leukozyten und Fibroblasten mikroskop. Nachweis: Blutzelleinschlüsse in Form von lymphozytären Granula und Vakuolen, Knochenmarkspeicherzellen	Therapie: symptomatisch Prognose: progrediente Demenz, Tod bis zum 20. Lebensjahr an interkurrenten Atemwegsinfekten
Mukopolysaccharidose III B Syn.: Morbus Sanfilippo B	N-Acetyl-α-D-glucosaminidasedefekt autosomal rezessiv vererbt	wie Morbus Sanfilippo A, jedoch erhebliche intrafamiliäre Variabilität möglich	Diagnostik s. oben zudem Enzymbestimmung aus Serum möglich	Therapie: symptomatisch
Mukopolysaccharidose VII A	β-Glucuronidasedefekt autosomal rezessiv vererbt	Manifestation beim Kleinkind, mäßige Dysmorphie, Kleinwuchs, geistige Retardierung	Urin: Dermatansulfat und Heparansulfat Enzymbestimmung: aus Serum, Leukozyten, Fibroblasten mikroskopischer Nachweis: dichte granulozytäre Granula, Knochenmarkspeicherzellen	Therapie: symptomatisch
Mukopolysaccharidose VII B	wie bei Mukopolysaccharidose VII A	normale Intelligenz normales Wachstum	wie bei Mukopolysaccharidose VII A	Therapie: symptomatisch

Krankheits-bezeichnung	Ätiologie	Klinische Symptome	Weitere Befunde und Diagnostik	Therapie/ Verlauf/ Prognose
Mukosulfatidose	Defekt der Arylsulfatasen A und B autosomal rezessiv vererbt	Manifestation im 2. Lebensjahr mit rascher progredienter Neurodegeneration: Kombination der metachromatischen Leukodystrophie mit Gargyolismus-ähnlichen Symptomen ausbleibende psychomotorische Entwicklung, schwere Demenz, zusätzlich Erblindung, Ertaubung, Nystagmus, myoklonische Anfälle, Spastizität bis zur Tetraspastik	Urin: Dermatansulfat, Heparansulfat, Sulfatid Enzymbestimmung aus Serum (nur Arylsulfatase A), Leukozyten und Fibroblasten Blutzelleinschlüsse in Form von dichten granulozytären Granula, ferner Knochenmarkspeicherzellen	Therapie: symptomatisch Prognose: rasch progredienter Verlauf; Tod unter 12 Jahren

Bei Stoffwechselstörungen der Sphingolipide

Globoidzellenleukodystrophie (Morbus Krabbe)
GM_1-Gangliosidose Typ I (Morbus Landig)
GM_1-Gangliosidose Typ II
GM_2-Gangliosidose Typ I (Morbus Tay-Sachs)
GM_2-Gangliosidose Typ II (Morbus Sandhoff) s. S. 76
GM_2-Gangliosidose Typ III
GM_3-Gangliosidose
Metachromatische Leukodystrophie
Morbus Gaucher
Morbus Niemann-Pick

Bei zentralnervösen Affektionen mit vermutetem Stoffwechseldefekt

Adrenoleukodystrophie (Melanoleukodystrophie)
Akute neuronale Zeroidlipofuszinose (Typ Jansky-Bielschowsky)
Alpers-Syndrom
Chronisch neuronale Zeroidlipofuszinose (Typ Spielmeyer-Sjögren, Spielmeyer-Vogt)
Fabersche Krankheit (disseminierte Lipogranulomatose)
Infantile Form der neuronalen Zeroidlipofuszinose
Morbus Pelizaeus-Merzbacher
Progressive Myoklonusepilepsie (Unverricht-Lundborg-Syndrom)
Subakute nekrotisierende Enzephalopathie (Leigh-Syndrom)

Bei sicheren und angenommenen Störungen des Hormonhaushaltes

Angeborene und erworbene Hypothyreose
Debrè-Semelaigne-Syndrom
Diabetes insipidus renalis
Fahrsche Krankheit
Hypoparathyreoidismus
Morbus Addison mit Zerebralsklerose
Pseudohypoaldosteronismus
Pseudohypoparathyreoidismus
Pseudo-Pseudohypoparathyreoidismus

Krankheits-bezeichnung	Ätiologie	Klinische Symptome	Weitere Befunde und Diagnostik	Therapie/ Verlauf/ Prognose
Globoidzellenleukodystrophie Syn.: Morbus Krabbe	Cer-Gal-β-Galaktosidasedefekt autosomal rezessiv vererbt	1. Stadium: Beginn 4.–6. Lebensmonat mit Übererregbarkeit gegenüber optischen, akustischen und taktilen Reizen, Schreiattacken, psychomotorischer Entwicklungsstillstand, Fieber ohne Anzeichen eines Infektes 2. Stadium: Opisthotonusstellung mit muskulärer Hypertonie und Hyporeflexie, Demenz, Optikusatrophie, Nystagmus 3. Stadium: Ausbildung einer Tetraspastik mit Streckspasmen der Beine und Flexionsspasmen der Arme, keine Willkürbewegung mehr, tonisch-klonische Krämpfe, Myoklonien, Blindheit. Schließlich Dezerebration, Exitus an interkurrenten Infekten, Hyperpyrexie oder zentrale Atemlähmung	Nachweis des Enzymmangels in Leukozyten, Fibroblasten, Nervengewebe Speicherung von Cerebrosiden in den Phagozyten des ZNS ("globoid-cells") Vermehrung von Liquoreiweiß bei normaler oder leicht erhöhter Zellzahl verlängerte Nervenleitgeschwindigkeit	Therapie: symptomatisch Prognose: Verlauf in drei Stadien, Tod im Verlauf des 1.–2. Lebensjahres
GM_1-Gangliosidose Typ I Syn.: Morbus Landig oder Pseudo-Hurler-Syndrom	β-D-Galaktosidasedefekt autosomal rezessiv vererbt	Verzögerung der psychomotorischen Entwicklung von Geburt an, gargyolismusähnliche Dysmorphie, Hyperakusis mit Schreckhaftigkeit auf Geräusche, Trinkschwäche, Muskelhypotonie, jedoch lebhafte Sehnenreflexe, tonisch-klonische Anfälle, Hepatosplenomegalie, häufig Dysostosis multiplex wie bei Morbus Pfaundler-Hurler, bei 50% kirschroter Fleck	Nachweis des β-Galaktosidasedefekts in Leukozyten oder Fibroblasten, Haut- oder Lebergewebe. Normale Mukopolysaccharidausscheidung im Urin. Vakuolisierte Lymphozyten im peripheren Blut, Schaumzellen im Knochenmark neuronale und viszerale GM_1-Gangliosidspeicherung (ZNS, RES, Leber, Pankreas) pränatale Diagnostik möglich	Therapie: symptomatisch Prognose: Tod im 1.–2. Lebensjahr
GM_1-Gangliosidose Typ II	β-D-Galaktosidasedefekt autosomal rezessiv vererbt	Manifestation erst im 2. Lebenshalbjahr, Symptome ähnlich wie bei Morbus Tay-Sachs, jedoch diskrete Hepatosplenomegalie	Nachweis des sauren β_1-Galaktosidasedefekts in Leukozyten und Fibroblasten	Therapie: symptomatisch Prognose: langsam progredienter Verlauf. Tod unter 10 Jahren
GM_2-Gangliosidose Typ I Syn.: Morbus Tay-Sachs	Hexosaminidase-A-Defekt autosomal rezessiv vererbt	Beginn im 1. Lebenshalbjahr mit Entwicklungsstillstand, Hyperakusis mit Schreckhaftigkeit auf Geräusche und Apathie. Schlaffe, später spastische Paresen bis zur schweren Tetraspastik mit Opisthotonus, epileptische Anfälle, Visusverlust, später Amaurose, kirschroter Makulafleck. Nach dem 1. Lebensjahr Entwicklung einer Makrozephalie	Nachweis des Hexosaminidase-A-Defektes in Serum, Leukozyten und Fibroblasten vakuolisierte Lymphozyten im peripheren Blut	Therapie: symptomatisch Prognose: akuter Verlauf mit progredienter Demenz, Tod im 2.–4. Lebensjahr

Krankheitsbezeichnung	Ätiologie	Klinische Symptome	Weitere Befunde und Diagnostik	Therapie/ Verlauf/ Prognose
GM_2-Gangliosidose Typ II Syn.: Morbus Sandhoff	Hexosaminidase A+B-Aktivitätsminderung	zu Typ I zusätzlich viszerale Globosidspeicherung		Therapie: symptomatisch
GM_2-Gangliosidose Typ III	Hexosaminidase A – Aktivitätsminderung, jedoch nicht so ausgeprägt wie bei Morbus Tay-Sachs			
GM_3-Gangliosidose	GM_3-N-Acetylgalaktosaminyltransferasedefekt 1 Kind beschrieben	Gangliosidspeicherung im Gehirn und in der Leber. Klinisch Ähnlichkeit mit GM_1-Gangliosidose Typ I		Therapie: symptomatisch
Metachromatische Leukodystrophie	Arylsulfatase-A-Defekt autosomal rezessiv vererbt Häufigkeit: Der Morbus Greenfield ist häufiger als der Morbus Scholz	I. spätinfantile Form (Morbus Greenfield) Stadium 1: Beginn mit 1–1½ Jahren mit vermehrter Reizbarkeit, Verlangsamung der psychischen Entwicklung, spastisch-ataktischer Gangstörung, positivem Babinski-Reflex Stadium 2: Dysarthrie, geistige Retardierung, hypertone Tetraplegie, graue Makula mit zentral rotem Fleck Stadium 3: ausgeprägte Demenz, völliger Sprachverlust, Blindheit, Verlust der Steh- und Sitzfunktion, Myoklonien, Rigidität, Taubheit, Blindheit, zerebrale Hyperpyrexie Stadium 4: bulbäre Symptomatik, Tod an Atemlähmung II. juvenile Form (Morbus Scholz) Manifestation im Alter von 4–16 Jahren mit Persönlichkeitsveränderungen, Schulschwierigkeiten und einsetzender Demenz, gelegentlich ist die Ataxie Leitsymptom III. adulte Form verläuft unter dem Bild einer Demenz oder einer Psychose sehr selten	Sulfatidspeicherung in ZNS, peripheren Nerven und viszeralen Organen herabgesetzte Nervenleitgeschwindigkeit, Eiweißgehalt im Liquor vermehrt Enzymnachweis in Urin (Austin-Harntest), Leukozyten und Fibroblasten vermehrte Sulfatidausscheidung im Harn, metachromatische Substanzen im Harnsediment pränatale Diagnose möglich	Therapie: symptomatisch

Krankheits-bezeichnung	Ätiologie	Klinische Symptome	Weitere Befunde und Diagnostik	Therapie/ Verlauf/ Prognose
Morbus Gaucher	β-Glucosidase-defekt autosomal rezessiv vererbt 2 Verlaufsformen: a) akut infantile Form b) subakut juvenile Form	akut infantile Form: psychomotorischer Stillstand, Anorexie und Dystrophie, Kachexie, Laryngospasmus, Hepatosplenomegalie, tetraspastisches Syndrom, generalisierte Lymphknotenschwellungen, Strabismus, bulbäre Zeichen juvenile Form: Verhaltensstörungen, evtl. Psychosen, progrediente Demenz, generalisierte epileptische Anfälle, extrapyramidale Symptome, Ernährungsstörungen, Gewichtsabnahme, Hepatosplenomegalie, Skelettveränderungen mit heftigen Schmerzen („aseptische Osteomyelitis")	„Gaucher-Speicher-Zellen" in Leber, Milz, Lymphknoten, Knochenmark und ZNS Nachweis des β-Glucosidasedefekts in Leukozyten, Fibroblasten, Milz und Gehirngewebe Thrombopenie, seltener Leukopenie pränatale Diagnostik möglich	Therapie: Splenektomie bei Hypersplenismus und mechanischen Abdominalbeschwerden Prognose: akut infantile Form: Tod vor dem 1. Lebensjahr
Morbus Niemann-Pick	Sphingomyelinasedefekt autosomal rezessiv vererbt Typ A: (häufigste Form) infantile Form, akute neuropathische Form Typ B: viszerale Form Typ C: subakute Form mit ZNS-Befall, nach dem 2. Lebensjahr beginnend Typ D: Manifestation erst im Schulalter Typ E: adulte Form ohne ZNS-Befall	Typ A: körperliche und geistige Retardierung im Säuglingsalter, Gedeihstörung, Reizbarkeit, Hypotonie, dann tetraspastisches Syndrom, epileptische Anfälle, Zeichen der Polyneuropathie, Anämie, Hepatosplenomegalie mit vorgewölbtem Abdomen, in 50% kirschroter Makulafleck, evtl. blaubraune Hautpigmentation. Tod meist im 2.–3. Lebensjahr Typ B: fakultativ neurologische Symptome treten erst spät in der 2. Dekade auf, viszerale Symptomatik, chronischer Verlauf Typ C: normale Entwicklung bis zum 2. Lebensjahr, dann zerebrale Anfälle, evtl. tetraspastisches Syndrom, mäßig ausgeprägte viszerale Symptomatik Typ D: Manifestation erst im Schulalter mit Demenz, Epilepsie, und viszeraler Symptomatik Typ E: kein ZNS-Befall, viszerale Symptomatik	Speicherung von Sphingomyelin im RES, vakuolisierte Schaumzellen im Biopsiematerial aus Leber, Milz und Lunge vakuolisierte Lymphozyten im peripheren Blut Enzymbestimmung in Kulturen von Leukozyten oder Fibroblasten pränatale Diagnostik bei Typ A möglich	Therapie: symptomatisch
Adrenoleukodystrophie Syn.: Melanoleukodystrophie	biochemischer Defekt unklar Vererbung geschlechtsgebunden rezessiv (es werden nur Männer befallen)	Manifestation zwischen 4. und 12. Lebensjahr mit Verhaltensstörungen, beginnender Demenz, Visusabnahme, Dysarthrie und Dysphagie. Ferner Nebenniereninsuffizienz, spastisch-ataktischer Gang, später tetraspastisches Syndrom, multifokale Epilepsie, Dezerebrationszustand	histolog.: im ZNS Herde mit Demyelinisierung mit intensiver zellulärer Reaktion; Nachweis der Herde auch mit Hirnszintigraphie und Computertomographie Symptome der NNR-Insuffizienz Liquor: unspezifische Eiweißvermehrung	Therapie: symptomatisch

Krankheits-bezeichnung	Ätiologie	Klinische Symptome	Weitere Befunde und Diagnostik	Therapie/ Verlauf/ Prognose
Akute neuronale Zeroidlipofuszinose Typ Jansky-Bielschowsky	biochemischer Defekt unklar autosomal rezessiver Erbgang wahrscheinlich	akuter Beginn im 2.–4. Lebensjahr mit psychomotorischem Entwicklungsstillstand und -rückschritt, nachlassender Sehschärfe bis zur Amaurose, Retinopathia pigmentosa, Optikusatrophie und therapieresistenten epileptischen Anfällen vom myoklonisch-astatischen Typ, ferner extrapyramidale und zerebellare Störungen, zunehmende Idiotie, schließlich Dezerebration	Diagnostik mittels einer Suralisbiopsie: Axondegeneration/Schwann-Zell-Histiozytenspeicherung vakuolosierte Lymphozyten im peripheren Blut	Therapie: symptomatisch Prognose: rasch progredienter Verlauf mit Dezerebration nach einem Jahr Krankheitsdauer, Überleben jedoch in diesem Zustand einige Jahre möglich
Alpers-Syndrom	heterogene Gruppe von progredienten ZNS-Erkrankungen, die zum gleichen pathoanatomischen Endzustand führen	plötzlicher Beginn im Kleinkindesalter durch gehäufte, generalisierte, therapieresistente epileptische Anfälle, Ausbildung einer Demenz, ferner tetraspastisches Syndrom	pathoanatomisch: hochgradige kortikale Atrophie, besonders der weißen Substanz mit massivem Neuronenuntergang und reaktiver Gliaproliferation	Therapie: symptomatisch
Chronisch neuronale Zeroidlipofuszinose Typ Spielmeyer-Sjögren, Spielmeyer-Vogt	biochemischer Defekt noch unklar autosomal rezessiver Erbgang wahrscheinlich	Beginn im 4.–9. Lebensjahr mit fortschreitender Wesensveränderung, läppischem Verhalten, Schulschwierigkeiten und Entwicklung einer Demenz. Zudem zerebellare und extrapyramidale Störungen, zerebrale Anfälle, Visusabnahme bis zur Amaurose, Nystagmus, schließlich Dezerebration	Suralisbiopsie, Haut- oder Bindehautbiopsie, vakuolisierte Lymphozyten im Blut	Therapie: symptomatisch
Farbersche Krankheit Syn.: disseminierte Lipogranulomatose	möglicherweise Ceraminidasedefekt autosomal rezessiv vererbt	schwere motorische und geistige Retardation, einsetzend in den ersten Lebenswochen, Gelenkschwellungen und -kontrakturen, subkutane Granulome, Paresen, Hepatosplenomegalie, Dystrophie, Oligophrenie	Ablagerung von Mukopolysacchariden und Sphingolipiden im ZNS und anderen Organen	Therapie: symptomatisch Prognose: rasch progredienter Verlauf mit Tod bis zum 2. Lebensjahr
Infantile Form der neuronalen Zeroidlipofuszinose	biochemischer Defekt unklar Vererbung wahrscheinlich autosomal rezessiv Zuordnung zu den Zeroidlipofuszinosen umstritten	Manifestation Ende des ersten bis Mitte des zweiten Lebensjahres mit psychomotorischer Retardierung, Demenz, sekundärer Mikrozephalie, Ataxie. Ferner frühzeitige Erblindung, myoklonische Anfälle, stereotype Handbewegungen, Muskelhypotonie	EEG: Verlangsamung, Amplitudenabnahme ERG: frühzeitig erloschen histologisch fast totaler Neuronenverlust in Groß- und Kleinhirn mit Speicherung von lipofuszinartigem Material im Zytoplasma	Therapie: symptomatisch Prognose: Tod durchschnittlich bis zum 7. Lebensjahr

Krankheitsbezeichnung	Ätiologie	Klinische Symptome	Weitere Befunde und Diagnostik	Therapie/ Verlauf/ Prognose
Morbus Pelizaeus-Merzbacher	heterogene Gruppe von demyelinisierenden Erkrankungen, biochemisch wahrscheinlich Defekt der Myelinsynthese Erbmodus unklar	kongenitale Form: ausbleibende psychomotorische Entwicklung, Nystagmus, Salbengesicht, Würgkrämpfe, zerebellare Ataxie, dysarthrische Sprache, extrapyramidal-motorische Hyperkinesien, Intentionstremor, tetraspastisches Syndrom, Krampfanfälle, Bulbärparalyse klassische Form: Beginn im Kleinkindesalter mit Nystagmus, ausbleibender psychomotorischer Entwicklung. Weitere Symptome wie bei der kongenitalen Form, Krankheit jedoch chronisch, in Schüben verlaufend	histologisch: Suralisbiopsie zeigt getigertes Muster von demyelinisierten Stellen Liquoreiweiß normal	Therapie: symptomatisch Prognose: bei der kongenitalen Form Tod im Kleinkindesalter, bei der klassischen Form protrahierter Verlauf in Schüben; Patienten können höheres Alter erreichen
progressive Myoklonusepilepsie Syn.: Unverricht-Lundborg-Syndrom	ZNS-betonte Mukopolysaccharidose, biochemischer Defekt noch unklar autosomal rezessiver Erbgang die schnell progrediente Form mit einer Häufigkeit von ca. 1 : 150 000 ist häufiger als die langsam progrediente Form	Manifestation mit 12–17 Jahren mit epileptischen Anfällen, Persönlichkeitszerfall, zunehmender Demenz, Antriebverminderung, asymmetrischen und arrhythmischen Myoklonien, Dysarthrie, zerebellaren und extrapyramidalen Symptomen	Speicherung von Lafora-Körperchen (Protein-Mukopolysaccharid-Komplex) im Gehirn, Leber und Muskulatur Nachweis von Lafora-Bodies in Leber- oder Hirnbiopsie (jedoch nicht immer möglich) EEG: Verlangsamung des Grundrhythmus, hypersynchrone Aktivität	Therapie: Behandlung der Epilepsie, sonst symptomatisch Prognose: bei schnell progredienter Form Tod mit 18–22 Jahren
Subakute nekrotisierende Enzephalopathie Syn.: Leigh-Syndrom	Ätiologie unklar verschiedene biochemische Defekte bei Einzelfällen beschrieben, bei zahlreichen Patienten auch kein Stoffwechseldefekt Erbgang bei den familiär vorkommenden Fällen autosomal rezessiv	meist Manifestation innerhalb der ersten 2 Lebensjahre mit Verzögerung der psychomotorischen Entwicklung, Anorexie, Gewichtsverlust, Atmungsstörungen, Befall der Hirnnerven, Muskelhypotonie sowie extrapyramidalen Bewegungsstörungen. Fakultativ: Blindheit, epileptische Anfälle, Spastizität, fehlende Sehnenreflexe und positiver Babinski, Mikrozephalie	histologisch: Läsionen sind oft symmetrisch, bevorzugen die graue Substanz des Hirnstammes, sind scharf begrenzt mit Zelluntergang und Demyelinisierung, wobei die Neurone verschont werden Labor: hohe Pyruvat- und Lactatkonzentrationen im Blut, Anionendefizit	Therapie: versuchsweise Thiamingaben (hohe Dosen), sonst symptomatische Therapie

Krankheitsbezeichnung	Ätiologie	Klinische Symptome	Weitere Befunde und Diagnostik	Therapie/ Verlauf/ Prognose
Angeborene und erworbene Hypothyreose	Ursachen: – Endemischer Kretinismus (Jodmangel) – embryonale Störungen der Schilddrüsenentwicklung – vererbte Defekte der Hormonsynthese und -wirkung (familiäre Jodfehlverwertungsstörungen) – spontane juvenile Hypothyreose (erworbene juvenile Hypothyreose) – Hypothyreose als Folge von Entzündungen – medikamentös induzierte Hypothyreose – sekundäre Hypothyreose (TSH-Mangel) – tertiäre Hypothyreose (TRH-Mangel) – gestörter Hormontransport im Blut (führt praktisch nie zur Hypothyreose) Häufigkeit: die Hypothyreose ist neben dem Diabetes mellitus die häufigste endokrine Erkrankung im Kindesalter. Die häufigste Ursache der Hypothyreose im Kindesalter ist die kongenitale Hypothyreose (Schilddrüsenaplasie, -hypoplasie oder -ektopie) mit einer Häufigkeit von 1 : 2000 bis 1 : 6000,	klinisches Bild: 1. Hypothyreose beim Säugling: Kind nach der Geburt unauffällig, keine Zeichen von Schilddrüseninsuffizienz, außer leichtem Rückstand in der Knochenentwicklung. In den ersten Wochen Zeichen des allgemein herabgesetzten Stoffwechsels: Kinder sind ruhig, schlafen viel, sind trinkfaul. Im 2. Lebensmonat sind meist alle Symptome ausgebildet: Anorexie, Hypotonie der Muskulatur mit Vorwölbung des Abdomens, häufig Nabelhernie, Obstipation, motorische Trägheit und Retardation der psychomotorischen Entwicklung, Gesicht hat gedunsene und plumpe Züge, Mund und Zunge sind groß, Hypertrichose mit lanugoartiger Körperbehaarung, dicker Hals, gelblich trockene, rauhe und dicke Haut 2. Hypothyreose im späten Säuglings- und Kindesalter: Symptome treten in den ersten Lebensmonaten langsam in Erscheinung, sind im 2. Halbjahr deutlich ausgeprägt: starke Retardation der gesamten körperlichen und geistigen Entwicklung, Apathie, Trägheit, gesteigerte Ermüdbarkeit, deutlich Kälteempfindlichkeit, hartnäckige Obstipation, brachyzephaler, großer Kopf, gedunsenes Gesicht mit debilem Gesichtsausdruck, tiefer Haaransatz, grobe, struppige Haare, kleiner, plumper Körper, kurze Extremitäten verzögerte Sprachentwicklung, näselnde Sprache, rauhe Stimme, nicht selten im Alter von einigen Jahren Schwerhörigkeit. Verspäteter Zahndurchbruch, Schmelzdefekte, Karies. Allgemeiner Rückstand der Knochenentwicklung, Haut verdickt, rauh und trocken, oft blaßgelblich bis schmutzig-bräunlich verfärbt. Hypertrichose mit lanugoartiger Körperbehaarung	weitere Befunde: 1. Skelettveränderungen verspätetes Auftreten der Knochenkerne, verspäteter Fontanelenschluß, langes Offenbleiben der Epiphysenfugen, verspätete Pneumatisierung der Schädelknochen, unregelmäßige, aus multiplen Herden bestehende Ossifikation der Knochenkerne, dorsolumbale Kyphose ab 2. Lebensjahr, häufig Sellavergrößerung 2. Hautveränderungen: rauh, verdickt, trocken, blaßgelblich, histologisch: Mastzellen, verstärkte Metachromasie Hypertrichose (lanugoartige Körperbehaarung) 3. Muskulatur: hypoton und schwach ausgebildet 4. RR und Blut: RR vermindert, hypo- oder hyperchrome Anämie, zellarmes Knochenmark, gelegentlich erhöhtes Serumeisen 5. EEG: abgeflachte Potentiale, oft diffuse Dysrhythmie 6. Labordiagnostik: Messung von T_3 und T_4 sowie TSH im Serum: T_3 und T_4 sind erniedrigt, TSH erhöht. TRH-Test: das schon erhöhte TSH steigt auf extrem hohe Werte an 7. Suchtest beim Neugeborenen: Bestimmung von Reverse-T_3 am 1.–2. Lebenstag (dies ist erniedrigt),	Therapie: orale Substitutionstherapie mit Thyroxin individuell kann die Thyroxintherapie nach dem TSH-Spiegel, der sich normalisieren soll, bemessen werden Verlauf/ Prognose: die Behandlung der erworbenen sowie der kongenitalen Hypothyreose infolge Ektopie und Enzymdefekten bewirkt meist eine volle Normalisierung der körperlichen und geistigen Entwicklung bei der kongenitalen Athyreose kann nur eine Normalisierung der körperlichen und geistigen Entwicklung bewirkt werden, wenn die Therapie innerhalb der ersten 3 Lebensmonate einsetzt und Thyroxin regelmäßig während des ganzen Wachstumsalters substituiert wird. Nicht immer wird, trotz relativer Frühdiagnose und optimaler Dauertherapie, bei der kongenitalen Athyreose jedoch eine vollkommen normale geistige Entwicklung erreicht. Wichtig: auch bei einer sehr leichten Schilddrüseninsuffizienz im Kindesalter wird die geistige und köperliche Entwicklung gehemmt

Krankheitsbezeichnung	Ätiologie	Klinische Symptome	Weitere Befunde und Diagnostik	Therapie/ Verlauf/ Prognose
	wobei Aplasie und Ektopie überwiegen. Die kongenitale Hypothyreose zählt zu den häufigsten angeborenen Stoffwechselanomalien		am 5. Lebenstag Bestimmung von TSH 8. weitere Laborbefunde: Erhöhung der β-Lipoproteine mit Hypercholesterinämie und Karotinämie, normales Serumcalcium- und -phosphat, Verminderung der alkalischen Serumphosphatase infolge verminderter Osteoblastenaktivität, Verminderung der Urinexkretion von Calcium und Kalium. Niedrige Corticoidsekretionsrate, niedrige Steroidausscheidung	
Debré-Semelaigne-Syndrom	endokrine Myopathie bei Hypothyreose	schwere Hypothyreose, Oligophrenie, Minderwuchs, Muskelhypertrophie, pseudomyotone Entladungen	häufig Erhöhung der CPK endokrine Myopathie: verlangsamte Reflexe, Schwäche, Schmerzen und Krämpfe der Muskulatur	Therapie: siehe Hypothyreose
Diabetes insipidus renalis	Nichtansprechen des distalen Tubulus und des Sammelrohrs auf ADH Häufigkeit: die Erkrankung ist seltener als der Diabetes insipidus centralis	Manifestation im frühen Säuglingsalter mit Polyurie, Polydipsie, Dehydratation, Hyperelektrolytämie, rezidivierenden Fieberschüben, Erbrechen, Gedeihstörungen die chronische Dehydratation und Hyperelektrolytämie führen zur Retardierung der geistigen und psychomotorischen Entwicklung. Durch rechtzeitige Therapie kann diese Retardierung jedoch vermieden werden.	Vasopressintest: keine Reduktion des Urinvolumens bzw. kein Anstieg der Urinkonzentration	Therapie: Kost: eiweißarm, salzarm, Flüssigkeitsersatz Saluretika haben einen antidiuretischen (paradoxen) Effekt (Esidrix, Hydromedin). Kaliumsubstitution
Fahrsche Krankheit	intrazerebrale Gefäßverkalkung vorwiegend der Stammganglien und des Kleinhirns fraglich autosomal rezessiv vererbt	Beginn in jedem Lebensalter mit Lichtscheu, Unruhe, Schlaflosigkeit, Krämpfen, extrapyramidalen Störungen, Paresen, Schwachsinn, Obstipation Krankheitsbild kann verknüpft sein mit Hypothyreose, Pseudo- und Hypoparathyreoidismus	röntgenologisch sichtbare, symmetrische Verkalkungen der Stammganglien und des Kleinhirns (histolog. Kalkablagerungen in den Gefäßen) endokrinologische Diagnostik	Therapie: symptomatisch, Behandlung der endokrinologischen Erkrankung Prognose: selten progredienter Verlauf

Krankheits-bezeichnung	Ätiologie	Klinische Symptome	Weitere Befunde und Diagnostik	Therapie/ Verlauf/ Prognose
Hypoparathyreo-idismus a) kongenital „idiopathisch" b) erworben	a) kongenitaler PTH-Mangel seltenes Leiden 200 Fälle in der Literatur be-schrieben b) erworben: Zustand nach Operation	beim idiopathisch und erworbenen Hypoparathyreoidismus kommt es ohne Behandlung zu zerebralen Ver-kalkungen, Tetanie, generalisierten Krämpfen, laryngealem Stridor, Mus-kelkrämpfen, Katarakt, progressiver geistiger Retardation der idiopathische Hypoparathyreo-idismus ist gelegentlich mit dem gleichzeitigen Vorkommen von Mor-bus Addison und perniziöser Anämie verbunden	Hyperphosphat-ämie, Hypokalzä-mie, Hypokalziurie PTH-Spiegel sehr niedrig oder nicht meßbar hohes cAMP im Urin nach Stimula-tion mit PTH	Therapie: Vitamin-D-Zufuhr
Morbus Addison mit Zerebralskle-rose	wahrscheinlich X-chromosomal re-zessiv vererbt bisher 10 Patien-ten in der Litera-tur beschrieben Pathogenese un-klar	Beginn im Alter von 5–10 Jahren mit Morbus Addison und gleichzeitig auf-tretenden neurologischen Sympto-men wie Ataxie, choreiforme oder myoklonische Bewegungen, Entwick-lung einer spastischen Tetraplegie; Auftreten eines psychoorganischen Syndroms und Demenz, schließlich Dezerebration	pathoanatomisch: im Gehirn ausge-prägte Demyelini-sierung wie bei Morbus Schilder, Atrophie der Ne-bennieren	Therapie: symptomatisch Prognose: progressives Lei-den mit Tod in-nerhalb weniger Jahre
Pseudohypo-aldosteronismus	wahrscheinlich tubuläre Resi-stenz gegenüber Aldosteron Auftreten der Er-krankung sehr selten, meist transistorisch	nur bei längerem Bestehen im Kin-desalter wird eine Retardierung der psychomotorischen Entwicklung be-schrieben Symptome: Gewichtsverlust, Erbre-chen, Unruhe, Anorexie	Hyponatriämie (< 120 mmol/l) Hypochlorämie (< 90 mmol/l) erhöhter Kalium-spiegel	Therapie: Zufuhr von 4–5 g Kochsalz pro Tag
Pseudohypopara-thyreoidismus	tubuläre Resi-stenz gegenüber dem phosphaturi-schen Effekt des PTH, seltene Er-krankung in der Literatur, ca. 100 Fälle beschrieben wahrscheinlich X-chromosomal do-minante Verer-bung Geschlechts-verhältnis weibl. : männl. = 2 : 1	Beginn in der Adoleszenz, klinische Symptomatologie entspricht in Grundzügen der des idiopathischen Hypoparathyreoidismus. Symptome: häufig Oligophrenie, Minderwuchs, Brachymetakarpalie und -tarsalie, subkutane Verkalkungen, Tetanie, Ka-tarakt, zerebrale Verkalkungen, Schmelzhypoplasie und Bildungsano-malien des Gebisses, osteoartikuläres Syndrom. Epileptische Anfälle (Grand mal sowie Petit mal) können führen-des Symptom sein	Hyperphosphat-ämie, Hypokalz-ämie, Hypokalziurie (Gesamtcalcium sowie ionisierter Anteil), meist er-höhter PTH-Spie-gel (Messung des PTH mittels Radio-immunoassay), nach Injektion von 200 USP PTH (Ells-worth-Howard-Test) erfolgt keine Phosphaturie sowie keine Erhöhung der cAMP-Ausschei-dung, fehlender Anstieg der Hydro-xyprolinausschei-dung im Urin	Therapie: Vitamin D: 10 000–40 000 E/ die, Überwa-chung der Calcium-exkretion (die-se soll 6 mg/kg und Tag nicht überschreiten) die konstitutio-nellen Symptome wie Oligophrenie und Minder-wuchs können durch die Thera-pie nicht beein-flußt werden

Krankheits-bezeichnung	Ätiologie	Klinische Symptome	Weitere Befunde und Diagnostik	Therapie/ Verlauf/ Prognose
Pseudo-Pseudo-hypopara-thyreoidismus Syn.: Albrights heriditäre Osteo-dystrophie ohne Hypokalzämie	klinisches Bild des Pseudohypo-parathyreoidis-mus ohne Hypo-kalzämie und Hy-perphosphatämie	klinisch gleicht das Krankheitsbild dem Hypoparathyreoidismus, es exi-stiert jedoch keine Störung des Cal-cium- und Phosphatstoffwechsels. Nur gelegentliches Vorkommen von geistiger Retardierung	Normokalzämie, Normophosphat-ämie, normaler Ellsworth-Howard-Test	Therapie: symptomatisch

Bei Störungen des Elektrolythaus-haltes

Chronische idiopathische Hyperkalzämie Fanconi-Schlesinger
Menkes-Syndrom
(Steely-hair-Syndrom, Kinky-hair-Syndrom)

Bei Stoffwechselstörungen der Plasmaproteine

Morbus Wilson
(hepatolentikuläre Degeneration)

Bei Störungen des Vitaminhaushaltes

Pyridoxinabhängige Krämpfe

Bei Störungen des Purinstoffwechsels

Lesch-Nyhan-Syndrom

Bei Stoffwechselstörungen der Lipide

Abetalipoproteinämie
(Bassen-Kornzweig-Syndrom)
Heredopathia atactica polyneuritiformis
(Refsum-Krankheit)
Zerebrotendinöse Xanthomatose

Bei Stoffwechselstörungen der Pigmente

Kongenitaler nicht hämolytischer Ikterus
(Crigler-Najjar-Syndrom)

Bei Störungen der Ernährung

Schwere Formen von Dystrophie (Marasmus) und Kwashiorkor

Krankheits-bezeichnung	Ätiologie	Klinische Symptome	Weitere Befunde und Diagnostik	Therapie/ Verlauf/ Prognose
Chronische idio-pathische Hyper-kalzämie Fanconi-Schlesinger	Basisdefekt unklar Erblichkeit nicht erwiesen	geistige und körperliche Retardation, Anorexie, Erbrechen, Polyurie, Obsti-pation, Elfengesicht, fliehendes Kinn, tiefsitzende Ohren, Herzgeräusche, Hochdruck, Kraniosynostose	Hyperkalzämie und -kalziurie, Albumin-urie, Nephrokalzi-nose, Osteoskle-rose	Therapie: calciumarme Diät, Steroide
Menkes-Syndrom Syn.: Steely-hair-Syn-drom Kinky-hair-Syn-drom	Defekt der inte-stinalen Kupfer-absorption X-chromosomal rezessiv vererbt	Frühgeburt bei 50% der Kinder, neu-rodegenerative Erscheinungen be-reits in den ersten Lebensmonaten, zerebrale Anfälle nach dem 2.–3. Le-bensmonat, Fütterungsschwierigkei-ten, Hypothermie, Icterus prolonga-tus, progrediente Lethargie. Trichor-rhexis nodosa mit struppigem, pig-mentarmem Haar	Verminderung der Kupfer- und Coeru-loplasminfraktion im Serum ZNS: Erweiterung des Ventrikelsy-stems aufgrund von Verringerung der weißen Sub-stanz	Therapie: keine erfolgrei-che Behand-lungsmöglichkeit bekannt Prognose: Tod bis zum 4. Lebensjahr

Krankheits-bezeichnung	Ätiologie	Klinische Symptome	Weitere Befunde und Diagnostik	Therapie/ Verlauf/ Prognose
Morbus Wilson Syn.: hepatolentikuläre Degeneration	Coeruloplasmin-mangel autosomal rezessiv vererbt	Manifestation im 6.–20. Lebensjahr mit Zeichen der Lebererkrankung und hämolytischer Anämie; später neurologische Auffälligkeiten wie Intentionstremor, Schriftänderung, Rigidität, Dysarthrie, Verhaltensstörungen, Ataxie, Entwicklung einer Oligophrenie. Früh: grünbrauner Kornealring. Die Lebererkrankung, das häufigste Symptom, ist meist eine chronisch-aktive progrediente Hepatitis, die im weiteren Verlauf häufig von den Zeichen der Leberinsuffizienz (Spidernävi, Ikterus, Hepatosplenomegalie, Aszites, Hämatemesis, Anämie, Leukopenie und Thrombozytopenie) begleitet wird seltener sind renale und ossäre Symptome, renale Symptome bestehen in proximal tubulären Reabsorptionsanomalien, die ossären in einer Osteomalazie	Kupferablagerung in der Leber, den Nieren, Gehirn und der Kornea Labor: Serum-Kupferkonzentration $< 80\ \mu g/100\ ml$ Serum-Coeruloplasminspiegel $< 20\ mg/100\ ml$ Urinexkretion von Kupfer $> 100\ \mu g/24\ h$ Kupfergehalt der Leber $> 250\ \mu g/g$ Trockengewicht	Therapie: Diät, Kationenaustausch mit Kaliumsulfid 3 × 20 mg/Tag zu den Mahlzeiten, D-Penicillamin (Metalcaptase) 3 × 0,5 g/Tag Prognose: progredienter Verlauf in der Adoleszenz und im Erwachsenenalter
Vitamin-B_6-abhängige Krämpfe	relativer oder absoluter Pyridoxinmangel Erbmodus unbekannt	in der ersten Lebenswoche generalisierte, schwere Krämpfe, Hyperakusis, Unruhe. Bei Überleben des Säuglingsalters schwerer Schwachsinn	hohe Xanthurensäureausscheidung im Urin Krampfanfälle und EEG-Befunde verschwinden bei Vitamin-B_6-Zufuhr	Therapie: Vit.-B_6-Zufuhr
Lesch-Nyhan-Syndrom	Mangel an Hypoxanthin-Guanin-Phosphoribosyltransferase X-chromosomal rezessiv vererbt	Manifestation im 6.–8. Lebensmonat mit schweren neurologischen Störungen (progressive Choreoathetose, Hyperreflexie, Spastizität) sowie fortschreitendem geistigem und psychomotorischem Entwicklungsrückstand mit besonderer Beeinträchtigung der Motorik (das Laufen wird nicht erlernt), ferner autoaggressives Verhalten mit Verstümmelung insbesondere der Lippen und Hände. Später Symptome der Gicht mit Gichtniere, akuter Gichtarthritis und Gichttophi	Serumharnsäure meist > 10 mg% Harnsäureausscheidung meist mehr als 40 mg/kg/24 h definitive Diagnose durch Bestimmung der Aktivität der Hypoxanthin-Guanin-Phosphoribosyltransferase in den Erythrozyten	Therapie: Allopurinoltherapie: 10 mg/kg/24 h zur Prävention der renalen und artikulären Komplikationen, Verhinderung der Selbstverstümmelung Prognose: Eine rechtzeitig begonnene Allopurinoltherapie hat keine Präventiv-Wirkung auf die neurologischen Komplikationen

Krankheits-bezeichnung	Ätiologie	Klinische Symptome	Weitere Befunde und Diagnostik	Therapie/ Verlauf/ Prognose
Abetalipoproteinämie Syn.: Bassen-Kornzweig-Syndrom	Fehlen von LDL, VLDL und Chylomikronen Ursache: Malabsorption der gesättigten Fettsäuren 30 Patienten bekannt	Manifestation im 1.–2. Lebensjahr mit Rückstand der geistigen und körperlichen Entwicklung, abgeschwächten Sehnenreflexen, Ataxie, Dysarthrie, Steatorrhö, aufgeblähtem Abdomen, Retinitis pigmentosa mit Nachtblindheit; später Friedreich-ähnliches Bild mit Intentionstremor und Störung des Lage- und Vibrationsempfindens, Spätsymptom: Kardiomyopathie	histologisch Demyelinisierung peripherer Nerven, des Zerebellums, des Spinozerebellartrakts der Vorderhörner, schwammartige Fetteinlagerungen in den Dünndarmzotten Labordiagnose: Akanthozyten im Blutbild, Fehlen von LDL, Hypocholesterin- und Hypotriglyzeridämie, Hypoprothrombinämie	Therapie: verbesserte Resorption durch diätetischen Ersatz der Triglyceride durch mittelkettige Fettsäuren; ophthalmologische Besserungen nach hohen Vitamin-A-Gaben Prognose: Tod manchmal schon im Kindesalter
Heredopathia atactica polyneuritiformis Syn.: Refsum-Krankheit	Phytan-α-Hydroxilasedefekt (Störung im Abbau der alimentär zugeführten Fettsäure, Phytansäure) autosomal rezessiv vererbt	Beginn nach dem 4. Lebensjahr mit atypischer Retinitis pigmentosa, Nachtblindheit, konzentrischer Gesichtsfeldeinschränkung, chronisch progredienter hypertrophischer Polyneuropathie mit motorischen und sensiblen Ausfällen, Ataxie, Dysdiadochokinese, Asynergie, Intentionstremor, distal betonte Muskelatrophie. Ferner Kardiomyopathie, Skelettveränderungen (Hohlfuß mit Hammerzehe); inkonstant: Hörverlust, Katarakte, Ichthyosis, Hyposmie	Nachweis des Enzymdefektes in Fibroblasten- und Amnionzellkulturen Nachweis hoher Konzentration von Phytansäure im Serum (bis 50 mg%, normal 0,2 mg%) Liquor: Eiweißerhöhung über 100 mg% Herz: im EKG AV-Überleitungsstörungen	Therapie: phytolarme Diät Diät ohne tierische Fette
Zerebrotendinöse Xanthomatose	autosomal rezessiv vererbt sehr seltene Erkrankung	Manifestation im 10. Lebensjahr mit Schwachsinn sowie Sehnen- und Hautxanthomen, im weiteren Verlauf progredienter Zerebralabbau mit Ataxie und Katarakt	Speicherung von Cholesterin und Dihydrocholesterin im Zerebellum und im Hirnstamm Nachweis des vermehrten Dihydrocholesterins im Serum	Therapie: symptomatisch Prognose: Tod zwischen 40. und 50. Lebensjahr
Kongenitaler nicht hämolytischer Ikterus Syn.: Crigler-Najjar-Syndrom	Glucuronyltransferasedefekt mit resultierender hoher indirekter Hyperbilirubinämie und Bilirubinenzephalopathie autosomal rezessiv vererbt	im Neugeborenenalter Symptome der Bilirubinenzephalopathie, bei Kindern, die das Kleinkindalter überleben, Schwachsinn, Krämpfe, Hyperpyrexie, athetoide Bewegungen, Spastizität	indirekte Hyperbilirubinämie von 30 mg%, normale Leberfunktionsproben, normal gefärbte Stühle, keine Bilirubin- oder Urobilinogenvermehrung im Urin	Therapie: wiederholte Austauschtransfusionen, Versuch einer Phototherapie, Phenobarbitaltherapie nutzlos Prognose: 70% der Kinder sterben in den ersten 1½ Lebensjahren aufgrund der Stammhirnschädigung

Krankheits-bezeichnung	Ätiologie	Klinische Symptome	Weitere Befunde und Diagnostik	Therapie/ Verlauf/ Prognose
Schwere Formen von Dystrophie (Marasmus) und Kwashiorkor	Kwashiorkor: Folge einer über längere Zeit proteinarmen Kost bei sonst ausreichendem Energieangebot	sehr wahrscheinlich wird die Intelligenz durch vorausgegangenen schweren Marasmus und Kwashiorkor herabgesetzt klinisches Bild bei Dystrophie (Marasmus): verzögerte Skelettentwicklung, Abnahme des subkutanen Fettgewebes, Hautblässe mit Akrozyanose, meteoristisch geblähtes Abdomen, dürftige Muskulatur an Armen und Beinen, „Hungerstühle", Erbrechen, vermehrte Infektanfälligkeit klinisches Bild bei Kwashiorkor: Beginn mit Apathie, Appetitlosigkeit und gehäuftem Erbrechen, Stillstand der Längenentwicklung, frühes Auftreten von Ödemen. Schwache und atrophische Muskulatur, meist Gastroenteritis. Lebervergrößerung, Herzdilatation, Hautveränderungen, Haarausfall	Diagnostik durch Laboruntersuchungen, Röntgenuntersuchungen, EKG und EEG	Therapie: Behandlung der Dehydration und Elektrolytstörungen. Häufig ist Antibiotikatherapie notwendig. Die Ernährung sollte dem biologischen Alter entsprechen, jedoch kalorienreicher sein. Der Eiweißgehalt sollte zwischen 3–5 g/kg KG betragen, bei Kwashiorkor bis 9 g/kg KG. Ferner sollte Eisen- und Vitaminsubstitution erfolgen Prognose: Dystrophie: ohne ernsthafte Komplikationen liegt die Mortalität bei adäquater Therapie unter 5%. Die Intelligenzminderung nach schwerer Dystrophie ist wahrscheinlich bleibend Kwashiorkor: die Mortalität liegt im Gegensatz zur Dystrophie selbst unter günstigen Bedingungen bei 10–20%

Intelligenzminderungen bei primären Fehlbildungen von Zentralnervensystem und Schädel

Bei einzelnen Fehlbildungen des Nervensystems

Aicardi-Syndrom
Aquäduktstenose
Arnold-Chiari-Fehlbildung
Balkenmangel (Corpus-callosum-Agenesie)
Dandy-Walker-Syndrom
Fehlbildungen im Bereich des Septum pellucidum
Formen des Hydrozephalus s. S. 128
Hemiatrophia cerebri
Holoprosenzephalie (Faziotelenzephalopathie)
Kleinhirnagenesie und -hypoplasie
Lissenzephalie, Agyrie
Megaenzephalie
Mikrenzephalie
Mikrozephalie
Myelomeningozelen
Pachygyrie (Makrogyrie)
Polymikrogyrie, Schizenzephalie
Porenzephalie
Zephalozelen

Bei knöchernen Fehlbildungen

Klippel-Feil-Syndrom, basiläre Impression, Platybasie
Kraniostenosen

Krankheitsbezeichnung	Ätiologie	Klinische Symptome	Weitere Befunde und Diagnostik	Therapie/ Verlauf/ Prognose
Aicardi-Syndrom	nur bei Mädchen vorkommend	Balkenmangel ist vergesellschaftet mit BNS-Krämpfen, Hemihypertrophie und Chorioretinopathie	Computertomographie	Therapie: symptomatisch
Aquäduktstenose	Ursache heterogen: raumverdrängende Prozesse, gliöse Wucherungen nach Infektionen etc. a) Aquäduktgabelung b) lokale kleinere Verengungen c) Septumbildung	Symptome des Hydrocephalus occlusus sind möglicherweise nicht bei der Geburt manifest, sondern treten auch später auf. Die Aquäduktgabelung ist häufig mit Arnold-Chiari-Mißbildung und Spina bifida cystica vergesellschaftet Zur intellektuellen Minderbegabung kann es über den Hydrozephalus occlusus kommen	Computertomographie	Therapie: symptomatisch Prognose: abhängig von zusätzlichen Mißbildungen sowie einer rechtzeitigen Shuntoperation
Arnold-Chiari-Fehlbildung	Ätiologie heterogen Einteilung nach *Bachmann* et al.: Typ 1: Hernie einer oder beider Kleinhirntonsillen durch das Foramen occipitale magnum Typ 2: Hernie des Vermis, Teilen des IV. Ventrikels mit Kaudalverlagerung von Medulla und Pons Typ 3: Verlagerung von Medulla und Kleinhirnanteilen nach kaudal in eine zervikale Meningozele	bei Typ 2 und 3 liegt der Hydrozephalus entweder bei der Geburt vor oder entwickelt sich zum 12. Lebensmonat, beim Typ 1 manifestiert sich der Hydrozephalus erst in später Kindheit. Häufig finden sich zusätzliche Begleitmißbildungen wie Platybasie, basiläre Impression, Atlasassimilation, Klippel-Feil-Syndrom, Hydromelie, Syringomyelie und Diastematomyelie. Zur intelektuellen Minderbegabung sowie zu Verhaltensstörungen kann es über den Hydrocephalus occlusus als auch über zusätzliche Mißbildungen kommen	Röntgen des Schädels: Nahtverbreiterungen oder Nahtsprengungen Computertomographie: Ventrikelerweiterungen EEG: bei der Mehrzahl der Kinder diffuse Verlangsamung Augenhintergrunduntersuchungen: Retinablutungen Veränderungen der Makula und des N. opticus (Atrophie, Papillenödem)	Therapie: rechtzeitige Shuntoperation Prognose: abhängig von der rechtzeitigen Shuntoperation sowie vom Auftreten von Begleitmißbildungen

Krankheitsbezeichnung	Ätiologie	Klinische Symptome	Weitere Befunde und Diagnostik	Therapie/ Verlauf/ Prognose
Balkenmangel Corpus-callosum-Agenesie	Ätiologie heterogen, meist unklar ausnahmsweise autosomal rezessiv oder geschlechtsgebunden vererbt	es gibt kein klinisches „Balkenmangelsyndrom". Der Balkenmangel kann unbemerkt bleiben, ist aber häufiger mit anderen zerebralen Mißbildungen wie Enzephalozelen, Spina bifida, Kleinhirnaplasie, Pachy- und Mikrogyrie sowie Heterotopien vergesellschaftet. Die Holoprosenzephalie ist fast regelmäßig mit einer Balkenaplasie oder -hypoplasie verknüpft. Infolge der korrelierten Störungen finden sich oft psychische Defekte, Retardierung, Epilepsien und infantile Zerebralparesen	Computertomographie	Therapie: symptomatisch
Dandy-Walker-Syndrom	durch eine Entwicklungsstörung sind die Foramina Luschkae und das Foramen Magendii geschlossen bei vorhandener Kleinhirnaplasie	Manifestation des Hydrocephalus occlusus oft erst während der ersten beiden Lebensjahre. Häufig gleichzeitiges Vorhandensein von anderen Fehlbildungen wie Balkenmangel, Aquäduktgabelung, Polymikrogyrie und Heterotopien zur intellektuellen Minderbegabung oder Verhaltensstörungen kann es über den Hydrocephalus occlusus als auch über zusätzliche Mißbildungen kommen	Computertomographie	Therapie: symptomatisch
Fehlbildungen im Bereich des Septum pellucidum	totales oder partielles Fehlen des Cavum pellucidum	wie beim Balkenmangel kann die Störung, wenn sie isoliert auftritt, symptomlos bleiben; meist ist sie jedoch mit komplexen zerebralen Fehlbildungen wie Holoprosenzephalie verknüpft. Diese rufen dann neurologisch-psychiatrische Symptome hervor	Diagnose durch Pneumenzephalogramm	Therapie: symptomatisch
Hemiatrophia cerebri	a) selten aufgrund einer Dysplasie b) häufiger aufgrund einer destruktiven Läsion infolge von Durchblutungsstörungen. Siehe hierzu unter infantilen Zerebralparesen S. 129	oft Intelligenzstörung, zerebrale Anfälle; Schädelasymmetrie, spastische Hemiplegie	EEG Röntgen Echoenzephalographie axiale Computertomographie Angiographie Pneumenzephalographie	Therapie: symptomatisch

Krankheits-bezeichnung	Ätiologie	Klinische Symptome	Weitere Befunde und Diagnostik	Therapie/ Verlauf/ Prognose
Holoprosenzephalie Syn.: Faziotelenzephalopathie	Ätiologie nicht einheitlich, vereinzelt vererbt, teils werden exogene Noxen vermutet. Entwicklungsstörung bei der Teilung des Prosenzephalons mit konsekutiver Mißbildung des Vorderhirns	schwere Gehirn- und Gesichtsmißbildung, wobei die Gesichtsmißbildungen zur Schwere der Hirnmißbildungen in gewisser Relation stehen. Man findet Zyklopie, Zebozephalie mit medianer und lateraler Gaumenspalte, Zebozephalie mit Trigonozephalie, Zebozephalie mit Agenesie des Corpus callosum, Ethmozephalie. Es werden 4 Typen der Holoprosenzephalie unterschieden: Typ I: Fehlen von Bulbus und Tractus olfactorius, Arrhinenzephalie, Gehirngröße und -gewicht kaum beeinträchtigt Typ II: Fehlen von Bulbus und Tractus olfactorius bei deutlich gestörter Hirnentwicklung: Heterotopie, zerebellare Hypoplasie; häufig Trisomie D Typ III: Fehlen von Bulbus und Tractus olfactorius, hypoplastisches Gehirn mit einem gemeinsamen Ventrikel bei nicht getrennten Hirnhälften Typ IV: rudimentäre Großhirnhälften, in der vorderen Schädelgrube gelegen, dahinter große Zyste bei Typ II-IV: Vorkommen von Herzfehler, gastrointestinalen und urogenitalen Anomalien sowie Skelettveränderungen	Diagnostik: Gesichtsmißbildungen neuroradiologische Untersuchung: Mißbildungen je nach Schweregrad der Holoprosenzephalie, meist Mikrozephalie, Hypertelorismus, Fehlen nasaler Knochen oder der Lamina cribrosa EEG: häufig Hypsarrhythmie	Therapie: symptomatisch Verlauf/ Prognose: schwere Behinderung der Kinder, Retardation der Entwicklung, geringe Lebenserwartung
Kleinhirnagenesie und -hypoplasie	heterogene Ätiologie völliges Fehlen des Kleinhirns ist selten, häufiger Entwicklungsstörungen einzelner Teile des Zerebellums	zerebellare Störungen sind meist mit zerebralen Störungen verknüpft, so ist z. B. die Hypoplasie einer Kleinhirnhemisphäre meist mit Mißbildung der kontralateralen Hirnhälften verknüpft. Es finden sich ataktische Symptome, geistige und körperliche Retardation	Pneumenzephalographie oder Computertomographie	Therapie: symptomatisch
Lissenzephalie Agyrie	autosomal rezessiv vererbte Störung der Gehirnwindungsbildung: glatte Gehirnoberfläche, keine Windungen aufgrund einer Störung der Neuroblastenmigration	schwere Behinderung und Retardierung, keine Entwicklungsfortschritte, Gedeihstörung, Mikrozephalie, zerebrale Anfälle, rezidivierende Infekte. Hohe Stirn, prominentes Hinterhaupt, abnorme Ohrmuscheln, antimongoloide Lidachsen, Syn- und Polydaktylien, Vierfingerfurche, Hirsutismus, Mikrogenie, Herzfehler	im EEG: Hypsarrhythmie pathoanatomisch: glatte Hirnoberfläche, keine Windungen	Therapie: symptomatisch

Krankheitsbezeichnung	Ätiologie	Klinische Symptome	Weitere Befunde und Diagnostik	Therapie/ Verlauf/ Prognose
Megaenzephalie	heterogene Ursachen, gelegentlich familiär (autosomal dominant oder geschlechtsgebunden rezessiv vererbt)	Symptome sind nicht immer vorhanden, oft jedoch Oligophrenie und zerebrale Anfälle	Ventrikelsystem eher klein histologisch: Störung der Differenzierung (abnorme Migration, Heterotopien etc.)	Therapie: symptomatisch
Mikrenzephalie	heterogene Ursachen teils erblich, teils prä-, peri- oder postnatale Noxen	Entwicklungsstörungen des ZNS haben häufig eine Mikrenzephalie zur Folge, die meist durch Mikrozephalie bemerkt wird. Die Patienten sind in verschiedenem Ausmaß retardiert und können andere kongenitale Abnormalitäten des Nervensystems haben	Computertomographie und Pneumenzephalographie	Therapie: symptomatisch
Mikrozephalie	Definition der Mikrozephalie: die Schädelwachstumskurve verläuft unterhalb der 10. Perzentile Vorkommen: bei familiärer Mikrokranie, bei Kraniostenosen (z. B. Kleeblattschädelsyndrom), bei erblichen Mikrozephalien (chromosomale Aberrationen, wie z. B. Trisomie D oder Katzenschreisyndrom) sowie bei erworbener Mikrozephalie (z. B. bei Rubeolenembryopathie)	die familiäre Mikrokranie in Form des primordialen Zwergwuchses zeigt meist keine Intelligenzminderung. Die Schädelform ist bei der familiären Mikrokranie klein, aber zu den Körpermaßen proportioniert. Bei den Kraniostenosen, insbesondere dem Kleeblattschädelsyndrom, s. S. 97. Bei den erblichen Mikrozephalien findet sich eine fliehende Stirn und ein fliehendes Kinn sowie eine Oligophrenie bei erworbenen Mikrozephalien nach prä-, peri- oder postnatalen atrophisierenden Hirnschäden größeren Ausmaßes findet sich ein normaler Gesichtsschädel, ein allgemein verkleinerter Hirnschädel, eine Oligophrenie, neurologische Ausfälle und häufig eine Epilepsie	Röntgen: bei Kraniostenosen prämature Nahtsynostosen, bei erblicher Mikrozephalie meist leichte Erweiterung des Ventrikelsystems, bei erworbener Mikrozephalie Erweiterung vom Ventrikelsystem und/oder Subarachnoidalräumen	Therapie: symptomatisch, z. B. Einstellung einer Epilepsie oder bei vorhandenem Hirndruck neurochirurgische Intervention sonderpädagogische Betreuung wird in den meisten Fällen in Schulen für lebenspraktisch bildbare Kinder geleistet Prognose: deutlich herabgesetzte Lebenserwartung insbesondere bei begleitenden Mißbildungen
Myelomeningozelen	Ätiologie unbekannt Häufigkeit: 0,6–4‰	80% der Myelomeningozelen gehen mit einem Begleithydrozephalus einher, dessen Ursache in der Mehrzahl der Fälle eine Arnold-Chiari-Mißbildung ist zur intellektuellen Minderbegabung und Verhaltensstörungen kann es über den Hydrozephalus (s. dort) als auch über Begleitmißbildungen des Gehirns kommen. Bei Myelomeningozele mit Lipom fehlt der Hydrozephalus	neurologische Ausfälle je nach Lokalisation der Myelomeningozele; orthopädische und urologische Komplikationen	Therapie: operative Versorgung der Myelomeningozele, Shuntoperation im Falle eines Hydrozephalus

Krankheits-bezeichnung	Ätiologie	Klinische Symptome	Weitere Befunde und Diagnostik	Therapie/ Verlauf/ Prognose
Pachygyrie (Makrogyrie)	Migrationsstörung der Neuroblasten mit konsekutiver Störung der Windungsbildung des Gehirns: nur wenige grobe Hirnwindungen werden ausgebildet	geistige Retardierung, zerebrale Anfälle, motorische Beeinträchtigung	pathoanatomisch: einige, schwach ausgeprägte, grobe Windungen mit unregelmäßiger Anordnung der Neurone, Heterotopien	Therapie: symptomatisch falls erforderlich Antiepileptika
Polymikrogyrie Schizenzephalie	Störung der Neuroblastenmigration mit konsekutiver Vermehrung der Windungen, oft nur lokalisiert (Schizenzephalie)	Intelligenzmängel, zerebrale Anfälle, Bewegungsstörungen. Symptome im einzelnen abhängig von der Lokalisation und dem Ausmaß der Polymikrogyrie	pathoanatomisch: Differenzierungsstörung des Kortex mit hypoplastischer weißer Substanz	Therapie: symptomatisch
Porenzephalie	heterogene Ätiologie a) aufgrund einer Schizenzephalie: Pori sind symmetrisch, meist parietotemporal gelegen b) aufgrund sekundärer Läsionen des Kortex (meist Durchblutungsstörungen): Pori sind unregelmäßig angeordnet siehe hierzu unter infantilen Zerebralparesen	Symptomatik ist abhängig von dem Ausmaß und der Lokalisation der Pori, Bewegungsstörungen, zerebrale Anfälle und Intelligenzstörungen kommen vor	Diagnostik mittels Computertomographie	Therapie: evtl. Antiepileptika, sonst symptomatische Therapie
Zephalozelen Meningozelen Meningoenzephalozelen Enzephalozelen Enzephalozystozelen Meningoenzephalozystozelen Cranium bifidum occultum	Ätiologie multifaktoriell Häufigkeit: 1–3 : 10 000	Zephalozelen sind Ausstülpungen der Meningen aus dem Schädelinneren bei umgrenzter Verschlußstörung, sie sind meist von intakter Haut bedeckt. Sie können gefüllt sein mit Liquor (Meningozelen), mit Subarachnoidalraum und Hirn (Meningoenzephalozelen), nur mit Hirn (Enzephalozelen), mit Hirn und Ventrikel (Enzephalozystozelen), mit Hirn, Ventrikel und Subarachnoidalraum (Meningoenzephalozystozelen); es kann auch nur eine mediane Knochenlücke vorliegen (Cranium bifidum occultum) Zephalozelen finden sich bevorzugt okzipital. Die neurologische Symptomatik ist abhängig vom Ausmaß und der Lokalisation der Dysrhaphie. Nicht selten liegen auch noch andere Hirnmißbildungen vor, häufig muß mit psychischen und neurologischen Auffälligkeiten gerechnet werden	Röntgen: Knochendefekt	Therapie: operative Therapie Prognose: 50% der Kinder mit Zephalozelen sterben bis zum 3. Lebensjahr Prognose abhängig vom Zeleninhalt

Krankheits-bezeichnung	Ätiologie	Klinische Symptome	Weitere Befunde und Diagnostik	Therapie/ Verlauf/ Prognose
Knöcherne Fehlbildung wie Klippel-Feil-Syndrom basiläre Impression Platybasie	Platybasie und basiläre Impression sind Anomalien der Schädelbasis Klippel-Feil-Syndrom: Anomalien der Halswirbelkörper Erbgang für alle 3 Syndrome autosomal dominant	über Obstruktion der basalen Zisternen sowie die Entwicklung einer Arachnitis kann ein Hydrocephalus communicans entstehen; zur eventuellen intellektuellen Minderbegabung kann es über den Hydrozephalus kommen	Einengung der Beweglichkeit der Halswirbelsäule	Therapie: operatives Vorgehen
Kraniostenosen	frühzeitiger Verschluß der Schädelnähte; Ätiologie unbekannt, Knaben häufiger betroffen als Mädchen Skaphozephalus (am häufigsten): verfrüht geschlossene Sagittalnaht Brachyzephalus: frühzeitiger Verschluß der Koronarnähte Plagiozephalus: einseitig frühzeitig verschlossene Koronarnaht Oxyzephalus: alle Nähte frühzeitig verschlossen Trigonozephalie: frühzeitiger Verschluß der metopischen Frontalnaht Kleeblattschädelsyndrom syn.: Haltermüller-Wiedemann-Syndrom: multiple Synostosen der Schädelnähte in Kombination mit anderen Mißbildungen	Skapho-, Plagio- und Trigonozephalus führen fast nie zur Minderbegabung. In einigen Fällen beim Brachyzephalus ist eine geistige Retardierung beschrieben, jedoch kann selbst der Oxyzephalus mit einer normalen geistigen Entwicklung einhergehen das Kleeblattschädelsyndrom ist stets mit schwerer geistiger Retardierung, Hydrozephalus und Extremitätenmißbildungen verknüpft	klinische Diagnose: abnormale Kopfform, Bestätigung durch radiologische Untersuchung des Schädels	Therapie: rechtzeitige Operation

Intelligenzminderungen unklarer Pathogenese bei erblichen Erkrankungen ohne primäre Zusatzbehinderungen

Bei Phakomatosen

Ataxia teleangiectatica
(Louis-Bar-Syndrom)
Leopardsyndrom
(Syndrom der multiplen Lentigines)
Neurofibromatose
(Morbus Recklinghausen)
Sturge-Weber-Syndrom
(zerebrokutanes Angiomatosesyndrom)
Tuberöse Hirnsklerose
(Bourneville-Pringle-Syndrom)

Bei Heredoataxien

Friedreich-Variante mit Demenz

Bei sonstigen

Chorea Huntington
Hallervorden-Spatzsche Krankheit
Spastische Spinalparalyse

Krankheits-bezeichnung	Ätiologie	Klinische Symptome	Weitere Befunde und Diagnostik	Therapie/ Verlauf/ Prognose
Ataxia teleangiectatica Syn.: progressive zerebellare Ataxie mit okulokutanen Teleangiektasien Syn.: Louis-Bar-Syndrom	Phakomatose mit primär chronischer zerebellarer Degeneration, Haut- und Schleimhautveränderungen sowie Immundefekt autosomal rezessiv vererbt bisher 200 Fälle publiziert	Beginn im 2. Lebensjahr mit Ataxie und extrapyramidalen Dyskinesien, Sprachverschlechterung, maskenhafter Gesichtsausdruck, Speichelfluß. Geistige Beeinträchtigung ab Ende des 1. Lebensjahrzehnts, mit dem Alter zunehmend bis zum 5. Lebensjahr Entwicklung von Teleangiektasien, zunächst nur an der Conjunctiva bulbi, später im Gesicht, Nacken, Brust und den Extremitäten, ferner Pigmentstörungen. Regelmäßig Minderwuchs und Dystrophie Immundefekt (Lymphozytopenie, IgA-Mangel, IgE-Mangel) mit häufigen respiratorischen Infekten und Bronchiektasien. Später Sexualreifungsstörungen und andere endokrinologische Anomalien. Erhöhte Disposition zum lymphoretikulären Malignom	zerebellare Ataxie pathoanatomisch: chronisch-progrediente zerebellare Degeneration mit Verminderung der Körnerschicht und der Purkinje-Zellen Teleangiektasien Immundefektnachweis endokrinologische Anomalien Chromosomenanalyse: pathologische Bruchtendenz der Chromosomen	Therapie: symptomatisch, Behandlung der rezidivierenden Infekte, Physiotherapie Prognose: Tod im 1.–3. Lebensjahrzehnt
Leopardsyndrom Syn.: Syndrom der multiplen Lentigines	autosomal dominant vererbt ca. 100 Fälle beschrieben	nur gelegentlich leichte geistige Entwicklungsstörung, angeborene oder sich nach der Geburt manifestierende Linsenflecken der Haut (Lentigines), Herzanomalien, meist valvuläre Pulmonalstenose, manchmal frühzeitige Innenohrschwerhörigkeit oder Taubheit, Hypertelorismus, Epikanthus, Ptose, grobe Gesichtszüge, Minderwuchs, Skelettabnormitäten	multiple Lentigines abnormes EEG Auskultationsgeräusche am Herzen Skelettabnormitäten	Therapie: symptomatisch ggf. operative Korrektur der Herzanomalie

Krankheits-bezeichnung	Ätiologie	Klinische Symptome	Weitere Befunde und Diagnostik	Therapie/ Verlauf/ Prognose
Neurofibromatose Syn.: Morbus Recklinghausen	Dysplasie mit blastomatösen Wucherungen im peripheren und Zentralnervensystem autosomal dominant vererbt, hohe Penetranz, jedoch variable Expressivität. Ca. 50% sind Neumutationen Häufigkeit: 1 : 3000	nicht selten geistige Entwicklungsstörung, ausgesprochener Schwachsinn jedoch nur in ca. 10% der Fälle. Im Kindesalter vielfach nur Café-au-lait-Flecken, die im Laufe der Jahre zunehmen voll entwickelte Symptomatik: neben den zahlreichen Café-au-lait-Flecken breitbasig aufsitzende oder gestielte Tumoren der Haut, Neurofibrome an peripheren Nerven (N. medianus, ulnaris, tibialis, ischiadicus), an Hirnnerven, Rückenmarkwurzeln, intraspinal, am Sympathikus und im Gehirn, ferner an Retina, Niere und Nebenniere und anderen Organen. In 5% Malignitätsentwicklung der blastomatösen Tumoren. Ferner Veränderungen am Skelettsystem	Vorliegen von mindestens 6 Café-au-lait-Flecken mit Durchmesser > 1,5 cm Fahndung nach Neurofibromen EEG-Veränderungen	Therapie: im Einzelfall evtl. chirurgische Entfernung von Tumoren sonst symptomatisch Prognose: gute Lebenserwartung
Sturge-Weber-Syndrom Syn.: zerebrokutanes Angiomatosesyndrom	kongenitale vasale Entwicklungsstörung mit Mißbildungen der kleinen Gehirngefäße, der Pia, der Chorioidea und der Haut wahrscheinlich autosomal dominant vererbt, jedoch wechselnde Penetranz, am häufigsten jedoch sporadisches Auftreten Häufigkeit (vollausgeprägtes Bild): 1 : 230 000	bei der Geburt meist sichtbarer Naevus flammeus des Gesichts und Schädels, meist einseitig, zuweilen auch am Körper. Bereits im Säuglingsalter Manifestation von geistiger Retardation, Epilepsie und Hemispastik. Häufig gleichseitig zum Naevus flammeus angiomatöse Veränderung der Chorioidiea, evtl. mit Glaukom- bzw. Hydrophthalmusfolge, fakultativ auch kontralateral zum Naevus flammeus homonyme Hemianopsien	Naevus flammeus, röntgenologisch: typische Doppelkonturierung und Girlandenform der Hirnrindenverkalkungen auf der Seite des Naevus flammeus Pneumenzephalogramm: Hirnatrophie EEG: Herdbefunde pathoanatomisch: Angiomatose der Hirnhäute über einem atrophischen Rindenbezirk, besonders parietodorsal und okzipital auf der Seite des Naevus flammeus. Kalkeinlagerungen in der Hirnrinde	Therapie: symptomatisch Antiepileptika, Glaukomoperation nur bei Unbeeinflußbarkeit durch konservative Maßnahmen neurochirurgisches Vorgehen Prognose: Verlauf progredient
Tuberöse Hirnsklerose Syn.: Bourneville-Pringle-Syndrom Syn.: Epiloia	Phakomatose mit blastomatösen Wucherungen am Nervensystem, Netzhaut, Herzmuskel und Nieren autosomal dominant vererbt, häufig auch Neumutationen Häufigkeit 1 : 30 000	erstes Zeichen im Säuglingsalter: blattförmige Depigmentationen der Haut an Stamm und/oder Extremitäten ("white spots"). In den ersten 2 Lebensjahren Einsetzen von zerebralen Anfällen (bes. Blitz-Nick-Salaam-Krämpfe), im weiteren Verlauf schwere geistige Entwicklungshemmung, Demenz, Adenoma sebaceum, Fibroepitheliome, sub- oder periunguale Fibrome, Nageldystrophie, pilzartige Papillen- oder Retinageschwülste, Optikusatrophie, ferner Zahnschmelzdefekte, sklerotische Skelettveränderungen, Nierentumoren und Rhabdomyome des Herzens, im ZNS Hirnrindenknoten, subependymale Hamartome	histolog. Untersuchung der blastomatösen Hautwucherungen, Wood-Lampe zur Diagnose der white spots EEG-Veränderungen (multifokale HSA) Fundoskopie CT zum Nachweis intrakranieller Verdichtungsherde	Therapie: Antikonvulsiva, evtl. operative Entfernung von blastomatösen Tumoren, sonst symptomatisch Prognose: Tod meist vor dem 30. Lebensjahr

Krankheitsbezeichnung	Ätiologie	Klinische Symptome	Weitere Befunde und Diagnostik	Therapie/ Verlauf/ Prognose
Friedreich-Variante mit Demenz u. Taubheit, Haar- und Zahnanomalien	vorwiegender Befall des spinozerebellaren Systems autosomal rezessiv vererbt	Manifestation der Symptomatik zwischen dem 4. und 20. Lebensjahr mit der Ausbildung einer Friedreichschen Erkrankung mit Ausbildung einer spinozerebellaren Ataxie, Demenz, Taubheit, ferner Haar- und Zahnanomalien	extensive Degeneration des zerebellaren Kortex, ferner Befall der Pyramidenseiten- und -vorderstränge, der Hinterstränge und der spinozerebellaren Bahnen Verminderung der Leitgeschwindigkeit sensibler Nerven Kardiomyopathie mit entsprechenden EKG-Zeichen häufig auch prädiabetische Stoffwechsellage oder manifester Diabetes	Therapie: symptomatisch Physiotherapie Hilfsmittel Prognose: Tod – oft kardial bedingt – zwischen dem 30. und 50. Lebensjahr
Chorea Huntington	degenerative Erkrankung hauptsächlich der Basalganglien des ZNS Ätiologie noch unklar Vererbung: autosomal dominant, Penetranz 100% Häufigkeit: 2–6 : 100 000	nur bei 3% der Patienten, die an einer Chorea Huntington erkranken, Manifestation vor der Pubertät mit choreiformen Bewegungen, dann häufig gerade in dieser Altersgruppe Übergang in eine akinetisch-rigide Form mit Tremor, positivem Babinski und möglicherweise Krampfanfällen, Sprachstörungen, Schluckstörungen, Verhaltensstörungen, Demenz	Pneumenzephalogramm: Verschmälerung der Basalganglientaille und erweitertes Ventrikelsystem pathoanatomisch: Schrumpfen des Nucleus caudatus, Atrophie des Striatums biochemisch: Verminderung verschiedener Neurotransmitter sowie von γ-Aminobuttersäure und Glutaminsäuredecarboxylase pränatale Diagnostik nicht möglich	Therapie: symptomatisch
Hallervorden-Spatzsche Krankheit	Ätiologie und Erbgang ungeklärt Pigmentdegeneration der Substantia nigra und des Globus pallidus	Manifestation im allgemeinen im 1.–2. Lebensjahr mit zunehmender Rigidität, Spastizität, Choreoathetose, Spitzhohlfuß, Gangstörungen. Auch späterer Beginn (juvenile und adulte Variante) ist möglich. Sprachabbau, Demenz, Wesensveränderung, Augenmuskelparesen, Kachexie	EEG- und EMG-Veränderungen pathoanatomisch: rostbraune Verfärbung der Substantia nigra und des Globus pallidus evtl. Optikusatrophie, Retinitis pigmentosa	Therapie: wie bei Chorea Huntington α-Methyldopa, Akineton, Luminal Verlauf/Prognose: Überleben bis ins 4.–5. Lebensjahrzehnt

Krankheitsbezeichnung	Ätiologie	Klinische Symptome	Weitere Befunde und Diagnostik	Therapie/ Verlauf/ Prognose
Spastische Spinalparalyse	variabler Erbmodus: dominant/rezessiv und geschlechtsgebunden, ferner sporadisches Auftreten	Manifestation in jedem Alter möglich mit Entwicklung einer spastischen Diplegie, später Tetraspastik. Im weiteren Verlauf Demenz, bulbäre Symptome. Fakultativ: Optikusatrophie, Mikrozephalie, extrapyramidale Störungen	pathoanatomisch: Degeneration der Pyramidenbahnen, seltener sind motorischer Kortex, Vorderhornzellen oder spinozerebellare Bahnen betroffen	Therapie: symptomatisch

Intelligenzminderungen unklarer Pathogenese bei teils erblichen Erkrankungen mit primären Zusatzbehinderungen

Akrozephalosyndaktylie Typ I–IV
Arthrogryposis multiplex congenita
Cockayne-Syndrom
Cornelia-de-Lange-Syndrom
(Brachmann-de-Lange-Syndrom)
Cutis verticis gyrata
De-Sanctis-Caccione-Syndrom
Dubowitz-Syndrom
Dystrophia myotonica Steinert-Batten
Exomphalos-Makroglossie-Gigantismus-Syndrom
(Beckwith-Syndrom)
Familiäre Panmyelopathie bei Dyskeratosis congenita (Zinsser-Cole-Engmann-Syndrom)
Familiäre Panmyelopathie mit angeborenen Mißbildungen (Fanconi-Anämie)
Hallermann-Streif-Syndrom
Hereditäre Palmoplantarkeratosen
Holoprosenzephaliesyndrom s. S. 94
Ichthyosis congenita
Incontinentia pigmenti Bloch-Sulzberger
Katzenaugensyndrom s. S. 58
Komplizierte infantile Optikusatrophie nach Behr
Kongenitale Erythroblastopenie
Kongenitale Muskeldystrophie in Kombination mit geistiger Entwicklungsstörung
Kraniofaziale Dysostose
(Crouzon-Syndrom)
Laurence-Moon-Bardet-Biedel-Syndrom
Langer-Giedion-Syndrom
Marinesco-Sjögren-Syndrom
Meckel-Gruber-Syndrom (Dysencephalia splanchnocystica)
Mitochondriale Myopathie in Kombination mit zentralnervösen Symptomen
Moebius-Syndrom
Noonan-Syndrom (Pseudo-Turner-Syndrom)
Okuloaurikulovertebrale Dysplasie
(Goldenhar-Syndrom)
Oral-fazial-digitales Syndrom Typ I
(OFD-Syndrom)
Otopalatodigitales Syndrom
(OPD-Syndrom)
Pierre-Robin-Anomalie
Poland-Anomalie
Prader-Labhardt-Willi-Syndrom
Pseudogliom mit Schwachsinn
(Norrie's disease)
Rubinstein-Taybi-Syndrom
Rud-Syndrom
Sjögren-Larsson-Syndrom
Smith-Lemli-Opitz-Syndrom
Syndrom der multiplen Lentigines
Leopardsyndrom s. S. 98
Trichorhinophalangeales Syndrom
Unilaterale ichthyosiforme Erythrodermie
v.-Graefe-Sjögren-Hallgren-Syndrom
Vogelkopfzwergwuchs
(Seckel-Syndrom)
Williams-Beuren-Syndrom
(Elfin facies syndrome)
Zerebraler Gigantismus
(Sotos-Syndrom)
Zerebrohepatorenales Syndrom
(Zellweger-Syndrom)

Krankheitsbezeichnung	Ätiologie	Klinische Symptome	Weitere Befunde und Diagnostik	Therapie/ Verlauf/ Prognose
Akrozephalosyndaktylie Typ I: Apert-Syndrom	autosomal dominant, auch sporadisches Auftreten Begünstigung des Auftretens bei allen 4 Typen durch fortgeschrittenes väterliches Alter	häufig keine Beeinträchtigung der Intelligenz, selten Schwachsinn, Turmschädel mit supraorbital horizontaler Furche, Exophthalmus, Hypertelorismus, große Nase und Ohren, Maxillahypoplasie und relative Prognathie, Gaumenspalte. An Händen und Füßen kutane und evtl. auch knöcherne Syndaktylien. Fakultativ Hydrozephalus, Optikusatrophie mit Erblindung, Schwerhörigkeit	fakultativ hinzukommend: Mißbildungen innerer Organe Röntgen: prämature Synostose (bes. Kranznaht), Impressiones digitatae	Therapie: symptomatisch Prognose: hohe frühkindliche Letalität
Typ II: Carpenter-Syndrom	autosomal rezessiv vererbt das Carpenter-Syndrom wird mit dem Laurence-Moon-Bardet-Biedl-Syndrom in der Literatur in Verbindung gesetzt	Schwachsinn, Anomalien des Apert-Syndroms, hinzu kommen Adipositas, genitaler Infantilismus, Gelenkanomalien, Hernien, kongenitale Herzfehler, Polydaktylie mit Syndaktylien an Händen und Füßen		Therapie: symptomatisch
Typ III: Chotzen-Syndrom	autosomal dominant vererbt	Schwachsinn, flaches Hinterhaupt, Mandibulahyperplasie, Hypertelorismus, beidseitige Ptose, Deviation der Nasenscheidewand, Abnormalitäten der Ohren, partielle Syndaktylien von Zehen und Fingern		Therapie: symptomatisch
Typ IV: Pfeiffer-Syndrom	autosomal dominant vererbt	eventuell Schwachsinn, Turmschädel, flaches Hinterhaupt, Hypertelorismus, Exophthalmus, flache Nase, hervorstehendes Kinn. Fakultativ: Strabismus, Zahnanomalien, Gaumenspalte, Syndaktylien von Zehen und Fingern		Therapie: symptomatisch
Arthrogryposis multiplex congenita	uneinheitliche Ätiologie, in vielen Fällen Ursache wahrscheinlich gestörtes intrauterines Milieu Auftreten meist sporadisch Häufigkeit: 0,2–3: 10 000	abnorme, zylindrische oder konische, nicht progrediente Kontrakturen in mehreren Gelenken mit fehlenden Hautfalten, Einschränkung der Gelenkbeweglichkeit; zusätzlich oft Klumpfüße, Mikrodaktylie, Syndaktylie, Hüftgelenksluxation, Skoliose, Aplasien ganzer Muskeln. Überzufällig häufig zerebrale Störungen mit Entwicklungsverzögerung und geistiger Retardation. Fakultativ finden sich Herzfehler, Nierenaplasie, Gaumenspalte und Analatresie	pathoanatomisch: häufig zerebrale Entwicklungsstörungen wie Mikropolygyrie, Heterotopien von grauer Substanz etc. Im Bereich der Vorderhornzellen felderförmige Degeneration oder Aplasie EMG: vermehrte Polyphasie und erhöhte Amplitude der Einzelpotentiale, selten jedoch Spontanaktivität	Therapie: operativer Eingriff zum Erreichen des Stehvermögens, an den oberen Extremitäten genügt oft konservative Therapie

Krankheitsbezeichnung	Ätiologie	Klinische Symptome	Weitere Befunde und Diagnostik	Therapie/ Verlauf/ Prognose
Cockayne-Syndrom	autosomal rezessiv vererbt	Manifestation im 1.–2. Lebensjahr mit progressiver infantiler Taubheit, Retinitis pigmentosa, Optikusatrophie, Mikrozephalie, fortschreitenden neurologischen Störungen, Imbezillität bis Idiotie, dysproportioniertem Zwergwuchs, progerieähnlichen Zügen, großen akrozyanotischen Händen und Füßen, Lichtdermatitis	Röntgen: Verdickung der Schädelknochen, Mikrozephalie	Therapie: symptomatisch Prognose: quoad vitam gut
Cornelia-de-Lange-Syndrom Syn.: Brachmann-De-Lange-Syndrom	sporadisches Auftreten, empirisches Zweiterkrankungsrisiko für Geschwister 2–5%. Bei ca. ⅓ der Kinder wurden Chromosomenanomalien beschrieben, diese sind aber uneinheitlich	stets besteht Schwachsinn und Minderwuchs, ferner Mikrozephalie, Mikromelie bis Phokomelie, retardiertes Knochenalter, Spastizität. Hirsutismus, Hypertelorismus, dichte, über der Nasenwurzel zusammengewachsene Augenbrauen, mongoloide Lidachse, lange Wimpern, Stupsnase, Fischmaul, Hypoplasie des Unterkiefers, tiefsitzende Ohren fakultativ: Herz-, Magen- und Darm- sowie Nierenmißbildung, Epilepsie. Tod an interkurrenten Atemwegsinfekten meist im Kleinkindesalter	Röntgen: retardiertes Knochenalter, Luxation des Radiusköpfchens (nach proximal verschobener Daumen), verkürztes Metatarsale I Nachweis von Herzvitien, kongenitalen Magen-Darm- sowie Nierenmißbildungen Chromosomenanalyse	Therapie: symptomatisch Prognose: Tod meist im Kleinkindesalter
Cutis verticis gyrata	wahrscheinlich kein einheitlicher Vererbungsmodus	Schwachsinn, Mikrozephalie, Augendefekte, allmähliche Verdickung und Furchung der Kopfhaut, bei der Hälfte der Patienten spastische Lähmungen und/oder Epilepsie	Verminderung der 17-Keto- und Hydroxysteroidexkretion sowie der Gonadotropinausscheidung	Therapie: Antiepileptika sonst symptomatisch
De-Sanctis-Caccione-Syndrom	Sonderform des Xeroderma pigmentosum autosomal rezessiver Defekt im „dark repair enzyme system"	Kombination des Xeroderma pigmentosum mit Schwachsinn, spinaler Ataxie, Hypogonadismus und proportioniertem Zwergwuchs	typische Hautveränderungen an den unbedeckten Körperpartien	Therapie: Vermeidung von Sonnenexposition Lichtschutzsalben Tumorexzision Prognose: Prognose wegen häufiger Tumorentwicklung quoad vitam schlecht
Dubowitz-Syndrom	Ätiologie und Pathogenese unklar	eventuell erethischer Schwachsinn, auffallend hohe Stimme, Minderwuchs, ferner Mikrozephalie, Hypognathie, Hypertelorismus, evtl. Ptose, spärliche Kopfbehaarung, Säuglingsekzem	Anämie	Therapie: symptomatisch

Krankheits-bezeichnung	Ätiologie	Klinische Symptome	Weitere Befunde und Diagnostik	Therapie/ Verlauf/ Prognose
Dystrophia myotonica Steinert-Batten	autosomal dominant vererbt	stets Schwachsinn, verzögerte statomotorische Entwicklung, schwere Muskelhypotonie mit Atem- und Trinkschwierigkeiten; Muskelatrophie und Myotonie sind im Kindesalter nicht besonders ausgeprägt. Fakultativ: nach dem 10. Lebensjahr Katarakt und endokrinologische Symptome	myotone Reaktionen im EMG können häufig erst im Kleinkindesalter – nicht im Neugeborenenalter – nachgewiesen werden evtl. Hypogammaglobulinämie pränatale Diagnostik möglich	Therapie: Vermeiden von hoher Kaliumzufuhr und Kälteeinwirkung Therapie mit Ajmalin, Procainamid, Diphenylhydantoin, Esidrix
Exomphalos-Makroglossie-Gigantismus-Syndrom Syn.: Beckwith-Syndrom Syn.: Wiedemann-Beckwith-Syndrom	vererbtes dienzephal-endokrines Syndrom wahrscheinlich autosomal rezessiv vererbt	hohes Geburtsgewicht, 60% mit Hydramnion, häufiger Frühgeburten, Naevus flammeus im Gesicht, leichter Exophthalmus, Makroglossie und Makrosomie, eventuell Hemihypertrophie. Viszeromegalie mit Vergrößerung insbesondere der Leber, der Nieren sowie der Inselzellen des Pankreas. Umbilikalhernie, Omphalozele oder Rektusdiastase. Komplikationen: Schwachsinn infolge hartnäckiger Hypoglykämien, ferner intraabdominelle Karzinome bei 5% wie NNR-Ca, Wilms-Tumoren etc.	Hypoglykämien im Neugeborenen- und Säuglingsalter, Hyperinsulismus	Therapie: Therapie der Hypoglykämien mit Prednisolon oder Diazoxyden symptomatische Therapie der übrigen Komplikationen
Familiäre Panmyelopathie bei Dyskeratosis congenita Syn.: Zinsser-Cole-Engmann-Syndrom	wahrscheinlich autosomal rezessiv vererbt genetischer Zusammenhang mit Fanconi-Anämie wird diskutiert	neben den Symptomen der Fanconi-Anämie und den begleitenden Mißbildungen werden Leukoplakien der Mundschleimhaut sowie Zerstörungen der Nägel beobachtet		Therapie: wie bei aplastischer Anämie
Familiäre Panmyelopathie mit angeborenen Mißbildungen Typ Fanconi Syn.: Fanconi-Anämie	wahrscheinlich autosomal rezessiv vererbt Knaben mit ca. 60% häufiger betroffen mehr als 200 Patienten in der Literatur beschrieben	Manifestation der Panzytopenie im Alter von 4–12 Jahren, Hyperpigmentation der Haut, multiple Skelettmißbildungen, bei ca. 40% Mikrozephalie, bei ca. 20% Schwachsinn, ferner fakultativ Hyperreflexie, Strabismus, Mikrophthalmie und Mißbildungen innerer Organe	die Thrombozytopenie ist häufig das Frühsymptom, häufig makrozytäre Anämie ohne megaloblastische Veränderungen im Knochenmark. Das Knochenmark kann anfangs zellreich sein, später zellarm	Therapie: wie bei aplastischer Anämie Prognose: ungünstig wegen Gefährdung des Patienten durch die Panzytopenie sowie durch das gehäufte Auftreten maligner Neoplasien
Hallermann-Streif-Syndrom	sporadisches Auftreten	eventuell Schwachsinn, schwere Gehirnanomalien, kraniofazialer Dysmorphismus mit Unterentwicklung der Mandibula, Minderwuchs, Zahnanomalien (eventuell angeborene Zähne), Mikrophthalmie, kongenitale Katarakte, exzessiver Haarwuchs über den ganzen Körper	weiterer Befund pathoanatomisch: vorzeitige Atheromatosen	Therapie: symptomatisch

Krankheits-bezeichnung	Ätiologie	Klinische Symptome	Weitere Befunde und Diagnostik	Therapie/ Verlauf/ Prognose
Hereditäre Palmoplantarkeratosen	wahrscheinlich autosomal rezessiv vererbt	geistige Retardierung, Schwachsinn, Keratosis palmoplantaris, Hypohidrose, Nagelveränderungen, Zahnverlust, Photophobie aufgrund herpetoider Veränderungen der Kornea	Röntgen: Brachytelephalangie	Therapie: symptomatisch Prognose: quoad vitam gut
Ichthyosis congenita	autosomal rezessiv vererbt	Hyperkeratose bereits bei der Geburt vorhanden, vor allem Beugeseiten der Extremitäten befallen. In Assoziation mit Schwachsinn, Hirnschäden, Minderwuchs, Herzfehlern und anderen Symptomen treten verschiedene Syndrome auf		Therapie: fluorierte Corticosteroide als Creme oder bei schweren Formen auch oral Prognose: die Prognose ist je nach Schweregrad der Ichthyosis sowie dem Vorkommen von zusätzlichen Symptomen zu stellen
Incontinentia pigmenti Bloch-Sulzberger	Ätiologie: möglicherweise virusbedingte Embryopathie Erbgang nicht geklärt	netzförmige Pigmentierung der Haut vorwiegend am Stamm und proximalen Teilen der Extremitäten, Alopezie, Nageldystrophie, bei ca. 20% Mikrozephalie, Spastizität, epileptische Anfälle, oft hochgradiger Schwachsinn. Zahnanomalien, Augenveränderungen, viele kongenitale Abnormitäten. Manifestation kurz nach der Geburt mit papulovesikulösen Effloreszenzen, die nach einer verrukös-hyperkeratotischen Phase unter Zurücklassen einer netzförmigen graubraunen, mit der Zeit abblassenden Pigmentierung abheilen	Diagnostik mittels Makro- und Mikroskopie	Therapie: im entzündlichen Stadium antiphlogistische und antibakterielle Lokaltherapie Prognose: quoad vitam gut
Komplizierte infantile Optikusatrophie nach Behr	wahrscheinlich autosomal rezessiv vererbt	Kombination von leichter Oligophrenie mit Optikusatrophie, Makuladegeneration und Ataxie. Die Optikusatrophie manifestiert sich im frühen Kindesalter, sie ist nicht progredient. Ferner Muskelrigidität, Blasenfunktionsstörungen	Fundusskopie: Optikusatrophie	Therapie: Krankengymnastik
Kongenitale Erythroblastopenie	isolierte Erythroblastopenie, seltene Erkrankung Erbmodus unklar Ätiologie unklar	Neben der Knochenmarkerkrankung werden bei ⅓ der Patienten geistige Retardierung, Minderwuchs, Herzfehler, Nierenmißbildungen und Fingeranomalien beschrieben	aufgrund der fast völlig sistierenden Erythropoese kommt es zur schweren normochromen und normozytären Anämie mit Retikulozytopenie	Therapie: unter Gabe von Corticosteroiden (oft über Jahre) Besserung

Krankheitsbezeichnung	Ätiologie	Klinische Symptome	Weitere Befunde und Diagnostik	Therapie/ Verlauf/ Prognose
Kongenitale Muskeldystrophie in Kombination mit geistiger Entwicklungsstörung	wahrscheinlich autosomal rezessiv vererbt	die Kombination von geistiger Entwicklungsstörung, frühkindlichen Anfällen mit kongenitaler Muskeldystrophie ist in Europa bisher nur vereinzelt beobachtet worden, jedoch bei einer großen Anzahl von japanischen Patienten	CPK-Werte während der ersten 3–4 Lebensjahre erhöht	Therapie: orthopädische und physiotherapeutische Maßnahmen
Kraniofaziale Dysostose Syn.: Crouzon-Syndrom	autosomal dominant vererbt ca. ⅓ Neumutationen	infolge prämaturer Synostose vor allem der Kranznaht kommt es zum Turmschädel, Hypertelorismus und Exophthalmus, Strabismus divergens, oft Erblindung aufgrund einer Optikus-Kompressionsatrophie. Ferner antimongoloide Lidachse, schnabelförmige Nase, relative Prognathie Komplikationen: Schwachsinn, Schwerhörigkeit, Erblindung, Epilepsie	Röntgen: prämature Synostose vor allem der Kranznaht, Impressiones digitatae	Therapie: oft ist ein chirurgischer Eingriff hilfreich
Laurence-Moon-Bardet-Biedl-Syndrom	autosomal rezessiv vererbt	Schwachsinn, Minderwuchs, Adipositas, Hypogenitalismus und Hypogonadismus, Retinitis pigmentosa ab Kleinkindesalter progredient, Poly- und Syndaktylie, extrapyramidale Störungen fakultativ: progressive Nephropathie mit Urämie, Herz- und Nierenmißbildungen	Komplikationen: Erblindung	Therapie: symptomatisch
Langer-Giedion-Syndrom	nur sporadisches Auftreten	trichorhinophalangeales Syndrom, einhergehend mit Mikrozephalie; Schwachsinn obligat	multiple Exostosen fakultativ Schwerhörigkeit	Therapie: evtl. Hörhilfen
Marinesco-Sjögren-Syndrom auch beschrieben als Friedreich-Variante	s. Friedreich-Variante mit Demenz S. 100	Trias von spinozerebellarer Ataxie, retardierter körperlicher und geistiger Entwicklung und angeborenem Katarakt. Ferner Fuß- und Handdeformitäten und Kyphoskoliose	s. Friedreich-Variante mit Demenz	
Meckel-Gruber-Syndrom Syn.: Dysencephalia splanchnocystica	autosomal rezessive Vererbung	schwere Mikrozephalie, okzipitale Enzephalozele und Hypotelorismus. Ferner können Augen-, Ohr- und Mundmißbildungen vorkommen, Polydaktylie, Nierenzysten, Anomalien der Genitalien		Therapie: symptomatisch Prognose: im allgemeinen Tod im Neugeborenenalter
Mitochondriale Myopathien in Kombination mit zentralnervösen Symptomen	abnorme Mitochondrien in der Muskulatur Ätiologie und Pathogenese unklar	geistige Retardierung, zerebellare Ataxie, Taubheit, Retinadegeneration, Ophthalmoplegie, Minderwuchs, Myokardschädigung	Liquoreiweißerhöhung histologisch: „ragged red fibres" biochemisch: nicht immer metabolische Störungen durch abnorme Mitochondrien	Therapie: symptomatisch

Krankheitsbezeichnung	Ätiologie	Klinische Symptome	Weitere Befunde und Diagnostik	Therapie/ Verlauf/ Prognose
Moebius-Syndrom	meistens sporadisch, sonst autosomal rezessiv vererbt	kongenitale, bilaterale Parese des N. facialis und abducens, manchmal auch des III., IV. und XII. Hirnnervs mit den entsprechenden Begleiterscheinungen. Ferner Pectoralis-major-Hypoplasie, Pes equinovarus, Handdeformitäten, Syndaktylien. Mikrognathie. Intelligenz: leichter Schwachsinn, manchmal auch normal	Komplikationen: Ernährungsschwierigkeiten und Aspiration beim Säugling	Therapie: symptomatisch Prognose: Erreichen des Erwachsenenalters
Noonan-Syndrom Syn.: Pseudo-Turner-Syndrom	Heterogenie mit unterschiedlichen Erbgängen meist sporadisches Auftreten	Intelligenz: meist leichter Schwachsinn Abweichen vom Turner-Syndrom besonders hinsichtlich der Gesichtsanomalien: antimongoloide Stellung der Lidachsen, Hypertelorismus, evtl. Ptose, Epikanthus, Anomalien der Ohren, evtl. Schwerhörigkeit, Mikrognathie, Fischmund. Wie beim Turner-Syndrom Minderwuchs, Pterygium colli, Schildthorax und Cubitus valgus. An Herzfehlern findet man häufig Pulmonalstenosen oder auch ASD (beim Turner-Syndrom Koarktation der Aorta), Komplikationen: Hör- und Sprachstörungen	Chromosomenanalyse: keine X-Chromosomenaberration, kein Mosaikbild Röntgen: retardiertes Skelettalter	Therapie: symptomatisch, evtl. operatives Vorgehen bei Herzfehlern Logopädie Hörhilfen
Okuloaurikulovertebrale Dysplasie Syn.: Goldenhar-Syndrom	meist sporadisches Auftreten	Intelligenz: nur bei 10% Schwachsinn; oft Schwerhörigkeit, Sprachstörung, faziale Hypoplasie und Asymmetrie. Anomalien meist unilateral, im Extremfall hemifaziale Mikrosomie, unilaterale Hautanhänge und/oder Fisteln auf einer Linie zwischen Ohr und Mund, Oberlidkolobome. Lipoiddermoide am Limbus corneae an beiden Augen, Zahnanomalien, Lippen- oder Wangenspalte, Skoliose	Mißbildungen des Herzens, eventuell auch der Nieren	Therapie: symptomatisch Hörhilfen Logopädie
Oral-fazialdigitales Syndrom (OFD-Syndrom) Typ I	wahrscheinlich X-chromosomal dominante Vererbung	Schwachsinn, ZNS-Mißbildungen, Zahnanomalien, im Kleinkindesalter zahlreiche Milien im Gesicht und an den Ohrmuscheln, mediane Spalte der Oberlippe, gespaltene Zunge mit weißlichen Hamartomen, an den Händen Synbrachydaktylien, am Fuß polysyndaktyle Großzehe		Therapie: symptomatisch
Otopalatodigitales Syndrom OPD-Syndrom	X-chromosomal mit variabler Expressivität	Intelligenz: leichter Schwachsinn; Schwerhörigkeit und Sprachstörung, oft Minderwuchs, flaches Gesicht mit Hypertelorismus, antimongoloider Lidachsenstellung, Gaumenspalte, Trichterbrust, Endphalangen der Extremitäten verkürzt, partielle Syndaktylien, Klinodaktylie V		Therapie: symptomatisch Hörgeräte, Logopädie Prognose: Erreichen des Erwachsenenalters

Krankheitsbezeichnung	Ätiologie	Klinische Symptome	Weitere Befunde und Diagnostik	Therapie/ Verlauf/ Prognose
Pierre-Robin-Anomalie	ätiologisch uneinheitlich, selten familiär	bei der Geburt sichtbare Mandibulahypoplasie, Mikrognathie, mediane Gaumenspalte, große Zunge mit Glossoptose in Richtung Nasopharynx mit konsekutiver, inspiratorisch-obstruktiver Asphyxie, die zum Zerebralschaden und zur Intelligenzminderung führen kann. Die Mikrognathie erfährt postnatal ein Nachholwachstum	Skelettanomalien, evtl. kardiovaskuläre Mißbildungen	Therapie: Bauchlage und Sondenernährung in den ersten Lebensmonaten wenn notwendig Tracheotomie
Poland-Anomalie	meistens sporadisch	Moebius-Syndrom vergesellschaftet mit einseitiger karpaler Syn- und Brachydaktylie sowie ipsilateraler Pectoralis-major-Aplasie (sternaler Anteil)	s. Moebius-Syndrom S. 107	Therapie: symptomatisch Prognose: Erreichen des Erwachsenenalters
Prader-Labhardt-Willi-Syndrom	meist sporadisches Auftreten, Zweiterkrankungsrisiko für Geschwister 1–3%	Imbezillität bis Idiotie, fröhlich-gutmütiges Wesen, Minderwuchs mit Akromikrie, Polyphagie mit zunehmender Adipositas bis zum Pickwick-Syndrom, Zahnkaries, angeborene, regressive Muskelhypotonie mit Saug- und Schluckstörungen im Säuglingsalter, später Bewegungsarmut. Hyporeflexie, Strabismus, Hypogenitalismus, Kryptorchismus	Labor: evtl. herabgesetzte Glucosetoleranz im späteren Kindesalter, evtl. Diabetes mellitus in der Adoleszenz Röntgen: retardiertes Skelettalter	Therapie: symptomatisch Kalorienbeschränkung wenn erforderlich, orale Antidiabetika bei Knaben Substitution mit Sexualhormonen Prognose: Besserung der starken Muskelhypotonie bis zum Schulalter; Lebenserwartung leicht herabgesetzt
Pseudogliom mit Schwachsinn Syn.: Norrie's disease Syn.: Atrophia bulborum hereditaria	hauptsächlich geschlechtsgebunden rezessiv, jedoch auch autosomal rezessiv beschrieben	wenige Wochen nach der Geburt beginnende retinalvaskuläre Proliferation mit konsekutivem Pseudogliom, Phthisis bulbi und amaurotischem Katzenauge; Schwachsinn unterschiedlichen Ausmaßes (Debilität bis Idiotie), Krämpfe, Mikrozephalie, spastische Lähmungen	Herzfehler, Zahnanomalien	Therapie: symptomatisch
Rubinstein-Taybi-Syndrom	fast nur sporadisch vorkommend, selten autosomal rezessiv; Geschwister-Zweiterkrankungsrisiko bei 1%	meistens Schwachsinn, Minderwuchs, breite Endphalangen des Daumens, große Zehen; Strabismus, Ptose, Epikanthus, Astigmatismus, antimongoloide Lidachsenstellung, Schnabelnase, evtl. dysplastische Ohrmuscheln, hoher Gaumen, fliehendes Kinn, evtl. Mikrozephalie	Röntgen: retardiertes Skelettalter, Becken-, Rippen- und Wirbelanomalien, Skoliose evtl. Herzvitien, Doppelnieren, Kryptorchismus	Therapie: symptomatisch

Krankheitsbezeichnung	Ätiologie	Klinische Symptome	Weitere Befunde und Diagnostik	Therapie/ Verlauf/ Prognose
Rud-Syndrom	teils autosomal rezessiv, teils X-chromosomal vererbt	Ichthyosis, Xerodermie, Schwachsinn, Epilepsie, Eunuchoidismus. Fakultativ Retinitis pigmentosa, Gonadendysgenesie, perniziöse Anämie, Bronchiektasien, Diabetes mellitus, Gigantismus		Therapie: Corticosteroide Antiepileptika
Sjögren-Larsson-Syndrom	autosomal rezessiv vererbt	die Kombination von spastischer Spinalparalyse, Demenz, Optikusatrophie und Ichthyosis congenita wird als Sjögren-Larsson-Syndrom bezeichnet	Pigmentdegeneration der Netzhaut Herzfehler	Therapie: symptomatisch
Smith-Lemli-Opitz-Syndrom	autosomal rezessiv vererbt	die Kinder sind oft eine Mangelgeburt, zeigen Minderwuchs, Mikrozephalie und Entwicklungsstörungen des Gehirns, Schwachsinn, manchmal schrilles Schreien, Spastizität, Strabismus convergens und Ptose, Mikrognathie, Klumpfüße, Kryptorchismus, Hypospadie. Fakultativ: Gaumenspalte, Herzvitien, Katarakt	Komplikationen: Epilepsie Pneumonien	Therapie: symptomatisch Prognose: oft Tod im Säuglingsalter
Trichorhinophalangeales Syndrom	wahrscheinlich autosomal dominant sowie autosomal rezessiv vorkommend	nur fakultativ Schwachsinn, spärliche Schläfen- und laterale Brauenbehaarung, ab Kindesalter verdickte proximale Interphalangealgelenke, Klinobrachydaktylie	Röntgen: Zapfenepiphysen der Phalangen II–IV oft Verkürzung der Metakarpalia IV–V fakultativ Herzvitium Komplikationen: Perthes-Krankheit	Therapie: symptomatisch
Unilaterale ichthyosiforme Erythrodermie	kongenital, ätiologisch wird Teratogenese postuliert	meist unilaterale kongenitale Störung der Keratinisierung mit Mißbildung der Arme und Beine; Abnormalitäten des Zentralnervensystems, Schwachsinn kann vorkommen, ist jedoch nicht obligat. Ferner Anomalien des Herz-Kreislauf-Systems, der Lungen, des Skelett- und Urogenitalsystems		Therapie: symptomatisch
v.-Graefe-Sjögren-Hallgren-Syndrom auch beschrieben als Friedreich-Variante	s. Friedreich-Variante mit Demenz (s. S. 100)	Kombination der Friedreich-Symptomatik mit spinozerebellarer Ataxie, Demenz, Taubheit, Katarakt und Retinitis pigmentosa	s. Friedreich-Variante mit Demenz	
Vogelkopfzwergwuchs Syn.: Bird-Headed-Dwarf Syn.: Seckel-Syndrom	autosomal rezessiv vererbt	Schwachsinn, Zwergwuchs, Vogelkopf, Mikrozephalie, Kraniosynostose, Schnabelnase, Hypognathie, Strabismus, Kyphoskoliose, Klinodaktylie, Daumenhypoplasie, Tendenz zur Gelenksluxation, Fehlen der Patella oder andere Knochendefekte, ferner Nierenmißbildungen, genitale Anomalien		Therapie: symptomatisch

Krankheitsbezeichnung	Ätiologie	Klinische Symptome	Weitere Befunde und Diagnostik	Therapie/ Verlauf/ Prognose
Williams-Beuren-Syndrom Syn.: Elfin facies syndrome	sporadisches Auftreten	Schwachsinn, Koboldgesicht, tiefe Stimme, leichter Minderwuchs, Gebißanomalien, fakultativ Klinodaktylie und hypoplastische Nägel. Oft intrakardiale Mißbildungen sowie Arterienstenosen	Komplikation: Hyperkalzämie, Nephrokalzinose mit Niereninsuffizienz	Therapie: symptomatisch
Zerebrohepatorenales Syndrom Syn.: Zellweger-Syndrom	autosomal rezessive Vererbung	psychomotorische Retardierung, ZNS-Mißbildungen (Makrogyrie und Polymikrogyrie), kraniofaziale Anomalien mit hoher Stirn, saggitaler Kraniostenose, klaffenden Nähten, Hypertelorismus, Epikanthus, abnorme Ohrmuscheln. Brushfield-Flecken, Mikrophthalmie, Hornhaut und Linsentrübungen. Hepatosplenomegalie mit Ikterus, Zirrhose und intestinalen Blutungen, kortikale Nierenzysten, Herzvitien. Klumpfüße, Kamptodaktylie; Komplikation: Epilepsie	erhöhtes Serumeisen und EBK, Albuminurie, evtl. Hypoprothrombinämie und Hypoglykämie	Therapie: symptomatisch Prognose: häufig Tod an Aspirationspneumonie im frühen Säuglingsalter
Zerebraler Gigantismus Syn.: Sotos-Syndrom	sporadisches Auftreten	häufig Schwachsinn, Koordinationsstörungen, passagerer Großwuchs in den ersten Lebensjahren mit großen Händen und Füßen, vergrößertem Schädel mit moderater Prognathie, vorzeitiger Dentition Komplikationen: Kyphoskoliose, Epilepsie	unspezifische EEG-Veränderungen; oft leichter Hydrocephalus internus ohne Druckerhöhung avanciertes Skelettalter	Therapie: symptomatisch

Intelligenzminderungen bei meist erworbenen Erkrankungen des Zentralnervensystems („infantile Zerebralparesen")

Embryo- und Fetopathien

Gynäkologische Komplikationen
Ionisierende Strahlen
Infektionen: konnatale Toxoplasmose
konnatale Zytomegalie
Listeriose
Lues connata
Rötelnembryopathie
Internistische Grunderkrankungen der Mutter, Medikamenten-, Chemikalien-, Genußmittelabusus der Mutter während der Schwangerschaft, Alkoholembryopathie

Perinatale Faktoren

Kernikterus in der Neugeborenenperiode
Perinatale Hypoxien

(Peri- und) postnatale Faktoren

Hirnschädigung durch zirkulatorische Schädigungen
Hypoglykämien

Postnatale Faktoren

Schädel-Hirn-Traumen
Verbrennungen
Vergiftungen
Zerebrovaskuläre Erkrankungen
Zirkulatorische Schädigungen

Infektionen des ZNS:
- eitrige Meningitiden und Meningoenzephalitiden, Hirnabszeß
- nichteitrige Meningitiden und Meningoenzephalitiden

  Slow-Virus-Erkrankungen:
  Kuru
  Morbus Schilder
  (diffuse periaxiale Enzephalitis)
  Progressive multifokale Leukoenzephalopathie
  Progressive Röteln-Panenzephalitis
  Subakut sklerosierende Panenzephalitis (SSPE)

Tumoren
Histiozytosen

Exkurs:

Formen des Hydrozephalus (Exkurs 1)
Infantile Zerebralparesen (Exkurs 2)

Krankheitsbezeichnung	Ätiologie	Klinische Symptome	Weitere Befunde und Diagnostik	Therapie/ Verlauf/ Prognose
Embryo- und Fetopathien durch gynäkologische Komplikationen	Rh-Inkompatibilitäten mit Rh-Erythroblastose, Plazentainsuffizienz. Placenta praevia mit stärkeren Blutungen, Mehrlingsschwangerschaft, uterine Malformationen und Tumoren, Versuch einer artifiziellen Beendigung der Schwangerschaft	bei den genannten gynäkologischen Komplikationen kann es über unterschiedliche Mechanismen zu einer Fruchtschädigung mit Hirnschaden kommen	Diagnostik und Therapie je nach gynäkologischer Komplikation	
Embryo- und Fetopathien durch ionisierende Strahlen	Ausmaß der Schädigung ist abhängig vom Zeitpunkt und der Dosis der intrauterinen Bestrahlung	schwerste Mißbildungen des Neurokraniums, der Augen, des Skeletts und – seltener – innerer Organe sind beschrieben. Am häufigsten fanden sich Mikrozephalie, geistige Retardierung, Mikrophthalmie und Minderwuchs	Anamnese: Strahlenexposition der Mutter	Therapie: symptomatisch, Prophylaxe: strenge Indikationsstellung von Röntgenaufnahmen während der Schwangerschaft
Embryo- und/oder Fetopathien durch infektiöse Erkrankungen der Mutter während der Schwangerschaft	als Ursache kommen zahlreiche Virusinfektionen in Betracht, u. a.: Röteln* Zytomegalie* Hepatitis epidemica Influenza Herpes simplex und Herpes zoster Echoviren Mumps ferner bakterielle Infektionen, u. a.: Lues (Syphilis)* Listeriose* Leptospiren	je nach Erreger, Zeitpunkt und Schwere der Erkrankung unterschiedlich. Es kann ein gesundes Kind auf die Welt kommen, aber auch ein geschädigtes, wobei der Grad der Schädigung variiert. Zudem kann das Neugeborene an zunehmender Progredienz und Generalisation der Infektionskrankheit leiden im einzelnen können sich einstellen: geistige Retardation, Mikrozephalie, Hydrozephalus, Krämpfe, intrakranielle Verkalkungen, Herzfehler, Zahnveränderungen, Hepatitiden, Pneumonien, Anämien, Lähmungen, progrediente Meningitiden und Meningoenzephalitiden und andere Symptome In der Spalte „Ätiologie" sind die mit * markierten Krankheitsbilder als be-	Anamnese und klinische Diagnostik einschließlich neuroradiologische Verfahren (Darstellung von intrakraniellen Verkalkungen, bzw. eines Hydrozephalus) virologische, serologische und bakteriologische Untersuchungen	Therapie: bei Virusinfektionen symptomatisch bei bakteriellen Erkrankungen und Parasitosen erregerspezifische Therapie

Krankheitsbezeichnung	Ätiologie	Klinische Symptome	Weitere Befunde und Diagnostik	Therapie/ Verlauf/ Prognose
	Typhus Rocky Mountain spotted Fever Tuberkulose bei Pyelonephritis, Pneumonien, Sepsis der Mutter weiter bei Parasitosen, u. a.: Toxoplasmose* Malaria Chagas-Erkrankung	sonders wichtig und gefährdend herausgestellt		
Konnatale Toxoplasmose	meist bei Erstinfektion der Mutter nach kurzdauernder Parasitämie hämatogene Infektion des Fetus. Diaplazentare Übertragung im 2. Teil der Schwangerschaft Erreger: Toxoplasma gondii	Kinder meist unreif und untergewichtig. Klinische Symptome variieren nach Krankheitsstadium, in dem sich die Kinder bei Geburt befinden: a) fortgeschrittenes Stadium mit chronischer oder abgelaufener Encephalitis toxoplasmotica: Oligophrenie, intrakranielle Verkalkungen, Hydrozephalus, Chorioretinitis centralis b) Stadium der Generalisation: Atemnotsyndrom, interstitielle Pneumonie, Hepatosplenomegalie, Ikterus, Myokarditis, thrombozytopenische Purpura, Exantheme, floride Enzephalitis mit Apathie, Koma und Krämpfen, Chorioretinitis	röntgenologisch: intrakranielle Verkalkungen Funduskopie: chorioretinitische Verkalkungen neuroradiologische Verfahren: Darstellung des Hydrozephalus serologisch: positiver Sabin-Feldmann-Test und KBR	Therapie: kombinierte Sulfonamid-Daraprim-Behandlung Prognose: schlecht, Letalitätsziffern zwischen 30 und 50%. Von den Überlebenden zeigen 90% schwere geistige Defekte, Sehstörungen, zerebrale Krampfanfälle, Taubheit, Lähmungen
Konnatale Zytomegalie	selten Embryopathie, häufiger Fetopathie	generalisierte Zytomegalie: Hepatosplenomegalie mit verstärktem und prolongiertem Ikterus, Meningoenzephalitis und Mikrozephalie, langsam wachsender Hydrozephalus, paraventrikuläre Hirnverkalkungen. Schwere psychomotorische Retardierung, tonisch-klonische Krämpfe, athetoide Bewegungsunruhe, Anämie, gelegentlich Petechien mit oder ohne Thrombozytopenie, Beteiligung des Respirationssystems mit Pharyngitis, Pneumonie, Bronchitis	Nachweis von Riesenzellen in Urin und Speichel Serologische Diagnostik: Bestimmung spezifischer IgM-Antikörper, Titeranstieg komplementbindender und neutralisierender Antikörper	Therapie: Die Therapie mit dem Virostatikum Cytosinarabinosid (Alexan) ist noch im Stadium der Erprobung Verlauf/Prognose: Neugeborene weisen bei der Geburt keine, leichte oder schwere Schädigungen auf; in etwa 5% der Fälle ist die Infektion generalisiert und schwer

Krankheits-bezeichnung	Ätiologie	Klinische Symptome	Weitere Befunde und Diagnostik	Therapie/ Verlauf/ Prognose
Listeriose	diaplazentare Übertragung in der 2. Schwangerschaftshälfte Erreger: Listeria monocytogenes, Anthropozoonose	schweres septisches Zustandsbild mit Krämpfen, Apathie, später Koma. Hepatosplenomegalie, Ikterus, grauzyanotischer Hautverfärbung, Pneumonie, Enteritis, Lymphknotenschwellungen, Keratokonjunktivitis, Harnwegsinfektion, stecknadelkopfgroße Papeln der Haut, Meningitis mit meningoenzephalitischen Erscheinungen; als Residualsymptom nach einer Listerienmeningitis entwickelt sich häufig ein Hydrozephalus	Erregernachweis im Blut, Liquor, Urin, Rachen- und Konjunktivalabstrich sowie Mekonium positive KBR pathoanatomisch: miliare Nekrosen, feine Granulome in Milz und Leber Röntgen der Lunge: kleinfleckige, diffuse Verschattung	Therapie: Penicillin 1 000 000E/kg und Tag in der Neugeborenenperiode sowie Erythromycin 30 mg/kg und Tag Breitbandantibiotika Sulfonamide Prognose: oftmals Totgeburten oder Frühgeburten mit Tod in den ersten Lebenstagen. Prognose abhängig von frühzeitigem Therapiebeginn
Lues connata	diaplazentarer Infektionsübertritt vom 4. Fetalmonat an (frühester Termin) Erreger: Treponema pallidum	neben allgemeinen Symptomen wie Sattelnase, Rhagaden um den Mund, Rhinitis syphilitica, syphilitisches Pemphigoid mit bevorzugter Lokalisation an Hand- und Fußtellern, viszeraler Symptomatik mit Hepatosplenomegalie, Hyperbilirubinämie, Anämie, Erythroblastose, Nierenbeteiligung mit dem Bild eines nephrotischen Syndroms oder einer Glomerulonephritis, Periostitis sowie den später sichtbaren Zahndefekten (Hutchinson-Zähne), Gehörstörungen und interstitieller Keratitis kommt es zur Beteiligung des ZNS mit Meningitis serosa und nicht selten Hydrozephalusentwicklung. In späteren Jahren kann bei unbehandelten Kindern eine progressive Paralyse oder eine Tabes dorsalis entstehen. Die konnatale Lues war in der Vergangenheit eine der häufigsten Ursachen geistiger Retardation	Liquor: mäßige Pleozytose und Eiweißerhöhung Nachweis des Treponema pallidum mit dem Dunkelfeldverfahren oder dem Phasenkontrastmikroskop in Sekreten der Haut- und Schleimhautsyphilide. Serolog. Diagnostik: TPHA-Test FTA-ABS-Test TPI-Test	Therapie: 14 Tage lang 50 000 E/kg und Tag Procain-Penicillin i.m. oder 14 Tage 200 000 E/Tag oral Penicillin Achtung: einschleichende Dosierung wegen Gefahr einer Jarisch-Herxheimer-Reaktion Prognose: bei ca. 30% der unbehandelten Frauen Totgeburt, bei überlebenden Kindern häufig Frühgeburt
Rötelnembryopathie	Rötelninfektion in der 5.–20. Schwangerschaftswoche mit Virusschädigung verschiedener Organe des werdenden Kindes sowie Viruspersistenz bis ins Säuglingsalter mit noch fortschwelender Entzündung in zahlreichen Organen	Augenmißbildungen (ein- oder beidseitige Katarakte, Mikrophthalmie oder Glaukom), Innenohrschädigung verschiedenster Schweregrade (Schwerhörigkeit, Taubheit), Herzmißbildungen (bes. persistierender Ductus Botalli und Pulmonalstenose). Ferner Brachyzephalie oder andere Dyskranien, Enzephalomyelitis mit zum Teil schwersten konsekutiven Hirnschäden, Oligophrenie, pyramidale und extrapyramidale Störungen. Neonatale Hepatitis mit Hyperbilirubinämie, Anämie mit Thrombozytopenie, allgemeine Infektanfälligkeit, Entkalkung der Röhrenknochen	Röteln-KBR, Virusisolierung aus Sekreten und aus dem Urin	Therapie: frühzeitige Gabe von Hyperimmun-γ-globulin an erkrankte/exponierte schwangere Frauen Verhütung: prophylaktische Immunisierung von seronegativen Frauen vor der Schwangerschaft Prognose: neonatale Mortalität ca. 20%

Krankheits-bezeichnung	Ätiologie	Klinische Symptome	Weitere Befunde und Diagnostik	Therapie/ Verlauf/ Prognose
Embryo- und Fetopathien durch internistische Grunderkrankungen der Mutter	zahlreiche Erkrankungen kommen in Frage, so insbesondere Kardiopathien, schwere Anämien, Gestosen (insb. EPH-Gestose) Hormon- und Stoffwechselstörungen, insbesondere Diabetes mellitus, Malnutrition, tumoröse Erkrankungen, exogene Intoxikationen, Schock	bei den genannten Grunderkrankungen der Mutter kann es über unterschiedliche Mechanismen zu einer Fruchtschädigung mit Hirnschaden kommen	Diagnostik und Therapie je nach Grunderkrankung	
Embryo- und Fetopathien aufgrund von Medikamenten-, Chemikalien- oder Genußmittelabusus der Mutter während der Schwangerschaft	Teratogenität von Medikamenten, Chemikalien und Genußgiften: Teratogen: Thalidomid Zytostatika Androgene Steroide Stilböstrol Hydantoine Trimethadion Warfarin Organisches Quecksilber Alkohol Fraglich teratogen oder geringe teratogene Potenz: Amphetamine Phenmetrazin Salicylate (Aspirin) Sulfonylharnstoffe Thyreostatika Tuberkulostatika Chloramphenicol Tetracycline Actinomycin D Weibliche Sexualhormone Barbiturate Diazepam Meprobamat Chlordiazepoxid Halothan Chinin Lithiumsalze Heroin Nicotin	bei den sicher teratogenen Substanzen haben Aminopterin (Zytostatikum) Hydantoine, Trimethadion, organisches Quecksilber und Alkohol eine schädigende Wirkung auf das ZNS mit konsekutiver geistiger Retardierung. Wegen der großen sozialmedizinischen Bedeutung ist die Alkoholembryopathie im folgenden gesondert aufgeführt	Anamnese: Grunderkrankungen? Medikamenten-, Chemikalien- oder Genußmittelabusus	Therapie: symptomatisch Prophylaxe von entscheidender Bedeutung

Krankheitsbezeichnung	Ätiologie	Klinische Symptome	Weitere Befunde und Diagnostik	Therapie/ Verlauf/ Prognose
Alkoholembryopathie	nicht nur Vorkommen bei chronisch alkoholkranken schwangeren Frauen, auch schon leichter und mittelschwerer regelmäßiger Alkoholabusus in der Frühschwangerschaft führt in 30–50% zu Fruchttod oder zu irreparablen, z. T. schwerwiegenden Organmißbildungen des Kindes (u. a. an Hirn, Herz, Auge, Genitale) Zahl der alkoholabhängigen Frauen in der BRD derzeit ca. 200 000 bis 300 000 bei ca. 50% der Kinder chronisch alkoholkranker Mütter sind Schädigungen im Sinne der Alkoholembryopathie zu erwarten Mütter von Kindern mit Embryopathia alcoholica können, wenn sie abstinent geworden sind, weitere gesunde Kinder bekommen	Symptomatik der Alkoholembryopathie (aus *Bachmann* et al.) Symptome – Häufigkeit Intrauteriner Minderwuchs 90% Mikrozephalus 85% Statomotorische und mentale Retardierung 88% Hyperaktivität 71% Epikanthus 69% Ptosis 45% Blepharophimose 12% Antimongoloide Lidachsen 32% Verkürzter Nasenrücken 53% Nasolabialfalten 72% Schmales Lippenrot 64% Hypoplasie der Mandibel 74% Hoher Gaumen 38% Anomale Handfurchen 76% Klinodaktylie V 54% Kamptodaktylie 17% Endphalangen-, Nagelhypoplasie 13% Supinationshemmung 17% Trichterbrust 30% Herzfehler 29% Anomalien des Genitales 46% Steißbeingrübchen 47% Hämangiome 11% Hernien 14% Urogenitalfehlbildungen 10% Die Ausprägung des Syndroms ist variabel. Grad I: oligosymptomatische Fälle mit fehlender bis leichter geistiger Retardierung, Minderwuchs, Mikrozephalie, Untergewicht Grad II: mittelschwer betroffene Kinder mit mäßiger geistiger Retardierung, leichter kraniofazialer Dysmorphie, Hyperexzitabilität Grad III: schwerstbetroffene Patienten mit fast allen oder allen in der obigen Tabelle aufgeführten Symptomen	Anamnese klinische Diagnostik	Therapie: symptomatisch, Prophylaxe von entscheidender Bedeutung eingetretene Schwangerschaft bei schwerem, unbeeinflußbarem Alkoholismus kann eine Indikation zur Schwangerschaftsunterbrechung darstellen
Kernikterus in der Neugeborenenperiode	Vorkommen bei: – Rh- und AB0-Inkompatibilitäten zwischen Mutter und Fetus – hämolytischen Anämien – Autoantikörperanämie der Mutter – Verabreichung von bestimmten Pharmaka, die beim Neugeborenen hämolytische	Manifestation der neurologischen Symptome bei unbehandelten Erythroblastosen zwischen dem 2. und 5. Lebenstag, bei den Frühgeborenen ein paar Tage später. Beim Morbus Crigler-Najjar können die ersten Symptome auch einmal erst nach Monaten sichtbar werden 1. Stadium der Bilirubinenzephalopathie: Kinder werden apathisch und hypoton 2. Stadium: Es stellen sich motorische Koordinationsstörungen und Reizerscheinungen ein 3. Stadium: Hier erfolgt der Übergang	Labor: Serumbilirubinkonzentration Diagnostik je nach vermuteter Grunderkrankung unterschiedlich	Therapie: bei vorhandener Bilirubinenzephalopathie symptomatisch wichtig sind prophylaktische, diagnostische und therapeutische Maßnahmen

Krankheits-bezeichnung	Ätiologie	Klinische Symptome	Weitere Befunde und Diagnostik	Therapie/ Verlauf/ Prognose
	Anämien hervorrufen können, wie z. B. Naphthalin, Chinin etc. – Verabreichung von Medikamenten, die das Bilirubin aus seiner Serumalbuminbindung verdrängen, wie z. B. Salicylate und Sulfonamide, ferner bei Azidose (Verdrängung des Bilirubins durch Wasserstoffionen) – Hemmung der Glucuronyltransferase durch Medikamente und Hormone	zu Apnoeanfällen, Erlöschen der Muskeleigenreflexe und Koma Restschäden: folgende Schäden werden einzeln oder in Kombination gefunden: – geistige und emotionale Störungen sind zumindest in mittelschweren Fällen immer zu finden – Taubheit mit nachfolgenden Sprachstörungen – extrapyramidale Bewegungsstörungen, hauptsächlich die oberen Extremitäten betreffend		
Kernikterus in der Neugeborenenperiode	Vorkommen bei: – bakteriellen und viralen Infektionen – Hypoglykämien, Hypoxien und geburtstraumatischen Blutungen – transitorischer Leberinsuffizienz (bevorzugt bei Frühgeborenen, Unreife der koppelnden Fermentsysteme) – Mißbildungen (Gallengangsatresie) – Stoffwechselstörungen (Crigler-Najjar-Syndrom, Galaktosämie)	– pyramidale Spastik – häufig Störungen der Augenmotorik – auch eine Epilepsie kann ein Residualsymptom sein		
Perinatale Hypoxien	Risikofaktoren, die während des Geburtsvorganges das Nervensystem schädigen können oder dem Kind statistisch eine schlechtere Ausgangsposition geben:	Zeichen einer geringen hypotoxischen Hirnschädigung sind in den ersten Lebenstagen Hyperexzitabilität, Zeichen einer mittelschweren hypoxischen Hirnschädigung sind meist Apathie und Lethargie, Zeichen einer schweren hypoxischen Hirnschädigung ist eine allgemeine Muskelrigidität mit fokalen neurologischen Symptomen oder ein komatöser Zustand mit extremer Hypotonie	s. unter infantile Zerebralparesen S. 129	Therapie: Behandlung des O_2-Mangels durch Schaffen freier Luftwege und Sauerstoffzufuhr, evtl. künstliche Beatmung Therapie und Prognose der Residualschäden s.

Krankheitsbezeichnung	Ätiologie	Klinische Symptome	Weitere Befunde und Diagnostik	Therapie/ Verlauf/ Prognose
	– sehr junge oder sehr alte Mutter, Erstgeburt – Anomalien der Plazenta – Nabelschnurkomplikationen – Anomalien der Wehentätigkeit – Mißverhältnisse zwischen kindlichem Kopf und Geburtskanal – Lageanomalien, insbesondere Beckenendlage – instrumentelle Entbindungen (Vakuumextraktion und Zange) – Mehrlingsgeburten – Narkose, Anästhesie und Beatmung der Mutter – nicht termingerechte Geburt	über die Residualschäden, die über Minimalschäden bis zu schweren anoxischen Destruktionen reichen, siehe unter „infantile Zerebralparesen"		unter infantile Zerebralparesen S. 129
Perinatale Hypoxien	Ursachen des fetalen O_2-Mangels sind: I. Vor Austritt des kindlichen Kopfes aus dem Geburtskanal: 1. schwere Herz-, Kreislauf und Lungenerkrankungen der Mutter 2. Plazentainsuffizienz und vorzeitige Lösung der Plazenta 3. Nabelschnurkomplikationen (Tumoren, Knoten, Umschlingung, Vorfall, Abriß) 4. Lang dauernde und häufige Uteruskontraktionen 5. Anämien bei fetomaternalen und fetofetalen Transfusionen, bei Erythroblasto-			

Krankheitsbezeichnung	Ätiologie	Klinische Symptome	Weitere Befunde und Diagnostik	Therapie/ Verlauf/ Prognose
	se oder bei Blutungen aus dem fetalen Kreislauf II. Nach Austritt des kindlichen Kopfes aus dem Geburtskanal: 1. Verlegung der Luftwege 2. Herz- und Kreislaufinsuffizienz oder Herzmißbildungen 3. Zentrale Atemlähmung a) Stammhirntrauma b) Narkose III. Unbekannte Ursache (in Deutschland gegenwärtig 20% aller Asphyxien)			
Hirnschädigung durch zirkulatorische Schädigungen	Vorkommen u. a. bei zerebrovaskulären Erkrankungen (s. S. 123) hypertensiver Enzephalopathie, zerebralen Embolien bei angeborenen Herzfehlern, als Fettembolie nach Unfällen als Luftembolie bei operativen Eingriffen, ferner bei der Caissonkrankheit; zerebrale Anoxie bei kardialem Versagen sowie bei Vergiftungen ferner Zirkulationsstörungen bei Polycythaemia vera und Leukosen und bei hämorrhagischen Diathesen Die hämorrhagische Diathesen und zerebrovaskuläre Erkrankungen sind tabellarisch gesondert aufgeführt	je nach Ausmaß und Lokalisation der zerebralen Blutung können unterschiedliche Defektsyndrome, die auch die Intelligenz und psychomotorische Entwicklung betreffen, zurückbleiben	Therapie und Diagnostik entsprechend der zugrundeliegenden Erkrankung	

Tabelle 3.**9** Zirkulatorische Störungen des Gehirns bedingt durch hereditäre hämorrhagische Diathesen (nach *Bachmann* et al.)

Koagulopathien	Thrombozytopenien	Thrombopathien	Vasopathien
Hämophilie A (Faktor-VIII-Mangel) Hämophilie B (Faktor-IX-Mangel) Faktor-V-,-VII-,-X-,-XI-,-XIII-Mangel Dys- oder Afibrinogenämie familiäre Hypo-und Dysprothrombinämie angeborene Mehrfachdefekte von Faktoren	amegakaryozytäre Thrombozytopenie mit und ohne Zusatzmißbildungen familiäre konstitutionelle Panmyelopathie (Fanconi-Anämie) Wiskott-Aldrich-Syndrom Thrombozytopenien bei hereditären Stoffwechselstörungen Thrombozytopenien mit normalen Megakaryozytenzahlen, besonders autosomal rezessive Formen May-Hegglin-Anomalie Steinbrinck-Chédiak-Higashi-Syndrom Bernard-Soulier-Syndrom (s. auch unter Thrombozytopathien)	v.-Willebrand-Jürgens-Syndrom Bernard-Soulier-Syndrom Syn.: Giant-platelet-Syndrom Thrombasthenie Syn.: Morbus Glanzmann-Naegeli	Morbus Rendu-Osler Syn.: Teleangiectatica hereditaria Ehlers-Danlos-Syndrom Marfan-Syndrom Down-Syndrom Groenblad-Strandberg-Syndrom, Syn.: Pseudoxanthoma elasticum

Tabelle 3.**10** Zirkulatorische Störungen des Gehirns bedingt durch erworbene hämorrhagische Diathesen (nach *Bachmann* et al.)

Koagulopathien	Thrombozytopenien	Thrombopathien	Vasopathien
a) Immunkoagulopathien mit therapeutisch verursachter Hemmstoffbildung oder spontan auftretender Hemmstoffbildung b) Produktionskoagulopathien c) Verbrauchskoagulopathien	a) durch Infiltration des Knochenmarks b) durch Infektionserkrankungen c) durch Medikamente d) durch gesteigerten Abbau Klassifikation von Thrombozytopenien infolge gesteigerten Abbaus nach *Sutor* und *Künzer:* I. *Neonatale Thrombozytopenien* 1. *Immunpathogenetisch bedingt* a) Isoimmunthrombozytopenie b) Purpura bei mütterlicher Immunthrombozytopenie (z. B. Medikamente während Gravidität) 2. *Nicht immunpathogenetisch bedingt* a) Thrombozytopenie des Frühgeborenen b Intrauterine und/oder neonatale Infektionen c) Erythroblastosis fetalis d) Riesenkavernom (Kasabach-Merritt-Syndrom) e) Nierenvenenthrombose II. *Thrombozytopenien des älteren Kindes* 1. *Immunpathogenetisch bedingt* a) Idiopathische thrombozytopenische Purpura b) Medikamentös bedingte Purpura c) Evans-Syndrom d) Lupus erythematodes disseminatus e) Lymphoproliferative Erkrankungen f) Posttransfusionelle Purpura 2. *Nicht immunpathogenetisch bedingt* a) Intravasale Gerinnung (Sepsis, Moschcowitz-Syndrom, hämolytisch-urämisches Syndrom, Waterhouse-Friedrichsen-Syndrom, Kasabach-Merrit-Syndrom, Purpura fulminans) b) Medikamentös-toxische Thrombozytopenie c) Vermehrte Sequestrierung (Hypersplenismus) d) Abnormer Verlust (multiple Transfusionen nach schwerem Blutverlust, extrakorporaler Kreislauf, zyanotische Herzvitien)	Begleitthrombopathien bei erworbenem Grundleiden wie z. B. Nierenerkrankung mit Urämie, schwere Lebererkrankung, myeloproliferative Erkrankungen, Lupus erythematodes Thrombozytopathien durch Medikamente, z. B. durch Acetylsalicylsäure, Dextrane, Methylxanthine, Pyrimido-Pyrimidin-Derivate, Dipropylessigsäure (Ergenyl)	Purpura Schoenlein-Henoch Spielformen der allergischen Vaskulitis, wie z. B. Purpura fulminans, Purpura necroticans, Purpura pigmentosa progressiva, Periarteriitis nodosa

Krankheitsbezeichnung	Ätiologie	Klinische Symptome	Weitere Befunde und Diagnostik	Therapie/ Verlauf/ Prognose
Hypoglykämien	a) exogene Hypoglykämie: am häufigsten beim behandelten Diabetes mellitus, wenn ein Mißverhältnis zwischen gespritzter Insulindosis und Nahrungsaufnahme besteht; ferner bei ungewöhnlichen körperlichen Belastungen b) endogene Hypoglykämien: – in der Neonatalperiode als Übergangsstörung vor allem bei Frühgeborenen – familiäre idiopathische Hypoglykämie, Syn. Mc Quarrie-Syndrom – leucinempfindliche Hypoglykämie – ketotische Hypoglykämie bei azetonämischem Erbrechen – Inselzellhyperplasie bei Neugeborenen von diabetischen Müttern – schwere Erythroblastose – Azidose z. B. bei Atemnotsyndrom oder Toxikose – NNR-Insuffizienz (Morbus Addison) – adrenogenitales Syndrom (hypoglykämische Krisen) – Fruktoseintoleranz – Galaktosämie – Ahornsirupkrankheit – Glykogenspeicherkrankheiten – Hypothyreose, Athyreose – Inselzelladenome – STH-Mangel und generalisierte Hypophysenvorderlappeninsuffizienz	jede schwere, langdauernde oder wiederholte Hypoglykämie kann zu einer Hirnschädigung und zur Intelligenzminderung führen	je nach vorhandener Grunderkrankung unterschiedlich	

Krankheitsbezeichnung	Ätiologie	Klinische Symptome	Weitere Befunde und Diagnostik	Therapie/ Verlauf/ Prognose
Schädel-Hirn-Verletzungen	Commotio cerebri Contusio cerebri Concussio cerebri Compressio cerebri epidurales Hämatom sowie akutes und chronisches subdurales Hämatom, intrazerebrales Hämatom	posttraumatische Defektzustände je nach Lokalisation und Ausmaß der Verletzung unterschiedlich. Unter anderem können Beeinträchtigung der Intelligenz, emotionelle Labilität, aphasische, agraphische, alektische und apraktische Störungen sowie neurologische Ausfälle zurückbleiben. Als Komplikation kann sich eine posttraumatische Epilepsie einstellen, ferner ein Hirnabszeß, eine Meningitis und Meningoenzephalitis, eine Liquorfistel	für Begutachtungsfragen: Erhebung der Unfallanamnese, Zeitpunkt des Auftretens postkommotioneller Beschwerden hinsichtlich Charakter und Intensität, neurologische Untersuchung, psychologische Testung und Dokumentation der pathologischen Untersuchungsbefunde	Therapie: im akuten Stadium symptomatisch frühzeitiger Beginn von Rehabilitationsmaßnahmen wichtig Prognose: Je länger die initiale Bewußtlosigkeit gedauert hat, um so häufiger wird eine posttraumatische Enzephalopathie beobachtet
Verbrennungen	Durch die Verbrennung kommt es zu einer Lokalschädigung durch eine Koagulationsnekrose und zu einer Fernwirkung über die Freisetzung vasoaktiver Mediatoren	bei 10–15% der kindlichen Verbrennungen kommt es zu zentralnervösen Störungen, meist durch Hirnödem. Respiratorische Insuffizienz, metabolische Azidose, Hyperglykämie und hyperosmolares Koma können weiter zu einer Schädigung des ZNS führen. Die Spätfolgen entsprechen den unter infantilen Zerebralparesen aufgeführten Symptomen (S. 129)	die Stoffwechselveränderungen mit erheblichem Kalorienverlust, Eiweißverlust, kataboler Stoffwechselsituation, gesteigerter Verdunstung etc. sind bei der Infusionstherapie zu beachten.	Therapie: eine rasch einsetzende adäquate Infusionstherapie ist entscheidend für den Verlauf und Ausgang Therapie der Residualsymptome
Vergiftungen	I. Akute Vergiftungen: Ursache akuter Vergiftungen ist in 90% das Kind selbst, das Prädilektionsalter ist das 2.–4. Lebensjahr Stoffgruppen, die zu den häufigsten und/oder schwersten Intoxikationen bei Kindern führen, sind nach *Bachmann* et al.: – Analgetika – Antipyretika – Antiemetika – Antitussiva – Sedativa und Hypnotika – Neurovegetativa – Thymoleptika (Antidepressiva) – Tranquilizer – Amphetamine – Alkohol – Insektizide – Herbizide – Reinigungsmittel – Brennstoffe – Treibgas von Spraydosen – Geruchstoffe – giftige Gase	klinische Kriterien zur Erkennung und Beurteilung akuter und subakuter Vergiftungen s. Lehrbücher der Toxikologie bzw. Kinderheilkunde wichtig ist, daß die Empfindlichkeit gegenüber Giftstoffen beim unreifen und vorgeschädigten Gehirn erhöht ist. So führt z. B. Hexachlorophen bei Frühgeburten und bei Neugeborenen zu einer vakuolären Enzephalopathie, während ältere Kinder die gleiche Exposition komplikationslos vertragen. Das unreife und vorgeschädigte Gehirn zeigt besonders gegenüber folgenden Medikamenten eine erhöhte Empfindlichkeit: Hexachlorophen, ätherische Öle, Morphiate, Hydantoine, Phenothiazine, Cocain, Schwermetalle, LSD	Nachweis des Giftstoffes in der Magenspülflüssigkeit oder im Erbrochenen, im Urin, im Blut oder im Stuhl bei der Diagnostik einer Schädigung des ZNS durch die Vergiftung muß eine eventuelle Vorschädigung in Betracht gezogen werden	hinsichtlich der Therapie stehen Informations- und Beratungsstellen zur Verfügung

Krankheits-bezeichnung	Ätiologie	Klinische Symptome	Weitere Befunde und Diagnostik	Therapie/ Verlauf/ Prognose
Vergiftungen	II. Chronische Vergiftungen Stoffgruppen und Wirksubstanzen, die zu chronischen Vergiftungen des Zentralnervensystems führen, sind: Phenothiazine Butyrophenone (Neuroleptika): extrapyramidale Dyskinesien Hydantoine: Kleinhirnschädigung Vitamin A: Störung der Liquordynamik, „Pseudotumor cerebri" Blei: „Pseudotumor cerebri" Hg, HgCl (Kalomel) organische Hg-Verbindungen Schädigungen des N. opticus bewirken: Chloramphenicol Isoniacid Jodchloroxychinolin 8-Aminochinolin-Derivate d-Penicillamin Methanol Hg, HgCl, (Kalomel), organische Hg-Verbindungen	von den chronisch exogenen Intoxikationen des ZNS ist in der angloamerikanischen Literatur am bekanntesten die chronische Bleivergiftung, die beim Kind meist in Form einer Bleienzephalopathie verläuft und zur Intelligenzminderung führen kann. Initial finden sich Muskelkrämpfe und distale Analgesie. Der N. opticus kann auch erkranken	bei chronischer Bleiintoxikation: Laborbefunde: basophile Tüpfelung der Erythrozyten, Glykosurie und Albuminurie. Erhöhter Bleispiegel im Serum und Harn Röntgen: verstärkte Dichtelinien der Wachstumszonen auf dem Röntgenbild	Prognose: die Prognose der chronischen Bleivergiftung ist in der Regel günstig, die Rückbildung verläuft allerdings sehr langsam
Zerebrovaskuläre Erkrankungen – arteriovenöses Angiom – Aneurysma d. V. cerebri magna (Galeni) – sackförmiges arterielles Aneurysma – zerebrales Mikroangiom – venöse zerebrale Angiome – spontane arterielle Thrombosen	teils angeborene, teils erworbene Gefäßmißbildungen bzw. Erkrankungen	je nach Manifestation, Ausmaß und Lokalisation der Gefäßmißbildung bzw. Erkrankung kommt es zu unterschiedlichen klinischen Symptomen: neurologische Ausfallserscheinungen, Hirnblutungen, epileptische Anfälle, und Hydrozephalus es können unterschiedliche Defekte, die die geistige und psychomotorische Entwicklung beeinträchtigen, zurückbleiben	Diagnostik mittels Angiographie	Therapie: je nach klinischem Bild: operative Noteingriffe prophylaktische operative Eingriffe Behandlung des Hirnödems Antibiotika Antikoagulantien Antiepileptika Prognose: diese ist, je nach

Krankheitsbezeichnung	Ätiologie	Klinische Symptome	Weitere Befunde und Diagnostik	Therapie/ Verlauf/ Prognose
– Moyamoya-Syndrom – Embolien – Zirkulationsstörungen bei Hypertension – traumatische Hirnarterienverschlüsse – traumatisches Aneurysma dissecans – traumatische arteriovenöse Fistel – septische Thrombophlebitis – aseptische oder blande Venenthrombosen		hervorzuheben ist das Moyamoya-Syndrom, eine zunehmend häufiger beobachtete Erkrankung, die meist mit geistigem Entwicklungsrückstand einhergeht		Lokalisation, Ausmaß und klinischer Symptomatik, mit Zurückhaltung zu stellen
Eitrige Meningitiden und Meningoenzephalitiden Hirnabszeß	1. Eitrige Meningitiden und Meningoenzephalitiden: a) im Neugeborenenalter: hauptsächlich Escherichia coli, seltener andere gramnegative Keime b) jenseits der Neugeborenenperiode: Meningokokken, Pneumokokken, Haemophilus influenzae 2. Eitrige Enzephalitis (Hirnabszeß) Erregervielzahl, am häufigsten: hämolys. Streptokokken, Streptococcus faecalis, Staphylococcus aureus, Pneumokokken, verschiedene Proteusstämme, Pseudomonas aeruginosa und Haemophilus influenzae	eitrige Meningitiden: Residualsymptome wie spastische Lähmungen, intellektuelle und emotionale Störungen sowie Epilepsie können auftreten, bei allen eitrigen Meningitiden kann sich ein Hydrozephalus entwickeln eitrige Enzephalitis: klinische Symptome sowie Defektsyndrome richten sich nach Lokalisation und Ausmaß der Hirnabszesse, ferner auch nach dem Reifungsgrad des Gehirns. Mit geistigen und emotionalen Defekten, Lähmungen, Blindheit und Epilepsie muß gerechnet werden	eitrige Meningitiden: Diagnostik durch klinische Symptomatik, Liquoruntersuchungen, Erregerbestimmung eitrige Enzephalitiden: Bestimmung der Grundkrankheit, die zum Hirnabszeß geführt hat (fortgeleitete Infektionen vom Ohr, den Nasennebenhöhlen; hämatologische Metastasen bei eitrigen Infektionen von Haut, Lunge, Knochen, etc.; penetrierende Schädelverletzungen zur Lokalisationsbestimmung der Abszesse EEG und Computertomographie	Therapie: antibiotische Therapie, beim Hirnabszeß soweit als möglich Angehen der Grundkrankheiten Therapie der Residualsymptome je nach Art und Ausmaß des Defektsyndroms unterschiedlich Prognose: bei eitrigen Meningitiden: Sie ist am besten bei der Meningokokkenmeningitis, jedoch nach wie vor sehr schlecht beim ausgeprägten Waterhouse-Friderichsen-Syndrom. Sie ist weniger gut bei der Pneumokokken- und Influenzameningitis. Bei der letzteren kommt es häufiger zu Komplikationen, insbesondere zu subduralen Ergüssen und Schwerhörigkeit. bei eitriger Meningoenzephalitis (Hirnabszeß): Heilungschancen bestehen bei ca. 60%. Mit Residualsymptomen verschiedener Form muß gerechnet werden

Krankheitsbezeichnung	Ätiologie	Klinische Symptome	Weitere Befunde und Diagnostik	Therapie/ Verlauf/ Prognose
Nichteitrige Enzephalitiden/Enzephalopathien	1. Primäre Enzephalitis: virale Erkrankungen, bakterielle Erkrankungen, Pilzerkrankungen, parasitäre Erkrankungen 2. Sekundäre Enzephalitis: para-, postinfektiöse Enzephalitis, nach Schutzimpfungen 3. Enzephalitis durch physikalische Einwirkungen 4. Toxische Enzephalitis, Enzephalopathie: a) Enzephalopathien bei exogenen Vergiftungen siehe auch S. 122 b) Enzephalopathien bei endogenen Vergiftungen siehe auch unter Stoffwechselstörungen	entscheidenden Einfluß auf das klinische Bild des Defektsyndroms hat der Reifungsgrad des Gehirns, da das unausgereifte Gehirn eine größere Plastizität und Kompensationsfähigkeit besitzt. Im einzelnen können vorkommen: Intelligenzdefekte variierend zwischen leichtem Schwachsinn und hochgradiger geistiger Behinderung, isolierte aphasische Störungen besonders bei älteren Kindern, Konzentrationsstörungen, mangelnde Ausdauer, ungenügende affektive und motorische Steuerungsfähigkeit, resultierend Erziehungs- und Schulschwierigkeiten neurologische Defekte können in Reflexdifferenzen, schlaffen peripheren Lähmungen, Sensibilitätsstörungen, Hirnnervenlähmungen sowie spastischen Mono- und Hemiplegien bestehen; ferner kommen Visus- und Gesichtsfeldstörungen sowie Beeinträchtigungen des Hörsinns vor weiter können sich extrapyramidale Störungen wie Rigor, Tremor oder Choreoathetose, Zeichen des zerebellaren Befalls wie Gangataxien, Dysmetrien oder Störungen der Feinkoordination sowie dienzephale Symptome wie Adipositas, Störungen des Wachstums, der Genitalentwicklung, des Schlaf-Wach-Rhythmus und des Wasserhaushalts einstellen bei 20% der Patienten entwickelt sich nach mehrmonatigem oder mehrjährigem Intervall eine Epilepsie	Liquordiagnostik, virologische, serologische und immunologische Diagnostik, EEG, gegebenenfalls neuroradiologische Diagnostik, gegebenenfalls auch toxikologische Untersuchungen	Therapie: je nach Art und Ausmaß des Defektsyndroms unterschiedlich Prognose: eine Enzephalitis oder Enzephalopathie kann unabhängig von ihrer Ätiologie ausheilen, ein buntes Defektsyndrom hinterlassen oder tödlich enden. Eine Ausnahme macht die subakut sklerosierende Panenzephalitis: sie endet nach variablem Verlauf stets tödlich
Slow-Virus-Infektion: Subakute Enzephalopathien Kuru	nur bei einer kleinen Gruppe von Einwohnern in Neuguinea beschrieben häufig bei Frauen	Manifestation in der Kindheit mit Gangunsicherheit, Zittern, später anderen zerebellaren Symptomen und Demenz	pathoanatomisch: generalisierte Demyelinisation der Nervenfasern	Therapie: symptomatisch Prognose: progredientes Leiden, mit Tod innerhalb von Monaten bis wenigen Jahren
Slow-Virus-Infektion: Diffuse periaxiale Enzephalitis Morbus Schilder	ätiologisch und pathogenetisch werden die gleichen Hypothesen wie bei multipler Sklerose diskutiert	Beginn vor dem 10. Lebensjahr am häufigsten mit Hemiplegien oder Paraparesen, zerebralen Krampfanfällen, Persönlichkeitsabbau, Demenz, fakultativ Erhöhung des intrakraniellen Drucks, Hemianopsie und kortikale Blindheit; im Endstadium Rigidität und Dezerebration. Klinisches Bild sehr wechselnd, da sich die Veränderungen im Gehirn faktisch überall entwickeln können	Liquorveränderungen neuropathologisches Bild ähnlich der Multiplen Sklerose	Therapie: symptomatisch Prognose: Tod kann recht schnell eintreten, die Krankheit kann sich aber auch in schubartigem Verlauf über 5–10 Jahre hinziehen

Krankheits-bezeichnung	Ätiologie	Klinische Symptome	Weitere Befunde und Diagnostik	Therapie/ Verlauf/ Prognose
Slow-Virus Infektion: Subakute Enzephalomyelitiden: Progressive multifokale Leukenzephalopathie (PML)	seltene Komplikation im Verlauf einer lymphoproliferativen Erkrankung Ätiologie: Erreger sind Papovaviren: SV-40-PML-Virus und JC-Virus	multifokale neurologische Ausfälle, Paresen, gelegentlich bis zur Tetraplegie sich ausweitend, Gesichtsfelddefekte, Kleinhirnsymptome, Verwirrtheit, Demenz und Koma können auftreten	pathoanatomisch: multifokale demyelinisierende Herde, umgeben von abnormen Oligodendrogliazellen, teilweise mit intranukleären Einschlußkörperchen Liquor und Pneumenzephalogramm sind normal EEG: unspezifische Allgemeinveränderung	Therapie: symptomatisch
Slow-Virus-Infektion: Subakute Enzephalomyelitiden: Progressive Röteln-Panenzephalitis	bisher nur 4 Patienten in der Literatur beschrieben wahrscheinlich Persistenz des Rötelnvirus nach einer intrauterinen ZNS-Infektion	klinisch der subakut-sklerosierenden Panenzephalitis ähnlich, alle 4 Patienten hatten kongenitale Rötelndefekte und erkrankten mit 11–12 Jahren mit Leistungszerfall, Myoklonien, zerebellaren Ataxien, Pyramidenbahnzeichen und Krampfanfällen	pathoanatomisch: keine Einschlußkörper, meningeale und perivaskuläre Lymphozyten- und Plasmazellinfiltrationen, geringer neuronaler Zelluntergang, Gliaproliferation weitere Diagnostik siehe SSPE	Therapie: symptomatisch Prognose: Entwicklung des Krankheitsbildes über mehrere Jahre, dann letaler Exitus
Slow-Virus-Infektion: Subakute Enzephalomyelitiden: Subakute sklerosierende Panenzephalitis (SSPE)	seltenes, progredientes, chronisch-entzündliches, zentralnervöses Leiden Häufigkeit: 1 : 1 000 000, Knaben viermal häufiger betroffen als Mädchen Ätiologie: Erreger ist ein masernähnliches Virus, SSPE-Virus. Patienten mit SSPE haben im Kleinkindesalter akute Masern gehabt, sie erkranken 5–6 Jahre später an SSPE	Manifestation im Kindes- und Jugendalter mit progredientem Verfall des geistigen Leistungsvermögens (1. Stadium). Dann einsetzende neurologische Symptomatik mit extrapyramidalen Hyperkinesen und Tonussteigerungen der Muskulatur. Ferner können sich Tremor, plötzliche Tonusverluste, Nystagmus, skandierende Sprache und epileptische Anfälle sowie Makulopathie mit Papillenödem hinzugesellen (2. Stadium). Im 3. Stadium tritt nach vegetativen Krisen eine Dezerebrationsstarre und dann der Exitus letalis ein	EEG: im 2. Stadium der Erkrankung generalisierte synchrone Paroxysmen im Abstand von 6–12 Sekunden gleichzeitig mit den Hyperkinesen auftretend Liquor: normale Zellzahl normales oder nur gering erhöhtes Gesamteiweiß, signifikante Gammaglobulinerhöhung (isolierte IgG-Vermehrung) Liquor- und Serumproben zeigen ab dem 2. Stadium extrem hohe Masernantikörper pathoanatomisch: Einschlußkörper vom Typ A in Ganglien und Gliazellen, perivaskuläre Infiltration. Nervenzelluntergänge, Teilentmarkungen im Bereich der Großhirnmarklager, Proliferation von Mikro- und Makroglia	Therapie: symptomatisch; falls erforderlich Antiepileptika Prognose: Verlauf sehr wechselhaft, Krankheit kann nach Monaten, aber auch nach Jahren zum Tode führen

Krankheits-bezeichnung	Ätiologie	Klinische Symptome	Weitere Befunde und Diagnostik	Therapie/ Verlauf/ Prognose
Intrakranielle Tumoren Einteilung nach topographischen Gesichtspunkten nach *Bachmann* et al. A. Infratentorielle Tumoren 1. Kleinhirn, IV. Ventrikel: Medulloblastome Astrozytome Ependymome Seltene Tumoren: Hämangioblastome Sarkome Plexuspapillome Dermoide, Epidermoide 2. Hirnstamm, Pons: Astrozytome Spongioblastome (polare) Glioblastoma multiforme B. Supratentorielle Tumoren 1. Chiasma-Sella-Bereich: Kraniopharyngeome Optikusgliome 2. Mittelhirn, Corpus pineale, III. Ventrikel: Pinealistumoren Astrozytome Ependymome Arachnoidalzysten 3. Großhirnhemisphären: Astrozytome Glioblastome Ependymome Oligodendrogliome Seltene Tumoren: Meningeome Meningosarkome Plexuspapillome	Ätiologie: weitgehend unklar, sicher ist jedoch ein Teil der Tumoren embryonalen Ursprungs Häufigkeit: die Tumoren des ZNS sind nach den Leukämien die zweitgrößte Gruppe der Neoplasien. Das Risiko, bis zum Ende des 16. Lebensjahrs an einem Hirntumor zu erkranken beträgt 1 : 2000–3000; männliches Geschlecht häufiger betroffen (3 : 2) Lokalisation: 50% liegen intra- und 50% supratentoriell. Bis zum 3. Lebensjahr überwiegen supratentorielle, vom 3.–11. Lebensjahr infratentorielle und ab dem 12. Lebensjahr wieder supratentorielle Tumoren	Zeichen der intrakraniellen Drucksteigerung: Kopfschmerzen, Erbrechen, Stauungspapille, Augenmuskellähmungen, ungewöhnliches Schädelwachstum, Verhaltensauffälligkeiten. Ferner neurologische, neurohormonale und/oder neurovegetative Störungen. An Verhaltensstörungen zeigen die Kinder Reizbarkeit, Affektlabilität und Rastlosigkeit. Im späteren Stadium finden sich intellektuelle Leistungsminderung und Antriebsarmut, zuletzt Somnolenz und Koma wenn es zur Heilung kommt, ist in vielen Fällen mit psychisch-intellektuellen, endokrinen und neurologischen Defektzuständen zu rechnen	Röntgenleeraufnahme des Schädels EEG, Echoenzephalographie fakultativ: Hirnszintigraphie, Liquoruntersuchung, kraniale Computertomographie, Angiographie, Ventrikulographie die kraniale Computertomographie ersetzt zunehmend die Echoenzephalographie und die Hirnszintigraphie	Therapie: Operation, Bestrahlung, Zytostatika

Krankheits-bezeichnung	Ätiologie	Klinische Symptome	Weitere Befunde und Diagnostik	Therapie/ Verlauf/ Prognose
Histiozytosen: Morbus Hand-Schüller-Christian Morbus Abt-Letterer-Siwe	neoplastische Retikuloendotheliosen	akut-disseminierte Formen (Typ Abt-Letterer-Siwe) mit Beginn überwiegend im Kleinkindesalter und chronisch-disseminierte Histiozytosen (Typ Hand-Schüller-Christian) führen zur körperlichen Retardierung. Sie können auch zur geistigen Retardierung führen	beim Morbus Hand-Schüller-Christian in 40% Diabetes insipidus	Therapie: Strahlentherapie, bei Progredienz Zytostatika Prognose: Mortalität bei chronisch-disseminierten Formen in 10–30%, bei akut-disseminierten Verläufen in 30–60%
Formen des Hydrozephalus Exkurs 1	Ursachen des Hydrocephalus communicans/occlusus nach *Bachmann* et al.: Hydrocephalus communicans I. Konnatale Veränderungen 1. Spina bifida aperta 2. Arnold-Chiari-Syndrom 3. Hydranenzephalie 4. Osteogene Ursachen: Platybasie und/oder basiläre Impression 5. Entzündliche Reaktion der Leptomeningen a) Infektion b) Blutung II. Erworbene Veränderungen 1. Entzündliche Reaktionen der Leptomeningen a) Infektion b) Blutung c) Exogene Ursachen (Operation, Kontrastmittel) 2. Liquorüberproduktion beim Plexuspapillom 3. Gestörter venöser Abfluß bei Sinus- oder Venenthrombose (selten)	Prognose abhängig von der rechtzeitigen Shuntoperation. Trotz adäquater Behandlung kann man bei 50% der Kinder mit intellektueller Minderbegabung und Verhaltensstörungen rechnen, bei 30% Störungen der Grob- und Feinmotortik, selbst bei Kindern mit normalem IQ häufig Lern- und Schreibschwierigkeiten	bei 15% Entwicklung einer Epilepsie	Therapie: rechtzeitige Shuntoperation, evtl. Antiepileptika Prognose: diese ist abhängig von der Grunderkrankung Hydrozephalie mit zusätzlichen Mißbildungen wie Myelomeningozele haben eine schlechtere Prognose

Krankheitsbezeichnung	Ätiologie	Klinische Symptome	Weitere Befunde und Diagnostik	Therapie/ Verlauf/ Prognose
	Hydrocephalus occlusus I. Konnatale Veränderungen 1. Aquäduktstenose (-atresie) s. S. 92 a) Verengung allgemein b) Gabelung c) Membranbildung 2. Arnold-Chiari-Syndrom und Aquäduktstenose s. S. 92 3. Dandy-Walker-Syndrom s. S. 93 4. Raumfordernde Prozesse a) Zysten b) Gefäßanomalien c) Tumoren II. Erworbene Veränderungen 1. Aquäduktgliose (-stenose) 2. Entzündliche Reaktionen in inneren Hirnräumen a) Infektion b) Blutung c) Exogene Ursachen (Operation, Kontrastmittel)			
Infantile Zerebralparesen Exkurs 2	die Mehrzahl der aufgeführten, meist erworbenen Erkrankungen des ZNS werden, wenn die Noxe das unreife ZNS trifft, in der Literatur unter dem Begriff „infantile Zerebralparesen" aufgeführt die Häufigkeit beträgt: 1,5–2,5 : 1000, Knaben sind häufiger betroffen als Mädchen (55–60%) wesentliche Ursachen sind nach *Bachmann* et al.:	es liegt eine zentrale motorische Störung ohne Progredienz vor. Kennzeichnend für die meisten Syndrome zerebraler Bewegungsstörungen sind abnorme Muskelspannung, die abnorme Koordination von Bewegungsabläufen, das den Bewegungsabläufen entsprechende veränderte Bewegungsempfinden. Nach den befallenen Körperteilen lassen sich Tetraplegien, Diplegien, Paraplegien, bilaterale Hemiplegien und seltene Monoplegien unterscheiden. Seitens der Qualität der Bewegungsstörungen werden spastische Paresen, athetoide Syndrome, hypo- oder atonische Syndrome, Tremorformen, Rigorsyndrome und Pseudobulbärparalysen unterschieden. Bei 30–50% der Kinder finden sich Beeinträchtigungen der Intelligenz, 25% sind geistig behindert die Beeinträchtigungen der Intelligenz sind häufig bei den Hemiplegien, bei atonischen Syndromen und Rigorsyn-	Früherkennung wichtig, um rechtzeitig eine funktionelle Kompensation anzubahnen Diagnostik: eingehende klinische neurologische Untersuchung, Anamnese (niedriger Optimalitätsscore, Risikofaktoren), Echoenzephalographie, neuroradiologische Verfahren, insbesondere axiale Computertomographie EEG für die Diagnostik der infantilen Zerebrallähmung ohne Bedeutung	Therapie: Physiotherapie nach Bobath, Vojta Beschäftigungstherapie (Übung feinmotorischer Funktionen, Perzeptionstraining nach Frostig etc.) logopädische Behandlung orthopädische Maßnahmen in vereinzelten Fällen medikamentöse Therapie zur Beeinflussung einzelner Symptome (z. B. Muskeltonus) Therapie: wichtig ist die

Krankheitsbezeichnung	Ätiologie	Klinische Symptome	Weitere Befunde und Diagnostik	Therapie/ Verlauf/ Prognose
	Pränatale Faktoren (etwa 50–60%): Genetisch bedingte Anlagestörung, Infektionen (Zytomegalie, Röteln, Toxoplasmose), Stoffwechselkrankheiten der Mutter (Diabetes mellitus), Blutgruppenunverträglichkeit (Morbus haemolyticus), fetale Hypoxie (mütterliche Hypoxie, Plazentainsuffizienz), fetale Hirnblutungen (Traumen, hämorrhagische Diathese der Mutter, Schwangerschaftstoxikose), Gefäßverschluß, Strahlenschädigung Perinatale Faktoren (etwa 30–40%): Perinatale Hypoxie (Frühgeburt, Obstruktion der Luftwege, Atemnotsyndrom anderer Ursache, Placenta praevia, Steißlagengeburt, Nabelschnurumschlingung usw.), Einwirkung von Medikamenten, Hirnblutung und Hirnverletzung (abnormer Geburtsverlauf, plötzliche Druckschwankungen, Mangelgeburt, Anämien, hämorrhagische Diathese usw.), Kernikterus bei Bilirubin-Enzephalopathie	dromen, selten bei den Diplegien, Pseudobulbärparalysen und den rein athetoiden Formen. Darüber hinaus finden sich häufig Teilleistungsschwächen, also partielle Intelligenzstörungen ebenfalls zentral bedingt finden sich bei 60–70% der Kinder Sprechstörungen, bei einem kleineren Anteil Sprachstörungen, bei 25–30% Hörstörungen, bei 40–50% Sehstörungen, bei einem kleineren Anteil Sensibilitätsstörungen bei 30–50% zerebralparetischer Patienten treten Krampfanfälle auf. Die Krampfanfälle kommen am häufigsten bei hemiplegischen, am seltensten bei dyskinetischen Syndromen vor	Spezialuntersuchungen zur Prüfung der Sinnesfunktionen psychologische Testverfahren	psychosoziale Betreuung der Familie Prognose: abhängig vom Ausmaß der körperlichen und geistigen Beeinträchtigung. Ca. ¼ der Patienten erreicht eine weitgehend selbständige Lebensführung

Krankheitsbezeichnung	Ätiologie	Klinische Symptome	Weitere Befunde und Diagnostik	Therapie/ Verlauf/ Prognose
	Postnatale Faktoren im Kleinkindesalter (etwa 10%): Infektionen (Meningoenzephalitis, Enzephalopathie), Gefäßstörungen (Thrombosen, Embolien, Blutungen), Traumen (Contusio cerebri). Intoxikationen, Stoffwechselkrisen, Raumfordernde Prozesse, Hypoxie verschiedener Ursachen Häufig Kombination verschiedener Faktoren („Noxenkette")			

Die Entwicklung von Kindern und Jugendlichen mit Varianten der Intelligenz: Prävention, Therapie und Rehabilitation

Im gesamten Kapitel war von der Intelligenzminderung als nosologische Einheit nicht die Rede, weil vermieden werden sollte, daß ihre Träger als Sondergruppe außerhalb des Kontinuums der Varianten der Intelligenz betrachtet werden. Dem entspricht, daß es für Intelligenzminderungen keine eigentliche Therapie gibt, lediglich teilweise Prävention möglich ist. Überwiegend bezieht sich diese Prävention jedoch nicht auf die Intelligenzminderung selbst, sondern auf die Störung oder Erkrankung oder auf die besonderen Umstände, aus der sie sich ergibt. Deren Prävention wird deswegen nachstehend gesondert besprochen, anschließend folgen Hinweise auf präventive Maßnahmen bei bestehender Grundkrankheit, die die Ausbildung der Intelligenzminderung verhindern sollen, dann Hinweise zur psychiatrischen Morbidität bei unterschiedlichen Varianten der Intelligenz und schließlich ein Abschnitt über tertiäre Prävention bzw. Psychohygiene, also über Maßnahmen zur Verhütung von kinderpsychiatrisch relevanten Folgestörungen bei den behandelten Varianten intelligenten Verhaltens.

Primäre Prävention von Zuständen, die zu Intelligenzminderungen führen können

Genetische Beratung und ihre Konsequenzen

Gegenstand der genetischen Beratung ist eine vermutete oder nachgewiesene *Chromosomenstörung* – ob ererbt oder neu aufgetreten – oder eine Intelligenzmängel nach sich ziehende *Stoffwechselstörung* oder ein solches Syndrom, deren Wiederholungsrisiko jeweils geschätzt werden soll. Die Beratung basiert auf einer ausführlichen Anamnese mit Erstellung eines Stammbaums. Sie soll vor dem Eintritt einer Schwangerschaft bei Erbkrankheiten innerhalb der Verwandtschaft, bei Müttern mit mehreren Fehlgeburten und bei Verwandtenehen durchgeführt werden. Nur dann können die Konsequenzen nämlich als präventive Maßnahmen im eigentlichen Sinne betrachtet werden.

Durch kontrazeptives Vorgehen bis hin zur Sterilisation wird dem Auftreten von Neuerkrankungen bei leiblichen Kindern der beratenen Partner (also den Eltern und Verwandten eines intelligenzgeminderten Kindes, Jugendlichen oder Erwachsenen) vorgebeugt. Bei eingetretener Schwangerschaft ist die pränatale Diagnostik durch Amniozentese mit anschließendem Nachweis einer Chromosomen- oder Stoffwechselanomalie an fetalen Zellen, an Zellkulturen oder im Fruchtwasser möglich. Der bei Nachweis eines Erbleidens beim Fetus der ethischen Entscheidung der Eltern überlassene Schwangerschaftsabbruch ist aber keine eigentlich vorbeugende Maßnahme, sondern verringert die Krankheitshäufigkeit unter den Lebenden durch Beseitigung des Krankheitsträgers, ist also ein Eingriff, der aus persönlicher Entscheidung gerechtfertigt sein mag, niemals aber aufgrund von Kosten-Nutzen-Erwägungen vorgenommen werden kann, die selbstverständlich zugunsten der pränatalen Diagnostik ausfallen müssen. Weil die Vermeidung von menschlichem Leid und gesellschaftlicher Belastung durch die Eliminierung erkrankter Individuen ärztlicher Ethik widerspricht, kann es sich bei solchen Schwangerschaftsabbrüchen nicht um aus ärztlicher Ethik gebotene Eingriffe handeln.

Genetische Beratung bei eingetretener Schwangerschaft wird wegen des erhöhten Risikos für Chromosomenstörungen bei Schwangeren jenseits des 35. Lebensjahres angeraten, weil dort das Risiko für Fehlbildungen über das mit 1–2% angegebene allgemeine Fehlbildungsrisiko bei Neugeborenen hinaus steigt. Pränatale Diagnostik bei bestehender Schwangerschaft ist nicht bezüglich aller zu Intelligenzminderungen führenden Erkrankungen möglich. Sie wird vorzugsweise bei Müttern im fortgeschrittenen Alter, die bereits Kinder mit Down-Syndrom geboren haben, beim Vorliegen verdeckter Chromosomenstörungen, bei einzelnen Stoffwechseldefiziten, bei Kindern oder Elternteilen mit Spina bifida und bei Müttern, die Konduktorinnen für X-chromosomal rezessive Erbleiden sind, durchgeführt. Ethisch zweifelhaft erscheint dieses Vorgehen trotz elterlichen Wunsches, wenn damit die Geburt eines gesunden Kindes erzwungen werden soll, d. h. Schwangerschaften so lange abgebrochen werden, bis die Geburt eines unbelasteten Kindes zu erwarten ist.

Neben der genetischen Beratung vor eingetretener Schwangerschaft sind die Rötelnschutzimpfung von Mädchen vor dem fortpflanzungsfähigen Alter, die die Rötelnembryopathie verhindert, und die Immunisierung von rhesusnegativen Müttern, die der Bildung von Rhesusantikörpern und damit der Rhesusunverträglichkeit und ihren Folgen vorbeugt, primär-präventive Maßnahmen zur Verhinderung von Intelligenzminderungen.

Schwangerschaftsvorsorge

Durch die Betreuung von Schwangerschaften, insbesondere solcher gefährdeter Mütter, läßt sich das Risiko prä- und perinatal entstandener Schwangerschaftskomplikationen, die häufig bei der Entstehung von Intelligenzminderungen infolge von Hirnschädigungen zusammenwirken, senken. Vor allem wird dadurch das Risiko von Frühgeburtlichkeit und Eklampsie günstig beeinflußt. Andere, zum großen Teil vermeidbare Risiken für das Ungeborene bestehen in Röntgenstrahlen, Verordnung bestimmter Medikamente an die Mutter sowie Alkoholmißbrauch, die zu Mißbildungen führen können. Die Vermeidung von Nikotin senkt die Frühgeburtlichkeitsrate, ausreichender Impfschutz der Mütter, Verminderung des Infektionsrisikos und Behandlung bestehender Infektionen, die auf den Fetus übertragen werden können, mindern die Mißbildungs- und Hirnschädigungsrate ebenfalls. Bekannt ist, daß Schwangerschaftsvorsorgemaßnahmen in unterschiedlichem Maß in Anspruch genommen werden und daß sehr junge Mütter, ledige Mütter und solche aus sozialen Grundschichten sowie aus Randgruppen von ihnen am wenigsten profitieren.

Betreuung von Risikokindern und Vorsorge für Risikokinder

Gleichsinnigen Zielen dient die sorgsame Leitung von Geburten, für die ein komplizierter Verlauf zu erwarten ist. Sie sollen nach Möglichkeit in dafür spezialisierten Kliniken, die eng mit pädiatrischen oder neonatologischen Zentren zusammenarbeiten, erfolgen. Als Folgen geburtshilflicher Risiken gelten insbesondere Plazentainsuffizienz, fetaler Disstreß bzw. hypoxämische Zustände intra partum sowie intrakranielle Blutungen beim Neugeborenen. Maßnahmen der Geburtsüberwachung, Geburtseinleitung, schonenden Geburtsleitung oder apparativen Entbindung vermögen das Schädigungsrisiko zu senken, wirken aber auch auf die Säuglingssterblichkeit. Es muß deswegen das Ziel solcher Maßnahmen sein, auch die Zahl der Lebendgeborenen mit Residualschädigungen möglichst gering zu halten. Nur noch begrenzte Bedeutung hat bei der heute möglichen Immunisierung der Mütter der Blutaustausch nach Blutgruppeninkompatibilität.
Frühgeborene, Mangelgeborene und Neugeborene nach komplizierten Geburtsverläufen bedürfen in der ersten Lebenszeit besonderer Betreuung und Fürsorge, die sich beim Fortbestehen von Risikosymptomen für eine auffällige Entwicklung, insbesondere von Zeichen einer zentralen Koordinationsstörung, über das erste Lebensjahr hinaus erstrecken muß. Die gesetzlich geförderten Vorsorgeuntersuchungen bilden dafür eine in diesem Alter auch noch reichlich in Anspruch genommene Basis und führen zu verschiedenen Maßnahmen der Frühbehandlung und Frühförderung, von denen eine relative Optimierung der Entwicklung des geschädigten oder funktionsgestörten Zentralnervensystems erwartet wird.

Vorbeugung deprivierender Entwicklungsumstände

Eltern mit geringen pädagogischen Fähigkeiten, die häufig selbst psychiatrische Auffälligkeiten haben, bedürfen besonderer Erziehungshilfen. Bei Kindern, die nicht von ihren Eltern aufgezogen werden können, muß die Frühadoption anstelle der früher üblichen Heimaufnahmen treten. Die mit der Erziehung ihrer Kinder aus ökonomischen Gründen überforderten Eltern oder alleinstehenden Mütter bedürfen ebenso besonderer Unterstützung wie Eltern mit sinnesbehinderten Kindern. Der Vorbeugung der Deprivation dient letztlich auch die Vermeidung der in unseren Breiten seltenen Mangelernährung und der extremen Isolierung in früher Lebenszeit. Entsprechende Maßnahmen sind in Kapitel 12/Bd. III besprochen.

Therapeutische Maßnahmen bei bestehenden Grundkrankheiten zur Vorbeugung von Intelligenzminderungen (sekundäre Prävention)

Direkt Intelligenzminderungen vorbeugend wirkt die Gabe einer phenylalaninfreien Diät bei Kindern mit Phenylketonurie. Die Diät muß allerdings über die ersten 12 Lebensjahre gegeben werden. Sie verhindert das Auftreten des Phenylalanins im Stoffwechsel und damit den Speichereffekt und den darauffolgenden dementiven Abbau. Auf dem gleichen Prinzip basieren alle gesicherten oder versuchsweisen Behandlungen von Stoffwechselstörungen, die auf S. 64ff im einzelnen aufgeführt sind, auch die Penicillinbehandlung des Morbus Wilson. Nach einem Analogmodell arbeiten Substitutionstherapien, wie Thyroxingabe bei Hypothyreosen, die die Entwicklungsretardierung zuverlässig verhindert. Direkte medikamentöse Einflüsse auf das Intelligenzniveau bei eingetretener Fehlentwicklung sind nicht möglich, auch nicht über Frischzellen oder Vitamine oder Spurenelemente, ausgenommen die Intelligenzminderungen nach Vitaminmangelkrankheiten wie beim Pyridoxinmangel.
Der Vorbeugung von Intelligenzminderungen dient vorzugsweise die Shuntoperation beim rechtzeitig erkannten Hydrozephalus, die den intrakraniellen Druck normalisiert und damit die Hirn-

atrophie verhütet. Im weiteren Sinne sind hier die Entfernung wachsender Zysten oder Tumore zu nennen, letztlich aber alle Maßnahmen, die eine Grundkrankheit, die zur Intelligenzminderung führen kann, behandeln, also die Versorgung von Schädel-Hirn-Traumen, die antikonvulsive Einstellung von Epilepsien, einzelne Hemisphärektomien bei nichtbeherrschbaren Anfallsleiden usw.

Varianten der Intelligenz und psychiatrische Morbidität

Psychiatrische Auffälligkeiten im Kontext intellektueller Fähigkeiten zu betrachten war lange Zeit nur angesichts vermuteter kausaler Verknüpfungen üblich. Erinnert sei an die für typisch gehaltenen Verhaltensbesonderheiten von geistig Behinderten oder an die Genie-Irrsinn-Hypothese, die einen engen Zusammenhang zwischen hoher Begabung und psychiatrischer Erkrankungswahrscheinlichkeit annahm. Inzwischen ist die Betrachtungsweise differenzierter geworden. Es gibt mehrdimensionale Modelle der Beziehung zwischen Intelligenz und psychiatrischer Morbidität. Erstere wird nicht mehr nur als unabhängiges Merkmal betrachtet, sondern auch als abhängiges; intervenierende Variablen fanden zudem Berücksichtigung. Konsequenz dieser Betrachtungsweise war die multiaxiale Klassifikation, bei der es üblich geworden ist, Varianten der Intelligenz als komplizierend oder kompensatorisch für das Auftreten, den Verlauf und die Behandelbarkeit psychiatrischer Erkrankungen zu betrachten. Das soll nachstehend kurz versucht werden, wobei unter psychiatrischer Morbidität auch Störungen subsumiert werden, die zwar keinen Krankheitswert haben, in der Regel aber in die Hand des Kinderpsychiaters oder Kinderarztes zur Behandlung gelangen.

Psychiatrische Morbidität bei Intelligenzminderungen

Grundsätzlich kann die Intelligenzminderung psychiatrische Störungen begünstigen und umgekehrt. Das erstere ist häufiger, wie die mit sinkendem Intelligenzniveau steigenden Raten psychiatrischer Auffälligkeiten belegen. Die Steigerung ist für leichte Intelligenzminderungen, also solche mit Intelligenzquotienten zwischen 70 und 50, weniger ausgeprägt als für die schwereren. Für die erstgenannte Gruppe, die übrigens nicht selten erst kurz vor Schuleintritt bzw. vor Herantragen schulartiger Anforderungen an das Kind – etwa im letzten Kindergartenjahr – diagnostiziert wird, beträgt sie das Zweifache der Norm. Im großstädtischen Milieu müßte in unserem Sprachraum demnach für schwerere psychiatrische Auffälligkeiten von 10% ausgegangen werden, für leichtere – teilweise nur beratungsbedürftige – Auffälligkeiten von ca. 25%. Insgesamt wird ein Drittel aller Kinder mit Intelligenzquotienten unter 70 irgendwann psychisch auffällig, wobei Eltern und Lehrer höhere Auffälligkeitsraten angeben, als bei psychiatrischen Untersuchungen festgestellt werden.

Für Kinder mit Intelligenzquotienten unter 50 liegt die Rate ausgeprägter Auffälligkeiten etwa siebenmal so hoch wie in der Norm, sogar Angaben zwischen 40 und 50% werden gemacht, so von Corbett (1977) mit 43%, bezogen auf eine Stichprobe von 140 Kindern aus einer Population von 175 000. Von diesen Kindern zeigten 13% psychotische Syndrome, 11% hyperkinetische Störungen und 5% schwere Stereotypien. Neurotische Störungen wurden bei 3%, dissoziale bei 9% gefunden. Betont wird aber, daß die auffällige Häufung für Psychosen, hyperkinetische Syndrome und Stereotypien nur für intellektuell deutlich behinderte Kinder gelte, während die Verteilung der Auffälligkeiten unter weniger Intelligenzgeminderten trotz höherer Raten der Verteilung bei durchschnittlicher Intelligenz entspreche. Im übrigen scheint es sicher, daß verminderte Intelligenz Auffälligkeiten sowohl vom emotionalen wie vom dissozialen Typ fördert.

Pathogenetisch werden dafür hirnorganische und Temperamentsfaktoren als mitverursachend angesehen, sowohl bei den schwer wie bei den leicht Intelligenzgeminderten, wozu bei der letzteren Gruppe noch verschiedene soziale Faktoren bzw. Faktoren der sozialen Wahrnehmung hinzutreten, die bei der ersteren weniger wirksam sind. Bezüglich der hirnorganischen Beeinträchtigungen, die scheinbar bei den meisten Kindern mit einem Intelligenzquotienten unter 50 und bei einem Viertel bis zur Hälfte der leichter Behinderten vorliegen, wird weniger an die Folgen mangelhafter Strukturen des Zentralnervensystems als vielmehr an die mangelhafter Funktionen gedacht. Substanzdefekte – z. B. bei Zuständen nach Hemisphärektomien – scheinen Verhaltensauffälligkeiten, wie auch andere Funktionsstörungen, eher zu vermindern. Anfallsleiden werden als Störfaktoren große Bedeutung zugeschrieben. Insgesamt dürften Verhaltensbesonderheiten weniger durch Funktionsausfälle infolge der Hirnläsionen selbst entstehen als vielmehr durch den Effekt der Läsion auf das übrige – nicht geschädigte – Gehirn.

Die Rolle anderer pathogenetischer Mechanismen wird durch die teilweise lockere Beziehung zwischen hirnorganischer Beeinträchtigung und psychiatrischer Auffälligkeiten bei Intelligenzgeminderten belegt. Unter den anderen Faktoren wird Temperamentsvariablen, z. B. der Schwierigkeit zur Anpassung an neue Situationen, hoher Intensität der emotionalen Reaktionen und Dysregulation der physiologischen Funktionen, wesentliche Bedeutung beigemessen. Solche Faktoren mögen wie andere Verhaltensbesonderheiten zur Verminderung der Kontakte mit intelligenzgeminderten Kindern beitragen und so deren Auffälligkeitsrate erhöhen. Ebenso wesentlich scheint die Auswirkung schlechter Sprachentwicklung über die Beeinträchtigung des Kontakts und des schulischen Erfolges, die – erst recht bei überhöhten Erwartungen der Eltern – zu Ausweichreaktionen und überkompensierendem Verhalten führen; eine schlechte Sprachentwicklung begünstigt auch das Auftreten autistischer Verhaltensweisen und verringert damit die Wahrscheinlichkeit der Korrektur eigenen Verhaltens. Als Auffälligkeiten werden auch Verhaltensweisen empfunden, die denen jüngerer Kinder entsprechen und bei retardierter Entwicklung und in „unphysiologischen" Altersstufen bestehen, so beispielsweise das relativ häufig diagnostizierte hyperkinetische Verhalten.

Die größere Vulnerabilität intelligenzgeminderter Kinder läßt sie belastende familiäre und außerfamiliäre Umstände schlechter verarbeiten als durchschnittlich Intelligente. Bei den leichter Behinderten tragen derartige Faktoren eher zur Intelligenzminderung bei, bei den schwerer Behinderten zur Entwicklung psychiatrischer Symptome. Belastende Lebensumstände sind unter Intelligenzgeminderten aber nicht häufiger anzutreffen als bei anderen Bevölkerungsgruppen, was sich auch daraus ergibt, daß die Häufigkeit psychiatrischer Auffälligkeiten bei normalbegabten Geschwistern solcher Kinder den Erwartungen entspricht. Allenfalls häufiger finden sich größere Familien, teilweise korreliert damit höheres Gebäralter der Mütter, und eine niedrigere soziale Schichtenzugehörigkeit, die aber bekanntlich weniger gute Korrelationen zum Auftreten psychiatrischer Auffälligkeiten zeigen als Disharmonien in Ehe und Familie oder psychische Erkrankungen der Mütter. Ebenso können unter problematischen Lebensverhältnissen häufigere Heimaufenthalte, je nach Institution mit geringer emotionaler und kognitiver Stimulierung, einhergehen; solche Ereignisse waren sicher früher häufiger, während heute das Vorhandensein von Verhaltensauffälligkeiten generell eher zur Heimerziehung führt, als durch sie bedingt wird.

Verschiedentlich wurde versucht, für spezifische Gruppen Intelligenzgeminderter eine besondere Psychopathologie nachzuweisen. Für leichte Intelligenzminderungen aufgrund hirnorganischer Beeinträchtigungen erscheint sie aufgrund der empirischen Überprüfung des Konzepts eines spezifischen kindlichen hirnorganischen Psychosyndroms nicht vertretbar (SCHMIDT u. Mitarb. 1982). Für Kinder mit Down-Syndrom wurde verschiedentlich versucht, eine spezifische Persönlichkeit, die sich durch geringere Aktivität und destruktive Aggressivität auszeichnet, zu belegen. Eine spezifische Psychopathologie scheint indessen nicht zu bestehen, lediglich werden seltener dissoziale Störungen entwickelt, während freundliches zurückgezogenes Verhalten häufiger ist. Generell erhöht ist nach KANNER (1957) die Häufigkeit für das Auftreten von Pica (Essen von nichteßbaren Substanzen), die bei der Hälfte der Intelligenzgeminderten vorkommen soll. Spezifische Persönlichkeitszüge, die nicht nur Folge der Minderbegabung oder der selbst wahrgenommenen Normabweichung in der Sexualentwicklung zu sein scheinen, werden für Träger von Chromosomenanomalien, ob diese nun mit Intelligenzminderungen verbunden sind oder nicht, berichtet, sind aber, sofern sie bestehen, den chromosomalen Veränderungen zuzuschreiben und werden deswegen hier nicht weiter ausgeführt (Übersicht bei COWIE 1977).

Auf die Häufung von hyperkinetischen Syndromen, psychotischen Erkrankungen und Stereotypien bei minderbegabten Kindern wurde bereits hingewiesen.

Psychiatrische Morbidität bei Varianten der Intelligenz

Spezifische kognitive Fähigkeiten oder Mängel sind nur selten auf hirnorganische Beeinträchtigungen zurückzuführen; bei derart bedingten Veränderungen im Leistungsprofil handelt es sich meist um Teilleistungsschwächen (vgl. Kap. 6), hirnorganisch bedingte psychische Auffälligkeiten sind deshalb hier nicht zu erörtern. Umschriebene Intelligenzausfälle können psychiatrische Auffälligkeiten begünstigen, ohne daß der dafür verantwortliche Mechanismus völlig geklärt ist. Vieles spricht dafür, daß es über die Leistungsminderung läuft, d. h., daß Leistungsdefizite dieser Kinder – auch im sozialen Bereich – und ihre Wechselwirkung mit Erziehungsfaktoren die Auffälligkeiten bedingen. Eine spezifische Psychopathologie ist auch hier nicht nachweisbar. Minderbegabungen erscheinen häufig mit dem psychopathologischen Spektrum autistischer Syndrome, können aber auch erhaltene Restfähigkeiten nach dementiven Prozessen sein. Sprachliche Besonderheiten und Bewegungsstereotypien sind dann häufig mit ihnen verbunden.

ESSER (1980) konnte zeigen, daß 4- und 5jährige mit Leistungsstörungen in höherem Maß Verhaltensstörungen zeigen als Nichtleistungsgestörte und umgekehrt. Als diskriminierende Variable aus dem Leistungsspektrum erwies sich dabei bei den 4jährigen der Entwicklungsstand der allgemeinen Intelligenz, bei den 5jährigen insbesondere visuomotorische Leistungen. Für 8jährige konnte dieses Ergebnis nicht oder nur abgeschwächt repliziert werden. Die Zusammenhänge sind unklar, einiges spricht dafür, daß Leistungsstörungen der Schrittmacher für Verhaltensauffälligkeiten sind. Dem entspräche auch, daß kinderpsychiatrische Störungen bei Intelligenteren trotz belastender äußerer Umstände seltener und später auftreten als bei intellektuell weniger gut Begabten, daß sie therapeutisch besser beeinflußbar sind und auch unbehandelt einen günstigeren Verlauf zeigen. Insgesamt treten bei höherer Intelligenz seltener dissoziale Störungen und häufiger emotionale und neurotische Störungen auf.

Hochbegabung und psychiatrische Morbidität

Die Hypothese der überzufälligen Häufung psychiatrischer Auffälligkeiten bei hochbegabten Kindern ist ebenso verlassen worden wie die hoher psychischer Stabilität bei hoher Intelligenz. Auch wenn es einige Erkrankungen gibt, unter denen sich intellektuell besser Ausgestattete häufen (etwa die Anorexia nervosa), so sind keine spezifischen psychiatrischen Störungsbilder Hochbegabter bekannt. Insgesamt scheint bei ihnen eher eine geringere Symptombelastung zu bestehen als bei durchschnittlich Ausgestatteten. Die Entwicklung von Verhaltensauffälligkeiten scheint auch damit zusammenzuhängen, wieweit hohe Leistungen von sehr intelligenten Kindern erwartet werden und wieweit eher auffällig intelligentes Verhalten von Eltern und Lehrern toleriert werden kann.

Auch enge Korrelationen zwischen dem Verlauf psychiatrischer Störungen und der Testintelligenz scheinen trotz gegenläufiger Berichte (APPELBAUM u. Mitarb. 1970) nicht zu bestehen. Nachweisbare Veränderungen der Testintelligenz während langfristiger psychotherapeutischer Behandlungen müssen die Schwankungen der Testergebnisse, die sich im Verlauf des Schulalters bei psychiatrisch auffälligen, aber nichtbehandelten Kindern ergeben, berücksichtigen, wenn man zu schlüssigen Ergebnissen gelangen will. Wenn überhaupt, dann können sich solche Änderungen nicht auf Besserungen der Intelligenz, sondern auf unter der Therapie günstiger gewordene Leistungsvoraussetzungen beziehen und dürften in Aufgaben, die hohe Konzentration erfordern, die kurzfristig höchste Ausprägung erfahren. Diese Tests sind bei Kindern mit Neurosen am störanfälligsten, was zu einer breiten Streuung der Leistungsprofile solcher Kinder führt. MAXWELL (1961) hat diese Streuung und die insgesamt eher erniedrigten Testleistungen neurotischer Kinder als Ausdruck einer genetisch verankerten Konstitutionsvariable erklärt. Jedoch ist bei der Manifestation psychiatrischer Erkrankungen im Kindesalter die Intelligenzentwicklung oft nicht abgeschlossen, so daß Schlüsse auf die Entwicklung ohne die eingetretene Erkrankung schwer gezogen werden können.

Die heute gängigen mehrdimensionalen Betrachtungsmodelle für die Beziehung zwischen hoher Intelligenz und psychiatrischer Auffälligkeit beziehen auch die Wirkung von Persönlichkeitsfaktoren und soziologischen Variablen ein. Entsprechende Arbeiten sind über die Entwicklung der sechziger Jahre jedoch bis jetzt nicht wesentlich hinausgelangt. Der günstigere Verlauf psychiatrischer Erkrankungen (auch ohne Intervention) bei Kindern gilt auch für solche mit sehr hoher Intelligenz und ist aus prognostischen Studien, z. B. der von SUNDBY u. KREYBERG (1968), bekannt.

Männliches Geschlecht disponiert erst recht bei Hochbegabten zu Verhaltensauffälligkeiten, ebenso asynchrone Entwicklung. Die Symptome setzen eher spät ein. Womöglich spielt eine konstitutionelle Disposition eine Rolle. Höheres Alter der Eltern erscheint bedeutsam. Die Symptomatik ist eher introvertiert-passiv. Leistungsprobleme herrschen vor, aggressive Gehemmtheit ist häufig, soziale Aufwärtsmobilität der Familie ebenso, Unterforderung im frühen Schulalter wirkt pathogen (SCHMIDT 1977).

Tertiäre Prävention und Psychohygiene

Maßnahmen zur Vorbeugung von Folgestörungen bei intellektuell Behinderten

Angemessene Förderung und adäquate Belastung sind die optimalen Voraussetzungen für die Vermeidung von psychiatrisch relevanten Folgesymptomen. Erster Schritt einer rechtzeitigen und intensiven pädagogischen Förderung ist die Früherkennung von Intelligenzminderungen. Für ausgeprägte Formen ist sie am Ende des 1. Lebensjahres möglich, weil sich Assoziationen mit einer verspäteten motorischen Entwicklung, im 2. Lebensjahr mit einer Retardierung der feinmotorischen Koordination zeigen. Bei leichten intellektuellen Behinderungen sind diese Begleitsymptome oft wenig ausgeprägt, so daß die Entdeckung oft erst um die Einschulung erfolgt.

Eine stärkere Einbeziehung von Screeningprozeduren für Entwicklungsrückstände und Teilleistungsstörungen in Vorsorgeuntersuchungen im 5. und 6. Lebensjahr wäre wünschenswert, solche Schwächen sind dann identifizierbar (ESSER 1980). Leider werden Vorsorgeuntersuchungen mit zunehmendem Alter immer weniger genutzt, insbesondere von Eltern aus einer Umgebung, in der sich Intelligenzminderungen gehäuft finden. Für Kinder solcher Eltern sind Früherkennungsmaßnahmen in Kindergärten wichtig.

Eine ins 5. Lebensjahr vorgezogene „Einschulungsuntersuchung“ könnte Teilleistungsschwächen und generelle Entwicklungsrückstände noch konstruktiver Förderung vor der Schule zugänglich machen, so daß bei den 6jährigen aufgrund längsschnittlicher Erfahrungen über eine eventuelle Rückstellung oder den richtigen Schulweg entschieden werden könnte bzw. aufholbare Rückstände bereits ausgeglichen sind.

Frühförderung bedarf der Mitarbeit der Eltern und muß deshalb deren Erwartungen auf die möglichen Entwicklungsfortschritte des Kindes ausrichten. Seine Förderung muß Feinmotorik, Stimulation der Wahrnehmung, Sprachanbahnung einschließen. Auf einschlägigen Maßnahmen beruhen Programme, die durch systematisches Bemühen im Vorschulalter eine Steigerung der Testintelligenz erreichen konnten (z. B. HEBER u. GARBER 1971). Je mehr die sich entwickelnde Intelligenzminderung Folge mangelnder Erziehungsbedingungen ist, um so wirksamer ist eine frühe Intervention im Sinne der Nutzung vorhandener Möglichkeiten. Demgegenüber ist der Mechanismus der weniger starken, aber doch deutlich nachweisbaren Frühförderung bei schwerer behinderten Kindern unklar.

Die präventive Wirkung früher Fördermaßnahmen wird durch eine angemessene schulische Förderung fortgeführt. Nicht die Sonderbeschulung, wohl aber adäquate Lernziele und didaktische Methoden sowie ein vertretbares Lerntempo sind dafür ausschlaggebend. Schulen für Lernbehinderte haben übliche Schuldauer, allenfalls Verlängerung um ein Jahr. Der Wechsel zu Hauptschulen ist selten, während Hauptschulabschlüsse nach absolvierter Sonderschule häufiger erworben werden; größere Städte haben Sonderberufsschulklassen für leicht intellektuell Behinderte. Für praktisch Bildbare ist die Schulpflicht bis zum 18. Lebensjahr ausgedehnt und impliziert soweit als möglich und notwendig den Übergang in geschützte Arbeitsplätze bzw. beschützende Werkstätten.

In der Regel ist die Trennung intellektuell behinderter Kinder von der Familie ungünstig. Notwendig wird sie, wo pathogene Eltern-Kind-Beziehungen gelöst werden müssen oder wo verhaltensauffällige Kinder die Mutter bzw. die Restfamilie überfordern. Verhaltensauffälligkeiten sind bei sonst normalen familiären Verhältnissen heute die Hauptindikation zur Heimaufnahme von lern- und geistig behinderten Kindern, erst an zweiter Stelle abnorme familiäre Verhältnisse oder das Zusammentreffen des behinderten Kindes mit einem behinderten oder psychisch kranken Elternteil. Etwa 10% intellektuell behinderter Kinder leben in Heimen, Unterschichtkinder finden sich darunter nicht gehäuft, womöglich weil die Toleranz einschlägiger Familien höher ist. Als optimal gelten heute gemeindenahe Heimversorgungen (ein Heim auf 100 000 Einwohner) und Tages- oder Kurzzeitheime, in denen familienbetreute Kinder gelegentlich auch für kurze Perioden tags und nachts untergebracht werden können, ohne daß sich ihre Lebenssituation grundsätzlich ändert. Heimunterbringungen können in Einzelfällen der erhöhten Mißhandlungsgefahr behinderter Kinder vorbeugen.

Heime wie Sonderschulen müssen in der Lage sein, Zusatzbehinderungen adäquat zu behandeln, Sprachförderung zu betreiben und die nötigen lebenspraktischen Fertigkeiten zu vermitteln. Letzteres geschieht überwiegend mittels verhaltensmodifikatorischer Ansätze (KANE u. KANE 1982). Ihre Ergebnisse sind gut evaluiert, was von den psychoanalytischen Behandlungsansätzen (MANNONI 1972) nicht gesagt werden kann.

Psychohygiene bei Kindern mit Teil-, Sonder- und Hochbegabungen

Psychohygienisch ist für Kinder mit heterogenem Intelligenzleistungsprofil wichtig, daß nicht von Spitzenleistungen auf die Fähigkeit in weniger gut ausgeprägten Dimensionen geschlossen wird und daß, umgekehrt, bestimmte konstitutionell bedingte Minderleistungen nicht zu einer generell ungünstigen Beurteilung des Schülers führen. In beiden Fällen wäre die Entwicklung eines positiven Selbstkonzepts gefährdet. Kinder mit Minderleistungen oder für die Altersnorm unerwartet niedrigen Leistungen verdienen im Hinblick auf die erhöhte Wahrscheinlichkeit von Verhaltensauffälligkeiten Aufmerksamkeit – die nicht mit forcierter Förderung gleichzusetzen ist – und dürfen nicht als sogenannte Spätentwickler unbeachtet bleiben. Derartige Maßnahmen machen die Erkennung leistungsschwacher Kinder, solcher mit besonderen Schwächen und Stärken und hochbegabter notwendig. Insbesondere Kinder aus niedrigen sozialen Schichten mit guten Fähigkeiten bleiben häufig unerkannt, weil sie diese bei ungünstigen Bedingungen nur teilweise entfalten können.

Wie für alle Varianten der Intelligenz gilt insbesondere für die extremen die Forderung nach individualisiertem Unterricht in der Schule. Nur bei hinreichender schulischer Differenzierung können angemessen niedrige oder hohe Leistungsforderungen gestellt werden; solche angemessenen Erwartungen sind nämlich Voraussetzung für die Entwicklung einer erfolgszuversichtlichen Arbeitsmotivation, ohne die in weiterführenden Schulen auch nach gut durchlaufener Grundschulzeit die Wahrscheinlichkeit des Schulversagens steigt. Solche Dekompensationen können nicht mehr oder erst spät durch pädagogische Intervention und eigene Anstrengung ausgeglichen werden. Jungen sind, wie auch sonst, hier stärker gefährdet als Mädchen. Frühzeitige Überforderung führt andererseits zu Überanpassung, aggressiver Gehemmtheit und einseitiger Förderung kognitiver Fähigkeiten zu Lasten der emotionalen und sozialen. Deshalb ist auch das Überspringen von Klassen vor der Pubertät nur selten ein geeignetes Förderungsinstrument. Der Kontakt zu gleichbegabten älteren Kindern außerhalb der Schule läßt sich nämlich parallel zur gemeinsamen Unterrichtung und Erziehung mit gleichalten leichter herstellen als der Kontakt zu Kindern niedrigerer Schulstufen, die auf dem gleichen emotinalen und sozialen Entwicklungsstand stehen wie die kognitiv fortgeschritteneren Hochbegabten. Durch rasche Lernfortschritte gewonnene Zeit ist durch angereicherte Lernprogramme nutzbar; sie sollten weniger der Ansammlung von Wissen als dem Erwerb formaler Lernstrategien (Fremdsprachen, Bibliotheksbenutzung usw.) dienen. Für die Entwicklung einer günstigen Leistungsmotivation und eines positiven Selbstkonzepts ist es wichtig, daß erreichte Leistungen der Anstrengungsbereitschaft des Kindes zugeschrieben werden, nicht nur seiner hohen Begabung, und daß Mißerfolge neutral kommentiert werden. Emotionale und soziale Auffälligkeiten hochbegabter Kinder verdienen Aufmerksamkeit, auch solange sie sich noch nicht in Leistungsausfällen äußern. Das ist um so wichtiger, als sich bei ihnen nach REINHARDT (1981) narzißtische Störungen häufen, die therapeutische Probleme aufwerfen, wenn die üblicherweise eingesetzten Copingtechniken im Sinne leistungsgerechter aktiver Auseinandersetzung nicht mehr ausreichen.

Literatur

Abramowicz, H. K., S. A. Richardson: Epidemiology of severe mental retardation in children community studies. Amer. J. ment. Defic. 80 (1975) 18

Akert, K.: Probleme der Hirnreifung. In: Teilleistungsstörungen im Kindesalter, hrsg. von R. Lempp. Huber, Bern 1979

American Psychiatric Association: Diagnostic and Statistical Manual of Mental Disorders, 3. Aufl. (DSM III). APA, Washington/D. C. 1980

Anastasi, A.: Differentielle Psychologie. Beltz, Weinheim 1976

Appelbaum, S. A., L. Coyne, R. Siegal: Routes to change of IQ during and after long-term psychotherapy. J. nerv. ment. Dis. 151 (1970) 310

Bachmann, C., W. L. Nyhan: Disorders of amino acid metabolism. In: Medical Aspects of Mental Retardation, 2. Aufl., hrsg. von Ch. H. Carter. Thomas, Springfield/Ill. 1977

Bachmann, K. D., H. Ewerbeck, G. Joppich, E. Kleihauer, E. Rossi, G. R. Stalder: Pädiatrie in Praxis und Klinik, 1. Aufl. Bd. I–III. Thieme, Stuttgart 1978

Balakrishnan, T. R., L. C. Wolf: Life expectancy of mentally retarded persons in Canadian institutions. Amer. J. ment. Defic. 80 (1976) 650

Becker, P., A. Schmidtke: Intelligenz und Hirnschädigung in ihrer Beziehung zur intellektuellen Lernfähigkeit. Heilpäd. Forsch. 7 (1977) 186

Bickel, H., H. Cleve: Metabolische Schwachsinnsformen. In: Humangenetik, Bd. V/2, hrsg. von P. E. Becker. Stuttgart, Thieme 1967

Bloom, B. S.: Stabilität und Veränderung menschlicher Merkmale. Beltz, Weinheim 1971

Bondy, C., R. Cohen, D. Eggert, G. Lüer: Testbatterie für geistig behinderte Kinder (TBGB). Beltz, Weinheim 1969 (3. Aufl. 1975)

Brickenkamp, R.: Handbuch psychologischer und pädagogischer Tests. Hogrefe, Göttingen 1975

Burt, C.: The Factors of Mind. University of London Press, London 1956

Cambell, W. D., B. W. Camp: Developmental screening. In: Pediatric Screening Tests, hrsg. von W. K. Frankenberg, B. W. Camp. Thomas, Springfield/Ill. 1975

Carter, Ch. H. (Hrsg.): Medical Aspects of Mental Retardation, 2. Aufl. Thomas, Springfield/Ill. 1978

Carter, Ch. H.: Handbook of Mental Retardation Syndromes, 3. Aufl. Thomas, Springfield/Ill. 1979

Child, I. L.: Personality correlates of aesthetic judgement in college students. J. Pers. 33 (1965) 476

Conrad, W.: Intelligenzdiagnostik. In: Enzyklopädie der Psychologie, Themenbereich B, Serie II, Intelligenz- und Leistungsdiagnostik, hrsg. von K. J. Groffmann, L. Michel. Hogrefe, Göttingen 1982

Corbett, J.: Mental retardation – psychiatric aspects. In: Child Psychiatry – Modern Approaches, hrsg. von M. Rutter, L. Hersov. Blackwell, Oxford 1977

Cowie, V.: Chromosome anomalies. In: Child Psychiatry – Modern Approaches, hrsg. von M. Rutter, L. Hersov. Blackwell, Oxford 1977

Davis, G. A.: Psychology of Problem Solving. Theory and Practice. Basic Books JNC. Publishers, New York 1973

Degkwitz, R., H. Helmchen, G. Kockott, W. Mombour (Hrsg.): Diagnoseschlüssel und Glossar psychiatrischer Krankheiten, 5. Aufl., korrigiert nach der 9. Rev. der ICD. Springer, Berlin 1980

Dorsch, F.: Psychologisches Wörterbuch, 9., vollständig neubearb. Aufl. Huber, Bern 1976

Dreyfuss, F. P.: The pathology of cerebral communicative disorders in children. In: The Nervous System: Human Communication and Brain Disorders, Bd. 3, hrsg. von B. D. Tower. Raven Press, New York 1975

Eggers, Ch., H. Bickel: Prä-, peri- und postnatal bedingte Schwachsinnsformen. Ergebn. inn. Med. Kinderheilk. 34 (1974) 155

Eisenmann, R., J. J. Platt, A. Darbes: Creativity, intelligence and achievement. Psychol. Rep. 22 (1968) 749 Dt.: Kreativität, Intelligenz und Leistung. In: Kreativität und Schule, hrsg. von G. Mühle, Ch. Schell. Piper, München 1970

Esser, G.: Über den Zusammenhang von Verhaltens- und Leistungsstörungen im Vorschulalter (und Grundschulalter), Dissertation, Universität Mannheim 1980

Esser, G., H. Seitz: Vergleich von Testverfahren im Vorschulalter zur Messung der allgemeinen Intelligenz und des Wortschatzes. Z. Kinder- u. Jugendpsychiat. 2 (1974) 248

Gallagher, J. J.: Analysis of Research on the Eduction of Gifted Children. Lincoln/Ill. 1960

Gasser, T., I. v. Lucadou-Müller, R. Verleger, P. Bächer: Correlating EEG and IQ: A New Look at an Old Problem Using Computerized EEG-Parameters. Elektroencephalography and Clinical Neurophysiology (in press)

Getzels, J. W., P. W. Jackson: Creativity and Intelligence. Wiley, New York 1962

Goldman, R. J.: The Minnesota Tests of creative thinking. Educ. Results 7 (1964) 3

Graichen, J.: Teilleistungsschwächen, dargestellt an Beispielen aus dem Bereich der Sprachbenutzung. Z. Kinder- u. Jugendpsychiat. 1 (1973) 113

Grossmann, H. J. (Hrsg.): Manual on Terminology and Classification in Mental Retardation. Washington, Amer. Association on Mental Deficiency, Special Publication No. 2, 1973

Guilford, J. P.: Guilford Tests (zahlreiche Einzeltests). Sheridan Supply Company, Beverly Hills o. J.

Guilford, J. P., R. Hoepfner: Analyse der Intelligenz. Beltz, Weinheim 1976

Guthke, J.: Zur Diagnostik der intellektuellen Lernfähigkeit. Klett, Stuttgart 1977

Harbauer, H.: Störungen der Intelligenz. In: Lehrbuch der speziellen Kinder- und Jugendpsychiatrie, hrsg. von H. Harbauer, R. Lempp, G. Nissen, P. Strunk, 4. Aufl. Springer, Berlin 1980

Heber, R.: Epidemiology of mental retardation. Thomas, Springfield/Ill. 1970

Heber, R., H. Garber: An experiment in prevention of cultural-familial mental retardation. In: Proc. Second Cong. Intern. Assoc. Scientif. Stud. Ment. Defic., hrsg. von D. A. Primrose. Polish Medical Publ., Warsaw 1971

Herbst, D. S.: Nonspecific X-linked mental retardation. In: A review with information from 24 new families. Amer. J. med. Genet. 7 (1980) 443

Hill, A. L.: Idiot Savants: a categorization of abilities. Ment. Retard. 12 (1974) 12

Hiltmann, H.: Kompendium der psychodiagnostischen Tests, 3. Aufl. Huber, Bern 1977

Holland, J. L., L. C. Baird: The Preconscious Activity Scale: The development and validation of an originality measure. J. Creat. Behav. 2 (1968) 214
Jonas, A. D.: Idiot savant: geistig zurückgebliebenes Kind mit außergewöhnlichem Talent. Psycho 8 (1982) 426
Kane, J. F., G. Kane: Geistig schwer Behinderte lernen lebenspraktische Fertigkeiten. Huber, Bern 1982
Kanner, L.: Child Psychiatry. Thomas, Springfield/Ill. 1957
Karrer, R.: Developmental Psychophysiology of Mental Retardation, 3. Aufl. Thomas, Springfield/Ill. 1976
König, M. P.: Die kongenitale Hypothyreose und der endemische Kretinismus. Springer, Berlin 1968
Kornmann, R.: Testbatterie für entwicklungsrückständige Schulanfänger, TES. Manual. Beltz, Weinheim 1977
Krämer, H.-J.: Zu Konzept und Diagnose der Originalität. Minerva, München 1979
Kratzmeier, H.: Heidelberger Intelligenztest (HIT 1–2). Beltz, Weinheim 1977
Krause, R.: Produktives Denken bei Kindern. Beltz, Weinheim 1977
Labhardt, A.: Klinik der inneren Sekretion. Springer, Berlin 1978
Leiber, B.: Die bedeutendste teratogene Agens der Gegenwart: Alkohol. Kinderarzt 8 (1977) 1719
Lienert, G. A.: Überprüfung und genetische Interpretation der Divergenzhypothese von Wewetzer. Vita Hum. 4 (1961) 112
Liepmann, M. C.: Geistig behinderte Kinder und Jugendliche. Huber, Bern 1979 (Z. Kinder- u. Jugendpsychiat., Beiheft Nr. 4)
Liepmann, M. C., K. R. Marker, W. Matt, K. Krzyszycha, P. M. Schieber: Geistig behinderte Kinder in Mannheim – eine epidemiologische, klinische und sozialpsychologische Studie. Unveröffentlichter Bericht eines Teilprojekts des SFB 116 (Psychiatrische Epidemiologie), Mannheim 1977
Mainberger, U.: Test zum divergenten Denken (Kreativität) – TDK 4–6. Beltz, Weinheim 1977
Mannoni, M.: Das zurückgebliebene Kind und seine Mutter: eine psychoanalytische Studie. Walter, Freiburg 1972
Matthes, A., R. Kruse: Neuropädiatrie. Thieme, Stuttgart 1973
Maxwell, A. E.: Discrepancies between the pattern of abilities for normal and neurotic children. J. ment. Sci. 107 (1961) 300
Merz, F.: Geschlechtsunterschiede und ihre Entwicklung. Hogrefe, Göttingen 1979
Merz, F., K. T. Kalveram: Kritik der Differenzierungshypothese der Intelligenz. Arch. Ges. Psychol. 117 (1965) 287
Mises, R.: Neue Auffassungen über die Beziehung zwischen Schwachsinn und Psychose bei Kindern. Prax. Kinderpsychol. 22 (1973) 313
Mühle, G., Ch. Schell (Hrsg.): Kreativität und Schule. Piper, München 1970
Mutavof, S., J. H. Scharf: Psychosomatische Zusammenhänge bei der Entwicklung minderbegabter Kinder. Neurolog. Psychiat. Med. Psychol. 22 (1970) 161
Neuhäuser, G.: Klinik der infantilen Zerebralparesen; pädiatrische Aspekte zerebraler Bewegungsstörungen. Früherkennung der infantilen Zerebralparesen. In: Die infantilen Zerebralparesen, 2. Aufl., hrsg. von H. Thom. Thieme, Stuttgart 1982
Neuhäuser, G., J. M. Opitz: Mißbildungs-Retardierungs-Syndrome, Definition und Einteilung. Z. Kinder- u. Jugendpsychiat. 3 (1975) 265
Neumann, K.: Intelligenzleistungen behinderter Kinder. Beltz, Weinheim 1977
Neumann, K.: Intelligenztest für 6–14jährige körperbehinderte Kinder (ITK). Beltz, Weinheim 1981
Noll Test of Scientific Thinking: What do you think? A test of scientific thinking. Published by the Bureau of Publications, Teacher College, Columbia University, New York 1935
Nowak-Vogl, M.: Die „Pseudodemenz". Prax. Kinderpsychol. Kinderpsychiat. 31 (1982) 266
Ort, M.: Patterns of impairment in relation to psychometric test results. In: Assessing the Handicaps and Needs of Mentally Retarded Children, hrsg. von B. Cooper. Academic Press, London 1981
Peters, U. H.: Wörterbuch der Psychiatrie und medizinischen Psychologie, 2. Aufl. Urban & Schwarzenberg, München 1977
Piaget, J., B. Inhelder: Die Psychologie des Kindes. Walter, Olten-Freiburg 1972
Propping, P.: Genetik und Intelligenz. Z. Kinder- u. Jugendpsychiat. 10 (1982) 110
Rampini, S.: Klinik der Mucopolysaccharidosen. Enke, Stuttgart 1976
Reinhardt, H. G.: Kinder- und Jugendpsychiatrische Probleme hochbegabter Kinder und Jugendlicher. In: Das hochbegabte Kind, hrsg. von W. Wieczerkowski, H. Wagner. Schwann, Düsseldorf 1981
Remschmidt, H., M. H. Schmidt (Hrsg.): Multiaxiales Klassifikationsschema für psychiatrische Erkrankungen im Kindes- und Jugendalter nach Rutter, Shaffer und Sturge. Huber, Bern 1977
Remschmidt, H., M. H. Schmidt (Hrsg.): Neuropsychologie des Kindesalters. Enke, Stuttgart 1981
Rimm, S.: GIFT – Group Inventory for Finding Creative Talent. Educational Assessment Service, Watertown, WI. 1976
Rosen, A. M.: Adult calendar calculators in a psychiatric OPD: A report of two cases and comparative analysis of abilities. J. Autism Dev. Disord. 11 (1981) 285
Scheid, W.: Lehrbuch der Neurologie. Thieme, Stuttgart 1980
Schmidt, A., E. Passarge: X-chromosomal erblicher Schwachsinn und brüchige Stelle am X-Chromosom. Dtsch. med. Wschr. 106 (1981) 460
Schmidt, L.: Testing the limits im Leistungsverhalten: Möglichkeiten und Grenzen. In: Praxis der klinischen Psychologie, Bd. II, hrsg. von E. Duhm. Hogrefe, Göttingen 1971
Schmidt, M. H.: Verhaltensstörungen bei Kindern mit sehr hoher Intelligenz. Huber, Bern 1977
Schmidt, M. H.: Kinder mit zerebralen Bewegungsstörungen in ihrem intelligenten Verhalten, 2. Aufl. Marhold, Berlin 1977
Schmidt, M. H.: Neuropsychologische Befunde bei Oligophrenien und Demenzprozessen. In: Neuropsychologie des Kindesalters, hrsg. von H. Remschmidt, M. H. Schmidt. Enke, Stuttgart 1981
Schmidt, M. H.: Körperbehinderungen bei Kindern aus medizinischer Sicht. In: Handbuch der Sonderpädagogik, Bd. VIII, hrsg. von U. Haupt, G. Jansen. Marhold, Berlin 1983
Schmidt, M. H., G. Esser, W. H. Allehoff, B. Geisel, M. Laucht, R. Voll: Bedeutung zerebraler Dysfunktion bei Achtjährigen. Z. Kinder- u. Jugendpsychiat. 10 (1982) 365
Schmidtchen, S.: Psychologische Tests für Kinder und Jugendliche. Hogrefe, Göttingen 1975
Schoppe, K.-J.: Verbaler Kreativitätstest (V-K-T). Hogrefe, Göttingen 1975
Schwarz, G.: Pseudohypoparathyreoidismus und Pseudo-Pseudoparathyreoidismus. Springer, Berlin 1964
Silverstein, A. B.: Note on the constancy of the IQ. Amer. J. ment. Defic. 87 (1982) 227
Spranger, J.: The systemic mucopolysaccharidoses. Ergebn. inn. Med. Kinderheilk. 32 (1972) 165
Spreen, O.: Geistige Behinderung. Springer, Berlin 1978
Süss, H., G. Jänsch, P. Schulz: „Pseudointelligenz". Sozialpädiatrie 4 (1982) Nr. 1, 34
Sundby, H. S., P. C. Kreyberg: Prognosis in Child Psychiatry. Universitatsforlaget, Oslo 1968
Tariverdian, G., B. Weck: Nonspecific X-linked mental retardation – A review. Hum. Genet. 62 (1982) 95
Thom, H. (Hrsg.): Die infantilen Zerebralparesen. Thieme, Stuttgart 1982
Thurstone, L. L., T. G. Thurstone: Factorial Studies of Intelligence. University of Chicago Press, Chicago 1941
Torrance, E. P.: The research edition of the Torrance Test of

creative thinking. Princeton University Press, New Jersey 1969

Torrance, P. E.: Hochbegabungskonzepte. In: Hochbegabte Kinder, hrsg. von K. K. Urban. Schindele, Heidelberg 1982

Trivedi, A.: A comparison of three intelligence tests for the assessment of mental retardation. J. ment. Defic. Res. 21 (1977) 289

Ulmann, G.: Kreativität. Beltz, Weinheim 1968

Vassella, F.: Oligophrenien im Kindesalter: Untersuchungen über den Tryptophanstoffwechsel. Huber, Bern 1973

Vernon, P. E.: Intelligence, Heridity and Environments. Freeman, San Fransisco 1979

Wallach, M., N. Kogan: Modes of thinking in young children. A study of the creativity-intelligence distinction. Holt, Rinehart & Winston, New York 1965

Welch, L.: Recombination of ideas in creative thinking. J. appl. Psychol. 30 (1946) 638

Wewetzer, K. H.: Zur Differenzierung der Leistungsstruktur bei verschiedenen Intelligenzgraden. Bericht 21. Kongreß der Deutschen Gesellschaft für Psychologie, Göttingen 1957

Wewetzer, K. H.: Intelligenz und Intelligenzmessung. Wissenschaftliche Buchgesellschaft, Darmstadt 1972

Wieck, C., B. Wartmann: Demenz, Oligophrenie und Oligozephalie im Kindesalter. Psychiat. Neurol. med. Psychol. (Lpz.) 23 (1971) 72

Wiedl, K. H., J. S. Carlson: Dynamisches Testen bei lernbehinderten Sonderschülern mit dem Farbigen Matrizentest von Raven. Heilpädagog. Forsch. 11 (1981) 19

Wing, L., J. Gould: Systematic recording of behaviours and skills of retarded and psychotic children. J. Autism Child Schizo. 8 (1978) 79

Wing, L.: Persönliche Mitteilung. Zit. n. Liepmann et al. 1977 s. o.

Wunderlich, Ch.: Das mongoloide Kind. Enke, Stuttgart 1977

Yule, W., M. Rutter: Epidemiology and social implications of specific reading retardation. In: The Neuropsychology of Learning Disorders, hrsg. von R. M. Knights, D. J. Bakker. University Park Press, Baltimore 1976

Zerbin-Rüdin, E.: Idiopathischer Schwachsinn. In: Humangenetik, hrsg. von P. E. Becker. Thieme, Stuttgart 1967

Zerbin-Rüdin, E.: Neuere Trends und Ergebnisse der Oligophrenieforschung mit besonderer Berücksichtigung genetischer Aspekte. Z. Kinder- u. Jugendpsychiat. 1 (1973) 171, 210

Zigler, E.: Familial mental retardation: A continuing dilemma. Science 155 (1967) 292

4 Psychische Störungen im Zusammenhang mit Hirnschädigungen oder Hirnfunktionsstörungen

David Shaffer, Helmut Remschmidt, Gerhard Neuhäuser, Robert J. Corboz, Christian Eggers

Psychische Störungen nach früh erworbenen Hirnschädigungen

*David Shaffer**

Einleitung

Seit es geschriebene Geschichte gibt, wird sowohl im laienhaften als auch im wissenschaftlichen Sinne der Begriff „Hirnschaden“ mit Verhaltensstörung in Verbindung gebracht. Beschreibungen einer „epileptischen Konstitution“ und die Gleichsetzung von Epilepsie und Geisteskrankheit sind Jahrhunderte alt. Im Jahre 200 v. Chr. schrieb der römische Arzt GALATEUS: „Der Epileptiker ist schlaff, geistlos, stumpfsinnig und asozial.“ 1838 schrieb der Arzt GUISLAIN einen wissenschaftlichen Aufsatz, in dem er Verhaltensstörungen bei Kindern mit einer Hirnschädigung in Zusammenhang brachte. Noch 1902 wird in der Zeitschrift „Lancet“ geschrieben, daß Kinder, bei denen sich eine Epilepsie entwickelt, und vorher wohlerzogene Kinder, die eine Meningitis oder eine Kopfverletzung erleiden, später „die moralische Kontrolle verlieren“. In den frühen zwanziger Jahren dieses Jahrhunderts beschrieben STRECKER u. EBAUGH (1924) einen Zustand von Hyperaktivität bei Kindern, deren in Entwicklung befindliches Gehirn durch eine Enzephalitis geschädigt wurde. Zu dieser Zeit nahmen STRECKER und EBAUGH an, daß die von ihnen beobachteten Verhaltensstörungen Ausdruck eines spezifischen postenzephalitischen Zustandes waren. Diesen Standpunkt revidierten sie 1929, nachdem sie das Verhalten von Kindern nach einer Gehirnerschütterung beobachtet hatten. Die psychiatrischen Störungen, die in der Gruppe der traumatisch geschädigten Kinder beobachtet werden konnten, waren denen in der postenzephalitischen Gruppe sehr ähnlich. Diese Beobachtung war wichtig; denn sie lieferte ein Argument gegen die Annahme, daß spezifische oder pathognomonische Verhaltensmuster mit spezifischen Formen von Hirnschädigungen in Verbindung zu bringen seien.

1947 wurde das Interesse an den Beziehungen zwischen Hirnschädigung und Verhalten durch die Publikation des Buches von STRAUSS und LEHTINEN „Psychopathologie und Erziehung des hirngeschädigten Kindes“ in eine andere Richtung gelenkt. Die Autoren beschrieben darin ein Störungsbild, das seitdem das *„hyperkinetische Syndrom“* genannt wird, und sie stellten zur Diskussion, daß, falls bestimmte Verhaltensmuster wie Hyperaktivität und emotionale Labilität nachweisbar seien, diese als Ausdruck einer zugrundeliegenden leichten Hirnschädigung zu betrachten seien, auch wenn unterstützende anamnestische Daten oder eindeutige körperliche Befunde fehlten. Diese Arbeit, die eine Reihe von Publikationen nach sich zog (WENDER 1972), hat sowohl hinsichtlich der Diagnosenstellung als auch Behandlung großen Einfluß gehabt.

Dieses Kapitel will zuerst überprüfen, ob es Anhaltspunkte gibt, die die populären Annahmen und Beobachtungen früherer Kinderärzte und Allgemeinärzte unterstützen, daß hirngeschädigte Kinder für psychiatrische Erkrankungen besonders anfällig seien. Es wird der Schluß gezogen werden, daß es dafür in der Tat Anhaltspunkte gibt, und es wird weiterhin überprüft werden, unter welchen Bedingungen ein Hirnschaden besonders leicht zu psychiatrischen Erkrankungen führt. Ferner wird darüber spekuliert werden, welche Mechanismen möglicherweise das Bindeglied zwischen diesen beiden Zuständen sind. Weiterhin wird die Wahrscheinlichkeit dieser Annahme unter Hinzuziehung des Konzepts der *minimalen zerebralen Dysfunktion* (minimal brain damage = MBD) überprüft werden; und schließlich wird über Diagnostik und Therapie berichtet werden.

Zur Häufigkeit psychiatrischer Störungen bei hirngeschädigten Kindern

Bei der Beantwortung dieser fundamentalen Frage ist es wichtig, sich daran zu erinnern, daß eine Anzahl von Zuständen, die bekanntermaßen häufiger bei hirngeschädigten Kindern vorkommen, gleichzeitig mit psychiatrischen Störungen verknüpft sind. Z. B. wird eine Population von Hirngeschädigten mehr Kinder einschließen, die einen niedrigen Intelligenzquotienten, Erziehungsschwierigkeiten und körperliche Behinderungen aufweisen. Einige Formen von Hirnschädigung – z. B. solche nach peri- und postnatalen Komplikationen, Schädelverletzungen und Bleivergiftung – treten öfter bei Kindern aus sozial oder anderweitig benachteiligten Familien auf. Wenn diese über-

* Übersetzung: *R. Rentz*

lappenden Faktoren nicht in Rechnung gestellt werden, könnte man Gefahr laufen, Verhaltensstörungen als Resultat einer Hirnschädigung zu betrachten, obwohl sie möglicherweise Folge unspezifischer Faktoren sind, die beide Zustände gleichermaßen nach sich ziehen.
Die einzige sehr hilfreiche Studie zu dieser Frage ist die Untersuchung, die RUTTER, GRAHAM u. YULE 1970 an allen Kindern der *Isle of Wight* durchgeführt haben, die bekanntermaßen an einer Epilepsie oder an einem eindeutig nachweisbaren Hirnschaden litten. Die Rate psychiatrischer Störungen bei diesen Kindern wurde verglichen mit derjenigen der gesamten kindlichen Bevölkerung und mit der anderer Kinder, die an einer chronischen körperlichen Erkrankung und/oder Behinderung (ausgeschlossen jene des Zentralnervensystems) litten. Tab. 4.1 zeigt, daß die Störungsrate bei Kindern mit einer epileptischen oder anderen neurologischen Erkrankung signifikant höher war als bei Kindern in den anderen Gruppen.
In dieser Studie kann der hohe Prozentsatz von psychiatrischen Störungen nicht als ein Artefakt erklärt werden, der durch die insgesamt niedrigere Intelligenz hirngeschädigter Kinder entsteht. Denn auch nach Angleichung der Gruppen hinsichtlich der Intelligenz blieb dieses Phänomen bestehen. Auch kann die Verbindung Krankheit – Hirnschädigung nicht als Folge unspezifischer Effekte einer chronischen Erkrankung erklärt werden. Denn der Prozentsatz von Störungen bei hirngeschädigten Kindern war viel höher als der bei Kindern mit anderen chronischen Erkrankungen. Die spezifischen Effekte einer körperlichen Behinderung wurden in einer früheren Studie erforscht (SEIDEL u. Mitarb. 1975), in der die Prävalenz psychiatrischer Störungen bei Kindern, die aufgrund einer Zerebralparese oder anderer ZNS-Erkrankungen behindert waren, verglichen wurde mit der Prävalenz bei Kindern, die durch eine muskuläre, periphernervöse oder orthopädische Erkrankung behindert waren. Die Gruppen wiesen einen vergleichbaren Prozentsatz körperlicher Behinderungen auf; jedoch war das Vorkommen psychiatrischer Störungen bei der Gruppe mit Zerebralparesen doppelt so hoch wie in einer vergleichbaren Durchschnittspopulation.
Auch kann der hohe Prozentsatz psychiatrischer Störungen nicht durch *soziale* oder *familiäre Faktoren* erklärt werden. In der *Isle-of-Wight-Studie* konnte dies durch Häufigkeitsvergleiche von Hinweisen auf soziale Deprivation und familiäre Disharmonie bei Kindern mit Hirnschädigung und bei einer Kontrollgruppe gezeigt werden. Trotz einer höheren Rate von psychiatrischen Störungen unterschied sich der soziale und familiäre Hintergrund der hirngeschädigten Kinder nicht signifikant von dem der Kontrollgruppe. Diese Beziehung wurde auch in einer Studie an Kindern, die ein Schädel-Hirn-Trauma erlitten hatten, überprüft (SHAFFER u. Mitarb. 1975). In dieser Gruppe

Tabelle 4.**1** Prävalenz psychiatrischer Störungen bei Kindern mit epileptischen oder neurologischen Erkrankungen im Alter von 5–14 Jahren

Gruppe	% mit psychiatrischen Störungen
Gesamtpopulation (10 und 11 Jahre alte Kinder)	6,6
Körperliche Erkrankungen ohne Beteiligung des Gehirns	11,6
Hirnerkrankungen	34,3
unkomplizierte Epilepsie	28,6
Läsionen oberhalb des Hirnstamms, ohne Anfälle	37,5
Läsion unterhalb des Hirnstamms, mit Anfällen	58,3

konnte sowohl ein hoher Prozentsatz psychiatrischer Störungen als auch familiärer und sozialer Benachteiligungen nachgewiesen werden. Wenn jedoch die Population der Studie hinsichtlich belastender sozialer und familiärer Umstände standardisiert wurde, war der Prozentsatz psychiatrischer Störungen bei der Gruppe der Hirngeschädigten immer noch größer, als man bei nichtgeschädigten Kindern mit einem vergleichbar hohen Grad familiärer und sozialer Belastungsfaktoren erwartet hätte.
Andere unkontrollierte Studien bei repräsentativen Gruppen hirngeschädigter oder epileptischer Kinder (GUDMUNDSSON 1966; POND u. BIDWELL 1960) haben ebenfalls höhere Prozentzahlen von psychiatrischen Störungen aufgedeckt, als man in der Durchschnittsbevölkerung erwarten konnte. Obwohl diese Studien in vielerlei Hinsicht methodisch weniger befriedigend sind als die *Isle-of-Wight-Studie,* sind sie weitgehend konsistent und bestärken den Schluß, daß eine Hirnschädigung das Auftreten psychiatrischer Störungen signifikant ansteigen läßt.

Disponierende Faktoren für das Auftreten psychiatrischer Störungen bei hirngeschädigten Kindern

Alter

Tierexperimente lassen vermuten, daß das ZNS während Perioden raschen Wachstums besonders verletzlich ist (DOBBING 1974). Auch ist es offensichtlich, daß das junge menschliche Gehirn in seiner Entwicklung verletzlicher ist, wenigstens hinsichtlich einer generalisierten Schädigung. So treten z. B. bleibende neurologische und intellektuelle Behinderungen besonders in den ersten zwei Lebensjahren nach einer Enzephalitis oder Meningitis auf (FINLEY u. Mitarb. 1967). Auch sieht man häufiger ein späteres intellektuelles Defizit bei Kindern, die unter Episoden schwerer Stoffwechselstörungen oder unter chronischer Unterernährung in ihrem frühen Leben gelitten hatten (KLEIN u. Mitarb. 1975, CRAVIOTO u. DELICARDIE 1972, STEINHAUSEN 1974).

Andere Aspekte späteren Verhaltens hinsichtlich des *Zeitpunktes der Schädigung* sind nicht breit untersucht worden. Jedoch konnten SHAFFER u. Mitarb. (1975) keinen Zusammenhang finden zwischen dem Zeitpunkt der Hirnschädigung und der Entwicklung psychiatrischer Störungen bei einer Gruppe von Kindern, die zwischen dem 6. Lebensmonat und dem 12. Lebensjahr eine Verletzung der Hirnrinde erlitten hatten. SCHNEIDER u. REMSCHMIDT (1977) untersuchten den Einfluß des Schädigungszeitpunktes auf Wahrnehmung, kognitive und soziale Entwicklung hirngeschädigter Kinder. Eine Gruppe perinatal hirngeschädigter Kinder (gesicherte Asphyxie) wurde mit einer Gruppe von im Alter von 3–5 Jahren geschädigten Kindern (gesicherte Enzephalitis) und einer Kontrollgruppe mittels einer Testbatterie verglichen, die nach entwicklungspsychologischen Gesichtspunkten konzipiert war. Dabei zeigte sich folgendes: Die Folgen einer Hirnschädigung erwiesen sich um so gravierender, je früher die Schädigung eintrat. Im Bereich der visuellen Wahrnehmung zeigten sich die Gestaltauffassung und die Gestaltdifferenzierung als besonders vulnerabel. Eine Störung der visuomotorischen Koordination war lediglich bei den frühkindlich hirngeschädigten Kindern nachzuweisen. Bei beiden Gruppen hirngeschädigter Kinder handelte es sich um diffuse Hirnschädigungen.

Im Gegensatz dazu können die Effekte lokalisierter Schäden auf spezifischere kortikale Funktionen desto leichter ausgeprägt sein, je früher die Schädigung auftritt. So bemerkten BASSER (1962) und LENNEBERG (1967), daß die Erholung der Sprachfunktion nach einer unilateralen Hirnschädigung schneller vonstatten geht bei Kindern bis zu einem Alter von 4 Jahren und danach weniger rasch und gut. Dies läßt vermuten, daß ein besonderer Grad von Plastizität des unreifen Gehirns die Erholung lokal repräsentierter Funktionen erleichtern kann.

Geschlecht

Das Vorkommen psychiatrischer Störungen ist in der Gesamtbevölkerung bei Jungen häufiger als bei Mädchen. Dies ist jedoch bei hirngeschädigten Kindern nicht der Fall. So fanden RUTTER u. Mitarb. (1970a) gleiche Prozentzahlen von Störungen bei hirngeschädigten Kindern auf der *Isle of Wight*, ebenso SHAFFER u. Mitarb. (1975) bei einer Studie an Kindern mit penetrierenden Kopfverletzungen. Es ist nicht klar, warum der Schutz, der Mädchen offensichtlich vor der Entwicklung einer psychiatrischen Störung begünstigt, bei Kopfverletzungen nicht zum Tragen kommt. Es mag jedoch sein, daß die geringe Anfälligkeit von nicht hirngeschädigten Mädchen gegenüber psychiatrischen Erkrankungen eine Funktion des Temperaments oder der besseren Ausstattung im kognitiven Bereich ist und daß es diese Faktoren sind, die gerade von einer Hirnschädigung beeinflußt werden.

Lokalisation der Hirnschädigung

LISHMAN (1968) fand in seiner Studie über penetrierende Kopfverletzungen bei Erwachsenen, daß psychiatrische Störungen häufiger nach einer Verletzung der linken Hemisphäre oder einer Verletzung im Frontalbereich vorkamen. In der einzigen vergleichbaren Studie im Kindesalter (SHAFFER u. Mitarb. 1975) konnte ein Einfluß des Sitzes der Läsion auf die Art der Störung nicht gezeigt werden. Diese Diskrepanz könnte entstanden sein aufgrund von Unterschieden in der Methode oder der Gruppenzusammenstellung, aufgrund von altersabhängigen Unterschieden in der Vulnerabilität des Gehirns (s. oben) oder aufgrund der verschiedenen Mechanismen, die Erwachsene bzw. Kinder für Störungen prädisponieren.

Obwohl psychiatrische Störungen offensichtlich keinen Zusammenhang mit dem Sitz einer großen strukturellen Läsion zeigen, scheinen sie doch mit dem Ursprungsort einer fokalen Epilepsie in Beziehung zu stehen. So waren in der *Isle-of-Wight-Studie* psychiatrische Störungen besonders bei Kindern mit psychomotorischer Epilepsie nachweisbar. Andere unkontrollierte Studien zeigten einen ähnlich hohen Prozentsatz von Störungen bei Kindern mit einer Temporallappenepilepsie (AIRD u. YAMAMOTO 1966, OUNSTED u. Mitarb. 1966).

Im Gegensatz zu seinem Einfluß auf das Verhalten hat der Sitz einer Läsion einen wichtigen Effekt hinsichtlich kognitiver Funktionen. So verglichen z. B. KERSHNER u. KING (1974) Kinder mit einer *Hemiplegie,* die in Bezug auf den Gesamt-IQ einander angeglichen waren, und fanden bei jenen mit Rechtshirnschädigungen schlechtere Leistungen bei der Testung visuomotorischer Funktionen und bei Linkshirnschädigungen schlechtere Leistungen der verbalen Intelligenz. Diese Befunde sind insgesamt konsistent mit anderen, weniger gut kontrollierten Untersuchungen (ANNETT 1974, MCFIE 1961).

Art der Hirnschädigung

Die *Isle-of-Wight-Studie* läßt vermuten, daß die Prävalenz für eine psychiatrische Störung mit der Art der Hirnschädigung variiert. Kinder mit einer idiopathischen Epilepsie und ohne begleitende strukturelle Läsion boten viermal so häufig eine psychiatrische Störung wie normale Kinder, und die Prävalenz bei Kindern mit einer strukturellen Abnormität war fünfmal so hoch wie bei der Population der Nichthirngeschädigten. Kinder mit *struktureller Hirnschädigung* und *Epilepsie* hatten sogar noch höhere Prävalenzraten.

Eine andere Frage ist, ob der Typ einer neurologischen Erkrankung mit der Art einer psychiatrischen Störung in Zusammenhang gebracht werden kann. Im Falle der *Isle-of-Wight-Studie* gab es keinen Anhalt dafür, wobei die Fallzahlen der einzelnen Störungsbilder klein war. Eine Reihe von klinischen Studien läßt vermuten, daß eine psychiatrische Diagnose zum Typ einer neurologischen Erkrankung in Beziehung gesetzt werden kann; jedoch nur wenige dieser Studien sind kontrolliert. So berichteten HACKNEY u. Mitarb. (1968) und KOMROWER u. LEE (1970), daß Kinder mit einer *Phenylketonurie* und Kinder mit einer *Galaktosämie* charakteristischerweise apathisch und zurückgezogen waren. SPAIN (1974) testete Kinder im Alter von 6 Jahren, die mit einem *Hydrozephalus* überlebt hatten, und fand, daß sie gewisse sprachliche Auffälligkeiten hatten, die er als „hyperverbal" beschrieb. CHESS u. Mitarb. (1971) bemerkten, daß ein hoher Anteil von Kindern, die eine *Rötelnembryopathie* überlebten, autistische Züge zeigten. Die Untersuchung ließ vermuten, daß dies weniger Ausdruck ihres Störungsmusters als vielmehr irgendein spezifischer Effekt des Virus war. Jedoch benutzte keine dieser Studien eine vergleichbare Gruppe retardierter Kinder als Kontrolle, so daß man nicht sagen kann, ob die Befunde charakteristisch für eine zugrundeliegende Ursache sind oder ob ähnliche Verhaltensmuster ebensooft bei ähnlich retardierten oder behinderten Kindern ohne diese besondere Art von Hirnschädigung gefunden werden.

Es wurde sogar die Meinung vertreten, daß es eine Beziehung zwischen EEG-Charakteristika bestimmter epileptischer Kinder und der Art der psychiatrischen Störung gibt. So verglich NUFFIELD (1961) Kinder mit einer generalisierten (3 Hz Spike wave) und einer fokalen (besonders Temporallappen-)Epilepsie und fand dabei signifikante Unterschiede. Dabei zeigten Kinder mit einer generalisierten Epilepsie mehr neurotische und Kinder mit einer fokalen Epilepsie mehr Verhaltensstörungen. Jedoch konnte dieser interessante Befund nicht repliziert werden (RITVO u. Mitarb. 1970), und eine Nachuntersuchung von NUFFIELDs Daten (KAUFMAN 1980) zeigte, daß sowohl Selektionsfaktoren als auch eine inadäquate Klassifikation der EEG-Muster möglicherweise zu diesen Ergebnissen geführt haben.

Schwere der Hirnschädigung

Man weiß wenig darüber, inwieweit die Entwicklung einer psychiatrischen Störung von der *Schwere der Hirnschädigung* abhängt, und speziell, ob leichtere Hirnschädigungen die Prävalenz psychiatrischer Störungen anwachsen lassen. Dies ist ein besonders wichtiger Punkt bei der kontroversen Diskussion der „minimalen Hirnschädigung", und darüber soll weiter unten im Detail gesprochen werden.

In einer der wenigen neuropsychiatrischen Studien, in der die Schwere der Hirnschädigung quantifiziert werden konnte, untersuchten SHAFFER u. Mitarb. (1975) Kinder, die eine penetrierende Schädelverletzung erlitten hatten. Diese Kinder zeigten verschiedene Schweregrade lokalisierter und genereller Hirnschädigungen. Nur die Hälfte von ihnen war zu irgendeinem Zeitpunkt bewußtlos gewesen, während ein weiteres Drittel der Gruppe mehr als 24 Stunden im Koma lag. Bei dieser Studie konnte keine Verbindung hergestellt werden zwischen der Entwicklung einer psychiatrischen Störung und der Schwere des Hirntraumas, die an der *Dauer der Bewußtlosigkeit* gemessen wurde. Ein derartiger Zusammenhang ergab sich jedoch eindeutig in den Untersuchungen von REMSCHMIDT u. STUTTE (1980) an verschiedenen Gruppen hirntraumatisch geschädigter Kinder (vgl. hierzu auch S. 152).

Pathogenese psychiatrischer Störungen bei hirngeschädigten Kindern

Wenn man festgestellt hat, daß hirngeschädigte Kinder leichter eine psychiatrische Störung entwickeln, ist es wichtig, einige der Mechanismen zu untersuchen, die zur Störung führen. Denn dies ist möglicherweise ein vernünftiger und nützlicher Zugang zu einer Behandlung.

Soziale und familiäre Benachteiligungen

Sowohl bei hirngeschädigten als auch bei normalen Kindern können dieselben *familiären* und *sozialen Faktoren* die Entwicklung einer psychiatrischen Erkrankung beeinflussen. HARRINGTON u. LETEMENDIA (1958) zeigten, daß Kinder, die in der Anamnese ein Schädel-Hirn-Trauma aufwiesen und einer psychiatrischen Behandlung zugeführt wurden, häufiger aus einer Broken-home-Situation kamen. GRUENBERG u. POND (1957) machten dieselbe Feststellung bei epileptischen Kindern, und in der *Isle-of-Wight-Studie* (RUTTER u. Mitarb. 1970a) konnte gezeigt werden, daß ein ungünstiges häusliches Milieu, eine emotionale Störung der Mutter und soziale Benachteiligungen signifikant häufiger bei gestörten, hirnverletzten Kindern vorkamen als bei hirnverletzten Kindern ohne psychiatrische Auffälligkeiten.

Vernünftigerweise sollte man untersuchen, ob eine Hirnverletzung infolge erhöhter „Vulnerabilität" zur Wirkung kommt, d. h., ob es eine Interaktion zwischen nachteiligen äußeren Lebensumständen und einer Hirnverletzung gibt, so daß ihr gemeinsamer Effekt in Kombination größer ist, als man von jedem Faktor allein erwarten könnte. In der Praxis könnte dies bedeuten, daß jedes Kind mit einer präexistenten sozialen Benachteiligung besonders leicht an einer psychiatrischen Folgekrankheit der Hirnschädigung leiden würde. SHAFFER u. Mitarb. (1975) überprüften diese Frage bei einer Gruppe hirngeschädigter Kinder und kamen zu dem empirischen Schluß, daß trotz der Wichtigkeit von Umgebungsfaktoren keine Interaktion festzustellen ist und daß Kinder mit geringfügiger sozialer Benachteiligung einen gleich großen Effekt zeigen wie Kinder mit einer ausgeprägten sozialen Benachteiligung, obwohl der Prozentsatz von sozioökonomisch schlechter gestellten Kindern in der zweiten Gruppe natürlich höher war.

Soziale Stigmatisierung

1971 publizierte das Britische Gesundheitsministerium die Ergebnisse einer Meinungsumfrage über die Einstellung der Öffentlichkeit gegenüber der Epilepsie. 32% der Befragten sagten, daß sie ihrem Kind, falls sie es wüßten, nicht erlauben würden, mit einem epileptischen Kind zu spielen. Die Auswirkung, die solch eine Haltung in der Praxis haben kann, ist schwierig einzuschätzen, da viele Kinder nur selten oder nur in der Nacht Anfälle haben und ihre Epilepsie möglicherweise familienfremden Personen nicht bekannt ist. In der *Isle-of-Wight-Studie* (RUTTER u. Mitarb. 1970a) wurden Eltern und Lehrer nach der Beliebtheit des Kindes unter seinen Altersgenossen befragt. Die Gruppe der Kinder mit einer ZNS-Erkrankung war nicht signifikant weniger beliebt, weder bei Eltern noch bei Lehrern, als andere Kinder mit einer chronischen körperlichen Erkrankung. Jedoch wurden gestörte Kinder, unabhängig von einer etwaigen neurologischen Erkrankung, als weniger beliebt angesehen. Es kann daher angenommen werden, daß ein Mangel an Freunden mehr die Folge einer solchen Störung ist, weniger der Grund hierfür.

Stigma oder Beeinträchtigung in Verbindung mit einer körperlichen Behinderung können nicht verantwortlich gemacht werden für den hohen Prozentsatz von Störungen bei hirngeschädigten Kindern. Dies zeigte sich in der Studie von SEIDEL u. Mitarb. (1975), die sich auf diese Frage bezog. Denselben Schluß kann man auch aus Untersuchungen an Hemisphärektomierten (WILSON 1970) ziehen. Bei diesen Patienten kommt es zu einer Verbesserung von psychiatrischen Störungen, obwohl die präexistente Hemiplegie weiterhin bestehenbleibt. Trotzdem scheint es so zu sein, daß diese Faktoren bis zu einem gewissen Grad zu sozialer Isolation und Beeinträchtigung des *Selbstwertgefühls* führen, und sie beeinflussen möglicherweise die Art, in der Eltern oder andere engere Familienmitglieder ihre Kinder betrachten.

Intellektuelle Behinderung und Schulversagen

Psychiatrische Störungen in der Kindheit sind sowohl mit einem *niedrigen Intelligenzquotienten* als auch mit *Lernstörungen* assoziiert (RUTTER u. Mitarb. 1970b). Beide Faktoren sind häufig bei Kindern mit Hirnschädigung. Beispielsweise lassen verschiedene Untersuchungen an Kindern mit einer Zerebralparese annehmen, daß etwa nur ein Viertel von ihnen einen durchschnittlichen Intelligenzquotienten haben (z. B. INGRAM 1955). Bei der *Isle-of-Wight-Gruppe* (RUTTER u. Mitarb. 1970a) zeigten 42% der hirngeschädigten Kinder einen IQ von weniger als 86. Obwohl jedoch ein niedriger IQ fast mit Sicherheit den hohen Prozentsatz von Störungen mitbegründet, kann er nicht als alleiniger Faktor für den unterschiedlichen Störungsgrad bei nichthirngeschädigten und geschädigten Kindern herangezogen werden. Denn wie bereits bemerkt wurde, bleibt der Unterschied zwischen diesen beiden Gruppen auch bei Angleichung des IQ bestehen (RUTTER u. Mitarb. 1970a). Auch *Lernstörungen* sind bei hirngeschädigten Kindern häufig. So waren bei der *Isle-of-Wight-Studie* 18% der epileptischen Kinder und 40% der Kinder mit strukturellen Hirnschäden mehr als ein Jahr hinter der erwarteten Leseleistung zurück. In der Studie an Kindern mit einer lokalisierten Schädelverletzung (SHAFFER u. Mitarb. 1975) zeigten nahezu 30% ein ähnliches Ausmaß eines spezifischen Leserückstands.

Warum dies so ist, ist nicht klar. Spezifische kognitive Defizite, die zu einer Erschwerung des Lesevorgangs führen könnten, wurden nicht festgestellt. Zum Beispiel unterschieden sich bei der Durchführung einer großen Anzahl von sprachlichen und psychometrischen Tests die hirnverletzten Leseschwachen nicht von den Leseschwachen ohne Hirnschädigung (MATTIS u. Mitarb. 1975). Auch Aufmerksamkeitsdefizite, die im psychologischen Labor festgestellt werden konnten, scheinen keine Beziehung zu haben zu aktuellen schulischen Leistungen (STORES u. HART 1976). Jedoch mögen unerwünschte Nebenwirkungen einer antiepileptischen Medikation bei manchen anfallskranken Kindern eine Mitursache sein. Experimentelle Studien an Freiwilligen lassen vermuten, daß sowohl Phenytoin (IDESTROM u. Mitarb. 1972) als auch Phenobarbital (HUTT u. Mitarb. 1968) einen ungünstigen Einfluß auf psychomotorische Funktio-

nen und Lernfähigkeit haben. Auch scheinen unerwünschte Effekte auf die Lernfähigkeit trotz Fehlens anderer neurotoxischer Zeichen aufzutreten (LOGAN und FREEDMAN 1969). Andere nichtspezifische Faktoren wie wiederholtes Schulversäumnis und in einigen Fällen auch reduzierte Erwartungen auf seiten der Lehrer und Eltern (HARTLAGE u. GREEN 1972) spielen eine Rolle bei der Verursachung der hohen Rate schulischen Versagens.
Schulversagen kann zu einer Stigmatisierung in der Schule und weiterhin zu einer Störung des Selbstwertgefühls bei einem Kind führen, das in der Folgezeit mit schlecht angepaßtem Verhalten reagieren wird. RUTTER (1977) hat betont, daß solche Probleme stärker werden können, wenn lerngestörte, behinderte Kinder in eine Regelschule verbracht werden, weniger jedoch, wenn sie in einer Sonderschule unterrichtet werden. So zeigten SEIDEL u. Mitarb. (1975), daß die Beziehung zwischen psychiatrischer Störung und niedrigem IQ oder Lesestörung weniger stark ausgeprägt war bei behinderten Kindern, die eine Sonderschule besuchten, als in der Gesamtpopulation der Kinder, die Regelschulen besuchten.

Temperament

Man hat oft gemeint, daß hirngeschädigte Kinder sich hinsichtlich ihres Verhaltensstils unterscheiden. Es gibt jedoch wenige Studien, die darauf hinzielen, eine Beziehung zwischen *Temperament* oder *Verhaltensstil* und Hirnschädigung herzustellen. THOMAS u. CHESS (1975) beschrieben drei hirngeschädigte Kinder, in in ihrer New Yorker Longitudinalstudie miterfaßt wurden. Zwei dieser drei Kinder wiesen günstige Temperamentsmerkmale auf. Aber es ist natürlich schwierig, aus solch einer kleinen Gruppe generell Schlüsse zu ziehen. In der Studie von UCKO (1965), über die noch weiter unten berichtet wird, wurde herausgearbeitet, daß Kinder mit einer vermutlichen neonatalen Asphyxie sich hinsichtlich einer Anzahl von Temperamentsvariablen signifikant von denen ohne neonatale Belastungen unterschieden. Insbesondere zeigten sie ein unregelmäßiges Schlafmuster, Veränderungsangst, Lärmempfindlichkeit und Ängstlichkeit zu Beginn ihrer Schullaufbahn. Auch waren sie insgesamt leichter störbar als eine Kontrollgruppe von Kindern, die keine Asphyxie bei der Geburt aufwiesen. Diese Unterschiede blieben auch bestehen, wenn man die zwei Gruppen hinsichtlich ihrer sozioökonomischen Merkmale parallelisierte. Es ist jedoch interessant, daß die Kinder sowohl in dieser Gruppe als auch in der vergleichbaren St.-Louis-Studie (ERNHART u. Mitarb. 1963) sich hinsichtlich Hyperaktivität oder Unaufmerksamkeit von den Kontrollgruppen ohne postpartale Asphyxie nicht unterschieden.

Wechselwirkungen

Einfache, nicht gerichtete kausale Modelle sind möglicherweise inadäquat für eine Erklärung der Zusammenhänge zwischen Hirnschädigung und psychiatrischer Störung. Vielmehr ist es wahrscheinlich, daß das Kind infolge der Hirnschädigung seine *Umgebung* so beeinflußt, daß die Benachteiligung, in der es sich befindet, immer weiter anwächst. Hierfür kann man ein Beispiel finden in den Untersuchungen von DORNER (1975): Dieser konnte zeigen, daß Mütter von Adoleszenten mit Spina bifida durchschnittlich mehr depressive Symptome aufwiesen als Mütter von behinderten Kindern. Unglücklicherweise wurde bei dieser Untersuchung nicht darauf geachtet, ob eine Depression beim Kind umgekehrt auch mit einer Depression bei der Mutter in Verbindung gebracht werden konnte, obwohl dies eine denkbare Möglichkeit zu sein scheint. Die Tatsache, daß Mütter ein unterschiedliches Verhalten zu ihren hirngeschädigten Kindern aufweisen können, wurde durch die Studie von SHERE (1957) belegt, die sich mit der Interaktion zwischen Müttern und ihren Zwillingskindern, von denen eines an einer Zerebralparese litt, beschäftigte. Die Mütter verhielten sich mehr direktiv gegenüber dem Kind mit der Zerebralparese, und dieses nahm wiederum weniger an den Entscheidungsprozessen in der Familie teil. Ähnlich untersuchten HARTLAGE u. GREEN (1972) abhängiges Verhalten bei epileptischen und anderen Kindern. Sie fanden heraus, daß die Eltern von epileptischen Kindern geringere Zukunfserwartungen hatten als Eltern anderer Kinder mit einer chronischen Krankheit oder einer sonstigen Störung. Man kann leicht sehen, wie Unterschiede dieser Art mit der Entwicklung von Kompensationsmöglichkeiten bei behinderten Kindern interferieren können. Ebenfalls ist der Einfluß ersichtlich, den diese Tatsache auf Selbstwertgefühl und allgemeines soziales Verhalten haben kann.
Ein anderes Beispiel für den Einfluß elterlicher Haltung gegenüber dem Verhalten des Kindes wird in der Studie an Kindern mit Schädel-Hirn-Trauma von HJERN u. NYLANDER (1964) gezeigt. Eine Gruppe von Eltern, die bei der Entlassung ihres Kindes aus dem Krankenhaus eine positive und ermutigende Beratung und Prognose erhalten hatten, wurden mit einer Gruppe von Eltern verglichen, die keine spezifischen Voraussagen oder Ratschläge erhalten hatten. Die Autoren fanden in der ersteren Gruppe ein geringeres Maß von Anpassungsstörungen, obwohl möglicherweise eine Verfälschung dadurch stattfinden konnte, daß die Untersucher, die die Einschätzung vornahmen, auch darüber unterrichtet waren, nach welchem Modus die Krankenhausentlassung erfolgt war. Unrealistisch pessimistische Zukunftserwartungen der Eltern können daraus entstehen, daß die körperliche oder geistige Behinderung des Kindes hervorgehoben wird, und diese negativen Erwartungen kön-

nen zusätzlich durch augenblickliche soziale Einstellungen beeinflußt sein. Aber auch aus den Temperamentsqualitäten des Kindes selbst kann eine negative Erwartungshaltung der Eltern entstehen. So bemerkte GALLAGHER (1957), der eine Gruppe von retardierten Kindern (ohne körperliche Behinderung) mit Hirnschädigung einer solchen ohne Hirnschädigung gegenüberstellte, daß die Gruppe der Hirngeschädigten eine stärker fordernde Haltung einnahm, weniger leicht Bedürfnisse aufschieben konnten und in sozialen Situationen ängstlicher erschien. Weiterhin provozierten die hirngeschädigten Kinder bei ihren Betreuern mehr feindliche und negative Reaktionen, was wiederum zur Erhöhung ihrer Angst und zur Zunahme ihres abweichenden Verhaltens zu führen schien. Auf diesen Zusammenhang hat LEMPP (1970) mit der These „Frühkindliche Hirnschädigung und Neurose" mehrfach hingewiesen.

Konzept der minimalen zerebralen Dysfunktion

Fragestellung

Das Konzept eines charakteristischen psychiatrischen Syndroms, das auf eine *minimale Hirnschädigung* oder *-dysfunktion* zurückzuführen sei, wurde zuerst von STRAUSS, einem Neuropädiater, im Jahre 1947 propagiert (STRAUSS u. LEHTINEN 1947). Die Autoren bemerkten, daß bestimmte Verhaltensmerkmale, insbesondere impulsiv-labiles Verhalten, Unaufmerksamkeit und Hyperaktivität, oft mit gewissen kognitiven und perzeptuellen Abnormitäten vergesellschaftet waren, die nicht allein durch intellektuelle Defizite erklärt werden konnten. Der Befund dieser Kombination führte STRAUSS und andere Autoren zu der Vorstellung, daß die psychiatrische Störung aus einer zugrundeliegenden *Hirnfunktionsstörung* resultiere, obwohl ein bestätigender neurologischer Befund oft fehle. Dieser, so wurde gefordert, könnte möglicherweise nicht erkannt werden, da die zugrundeliegende Schädigung oder Dysfunktion nur geringgradig sei.

Dieses Konzept ist jetzt weit verbreitet, aber es hat auch Reaktion und starke Kritik hervorgerufen. Dies ist besonders zurückzuführen auf die Benutzung solcher Termini wie „minimal" oder „Dysfunktion", die unpräzise und vereinfachende Bezeichnungen für die extrem komplexe Natur sowohl der Hirnfunktion als auch der Determinanten des Verhaltens beinhalten (BAX u. MCKEITH 1963, HERBERT 1964). Empirische Studien haben nämlich z. T. gezeigt, daß sogenannte charakteristische Verhaltensmerkmale wie Hyperaktivität und Unaufmerksamkeit ebenso bei vielen Kindern ohne neurologische Abnormität vorkommen (SCHULMAN u. Mitarb. 1965, SHAFFER u. Mitarb. 1974). Zum Teil kommt es zur Ablehnung o. g. Konzeptes aufgrund politisch-philosophischer Bedenken hinsichtlich einer „Etikettierung" (SCHRAG u. DIVOKY 1975), und schließlich ist die Ablehnung des Konzeptes anzusehen als Reaktion auf bestimmte fanatische Verfechter des Syndroms (WENDER 1972), die das Konzept erweitert haben und fast alle Formen psychiatrischer Störungsbilder der Kindheit darunter subsumieren. Die Anziehungskraft des Konzeptes mag in der Art bestehen, mit der – im Kontrast zu einer Theorie, die Umwelteinflüsse mit berücksichtigt – Verantwortlichkeit für kindliche Störungsbilder oder Anpassungsschwierigkeiten von der Familie oder Schule auf organische Variablen verschoben wird. Eine weitere Attraktivität ist die Einfachheit dieses Konzeptes. Jedoch bringt die Diagnose Implikationen für Behandlung und Behandelbarkeit mit sich, die nicht gänzlich günstig sind (WERRY 1974). Sie läßt die Wahrscheinlichkeit ansteigen, daß Stimulanzien – mit ihren bekannten Risiken – verschrieben werden und andere Formen der Behandlung ungenutzt bleiben.

Da es keine unbestreitbare Notwendigkeit gibt, an die Existenz dieses Syndroms zu glauben, ist es wichtig, die Stärke und Validität der Annahmen zu überprüfen, die dem ganzen Konzept zugrunde liegen. Eine solche Überprüfung erstreckt sich auf drei Problemkreise

– Was spricht dafür, daß bestimmte Erkrankungen oder Traumen des zentralen Nervensystems sich auf das Verhalten auswirken, ohne eindeutige neurologische Symptome hervorzurufen?

Um ein Beispiel herauszugreifen, es gibt keinen Zweifel darüber, daß eine neonatale Asphyxie eine irreversible Schädigung hervorrufen kann, wie z. B. eine Zerebralparese, eine intellektuelle Behinderung oder eine Epilepsie. Bei solchen Fällen würden wir eine erhöhte Wahrscheinlichkeit für psychiatrische Auffälligkeiten erwarten. Gibt es jedoch *irgendeinen* Hinweis darauf, daß eine neonatale Anoxie, die nicht eine so offensichtliche Hirnschädigung hervorruft, sich allein durch Verhaltens- oder subtile kognitive Veränderungen manifestiert (s. S. 149ff)?

– Welches Ausmaß müssen Verhaltensveränderungen, die STRAUSS und LEHTINEN als Indikatoren einer zugrundeliegenden Hirnschädigung ansehen, bei Kindern ohne neurologische Abnormitäten erreichen?

Wiederum stellt sich hier die Frage nach der Spezifität. Wenn es nicht auf der Hand liegt, daß diese Verhaltensauffälligkeiten entweder allein oder in einer Kombination systematisch mit einer neurologischen Krankheit in Verbindung gebracht werden können, kann es keine Begründung dafür geben, diese als diagnostische Zeichen einer *minimalen zerebralen Dysfunktion* zu benutzen (vgl. S. 152f).

– Wie eng sind Varianten der neurologischen Funktionen, auf die das Vorhandensein von „wei-

chen Zeichen", abnorme EEG-Befunde und Veränderungen der kognitiven Leistungsfähigkeit hinweisen, mit einer psychiatrischen Erkrankung assoziiert?
Diese körperlichen und elektrophysiologischen Zeichen sind von sich aus klinisch nicht geeignet, die Lokalisation oder Neuropathologie einer zugrundeliegenden Läsion anzuzeigen. Wenn jedoch gezeigt werden könnte, daß diese Zeichen konsistent und spezifisch mit einer bestimmten psychiatrischen Symptomatik korrelieren, dann wäre es einleuchtend anzunehmen, daß diese in der Tat eine zugrundeliegende biologische oder neurologische Basis hat, die sich in abnormen körperlichen Zeichen oder EEG-Mustern ausdrückt (s. S. 154f).

Passagere Verhaltenskorrelate leichter Hirnfunktionsstörungen

Nach perinatalen Komplikationen

Kliniker werden oft dahingehend beeinflußt, aufgrund perinataler Belastungen die Diagnose einer MCD zu stellen. Auch wenn diese Belastungen nicht zu einer neurologischen Schädigung geführt haben, werden sie dennoch als Faktor in der Entwicklung einer Lern- oder Verhaltensstörung eines Patienten angesehen. Ist diese Annahme logisch begründbar?
Eine Anamnese mit abnormer Schwangerschaft oder Geburt, mit geringem Geburtsgewicht oder neonataler Asphyxie ist bei Kindern, die in psychiatrische Kliniken eingewiesen werden, häufig. Bevor man jedoch den Schluß zieht, daß eine geringgradige Hirnschädigung, die während der Perinatalperiode entstanden ist, eine kausale Beziehung zu späteren Lern- und Verhaltensstörungen aufweist, sollte man zwei Überlegungen anstellen.
Erstens ist eine perinatale Abnormität nicht unabhängig von sozialen oder familiären Benachteiligungen – zumindestens in Großbritannien und vielen Gemeinden der USA. So stellten CHAMBERLAIN u. Mitarb. (1976) bei ihrem Überblick über alle Geburten, die innerhalb einer bestimmten Woche des Jahres 1970 in Großbritannien stattfanden, eine enge Korrelation zwischen perinataler Sterblichkeit und mütterlicher Körperlänge fest, wobei letztere in enger Beziehung zur sozialen Klasse der Mutter stand. Ähnlich wurde bemerkt, daß eine perinatale Sterblichkeit unter nichtehelichen Kindern annähernd zweimal so hoch war wie ein nationaler britischer Durchschnitt. Ebenso war sie erhöht bei Geburten von verwitweten, geschiedenen und getrennt lebenden Müttern, bei Müttern unter 16 Jahren und bei spätgeborenen Kindern aus großen Familien (BUTLER u. ALBERMAN 1969). Auch das Geburtsgewicht ist direkt korreliert mit der sozialen Schichtzugehörigkeit. Und Phänomene wie Neugeborenenkrämpfe, die anscheinend rein biologisch bedingt sind, treten seltener bei brustgefütterten Kindern auf, möglicherweise als Konsequenz dieser Ernährungsweise. Nach CHAMBERLAIN u. Mitarb. (1976) traten sie signifikant weniger häufig auf bei Mittelklassemüttern, die gewöhnlich ihre Kinder häufiger stillen. Diese Korrelationen scheinen eine offensichtliche Beziehung herzustellen zwischen perinataler Belastung und späterem intellektuellem Defizit oder Verhaltensproblemen, die in Wirklichkeit möglicherweise mehr eine Folge der benachteiligenden Umgebung, in der das Kind aufgezogen wird, sind. Artefakte dieser Art können nur durch Studien identifiziert werden, bei denen die Gruppen parallelisiert sind hinsichtlich eines vergleichbaren Grades an Benachteiligung, Erziehungsmöglichkeit, Stimulation usw. Eine einfache Parallelisierung hinsichtlich des elterlichen Berufes wird kaum ausreichen.
Zweitens sind perinatale Komplikationen häufig. CHAMBERLAIN u. Mitarb. (1976) fanden in ihrer Übersicht, daß etwa 5% aller Kinder länger als 3 Minuten bis zum Einsetzen einer regulären Atmung brauchten, und daß 11% von diesen während der ersten Lebenswoche für eine gewisse Zeit in einer speziellen Pflegestation untergebracht waren. Jedoch litten nicht alle diese Kinder später unbedingt an einer Hirnschädigung. Die Behandlung, die ein neugeborenes Kind erhält, kann sowohl durch die vorhandenen Möglichkeiten als auch durch sein klinisches Zustandsbild beeinflußt werden. Nach der üblichen klinischen Terminologie kann der Begriff „perinatale Komplikationen" folgendes beinhalten: (1) Ein unübliches ärztliches Vorgehen bei dem Kinde, d. h. eine Unterbringung in einer besonderen Pflegestation, oder eine Komplikation, die den Prozeß der Schwangerschaft oder Geburt betrifft, ohne daß notwendigerweise das Wohl des Fetus beeinträchtigt sein muß, z. B. eine Zangenentbindung. (2) Eine Erkrankung im Säuglingsalter. Der Ausdruck „perinatale Komplikationen" ist daher als ein ungenügender Hinweis auf eine Hirnschädigung anzusehen.
Nach Betrachtung dieser Schwierigkeiten muß gefragt werden, was dafür spricht, daß eine perinatale Erkrankung das Auftreten einer späteren psychiatrischen Störung oder eine Intelligenzminderung begünstigt. Eine ideale Längsschnittuntersuchung würde beim neurologischen Status des neugeborenen Kindes beginnen, weniger bei perinatalen Komplikationen als Ausgangspunkt, und die häusliche Pflege und Stimulation voll berücksichtigen. Bisher ist eine solche Studie nicht erstellt worden. Jedoch haben KALVERBOER u. Mitarb. (1973) 33 Kinder im Alter von 5 Jahren nachuntersucht, die in der Neonatalperiode keine Anzeichen für eine ausgeprägte Hirnschädigung, jedoch für nicht lokalisierte neurologische Abnormitäten aufwiesen. Es konnte dabei keine Beziehung zwischen dem anfänglichen und späteren neurologischen Befund hergestellt werden, und es gab nur eine wenig

aussagekräftige Beziehung zwischen dem anfänglichen neurologischen Status und dem späteren Verhalten des Kindes, das in einer experimentellen Situation beobachtet wurde. Kinder, die in der Neugeborenenperiode unter einem „Apathiesyndrom" (PRECHTL 1965) gelitten hatten, zeigten mehr Störungen, wenn sie von ihrer Mutter getrennt wurden, und Kinder mit dem neonatalen „Hyperexzitabilitätssyndrom" waren in der Lage, unter erschwerten Bedingungen konstruktiver zu spielen. Soziale und familiäre Faktoren wurden nicht kontrolliert, die Stichprobe war klein, und das Verhalten in der experimentellen Situation war möglicherweise nicht repräsentativ für ein Verhalten in komplexeren, realen Lebenssituationen.

Weiterhin wurden durch das Design dieser Studie schwerere Formen von neonatalen neurologischen Behinderungen ausgeschlossen. Trotzdem dürfte, wenn bei weiteren Untersuchungen dieser Art Untersuchungsbefunde der frühen neurologischen Funktionen benutzt werden, die beste Möglichkeit gegeben sein, unser Verständnis für die Beziehungen zwischen einer Erkrankung in utero oder als Säugling und späteren psychosozialen Störungen zu verbessern. Das Ergebnis adäquat kontrollierter Studien, die weniger direkte Indikatoren einer frühen Hirnschädigung benutzt haben, variiert in Abhängigkeit davon, ob Verhalten, Intelligenz oder Schulerfolg überprüft werden.

Der Effekt auf Verhaltensmuster wurde am besten beobachtet in der prospektiven Studie von WERNER u. Mitarb. (1968), die an der Gesamtpopulation von Geburten der Kuai-Insel in Hawaii vorgenommen wurde. In dieser Population gab es keine Verfälschung durch Sozialklassen hinsichtlich perinataler Komplikationen. Während des Verlaufes dieser Längsschnittstudie wurden die Messung des elterlichen Intelligenzquotienten und detaillierte und standardisierte Beurteilungen häuslicher Stimulation und emotionaler Zuwendung vorgenommen. Bei einer Auswertung im 10. Lebensjahr der Kinder konnte eine Beziehung zwischen perinatalen Faktoren und späteren emotionalen Störungen nicht nachgewiesen werden.

Ähnliches berichten DAVIE u. Mitarb. (1972) in ihrer National Child-Development-Studie, die alle Kinder einschloß, die innerhalb einer bestimmten Woche des Jahres 1958 in Großbritannien geboren wurden. Diese Studie zeigte nur unbedeutende Unterschiede der sozialen Anpassung zwischen Kindern mit normalem und niedrigem Geburtsgewicht im Alter von 7 Jahren unter Berücksichtigung der sozialen Schichtzugehörigkeit. GRAHAM u. Mitarb. (1962) konnten zwischen 350 Kindern, die an einer eindeutig dokumentierten neonatalen Asphyxie gelitten hatten, und einer sorgfältig parallelisierten Kontrollgruppe im Alter von 3 Jahren keine Unterschiede im Verhalten finden.

Andere kleinere, weniger gut kontrollierte Untersuchungen haben die Entwicklung des Verhaltens so detailliert untersucht, wie es bei größeren Studien nicht möglich ist. Ein interessantes Beispiel ist die Längsschnittuntersuchung der University of London, über die UCKO (1965) berichtet hat und die bereits oben diskutiert wurde. In dieser Studie wurde berichtet, daß ehemals asphyktische Kinder stärkere Schlaf- und sonstige Verhaltensauffälligkeiten aufwiesen und daß sie insgesamt schwieriger zu lenken waren als Kinder ohne Asphyxie in der Vorgeschichte. Temperamentsunterschiede dieser Art, die an sich normal sind, mögen nichtsdestoweniger die Empfänglichkeit eines Kindes für ungünstige Umweltbedingungen verstärken.

Alles in allem unterstützen jedoch die Forschungsergebnisse nicht die Vorstellung, daß eine perinatale Erkrankung sich unabhängig auf später auftretende Verhaltensprobleme auswirkt, obwohl möglicherweise bleibende Effekte hinsichtlich Verhaltensstil oder Temperament existieren, die man durch relativ grobe Meßinstrumente in breit angelegten Studien nur schwer herausarbeiten kann. Alle Studien, die als Startpunkt eine Mischung verschiedener perinataler ungünstiger Umstände benutzen, leiden darunter, daß sie unvermeidlich hirngeschädigte und normale Kinder in einen Topf werfen.

Es gibt eine große Anzahl von Studien, die die Beziehung zwischen neonataler Asphyxie und anderen perinatalen Belastungsfaktoren und *späterem intellektuellem Defizit* untersucht haben. Diese wurden von GOTTFRIED (1973) durchgesehen. Dabei wurde bemerkenswerterweise herausgefunden, daß Studien, die einen solchen Effekt beweisen, in gleicher Anzahl vorhanden sind wie Studien, die dies nicht tun. Anscheinend ist dies eine Folge ungenügender oder inadäquater Kontrolle von sozialen und Umweltfaktoren. So ließ die anfängliche Analyse der Längsschnittuntersuchung von KUAI vermuten, daß im Alter von 10 Jahren signifikant mehr Kinder, die einen Intelligenzquotienten unter 85 aufweisen, an schweren perinatalen Komplikationen gelitten hatten. Als jedoch die Effekte von mütterlicher Erziehung und sozioökonomischer Klasse eliminiert wurden, konnte ein Resteffekt nicht mehr nachgewiesen werden. Ähnliches konnten FISCH u. Mitarb. (1976) in ihrer sehr großen Population des American Collaborative Perinatal Project nachweisen. Nachdem eine Reihe von Indikatoren für den sozioökonomischen und Bildungsstatus kontrolliert worden waren, konnte keine Beziehung zwischen dem Apgar-Index eine und fünf Minuten nach der Geburt und dem Intelligenzquotienten im Alter von 7 Jahren gefunden werden.

DAVIE u. Mitarb. (1972) analysierten die Lesefertigkeiten von Kindern im Alter von 7 Jahren, die in der National-Child-Development-Studie erfaßt waren, und fanden eine leichte, aber signifikante Beziehung zwischen Geburtsgewicht und späteren Lesefertigkeiten unter Berücksichtigung der sozialen Schichtzugehörigkeit. WERNER u. Mitarb. (1968) jedoch fanden heraus, indem sie sehr viel mehr detaillierte Indikatoren für häusliche Anregung, aber etwas weniger befriedigende Meßinstrumente für die Lesefertigkeiten benutzten, daß der angebliche Effekt der perinatalen Störung auf die Lesefähigkeit durch Unterschiede im Ausmaß der pädagogischen Anregung und der emotionalen Zuwendung erklärt werden kann.

Nach infektiösen Erkrankungen

Es gibt keinen überzeugenden Hinweis darauf, daß Kinder, die eine seröse oder *eitrige Meningitis* durchgemacht haben, signifikant häufiger als nicht erkrankte Kinder Verhaltensstörungen entwickeln, obwohl betont werden muß, daß die Meßmethoden und Kontrollgruppen bei den meisten Studien nicht zufriedenstellend angelegt sind. MULLER u. Mitarb. (1958) und GIBBS u. Mitarb. (1964) untersuchten hauptsächlich ältere Kinder und fanden heraus, daß eine eitrige Meningitis in der Anamnese keinen Effekt auf den Intelligenzquotienten aufwies. Im Gegensatz dazu fanden SELLS u. Mitarb. (1975) heraus, daß Kinder, die vor Vollendung des 1. Lebensjahres eine *enterovirale Infektion* erlitten, eine Beeinträchtigung des Intelligenzquotienten und ihrer sprachlichen Fähigkeiten zeigten.
Psychiatrische Störungen nach *rheumatischem Fieber* sind jedoch gut dokumentiert. Studien von FREEMAN u. Mitarb. (1965) und KEELER u. BENDER (1952) lassen vermuten, daß Kinder, die wegen einer *Chorea minor* stationär behandelt werden müssen, später oder von Beginn dieser Erkrankung an psychiatrische Symptome aufweisen. Die Empfänglichkeit für eine spätere Störung wächst offensichtlich sogar bei den Kindern an, bei denen der Befall des ZNS weniger deutlich ist. So führte WERTHEIMER (1963) eine Längsschnittuntersuchung an Gruppen von Kindern durch, die ein rheumatisches Fieber bzw. eine Chorea minor gehabt hatten. Als Kontrollgruppen nahm er sowohl zufällig ausgewählte Kinder als auch solche, die an einer anderen Form einer chronischen Erkrankung litten. Kinder, die in der Pubertät an einem rheumatischen Syndrom gelitten hatten, waren viermal häufiger gefährdet, in der Folgezeit wegen einer psychiatrischen Störung stationär eingewiesen zu werden, als die Kinder beider Kontrollgruppen. Rheumatische Symptome in einer anderen Altersstufe schienen jedoch das Risiko, später psychiatrisch zu erkranken, in dieser Studie nicht zu verstärken. Die Ursache für diese altersabhängige Vulnerabilität ist nicht bekannt. Rheumatische Erkrankungen sind ebenfalls verbunden mit sozialer Deprivation (MCCLAREN) u. Mitarb. 1975), und es mag sein, daß einfache Effekte einer Hirnschädigung oder sozialen Deprivation während der Pubertät sich in einer komplexen Art miteinander verbinden.

Nach Schädel-Hirn-Traumen

Ein *Schädel-Hirn-Trauma* ist in der Kindheit ein häufiges Ereignis. CRAFT u. Mitarb. (1972) fanden, daß in Newcastle-upon-Tyne nahezu ein Sechstel aller Einweisungen in eine Kinderklinik zur Beobachtung nach oder Behandlung wegen einer Kopfverletzung erfolgte. In diesem Bezirk war dies der häufigste Grund für eine Einweisung in eine Kinderklinik. Die meisten Verletzungen scheinen unbedeutend zu sein, und eine Einweisung wird hauptsächlich vorgenommen, um eventuell auftretende Komplikationen beobachten zu können. Die Entwicklung späterer Verhaltens- oder emotionaler Störungen in der Gruppe, bei der man begründeterweise das Auftreten von Hirnschädigungen annehmen kann, ist von besonderem Interesse. Wenn gezeigt werden kann, daß diese Kinder ein erhöhtes Risiko eingehen, später eine psychiatrische Störung zu entwickeln, könnte die Hypothese gestützt werden, daß eine leichte Hirnschädigung sich in kognitiven oder Verhaltensstörungen ohne Nachweis einer persistierenden motorischen oder sensorischen Abnormität manifestieren könnte.
Jedoch ist die Studie von Kindern mit Schädel-Hirn-Traumen, wie bei perinatalen Störungen, durch Selektionsfaktoren kompliziert, sowohl hinsichtlich der Persönlichkeitsstruktur der betroffenen Kinder als auch hinsichtlich ihres häuslichen Hintergrundes. So fanden z. B. MANHEIMER u. MELLINGER (1967) in einer Studie an Kindern, die mehr als einmal einen Unfall erlitten hatten, daß diese deutlich extravertierter und waghalsiger waren als Kinder aus einer Kontrollgruppe ohne Unfallanamnese. CRAFT u. Mitarb. (1972) verglichen Verhaltensmerkmale von Kindern in der Schule vor und nach einem Unfall mit Kopfverletzung. Kinder mit Kopfverletzungen wiesen in 22% der Fälle abweichende Verhaltensmerkmale auf im Vergleich zu 13% der Kontrollgruppe. Auch KLONOFF u. PARIS (1974) und RUNE (1970) kamen in weniger befriedigenden retrospektiven Studien zu dem Schätzergebnis, daß etwa ein Drittel der Kinder, die wegen eines Schädel-Hirn-Traumas zur Behandlung stationär eingewiesen wurden, vor ihrem Unfall abnormes oder gestörtes Verhalten gezeigt hatten.
Die meisten Kopfverletzungen in der Kindheit, zumindest in Großbritannien, betreffen Kinder unter 5 Jahren, die als Fußgänger oder Radfahrer verletzt werden (FIELD 1975). Es würde daher nicht überraschen, wenn man herausfinden würde, daß solche Kinder als Gruppe eher aus einem Elternhaus kommen, in dem die Eltern selbst unter Streß stehen und deshalb oder aus anderen Gründen nur unzureichend für ihre Kinder sorgen oder sie beaufsichtigen. Diese Behauptung wird unterstützt durch einen Vergleich familiärer Merkmale von Kindern, die ehemals eine Kopfverletzung erlitten hatten (SHAFFER u. Mitarb. 1975), und einer Zufallsstichprobe von Kindern aus einem innerstädtischen Bereich (RUTTER u. Mitarb. 1975). Unter Benutzung ähnlicher Meßinstrumente für partnerschaftliches Verhalten wurden dreimal so häufig unglückliche Ehen bei Familien von kopfverletzten Kindern gefunden. Die Mütter dieser Kinder waren bei der Untersuchung mit einer Beschwerdenliste auch signifikant auffälliger als eine Kontrollgruppe.
Spezifische Studien über die Folgen einer leichten

Kopfverletzung sind selten. Jedoch ist es klar, daß psychiatrische Störungen auf eine Kopfverletzung folgen können, ohne daß dauernde motorische oder sensorische Symptome bestehen. Ein Beispiel dafür ist die Studie von SHAFFER u. Mitarb. (1975), in der gezeigt werden konnte, daß fast zwei Drittel dieser Gruppe gestört waren, daß aber weniger als 10% eine bleibende neurologische Störung aufwiesen. Andere Studien (BLACK u. Mitarb. 1969, HJERN u. NYLANDER 1964, KLONOFF u. PARIS 1974, REMSCHMIDT u. STUTTE 1980) lassen ähnlich vermuten, daß psychiatrische Probleme aus einer Kopfverletzung entstehen können, ohne daß es andere Hinweise für eine bleibende Hirnschädigung gibt.

Nach metabolischen Störungen und Intoxikationen

Die häufigste Form einer *metabolischen Störung,* die Kinder betrifft, ist die einer chronischen oder akuten *Mangelernährung* in einem ärmlichen Milieu. Versuche, die Effekte dieser Bedingung zu studieren (HERTZIG u. Mitarb. 1972, CRAVIOTO u. DELICARDIE 1972), werden dadurch kompliziert, daß eine Mangelernährung häufig mit sozialen und anderen Formen von Deprivation verbunden ist, welche selbst einen Effekt auf die kognitive und soziale Entwicklung haben. Es wurde versucht, dieses Problem dadurch zu umgehen, daß man die soziale und kognitive Entwicklung von Kindern untersuchte, deren Mangelernährung oder akute Stoffwechselstörung aus einer bestimmten Erkrankung im medizinischen Sinne resultierte. ELLIS u. HILL (1975), die die Entwicklung von Kindern mit *Mukoviszidose,* die frühzeitige Episoden von Mangelernährung durchgemacht hatten, einer Kontrollgruppe gegenüberstellten, konnten einen Effekt der Mangelernährung weder in Hinsicht auf die Intelligenz noch auf die lebenspraktischen Fertigkeiten nachweisen. Ein anderes Modell wird bei der *Pylorusstenose* angeboten, bei der der Zeitraum der Mangelernährung eng begrenzt ist und nach einer erfolgreichen Behandlung eine vollständige Erholung erfolgt. KLEIN u. Mitarb. (1975) untersuchten Intelligenzquotient, lebenspraktische Fertigkeiten und Schulverhalten bei Schulkindern, die an einer Pylorusstenose mit verschieden starkem Gewichtsverlust gelitten hatten. Sie benutzten Geschwister- und Nichtgeschwisterkontrollen und fanden heraus, daß nach einem Gewichtsverlust über 10% des Körpergewichtes später Lernstörungen und zu einem gewissen Prozentsatz auch Störungen des Kurzzeitgedächtnisses nachzuweisen waren. Schulverhalten und soziale Reife waren unauffällig. Es ist nicht sicher, ob diese Veränderungen auf eine Mangelernährung oder andere Aspekte der akuten metabolischen Störung zurückzuführen sind, die möglicherweise eine schwere Pylorusstenose begleiten.
Eine andere Stoffwechselstörung, die auch das ZNS in Mitleidenschaft ziehen kann, ist eine solche mit hohen Bleiserumspiegeln. Zwar findet man solche besonders häufig bei Kindern mit einer anamnestisch bekannten Pica und bei Kindern, die in alten und verfallenen Unterkünften leben. Es gibt daher größere methodische Schwierigkeiten, die Effekte einer präexistenten Störung und sozialen Benachteiligung auseinanderzuhalten. Sogar solche Studien wie die von de la BURDE und CHOATE (1972, 1975), die nach einer sehr sorgfältigen und extensiven Parallelisierung hinsichtlich sozialer und familiärer Faktoren signifikante psychiatrische und kognitive Effekte nachwiesen, können nicht unbesehen akzeptiert werden, da die Kinder mit einem Bleiserumspiegel immer noch hinsichtlich einer früher aufgetretenen Pica und der Qualität ihrer Unterbringung sich unterschieden. LANSDOWN u. Mitarb. (1974), die eine ganze Gemeinde nach einer Bleiverseuchung der Luft untersucht hatten, schlagen eine Strategie vor, mit der diese Schwierigkeiten überwunden werden können. Einschätzungen des Verhaltens und psychologische Testergebnisse konnten von einer Gesamtpopulation der 6–17 Jahre alten Kinder und Jugendlichen, die in der Nähe der Bleischmelze lebten, erhalten werden. Diejenigen Kinder, die der Fabrik am nächsten wohnten, zeigten die höchsten Bleiserumspiegel. Jedoch konnte keine Beziehung zwischen dem Bleispiegel und dem Intelligenzquotienten bzw. der Verhaltensbeurteilung gefunden werden. Möglicherweise ist die Studie aber kontaminiert durch soziale Faktoren. Denn die Familien, die der Fabrik am nächsten wohnten, waren auch deutlich stabiler. Diese Tatsache hat unter Umständen zu einer paradoxen Gewichtung sozial günstiger Faktoren zugunsten der bleiexponierten Gruppe geführt.

Überdauernde Verhaltensabweichungen als Ausdruck einer Hirnschädigung

Wie oben bemerkt, gibt es Anhaltspunkte dafür, daß sich eine Hirnschädigung nicht nur in einer vorübergehenden motorischen oder sensorischen Abnormität, sondern in länger andauernden Auswirkungen auf Verhalten, kognitive und intellektuelle Fähigkeiten äußern kann. Soweit erscheint das Konzept, das in einer Verhaltensstörung den Ausdruck einer zugrundeliegenden Hirnschädigung sieht, vernünftig. Gibt es jedoch eine Grundlage dafür, eine Hirnschädigung allein auf der Basis des Verhaltens zu diagnostizieren?
Die Verfechter der minimalen zerebralen Dysfunktion führen häufig an, daß bestimmte Verhaltensmerkmale wie *Hyperaktivität* und Unaufmerksamkeit besonders oft bei Kindern mit Hirnschädigung gefunden werden und daß es daher vernünftig sei anzunehmen, daß diese Verhaltensauffälligkeiten

ein Hinweis für eine zugrundeliegende neurologische Dysfunktion sind, auch wenn es hierfür keine weiteren klinischen Zeichen gibt. Abgesehen davon, daß dieses Argument logisch falsch ist, ist es auch nicht gut begründet. Es gibt nämlich genügend Anhaltspunkte dafür, daß Hyperaktivität ein nichtspezifisches Verhalten ist, welches mit fast gleicher Häufigkeit in hirngeschädigten und nicht hirngeschädigten Populationen festgestellt werden kann. Die Angaben „Hyperaktivität" oder „Konzentrationsstörung" als Verhaltensprobleme sind generell unbefriedigend, da sie sowohl unpräzise als auch unzuverlässig sind. Diese Beschreibungen werden so häufig gebraucht, daß ihr Diskriminationswert sehr gering sein muß. Zum Beispiel bemerkten LAPOUSE u. MONK (1958), daß mehr als 50% einer unausgelesenen Population von Eltern der Meinung waren, daß ihr Sohn hyperaktiv sei. Ähnlich wurde in der *Isle-of-Wight-Studie* (RUTTER u. Mitarb. 1970b) gefunden, daß etwa ein Drittel aller 10–11jährigen Jungen, die letztendlich als psychiatrisch nicht gestört bezeichnet wurden, als hyperaktiv oder unaufmerksam sowohl von Eltern als auch von Lehrern beschrieben wurde. Weiterhin sind viele Beurteilungen eines Verhaltens als hyperaktiv unzuverlässig. KENNY u. Mitarb. (1971) arrangierten folgende Untersuchung: 100 konsekutiv folgende Kinder, die als „hyperaktiv" diagnostiziert worden waren, wurden von mindestens 3 unabhängigen Beobachtern beurteilt. Eine Übereinstimmung zwischen diesen dreien konnte nur in 13% der Einschätzungen erreicht werden, und 58% der Kinder wurde als nicht hyperaktiv von einem der Beurteiler eingeschätzt.

Setzt man voraus, daß diese Berichte über Hyperaktivität an sich schon unzuverlässig sind, gibt es dann einen Anhalt dafür, daß der Aktivitätspegel eines Kindes, wenn er objektiv gemessen wird, in irgendeiner Art und Weise eine Beziehung zu einer Hirnschädigung aufweist? SCHULMAN u. Mitarb. (1965) verglichen die motorische Gesamt-Tagesaktivität von hirngeschädigten Kindern mit Kontrollgruppen, indem sie ein Aktometer benutzten, und fanden keinen Unterschied. WERRY u. Mitarb. (1972) berichten über eine große Anzahl Studien mit Hilfe der Faktorenanalyse, die in Hinsicht auf Hyperaktivität, Unaufmerksamkeit, emotionale Labilität oder Inkonsistenz wenig Tendenz für eine Beziehung untereinander oder zu Indikatoren einer Hirnschädigung aufweisen. Dennoch mag es sein, daß hirngeschädigte Kinder in bestimmten Situationen aktiver oder weniger aufmerksam sind als andere, z. B. im Klassenraum mit seinen sozialen Ablenkungen, das heißt, wenn kognitive und Aufmerksamkeitsforderungen gestellt werden. SHAFFER u. Mitarb. (1974) überprüften diese Möglichkeit, indem sie neurologisch normale und abnorme Gruppen mit und ohne Verhaltensstörungen in zwei verschiedenen Versuchssituationen miteinander verglichen. In der einen wurden Kinder dazu aufgefordert, mit einer Reihe verschiedener Spielzeuge zu spielen, die über den Testraum verteilt waren. Dabei wurden motorische Aktivität und Aufmerksamkeitsverschiebungen aufgezeichnet. In der anderen sollten Kinder eine Aufmerksamkeitsaufgabe ausführen und wurden dabei instruiert, still zu sitzen (auf einem Stuhl, der Drehbewegungen registrierte). Es konnte gefunden werden, daß der neurologische Status der Kinder weder Aufmerksamkeit noch Aktivität in beiden Versuchssituationen beeinflußte. Die Kinder mit Verhaltensstörungen zeigten, unabhängig von einer zusätzlichen neurologischen Störung, in beiden Situationen mehr Aktivität und weniger Aufmerksamkeit. Mit anderen Worten, Unaufmerksamkeit und Hyperaktivität erschienen als nicht spezifische Korrelate einer Verhaltensstörung, weniger als spezifischer Indikator für eine Hirnschädigung.

SANDBERG u. Mitarb. (1979) konnten in einer Studie an einer repräsentativen Population zeigen, daß die Einschätzungen des Lehrers hinsichtlich Hyperaktivität auf der CONNERS SCALE besonders häufig verknüpft war mit ungünstigen sozialen und Umgebungsfaktoren, jedoch nicht übermäßig häufig mit neurologischen Zeichen oder einer perinatalen Belastung in der Anamnese.
So ist das Hyperaktivitätssyndrom, obwohl es in der Literatur als klar und relativ eindeutig beschrieben wird, in Wirklichkeit eine schwierig zu stellende klinische Diagnose, wenn sie zuverlässig sein soll. Sowohl in experimentellen Situationen als auch in gezielten Studien an großen Populationen, in denen dieses Problem überwunden werden kann, gibt es wenig Anhaltspunkte für eine spezifische Korrelation zwischen klinisch beobachtbaren Verhaltensabweichungen und einer neurologischen Dysfunktion.
Wie steht es mit anderen Verhaltensauffälligkeiten? Es scheint so, daß hirngeschädigte Kinder alle Arten von psychiatrischen Störungen entwickeln können, und es gibt wenig Anhalt dafür, daß sie für die Entwicklung eines besonderen Typs von Störung speziell veranlagt sind. Dies konnte in der *Isle-of-Wight-Studie* (RUTTER u. Mitarb. 1970a) gezeigt werden, in der die Bandbreite von Diagnosen unter hirngeschädigten und epileptischen Kindern mit einer Verhaltensstörung ähnlich weit war wie bei nicht hirngeschädigten Kindern. Jedoch sind solche Übersichtsstudien möglicherweise nicht in der Lage, ein überzufällig häufiges Auftreten seltener psychiatrischer Störungen bei Kindern mit hirnorganischen Beeinträchtigungen aufzudecken.
Insgesamt kann gesagt werden, daß es keinen Anhalt dafür gibt, daß irgendein Verhaltenssyndrom von sich aus für eine Hirnschädigung pathognomonisch ist und daß keine neurologische Diagnose allein auf der Basis von Verhaltensauffälligkeiten gestellt werden kann. Umgekehrt ist es nicht sicher, ob spezifische Hirnschädigungen nicht doch für spezifische Verhaltensstörungen prädisponieren. Im Augenblick fehlt es an Anhaltspunkten dafür, da die Tendenz besteht, hirngeschädigte Kinder in relativ große und wenig unterscheidenden Kategorien zusammenzufassen. Was notwendig ist, sind weitere Untersuchungen, die präzisere Definitionen von Hirnschädigungen und von psychiatrischen Störungen benutzen.

Verhaltensauffälligkeiten und nicht optimale Hirnfunktion

Weiche neurologische Zeichen (soft signs)

Von einer Reihe neurologischer Zeichen wird gesagt, daß sie häufiger bei Gruppen von Kindern mit Verhaltens- oder Lernstörungen vorkommen als bei „normalen" Kindern (ADAMS u. Mitarb. 1974, KENNARD 1960, HERTZIG u. Mitarb. 1969, RUTTER u. Mitarb. 1966; 1970a, MYKLEBUST 1973, STINE u. Mitarb. 1975, WOLFF u. HURWITZ 1973). Solche Zeichen schließen *unwillkürliche Bewegungen* choreatiformer oder athetoider Art, *motorische Anomalien* wie Synkinesien (Spiegelbewegungen), Dysdiadochokinese (Schwierigkeiten bei der Ausführung schneller, abwechselnder Bewegungen) und allgemeine Ungeschicklichkeit ein, ebenso sensorische Anomalien, besonders Dysgraphästhesie (Unfähigkeit, Figuren zu identifizieren oder nachzuzeichnen, die der Untersucher auf die ausgestreckte Handfläche des Kindes zeichnet). Solche Zeichen werden oft als „weich" bezeichnet. RUTTER u. Mitarb. (1970a) haben betont, daß der Terminus „weich" bei der Beschreibung verschiedener Gruppen von Zeichen aus ganz unterschiedlichen Gründen benutzt wird. Einige werden als „weich" bezeichnet, da sie sich im Laufe der Entwicklung ändern und ihr Ursprung nicht klar ist. Solche Zeichen sind keine Indikatoren für eine Erkrankung im traditionellen Sinne, und ihre Pathogenese ist unklar. Alle altersabhängigen Zeichen gehören in diese Kategorie (PETERS u. Mitarb. 1975). Die meisten von ihnen können schnell und zuverlässig festgestellt werden (RUTTER u. Mitarb. 1970a). Eine davon abzugrenzende zweite Gruppe von Zeichen wird als „weich" angesehen, da ihr Ausprägungsgrad gering ist und sie schwer in zuverlässiger Art und Weise festgestellt werden können. Solche Zeichen würden Reflex- oder Tonusasymmetrien umfassen.

Fast alle diese Studien haben eine Beziehung zwischen dem Vorhandensein dieser Zeichen, dem Lebensalter und dem Intelligenzquotienten gezeigt. Ebenfalls weisen sie eine Geschlechtsbindung auf; denn bei Kontrolle von Alter und Intelligenzquotienten treten sie häufiger bei Knaben auf.

Wenn solche Faktoren in Betracht gezogen werden, sind die meisten Zeichen nicht dazu geeignet, zwischen beeinträchtigten und nicht beeinträchtigen Kindern zu unterscheiden, obwohl sowohl Dysdiadochokinese als auch Dysgraphästhesie häufiger bei beeinträchtigten Kindern gefunden werden, auch nach Parallelisierung hinsichtlich Alter, Geschlecht und Intelligenzquotient (ADAMS u. Mitarb. 1974, MYKLEBUST 1973, PETERS u. Mitarb. 1975).

Beim gegenwärtigen Stand unseres Wissens ist nichtsdestoweniger das Ausmaß, in dem die Zeichen für eine Diagnose herangezogen werden können, sehr begrenzt. Zum einen weisen sie nur eine geringe Beziehung zu anderen Indikatoren neurologischer Dysfunktion auf. So fanden CAPUTE u. Mitarb. (1968) bis zu fünf abnorme neurologische Zeichen bei 16% von Kindern, die sonst keine neurologischen Auffälligkeiten boten. Für sich allein genommen kann daher das Auftreten eines „weichen" Zeichens nicht als Hinweis für eine Hirnschädigung gewertet werden.

Zum anderen kommen weiche Zeichen ebenso bei vielen ansonsten normalen Kindern vor. So fanden ADAMS u. Mitarb. (1974), daß 10% der 9–11jährigen ohne Verhaltens- oder Lernstörungen eine Dysgraphästhesie und 8% eine Dysdiadochokinese aufwiesen. RUTTER u. Mitarb. (1970a) stellten fest, daß 14% normaler 10–11Jähriger Spiegelbewegungen aufweisen, und WOLFF u. HURWITZ (1966) fanden heraus, daß choreatiforme Bewegungen bei 11% normaler Kinder aufgedeckt werden können. Derart hohe Basisraten vermindern den diagnostischen Wert eines Tests stark. Um diesen Punkt zu illustrieren, soll ein Beispiel konstruiert werden: Die Prävalenz einer schweren Lernstörung in einer Schulpopulation 8–10jähriger Kinder soll 10% betragen, ein Screening-Untersuchungsprogramm, das ein Zeichen wie die Diadochokinese für die Diagnosestellung einer „MCD" benutzt, soll durchgeführt werden, und auf diese Art sollen Lernstörungen bei Einschulung vorausgesagt werden. Wenn man die Zahlenangaben der ADAMschen Arbeit benutzt (in der der Prozentsatz von Dysdiadochokinese bei Jungen mit schwerer Lernstörung 34% betrug im Vergleich zu 8% bei normalen Jungen), würden 110 von 1000 untersuchten Kindern dieses abnorme neurologische Zeichen aufweisen, aber nur ⅓ von diesen 110 Kindern würde Lernstörungen entwickeln.

EEG-Anomalien

Bei Kindern, die in psychiatrische Kliniken eingewiesen werden, findet man häufig EEG-Anomalien (STEVENS u. MILSTEIN 1968). Jedoch ist es ebenso klar, daß diese sehr häufig auch bei Kindern und Jugendlichen nachzuweisen sind, die keine Verhaltens- oder emotionale Störungen aufweisen. Dies wurde sehr überzeugend demonstriert in den Studien von EGG-OLOFFSON u. Mitarb. (1970), die 928 Kinder und Adoleszenten untersuchten. Die Probanden wiesen keine perinatalen Komplikationen und keine anamnestischen oder klinischen Zeichen für eine Erkrankung des ZNS auf, und alle hatten eine normale körperliche, geistige und schulische Entwicklung genommen. Psychiatrische oder neurologische Erkrankungen bei nahen Verwandten wurden ausgeschlossen. In dieser Gruppe wiesen 16% der Kinder im Alter zwischen 1 und 15 Jahren 14+6/s-positive Spitzen auf, die von einigen als Zeichen für eine MCD angesehen werden. 50% der Jugendlichen zeigten dasselbe Phänomen. Zusätzlich wiesen 15% der Kinder und

5% der Adoleszenten paroxysmale Potentiale zu irgendeiner Zeit der Ableitung im EEG auf. Nicht weniger als 32% der Kinder und 23% der Adoleszenten zeigten irgendeine „Anomalie“ während der EEG-Ableitung. Besonders paroxysmale Aktivität trat häufig während der Einschlaf- und Leichtschlafstadien auf.

Es ist daher klar, daß sogenannte abweichende EEG-Muster mit einer normalen kognitiven und seelischen Entwicklung koexistieren können, und da sie häufig auch unter normalen Umständen vorkommen, ist es nicht gerechtfertigt, sie als Zeichen einer MCD anzusehen, nur weil sie auch als Begleitsymptom einer psychiatrischen Störung vorkommen.

Schlußfolgerungen zum Konzept der minimalen zerebralen Dysfunktion

Gewöhnlich wird die Diagnose einer *minimalen zerebralen Dysfunktion* gestellt, wenn eine Konstellation von Verhaltensauffälligkeiten wie Unaufmerksamkeit, Impulsivität und schlecht angepaßtem Verhalten in Verbindung mit Lernstörungen, perinatalen Belastungsfaktoren, nicht lokalisierbaren neurologischen Zeichen oder EEG-Anomalien gefunden wird. Jedoch bestehen diese Symptome nur selten nebeneinander (NICHOLS u. Mitarb. 1976, WERRY u. Mitarb. 1972). Keine dieser Verhaltensauffälligkeiten kann als pathognomonisch für eine neurologische Störung angesehen werden, und diejenigen Symptome, die nicht das Verhalten betreffen, treten bekannterweise häufig auch ohne begleitende psychiatrische Probleme auf. Die Existenz einer biologischen Anomalie, die vielen psychiatrischen Störungen in der Kindheit zugrunde liegt, ist eine attraktive theoretische Vorstellung und hat heuristischen Wert. Jedoch ist es bis jetzt nicht möglich, dem Kliniker etwas an die Hand zu geben, mit dem er eine aussagefähige Diagnose der MCD stellen kann, die auch Konsequenzen für Behandlung und Prognose hat (SHAFFER u. GREENHILL 1979). Bei diesem Kenntnisstand kann die Benutzung des diagnostischen Terminus „minimale Hirnschädigung“ ausschließlich dazu führen, eine möglicherweise wichtige diagnostische Information zu verschleiern. Daher sollte dieser Terminus am besten vermieden werden außer im Bereiche der explorativen Forschung.

Neuropsychologische Diagnostik von Hirnschädigungen

Die Diagnose einer neurologischen Störung wird natürlicherweise mit adäquaten neurologischen Techniken gestellt. Jedoch ist es auch eine weit verbreitete Praxis, *psychometrische Tests* zu benutzen, um die Diagnose einer Hirnschädigung bei gestörten Kindern abzusichern. In gewissem Sinne ist dies ein unlogisches Vorgehen; denn der Terminus „Hirnschädigung“ unterscheidet nicht zwischen heterogenen Störungen, die verschiedene kognitive, motorische und perzeptive Funktionen in unterschiedlicher Weise betreffen. Die benutzten Testverfahren prüfen die eine oder andere oder alle diese Funktionen, und auftretende Defizite werden sich im Testergebnis niederschlagen. Dies läßt vermuten, daß es ein aussichtsreicherer Weg bei der Benutzung der Psychometrie ist, spezifische Bereiche von Dysfunktionen oder Defiziten zu definieren und zu quantifizieren. Solche Probleme wurden von HERBERT (1964) und WEBSTER (1970) kritisch untersucht. Nichtsdestoweniger werden Tests benutzt, um die Schwere einer Hirnschädigung festzustellen oder auch eine solche Diagnose zu verifizieren. Es erscheint daher sinnvoll, den Wert von zwei Testverfahren, die dafür häufig benutzt werden, zu untersuchen.

In der *Isle-of-Wight-Studie* waren Differenzen zwischen Verbal- und Handlungsteil des *Wechsler-Intelligenz-Tests für Kinder* von mehr als 25 Wertpunkten dreimal häufiger bei hirngeschädigten als bei normalen Kindern. Jedoch treten Diskrepanzen dieser Größenordnung bei etwa 5% der Normalpopulation auf (FIELD 1960). Das Problem des Prozentsatzes für das Vorkommen eines Phänomens bei einer Stichprobe, wie es oben hinsichtlich der „weichen“ neurologischen Zeichen illustriert wurde, ist in diesem Falle noch ausgeprägter. Nimmt man eine Prävalenzrate für eine Hirnschädigung von 1,5% an, so wird im Durchschnitt nur eines von 10 Kindern, die eine Diskrepanz von 25 Wertpunkten aufweisen, mit Sicherheit einen Hirnschaden haben. Die Verteilung oder Streuung der Untertestwerte dieses Verfahrens wurde ebenfalls als Hinweis auf eine Hirnschädigung benutzt. Aber dies ist bisher nicht validiert worden und wird dadurch kompliziert (MAXWELL 1961, ROWLEY 1961), daß Kinder mit Verhaltensstörungen eine größere Subteststreuung und eine größere Diskrepanz zwischen Verbal- und Handlungsteil aufweisen als normale Kinder. Niedrige Werte für Subtests, die als pathognomonisch für Hirnschädigung angesehen werden, z. B. ein niedriger Wert im Mosaiktest, finden sich auch häufig bei psychopathologischen Zustandsbildern (CAPUTO u. Mitarb. 1962).

Der *Bender-Gestalttest* in der Auswertung von KOPPITZ (1964) ist ein Verfahren zur Prüfung der perzeptuell-motorischen Funktionen. Obwohl es signifikante Differenzen zwischen den Wertpunkten hirngeschädigter Kinder und normaler Kontrollgruppen gibt, ist das Ausmaß von Fehleinschätzungen so hoch, daß dieser Test nicht nützlich ist. So zeigten in der Originalvalidierungsstudie von KOPPITZ (1969) 10% von hirngeschädigten Kindern bessere Werte als der Durchschnitt und 31% der normalen Kinder hatten unterdurchschnittliche Werte. Diese Studie wurde an Kindern mit eindeutigem Hirnschaden durchgeführt. In der Praxis könnte dieser Test dort hilfreich sein, wo die Diagnose zweifelhaft ist. FRIEDMAN u. Mitarb. (1967) benutzten den Test in einer annähernd klinischen Situation. Eine Gruppe von Kindern, die wegen des Verdachtes auf einen Hirnschaden eingewiesen wurden, wurde vor irgendeiner anderen Untersuchung oder Befragung mit diesem Test untersucht. Als alle Informationen dann zusammengetragen waren, fand man heraus, daß 60% der Kinder, die unter dem erwarteten Wert im Bender-Gestalttest lagen, keinen Anhalt für eine neurologische Störung boten, wohingegen 64% der Kinder mit besseren als erwarteten Werten letztendlich eine ZNS-Abnormität aufwiesen.

Zusammenfassend kann daher gesagt werden, daß die beiden genannten psychometrischen Testverfahren weniger geeignet sind, eine Diagnose zu liefern, jedoch nützlich bei der Quantifizierung der motorischen Koordination, des Gedächtnisses oder der Lernfähigkeit sein können und möglicherweise auch Hinweise für eine einzuleitende medikamentöse Behandlung geben.

Therapie

Es besteht immer das Risiko, daß gestörte, hirngeschädigte Kinder so gesehen werden, daß ihre Probleme fixiert und unbehandelbar erscheinen. Das kann dazu führen, daß solche Kinder keine Behandlung angeboten bekommen im Vergleich zu Kindern mit ähnlichen Störungen, die keine Hirnschädigung aufweisen. Jedoch scheinen, wie RUTTER (1976) betont, die meisten Effekte einer Hirnschädigung auf das Verhalten indirekt zu sein, und diese Tatsache selbst läßt auf einen Behandlungserfolg hoffen.

In allen Fällen muß notwendigerweise der Familie und dem Kind geholfen werden, sich mit der spezifischen Behinderung auseinanderzusetzen. Beratung und fallzentrierte Arbeit können sowohl dem Patienten als auch der Familie helfen, mit den begrenzten Möglichkeiten des Kindes zurechtzukommen, wobei gleichzeitig die positiven Fähigkeiten und Eigenschaften des Kindes herausgearbeitet werden sollten. Eine solche Therapie ist ebenso wichtig, um der Familie zu helfen, Probleme wie Überprotektion und Verstärkung der Abhängigkeit zu vermeiden oder zu überwinden. Ebenso kann die Situation angegangen werden, bei der eine Behinderung übersehen oder verleugnet und das Kind zum Sündenbock oder zum Gegenstand einer unberechtigten Kritik gemacht wird.

Möglicherweise fehlt dem Kind und seiner Familie das Basiswissen über die Art seiner Erkrankung oder Störung. DORNER (1975) bemerkte, daß Jugendliche mit einer Spina bifida oft nichts über den Grund ihrer Störung wußten und in manchen Fällen glaubten, daß ihre Erkrankung lebensbedrohlich sei. Die häufigste Art einer Hirnschädigung ist die, die aus einem Schädel-Hirn-Trauma resultiert. Die Nachbetreuung sogar von schwer Hirnverletzten durch den Spezialisten oder den Allgemeinpraktiker ist häufig begrenzt und inadäquat. So fanden SHAFFER u. Mitarb. (1975) heraus, daß Kinder nach einer komplizierten Impressionsfraktur des Schädels weniger als dreimal nachuntersucht wurden und daß sich die Befragungen bei den Nachuntersuchungen anscheinend mehr auf die Rückbildung der neurologischen Symptomatik als auf das Vorkommen von Verhaltens- oder Erziehungsschwierigkeiten bezogen. Viele Eltern wußten anscheinend nicht, daß die erzieherischen Grenzsetzungen nach einem Schädel-Hirn-Trauma relativ weit zu stecken sind, und tendierten infolgedessen dahin, ihr Kind unnötig überbehütend und restriktiv zu erziehen. Der Therapeut kann daher dem Kind und der Familie wichtige Hilfen anbieten, weil er mit mehr Muße und Sensibilität auf Fragen hauptsächlich medizinischer Art eingehen kann, als dies in der hektischen Atmosphäre einer neurologischen oder neurochirurgischen Klinik möglich ist.

Spezifische schulische und kognitive Behinderungen oder Störungen müssen aufgedeckt werden, und ein auf das Kind persönlich zugeschnittenes sonderpädagogisches Programm sollte erstellt werden, falls es indiziert ist (RUTTER u. YULE 1975). Ein direkter Kontakt mit der Schule des Kindes kann Ängste bei Lehrern abschwächen und auch dazu dienen, die Schule mit zu erwartenden Schwierigkeiten vertraut zu machen. Paradoxerweise kann diese Art von Hilfe besonders nötig sein bei Kindern mit leichten Störungen, bei denen die Notwendigkeit einer speziellen Hilfe nicht so offensichtlich ist.

Wenn ein hirngeschädigtes Kind eine antiepileptische Medikation erhält, sind regelmäßig durchgeführte psychometrische Testuntersuchungen, simultan mit Messung des Antiepileptika-Serumspiegels, möglicherweise von großer Hilfe. Kinder können eine relativ hohe Konzentration von Medikamenten vertragen, ohne daß sie motorische Zeichen einer Intoxikation aufweisen, obwohl Lernfähigkeit und Denken durch die Medikation bereits negativ beeinflußt sind.

Der Wert einer Therapie mit Stimulanzien oder anderen psychotropen Pharmaka bei der Behandlung von Kindern mit eindeutigem Hirnschaden ist unsicher. SATTERFIELD (1973) hat angenommen, daß Kinder mit einer minimalen zerebralen Dysfunktion möglicherweise aktuell besser auf eine Stimulanzienbehandlung reagieren als andere Kinder. Aber diese Studie wurde an Kindern mit weichen neurologischen Zeichen und nicht spezifischen EEG-Veränderungen durchgeführt. Im Gegensatz dazu gibt es anhand von Fallbeispielen Hinweise darauf, daß Kinder mit einer klar definierten neurologischen Störung häufiger unerwartete Reaktionen auf eine solche Medikation zeigen (OUNSTED 1955).

Einige Probleme bei hirngeschädigten Kindern sind mit einer Verhaltenstherapie angehbar. Spezifische Anwendungen wurden von ZLUTNICK u. Mitarb. (1975) beschrieben, ebenfalls von DANIELS (1975), der bestimmte Methoden der Verhaltenstherapie aufgezeigt hat, mit deren Hilfe die Anfallsfrequenz reduziert werden kann, besonders dann, wenn ein charakteristisches Verhalten vor dem Auftreten eines Anfalls herausgearbeitet werden kann.
Schließlich gibt es, obwohl der Wert chirurgischer Interventionen nicht adäquat dokumentiert ist, Fallberichte über Besserung psychiatrischer Symptome bei Kindern mit Temporallappenepilepsie nach temporaler Lobektomie (FALCONER u. DAVIDSON 1974) und nach Hemisphärektomie (WILSON 1970, WHITE 1961) bei Kindern mit schwerer Epilepsie und infantiler Hemiplegie.

Prognose

Wie ergeht es hirngeschädigten Kindern, wenn sie erwachsen werden? Haben sie mehr oder weniger Schwierigkeiten, sich an das Erwachsenenleben anzupassen, als andersartig gestörte Kinder? Weisen sie mehr Probleme während der Kindheit auf, wenn Kompensationsmechanismen nur wenig ausgebildet sind und Aufmerksamkeits- und kognitive Forderungen besonders groß sind, oder bleiben ihre Schwierigkeiten bis in das Erwachsenenleben hinein bestehen?
Bis jetzt gibt es noch keine systematisch kontrollierten Längsschnittuntersuchungen, die diese Fragen überprüft haben. Die Befunde von TAYLOR u. FALCONER (1968) und GUDMUNDSSON (1966), daß psychiatrische Probleme häufiger bei den Erwachsenen vorkommen, deren Epilepsie in der Kindheit begonnen hat, läßt eine schlechte Prognose vermuten, ebenso die Befunde von DORNER (1975), der einen hohen Prozentsatz von Depressionen bei Jugendlichen mit Spina bifida fand. Jedoch gibt es bei diesen Studien keine Aussage über den früheren psychiatrischen Status dieser Jugendlichen bzw. Erwachsenen in ihrer Kindheit. Die Studie an Spina-bifida-Kindern ist unkontrolliert, und ein hoher Prozentsatz von nicht behinderten Adoleszenten desselben Alters leiden bekanntermaßen unter ähnlichen Gedanken und Gefühlen. Bei den Epilepsiestudien kann nicht differenziert werden, ob die Schwierigkeiten auf unterschiedliche zugrundeliegende pathologische Zustände oder auf den früh einsetzenden Beginn einer Störung zurückzuführen sind. Etwas Information erhält man aus der Studie von ROBINS (1966), in der eine große Gruppe von Kindern, die psychiatrische Probleme geboten hatten, nachverfolgt und im Erwachsenenleben interviewt wurden.
Die Stichprobe enthielt eine Reihe von Kindern, die an Epilepsie, Schädel-Hirn-Trauma und Enzephalitis gelitten hatten. Bei 19% der Kinder, die in der Kindheit niemals irgendeine chronische körperliche Erkrankung gezeigt hatten, bei 17% derjenigen, die eine Epilepsie gehabt hatten, und bei 33% derjenigen, die ein Schädel-Hirn-Trauma erlitten hatten, wurde später die Diagnose einer „Soziopathie" gestellt. Diese Unterschiede sind statistisch nicht signifikant. Die Analyse hinsichtlich dieser Faktoren war rudimentär, wobei keine Standardisierung oder Kontrollen für andere Faktoren vorgenommen wurden, die für eine Soziopathie prädisponieren oder jemanden davor schützen, und Kinder mit einem niedrigen Intelligenzquotienten waren ausgeschlossen. Trotzdem sind die Ergebnisse interessant und geben keinen Grund dafür, die spätere soziale Entwicklung von gestörten Kindern mit Hirnschädigung übermäßig pessimistisch zu sehen.
SHAFFER (1978) hat die Literatur von Längsschnittuntersuchungen an Kindern mit Verhaltensstörungen, die unter der Diagnose einer minimalen zerebralen Dysfunktion liefen, durchgesehen.
Die Stichproben sind heterogen und schließen Kinder mit einer breiten Streuung des Intelligenzquotienten und des Ausmaßes an Störungen zu Hause ein. Ebenfalls werden Kinder mit und ohne organische Zeichen wie auffällige Anamnese oder Nachweis von „weichen" Zeichen in einen Topf geworfen. Obwohl eine gewisse Konsistenz in der Art nachweisbar ist, daß diese Studien mäßige soziale Schwierigkeiten im späteren Leben anzeigen, kann nicht gesagt werden, ob dies nicht spezifische Befunde sind, die man gewöhnlich bei vielen Kindern mit einer frühzeitig einsetzenden Störung der Schullaufbahn findet, oder ob sie mehr eine Folge spezifischer biologischer Einflüsse auf Verhaltensstil oder Stimmung darstellen.

Literatur

Adams, R. M., J. J. Kocis, R. E. Estes: Soft neurological signs in learning-disabled children and controls. Amer. J. Dis. Child. 128 (1974) 614

Aird, R. B., T. Yamamoto: Behavior disorders of childhood. Electroenceph. clin. Neurophysiol. 21 (1966) 148

Annett, M.: Laterality of childhood hemiplegia and the growth of speech and intelligence. Cortex 9 (1974) 4

Basser, L. S.: Hemiplegia of early onset and the faculty of speech with special reference to the effects of hemispherectomy. Brain 85 (1962) 427

Bax, M., R. MacKeith: Minimal Cerebral Dysfunction. Clinics in Dev. Med., No. 10. Heinemann, London 1963

Black, P., J. J. Jeffries, D. Blumer, A. Wellner, A. Walker: The post-traumatic syndrome in children. In: The Late Effects of Head Injury, hrsg. von A. E. Walker, W. F. Caveness, M. Critchley. Thomas, Springfield/Ill. 1969

Butler, N. R., E. D. Alberman (Hrsg.): Perinatal Problems. Livingstone, Edinburgh 1969

Capute, D. V., E. F. Niedermeyer, F. Richardson: The electroencephalogram in children with minimal cerebral dysfunction. Pediatrics 41 (1968) 1104

Capute, D. V., W. E. Edmonston, L. L'Abate, S. R. Rondberg: Extended Report: Type of Brain Damage and Intellectual Functioning in Children. Paper read at Midwestern Psychol. Assoc. Mtg. Chicago. Washington University School of Medicine publication, 1962

Chamberlain, R., C. Chamberlain, B. Howlett, A. Claireaux: British Births, 1970, vol. 1. The First Week of Life. Heinemann, London 1976

Chess, S., S. J. Korn, B. Fernandez: Psychiatric Disorders of Children with Rubella. Butterworth, London 1971

Corboz, R.: Die Psychiatrie der Hirntumoren bei Kindern und Jugendlichen. Acta Neurochir. (Wien), Suppl. 5 (1958)

Craft, A. W., D. A. Shaw, N. E. Cartlidge: Head injuries in children. Brit. med. J. 4 (1972) 200

Cravioto, J., E. R. Delicardie: Environmental correlates of severe clinical malnutrition and language development in survivors from Kwashiorkor or marasmus. Nutrition, the Nervous System and Behaviour. Proceedings of the Seminar on Malnutrition in Early Life and Subsequent Mental Development. Mona, Jamaica, 10–14 Jan. 1972

Daniels, L. K.: The treatment of grand-mal epilepsy by covert and operant conditioning techniques. Psychosomatics 16 (1975) 65

Davie, R., N. Butler, H. Goldstein: From Birth to Seven: a Report of the National Child Developmental Study. Longman, London 1972

De la Burde, B., M. S. Choate: Does asymptomatic lead exposure in children have latent sequelae? J. Pediat. 81 (1972) 1088

De la Burde, B., M. S. Choate: Early asymptomatic lead exposure and development at school age. J. Pediat. 87 (1975) 638

Dobbing, J.: The later development of the brain and its vulnerability, hrsg. von J. A. Davis, J. Dobbing. In: Scientific Foundations of Paediatrics. Heinemann, London 1974

Dorner, S.: The relationship of physical handicap to stress in families with an adolescent with spina bifida. Develop. Med. Child Neurol. 17 (1975) 765

Egg-Olofsson, O., I. Petersen, U. Sellden: The development of the electroencephalogram in normal children from the age of 1 through 5 – paroxysmal activity. Neuropaediat. 2 (1971) 375

Elert, R., K. Hüter: Die Prophylaxe frühkindlicher Hirnschäden. Thieme, Stuttgart 1966

Ellis, C. E., D. E. Hill: Growth, intelligence and school performance in children with cystic fibrosis who have had an episode of malnutrition during infancy. J. Pediat. 87 (1975) 565

Ernhart, C. B., F. K. Graham, P. L. Eichman, J. M. Marshall, D. Thurston: Brain injury in the pre-school child: injured and normal children. Psychol. Monog. 77 (1963) 17

Falconer, M. A., S. Davidson: The rationale of surgical treatment of temporal lobe epilepsy with particular reference to childhood and adolescence. In: Epilepsy: Proceedings of the Hans Berger Centennary Symposium, hrsg. von P. Harris, C. Mawsdley. Churchill-Livingstone, Edinburgh 1974

Field, J. G.: Two types of table for use with Wechsler's intelligence scales. J. clin. Psychol. 16 (1960) 3

Field, J. H.: A study of the epidemiology of head injury in England and Wales, with particular application to rehabilitation. Dept. of Health and Social Security. HMSO, London 1975

Finley, K. H., L. H. Fitzgerald, R. W. Richter, N. Riggs, J. T. Shelton: Western encephalitis and cerebral ontogenesis. Arch. Neurol. (Chic.) 16 (1967) 140

Fisch, R. O., M. S. Bilek, J. M. Horrobin, P. Chang: Children with superior intelligence at 7 years of age. Am. J. Dis. Child. 130 (1976) 481

Freeman, J. M., A. M. Aron, J. E. Collard, M. C. MacKay: The emotional correlates of Sydenham's chorea. Pediatrics 35 (1965) 42

Friedman, J., R. D. Strochak, S. Gitlin, M. L. Gottsagen: Koppitz Bender scoring system and brain injury in children. J. Clin. Psychol. 23 (1967) 179

Gallagher, J. J.: A comparison of brain injured and non brain injured mentally retarded children on several psychological variables. Monogr. Soc. Res. Child Dev. 22 (1957) 2

Gerstenbrand, F.: Das traumatisch apallische Syndrom. Springer, Wien 1967

Gibbs, F., E. Gibbs, H. Spies, P. Carpenter: Common types of childhood encephalitis. Arch. Neurol. 10 (1964) 1

Gottfried, A. W.: Intellectual consequences of perinatal anoxia. Psychol. Bull. 80 (1973) 231

Graham, F. K., C. B. Ernhart, C. B. Thurston, M. Craft: Development three years after perinatal anoxia and other potentially damaging newborn experiences. Psychol. Monogr. 76 (1962) 1

Gruenberg, F., D. A. Pond: Conduct disorders in epileptic children. J. Neurol. Neurosurg. Psychiat. 20 (1957) 65

Gudmundsson, K. R.: Epilepsy in Iceland; a clinical and epidemiological investigation. Acta neurol. scand., Suppl. 34 (1966)

Guislain, J.: Abhandlung über die Phrenopathien. Rieger, Stuttgart 1838

Hackney, I. M., W. B. Hanley, W. Davidson, L. Lindsay: Phenylketonuria, mental development, behaviour and termination of low phenylalanine diet. J. Pediat. 72 (1968) 646

Harrington, J. A., F. J. Letemendia: Persistent psychiatric disorders after head injuries in children. J. ment. Sci. 104 (1958) 1205

Hartlage, L. C., J. B. Green: The relation of parental attitudes to academic and social achievement in epileptic children. Epilepsia 13 (1972) 21

Herbert, M.: The concept and testing of brain damage in children: a review. J. Child Psychol. Psychiat. 5 (1964) 197

Hertzig, M. E., H. G. Birch, S. A. Richardson, J. Tizard: Intellectual levels of school children severely malnourished during the first two years of life. Pediatrics 49 (1972) 814

Hertzig, M. E., M. Bortner, H. G. Birch: Neurologic findings in children educationally designated as brain damaged. Amer. J. Orthopsychiat. 39 (1969) 437

Hjern, G., I. Nylander: Acute head injuries in children: traumatology, therapy and prognosis. Acta paediat. scand., Suppl. 152 (1964)

Hutt, S. J., P. M. Jackson, A. Belsham, G. Higgins: Perceptual motor behaviour in relation to blood phenobarbitone level: a preliminary report. Develop. Med. Child Neurol. 10 (1968) 626

Idestrom, C. M., D. Schalling, U. Carlquist, F. Sjoquist: Acute effects of diphenylhydantoin in relation to plasma levels. Behavioural and psychophysiological studies. Psychol. Med. 2 (1972) 111

Ingram, T. T.: A study of cerebral palsy in the childhood population of Edinburgh. Arch. Dis. Child. 30 (1955) 85

Ingram, T. T.: A characteristic form of overactive behaviour in brain damaged children. J. ment. Sci. 102 (1956) 550

Kalverboer, A. F.: Neurobehavioural findings in preschool and school-aged children in relation to pre- and perinatal complications. In: The first Year of Life, hrsg. von D. Shaffer, J. Dann, Wiley, New York 1979, Kap. 3, S. 55

Kauffman, K., R. Harris, D. Shaffer: Problems in the categorisation of child and Adolescent EEGs. J. Child Psychol. Psychiat. 21 (1980) 333

Keeler, W. R., L. Bender: A follow-up study of children with behaviour disorder and Sydenham's chorea. Amer. J. Psychiat. 109 (1952) 421

Kennard, M. A.: Value of equivocal signs in neurologic diagnosis. Neurology (Minneap.) 10 (1960) 753

Kenny, T. J., R. L. Clemmens, B. W. Hudson, G. A. Lentz, R. Cicci, P. Nair: Characteristics of children referred because of hyperactivity. J. Pediat. 79 (1971) 618

Kershner, J. R., A. J. King: Laterality of cognitive function in achieving hemiplegic children. Percept. Mot. Skills 39 (1974) 1283

Kiene, S., J. Külz: Das Schädel-Hirn-Trauma im Kindesalter. Barth, Leipzig 1968

Klein, P. S., G. B. Forbes, P. R. Nader: Effects of starvation in infancy (pyloric stenosis) on subsequent learning abilities. J. Pediat. 87 (1975) 8

Kleinpeter, U.: Störungen der psychosomatischen Entwicklung nach Schädelhirntraumen im Kindesalter. VEB Gustav Fischer, Jena 1971

Klonoff, H., R. Paris: Immediate, short term and residual effects of acute head injuries in children: neuropsychological correlates. In: Clinical Neuropsychology: Current Status and Applications, hrsg. von R. M. Reitan, L. A. Davison. Winston, Washington 1974

Knobloch, H., B. Pasamanick: Prospective studies on the epidemiology of reproductice casualty: methods, findings and some implications. Merrill-Palmer Quart. 12 (1966) 27

Komrower, G. M., D. H. Lee: Long-term follow-up of galactosemia. Arch. Dis. Child. 45 (1970) 367

Koppitz, E. M.: The Bender Gestalt Test for Young Children. Grune & Stratton, New York 1964

Koufen, H., J. Dichgans: Schädeltraumen bei Kindern und Erwachsenen. Med. Klinik 72 (1977) 739

Lange-Cosack, H., G. Tepfer: Das Hirntrauma im Kindes- und Jugendalter. Springer, Berlin 1973

Lansdown, R. G., J. Shepherd, B. E. Clayton, H. T. Delves, P. J. Graham, W. C. Turner: Blood lead levels: behaviour and intelligence: a population study. Lancet 1974/I, 538

Lapouse, R., M. A. Monk: An epidemiologic study of behavioural characteristics in children. Amer. J. publ. Hlth 48 (1958) 1134

Lempp, R.: Frühkindliche Hirnschädigung und Neurose, 2. Aufl. Huber, Bern 1970

Lenneberg, E. H.: Biological Foundations of Language. Wiley, New York 1967

Lishman, W. A.: Brain damage in relation to psychiatric disability after head injury. Brit. J. Psychiat. 114 (1968) 373

Logan, W. J., J. M. Freeman: Pseudodegeneration disease due to diphenylhydantoin intoxication. Arch. Neurol. 21 (1969) 631

Manheimer, D. I., G. D. Mellinger: Personality characteristics of the child accident repeater. Child Develop. 38 (1967) 491

Mattis, S., J. H. French, J. Rapin: Dyslexia in children and young adults. Three independent neuropsychology syndromes. Develop. Med. Child Neurol. 17 (1975) 150

Maxwell, A. E.: Discrepancies between the pattern of abilities for normal and neurotic children. J. ment. Sci. 107 (1961) 300

McClaren, J. J., D. M. Hawkins, H. J. Koornhof, K. R. Bloom, D. M. Bramwell-Jones, E. Cohen, G. E. Gail, K. Kanarek, A. S. Lachman, J. B. Lakier, W. A. Pocock, J. B. Barlow: Epidemiology of rheumatic heart disease in black schoolchildren of Soweto, Johannesburg. Brit. med. J. 1975/III, 474

McFie, J.: Intellectual impairment in children with localised post-infantile cerebral lesions. J. Neurol. Neurosurg. Psychiat. 24 (1961) 361

Muller, R., I. Nylander, L. E. Larrson, L. Widen, M. Frankenhaeuser: Sequelae of primary aseptic meningoencephalitis: a clinical sociomedical electroencephalographic and psychological study. Acta psychiat. scand., Suppl. 126 (1958) 1

Müller-Küppers, M.: Das leicht hirngeschädigte Kind. Hippokrates, Stuttgart 1969

Myklebust, H. R.: Identification and diagnosis of children with learning disabilities: an interdisciplinary study of criteria. Semin. Psychiat. 5 (1973) 55

Nichols, P. L., T. Chen, J. D. Pomeroy: Minimal Brain Dysfunction: The Association among Symptoms: Paper presented to American Psychological Association, Washington, D. C., 1978

Nuffield, E. J.: Neurophysiology and behaviour disorders in epileptic children. J. ment. Sci. 107 (1961) 438

Office of Health Economics: Epilepsy in Society. CHE, London 1971

Ounsted, C.: The hyperkinetic syndrome in epileptic children. Lancet 1955/II, 303

Ounsted, C., J. Lindsay, R. Norman: Biological Factors in Temporal Lobe Epilepsy. Clin. develop. Med. No. 22. SIMP. Heinemann, London 1966

Peters, J. E., J. S. Roming, R. A. Dykman: A special neurological examination of children with learning disabilities. Develop. Med. Child Neurol. 17 (1975) 63

Pond, D. A., B. H. Bidwell: A survey of epilepsy in 14 general practices. II: Social and psychological aspects. Epilepsia 1 (1960) 285

Prechtl, H. F.: Prognostic value of neurological signs in the newborn infant. Proc. roy. Soc. Med. 58 (1965) 3

Remschmidt, H.: Posttraumatische Lernstörungen im Kindesalter und ihre Behandlung. In: Intelligenz, Lernen und Lernstörungen, hrsg. von G. Nissen. Springer, Berlin-Heidelberg – New York 1977

Remschmidt, H., H. Stutte: Neuropsychiatrische Folgen von Schädel-Hirn-Traumen bei Kindern und Jugendlichen. Huber, Bern 1980

Remschmidt, H., H. Stutte: Lern- und Leistungsstörungen bei Kindern und Jugendlichen nach schweren Schädel-Hirn-Traumen. In: Erkennen – Wollen – Handeln, hrsg. von L. Tent. Hogrefe, Göttingen 1981 (S. 496)

Ritvo, E. R., E. M. Ornitz, R. D. Walter, J. Hanley: Correlation of psychiatric diagnosis and EEG findings: a double blind study of 184 hospitalized children. Amer. J. Psychiat. 126 (1970) 988

Robins, L. N.: Deviant Children Grown Up. Williams & Wilkins, Baltimore 1966

Rowley, V. T.: Analysis of the WISC performance of brain damaged and emotionally disturbed children. J. consult. Psychiat. 25 (1961) 553

Rune, V.: Acute head injuries in children. Acta paediat. scand., Suppl. 209 (1970)

Rutter, M.: Brain damage syndromes in childhood: concepts and findings. J. Child Psychol. Psychiat. 18 (1977) 1

Rutter, M., P. Graham, H. G. Birch: Interrelations between the choreiform syndrome, reading disability and psychiatric disorder in children of 8–11 years. Develop. Med. Child Neurol. 8 (1966) 149

Rutter, M., P. Graham, W. Yule: A Neuropsychiatric Study in Childhood. Clin. develop. Med., No. 35/36. SIMP. Heinemann, London 1970a

Rutter, M., J. Tizard, K. Whitmore (eds.): Education, Health and Behaviour. Longman, London 1970b

Rutter, M., W. Yule: The concept of specific reading retardation. J. Child Psychol. Psychiat. 16 (1975) 181

Sandberg, S., M. Wieselberg, D. Shaffer: Hyperkinetic and conduct problem children in a primary school population: some epidemiological considerations. J. Child Psychol. Psychiat. 21 (1980) 293

Satterfield, J. H.: EEG issues in children with minimal brain dysfunction. Semin. Psychiat. 5 (1973) 35

Schneider, G., H. Remschmidt: Der Einfluß des Schädigungszeitpunktes auf Wahrnehmung, kognitive und soziale Entwicklung hirngeschädigter Kinder. Z. Kinder- u. Jugendpsychiat. 5 (1977) 317

Schrag, P., D. Divoky: The Myth of the Hyperactive Child. Pantheon Books, New York 1975

Schulman, J. L., J. C. Kaspar, F. M. Throne: Brain Damage and Behaviour: A Clinical-Experimental Study. Thomas, Springfield/Ill. 1965

Seidel, U. P., O. Chadwick, M. Rutter: Psychological disorders in crippled children: a comparative study of children with and without brain damage. Develop. Med. Child Neurol. 17 (1975) 563

Sells, C. J., R. L. Carpenter, C. G. Ray: Sequelae of central nervous system enterovirus infections. New Engl. J. Med. 293 (1975) 1

Shaffer, D.: Longitudinal research and the minimal brain damage syndrome. Advanc. biol. Psychiat. 1 (1978) 18

Shaffer, D., R. L. Chadwick, M. Rutter: Psychiatric outcome of localized head injury in children. In: Ciba Foun-

dation sympos. 34. Outcome of severe damage of the central nervous system. Elsevier, Amsterdam 1975, S. 191
Shaffer, D., N. McNamara, J. H. Pincus: Controlled observations on patterns of activity, attention and impulsivity in brain damaged and psychiatrically disturbed boys. Psychol. Med. 4 (1974) 4
Shaffer, D., L. Greenhill: A critical note on the predictive validy of „The Hyperkinetic Syndrome". J. Child. Psychol. Psychiat. 20 (1979) 61
Shaffer, D., P. Bijur, O. Chadwick, M. Rutter: Localised head injury and form of psychiatric disorder in childhood. Private communication, 1979
Shere, M.: The socio-emotional development of the twin who has cerebral palsy. Cerebr. Palsy Rev. 18 (1957) 16
Spain, B.: Verbal and performance ability in pre-school children with spina bifida. Develop. Med. Child Neurol. 16 (1974) 773
Steinhausen, H. C.: Psychological evaluation of treatment in phenylketonuria: intellectual, motor and social development. Neuropediatrics 5 (1974) 146
Stevens, J. R., K. Sachdev, V. Milstein: Behaviour disorders of childhood and the electroencephalogram. Arch. Neurol. 18 (1968) 160
Still, G. F.: Some abnormal psychial conditions in children. Lancet 1902/I, 1008, 1077, 1163
Stine, O. C., J. M. Saratsiotis, R. S. Moser: Relationships between neurological findings and classroom behavior. Amer. J. Dis. Child. 129 (1975) 1036
Stores, G., J. Hart: Reading skills of children with generalized and focal epilepsy attending ordinary schools. Develop. Med. Child Neurol. 18 (1976) 705
Strauss, A. A., L. E. Lehtinen: Psychopathology and Education of the Brain Injured Child, vol. 1. Grune & Stratton, New York 1947
Strecker, E. A.: Behavior problems in encephalitis. Clinical study of relationship between behavior and acute and chronic phenomena of encephalitis. Arch. Neurol. Psychiat. (Chic.) 21 (1929) 137
Thomas, A., S. Chess: A longitudinal study of 3 brain damaged children. Arch. gen. Psychiat. 32 (1975) 457
Todorow, S.: Hirntrauma und Erlebnis. Huber, Bern 1977
Ucko, L. E.: A comparative study of asphyxiated and non-asphyxiated boys from birth to 5 years. Develop. Med. Child Neurol. 7 (1965) 643
Webster, E. C.: The Bender-Gestalt Test with young children: a critique. MSc (Psychology) dissertation, Univ. of London 1970
Wechsler, D.: Wechsler Intelligence Scale for Children (Manual). The Psychological Corporation, New York 1949
Weidlich, S.: DCS – Diagnosticum für Cerebralschädigung. Handbuch. Huber, Bern 1972
Wender, P.: The minimal brain dysfunction syndrome in children. J. nerv. ment. Dis. 155 (1972) 55
Werner, E., J. M. Bierman, F. E. French et al.: Reproductive and environmental casualties. A report on the 10 year follow-up of the children of the Kuai pregnancy study. Pediatrics 42 (1968) 112
Werry, J. S.: Minimal brain dysfunction (neurological impairment) in children. N. Z. med. J. 80 (1974) 94
Werry, J. S., K. Minde, A. Guzman, G. Weiss, K. Dogan, E. Hoy: Neurological status compared with neurotic and normal children. Amer. J. Orthopsychiat. 42 (1972) 441
Wertheimer, N. M.: A psychiatric follow-up of children with rheumatic fever and other chronic diseases. J. chron. Dis. 16 (1963) 223
Wewetzer, K. H.: Das hirngeschädigte Kind. Thieme, Stuttgart 1959
White, H. H.: Cerebral hemispherectomy in the treatment of infantile hemiplegia. Confin. Neurol. (Basel) 21 (1961) 1
Wilson, P. J.: Cerebral hemispherectomy for infantile hemiplegia. Brain. 93 (1970) 147
Wolff, P. H., I. Hurwitz: Functional implications of the minimal brain damaged syndrome. Semin. Psychiat. 5 (1973) 105
Wolff, P. H., I. Hurwitz: The choreiform syndrome. Develop. Med. Child. Neurol. 8 (1966) 160
Zlutnick, S., W. J. Mayville, S. Moffat: Modification of seizure disorders: the interruption of behavioural chains. J. appl. behav. Anal. 8 (1975) 1

Psychische Störungen nach Schädel-Hirn-Traumen

Helmut Remschmidt

Allgemeine Gesichtspunkte und Epidemiologie

Bis zu ⅔ aller Kindersterbefälle sind auf Unfälle zurückzuführen. Unter ihnen stehen die Verkehrsunfälle nicht nur zahlenmäßig, sondern auch im Hinblick auf die Verursachung schwerer Verletzungen an erster Stelle (LANGE-COSACK u. TEPFER 1973). In der Regel wird bei Unfällen mit Hirnbeteiligung eine Relation zwischen Verkehrsunfällen und anderen Unfällen von 55 : 45 angegeben, wobei der prozentuale Anteil der Verkehrsunfälle vom 5. Lebensjahr an aufwärts steigt. Die vorliegenden Statistiken über Unfälle im Kindesalter sowie insbesondere über Straßenverkehrsunfälle bei Kindern geben nur unzureichend Auskunft über Anzahl und Schwere von Schädel-Hirn-Traumen. Ausführliche epidemiologische Untersuchungen über Schädel-Hirn-Traumen im Kindes- und Jugendalter existieren nur sehr begrenzt. Die meisten Statistiken beziehen sich auf ein selektiertes klinisches Krankengut. Wenngleich anzunehmen ist, daß auf diese Weise der überwiegende Teil der schweren Schädel-Hirn-Traumen erfaßt wird, so geben gerade neuere Untersuchungen Anlaß, verstärkt auf die leicht Geschädigten zu achten, da diese oft deutliche psychiatrische Auffälligkeiten entwickeln (RUTTER u. Mitarb. 1977). Nach epidemiologischen Untersuchungen von RUNE (1970) liegt bei Kindern im Schulalter das jährliche Risiko, ein Schädel-Hirn-Trauma mit zerebralen Symptomen zu erleiden, für Jungen bei 1%, bei Mädchen bei 0,5%.

Nimmt man die von RUNE ermittelten Werte einer Gesamtpopulation von 7–19jährigen Schülern zum Maßstab, so ergibt sich, daß rund 15% ein Schädel-Hirn-Trauma erlitten hatten, darunter 10% mit zerebralen Symptomen und 5% mit Bewußtlosigkeit. Epidemiologische Untersuchungen, die speziell nach dem Anteil der psychisch gestörten Kinder der Gesamtgruppe der hirntraumatisch geschädigten Kinder fragen, sind uns nicht bekannt. Aus den Unfallstatistiken geht übereinstimmend hervor, daß Jungen 1,6–2mal stärker unfallgefährdet sind als Mädchen. Erklärt wird dies durch konstitutionell-biologische Faktoren oder geschlechtsrollenspezifisches Verhalten. Das Risiko für ein Kind, im Straßenverkehr einen Unfall zu erleiden, ist in verschiedenen Ländern unterschiedlich groß. Die Bundesrepublik Deutschland gehört zu den Ländern mit dem höchsten Risiko.

Klassifikationsprobleme

Psychische bzw. neuropsychiatrische Störungen nach Schädel-Hirn-Traumen lassen sich unter verschiedenen Gesichtspunkten klassifizieren:

1. Nach ihren *Auswirkungen* in einzelnen psychischen bzw. neuropsychiatrischen Funktionsbereichen. Unter diesem Gesichtspunkt kann man neuropsychologische Ausfälle sowie psychopathologische und psychosoziale Folgen unterscheiden.
2. Eine weitere Einteilungsmöglichkeit bezieht sich auf den *Verlauf* und die Stabilität bzw. Irreversibilität der Symptomatik. In dieser Terminologie können wir akut auftretende psychische Störungen von chronifizierten Störungen und Dauerfolgen unterscheiden.
3. Auch die *Schwere* (Intensität) des Traumas ist als Klassifikationsgesichtspunkt geeignet. Obwohl die Korrelation zwischen Intensität eines Hirntraumas und seinen Folgen offensichtlich ist, ergeben sich aber hinsichtlich seiner Quantifizierung erhebliche Schwierigkeiten.

Die bislang vorliegenden Ansätze lassen sich in eindimensionale und mehrdimensionale einteilen.

Mehrdimensionale Einteilungen gehen davon aus, daß die Intensität des Traumas durch *mehrere* Variablen definiert wird. Die alte Einteilung in Commotio, Contusio und Compressio cerebri geht von einer derartigen syndromatischen Klassifikation aus. Eingang in mehrdimensionale Klassifikationsversuche haben vor allem folgende Variablen gefunden: Dauer der initialen Bewußtlosigkeit, Vorliegen einer retrograden bzw. anterograden Amnesie (NEUNDÖRFER u. Mitarb. 1977), initiale Rückbildungsgeschwindigkeit der vegetativen Symptomatik (HENDRICK u. Mitarb. 1964, NEUNDÖRFER u. Mitarb. 1977), Dauer der posttraumatischen Bewußtlosigkeit und Art bzw. Ausmaß der psychiatrischen Störungen (BUES 1961) sowie die Kombination von Dauer der posttraumatischen Bewußtseinsstörung und Rückbildungstempo initialer Ausfallserscheinungen (TÖNNIS u. LOEW 1953). NEUNDÖRFER u. Mitarb. (1977) haben jüngst eine Schweregradeinteilung und eine Berücksichtigung des EEG-Befundes und der neurologischen Ausfälle vorgenommen und dabei 4 Schweregrade unterschieden.

Eindimensionale Einteilungen gehen von *einer* Variablen aus, die zum Maßstab für die Schwere des Traumas gemacht wird. Der wichtigste eindimensionale Klassifikationsversuch berücksichtigt die Dauer der posttraumatischen Bewußtlosigkeit und geht auf BUES (1961) und TÖNNIS u. Mitarb. (1963) zurück. Er hat sich mittlerweile in vielen Studien bewährt.

Der Trend zu eindimensionalen Klassifikationsversuchen hängt damit zusammen, daß sich bei einer Einbeziehung mehrerer Variablen eine Gewichtung der einzelnen Komponenten als nicht möglich erwiesen hat. Nach der Dauer der posttraumatischen Bewußtlosigkeit unterscheiden LANGE-COSACK u. TEPFER (1973) 6 Schweregrade von Schädel-Hirn-Traumen bei Kindern:

Gruppe I (keine Bewußtseinsstörung), Gruppe II (Bewußtseinstrübung), Gruppe III (Bewußtlosigkeit bis zu 1 Stunde), Gruppe IV (Bewußtlosigkeit über 1 Stunde bis 24 Stunden), Gruppe V (Bewußtlosigkeit zwischen 1 Tag und 1 Woche), Gruppe VI (Bewußtlosigkeit über 1 Woche). Im angelsächsischen Schrifttum wird vielfach die Dauer der posttraumatischen Amnesie (PPA) als Maßstab für die Schwere eines Hirntraumas eingesetzt (RUSSEL u. SMITH 1961). Wenngleich sich die Dauer der Bewußtlosigkeit sowie die Dauer der posttraumatischen Amnesie als Schwereindikatoren bewährt haben, so scheint darüber hinaus auch eine Quantifizierung der „Tiefe" (Intensität) der Bewußtseinsstörung selbst wichtig.

Bekannt geworden sind in diesem Zusammenhang die sogenannten Koma-Skalen (JENNETT u. Mitarb. 1975), von CRAMON u. Mitarb. (1975), die auf das Kindesalter jedoch bislang nicht hinreichend angewandt wurden.

4. Schließlich lassen sich psychopathologische und neuropsychiatrische Folgen auch auf einzelne umschriebene *klinische Syndrome* beziehen. In dieser Betrachtungsweise versucht man, spezifische Folgen bei einzelnen klinischen Syndromen zu objektivieren.

Im folgenden wird nach pragmatischen Gesichtspunkten vorgegangen und eine Klassifikation zugrunde gelegt, die nach klinischen Gesichtspunkten *akut* auftretende psychische Störungen von *dauerhaften* psychischen Störungen unterscheidet. Akut auftretende Störungen schließen sich in den ersten Tagen und Wochen dem Trauma an, chronische Störungen sind überwiegend Spätschäden, meist nicht mehr reversibel und geben Anlaß für Rehabilitationsmaßnahmen. Bei *akut* auftretenden wie bei chronischen und psychischen Störungen muß man 2 Komponenten unterscheiden:

Einmal die *Hirnfunktionsstörung* als solche und zum anderen *reaktive Einflüsse,* in deren Genese das Erlebnis der hirntraumatischen Schädigung mit all ihren Folgen eine bedeutsame Rolle spielt. Diesem Zusammenhang hat TODOROW (1977) eine eingehende Darstellung gewidmet. Die hier angeführte Polarisierung stellt aber eine Vereinfachung dar. In der Praxis sind psychische Ausfälle infolge von Hirnfunktionsstörungen und psychoreaktiven Verhaltensauffälligkeiten häufiger miteinander verquickt. Insofern ist auch durchaus verständlich, daß sowohl bei schwerwiegenden als auch bei leichteren zerebralen Alterationen, neben den Funktionsausfällen, auch reaktive Störungen auftreten können, meist im Rahmen der Chronifizierung.

Bei schweren Schädel-Hirn-Traumen findet man in der Akutphase unter Umständen ein lang anhaltendes Koma, ein apallisches Syndrom und im Gefolge dieser Störungen zum Teil erhebliche Beeinträchtigungen der Gedächtnisfunktionen. Bei nicht wenigen Kindern sind aber ebenso mutistische Reaktionen, ein sogenanntes „Einschlaf- oder Müdigkeitssyndrom" (LANGE-COSACK u. TEPFER 1973), ein sogenannter posttraumatischer Stupor (PLUM u. POSNER 1972) sowie ein generelles und hinsichtlich seiner Genese schwer zu deutendes Inaktivitätssyndrom festzustellen. Der überwiegende Teil der akut auftretenden psychischen Störungen ist jedoch unter dem von WIECK geprägten Begriff der „Durchgangssyndrome" zusammengefaßt. Auf sie soll im folgenden eingegangen werden.

Klinisch-psychiatrische Störungsbilder

Bewußtseinsstörungen und Durchgangssyndrome

Bewußtseinsstörungen

Obwohl die Bewußtlosigkeit als Maßstab für die Schwere eines Hirntraumas angesehen wird, ist gerade für das Kindesalter festzustellen, daß auch *ohne* Bewußtseinsverlust eine schwere hirntraumatische Schädigung entstehen kann. So kommen KOUFEN u. Mitarb. (1977) zu dem Ergebnis, daß Hirnkontusionen in 20% der Fälle bei Kindern ohne Bewußtseinsstörungen auftreten. Auch LANGE-COSACK u. TEPFER (1973) fanden bei 93 von insgesamt 214 Kindern und Jugendlichen mit Schädel-Hirn-Traumen keine posttraumatische Bewußtlosigkeit, obwohl deutliche Zeichen einer zerebralen Irritation vorhanden waren. Schwerwiegende Störungen des Bewußtseins, wie z. B. das Koma und die Rückbildung desselben, lassen sich mit Verfahren quantifizieren, die das Reaktionsvermögen des Patienten auf verschiedene Reize zu objektivieren versuchen. Ein bekanntes Verfahren dieser Art ist die Glasgower Komaskala von TEASDALE u. JENNETT (1974), die die Reaktionsfähigkeit des Patienten in 4 Bereichen erfaßt: (1) Spontane Augenbewegungen, (2) verbale Reaktionen, (3) motorische Antworten und (4) okulovestibuläre Reflexe. Eine ähnliche Skala wurde von einer Münchner Gruppe entwickelt (von CRAMON u. Mitarb. 1975). Diese Komaskala läßt sich auch im

Kindesalter zur Abschätzung der Tiefe der Bewußtseinsstörung anwenden, vor allem auch im Hinblick auf die Erfassung der Komarückbildung sowie die Rückbildung eines apallischen Syndroms.

Durchgangssyndrome

Klinisches Bild: Die Durchgangssyndrome (WIECK 1967) lassen sich als Stufen der Funktionsminderung auffassen. Der Ablauf der psychischen Funktion ist beeinträchtigt, und zwar sind die einzelnen psychischen Abläufe (z. B. Gedächtnis, Antrieb, Denken) meist gleichmäßig betroffen. Die Bewußtseinstrübung gehört nicht zu den Durchgangssyndromen. Dadurch kann man sie von den Stufen der Bewußtseinsminderung abgrenzen.
Ein *leichtes* Durchgangssyndrom zeigt sich in einer Funktionsminderung, die durch folgende Merkmale gekennzeichnet ist:
Vergeßlichkeit, herabgesetzte Reaktionsfähigkeit, Antriebsmangel (Verlust der Initiative), unausgeglichene, zuweilen depressive Stimmungslage, Reizbarkeit und vegetative Symptome wie Schwindel, Kopfschmerzen und Schlafstörungen.
Beim *mittelschweren* und *schweren* Durchgangssyndrom treten z. T. massive Denkstörungen (Verlangsamung, Einschränkung der Denkfähigkeit bis zum Denkzerfall), schwere Gedächtnisausfälle (Amnesie) und produktive Symptome (Halluzinationen, Wahngedanken) hinzu. Erregungszustände und regressive Verhaltensweisen können hinzutreten.
Diagnose und Differentialdiagnose: Zur Diagnostik der Durchgangssyndrome haben sich neben der Abschätzung des klinischen Befundes Verfahren bewährt, bei denen man die Reaktionsfähigkeit des Patienten sowie Gedächtnis und Merkfähigkeit prüft. Ein Verfahren dieser Art ist der sogenannte Syndromtest von BÖCKER (1959). Dieser Test besteht aus 13 Aufgaben, die sehr unterschiedliche Anforderungen an die Leistungsfähigkeit der Patienten stellen. Er versucht folgende Bereiche zu erfassen: Antrieb, Aufmerksamkeit, Reproduktionsvermögen. Bei jeder Aufgabe werden die benötigte Testzeit und die Zahl der Fehler auf einem Untersuchungsbogen festgehalten. Für jede Aufgabe werden, je nach Einschränkung der Leistungsfähigkeit, bis zu 3 Minuten gegeben, die Summe der Minuspunkte ergibt den „Syndrom-Testwert".
Differentialdiagnostisch abgegrenzt werden müssen die Durchgangssyndrome von den umschriebenen Hirnfunktionsstörungen nach Schädel-Hirn-Traumen und den Kontusionspsychosen.

Kontusionspsychosen

Klinisches Bild: Das klinische Bild ist charakterisiert durch motorische Unruhe, fehlende oder wechselnde Orientierung, Kontaminationen von wahrgenommenen Gegenständen, durch expansive oder depressiv-hypochondrische Ideen, die zum Teil mit Konfabulationen einhergehen, bei älteren Kindern aber auch durch Halluzinationen oder eine Wahnsymptomatik. Die Symptomatik bildet sich in der Regel in einigen Wochen zurück, parallel zur Remission der Grundstörung. In seltenen Fällen kann sie jedoch auch mehrere Wochen oder Monate anhalten. Kontusionspsychosen sind abzugrenzen von anderen körperlich begründbaren Psychosen sowie von endogenen Psychosen. Ein entscheidendes Kriterium ist das Vorhandensein des Hirntraumas.

Apallisches Syndrom

Die Bezeichnung „apallisches Syndrom" wurde erstmals von ERNST KRETSCHMER (1940) in die Literatur eingeführt und dabei für diejenigen schweren Zerebralschäden verwendet, die pathophysiologisch einer Dezerebration entsprechen. In den letzten Jahren traten aufgrund einer großen Anzahl funktionell und inhaltlich verwandter Termini zum Begriff des apallischen Syndroms zum Teil Verständigungsschwierigkeiten auf, da nicht alle Autoren die gleichen diagnostischen Kriterien anwandten. So sprach CAIRNS (1952) von einem „akinetischen Mutismus", SUTTER u. Mitarb. (1959) von einer „posttraumatischen Katatonie", WERTHEIMER u. ALLÉGRE (1953) von einem „Koma prolongé" und POECK u. HUBACH (1963) von einer „Dezerebration". Eine zusammenfassende Übersicht über diese nomenklatorischen Probleme sowie auch über klinischen Verlauf, Pathologie, Pathophysiologie und Therapie gibt die von DALLE ORE, GERSTENBRAND u. Mitarb. (1977) herausgegebene Monographie.
Klinisches Bild: Das klinische Bild wurde klassischerweise von Ernst KRETSCHMER (1940) beschrieben: „Der Patient liegt wach da, mit offenen Augen. Der Blick starrt gerade aus und gleitet ohne Fixationspunkt verständnislos hin und her. Auch der Versuch, die Aufmerksamkeit hinzulenken, gelingt nicht oder höchstens nur spurweise. Ansprechen, Anfassen, Vorhalten von Gegenständen erweckt keinen sinnvollen Widerhall. Die reflektorischen Flucht- und Abwehrbewegungen können fehlen. Es fehlt manchmal auch das reflektorische Rückgehen in die Grundstellung bzw. in die optimale Ruhestellung, mit dem der Gesunde zufällig, nicht mehr gebrauchte, besonders auch unzweckmäßige und unbequeme Körperstellungen automatisch zu beenden pflegt. Infolge dessen können diese Kranken in aktiv oder passiv gewordenen Zufallsstellungen verharren bleiben . . ." „Trotz Wachsein ist der Patient unfähig zu sprechen, zu erkennen oder sinnvolle Handlungsformen erlernter Art durchzuführen. Dagegen sind bestimmte vegetative Elementarfunktionen, wie etwa das Schlucken, erhalten. Daneben treten die bekannten

frühen Tiefenreflexe wie Saugreflexe oder Greifreflexe vor."

GERSTENBRAND (1967) schilderte als erster ausführlich an 13 Fällen den klinischen Verlauf und die Rückbildung des traumatisch bedingten apallischen Syndroms. Er differenziert die klinische Symptomatik des Vollstadiums unter folgenden Gesichtspunkten:

1. Besondere Bewußtseinsstörung in Form des Coma vigile.
2. Störungen des ortszeitlich gebundenen Wach-Schlaf-Rhythmus.
3. Reflektorische Primitivmotorik (spontan und auf sensible Reize).
4. Fehlen emotionaler Reaktionen.
5. Haltungsanomalien.
6. Haltungs- und Stellreflexe sowie vestibuläre Blickbewegungen.
7. Motorische Primitivschablonen.
8. Vegetative Funktionsstörungen.
9. Störungen der Optomotorik.
10. Symptome der Pyramidenbahnläsion.
11. Blasen- und Mastdarmstörungen.
12. Parkinson-Syndrom.
13. Abgrenzbare hirnpathologische Lokalsymptome durch superponierte Herdläsionen.

Alle Patienten mit einem traumatischen apallischen Syndrom weisen eine Bewußtseinseinschränkung bei gleichzeitigem „Wachsein" auf. GERSTENBRAND unterscheidet 3 Kategorien des Bewußtseins: Bewußtseinshelligkeit (Vigilanz), Bewußtseinstätigkeit und Bewußtseinsinhalte. Beim apallischen Syndrom ist nach dieser Differenzierung die Bewußtseinshelligkeit erhalten, während die Bewußtseinstätigkeit und die Bewußtseinsinhalte als Folge der Dekortikation gestört sind. Dabei kann die Vigilanz als nichtperiodisch gesteuerte, spezifische Grundaktivierung des Kortex vom periodisch gesteuerten Wach-Schlaf-Rhythmus abgegrenzt werden. Klinisch zeigt sich diese eigenartige Bewußtseinsstörung darin, daß die Patienten mit geöffneten Augen im Bett liegen und der Blick ins Leere geht, ein Zustandsbild, das KRETSCHMER (1940) mit dem Begriff des „Coma vigile" bezeichnete.

Diagnose und Differentialdiagnose: Die Störung muß abgegrenzt werden von anderen Bewußtseinsstörungen nach Schädel-Hirn-Traumen und von Kontusionspsychosen; Leitsymptom der Abgrenzung ist die eigenartige Bewußtseinsstörung des Coma vigile.

Ätiologie und Genese: Ein schweres Hirntrauma ist die häufigste Ursache für ein apallisches Syndrom im Kindes- und Jugendalter. Es kann aber auch durch andere schwere zerebrale Beeinträchtigungen wie Hypoxie, Hypoglykämie (hypoglykämisches Koma) oder degenerative zerebrale Erkrankungen zustandekommen.

Aufgrund theoretischer Überlegungen und klinischer Beobachtungen kann nach GERSTENBRAND (1967) angenommen werden, daß die für das apallische Syndrom typische Senkung des zentralnervösen Funktionsniveaus auf die Ebene des Mittelhirns wahrscheinlich durch eine Läsion des retikulären Systems zu erklären ist. Eine weitere Erklärungsmöglichkeit (HOFF, zit. n. GERSTENBRAND 1967) sieht er im Ausfall weiter Bereiche des Großhirns und dem im Gefolge auftretenden Zusammenbruch der Großhirnfunktion. Dies dürfte die entscheidende Ursache für die Reduktion zentralnervöser Funktionen auf die Ebene des Mittelhirns sein.

Therapie, Rehabilitation: Bei Kindern und Jugendlichen mit Zustand nach apallischem Syndrom lassen sich auch noch nach Jahren meist schwere und schwerste Ausfallserscheinungen feststellen. Diese berühren die Intelligenz, Gedächtnis und Merkfähigkeit, Konzentration, Lern- und Problemlöseverhalten und die Persönlichkeit. Eigene Untersuchungen (REMSCHMIDT u. STUTTE 1980) haben aber gezeigt, daß die meisten Patienten mit Zustand nach apallischem Syndrom sogar noch nach Jahren über Leistungsreserven verfügen, die im Rahmen einer Übungsbehandlung aktivierbar sind. Im Rahmen eines gestuften Übungsprogrammes lassen sich vor allem Aufmerksamkeits- und Konzentrationsleistungen sowie die sensomotorische Umstellungsfähigkeit fördern. Deutliche Grenzen finden sich im Lernverhalten, insbesondere im Bereich des nonverbalen Gedächtnisses sowie bei Problemlöseaufgaben. Eine pharmakologische, durchblutungsfördernde Behandlung wurde versucht, jedoch ohne durchschlagenden Erfolg. Am besten bewährt haben sich noch gezielte, den Patienten allerdings nicht überfordernde Übungsprogramme und weitergehende Rehabilitationsprogramme, die den lebenspraktischen Bereich schwerpunktmäßig einbeziehen.

Traumatisch bedingte Demenz

Demenzzustände nach schweren Hirntraumen im Kindesalter sind bekannt: Gesichert scheint der Zusammenhang zwischen Intelligenzminderung im Sinne einer Demenz und Dauer der Bewußtlosigkeit zu sein. SHAFFER u. Mitarb. (1975) konnten diesen Zusammenhang klar bestätigen, während das Alter bei Unfalleintritt und die Lokalisation der Schädigung keinen Einfluß auf die Leistung in der Wechsler-Intelligenz-Skala hatten. Diese Ergebnisse konnten durch eigene Untersuchungen bestätigt werden (REMSCHMIDT u. STUTTE 1980).

Traumatisch verursachte Demenzzustände sind in der Regel in ein „posttraumatisches Defektsyndrom" einzuordnen, das neben der Intelligenzminderung eine unterschiedlich ausgeprägte Wesensveränderung mit Antriebsminderung oder Unruhe und Reizbarkeit umfaßt und auch durch unterschiedliche neurologische Ausfallserscheinungen gekennzeichnet sein kann.

Hirnlokal bedingte Ausfälle

Die Bedeutung der Lokalisation hirntraumatischer Schädigungen im Kindesalter wird in der Literatur kontrovers diskutiert. Obwohl lokalisatorischen Gesichtspunkten im Zusammenhang mit kindlichen Schädel-Hirn-Traumen geringe Bedeutung beigemessen wird, muß darauf hingewiesen werden, daß unter bestimmten Bedingungen die Lokalisation der Schädigung doch sehr wichtig ist. Es geht hierbei um folgende Störungsmuster:
Neuropsychologische Syndrome im engeren Sinn (Aphasien, Apraxien und Agnosien), frontobasale Hirnschädigungen, bei denen ein Zusammenhang mit Störungen des Antriebsverhaltens diskutiert wird, temporal lokalisierte Hirnschädigungen, Syndrome mit einer links- bzw. rechtshemisphärischen Läsion sowie um Syndrome, bei denen eine funktionelle Trennung zwischen Hirnrinde und Hirnstamm diskutiert wird. Letzteres gilt vor allem für das traumatisch bedingte apallische Syndrom. Auf die Frage der Lokalisation wird im Abschnitt Ätiologie und Pathogenese innerhalb dieses Kapitels eingegangen. Grundsätzliche Ausführungen hierzu finden sich in Band I, Kapitel 4.
Bei den hirnlokal bedingten Ausfällen ist zu berücksichtigen, daß sie aus ganz unterschiedlichen Gründen zustande kommen können. So können sie entwicklungsbedingt sein (z. B. sogenannte Entwicklungsaphasie oder Entwicklungsapraxie), hirntraumatisch bedingt sein oder aber auch durch ganze andere Ursachen (z. B. entzündliche Prozesse, Tumoren) zustande kommen. Sie werden bei den Hirntraumen abgehandelt, weil diese im Kindesalter eine der häufigsten Ursachen für diese Störungsmuster darstellen.

Frontalhirnsyndrom

Klinisches Bild: Nach ein- oder doppelseitigen Läsionen im Marklager des Stirnhirns kommt es zu Veränderungen im *Antriebsverhalten* (Antriebsarmut, Apathie, Akinese) im *kognitiven Bereich* (Verlangsamung des Denkens, Aufmerksamkeitsstörung, Störung des Plan- und Entwurfvermögens, Kritiklosigkeit) und im *emotionalen Verhalten* (euphorische Stimmung, Gleichgültigkeit, Verlust der sozialen Anpassung und der Steuerungsfähigkeit).
Beim sog. *Orbitalhirnsyndrom* (beidseitige Läsion des orbitalen Kortex) tritt eine sog. Witzelsucht und eine Enthemmung im sittlichen Bereich sowie aggressives Verhalten hinzu (POECK 1982). In den meisten Fällen läßt sich dieses Syndrom nicht in „Reinkultur" isoliert finden. Meist kann man es als spezifisches hirnlokales Psychosyndrom von dem ebenso vorhandenen allgemeinen hirnorganischen Psychosyndrom abgrenzen. LANGE-COSACK u. NEVERMANN (1958) haben nachgewiesen, daß nach Stirnhöhlenverletzungen unter Hirnbeteiligung bei Kindern erhebliche psychopathologische Auffälligkeiten in Form von Antriebsstörungen, Störungen des Sozialverhaltens und Mangel an Lebensplanung festzustellen sind. Der Frage nach dem Zusammenhang zwischen frontotemporalen Schädigungen und psychischen Auffälligkeiten ist KLEINPETER (1971) detailliert nachgegangen. In ihrem Krankengut waren 77 von insgesamt 196 Fällen der Schweregrade II und III (mittelschwer und schwer) vermutlich im frontalen bzw. frontotemporalen Bereich traumatisch geschädigt. 67 der Patienten hatten jedenfalls eine Schädelfraktur in diesem Bereich. Bei einem Vergleich der frontal bzw. fronto-temporal verletzten Patienten mit dem Gesamtkrankengut sowie mit den Patienten, die eine anderweitig lokalisierte Hirnschädigung aufwiesen, zeigten sich die in Tab. 4.2 angeführten Ergebnisse.
Aus der Tabelle geht hervor, daß bei den frontal bzw. frontotemporal geschädigten Patienten die Antriebsminderung überwiegt, während bei den anderweitig lokalisierten Hirnschädigungen Reizbarkeit und Unruhe im Vordergrund standen. Nach Meinung der Autoren ist dieser Zusammenhang nicht abhängig vom Schweregrad des Hirntraumas und auch nicht abhängig vom Unfallalter, so daß man einen *spezifischen* Zusammenhang mit der Lokalisation der Schädigung annehmen kann. Ergebnisse aus der Erwachsenenneurologie stützen ebenfalls diese These.

Tabelle 4.**2** Zusammenhang zwischen Lokalisation der zerebralen Schädigung und psychopathologischen Auffälligkeiten (nach *Kleinpeter* 1971; aus Neuropsychiatrische Folgen nach Schädel-Hirn-Traumen bei Kindern und Jugendlichen, hrsg. von H. Remschmidt, H. Stutte. Huber, Bern 1980, S. 63)

Gesamtkrankengut	Psychisch unverändert	unruhig	antriebsgemindert
Gesamtkrankengut	25%	43%	32%
frontal bzw. frontotemporal verletzte Patienten	21%	29%	50%
anderweitig lokalisierte Hirnschäden	29%	52%	19%

Stammhirnsyndrom

Klinisches Bild: Das Stammhirnsyndrom trat früher hauptsächlich nach der Encephalitis epidemica auf. Es ist heute selten geworden.
Nach STUTTE (1960) ist es gekennzeichnet durch Ruhelosigkeit, Zerfahrenheit, abrupten Stimmungswechsel, Reizbarkeit bis zur Explosivität, plötzliche und unter Umständen für die Umgebung gefährliche Impulshandlungen und eine weitgehende pädagogische Unbeeinflußbarkeit. Dementsprechend sind auch die therapeutischen Möglichkeiten sehr begrenzt. Sie erstrecken sich auf eine neuroleptische Behandlung, die mit einem gestuften Rehabilitationsprogramm kombiniert wird.

Traumatisch bedingte Aphasien

Definitionen und hirnphysiologische Überlegungen

Von einer Aphasie im Kindesalter sollten wir erst dann sprechen, wenn nach vollendetem Spracherwerb oder zumindest in einem weit fortgeschrittenen Stadium desselben die Sprachfunktion nicht mehr adäquat beherrscht wird (STUTTE 1968). Eine Aphasie ist also eine Störung im Umgang mit der Sprache auf hirnorganischer Grundlage nach weitgehend vollzogenem Spracherwerb. Tritt die Schädigung vor dem Erwerb der Sprache ein, so sollte die Diagnose Aphasie keine Verwendung finden. Im angelsächsischen Sprachraum wird häufig die Bezeichnung „Entwicklungsaphasie" oder „kongenitale Aphasie" verwendet. Damit meint man eine Behinderung der Sprachentwicklung aufgrund einer hirnorganischen Schädigung. Derartige Störungen werden im Rahmen der Sprachentwicklungsstörungen beschrieben, da sie dort am ehesten hingehören. Da aber Schädigungen ein kindliches Gehirn in unterschiedlichen Alters- bzw. Entwicklungsstufen treffen können, ist es wichtig herauszustellen, wie sich eine Aphasie auf unterschiedlichen Alters- und Entwicklungsstufen äußern kann. Dabei können folgende Gesetzmäßigkeiten unterschieden werden (REMSCHMIDT u. Mitarb. 1980):

– Pränatale oder perinatale Schädigung: Die Folge kann ein Ausbleiben der Sprachentwicklung sein oder auch eine Hörstummheit (sogenannte kongenitale Aphasie). Unter der zuletzt genannten Bezeichnung werden allerdings unterschiedliche Störungsmuster beschrieben, die von Störungen des Sprechantriebes über akustische Perzeptionsstörungen bis zu eindeutigen hirnorganischen Schädigungen reichen. Hirnorganische Defekte scheinen am ehesten bei der sogenannten motorischen Hörstummheit aufzutreten (SCHÖNFELDER 1967). Der Begriff der Entwicklungsaphasie und der kongenitalen Aphasie wird vielfach mit der der Hörstummheit gleichgesetzt (s. Kapitel 6.6, Bd. I).
– Schädigung im Stadium der Sprachentwicklung (bis zum 36. Monat): Tritt eine Schädigung der linken Hemisphäre ein, so findet man bei der überwiegenden Mehrzahl der Kinder einen Sprachverlust. Bald jedoch beginnt der Prozeß des Spracherwerbs erneut und durchläuft die normalen Sprachentwicklungsstadien. Es kann auch zu einer Interferenz von Sprachentwicklung und Sprachstörung kommen, jedoch wird bei einseitiger Läsion die Sprache stets wieder erlernt.
– Schädigung zwischen dem 4. und 10. Lebensjahr: Hier findet man das Bild einer totalen oder gemischten Aphasie. Die Differenzierung in vorwiegend motorische und vorwiegend sensorische Aphasien ist meist nicht möglich. Nach Ansicht verschiedener Autoren gibt es in dieser Altersstufe keine amnestische Aphasie und keine sensorische Aphasie mit Jargon-Logorrhoe (GLONING u. HIFT 1970, PÖTZL 1949). Die Kinder sind meist stark sprachgehemmt. In diesem Zusammenhang ist anzumerken, daß auch im Erwachsenenalter die Mischformen der Aphasien häufiger sind.
– Schädigung zum Zeitpunkt der Pubertät oder später: Jenseits der Pubertät gestaltet sich die Prognose hinsichtlich der Rückbildung der Aphasien ungünstiger. Es können Restsymptome, vor allem in Form von Störungen des Sprachduktus, und Wortfindungsstörungen zurückbleiben. Eine „Umpolung" der Hemisphären ist jetzt nicht mehr ohne weiteres möglich. Die Symptomatik gleicht weitgehend der des Erwachsenen.

Die Kontrolle der Sprachfunktion erfolgt jedoch nicht ausschließlich durch die linke Hemisphäre. Auch die *rechte* Hemisphäre ist an derartigen Prozessen beteiligt. Sie ist durchaus auch in der Lage, sprachgebundene Prozesse zu steuern, nur bildet sich diese Fähigkeit mit zunehmendem Lebensalter zurück. Dafür sprechen auch Versuche an Kindern, bei denen die linke Hemisphäre prä-, perinatal oder im 1. Lebensjahr geschädigt wurde. Bei diesen Kindern wird die Sprachfunktion praktisch vollständig von der rechten Hemisphäre übernommen (KOHN u. DENNIS 1974, BASSER 1962). Auch Erfahrungen an hemisphärektomierten Kindern stützen diese These. Dabei ist nicht der Zeitpunkt der Hemisphärektomie, sondern der *Schädigungszeitpunkt* maßgeblich. Eine zeitliche und entwicklungspsychologische Grenze hinsichtlich einer weitgehenden Übernahme der Sprachfunktion durch die rechte Hemisphäre scheint die Pubertät zu sein (LENNEBERG 1967). Es gibt aber auch Anhaltspunkte dafür, daß bei jüngeren Kindern eine umschriebene Schädigung der linken Hemisphäre stärkere sprachliche Ausfälle verursachen kann als die Entfernung der ganzen linken Hemisphäre (KINSBOURNE 1975). Offenbar kann die rechte Hirnhälfte bei Erhaltenbleiben einer geschädigten linken, die mit ihr in Wettstreit um die Kontrolle der Sprachfunktion tritt, die Übernahme der Sprachfunktion nicht gewährleisten.
Bei kindlichen Aphasien existieren auch meist eine Reihe nichtsprachlicher Ausfälle. Nach AGRANOWITZ u. MCKEOWN (1970) sind hervorzuheben: Hyperaktivität oder Hypoaktivität, motorische Koordinationsstörung, autistisches Verhalten, Zwangssyndrome, aggressiv-feindseliges Verhalten und Negativismus. Es finden sich ferner visuelle und akustische Perzeptionsstörungen, Störungen der Händigkeitsentwicklung, der Auge-Hand-Koordination, Störungen im Symbollernen, im graphischen Darstellen und Gestalten, Körper-

schemastörungen, Störungen der Aufmerksamkeitsspanne sowie eine mangelhaft ausgebildete Fähigkeit zur Generalisation bei allen Lernvorgängen. Derartige Befunde führen zu der These, daß eine kindliche Aphasie Teilsyndrom eines umfassenderen Störungsmusters ist, wobei die Störungen der sprachlichen Funktion allerdings meist im Vordergrund stehen.

Verschiedene Formen der Aphasien

Wie im Erwachsenenalter, so sind auch im Kindesalter die „reinen"Aphasieformen selten. Im übrigen ist auch aufgrund der Tatsache, daß die Lokalisation der Hirnfunktion erst nach der Pubertät endgültig festgelegt ist, eine scharfe Abgrenzung der einzelnen Aphasieformen voneinander nicht immer möglich. Man wird dem derzeitigen Kenntnisstand am ehesten gerecht, wenn man von *vorwiegend* motorischen, *vorwiegend* sensorischen Aphasien, amnestischen und totalen Aphasien spricht. Die Bezeichnung „vorwiegend" soll verdeutlichen, daß die Symptomatik jeweils einen Schwerpunkt hat, aber auch andere Symptome noch zu finden sind. In Tab. 4.3 ist eine Übersicht über die wichtigsten Aphasieformen und ihre Kennzeichen gegeben.

1. Vorwiegend motorische Aphasie (**Broca-Aphasie**)

Klinisches Bild: Es ist gekennzeichnet durch eine Störung der Expressivsprache. Es kommt aber auch vielfach zu einer generellen Reduktion der Sprachäußerungen, zu mutistischen Reaktionen und Dysarthrien. Das Sprachverständnis ist weitgehend erhalten, vielfach fehlt den Kindern aber der sprachliche Antrieb. Das Sprechen ist verlangsamt oder fehlt ganz, und wenn es überhaupt vorhanden ist, so ist es auf einfache Äußerungen

Tabelle 4.**3** Die wichtigsten Aphasieformen und ihre Kennzeichen (aus *H. Remschmidt, G. Niebergall:* Störungen des Sprechens und der Sprache. In: Neuropsychologie des Kindesalters, hrsg. von H. Remschmidt, M. Schmidt. Enke, Stuttgart 1981)

Diagnose	Symptomatik	Ätiologie	Diagn. Methoden	Lokalisation	Therapie	Prognose
Aphasie *Formen*	Allg.: Störungen in den Bereichen der Sprache und des Sprechvorganges; Sprachverlust	Schädel-Hirn-Traumen Tumor vaskuläre Prozesse Epilepsie Enzephalitis	spontanes Sprechverhalten automatisierte Reihen Nachsprechen		Neurolog. Akutversorgung spezielle (logopäd.) Sprachbehandlung	abhängig von Ätiologie, Ausmaß, Lokalisations- und Rückbildungsgeschwindigkeit
Motorische Aphasie (Broca-A.)	Expressivsprache gestört Phonemat. Paraphasien Telegrammstil „non-fluent"		Benennen lassen Aufträge ausführen *Hilfsmittel* neurolog. Befund EEG	Broca-Zentrum (frontotemp.)	evtl: medikamentös (Helfergin) begleitend	Faustregel: je jünger das Kind, desto günstiger totale Restitution möglich, aber meist Restsymptomatik
Sensorische Aphasie (Wernicke-Aphasie)	Rezeptiv-Sprache gestört semantische Paraphasien Paragrammatismus „fluent"		Computertomographie Angiographie *Psycholog. Tests:* Token Test Bilder benennen	Wernicke-Zentrum (temporal)		
Amnestische Aphasie	Wortfindungsstörungen unpräzise Bezeichnungen		Intelligenztest (Hawik, CFT) Händigkeitstests (H-D-T)	weniger eindeutige Zuordnung		
Totale Aphasie	alle obengenannten Funktionen					

(z. B. Einwort- oder Zweiwortsatz) reduziert. Beim Nachsprechen oder Benennen kommt es zu phonematischen, zuweilen auch zu semantischen Paraphasien. Ferner ist die Sprache agrammatisch bis dysgrammatisch. Beim Schreiben, das nicht durch räumlich-konstruktive Ausfälle gestört ist, kommt es zu Paragraphien. Oft sind die Patienten aufgrund einer Lähmung nicht in der Lage zu schreiben. In solchen Fällen kann man ihnen eine Schreibmaschine anbieten. Die sprachlichen Ausfälle zeigen sich dabei ebenso.

2. Vorwiegend sensorische Aphasie (**Wernicke-Aphasie**)

Klinisches Bild: Kennzeichnend ist das Leitsymptom der Sprachverständnisstörung. Vom Redestil her werden betroffene Patienten oft als flüssig sprechende Aphatiker bezeichnet. Dies trifft für das Kindesalter jedoch kaum zu. Aufgrund der massiven Sprachverständnisstörung wird die Sprache rasch unverständlich, es kommt zu semantischen Paraphasien, zu einer dysgrammatischen Sprache und zu Neologismen. Das Resultat ist eine schwere allgemeine Kommunikationseinschränkung.

Die Läsion liegt dabei im Wernicke-Zentrum in der 1. Schläfenwindung. Wie bei allen kindlichen Aphasien ist allerdings auch bei der sensorischen Aphasie die Lokalisation keineswegs immer an dieser Stelle zu finden. Dies mag daran liegen, daß, insbesondere bei jüngeren Kindern, die Lokalisation der Sprache nicht erfolgt ist.

3. Amnestische Aphasie

Klinisches Bild: Die Störung zeigt sich hauptsächlich in Wortfindungsstörungen. Die Kinder können bekannte Gegenstände nicht bezeichnen, sondern umschreiben diese mehr oder weniger geschickt. Das Sprachverständnis ist erhalten, auch die Expressivsprache ist nicht gestört. Die Störung zeigt sich vielmehr in der mangelnden Fähigkeit, geläufige Worte oder Begriffe zu reproduzieren. Es wurde verschiedentlich behauptet, es gäbe im Kindesalter keine amnestische Aphasie. Dies dürfte allerdings nicht zutreffen. Eigene Untersuchungen (NIEBERGALL u. REMSCHMIDT 1974, REMSCHMIDT u. Mitarb. 1979) haben gezeigt, daß sich die beiden anderen Aphasieformen (motorische und sensorische Aphasie) in der Regel über eine amnestische Phase zurückbilden.

4. Totale Aphasie

Bei der totalen Aphasie ist sowohl das Sprachverständnis als auch die Expressivsprache gestört. Die Folge ist, daß die Sprachproduktion entweder ganz ausfällt oder auf einige wenige schlecht artikulierte Bruchstücke reduziert ist, die mit erheblicher Sprechanstrengung hervorgebracht werden. Oft kommt es zu Sprachautomatismen und Stereotypien. Eine sprachliche Kommunikation ist meist nicht möglich. Eine Dysarthrie ist oft vorhanden, sie ist aber kein obligates Merkmal.

Diagnose und Differentialdiagnose: Die Diagnostik kindlicher Aphasien erfolgt durch die klinische Sprachprüfung sowie durch zusätzliche testpsychologische Verfahren. Zur Objektivierung der Lokalisation der Schädigung können die üblichen neurologischen Untersuchungsmethoden angewandt werden. Zu ihnen gehören, neben der klinisch-neurologischen Untersuchung, die elektroenzephalographische Untersuchung, die Computertomographie und die Angiographie. Eine Übersicht über die bei der Aphasieuntersuchung angewandten Methoden ist in Tab. 4.**3** enthalten. Sie zeigt, daß man zunächst zwischen *rezeptiven* und *expressiven* Sprachleistungen unterscheiden kann. Zunächst prüft man auch klinisch die rezeptiven Sprachleistungen, indem man den Kindern verbale Aufträge gibt, sie Bilder ordnen oder Sätze beurteilen läßt. Man kann die *rezeptive* Sprachleistung also verbal, aber auch nichtverbal, z. B. durch Gesten und Zeichen, erfassen. Bekannte Testverfahren zur Prüfung der rezeptiven Sprachleistung sind der Token-Test (neuerdings weiß man, daß er auch andere Funktionen prüft), die Sprachverständnisprüfung über Bilderordnen, aber auch kompliziertere Verfahren, wie der 3-Figuren-Test, bei dem 3 verschiedenfarbige Figuren (Kreis, Quadrat und Dreieck) zu erkennen und zu differenzieren sind.

Die *expressiven* Sprachleistungen prüft man durch Spontansprache, gelenktes Gespräch oder das Schreibenlassen von Geschichten. Die Spontansprache hat sich dabei als eine der wichtigsten Prüfmethoden erwiesen. Gleichzeitig kann man die Artikulation und die Grammatik dabei erfassen. Bei Anwendung nichtverbaler Vorgaben (z. B. Benennenlassen von Bildern, Beschreiben von Situationsbildern) ist es möglich, sowohl den passiven Wortschatz als auch das Verständnis für Situationen und ihre sprachliche Beschreibung zu erfassen. Das am häufigsten angewandte Testverfahren zur Diagnostik von Aphasien ist der Token-Test (deutsche Bearbeitung von B. ORGASS). Er eignet sich auch zur „Selektion“ Aphasiekranker von anderen Patienten mit hirnorganischen Störungen, jedoch *ohne* Aphasie. Dieser Test kann auch im Kindesalter mit Erfolg angewandt werden (NIEBERGALL u. Mitarb. 1976, REMSCHMIDT u. Mitarb. 1977).

Das Vorhandensein von Testverfahren darf nicht dazu führen, daß man sich ausschließlich auf diese stützt. Es ist wichtig, auch die klinische Untersuchung in systematischer Weise durchzuführen. Diese umfaßt nach LEISCHNER (1974) folgende Funktionen:

1. Spontansprache (Erzählenlassen eines Ereignisses, einer Geschichte oder eines Erlebnisses);
2. Wortfindung (Benennenlassen alltäglicher Gegenstände und Bilder);
3. Reihennachsprechen (Wochentage, Monatstage, Zahlen von 1–10 aufsagen);
4. Nachsprechen von Sätzen;
5. Prüfung des Sprachverständnisses (Aufträge geben, Heraussuchenlassen von Gegenständen nach verbalem Auftrag);

6. Schreibenlassen (Spontanschreiben, Diktatschreiben, Zahlen schreiben);
7. Lesen (Lesen einzelner Substantive und Verben, Lesen und Ausfüllen schriftlicher Aufträge, Lesen einer Geschichte, Nacherzählen);
8. Innere Sprache (Herstellen korrekter Buchstabenfolgen bzw. Symbolerkennen).

Neben diesen Verfahren existieren auch noch spezielle Aphasietests, die allerdings mehr für das Erwachsenenalter und weniger für das Kindesalter standardisiert sind (Übersicht bei PEUSER 1978, AGRANOWITZ u. MCKEOWN 1970).

Therapie und Prognose: Die Behandlung kindlicher Aphasien erfordert spezielle Kenntnisse. Sie umfaßt in der Regel 3 Aspekte: sprachliche, psychotherapeutische und sozialmedizinische.

1. Hinsichtlich der *Sprache* ist eine Übungsbehandlung angezeigt. Geübt werden einzelne sprachliche Segmente (Laute, Buchstaben, Silben) unter Zuhilfenahme von Bild- oder Wortkarten, Lückentexten oder audiovisuellen Hilfsmitteln. Dabei ist wichtig, daß der Akzent weniger auf der systematischen Übung von Lauten oder Buchstaben liegt, sondern auf der Vermittlung von *Regeln,* die den Kindern wieder zu einer Verfügbarkeit der Sprache verhelfen soll. Bei jüngeren Kindern ist dies noch nicht möglich. Wesentlich ist ferner, daß Sprachübungen stets in einem kommunikativen Zusammenhang erfolgen müssen und daß in den Übungsprozessen noch andere Leistungsbereiche wie Sprachverständnis, Schreiben oder Lesen zunächst über nichtverbale Bereiche (Gesten und Gebärden, Schreiben, Zeichnen) einbezogen werden.

2. Die *psychotherapeutischen* Maßnahmen erstrecken sich im wesentlichen auf die Weckung der Motivation des Patienten sowie auf sein Verhältnis zu anderen Patienten, zur Familie und zu sonstigen Angehörigen. Hierbei kommt es darauf an, die Kinder optimal zur Mitarbeit anzuregen, bei Mitpatienten oder Angehörigen Verständnis für ihre Störung zu erreichen und ihr Verhalten zur Umgebung wieder den alltäglichen Anforderungen anzupassen. Durch Rollenspiel und Gruppentherapie versucht man, diesem Ziel näherzukommen.

3. Die *sozialmedizinische* Behandlung erstreckt sich schließlich auf die Wiedereingliederung der Kinder und Jugendlichen in Familie, Schule oder Beruf, wobei neben allgemeinen Maßnahmen individuell zugeschnittene Rehabilitationspläne zur Anwendung kommen.

Die *Prognose* hängt von verschiedenen Faktoren ab: u. a. von der Ätiologie, vom Schweregrad der Aphasie, von Lebensalter und Entwicklungsstand, vom Vorliegen zusätzlicher Komplikationen und von der initialen Rückbildungsgeschwindigkeit nach Schädigungseintritt. Je rascher sich die Aphasie in den ersten 4 Monaten zurückbildet, um so günstiger ist auch die langfristige Prognose. Eine Frühbehandlung innerhalb der ersten Monate verspricht größere Erfolge als eine später einsetzende Therapie. Dieses aus der Erwachsenenneurologie bekannte Prinzip (POECK u. Mitarb. 1977) trifft auch auf Kinder zu. Der spontane Rückbildungsverlauf bzw. die Rückbildung im Verlauf der Therapie läßt sich mit Hilfe spezieller Skalen (z. B. der Goodglass-Skala), die den Schweregrad berücksichtigen, abschätzen.

Apraxien

Definition und hirnphysiologische Überlegungen

Apraxien sind Störungen der Handlungsabläufe. Wir finden bei ihnen Beeinträchtigungen „im Ausführen von erlernten zweckmäßigen Handlungen, die nicht durch Lähmung, Störung der Koordination, der Sensibilität, des Sprachverständnisses, der Intelligenz oder des Bewußtseins (allein oder in Kombination) erklärbar sind“ (POECK 1972). Vielfach kann man, jedenfalls bei Erwachsenen, Jugendlichen und auch schon bei älteren Kindern beobachten, daß sie derartige Bewegungen, auch wenn sie sie nicht selbst ausführen können, beim Untersucher als richtig oder falsch zu klassifizieren in der Lage sind. Da das Ausführen zweckmäßiger Handlungsabläufe nur selten ganz unmöglich ist, spricht man zutreffend von Dyspraxien anstelle von Apraxien.

Im Kindesalter ist wie bei allen neuropsychologischen Syndromen die Entwicklung zu berücksichtigen. Tritt eine enorme Erschwernis hinsichtlich des Erlernens und Durchführens zweckmäßiger Handlungsabläufe auf, so spricht man von einer *Entwicklungsdyspraxie* bzw. *Entwicklungsapraxie.* Diese Störungen sind nicht hirntraumatisch bedingt und werden in Kapitel 6 abgehandelt. Voraussetzung für einen normalen Entwicklungsverlauf der Praxie ist u. a. die Entwicklung des Körperschemas.

Apraxien und Dyspraxien finden wir bei Störungen im Bereich des Parietallappens. Man unterscheidet unilaterale und segmentale Apraxien, die auf bestimmte Körperregionen beschränkt sind, von bilateralen, die sich nicht auf umschriebene Beeinträchtigungen der Handlungsabläufe beschränken lassen. Bei der überwiegenden Mehrzahl apraktischer und dyspraktischer Störungen im Kindesalter handelt es sich um entwicklungsbedingte Störungen. Schädel-Hirn-Traumen stellen also nicht die führende Ursache dar.

Die wichtigsten Formen der Apraxien bzw. Dyspraxien

1. Ideomotorische Apraxie bzw. Dyspraxie

Die Störung kommt in reiner Form im Kindesalter seltener oder gar nicht vor, wohl aber als Teil der Entwicklungsdyspraxie.

Klinisches Bild: Es ist dadurch gekennzeichnet, daß einfache Gesten, offenbar durch einen fehlerhaften Bewegungsentwurf, nicht ausgeführt werden können. Es handelt sich stets um eine doppelseitige Störung, die häufig mit einer Aphasie vergesellschaftet ist. Bei der Prüfung zeigt sich dementsprechend, daß die Imitation meist besser gelingt als die Durchführung entsprechender Handlungen nach sprachlicher Aufforderung. Dabei muß man sich stets vergewissern, daß der Patient die sprachliche Aufforderung auch verstanden hat. Für die ideomotorische Apraxie bei Erwachsenen wird beschrieben, daß Patienten die Reproduktion expressiver Gesten (z. B. Winken, Drohen) leichter gelingt als die Imitation bedeutungsloser Gesten.

2. Ideatorische Apraxie und Dyspraxie

Klinisches Bild: Bei dieser Störung gelingt es dem Patienten nicht, komplexere Handlungsabläufe auszuführen, obwohl deren einzelne Elemente korrekt ausgeführt werden können. Dadurch erscheinen die Bewegungen unkoordiniert, abgehackt und zerfahren, so daß der geplante Handlungsablauf vielfach nicht mehr identifiziert werden kann. Erschwert wird dies auch dadurch, daß die zeitliche Sequenz der einzelnen Handlungselemente oft verändert ist. Auch bei dieser Störung handelt es sich um eine bilaterale Apraxie. Der Handlungsablauf ist schon nach dem ersten Schritt unterbrochen. Vielfach tritt eine ähnliche Handlung wie die geplante auf, so daß der Patient verwirrt ist, notwendige Bewegungen des Gesamtablaufes ausläßt oder in ein anderes Bewegungsmuster abgleitet.

Es ist vorerst unklar, ob die Unterscheidung zwischen ideomotorischen und ideatorischen Apraxien bzw. Dyspraxien unterschiedlichen pathologischen Grundprozessen entspricht oder ob beide Varianten Ausdruck einer gemeinsamen Grundstörung sind. Da bei der ideatorischen Apraxie die Integration verschiedener Teilhandlungen zu einer Gesamthandlung gestört ist, vermuten manche Autoren auch eine zugrundeliegende Gedächtnisstörung. Schließlich wird auch angenommen, daß es sich bei der ideatorischen Apraxie eher um eine psychopathologische als um eine neuropsychologische Störung handelt (POECK 1972).

3. Konstruktive Apraxie und Dyspraxie

Klinisches Bild: Die Störung ist dadurch gekennzeichnet, daß bei gestaltenden Handlungen (Figurenzusammensetzen, Bauen, Modellieren) erhebliche Störungen auftreten, die zu Mißbildungen des Handlungszieles führen, ohne daß die Bewegungen im einzelnen gestört sind. Die Untersuchung erfolgt durch entsprechende konstruktive Aufgaben. Die Störung kann hirntraumatisch bedingt sein, häufig tritt sie aber auch im Rahmen einer Entwicklungsdyspraxie auf. Die Kinder sind vielfach in ihrer räumlichen Orientierung gestört. Sie finden sich oft auch in ihrer gewohnten Umgebung nicht zurecht, finden den Schulweg nicht oder finden aus nächster Nähe nicht nach Hause zurück. Darüber hinaus ist auch ihr räumliches Vorstellungsvermögen beeinträchtigt, was dazu führt, daß sie in allen Tests versagen, die ihr räumliches Vorstellen prüfen. Sie sind ferner nicht in der Lage, Schilderungen zu geben, die mit räumlichen Vorstellungen verbunden sind (z. B. Schilderung des Schulweges). Die Störung wird sehr gut beim Zeichnen sichtbar und beim Zusammensetzen von Figuren, was gar nicht oder nur sehr unvollkommen und unter Entstellung des jeweiligen Gegenstandes gelingt.

Nach neueren Erkenntnissen handelt es sich bei der konstruktiven Apraxie nicht um eine einheitliche Störung. Die Läsionen können in sehr unterschiedlichen Regionen liegen (sowohl in der sprachdominanten als auch in der nicht sprachdominanten Hemisphäre). Nach HECEAN u. ALBERT (1978) beruht die konstruktive Apraxie unter Umständen auf unterschiedlichen neuropsychologischen Mechanismen, die durch Schädigung der rechten und der linken Hemisphäre dazu führen, daß ein Programm für die angestrebte Handlung nicht erstellt werden kann.

4. Entwicklungsdyspraxie

Entwicklungsdyspraxie ist eine zusammenfassende Bezeichnung für verschiedene Syndrome, deren gemeinsamer Nenner eine stark herabgesetzte Fähigkeit ist, erlernte einfache und komplexere Handlungsabläufe planend auszuführen. Sie gehört, wie ihr Name bereits sagt, zu den entwicklungsbedingten Störungen und wird in Kapitel 6 abgehandelt.

Diagnose und Differentialdiagnose: Bei den Untersuchungsmethoden muß stets auf den Entwicklungsstand des Kindes Rücksicht genommen werden. Im einzelnen werden bei einer *Apraxieprüfung* folgende Untersuchungen *durchgeführt:*

1. *Mimische Bewegungen.* Das Kind wird aufgefordert, verschiedene mimische Bewegungen nach verbaler Aufforderung bzw. imitatorisch durchzuführen: z. B. Herausstrecken der Zunge, Augen öffnen und schließen, Pfeifen, Zungenbewegungen nach verschiedenen Seiten, Backenaufblasen usw. Dabei kommt es nicht selten zu Parapraxien, d. h. zu Bewegungen, die nicht der Aufforderung bzw. dem Vorbild entsprechen. Derartige Parapraxien dienen zur Unterscheidung von einer spastischen Bewegungsstörung.
2. *Gesten und Gebärden mit Ausdruckscharakter.* Solche sind z. B. Winken, Grüßen, Drohen usw. Auch diese Prüfungen werden nach sprachlicher Anweisung und imitatorisch für jede Hand getrennt durchgeführt.
3. *Umgang mit Gegenständen.* Häufige Prüfungen sind z. B. Zähne putzen, aus einem Glas trinken, schreiben, ein Butterbrot streichen, Milch eingießen usw. Diese Prüfung wird nach sprachlicher Aufforderung, imitatorisch nach dem Vorbild des Untersuchers und ohne Objekt sowie mit Objekt durchgeführt.
4. *Prüfung konstruktiver Fähigkeiten und der räumlichen Orientierung.* Hierzu dienen vor allem das Zeichnen (Mann-Zeichen-Test), Zeichnen geometrischer Figuren, das Zusammensetzen von Figuren frei und nach Vorbild, das Zusammensetzen von einfachen Figuren oder Gegenständen aus kleinen Hölzchen, das Legen von Mosaikfiguren,

bei älteren Kindern auch die „Konstruktion" dreidimensionaler Gebilde.
Bei der Apraxieprüfung, die beim Kind am besten in spielerischer Weise erfolgt, muß auch auf andere Phänomene, wie z. B. sprachliche Kommentierung oder emotionale Situation, geachtet werden. Zwischen Aphasien und Apraxien bestehen nämlich enge Beziehungen. Apraxien treten vorwiegend nach Schädigung der sprachdominanten Hemisphäre bzw. der entsprechenden Kommissurenfasern auf. Neuroanatomisch findet man häufig Läsionen der Parietalregion (besonders des Gyrus supramarginalis).
Differentialdiagnostisch müssen Apraxien von Lähmungen und von der motorischen Ungeschicklichkeit abgegrenzt werden, was im ersten Fall durch die neurologische Untersuchung möglich ist. In letzterem Fall ist der Bewegungsablauf als solcher nicht gestört, lediglich das Bewegungsmuster ist ungeschickt und zum Teil nicht optimal koordiniert.

Agnosien

Agnosien sind Störungen des Erkennens ohne Vorhandensein von Wahrnehmungsstörungen. In seiner ursprünglichen Bedeutung war der Begriff Agnosie auf eine Sinnesmodalität beschränkt (z. B. visuelle, akustische, taktile Agnosie). Später wurde er auf alle Störungen des Erkennens ausgedehnt (z. B. räumliche Agnosie, Prosopagnosie).
Agnosien sind sehr seltene Störungen, zumal im Kindesalter. Auch läßt sich das klassische Konzept der modalitätsspezifischen Agnosien heute nicht mehr aufrechterhalten. Daraus kann jedoch nicht abgeleitet werden, daß Störungen des Erkennens für die Kinder- und Jugendpsychiatrie ohne Bedeutung wären, sondern nur, daß unsere neuropsychologischen Erkenntnisse in diesem Felde noch sehr gering sind.

Hirnorganisches Psychosyndrom und posttraumatische Wesensveränderung

Innerhalb des posttraumatischen hirnorganischen Psychosyndroms werden von verschiedenen Autoren 2 Varianten unterschieden:
- ein hypermotorisches Syndrom und
- ein solches, das durch Antriebsarmut und Verlangsamung gekennzeichnet ist.

Nach heutigen Erkenntnissen wird man vermuten können, daß es sich bei einem Teil der Kinder mit einer hypermotorischen Symptomatik möglicherweise um ein bereits vor dem Trauma bestehendes hyperkinetisches Syndrom handelt, das erfahrungsgemäß zu Unfällen disponiert. In dieser Meinung wird man dadurch bestärkt, daß die aufgefundene „hypermotorische Symptomatik" in verschiedenen Untersuchungen mit zunehmendem Lebensalter seltener wird (LAUX u. BUES 1960a, 1960b). Ein weiteres Argument in dieser Richtung liegt darin, daß bei den Kindern mit einem sogenannten hypermotorischen Syndrom kein Zusammenhang zum Schweregrad der Hirnschädigung herzustellen ist, wohl aber bei den antriebsarmen bzw. verlangsamten Kindern (KLEINPETER 1971). Es fällt auf, daß hirnlokale Psychosyndrome im Kindesalter wenig diagnostiziert werden.
Dies liegt sicher daran, daß sich die *Spezifität* des Zusammenhanges zwischen hirnlokaler Schädigung und psychopathologischer bzw. neuropsychologischer Symptomatik erst in der Pubertät herausbildet.
Klinisches Bild: Es ist gekennzeichnet durch eine Störung der Merkfähigkeit, Neigung zu stereotypen Verhaltensweisen und eine Änderung der Stimmungslage, die häufig zur euphorischen oder dysphorischen Seite neigt. Das Syndrom stellt sich etwa 1½ bis 2 Jahre nach dem Trauma ein, die Kinder zeigen eine hirntraumatisch bedingte Lern- und Leistungsschwäche, alle psychischen Funktionen sind verlangsamt, bei manchen findet man auch Reizbarkeit und eine Neigung zu Explosivität, andere wirken erstarrt und gedanklich wenig beweglich.
Bei der hypermotorischen Variante findet man einigermaßen ungerichtete Bewegungen, bei der 2. Variante des Syndroms steht eine ausgesprochene Antriebsarmut und Verlangsamung im Vordergrund. Welches von beiden Syndromen sich ausbildet, hängt offenbar nicht mit der Schwere der Hirnschädigung zusammen, sondern von der Lokalisation der Schädigung und vom Lebensalter. So führen frontal bzw. frontotemporal lokalisierte Läsionen häufiger zur Antriebsarmut. Jüngere Kinder, die eine anderweitig lokalisierte Hirnschädigung aufweisen, neigen eher zu hypermotorischen Verhaltensweisen. Nach Untersuchung von LAUX u. BUES (1960b) tritt das hypermotorische Verhalten am häufigsten bei 4–10jährigen hirntraumatisch geschädigten Kindern auf.

Epileptische Anfälle

Bei schweren Schädel-Hirn-Traumen ist in etwa 10–30% der Fälle mit einer posttraumatischen Epilepsie zu rechnen. Neuere Untersuchungen haben gezeigt, daß man zwischen einer Früh- und einer Spätepilepsie unterscheiden muß. Die Häufigkeit der posttraumatischen Epilepsie in klinischen Stichproben von Kindern und Jugendlichen wird für die Frühanfälle zwischen 4,7 und 16% angegeben. Für die Spätanfälle liegen die Zahlen der meisten Autoren unter 10%.

Frühepilepsie

Von einer Frühepilepsie spricht man nach JENNETT (1973) dann, wenn die epileptischen Anfälle innerhalb der ersten Woche nach dem Unfall auftreten.

Nach Untersuchungen dieses Autors an über 100 Schädel-Hirn-Traumen aller Altersstufen (darunter 50% jünger als 16 Jahre) und einer Stichprobe von 802 Patienten mit posttraumatischer Epilepsie (unter ihnen 282 unter 16 Jahren) lassen sich folgende Gesetzmäßigkeiten herausstellen:

- In der ersten Woche tritt die posttraumatische Epilepsie (Frühepilepsie) 30mal häufiger auf als in den folgenden 7 Wochen.
- Hinsichtlich der Anfallsart überwiegen bei der Frühepilepsie fokale Anfälle. Diese machen ungefähr 40% innerhalb der ersten Woche aus, gegenüber 17% innerhalb der nächsten 7 Wochen und 3% nach 3 Monaten.
- Weniger als ein Drittel der Patienten mit 1 oder 2 Anfällen (als Frühanfälle innerhalb der ersten Woche nach dem Unfall) haben einen weiteren Anfall in den nächsten 4 Jahren. Tritt jedoch der erste Anfall innerhalb der nächsten 7 Wochen nach dem Unfall auf, so liegt das Wiederholungsrisiko bei 71%. Tritt der erste Anfall 3 Monate nach dem Unfallereignis auf, so ist ein Wiederholungsrisiko von 77% anzunehmen.

Aus verschiedenen Untersuchungen geht hervor, daß der Schweregrad der traumatischen Schädigung mit der Häufigkeit initialer Krampferscheinungen korreliert. Dies zeigten auch die Untersuchungen von LANGE-COSACK und TEPFER (1973), die bei den Patienten der Gruppe III ihrer Schweregradeinteilung (Dauer der Bewußtlosigkeit bis zu einer Stunde) in 6,7% aller Fälle initiale Krampferscheinungen fanden, hingegen bei den Patienten der Schweregradeinteilung VII (Bewußtlosigkeit länger als 7 Tage) einen Prozentsatz von 78,6.

Spätepilepsie

Faktoren, die das Auftreten einer Spätepilepsie begünstigen, sind neben der Schwere des Traumas auch das Vorhandensein einer Impressionsfraktur. Nach Befunden von JENNETT scheint es so zu sein, daß erst das Zusammenwirken einer fokalen und einer diffusen Schädigung das Auftreten epileptischer Anfälle begünstigt. Eine mögliche Beziehung zwischen Früh- und Spätepilepsie kann nach Ansicht dieses Autors darin liegen, daß Frühanfälle für eine weitere Hirnschädigung verantwortlich sind und somit das Risiko für eine Spätepilepsie erhöhen können. Bislang gibt es jedoch noch keine Beweise für diese These. Eine Spätepilepsie tritt nämlich nicht häufiger nach wiederholten Frühanfällen und auch nicht nach einem einzelnen Frühanfall auf. Insgesamt kann man sagen, daß nur bei 20–25% der Kinder mit einer Frühepilepsie eine Spätepilepsie entsteht. Die Wahrscheinlichkeit einer Entstehung einer Spätepilepsie ist jedoch bei allen Kindern, die „Frühanfälle" hatten, viel größer als bei Patienten, die in der ersten Woche keinen Anfall bekommen.
Die Therapie dieser Anfälle richtet sich nach den üblichen Kriterien der Epileptologie (s. Kapitel 5).

Psychoreaktive und neurotische Störungen

Der Diagnose von psychoreaktiven und neurotischen Störungen nach Schädel-Hirn-Traumen ist in den letzten Jahren besondere Aufmerksamkeit geschenkt worden. Die Ergebnisse verschiedener Untersuchungen lassen sich wie folgt zusammenfassen:

1. Hirntraumatisch geschädigte Kinder und Jugendliche zeigen in hohem Maße pathologische Auffälligkeiten. Die Quoten schwanken, in Abhängigkeit von der Schwere der Schädigung, zwischen 23% (LAUX u. BUES 1960a) und 83% (SHAFFER u. Mitarb. 1975).
2. Für die unterschiedlichen Zahlenangaben hinsichtlich der Häufigkeit psychopathologischer Auffälligkeiten sind verschiedene Bedingungen maßgebend: Schwere der Schädigung, Kombination mit traumatisch bedingten Komplikationen, z.B. epileptischen Anfällen, Alter zum Zeitpunkt der Schädigung, Lokalisation der Schädigung, Dauer der posttraumatischen Bewußtlosigkeit usw.
3. Die Vergleichbarkeit verschiedener Untersuchungen wird dadurch erschwert, daß manche Autoren keine Unterschiede zwischen neuropsychologischen Syndromen und Ausfällen (z. B. Aphasie und Apraxie), der posttraumatischen Wesensveränderung und Hirnleistungsschwäche sowie psychoreaktiven und neurotischen Störungen machen. In der Praxis ist dies auch nicht einfach, jedoch lassen sich zumindest neuropsychologische Ausfälle von den übrigen relativ gut abgrenzen.
4. Es existiert eine Steigerungsreihe hinsichtlich der Quote psychopathologischer Auffälligkeiten im Zusammenhang mit Beeinträchtigungen der Hirnfunktion. In Tab. 4.4 ist diese Korrelation wiedergegeben.

Tabelle 4.**4** Zusammenhang zwischen Hirnfunktionsstörungen bzw. Hirnschädigung und der Häufigkeit psychopathologischer Auffälligkeiten (aus Neuropsychiatrische Folgen nach Schädel-Hirn-Traumen bei Kindern und Jugendlichen, hrsg. von H. Remschmidt, H. Stutte. Huber, Bern 1980, S. 65)

Gesunde Kinder	7%
Kinder mit körperlichen Erkrankungen ohne Beteiligung des Gehirns	12%
Kinder mit Epilepsie oder einer strukturellen Hirnschädigung	35%
Kinder mit gesicherten lokalisierten Hirnverletzungen	62%
Kinder mit lokalisierten Hirnverletzungen und Frühepilepsie	67%
Kinder mit lokalisierten Hirnverletzungen und Spätepilepsie	83%

Aus der Tabelle geht hervor, daß die Wahrscheinlichkeit des Auftretens psychopathologischer Erscheinungen (unabhängig davon, ob es sich um traumatisch bedingte Wesensveränderungen oder psychoreaktive neurotische Störungen handelt) mit der Schwere der Hirnfunktionsstörung wächst. Eine Vielzahl der psychopathologischen Störungen sind reaktiv bzw. als neurotische Störung zu verstehen. Dennoch läßt sich aber jedenfalls für diffuse, zerebrale Schäden geringerer Schwere nur selten ein *direkter* Zusammenhang zwischen Hirnschädigung und dem auffälligen Verhalten herstellen. Die Ergebnisse verschiedener Studien sind vielmehr dahingehend zu interpretieren, daß die Hirnfunktionsstörung bzw. die Hirnschädigung zu einer stärkeren Vulnerabilität gegenüber Umweltreizen führt und somit das Auftreten psychopathologischer Auffälligkeiten begünstigt. Dieser Zusammenhang gilt nicht nur für hirntraumatische Schädigungen, sondern auch für frühkindlich erworbene Hirnfunktionsstörungen (LEMPP 1970, 1977; SCHNEIDER u. REMSCHMIDT 1977).

Klinisches Bild: Psychoreaktive und neurotische Störungen nach Schädel-Hirn-Traumen können sehr vielgestaltig sein. Konzentrations-, Lern- und Leistungsstörungen kommen ebenso vor wie depressive Syndrome mit dysphorischer Verstimmung, Angstzustände (insbesondere Leistungsangst), Kopfschmerzen und andere psychosomatische Beschwerden, gelegentlich auch aggressives Verhalten und Konversionssyndrome.

Therapie: Die Behandlung muß stets etwaige durch das Hirntrauma bedingte Schädigungen und sekundäre neurotische Symptome berücksichtigen. Sie kann daher nur von Therapeuten übernommen oder koordiniert werden, die beides überblicken. Im einzelnen ist eine funktionelle Übungsbehandlung und gegebenenfalls Psychotherapie mit dem Kind sowie eine eingehende Beratung der Eltern und der Schule erforderlich. Im manchen Fällen ist auch eine neuroleptische (b. starker Unruhe) oder eine thymoleptische Medikation erforderlich.

Psychosoziale Folgen nach Schädel-Hirn-Traumen

Die psychosozialen Auswirkungen eines Schädel-Hirn-Traumas im Kindes- und Jungendalter sind deshalb so schwer abzuschätzen, weil hier meist zahlreiche Faktoren beteiligt sind, die miteinander in Wechselwirkung stehen. In Tab. 4.5 sind die wichtigsten Einflußgrößen wiedergegeben. Wir unterscheiden demnach: (1) prätraumatische Bedingungen, (2) Bedingungen und Folgen im Zusammenhang mit dem Hirntrauma und (3) posttraumatische Bedingungen. Der Einfluß aller dieser Faktoren auf die resultierende psychosoziale Situation nach einem Schädel-Hirn-Trauma ist einleuchtend, für manche Bedingungen auch empirisch gesichert. Außerordentlich schwer ist es jedoch, den *jeweiligen Anteil* der einzelnen Bedingungsfaktoren am Gesamtbild abzuschätzen.

Es kann hier nicht auf alle diese Faktoren eingegangen werden, ein Teil von ihnen wurde in diesem Kapitel bereits diskutiert. Die wichtigsten psychosozialen Folgen von Schädel-Hirn-Traumen können unter 3 Gesichtspunkten diskutiert werden: Auswirkungen auf die gesamte Entwicklung eines Kindes, Auswirkungen auf schulische oder berufliche Entwicklung und Auswirkungen auf die familiäre Situation.

Tabelle 4.**5** Auswirkungen eines Schädel-Hirn-Traumas im psychosozialen Bereich (aus Neuropsychiatrische Folgen nach Schädel-Hirn-Traumen bei Kindern und Jugendlichen, hrsg. von H. Remschmidt, H. Stutte. Huber, Bern 1980, S. 66)

Prätraumatische Bedingungen

1. Zerebrale Vorschädigung des Kindes
2. Prätraumatische Persönlichkeits- und Verhaltensauffälligkeiten des Kindes
3. Ungünstige Faktoren in der Umgebung (Familie, Schule)

Bedingungen und Folgen im Zusammenhang mit dem Trauma

1. Art, Schwere und Lokalisation des Traumas
2. Neurologische Ausfälle
3. Neuropsychologische Störungen (z. B. Aphasien, Apraxien)
4. Hirnorganische Leistungsschwäche und posttraumatische Wesensveränderung
5. Intellektuelle und kognitive Leistungsausfälle
6. Psychoreaktive und neurotische Störungen

Posttraumatische Bedingungen

1. Verarbeitung des Unfalls durch das Kind
2. Familiäre Situation
   - Strukturelle Besonderheiten
   - Reaktion auf das Trauma
3. Schulische Anforderungen

Auswirkungen auf die gesamte Entwicklung

Schwere Schädel-Hirn-Traumen können dazu führen, daß die gesamte Entwicklung eines Kindes verzögert wird. Dies ist allerdings nicht bei der überwiegenden Mehrzahl der Kinder der Fall. Empirische Hinweise für eine solche Entwicklungsverzögerung lassen sich sowohl aus klinischen Studien an hirntraumatisch geschädigten Kindern und Jugendlichen als auch aus epidemiologischen Untersuchungen ableiten. Die wichtigsten Ergebnisse lassen sich wie folgt zusammenfassen:

1. Mehrere Studien kommen zu dem Ergebnis, daß der *Zeitpunkt* des Unfalls für die gesamte Entwicklung eine prognostische Bedeutung hat. So besteht für Kinder, die in den ersten 3 Lebensjahren einen Unfall erlitten haben, offenbar eine ungünstige Prognose im Hinblick auf die gesamte Entwicklung und die intellektuelle Entwicklung (LUTZ 1951; FAUST 1938). Dies gilt insbesondere, wenn das Gehirn von einer diffusen Schädigung betroffen wird. In diesem Sinne sind auch die Untersuchungen von KLEINPETER (1971) zu interpretieren. Auf der anderen Seite kann festgestellt werden, daß bei leichten Schädel-Hirn-Traumen eine mehr oder weniger folgenlose Ausheilung eintritt. Dies hängt allerdings sehr stark von den familiären und psychosozialen Bedingungen ab (HJERN u. NYLANDER 1964; RUNE 1970).
2. Auch der *Schweregrad* des Hirntraumas ist bedeutungsvoll im Hinblick auf eine mögliche Verzögerung der Gesamtentwicklung. Bei Zugrundelegung dieses Parameters im Hinblick auf die intellektuelle Entwicklung ergab sich aus der Untersuchung von KLEINPETER bei hirntraumatisch geschädigten Kindern und Jugendlichen aller Schweregrade eine Intelligenzminderung von 15% auf die Gesamtstichprobe, wobei die intellektuelle Beeinträchtigung mit dem Schweregrad des Hirntraumas anstieg.

Die Beeinträchtigung der Gesamtentwicklung sollte sich nicht auf die Feststellung eines intellektuellen Defizits beschränken. Es ist vielmehr zu fordern, daß auch andere „Retardierungszeichen" vorliegen müssen, wenn man von einer Auswirkung auf die Gesamtentwicklung spricht. Auch hierfür gibt es Anhaltspunkte. So fand LAUX (1967) bei einer Gegenüberstellung von 60 folgenlos geheilten und 55 bleibend geschädigten Kindern nach Hirntraumen aus einer Gesamtstichprobe von insgesamt 234 Kindern eine deutliche Reduktion des Spielverhaltens bei den 55 bleibend verhaltensgeschädigten Kindern. RUTTER (1977) stellte bei einem Vergleich von hirnorganisch geschädigten Schulkindern im Alter von 5 bis 14 Jahren mit und ohne psychiatrische Störungen fest, daß bei den Kindern mit psychiatrischen Auffälligkeiten in 75% der Fälle eine Verzögerung der Sprachentwicklung und in 64% der Fälle ein Rückstand im Lesen von mindestens 2 Jahren festzustellen war. Die Vergleichswerte der Gruppe von hirnorganisch geschädigten Kindern ohne psychiatrische Störungen betrugen 30% bzw. 22%. Diese Zahlen, die sich allerdings auf eine zum überwiegenden Teil perinatal hirngeschädigte Gruppe beziehen, unterstreichen die These der Reifungsverzögerung.

Von nicht zu unterschätzender Auswirkung auf die Gesamtentwicklung ist die Art und Weise, wie die Umgebung und das Kind selbst mit seiner hirntraumatischen Schädigung umgehen (STUTTE 1970). Es existiert eine Reihe von Symptomen, die vielfach mit dem Schweregrad der Hirnschädigung in Zusammenhang gebracht werden, hiermit jedoch manchmal nur bedingt zu tun haben. Typische Symptome dieser Art sind die posttraumatischen Kopfschmerzen. In der Stichprobe von LAUX (1967) wurden nach einer Katamnesefrist von 2–12 Jahren in 25% der Fälle noch Kopfschmerzen registriert. Dabei konnte eine Relation zwischen dem Schweregrad der hirntraumatischen Schädigung und der Häufigkeit von Kopfschmerzen hergestellt werden, keine Beziehung bestand dagegen zu der Hirnleistungsschwäche und einer organischen Wesensveränderung. Unterstützt wird diese These der Abhängigkeit psychischer Störungen von der sozialen Umgebung durch die Untersuchung von HJERN u. NYLANDER (1964) und RUNE (1970). Diese Autoren fanden, daß es zum überwiegenden Teil von der Umgebung abhängt, ob und in welchem Ausmaß psychische Störungen bei leichteren Schädel-Hirn-Traumen auftreten, die die Gesamtentwicklung zusätzlich beeinträchtigen.

Auswirkungen auf die schulische und berufliche Entwicklung

Auch für die Schulprognose ist der Schweregrad der Hirnschädigung von großer Bedeutung. HEISKANEN u. KASTE (1974) haben diesen Zusammenhang an 36 Kindern mit Schädel-Hirn-Traumen und einer Dauer der Bewußtlosigkeit von mehr als 24 Stunden aufgezeigt. Die Autoren kamen zu dem Ergebnis, daß bei rund der Hälfte der schwerer hirngeschädigten Kinder mit Schulschwierigkeiten bzw. mit einer Umschulung in die Sonderschule gerechnet werden muß. Auch die 10jährigen Katamnesen von KLEINPETER (1976) bestätigen diesen Zusammenhang; bezogen auf die Gesamtstichprobe der von ihr nachuntersuchten hirntraumatisch geschädigten Kinder und Jugendlichen betrug die Quote des Schulversagens 33%, obwohl von der gleichen Stichprobe nur 15% der Kinder einen Intelligenzquotienten zwischen 50 und 79 und nur 4% einen solchen von unter 50 aufwiesen. Als Ursache hierfür nennt KLEINPETER die reduzierte Lernfähigkeit dieser Kinder sowie die Auswirkungen des chronischen hirnorganischen Psychosyndroms und z. T. auch den Einfluß des sozialen Umfeldes. Am stärksten reduziert war die Lernfähigkeit bei Kindern mit frontotemporalen Hirnschädigungen. Ihre Schulerfolge lagen deutlich unter ihren intellektuellen Fähigkeiten. Ungünstig war die Schulprognose ferner bei Kindern mit einer posttraumatischen Epilepsie. Die Untersuchung von KLEINPETER (1976) kommt zu dem Ergebnis, daß die Anpassungsschwierigkeiten im Sozialbereich weniger primärer, sondern meist sekundärer Natur sind. Sie resultieren offenbar aus den besonderen Erfahrungen, die hirntraumatisch geschädigte Kinder und Jugendliche aufgrund ihrer chronischen Beeinträchtigung mit ihrer Umgebung machen. In dieser Hinsicht ergibt sich ein Teufelskreis, der nur schwer zu durchbrechen ist: eine chronische Schädigung verursacht Leistungsausfälle, die durch ungünstige Reaktionen seitens der Umgebung verstärkt werden, dann zu Versagenssituationen sowie Angst vor dem Versagen führen, was wiederum die Leistungsbereitschaft und den Leistungswillen beeinträchtigt.

Auswirkungen auf die familiäre Situation

Die familiäre Situation ist sowohl in prätraumatischer als auch in posttraumatischer Hinsicht von großer Bedeutung – prätraumatisch insofern, als Kinder aus ungünstigen sozialen Verhältnissen mit geringen Anregungen und unzureichender Förderung und Betreuung eher ein Hirntrauma erleiden (HJERN u. NYLANDER 1964; RUNE 1970). Aber auch nach dem Hirntrauma haben sie geringere Chancen einer adäquaten Förderung. In diesem Zusammenhang ist es wichtig darauf hinzuweisen, daß für die Spätprognose keineswegs die Initialsymptomatik allein bedeutsam ist, vielmehr spielen hierbei zahlreiche intervenierende Variablen mit, unter denen der Einfluß der Familie übereinstimmend hoch eingeschätzt wird (LAUX 1967; SHAFFER u. Mitarb. 1975; RUNE 1970, REMSCHMIDT 1979).

1. *Die Bedeutung struktureller Gegebenheiten der Familie.*

Eine ungünstige Familiensituation wirkt sich negativ auf die weitere Entwicklung und das Verhalten des hirntraumatisch geschädigten Kindes aus. An ungünstigen familiären Einflußfaktoren sind zu erwähnen: Disharmonie in der Familie, psychiatrische Erkrankungen oder Alkoholismus bei einem Elternteil, ungünstige Wohn- und Arbeitssituation, räumliche Enge, inkonsequenter Erziehungsstil, mangelnde Beschäftigung mit dem Kind usw. Am ungünstigsten sind die Auswirkungen, wenn sich gravierende traumatische Bedingungen (z. B. schweres Hirntrauma mit längerer Bewußtlosigkeit, schwere diffuse Hirnschädigung) mit ungünstigen familiären Verhältnissen kombinieren (SHAFFER u. Mitarb. 1975).

2. *Die Reaktion der Umgebung auf das Schädel-Hirn-Trauma des Kindes.*

Etwas vereinfacht kann man 2 Reaktionsweisen unterscheiden:

– *Beharren auf der bisherigen Einschätzung des Kindes.*

Auf diese Elternhaltung hat vor allem LAUX (1967) hingewiesen. Danach beharren Eltern auf der ursprünglich dem Kind entgegengebrachten Einstellung und zuerkannten Rolle. Diese wird nun aber aufgrund der hirntraumatischen Schädigung inadäquat. Als Ergebnis resultiert vielfach eine Überforderung des Kindes, das mit den gleichen Anforderungen konfrontiert wird wie vor dem Hirntrauma. Bringt es nicht die entsprechende Leistung, so reagiert die Familie enttäuscht, um entweder zu neuen Leistungen anzustacheln oder aber in eine resignierende Haltung zu verfallen, die auch vom Kind als entmutigend empfunden wird. Die Reaktionsweise hirntraumatisch geschädigter Kinder auf derartige Haltungen äußert sich entweder in Leistungsverweigerung, in verzweifelter Anstrengung, den Wünschen gerecht zu werden, oder aber auch im Rückzug, Entmutigung und Depression. LAUX fand derartige Haltungen oft in sogenannten „Aufsteigerfamilien“, in denen das Kind vielfach zum „Prestigeobjekt“ wird und als hirnverletztes Kind seine Eltern in ihren Identifikationswünschen enttäuscht.

– *Abrupte Änderung der Einstellung zum Kind.*

In manchen Familien kommt es nach dem Hirntrauma zu mehr oder weniger schlagartiger Änderung der Haltung oder Einstellung zu dem Kind. Vielfach wird die Schädigung sehr ernst genommen, jede angemessene Forderung wird von dem Kind ferngehalten, und es kommt zu einer erzieherischen Verwöhnungshaltung. Derartige Haltungen, die man insbesondere Eltern hirntraumatisch geschädigter Kinder zuschreibt, werden mit dem Begriff „overprotection“ umschrieben. Oft sind solche Einstellungen mit Schuldgefühlen assoziiert, die sich darauf zurückführen lassen, daß sich ein Elternteil aufgrund mangelhafter Beaufsichtigung des Kindes selbst die Schuld an dem Unfall zuschreibt.

Das Bedingungsgefüge wird noch komplizierter, wenn man bedenkt, daß auch die Reaktionsweise des Kindes auf das Trauma mit dem Verhalten der Familie in Wechselwirkung steht. Hierüber sind kaum empirische Erhebungen bekannt.

Ätiologie und Pathogenese

Der gemeinsame Nenner aller hirntraumatisch bedingten psychischen Störungen ist die Beeinträchtigung der Hirnfunktion durch ein traumatisches Ereignis. Im Hinblick auf die resultierenden psychopathologischen Erscheinungen ist jedoch nicht nur das Trauma, sondern eine ganze Reihe anderer Faktoren entscheidend. Auf manche von ihnen wurde bislang bereits eingegangen. Das im Einzelfall zu beobachtende psychopathologische Bild ist die Resultante des Zusammenwirkens vielschichtiger Hyperterminanten, deren wichtigste im folgenden angeführt werden. Eine ausführlichere Darstellung findet sich bei REMSCHMIDT u. STUTTE (1980).

Alter und Entwicklungsstand

Über die Bedeutung von Alter und Entwicklungsstand für die Spätfolgen von Schädel-Hirn-Traumen im Kindesalter gibt es unterschiedliche Ansichten. Während einige Autoren Anhaltspunkte dafür sehen, daß schwere Schädel-Hirn-Verletzungen im Säuglings- und Kleinkindesalter eine ungünstigere Prognose aufweisen als solche im Schulkind- und Jugendalter (KLEINPETER 1971; LANGE-COSACK u. TEPFER 1973), betonen andere die Plastizität des kindlichen Gehirns und vermuten bei frühem Einsetzen des Traumas eine günstige Prognose. Es gibt zumindest einige Anhaltspunkte dafür, daß bei ausreichender Schwere des Hirntraumas – ein sehr frühes Unfallereignis – eine relativ ungünstige Prognose resultiert. Nach KLEINPETER (1971) liegt die Quote von intellektuellen Beeinträchtigungen bei Hirntraumen vom Schweregrad II und III in der Einteilung nach TÖNNIS u. LOEW bei sehr jungen Kindern höher als bei älteren. Im Gegensatz zu diesen Befunden stehen allerdings Erfahrungen mit mehr oder weniger lokalisierbaren Hirnschädigungen bei Kleinkindern, die darauf hinweisen, daß das junge Gehirn noch über eine Fülle von Kompensationsmöglichkeiten verfügt. Im gleichen Sinne sind auch die Erfahrungen an hemisphärektomierten Kindern zu interpretieren (BASSER 1962, STUTTE 1965). Es scheint offensichtlich so zu sein, daß eine lokalisierte Schädigung im Säuglings- und Kleinkindesalter eher die Möglichkeit einer Kompensation bietet als eine diffuse, das ganze Gehirn betreffende Schädigung.

Art und Lokalisation der zerebralen Schädigung

Im Rahmen von Schädel-Hirn-Traumen kommt es meist zu diffusen oder lokalisierten Schädigungen. Insofern spielen andere Noxen (entzündliche oder degenerative Erkrankungen) für den hier zu diskutierenden Zusammenhang nur eine untergeordnete Rolle. Im Zusammenhang mit der Frage der Vorschädigung sind derartige Noxen jedoch zu bedenken und von großer Bedeutung.

Die Lokalisation der Schädigung ist um so bedeutsamer, je älter das Kind bzw. der Jugendliche bei Eintritt der Schädigung ist. In diesem Zusammenhang ist die funktionelle Asymmetrie des Gehirns wichtig. Für rund 96% aller Menschen gilt, daß die linke Hemisphäre mit zunehmendem Lebensalter sich auf die sprachlich vermittelten Funktionen spezialisiert, während die rechte Hemisphäre für die Perzeption nichtverbalen Materials und für die Erfassung räumlicher Beziehungen zuständig ist. Die Ausbildung der funktionellen Hemisphärenasymmetrie wird vielfach auch mit der Lateralitätsentwicklung (Handdominanz) in Zusammenhang gebracht. Am eindeutigsten liegen die Verhältnisse bei Rechtshändern, bei denen in der Regel die Sprachfunktion in der linken Hemisphäre lokalisiert ist. Bei Linkshändern ist eine wenig eindeutige Beziehung zu konstatieren. Überdies ist reine Linkshändigkeit selten, sie kommt nur bei 4% der Bevölkerung vor, Beidhändigkeit hingegen ist häufiger. Im Hinblick auf Hirntraumen ist die Hirnspezialisierung von großer Bedeutung. Bei jüngeren Kindern finden wir aufgrund der noch nicht voll entwickelten Hemisphärenasymmetrie bei lokalisierten Hirnverletzungen noch relativ gute Kompensationsmöglichkeiten. Nach der Pubertät scheinen sich die beiden Hirnhälften in ihrer Funktion weitgehend festgelegt zu haben, so daß z. B. „eine Umpolung" Der Sprachfunktionen bei lokalisierten Schädigungen der Sprachregionen nicht mehr möglich ist.

Zusammenhang zwischen Alter, Schädigungsart und Schädigungszeitpunkt

Bislang vorliegende Untersuchungen zu diesem Problem sprechen dafür, daß sehr früh (z. B. im Säuglingsalter) einsetzende und diffuse Schädigungen schwerwiegendere Folgen hinterlassen, während lokalisierte Schädigungen die Möglichkeit für kompensatorische Vorgänge noch offenlassen. Im Sinne der funktionellen Hemisphärenasymmetrie spielt natürlich immer der Entwicklungsstand der Hirnfunktionen eine wichtige Rolle.

Vorschädigungen

Untersuchungen an klinischen Gruppen von Kindern und Jugendlichen mit Schädel-Hirn-Traumen zeigen übereinstimmend, daß in 17–32% aller Fälle bereits vor dem Unfall eine zerebrale Vorschädigung oder eine intellektuelle bzw. motorische Funktionsstörung vorhanden war. Manche Autoren (z. B. CRAFT u. Mitarb. 1972) fanden in ihrer Stichprobe auch eine höhere Quote an Linkshändigkeit (17,6%) als in der Gesamtpopulation, in der sie zwischen 4 und 8% schwankt. Die Befunde über die beobachtete Linkshändigkeit sind schwerer zu interpretieren, das Vorhandensein von Schädigungen ist jedoch sowohl für den Eintritt der hirntraumatischen Schädigung als auch für die Beurteilung ihrer Folgen von Bedeutung.

Persönlichkeit

Eine spezifische Persönlichkeitsstruktur, die zu Unfällen disponiert, dürfte es, zumindest im Kindesalter, nicht geben. Wohl aber existieren Anhaltspunkte dafür, daß umschriebene Verhaltensweisen eine Bereitschaft zu Unfällen implizieren. Solche sind: Impulsivität, erhöhte motorische Aktivität, intellektuelle Beeinträchtigung und Extravertiertheit der Persönlichkeit (FULLER 1948, HUSBAND u. HINTON 1972).

Umweltfaktoren

Umweltfaktoren, insbesondere die familiäre Situation, können sich in zweierlei Richtungen auswirken:

- im Hinblick auf ein größeres Unfallrisiko der Kinder und
- im Hinblick auf ein größeres Risiko zur Entwicklung von Verhaltensauffälligkeiten nach dem Unfall.

Die Studien von HJERN u. NYLANDER (1964) und RUNE (1970) führten übereinstimmend zu dem Ergebnis, daß in Familien von Kindern mit Schädel-Hirn-Traumen im Vergleich zu Kontrollgruppen häufiger psychische Auffälligkeiten und andere ungünstige familiäre Bedingungen vorlagen. Andererseits waren bei psychiatrischen Untersuchungen auch hirntraumatisch geschädigte Kinder auffälliger als die einer Kontrollgruppe. Es muß in diesem Zusammenhang aber auch auf die Tendenz von Eltern hingewiesen werden, psychische Auffälligkeiten, die häufig schon vor dem Unfall vorhanden waren, mit dem Hirntrauma in Verbindung zu bringen. Dies gilt insbesondere für die Symptome Kopfschmerzen, Reizbarkeit, Konzentrationsstörungen, Schlafstörungen, Müdigkeit und Angst.

Intensität des Traumas

Neben der Lokalisation ist natürlich auch die Intensität des Traumas für die neurologischen und psychopathologischen Folgen von großer Bedeutung. Es existieren verschiedene Versuche, die Intensität des Traumas und damit den Schweregrad der Funktionsstörung zu quantifizieren. Auf die gebräuchlichen eindimensionalen und mehrdimensionalen Einteilungen wurde im Abschnitt über Klassifikationsprobleme innerhalb dieses Kapitels hingewiesen. Als Maßstab für die Schwere hat sich die Dauer der posttraumatischen Bewußtlosigkeit bzw. die Dauer der posttraumatischen Amnesie (PTA) bewährt.

Therapie, Rehabilitation, Prävention

Die Behandlung von Schädel-Hirn-Traumen in der Akutphase wird hier ausgeklammert. Sie gehört in das Aufgabengebiet der Neurologie und Neurochirurgie. Hingewiesen werden soll jedoch darauf, daß relativ bald auch neuropsychologische bzw. psychopathologische Ausfallserscheinungen in die Behandlung einbezogen werden sollten. Zum Beispiel ist es von größter Bedeutung, Kinder mit Aphasien schon wenige Tage nach dem Aufklaren der Bewußtseinsstörung in ein (sie allerdings nicht überforderndes) schrittweise aufgebautes Sprachtherapieprogramm einzubeziehen. Gleiches gilt auch für andere Störungsmuster.

Die Therapie, Rehabilitations- und Präventionsmaßnahmen erstrecken sich auf verschiedene Bereiche, die im folgenden kurz abgehandelt werden sollen.

Therapie- und Rehabilitationsmaßnahmen im Hinblick auf neurologische Folgezustände

Die wichtigsten sind Hirnnervenlähmungen, Störungen der Motorik, hirnlokale Ausfälle, Epilepsien sowie Stamm- und Mittelhirnschäden.

Im Hinblick auf Hirnnervenausfälle und Störungen der Motorik empfehlen sich physikalische Maßnahmen sowie gymnastische Übungen, um Restfunktionen zu reaktivieren.

Unter den hirnlokalen Syndromen spielen die posttraumatischen Aphasien und das Stirnhirnsyndrom eine gewisse Rolle.

Die Therapie der Aphasien wurde bereits an anderer Stelle abgehandelt (s. S. 169).

Die Prognose des Stirnhirnsyndroms ist abhängig vom Lebensalter des Kindes. Während bei jüngeren Kindern Reizbarkeit, eine Wesensveränderung und Leistungs- und Konzentrationsstörungen im Vordergrund stehen, treten in der Pubertät Symptome hervor, wie sie beim Stirnhirnsyndrom Erwachsener beobachtet werden: Antriebsarmut, mangelnde Persönlichkeitsreife, fehlendes Einfühlungsvermögen gegenüber sozialen Situationen, Unvermögen, eigene Zielvorstellungen zu verfolgen. Nach KLEINPETER (1979) ist bei fast allen Kindern und Jugendlichen mit einer schwereren frontalen Hirnverletzung später die Einordnung in das Berufsleben gescheitert.

Die Therapie- und Rehabilitationsmaßnahmen bei diesen Kindern müssen sich auf ein gezieltes, sie nicht überforderndes Förderungsprogramm erstrecken, das schrittweise ihre Anpassungsfähigkeit zu verbessern versucht. Dabei muß mit einer deutlich reduzierten Lern- und Anpassungsfähigkeit gerechnet werden, die sich nur sehr langsam steigern läßt. In begrenztem Maße sind hier Neuroleptika hilfreich (z. B. Thioridazin in kleinen Dosen).

Das Risiko für eine Spätepilepsie läßt sich heute relativ gut bestimmen. Wichtige Risikofaktoren hierfür sind: Auftreten einer Frühepilepsie, eines intrakraniellen Hämatoms, einer Impressionsfraktur und eine lange Dauer der posttraumatischen Bewußtseinsstörung (über 24 Stunden). Wenn diese Faktoren vorliegen, so muß mit einer Spätepilepsie gerechnet werden (JENNETT 1981). Daher empfiehlt sich, in solchen Fällen eine prophylaktische Medikation einzuleiten. Diese wird nach heutigen Erkenntnissen jedoch nicht bei jedem schwerwiegenderen Schädel-Hirn-Trauma erforderlich, sondern sollte nach Maßgabe der o. e. Risikofaktoren eingeleitet werden. Bei Stamm- und Mittelhirnverletzungen ist eine gezielte Behandlung nicht möglich. Sie muß nach allgemeinen Gesichtspunkten der Rehabilitation durchgeführt werden.

Therapie- und Rehabilitationsmaßnahmen im Hinblick auf psychiatrische Folgen

Hier geht es vor allem darum, die *chronischen Folgezustände* schrittweise und gezielt in ihren Auswirkungen abzumildern. Zu ihnen gehören das hirnorganische Psychosyndrom, das hirnlokale Psychosyndrom, die posttraumatische Wesensveränderung, Demenzzustände sowie reaktive und neurotische Störungen.

Die psychoreaktiven und neurotischen Störungen erfordern manchmal psychotherapeutische Hilfe. Sehr wesentlich ist aber, die jeweilige Umgebung so zu gestalten, daß das Kind mit seiner Störung angenommen wird und adäquat gefördert werden kann. In sehr vielen Fällen ist hierfür eine eingehende Beratung, manchmal auch Behandlung der Eltern und Beziehungspersonen erforderlich. Hirntraumatisch geschädigte Kinder unterliegen aufgrund ihrer höheren Vulnerabilität leichter traumatisierenden Umgebungseinflüssen. Die Modifikation solcher Faktoren ist freilich nicht einfach und muß im Einzelfall gemeinsam mit der Familie versucht werden.

Bei den übrigen chronischen psychischen Folgezuständen haben sich Übungsprogramme bewährt, die sehr individuell auf den einzelnen Patienten abgestimmt werden müssen und zum Ziel haben, die einzelnen Defizite auszugleichen bzw. kompensatorisches Verhalten wieder aufzubauen. Dabei müssen folgende Bedingungen beachtet werden (REMSCHMIDT u. STUTTE 1980):

- Alle Leistungsaufgaben müssen individuell im Schwierigkeitsgrad auf den Patienten abgestimmt werden. Dies geht nicht ohne entsprechende Vorversuche vor dem Beginn der systematischen Übung.
- Leistungsanforderungen müssen etappenweise und in zeitlich umgrenzten Intervallen an die Kinder herangetragen werden.
- Minimale Ansätze und Fortschritte bei Lern- und Leistungsanforderungen müssen entsprechend lerntheoretischen Prinzipien belohnt werden, um so auch das Selbstwertgefühl der Patienten zu stärken.
- Die vielfach vorhandenen Verhaltensauffälligkeiten können nur von geschulten Kräften entsprechend angegangen und in der Leistungssituation bewältigt werden. Dies kann in der Regel nur in einer kleinen Gruppe gelingen.
- Verhaltensauffälligkeiten und organische Wesensveränderungen erfordern vielfach eine zusätzliche Behandlung, die nicht primär auf den Leistungsaspekt ausgerichtet ist.

Therapie- und Rehabilitationsmaßnahmen im psychosozialen Bereich

Auf die Bedeutung dieses Bereiches wurde schon eingegangen. Im wesentlichen kommt es darauf an, Über- und Unterforderungen zu verhindern, sekundären neurotischen Fehlentwicklungen vorzubeugen und das psychosoziale Milieu so zu gestalten, daß Bedürfnisse und Fähigkeiten des Kindes berücksichtigt werden.

In diesen Bereich gehören auch Präventionsmaßnahmen zur Verhütung von weiteren Unfällen bei bereits geschädigten Kindern sowie zur Verhütung von Unfällen generell – Maßnahmen, die weit über die unmittelbare soziale Umgebung des Kindes hinausgehen.

Rechtliche Fragen und Fragen der Begutachtung

Die steigende Anzahl von Schädel-Hirn-Traumen im Kindes- und Jugendalter führt in zunehmendem Maße zu Begutachtungsfragen, die infolge der damit verbundenen Förderungs- und Resozialisierungsmaßnahmen für die Wiedereingliederung hirntraumatisch geschädigter Kinder und Jugendlicher von größter Bedeutung sind.

Gesetzliche Bestimmungen

Je nach Lebensalter, Unfallart und Unfallhergang sind bei der Begutachtung verschiedene gesetzliche Bestimmungen zu beachten.

Für häusliche Unfälle jüngerer Kinder treten die Krankenkassen ein, für Unfälle von Kindergartenkindern, von Schülern und Studenten die gesetzliche Unfallversicherung (Gesetz über die Unfallversicherung für Schüler und Studenten sowie Kinder in Kindergärten vom 1. 4. 1971). Dieses Gesetz umfaßt sowohl Unfälle im Kindergarten, der Schule oder der Universität als auch die Unfälle auf dem Weg dorthin und zurück. Für dauerhafte Behinderungen bei Kindern und Jugendlichen ist das Bundessozialhilfegesetz zuständig. Grundsätzlich gelten auch für Kinderunfälle, sofern sie unter den gesetzlichen Unfallschutz fallen, die Bestimmungen der Reichsversicherungsordnung (Unfallversicherung). Im 3. Buch der RVO ist die Einschätzung der Unfallfolgen für Erwachsene festgelegt. Durch die Einbeziehung der Schülerunfallversicherungen sind die dortigen Richtlinien sinngemäß auf Kinder und Jugendliche übertragen worden. Lediglich vom Begriff der Arbeitsunfähigkeit ist bei Kindern abzusehen, da sie vor dem Unfall keine Arbeit ausgeübt haben. In vollem Umfang berücksichtigt wird jedoch die Minderung der Erwerbsfähigkeit (MdE). Dieser Begriff ist auch auf die Schülerunfallversicherung übertragen worden. Für den Gutachter bedeutet dies, daß er die MdE auch bei einem hirntraumatisch geschädigten Kind festzulegen hat, wobei Maßstäbe wie für Erwachsene zugrunde gelegt werden. Da dies jedoch z. T. nicht möglich ist, muß die Einschätzung so erfolgen, als ob der Betreffende dem Arbeitsmarkt bereits zur Verfügung gestanden hätte. Der Grad der MdE ist auf den Zeitpunkt des Tages nach dem Unfall festzulegen. Allerdings müssen bei Kindern und Jugendlichen in kürzeren Zeitabständen Nachbegutachtungen durchgeführt werden, da im Schulalter der Heilungsverlauf häufig schneller erfolgt und somit eine bessere Anpassungsfähigkeit resultiert (PAMPUS 1977). Auch im Kindesalter kann eine Unfallrente beansprucht werden (entsprechend § 580 Abs. 4 RVO). Eine Rente wird gewährt, wenn mindestens eine 20%ige MdE vorliegt und diese die 13. Woche nach dem Unfallereignis überdauert. Von entscheidender Bedeutung ist auch die Rehabilitationsphase. Durch das Rehabilitationsangleichungsgesetz vom 7. 8. 1974 sind die zuständigen Träger zur Aufstellung eines Gesamtplanes verpflichtet. Diese sehr verantwortliche Aufgabe erfordert auch vom Gutachter, der hierzu Stellung nehmen soll, viel Erfahrung und eine gute Übersicht über die Literatur, auch über die schadensrechtliche.

Vorgehen bei der Begutachtung

Die Begutachtung umfaßt eine genaue neurologische, psychiatrische und psychologische Untersuchung, wobei folgende Gesichtspunkte beachtet werden müssen.

1. *Prätraumatische Bedingungen*

Eine genaue Analyse der prätraumatischen Bedingungen beginnt mit einer Familien- und Eigenanamnese des Kindes, umfaßt eine genaue Anamnese der Familiensituation, der Schulsituation und des Leistungs- bzw. Entwicklungsstandes vor dem Unfall. Besonders zu achten ist dabei auf mögliche Vorschädigungen, die u. U. zum Hirntrauma geführt haben. Zerebral vorgeschädigte Kinder und solche, die aus ungünstigen familiären Bedingungen stammen, sind eher für Unfälle prädisponiert. Prätraumatisch vorhandene Schädigungen können natürlich durch Unfallereignisse verstärkt werden. Klinische Stichproben von Kindern und Jugendlichen mit hirntraumatischen Schädigungen zeigen, daß die Quote der Vorschädigungen insgesamt (dabei sind Prä- und Perinatalschäden mit einbezogen) bis zu 30% betragen kann. Daher ist diesem Gesichtspunkt hohe Beachtung zu schenken. Die schulische Leistungssituation sollte ggf. anhand von Schulberichten geklärt werden, um einigermaßen sicher entscheiden zu können, ob ein schulischer Leistungsabfall mit dem Trauma in kausalem Zusammenhang steht.

2. *Unfallhergang*

Eine genaue Objektivierung des Unfallherganges möglichst unmittelbar nach dem Trauma ist ebenfalls für die Beantwortung der gutachterlichen Fragestellungen notwendig. Man kann daraus sowohl Rückschlüsse auf die Art und Schwere der hirntraumatischen Schädigung ziehen als auch Hinweise auf prätraumatische Bedingungen erhalten. Insbesondere ist auch zu erfragen bzw. in Erfahrung zu bringen, ob das Kind bereits mehrfach Unfälle erlitten hat.

3. *Folgen des Hirntraumas*

Den Schwerpunkt der Begutachtung nimmt die neurologisch-psychiatrische und psychologische Begutachtung des Kindes im Hinblick auf die Folgen des Hirntraumas ein. Neben der Objektivierung der neurologischen und psychiatrischen Ausfallserscheinungen sind folgende Gesichtspunkte für die Beantwortung der dem Gutachter gestellten Fragen wesentlich:

- Neurologische und neuropsychologische Ausfälle (z. B. Hirnnervenausfälle, Früh- oder Spätepilepsie, Aphasien oder Apraxien etc.).
- Psychopathologische Ausfälle (z. B. hirnorganische Leistungsschwäche, traumatische Wesensveränderung, psychoreaktive oder neurotische Störung).

Die Objektivierung von psychopathologischen Auffälligkeiten sowie von Lern- und Leistungsstörungen sollte in Zusammenarbeit mit einem erfahrenen klinischen Psychologen erfolgen. Wichtig ist auch eine Verhaltensbeobachtung, möglichst im Zusammenhang mit der Leistungssituation.

4. *Posttraumatische Bedingungen*

Im Zusammenhang mit der Entwicklung des Kindes nach dem Trauma sind zu berücksichtigen:
Die Verarbeitung des Unfalls durch das Kind, die familiäre Situation sowie die schulischen und sonstigen Anforderungen. Auf diese Gesichtspunkte wurde bereits an anderer Stelle eingegangen. Diese Gesichtspunkte sind gegeneinander abzuwägen und anhand allgemeiner Erfahrungsgrundsätze im Hinblick auf die gutachterlichen Fragestellungen zu bewerten. Diese sind in der Regel nicht aufgrund detaillierter klinischer Studien entstanden, sondern aus der allgemeinen klinischen Erfahrung. Insofern ist der Ermessensspielraum für den Gutachter manchmal recht groß.

Kriterien und Fragestellungen

Die wichtigsten gutachterlichen Fragestellungen im Zusammenhang mit den Folgen von Schädel-Hirn-Traumen sind folgende:

1. *Feststellung unfallbedingter Schädigungen.*

2. *Bewertung (Einschätzung) der Unfallfolgen*

Diese erfolgt nach den Richtlinien, wie sie für Erwachsene entsprechend den Bestimmungen über die gesetzliche Unfallversicherung gelten. Sie werden sinngemäß auf das Kindes- und Jugendalter übertragen.

3. *Unfallrente und Dauerrente*

Eine Unfallrente kann auch Kindern zugesprochen werden bei mindestens 20%iger MdE und Anhalten einer derartigen Unfallfolge über die 13. Woche nach dem Unfall hinaus. Die Festsetzung einer Dauerrente kann erst nach einem Zeitraum von zwei Jahren zwischen Hirntrauma und Untersuchung erfolgen. Die Anwendung der Bestimmungen einer besonderen „beruflichen Betroffenheit" nach § 581 Abs. 2 RVO entfällt bei Kindern und Jugendlichen.

4. *Minderung der Erwerbsfähigkeit (MdE)*

Verschiedentlich wurden Zweifel daran geäußert (PAMPUS 1977), ob eine abstrakte Festlegung der MdE nach den gleichen Kriterien, wie sie bei Erwachsenen gültig sind, für das Kindesalter überhaupt sinnvoll ist. Neuere Überlegungen laufen darauf hinaus, eine stärkere Orientierung im täglichen Leben, in Schule und Beruf vorzunehmen. Dabei werden nach der Terminologie der WHO die Begriffe der Behinderung und der Benachteiligung im sozialen Bereich zu berücksichtigen sein.

5. *Beurteilung der Aussichten auf Rehabilitation*

Dies ist eine für jeden, der eine hirntraumatische Schädigung erlitten hat, entscheidende Frage. Jedes Sachverständigengutachten über den Grad der Unfallschädigung (MdE) sollte Vorschläge auch zu den erforderlichen therapeutischen und Rehabilitationsmaßnahmen enthalten. Letztere erstrecken sich im wesentlichen auf zwei Gesichtspunkte: die Erstellung eines Rehabilitationsplanes in der postakuten Phase. Sie sollte aber auch Hinweise für den Zeitpunkt geben, zu dem intensivere Rehabilitationsbemühungen weitreichende Erfolge nicht mehr erwarten lassen.

Literatur

Agranowitz, A., M. R. McKeown: Aphasia Handbook, Thomas, Springfield/Ill. 1970

Basser, C. S.: Hemiplegia of early onset and the faculty of speech with special reference to the effects of hemispherectomy. Brain 85 (1962) 425

Böcker, F.: Zur Abgrenzung der Bewußtseinstrübung vom Durchgangs-Syndrom. Med. Diss., Köln 1959

Bues, E.: Alte und neue Einteilungen der traumatischen Hirnschäden. Acta neurochir. (Wien) 9 (1961) 700

Cairns, H.: Disturbances of consciousness with lesions of the brainstem and diencephalon. Brain 75 (1952) 109

Craft, A. W., D. A. Shaw, N. E. F. Cartlidge: Head injuries in children. Brit. med. J. 4 (1972) 200

Cramon, D. von, R. Brinkann, H. Schulz: Entwicklung eines Meßinstrumentes zur Bestimmung der Aufmerksamkeit bei Patienten mit zerebralen Läsionen und Funktionsstörungen. J. Neurol. 208 (1975) 241

Dalle Ore, G., F. Gerstenbrand, C. H. Lücking, G. Peters, U. H. Peters: The Apallic Syndrome. Psychiatric Series No. 14. Springer, Berlin 1977

Faust, F.: Über Dauerschäden nach Hirntraumen bei Kindern und Jugendlichen. Allg. Z. Psychiat. 108 (1938) 72

Fuller, E. R.: Injury-prone children. Amer. J. Orhopsychiat. 18 (1948) 708

Gerstenbrand, F.: Das traumatische apallische Syndrom. Springer, Wien 1967

Gloning, K., E. Hift: Aphasie im Vorschulalter. Wien. Z. Nervenheilk. 28 (1970) 20

Hecean, H., M. L. Albert: Human Neuropsychology. Wiley, New York 1978

Heiskanen, O., M. Kaste: Late prognosis of severe brain injury in children. Develop. Med. Child Neurol. 16 (1974) 11

Hendrick, E., D. C. F. Harwood-Hash, A. R. Hudson: Head injuries in children: A survey of 4465 consecutive cases of the hospital for sick children. Clin. Neurosurg. (Toronto) 11 (1964) 45

Hjern, B., J. Nylander: Acute head injuries in children. Acta paediat. scand., Suppl. 152, 1964

Husband, P., P. E. Hinton: Families of children with repeated accidents. Arch. Dis. Childh. 47 (1972) 396

Jennett, B.: Die Vorhersage von posttraumatischen Epilepsien – Schlußfolgerungen für die Zukunft des Patienten. In: Remschmidt, H., R. Rentz, J. Jungmann (Hrsg.): Epilepsie 1980, Tagung der deutschen Sektion der internationalen Liga gegen Epilepsie in Berlin. Thieme, Stuttgart 1981

Jennett, B., G. Teasdale, R. Knill-Jones: Prognosis after severe head injury. In: Ciba Foundation Symposium 34. Elsevier-Excerpta Medica, Amsterdam 1975

Kinsbourne, M.: Minor hemisphere language and cerbral maturation. In: Foundations of Language Development, Vol 2. Academic Press, New York 1975

Kleinpeter, U.: Störungen der psychosomatischen Entwicklung nach Schädel-Hirn-Traumen im Kindesalter, H. 41 d. Samml. zwangloser Abhandlungen aus d. Gebiet d. Psych. u. Neurol. VEB Gustav Fischer, Jena 1971

Kleinpeter, U.: Social integration after brain trauma during childhood. Acta Paedopsychiat. 42 (1976) 68

Kleinpeter, U.: Folgezustände nach Schädel-Hirn-Traumen im Kindesalter und deren Begutachtung. VEB Thieme, Leipzig 1979

Kohn, B., M. Dennis: Patterns of hemispheric specialization after hemideconnection for infantile hemiplegia. In: Hemispheric Disconnection and Cerebral Function, hrsg. von M. Kinsbourne, A. Smith. Thomas, Springfield/Ill. 1974

Koufen, H., J. Dichgans: Schädeltraumen bei Kindern und Erwachsenen. Med. Klinik 72 (1977) 739

Koufen, H., O. Goldschmidt, J. Gerlach, G. Stark: Zur Diagnose der Contusio cerebri im Kindesalter: Ergebnisse einer prospektiven klinischen und EEG-Verlaufsuntersuchung. Unfallheilk. 70 (1977) 121

Kretschmer, E.: Das apallische Syndrom. Z. ges. Neurol. Psychiat. 169 (1940) 576
Lange-Cosack, H., H. G. Tepfer: Das Hirntrauma im Kindes- und Jugendalter. Springer, Berlin 1973
Laux, W.: Katamnesen von Kindern mit Hirntraumen. Jb. Jugendpsychiat. 5 (1967) 161
Laux, W., E. Bues: Auslesefreie Längsschnittuntersuchungen nach traumatischen Hirnschädigungen im Kindesalter. Teil I. Med. Klin. 55 (1960a) 2309
Laux, W., E. Bues: Auslesefreie Längsschnittuntersuchungen nach traumatischen Hirnschädigungen im Kindesalter. Teil II. Med. Klin. 51 (1960b) 2273
Leischner, A.: Die neuropsychologisch-hirnpathologische Untersuchung. Arch. Psychiat. Nervenkr. 219 (1974) 219
Lempp, R.: Frühkindliche Hirnschädigung und Neurose, 2. Aufl. Huber, Bern 1970
Lempp, R.: Frühkindlich-hirnorganisch bedingte Lernstörungen und ihre Behandlung. In: Intelligenz, Lernen und Lernstörungen, hrsg. von G. Nissen. Springer, Berlin 1977
Lenneberg, E. H.: Biological foundations of language. Wiley, New York 1967. Deutsch: Biologische Grundlagen der Sprache. Suhrkamp, Frankfurt 1972
Lutz, J.: Psychische Folgen des Schädelbruchs im Kindesalter. Z. Kinderpsychiat. 4 (1949) 6 und 6 (1961)
Lutz, J.: Über komplizierten posttraumatischen Verlauf nach Schädelbruch bei 24 Kindern. Z. Kinderpsychiat. 18 (1951) 189
Neundörfer, B., C. W. Wallesch, W. Ehret, D. Kömpf: Das leichte bis mittelschwere Schädel-Hirn-Trauma im Kindesalter. Z. Kinder- u. Jugendpsychiat. 5 (1977) 203
Niebergall, G., H. Remschmidt: Rückbildungsetappen und Therapieverlauf bei einem 10jährigen Jungen mit posttraumatischer Aphasie. Z. Kinder- u. Jugendpsychiat. 2 (1974) 3
Niebergall, G., H. Remschmidt, B. Lingelbach: Neuropsychologische Untersuchungen zur Rückbildung traumatisch verursachter Aphasien bei Kindern und Jugendlichen. Z. klin. Psychol. 5 (1976) 194
Orgass, B.: Deutsche Bearbeitung des Token-Test von De-Renzi, E., L. A. Vignolo. Beltz Test, Weinheim 1982
Pampus, J.: Zum Problem der Begutachtung hirnverletzter Kinder und Jugendlicher. Kinderarzt 8 (1977) 344
Peuser, G. (Hrsg.): Brennpunkte der Patholinguistik. Patholingustika 2. Wilhelm Frick, München 1978
Plum, F., J. B. Posner: The Diagnosis of Stupor and Coma, 2. Aufl. Davis, Philadelphia 1972
Poeck, K.: Neurologie – Ein Lehrbuch für Studierende und Ärzte, 2. Aufl. Springer, Berlin 1972
Poeck, K. (Hrsg.): Klinische Neuropsychologie. Thieme, Stuttgart 1982
Poeck, K., H. Hubach: Rhythmische orale Automatismen bei Dezerebrationszuständen. Dtsch. Z. Nervenheilk. 185 (1963) 37
Poeck, K., W. Huber, M. Kerschensteiner, F. J. Stachowiak, D. Weniger: Therapie der Aphasien. Nervenarzt 48 (1977) 119
Pötzl, O.: Über einige Besonderheiten der Aphasien im Kindesalter. Österr. Z. Kinderheilk. 3 (1949) 95
Remschmidt, H., G. Niebergall, M. Geyer, W. Merschmann: Die Bestimmung testmetrischer Kennworte des Token-Testes bei Schulkindern unter Berücksichtigung der Intelligenz des „Wortschatzes“ und der Händigkeit. Z. Kinder- u. Jugendpsychiat. 5 (1977) 222
Remschmidt, H., E. Hausmann, G. Lamberti, G. Niebergall, W. Merschmann: Neuropsychologische Störungsmuster bei Kindern und Jugendlichen mit Zustand nach Schädel-Hirntraumen. In: Teilleistungsstörungen, hrsg. von R. Lempp. Huber, Bern 1979
Remschmidt, H., G. Niebergall: Störungen des Sprechens und der Sprache. In: Neuropsychologie des Kindesalters, hrsg. von H. Remschmidt, M. Schmidt. Enke, Stuttgart 1981
Remschmidt, H., H. Stutte: Neuropsychiatrische Folgen nach Schädel-Hirn-Traumen bei Kindern und Jugendlichen. Huber, Bern 1980
Remschmidt, H.: Psychosoziale Folgen nach Schädel-Hirn-Traumen im Kindesalter. Mschr. Kinderheilk. 127 (1979) 436
Rune, V.: Acute head injuries in children. Acta paediat. scand., Suppl. 209 (1970)
Russell, W. R., A. Smith: Posttraumatische Amnesia in Closed Head Injury. Arch. Psychiat. (Chic.) 5 (1961) 16
Rutter, M., J. Tizard, W. Yule, P. Graham, K. Whitmore: Epidemiologie in der Kinderpsychiatrie – die Isle-of-Wight-Studien 1964–1974. Z. Kinder- u. Jugendpsychiat. 5 (1977) 238
Schneider, R., H. Remschmidt: Der Einfluß des Schädigungszeitpunktes auf Wahrnehmung kognitive und soziale Entwicklung hirngeschädigter Kinder. Z. Kinder- u. Jugendpsychiat. 5 (1977) 317
Schönfelder, Th.: Katamnestische Erhebungen bei hörstummen Kindern. Jb. Jugendpsychiat. 5 (1967) 92
Shaffer, D., O. Chadwick, M. Rutter: Psychiatric outcome of localized head injury in children. In: Ciba Foundation Sympos. 34. Outcome of severe damage to the Central Nervous System. Elsevier, Amsterdam 1975, S. 191–213
Stutte, H.: Kinder- und Jugendpsychiatrie. In: Psychiatrie der Gegenwart, Bd. II, hrsg. von H. W. Gruhle, R. Jung, W. Mayer-Gross, M. Müller. Springer, Berlin 1960
Stutte, H.: Zur Psychopathologie hemisphärektomierter Kinder. Jb. Jugendpsychiat. 4 (1965) 85
Stutte, H.: Wann sollten wir von kindlicher Aphasie sprechen? Acta paedopsychiat. 35 (1968) 1
Stutte, H.: Über die psychische und soziale Entwicklung hemisphärektomierter Kinder. In: Neue Ergebnisse der Heil- und Sonderschulpädagogik, hrsg. von K. W. Zimmermann. Verlag Dürrsche Buchhandlung KG, Bonn-Bad Godesberg 1970
Sutter, J. M. C. Bardenat, C. Pheline, Y. J. P. Coudra: La catatonie posttraumatique, ses rapports avec les „états de décérébrations“ et les „comas prologés“. Rev. neurol. 101 (1959) 524
Teasdale, G., B. Jennett: Assessment of coma and impaired consciousness. A practical scale. Lancet 1974/I, 81
Todorow, S.: Hirntrauma und Erlebnis. Huber, Bern 1977
Tönnis, W., F. Loew: Einteilung der gedeckten Hirnschädigungen. Ärztl. Prax. 5 (1953) 13
Tönnis, W., R. A. Frowein, K. U. Euler, W. Kreukel, M. Grün: Hirn- und Nervenverletzungen bei Kindern und Jugendlichen. Langenbecks Arch. Klin. Chir. 304 (1963) 563
Wertheimer, P., G. Allégre: Note sur les comas traumatiques. Rev. Neurol. 89 (1953) 643
Wieck, H. H.: Lehrbuch der Psychiatrie. Schattauer, Stuttgart 1967

Frau Dipl.-Psych. *Johanna Schneider* dankt der Verfasser für vielfältige und kenntnisreiche Hilfen bei der Redaktionsarbeit.

Psychische Störungen nach entzündlichen Erkrankungen des Zentralnervensystems

Gerhard Neuhäuser

Definition

An den Folgen einer entzündlichen Erkrankung des Zentralnervensystems wurde deutlich, daß auffallende Verhaltensänderungen auch organische Ursachen haben können: Vor mehr als 50 Jahren sind im Anschluß an die Encephalitis epidemica s. lethargica von ECONOMO bei bis dahin vollkommen normal entwickelten Kindern ausgeprägte psychische Störungen beobachtet worden; diese waren nur dadurch zu erklären, daß der Entzündungsprozeß bestimmte zerebrale Strukturen in Mitleidenschaft gezogen hatte. Es traten extreme Unruhezustände, Störungen des Schlaf-Wach-Rhythmus (Agrypnie), aggressive und impulsive Handlungen auf (moral insanity), nicht einfühlbare Reaktionen mit deutlicher Wesensänderung (BONHOEFFER 1922; HOHMAN 1922 u. a.).

Mit diesen Beobachtungen wurde auch die Diskussion um das Problem der „frühkindlichen Hirnschädigung" eröffnet (BERGER u. Mitarb. 1977); die Beobachtung ähnlicher Verhaltenssymptome bei hirnverletzten Kindern führte zur Definition des „hyperkinetischen Syndroms" (STRAUSS u. KEPHART 1955; STRAUSS u. LEHTINEN 1948), aber auch zur angreifbaren Schlußfolgerung, bestimmte Verhaltensauffälligkeiten deuteten auf eine strukturelle Störung des Gehirns hin.

In der Beschreibung *postenzephalitischer Symptome* nach Encephalitis epidemica wurden besonders die dranghafte Unruhe (Hyperkinese) und auffallende Wesensänderung mit Neigung zu Dissozialität, unmotivierten Affektausbrüchen und scheinbar gezielten Aggressionen betont; die Intelligenz war meist ungestört. Der Zusammenhang mit einer akuten Erkrankung konnte durch die *Anamnese* gesichert werden: Es waren Bewußtseinsstörung und Erregungszustände, Pupillen- und Augenmuskelsymptome vorausgegangen.

Die Verhaltensbesonderheiten der „postenzephalitischen Wesensänderung" sind in Beschreibungen des „frühkindlichen exogenen Psychosyndroms" (LEMPP 1972) oder der „zerebralen Dysfunktion" wiederzuerkennen. Damit aber wird fraglich, ob es sich um eine spezifische Folge entzündlicher Erkrankungen des Zentralnervensystems handelt, ob die Symptome eine „pathoklitische Spezifität" haben oder ob sie nicht vielmehr durch den „Zeitfaktor" des jeweiligen Entwicklungsstandes bestimmt sind (STUTTE 1962).

Entscheidend für die Definition ist die anamnestische Angabe, daß eine meningitische oder enzephalitische Erkrankung abgelaufen ist und ein Zusammenhang derartiger Erkrankungen mit der beobachteten Verhaltensänderung besteht. Demgegenüber ist es problematisch, allein aufgrund der beobachteten Symptome die Genese erschließen zu wollen. Es soll hier deshalb nur von solchen Störungen die Rede sein, bei denen die Beziehung zu entzündlichen Erkrankungen des Zentralnervensystems deutlich erkennbar ist; nur auf diese Weise kann die Frage untersucht werden, ob es ein spezielles „postenzephalitisches oder postmeningitisches Syndrom" gibt.

Nomenklatur

Die nach entzündlichen Erkrankungen des Zentralnervensystems auftretenden psychischen Symptome werden auch als *Hirnschädigung, organisches (exogenes) Psychosyndrom* oder *zerebrale Dysfunktion* bezeichnet, um nur einige Begriffe zu nennen. Geht man vom Verhaltenssyndrom aus, werden Patienten mit *Hyperkinese* bzw. *Hyperaktivität* oder mit *Teilleistungsstörungen* bzw. *-schwächen* erfaßt, sofern die Vorgeschichte auf eine entzündliche Erkrankung des Zentralnervensystems hindeutet. Dabei sollte jedoch die Frage eines Kausalzusammenhanges immer kritisch geprüft werden. Ist die Erkrankung in den ersten beiden Lebensjahren aufgetreten, werden die Folgen einer „frühkindlichen Hirnschädigung" zugeordnet (GÖLLNITZ 1973).

Man sollte von Störungen nach entzündlichen Erkrankungen nur dann sprechen, wenn ein zeitlicher Zusammenhang sicher bzw. durch „Brückensymptome" wahrscheinlich ist. Zu unterscheiden ist zwischen einem Defektsyndrom nach entzündlicher Erkrankung und einem chronisch-enzephalitischen Zustand (BRILL 1975), wie er bei den Slow-Virus-Infektionen vorkommt (möglicherweise sind auch die Krankheitserscheinungen nach Encephalitis epidemica hiermit zu erklären).

Epidemiologie

Die *Häufigkeit* entzündlicher Erkrankungen des Zentralnervensystems ist je nach der Ätiologie verschieden; auch das Vorkommen psychischer Störungen im Anschluß an diese Krankheiten variiert. Die Encephalitis epidemica trat in den letzten Jahrzehnten nur noch selten auf; es ist jedoch nicht ausgeschlossen, daß sich andere Viruserkrankungen durch epidemische Enzephalitiden bemerkbar machen (BRILL 1975).

In der kinderpsychiatrischen Literatur findet man unterschiedliche Angaben über das Vorkommen psychischer Veränderungen nach entzündlichen Erkrankungen des Zentralnervensystems. MÜLLER-KÜPPERS (1969) konnte in dem von ihm untersuchten Kollektiv der Kinder mit „leichter frühkindlicher Hirnschädigung" keinen Patienten finden, dessen Störung auf eine entzündliche Erkrankung zurückzuführen war. KLOSINSKI u. Mitarb. (1972) fanden bei Kindern mit Schulschwierigkeiten die Angabe des Vorkommens einer entzündlichen Erkrankung des Zentralnervensystems signifikant häufiger. Bei 63 Kindern mit Schulproblemen (NEUHÄUSER 1973) wurde nur einmal eine enzephalitische Erkrankung (Coxsackie-Virus) als mögliche Ursache angegeben; bei diesem Kind waren jedoch auch Hinweise auf eine mögliche perinatale Läsion zu finden. Unter den Ursachen der geistigen Behinderung umfassen entzündliche Erkrankungen etwa 5%.

Betrachtet man die Ergebnisse *katamnestischer Untersuchungen* bei entzündlichen Erkrankungen des Zentralnervensystems, ist der Anteil bleibender Störungen ebenfalls unterschiedlich hoch (NEUHÄUSER 1974); dies hängt offenbar nicht nur von Art und Virulenz des Erregers, sondern von zahlreichen anderen Faktoren ab (Tab. 4.6); auch die Therapie dürfte eine Rolle spielen, was sich bei den eitrigen Meningitiden gezeigt hat (LINDBERG u. Mitarb. 1977).

Alters- und Geschlechtsverteilung: Entzündliche Erkrankungen des ZNS verlaufen um so schwerer, je jünger das betroffene Kind ist; dies gilt sowohl für die Meningitiden wie für Enzephalitiden. Demnach ist damit zu rechnen, daß psychische Störungen besonders dann auftreten, wenn ein Kind in den ersten Lebensjahren erkrankt. Die Art der entstehenden Störungen wird wesentlich vom Alter des Kindes bzw. von der Organisationsstufe des ZNS zum Zeitpunkt der Läsion bestimmt (FINLEY 1967).

Entzündliche Erkrankungen des ZNS betreffen Knaben etwas häufiger als Mädchen; auch für das Vorkommen psychischer Störungen wird ein Überwiegen des männlichen Geschlechts angegeben (3 : 1). Die Gründe hierfür sind noch unbekannt. Einzelne Studien deuten darauf hin, daß Kinder mit irgendeiner bereits bestehenden Läsion häufiger an entzündlichen Erkrankungen leiden (ASPERGER 1952; NEUHÄUSER 1972; RETT 1965). Bei ihnen können dann bereits vorhandene Störungen verstärkt werden; dies gilt für Kinder mit genetisch-determinierten Erkrankungen oder geburtstraumatischen Läsionen. Statistisch gesicherte Angaben über die Bedeutung der Vorschädigung liegen jedoch nicht vor; die Zusammenhänge mit Geburtstraumen sind wohl nur durch kontrollierte prospektive Untersuchungen, möglichst unter Anwendung des Optimalitätsprinzips (PRECHTL 1968) zu klären (NEUHÄUSER 1974).

Klassifikationsprobleme

Psychische Störungen nach entzündlichen Erkrankungen des ZNS sind im *multiaxialen Klassifikationsschema* unter Ziffer 310. angeführt (spezifi-

Tabelle 4.**6** Folgen entzündlicher Erkrankungen des Zentralnervensystems (nach verschiedenen katamnestischen Untersuchungen; Einzelangaben bei *Neuhäuser* 1972)

Art der Erkrankung	Zahl d. F.	Letalität (%)	Katamnese Zahl d. F.	Defekt (%)	Heilung (%)
Meningokokkenmeningitis	412	11	206	51	49
Pneumokokkenmeningitis	138	35	67	66	34
Hämophilusmeningitis	229	11	127	51	49
Meningitis tuberculosa	163	44	88	62	38
Masernenzephalitis	249	10	79	50	50
Varizellenenzephalitis	22	10	16	31	69
Mumpsenzephalitis	89	0	85	30	70
Postvakzinale Enzephalitis	54	14	34	55	45
Arbovirus-Enzephalitis	–	–	82	25	75
Enzephalitis unterschiedlicher u. unbekannter Ätiologie	652	20	218	50	50

sche nichtpsychotische psychische Störungen nach Hirnschädigungen); demnach müssen Neurosen und Persönlichkeitsstörungen sowie andere nichtpsychotische Zustandsbilder, aber auch psychotische Störungen abgegrenzt werden. Unter 310.1 sind Intelligenz- und Persönlichkeitsveränderungen einzuordnen, soweit sie nicht dem Frontalhirnsyndrom (310.0) zugehören, unter 310.8 andere spezifische nichtpsychotische psychische Störungen nach Hirnschädigungen, die dem postkontusionellen Syndrom (310.2) ähneln und mit Infektionskrankheiten oder anderen Krankheiten des Gehirns bzw. der Hirnhäute zusammen vorkommen. In der 4. Achse des Schemas (Körperliche Symptomatik) sind entzündliche Erkrankungen des Nervensystems unter 320.0 bis 326.0 aufgeführt.

Für die Zuordnung einer psychischen Störung zu entzündlichen Erkrankungen ist immer die *Anamnese* entscheidend; es sollte eine entsprechende Grunderkrankung mit weitgehender Sicherheit dokumentiert sein. Nach dem psychopathologischen Bild allein ist die Zuordnung nicht zu treffen; entsprechende Auffälligkeiten können als Persönlichkeitsstörung oder als hyperkinetisches Syndrom klassifiziert werden.

Die Einteilung der entzündlichen Erkrankungen des ZNS kann sich an verschiedenen Gesichtspunkten orientieren (BRILL 1975): Erreger (Tab. 4.7), Pathogenese, Ausbreitung des pathologischen

Tabelle 4.7 Ätiologie entzündlicher Erkrankungen des Zentralnervensystems

Akute bakterielle Erkrankungen	
Gramnegative Kokken	Neisseria meningitidis
Gramnegative Stäbchen	Haemophilus influenzae Escherichia coli
Grampositive Kokken	Diplococcus pneumoniae Streptokokken Staphylokokken
Grampositive Stäbchen	Listeria monocytogenes
Seltene Erreger	Klebsiella pneumoniae Salmonellen Pseudomonas aeruginosa Proteus Pyocyaneus Serratia marescens
Chronische Erkrankungen	
Bakterien	Myobacterium tuberculosis
Spirochäten	Leptospirosen
Protozoen	Toxoplasma gondii
Pilze	Candida albicans, Cryptococcus neoformans, Coccidiodes immitis, Aspergillus fumigatus, Blastomyces
Virale Erkrankungen	
Enteroviren	Polio, Coxsackie, ECHO
Arborviren	Frühjahr-Sommer-Enzephalitis, St. Louis-, California-, Pferde-Enzephalitis, Encephalitis japonica etc.
Herpesviren	Herpes simplex, Herpes B, Herpes zoster, Varizellen
Andere Viren	
Mumps, Rubeolen, Ornithose, Mononukleose (Ebstein-Bar), Lyssa Lymphozytäre Choriomeningitis (LCM-Virus) Encephalitis epidemica lethargica (v. Economo) Subakute sklerosierende Panenzephalitis (van Bogaert)	
Kongenitale Erkrankungen	
Rubeolen Zytomegalie	
Para- und postinfektiöse Enzephalitiden im Gefolge von Allgemeinkrankheiten oder Impfungen	
Pocken, Masern, Varizellen, Rubeolen, Mumps, Grippe Pertussis Vakzination (Variola, Lyssa, Polio, Masern usw.)	

Prozesses, Art des pathologischen Syndroms hinsichtlich Verteilung, Lokalisation oder Reaktionsweise, geographische Verbreitung, Wirtsorganismus, Ätiologie. Dabei sollte einer ätiologischen Differenzierung, soweit eine solche möglich ist, der Vorzug gegeben werden.

Klinisches Bild

Die psychischen Veränderungen nach entzündlichen Erkrankungen des ZNS sind vielgestaltig und – von seltenen Ausnahmen abgesehen – keineswegs „typisch". Dies haben verschiedene katamnestische Untersuchungen gezeigt (NEUHÄUSER 1972; 1974).

Anamnese: Für die Diagnose einer postmeningitischen oder postenzephalitischen Störung ist der Hinweis auf eine entsprechende akute Erkankung entscheidend. Nach Möglichkeit sind die anamnestischen Angaben durch Befundberichte zu objektivieren.
Meningitiden können im allgemeinen durch charakteristische Symptome und Liquorbefund eindeutig identifiziert werden (FRÖBER u. MÜLLER 1977; V. LÖBBECKE u. RÜDER 1977); häufig gelingt auch ein Erregernachweis. Schwieriger ist die Entscheidung, ob es zu einer enzephalitischen Mitbeteiligung, zum Übergreifen des Entzündungsprozesses auf das Gehirn kam (TEPPERBERG u. Mitarb. 1977). Erst damit wären bleibende psychische Störungen zu erklären, soweit sie nicht sekundäre Folge der Meningitis sind, wie die Ausbildung eines Hydrozephalus durch Behinderung des Liquorabflusses. Man wird dann eine Meningoenzephalitis annehmen können, wenn Bewußtseinsstörungen, Krämpfe und/oder Lähmungen (vor allem Hirnnervenlähmungen) beobachtet werden (NEUHÄUSER 1972). Aus Katamnesen ist bekannt, daß gewisse Erreger bevorzugt zu bestimmten Folgeerscheinungen führen (z. B. Schwerhörigkeit bei Pneumokokkenmeningitis; Subduralerguß nach Hämophilusmeningitis).
Die *Diagnose* einer enzephalitischen Erkrankung, vor allem einer Virusenzephalitis oder einer para- bzw. postinfektiösen Enzephalopathie zu Beginn, bei oder nach Kinderkrankheiten (Masern, Röteln, Mumps, Varizellen) bzw. Impfungen (Vakzination), muß sich zunächst an sogenannten *Kardinalsymptomen* orientieren: Bewußtseinsstörung, Fieber, Krampfanfälle, Lähmungen und andere neurologische Symptome. EEG-Veränderungen (Verlangsamung der Grundaktivität, Allgemeinstörung) sind häufig, jedoch nicht obligat. Ein pathologischer Liquorbefund (leichte Zellvermehrung; Anstieg des Eiweißgehaltes, evtl. Nachweis bestimmter Proteinfraktionen) ist ein wichtiger Hinweis, fehlt jedoch nicht selten, was allein die Lokalisation des Krankheitsprozesses erklärt. Die erwähnten Kardinalsymptome waren in unterschiedlicher Frequenz bei den meisten von uns beobachteten Patienten nachzuweisen (Abb. 4.1).

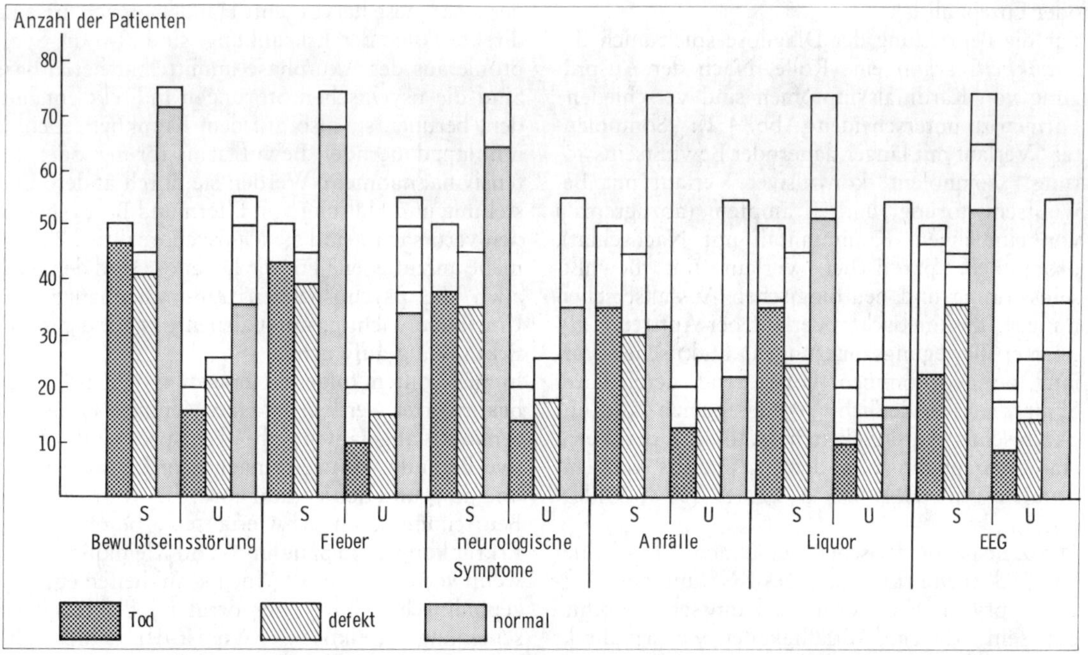

Abb. 4.1 Kardinalsymptome des enzephalitischen Syndroms bei Kindern (aus *G. Neuhäuser:* Folgen enzephalitischer Erkrankung bei Kindern. Enke, Stuttgart 1972). Häufigkeit bei Patienten, deren Diagnose retrospektiv sicher schien (S) und bei anderen mit unklarer Diagnose (U); Unterteilung nach dem Ausgang der Erkrankung. Weißer Anteil der Säulen = Symptom nicht vorhanden (unterer Anteil der weißen Säule bei Liquor und EEG-Untersuchung = nicht durchgeführt).

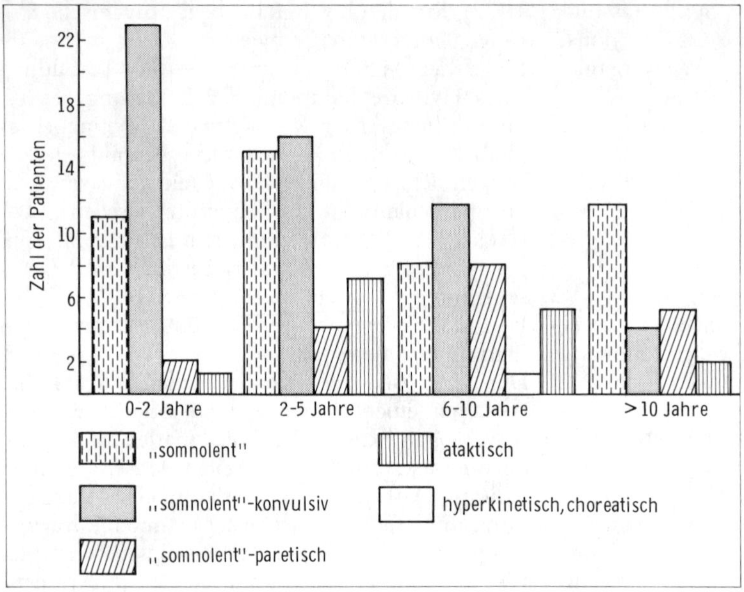

Abb. 4.**2** Verlaufsformen enzephalitischer Erkrankungen in verschiedenen Altersstufen. Bei Säuglingen bevorzugt „somnolent-konvulsive" Verlaufsform, später häufiger auch nur Bewußtseinsstörung oder Paresen (aus *G. Neuhäuser:* Folgen enzephalitischer Erkrankung bei Kindern. Enke, Stuttgart 1972).

Die *Ätiologie* kann gerade bei Virusenzephalitiden nur selten sicher geklärt werden; auch beansprucht die virologische Untersuchung gewisse Zeit. Wenige Erkrankungen verlaufen so charakteristisch, daß ihre Ätiologie aufgrund des klinischen Bildes zu vermuten wäre (z. B. Herpesenzephalitis). Bei post- oder parainfektiösen Enzephalopathien sind der Anamnese entsprechende Informationen zu entnehmen (Masern, evtl. auch nur Prodromi, Mumps, Röteln, Varizellen); dies gilt auch für die in zeitlichem Zusammenhang mit Impfungen auftretenden zerebralen Symptome (Enzephalopathie oder Enzephalitis).

Für die Beurteilung der Diagnose spielt auch der *Krankheitsverlauf* eine Rolle. Nach der Ausprägung von Kardinalsymptomen sind verschiedene Formen zu unterscheiden (Abb. 4.2): „Somnolenter" Verlauf mit länger dauernder Bewußtseinsstörung, „somnolent"-konvulsiver Verlauf mit Bewußtseinsstörung und Krämpfen (abzugrenzen von einmaligem Krampfanfall mit Nachschlaf), „somnolent"-paretischer Verlauf mit Bewußtseinsstörung und neurologischen Ausfallserscheinungen, dyskinetischer Verlauf bei Auftreten abnormer Bewegungsäußerungen, ataktischer Verlauf bei Vorkommen vorwiegend zerebellarer Symptome, schließlich Verlaufsformen mit nur psychischen Auffälligkeiten (z. B. bei der Hirnstammenzephalitis bzw. der Enzephalitis vom temporalen Typ) (HENDLER u. LEAHY 1978; STRIAN 1973).

Die Zeitspanne zwischen der akuten Phase einer entzündlichen Erkrankung des ZNS und dem Auftreten psychischer Störungen kann sehr verschieden sein. Manche Auffälligkeiten werden direkt nach der Krankheit bemerkt bzw. sind Bestandteil eines Defektsyndroms, mitunter treten sie aber auch erst Jahre später auf, wie die Erfahrungen bei Encephalitis lethargica gezeigt haben. Gelegentlich ist der Zusammenhang nicht gleich zu erkennen, auch den Eltern des betroffenen Kindes zunächst nicht bewußt; andererseits entziehen sich manche Störungen selbst bei Kontrolluntersuchungen dem Nachweis und werden erst nach vermehrter Belastung oder bei spezieller Funktionsprüfung deutlich (GÖLLNITZ u. RÖSLER 1975; GUNDERMAN u. STAMLER 1973). Es ist auch möglich, daß eine chronische Entzündung fortbesteht und progrediente Symptome verursacht (BRILL 1975).

Wesentlich für die Beurteilung ist die Entstehungsgeschichte der psychischen Störungen, wie sie aus der Anamnese hervorgeht: Handelt es sich um eine direkte Folge der Erkrankung, sind also die Symptome aus der Akutphase unmittelbar herleitbar? Sind die psychischen Störungen indirekt entstanden, beruhen sie also auf dem Krankheitserlebnis mit langdauernder Bewußtseinsstörung oder Intensivmaßnahmen? Werden sie durch andere Einstellung und Haltung von Eltern und Bezugspersonen verursacht, sind sie als psychoreaktive Phänomene aufzufassen? Für die Diagnose sind demnach auch die psychosozialen Zusammenhänge und Umstände wichtig, unter denen das Kind seit der Erkrankung aufwuchs.

Immer sollten folgende Fragen möglichst genau beantwortet werden: Ist eine Meningitis oder Enzephalitis abgelaufen; gibt es entsprechende objektive Befunde, Hinweise nach dem klinischen Bild und aufgrund der Verlaufsform? Die retrospektive Beurteilung kann schwierig sein, besonders bei Erkrankungen im Säuglings- und Kleinkindesalter, wenn verschiedene Allgemeinkrankheiten ein „enzephalitisches Bild" hervorrufen (Elektrolytverschiebung, Toxikose). – Wie ist der zeitliche Zusammenhang hinsichtlich der später beobachteten Auffälligkeiten? Dieses Problem ist auch bei gutachterlicher Fragestellung von besonderer Bedeutung. Ein zeitlicher Zusammenhang mit dem pathogenetischen Geschehen sollte erkennbar sein; gewisse Brückensymptome sind ein wichtiger Hinweis (DEGEN u. Mitarb. 1971). – Sind milieureaktive Störungen abzugrenzen? Hierzu ist es notwendig, die psychosoziale Gesamtsituation des Kindes genau zu analysieren.

Retrospektiv wird das Vorliegen einer psychischen Störung nach entzündlichen Erkrankungen anzunehmen sein, wenn Kinder wegen Verhaltens- und Leistungsstörungen vorgestellt werden, deren Vorgeschichte die Angabe einer Meningitis oder Enzephalitis enthält. Einen wichtigen Hinweis auf die Genese können zusätzliche Befunde geben, wie Ausfallserscheinungen von seiten des Nervensystems, Anfälle, vegetative oder endokrine Störungen. Auch hier muß die Frage des Zusammenhangs kritisch geprüft werden.

Retrospektive Studien über die Art der Folgeerscheinungen bringen nur selten verläßliche Informationen, da sie zu sehr von Auslesefaktoren beeinflußt sind (NEUHÄUSER 1972). Prospektiv orientierte Untersuchungen sind jedoch mit großen technischen Schwierigkeiten verbunden (REDLIN u. v. UNGERN-STERNBERG 1972; SELL u. Mitarb. 1972; SELLS u. Mitarb. 1975). So ist auch die Frage noch nicht sicher zu beantworten, ob nach entzündlichen Allgemeinerkrankungen im Kindesalter, die ohne eine deutliche Beeinträchtigung zerebraler Funktionen verlaufen, psychische Störungen auftreten können (WALLACE u. ZEALLEY 1970); dies gilt auch für eine „blande“ verlaufende Enzephalopathie, die von manchen Autoren als mögliche Schädigungsursache angesehen wird, z. B. nach der Pockenschutzimpfung.

Befunde: Entzündliche Erkrankungen des ZNS können alle zerebralen Funktionen in Mitleidenschaft ziehen; dementsprechend sind auch psychische Folgen nicht selten mit anderen Störungen kombiniert (Tab. 4.8). Im folgenden sollen besonders die geistig-seelischen Folgeerscheinungen (Tab. 4.9) berücksichtigt werden; andere Symptome müssen jedoch erwähnt werden, da sie diagnostisch bedeutsam sind.

Neurologisches Defektsyndrom

Im akuten Stadium einer enzephalitischen Erkrankung, seltener auch bei Meningitiden, sind *neurologische Reiz- oder Ausfallserscheinungen* häufig: Krämpfe, Lähmungen, extrapyramidal-motorische oder ataktische Bewegungsstörungen. Sie können als Defektsyndrom fortbestehen, aber auch nach der Krankheit neu auftreten; dies gilt vor allem für zerebrale Anfälle verschiedener Ausprägung, wobei das Lebensalter des Kindes die Art der Symptome bestimmt.

Auf Beeinträchtigungen von Sinnesfunktionen, wie Schwerhörigkeit oder Sehstörungen, ist besonders bei bestimmten Formen der Meningitis oder Enzephalitis zu achten. Ataktische Symptome sind hautpsächlich Folge einer Zerebellitis; sie können aber auch auf eine Komplikation durch sich entwickelnden Hydrozephalus infolge Ausbildung einer Aquäduktstenose (Mumpsmeningitis) hinweisen.

Je jünger die betroffenen Kinder erkranken, um so stärker ausgeprägt ist das Defektsyndrom: Eine schwere Behinderung mit Mikrozephalie entsteht vor allem dann, wenn Kinder in frühem Lebensalter von einer Enzephalitis oder Meningoenzephalitis betroffen werden.

Tabelle 4.**8** Mögliche Folgezustände entzündlicher Erkrankungen des Zentralnervensystems (häufig kombiniert)

Neurologisches Defektsyndrom
Paresen (meist als spastische Hemiparese oder Tetraparese)
Andere Bewegungsstörungen (athetoid, choreatisch, ataktisch)
Muskelhypotonie (hypotone Zerebralparese)
Hirnnervenstörungen
Störungen an den Sinnesorganen (Amaurose, Taubheit usw.)
Sprach- und Sprechstörungen
Zerebrale Anfälle
Psychisches Defektsyndrom
Schwere Retardierung der geistigen Entwicklung (geistige Behinderung)
Leichte Retardierung der geistigen Entwicklung (Lernbehinderung)
Teilleistungsstörungen
Verhaltensstörungen
Somatische Störungen
Beeinträchtigung endokriner Funktionen (Wachstumsstörung, Pubertas praecox usw.)
Vegetative Störungen
Psychosomatische Beschwerden
Verminderte Leistungsfähigkeit
Störung des Schlaf-Wach-Rhythmus

Tabelle 4.**9** Verhaltens- und Leistungsstörungen nach entzündlichen Erkrankungen des Zentralnervensystems

Verhaltensauffälligkeiten
Konzentrationsschwäche
Kurze Aufmerksamkeitsspanne
Rasche Ablenkbarkeit
Schnelle Ermüdbarkeit
Schwankende Leistungsfähigkeit
Allgemeine Unruhe, Hyperaktivität
Antriebsstörung
Motorische Ungeschicklichkeit
Emotionale Störungen, Stimmungslabilität
Triebstörungen
Kontaktschwierigkeiten
Vermehrte Aggressivität und Impulsivität
Intelligenzminderung (gelegentlich vorhanden, Tab. 4.**8**)
Teilleistungsstörungen
Perzeptionsstörungen verschiedener Art
Störung der visuomotorischen Koordination
Psychomotorische Störungen
Andere umschriebene Hirnfunktionsstörungen

Psychisches Defektsyndrom

Störungen psychischer Funktionen, die während der akuten Phase einer Enzephalitis oder Meningoenzephalitis beobachtet werden (Durchgangssyndrom, Bewußtseinstrübung, Bewußtlosigkeit, Koma), können bereits den Beginn einer bleibenden Beeinträchtigung psychisch-geistiger Funktionen darstellen. Es wird dann im Anschluß an die Erkrankung eine mehr oder weniger stark ausgeprägte Retardierung deutlich; die Intelligenzstörung kann verschiedenes Ausmaß annehmen, von geistiger Behinderung bis zur Lernbehinderung mit speziellen Teilleistungsstörungen bzw. -schwächen reichen.

Das psychische Defektsyndrom äußert sich nicht selten auch nur in Verhaltensauffälligkeiten, wie sie bei zerebraler Dysfunktion vorkommen (Tab. 4.9). Ob es eine spezifische Ausprägung des postenzephalitischen Psychosyndroms gibt, ist strittig. In verschiedenen katamnestischen Untersuchungen war keine eindeutige Beziehung zwischen bestimmten Verhaltensauffälligkeiten und einer vorausgegangenen Enzephalitis nachzuweisen (Müller-Küppers 1969; Neuhäuser 1972). Einzelbeobachtungen dokumentieren allerdings Eigenheiten, die als geradezu charakteristisch für eine nach entzündlichen Erkrankungen auftretende Wesensänderung angesehen werden (Asperger 1952; Bonhoeffer 1922; Hohmann 1922; Lempp 1972, 1976); dabei dürften allerdings Auslesefaktoren mitspielen.

Verschiedene Untersuchungen haben gezeigt, daß manche Störungen, die auf entzündliche Erkrankungen zurückgehen, durch differenzierte Tests erfaßbar sind (Davidson u. Mitarb. 1978; Diesing u. Dittmann-Mitscherlich 1968; Earnest u. Mitarb. 1971; Fitzhardinge u. Mitarb. 1974; Haslam u. Mitarb. 1977; Johnson 1960; Matthews u. Mitarb. 1968; Neuhäuser 1972; Redlin u. v. Ungern-Sternberg 1972; Rennick u. Mitarb. 1973; Rie u. Mitarb. 1973; Sell u. Mitarb. 1972; Sokolowska-Dekowa u. Mitarb. 1965; Wright u. Jimmerson 1971). Dies gilt vor allem für Beeinträchtigungen der visuomotorischen Koordination und der Perzeption sowie für psychomotorische Schwierigkeiten. Sie haben zunächst keine Behinderung zur Folge, können aber bei steigender Belastung, zum Beispiel bei vermehrter Anforderung in der Schule, zu Leistungsversagen und vielfältigen Sekundärerscheinungen führen. Dabei handelt es sich meist um Teilleistungsstörungen, wie sie auch im Rahmen des Syndroms der zerebralen Dysfunktion beschrieben werden (Berger u. Mitarb. 1977). Auf die Probleme ihrer Abgrenzung und Diagnose ist hier nicht einzugehen (Tab. 4.10).

Auch für das psychische Defektsyndrom gilt, daß Ausfallserscheinungen um so ausgeprägter sind, je früher das Gehirn von der Krankheit betroffen wurde. Lokalisation und Ausdehnung des Krankheitsprozesses spielen wohl eine gewisse Rolle, sind aber weniger bedeutsam als der „Zeitfaktor"; auch der Erreger selbst ist nur gelegentlich für bestimmte Folgesymptome verantwortlich.

Es gibt bisher wenige ausreichend kontrollierte Untersuchungen, in denen das Vorkommen leichterer psychischer Störungen nach entzündlichen Erkrankungen genau analysiert wurde. Redlin u. von Ungern-Sternberg (1972) fanden bei Schulkindern, die im Säuglingsalter eitrige Meningitiden durchgemacht hatten, im Paarvergleich mit Klassenkameraden signifikante Differenzen; dies betraf vor allem die

Tabelle 4.**10** Chronisches hirnorganisches Achsensyndrom (aus *G. Göllnitz;* Relationen zwischen hirnorganischem Psychosyndrom und Teilleistungsstörungen. In: Teilleistungsstörungen im Kindesalter, hrsg. von *R. Lempp*. Huber, Bern 1978)

I. Unspezifische vegetative Symptomatik	II. Spezifische hirnorganische Symptomatik	III. Hirnlokales Kolorit
Erregbarkeitssteigerung	Gesteigerte Ermüdbarkeit	Stammhirnsymptomatik
Ablenkbarkeit	Konzentrationserlahmen	Kleinhirnsymptomatik
Reizabhängigkeit	Leistungsvariabilität	Zwischenhirnsymptomatik Schläfenhirnsymptomatik
Affektive Labilität	Vergröberung der Affekte	Frontalhirnsymptomatik
Dysphorie	Affektstauungen Affektentladungen	Agnosie
Antriebslabilität	Affektverarmung	Apraxie
Hypermotorische Unruhe	Antriebsüberschuß	Dysgraphie
Erschwerung der Anpassung	Ziellose Aggressionen Antriebslahmheit – Stumpfheit	Dyslexie
Vegetative Labilität Vasomotorische Störungen		
Schwache zerebrale Steuerung	Denkverlangsamung Visuomotorische Desintegration Verringerte Differenzierungsfähigkeit	

Leistungen in Tests für Figur-Hintergrundunterscheidung, visuomotorische Koordination, Aufmerksamkeit und Reaktionsgeschwindigkeit. SELL u. Mitarb. (1972) konnten in einer vergleichenden Untersuchung bei Kindern nachweisen, daß der durchschnittliche Intelligenzquotient niedriger war als bei Kontrollkindern; auch im Illinois-Test, Frostig-Test und Peabody-Test schnitten sie schlechter ab. Eine andere kontrollierte Untersuchung wies bei gleicher Gesamtintelligenz signifikante Differenzen in 5 von 10 Untertests des Wechsler-Tests nach, nicht im Bender- und Frostig-Test (WRIGHT u. JIMMERSON 1971). Nach Enterovirusinfektionen wurde dann eine Beeinträchtigung der Intelligenzentwicklung gefunden, wenn die Erkrankung im 1. Lebensjahr abgelaufen war (SELLS u. Mitarb. 1975). Spezifische Leistungsstörungen wurden auch bei den von uns verfolgten Patienten im Paarvergleich häufiger beobachtet (NEUHÄUSER 1972).

Vegetative und endokrine Störungen

Zusammen mit einem psychischen oder neurologischen Defektsyndrom, aber auch isoliert treten verschiedenartige Beschwerden nach entzündlichen Erkrankungen des ZNS auf. Dabei handelt es sich um eine unmittelbare Folge des Entzündungsprozesses, aber auch um Sekundärerscheinungen, die nicht selten *psychoreaktiven* Charakter haben: Kopfschmerzen, Schwindel und andere Allgemeinsymptome, seltener endokrine Störungen, wie starke Gewichtszunahme, Diabetes insipidus usw. Verläßliche Zahlenangaben über die Häufigkeit dieser Erscheinungen liegen nicht vor; wiederum ist es schwierig, bei entsprechenden Erhebungen Auslesefaktoren zu vermeiden.

Postenzephalitische Wesensänderung

Die *postenzephalitische Wesensänderung* ist eindrucksvoll in den Berichten über Zustandsbilder nach Encephalitis lethargica geschildert: Im Vordergrund stand ein erethisch-hyperkinetisches Verhalten; es kam häufig zu einer Umkehr des Schlaf-Wach-Rhythmus; die Kinder waren unfähig, spontane aggressive Impulse zu steuern. ASPERGER (1952) spricht vom „enzephalitischen Blick", um einen verstärkten Augenglanz, eine gewisse Starrheit der mimischen Muskulatur, einen unnatürlich strahlenden, jedoch starren Ausdruck zu kennzeichnen; eine „Desintegration der Persönlichkeit" charakterisiere das Verhalten dieser Kinder. LEMPP (1976) führt an, es würden verarmte, abgebaute Reaktionen beobachtet, die Stimmung sei wenig beeinflußbar, euphorisch, leicht verstimmt bzw. moros oder überschießend; besonders fielen gestörtes Sozialverhalten und die verstärkte Triebtendenz mit ungesteuerter Dranghaftigkeit und Tendenz zum Weglaufen auf.

Die Beschreibung des „typischen" psychopathologischen Bildes, der postenzephalitischen Wesensänderung ist wohl durch Auslesefaktoren beeinflußt, nicht zuletzt von den Erfahrungen mit den spezifischen Folgen der Encephalitis lethargica geprägt. In größeren Längsschnittuntersuchungen der letzten Jahre konnte jedenfalls nicht beobachtet werden, daß bestimmte Verhaltensstörungen nach entzündlichen Erkrankungen des ZNS häufiger auftreten als nach andersartig verursachten Hirnschädigungen. Es ist für die Beurteilung auch wichtig, welche Interaktionen zwischen Kind und Umwelt nach der Erkrankung abliefen, wie die Umgebung auf die schwere Krankheit reagierte, welche Adaptationsmöglichkeiten gegeben waren. Auch derartige Faktoren mögen an einem Wandel der Folgeerscheinungen beteiligt sein (LEMPP 1978).

Diagnose und Differentialdiagnose

Nachdem die Abgrenzung eines „noxenspezifischen" organischen Psychosyndroms nicht gelingt (STUTTE 1962), vielmehr das Alter des Kindes („Zeitfaktor") die Ausprägung des psychopathologischen Bildes bestimmt, kann eine Diagnose ohne Kenntnis der *Anamnese* allein aufgrund des Untersuchungsbefundes nicht gestellt werden. Es muß möglichst sicher sein, daß eine entzündliche Erkrankung des ZNS vorausging und die zerebralen Funktionen in einem bestimmten Stadium ihrer Entwicklung beeinträchtigte. Bisher ist nicht nachgewiesen, daß es „blande" verlaufende Erkrankungen gibt, die psychische Störungen hinterlassen. Gelegentlich helfen serologische Untersuchungen beim Nachweis oder Ausschluß einer bestimmten, bereits überstandenen Infektion. Es ist allerdings schwierig, den Einfluß interkurrent aufgetretener Erkrankungen retrospektiv abzugrenzen.

Für die Ausprägung der Symptomatik spielen Art, Schwere und Verlauf der vorausgegangenen Krankheit eine Rolle. So ist beispielsweise bedeutsam, ob es bei einer Meningitis zu einer enzephalitischen Mitbeteiligung kam oder wo ein enzephalitischer Prozeß lokalisiert war. Folgeerscheinungen treten öfter auf, wenn die akute Krankheit besonders schwer verlief, das Kind längere Zeit bewußtlos war und an häufig rezidivierenden Krampfanfällen litt (BAMBERGER 1960; NEUHÄUSER 1972; RETT 1965). Auch eine vorher schon bestehende Schädigung beeinflußt die Prognose wahrscheinlich ungünstig.

Schwierig ist oft die Beantwortung der Frage, welche Verhaltensauffälligkeiten, Teilleistungsstörungen oder Funktionseinbußen wirklich der entzündlichen Erkrankung des ZNS anzulasten sind, von der in der Anamnese berichtet wird. Im Einzelfall kann eine Entscheidung unmöglich sein; es ist die Verlaufsdynamik zu berücksichtigen, sind verschiedene Ereignisse zu analysieren.

Differentialdiagnostisch abzugrenzen sind andere Formen der „zerebralen Dysfunktion"; auch Folgezustände andersartig verursachter Hirnschädigungen können psychische Störungen nach sich ziehen. Progrediente, chronisch verlaufende Erkrankungen des ZNS beginnen mitunter zunächst mit den Symptomen einer entzündlichen Affektion, z. B. verschiedene heredodegenerative Erkrankungen oder Stoffwechselstörungen, Tumoren, gelegentlich auch Mißbildungsfolgen; hier sind außerdem ätiologisch unklare Erkrankungen wie Hellersche Demenz oder frühkindliche Psychosen zu nennen. Chronisch ablaufende Entzündungsprozesse, z. B. die subakute sklerosierende Panenzephalitis nach Masern oder Röteln, können zu Beginn Verhaltensstörungen hervorrufen, bevor sich neurologische Symptome einstellen und zusätzliche Befunde (EEG, Liquor) die Diagnose erlauben. Der progrediente Verlauf unterscheidet diese Erkrankungen von psychischen Störungen nach enzephalitischen bzw. meningitischen Erkrankungen, die im allgemeinen eher eine Besserungstendenz aufweisen.

Im Rahmen akuter Erkrankungen kommen Verhaltensänderungen vor, die in ihrer Ausprägung an postenzephalitische Störungen erinnern, z. B. bei Fieberhalluzinose, chronischen Intoxikationen; auch als Nebenwirkung von Medikamenten (z. B. Psychopharmaka, Antikonvulsiva) sind sie zu beobachten. Psychoreaktive Störungen oder eine schwere neurotische Fehlentwicklung können mit Verhaltensstörungen einhergehen, wie sie nach entzündlichen Erkrankungen des ZNS beobachtet werden (Tab. 4.**11**).

Tabelle 4.**11** Verlaufsuntersuchungen nach entzündlichen Erkrankungen des Zentralnervensystems (Methode katamnestischer Erhebungen; nach *Neuhäuser* 1972)

Anamnesefragebogen, ergänzt durch Verhaltens- und Beschwerdefragebogen sowie Interview und Exploration
Neuropädiatrische Untersuchung, motoskopische Untersuchung evtl. auch Elekroenzephalographie, Echoenzephalographie, Computertomographie
Neuropsychologische Untersuchung Intelligenztests Prüfung perzeptiver Fähigkeiten Konzentrationsfähigkeit, Gedächtnis Visuomotorische Koordination Körperkoordination, Feinmotorik
Verhaltensbeobachtung möglichst in verschiedenen Situationen
Lernfähigkeit
Exploration über die psychosoziale Situation

Ätiologie und Genese

Ursache von entzündlichen Erkrankungen des Gehirns sind Infektionen mit Viren, Bakterien, Protozoen, Pilzen (Tab. 4.7). Auch immunologische Vorgänge, deren Ablauf im einzelnen noch weitgehend ungeklärt ist, spielen eine Rolle; dieses gilt besonders für die para- bzw. postinfektiösen Enzephalopathien oder Enzephalitiden.

Der Entzündungsprozeß kann verschiedene Strukturen des ZNS betreffen, also in Lokalisation und Ausdehnung variieren. Diffuse perivenöse Infiltrationen entstehen bei parainfektiösen Enzephalitiden im Gefolge viraler Allgemeinkrankheiten; zu Parenchymnekrosen mit Ausfall von Ganglienzellen (kontinuierliche oder fleckförmige Polioenzephalitis) kommt es bei Virusenzephalitiden. Entstehen Veränderungen hauptsächlich an der weißen Substanz, spricht man von Leukenzephalitis (herdförmige Entmarkungsenzephalitis). Die Entzündung im Bereich der Meningen kann entlang der Gefäße auf das Gehirn übergreifen (Meningoenzephalitis), aber auch das Ependym befallen (Ependymitis, Ventrikulitis). Meist entsteht rasch ein Hirnödem, das durch Verdrängungserscheinungen die zerebrale Zirkulation beeinträchtigt und seinerseits Funktionsstörungen hervorruft.

Die durch den Entzündungsprozeß entstehenden Ausfallserscheinungen bestimmen die nachfolgenden Symptome; allerdings gibt es keine einfache Beziehung zu dem geschädigten Substrat, so daß ein Lokalisieren nach dem klinischen Befund nur mit Vorbehalt möglich ist (GÖLLNITZ 1973).

In der Genese von Folgezuständen nach entzündlichen Erkrankungen des ZNS sind Art, Lokalisation und Ausmaß des Entzündungsprozesses bedeutsam, aber auch Beziehungen zu benachbarten Strukturen. Ausfallserscheinungen können auf geschädigte Ganglienzellen oder Leitungsbahnen zurückgehen; Kompensationsvorgänge innerhalb des ZNS vermögen aber Defekte auch bis zu einem gewissen Grad wieder auszugleichen.

Entscheidend für die Art der Folgen ist der *Zeitpunkt,* zu dem das Gehirn von einem entzündlichen Prozeß betroffen wurde. Pränatale Infektionen, wie sie bei Rubeolen oder Zytomegalie auftreten, stören die Entwicklung des Gehirns nachhaltig: Mikrozephalie, intrazerebrale Verkalkungen und schwere geistige Behinderung sind meist die Folge. In den ersten Lebensjahren führen entzündliche Erkrankungen des ZNS ebenfalls oft zu schweren Störungen; dabei bestimmt die jeweilige Organisationsstufe des ZNS, die vom Krankheitsprozeß betroffen wurde, die entstehenden Symptome (FINLAY u. Mitarb. 1955, 1967; FITZHARDINGE u. Mitarb. 1974). Später verursachen entzündliche Erkrankungen eher fokale Ausfallserscheinungen, ein hirnlokales Psychosyndrom, gelegentlich auch umschriebene Funktionsausfälle (SCHNEIDER 1978).

Psychische Störungen, die nach entzündlichen Erkrankungen des ZNS auftreten, sind Ausdruck eines Defektsyndroms, müssen letztlich auf strukturelle Läsionen zurückgeführt werden. Da auch am geschädigten Gehirn Entwicklungsprozesse ablaufen und die psychische Entwicklung des Kindes in engem Wechselspiel mit der Umwelt erfolgt, kann es jedoch nicht gelingen, die Entzündungsfolgen genau zu lokalisieren. Ausfallserscheinungen, Verhaltensauffälligkeiten oder Leistungsstörungen mögen weitgehend kompensiert sein.

Noch ist wenig darüber bekannt, wie das Kind selbst die schwere Erkrankung erlebt, welche Auswirkung die dabei gemachten Erfahrungen haben.

Es fehlen systematische Untersuchungen über die Rolle der Eltern, etwa darüber, wie sich beispielsweise deren Einstellung oder Erwartungen im Erziehungsverhalten bei und nach der schweren zerebralen Erkrankung ändern. So sind die sekundären Faktoren bei der Entstehung psychischer Folgeerscheinungen schwer zu bestimmen; im Einzelfall können sie wichtiger sein als die infolge einer umgrenzten Lokalisation auftretenden Defektsymptome. Derartige Zusammenhänge mögen auch dafür verantwortlich sein, daß sich das Bild postenzephalitischer Störungen in den letzten Jahrzehnten offenbar gewandelt hat, „typische Fälle" seltener gesehen werden (NEUHÄUSER 1974).
Manche Störungen werden erst dann deutlich, wenn die Anforderungen an betroffene Funktionen steigen, beispielsweise in der Schule besondere Leistungen gefordert werden (NEUHÄUSER 1973). Gerade diese „latente Beeinträchtigung" dürfte beim Entstehen psychischer Störungen nach entzündlichen Erkrankungen wichtig sein: Dem Kind ist die Auseinandersetzung mit seiner Umwelt erschwert; es kann zwar zunächst kompensieren, seine Belastbarkeit ist jedoch reduziert. Eine „verzerrte Wahrnehmung" führt zu abweichenden Reaktionen; „dyskoordinierte Aktivität" begrenzt die Möglichkeiten der notwendigen Adaptation. So wirken vielfältige Faktoren zusammen.

Therapie, Rehabilitation, Prävention

In der frühen Behandlungsphase der Folgeerscheinungen (LOMBARDI 1977), die möglichst bald nach Abklingen des akuten Krankheitsprozesses zu beginnen hat, steht zunächst das neurologische Defektsyndrom im Vordergrund. Physiotherapeutische Maßnahmen dienen jedoch nicht allein dazu, die mitunter rasch entstehenden Kontrakturen zu verhindern und die Bewegungsfähigkeit zu erhalten; sie haben vielmehr auch eine wichtige Funktion durch Vermittlung von afferenten Impulsen. Die Wahrnehmungsfunktion ist ja meist in der gleichen Weise beeinträchtigt wie die Motorik.
Treten *Krampfanfälle* auf, sind diese nach den üblichen Regeln der antikonvulsiven Therapie zu beeinflussen; Anfallsform und EEG bestimmen die Auswahl des geeigneten Medikamentes. Bei großen Anfällen haben sich Barbiturate, Primidon und Phenytoin bewährt, bei myoklonischen Krämpfen Clonazepam oder Valproinat (vgl. Kap. 5).
Die *neurologischen Symptome* sind durch Pharmaka nur wenig zu beeinflussen. Benzodiazepine vermögen mitunter spastische Paresen zu bessern; Neuroleptika werden bei dyskinetischen Erscheinungen eingesetzt, sind jedoch meist nur wenig erfolgreich.
Bei *zerebralen Bewegungsstörungen* sind orthopädische Maßnahmen angezeigt, wenn Kontrakturen und Deformitäten entstehen bzw. um diesen vorzubeugen. Verschiedene Hilfsmaßnahmen sollen dazu dienen, die Bewegungsfähigkeiten des Kindes nach Möglichkeit zu normalisieren. Ziel der Physiotherapie ist es, die aufrechte Fortbewegung wieder zu erreichen; Besserung der Handfunktion und visuomotorischen Koordination ist bevorzugt Aufgabe der Beschäftigungstherapie. Immer wird enge Zusammenarbeit erforderlich, um die Rehabilitationsmaßnahmen individuell-wirkungsvoll zu gestalten. Dem Kind sollte frühzeitig verschiedenartige Stimulation vermittelt werden; auch (heil)pädagogische Maßnahmen sind sobald als möglich einzuleiten.
Die Therapie der *psychomotorischen Störungen* nach entzündlichen Erkrankungen des ZNS kann sich auch in Funktionsbereichen außerhalb der Motorik günstig auswirken. Bei der vielfältigen Angriffs- und Wirkungsweise derartiger Methoden (psychomotorische Übungsbehandlung, rhythmische Gymnastik, Bewegungserziehung usw.) können zahlreiche Fähigkeiten und Interaktionen erfolgreich geübt werden.
Die Behandlung der *psychischen Störungen* nach entzündlichen Erkrankungen des ZNS muß sich an der Phänomenologie orientieren, sollte entsprechend vielfältig sein und verschiedene Aspekte berücksichtigen.
Die medikamentöse Behandlung der psychischen Störungen tritt gegenüber anderen Therapieverfahren in den Hintergrund. Durch Psychopharmaka sind immer nur einzelne Zielsymptome zu beeinflussen: Dranghafte Unruhe und Hyperaktivität durch Psychostimulantien (Methylphenidat, Fenytillin, Pemolin) oder Neuroleptika (Pipamperon, Thioridazin, Promethazin, Periciazin) wie auch Neigung zu Agressivität und extreme Stimmungsschwankungen (mitunter Tranquilizer); Antriebsarmut und Langsamkeit durch Psychoenergetika (Piracetam, Centrophenoxin, Pyrithioxin). Anwendung und Dosis haben die allgemeinen Richtlinien der Psychopharmakotherapie zu berücksichtigen (s. Bd. I, Kap. 8).
Aufgabe der Psychopharmakotherapie kann es nur sein, die Rehabilitations- und Behandlungsbemühungen zu unterstützen bzw. erst zu ermöglichen.
Wesentlich sind pädagogische Maßnahmen, um das Verhalten der betroffenen Kinder zu beeinflussen. Dabei ist besonderes Geschick erforderlich, da unvorhersehbare Reaktionen abzufangen, Schwankungen der Stimmungslage zu mindern, allgemeine Unruhe in zielgerichtete Aktivität überzuführen sind. Da Verhaltensstörungen nach entzündlichen Erkrankungen des ZNS nicht immer unmittelbar auf strukturelle Läsionen zurückgehen, sind häufig pädagogische bzw. verhaltenstherapeutische Maßnahmen nötig. Auch sollten vorhandene Teilleistungsschwächen berücksichtigt werden, die ein spezielles Funktionstraining erfor-

dern. Dabei muß jedoch ein zu forciertes Üben geschwächter Funktionen („Defekte") vermieden und dem Entstehen neuer, sekundärer Verhaltensstörungen vorgebeugt werden. Dies gilt für alle übenden Therapiemethoden wie Perzeptionstraining, Schreibübungen, Legastheniebehandlung usw.

Nur selten ist die außerfamiliäre Unterbringung des Kindes erforderlich, um bestimmte Rehabilitationsmaßnahmen besonders intensiv durchzuführen. Nach Möglichkeit sollte ein Kind nach einer entzündlichen Erkrankung des ZNS wieder in seine gewohnte Umgebung integriert werden. Bei nicht beeinflußbaren schweren Verhaltensstörungen ist allerdings eine dauernde Fremdunterbringung nicht zu umgehen.

Prävention: Primäre Prävention bedeutet das Verhüten entzündlicher Erkrankungen des ZNS überhaupt, soweit dies durch Impfungen oder Expositionsprophylaxe möglich ist. Bei bakteriellen Infektionen bedeutet frühzeitiger Behandlungsbeginn eine Möglichkeit, Spätschäden zu verhindern (MARGET 1976); dies haben verschiedene kontrollierte Untersuchungen gezeigt, besonders bei der Hämophilusmeningitis (FRÖBER u. MÜLLER 1977; LINDBERG u. Mitarb. 1977; WRIGHT u. JIMMERSON 1971).

Während der Behandlung und Pflege des Kindes in der Akutphase haben frühe Rehabilitationsmaßnahmen auch präventive Aufgaben; dazu gehört die Gegenwart der Eltern während der Akutphase, die nach Möglichkeit großzügig gestattet werden sollte. Um psychischen Störungen nach entzündlichen Erkrankungen des ZNS vorzubeugen, sollte Fehlreaktionen entgegengewirkt werden, die sich als Folge des Erlebens einer schweren Erkrankung und ihrer Konsequenzen beim Kind, aber auch bei den Eltern entwickeln können. Regelmäßige Verlaufskontrollen nach Entzündungen des ZNS helfen, Verhaltensstörungen frühzeitig zu erkennen, reaktiven Fehlhaltungen rechtzeitig zu begegnen.

Begutachtung

Als *Komplikation von Schutzimpfungen* können Enzephalitiden oder Enzephalopathien auftreten und bleibende Folgen hinterlassen. Damit bei den „öffentlich empfohlenen Impfungen" eine Entschädigung nach dem Bundesseuchengesetz (Neufassung vom 25. 8. 1971) gewährt werden kann, ist ein „wahrscheinlicher Zusammenhang" der Impfung mit einem „über das übliche Ausmaß der Impfreaktion hinausgehenden Gesundheitsschaden" nachzuweisen. Die Impfung kann alleinige Ursache oder aber „wesentliche Mitursache" sein. Meldung muß an das Versorgungsamt erfolgen. Nachdem die Pockenschutzimpfung nicht mehr gesetzlich vorgeschrieben ist, treten die damit zusammenhängenden Probleme in den Hintergrund; aktuell ist die Frage von Komplikationen nach Pertussis- oder Masernimpfung, seltener auch bei anderen Schutzimpfungen.

Für die Begutachtung muß der Tatbestand gesichert sein, daß die Impfung erfolgreich war; auch sollte eine Erkrankung im Anschluß daran nachgewiesen werden, die zu dauernden Gesundheitsschäden führte. Wesentlich ist der zeitliche Zusammenhang; so gilt für die postvakzinale Enzephalopathie eine Inkubationszeit von 7–9 (3–18) Tagen, für die postvakzinale Enzephalitis von 10–12 (3–21) Tagen. Komplikationen nach Pertussis-Schutzimpfung treten innerhalb von 3–4 Tagen (mitunter schon nach Stunden) auf, solche nach Masernimpfung innerhalb von 11 Tagen.

Zentralnervöse Komplikationen nach Impfungen verursachen unterschiedliche Symptome. Man darf eine Enzephalopathie oder Enzephalitis mit großer Wahrscheinlichkeit annehmen, wenn Kardinalsymptome (s. S. 185) beobachtet und dokumentiert wurden. Ob es auch bei „blandem Verlauf" zu Folgeerscheinungen kommt, ist noch umstritten; es sollte dann mindestens ein zeitlicher Zusammenhang bestehen (DOOSE 1974). Eine Vorschädigung, die möglicherweise nicht erkannt wurde, kann durch die Impfung verstärkt werden, so daß diese dann als wesentliche Mitursache anzusehen ist. Im Einzelfall sind die Zusammenhänge genau zu analysieren und gemäß der „Anhaltspunkte für die ärztliche Gutachtertätigkeit im Versorgungswesen" zu begründen.

Prognose

Im akuten Stadium einer entzündlichen Erkrankung des ZNS, besonders bei Enzephalitiden, sind prognostische Aussagen nur mit großem Vorbehalt möglich (BAMBERGER 1960; NEUHÄUSER 1972). Auch nach schwerem Verlauf ist eine völlige Erholung wiederholt beobachtet worden. Die Prognose wird ungünstig, wenn die Bewußtlosigkeit sehr lange dauerte oder öfter rezidivierend Krampfanfälle auftraten. Defektsymptome entstehen um so häufiger, je jünger das betroffene Kind ist.

Wenn nach Überstehen der Krankheit Reststörungen bleiben, sind diese nicht unveränderlich; sie können durch verschiedene Behandlungsmaßnahmen beeinflußt werden. Bedeutsam für die Prognose sind also umfassende therapeutische Bemühungen; sie sollten möglichst bald einsetzen, die Gesamtpersönlichkeit fördern, aber auch spezielle Funktionsstörungen beeinflussen, insbesondere aber sekundäre Schwierigkeiten verhindern.

Bei der typischen „postenzephalitischen Wesensänderung" kann die Prognose hinsichtlich der sozialen Entwicklung zweifelhaft sein; es gelingt nur schwer, die emotionale Störung wirksam zu beeinflussen (LEMPP 1976).

Literatur

Asperger, H.: Encephalitis im Kindesalter und Folgezustände. Wien. klin. Wschr. 64 (1952) 171

Bamberger, Ph.: Encephalitiden, Meningitiden. In: Prognose chronischer Erkrankungen, hrsg. von F. Linneweh. Springer, Berlin 1960

Berger, E., B. Schuch, G. Spiel: Theoretische Konzeptionen und Modellgedanken. In: Minimale cerebrale Dysfunktion bei Kindern, hrsg. von E. Berger. Huber, Bern 1977

Bonhoeffer, K.: Psychische Residuärzustände nach Encephalitis epidemica bei Kindern. Klin. Wschr. 1 (1922) 1446

Brill, H.: Postencephalitic states or conditions. In: American Handbook of Psychiatry, 2nd ed., Vol. IV, hrsg. von M. F. Reiser, S. Arieti. Basic Books, New York 1975

Davidson, P. W., L. A. O'tuama, R. H. Willoughby, C. N. Swisher, D. Benjamins: Neurological and intellectual sequelae of Reye's syndrome. Amer. J. ment. Defic. 82 (1978) 535

Degen, R., St. Wässer, H. Lenk, G. Lässker: Eine katamnestische Studie zur Prognose zentralnervöser Komplikationen nach Pockenerstimpfung. Kinderärztl. Prax. 39 (1971) 314

Diesing, U., S. Dittmann-Mitscherlich: Psychologische Untersuchungen bei Kindern nach Masernenzephalitis. Arch. Kinderheilk. 177 (1968) 9

Doose, H.: Spezielle Probleme der Begutachtung von zerebralen Impfschäden. Kriegsopfervers. 23 (1974) 97

Earnest, M. P., H. A. Goolishian, J. R. Calverley, R. O. Hayes, H. R. Hill: Neurologic, intellectual, and psychologic sequelae following western encephalitis. Neurology 21 (1971) 969

Ehrengut, W., J. Ehrengut-Lange, D. Seitz, G. Weber: Die postvakzinale Enzephalopathie. Schattauer, Stuttgart 1972

Finley, K. H., W. A. Longshore, R. J. Palmer, R. E. Cook, N. Riggs: Western equine and St. Louis encephalitis. Neurology 5 (1955) 223

Finley, K. H., L. H. Fitzgerald, R. W. Richter, N. Riggs, J. T. Shelton: Western encephalitis and cerebral ontogenesis. Arch. Neurol. 16 (1967) 140

Fitzhardinge, P. M., M. Kazemi, M. Ramsay, L. Stern: Longterm sequelae of neonatal meningitis. Develop. Med. Child Neurol. 16 (1974) 3

Fröber, R., G. Müller: Epidemiologische und katamnestische Untersuchungen bei Meningitis purulenta im Kindesalter. Kinderärztl. Prax. 45 (1977) 203

Göllnitz, G.: Besonderheiten der Entwicklung bei Enzephalopathien im Kindes- und Jugendalter. In: Beiträge zur somatopsychischen Entwicklung im Kindesalter, hrsg. von G. K. Uschakow, G. Göllnitz, H. Eggers. VEB G. Fischer, Jena 1973

Göllnitz, G., H.-D. Rösler: Psychologische Untersuchungen zur Entwicklung hirngeschädigter Kinder. VEB Deutscher Verlag der Wissenschaften, Berlin 1975

Gunderman, J. R., R. Stamler: Neuropsychological residuals seven years after acute encephalitis. Clin. Pediat. 12 (1973) 228

Haslam, R. H. A., J. P. Allen, M. M. Dorsen, D. L. Kanofsky, D. Mellits, D. A. Norris: The sequelae of group B β-hemolytic streptococcal meningitis in early infancy. Amer. J. Dis. Child. 131 (1977) 845

Hendler, N., W. Leahy: Psychiatric and neurologic sequelae of infectious mononucleosis. Amer. J. Psychiat. 135 (1978) 842

Hohman, L. B.: Post-encephalitic behavior disorders in children. John Hopk. Hosp. Bull. 33 (1922) 372

Johnson, E. M.: A study of psychological findings of one hundred children recovering from purulent meningitis. J. clin. Psychol. 16 (1960) 55

Klosinski, G., R. Lempp, M. Müller-Küppers: Die Bedeutung frühkindlicher Hirnschädigungen bei schulschwierigen Kindern. Prax. Kinderpsychol. 21 (1972) 82

Lempp, R.: Die Psychopathologie der Hirnschädigung im Kindesalter. In: Psychiatrie der Gegenwart, 2. Aufl., Bd. II/1, hrsg. von K. P. Kisker, J.-E. Meyer, M. Müller, E. Strömgren. Springer, Berlin 1972

Lempp, R.: Organische Psychosyndrome. In: Lehrbuch der speziellen Kinder- und Jugendpsychiatrie, 3. Aufl., hrsg. von H. Harbauer, R. Lempp, G. Nissen, P. Strunk. Springer, Berlin 1976

Lempp, R.: Frühkindliche Hirnschädigung und Neurose, 3. Aufl. Huber, Bern 1978

Lindberg, J., U. Rosenhall, O. Nylén, A. Ringnér: Long-term outcome of hemophilus influencae meningitis related to antibiotic treatment. Pediatrics 60 (1977) 1

Löbbecke, J. v., G. Rüder: Katamnestische Erhebungen nach eitriger Meningitis. Kinderärztl. Prax. 45 (1977) 155

Lombardi, N.: Central nervous system infections: Long-term complications and management. Pediat. Ann. 6 (1977) 785

Marget, W.: Verlauf und Prognose der akuten bakteriellen Meningitis im Kindesalter in Abhängigkeit von Alter und individueller Disposition. Münch. med. Wschr. 118 (1976) 1587

Matthews, Ch. G., R. W. M. Chun, J. D. Grabow, W. H. Thompson: Psychological sequelae in children following California arborvirus encephalitis. Neurology 18 (1968) 1023

Müller-Küppers, M.: Das leicht hirngeschädigte Kind. Hippokrates, Stuttgart 1969

Neuhäuser, G.: Folgen enzephalitischer Erkrankungen bei Kindern. Enke, Stuttgart 1972

Neuhäuser, G.: Geistige Entwicklung nach entzündlichen Erkrankungen des Zentralnervensystems im Kindesalter. Pädiat. Prax. 11 (1972) 537

Neuhäuser, G.: Schulschwierigkeiten nach enzephalitischen Erkrankungen. In: Schulschwierigkeiten, hrsg. von H. D. Pache. Enke, Stuttgart 1973

Neuhäuser, G.: Folgezustände entzündlicher Erkrankungen des Zentralnervensystems und ihre konservative Behandlung. Mschr. Kinderheilk. 122 (1974) 414

Prechtl, H. F. R.: Neurological findings in newborn infants after pre- and paranatal complications. In: Nutricia Symposium: Aspects of Praematurity and Dysmaturity, hrsg. von J. H. P. Jonxis, H. K. A. Visser, J. A. Troelstra. Stenfert Kroese, Leiden 1968 (pp. 303–321)

Redlin, W., U. von Ungern-Sternberg: Leistungsdefekte als Dauerschäden nach eitriger Meningitis im Säuglingsalter. Prax. Kinderpsychol. 21 (1972) 49

Rennick, P. M., D. C. Nolan, R. B. Bauer, A. M. Lerner: Neuropsychologic and neurologic follow-up after herpesvirus hominis encephalitis. Neurology 23 (1973) 42

Rett, A.: Zur ätiologischen und klinischen Problematik postencephalitischer Hirnschädigungen im Kindesalter. Pädiat. Pädol. 1 (1965) 256

Rie, H. E., M. D. Hilty, H. G. Cramblett: Intelligence and coordination following California encephalitis. Amer. J. Dis. Child. 125 (1973) 824

Sabatino, D. A., H. G. Cramblett: Behavioral sequelae of California encephalitis virus infection in children. Develop. Med. Child Neurol. 10 (1968) 331

Schneider, R.: Hirnfunktionsstörungen im Kindesalter. Enke, Stuttgart 1978

Scholtz, W.: Testpsychologische Untersuchungen bei hirngeschädigten Kindern. Marhold, Berlin 1972

Sell, S. H. W., R. E. Merrill, E. O. Doyne, E. P. Zimsky: Long-term sequelae of hemophilus influencae meningitis. Pediatrics 49 (1972) 206

Sell, S. H. W., W. W. Webb, J. E. Pate, E. O. Doyne: Psychological sequelae to bacterial meningitis: Two controlled studies. Pediatrics 49 (1972) 212

Sells, C. J., R. L. Carpenter, C. G. Ray: Sequelae of central-nervous-system enterovirus infections. New Engl. J. Med. 293 (1975) 1

Sokolowska-Dekowa, A., Z. Slaski, B. Darwaj, J. Kostrzewski, I. Szczepańska: Catamnestic studies of children formerly suffering from acute encephalitis. Ann. paediat. 204 (1965) 281

Strauss, A. A., N. C. Kephart: Psychopathology and education of the brain injured child, Vol. II: Progress in clinic and theory. Grune & Stratton, New York 1955

Strauss, A. A., L. Lehtinen: Psychopathology and education of the brain injured child. Grune & Stratton, New York 1948

Strian, F.: Psychopathologie der Encephalitis vom temporalen Typ. Arch. Psychiat. Nervenkr. 218 (1973) 51

Stutte, H.: Über das organische Psychosyndrom bei entzündlichen Hirnerkrankungen. Wien. Z. Nervenheilk. 19 (1962) 161

Stutte, H.: Determinanten des organischen Psychosyndroms im Kindesalter. Acte paedopsychiat. 33 (1966) 337

Tepperberg, J., E. Nussbaum, F. Feldman: Cortical blindness following meningitis due to hemophilus influenzae type B. J. Pediat. 91 (1977) 434

Wallace, S. J., H. Zealley: Neurological, electroencephalographic and virological findings in febrile children. Arch. Dis. Childh. 45 (1970) 611

Wright, L., S. Jimmerson: Intellectual sequelae of hemophilus influenzae meningitis. J. Abnorm. Psychol. 77 (1971) 181

Psychische Störungen bei Hirntumoren

Robert J. Corboz

Vorbemerkungen

Es sei vorweggenommen, daß psychische Störungen bei Hirntumoren häufig vorkommen. Sie sind für den Kinderpsychiater und für den klinischen Psychologen von Bedeutung, weil sie oft als erstes Symptom eines Tumors in Erscheinung treten können, lang bevor neurologische oder ophthalmologische Erscheinungen vorhanden sind (CORBOZ 1958, ISLER 1965). Psychoreaktive Störungen werden schon deshalb zuerst erwogen, weil sie viel häufiger sind als eine tumorbedingte Symptomatologie. Außerdem gibt es Reaktionen zwischen dem erkrankten Kind und seiner Umgebung, wobei es sich meistens um die Familie oder um die Schule handelt. Entscheidend ist es im Falle eines Hirntumors die wirkliche Ursache aufzudecken, und zwar womöglich bevor gravierende somatische Symptome aufgetreten sind. Die Psychopathologie der Hirntumoren ist mannigfaltig. Sie hängt einmal von der Lokalisation und von der Größe der Geschwulst ab. Sodann ist die Geschwindigkeit des Wachstums von Bedeutung. Ferner haben intrakraniale Komplikationen, wie eine Behinderung des Liquorabflusses mit sekundärem Hydrozephalus, lokale oder auf andere Hirnteile fortgeleitete Druckwirkungen, Störungen der Liquor- und Blutzirkulation ihren Einfluß.
Unter Hirntumoren verstehen wir die Geschwülste mit einem intrakranialen Sitz. Man unterscheidet bekanntlich zwischen infra- und supratentoriellen Tumoren.
Im Krankengut der Kinderklinik Zürich waren zwischen 1945 und 1965 die infra- und die supratentoriellen Lokalisationen annähernd gleich häufig anzutreffen (ISLER 1965). Berücksichtigt werden hier nur die echten Neoplasmen. Entzündliche Granulome, Hirnabszesse, Hämatome, die z. T. mit einer ähnlichen Symptomatologie wie Hirntumoren einhergehen können, sollen nur am Rand erwähnt werden. Abgesehen vom Sitz des Tumors hat es sich bewährt, auch die histologische Struktur zu berücksichtigen. Diese gibt in der Regel Auskunft über die Wachstumsgeschwindigkeit, über den voraussichtlichen Verlauf und über die Prognose der Erkrankung.

Epidemiologie

Nach BAILEY u. Mitarb. (1939) sind im Kindesalter (bis zum Pubertätsbeginn) die infratentoriellen Tumoren häufiger. Neuerdings weisen DOHRMANN u. FARWELL (1976) darauf hin, daß es geographisch erhebliche Unterschiede in der Verteilung der verschiedenen Tumoren gibt. So sollen Kraniopharyngeome in Japan und in Afrika zweimal so häufig anzutreffen sein als in anderen Kontinenten. Dafür kommen die Medulloblastome wesentlich weniger häufig vor. In allen Erhebungen mit Ausnahme der Untersuchung in Japan soll das Astrozytom die Geschwulst sein, die im Kindesalter am häufigsten gefunden wird. An sich sind Hirntumoren im Kindesalter relativ seltene Erkrankungen. So gibt die hiesige Kinderklinik (ISLER 1965) die Frequenz mit 0,5‰ aller Aufnahmen an.

Klassifikation

Diese soll nach den obenerwähnten Gründen nach dem Sitz und nach der histologischen Struktur vorgenommen werden. Dabei wird sich die Frage stellen, ob und inwiefern ein Zusammenhang zwischen der Lokalisation des Tumors und der psychischen Symptomatologie besteht.
Eine heute noch gültige histologische Klassifikation von Hirntumoren im Kindesalter mit prozentualer Häufigkeit ist aus Tab. 4.12 zu entnehmen. Die Zahlen sind auch in neueren Untersuchungen bestätigt worden (KOOS u. MILLER 1971).

Klinisches Bild

Infratentorielle Tumoren

Tumoren der Kleinhirnhemisphären

Die Tumoren der *Kleinhirnhemisphären* sind meistens Astrozytome. Sie gehen oft früh mit einer psychischen Symptomatologie einher (CORBOZ 1958). Weitere Untersuchungen (GEISLER u. DIELMANN 1965, ASSAL u. Mitarb. 1975) sind zu glei-

Tabelle 4.**12** Histologische Klassifikation von 102 Hirntumoren im Kindesalter (nach *Balley* u. Mitarb.)

A. Neuroepitheliale Geschwülste		76
a) Astrocytoma	30	
b) Medulloblastoma	13	
c) Ependymoblastoma	7	
d) Spongioblastoma	10	
e) Glioblastoma multiforme	7	
f) Oligodendroglioma, Medulloepithelioma atypische Tumoren	6	
g) Astroblastoma	2	
h) Papilloma chorioideum	1	
B. Mesodermale Geschwülste		16
a) Meningioma	8	
b) Sarcoma	7	
c) Neurinoma	1	
C. Geschwülste der Hypophyse		5
Craniopharyngioma	5	
D. Geschwülste der Epiphyse		5
a) Pinealoma	3	
b) Teratoma	2	
Total		102

chen Ergebnissen gelangt. Es kommt zum klinischen Bild der Bewußtseinstrübung. Die Kinder sind weniger gut ansprechbar, apathisch oder reizbar. Mit großer Regelmäßigkeit kann auch ein regressives Verhalten beobachtet werden. Schüler verhalten sich wieder wie Kinder im Trotzalter, andere neurotisch anmutende regressive Erscheinungen können sich manifestieren. Relativ oft wird mitgeteilt, daß die Kinder an Pavor nocturnus zu leiden beginnen. GEISLER (1965) hebt hervor, daß eine Dauerverstimmung zum initialen Bild gehört und daß in späteren Stadien (namentlich während Remissionen) ein stilles ernsthaftes und frühreifes Verhalten beobachtet werden kann. Es handelt sich wohl dabei um Erscheinungen, die einen Zusammenhang mit dem Erleben der schweren, bedrohlichen Erkrankung haben. Die von STOCKERT (1939) beschriebene Euphorie bei infratentoriellen Medulloblastomen wurde von uns im Initialstadium nie beobachtet. Dagegen sahen wir einen Umschlag von der erwähnten ernsten depressiven Stimmung in eine euphorische Verfassung nach einer erfolgreichen Radiotherapie, die auch die neurologischen Symptome weitgehend zum Verschwinden brachte. Es handelte sich dabei eher um eine Erlebnisreaktion, wie sie sonst in der Rekonvaleszenz bekannt ist, als um eine organisch bedingte euphorische Verstimmung.

Man muß ganz allgemein bei der Psychopathologie der Hirntumoren die *Früh-* von den *Spätsymptomen* unterscheiden. Zur ersten Kategorie gehören die bereits erwähnten psychischen Symptome im Sinne der Persönlichkeitsveränderung, der Bewußtseinstrübung und der Regression. Hinzu kommen plötzliche Bewußtseinsverluste („Cerebellar fits"), die mit deliriösen Episoden einhergehen können (CORBOZ 1967). Fernwirkungen aus einer Beeinträchtigung der hypothalamischen Gegend werden dann und wann festgestellt im Sinne einer Anorexie und einer Wachstumsverzögerung (MAROON u. ALBRIGHT 1977). Die *späte Symptomatik* trifft man im weiteren Verlauf der Erkrankung an, in der Regel nach einer klinischen Abklärung und Behandlung. Je nach dem Erfolg dieser Behandlung kann man wiederum zwei Kategorien von Verläufen feststellen. War die Behandlung erfolgreich, z. B. im Sinne einer radikalen Exstirpation eines gutartigen Kleinhirntumors, so verbleibt oft jahrelang eine psychoorganische Symptomatologie, welche die Eltern verunsichert und die schulische Leistungsfähigkeit des Kindes beeinträchtigt. Beim bösartigen Tumor, namentlich beim Medulloblastom, verschlechtert sich häufig die psychische Verfassung. Dies hat seinen Grund im invasiven Wachstums des Tumors mit einer Tendenz zur Metastasierung, wobei das Auftreten von Tumorzellen im Liquor (BRUNAT u. Mitarb. 1968) prognostisch von ominöser Bedeutung ist. Außerdem sind die psychoreaktiven Störungen beim Kind und bei seinen Eltern in einer solchen Situation wesentlich größer. Oft stellt sich auch für den Kinderpsychiater die Frage, wie sinnvoll die Fortführung einer zytostatischen Therapie ist, namentlich wenn sie nicht hinreichend wirksam ist und wenn das Kind stark darunter leidet. Dabei ist die Tatsache nicht zu verkennen, daß die Kombination von chirurgischer Behandlung, Radiotherapie und zytostatischer Therapie die 5jährige Überlebensrate der Medullompatienten auf 30–40% hat ansteigen lassen (GUTJAHR u. Mitarb. 1977, ISLER 1978). Um das Gesagte zu veranschaulichen, seien zwei folgende Beispiele angeführt.

Ronald F.,[1] der aus geordneten Verhältnissen stammt, erkrankte im Alter von 8 Jahren an Varizellen. Anschließend stellten sich Erbrechen und heftige Kopfschmerzen ein, so daß eine Varizellenenzephalitis vermutet wurde. In den folgenden Wochen klagte der Knabe über anfallsweise auftretende Schmerzen in der Hinterhauptgegend sowie über eine vorübergehende Sehschwäche. Wiederholte neurologische und ophthalmologische Kontrollen verliefen negativ.

Parallel zu den körperlichen Erscheinungen waren psychische Symptome aufgetreten: Der Knabe büßte allmählich sein aufgewecktes, frohes und selbständiges Wesen ein. Er verlor die Freude am Spiel und das Interesse an der Schule. Er war bald apathisch und teilnahmslos, bald gereizt und dysphorisch verstimmt. Wie ein kleines Kind wollte er die Nähe der Mutter nicht mehr missen.

Zudem trat ein Pavor nocturnus auf. Eine kinderpsychiatrische Abklärung ergab keine Anhaltspunkte für eine psychoreaktive oder eine endogene Erkrankung.

In den folgenden Wochen stellten sich eine Unsicherheit beim Gehen und Sehstörungen ein. Ophthalmologisch war die Entstehung von beidseitigen Stauungspapillen zu beobachten. Darauf erfolgte im Alter von 8,4 Jahren die Einweisung in die Zürcher Neurochirurgische Klinik. Bei der Operation wurde ein linksseitiges, mandarinengroßes Astrozytom exstirpiert. Nachher kam es vorübergehend zu meningealen Reizerscheinungen und Verwirrtheitszuständen.

Eine erste psychiatrische Kontrolluntersuchung im Alter von 13,8 Jahren ließ eine erhebliche Konzentrationsschwäche und eine pathologische Ermüdbarkeit nachweisen. Der IQ nach Binet-Simon-Kramer betrug 115. Auffällig war ferner der starke Infantilismus bei bereits beginnender Pubertät. Zudem war Ronald labil und schwankte zwischen einem passiven Verhalten und einem kindlichen ungehemmten Auftreten.

Im Alter von 20,6 Jahren wurde die zweite psychiatrische Kontrolluntersuchung vorgenommen (GYSLING 1966). Im Intervall hatte sich der Proband weitgehend erholt. Es bestanden nur noch geringfügige Störungen der intellektuellen Funktionen im Sinne der Konzentrationsschwäche und der mangelnden Ausdauer. Immerhin hatte der Proband eine Berufslehre als Bauzeichner erfolgreich bestanden und wollte sich zum Bauführer weiterbilden. Auch die affektiven Störungen hatten sich weitgehend zurückgebildet. Eine gewisse infantile Haltung blieb namentlich in der Gestaltung der Freizeit und auf sexuellem Gebiet nachweisbar. Von besonderem Interesse sind die Angaben über das subjektive Erleben der früheren Krankheit. Im Schulalter litt Ronald stark unter den neurologischen Spätfolgen (Ataxie). Er wurde deshalb von den anderen Kindern ausgelacht und beiseitegelassen. Erst im Zuge der Pubertät hatte er Distanz dazugewonnen und seine Minderwertigkeits- und Benachteiligungsgefühle abbauen können.

Diese Verlaufsstudie ist in mancher Hinsicht aufschlußreich und für viele andere Verläufe bei Kleinhirnastrozytomen repräsentativ. Bezeichnend ist die Auslösung der Symptomatologie durch eine Infektionskrankheit, womit die diagnostischen Bemühungen zunächst irregeführt wurden. Charakteristisch ist ferner, daß nach vorübergehendem Abklingen der Kopfschmerzen die psychischen Symptome im Vordergrund standen, und zwar im Sinne einer erheblichen Persönlichkeitsveränderung wie auch einer bald auftretenden, wenn auch diskreten Bewußtseinstrübung. Interessant in diesem Zusammenhang ist die Feststellung, daß ein Pavor nocturnus aufgetreten ist. Schlafstörungen werden bei einer funktionellen Beeinträchtigung des Hirnstammes und der darin enthaltenen Formatio reticularis von ASSAL (1975) angegeben. Es sind ihm Schlafveränderungen bei seinen Probanden aufgefallen, die namentlich angaben, seit der Erkrankung weniger zu träumen. Die präoperative leichte Bewußtseinstrübung hat sich postoperativ vorübergehend stark verschlimmert, bis zu Verwirrtheitszuständen.

Die wahrscheinlich durch den lang dauernden erhöhten Hirndruck hervorgerufene diffuse Hirnschädigung hat zu einem psychoorganischen Syndrom geführt, das gut 5 Jahre nach der Erkrankung nachzuweisen war. Interessant ist dabei die Tatsache, daß dieses psychoorganische Syndrom sich in den folgenden Jahren weiter gebessert hat. Erst im Verlauf der Pubertät ist es zu einer entscheidenden Wende gekommen, und zwar sowohl was den psychoorganischen als auch den psychoreaktiven Anteil der Symptomatologie anbetrifft. Auf psychoorganischem Gebiet besteht bis nach abgeschlossener Pubertät die Möglichkeit einer Stabilisierung der Persönlichkeit und damit einer Normalisierung der Labilität, der Impulsivität und der Steuerungsschwäche. Ähnliche Feststellungen wurden auf dem Gebiet der kognitiven Funktionen gemacht. Namentlich besserten sich zwischen der ersten und der zweiten psychiatrischen Untersuchung die pathologische Ermüdbarkeit und die Konzentrationsschwierigkeiten. An der Schwelle des Erwachsenenalters war der Proband imstande, das Leben eines Gesunden zu führen. Bei genauer Untersuchung konnte man sowohl neurologisch als auch psychopathologisch diskrete Restsymptome feststellen.

Tumoren der Mittellinie

Als Illustration sei die Krankengeschichte von Paul Z. kurz dargestellt:

Er war 7,3 Jahre alt, als er nach unauffälliger Entwicklung an einem grippalen Infekt erkrankte. Im Anschluß daran stellten sich Erbrechen und Kopfschmerzen ein. Der Knabe wurde mit Verdacht auf Hirntumor in die Zürcher Neurochirurgische Klinik eingewiesen. Man legte zunächst eine ventrikuloatriale Drainage nach Spitz-Holter an. In der Folge erholte sich Paul von seinem bedrohlichen Hirndrucksyndrom. Da die computerassistierte Tomographie keinen faßbaren Befund ergab, wurde ein Dimer-X-Ventrikulogramm angefertigt, welches einen infratentoriellen Prozeß nachweisen ließ. Die Kleinhirnexploration ergab ein vom Dach des IV. Ventrikels ausgehendes und im subarachnoidalen Raum metastasierendes Medulloblastom. Der Tumor konnte nur subtotal reseziert werden. Anschließend fand eine Bestrahlung des gesamten Wirbelkanales statt. Sodann wurde eine zytostatische Therapie mit Methotrexat intrathekal durchgeführt. Der Knabe erholte sich körperlich gut und konnte bald die Schule halbtags wieder besuchen. In psychischer Hinsicht war er nicht grob auffällig. Ungefähr ein Jahr nach der Erkrankung ließ die schulische Leistungsfähigkeit wieder nach. Er war vergeßlich und arbeitete nur, wenn die Lehrerin neben ihm saß.

Die psychiatrische Untersuchung 1½ Jahre nach Krankheitsbeginn ließ ein deutliches psychoorganisches Syndrom nachweisen. Zudem war der Knabe durch seine Krankheit beunruhigt. Dies zeigte sich z. B. bei der ersten analytischen Fabel nach Duess, indem Paul sagte: „Das Vögelchen ist heruntergefallen und gestorben. Die Eltern haben es gesucht, aber nicht gefunden. Ein Knabe kam aber dazu und hat es begraben, damit es nicht nochmals von einem Auto überfahren werde, und er hat eine Zeichnung auf sein Grab gelegt."

[1] Erster Teil der Krankengeschichte 1958 publiziert. Zusammenfassende Wiedergabe mit freundlicher Genehmigung des Springer-Verlages/Wien.

Darauf verschlechterte sich der Zustand des Probanden zusehends, namentlich indem sich die psychoorganische Symptomatologie verstärkte. Man mußte mit einem Rezidiv rechnen, was für die Eltern einen schweren Schock darstellte. Auch der Knabe wehrte sich stark gegen einen neuen Klinikaufenthalt. Nach drei weiteren Monaten zeigte sich eine subkutane Metastase an der Stirn. Das computerassistierte Tomogramm ließ weitere Metastasen im Bereiche beider Stirnlappen nachweisen. Eine erneut eingeleitete zytostatische Therapie brachte nur eine vorübergehende Besserung. Paul starb 1½ Monate später.
Auch diese Krankengeschichte ist in mancher Hinsicht exemplarisch. Einmal mehr wurde die manifeste Erkrankung durch einen Infekt eingeleitet. Da es sich um ein Medulloblastom handelte, war die Vorgeschichte zwischen dem Krankheitsbeginn und der Klinikeinweisung kurz. Es wurde damals keine psychiatrische Untersuchung vorgenommen: Einerseits standen die körperlichen Störungen ganz im Vordergrund, andererseits hätte die Zeit dazu kaum gereicht. Übrigens kommt es beim Medulloblastom etwa in einem Drittel der Fälle vor, daß der Patient bis zum Klinikeintritt keine psychischen Störungen aufweist (CORBOZ 1958). Hingegen trat ungefähr ein Jahr nach der Erkrankung im Rahmen der Metastasierung des Tumors eine deutliche psychoorganische Symptomatologie in Erscheinung. Maßgeblich hierfür waren wohl die Beteiligung des Großhirns und namentlich die Bildung von Metastasen im Bereich des Stirnhirnes. Hirndruckerscheinungen bestanden ja keine mehr, nachdem schon vor der ersten Operation eine gut funktionierende Ventrikeldrainage eingesetzt worden war.
Der unglückliche Verlauf brachte zusätzliche Probleme auf der psychoreaktiven Ebene. Einmal hatten die Eltern große Mühe, den drohenden Verlust ihres Kindes zu akzeptieren. Dies galt in erster Linie für die Mutter. Es erscheint begreiflich, daß die Eltern in dieser Situation die Sistierung der zytostatischen Therapie verlangten und sie, wenn nicht Heilung, doch wenigstens Hoffnung außerhalb der Schulmedizin suchten (Naturheilarzt). Für den Knaben bedeutete die Krankheit eine übermäßige psychische Belastung. Kein Wunder deshalb, daß er sich in einer schweren Depression befand und dabei unkindlich ernst und für den Außenstehenden vielleicht auch als frühreif erschien. Das war er in der Tat nicht. Seine Affektivität entsprach durchaus seinem Alter.

Geschwülste des Pons

Diese nehmen insofern eine Ausnahmestellung ein, als bei ihnen regelmäßig die neurologischen Erscheinungen im Vordergrund stehen, und zwar früh. Psychopathologische Symptome können fehlen oder treten erst nach Monaten auf, z. B. als dysphorisch depressive Dauerverstimmung oder auch als Bewußtseinstrübung. Diese Störungen sind nicht unbedingt mit einem erhöhten Hirndruck verbunden. Interessanterweise kann es, wie DE BARROS-FERREIRA u. Mitarb. (1975) anhand eines Tumors des Hirnstammes gezeigt haben, zu einer Desorganisation des D-Schlafes kommen (s. S. 199). Dies wundert soweit nicht, als man heute annimmt, daß die Rhythmik des Schlafes weitgehend abhängig ist von Strukturen, die im Hirnstamm ihren Sitz haben. Möglicherweise steht diese Beobachtung auch im Zusammenhang mit der Erfahrung von ASSAL (1975), der Störungen in der Traumfähigkeit seiner Probanden feststellte. Ponstumoren können übrigens, wenn sie eine gewisse Größe erreicht haben, auch Fernwirkungen haben, namentlich durch sekundäre dienzephale Störungen, wie dies MAROON u. ALBRIGHT (1977) bei einem 14jährigen Jungen festgestellt haben.

Supratentorielle Tumoren

Tumoren im Bereich des III. Ventrikels und der Stammganglien

Bei Tumoren des III. Ventrikels kommt es mehrheitlich zu Beginn der Erkrankung zu psychopathologischen Erscheinungen, die häufig als hirnlokale Störungen anmuten. Es kann sich dabei um primäre Tumoren des III. Ventrikels oder auch um Kraniopharyngeome handeln, die durch ihr Wachstum gegen den III. Ventrikel die Funktionen beeinträchtigen, die wichtige Schaltstellen im Hypothalamus haben. Es kommt dabei zu einer Labilisierung der Affekte und zu verschiedenen Triebstörungen, wie z. B. zu einer Hyperphagie, oft mit sekundärer Adipositas, zu einer Umkehr des Wach-Schlaf-Rhythmus und zu einer Störung der Körpertemperatur (NIKOLAEVA 1977, KILLEFFER u. STERN 1970). Von der gleichen Gegend aus können durch einen Tumor Affektäußerungen bewirkt werden, z. B. im Sinne von Lachattacken (STUTTE 1963, DREYER u. WEHMEYER 1977, YAMADA u. YOSHIDA 1977).

Tumoren der Hypophyse und des Chiasmas

Adenome der *Hypophyse* sind selten anzutreffen. Die alte Einteilung in eosinophile, basophile und chromophobe Adenome ist weitgehend überholt (LANDOLT 1978). Es besteht neuerdings in der modernen Neurochirurgie und Endokrinologie das Bestreben, diese Tumoren nach ihren endokrinen Funktionen zu klassifizieren. Auf Einzelheiten kann nicht eingegangen werden. Immerhin sei daran erinnert, daß Tumoren, die somatotropes Hormon (ST) sezernieren, in der Kindheit und in der Pubertät zu einem Großwuchs, später zu einer Akromegalie führen. Hypophysenadenome können auch ektopisch wachsen. ROTHMAN u. Mitarb. (1976) haben den Fall eines Adoleszenten beschrieben, der an einem solchen Adenom litt und neben epileptischen Anfällen ein aggressives Verhalten an den Tag legte.
Tumoren des *Chiasmas* und des *N. opticus* müssen eine gewisse Größe erreichen, bevor sie Symptome von seiten des Zwischenhirns hervorrufen oder infolge des entstehenden Hirndruckes eine Bewußtseinsstörung verursachen (NIKOLAEVA 1977). Hier sei auf ein ungewöhnliches Problem hingewiesen, welches in Zusammenhang mit der Erblindung an einem bilateralen Retinoblastom steht. Die Tumoren sind bösartig und müssen, sobald sie

erkannt sind, operativ entfernt werden. Es hat sich dabei herausgestellt, daß die operierten Kinder bei der Intelligenzprüfung für Blinde nach WILLIAMS einen höheren IQ erreichen als Kinder, die aus anderen Gründen erblindet sind, oder auch als ihre Geschwister (WILLIAMS 1968, LEVITT u. Mitarb. 1972 u. 1976).
Im Bereich der Hypophyse, des Chiasmas und des Zwischenhirnes entwickeln sich die im Kindesalter häufigen Kraniopharyngeome, diese gehen oft mit einer Anorexie und einem Kleinwuchs einher (WHITE u. Mitarb. 1977). Auch die Affektivität dieser Patienten weist eine Verzögerung der Reifung auf. Die intellektuelle Entwicklung braucht primär nicht beeinträchtigt zu sein. Erst wenn das Kraniopharyngeom eine gewisse Größe erreicht hat, kann es zu einer Erhöhung des intrakraniellen Druckes kommen und infolgedessen Bewußtseinsstörungen hervorrufen. Bei frühkindlichem Krankheitsbeginn kann es im Lauf der Jahre zu einer sekundären Debilität kommen. Auch beim Kraniopharyngeom trifft man häufig Triebstörungen an, und zwar durch Druck auf die Strukturen, die den III. Ventrikel umgeben (KILLEFFER u. STERN 1970).

Tumoren der Epiphyse

Ihre Psychopathologie ist verhältnismäßig wenig bekannt, und zwar weil nur wenige Fälle eingehend psychiatrisch untersucht und publiziert worden sind. Es scheint jedenfalls früh zu Hirndruckerscheinungen zu kommen mit den entsprechenden psychopathologischen Begleitsymptomen. Langfristig entstehen psychoorganische Störungen, und bei inoperablen Tumoren findet ein Abbau der Persönlichkeit statt (CORBOZ 1958). Ein Pinealom muß nicht unbedingt eine Pubertas praecox bewirken.

Tumoren der Kommissuren

Diese anatomischen Formationen stellen bekanntlich die funktionelle Verbindung zwischen beiden Hemisphären her. Ihre Beeinträchtigung muß zumindest beim Erwachsenen zu erheblichen psychischen Störungen führen. Am bekanntesten ist die Psychopathologie des Balkens. So wurde ein 17jähriger Jüngling von MONIZ (1927) beschrieben, der infolge eines Balkentumors einen schweren Demenzzustand mit starker Aggressivität und Urininkontinenz zeigte. Bei Läsionen des Corpus callosum stellt sich eine Unfähigkeit ein, neue Kenntnisse in den bisherigen Erfahrungsschatz einzugliedern. Dies gilt auch für einen Probanden, der an einer walnußgroßen gliomatösen Blutungszyste im vordersten Abschnitt des Septum pellucidum und des Fornix litt (CORBOZ 1958).

Tumoren der Hemisphären

Diese Geschwülste kommen im Kindesalter verhältnismäßig selten vor und sollen in einem gemeinsamen Abschnitt besprochen werden. Sofern sie einen erhöhten intrakraniellen Druck hervorrufen, gehen sie häufig, wenn auch nicht ausnahmslos mit einer Bewußtseinstrübung einher. Relativ oft wird dieses Syndrom durch regressive Erscheinungen kompliziert. Beim affektiven Rückfall auf eine frühere Entwicklungsstufe kann es auch hier zum Einnässen und Einkoten kommen.
Ein infantiles psychoorganisches Syndrom stellte sich bei 13 von 29 untersuchten Fällen ein (CORBOZ 1958), wobei in einigen Fällen ein beträchtlicher Abbau der Persönlichkeit festzustellen war.
Relativ oft tritt eine symptomatische Epilepsie mit fokalen Anfällen in Erscheinung. Dieses Geschehen ist für die Lokalisation des Tumors bedeutsam. Bei Tumoren des okzipitalen und parietalen Lappens kann es zu Störungen kommen, die von lokalisatorischer Bedeutung sind, so z. B. elementare optische Halluzinationen bei Geschwülsten des Okzipitallappens. Sensorische Aphasien, Agraphien und Agnosien können auch einen lokalisatorischen Wert haben. „Uncinatus-fits" zeigen eine Erkrankung des Temporallappens an.
Bei Tumoren der Frontallappen wird dann und wann eine euphorische Dauerverstimmung gefunden, wie sie üblicherweise in der Literatur angegeben wird.

Diagnose und Differentialdiagnose

Die diagnostischen Fragen stellen sich anders für den Kinderpsychiater als für den Neurochirurgen. In der ersten Phase der Erkrankung ist es für den Kinderpsychiater wichtig, daß er an die Möglichkeit eines Hirntumors denkt. Dies gilt vor allem für eine Symptomatologie, wie z. B. für den Pavor nocturnus und andere Schlafstörungen, für die Enuresis nocturna, für die Encopresis, für die Anorexie mit einer sekundären Abmagerung, bei denen oft routinemäßig zuerst an eine psychoreaktive Entstehungsweise gedacht wird. Was für den Tumorverdacht spricht, ist die Tatsache, daß sich in der Umwelt nichts Wesentliches geändert hat und dennoch beim Kind neue Symptome aufgetreten sind. Wenn die Anorexie, die Schlafstörungen, das Nässen und Schmieren mit rezidivierenden Kopfschmerzen und Brechattacken einhergehen, dann läßt sich der Verdacht eines Hirntumors nicht mehr von der Hand weisen. Dabei ist zu beachten, daß neurologische Symptome zunächst noch fehlen können. Selbst die Anwendung der computerassistierten Tomographie und der ESS (Electronic Sector Scanning, VOIGT u. Mitarb. 1975) lassen manchmal den Tumor nicht sofort nachweisen

und erfordern eine Wiederholung nach einigen Monaten.
Unmittelbar nach dem operativen Eingriff können sich deliriöse Zustände einstellen, wie sie im Rahmen des akuten exogenen Reaktionstypus bekannt sind.
Schließlich ist zu beachten, daß die Mehrheit der Kinder und Jugendlichen, die mit Erfolg wegen eines Hirntumors behandelt worden sind, Spätsymptome im Sinne des infantilen bzw. juvenilen psychoorganischen Syndroms aufweisen. Dieses verunsichert die Eltern und die Lehrer und läßt den Wunsch nach einer kinderpsychiatrischen Abklärung entstehen.
Für den Neurochirurgen ist abzuklären, ob er von einer psychiatrischen Untersuchung Hinweise auf die Lokalisation oder gar auf die Art des Tumors erhalten kann. Dies ist leider nur in einem beschränkten Maße der Fall. Die deutlichsten Hinweise finden wir bei einem dienzephalen Prozeß, besonders wenn die hypothalamischen Strukturen beteiligt sind. Es können sich dann Triebstörungen einstellen, besonders im Sinne einer Alteration des Hungers (Anorexie) oder Polyphagie von Triebperversionen, z. B. in Form von abnormen Eßgelüsten, von Durst und Schlaf. Allerdings kann der Schlaf wahrscheinlich auch von Prozessen mit anderer Lokalisation beeinträchtigt werden.
„Werkzeugstörungen" und Agnosien können auf eine Beteiligung des Parietal-, Okzipital- oder Temporallappens hinweisen. Inadäquate Euphorie, verbunden mit Witzelsucht, lassen an eine Läsion des Stirnhirnes denken.

Therapie und Rehabilitation

Die primäre Therapie der Hirntumoren auch im Kindes- und Jugendalter ist vor allem Sache des Neurochirurgen, des Radiologen und des Onkologen. Dagegen hat der Kinder- und Jugendpsychiater eine wichtige Rolle bei der Rehabilitation und bei der Prävention reaktiver Störungen zu übernehmen. Allzuoft werden die psychoorganischen Symptome, die nach einem erfolgreichen Eingriff zurückbleiben, nicht erkannt. Es ist Sache des Kinderpsychiaters, die bleibenden Störungen zu erfassen, die Eltern in regelmäßigen Zeitabständen zu beraten und auch auf heilpädagogischem Gebiet die nötigen Maßnahmen einzuleiten, namentlich wenn der Besuch einer Kleinklasse oder einer Klasse für Schwachbegabte notwendig sein sollte. Eine medikamentöse Behandlung, z. B. mit einem Psychotonikum wie Pyrithioxin (Encephabol 8,0–12,0 mg/kg Kpgw.), kann sich als nützliche flankierende Maßnahme erweisen.

Prognose

Glücklicherweise hat sich die Prognose der Hirntumoren im Kindes- und jugendlichen Alter dank der Fortschritte der Neurochirurgie, der Radiologie und der Onkologie wesentlich gebessert. Die beste Prognose haben die scharf abgegrenzten, nur relativ langsam wachsenden Tumoren, wie die Astrozytome. Am wenigsten günstig ist die Prognose bei den rasch wachsenden und metastasierenden Tumoren wie das Medulloblastom. Immerhin konnte auch hier mit dem zusätzlichen Einsatz der Zytostatika die Überlebensrate wesentlich erhöht werden. Was die psychopathologischen Residuen von Tumoren anbetrifft, die erfolgreich chirurgisch entfernt worden sind, weiß man, daß die psychoorganische Symptomatologie sich bis zur abgeschlossenen Adoleszenz wesentlich bessern kann. Man hüte sich deshalb davor, Persönlichkeitsveränderungen oder Behinderung der kognitiven Funktion zu früh als definitiv zu bezeichnen.

Literatur

Assal, G., E. Zander, J. Hadjiantoniou: Les troubles mentaux au cours des tumeurs de la fosse postérieure. Schweiz. Arch. Neurol. Neurochir. Psychiat. 116 (1975) 17

Bailey, P., D. Buchanan, P. Bucy: Intracranial tumors of infancy and childhood. The University of Chicago Press, Chicago/Ill. 1939

Brunat, M., M. Faucon, C. Lapras: L'examen cytologique du liquide céphalorachidien dans les tumeurs de la fosse cérébrale postérieure de l'enfant. Ann. méd. psychol. 2 (1968) 115

Corboz, R. J.: Die Psychiatrie der Hirntumoren bei Kindern und Jugendlichen. Springer, Wien 1958

Corboz, R. J.: La psychopathologie des tumeurs du cervelet et du IVe ventricule. Bericht des 21. Congrès de l'Association des Pédiatres de langue française, pp. 45–47, édit.: L'Expansion Paris 1967

de Barros-Ferreira, M., J.-P. Chodkiewicz, G. C. Lairy, P. Salzarulo: Disorganized relations of tonic and phasic events of REM sleep in a case of brain-stem tumour. Electroenceph. clin. Neurophysiol. 38 (1975) 203

Dohrmann, G. J., J. R. Farwell: Intracranial neoplasms in children: A comparison of North America, Europe, Africa and Asia. Dis. nerv. Syst. 37 (1976) 696

Dreyer, R., W. Wehmeyer: Fits of laughter (gelastic epilepsy) with a tumour of the floor of the third ventricle. A video tape analysis. J. Neurol. 214 (1977) 163

Geisler, E., E. Dielmann: Psychische Veränderungen bei Kindern mit Hirntumoren. Mschr. Kinderheilk. 113 (1965) 225

Gutjahr, P., T. Wallenfang, G. Meinig, E. Einsiedel, N. Nakayama, D. Voth: New problems in the therapy of medulloblastomas. Mod. Probl. Pediat. 18 (1977) 75–79

Gysling, M.: Katamnestische Untersuchungen von Kindern und Jugendlichen, die wegen eines Hirntumors operiert und röntgenbestrahlt wurden. Med. Diss., Zürich 1966

Isler, W.: Le diagnostic neurologique et neuroradiologique des tumeurs cérébrales de l'enfant. Minerva neurochir. 9 (1965) 229

Isler, W.: Persönliche Mitteilung (1978)

Killeffer, F. A., W. E. Stern: Chronic effects of hypothalamic injury: Report of a case of near total hypothalamic destruction resulting from removal of a craniopharyngioma. Arch. Neurol. 22 (1970) 419

Koos, W. Th., M. H. Miller: Intracranial tumors of infants and children. Thieme, Stuttgart 1971

Landolt, A. M.: Praktische Bedeutung neuer Erkenntnisse über Struktur und Funktion von Hypophysenadenomen. Schweiz. med. Wschr. 108 (1978) 1521

Levitt, E. A.: Bilateral retinoblastoma and verbal intelligence. J. pediat. Ophthalmol. 13 (1976) 234

Levitt, E. A., A. L. Rosenbaum, L. Willerman, M. Levitt: Intelligence of retinoblastoma patients and their siblings. Child Develop. 43 (1972) 939

Maroon, J. C., L. Albright: Failure to thrive due to pontine glioma. Arch. Neurol. 34 (1977) 295

Moniz, E.: Les tumeurs du corps calleux: rapport entre l'âge et les troubles mentaux. Encéphale 22 (1927) 514

Nikolaeva, N. F.: Acute diencephalic disorders following removal of tumors of the chiasmatic – diencephalic area from children. Zh. Vopr. Neirokhir. 3 (1977) 28

Rothman, L. M., J. Sher, R. M. Quencer, M. S. Tenner: Intracranial ectopic pituitary adenoma. Case Report. J. Neurosurg. 44 (1976) 96

Stockert, F. G.: Einführung in die Psychopathologie des Kindesalters. Urban & Schwarzenberg, Berlin 1939, 4. Aufl. 1967

Stutte, H.: Zwangsaffekte und paroxysmale Lach- und Weinausbrüche als Epilepsie-Symptom. Nervenarzt 34 (1963) 290

Voigt, K., K. Kendel, H. J. Buedingen, H.-J. Freund: Zweidimensionale Ultraschall-Diagnostik von Hirntumoren und Subduralhämatomen mit dem elektronischen Sektor-Scan. Arch. Psychiat. Nervenkr. 220 (1975) 307

White, J. H., P. Kelly, K. Dorman: Clinical picture of atypical anorexia nervosa associated with hypothalamic tumor. Amer. J. Psychiat. 134 (1977) 323

Williams, M.: Superior intelligence of children blinded from retinoblastoma. Arch. Dis. Childh. 43 (1968) 204

Yamada, H., H. Yoshida: Laughing attack: A review and report of nine cases. Folia psychiat. neurol. jap. 31 (1977) 130

Psychische Auffälligkeiten bei Stoffwechselstörungen und Intoxikationen

Christian Eggers

Psychische Auffälligkeiten bei Stoffwechselstörungen

Unspezifische Symptome bei metabolisch bedingten Demenzprozessen

Der organismische Stoffwechsel umfaßt den Zukker-, Eiweiß-, Fett-, Mineral- und Hormonmetabolismus. Störungen in diesen Bereichen können Beeinträchtigungen der zentralnervösen Funktionen zur Folge haben, die teilweise ganz im Vordergrund des klinischen Bildes stehen und dann oft erhebliche Ausmaße annehmen. Sie führen in der Regel zu schweren geistigen Schwächen als Folge progredienter Hirnerkrankungen, die bereits konnatal oder postnatal in verschiedenen Altersphasen der Kindheit, teilweise auch noch in der Adoleszenz und im Erwachsenenalter manifest werden und häufig mit peripheren (z. B. Axondegenerationen) oder zentralnervösen (z. B. zerebellare Ataxie, Amaurose, Spastik) einhergehen. Insofern die zentralnervösen Auswirkungen dieser genetisch bedingten Stoffwechselstörungen („inborn errors of metabolism") ausschließlich als neurologische Ausfallserscheinungen oder als Oligophrenie bzw. Demenz in Erscheinung treten, bleiben sie hier unberücksichtigt. Interessierte seien auf die Darstellung von EGGERS u. BICKEL (1974) und auf den Beitrag von SCHMIDT und VOLL in diesem Band verwiesen. Mit einer Oligophrenie häufig einhergehende Verhaltensstörungen, wie gesteigerte Impulsivität bis hin zur Erethie oder im Gegenteil Antriebsschwäche bis zur Aspontaneität, Störungen der Emotionalität und Affektivität, der Gestimmtheit, der emotional-intentionalen Steuerung, der Reizverarbeitung und der Gewissenhaftigkeit werden hier nicht eigens berücksichtigt.

Häufige psychiatrische Begleitsymptome von Oligophrenien und Demenzprozessen werden in Kap. 2 beschrieben.

Beschrieben werden bei der *Phenylketonurie* auch psychotische Episoden und autistische Symptome (STANBURY u. Mitarb. 1972). Eine weitere Aminoazidopathie, die ebenfalls wie die PKU mit Oligophrenieformen verschiedenster Schweregrade einhergehen kann und nicht immer zu einer Minderbegabung führen muß und in deren Verlauf ebenfalls halluzinatorische Symptome und Phasen autistischen Rückzugs vorkommen können, ist die *Histidinämie* (NEVILLE u. Mitarb. 1972).

Auch bei *Lipidosen* sind vereinzelt psychotiforme Syndrome beobachtet worden; u. a. halluzinatorische und expansiv-manische Zustände bei den sog. *amaurotischen Idiotien.* WEINSCHENK (1967) berichtete über eine schubweise verlaufende paranoid-halluzinatorische Psychose mit intermittierenden depressiven und manischen Verstimmungen bei einem 15jährigen Knaben mit einem Morbus Gaucher. Extrapyramidal-motorische, zerebellare und Sprachstörungen bei langsam progredientem dementivem Persönlichkeitsabbau und ein organisches Psychosyndrom mit starker Affektinkontinenz, Antriebs- und Initiativeverlust und Störungen insbesondere der mnestischen Funktionen traten im Weiterverlauf zunehmend in den Vordergrund; die organische Wesensänderung intensivierte sich von Schub zu Schub. Innerhalb der psychotischen Episoden verstärkten sich auch die extrapyramidalen und zerebellaren Symptome.

Psychische Auffälligkeiten können *Erstsymptome* bei einer *neurometabolischen Erkrankung* sein und sogar 1 bis 2 Jahre vor dem Erscheinen typischer neurologischer Zeichen auftreten, die dann erst Anlaß zu weiterer diagnostischer Abklärung sind. So wurden bei einem 7jährigen Mädchen destruktiv-aggressive Verhaltensweisen, manische Symptome (Ideenflucht, inadäquate Affektäußerungen, euphorische Gestimmtheit) und eine Abnahme der Schulleistungen beobachtet (Diagnose: kindliche Psychose), bevor 1½ Jahre später die Diagnose einer geschlechtsgebundenen vererbten *Schilderschen Erkrankung* (diffuse Hirnsklerose) in Kombination mit einem Morbus Addison gestellt werden konnte (RIVINUS u. Mitarb. 1975). Bei zwei weiteren Kindern im Alter von 7 und 8 Jahren mit unklassifizierbaren aggressiv-dissozialen Verhaltensstörungen und Schulschwierigkeiten wurde jeweils 1 bis 1½ Jahre später eine *metachromatische Leukodystrophie* und im anderen Fall eine *G_{M2}-Gangliosidose* Typ Batten (juvenile Form der amaurotischen Idiotie) diagnostiziert, nachdem hinweisende neurologische Symptome wie Ataxie, zunehmende Sehschwäche bis zur Erblindung, Optikusatrophie aufgetreten waren und sichere pathomorphologische und biochemische Befunde erhoben werden konnten (Rektumbiopsie, fehlende Enzymaktivität). Auch CORBETT u. HARRIS (1977) berichten über 2 Jungen im Alter von 12 bzw. 13 Jahren, die jahrelang verhaltensauffällig und teilweise psychotisch waren (schizophreniformes Bild) bevor neurologische Symptome auf dementive Zeichen mit Sprachstörungen den Hinweis auf eine organische Ursache gaben; im einen Fall wurde eine metachromatische Leukodystrophie, im anderen eine sudanophile Leukodystrophie festgestellt, die beide zu den Neurolipidosen gehören.

Unter den erblichen Störungen des Elektrolytstoffwechsels ist in erster Linie die *Wilsonsche Erkran-*

kung (hepatozerebrale Degeneration) zu nennen. Hier liegt wahrscheinlich ein autosomal rezessiv vererbter enzymatischer Defekt der Kupferbindungsfähigkeit des Coeruloplasmins mit schädigenden Kupferablagerungen in Hirn, Leber, Niere und Kornea zugrunde. Als psychische Veränderungen imponieren eine gesteigerte Affektlabilität, autistisch-symbiotisch-regressive Verhaltensweisen, Rückfall in kleinkind-babyhaftes Gebaren, dissoziale Neigungen, Enthemmungs- und Drangzustände, Zwangssymptome und schließlich ein dementiver Persönlichkeitsabbau. Im Pubertätsalter und in der Adoleszenz werden depressive, gelegentlich auch manische Verstimmungen, visuelle und akustische Halluzinationen, paranoide Ängste, Vergiftungsideen, wahnhafte Beziehungserlebnisse (STUTTE 1969) und gelegentlich auch Entfremdungssymptome beschrieben.

Automutilatio bei Lesch-Nyhan-Syndrom

Symptombeherrschend sind beim *Lesch-Nyhan-Syndrom* dranghafte Aggressionen, Erregungen und vor allem heftigste Selbstbeschädigungen. Es handelt sich dabei um eine X-chromosomal rezessiv vererbte und somit nur bei Knaben vorkommende Störung des Purinstoffwechsels infolge eines Defekts der Hypoxanthin-Guanin-Phosphoribosyltransferase. Die Harnsäurespiegel im Blut sind erhöht (10–25 mg%), und die Harnsäureausscheidung im Urin ist auf das 5fache der Norm gesteigert (40–50 mg/kg und Tag). Symptome der Gicht mit akuter Gichtarthritis, Gichtniere und Gichttophi der Haut sind zumindest im vorgeschrittenen Stadium immer vorhanden. Alle Patienten sind stark dement; sie leiden an einer infantilen Zerebralparese und haben choreoathetotische Symptome. Ein gesteigerter Muskeltonus kann das erste neurologische Symptom sein, choreatiforme Bewegungsabnormitäten treten für gewöhnlich schon im 8. bis 12. Lebensmonat auf. Die Sprache ist, soweit entwickelt, dysarthrisch. Infolge einer athetoiden Dysphagie bestehen Fütterungsprobleme und die Gefahr von Aspirationen. Nach der PKU ist das Lesch-Nyhan-Syndrom die zweithäufigste Stoffwechselstörung, die mit einer Oligophrenie einhergeht. Die Automutilationen setzen mit der Zahnentwicklung ein und nehmen erhebliche Ausmaße an. Partielle Amputationen der Finger (einschließlich Phalangen!), des Gaumens und der Zunge kommen vor, die Lippen sind in der Regel mehr oder weniger vollständig zerstört.

Die sensorischen und sensiblen Gefühlsempfindungen sind intakt, und die Patienten spüren die Schmerzen, die sie sich zufügen; sie schreien, wenn sie sich beißen. Infolgedessen sind sie erleichtert, wenn sie durch adäquate Maßnahmen daran gehindert werden, sich selbst zu beschädigen, etwa durch Anlegen weicher Bandagen und Armbinden der Extremitäten, was oftmals als befreiend empfunden wird. Auch unkontrollierte dranghafte heteroaggressive Handlungen sind häufig und können für die Umgebung gefährlich sein. Wichtig ist, die Muskelaktivität und Bewegungsfreude der Kinder möglichst wenig einzuschränken und sie doch an ihren dranghaften Auto- und Heteroaggressionen zu hindern. NYHAN hat u. a. plastische Ellbogenschienen für solche Kinder entwickelt; sie garantieren ein Maximum an Bewegungsfreiheit bei höchstmöglichem Schutz vor Selbstbeschädigungen. Verhaltenstherapeutische Bemühungen haben sich als „gering ermutigend" (NYHAN 1977) erwiesen. Pharmakotherapeutische Bemühungen mit Hydroxytryptophan in Kombination mit einem Decarboxylasehemmer sind noch in Erprobung.

Psychopathologie der Hypothyreose

Bei kindlichen *Hyperthyreosen* zeigen sich wie beim Erwachsenen Zeichen der Übernervosität, motorische Unruhe, agitiert-erregtes Verhalten, Angstzustände, Konzentrationsschwäche, Fahrigkeit und rastlose Getriebenheit. Früher wurden auch affektive Störungen psychotischen Ausmaßes oder psychotiforme Zustände mit gespannter Erregtheit, exzessiver Stimmungslabilität, Affektinkontinenz, sprunghaft-zerfahrenem Gedankenablauf und hypermotorischer Impulsivität beobachtet.

Myxödempsychosen sind bei Kindern unseres Wissens bislang nicht beschrieben, im Erwachsenenalter sind sie durch Antriebsschwäche, Reizbarkeit, Neigung zu depressiven Verstimmungen, mnestische Störungen, selten auch hypomanische, paranoide oder agitierte Bilder gekennzeichnet.

Während Hyperthyreosen bei Kindern – meist erst im fortgeschrittenen Stadium – zu einem Antriebsüberschuß führen, kommt es bei der *Hypothyreose* von Beginn an zu einer Antriebsverarmung. Die Kinder sind extrem brav, ruhig, ausgeglichen, im psychischen Tempo enorm verlangsamt und wirken verträumt. Die Hypothyreose ist meistens angeboren, die Entwicklungsverzögerung geht mit einer Hirnreifestörung einher, die jedoch durch eine früh einsetzende Substitutionsbehandlung ausgeglichen werden kann. Wichtig zu wissen ist, daß die bis dahin lieben und ausgeglichenen Kinder durch die Therapie „wacher", aber auch „frecher" und aufsässiger, unruhiger und evtl. sogar umtriebiger werden. Die plötzlich sich zeigende Aufgeschlossenheit gegenüber intra- und exterozeptiven Stimuli führt oft zu vorher nicht dagewesenen pädagogischen und schulischen Problemen.

Psychische Auffälligkeiten beim adrenogenitalen Syndrom

Die Gleichartigkeit der psychopathologischen Auffälligkeiten, die bei Kindern mit einem *adrenogenitalen Syndrom* (AGS) beschrieben worden sind, spricht dafür, daß es sich hier ebenfalls um morbiditätstypische Persönlichkeitszüge handelt. Das AGS ist eine durch verschiedene Enzymdefekte (Hydroxylasen, Dehydrogenasen) bedingte Stoffwechselstörung, die verschiedene Stufen der Nebennierenrindenhormonsynthese betrifft. Infolge des daraus resultierenden Mangels an Nebennierenrindenhormonen kommt es zu einer vermehrten hypophysären ACTH-Ausschüttung, die zu einer vermehrten Androgenproduktion führt (dieser Syntheseweg ist beim unkomplizierten AGS und beim AGS mit Salzverlustsyndrom ungestört geblieben), was klinisch mit einer Virilisierung und einer Pseudopubertas praecox einhergeht. Die Kinder werden übereinstimmend als gehemmt, überangepaßt, ich-schwach, wenig durchsetzungsfähig, gut lenkbar, vorwiegend außengesteuert, gutmütig-behäbig-schwerfällig, unkritisch, undifferenziert, wenig spontan, ohne Eigeninitiative und als infantil geschildert.

MATTHEIS u. FÖRSTER (1980) fanden Unterschiede zwischen Mädchen mit AGS und einer Kontrollgruppe nur im psychosozialen Bereich, und zwar eine geringere Bereitschaft zur Übernahme „mütterlicher" Verhaltensmuster. Eine gestörte Entwicklung der Geschlechtsidentität konnten sie nicht nachweisen, obwohl die Mütter der Mädchen vermehrt Zweifel an der positiven psychischen Geschlechtsidentifikation ihrer Töchter hatten.

Im Intelligenzbereich (MATTHEIS u. FÖRSTER 1980) sowie im Aggressionsverhalten (MATTHEIS 1980) fanden sich keine bedeutsamen Unterschiede zwischen Mädchen mit AGS und den jeweiligen Kontrollgruppen.

Gröbere und spezifischere Persönlichkeitsstörungen und insbesondere psychotische Entgleisungen werden auch bei dieser Erkrankung i. d. R. erst im Erwachsenenalter beobachtet.

Die Tatsache, daß die oben genannten Verhaltensauffälligkeiten bei Kindern mit einer Pubertas praecox bei konstitutioneller Frühreife nicht zu finden sind, sondern solche Kinder, die ganz im Gegenteil als emotional und affektiv differenziert, altersentsprechend motiviert und binnengesteuert erscheinen, spricht ebenso wie die erwähnten Wesensunterschiede zwischen hypophysär zwergwüchsigen Kindern mit und ohne thyreotroper Insuffizienz für den pathologischen Einfluß der jeweiligen endokrinologischen Grunderkrankung.

Psychopathologische Auffälligkeiten bei Störungen des Elektrolyt- und Wasserhaushalts

Auch Störungen des *Natrium-Kalium-Haushalts* sind an der Manifestation deliranter oder schizophrener Psychosen besonders nach Operationen beteiligt. Elektrolytverschiebungen beeinflussen die zentralnervöse Erregung und Erregungsausbreitung in pathologischer Weise. Bei manisch-depressiven Psychosen ist die Natriumausscheidung verändert. Psychotische Zustände infolge einer Dekompensation der Nierenfunktion bei chronisch oder akut nierenkranken Kindern hängen ebenfalls mit einer Verschiebung des Elektrolyt- und Wasserhaushalts zusammen. Störungen des *Nierenstoffwechsels* können infolge der veränderten Flüssigkeits- und Elektrolytbilanz zu zerebralen Überwässerungszuständen (Hirnödem) und zu Hypertensionskrisen führen. Hirnödem, arterielle Hypertension mit dadurch hervorgerufener zerebraler Hypoxie und der nephrogen bedingte Anstieg harnpflichtiger Substanzen im Serum (Urämie) sind für komatöse, stuporöse oder auch katatone Bilder mit halluzinatorischer Verworrenheit verantwortlich zu machen. Eine Disäquilibrierung des *Wasserhaushalts* spielt bei postoperativen Psychosen, insbesondere nach Operationen, pathogenetisch eine wichtige Rolle (vergl. auch Kap. 8, S. 302).

Psychische Auffälligkeiten bei Intoxikationen

Im Gegensatz zu den metabolisch bedingten seelischen Störungen sind psychische Nebenwirkungen als Folge von Vergiftungen sehr viel häufiger zu beobachten, wobei die Häufigkeit hier eklatant zunimmt; denn Tempo und Intensität der Entwicklung neuer chemischer und pharmazeutischer Substanzen erhöhen die Intoxikationsgefahr bei Kindern, insbesondere Kleinkindern, beträchtlich. Allein in der Bundesrepublik Deutschland kommt es jährlich bei 20 000 bis 30 000 Kindern zu einer Vergiftung mit Chemikalien bzw. Pharmazeutika. Als psychische Begleitsymptome können auftreten: Störungen der Orientierung, der Gedächtnisfunktion, der Wahrnehmung, des Denkens, des Antriebs und der Emotionen.

Die Substanzgruppen, die im Kindesalter psychische Begleitsymptome, häufig sogar in Form einer exogenen Psychose, auslösen können, sind in Tab. 4.13 aufgeführt.

Es handelt sich also um sehr heterogene Gruppen mit anorganischen und organischen Stoffen, die im Vergiftungsfall psychische Begleiterscheinungen hervorrufen. Im Kindesalter kommt beides vor, die Einnahme hochtoxischer Substanzen und die Ingestion von Übermengen an Galenika.

Tabelle 4.**13** Substanzgruppen mit möglichen psychischen Nebenwirkungen

Belladonnaalkaloide	Anthelminthika
Antihistaminika	Analgetika
Anticholinergika	Tranquilizer
Psychotomimetika	Antipsychotika (Neuroleptika u. Antidepressiva)
Hypnotika u. Narkosemittel	
Sedativa u. Antikonvulsiva	Organische Lösungsmittel
Quecksilber u. Quecksilberalkyle	Digitalisalkaloide
	Zytostatika
Brom, Blei, Thallium	Stimulantien
Kohlenmonoxid	Giftige Pilze

Unsere Kenntnisse über *Toxinspezifität* in bezug auf die psychischen Symptome, die durch die verschiedenen Substanzen hervorgerufen werden, sind noch sehr lückenhaft. Die Tatsache, daß psychische Begleiterscheinungen auftreten, läßt sich nur über eine enzephalotrope Wirkung erklären, die sich in ihrer Durchschlagskraft und in ihrer jeweiligen Eigenart von Substanzgruppe zu Substanzgruppe unterscheidet. Unterschiedliche toxinspezifische zentralnervöse Wirkungen bestimmen neben der Individualdisposition die Phänomenologie des jeweiligen psychopathologischen Störbilds. Die individuelle Disposition zu psychischen Auffälligkeiten nach Vergiftungen wird durch biologische und psychologische Determinanten wie Lebensalter, Reifegrad zentralnervöser Strukturen, Stoffwechsellage, Leber- und Nierenfunktion, Wasser- und Elektrolythaushalt, Persönlichkeitsstruktur und Lebenssituation bestimmt. Die Variabilität dieser Faktoren führt dazu, daß durch eine bestimmte Noxe hervorgerufene psychopathologische Zustandsbilder eine unterschiedliche Färbung haben können. Bei Substanzen mit einer starken psychotropen Potenz werden die durch sie bedingten psychischen Symptome relativ einheitlich sein, da sich hier die pharmakodynamische Eigenwirkung leichter durchsetzen wird. Dies gilt insbesondere für Halluzinogene und Psychotomimetika, die recht typische organische Psychosen hervorrufen.

Intoxikationen durch Pharmaka

Einen ausgeprägten psychotropen Effekt haben die *Corticosteroide*. Mangelerscheinungen infolge einer oft funktionellen Nebennierenrindeninsuffizienz kommen im Kindesalter nach Absetzen einer langdauernden Glucocorticoidtherapie (bei Allergosen, Kollagenosen, Leukämien und anderen Hämatoblastosen, Karzinomen) vor, selten als Folge einer hypothalamisch-hypophysären Erkrankung (Hypophysentumor) oder einer organischen beidseitigen Nebennierenrindenerkrankung. Die Kinder sind dann müde, antriebsarm bis apathisch, depressiv-verstimmt und konzentrationsgestört. Dysphorisch-gereizte Verstimmungszustände können mit apathisch-resignativ-depressiven Verhaltensweisen abwechseln. Überdosierungen mit Glucocorticoiden führen ebenso wie eine Überfunktion des Corticosteroidstoffwechsels zu mentaler Überstimulierung, gehobener Stimmung, Erregbarkeit, Hyperaktivität und gelegentlich auch zu psychotischen Episoden. Plötzliche Steigerungen und Reduktionen der Dosis riskieren das Entstehen psychomentaler Reaktionen.

Die psychopathologischen Symptome von Vergiftungen mit *Atropin* und Atropinabkömmlingen sind bei Kindern ebenfalls recht typisch und vorwiegend durch optische, aber auch akustische und olfaktorische Halluzinationen bei agitiert-lebhafter Stimmung und motorischer Unruhe gekennzeichnet (EGGERS 1975; 1976). Teilweise kommt es zu deliranten Symptomen. Ähnliche halluzinatorische Intoxikationserscheinungen bei Kindern sind auch nach oraler oder kutaner Applikation von *Antihistaminika* beschrieben worden. Neben optischen Halluzinationen sind delirante Erscheinungen mit Bewußtseinstrübungen, Personenverkennungen, motorischer Bewegungsunruhe und bei hoher Dosierung zerebellar-ataktische und/oder epileptische Symptome oder gar komatöse Zustände möglich. Zu den antihistaminikahaltigen Präparaten, die im Kindesalter recht häufig psychotoxische Wirkungen zeigen, gehört insbesondere das Nuran (Cyproheptadin), ein gern verwandtes appetitanregendes Mittel. In den letzten Jahren wurden etwa 120 Fälle publiziert (BERGER u. Mitarb. 1977; EGGERS 1976; v. MÜHLENDAHL u. KRIENKE 1978).

Vergiftungen mit *Biperiden* (Akineton) sind klinisch und pathogenetisch dem Bild der Atropinintoxikation sehr ähnlich. Sie sind durch motorische Unruhe, Halluzinationen, delirante Symptome, ängstliche oder freudige Erregungszustände und vegetative Begleitsymptome wie Mydriasis, Gesichtsrötung, Tachykardie und trockene Schleimhäute gekennzeichnet. Im Kindesalter entstehen solche halluzinatorischen Syndrome nicht selten iatrogen durch eine zu hohe i. v. Gabe von Akineton als Antidot gegen medikamenteninduzierte extrapyramidale Bewegungsstörungen.

v. MÜHLENDAHL u. Mitarb. (1978) berichteten über 32 Beratungs- und Behandlungsfälle der letzten Zeit. Wir selbst haben den „Teufel mit dem Beelzebub ausgetrieben", indem wir durch i. v. Applikation von Akineton bei einem 4jährigen Jungen eine optische Halluzinose ausgelöst haben, der mit einem extrapyramidal-dystonen Syndrom nach Paspertingabe in unsere Behandlung kam. Die Dyskinesie verschwand zwar nach Gabe von einer Ampulle (5 mg) Akineton i. v. völlig. Aber 2 Stunden später traten optische Halluzinationen sowie Makropsien bei erhaltenem Bewußtsein auf (EGGERS 1975). Die Symptomatik klang nach etwa 12 Stunden allmählich spontan wieder ab.

Therapeutisch sind bei schweren Vergiftungen mit Atropin und dessen Abkömmlingen, Belladonnaalkaloiden oder Biperiden Physostigmingaben indiziert. Physostigmin wirkt als spezifisches Antidot cholinerg durch Hemmung der Cholinesteraseaktivität. – Ähnliche toxisch-psychotische Symptome wie nach Akineton sind bei Kindern vereinzelt auch nach Gabe von *Artane* (Benzhexolhydrochlorid) publiziert worden, das ebenfalls zur Behandlung extrapyramidaler Störungen verwandt wird. Physostigmin hat sich auch bei der Behandlung anderer Vergiftungen mit Anticholinergika bei Kindern bewährt; z. B. bei Dimenhydrinatvergiftung –.

Recht typische psychopathologische Symptombilder sind nach *Tantumvergiftungen* im Kindesalter zu beobachten. Sie sind durch eine kennzeichnende extrapyramidal anmutende Bewegungsunruhe mit Angst- und Erregungsparoxysmen und optischen Halluzinationen (Tiervisionen) bei fehlenden Bewußtseins- und Orientierungsstörungen gekennzeichnet. Das klinische Bild pflegt nach etwa 20 bis 24 Stunden wieder abzuklingen; es ist so typisch, daß nach der ersten Beobachtung bei 2 weiteren Kindern die Verdachtsdiagnose prima vista gestellt werden konnte (EGGERS 1975). Tantum, ein Benzydaminpräparat, wirkt entzündungshemmend, analgetisch und antiödematös. Da es sich um einen Indazolabkömmling handelt, besteht eine gewisse strukturelle Verwandtschaft mit jenen Halluzinogenen, die den Indolring besitzen (Harmin, Bufotenin, Psilocyn, Psilocybin, Yohimbin, Reserpin und Mutterkornalkaloide). Interessant ist, daß Halluzinosen nach Tantumvergiftungen bisher fast ausschließlich bei Kindern beschrieben worden sind.

Psychische Störungen nach *Amphetamineinnahme* werden bei abhängigen Jugendlichen als *Amphetaminpsychosen* beobachtet, wobei es sich im psychopathologischen Querschnitt um von Schizophrenien kaum unterscheidbare Zustände handelt (sog. Modellpsychosen vom Amphetamintyp). Bei jüngeren Kindern kommt es im Rahmen von Vergiftungen mit Amphetaminabkömmlingen ebenfalls zu psychotiformen Erscheinungen; so sahen wir bei einem 3jährigen Mädchen, das 5 Dragées Ponderax (Fenfluramin, ein Appetitzügler) eingenommen hatte, ein ängstlich-agitiertes Bild mit starken vegetativen Begleitsymptomen und optischen Halluzinationen ohne Bewußtseinstrübung oder delirante Symptome. In schweren Vergiftungsfällen können zerebrale Krampfanfälle, Nystagmus, Mydriasis, Bewußtseins- und Herzrhythmusstörungen auftreten.

Visuelle Halluzinationen mit und ohne delirante Symptome können auch bei *Imipramin*intoxikationen auftreten, wobei der Einfluß des Imipramins auf die Neurotransmitterfunktion an der Synapse eine Rolle spielen dürfte.

Akute toxische Psychosen mit optischen Sinnestäuschungen bei Kindern sind bei Behandlung mit *Spasmolytika* vom Papaverintyp, z. B. Sestron (Diphenylpropyläthylamin), mit *Isoniazid* sowie nach abruptem Absetzen von Antikonvulsiva beschrieben worden.

Intoxikationen mit Drogen

Die höchste psychotrope Wirkung kommt den sog. *Psychotomimetika* zu, wie LSD, Haschisch, Psilocybin, Mescalin, Amphetamin. Die Einnahme solcher Substanzen führt in der Regel zum Auftreten von organischen Psychosen, sie sind phänomenologisch gekennzeichnet durch Störungen der Wahrnehmung (Sinnestäuschungen, illusionäre Verkennungen), des Denkablaufs (Verlangsamung oder Inkohärenz des Gedankengangs bis zur Zerfahrenheit), des Antriebs (Initiativeverlust, Gehemmtheit, hektische Betriebsamkeit, motorische Erregungszustände), der Stimmung (ängstlich-depressiv oder euphorisch-enthemmt, zornig- erregt) und der emotionalen Steuerung (Affektlabilität, abnorme Reizbarkeit, Explosivität, Apathie). Häufig, insbesondere im akuten Stadium, ist das Bewußtsein getrübt. Die Bewußtseinsstörung kann verschiedene Grade annehmen von der leichten Benommenheit bis zur Bewußtlosigkeit. Auch bei leichten Bewußtseinstrübungen besteht nach Abklingen der Symptome eine partielle oder totale Amnesie.

Drogenpsychosen kommen im allgemeinen erst ab der Pubertät und verstärkt in der Adoleszenz vor. LSD-Psychosen sind jedoch vereinzelt bei Kindern unter 10 Jahren beschrieben worden, die, abgesehen von geringfügigen altersabhängigen Variablen, identisch aussehen. Sie sind durch ausgeprägte vegetative Erscheinungen (Mydriasis, Hautrötung, Tachykardie, Übelkeit, Hyperhidrosis und Hyperventilation), durch eine gesteigerte motorische Unruhe, eine euphorisch-gehobene Gestimmtheit und durch lebhafte visuelle und zönästhetische Halluzinationen bei fehlender Bewußtseinstrübung gekennzeichnet. Die optischen Sinnestäuschungen sind meistens farbiger Natur. Noch Wochen später können Nachhallpsychosen („flashback") gleicher Symptomatologie auftreten.

Das jüngste uns bekannte Kind mit psychischen Auffälligkeiten nach einer Ingestion von Psychotomimetika war ein 22 Monate alter Junge. Er hatte 5 g *Haschisch* gekaut und verschluckt, das er in der Handtasche seiner Mutter gefunden hatte. Eine Stunde später kam es zu Gangstörungen, der Junge gebärdete sich albern und übermütig und lachte vor sich hin. Auch in diesem Fall bestand also eine euphorische Gestimmtheit. Der Junge starrte immer wieder wie gebannt „mit verklärten Augen" in irgendeine Richtung und halluzinierte offensichtlich optisch. Er griff dabei immer wieder in die Luft nach imaginären Dingen, wobei er jeweils auflachte. Nach etwa einer Stunde wurde der Junge müde und schlief 16 Stunden anhaltend. – Über eine Haschischintoxikation durch Rauchen (!) bei einem 3jährigen Kind, das in einem Zustand der Übererregtheit, Überwachheit, angstvollen Unruhe und Schlaflosigkeit geriet, berichtet BINITIE (1975).

Im späteren Alter ähneln drogeninduzierte Psychosen stark endogenen Schizophrenien. Bei länger dauerndem Drogenabusus Jugendlicher kann es zu chronisch-psychotischen Prozessen kommen, bei denen Beziehungs-, Beeinträchtigungs- und Verfolgungsideen, hypochondrische Befürchtungen, überwertige Ideen, phobische, Angst- und Zwangssymptome, Entfremdungserlebnisse, Störungen der Ich-Identität sowie akustische und optische Sinnestäuschungen dominieren (BRON u. Mitarb. 1977; EGGERS 1975; REMSCHMIDT 1973). Wie bei den endogenen schizophrenen Psychosen überwiegt bei den drogenbedingten die paranoid-halluzinatorische Symptomatik; akute Verläufe sind häufiger als chronische.

Zwischen psychotischen Intoxikationserscheinungen und endogenen Psychosen gibt es Übergänge. Das Drogenerlebnis kann bereits Ausdruck der beginnenden endogen-psychotischen Ich-Desintegration sein, wobei die gemeinsame Realität nur noch in der „Szene" erlebt werden kann, aus der der „Überstieg" in die zuvor mit den Gesunden gemeinsam erlebte Realität nicht mehr gelingt. Drogenerlebnisse können andererseits endogene Psychosen in Gang setzen.

Fast gleichartige Bilder, wie sie bei durch Halluzinogene im eigentlichen Sinne hervorgerufenen Psychosen beobachtet werden, sind bei Kindern mit exogenen Psychosen nach Inhalation von Benzindämpfen (*„gasoline sniffing"*) beschrieben worden, wobei *farbige Halluzinationen* vorherrschen (BOECK u. Mitarb. 1977; COHEN 1975; GÄDEKE u. GEHRMANN 1973). Das *Feuer* scheint bei den Sinnestäuschungen dieser Kinder eine besondere Rolle zu spielen. Sie sehen Dinge von Feuer umgeben, sehen sich in einen feurigen Vulkan stürzen oder sehen, wie sich leuchtend rotgelbes Metall über sie ergießt. *Farbige Halluzinationen* bei Kindern können auch als Folge von Vergiftungen mit *Spasmolytika* und *Anti-Parkinson-Mitteln* auftreten (EGGERS 1975).

Bei älteren Kindern und Jugendlichen sind die durch Inhalation von Benzindämpfen ausgelösten psychopathologischen Phänomene vielgestaltiger. Sie umfassen neben optischen, akustischen, haptischen, olfaktorischen und zönästhetischen Halluzinationen paranoide Symptome, Depersonalisations- und Derealisationsphänomene und Déjà-vu-Erlebnisse.

So phantasierte ein 16jähriger Junge, der an einer Benzinsucht litt, von einem Mörder, der ihn umbringen wolle. Er glaubte, verfolgt zu werden und hatte akustische, optische und haptische Halluzinationen. Er fühlte sich beeinflußt von einem fremden Willen, verspürte ein „Klingen im Ohr", hatte Depersonalisationserlebnisse sowie abnorme Körpersensationen („es ist, als ob der Körper beengt wäre, als ob ich in einer Papierrolle stecken würde und nicht atmen könnte"). Der Junge sah einen Mörder vor sich stehen und befürchtete, von ihm umgebracht zu werden. Er sprach viel durcheinander, schrie nach der Mutter und glaubte, man wolle ihn im Krankenhaus umbringen. Er hörte Stimmen, meinte, daß hinter ihm jemand stehe, der ihn verfolge, und er hatte das Gefühl, daß Stimmen über ihn sprächen. An seinem Hals fühlte er Finger bzw. eine Hand, die ihn berührten. Nach wenigen Tagen in der Klinik remittierte der Patient spontan, hatte keine Angst mehr und fühlte sich frei von psychotischen Symptomen.

Während das Schnüffeln *organischer Lösungsmittel* früher auf Einzelfälle beschränkt war, ist es in den letzten beiden Jahrzehnten bei Kindern und Jugendlichen zu einer epidemieartigen Ausbreitung dieser Suchtform gekommen. ALTENKIRCH u. SCHULZE (1979) berichten über 40 jugendliche Schnüffler allein aus West-Berlin, bei denen es in über der Hälfte der Fälle zu schweren toxischen Polyneuropathien gekommen war! Bei allen Probanden war die psychosoziale Entwicklung in erheblichem Maße gestört. Es wurde fast ausschließlich ein Klebstoffverdünner geschnüffelt. Die Symptomatik hierbei ist relativ einheitlich: Nach etwa 10 bis 20 Atemzügen werden „angenehme Träume" erlebt. Die vorwiegend optischen Visionen ähneln sich: Blätter fangen an zu laufen, Laub verwandelt sich in Spinnen und Käfer, Bäume beginnen zu glühen oder bekommen Arme und Beine und bewegen sich. Auch hier herrschen *feurige und farbige* Halluzinationen vor: Ein Fluß, der sich in flüssiges Gold verwandelt; kleine rote Männchen, die umherlaufen; die Farbwahrnehmung ist allgemein intensiver. Häufig werden in den Rauschzuständen Kämpfe gegen Athleten oder wilde Tiere erlebt, in die die Probanden verwickelt sind.

Bei Benzinschnüfflern kann es durch Vergiftung mit dem als *Antiklopfmittel* verwandten Tetraäthylblei zu schweren organischen Bleiintoxikationen kommen, die auch bereits bei Kindern beschrieben worden sind (BOECK u. Mitarb. 1977; KASOWSKI u. KASOWSKI 1976). Toxisch bedingte delirante Symptome, Irritabilität, Desorientiertheit, Anorexie, Erbrechen, Tremor und Ataxie sind die klinischen Zeichen der organischen Bleivergiftung. Organisches und anorganisches Blei führt zu einer Hemmung der Hämoglobinsynthese infolge einer Inhibition der Aminolaevulindehydratase-Aktivität durch Blei. Letztere ist ein Gradmesser für das Ausmaß einer durchgemachten Bleiintoxikation und sollte bei Gasoline-sniffing-children screeningmäßig untersucht werden, um dem Entstehen von Bleienzephalopathien zuvorzukommen.

Intoxikationen mit Chemikalien

Auch Vergiftungen mit *anorganischen Stoffen* können zu psychischen Alterationen bei Kindern führen. Bei den heute seltenen anorganischen *Blei*vergiftungen werden initiale Reizbarkeit, Verstimmbarkeit, schließlich agitierte Unruhe, Bewußtseinsstörungen, zerebrale Krampfanfälle, Sehstörungen, Lähmungen und delirante Symptome erwähnt; die Prognose bei Kindern ist ernst. Die *Thalliumvergiftung* geht neben dem charakteristischen Haarausfall, der Polyneuritis und den extrapyramidal-motorischen Symptomen mit schweren hysteriformen Erregungszuständen, schizophrenieähnlichen paranoid-halluzinatorischen Psychosen, deliranten Symptomen und evtl. mit Bewußtseinsveränderungen einher. Wesensänderungen in Form von Antriebsschwäche, Interesselosigkeit und Verlangsamung sind beschrieben. Bei der *Quecksilbervergiftung* werden ebenfalls schwere neurologische Symptome wie Ataxie, Muskelschwäche, visuelle und sensorische Störungen neben Antriebsstörungen und klagsam-mürrischen Verstimmungszuständen beobachtet (AMIN-ZAKI u. Mitarb. 1978; STUTTE 1969). Die Schwere des klinischen Bildes und damit die Prognose gehen mit dem Quecksilbergehalt im Serum parallel. Auch bei milden Vergiftungen bleibt eine allgemeine Hyperreflexie über Jahre hinweg bestehen; bei schweren Formen kann es zu dauernder Blindheit oder zu mehr oder weniger starken Sehbehinderungen kommen.

Besonderheiten der psychischen Begleitsymptome beim Kind gegenüber dem Erwachsenen

Gegenüber den toxischen Delirien des Erwachsenenalters fällt auf, daß beim Kind *Bewußtseinstrübungen* und/oder *delirante Symptome* seltener vorkommen. Trotz lebhaftester, über 1 bis 2 Tage lang anhaltender Halluzinationen und ängstlich- oder freudig-erregter Stimmung mit Hyperkinesen ist das Bewußtsein meist völlig unbeeinträchtigt; die Patienten sind ganz ansprechbar und örtlich, zeitlich und zur Person voll orientiert (EGGERS 1975). Außerdem sind *visuelle Halluzinationen* ganz eindeutig vorherrschend gegenüber akustischen, haptischen oder olfaktorischen Sinnestäuschungen. Das dürfte mit der Affinität des Kindes zu den zwischen Vorstellung und Wahrnehmung stehenden eidetischen Phänomenen zusammenhängen.

Während optisch halluzinierende Kinder vorzugsweise Tiere oder Märchengestalten sehen, halluzinieren Erwachsene mit einer organischen Psychose vorwiegend Personen, häufig kleine Menschen. Szenische oder systematisierte halluzinatorische Abläufe, die für die optische Halluzinose des Erwachsenen charakteristisch sind, werden bei Klein- und jungen Schulkindern nicht oder nur andeutungsweise beobachtet. Die mangelnde szenische Ausformung der vom Kind halluzinierten Objekte hängt offenbar mit der im Kindesalter noch wenig ausgeprägten rationalen konstruktiv-synthetischen Gestaltungskraft zusammen.

Überlegungen zur Pathogenese

Stimmungsänderungen zum Depressiven, Ängstlich-Erregten, Freudig-Euphorischen oder Mürrisch-Reizbaren hin, motorische Unruhezustände, Depersonalisations- und Derealisationsphänomene, vorwiegend optische, aber auch akustische, taktile, zönästhetische und vereinzelt auch Geruchshalluzinationen sowie, relativ selten, Bewußtseinstrübungen und delirante Symptome stellen die Hauptsymptome metabolisch oder toxisch bedingter psychischer Veränderungen dar. Sowohl bei endokrinen und Stoffwechselstörungen als auch bei Intoxikationen kommen psychotische Bilder vor, die den exogenen Psychosen (s. Kap. 14 S. 301) zuzurechnen sind. Experimentalpsychologische sowie psychophysiologische, neurochemische, neurophysiologische und neuropharmakologische Untersuchungen der letzten Jahre legen die Vermutung nahe, daß an der Genese der beschriebenen Symptome subkortikale Strukturen, insbesondere das mesolimbisch-striopallidäre System, aber auch thalamisch-hypothalamische Kerne und Faserverbindungen beteiligt sind, deren Funktionen durch die pathologisch veränderten Stoffwechselprozesse oder durch die eingenommenen Gifte beeinträchtigt werden. Wie diese Funktionsstörungen im einzelnen charakterisiert sind, läßt sich trotz oder gerade wegen einer immensen Fülle von teils widersprüchlichen Detailbefunden bis heute nicht allgemein gültig formulieren. Es gibt aber bereits einige faszinierende Mosaiksteine, die zu weiterer Forschungsarbeit auf diesem Gebiet, aber auch zu theoretisch-spekulativen Gedankengängen animieren. Erwähnt sei lediglich, daß sowohl bei Stoffwechselleiden, z. B. bei manchen Formen von Lipidosen, als auch unter der Einwirkung von halluzinogen wirksamen Psychotomimetika morphologisch faßbare, aber auch neurophysiologisch registrierbare und neurochemische Veränderungen im Hippokampus auftreten. Diese zum limbischen System gehörende Neuronenstruktur mit ihren neuralen Verbindungen zu anderen Teilen des limbischen Faser- und Kernkomplexes, zu striären, mesenzephalen, retikulären und neokortikalen Organisationen dürfte bei der Entstehung psychotischer Zustandsbilder eine wesentliche Rolle mitspielen. Insbesondere der Einfluß der Hippokampusneurone auf Registrierung neuer und unbekannter Umweltreize, der Vergleich mit bereits vorhandenem Erfahrungsgut, die Steuerung der Orientierung auf den sensorischen Input, die Wirkung als „Filter“ auf Umweltreize und die Mitbeteiligung an der Steuerung des motorischen Outputs (über limbisch-striäre Faserverbindungen) sowie insbesondere durch die emotionssteuernde Funktion der Hippokampusformation machen letztere zu einem entscheidenden Faktor, der am Wahrnehmungsvorgang und am Aufbau eines adäquaten Erfahrungs- und Wissensschatzes des Menschen beteiligt ist. Die mangelnde physiologische und anatomische Reifung und Differenzierung neokortikaler Hirnstrukturen und das relative Übergewicht limbischer und anderer subkortikaler Hirnanteile beim Kind finden entwicklungspsychologisch ihre Parallele im Überwiegen magisch-physiognomisch-animistischer Erlebensweisen, die ganz wesentlich von der Emotionalität bestimmt sind, und in einem Zurücktreten des rationalkritischen, sich an der Realität orientierenden Urteilsvermögens, das erst mit der allmählichen Herausdifferenzierung kognitiver Leistungen im späteren Kindesalter das urtümlich-magisch-illusionäre Welterleben langsam zurückdrängt. Diese subkortikal-kortikale Imbalance macht es verständlich, daß in der Kindheit, im Gegensatz zum Erwachsenenalter, auch primär nicht halluzinogen wirksame Substanzen, wie z. B. das Benzydamin oder das Cyproheptadin, zu Sinnestrug und psychotiformen Reaktionsweisen führen können.

Literatur

Altenkirch, H., H. Schulze: Schnüffelsucht und Schnüffler-Neuropathie. Nervenarzt 50 (1979) 21

Amin-Zaki, L., M. A. Majeed, T. W. Clarkson, M. R. Greenwood: Methylmercury poisining in iraqui children. Clinical observations over two years. Brit. med. J. (1978) I, 613

Berger, M., J. White, L. B. Travis, B. H. Brouhard, R. J. Cunningham, R. Patnode, T. Petrusick: Toxic psychosis due to Cyproheptadine in a child on hemodialysis. A case report. Clin. Nephrol. 7 (1977) 43

Binitie, A.: Psychosis following ingestion of hemp in children. Psychopharmacologia (Berl.) 44 (1975) 301

Boeck, R. L., B. Postl, F. J. Coodin: Gasoline sniffing and Tetraethyl lead poisoning in children. Pediatrics 60 (1977) 140

Bron, B., W. Fröscher, W. Gehlen: Analyse chronischer psychotischer Zustandsbilder bei jugendlichen Drogenkonsumenten. Fortschr. Neurol. Psychiat. 45 (1977) 53

Cohen, S.: Glue sniffing. J. Amer. med. Ass. 231 (1975) 653

Corbett, J., R. Harris: Progressive disintegrative psychosis of childhood. J. Child. Psychol. Psychiat. 18 (1977) 211

Eggers, Ch.: Nichtdelirante Intoxikationspsychosen im Kindesalter. Z. Kinderheilk. 119 (1975) 71

Eggers, Ch.: Die akute optische Halluzinose im Kindesalter. Fortschr. Neurol. Psychiat. 43 (1975) 441

Eggers, Ch.: Psychische Nebenwirkungen primär nicht psychotroper Pharmaka beim Kind. In: Therapien in der Kinder- und Jugendpsychiatrie, Bd. II, hrsg. von F. Poustka, W. Spiel. Egermann, Wien 1976

Eggers, Ch., H. Bickel: Prä-, peri- und postnatal bedingte Schwachsinnsformen. Erg. inn. Med. Kinderheilk. 34 (1974)

Gädecke, R., J. Gehrmann: Drogenabhängigkeit bei Kindern und Jugendlichen. Enke, Stuttgart 1973

Kasowski, M. A., W. J. Kasowski: Lead in the environment. Sources of danger. Canad. med. Ass. J. 114 (1976) 474

Mattheis, M.: Die Frustrations-Aggressions-Hypothese bei Mädchen mit adrenogenitalem Syndrom (AGS). Z. Kinder-Jugendpsychiat. 8 (1980) 314

Mattheis, M., Ch. Förster: Zur psychosexuellen Entwicklung von Mädchen mit adrenogenitalem Syndrom. Z. Kinder- u. Jugendpsychiat. 8 (1980) 5

v. Mühlendahl, K. E., E. G. Krienke: Zur Toxizität von Cyproheptadin (Nuran). Nebenwirkungen und akzidentelle Intoxikationen. Mschr. Kinderheilk. 126 (1978) 123

Neville, B. G. R., A. Bentovim, B. E. Clayton, J. Sheperd: Histidinaemia. Arch. Dis. Child 47 (1972) 190

Nyhan, W. L.: Behavoir in the Lesch-Nyhan-Syndrome. In: Annual Progress in Child Psychiatry and Child Development, hrsg. von Chess, St., A. Thomas. Brunner und Mazel, New York 1977

Remschmidt, H.: Psychotische Zustandsbilder bei jugendlichen Drogenkonsumenten. Münch. med. Wschr. 115 (1973) 1225

Rivinus, T. M., D. L. Jamison, P. J. Graham: Childhood organic neurological disease presenting as psychiatric disorder Arch. Dis. Childh. 50 (1975) 115

Stanbury, J. B., F. B. Wyngaarden, D. S. Frederickson: The metabolic basis of inherited disease, 3. Aufl. McGraw, New York 1972

Stutte, H.: Psychosen des Kindesalters. Handb. Kinderheilk. Bd. 8/1. Springer, Berlin 1969

Weinschenk, C.: Verlaufsbeobachtungen bei einem jugendlichen Patienten mit Morbus Gaucher. Jahrb. Jugendpsychiat. 5 (1967) 112

5 Epilepsien

Dieter Scheffner

Definition

Epilepsien sind Krankheiten des Zentralnervensystems, ihr Leitsymptom *chronisch-rezidivierende epileptische Anfälle.* Nicht jeder epileptische Anfall ist Ausdruck einer chronischen Epilepsie. Er kann vielmehr eine akute Störung der zentralnervösen Funktionen signalisieren: Die akut schädigende „Gelegenheit" – ein Trauma, eine Entzündung – wirkt *direkt auf das Gehirn* ein und löst einen Anfall aus. Er wird als *primär zerebraler Anfall* bezeichnet oder als Anfall *intrazerebraler Ursache.* Andererseits kann eine virale Infektion zunächst zu einer extrazerebralen Erkrankung, einer Pneumonie oder Gastroenteritis führen. Kommt es dann im weiteren Verlauf zu einer Elektrolytverschiebung, die so schwer ist, daß sie sekundär die Hirnfunktion beeinträchtigt, kann dadurch ein zerebraler Anfall ausgelöst werden, der als epileptischer Anfall *extrazerebraler Ursache,* als *sekundär zerebraler Anfall* bezeichnet wird. Zu den sekundär zerebralen (epileptischen) Anfällen können wir auch die Fieber-/Infektkrämpfe rechnen.

Primär zerebrale Anfälle und sekundär zerebrale Anfälle, die anläßlich einer akuten Erkrankung – meist in ihrem Beginn – auftreten, können sich in ihrem Verlauf auch wiederholen (z. B. bei einer Enzephalitis, einem Schädel-Hirn-Trauma), bleiben aber an die akute Phase der Erkrankung geknüpft. Sie werden als *Gelegenheitsanfälle* oder *Okkasionskrämpfe* bezeichnet (Tab. 5.1).

Wenn solche okkasionell auftretenden Anfälle sich serienhaft häufen und verstärken, können sie Residuen im ZNS hinterlassen und die Hirnfunktion permanent beeinträchtigen. Losgelöst vom ursprünglichen Anlaß verselbständigen sich so die Anfälle und münden in ein chronisch-rezidivierendes, ohne erkennbare äußere „Gelegenheiten" auftretendes zerebrales Anfallsleiden, in eine Epilepsie.

Epileptische Anfälle sind das klinische Korrelat einer abnormen elektrischen Entladung zerebraler Neuronenverbände. Nicht jeder epileptische Anfall verläuft mit Konvulsionen; dennoch wird die Bezeichnung „Krampf" benutzt, um einen epileptischen Anfall zu bezeichnen. Die Häufigkeit motorischer Phänomene als Einzel- oder Begleitsymptome epileptischer Anfälle mag dazu beitragen, daß von einer erhöhten Krampfbereitschaft statt – etwas genauer – von einer erhöhten Anfallsbereitschaft gesprochen wird.

Die Beziehung zwischen nicht-zerebralen, zerebralen und epileptischen Anfällen sollen am Beispiel kardiovaskulärer Anfälle verdeutlicht werden: Ein kurzer kardialer, z. B. pektanginöser Anfall ist ein nicht-zerebraler Anfall. Geht ein kardialer oder synkopaler Anfall mit einer langdauernden Zirkulationsstörung einher, so kann er eine Bewußtseinsstörung zur Folge haben. Sie ist Ausdruck eines sekundärzerebralen Anfalls, eines nicht-epileptischen Gelegenheitsanfalls. Überschreitet die Zirkulationsstörung ein kritisches Maß, das zerebrale Neuronenverbände zur abnormen Entladung reizt, so geht der nicht-epileptische Gelegenheitsanfall in einen akuten epileptischen Gelegenheitskrampf über.

Tabelle 5.**1** Zerebrale Anfälle

<table>
<tr><td>nicht zerebrale Anfälle</td><td colspan="4">zerebrale Anfälle</td></tr>
<tr><td></td><td colspan="2">sekundär zerebrale Anfälle
(A. extrazerebraler Ursache)</td><td colspan="2">primär zerebrale Anfälle
(A. intrazerebraler Ursache)</td></tr>
<tr><td></td><td>nicht-epileptische Gelegenheitsanfälle</td><td colspan="2">akute epileptische Gelegenheitsanfälle</td><td>chronisch rezidivierende epileptische Anfälle</td></tr>
<tr><td>z. B.
kardialer
Anfall</td><td>z. B.
synkopale A.
hypoglykämische A.</td><td>
=
=</td><td>z. B. bei
Schädelhirn-
trauma</td><td></td></tr>
<tr><td>Nierenkolik</td><td>mit Bewußt-
seinsstörung</td><td>mit Krämpfen</td><td>Enzephalitis</td><td>Epilepsien</td></tr>
<tr><td>Gallenkolik</td><td>respiratorische
Affektkrämpfe</td><td>Fieberkrämpfe</td><td>Enzephalopathie</td><td></td></tr>
</table>

Epidemiologie

Die Häufigkeit der Epilepsien wird mit 0,5% (HAUSER u. KURLAND 1975, ZIELINSKI 1974), nach neueren Erhebungen mit mindestens 1% der Bevölkerung, angenommen. Zwei Drittel der Betroffenen sind bekannt, etwa ein Drittel verbirgt seine Erkrankung, weil nur geringe Symptome bestehen oder seltene Anfälle auftreten oder psychologische, religiöse oder wirtschaftliche Gründe dieses Verhalten opportun erscheinen lassen (Commission for the Control of Epilepsy and its Consequences, 1977).

In der Bundesrepublik Deutschland leben rund 600 000 Anfallskranke. Etwa zehnmal so viele Menschen zeigen in ihrem EEG epilepsiespezifische Potentiale, also Veränderungen, wie sie regelhaft bei Epilepsien beobachtet werden, obwohl sie noch nie einen epileptischen Anfall hatten. Diese Menschen sind zur epileptischen Reaktion disponiert, sie zeigen eine höhere Anfallsbereitschaft als die restliche Bevölkerung. Wenn sie einen Unfall mit Schädel-Hirn-Trauma erleiden, ist für sie die Gefahr größer als für andere, daß sie mit einem akuten epileptischen Krampfanfall reagieren. Chronisch Anfallskranke und diejenigen, die nur eine erhöhte Anfallsbereitschaft aufweisen, oder solche, die nur *einen* epileptischen Anfall erlitten, umfassen 10% der Bevölkerung, etwa 6 Millionen Menschen in der Bundesrepublik Deutschland. Aus diesen Zahlen ist die Bedeutung des Problems Epilepsie/epileptische Reaktion auch in sozialmedizinischer Hinsicht erkennbar.

Mehr als 75% der epileptischen Erkrankungen beginnen vor dem 18. Lebensjahr. Etwa die Hälfte der Anfallskranken ist jünger als 16 Jahre. In einer prospektiven Untersuchung wurde eine jährliche Inzidenzrate für epileptische Anfälle bei Kindern unter 16 Jahren von 1,43‰ ermittelt. Die Nachuntersuchung dieser Patienten 3 Jahre später erlaubte die Diagnose Epilepsie bei 0,82‰. Die Inzidenzraten lagen am höchsten im 1. Lebensjahr (0,957‰) und zwischen 1 und 4 Jahren (1,399‰: BLOM u. Mitarb. 1978). Das sind die Gründe für den Pädiater, Neuropädiater, Kinder- und Jugendpsychiater, sich besonders eingehend mit dem Problem zu beschäftigen.

Verglichen mit anderen Erkrankungen treten die Epilepsien etwa zehnmal häufiger als Muskelerkrankungen, aber zehnmal seltener als der Diabetes mellitus auf. Allerdings kommt beim Diabetes mellitus 1 Kind auf 100 erwachsene Patienten, während bei den Epilepsien mit 1 Kind auf 2 Erwachsene zu rechnen ist (Tab. 5.2).

Tabelle 5.**2** Häufigkeiten von Erkrankungen und Behinderungen in der Bundesrepublik Deutschland, bezogen auf die gesamte Bevölkerung

Behinderungen (jeder Art) davon unter 21 J. alt: 10%	1,0–2,0%
Epilepsien davon unter 16 J. alt: 50%	0,5–1,0%
Zerebrale Bewegungsstörungen	0,5%
Diabetes mellitus davon unter 14 J. alt: 1%	5,0%
Muskeldystrophien	0,2%
Phenylketonurie (1 : 10 000 Geburten)	1,4/Mio.

Nomenklatur und Klassifikationsprobleme

Es gibt zahlreiche Bemühungen, die Epilepsien nach ätiologischen, neurophysiologischen, morphologischen oder klinischen Kriterien zu unterteilen. Basis einer praktikablen Klassifikation der Epilepsien bleibt die klinisch-elektroenzephalographische Einteilung der epileptischen Anfälle. Sie liegt sowohl der von H. GASTAUT vorgeschlagenen Internationalen Klassifikation zugrunde wie den Vorschlägen der Kommission für Terminologie und Klassifikation der I.L.A.E. (International League against Epilepsy).

Die historische Einteilung berücksichtigt die Ätiologie. Sie unterscheidet zwischen *symptomatischer* und *genuiner* Epilepsie. Da der epileptische Anfall *immer* das Symptom einer gestörten Hirnfunktion darstellt, wäre es richtiger, Epilepsien bekannter von Epilepsien unbekannter Ursache zu trennen. Eine Epilepsie z. B. als Folge eines bekannten Schädel-Hirn-Traumas oder einer Enzephalitis wird auch als *residuale* oder *erworbene* Epilepsie bezeichnet. Ihr gegenüber stehen die *genetisch* bedingten Epilepsien.

Berücksichtigt man, daß in praxi endogene (genetische) und exogene (erworbene) Einflüsse zusammenkommen und etwa 10% der Bevölkerung im EEG Zeichen einer erhöhten Anfallsbereitschaft aufweisen, dann haben alle Einteilungsversuche, die nur einen Gesichtspunkt berücksichtigen (Ätiologie, EEG-Befund o. ä.), begrenzten Wert.

Einen wesentlichen Baustein der elektroklinischen

Klassifikation bildet die Phänomenologie des einzelnen Anfalls. Der Anfall wird vom Arzt selten gesehen. Obwohl die Fremdbeobachtung oft bruchstückhaft ist, stellt sie im klinischen Alltag ein brauchbares Hilfsmittel dar. Mit dem EEG werden zusätzlich interiktale und seltener auch iktale Befunde erhoben, die es erlauben, von der Klassifikation des einzelnen Anfalls zur Klassifikation der Epilepsien fortzuschreiten. Hierfür sind zusätzliche Angaben und Verlaufskriterien erforderlich, die nach Art eines Baukastensystems der Anfallsklassifikation beigefügt werden. Die kurze Charakterisierung einer Epilepsie kann dann z. B. folgendermaßen aussehen:

Frühkindliche generalisierte Epilepsie mit Grand mal-Anfällen (Erstmanifestation mit 3 Jahren) und Absencen (Erstmanifestation mit 6 Jahren), bei familiärer Belastung mit Aufwach-Grand mal (Vater und Vaters Vater), mit Spike-wave-Paroxysmen im EEG bei Fotostimulation; anfallsfrei seit 19.. unter Valproat.

Trotz vieler Bemühungen bleiben etwa 10% aller Anfälle unklassifizierbar (LAVY u. Mitarb. 1972). Neue Gesichtspunkte für die Klassifikation, z. B. die Unterscheidung zwischen obligaten und fakultativen, häufigen und seltenen Anfallssymptomen, gelingen mit der *simultanen Doppelbildaufzeichnung* (SDA): Mit mehreren Kameras können Veränderungen während epileptischer Anfälle am Patienten und im EEG synchron auf Videoband aufgezeichnet werden. Detailaufnahmen des Patienten werden vergrößert eingeblendet, polygraphische Daten (EMG, EKG, Atmung u a. m.) festgehalten. Die Analyse solcher Bandaufzeichnung erhellt die elektroklinischen Korrelationen auch in ihrem zeitlichen Ablauf (STEFAN 1982).

Zum Verständnis elektrophysiologischer Anfallsabläufe und ihrer klinischen Korrelation trägt auch die *Stereoelektro*enzephalographie (SEEG) bei, bei der mit stereotaktisch implantierten Elektroden aus unterschiedlicher Tiefe des Gehirns abgeleitet wird (WIESER 1983). Sie relativiert u. a. die klinisch verwendete Bezeichnung des primär generalisierten und des fokalen Anfalls. Elektrophysiologisch gibt es strenggenommen keine von Anfang an generalisierte Epilepsie (BANCAUD u. TALAIRACH 1965).

Der Wert des *konventionellen EEG* für die Klassifikation bleibt unbestritten. Herdbefunde mit und ohne hypersynchrone Aktivität (HsA), generalisierte paroxysmale Veränderungen mit und ohne HsA sind aber häufig erst dann mit hinreichender Genauigkeit zu erkennen, wenn alle EEG-diagnostischen Möglichkeiten: Schlafprovokation, Hyperventilation und Photostimulation zur Ergänzung des konventionellen Ruhe-EEG herangezogen werden.

In der täglichen Praxis hat sich in Anlehnung an die Vorschläge der Klassifikationskommission der I.L.A.E. folgende Zweiteilung epileptischer Anfälle bewährt:

1. Generalisierte Anfälle ohne fokale Symptomatik.
2. Partielle Anfälle mit fokaler Symptomatik.

1. Generalisierte epileptische Anfälle ohne fokale Symptomatik. Die klinischen Symptome deuten vom Beginn der Anfälle an auf eine Beteiligung beider Hemisphären. Das Bewußtsein ist in der Regel von Anfang an aufgehoben oder weitgehend eingeschränkt. Die Anfälle können mit oder ohne Konvulsionen verlaufen. Motorische Manifestationen treten bilateral auf. Ein generalisiertes Muster im EEG kennzeichnet bilaterale, *nicht* umschriebene neuronale Entladungen. Diese Anfälle sind überwiegend genetisch bedingt. Weitgehend synonym verwandte Bezeichnungen der mit generalisierten Anfällen ohne fokale Symptomatik einhergehenden Epilepsien sind „essentielle Epilepsien", „idiopathische Epilepsien", „zentrenzephale Epilepsien" (vgl. MASLAND 1974), „kortikoretikuläre Epilepsien" (GLOOR 1964), „common generalized epilepsy" (NIEDERMEYER 1973), „primär" generalisierte Epilepsien. Die erwähnten Begriffe kennzeichnen einen Ausschnitt aus der jüngsten Geschichte der Epilepsien. Das ihnen zugrundeliegende pathogenetische Konzept ist heute nicht mehr uneingeschränkt gültig.

2. Partielle epileptische Anfälle (Partialanfälle, Herdanfälle). Partialanfälle sind Anfälle *mit* fokaler Symptomatik. Die ersten klinischen Symptome zeigen an, daß ein anatomischer oder funktioneller neuronaler Verband in Teilen einer oder beider Hemisphären ein abnormes Entladungsmuster produziert. Partialanfälle mit erhaltenem Bewußtsein heißen *elementare Partialanfälle,* solche mit Bewußtseinseinschränkung werden als *komplexe Partialanfälle* bezeichnet. Eine Bewußtseinseinschränkung liegt vor, wenn der Patient nicht adäquat auf äußere Reize reagiert. Die Bewußtseinsminderung kann das erste Symptom eines komplexen Partialanfalls sein oder den Übergang eines elementaren in einen komplexen Partialanfall anzeigen. Während der Bewußtseinseinschränkung kann der Patient verhaltensauffällig sein und Automatismen zeigen. Jeder Partialanfall kann „sekundär" in einen generalisierten Anfall übergehen (= *generalisierter Anfall fokaler Genese,* sekundär-generalisierter Anfall).

Anfallsformen und Epilepsieverläufe[1]

Generalisierte Anfälle ohne fokale Symptomatik (Tab. 5.3)

Grand mal-Anfälle

Der große epileptische Anfall ist ein dramatisches Ereignis. Er kann sich Stunden bis Tage vorher durch allgemeine Störungen des Befindens, Unruhe, vermehrte Reizbarkeit, depressive Verstimmung oder vegetative Beschwerden ankündigen (Prodromi). Eine Aura, eindeutiges Herdzeichen, fehlt definitionsgemäß. Der Patient stürzt mit einem Aufschrei oder Stöhnen zu Boden und verliert das Bewußtsein. Nach einer generalisierten, Bruchteile einer Minute dauernden tonischen Phase, in der die Extremitäten meist gestreckt, der Kopf rekliniert und die Augen nach oben verdreht werden, setzen meist generalisiert, immer bilaterale rhythmische Kloni ein. Sie dauern ½–2, seltener 5–10 Minuten. Ihre Frequenz nimmt gegen Ende des Anfalls ab, die Muskulatur erschlafft. Unregelmäßige Atmung im Beginn des Anfalls wird von einer Hypoventilation bis zur Apnoe gefolgt und führt zur tiefen Zyanose. Die Pupillen sind weit und reagieren nicht auf Licht, die Zunge beteiligt sich häufig an den rhythmischen Zuckungen, eine Hypersalivation kann zur Aspiration und zum Schaumpilz vor dem Mund führen. Zungenbiß, Wangenbiß, Einnässen und Einkoten treten häufig auf, sind aber nicht Bedingungen für die Diagnose eines epileptischen Anfalls. Priapismus wird häufig, Pollutionen werden selten beobachtet.

Nach Beendigung des Anfalls normalisieren sich Atmung und Hautfarbe, der Patient wacht nach einigen Minuten kurz auf, ehe er in einen ½–1 Stunde dauernden postkonvulsiven Nachschlaf fällt. Es besteht eine retrograde Amnesie für den Anfall.

Das EEG zeigt *iktal* in der tonischen Phase generalisierte Spike-Aktivität mit oder ohne vorhergehende Desynchronisation. Seltener treten Spike-wave-Serien auf, die in der klonischen Phase durch langsame Wellen unterbrochen werden. Postiktal wird eine Amplitudenabflachung und Verlangsamung der Grundaktivität beobachtet. *Interiktal* besteht eine instabile Grundaktivität, in die paroxysmal dysrhythmische Gruppen eingelagert sein können. HsA tritt einzeln oder gruppiert in Form von Spike-wave-Komplexen und Polyspike-wave-Paroxysmen auf. Sie werden durch Hyperventilation, Photostimulation und Schlafentzug aktiviert bzw. provoziert.

Tabelle 5.**3** Generalisierte epileptische Anfälle ohne fokale Symptomatik

Grand mal-Anfälle = große epileptische Anfälle
tonisch-klonisch
klonisch
tonisch
atonisch
Absencen
einfache
komplexe
Myoklonisch-astatische (akinetische) Anfälle
Impulsiv-Petit mal-Anfälle

Besondere Anfallsformen

Die Ausprägung der großen Anfälle ist besonders unter antikonvulsiver Therapie unterschiedlich. Die Symptomatik verdünnt sich häufig bis zu *Abortivformen.* Rein klonische Anfälle und alternierende *Hemi-Grand mal-Anfälle* treten bevorzugt im Säuglings- und Kleinkindesalter auf. Grand mal-Anfälle bei Neugeborenen verlaufen irregulär, häufig bilateral asynchron. Sie werden als *amorph* bezeichnet[1]. *Atonische* generalisierte Anfälle sind selten und differentialdiagnostisch gegen astatische Anfälle und Sturzanfälle fokaler Genese abzugrenzen. *Tonisch generalisierte Anfälle* treten selten isoliert auf, sie werden beim Lennox-Gastaut-Syndrom besprochen. Gelegentlich finden sie sich medikamentös induziert durch Benzodiazepine.

Treten Grand mal-Anfälle gehäuft während Stunden oder eines Tages auf, so sprechen wir von einer *Grand mal-Serie,* wenn das Intervall zwischen den Anfällen länger als eine Stunde dauert und der Patient zwischen den Anfällen das Bewußtsein wiedererlangt, von einem *Grand mal-Status,* wenn der Patient zwischen den Anfällen bewußtlos bleibt und die Anfälle sich innerhalb einer Stunde wiederholen.

Epilepsien mit Grand mal-Anfällen ohne fokale Zeichen

Allen Patienten ist gemeinsam, daß neurologische oder psychopathologische Befunde fehlen. Hin-

[1] Die Ausführungen dieses Teils berücksichtigen weitgehend die Ergebnisse und Diskussionen der Tagungen des Arbeitskreises für Epileptologie, ohne daß dieser jedesmal zitiert wird (vgl. Doose u. Mitarb. 1979).

[1] Auf Krämpfe im Neugeborenenalter wird im folgenden nicht eingegangen.

Tabelle 5.**4** Epilepsien mit Grand mal-Anfällen ohne fokale Symptomatik

	Frühkindlicher Verlaufstyp	Präpubertärer bis adulter Verlaufstyp
Manifestationsalter	besonders 2. bis 5. Lebensjahr	Präpubertät bis Adoleszenz
m/w	vorwiegend Knaben	kein Unterschied
Tageszeitliches Auftreten der Anfälle	keine Bevorzugung	nach dem Erwachen, bei Ermüdung und Entspannung (Aufwach-Epilepsie)
Auslösende Faktoren	Fieber und Infekte	Alkohol, Schlafentzug, Perimenstruum
Mögliche Kombination	Absencen, Impulsiv-Petit mal, myoklonisch-astatische Anfälle	Absencen, Impulsiv-Petit mal
Prognose	ungünstig, wenn Anfälle lange dauern; dann häufig Übergang in Schlaf-Grand mal, psychomotorische Anfälle	günstig, niedrige Anfallsfrequenz
Therapie	Valproat, Phenobarbital, Primidon, häufig Kombinationen notwendig	Valproat, Phenobarbital, Primidon, gutes Ansprechen
EEG-Besonderheiten	Theta-Rhythmisierung	keine

weise auf eine erworbene Störung der Hirnfunktion werden vermißt, in der Familienanamnese hingegen finden sich nicht selten anfallskranke Vorfahren. So ist die Annahme berechtigt, daß für diese Form der Epilepsien eine genetische Disposition maßgebend ist. Es genügen ggf. kleine zusätzliche exogene Schädigungen, um der Epilepsie zur Manifestation zu verhelfen. Zwei wesentliche Verläufe sollen unterschieden werden: Der *frühkindliche Verlaufstyp* und der *präpubertäre bis adulte Verlaufstyp*. Die sie unterscheidenden Merkmale und die Therapie sind in Tab. 5.**4** dargestellt.

Unter den Patienten mit frühkindlichem Verlaufstyp finden sich zahlreiche Kinder, die nur bei Fieber oder katarrhalischem Infekt initial krampfen. Die Prognose dieser Fieberkrämpfe hängt weitgehend von den Modalitäten ihres Auftretens ab. Ihrer großen Bedeutung wegen werden sie später im Zusammenhang besprochen.

Sensorisch ausgelöste Anfälle: Sie werden durch einfache sensorische Reize (z. B. optisch, akustisch, musikogen, vestibulär, gustatorisch-olfaktorisch) oder durch komplizierte mentale Prozesse (Entscheiden, Rechnen, Schreiben, Schachspielen) ausgelöst (fälschlich: Reflexepilepsie). Während die photogenen Anfälle überwiegend zu den generalisierten Anfällen gehören, sind audiogen ausgelöste eher den epileptischen Partialanfällen zuzurechnen (musikogene Epilepsie). Die meisten Patienten haben neben den sensorisch ausgelösten auch spontane Anfälle.

Absencen

Unter Absencen verstehen wir plötzlich beginnende und plötzlich endende Bewußtseinspausen, die in der Regel nicht länger als 20 (bis 30) Sekunden anhalten. Klinischer Anfall und das begleitende EEG-Muster sind durch Hyperventilation leicht zu provozieren und zu aktivieren. Wir unterscheiden einfache und komplexe Absencen, die beide am gleichen Patienten beobachtet werden können; unter der Therapie werden komplexe Absencen symptomärmer, ehe die Anfälle sistieren.

Einfache, blande, simple Absencen: Der Anfall bleibt auf sein Kernsymptom, die Bewußtseinspause, beschränkt. Einfache Absencen kommen seltener vor (unter 40%) als komplexe (mehr als 60%). Genauere Analysen des Anfallsablaufs durch SDA zeigen sogar nur 6% einfache Absencen (STEFAN 1982). Der Patient wird von seinem Anfall überrascht, hält inne, verharrt und setzt nach kurzer Zeit die unterbrochene Tätigkeit fort „als wäre nichts geschehen". Während des Anfalls bleibt der Haltungstonus der Muskulatur unverändert, der Patient verliert keine Gegenstände aus der Hand. Die Augen blicken starr geradeaus, die Mimik erschlafft, der Patient „träumt". Es besteht eine Amnesie für den Anfall. Kürzere Absencen werden gelegentlich als „Unaufmerksamkeit" registriert, solche unter 5 Sekunden Dauer entgehen der klinischen Beobachtung (subklinische Absencen); die sie begleitende Aufmerksamkeitsminderung ist durch psychometrische Tests zu erfassen.

Elektroenzephalographisch werden zwei Befunde unterschieden: typische und atypische. Das EEG zeigt typischerweise im *Anfall* regelmäßige generalisierte Paroxysmen von 3/s-Spike-wave-Komplexen. Andere, eventuell asymmetrisch auftretende EEG-Befunde stellen Atypien dar und werden als komplizierend gewertet. Ihnen entsprechen häufig auch Atypien im klinischen Bild. *Interiktal* ist bei einfachen Absencen eine Verlangsamung der Grundaktivität seltener als bei komplexen zu finden.

Komplexe Absencen: Zusätzlich zur Bewußtseinsstörung werden motorische, vegetative Phänomene sowie Automatismen beobachtet.

Komplexe Absencen mit Myoklonien = myoklonische Absencen: Ohne Änderung der Körperhaltung treten synchron zu den Spike-wave-Entladungen im EEG bilateral rhythmische Myoklonien der Bulbi, Augenlider, im Mundbereich, im Schultergürtel und in den Armmuskeln auf.

Komplexe Absencen mit Myoklonien und Änderung der Körperhaltung: Meistens nimmt der Haltungstonus zu, der Patient beugt sich leicht vor und hebt symmetrisch zuckend seine Arme an („hypertonische Absence"). Andere Patienten zeigen ein rhythmisches Rückwärtsneigen des Kopfes und Überstrecken des Rumpfes; sie machen gelegentlich kleine (Ausgleichs-)Schritte rückwärts (retropulsive, retrokursive Absencen). Rhythmische Aufwärtsbewegungen beider Augäpfel und der Lider im 3-Sekunden-Takt komplettieren das Bild.

Komplexe Absencen mit vermindertem Haltungstonus (atonische Absencen): Bei Verlust des Haltungstonus gleitet der Patient – eventuell in rhythmischen Bewegungen – zu Boden. Diese Anfälle werden etwas unglücklich gelegentlich als inhibitorische epileptische Anfälle, etwas besser als „atonisches Petit mal" bezeichnet.

Komplexe Absencen mit Automatismen (Automatismus-Absence, Automatik-Absence): Am häufigsten treten orale Automatismen, Lippen-, Leck-, Zungenbewegungen, Nesteln und Wischbewegungen der Hände und Füße auf; sie ähneln denen, die wir bei psychomotorischen Anfällen beobachten. Gelegentlich setzt ein Patient eine vorher innegehabte Bewegung automatenhaft fort: So kann er weiter tanzen, den letzten Anschlag auf dem Klavier repetieren oder Schwimmbewegungen am Ufer machen, wenn er gerade aus dem Wasser gekommen ist.

Komplexe Absencen und autonome Phänomene: Diese Patienten zeigen zusätzlich vasomotorische oder tussive Anfallssymptome oder Einnässen.

Komplexe Absencen mit fokaler Symptomatik: Zusätzlich zu den beschriebenen Elementen kann eine fokale Symptomatik von Anfang an bestehen oder im Verlauf des Anfallsleidens deutlich werden. Solche Absencen mit fokaler Symptomatik stellen ein Bindeglied zu den Partialanfällen dar. Pathogenetisch ist anzunehmen, daß hier die sehr stark vorherrschende genetische Epilepsiebereitschaft durch zusätzliche erworbene fokale Läsionen oder Funktionsstörungen modifiziert wird (LANGE u. RABE 1978). In diesen Fällen können auch neuroradiologische Untersuchungen bei genetisch bedingten Epilepsien einen positiven Befund erbringen.

Elemente der einzelnen komplexen Absencen können sich kombinieren oder isoliert auftreten. Die zeitliche Begrenzung der komplexen Absencen ist häufig etwas schwieriger zu bestimmen als bei reinen Absencen. Sie dauern meistens auch länger als 20–30 Sekunden.

Im EEG treten *iktal* auch bei komplexen Absencen typischerweise generalisierte regelmäßige 3/s-Spike-wave-Muster auf. Nicht selten zeigt das EEG folgende Atypien:

- (dis-)kontinuierlich auftretende, irreguläre Spike-wave-Komplexe,
- (dis-)kontinuierliche Polyspike-wave-Komplexe,
- langsame Spike-wave-Komplexe (unter 2,5/s = spike wave variant),
- initiale Desynchronisierung,
- Spitzenaktivität von 10 bis 20/s.

Das EEG ist *interiktal* häufig allgemein verlangsamt, kann Herdbefunde mit und ohne HsA zeigen.

Atypische EEG-Befunde bei komplexen Absencen können gemeinsam mit typischen EEG-Befunden vorkommen. Sie sind jedoch im Gegensatz zu diesen häufig nicht durch Hyperventilation zu aktivieren.

Epilepsien mit einfachen und komplexen Absencen (vgl. DIETRICH u. Mitarb. 1983)

Absenceepilepsie des Kleinkindesalters: Sie beginnt im 2.–4. Lebensjahr und betrifft besonders Knaben. Häufig treten zusätzlich große Anfälle auf; sie gehen der Absencemanifestation vielfach voraus. Die Kinder zeigen nicht selten eine Entwicklungsstörung und einen psychomotorischen Rückstand.

Absenceepilepsie des Schulkindes (Pyknolepsie): Sie beginnt zwischen dem 5. und 11. Lebensjahr; Mädchen erkranken bevorzugt. Die Absencen treten „pyknoleptisch" gehäuft (mehrmals täglich), vorwiegend in den Morgenstunden und bei Müdigkeit auf. Die Patienten sind meistens zu Beginn der Erkrankung altersgemäß entwickelt. Ihre höheren Intelligenzleistungen lassen nicht selten in der Pubertät nach. Das betrifft besonders die Patienten, die zusätzlich Grand mal-Anfälle bekommen (etwa 30%), die am ehesten an die Aufwachphase gebunden sind (Aufwach-Grand mal).

Absenceepilepsie der (Prä-)Pubertät: Seltene Absencen treten zumeist neben Grand mal-Anfällen auf. Knaben wie Mädchen sind gleich häufig betroffen. Das Grand mal wird vielfach in der Aufwachphase beobachtet.

Therapie: In der Regel sprechen Absencen gut auf die antiepileptische Therapie an. Für die Behandlung der einfachen und komplexen Absencen mit typischem EEG-Muster konkurrieren 2 Medikamente der ersten Wahl: *Ethosuximid* und *Valproat.* Alle anderen Antikonvulsiva wie *Methsuximid, Nitrazepam, Clonazepam* und die früher am häufigsten verwendeten *Oxazolidin-dion*-Präparate sind Mittel der ferneren Wahl.

Ethosuximid und *Valproat* können als gleich wirksam gelten. Es gibt Absencen, die auf eines der beiden Präparate nicht reagieren, und solche, die erst durch Kombination beider Präparate beeinflußt werden (SCHNEBLE 1975). Bei Absencen mit typischem EEG-Befund kann man mit jedem der beiden Medikamente in etwa 80% eine Anfallsfreiheit erzielen.

Valproat ist offenbar in der Lage, das Auftreten einer Grand mal-Komplikation im Verlauf von Absenceepilepsien zu verhindern. Die Verabfolgung der Tagesmenge als einmalige Abenddosis erlaubt niedrige Dosierung bei gleicher Effektivität (STEFAN u. Mitarb. 1983). *Valproat*-Monotherapie wird i. d. R. der Kombination *Ethosuximid* + *Phenobarbital/Primidon* vorgezogen. Die Kombination von Valproat mit Phenobarbital erhöht die Gefahr erheblicher Nebenwirkungen, da Valproat das Phenobarbital aus seiner Plasmaeiweißbindung verdrängt (PATSALOS u. LASCELLES 1982). *Hydantoine* sind für eine Kombination zur Verhütung sekundär auftretender Grand mal-Anfälle ungeeignet bis kontraindiziert (DOOSE u. SCHWARTZ 1976). Außerdem gibt es genügend Beobachtungen über eine Wirksamkeit des *Valproats* gegenüber fotogen ausgelösten Grand mal-Anfällen.
Antiepileptika der ferneren Wahl für die Behandlung von Epilepsien und Absencen: Die Wirkung des Methsuximid auf pyknoleptisch auftretende Absencen ist nie bezweifelt worden. Die schon bei geringer Dosierung zu bemerkenden Nebenwirkungen verhindern eine breite Anwendung. Schläfrigkeit und extrapyramidal-motorische Symptome sind am störendsten. Die Beobachtung, daß auch psychomotorische Anfälle (Partialanfälle mit komplexer Symptomatik) positiv beeinflußt werden, rechtfertigt seine Anwendung besonders bei Absencen mit Atypien im klinischen und im elektroenzephalographischen Bereich, bei denen die Mittel der ersten Wahl auch in Kombinationen versagt haben. *Methsuximid* ist hier dem *Trimethadion* überlegen. Symptome, die unter diesen Umständen an den Einsatz des *Methsuximids* denken lassen, sind anders nicht zu beherrschende prolongierte Absencen und Absencestatus, eine ausgeprägte allgemeine Verlangsamung der Grundaktivität des EEG und häufige Polyspike-wave-Ausbrüche (STENZEL 1979).
Benzodiazepine (insbesondere *Diazepam* und *Clonazepam*) werden bei Absencestatus eingesetzt, in der Langzeittherapie haben sie höchstens im Einzelfall in Kombination mit anderen Medikamenten eine Bedeutung.
Unter den *Oxazolidinen* wurde das *Trimethadion* früher am häufigsten angewendet. Seine Wirksamkeit gegenüber Absencen liegt sicherlich unter der der *Suxinimide*. Seine Grand mal-provozierende Wirkung ist nicht belegt. Die Kombination zur Grand mal-Prophylaxe erfolgt am ehesten mit *Phenobarbital/Barbexaclon/Primidon* (FICHSEL 1979).
Die Behandlung mit der Kombination *Mepacrin-Ethosuximid* (= *Acrisuxin*) ist einer *Ethosuximid*-Monotherapie nicht überlegen (KRUSE 1979).
Eine ketogene Diät hat zweifellos anfallsverhütende Wirkung auf Absencen und auf Anfälle aus dem myoklonisch-astatischen Formenkreis. HUTTENLOCHER (1976) fordert eine Erhöhung des Spiegels der Acetessigsäure über 0,6 mM, der Betahydroxybuttersäure über 2 mM im Serum. Er hat gezeigt, daß bei Unterschreiten dieser Werte Krampfaktivität im EEG sofort wieder auftritt. Die praktische Durchführung einer solchen Diät bereitet weiterhin erhebliche Schwierigkeiten.
Ein Absence-Status kann mit Steroiden durchbrochen werden.
Die Prognose der reinen Absence-Epilepsie ist gut, besonders wenn die Grundaktivität im EEG im Alter von 10–15 Jahren normal zusammengesetzt ist (DIETERICH 1983). Hinzutretende oder initial vorhandene Grand mal-Anfälle senken die hohe Wahrscheinlichkeit der Anfallsfreiheit und altersgemäßen Entwicklung.

Myoklonisch-astatische Anfälle

Dieser Anfallstyp ist aus mehreren Elementen zusammengesetzt, die isoliert mit unterschiedlicher Betonung und in unterschiedlicher Reihenfolge vorkommen können.
Obligat sind *atonisch-astatische Symptome.* Der Patient stürzt „aus heiterem Himmel" ohne erkennbare Ursache in Abhängigkeit von der Körperhaltung bei Anfallsbeginn rückwärts, vorwärts oder seitlich zu Boden. Der Fall vollzieht sich „wie vom Blitz getroffen" – oder bei geringerer Intensität etwas langsamer in Form eines taschenmesserartigen Einknickens im Knie- und Hüftgelenk. Es kommt zu einer Nickbewegung oder einem Rückwärtssinken des Kopfes.
Fakultativ können *bilaterale Myoklonien* besonders im Bereich der oberen Extremitäten und im Schultergürtel, irreguläre Gesichtsmyoklonien und Blinzelbewegungen der Augen auftreten. Besonders bei protrahiert verlaufenden Anfällen wird ein *Bewußtseinsverlust* meist unter 5 (bis 10) Sekunden beobachtet.
Das EEG zeigt *iktal* ein eher rasches Spike-wave-Muster. Es besteht selten aus regelmäßigen, häufiger aus irregulären Spike-wave-, seltener Polyspike-wave-Komplexen. Sie treten in kurzen Ausbrüchen generalisiert auf und werden durch langsame Wellen verbunden. *Interiktal* finden sich eine Theta-Delta-Rhythmisierung, diffuse oder paroxysmale Dysrhythmien, einzelne Ausbrüche irregulärer Spike-wave-Komplexe, von Polyspike-wave- und Spike-wave-Variantmustern. Altersabhängig tritt eine Photosensibilität in Erscheinung. Die HsA wird bei Hyperventilation aktiviert; auch im Schlaf-EEG fehlt ein Herdbefund, es dominieren generalisierte Paroxysmen.

Epilepsien mit myoklonisch-astatischen Anfällen

Die Anfälle ereignen sich bevorzugt beim Erwachen und in der Ermüdungsphase, bei 60 bis 70% der Patienten in Form myoklonisch-astatischer

Status. Knaben werden häufiger als Mädchen betroffen. Im Verlauf treten häufig Grand mal-Anfälle hinzu (60 bis 70%, besonders bei Knaben). Tonisch-generalisierte Anfälle im Schlaf zeigen einen ungünstigen Verlauf an.

Generalisierte Epilepsie des Säuglingsalters mit myoklonischen Anfällen: Dieser Anfallstyp ist extrem selten. Da Myoklonien im Vordergrund stehen, die als symmetrische, besonders im Schultergürtel lokalisierte Blitzkrämpfe mit einer Beugetendenz imponieren, ähneln die Anfälle BNS-Krämpfen junger Säuglinge (s. dort). Im Gegensatz zu diesen treten sie einzeln über den ganzen Tag verteilt auf; außerdem besteht im *EEG* keine Hypsarrhythmie, sondern es finden sich Paroxysmen gruppierter, rascher irregulärer Spike-wave-Komplexe und eine abnorme Theta-Rhythmisierung. Über den weiteren Verlauf dieser sehr kleinen Gruppe von Kindern ist bisher wenig bekannt.

Generalisierte Epilepsie des Kleinkindesalters mit myoklonisch-astatischen Anfällen: Das Hauptmanifestationsalter der generalisierten myoklonisch-astatischen Anfälle stellt das 2. bis 5. Lebensjahr dar. Knaben erkranken häufiger als Mädchen (2 : 1). Die Kombination mit generalisiertem Grand mal – u. U. erstmals unter dem Bilde von Fieberkrämpfen – ist häufig. Das Hinzutreten nächtlicher tonischer Anfälle gilt als prognostisch ungünstiges Zeichen. Tonisch-generalisierte Anfälle treten im Gegensatz zum typischen Schlaf-Grand mal (80% 1 bis 2 Stunden vor dem Erwachen, 15% nach dem Einschlafen) über die ganze Nacht verteilt auf. In den Tiefschlafphasen sind sie selten. Bei Beginn im 1. und 2. Lebensjahr besteht die Neigung zu prozeßhaftem Verlauf mit der Entwicklung epileptischer Status und nachfolgender Demenz. Eine spontane Besserung mit Beginn des Schulalters wird beobachtet.

Myoklonische Epilepsien des Schulkindalters: Hier stehen Absencen im Vordergrund, gelegentliche myoklonisch-astatische Anfälle sind u. U. schwer zu trennen von komplexen Absencen mit Myoklonien und Tonusverlust. Die Kombination mit Impulsiv-Petit mal-Anfällen ist möglich.

Differentialdiagnose: Myoklonisch-astatische Anfälle können im Krankheitsverlauf durch zusätzliche Noxen oder von Anfang an mit einer fokalen Symptomatik ausgestaltet werden. Diese ist im Anfang u. U. bei direkter Anfallsbeobachtung nicht deutlich, erst bei mehrfachen EEG-Untersuchungen erkennbar. Hier herrschen dann fokale und multifokale Veränderungen mit HsA bzw. das klassische Bild einer Hypsarrhythmie vor. In der Anamnese dieser Patienten finden sich häufig hirnorganische Schäden unterschiedlicher Art, die genetische Belastung tritt zurück. In jeder Altersgruppe können die Epilepsieverläufe mit generalisierten myoklonisch-astatischen Anfällen (sekundär) fokale Symptome zeigen. Der weitere Verlauf wird dann durch Herdbefunde im EEG und im klinischen Anfallsbild (vgl. auch Schlaf-Grand-mal) bestimmt. Die gemeinsame Endstrecke, besonders der maligne verlaufenden Säuglings- und Kleinkindepilepsie mit myoklonisch-astatischen Anfällen, ist das sog. Lennox-Gastaut-Syndrom (s. dort). Es gehört definitionsgemäß zu den generalisierten Epilepsien mit Herdzeichen bzw. fokaler Genese oder zu den „sekundär" generalisierten, primär fokalen Epilepsien. Alle diese Bezeichnungen haben ihre Berechtigung. Sie sind erklärbar durch den unterschiedlichen Zeitpunkt, zu dem der Patient in ärztliche Behandlung kommt. In Abhängigkeit von Krankheitsstadium und unter Berücksichtigung der Verlaufsdynamik müssen die Klassifikationsbemühungen zu unterschiedlichen Ergebnissen führen. Im frühen Kindesalter ist es jedoch häufig möglich, die sich entwickelnden Verläufe zu dokumentieren und z. B. zwischen der generalisierten Epilepsie des Kleinkindesalters mit myoklonisch-astatischen Anfällen (zentrenzephales akinetisches Petit mal) und dem Lennox-Gastaut-Syndrom zu unterscheiden. Sie haben eine unterschiedliche Prognose und erfordern eine differenzierte genetische Beratung.

Therapie: Die generalisierten Epilepsien mit myoklonisch-astatischen Anfällen bereiten erhebliche therapeutische Schwierigkeiten. Das Mittel der Wahl bei reinen myoklonisch-astatischen Anfällen und zur gleichzeitigen Prophylaxe der häufig hinzutretenden Grand mal-Anfälle ist das *Valproat.* Wahrscheinlich gleichrangig rangieren *Phenobarbital/Barbexaclon/Primidon.* In der Regel wird eine Kombination mit *Benzodiazepinen* (besonders *Clonazepam* oder *Nitrazepam)* notwendig sein. Solange kein Grand mal auftritt, können *Benzodiazepine* auch als Monotherapie gegeben werden. Bei Therapieresistenz und epileptischem Status wurden *Dexamethason* bzw. *ACTH* eingesetzt.

Die besonders nächtlich auftretenden tonischen Anfälle können durch *Benzodiazepine* provoziert werden.

Impulsiv-Petit mal-Anfälle

Sie sind gekennzeichnet durch kurzdauernde und bilaterale, überwiegend symmetrisch auftretende myoklonische Stöße von schleuderndem Charakter und wechselnder Intensität. Der Patient kann infolge einer massiven Beugemyoklonie bzw. einer postmyoklonischen Muskelhypotonie zu Boden stürzen. Betroffen ist besonders die Schultergürtelmuskulatur; nur bei stärkerer Ausprägung werden die Beinmuskeln einbezogen. Im Bereich der mimischen Muskulatur sind die Myoklonien diskreter, irregulär und polytop, bleiben aber bilateral symmetrisch. Eine Bewußtseinstrübung kann vorkommen, ist aber schwer nachweisbar. Bei Kombination mit großen epileptischen Anfällen leiten Serien von Impulsiv-Petit mal-Anfällen die Grand mal-Anfälle gelegentlich ein.

Im EEG finden sich *iktal* irreguläre Polyspike-wave-Gruppen, *interiktal* zeigt sich die Grundaktivität instabil. Sie wird mehrfach durch einzelne oder gruppiert auftretende generalisierte, reguläre und irreguläre Spike-wave-Komplexe und von Polyspike-waves sowie paroxysmalen dysrhythmischen Gruppen unterbrochen. Die HsA wird bei Hyperventilation, Photostimulation und Schlafentzug aktiviert.

Epilepsien mit Impulsiv-Petit mal-Anfällen:

Infantile Verlaufsform s. myoklonische Anfälle des Säuglingsalters (S. 219).

Juvenile und adulte Verlaufsform (= Impulsiv-Petit mal-Epilepsie nach JANZ und CHRISTIAN): Die Anfälle dauern 1 bis 2 Sekunden, treten in Serien auf, bevorzugt nach dem Erwachen, seltener am Nachmittag. Schlafentzug, Streß und Alkohol wirken anfallsauslösend. Da die Patienten sich oft wenig beeinträchtigt fühlen, ist der epileptische Charakter der Anfälle erst spät erkannt worden. Neurologische Befunde fehlen bei den Patienten. Eine ätiologische Klärung ist meistens nicht möglich. Die genetische Disposition zu epileptischen Anfällen ist ausgeprägt. Schon geringfügige exogene Läsionen führen zur Manifestation. Die Epilepsie manifestiert sich bevorzugt zwischen dem 12. und 15. Lebensjahr. Geschlechtsunterschiede fehlen. Die Prognose ist überwiegend günstig.

Blinzelanfälle: Sie nehmen eine Sonderstellung unter den „kleinen" generalisierten Anfällen ohne fokale Symptomatik ein, stehen zwischen den Impulsiv-Petit mal-Anfällen und den Absencen. Blinzelanfälle treten in großer Häufigkeit ohne erkennbare Bewußtseinseinschränkung aperiodisch und mit einer Frequenz von 6 bis 10/s auf. Die Bulbi werden aufwärts gerichtet. Emotionale Erregung begünstigt, Konzentration verhütet die Anfälle. Im EEG zeigen diese Patienten nichtrhythmische Polyspikes und Polyspike-waves, die frontal betont sind. Blinzelanfälle kommen bei ganz verschiedenen Epilepsien vor, bei BNS-Krämpfen, myoklonisch-astatischen Anfällen, Absencen.

Die Therapie mit *Valproat* bzw. *Ethosuximid* ggf. in Kombination mit *Phenobarbital, Barbexaclon, Primidon* entspricht dem bei myoklonisch-astatischen Anfällen Gesagten. Im Gegensatz zu den dort besprochenen Schwierigkeiten sind Impulsiv-Petit mal-Anfälle oft schon durch die Therapie des mit ihm vergesellschafteten Aufwach-Grand mal zu beeinflussen.

Fokale epileptische Anfälle (epileptische Partialanfälle)

Einen Überblick über die fokalen epileptischen Anfälle vermittelt Tab. 5.5.

Fokale epileptische Anfälle mit elementarer Symptomatik

Ihnen gemeinsam ist das erhaltene Bewußtsein während des Anfalls. Jede Körperregion kann betroffen werden. Die Anfälle bevorzugen Extremitäten, obere Rumpfanteile und Gesicht. Ausgangspunkt ist eine funktionelle epileptische Einheit, d. h. ein Verband von Neuronen, der eine abnorme Entladungsfrequenz und abnorme Synchronisation der Entladungen zeigt. Dieser Zellverband liegt zumeist im Rindengebiet einer Hemisphäre.

Der *motorische* Kortex, die vordere Zentralwindung, ist initial häufig betroffen. Es resultieren Zuckungen in einem eng umschriebenen Gebiet, etwa einer Extremität. Wenn die Erregung sich ausbreitet (march of convulsion), werden weitere Teilgebiete einbezogen (Jackson-Anfall). Die Erregung kann sich auf den sensiblen Kortex, die hintere Zentralwindung, ausbreiten (sensomotorischer Anfall) oder dort beginnen.

Der *sensible Anfall* äußert sich in Schmerzen, Kribbeln, Brennen, einem Schwere- oder Taubheitsgefühl, z. B. einer Extremität. Die Ausbreitung zu einem sensiblen Jackson-Anfall ist selten. Zuckungen oder sensible Phänomene einer umschriebenen Körperregion, einer Extremität oder von Teilen derselben treten isoliert, in Serien oder im Extremfall diskontinuierlich verteilt über den ganzen Tag bei vollem Bewußtsein auf.

Dem klassischen *Jackson-March*, der regelhaften Ausbreitung einer Zuckung vom Finger auf die

Tabelle 5.**5** Fokale epileptische Anfälle

1. *Fokale epileptische Anfälle mit elementarer Symptomatik (einfache Partialanfälle, Bewußtsein erhalten)*
– *Mit motorischen Symptomen*
Umschriebene fokal-motorische Anfälle, lokalisierte Myoklonien *ohne* Ausbreitung
Fokal-motorische Anfälle *mit* Ausbreitung (March): Jackson-Anfall
Versivanfälle
Fokal-tonische Anfälle
Dysarthrische, mastikatorische, pharyngeale Anfälle
– *Mit sensiblen oder sensomotorischen, sensorischen oder somatosensorischen Symptomen*
– *Mit autonomen (vegetativen) Symptomen*
2. *Fokal epileptische Anfälle mit komplexer Symptomatik* (komplexe Partialanfälle, Bewußtsein gestört)
– Mit ausschließlicher Störung des Bewußtseins
– Mit kognitiven Symptomen
– Mit affektiven Symptomen
– Mit psychosensorischen Symptomen (Illusionen, Halluzinationen)
– Mit psychomotorischen Symptomen (z. B. Automatismen)
3. *Sekundär generalisierte fokale epileptische Anfälle (generalisierte Anfälle fokaler Genese)*

gesamte obere Extremität, gelegentlich auch auf die untere Extremität, geht häufig ein kurzer, selten lange anhaltender, meist nur durch Spezialuntersuchungen (simultane Doppelbildaufzeichnung, vgl. S. 213) erkennbarer tonischer Krampfanfall in der betroffenen Region voraus. Beugezukkungen herrschen an den Extremitäten vor. Der tonischen Komponente liegt eine Erregung in etwas ausgedehnteren (sub-)kortikalen Gebieten zugrunde. Fokale Anfälle mit Bewußtseinseintrübung haben ihren Ursprung nicht in der Zentralregion.

Der fokale Anfall hinterläßt gelegentlich eine vorübergehende, für Minuten bis Stunden anhaltende partielle Lähmung oder eine Sensibilitätsstörung der betreffenden Region. Ob sie durch Zellerschöpfung (Gewebsanoxie, Substratmangel) oder eine aktive Hemmung zustande kommt, ist letztlich nicht geklärt.

Die häufigste Form neokortikaler Anfälle ist der *(Ad-)Versivanfall.* Er wird eingeleitet durch eine Blick-, Kopf- und Rumpfwendung zur Herdgegenseite, Anheben, Abduktion und Beugung des Armes, Streckung des Beines. Es kann zu Kloni im tonisch verkrampften Arm kommen: der Patient schaut seinen zuckenden Arm an. Das Bewußtsein ist mindestens in der ersten Phase des Anfalls erhalten. Die Beteiligung der Gegenseite und der Übergang in einen generalisierten Anfall sind häufig. Die Adversivbewegungen können von verschiedenen Rindenarealen ausgelöst werden und gehen dann zum Teil mit entsprechender Aura einher. Am häufigsten ist das frontale Adversivfeld beteiligt; hier fehlt eine begleitende Aura. Die Mechanismen, die ipsiversive Adversivanfälle entstehen lassen, sind nicht übersichtlich.

Ein *fokal-tonischer Anfall* wird durch lokale Hypertonie der Haltungsmuskulatur hervorgerufen. Sie führt zu einer entsprechend unnatürlichen oder auffälligen Haltung.

Die Erregung, die zu *dysarthrischen, mastikatorischen, pharyngealen, laryngealen Herdanfällen* führt (operkuläre Anfälle), breitet sich häufig zur Gegenseite aus, so daß beidseitige Symptome beobachtet werden. *Sensorische und somatosensorische* Symptome können alle Sinnesqualitäten betreffen, rein somatosensorisch, visuell, auditorisch, olfaktorsich, gustatorisch und vertiginös ablaufen. *Vegetative Symptome* (Erröten, Erblassen, Meteorismus usw.) treten selten isoliert auf. Meist sind sie Teil einer komplexeren Symptomatik (s. u.).

Im EEG finden sich *iktal* rhythmische Entladungen langsamer Wellen und Spitzen und/oder langsame Wellen umschrieben über einer, gelegentlich auch über Punkten beider Hemisphären. Die fokale Entladung ist nicht immer von der Schädeloberfläche abzuleiten. *Interiktal* zeigen intermittierende Herdbefunde mit und ohne HsA die umschriebene Funktionsstörung an.

Epilepsien mit fokalen Anfällen elementarer Symptomatik

Die Anfälle treten in jedem Alter auf. Bei Erwachsenen liegt ihre Häufigkeit etwa unter 20%, bei Kindern sicher unter 10%.

Die Ätiologie ist vielfältig. Bekannte und unbekannte, zumeist aber erworbene Ursachen spielen eine Rolle: Trauma, Entzündung, Tumor u. a. m. Genetische Faktoren können zusätzlich von Bedeutung sein. Daß sie nicht vernachlässigt werden dürfen, zeigt die Hereditätsquote neokortikaler Epilepsien, die über der zu erwartenden Durchschnittshäufigkeit liegt.

Benigne Epilepsie des Kindesalters mit sog. Rolandi Fokus (BEAUSSART 1972, BEAUMANOIR u. Mitarb. 1974, LIPINSKI 1979, GAMSTORP 1983)

Diese altersgebundene Epilepsie geht nur zum Teil mit epileptischen Anfällen und elementarer Symptomatik einher. Neben fokalen motorischen Partialanfällen (in 68% mit brachiofazialer Betonung) treten hemifaziale Anfälle mit tonischem Charakter und Hypersalivation sowie Speech arrest (20%), Hemi-Grand mal (12%) und generalisierte Anfälle (8%), letztere besonders im Säuglingsalter, auf. Die Anfälle sind am häufigsten an die Schlafphase gebunden (50%), finden zu 30% im Wachen, zu 20% sowohl im Wachen wie im Schlafen statt. Die Anfallsfrequenz pro Jahr ist gering. Knaben werden häufiger befallen als Mädchen (6 : 4). Das Maximum der Erkrankung liegt um das 5. Lebensjahr (8 Monate bis 12 Jahre).

Neurologische Auffälligkeiten fehlen. Ätiologische Hinweise auf eine frühkindliche Hirnschädigung finden sich in 16%. Eine genetische Disposition liegt sicher vor, da bei 13% der Betroffenen bei Eltern und/oder Geschwistern eine epileptische Erkrankung zu eruieren ist.

Nach der Pubertät vermindert sich die Anfallsbereitschaft in der Regel. Wenn ausnahmsweise schwere neurologische Befunde und zusätzlich belastende Faktoren trotz der typischen Lokalisation der sharp waves bestehen, sollte definitionsgemäß nicht von einer benignen Epilepsie gesprochen werden.

Diagnostisch entscheidend ist im Ruhe-*EEG* die gruppierte, amplitudenhohe negative langsame Spitze mit nachfolgender langsamer Welle. Die Veränderungen treten mit einer Häufigkeit von 5 bis 15/min auf und werden im Schlaf aktiviert. Sie finden sich in der prätemporalen unteren Zentralregion (Area Rolandica), in 70% unilateral, in 30% seitenwechselnd. Selten sind die Foci beidseitig asynchron ausgeprägt. Die Grundaktivität ist altersgemäß zusammengesetzt, 15% der Patienten zeigen Spike-wave-Paroxysmen in Ruhe und unter Hyperventilation.

Benigne fokale Epilepsie mit occipitalen Spikes (GASTAUT 1982)

Es handelt sich um eine zwischen dem 4. und 9. Lebensjahr beginnende mädchenwendige Epilepsie mit visuellen (Amaurose, Lichtwahrnehmungen, Halluzinationen, Illusionen) und nicht visuellen Symptomen (Hemi-Grand Mal, psychomotorische und selten Grand Mal-Anfälle).
Die Anfälle sistieren bis spätestens zum 19. Lebensjahr. Es fehlen neurologische und psychointellektuelle Auffälligkeiten. Das EEG zeigt normale Grundaktivität. Bei Augenschluß treten rhythmische 200 bis 300 μV hohe 2 bis 3 Hz spike-wave Komplexe im occipito-postero-temporalen Gebiet auf. Sie werden weder durch Schlaf noch durch Fotostimulation aktiviert. Die Anfälle sind therapeutisch gut beeinflußbar.

Epilepsia partialis continua – Koshewnikow-Syndrom (KRUSE 1979)

Das Syndrom umfaßt mehr oder weniger kontinuierlich ablaufende, mehr oder weniger rhythmische, in einem umschriebenen Körperabschnitt auftretende *Myoklonien* in Kombination mit Jackson-*Anfällen* mit und ohne Generalisation zu *Grand mal-Anfällen* (25%) und mit einem zentralen sensomotorischen Ausfall in den betroffenen Körperabschnitten.
Die Frequenz der Myoklonien liegt am häufigsten zwischen 60 und 90/min. Intensität und Frequenz, gelegentlich auch ihre Lokalisation wechseln intraindividuell stark. Sie werden bei einzelnen Patienten durch Emotion, aktive und passive Bewegungen verstärkt. Im Schlaf können sie intermittierend und abgeschwächt auftreten.
Eine kortikale Atrophie sowie der Verdacht auf subkortikale Hypertrophie wurden im Computertomogramm gefunden (Beobachtung STENZEL 1979). Psychopathologische Befunde fehlen. Im EEG finden sich kontralaterale Herdbefunde mit und ohne HsA. Sie treten mit unterschiedlicher Intensität und Ausprägung und einem Maximum präzentral, zentral bis parietal auf. Eine strenge Korrelation zum klinisch-neurologischen Befund fehlt häufig. Die Grundaktivität ist normal oder allgemein verlangsamt.
Im Kindesalter tritt die Epilepsia partialis continua der gegebenen Definition in einer Häufigkeit von 6% aller Epilepsien auf. Das Syndrom kann in jedem Lebensalter beginnen, Maxima finden sich mit 20 und 60 Jahren. Ätiologisch können Entzündungen (z. B. eine SSPE) in 30%, Raumforderungen in 18%, ein Hirntrauma (15%) und Gefäßprozesse (15%) verantwortlich sein. Der Rest der Erkrankungen bleibt ungeklärt. Verlauf und Dauer werden von der Ätiologie bestimmt. Die Anfälle sind – wenn die Grundkrankheit nicht beseitigt werden kann – therapieresistent. Vorübergehende Besserung ist mit *Clonazepam, Phenytoin, Phenobarbital* möglich. *Corticoide* und ACTH befriedigen nicht.

Von einer Epilepsia partialis continua sollte nur gesprochen werden, wenn die eingangs erwähnten Kriterien erfüllt sind, kontinuierliche, pyramidale Myoklonien einer umschriebenen Körperregion, entsprechende sensomotorische Jackson-Anfälle mit Ausbreitung bis zum Grand mal und eine sensible Störung bzw. Lähmung im betroffenen Gebiet vorliegen.

Therapie der fokalen epileptischen Anfälle mit elementarer Symptomatik

Mit *Phenytoin* können rund 80% der neokortikalen Anfälle kontrolliert werden. *Carbamazepin* ist wirkungsgleich, (CEREGHINO u. Mitarb. 1974, RODIN 1974, TROUPIN u. Mitarb. 1977) es gibt allerdings Patienten, die nur auf eines der beiden oder die Kombination beider Mittel ansprechen. In zweiter Linie kann *Primidon/Phenobarbital* angewendet werden (vgl. S. 225). *Clonazepam* hat nur für die Kombinationstherapie verzweifelter Fälle Bedeutung. Bei älteren Kindern und Jugendlichen müssen die pseudoasthenischen Nebenwirkungen und u. U. die Traumlosigkeit und ihre Folgen unter der Behandlung mit *Clonazepam* berücksichtigt werden.

Fokale epileptische Anfälle mit komplexer Symptomatik (vgl. Tab. 5.5 S.220)

Ihr Kernsymptom ist die Einengung des Bewußtseins. Sie können als Partialanfall mit elementarer Symptomatik beginnen. Umschriebene Zuckungen treten an Häufigkeit hinter koordinierten Bewegungsabläufen zurück. Die weitere Ausgestaltung des Anfalls erfolgt mit einer Reichhaltigkeit und Vielfalt kognitiver, psychischer, affektiver, psychosensorischer und psychomotorischer Symptome, die um so schillernder erlebt und geschildert werden, je älter und differenzierter der Patient ist.
Fokale epileptische Anfälle mit ausschließlicher Bewußtseinsstörung: Phänomenologisch gleichen sie den Absencen, doch lassen sie sich von diesen durch eine längere Dauer (in der Regel über 30 Sekunden) und durch die zeitlich unscharfe Begrenzung des Anfallsablaufs unterscheiden. Der Anfall beginnt nicht plötzlich und endet nicht abrupt wie eine Absence, sondern verläuft in Crescendo-Decrescendo-Art mit schwer abzugrenzendem Ende. Häufig liegt nur eine Bewußtseinstrübung vor, die es dem Patienten ermöglicht, Gesprochenes zu hören oder auch zu verstehen. Er erinnert sich nachträglich auch an die Absicht, auf die Ansprache verbal oder motorisch zu reagieren und spürt noch die Unfähigkeit, dieses Vorhaben zu realisieren. Der iktale und interiktale EEG-Befund schließlich erlaubt ebenfalls die Abgrenzung von den Absencen (s. unten).
Fokale epileptische Anfälle mit kognitiven Symptomen: Hierunter werden subsummiert: dysmne-

stische Anfälle mit ausgeprägter Gedächtnisstörung, aber auch ekmnestische, visuelle, und auditive Störungen, Déjà-vu- und Déjà-vécu-Wahrnehmungen, der Dreamy-state, dieser eigenartige Zustand, in dem das Bewußtsein für die Realitäten der Außenwelt vermindert, für die Vorgänge im Inneren des Patienten gesteigert sind. Seine Inhalte sind eigentümliche Wahrnehmungen illisionärer oder halluzinatorischer Art. Hierher gehört auch das epileptische Zwangsdenken, das einen Anfall einleiten oder beherrschen kann.

Fokale epileptische Anfälle mit affektiver Symptomatik: Verhaltensänderungen mit unmotiviertem Lachen oder Zwangsweinen, Angst oder Zorn können den Partialanfall bestimmen.

Fokale epileptische Anfälle mit psychosensorischer Symptomatik: Sie treten in 2 Versionen auf: Der illusionären Verkennung der Umwelt (z. B. visueller oder akustischer epileptischer Anfall) und als Halluzinationen.

Dysmetrope *Illusionen* führen zu empfundenen Veränderungen der Größe (Makropsie, Mikropsie), der Entfernung (Makroproxiopsie und Mikrotelopsie), der Lautstärke (Hyperakusis und Hypakusis). Lageoptische Illusionen (Raumempfindungen mit stürzenden oder gewölbten Wänden), dysmorph-optische Illusionen („wie in einem Zerrspiegel") mit Metamorphopsien ergänzen das Bild.

Halluzinationen sind gekennzeichnet durch komplexe Wahrnehmungen ohne äußere Sinnesreize. Sie sind selten, aber im Einzelfall schwer von elementaren epileptischen Rindenanfällen zu unterscheiden.

Fokale epileptische Anfälle mit psychomotorischen Symptomen (Automatismen): Anfälle mit psychomotorischen Symptomen, epileptischen Bewegungen mit Handlungscharakter, speziell Automatismen, sind häufig. Sie können mit einer asymmetrischen, aber oft beidseitigen Tonuserhöhung mit Beugung einer Extremität und Drehung von Kopf und Rumpf einhergehen und in einen Grand mal-Anfall münden. Auch Anfälle von Tonusverlust werden beobachtet. Bei beiden kann der Patient hinfallen. Die Unterscheidung zum seitenbetonten Grand mal oder zu myoklonisch-astatischen Anfällen bereitet dann Schwierigkeiten.

Ganz wesentlich bestimmen Automatismen und vegetative Symptome in unterschiedlichen Kombinationen den Anfallsablauf. Einen Überblick über die häufigsten Automatismen und vegetativen Symptome vermitteln Tab. 5.6 und Tab. 5.7.

Die Aura (Tab. 5.8). Mit MATTHES (1977) bezeichnen wir die Aura als epileptische Vorempfindung, während der im EEG fokale Entladungen bestimmter Hirnareale zu registrieren sind. Der Inhalt der Aura weist auf den Ursprung der initialen Erregung. Die Aura ist abzugrenzen von den oft schwer bestimmbaren, unspezifischen Prodromalerscheinungen, die einem Anfall Stunden und Tage vorangehen können. Die Aura ist entweder alleinige Anfallsmanifestation, oder sie leitet einen epileptischen Anfall ein. Es ist immer ein fokaler Anfall mit komplexer Symptomatik. Im frühen Kindesalter fehlen detaillierte Angaben über Aura-Erlebnisse. Wenn von einer Aura im Anfallsbeginn berichtet wird, handelt es sich überwiegend um sogenannte psychomotorische Anfälle (59% Auren: MATTHES 1977), seltener um Grand mal-Anfälle mit Herdzeichen (7% Auren).

Am häufigsten wird im Kindesalter über abdominelle Auren berichtet: dumpfe Schmerzen im Nabelbereich, abdominelle Koliken, Meteorismus und ein „komisches Gefühl, das zum Hals aufsteigt". Unbestimmte und unbestimmbare Verhaltensänderungen: „Mir ist so komisch", respiratorisch-kardiale sowie vertiginöse Auren folgen. Alle oben geschilderten affektiven, kognitiven, psychosensorischen Symptome können die Aura ausgestalten.

Mit zunehmendem Alter herrschen komplexe Auren vor, eine Vielfalt bewußt erlebter Eindrücke, die mit regulärer Dynamik abläuft: Beim Erwachsenen (JANZ 1969) stehen optische Auren häufig

Tabelle 5.**6** Orale und phonetische Automatismen

Orale Automatismen	*Phonetische Automatismen*
Lecken, Schmecken, Schmatzen, Kauen, Schlucken, Schnüffeln	Räuspern, Schnaufen, Grunzen, Stöhnen, Mekkern, Wimmern, Lachen
	Verbale Automatismen
	Dyslexie, Dysgraphie
Automatismen der oberen Extremität	*Automatismen der unteren Extremität*
Zupfen, Streichen, Nesteln, Drehen, Kratzen, Wringen, Gestikulieren	Scharren, Trampeln, Trippeln, Tänzeln, auf der Stelle Treten

Tabelle 5.**7** Vegetative Symptome

Erröten, Erblassen,
Schweißausbruch,
Speichelfluß,
Würgen, Erbrechen,
Einnässen, Einkoten,
Schluckauf,
Herzjagen,
Pupillenerweiterung, -verengung,
Meteorismus, Flatulenz

Tabelle 5.**8** Aura-Erscheinungen

abdominal	optisch
präkordial	akustisch
zephal	olfaktorisch
vestibulär	gustatorisch
Halluzinationen	Angst
Dreamy-state	unbestimmt

im Beginn, werden von akustischen gefolgt oder münden in Dreamy-states. Unter der antikonvulsiven Behandlung kann die Symptomatik psychomotorischer Anfälle bis auf die initiale Aura zurückgedrängt werden: Das Kind spürt nur „ein Kitzeln im Hals, wie früher, als der Anfall losging".

Psychomotorische Anfälle

Wir verstehen hierunter fokale Anfälle mit einer Beeinträchtigung des Bewußtseins bis zur Bewußtlosigkeit, einer Störung von Wahrnehmung, Erleben und Erinnern. Die komplexe Symptomatik ist um so reichhaltiger, je älter der Patient ist, um über Erlebtes Auskunft zu geben. Häufig beginnt der Anfall mit einer Aura. In abortiver Form besteht er aus einer (unscharf begrenzten) Bewußtseinseintrübung. Die oben geschilderten affektiven, psychosensorischen und psychomotorischen Symptome treten einzeln und in unterschiedlichen Kombinationen auf, der psychomotorische Anfall integriert also alle Typen fokaler Anfälle mit komplexer Symptomatik.

Ausgangsort der Erregung ist das limbische System, ein anatomisch und funktionell eng verknüpfte Areal, zu dem der mediobasale Abschnitt des Temporallappens, angrenzende orbitale Anteile des Stirnhirns, subkortikale und zinguläre Rindengebiete gehören (ISAACSON 1974). Die einzelnen Teile des limbischen Systems sind durch entsprechende Bahnen eng miteinander, mit den Arealen der Gegenseite sowie mit mesenzephalen und dienzephalen Gebieten verknüpft. Innerhalb dieses Systems besteht eine besonders niedrige Krampfschwelle.

Schon minimale mechanische, thermische, elektrische Reize führen zu einer Entladung, die sich nicht punktuell eng begrenzen läßt, sondern innerhalb des Systems rasch ausbreitet. Nach *morphologisch-physiologischen Gesichtspunkten* lassen sich zwei Hauptgruppen „psychomotorischer Anfälle" unterscheiden:

- der rhinenzephale Typ und
- der temporolaterale, neokortikale Typ.

Der Ursprung der Erregung liegt bei dem *rhinenzephalen Typ* (cf. Unzinatusanfälle) pararhinal. Er führt zu Dreamy-states, oraler Aura, oralnutritiven Automatismen und vegetativen Symptomen. Im EEG finden sich iktal bilateral-synchron Thetawellen temporofrontal beiderseits.

Der seltenere temporolaterale Typ der Anfälle beginnt im neokortikalen Anteil des Temporallappens und ruft akustische, visuelle, vestibuläre, dysphasische Auren und Adversivbewegungen hervor. Dreamy-states und Dämmerattacken sind hierbei selten. Im iktalen EEG dominiert fokale HsA temporal Mitte und temporal hinten („Temporallappenepilepsie", ein Begriff, der nur den Ursprung der Erregung kennzeichnet, klinisch aber mit unterschiedlichen Anfallstypen verknüpft ist).

Der psychomotorische Anfall dauert in der Regel 30 Sekunden bis 2 Stunden. Er endet häufig in einem postparoxysmalen Dämmerzustand, einer Reorientierungsphase. Das Bewußtsein kehrt langsam wieder, Stereotypien und Automatismen beherrschen das Bild. Die Patienten sind nicht selten nach dem Anfall müde und schlafen ein.

Epilepsien mit Herdanfällen komplexer Symptomatik

Die Anfälle können in jedem Lebensalter auftreten, das Maximum liegt zwischen dem 10. und 20. Lebensjahr. Eine Geschlechtsbevorzugung besteht nicht. Die Häufigkeit der psychomotorischen Anfälle unter den Epilepsien des Kindesalters liegt um 20%. Sie steigt bei Erwachsenen über 30%. Die Ätiologie ist vielfältig, im Kindesalter fast bei der Hälfte der Patienten zu eruieren. Perinatalschäden dominieren bei jungen Kindern, entzündliche Hirnerkrankungen kommen im Kleinkindes- und Schulalter vor. Ab 10 Jahren überwiegt das Schädel-Hirn-Trauma. Tumoren sind selten anzuschuldigen. Relativ oft wird in der Anamnese über prolongierte und häufige Fieberkrämpfe und afebrile Anfälle berichtet. Es muß in diesem Zusammenhang aber festgehalten werden, daß Fieberkrämpfe nur selten in eine Epilepsie mit psychomotorischen Anfällen münden.

Genetische Faktoren spielen eine untergeordnete Rolle. Sie beeinflussen aber die Prognose. Therapieresistente Verläufe finden sich bevorzugt, wenn exogene und genetische Faktoren ätiologisch bedeutsam sind.

Epilepsien mit psychomotorischen Anfällen verlaufen gelegentlich zykloleptisch. Bei 7% besteht eine Neigung zum Status epilepticus. Häufig treten Grand mal-Anfälle (Schlaf-Grand mal, diffuses Grand mal) bereits in den ersten 3 Jahren nach Beginn des Anfallsleidens hinzu. Im Anschluß daran sind die psychomotorischen Anfälle schwerer zu therapieren, die Prognose verschlechtert sich.

Im EEG finden sich *iktal* bilateral-synchrone generalisierte 3- bis 6/s-Wellen mit eingelagerten steilen Abläufen. Bei 50% der Anfälle zeigt sich meistens initial während der Aura eine umschriebene oder generalisierte Amplitudenabflachung. Ein regelmäßiges 3/s-Spike-wave-Muster ist exzeptionell und wirft die Frage auf, ob nicht doch komplexe Absencen vorliegen. Der Anfall kann ohne an der Schädeloberfläche abgreifbare EEG-Veränderungen ablaufen. Durch Tiefenableitung allerdings (auch Sphenoidal- und Nasopharyngealelektroden) ist die Erregung nachweisbar. *Interiktal* herrschen fokale Veränderungen mit und ohne HsA in 60 bis 90% vor. Daneben ist die Zusammensetzung der Grundaktivität häufig allgemein verlangsamt. Der Wert von Provokationsmethoden, besonders des Schlaf-EEG und der Hyperventilation, wird uneinheitlich beurteilt.

Therapie: Das Mittel der ersten Wahl ist *Carbamazepin* oder, um häufige Gaben wegen schwankender Spiegel im Tagesablauf zu vermeiden, *Phenytoin. Barbiturate (Phenobarbital/Barbexaclon/Primidon)* stehen in zweiter Reihe. *Valproinat* und *Clonazepam,* meistens in Kombination mit Mitteln der ersten Wahl, gewinnen an Bedeutung, wenn generalisierte EEG-Veränderungen vorliegen (COVANIS u. Mitarb. 1982, HENRIKSEN u. JOHANNESSEN 1982, KEENE u. Mitarb. 1982). Bei Therapieresistenz sind im Einzelfall *Sultiam* und *Methsuximid* indiziert. Auch in einem gemischten, ausgesprochen ungünstig zusammengesetzten Krankengut sind Epilepsien mit psychomotorischen Anfällen bis zu 75% positiv zu beeinflussen; allerdings kann Anfallsfreiheit nur in einem Drittel der Fälle erzielt werden (STENZEL 1979).

Die operative Therapie bleibt weiter eine Ausnahme. Durch die Erweiterung der stereotaktischen Möglichkeiten sind vielleicht in Zukunft neue Indikationen zu erwarten. Präoperativ sollte eine gründliche Untersuchung des Patienten, in der Regel einschließlich einer Stereoenzephalographie durchgeführt werden. Voraussetzung für die Operation sind nach wie vor:

1. Therapieresistenz nach lege artis durchgeführter, durch Blutspiegel kontrollierter Langzeittherapie unter verschiedenen Antikonvulsiva in unterschiedlicher Kombination.
2. Einseitig oder einseitig führende EEG-Veränderungen.

Daneben spielen der Allgemeinzustand und die Schwere der neurologischen und mentalen Befunde eine Rolle.

Gelastische Epilepsie (Epilepsie mit Lachanfällen)

(KRUSE 1979, DREYER u. WEHMEYER 1978)

Plötzlich auftretende komplex-fokale Anfälle von unmotiviertem Lachen mit kurzdauernder Veränderung des Bewußtseins und vegetativen Symptomen als Zeichen eines besonderen Epilepsieverlaufs sind selten. Im Säuglings- und Kleinkindesalter sind solche Beobachtungen verdächtig auf einen tiefsitzenden (Mißbildungs-)Tumor der Mittellinienstrukturen (III. Ventrikel und Hypothalamus). Im späteren Alter kann er bei Tumoren des Temporallappens vorkommen.

Der Anfall dauert 5 bis 15 Sekunden; er wird vom Patienten nicht bewußt wahrgenommen. Im EEG ist eine flache Desynchronisierung beobachtet worden, die sich unter Amplitudenanstieg verlangsamt. Die Anfälle treten 3- bis 20mal täglich auch aus dem Schlaf heraus auf. Nach Beendigung der Anfälle schläft der Patient sofort weiter.

Unmotiviertes lautes Lachen oder Lächeln, Kichern oder Meckern als Einzelsymptom finden sich bei einer Reihe von Epilepsieverläufen, am häufigsten im Rahmen von Epilepsien mit psychomotorischen Anfällen. Bei BNS-Krämpfen und myoklonisch-astatischen Anfällen ist dieses Symptom ebenfalls beobachtet worden. Es kann in jeder Phase des Anfalls auftreten. Lachen oder Lächeln im Anschluß an einen Anfall, z. B. nach einer Absence, kann auch Ausdruck einer Verlegenheit sein, ein Versuch, die „unnatürliche" Pause zu überspielen.

Sekundär-generalisierte, fokale epileptische Anfälle

Hierher gehören:

1. Sekundär-generalisierte Grand mal-Anfälle (Grand mal mit Herdzeichen)
2. BNS-Krämpfe.
3. Myoklonisch-astatische Anfälle.

Alle Formen von fokalen epileptischen Anfällen mit elementaren oder komplexen Symptomen können in generalisierte Anfälle übergehen. Der typische Anfall beginnt fokal z. B. mit einer Aura. Er generalisiert zum symmetrisch oder asymmetrisch ablaufenden tonisch-klonischen Anfall und klingt mit einer Umdämmerung aus. Die Generalisation erfolgt gelegentlich so rasch, daß die fokalen Symptome unbemerkt bleiben. Die sekundär-generalisierten Anfälle können symmetrisch und asymmetrisch, tonisch und klonisch, meist jedoch tonisch-klonisch verlaufen. Das Bewußtsein ist aufgehoben.

Daneben gibt es generalisierte „kleine Anfälle" fokaler Genese, deren Generalisation vom fokalen Anfall her nicht mehr regelmäßig beobachtet werden kann; allenfalls weisen postparoxysmale Herdzeichen oder eine Aura darauf hin. Verlaufsbeobachtungen der klinischen Symptomatik freilich lassen die Entwicklung vom fokalen Anfall erkennen. Im EEG-Verlauf werden die Entwicklung von der fokalen zur multifokalen Funktionsstörung und schließlich die (sekundäre) Generalisation deutlich. Die Phänomenologie der Anfälle unterscheidet sich nicht von der entsprechender Anfälle nicht-fokaler Genese.

Epilepsie mit Grand mal-Anfällen und fokaler Symptomatik (GUCK 1979, SCHEFFNER 1980)

Die fokale Symptomatik kann im Verlauf des einzelnen Anfalls oder im Verlauf einer Epilepsie klinisch oder im EEG deutlich werden. Die betroffenen Patienten haben häufiger als andere auch fokale neurologische Befunde.

Grand mal-Epilepsien mit fokalen Symptomen sind häufiger als ohne Herdzeichen. Eine geschätzte Relation von 7 : 3 dürfte der Realität nahekommen. Dabei ist es von Bedeutung, ob Herdzeichen bei Anfallsmanifestation bereits vorhanden sind oder erst im Laufe vieler und langer Grand mal-Anfälle auftreten (sekundäre Fokalisierung). Hier besteht der Verdacht, daß umschriebene funktio-

Tabelle 5.**9** Epilepsien mit Grand mal-Anfällen

	Ohne Herdzeichen (O)	Mit Herdzeichen (M)
Familienanamnese: Epilepsie	häufig	selten
Zerebraler Vorschaden	selten	häufig
Dauer des Anfalls	kürzer	länger
Status epilepticus	½mal (M)	2mal (O)
4 Jahre anfallsfrei	80%	50%
Therapie 1. Wahl	*Valproat*	*Carbamazepin* *Phenytoin*
2. Wahl	*Barbiturate*	*Barbiturate*
Schlaf-/Wach-Bindung	Aufwachanfälle (= nach Erwachen)/ „Feierabendanfälle"	a) Schlafanfälle (1–2 Std. *vor* d. Erwachen: 80% nach dem Einschlafen: 15%) b) Diffus verteilte Anfälle
EEG iktal	generalisierte Spikes	generalisierte Spikes, evtl. fokal betont
interiktal	paroxysmale HsA durch HV, FS u. Schlaf aktiviert	Herdbefunde ± HsA generalisierend, durch Schlaf aktiviert

nelle oder gewebliche Läsionen durch die Krämpfe erst verursacht oder manifest wurden.

Das Anfallsleiden kann sich in jedem Lebensalter manifestieren. Ein Geschlechtsunterschied besteht nicht. Über Merkmalsunterschiede, besonders gegenüber der Grand mal-Epilepsie ohne fokale Symptomatik und die unterschiedliche Therapie informiert Tab. 5.9. Die familiäre Belastung mit Epilepsie ist höher bei den Patienten, deren Herdzeichen sich erst im Laufe der Erkrankung entwikkeln gegenüber solchen, bei denen Herdzeichen schon die Anfallsmanifestation begleiten. Hinweise auf eine zerebrale Vorschädigung durch eine gestörte Gravidität und Geburt bzw. Perinatalperiode sind auffälligerweise bei Patienten mit sekundärer Fokalisation am häufigsten. Möglicherweise bedingen hier zusammentreffende genetische und exogene Schädigungsfaktoren einen besonders ungünstigen Verlauf.

Die Prognose der Grand mal-Epilepsie mit Herdzeichen ist schlechter als ohne solche. Unter den Grand mal-Patienten, die die Sonderschule besuchen bzw. auf einen leichteren Schulzweig umgeschult werden müssen, sind solche mit fokalen Symptomen deutlich häufiger vertreten als Patienten ohne Herdzeichen.

Epilepsie mit Blitz-Nick-Salaam-Krämpfen

Synonyma: West-Syndrom, Propulsiv-Petit mal, infantile spasms, maligne Säuglingsepilepsie.

Die Erkrankung manifestiert sich bevorzugt im 5. und 6. Lebensmonat (3. bis 12. Monat). Knaben werden häufiger betroffen als Mädchen. Die Anfälle treten besonders nach dem Erwachen in Serien auf. Sie bestehen in einem raschen blitzartigen Zusammenzucken des Kindes, Kopfnicken, ruckartigem Anziehen der gebeugten Beine an den Körper. Die gebeugten Arme werden vor dem Körper zusammengeführt. Auch eine entsprechende Extensionsbewegung von Kopf, Rumpf und Extremitäten ist möglich. Andere Anfälle verlaufen tonisch-gedehnt und erinnern an den Salaam-Gruß.

Ätiologische Hinweise sind bei etwa zwei Drittel der Patienten vorhanden: pränatale, perinatale Störungen, neurokutane Syndrome (bes. Morbus Bourneville, in England bis zu 50%), Stoffwechselstörungen (PKU), postnatale entzündliche oder postvakzinale Komplikationen (Pertussis). Bei ihnen bestehen zumeist neurologische und psychopathologische Auffälligkeiten (z. B. psychomotorische Entwicklungsverzögerung oder Tetraspastik). Wir können diese Patienten als symptomatische Gruppe einer idiopathischen Gruppe gegenüberstellen, die anamnestisch unauffällig ist und sich bis Krankheitsbeginn altersgemäß entwickelt hat (s. S. 219).

Eine familiäre Epilepsiebelastung wird diskutiert. Die Gefahr der Geschwistererkrankung bei BNS-Kindern beträgt 15 ± 3‰, für alle Verwandten 1. Grades 7 ± 5‰ (Fleiszar 1977). Die Kombination mit Grand mal-Anfällen ist häufig.

Die *Prognose* ist auch ohne Grand mal-Komplikation ungünstig. Trotz früh eingeleiteter Therapie ist nur bei höchstens 30% ein mindestens befriedigender Erfolg zu erwarten. Patienten der symptomatischen haben eine schlechtere Prognose als solche der idiopathischen Gruppe (Hanefeld und Spohr, 1979).

Eine normale Entwicklung bis zum Beginn der Anfälle, ein frühzeitiger Therapiebeginn, ein gutes Ansprechen auf die Medikamente gehen mit unauffälligen neuroradiologischen Befunden einher und verbessern auch die Langzeitprognose. Besonders ungünstig sind: früher Nachweis der Hypsarrhythmie, Entwicklung nach Neugeborenen-

krämpfen, Embryofetopathien, chromosomalen Aberrationen. Ein normales Kopfwachstum ohne Ventrikelerweiterung findet sich nicht bei prognostisch ungünstigen Fällen.
Das EEG zeigt *interiktal* eine diffuse, meistens amplitudenhohe Verlangsamung der Grundaktivität und multifokale HsA mit Generalisation. So entsteht das Bild einer Hypsarrhythmie, der diffusen gemischten Krampfaktivität. Sie kann spitzenpotentialarm oder -reich, kontinuierlich oder diskontinuierlich ausgeprägt und unterschiedlich stark synchronisiert sein. Im Schlaf erfährt sie zumeist eine paroxysmale Modifizierung. *Iktal* kann die Hypsarrhythmie unterbrochen werden durch Spitzenserien oder eine flache Desynchronisierung der Kurve.
Therapie: Nachdem LOMBROSO (1983) gezeigt hat, daß für Patienten der idiopatischen Gruppe die Therapie mit oraler Gabe von Steroiden bzw. Injektion von ACTH den Diazepinen überlegen ist, wäre es gerechtfertigt, direkt mit diesen Präparaten zu beginnen. Eine solche Therapie setzt aber eine Reihe von Voruntersuchungen (Blutuntersuchungen, Hormonuntersuchung, Sonographie von Herz und Niere, Nebennieren, ggf. Pankreas, kraniale Computertomographie) voraus, die in praxi eine Woche in Anspruch nehmen. Deshalb ist es gerechtfertigt, die Therapie in 2 Schritten zu planen:

1. *Benzodiazepine*
   (*Clonazepam:* 0,1–0,2 mg/kg KG und Tag oder *Nitrazepam:* 0,5–1,0 mg/kg KG und Tag).

Die Behandlung wird etwa 7 Tage bis zum Abschluß der Voruntersuchungen durchgeführt. Bei Erfolglosigkeit oder Teilerfolg (Anfallsfreiheit, aber noch generalisierte HsA) oder wegen auftretender Nebenwirkungen erfolgt der zweite Schritt:

2. *Steroid-Behandlung*
   (*Dexamethason p. o.:* 0,5–1,5 mg/kg KG/Tag oder *ACTH i. m.:* 20–80 IE/Tag).

Sie wird mit *Dexamethason* per os durchgeführt und beginnt mit 0,5 mg/kg KG und Tag. Nach jeweils 7–10 Tagen wird über eine Steigerung bis auf 1,5 mg/kg KG und Tag anhand des klinischen Verlaufs und des EEG-Befundes entschieden.

Zur Zeit wird am häufigsten ACTH verwendet: 20 I.E./die; bei ungenügender Wirkung wird wöchentlich um 20 I.E./die bis 80 I.E. (bzw. 0,8 mg der synthetischen Präparate)/die gesteigert. Diese Dosis sollte 4- bis höchstens 6 Wochen – in Abhängigkeit von Hinweisen auf eine Besserung der Anfallsfrequenz oder des EEG – beibehalten werden. Bei kompletten Versagen oder Anfallsfreiheit erfolgt allmähliche Verminderung der Dosis über 7 bis 10 Wochen mit zunächst einem Auslaßtag, dann 2 Auslaßtagen/Woche usw., schließlich Verminderung der Einzeldosis. Jeder Schritt wird für etwa 1 Woche beibehalten. Die wöchentlichen EEG-Kontrollen zeigen, ob das erreichte Ergebnis auch nach Verminderung der Dosis gewährleistet ist. Insgesamt dauert also eine Hormonbehandlung 3 bis 4 Monate.
Die Steroidtherapie wurde bisher unter Grand mal-Schutz durchgeführt (Barbiturate, Carbamazepin oder Valproat). Bei Fehlen von Grand mal-Anfällen scheint diese Vorsichtsmaßnahme unnötig.
Bei unauffälligem Wach-EEG sollte in jedem Fall ein Schlaf-EEG abgeleitet werden. Während der Therapie wird der Blutdruck 2mal wöchentlich ggf. täglich bei absoluter Ruhe im Schlaf gemessen. Wöchentliche Elektrolyt-Untersuchungen sind angezeigt.

Nur ausnahmsweise kann der Patient unter günstigen Bedingungen Teile dieser Zeit daheim betreut werden. Die erhöhte Infektgefährdung ist eine der vielen zu beobachtenden Nebenwirkungen. Hinzutretende Varizellen können tödlich enden. Die Gefahr atypischer Pneumonien und Enzephalitiden erfordert eine tägliche ärztliche Kontrolle. Da wir solche Behandlungen wenn irgend möglich im Beisein der Mutter durchführen, die große Teile des Tages das Kind in der Klinik selbst versorgt, stellt die Durchführung der Hormontherapie große Anforderungen an die gesamte Familie.

Epilepsie mit myoklonisch-astatischen Anfällen fokaler Genese

Lennox-Gastaut-Syndrom: Das Anfallssyndrom umfaßt neben tonischen Anfällen (36%) atonische Anfälle (45%), einfache und/oder komplexe Absencen (30%), die in Kombination mit Grand mal-Anfällen, isolierten bilateralen Myoklonien, Blinzelanfällen auftreten. Es besteht eine Neigung zum Auftreten von Status. Der einzelne Anfall ist von den oben geschilderten myoklonisch-astatischen Anfällen *ohne* fokale Symptome nicht zu unterscheiden. Die Erkrankung manifestiert sich überwiegend im Kleinkindesalter. Knaben werden etwas häufiger betroffen als Mädchen. Die Anfälle treten zum Teil serienweise auf, tonische Anfälle finden sich besonders im Schlaf. Bei einem Drittel der Patienten sind BNS-Krämpfe vorangegangen.
Genetisch-metabolische Störungen sind ätiologisch neben prä- und perinatalen Schädigungen bedeutsam. Neurologische und psychopathologische Befunde entsprechen dem bei Patienten mit BNS-Krämpfen Gesagten. Die Prognose ist fast gleichermaßen schlecht.
Das EEG zeigt *iktal* und *interiktal* eine meist verlangsamte Grundaktivität und (multi-)fokale HsA mit Sharp waves, Sharp-slow waves, die in unterschiedlichem Maße generalisieren und paroxysmal auftreten oder einer Hypsarrhythmie entsprechen.
Therapie: *Benzodiazepine* (besonders *Clonazepam*) sind mit *Phenytoin* als Grand mal-Schutz Mittel der ersten Wahl. *Succinimide* und Grand mal-Schutz, *Valproinat,* in verzweifelten Fällen *Steroide* (wie bei BNS-Krämpfen) folgen.

Epilepsie mit spätastatischen Anfällen

(LIPINSKI 1977)
Diese Sonderform astatischer Anfälle soll abschließend besprochen werden. Im Verlauf lange bestehender und therapieresistenter Epilepsien treten erstmals astatische Anfälle bevorzugt im Alter zwischen 20 und 25 Jahren (16–38 Jahren) auf. Der Patient stürzt wie ein Stein zu Boden, kann sich kaum auffangen, verletzt sich. Die astatischen Anfälle treten sowohl bei generalisierten Epilepsien mit Absencen und Aufwach-Grand mal auf wie bei Partialepilepsien mit psychomotorischen Anfällen, diffusem und Schlaf-Grand mal. Bei der Hälfte der Patienten finden sich ätiologische Hinweise auf eine frühkindliche Hirnschädigung. Das EEG beider Gruppen unterscheidet sich nicht. Die Grundaktivität ist stark gestört, Sharp-slow-wave-Paroxysmen herrschen vor.
Unter Therapie mit *Ethosuximid* und *Valproat* lassen sich die astatischen Anfälle positiv beeinflussen. Differentialdiagnostisch müssen abortive Grand mal-Anfälle und ein Impulsiv-Petit mal abgegrenzt werden.

Diagnose und Differentialdiagnose

Der Arzt hat nur selten Gelegenheit, einen Anfall selbst zu beobachten. Die Anfallsschilderungen vom Patienten und seiner Umgebung sind unzureichend, eine EEG-Ableitung mit HsA beweist noch lange nicht das Vorliegen epileptischer Anfälle oder gar einer Epilepsie; genetisch bedingte EEG-Merkmale mit HsA finden sich bei etwa 10% der Bevölkerung zu irgendeinem Zeitpunkt ihres Lebens, am häufigsten in ihrer Kindheit.
Die Beantwortung folgender Fragen führt zu einer Eingrenzung der Diagnose in drei Schritten:

1. Diagnostischer Schritt: Liegt überhaupt ein zerebraler Anfall vor?
2. Diagnostischer Schritt: Handelt es sich um einen primär oder einen sekundär zerebralen, insbes. epileptischen Anfall (vgl. Abb. 5.1, S. 212)?
3. Diagnostischer Schritt: Wie ist der Anfall zu klassifizieren, und welche speziellen differentialdiagnostischen Überlegungen ergeben sich aus der Phänomenologie des Anfalls?

1. Diagnostischer Schritt
Liegt ein zerebraler Anfall vor?
Handelt es sich nicht vielmehr nur um das Hyperexzitabilitätssyndrom des jungen Säuglings, um die bekannten Einschlafzuckungen, die beim Säugling seitenbetont auftreten können? Liegen vielleicht Abdominalkoliken beim Schulkind vor? Die Abgrenzung psychogener Anfälle kann äußerst schwierig sein, vor allem dann, wenn epileptische und psychogene Anfälle gleichzeitig auftreten. In diesen Fällen läuft der psychogene Anfall unter Verwendung epileptischer Schablonen ab, die meisterhaft beherrscht werden. Eine genaue Anamnese über Art und Aussehen der Anfälle, Häufigkeit ihres Auftretens, den Umständen, unter denen sie ausgelöst oder unterdrückt werden, führt hier zur Klarheit.

2. Diagnostischer Schritt
Handelt es sich um einen sekundären zerebralen Anfall?
Unter den nicht-epileptischen Gelegenheitsanfällen sind ganz besonders die respiratorischen Affektkrämpfe des Kleinkindes zu berücksichtigen (s. u.). Epileptische Gelegenheitskrämpfe können im Rahmen einer generalisierten Stoffwechselstörung auftreten oder im Gefolge kreislaufbedingter Anfälle. Die Tab. 5.10 zeigt einige Ursachen hierfür, ohne näher auf die Enstehungsmöglichkeiten der Hypokalzämie und Hypoglykämie im Kindesalter einzugehen.
Hypokalzämische wie hypoglykämische Krämpfe verlaufen im Kindesalter häufig als Grand mal-Anfälle, sind also von der Anfallsmorphe her nicht zu unterscheiden. Auf Hypoglykämien in der postakuten Phase von Alkoholvergiftungen, die in zunehmendem Maße auch im Kindes- und Jugendalter auftreten, soll aus praktischen Gründen besonders hingewiesen werden.
„Kreislaufregulationsstörungen" und Krämpfe bei extrazerebralen fieberhaften Erkrankungen sollen wegen ihrer praktischen Bedeutung am Ende des Kapitels näher besprochen werden.

Tabelle 5.**10** Sekundär zerebrale Anfälle

bei:
Elektrolytstörungen (Na, Ca, Mg)
Hydratationsstörungen
Hypoglykämie
Aminosäure-Stoffwechselstörungen
Vitamin-B_6-Mangel (Abhängigkeit)
Kreislaufregulationsstörungen
extrazerebralen fieberhaften Erkrankungen

3. Diagnostischer Schritt

Wie ist der epileptische Anfall zu klassifizieren, welche speziellen differentialdiagnostischen Überlegungen ergeben sich aus der Phänomenologie des Anfalls?

Die Verkennung von *BNS-Krämpfen* als schreckhaftes Zusammenfahren kommt immer wieder vor. *Astatische Anfälle* können besonders im Kleinkindesalter als noch unsicheres Laufen verkannt werden. Blande *Absencen* werden bei Schulkindern als Unaufmerksamkeit und Konzentrationsschwäche verkannt.

Das Vorliegen *myoklonischer Anfälle* erfordert eine Differentialdiagnose des myoklonischen Syndroms im Kindesalter. Abzugrenzen sind vor allem das Krankheitsbild der *infantilen Polymyoklonien* (myoklonische Enzephalopathie, Dancing-eyes-and-feet-Syndrom). Die Erkrankung ist gekennzeichnet durch irreguläre generalisierte oder lokalisierte Myoklonien und Opsoklonien, die in der Regel kontinuierlich, aber auch anfallsweise auftreten können. Ihr Beginn liegt im späten Säuglings- und frühen Kleinkindesalter. EEG und Liquor sind normal. Pathologisch-anatomisch finden sich uneinheitliche Befunde in den Purkinje-Zellen und im Nucleus dentatus des Kleinhirns sowie in der weißen Substanz des Großhirns. Pathogenetisch liegt wahrscheinlich eine immunologische Reaktion auf verschiedene Antigene vor. Auslösend sind Infekte und Impfungen. Die Prognose ist bedingt gut. *Steroide* und ACTH sind die Mittel der Wahl. In der Hälfte der Fälle ist die myoklonische Enzephalopathie als paraneoplastisches Syndrom zu werten und Ausdruck eines Neuroblastoms. Hier ist die Tumortherapie vorrangig.

Myoklonien im Rahmen zerebraler Stoffwechselerkrankungen können differentialdiagnostisch Schwierigkeiten machen: So z. B. die myoklonische Variante der sog. *spätinfantilen amaurotischen Idiotie* (GM_2-Gangliosidose). Auch die GM_1-Gangliosidose kennt eine myoklonische Variante. Das cherry red spot-Myoklonus-Syndrom, eine progrediente Erkrankung Jugendlicher und Erwachsener aus dem Kreis der Mukolipidosen ist durch vermehrte Ausscheidung von Oligosacchariden im Urin und verminderte Aktivität von β-Galaktosidase und α-Neuraminidase gekennzeichnet. Schließlich muß an eine beginnende subakute sklerosierende Panenzephalitis (SSPE, VAN BOGAERT) gedacht werden, im Schulalter an eine frühbeginnende *progressive Myoklonuskörperchenepilepsie Unverricht.* Bei dieser progredienten autosomal rezessiv vererbten Erkrankung treten nach normaler Entwicklung Grand mal-Anfälle und Myoklonien in unterschiedlicher Reihenfolge auf. Die Myoklonien sind asymmetrisch-asynchron, Muskelbündel und Muskelgruppen können einzeln befallen sein. Sie werden durch Erwachen und Einschlafen und Emotionen verstärkt. Ein hirnorganisches Psychosyndrom und ein dementieller Abbau, extrapyramidal-motorische und Pyramidenbahnsymptome, zerebellare Befunde vervollständigen das Bild. Bei langsamem Verlauf ist auch an den Typ *Hartung* zu denken. Schließlich soll bei Kindern und Jugendlichen noch die *Dyssynergia cerebellaris myoclonica (Hunt)* erwähnt werden, die mit großen Anfällen, Myoklonien und zerebellären Symptomen einhergeht. An Vergiftungen z. B. durch piperazinhaltige Wurmmittel sollte immer gedacht werden.

Diagnostische Maßnahmen: Besteht nach der Anamnese der Verdacht auf ein zerebrales Anfallsleiden, werden die tabellarisch aufgeführten Untersuchungen vorgenommen, die gleichzeitig helfen sollen, Ätiologie und Pathogenese zu klären (Tab. **5.11**).

Die Lumbalpunktion wird nur in Ausnahmefällen aufgeschoben (z. B. klassische Pyknolepsie mit regelmäßigem Spike-wave-Pattern und normaler Grundaktivität). Die axiale Computertomographie wird bis auf wenige Ausnahmen regelmäßig durchgeführt. Bei dieser Untersuchung sind wir in einem Lernprozeß. Überraschungsbefunde, die ein operatives Vorgehen ermöglichen und erfordern, haben wir nicht nur bei therapieresistenten Anfällen, sondern bereits nach dem ersten Anfall erho-

Tabelle 5.**11** Untersuchungen zur Klärung der Ätiologie und Pathogenese zerebraler Anfälle

Interne	Blutdruck auch bei Säuglingen, gezielte Suche nach neurokutanen Syndromen!
Neurologische	Augenhintergrund! ggf. Entwicklungsdiagnostik
EEG	Ruhe-, Hyperventilation, Photostimulation, ggf. Schlaf-EEG
Röntgen	Schädel, Handskelett (Knochenalter, Mineralisation?)
Liquor cerebrospinalis	Status?, Elektrophorese, Tumorzellen?
Axiale Computertomographie	Schädel und Gehirn
Blut	Ca, Mg, BZ (-Tagesprofil), AK ggf. Toxoplasmose, Zytomegalie, Röteln (bes. bei Säuglingen und Kleinkindern) „Nierenstatus", „Leberstatus" vor Einleitung einer antikonvulsiven Therapie
Urin	Status

ben. Zerebrale Angiographie, Hirnszintigraphie oder Kernspintomographie erfordern eine spezielle Fragestellung, gezielte Untersuchungen auf saure Mukopolysaccharide, Aminosäuren und organische Säuren im Urin, lysosomale Enzyme in Blut und Urin beantworten Spezialfragen, die psychologische Untersuchung bedarf der speziellen Indikation.

Respiratorische Affektkrämpfe

Wir verstehen hierunter rezidivierende Anfälle von Apnoe, Bewußtlosigkeit und Veränderungen im Muskeltonus, die im Kleinkindesalter als unlustbetonte Reaktion auf äußere Reize auftreten.
Klinisches Bild: Das zornige Schreien oder Weinen bricht nach Sekunden am Ende einer Exspiration ab. Das Kind wird zyanotisch, bewußtlos und liegt schlaff auf dem Boden. Meistens setzt spätestens jetzt die spontane Atmung wieder ein. Wenn der Anfall länger dauert, wird das Kind opisthoton, die Arme und Beine werden gestreckt, einzelne Myoklonien können auftreten; schließlich geht der Zustand in einen Grand mal-Anfall über. Aus dem nicht-epileptischen Gelegenheitsanfall ist ein akuter epileptischer Gelegenheitskrampf geworden. Er dauert nicht länger als 1 Minute, die Kinder sind anschließend erschöpft und zeigen einen Nachschlaf.
Die initiale Schreiphase kann bei einigen Kindern sehr kurz sein, manchmal besteht sie nur aus einigen tiefen Atemzügen. Etwa 60% der Kinder sind in jedem Anfall zyanotisch, 20% wechseln die Hautfarbe von Anfall zu Anfall, 20% sind bei jedem Anfall blaß.
Respiratorische Affektkrämpfe treten bei 4 bis 5% der Kinder auf. Vor dem 2. Geburtstag haben mehr als 90% ihren ersten Affektkrampf durchgemacht. Die Anfälle treten einmal bis mehrmals täglich (35%), einmal wöchentlich oder monatlich (50%) oder in größeren Intervallen (15%) auf. In der Mehrzahl der Fälle sistieren sie spontan vor dem 5. Geburtstag; vereinzelt wurden sie bis zum 11. Lebensjahr beschrieben.
Pathologische Untersuchungsbefunde fehlen. Das *Intervall-EEG* ist unauffällig. *Iktal* finden sich unterschiedlich ausgeprägt hypoxische Veränderungen. Sie werden verstärkt, wenn die HV von einer Bradykardie begleitet wird. Der Verlauf ist ausgesprochen günstig. Die intellektuellen Fähigkeiten werden nicht beeinträchtigt. Hypoxische Hirnschädigungen sind theoretisch möglich, fehlen jedoch praktisch.
Pathogenese: Hyperventilation und dadurch ausgelöste Hypokapnie, vasokonstriktorische Hypoxie mit erschwerter Sauerstoffabgabe aus der Hämoglobinbindung bei Alkalose (Bohr-Effekt) spielen die Hauptrolle. Apnoe und Bradykardie und kurze Asystolie (Blässe!) verschlechtern den Zustand. Die Eltern von 20 bis 25% der Kinder mit respiratorischen Affektkrämpfen hatten früher selbst Anfälle gleicher Art.
Therapie: Eine Therapie ist nicht nötig und nicht möglich. Durch Gegenreize ist nur in seltenen Fällen eine wirkliche Kupierung der Anfälle zu erreichen. Psychologische Beratung zur Prophylaxe in ausgeprägten Fällen erscheint wichtig. Eine medikamentöse Beeinflussung ist nicht bewiesen.

Synkopale Anfälle

Wir verstehen hierunter einen kurzen Bewußtseinsverlust durch vorübergehende Störung der zerebralen Zirkulation in der Regel ohne Konvulsionen.
Pathogenese und Ätiologie: Eine kardiale Insuffizienz mit Verminderung des Herzminutenvolumens oder eine vagovasale Insuffizienz organischer oder funktioneller Art führen zur Hypoxie und Bewußtlosigkeit. Einige Ursachen hierfür finden sich in Tab. 5.12. Synkopale Anfälle werden familiär gehäuft beobachtet, sie treten bei Mädchen häufiger auf als bei Jungen. Der Zeitpunkt ihres Auftretens ist abhängig von der Ätiologie.
Klinik: Nach vegetativen Symptomen (Übelkeit, Schwindelzustände, Bauchschmerzen, Flimmern vor den Augen) sinkt der Patient zu Boden. Die Hälfte der Patienten erbricht vor oder nach Beendigung des Anfalls. Andere zeigen heftige Kopfschmerzen danach. Die Ohnmacht wird von einer allgemeinen muskulären Hypotonie begleitet, die so stark sein kann, daß bei ⅔ der Kinder das Zu-Boden-Stürzen rasch erfolgt und Verletzungen vorkommen. Die Anfälle dauern 30 Sekunden bis mehrere Minuten. Vegetative Symptome, Automatismen als unspezifische Enthemmungsphänomene, isolierte Myoklonien, Zittern können vorkommen und den Verdacht auf psychomotorische Anfälle erwecken. Selten erfolgt – wenn die Synkope lange genug dauert – Übergang in einen Grand mal-Anfall. Einige Kinder sind nach dem Anfall müde und abgeschlagen. Neben voll ausgebildeten finden sich häufig abortive Synkopen.
EEG: Iktal finden sich die Veränderungen der Hypoxie. Sie variieren in Abhängigkeit von Schwere und Dauer des Anfalls. Die Untersuchung zeigt Zeichen einer vegetativen Labilität, gelegentlich einer orthostatischen Dysregulation (Steh-EKG!). Die Betroffenen sind nicht selten ängstlich und gespannt, schüchtern und gehemmt. Sie werden als kontaktarme und emotional unausgeglichene Einzelgänger geschildert. Ihre Intelligenz ist unauffällig. Differentialdiagnostisch sind vor allen Dingen fokale epileptische Anfälle abzugrenzen. Das Vorliegen von HsA im EEG hilft dabei nicht.
Bei sonst nicht zu erhärtendem Verdacht auf kreislaufbedingte Anfälle sollte eine Langzeitaufzeichnung des EKG wie des EEG mit einem Kassetten-

Tabelle 5.**12** Ursachen der Synkopen (nach *Engel*)

Erkrankungen des Herzens
angeborene Herzfehler
– Aortenstenose
– Pulmonalstenose
– kombinierte Fehlbildungen mit Mischungszyanose
Rhythmusstörungen
– paroxysmale Tachykardie
– Morgangni-Adams-Stokes-Anfall
akute Myokarditis

Gefäßanomalien
Fehlbildungen der Hirngefäße
persistierende Primitivgefäße
– A. primitiva trigemina
– A. primitiva hypoglossica

Störungen des Kreislaufs
hypotone Form
– Orthostasereaktion
– Blutverlust
– postinfektiöser Zustand
– Reaktion auf Medikamente
– idiopathisch
hypertone Form
– Phäochromozytomkrise
– akute Glomerulonephritis
– Hochdruckkrankheit

Emotionale Störungen
(vagovasale Synkope, Vagusanfall, vasodepressorische Synkope)
Schreck
Angst
Erwartungsreaktion
Schmerz

Reflektorische Störungen
Bulbusreizung (bulbäre Synkope)
Karotissinusreizung
hypertone Krise (s. o.)
Hustensynkope
„Stretchsynkope"
posttraumatisch

Recorder erfolgen, den der Patient ohne wesentliche Behinderung beim Spielen oder in der Schule mit sich herumträgt. So können bradykarde und tachykarde Phasen und EEG-Veränderungen während vieler Stunden oder gar Tage erkannt und analysiert werden.

Therapie: Sie ist abhängig vom Grundleiden. Allgemein roborierende Maßnahmen, psychologische Führung, Gymnastik und Sport werden empfohlen.

Fieberkrämpfe

(Infektkrämpfe, Initialkrämpfe)

(LENNOX-BUCHTHAL 1973, SCHEFFNER 1973, DOOSE 1980, OHTAHARA u. Mitarb. 1982)

Krämpfe, die bei Säuglingen und Kleinkindern ausschließlich im Verlauf extrazerebraler fieberhafter Erkrankungen auftreten, bezeichnen wir als Fieber- oder Infektkrämpfe. Etwa 5% aller Kinder unter 5 Jahren bekommen mindestens einen Infektkrampf. Knaben sind etwas häufiger betroffen als Mädchen. Die Erstmanifestation erfolgt bei etwa 70% vor dem 2. Geburtstag, bei 95% vor dem 5. Geburtstag. Nach zerebraler Vorschädigung treten Fieberkrämpfe nicht nur früher sondern auch dreimal häufiger auf.

Klinik: Fieber- oder Infektkrämpfe treten überwiegend als generalisierte tonisch-klonische Anfälle auf, etwa 10% verlaufen tonisch oder atonisch, 15% mit Herdzeichen. Nur 60% dauern weniger als 10 Minuten, 2% länger als 1 Stunde. Mit der gegenüber afebrilen Grand mal-Anfällen langen Anfallsdauer von über 30 Minuten wird die teilweise schlechte Prognose bestimmter Verlaufsformen von Fieberkrämpfen in Beziehung gebracht.

Die Krämpfe werden in der Regel im Beginn einer fieberhaften extrazerebralen Infektion beobachtet. Die erhöhte Körpertemperatur, evtl. ein leichter Meningismus erfordern den Ausschluß einer Meningitis. Da dieser besonders in den ersten zwei Lebensjahren und beim ersten Fieberkrampf klinisch schwierig sein kann, wird hier i.d.R. die Lumbalpunktion vorgenommen. Der Liquordruck kann geringfügig erhöht sein, ebenso der Eiweißgehalt, Zellzahlen über 8 sind nicht die Regel.

EEG-Befunde: Die postkonvulsive allgemeine Verlangsamung klingt innerhalb der ersten 3 Tage ab. Pathologische EEG-Befunde werfen die Frage nach der Prognose hinsichtlich des weiteren Auftretens auch afebriler Anfälle auf.

Das EEG ist bei 50% derjenigen Patienten noch in der ersten und zweiten Woche nach dem Krampfanfall pathologisch, die länger als 30 Minuten krampften, fokal betonte oder fokale Anfälle hatten und bei denen die Grundkrankheit besonders schwer ausgeprägt ist. Paroxysmale HsA findet sich in der ersten Woche nach dem Krampfanfall bei 11%, später bei 21% der Patienten, besonders nach schweren Anfällen und bei zerebral vorgeschädigten Kindern. Unabhängig davon zeigen Patienten mit Fieberkrämpfen in überzufälliger Häufigkeit generalisierte Spike-wave-Paroxysmen als Ausdruck einer genetischen Krampfdisposition.

Diagnose und Differentialdiagnose: Die Diagnose eines Krampfanfalls bei Fieber ist leicht zu stellen. Die Diagnose von Fieberkrämpfen setzt voraus, daß im typischen Fieberkrampfalter bei einem extrazerebralen Infekt und Fieberanstieg ein Krampfanfall aufgetreten ist, afebrile Anfälle nicht vorhergegangen sind, eine Meningoenzephalitis oder ein Schädel-Hirn-Trauma ausgeschlossen sind.

Pathogenese: Dispositionelle (z. T. genetische) und okkasionelle Faktoren verknüpfen sich in einzigartiger Weise zur Manifestation von Fieberkrämpfen.

Bei 20% der Patienten haben die Eltern oder Geschwister selbst Fieberkrämpfe durchgemacht. Ei-

ne Epilepsie ist nur bei 7% nachzuweisen. Diese Zahlen sind Minimalwerte, da EEG-Merkmalsträger nicht berücksichtigt wurden.
Neben der genetischen Disposition, der Altersdisposition und dem akuten Infekt als Realisationsfaktor spielt fakultativ noch eine zerebrale Vorschädigung eine Rolle. Pathophysiologisch sind eine allgemeine Stoffwechselumstellung bei hohem Fieber, die verminderte Ionisation des Kalziums, eine erhöhte Permeabilität der Hirngefäße bei infektbedingter ACTH-Ausschüttung und die altersbedingte Ödembereitschaft des Gehirns bedeutsam. Pathologisch-anatomisch findet sich bei Patienten, die an ihrer Grundkrankheit sterben, eine venöse Hyperämie, gelegentlich ein Hirnödem.

Prognose: Die Rezidivneigung ist groß. Eines von drei Kindern mit Fieberkrämpfen hat wiederholte Fieberkrämpfe, häufig schon während der gleichen fieberhaften Erkrankung. Der zweite Krampfanfall folgt meistens innerhalb eines Jahres. Mehr als vier Anfälle hat nur eines von fünf Kindern mit Fieberkrämpfen. Die Rezidivgefahr wächst mit der Häufigkeit weiterer Krämpfe und ist abhängig vom Alter beim ersten Fieberkrampf.
Zwei von drei Säuglingen, aber nur eins von fünf Kindern mit Infektkrampf im dritten Lebensjahr werden wahrscheinlich ein Rezidiv bekommen. Familiäre Anfallsbereitschaft verdoppelt das Rezidivrisiko. Infektkrämpfe können auch nach dem sechsten Lebensjahr rezidivieren.
Es werden zwei Verlaufsformen unterschieden: Einfache (unkomplizierte) und komplizierte Fieberkrämpfe. Einfache Fieberkrämpfe haben eine günstige Prognose: Sie treten nur ein bis zweimal auf, die Gefahr rezidivierender afebriler epileptischer Anfälle beträgt etwa 3 bis 5%. Diese Form ist elektroencephalographisch und genetisch verwandt mit dem frühkindlichen Verlaufstyp der generalisierten Epilepsie ohne Herdzeichen (s. S. 216).
Als komplizierte Fieberkrämpfe bezeichnen wir solche mit familiärer Belastung durch Epilepsie und Hinweisen auf eine zerebrale Vorschädigung. Sie zeigen klinisch oder im EEG fokale Symptome, rezidivieren mehr als 5mal, und beginnen schon im Säuglingsalter. Der einzelne Anfall dauert länger als 15 Minuten. Die Gefahr rezidivierender afebriler Anfälle beträgt etwa 15%, (ANNEGERS u. Mitarb. 1979, NELSON u. ELLENBERG 1976, 1978).
Die afebrilen Anfälle treten bei ⅔ der Kinder schon innerhalb eines Jahres nach dem ersten Fieberkrampf auf.

Therapie (DOOSE u. Mitarb. 1983): Ein langdauernder Anfall ist sofort zu kupieren (s. Therapie des akuten zerebralen Anfalls). Die anfallsauslösenden Umstände (Infektion, Fieber) sind durch physikalische und medikamentöse Maßnahmen zu behandeln. Durch kontinuierliche Barbituratmedikation ist es möglich, Fieberkrampfrezidive zu vermeiden. Allerdings sind hierfür Barbituratgaben von 3 bis 4 mg/kg KG erforderlich, die bei den meisten Kindern zu Nebenwirkungen führen. Bei einfachen Fieberkrämpfen erfolgt eine intermittierende antikonvulsive und antipyretische Therapie. Bei fieberhaften Infektionen mit Temperaturen über 38 °C (rectal) werden von den Eltern zusätzlich zu physikalischen abkühlenden Maßnahmen Antipyretika (Paracetamol, Acetylsalicylsäure) und Diazepam (initial als rectale Lösung) 6stündlich bis 0,5 mg/kg KG verabfolgt. Eine Maximal-Dosis von 20 mg Diazepam pro Tag soll dabei nicht überschritten werden. Die Diazepam-Prophylaxe wird bis zur Entfieberung fortgeführt. Bei Patienten mit komplizierten Fieberkrämpfen muß der Arzt zusammen mit den Eltern entscheiden, ob das Kind durch eine intermittierende antikonvulsive Therapie (s. o.) geschützt werden oder eine antikonvulsive Langzeittherapie begonnen werden soll.
Für die Einleitung der antikonvulsiven Langzeittherapie sprechen:
- länger als 15 Min. dauernde Konvulsionen,
- eindeutig fokale, insbesondere Hemikonvulsionen und/oder postiktal nachweisbare neurologische Halbseitensymptome,
- Anfallsserien,
- Kombination von 2 oder mehreren der bekannten komplizierenden Faktoren.

In der Regel werden Phenobarbital oder seine Derivate mit Blutspiegeln von 15 bis 20 µg/ml gewählt. Einige Autoren verordnen Valproat. Phenytoin und Carbamazepin eignen sich nicht zur Prophylaxe von Fieberkrämpfen. Die Behandlung wird mindestens 2 Jahre ggf. bis ins Schulalter fortgesetzt. Für ihre Beendigung gelten die allgemeinen Richtlinien zur Beendigung der antikonvulsiven Therapie. Es ist noch nicht entschieden, ob das Auftreten afebriler epileptischer Anfälle durch die antiepileptische Langzeittherapie wirklich vermieden werden kann.

Ätiologie und Pathogenese

Es sind grundsätzlich die gleichen ätiologischen Faktoren, die bei Erwachsenen und im Kindesalter eine Epilepsie verursachen. An Häufigkeit treten Hirntumoren, zerebrale Zirkulationsstörungen und auch Schädel-Hirn-Traumata im Kindesalter hinter ihrer Bedeutung bei Erwachsenen zurück.

Die Tab. 5.13 gibt einen Überblick über einige ätiologische Faktoren zur Entstehung der Epilepsien.

Epilepsien sind polyätiologischer Genese; eine Reihe belastender Faktoren geringer Bedeutung müssen zusammenkommen oder ein einziges, genügend schwerwiegendes Ereignis kann ausreichen, um eine solche Funktionsstörung des Zentralnervensystems zu erzeugen, daß ein sich verselbständigender, selbst unterhaltender Mechanismus in Gang gesetzt wird, der chronisch-rezidivierend zu epileptischen Anfällen, zu einer Epilepsie führt. Dieser Vorgang ist um so leichter möglich, je größer die genetische Disposition zur epileptischen Reaktion ist. Von zusätzlicher Bedeutung kann eine Altersdisposition sein. Wir wissen, daß die Ausbildung hemmender und fördernder Synapsen nicht gleichmäßig abläuft. Im Kleinkindesalter überwiegen zeitweise die erregungsfördernden Synapsen in einem Maße, das mitverantwortlich zu sein scheint für die besondere Altersdisposition zu Fieberkrämpfen. Dieses übermäßige Ungleichgewicht zwischen erregungsfördernden und erregungshemmenden Mechanismen führt zur epileptischen Reaktion.

Tabelle 5.**13** Ätiologische Faktoren zur Entstehung der Epilepsien

Genetische Faktoren

Stoffwechselerkrankungen, die mit Epilepsien einhergehen können (z. B. Aminoazidopathien, Neurolipidosen),

Neurokutane Syndrome (z. B. tuberöse Hirnsklerose Bourneville, enzephalotrigeminale Angiomatose Sturge-Weber)

Neurodegenerative Erkrankungen mit Epilepsie und fakultativem Schwachsinn (z. B. neuroaxonale Dystropie)

Pränatale Faktoren

Embryopathien, die zu groben Hirnmißbildungen und Mikrodysgenesien führen

Fetopathien (z. B. Zytomegalie, Lues, Toxoplasmose, Listeriose, Röteln)

Mangelernährung in utero (qualitativ bzw. quantitativ)

Perinatale Faktoren

Sauerstoffmangel, Azidose

Hirnblutung (massive bzw. diskrete und multiple)

Adaptionsstörungen (z. B. Hypokalzämie, Hypomagnesiämie, Hypoglykämie)

Postnatale Faktoren

Infektiös toxische, z. B. Enzephalotoxikose des Säuglings und des Kleinkinds
- (Hypernatriämie, Dehydration, Hyperpyrexie)
- Exanthemkrankheiten des Kindesalters mit neurotropen Viren, z. B. Röteln, Masern, Varizellen
- Enzephalopathie-/-itis (z. B. nach Pertussis-, Pockenschutzimpfung)
- Meningoenzephalomyelitis

Schädel-Hirn-Trauma

Hirntumoren

Hirngefäßfehlbildungen, -neubildungen (Blutung)

Tabelle 5.**14** Exogene und endogene Faktoren, die zur Entstehung der Epilepsie führen

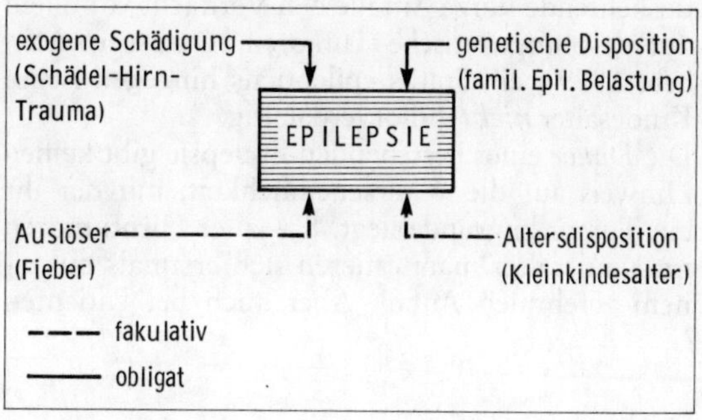

Unter den ätiologischen Faktoren, die zur Epilepsie führen, soll zusammenfassend und übergreifend das Problem der intrakraniellen Raumforderung besprochen werden, da seine Kenntnis in besonderem Maße das differenzierte diagnostische und therapeutische Vorgehen voraussetzt.

Intrakranielle Raumforderung

(JACOBI 1979)

Das akute Schädel-Hirn-Trauma mit Blutung und eine akute Abszeßbildung können ebenso wie ein Hirnödem jedweder Genese epileptogen wirken, also einen akuten (okkasionellen) Krampfanfall verursachen. Aber auch (reparative) Vorgänge nach Ablauf der akuten Phase eines Schädel-Hirn-Traumas, die Veränderungen in der Umgebung angeborener Zysten und (auch erworbener) Pori, können ebenso wie ein wachsender Hirntumor anfallsauslösend wirken. Im Kindesalter findet sich eine *intrakranielle* Raumforderung als Ursache der Epilepsie in 2,5%, eine *intrazerebrale* Raumforderung in 1%. Bei allen Anfällen fokaler Genese sind diese Raumforderungen in 5,8% zu finden, bei fokalen epileptischen Anfällen mit einfacher und komplexer Symptomatik ohne Generalisation in 13,3%. Tumorbedingte Raumforderungen führen selten zu Anfällen, wenn sie in der hinteren Schädelgrube lokalisiert sind, aber häufig (in 50%), wenn sie supratentoriell, besonders temporal oder frontal liegen. Tumoren der Mittellinie führen frühzeitig zu Anfällen, wenn sie *im* Hirnparenchym ihren Ausgang haben, *primär extrazerebrale* (z. B. Kraniopharyngeome) erst spät oder als Hinweis auf ein Rezidiv. Tumoren mit parietookzipitalem Sitz manifestieren sich am ehesten unter dem Bild fokaler epileptischer Anfälle, häufig unter erheblichem Wechsel der Anfallssymptomatik. Tumorverdächtig und weitere eingehende Diagnostik fordernd sind ein rascher Wechsel in der Anfallssymptomatik, die Zunahme der Anfälle trotz antikonvulsiver Therapie, lang anhaltende postparoxysmale Bewußtlosigkeit, postiktale Sprachstörungen, Hirnnervenausfälle, Halbseiten-

lähmung. Andererseits erwecken auch stereotyp über einen langen Zeitraum in gleicher Form wiederkehrende kurze Anfälle den Verdacht vor allem auf dysontogenetische Tumoren (DOOSE u. Mitarb. 1979); ein Status epilepticus hingegen ist im Kindesalter *nicht* tumorverdächtig.
Die *Dauer* einer bestehenden Epilepsie gibt keinen Hinweis auf die Wahrscheinlichkeit, mit der ihr ein Tumor zugrunde liegt. 8% aller Hirntumoren im Kindesalter manifestieren sich erstmals mit einem zerebralen Anfall. Aber auch bei Patienten mit jahrelang bestehender Epilepsie muß auf tumorverdächtige Symptome geachtet werden; Untersuchungen zum Tumorausschluß müssen u. U. im Krankheitsverlauf mehrfach wiederholt werden. Die Größe nichttumoröser Raumforderungen (Zysten, Pori) ist nicht unbedingt maßgebend für die Wahrscheinlichkeit, einen Anfall zu verursachen. In der Regel ist das in direkter Zystennachbarschaft liegende Hirngewebe chronisch verändert und kann epileptogen wirken. Bei etwaiger Operation muß es mitentfernt werden.

Genetik der Epilepsien

Die Bedeutung genetischer Faktoren für die epileptische Reaktion, den Krampfanfall, wurde bereits mehrfach hervorgehoben. Unsere Kenntnisse stammen aus Zwillingsuntersuchungen (CONRAD, LENNOX, GIBBS und GIBBS, Lit. bei HARVALD 1972), den Beobachtungen über die familiäre Belastung von Anfallskranken, elektroenzephalographischen Untersuchungen (ausf. Lit. bei DOOSE u. Mitarb. 1972, 1973) und Beobachtungen von Anfällen bei genetisch bedingten Stoffwechseldefekten.

Zwillingsbefunde

In großen Übersichten aus Deutschland, USA, Japan, Italien und Dänemark (221 eineiige Zwillinge (EZ) und 486 zweieiige Zwillinge (ZZ)) findet sich eine Konkordanz für Epilepsien in 59% (EZ) bzw. 12% (ZZ). Die Ätiologie der Epilepsien beeinflußt nur die Konkordanz für Epilepsie bei EZ. Sie beträgt bei Epilepsien ungeklärter Ursache 84%, bei Ätiologien bekannter Ursache 28%, liegt damit aber noch wesentlich über dem Durchschnitt der Bevölkerung.

Familienuntersuchungen

In einer Weltsammelstatistik liegt das Erkrankungsrisiko für Epilepsien in der Verwandtschaft ersten Grades von Epileptikern 5- bis 20mal so hoch wie in der Gesamtbevölkerung (HARVALD 1972). Erst bei Verwandten dritten Grades entspricht es etwa der Durchschnittsbevölkerung. Die Morbiditätsraten für epileptische Anfälle betragen für Nachkommen von Patienten mit primär generalisierten Epilepsien 7–12%, für Nachkommen und Geschwister von Patienten mit fokaler Epilepsie 3–5% (DOOSE 1983). Für die ersten Kinder eines epileptischen Elternteils ist das Erkrankungsrisiko 1 : 3, für das zweite Kind 1 : 8. Sind beide Elternteile an einer Epilepsie erkrankt, steigt das Erkrankungsrisiko für ihre Kinder. Nach LENNOX (zit. KOCH 1967) bleiben Anfallskranke häufiger unverheiratet als die übrige Bevölkerung.
Diese Angaben vermitteln nur grobe Anhaltspunkte; für einzelne Anfalls-/Epilepsie-Typen variieren die Zahlen beträchtlich. Berücksichtigt man für die Vorhersage noch die verschiedenen genetisch determinierten EEG-Muster, die in Beziehung zur Epilepsie stehen, und z. T. polygen und voneinander unabhängig vererbt werden, so ergibt sich im Einzelfall eine äußerst schwer zu überblickende Basis für die Vorhersage.

In einer prospektiv angelegten Untersuchung über 10 Jahre fanden wir in Familien mit einem epileptischen Elternteil doppelt so häufig epileptische Anfälle bei Kindern als in einem Vergleichskollektiv. Dabei hatten noch nicht alle Kinder das Alter erreicht, in dem die Hauptmanifestation von Epilepsien zu erwarten ist. Interessant ist aus der gleichen Untersuchung, daß generalisierte Spike-wave-Paroxysmen im EEG bei Kindern epileptischer Eltern 10mal so häufig wie im Kontrollkollektiv vorkommen (LIPINSKI u. Mitarb. 1976). Dabei ist es nicht gleichgültig, welcher Elternteil an Epilepsie erkrankt ist (ANNEGERS u. Mitarb. 1976): Kinder mit Epilepsien haben häufiger eine epileptische Mutter als einen epileptischen Vater. Das Anfallsleiden der Mutter ist überzufällig häufig ein solches unbekannter Ursache. Die epileptischen Nachkommen stammen bevorzugt aus Graviditäten in der Remission einer behandelten Epilepsie, nicht aber aus solchen vor der Epilepsiemanifestation. Besonders häufig wurden sie beobachtet, wenn die anfallskranke Mutter bereits 5 Jahre lang ohne Anfälle und ohne antiepileptische Therapie war. Den Antikonvulsiva kommt damit höchstens eine Teilbedeutung für das Auftreten epileptischer Anfälle bei Kindern epileptischer Mütter zu.
Es ist ungeklärt, warum es häufiger epileptische Mütter als Väter gibt, da doch unter den Anfallskranken männliche Patienten geringfügig überwiegen. Möglicherweise haben anfallskranke Väter weniger Nachkommen als anfallskranke Mütter. Vielleicht verläuft die Epilepsie bei Vätern schwerer als bei Müttern. Interessant ist eine Hypothese, die anläßlich einer Untersuchung über die Manifestation von

geistiger Retardierung bei Kindern retardierter Eltern aufgestellt wurde (CARTER 1969). Danach wäre zu prüfen, ob Männer für Epilepsie eher empfänglich sind als Frauen. Wenn das zuträfe, bedürfte es stärkerer Einwirkungen oder einer größeren Menge genetischen Materials, um eine Epilepsie bei Frauen und Müttern hervorzurufen. Diese größere Quantität genetischen Materials wird dann auf ihre Kinder übertragen und verursacht um so eher eine Epilepsie. Diese Vorstellungen würden eine Polygenie der Epilepsien stützen.

EEG-Untersuchungen

Das amplitudenniedrige EEG und das familiäre Beta-EEG wurden schon frühzeitig als genetisch bedingte Normvarianten erkannt, für die ein dominanter Erbgang angenommen wird (VOGEL 1969). Pathologische EEG-Merkmale fand LENNOX bei Gesunden im Erbumkreis Anfallskranker. Folgende genetisch bedingten EEG-Merkmale mit Beziehung zur Epilepsie wurden inzwischen herausgearbeitet (Lit. s. DOOSE u. Mitarb. 1972, 1973, GERKEN u. DOOSE 1973, 1977).

Die *abnorme Theta-Rhythmisierung* (monomorphe rhythmische 4–7/s-Wellen(-gruppen) mit bevorzugt parietaler Lokalisation) zeigt eine altersabhängige Ausprägung. Sie tritt signifikant vermehrt bei Geschwistern anfallskranker Kinder auf (35% gegenüber 11% bei Kontrollen). Bei Kindern mit Fieberkrämpfen findet sie sich in 50%, besonders bei denjenigen, die mehrere Rezidive erleiden. Wichtig ist, daß das Merkmal bei Anfallskranken vor und etwa 2 bis 3 Wochen nach dem Anfall nicht nachweisbar sein kann. Das Merkmal wird wahrscheinlich autosomal dominant, unabhängig von den anderen genetisch determinierten EEG-Merkmalen vererbt.

Photosensibilität: Darunter verstehen wir die Bereitschaft, auf intermittierende Lichtreize im EEG mit Ausbrüchen generalisierter und im allgemeinen irregulärer Spike-wave-Paroxysmen zu reagieren. Bis zu 15% Gesunder zeigen diese Reaktion, Mädchen stärker als Knaben. Photosensible Anfallskranke zeigen häufiger generalisierte Anfälle. In ihren Familien findet sich das Merkmal besonders bei Müttern, diese zeigen auch die höchste Morbidität für epileptische Anfälle. Die stärkste Expressivität für Familienangehörige liegt zwischen dem 5. und 15. Lebensjahr. Die Photosensibilität und die Theta-Rhythmen sind nicht gesetzmäßig miteinander korreliert.

Tabelle 5.**15** Genetisch bedingte EEG-Merkmale mit Beziehung zur Epilepsie

Abnorme Theta-Rhythmisierung
Photosensibilität
Spike-wave-Ausbrüche in Ruhe und während HV
Okzipitale 3–4/s-Rhythmen
Präzentro-temporale sharp wares

Spike-wave-Entladungen kommen in Ruhe und bei HV bei Geschwistern von Probanden mit Spike-wave-Absencen 4mal häufiger vor als beim Kontrollkollektiv. Diese Reaktion ist altersabhängig. Das Maximum ihrer Expressivität liegt zwischen 3 und 6 Jahren, ein zweites bei 15 Jahre alten Geschwistern. Spike-wave-Paroxysmen sind genetisch heterogen und von den unter FS auftretenden zu trennen.

Okzipitale 3–4/s-Rhythmisierung: Die *paroxysmal gruppierte,* okzipitale 3/s-Rhythmisierung findet sich bei epileptischen Kindern und ihren Familien. Die Rhythmen bilden sich in der Pubertät zurück. Die *kontinuierlichen* 3/s-Rhythmen können sich in der Pubertät auch zurückbilden, können allerdings bis in das Erwachsenenalter persistieren und entsprechen dann der vom Erwachsenen bekannten 4/s-Grundrhythmusvariante. Mit ihr korreliert sind psychische und vegetative Instabilität. Wichtig ist, daß diese Rhythmen nicht als Restsymptome von Schädel-Hirn-Traumata gewertet werden dürfen. Vielmehr sind sie Ausdruck einer in früher Kindheit manifest werdenden konstitutionellen Besonderheit, für deren Entstehung genetische Faktoren mitverantwortlich sein müssen. Die Häufigkeit der 3–4/s-Rhythmisierung steht in umgekehrtem Verhältnis zur Häufigkeit der Photosensibilität.

Ein weiteres, genetisch determiniertes Graphoelement sind fokale sharp waves präzentro-temporal. Dieses EEG-Merkmal findet sich – ausgeprägt altersgebunden – unter Geschwistern von Merkmalsträgern in 33% (HEIJBEL u. Mitarb. 1975). Es steht in Beziehung zur benignen Epilepsie des Kindesalters mit sog. Rolandi-Fokus (s. S. 221).

Die verschiedenen altersabhängigen genetischen Faktoren repräsentieren demnach ein Gefüge anfallsfördernder und anfallshemmender Mechanismen, als deren Resultante das Auftreten alters- und geschlechtsgebundener Epilepsien anzusehen ist. Die Disposition zur epileptischen Reaktion ist genetisch fixiert, ihre Realisation umweltabhängig.

Therapie der Epilepsien

Therapie des akuten epileptischen Anfalls

Die Bemühungen, mögliche extrazerebrale Ursachen zu beseitigen und die Bemühungen, den Anfall sofort zu unterbrechen, müssen nebeneinander laufen. Im Zweifelsfall ist die Anfallsunterbrechung vorrangig. Eine Hilfsperson (Angehörige oder Schwester) verabreicht sofort eine Diazepam-Desitin-rectal tube, 5 mg für Kinder zwischen 6 Mo. und 3 J. und 10 mg für ältere. Sie werden wie das Fieberthermometer eingeführt und ausgepreßt; wichtig ist es, einige Minuten das Herauspressen des Diazepams durch Zusammendrücken der Glutealmuskulatur zu verhindern. Der Arzt spritzt langsam intravenös *Clonazepam (Diazepam)* bis zum Sistieren des Anfalls. Die intramuskuläre *Phenobarbital*-Injektion ist ein Notbehelf, wenn keine intravenöse Injektion möglich ist. Dosierung siehe Tab. 5.**16**.
Ein nach 10 Minuten nicht sistierender Anfall erfordert Klinikbehandlung.

Akutbehandlung von Anfallserien, Status epilepticus

Der Status epilepticus erfordert Klinikbehandlung. Die Erstbehandlung ist bei allen Status gleich. In der Wahl der Medikamente steht bei fokalen Status in erster Linie das *Phenytoin,* bei Absence-Status und Status myoklonisch-astatischer Anfälle kann die intravenöse *Steroidtherapie* gelegentlich schlagartige Erfolge bringen.

1. Schritt:

> *Clonazepam:*
> initial 1 (Säugling) – 3 (Schulkind) mg langsam i.v. danach 0,5–1 mg alle 30–60 Min. i.v.

Zur Dauertropfinfusion werden 3 Ampullen *Rivotril* in 250 ml Glucose 5%ig oder in NaCl 0,9%ig aufgelöst. Andere Medikamente sollen der Infusion nicht beigemischt werden. Vorsichtige Dosisreduktion, wenn Status beherrscht ist.

2. Schritt:

> Kombination mit *Phenytoin:*
> initial 10 (Säugling) – 5 (ab Kleinkindesalter) mg/kg KG langsam i.v.
> danach 0,5–0,75 mg/kg KG und Std. i.v.

Zur Dauertropfinfusion dürfen nur Spezialinfusionsampullen verwendet werden. Tägliche Blutspiegelkontrollen sind erforderlich, ggf. Dosisreduktion ab 2. Tag.

Zusätzliche Hirnödemprophylaxe/Therapie:

> *Furosemid:*
> 1 mg/kg KG unmittelbar nach Schnellinfusion
> von *Sorbit* (40%ig)
> oder *Mannit* (20%ig) 2 ml/kg KG

Die Infusion wird alle 4–8 Stunden in Abhängigkeit von Bewußtseinslage, Papillenödem und Allgemeinzustand durchgeführt. Bei fehlender Kontraindikation kann

> *Dexamethason:* 16 mg/m^2 und Tag

zur Hirnödemprophylaxe eingesetzt werden.

3. Schritt:
Ist der Status mit den genannten Maßnahmen innerhalb 8 Stunden auch nach erneuter Sättigungsdosis Phenytoin s. o. nicht zu unterbrechen, verordnen wir

> *Phenobarbital:*
> initial bis zu 10 mg/kg i.m.
> danach 5–2 mg alle 4–8 Std.

(Blutspiegelkontrolle, Intubationsbereitschaft,

Tabelle 5.**16** Medikation bei akutem epileptischem Anfall

	Säugling	Kleinkind	Schulkind
Diazepam-rectal tube	5 mg	5–10 mg	10 mg
Clonazepam (*Rivotril* i.v., 1 Mischamp. 2 ml = 1 mg)	0,5–1 mg	1 mg	1–1,5 mg
Diazepam (*Valium* i.v., 1 Amp. = 2 ml = 10 mg)	5 mg	10 mg	10–15 mg
Phenobarbital 20%ig i.m. (1 Amp. = 1 ml = 200 mg)	100 mg	200 mg	200 mg

notfalls Beatmung und Dosiserhöhung).
Zusätzlich oder bei Versagen halten wir in verzweifelten Fällen *Paraldehyd* für gerechtfertigt.

Paraldehyd: initial 1 (Säugling) – 5 (Kleinkinder) – 10 (Schulkinder) ml *tief i.m.* danach 0,1–0,3 ml/kg KG/die wenn möglich oral 2–4 g 3–6 mal tgl. (per Sonde)

Die Angaben schwanken erheblich. Einen Überblick über die Dosierung gibt FRÖSCHER 1976.
Die Therapie des Status epilepticus sollte unter Intubations- und Beatmungsbereitschaft u. U. auf einer Intensivstation geschehen. Das Offenhalten eines intravenösen Zugangs ist selbstverständlich, ebenso das Urinsammeln, notfalls unter Verwendung eines Verweilkatheters. Auf ausreichende Urinproduktion und ausgeglichene Bilanzierung ist zu achten. Dabei ist es wichtig, daß eine mangelnde Urinproduktion nicht mit Flüssigkeitskarenz beantwortet wird. Bei einer primär intakten Niere liegt die Ursache einer mangelnden Ausscheidung fast ausschließlich in einer mangelnden Zufuhr bzw. in der mangelnden Berücksichtigung der Perspiratio insensibilis bei hohen Außentemperaturen oder Fieber. Fiebersenkende und ggf. antibiotische Maßnahmen komplettieren die Therapie. Regelmäßige Kontrollen des Urins, des Blutbildes, der Elektrolyte, der Medikamentenspiegels sind erforderlich und ebenso regelmäßige internistische Untersuchung, einschließlich Blutdruckkontrollen und die neurologische Untersuchung einschließlich Fundoskopie.

Antikonvulsive Langzeitmedikation

Die Wahl der Medikamente und das Vorgehen ist im klinischen Teil bei den einzelnen Epilepsien dargestellt worden. Obgleich Carbamazepin bevorzugt gegen fokale Epilepsien wirkt, ist ein Einfluß auch auf generalisierte beschrieben worden (FRÖSCHER u. Mitarb. 1982). Ebenso ist Valproat auch gegenüber fokalen Epilepsien von Erfolg gewesen (KEENE u. Mitarb. 1982, HENRIKSEN u. Mitarb. 1982). Wann immer es der Anfallstyp oder die Kombination der Anfälle erlauben, sollte die Therapie als Monotherapie mit Blutspiegeln im therapeutischen Bereich durchgeführt werden (KERANEN u. Mitarb. 1982, SCHMIDT 1982). Eine Kombinationstherapie ist nur sinnvoll, wenn die Blutspiegel jedes Medikaments im therapeutischen Bereich liegen. Eine Verminderung der Nebenwirkungen bei erhaltengebliebenem antikonvulsivem Effekt durch Unterdosierung mehrerer einzelner Präparate ist eine irrige Vorstellung. Die Kombination mehrerer Antikonvulsiva kann durch ihre Interaktion zu unübersichtlichen Verhältnissen führen. Präparate, die weitgehend an das Plasmaeiweiß gebunden sind, verdrängen sich gegenseitig aus dieser Bindung (Valproat mit Phenobarbital oder Phenytoin). Es kommt zu unvorhersehbar hohen Anteilen freier Substanzen, die für toxische Nebenwirkungen verantwortlich sind. Einige Medikamente führen zur Inhibition mikrosomaler Enzyme der Leber, andere zu ihrer Induktion. Dadurch steigt z. B. der Phenytoin-, Carbamazepin- und Valproatspiegel in Gegenwart von Phenobarbital, sinkt der Carbamazepin-Spiegel in Gegenwart von Phenytoin. Phenytoin kann den Primidonstoffwechsel sowohl induzieren wie inhibieren (PORRO u. Mitarb. 1982).
Die Antikonvulsiva beeinflussen sich nicht nur gegenseitig. Ihre Interaktion betreffen auch andere Stoffgruppen. Hier sollen nur einige genannt werden: *Antikoagulantien* müssen höher dosiert werden, *Steroidhormone* werden schneller metabolisiert (cave bei Verordnung der empfängnisverhütenden Pille), der Vitamin-D-Umsatz steigt. Schon bei geringer Mangelernährung oder fehlender Sonnenbestrahlung kann es zu rachitisähnlichen Knochenveränderungen kommen. *Paracetamol,* ein Analgetikum, wird zum hepatotoxischen Zwischenprodukt metabolisiert. *Furosemid* wirkt, i. v. gegeben, schwächer bei Patienten unter *Phenytoin* und *Phenobarbital.* Isoniazid kann zu toxischen Carbamazepinspiegeln führen (BLOCK 1982). Alle Krankheitszustände mit erheblichen Veränderungen des Stoffwechsels und Eiweißverlust können eine verminderte Wirkung und vermehrte Nebenwirkung hervorrufen (s. dort).
Die Indikation zur Einleitung einer antikonvulsiven Dauertherapie ist in der Regel nach dem zweiten Krampfanfall gegeben. Liegt eine mit Epilepsie belastete Familienanamnese oder eine zu Krämpfen disponierende Eigenanamnese vor und kann man das Entstehen, die Intensitätszunahme und Ausbreitung der HsA im EEG verfolgen, so ist die Einleitung einer antikonvulsiven Therapie in diesem Ausnahmefall vor dem ersten Krampfanfall gerechtfertigt. Der Aufbau der antikonvulsiven Therapie erfolgt schrittweise mit geringen Dosen. Diese werden alle 2 bis 3 Tage um ¼ bis ½ Tablette gesteigert, bis die vorläufige Enddosierung erreicht wird. Mit diesem schrittweisen Vorgehen werden unerwünschte Nebenwirkungen der Therapie vermieden. Die antikonvulsive Dauertherapie wird mindestens über einen Zeitraum von 3 Jahren nach dem letzten Anfall bei stabilem EEG durchgeführt. Es mehren sich die Hinweise, daß mindestens im Einzelfall eine 5jährige Anfallsfreiheit erforderlich ist, ehe gefahrlos und langsam über einen langen Zeitraum von Monaten bis Jahren die Therapie völlig eingestellt werden kann. In der Regel vermindern wir eine halbe Tablette alle hal-

ben Jahre bzw. ¼ Tablette eines Antikonvulsivums alle Vierteljahre. Zwischenzeitliche EEG-Kontrollen rechtfertigen den nächsten Schritt. Wenn die Therapie nicht vor Beginn der Pubertät beendet werden kann, sollte sie über die Pubertät hinaus fortgeführt werden. Das EEG muß nicht frei von HsA zu sein. Wenn diese, generalisiert oder fokal, über Jahre stabil geblieben ist und unter der Dosisminderung sich nicht verstärkt und ausbreitet (Schlaf-EEG), besteht kaum die Gefahr eines Rezidivs. Möglicherweise wird dieses viel eher durch den Grad der allgemeinverlangsamten Grundaktivität angezeigt.

Die Rezidivrate ist auch nach lege artis durchgeführter antikonvulsiver Therapie 5–12 Jahre nach Absetzen derselben mit 24% hoch. Am schlechtesten schneiden fokal-motorische Anfälle mit 53% Rezidiven, Kombinationen mehrerer Anfallstypen mit 40% und psychomotorische Anfälle mit 25% Rezidiven ab. (HOLOWACH 1972). In eigenen Untersuchungen sank die Anfallsfreiheit bei Grand-mal-Epilepsie ohne Herdsymptome von 89% nach einem Jahr auf 80% nach mindestens 4 Jahren.

Eine schlechtere Prognose haben Grand-mal-Epilepsien mit Herdzeichen. Hier sank die Anfallsfreiheit von 70% nach mind. 1 Jahr auf 52% nach 4 Jahren. Diese Zahlen geben Hinweise auf die notwendige Intensität der antikonvulsiven Langzeittherapie. Es ist zu früh, prognostisch positive und negative Symptome und Konstellationen für jedes Anfallsbild aufzustellen, da die Angaben einzelner Autoren sehr schwer vergleichbar sind.

Nebenwirkungen der Antikonvulsiva

Über spezielle Nebenwirkungen, die einzelne Medikamente betreffen, wird im Kapitel Antiepileptika, Band I, berichtet.

Initiale Nebenwirkungen

Hiermit sind Schläfrigkeit, Übelkeit, Erbrechen, makulopapulöse Hauterscheinungen im Beginn der Therapie gemeint. Alle Nebenwirkungen sind auf ein Minimum zu reduzieren, wenn der Beginn der Therapie langsam und stufenweise erfolgt (+ ¼ Tablette jeden 2. bis 3. Tag). Wenn häufige Anfälle ein anderes Vorgehen notwendig machen, verabreichen wir zur Überbrückung *Phenobarbital.*

Hautreaktionen sind häufig, werden besonders dem *Phenytoin* zugeschrieben (5%). Sie sind die Folge eines Mißverhältnisses zwischen Zufuhr und Abbau des Medikaments. Es konnte gezeigt werden, daß ein Rash immer dann erfolgte, wenn der Phenytoinspiegel am 5. Tag der Therapie 14 µmol/l überschritten hat (WILSON 1978). Wenn unter einem solchen Vorgehen dennoch eine Hautreaktion auftritt, so könnte sie ein Warnzeichen dafür sein, daß mit weiteren immunologischen Reaktionen, z. B. der Ausbildung einer Kollagenose, gerechnet werden muß.

Bei Carbamazepin können Hautreaktionen noch Wochen nach Beginn der Therapie auftreten, besonders dann, wenn sie auf ein vorbestehendes Ekzem treffen.

Nebenwirkungen bei Langzeittherapie

Schilddrüsenhormone unterliegen einer erhöhten Clearance bei Patienten unter *Phenytoin,* jedoch nicht bei solchen, die *Phenobarbital* oder *Carbamazepin* erhalten (FICHSEL u. KNÖPLE 1976, YEO u. Mitarb. 1978). Bei allen Kindern, die antikonvulsiv behandelt werden, sollte gerade in der Präpubertät auf das Auftreten einer meist euthyreoten Struma geachtet werden. Sie macht weitere Hormonuntersuchungen notwendig.

Der Vitamin-D-Stoffwechsel kann durch verschiedene Antikonvulsiva gestört werden. Sie beeinträchtigen die Hydroxylierung des Vitamins D in der Leber (GASCON-BARRE 1977). Die daraus resultierende antikonvulsive Osteomalazie stellt sich in Knochenbiopsien einerseits als relative Vermehrung des unmineralisierten Knochens und als vermehrte Knochenresorption und an anderen Stellen als eine vermehrte Knochenmineralisation und Knochenneubildung heraus. Der Parathormonspiegel im Serum ist unverändert. Damit ist die rachitisähnliche Nebenwirkung der Antikonvulsiva eine spezielle Knochenerkrankung, die sich von dem einfachen Vitamin-D-Mangel unterscheidet.

Nach KRUSE leiden 5% der Kinder und 3% der institutionalisierten Erwachsenen an einer durch Antikonvulsiva bedingten Osteomalazie. Wöchentliche Vitamin-D-Dosen zwischen 37,5 µg und 125 µg entsprechend 1500 IE bis 5000 IE je Woche reichen aus, die Osteomalazie chemisch zu normalisieren (OFFERMANN 1979).

Immunologische Befunde: Eine Reihe von Veränderungen der humoralen, aber nur ausnahmsweise der zellulären Immunität wurden bei Kindern und Erwachsenen unter antikonvulsiver Therapie beobachtet. Am häufigsten tritt eine Verminderung des IgA- und Beta-1-C/A-Spiegels während *Phenytoin*-Langzeittherapie auf. Möglicherweise handelt es sich um eine besondere, genetisch bedingte Disposition zum IgA-Mangel; es wurden nämlich bei Verwandten mit niedrigem IgA unter antikonvulsiver Therapie ebenfalls in hohem Ausmaß niedrige IgA-Spiegel gefunden (AARLI 1976 und HALDORSON u. AARLI 1976). Über Veränderungen im HLA-System ist u. a. von FONTANA (1978) berichtet worden.

Ein durch Antikonvulsiva bedingtes Lupussyndrom wurde unter der Therapie mit *Phenytoin,*

Primidon, Ethosuximid, Carbamazepin, Trimethadion beobachtet, aber auch antinukleäre Antikörper ohne Lupussyndrom wurden gefunden. Die Abgrenzung des medikamentenbedingten Lupussyndroms vom systemischen Lupus erythematodes, der auch mit Krämpfen einhergehen kann, ist möglich durch den Nachweis der gegen doppelstrangige DNA gerichteten Antikörper. Beim medikamenteninduzierten Lupussyndrom fehlen sie (GENTH 1978).

Von psychiatrischer Bedeutung ist die Beobachtung, daß Carbamazepin eine bipolare Psychose maskieren kann, die nach Absetzen der Therapie zum Ausbruch kommt (eig. Beob., POST u. Mitarb. 1983).

Teratologische Befunde: Erörterungen dieser Art gehören nur teilweise hierher, da sie nur z. T. medikamentenbedingt sind. Sie leiten über zum Kapitel über die weiterreichende medizinische und nichtmedizinische Betreuung.

Die Gefahr, ein fehlgebildetes Kind zu bekommen, ist bei Frauen mit Epilepsie etwa doppelt so groß wie bei gesunden Frauen, bei antikonvulsiv behandelten Frauen etwa dreimal so hoch (2,5 : 4,2 : 6%, JANZ 1975, JANZ u. Mitarb 1982). Am häufigsten treten Lippen-, Kiefer-, Gaumenspalte (1–2%), Herzfehler (1–2%), Skelettfehlbildungen (1%) auf. Offenbar kann jedes Antikonvulsivum Mißbildungen hervorrufen. Zusätzliche Risikofaktoren (Mutter über 35 Jahre, gehäufte Tot- und Fehlgeburten) dürften den Kinder- und Jugendpsychiater weniger interessieren, wohl aber das Vorliegen eines Diabetes mellitus.

Ob es medikamentenspezifische Fehlbildungssyndrome bei Müttern gibt, die in der Schwangerschaft behandelt werden, ist noch unentschieden (*Hydantoin, Ethosuximid*).

Als *embryofetales Antiepileptikasyndrom* ist eine Kombination von Symptomen bekannt geworden, die mit Mikrozephalie und Minderwuchs, Gesichtsdysmorphie, hypoplastischen Finger- und Zehenendgliedern und Nägeln sowie Intelligenzdefekten einhergeht (HANSON 1976). Differentialdiagnostisch sind das embryofetale Alkoholsyndrom, das Ulrich-Turner und das Coffinsyndrom abzugrenzen. Familienplanung und Intensivüberwachung der Schwangeren mit häufigen Medikamentenspiegeln, u. U. Medikamentenwechsel, sind die Konsequenzen dieser Befunde.

Kinder antikonvulsiv behandelter Mütter fallen besonders in den ersten 24 Lebensstunden durch eine vermehrte Blutungsneigung auf, die ausgedehnt ist, an atypischer Stelle sitzen kann (intraabdominal) und therapeutisch schwer beherrschbar ist. Die Pathogenese ist nicht völlig geklärt. Eine Verminderung der Vitamin-K-abhängigen Faktoren in der Leber führte zur Diskussion einer kompetitiven Hemmung des ohnehin beim Neugeborenen spärlichen Vitamin-K-Vorrats durch *Phenytoin* und *Phenobarbital* (SOLOMON u. Mitarb. 1972, 1974, MOUNTAIN 1973). Orale Konakiontherapie der Mutter während der letzten 4 Wochen vor der Geburt, intramuskuläre Injektion unter der Geburt und Gabe von 1 mg Konakion/kg KG täglich an das Neugeborene verhüten diese Komplikationen.

Nichtmedikamentöse Therapie der Epilepsien

Die medikamentöse Therapie ist nur ein Teil der Behandlung Anfallskranker. Darüber hinaus werden ggf. erforderlich eine

- weiterreichende medizinische, physikalische, psychologisch-pädagogische Behandlung zusätzlicher Behinderungen sowie
- sozialmedizinische Maßnahmen bei langzeitbehandelten anfallskranken Patienten und ihren Familien.

Die Epilepsie ist häufig nur ein Symptom unter anderen im Rahmen einer Mehrfachbehinderung; die Grunderkrankung kann ebenso eine zerebrale Bewegungsstörung, eine Fehlsichtigkeit und Fehlstellung der Augen, Hörstörungen und Sprachstörungen verursacht haben. Die psychomotorische Entwicklung des Patienten kann einfach rückständig verlaufen oder dadurch in falsche Bahnen geraten, daß abnorme Reflexaktivitäten bestehenbleiben, Sinnesdefekte nicht erkannt werden und Störungen in der Raum- und Lageorientierung zu falschen Vorstellungen, einem falschen Körperschema führen. Die Störungen in der Aufnahme und Weiterverarbeitung äußerer Reize werden nicht immer rechtzeitig erkannt; wenn sie bereits zu sekundären Verhaltensstörungen geführt haben, ist die Behandlung der zugrundeliegenden sensomotorischen Störung wesentlich schwieriger.

Es ist also notwendig, daß nicht nur das Symptom zerebraler Anfälle behandelt wird, sondern nach allen möglicherweise assoziierten Störungen gefahndet wird. Neben einer gründlichen pädiatrischen und neurologischen Untersuchung des Patienten mit Epilepsie muß ggf. eine Entwicklungsdiagnostik durchgeführt werden und ein Team von Spezialisten bemüht werden, dem u. a. der Physiotherapeut, der Ergotherapeut, der Logopäde, der Ophthalmologe, der Otologe, der Orthopäde, der Psychologe und der (Sonder-)Pädagoge sowie der Kinder- und Jugendpsychiater angehören. Dabei ist darauf zu achten, daß *ein* Arzt, sei es ein Spezialist oder der Hausarzt die Bemühungen und Therapien aller Spezialisten koordiniert und die Fäden in seiner Hand zusammenlaufen. Er ist dann letzlich angesprochen, die Gesamtberatung der Familie zu übernehmen und weiterhin die Weichen zu stellen. Ob diese Aufgabe ein Hausarzt, ein Kinderarzt, eine Ambulanz für Anfallskranke, ein Epilepsiezentrum, ein neurologischer oder kinder- und jugendpsychiatrischer Facharzt übernehmen,

bleibt so lange gleichgültig, solange eine Problemkompetenz besteht.
Die chronische Langzeitbetreuung anfallskranker Kinder und ihrer Familien beginnt mit der Bestandsaufnahme aller Störungen und Behinderungen und integriert die Bemühungen des Spezialisten (FREUDENBERG 1973, STEINHAUSEN 1977, GROH 1978). Der Arzt berät die Familie in Fragen der Schutzimpfungen, betreut den Patienten bei interkurrenten Erkrankungen und koordiniert chronische Medikation und Akuttherapie. Er wird eine vernünftige sportliche Betätigung des Patienten aber i. d. R. kein Hochleistungstraining befürworten. Ein zuverlässiger Patient, der anfallsfrei ist und seine Tabletten regelmäßig nimmt, kann auch Schwimmen gehen. Hier sind Einschränkungen bei photosensiblen Patienten notwendig, die bei Photostimulation im EEG noch langdauernde und häufige Spike-wave-Paroxysmen haben. Durch Lichtreflexe des in der Sonne spiegelnden Wassers kann ein Anfall ausgelöst werden. Entsprechende Spiegelungen sind auch im Badezimmer möglich.
Fahrrad- und Mofafahren ist nicht anfallsfreien Patienten natürlich untersagt. Bei Bewerbungen um einen Führerschein sind das Anfallsleiden und seine Behandlung unbedingt anzugeben.
Darüber hinaus werden die Fragen der Eingliederung in einen (Sonder-)Kindergarten, des Zeitpunkts der Einschulung, Wahl der Schule, die Auswahl weiterführender Schulen gemeinsam mit dem Psychologen und (Sonder-)Pädagogen zu diskutieren sein. Schließlich müssen Berufswünsche und -möglichkeiten untersucht und realistisch eingeschätzt werden. Arzt und Psychologe müssen sich dabei der durch die Langzeitbetreuung gewachsenen Bindungen zum Patienten und seinen Angehörigen bewußt sein, die zur Identifizierung mit den Problemen des Kranken und seiner Familie führen und eine realistische Einschätzung z. B. der schulischen und beruflichen Fähigkeiten und Möglichkeiten des Kindes behindern kann, damit eine individuelle, aber sachliche Beratung unmöglich macht.
In der Regel wird es mangels eines etablierten oder ausreichenden Sozialdienstes in Kliniken und Fachpraxen dem Arzt und dem Psychologen überlassen bleiben, auch die sozialmedizinische Betreuung, die notwendig werdende Eingliederung nach dem Sozialhilfegesetz, Anträge für Schwerbehindertenausweis usw. zu initiieren und die Eltern auf die Möglichkeiten aufmerksam zu machen, die ihnen (Steuer-)Recht und Gesetzgeber eingeräumt haben. Diese Art der Betreuung wird überall da optimiert, wo Laienorganisationen um die Integration von Anfallskranken und ihren Familien bemüht sind.

Psychische Störungen bei Epilepsien

Akute Störungen, die in direktem Zusammenhang mit einem epileptischen Anfall oder seiner Unterdrückung stehen (episodische Störungen) werden unterschieden von Störungen, die im Verlauf der epileptischen Erkrankung deutlich werden. Sie betreffen kognitive und affektive Funktionen und das sich in der Psychomotorik ausdrückende Wesen und Verhalten (REYNOLDS und TRIMBLE 1981).

Episodische Störungen

5% aller Anfallskranken erleiden ein- oder mehrmals im Verlauf ihrer Epilepsien episodische Störungen. Sie werden in Dämmerzustände, Verstimmungszustände und episodische Psychosen unterteilt.

Dämmerzustände

Kernsymptom ist das verminderte oder aufgehobene Bewußtsein. Die Patienten wirken verlangsamt, kontaktgestört, „wie eingefroren". Ein solcher Zustand kann aus zweierlei Ursache auftreten:
a) postparoxysmal im Gefolge eines Anfalls,
b) als Ausdruck eines Anfallsstatus.

a) Postparoxysmaler Dämmerzustand (postparoxysmale Umdämmerung). Er kennzeichnet eine Reorientierungsphase nach großen generalisierten Anfällen: Es dauert Minuten bis Stunden, in denen der Patient wieder den Kontakt mit seiner Umgebung aufnimmt und die Fäden wieder verknüpft, die im Anfall zerrissen wurden. Patienten mit zerebraler Vorschädigung durchleben häufig eine Tage dauernde postparoxysmale Umdämmerung. Ein solcher Zustand ist immer verdächtig auf eine dem Anfall zugrundeliegende intrakranielle Raumforderung. In seltenen Fällen kann diese *post*paroxysmale Umdämmerung auch *prä*paroxysmal auftreten.

b) *Ein stuporöser Dämmerzustand,* ein „Verharren wie in Trance" kann Ausdruck eines „Petit-mal-Status„ sein. Etwaige myoklonische Symptome fehlen oder sind nur bei genauem Hinblicken gelegentlich an Lidern oder Bulbi zu erkennen. Meist liegt einem solchen Zustand eine Epilepsie mit Absencen oder myoklonisch-astatischen Anfällen, gelegentlich eine sekundär generalisierte Epilepsie multifokalen Ursprungs mit Hypsarrhythmie zugrunde.

EEG-Befunde: Die postparoxysmale Umdämmerung geht einher mit einer allgemeinen Verlangsamung unterschiedlichen Ausmaßes, die sich allmählich zurückbildet und dem interiktalen EEG-Befund der Epilepsie Platz macht. Der Status epilepticus zeigt kontinuierlich oder diskontinuierlich generalisierte HsA, meist in Form von generalisierten Spike waves oder von Spike-wave-Varianten, seltener als Hypsarrhythmie.

Therapeutisch erfordert der postparoxysmale Dämmerzustand nur Aktivitäten, wenn er tagelang anhält oder mit Unruhe und Aggression einhergeht. Im letzteren Fall helfen Benzodiazepine, im ersten Fall kann eine forcierte Diurese die Ausscheidung der zur Anfallsunterbrechung verabreichten Medikamente beschleunigen und ein etwaiges Hirnödem zum Abklingen bringen. Der Status epilepticus ist durch antikonvulsive Statustherapie, manchmal allerdings mit erheblichen Mühen zu beeinflussen.

Verstimmungszustände

Gemeint sind dysphorische Phasen, z. T. mit aggressivem Verhalten als Vorboten von Serien großer Anfälle, psychomotorischer Anfälle, seltener auch myoklonischer Anfälle. Sie können Stunden bis Tage anhalten und sind für aufmerksam beobachtende Eltern chronisch kranker Kinder recht gut von sonstigen Ungezogenheiten abgrenzbar. Das EEG ist uncharakteristisch, gelegentlich etwas stärker allgemein verlangsamt als interiktal.

Episodische Psychosen

1% aller Anfallskranken soll an episodischen Psychosen leiden. Sie treten in zeitlich unterschiedlichem Abstand zum Anfallsleiden auf. Selten werden sie vor Manifestation des Anfallsleidens beobachtet, zumeist 10 bis 15 Jahre nach Beginn des Anfallsleidens (MÜLLER u. ENDLER 1978, MATTHES 1977, REMSCHMIDT 1973). Der Patient ist in diesem Zustand bewußtseinsklar. Er kann Wahnvorstellungen haben, Halluzinationen, an illusionärer Verkennung der Gegenwart leiden, Zwangshandlungen ausführen und suizidal gefährdet sein. Das EEG zeigt in einem solchen Stadium einen Normalbefund. Eine Psychose unter der antiepileptischen Therapie, die mit einer Normalisierung des vordem pathologischen EEG einhergeht, wird auch als Alternativpsychose bezeichnet, der EEG-Verlauf als „forcierte Normalisierung“ nach Landolt. Die Therapie dieses Zustandes besteht in einer Verminderung der Antikonvulsiva, bei der das Wiederauftreten einzelner Anfälle u. U. in Kauf genommen werden muß. Die zusätzliche Therapie mit Psychopharmaka ist in der Regel nicht zu umgehen. Die einzelnen Antikonvulsiva bedingen wahrscheinlich in unterschiedlichem Maße eine episodische Psychose. Bei *Valproat* ist ein derartiges Vorkommen mindestens äußerst selten.

Eine deutliche Korrelation zwischen Epilepsietyp und klinischem Bild einer Psychose besteht nicht. Im EEG Erwachsener wird häufig fokale HsA zusammen mit generalisierter gefunden (BRUENS 1973). Bei anfallskranken Kindern werden epileptische Psychosen selten beobachtet. Wohl aber depressive Reaktionen bei Kindern mit therapieresistenten Epilepsien, die episodenhaft kulminieren oder exazerbieren können.

Eine durch Carbamazepin maskierte bipolare Psychose wurde auf S. 239 besprochen.

Kognitive Störungen

Etwa 30% der anfallskranken Kinder kommen in einer Normalschule nicht mit (MATTHES 1977). Von 200 Neuaufnahmen in die Johns-Hopkins-Anfallsambulanz für Kinder, die neurologisch und psychologisch untersucht sowie soziologisch ausgewertet wurden, hatten 70% deutliche Lernstörungen, die eine spezielle Förderung notwendig machten. Von den verbleibenden 30% zeigten weitere geringere Lernstörungen, die aber ausreichen, Schwierigkeiten im regulären Schulunterricht aufkommen zu lassen (WHITEHOUSE 1975). Beeinträchtigungen des Lernens werden häufig bei anfallskranken Kindern gefunden, auch bereits vor Einleitung der antikonvulsiven Therapie. Sie finden sich allerdings auch bei solchen, die fälschlicherweise in der Annahme eines Anfallsleidens antikonvulsiv eingestellt worden waren, und verschwanden nach Absetzen der Medikamente (VOGT u. SCHLACK 1974). Die primäre Intelligenz Anfallskranker unterscheidet sich in dem Maße von der der Normalbevölkerung, wie prä- oder perinatale Störungen oder andere zerebrale Vorschädigungen die Epilepsie (mit-)verursachen. Visuomotorische Koordinationsstörungen, eine verminderte Aufmerksamkeitsspanne, Umständlichkeit im Denken und Handeln und ein Mangel, sich schnell auf neue Situationen einstellen zu können, wirken sich erschwerend auf das Lernen aus. Lernstörungen bedingen Verhaltensstörungen, sie beeinflussen sich wechselseitig. Neben der prämorbiden Persönlichkeit sind die krankheitsbedingten Veränderungen und die antikonvulsive Therapie wesentlich an dem Zustandekommen der kognitiven Störungen beteiligt. Einige Befunde mögen das Problem verdeutlichen: Von monozygoten Zwillingspaaren zeigten diejenigen signifikant schlech-

tere Ergebnisse im WISC, die einen Fieberkrampf erlitten hatten. Keine Korrelation bestand hingegen zwischen Geburtsgewicht und Intelligenz (SCHIOTZ-CHRISTENSEN u. BRUHN 1973).
Je größer die Frequenz großer Anfälle, um so wahrscheinlicher treten kognitive Störungen auf, wenn zusätzlich noch ein früher Krankheitsbeginn und eine lange Krankheitsdauer zu registrieren ist (DIKMEN u. Mitarb. 1975, 1977).
Wachheit und Konzentrationsvermögen stiegen bei Kindern, wenn ihre antikonvulsive Therapie von *Phenobarbital* auf *Carbamazepin* umgestellt wurde (TROUPIN u. Mitarb. 1977). Durch *Phenytoin* sollen Leseerfolge bei epileptischen Jungen stärker als bei Mädchen beeinträchtigt werden (STORES u. HART 1976). Von *Valproat* hingegen wurde bei anfallskranken Kindern und Jugendlichen ein psychotroper Effekt berichtet (DEISENHAMMER 1977). Die Ergebnisse bei *Diazepam* sind komplex (KLEINKNECHT u. DONALDSON 1975).

Interessant sind die Arbeiten von WÜNSCHE u. Mitarb. (1977), die 200 epileptische Kinder und 300 Kontrollen der gleichen Altersgruppen hinsichtlich ihrer Schulleistungen überprüften. Zwischen beiden Gruppen gibt es signifikante Unterschiede, besonders ab der 5. Klasse. Klassenwiederholungen sind häufiger bei anfallskranken Kindern, verglichen mit Kontrollen. Erfolglos behandelte Kinder mit fortbestehenden Anfällen haben niedrigere Gesamtscores als solche, die anfallsfrei wurden. Anfallskranke Kinder unter antikonvulsiver Therapie haben niedrigere Scores als vor Einsetzen der Therapie. Die besten Ergebnisse wurden bei den Kindern erzielt, die erfolgreich behandelt wurden, anfallsfrei waren und deren Therapie bereits abgesetzt werden konnte. Die Durchführung einer solchen Studie ist äußerst schwierig und methodisch anfechtbar. Die Ergebnisse erlauben jedoch einen vorsichtigen Optimismus und fordern eine frühzeitige, konsequente Therapie mit dem Ziel, die Therapie so frühzeitig beenden zu können, daß ein Nachholeffekt des Lernens sich noch schulisch auswirken kann. Aus dem gleichen Grunde ist das spätere Einschulen anfallskranker Kinder zu befürworten. Allerdings sollte ein individuelles Vorschultraining durchgeführt werden.

Bei der Beurteilung dieser Befunde ist zu bedenken, daß nur wenige Untersuchungen neben dem Vergleich mit einer Kontrollgruppe Gesunder auch andere Kranke ohne ZNS-Beteiligung berücksichtigen. Ihre Ergebnisse freilich mahnen zur Zurückhaltung in der Interpretation von Befunden kognitiver Teste als „typisch epileptisch" (REMSCHMIDT 1973). Diese Vorsicht betrifft auch Unterschiede im Ausmaß der Störungen zwischen Anfallsleiden verschiedener Ätiologie und Anfällen unterschiedlicher Phänomenologie. Die starke Beeinträchtigung der Intelligenzleistung bei BNS-Krämpfen und beim Lennox-Gastaut-Syndrom sind allgemein anerkannt und jederzeit zu beobachten (89%). Auffällig ist, daß Epilepsien mit Grand mal- und Halbseitenanfällen in fast der Hälfte der Fälle (40 bis 45%) mit Intelligenzstörungen einhergehen (DEGEN 1977), ebenfalls ein Drittel der Absencepatienten. Nach Untersuchungen von WÜNSCHE u. Mitarb. (1977) zeigen Patienten mit pyknoleptischen Absencen besondere Schwierigkeiten in Mathematik, Patienten mit Grand mal-Absence-Epilepsie Schwierigkeiten in Mathematik und der Rechtschreibung, Patienten mit psychomotorischer Epilepsie besonders schlechte Betragensnoten.
Ein Maß für den Schulerfolg bildet die Häufigkeit von Klassenwiederholungen (WÜNSCHE u. Mitarb. 1977). Bei Anfallskranken kam eine mehrmalige Klassenwiederholung von 17%, bei gesunden Kontrollen von nur 5% vor. Der größte Prozentsatz einmaliger Klassenwiederholungen findet sich bei Grand mal-Absence-Epilepsie (27%) und bei reiner Absenceepilepsie (24%). Absencepatienten haben auch den höchsten Prozentsatz mehrfacher Klassenwiederholungen (18%).
Wir konnten die Befunde von DEGEN u. KASTL (1973) bestätigen, die ein Absinken der Schulleistungen bei anfallskranken Kindern in höheren Schulklassen beobachteten. Gleichzeitig bestätigen wir eine schlechte Schulprognose von Kindern mit Absencen, besonders wenn diese zusammen mit Grand mal auftreten (MÜLLER 1979). Jedes siebente Kind mit reiner Absenceepilepsie besucht die Sonderschule oder eine Sonderkindertagesstätte. Bei Patienten mit Grand mal-Absence-Epilepsie ist jedes zweite Kind Sonderschüler. Auch bei reiner Absenceepilepsie verdoppelt sich der Prozentsatz der Sonderschüler im 13. bis 16. Lebensjahr gegenüber dem 7. bis 10. Lebensjahr, wenn die Absencen sich vor dem 7. Lebensjahr manifestierten.
Patienten mit Grand-mal-Epilepsie ohne Herdzeichen schneiden schulisch besser ab als solche mit Herdzeichen (GUCK 1979). Das Verhältnis Schüler zu Sonderschüler beträgt für Kinder mit Grand mal-Anfällen ohne Herdzeichen 3–8 : 1, für solche mit Herdzeichen 1–3 : 1. Ein Wechsel zum leichteren Schultyp (auch Sonderschule) wurde bei 7% der Kinder mit Grand-mal-Epilepsien notwendig; 4 von 14 hatten eine Grand mal-Epilepsie ohne Herdzeichen, 10 von 14 mit Herdzeichen.

Affektive Störungen; Wesen und Verhalten

Gemütsbewegungen drücken sich beim Kind stärker motorisch aus als beim Erwachsenen. Die Bewegungen und sein Verhalten geben – beim Kleinkind zumindest unreflektiert – sein Befinden wieder und spiegeln seine Stimmungslage.
Ein rigide haftendes, umständlich und pedantisches Verhalten, empfindlich und explosiv, affektlabil und -inkontinent, freundlich zugewandt und gereizt-aggressiv, leichtsinnig und unzuverlässig, das sind Adjektiva, die ein epileptisches „Wesen" kennzeichnen sollen. Für das Erwachsenenalter haben JANZ (1969) und LEDER (1969) die Psycho-

pathologie der Patienten mit Aufwachepilepsie und der Patienten mit Schlafepilepsie herausgearbeitet. Literatur bei PENIN, REMSCHMIDT, PETERS in PENIN (1973). Eine typische epileptische Wesensveränderung gibt es nicht. Eine durch psychomotorische Verfahren nach epileptischen Anfalls- und Verlaufstypen differenzierte Psychopathologie hat sich bisher im Kindesalter nicht entwickeln können (Übersicht s. REMSCHMIDT 1973). Wesen und Verhalten werden von folgenden Faktoren maßgeblich bestimmt:

1. Prämorbide Persönlichkeit.
2. Organische Erkrankung.
3. Funktionelle Störungen u. a. als Folge der Therapie.
4. Psychoreaktive Faktoren.

Die *Prämorbide Persönlichkeit* hat wesentlichen Anteil an der Ausbildung der Wesensauffälligkeiten, wie Untersuchungen im Erbumkreis von Anfallskranken gezeigt haben. Das Alter und der Entwicklungsstand im Beginn der Erkrankung sowie der Wandel der Befunde mit dem Alter spielen eine wesentliche Rolle.

Organische wie funktionelle Läsionen des Zentralnervensystems, die epileptogen wirken, Ausdehnung und Schwere sowie der Ort ihrer Einwirkung können erheblich das Wesen und Verhalten eines Kindes modifizieren (diffuse Störung, Temporallappenstörung, frontale Störung usw.). Hinzu kommen sekundäre organische Störungen als iktogene Schäden nach langdauernden und sich häufig wiederholenden epileptischen Anfällen. Iktogene Schäden brauchen keine morphologisch faßbaren Befunde zu hinterlassen, sie können dennoch zu einem Zerfall der Persönlichkeit führen und einen dementiellen Abbau bewirken.

Funktionelle Störungen werden in hohem Maße abhängig sein von der Anfallsform und von dem entsprechenden Ort der Läsion. Sie werden in oben angegebener Weise – hoffentlich reversibel – durch die antiepileptische Therapie verstärkt.

Schließlich spielen *psychoreaktive Faktoren* eine wesentliche Rolle für das Zustandekommen der Verhaltensstörung. Die Diffamierung Anfallskranker, der Versuch, die Krankheit zu verheimlichen, Fehlverhalten von Eltern und Umwelt und die Reaktion des Patienten darauf wirken pathoplastisch.

Der Epileptiker lebt selbst heute noch in einer als „Festungsstruktur" beschriebenen Form spezieller Isolierung. Die Familie bildet um das anfallskranke Mitglied eine Mauer, die ihm einmal starken Schutz verleiht, die ihn auf der anderen Seite aber von seiner Umwelt abschließt (PETERS 1978). Der Patient ist in seinem Lebensstil einer Reihe von Restriktionen unterworfen: regelmäßige Tabletteneinnahme, kein Alkoholgenuß, Schlaf-Wach-Regelung, wiederholte Arztbesuche mit EEG-Untersuchungen und Blutentnahmen. Der Patient begreift mit zunehmendem Alter seine Behinderung und die ihm durch die Krankheit auferlegten Einschränkungen, daß er nicht in gleichem Maße rennen kann wie andere Kinder, möglicherweise zur Vermeidung von Verletzungen einen Schutzhelm tragen muß, am Sportbetrieb, an Ferienlagern und Fahrten nicht uneingeschränkt wie andere Kinder teilnehmen kann. Darüber hinaus erlebt der Anfallskranke seine Krankheit im Spiegel der Umwelt. Er nimmt eine Sonderstellung ein, wird nicht akzeptiert oder gar abgelehnt. Seine Krankheit wird nicht beim Namen genannt. Die Familie ist überängstlich und überprotektiv, oder sie ist nicht bereit, seine speziellen Probleme zu sehen. Dieses Erleben macht ihn unsicher, fördert ein auffälliges Verhalten und treibt ihn in die Isolierung, aus der er von Zeit zu Zeit aus Trotz, im Zorn aggressiv ausbricht. Natürlich sind derartige Vorgänge nur bei älteren Kindern klar ablesbar. Es ist jedoch anzunehmen, daß entsprechende Mechanismen mit gewisser Variation auch beim Kleinkind und Säugling ablaufen.

Die Wechselwirkung Patient, Krankheit zu Familie, Umwelt führt zu einer Dauerbelastung der Familie und ist in der Lage, chronische Spannung zu erzeugen. So nimmt es nicht wunder, daß in Finnland eine höhere Scheidungsrate, ein höherer Prozentsatz unehelicher Kinder in Familien mit epileptischen Kindern und bei diesen eine unerwartet hohe Todesrate gefunden wurden (SILLANPAA 1973).

Die psychischen Störungen isolieren den Anfallskranken in weitaus stärkerem Maße als seine Anfälle. Sie verhindern seine Integration in die Gesellschaft. Wesen und Verhalten des Anfallskranken sind in hohem Maße milieuabhängig und psychoreaktiv. Sein Lebenserfolg hängt damit zum guten Teil von der Bereitschaft seiner Umwelt ab, ihn zu akzeptieren als „gewöhnlichen Menschen, dem ab und zu etwas Ungewöhnliches passiert" (MATTHES 1977).

Literatur

Aarli, J. A.: Changes in serum immunglobulin levels during phenytoin treatment of epilepsy. Acta neurol. scand. 54 (1976) 423

Annegers, J. E., W. A. Hauser, L. R. Elveback, V. E. Anderson, L. T. Kurland: Seizure disorders in off-spring of parents with a history of seizures – a maternal-paternal difference? Epilepsia 17 (1976) 1

Annegers, J. F., W. A. Hauser, L. R. Elvebaek, L. T. Kurland: The risk of epilepsy following febrile convulsions. Neurology 29 (1979) 297

Bancaud, J., Talairach (Eds.): La stereoélectroencéphalographie dans l'épilepsie. Masson, Paris 1965

Beaumanoir, A., T. Ballis, G. Varfis, K. Ansari: Benign epilepsy of childhood with Rolandic spikes. A clinical, electroencephalographic and telencephalographic study. Epilepsia 15 (1974) 301

Beaussart, M.: Benign epilepsy of children with Rolandic (centro-temporal) foci. Epilepsia 13 (1972) 795

Block, S. H.: Carbamazepin – isoniazid interaction Pediatrics 69 (1982) 494

Blom, S., J. Heijbel, P. G. Bergfors: Incidence of epilepsy in children: A follow-up study three years after the first seizure. Epilepsia 19 (1978) 343

Bruens, J. H.: Zur Frage der kausalen Beziehung zwischen Psychose und Epilepsie. In: Psychische Störungen bei Epilepsie, hrsg. von H. Penin. Schattauer, Stuttgart 1973

Carter, C. O.: Genetics of common disorders. Brit. med. Bull. 25 (1969) 52

Cereghino, J. J., J. T. Brock, J. C. van Meter, J. K. Penry, L. D. Smith, B. G. White: Carbamazepine for epilepsy, a controlled prospectiv evaluation. Neurology 24 (1974) 401

Commision for the Control of Epilepsy and its Consequences: Plan for the Nationwide Action on Epilepsy, Vol. I. National Instituts of Health, SHEW, Publ. No (NIH) (1977) 78

Covanis, A., A. K. Gupta, P. M. Jeavons: Sodium Valproate: Monotherapy and polytherapy. Epilepsia 23 (1982) 693

Degen, R.: Die psychische und physische Leistungsfähigkeit epileptischer Kinder. Med. Klin. 72 (1977) 1493

Degen, R., H. Kastl: Schulleistungen epileptischer Kinder im Vergleich mit einer Kontrollgruppe. Schweiz. Arch. Neurol. u. Psychiat. 113 (1973) 31

Deisenhammer, E.: Beeinflussung der Wesensveränderung Anfallskranker durch Dipropylacetat. Wien, med. Wschr. 127 (1977) 300

Dietrich, E.: Prognostische Bedeutung von EEG-Befunden bei Absence- und Absence-Grand mal-Epilepsien des Kindesalters. Vortrag Tgg. Deutsche Sektion der ILAE, Mannheim 1983

Dietrich, E., H. Doose, H. Esdorn und W. Scheunemann, Kiel: Spätprognose von Absence-Epilepsien. In: Epilepsie 1981, hrsg. von H. Remschmidt, R. Rentz, J. Jungmann, Thieme, Stuttgart 1983

Dikmen, D., C. G. Matthews: Effect of major motor seizure frequency upon cognitive-intellectual functions in adults. Epilepsia 18 (1977) 21

Dikmen, D., C. G. Matthews, J. P. Harley: The effect of early versus late onset of major motor epilepsy upon cognitive-intellectual performance. Epilepsia 16 (1975) 73

Doose, H.: Symptomatische und okkasionelle zerebrale Anfälle. In: Pädiatrie in Klinik und Praxis III hrsg. von K. D. Bachmann, H. Ewerbeck u. a.: Fischer, Thieme, Stuttgart 1980.

Doose, H., H. Gerken: On the genetics of EEG-anomalies in childhood. IV Photokonvulsive reaction. Neuropädiatrie 4 (1973) 162

Doose, H., H. Fichsel, F. Hanefeld, R. Kruse, A. Matthes, D. Scheffner, G. Scollo-Lavizzari, E. Stenzel, H. M. Weinmann: Fieberkrämpfe – ein ernstzunehmendes Symptom. Der Kinderarzt 14 (1983) 1265

Doose, H., H. Gerken, E. Völzke: On the genetics of EEG-anomalies in childhood. I. Abnormal theta rhythms Neuropädiatrie 3 (1972) 386

Doose, H., H. Gerken, T. Horstmann, E. Völzke: Genetic factors in spike-wave absences. Epilepsia 14 (1973) 57

Doose, H., R. Kruse, Chr. Lipinski, D. Scheffner, H. M. Weinmann (Hrsg.): Beiträge zur Klassifikation und medikamentösen Therapie epileptischer Anfälle. Sitzungsberichte des Arbeitskreises für Epileptologie. Desitin, Hamburg 1979

Doose, H., J. Schwartz: Nervenarzt 47 (1976) 333

Dreyer, R., W. Wehmeyer: Lachen bei psychomotorischen Anfällen. Fortschr. Neurol. Psychiat. 46 (1978) 61

Fichsel, H.: Therapie der Absencen mit Oxazolidinen. In: Doose (1979)

Fichsel, H., G. Knöpfle: Die Beeinflussung des Schilddrüsenhormonsystems durch die Langzeitbehandlung mit 5,5-Diphenylhydantoin bei Kindern und Jugendlichen. Klin. Päd. 188 (1976) 435

Fleiszar, K. A., W. L. Daniel, P. B. Imrey: Genetic study of infantile spasms with hypsarrhythmia. Epilepsia 18 (1977) 55

Fontana, A., P. J. Grob, R. Sauter: Immunglobuline abnormalities in relatives of IgA deficient epileptics. J. Neurol. 217 (1978) 207

Freudenberg, D.: Psychologische Probleme bei der Langzeitbetreuung epilepsiekranker Kinder. In: Psychische Störungen bei Epilepsie, hrsg. von H. Penin. Schattauer, Stuttgart 1973

Fröscher, W.: Therapie des Status epilepticus. Schattauer, Stuttgart 1976

Fröscher, W., M. Eichelborm, G. Hildenbrand, K. Hildenbrand, H. Penin: Prospektive Untersuchungen zur Epilepsietherapie mit Carbamazepin. Fortschr. Neurol. Psychiat. 50 (1982) 396

Gamstorp, I.: Partial seizures. In: Antiepileptic drug therapy in pediatrics, hrsg. von P. L. Morselli, C. E Pippenger, J. K. Penry, Raven Press, New York, 1983.

Gascon-Barre, M.: La Vitamine D: Influence des médicaments anticonvulsivants sur son métabolisme. Un. med. Can. 106 (1977) 636

Gastaut, H.: Dictionary of Epilepsy, Part 1: Definitions WHO. Genf 1973

Gastaut, H.: A new type of epilepsy: Benign partial epilepsy of childhood with occipital spike waves. In: Advances in Epileptology XIIIth Epilepsy International Symposium, hrsg. von H. Akimoto, H. Kazamatsuri, M. Seino, A. Ward, Raven Press, New York 1982

Gebelt, H.: Psychische und soziale Prognose der Epilepsie im Kindes- und Jugendalter. Barth, Leipzig 1971

Genth, E.: Die klinische Bedeutung von Antikörpern gegen doppelstrangige DNS. Dtsch. med. Wschr. 103 (1978) 1025

Gerken, H., H. Doose: On the genetics of EEG-anomalies in childhood. III Spikes and waves. Neuropädiatrie 4 (1973) 88

Gerken, H., H. Doose: Genetic factors in childhood epilepsy with focal sharp waves. Neuropädiatrie 8 (1977) 3

Gloor, P.: Neurophysiological basis of generalized seizures termed centrencephalic. In: The Physiopathogenesis of the Epilepsies, hrsg. von H. Gastaut, H. Jasper, J. Bancaud, A. Waltregny. Thomas, Springfield/Ill. 1964 (p. 209)

Groh., Ch.: Beratung von Eltern anfallskranker Kinder. Wien. klin. Wschr. 90 (1978) 368

Guck, A.: Epilepsien mit Grand mal Anfällen. Dissertation, Heidelberg 1979

Haldorson, P., J. A. Aarli: 1976 unpublished, Zit. Aarli, J. A.

Hanefeld, F., H. L. Spohr: Gibt es idiopathische BNS-Krämpfe? In: Beiträge zur Klassifikation und medikamentösen Therapie epileptischer Anfälle, hrsg. von H. Doose, R. Kruse, Chr. Lipinski, D. Scheffner, H. M. Weinmann, Desitin, Hamburg 1979.

Hanson, J. W., N. C. Myrianthopoulos, M. A. S. Harvey, D. W. Smith: Risk of the off-spring of women treated with hydantoin anticonvulsants with emphasis on the fetal hydantoin syndrome. Pediatrics 89 (1976) 662

Harvald, B.: Genetik der Epilepsien. In: Psychiatrie der Gegenwart, Band II/2, hrsg. von K. P. Kisker, J. E. Meyer, M. Müller, E. Strömgren. Springer, Berlin 1972 (S. 691)

Hauser, W. A., L. T. Kurland: The epidemiology of epilepsy in Rochester, Minnesota, 1935 through 1967. Epilepsia 16 (1975) 1

Henriksen, O., S. I. Johannessen: Clinical and pharmacokinetic oberservations on sodium valproate. A 5-year follow up study in 100 children with epilepsy, Acta Neurol. Scand. 65 (1982) 504

Heijbel, J., S. Blom, M. Rasmuson: Benign epilepsy of childhood with controtemporal EEG foci: a genetic study. Epilepsia 16 (1975) 285

Holowach, J., D. L. Thurston, J. O'Leary: Prognosis in childhood epilepsy New Engl. J. Med. 286 (1972) 164

Huttenlocher, P.: Ketonemia and seizures: Metabolic and anticonvulsant effects of two ketogenic diets in childhood epilepsy. Ped. Res. 10 (1976) 536

Isaacson, R. L.: The limbic system. Plenum press, New York 1974

Jacobi, G.: Die Bedeutung raumfordernder intrakranieller Prozesse für die Auslösung von Anfällen bei Kindern. In: Doose et al. (1979)

Janz, D.: Die Epilepsien. Thieme, Stuttgart 1969

Janz, D.: The teratogenic risk of antiepileptic drugs. Epilepsia 16 (1975) 159

Janz, D., M. Dam, A. Richens, L. Bossi, H. Helge, D. Schmidt (Hrsg.): Epilepsy, pregnancy, and the child, Raven Press, New York, 1982

Keene, D. L., K. Metrakos, G. V. Watters, A. Sherwin: Sodium valproate in the treatment of the intractable childhood epileptic. Can. J. Neurol. Sci. 9 (1982) 307

Keranen, T., K. Reinikainen, et al.: Carbamazepine monotherapy versus polytherapy in chronic epilepsies. Acta Neurol. Scand. 65 (1982), Suppl. 90, S. 190

Kleinknecht, R. A., D. Donaldson: A review of the effects of Diazepam on cognitive and psychomotor performance. J. nerv. ment. Dis. 161 (1975) 399

Koch, G.: Epilepsien. In: Humangenetik, Bd. V/2, hrsg. von P. E. Becker. Thieme, Stuttgart 1967

Kruse, R.: Lachen als Symptom epileptischer Anfälle – zur Frage der „gelastischen Epilepsie". In: Doose et al. (1979)

Kruse, R.: Therapie der Absencen mit Mepacrin-Ethosuximid-Kombination. In: Doose et al. (1979)

Kruse, R.: Epilepsia partialis continua – Koževnikov-Syndrom. In: Doose et al. (1979)

Knight, A. H., E. G. Rhind: Epilepsy and pregnancy: A study of 153 pregnancies in 59 patients. Epilepsia 16 (1975) 99

Lange, H. U., F. Rabe: Zur Frage „symptomatischer" Pyknolepsien und Impulsiv- Petit mal. Nervenarzt 49 (1978) 41

Lavy, S., A. Carmon, I. Yahr: Assessment of a clinical and electroencephalographic classification of epileptic patients in every day neurological practice. Epilepsia 13 (1972) 498

Leder, A.: Die Aufwachepilepsie. Huber, Bern 1969

Lennox-Buchthal, M. A.: Febrile convulsions. Elsevier, Amsterdam 1973.

Lipinski, Chr.: Epilepsies with astatic seizures of late onset. Epilepsia 18 (1977) 13

Lipinski, Chr.: Kindliche benigne Epilepsie mit Rolandoschem Fokus. In: Doose et al. 1979

Lipinski, Chr., Chr. Benninger, D. Janz, D. Scheffner, P. Seminario, L. Stolzis: Historical data and EEG-findings in children of epileptic and non-epileptic parents. In: Epileptology, hrsg. von D. Janz, Thieme, Stuttgart 1976

Lombroso, C. T.: Differentiation of seizures in newborns and in early infancy. In: Antiepileptic drug therapy in pediatrics. Raven Press, New York, 1983, S. 85

Masland, R. L.: The classification of the epilepsies. A historical review. In: Handbook of Clinical Neurology, hrsg. von P. J. Vinken, G. W. Bruyn. North-Holland, Amsterdam 1974

Matthes, A.: Epilepsie, 3. Aufl. Thieme, Stuttgart 1977

Mountain, K. R.: Neonatal coagulation defect due to anticonvulsant drug treatment in pregnancy Lancet 1973/I, 265

Müller, A.: Epilepsieverläufe bei Kindern mit Absencen. Dissertation, Heidelberg 1979

Müller, E., S. Endler: Episodische Psychosen bei Jugendlichen mit einer Epilepsie unter Berücksichtigung hirnelektrischer Befunde. Psychiat. Neurol. med. Psychol. (Lpz.) 30 (1978) 28

Nelson, K. B., J. H. Ellenberg: Predictors of epilepsy in children who have experieced febrile seizures. N. Engl. J. Med. 295 (1976) 1029

Nelson, K. B., J. H. Ellenberg: Prognosus in children with febrile seizures. Pediatrics 61 (1978) 720

Niedermeyer, E.: Common generalized epilepsy. Europ. Neurol. 9 (1973) 133

Offermann, G., V. Pinto, R. Kruse: Antiepileptic drugs and Vitamin-D-supplementation. Epilepsia 20 (1979) 3

Ohtahara, S., S. Ishida, E. Oka, Y. Yamatogi, Y. Ohtsuka, S. Miyake, K. Iyoda: Epilesy and febrile convulsions in Okayama prefecture. A neuroepidemiologic study. In: Child Neurology, hrsg. von Y. Fukuyama, M. Arima, K. Maekaea, K. Yamaguchi, Excerpta Medica, Amsterdam 1982, S. 376

Patsalos, P. N., P. T. Lascelles: Effect of sodium valproate and ethosuximide on phenobarbital plasma protein binding, Neurology 32 (1982) 1052

Penin, H. (Hrsg.): Psychische Störungen bei Epilepsie. Schattauer, Stuttgart 1973

Penin, H.: s. Doose et al. (1979)

Peters, U. H.: Der Epileptiker in seiner Familie. Fortschr. Neurol. Psychiat. 46 (1978) 633

Porro, M. G., H. J. Kupferberg, R. J. Porter: Phenytoin: an inhibitor and inducer of primidone metabolism in an epileptic patient. Brit. J. Clin. Pharmacol. 14 (1982) 294

Post, R. M., T. W. Uhde, J. D. Ballenger, D. C. Chatterji, R. F. Greene, M. W. Bunney: Carbamazepin and its 10, 11-exposide metabolite in plasma and CSF. Arch. Gen. Psychiatry 40 (1983) 673

Reynolds, E. H., M. R. Trimble (Hrsg.): Epilepsy and Psychiatry. Churchill Livingstone, Edinburgh 1981

Remschmidt, H.: Testpsychologische und experimentelle Untersuchungen zur Psychopathologie der Epilepsien. In: Psychische Störungen bei Epilepsie, hrsg. von H. Penin, Schattauer, Stuttgart 1973

Rodin, E. A., C. S. Rim, P. M. Rennick: The effects of carbamazepine on patients with psychomotor epilepsy: Results of a double-blind study. Epilepsia 15 (1974) 547

Schain, R. J., J. W. Ward, D. Guthrie: Carbamazepine as an anticonvulsant in children Neurology 27 (1977) 476

Scheffner, D.: Gelegenheitskrämpfe. In: Neuropädiatrie, hrsg. von A. Matthes, R. Kruse. Thieme, Stuttgart 1973, S. 426

Scheffner, D.: Principles of anticonvulsant therapy in childhood epilepsies. In: Epilepsy: A clinical and experimental research, hrsg. von J. Majkowski, Ed. Monogr. Neurol. Sci. 5 (1980) 94 Karger, Basel.

Schiotz-Christensen, E., P. Bruhn: Intelligence, behaviour and scholastic achievement subsequent to febrile convulsions: an analysis of discordant twinpairs. Develop. Med. Child Neurol. 15 (1973) 565

Schmidt, D.: Behandlung der Epilepsien, Thieme, Stuttgart, 1981

Schmidt, D.: Two antiepileptic drugs for intractable epilepsy with complex-partial seizures. J. Neurol. Neurosurg. Psychiatry 45 (1982) 1119

Schneble, H.: Die Behandlung atypischer Absencen mit Succimid-Dipropylacetat-Kombination. Dtsch. med. Wschr. 100 (1975) 1564

Sillanpaa, M.: Medico-social prognosis of children with epilepsy. Acta paediat. scand. (1973) Suppl. 237

Solomon, G. E., M. W. Hilgartner, H. Kutt: Coagulation defects caused by Diphenylhydantoin. Neurology 22 (1972) 1165

Solomon, G. E., M. W. Hilgartner, H. Kutt: Phenobarbital-induced coagulation defects in cats. Neurology 24 (1974) 920

Stefan, H.: Epileptische Absence: Studien zur Anfallsstruktur, Pathophysiologie und zum klinischen Verlauf. Thieme, Stuttgart, 1982

Stefan, H., F. Hoffmann, H. Fichsel, W. Burr, P. Bülsau, W. Fröscher, H. Penin: Therapie generalisierter Epilepsien mit Langzeit-EEG-gesteuerter Einmalgabe von Natrium-Valproat. Nervenarzt 54 (1983) 430

Steinhausen, H. Chr.: Psychologische und sozial-medizinische Aspekte chronischer Krankheiten bei Kindern und Jugendlichen. Dtsch. Ärztebl. (1977) 2953

Stenzel, E.: Therapie der Absencen mit Methosuximid. In Doose et al. (1979)

Stenzel, E.: Therapie psychomotorischer Anfälle. In Doose et al. (1979)

Stenzel, E.: Epilepsia partialis continua mit Wanderung der fokalen Anfallssymptomatik. In Doose et al. (1979)

Stores, G., J. Hart: Reading skills of children with generalized or focal epilepsy attending ordinary school. Develop. Med. Child Neurol. 18 (1976) 705

Troupin, A. S., L. M. Ojemann, L. Halpern, G. Dodrill, R. Wilikus, P. Frigl, P. Feigl: Carbamazepine – a double-blind comparison with phenytoin. Neurology 27 (1977) 511

Vogel, F., Y. Fujiva: The incidence of some inherited EEG-variance in normal Japanese and German males. Humangenetik 7 (1969) 38

Vogt, H. J., H. G. Schlack: Zur Wirkung antikonvulsiver Medikamente auf kindliche Intelligenzfunktionen. Fortschr. Med. 92 (1974) 609

Whitehouse, D.: Behaviour and learning problems in epileptic children. Behav. Neuropsychiat. 7 (1975) 23

Wilson, J. T.: High incidence of a concentration-dependant skin reaction in children treated with phenytoin. Brit. med. J. 1978/1, 1583

Wieser, H. G.: Electroclinical features of the psychomotor seizure. Fischer, Stuttgart, Butterworths, London, 1983

Wünsche, W., H. Todt, B. Gamnitzer: Untersuchungen der Schulleistungen von Kindern mit einem cerebralen Anfallsleiden in Abhängigkeit von der Therapie. Kipra 45 (1977) 241

Wünsche, E., H. Todt, B. Gamnitzer, K. Lorenz: Untersuchungen der Schulleistungen bei Kindern mit cerebralem Anfallsleiden. Ärztl. Jugendkunde 68 (1977) 305

Yeo, P. P. B., D. Bates, J. G. Howe, W. A. Ratcliffe, C. W. Schardt, A. Heath, D. C. Evered: Anticonvulsants and thyroid functions. Brit. med. J. 281 (1978) 1581

Zielinski, J. J.: Epidemiology and medical-social problems of epilepsy in Warsaw. Final report on research program. Psychoneurological Institute, Warsaw 1974

6 Umschriebene Entwicklungsrückstände und Teilleistungsschwächen[1]

Martin H. Schmidt

[1] Frau Dipl.-Psych. Petra Schneider dankt der Autor für vielfache und unermüdliche redaktionelle Hilfe

Definition und Nomenklatur

Umschriebene Leistungsschwächen sind Symptome. Einzelnen umschriebenen Leistungsschwächen kommt womöglich Syndromcharakter zu, vielleicht sind einige auch als nosologische Entitäten zu betrachten. Fakultativ können sie zum Symptomspektrum anderer neuropsychiatrischer Störungsbilder gehören. Bei ihrem gemeinsamen Auftreten mit anderen psychiatrischen Erkrankungen oder Störungen handelt es sich, soweit derzeit bekannt, um – bei derart häufigen Symptomen (vgl. S. 247ff) auch häufig zu erwartende – Zufallskombinationen oder um das gleichzeitige Bestehen reaktiver, d. h. sekundärer psychischer Störungen.

Der Symptomcharakter der hier behandelten Phänomene spricht dafür, für sie den Begriff *umschriebene Leistungsschwächen* oder *Teilleistungsschwächen* gegenüber den Bezeichnungen *Teilleistungsstörungen* oder *umschriebene Funktionsstörungen* zu bevorzugen. Letztere Begriffe erinnern nämlich zu sehr an typische (nosologisch einheitliche) Bilder, die genannten Ausfälle erreichen aber nicht ein derartiges diagnostisches Niveau, schon gar nicht das einer ätiologisch bestimmbaren Störung. Die Bezeichnung „Teil-" in dem Begriff Teilleistungsschwäche wurde wegen der damit gegebenen Nähe zu den sogenannten (erworbenen) Werkzeugstörungen als problematisch betrachtet, dies auch im Hinblick auf die damit gegebene Assoziation zu Lokalisationstheorien.

Der Begriff der umschriebenen Leistungsschwächen oder Teilleistungsschwächen impliziert demgegenüber eine Entwicklungsverzögerung, sei es im Sinne eines bleibenden Defizits oder nur einer verlangsamten Entwicklung. Wichtig ist, daß die Störung als während der Entwicklungszeit der betroffenen Funktionen bestehend (ROSS 1976) und nicht erst als nach dieser Phase – etwa im Zusammenhang mit Schädel-Hirn-Traumen – entstanden betrachtet wird. Nach der Entwicklungszeit der betroffenen Funktionen auftretende gleichsinnige Phänomene werden wie ausgeprägte oder verdünnte Formen von Agraphie, Alexie, Agnosie, Apraxie, Aphasie usw. gelegentlich als *Werkzeugstörungen* bezeichnet und damit gegenüber den ontogenetisch früheren umschriebenen Leistungsschwächen abgegrenzt. Trotz der genannten weitverbreiteten Voraussetzungen ist die Nomenklatur aber noch uneinheitlich (GRAICHEN 1979).

LEMPP (1980) handelt die Teilleistungsschwächen (allerdings bei nicht nur epidemiologischer, sondern auch inhaltlicher Annäherung des Begriffs an die Werkzeugstörungen) unter den organischen Psychosyndromen ab, denn er betrachtet leichte frühkindliche Hirnschädigungen ausdrücklich als wahrscheinlich wichtigste Ursache von Teilleistungsschwächen. Wenn auch von ihm eine differentielle Ätiologie eingeräumt wird, scheint diese Subsumierung im Sinne einer nosologischen Hierarchie unzulässig, diskutabel ist eine Subsumierung allenfalls unter dem Begriff der *Hirnfunktionsstörungen* (ESSER u. Mitarb. 1981).

Der in der anglo-amerikanischen Literatur benutzte Begriff *Psychoneurological impairment/disturbance* verweist auf die Beeinträchtigung komplexer Anpassungsleistungen, und Termini wie *Learning disability, Specific learning disability* oder *Learning disorder* grenzen die defizitären Anpassungsleistungen auf solche im Bereich der Schule ein, wie sich aus der Operationalisierung dieser Begriffe ergibt, die Schulleistungsstörungen ausdrücklich erwähnen. Offen bleibt dabei, mit welchem Ausmaß derartige Defizite das Kriterium von *Disability* erfüllen. Ein Lernquotient, der auf einer Beziehung zwischen Ist- und Soll-Werten basiert, ist wegen des Problems der Soll-Wertbestimmung keine zureichende Bemessungsgrundlage, schon weil unklar ist, ob die Soll-Abweichung auf allen Altersstufen gleich sein muß. Auf schulische Leistungen bezogene Definitionsversuche entfallen praktisch, weil sie im Vorschulalter nicht benutzt werden können. Für Schulkinder muß aber bei der Definition das Intelligenzniveau der Betroffenen berücksichtigt werden, wie YULE u. RUTTER (1976) das mittels einer Regressionsgleichung getan haben. Dieser Schritt ist überall dort nötig, wo die Teilleistungsschwäche die psychometrisch erfaßte intellektuelle Leistungsfähigkeit nicht spürbar beeinträchtigt, andernfalls wäre ja die Aussage, von Teilleistungsschwächen sei zu sprechen, wenn Leistungsdefizite nicht durch ein vermindertes Intelligenzniveau erklärt werden können, ein Fehlschluß; auf die Schwierigkeiten dieser Aussage wird noch zurückzukommen sein (s. S. 253ff).

Symptomorientierte Definitionen werden also unentbehrlich sein, solange funktionelle oder ätiologische Konzepte fehlen. Beide bestehen nur in Ansätzen. Bislang bestehen auch Versuche einer Theorie umschriebener Leistungsschwächen nur ansatzweise, wie etwa im Konzept der kongenitalen Legasthenie (WEINSCHENK 1965) oder dem der Specific reading disability (YULE u. RUTTER 1976). Lediglich Hypothesencharakter haben auch hirnlokalisatorische Zugänge zu dem Phänomen (s. S. 248ff).

Auch funktions- bzw. prozeßorientierte Ansätze (BUSH u. WAUGH 1971, SCHMIDT 1977) konnten nur teilweise gestützt werden. Sie stützen sich auf die von GRAICHEN (1973) vorgeschlagene Definition, Teilleistungsschwächen seien *Leistungsminderungen einzelner Faktoren oder Glieder innerhalb eines größeren funktionellen Systems, das zur Bewältigung einer bestimmten komplexen Anpassungsaufgabe erforderlich ist.* Eine solche Definition setzt die in der Neuropsychologie im wesentlichen von VYGOTSKY (1965) und LURIA

(1970) begründete Vorstellung halbautonomer Teilfunktionen oder Subsysteme des Zentralnervensystems voraus, läßt aber die betroffenen Teilfunktionen und die Ebene der Komplexität, auf der sie gestört sind, inhaltlich offen. Sie impliziert lediglich die empirische Isolierbarkeit von Leistungen, die den postulierten Subsystemen zugeordnet werden können. ROURKE (1981) definiert umschriebene Leistungsschwächen ähnlich als „central processing deficits", belegbar durch „marked difficulty on organizing, integrating and/or synthesizing information".

Epidemiologie

Prävalenzangaben über umschriebene Leistungsschwächen schwanken mit dem Alter. Einzelne Schwächen können vor bestimmten Zeitpunkten nicht diagnostiziert werden: Raumlagelabilität nicht, bevor Raumlagestabilität erwartet werden kann, eine Dyskalkulie nicht, bevor basale Rechenfähigkeit erwartet werden kann. Komplexe Leistungen können ab dem Zeitpunkt erwartet werden, an dem eine Funktion bis zu einem Optimum ausgereift ist oder an dem verschiedene Funktionen erstmals optimal zusammenwirken können. Einige umschriebene Leistungsschwächen nehmen mit zunehmendem Alter an Intensität ab, werden also schlechter diagnostizierbar, so beispielsweise die Störungen der optischen Figur-Hintergrund-Differenzierung. Wieder andere nehmen in ihrer Prävalenz zu, wie die spezifische Lese-Rechtschreib-Schwäche (s. S. 256). Eine Abschwächung tritt offensichtlich eher für nichtverbale Teilleistungsschwächen ein, Konstanz oder Verschlimmerung aber für verbale.

Diese Umstände und Probleme der Definition, Klassifikation und Diagnostik behinderten bislang die Erarbeitung verwertbarer Prävalenzangaben. Verbale Teilleistungsschwächen sind mit 7% häufiger als nichtverbale mit 5% (jeweils bezogen auf das Schulalter), gleichzeitiges Auftreten ist möglich, über seine Häufigkeit nichts bekannt. Die genannten Werte sind Median- bzw. Modalwerte aus Erhebungen und Schätzungen mit unterschiedlicher Operationalisierung und unterschiedlicher Methodik. Auch die mittels schulischer Minderleistungen operationalisierenden Autoren finden 7,5% teilleistungsschwache Kinder (bei einer Rate von 15% relativer schulischer Minderleistungen überhaupt; MYKLEBUST u. BOSHES 1969).

RUTTER u. Mitarb (1970) fanden unter 10jährigen auf der *Isle of Wight* 4,5% teilleistungsschwache Kinder (bei Nichtberücksichtigung intellektuell Retardierter), bei 10jährigen 3,5% mit Lese-Rechtschreib-Schwächen, bei 14jährigen 4,8%, in der gleichen Altersstufe in einem Londoner Bezirk jedoch 6% Lese-Rechtschreib-Schwache.

JUNGMANN u. Mitarb. (1978) berichten über eine Rate von 38,4% umschriebener Leistungsschwächen bei Kindern (umschriebene Entwicklungsrückstände im Sinne der Definition der Achse II des multiaxialen Klassifikationsschemas; REMSCHMIDT u. SCHMIDT 1977). Davon entfielen 19% auf multiple Entwicklungsrückstände, 8,4% auf isolierte Lese-Rechtschreib-Schwäche, 7,7% auf Rückstände in der Sprech- und Sprachentwicklung, 2,6% auf umschriebene Rückstände in der motorischen Entwicklung sowie 0,7% auf andere umschriebene Lernschwächen. Die Angaben bezogen sich auf eine Inanspruchnahmestichprobe von 1187 Patienten aus drei Jahren. Die mitgeteilten Raten belegen, daß Prävalenzangaben nicht nur von Definitionen, sondern auch von der Bezugspopulation und schließlich von der angewendeten Diagnostik abhängig sind.

Für einen weiteren Inanspruchnahmejahrgang wurde mit 36% (N = 649) eine ähnliche Rate gesehen, die der in der Zürcher Klinik (36% bei N = 547) auch in den Untergruppen gut entsprach: Lese-Rechtschreib-Schwäche 9 bzw. 7%, Störungen der Sprech- und Sprachentwicklung je 6%, gemischte Entwicklungsverzögerungen 14 bzw. 17% (CORBOZ u. Mitarb. 1983).

Es besteht eine Überschneidungsprävalenz zwischen Kindern mit umschriebenen Leistungsschwächen und solchen mit erworbenen Hirnfunktionsstörungen. Nach vorsichtiger Schätzung ist ihre Rate ebenso hoch wie die teilleistungsschwacher Kinder ohne weitere Hirnschädigungszeichen. Die Zahl der Hirngeschädigten ohne Teilleistungsschwächen dürfte aber doppelt so hoch sein wie die der teilleistungsschwachen Hirngeschädigten.

Die Knaben-Mädchen-Relation beträgt beim Fehlen zusätzlicher Symptome einer Hirnfunktionsstörung 2 : 1 bis 2,5 : 1. Eine familiäre Häufung wird beobachtet. Wenn Mädchen betroffen sind, ist ihre Symptomatik in der Regel ausgeprägter, was auf das Fehlen protektiver Mechanismen für die Manifestation zurückgeführt wird. Bei gleichzeitigem Vorkommen anderer Hinweise auf eine hirnorganische Schädigung beträgt die Knaben-Mädchen-Relation 1,2 bis 1,5 : 1, die Knabenwendigkeit ist also schwächer ausgeprägt.

GUBBAY (1975) hat Überschneidungswahrscheinlichkeiten mit hirnorganischen Beeinträchtigungen für Kinder mit motorischen Teilleistungsschwächen im Sinne der Entwicklungsagnosie und Entwicklungsapraxie untersucht. In einer Inzidenzpopulation von 21 Kindern befand sich ⅓ mit deutlichen Zeichen einer hirnorganischen Vorschädigung. Bei einer Prävalenzstudie fand GUBBAY in einem Sample von 919 8- bis 12jährigen 56, also 6%, mit umschriebenen Leistungsstörungen im sensomotorischen Bereich; bei kontrollierter näherer Untersuchung von 52 dieser auffälligen Kinder fand er bei 12 von ihnen, d. h. knapp einem Viertel, eine schwache Leseleistung, bei den Kontrollkindern das gleiche Ergebnis nur bei dreien. Dissoziierte Lateralität (von Hand und Fuß) wurde bei 23 von den Kindern – in der Kontrollgruppe bei 14 Kindern – gefunden, die Rechts-Links-Orientierung gelang den Kontrollkindern besser als den motorisch ungeschickten.

Als typisch beschrieben wird auch die Kombination von Teilleistungsschwächen mit dem hyperkinetischen Syndrom. Nach HUESSY u. GENDRON (1970) bestehen Überschneidungen vor allem mit dem Auftreten von Schwächen in der subtilen Sprachbenutzung. Offensichtlich die gleiche Kombination von Aufmerksamkeitsstörungen und Lese-Rechtschreib-Schwäche beschrieb ANGERMAIER (1976).

Klassifikation

Die *Klassifikation* umschriebener Leistungsschwächen wurde im wesentlichen nach drei Vorgehensweisen versucht:

- anhand der Lokalisation bestimmter Funktionen im Bereich des Zentralnervensystems einschließlich ihrer Zuordnung zu den Hemisphären (PERRET 1973),
- anhand der Symptome, also der gestörten Teilfunktionen, die Voraussetzungen komplexer Leistungen sind (BUSH u. WAUGH 1971, SCHMIDT 1977, GRAICHEN 1979, HAMSTER u. Mitarb. 1980) und
- anhand komplexer alltäglicher Leistungen (REMSCHMIDT u. SCHMIDT 1977 nach RUTTER u. Mitarb.).

Der hirnlokalisatorische Ansatz nach PERRET basiert auf der Untersuchung von Patienten mit lokalisierten Substanzdefekten mittels einer Batterie von 32 neuropsychologischen Tests. Zuordnungen erfolgten jeweils zum linken und rechten Frontallappen, den frontoparietalen Arealen, den frontotemporalen Arealen, den Temporallappen, dem posterioren Kortex und dem Okzipitallappen sowie den subkortikalen Strukturen anhand bestimmter Testprofile. Durch die Möglichkeiten der Computertomographie dürfte dieser Ansatz sich künftig wesentlich verfeinern lassen. Trotzdem bleibt offen, wieweit solche Zuordnungen auf Kinder übertragbar sind. Zum einen vermögen sie noch nicht alle der geprüften Leistungen zu erbringen, zum anderen ist im Verlauf der Entwicklung ihres Zentralnervensystems mit einer qualitativen Umstrukturierung höherer psychischer Funktionen und Veränderungen in der Lokalisation zu rechnen (dynamische Lokalisation nach LURIA 1970).
Auch die Übertragung von Klassifikationsansätzen anhand der Zuordnung der betroffenen Funktionen zu den Hemisphären ist unsicher. Obwohl verschiedene Methoden (Computertomographie, Split-Brain-Anordnungen und anderes) die Zuordnung von Läsionen zu einer Hemisphäre noch leichter machen als die intrahemisphärische Lokalisation einer Schädigung, ist eine befriedigende Zuordnung einzelner Funktionen zu den Hemisphären bisher wenig gelungen, woraus PERRET (1973) schließt, daß sich das Problem den bisherigen Forschungsansätzen entzieht; vgl. auch LECHELT (1980). Für das Kindesalter wird es noch durch die nicht abgeschlossene Lateralisation, also die noch höhere Plastizität, eingeschränkt, dürfte also nur bei älteren Kindern mit gröberen Ausfällen fruchtbringend sein. Bei ihnen werden analog zu Befunden bei Erwachsenen Dysphasien, Dyslexien und Dysgraphien sowie Dyskalkulien der sprachdominanten Hemisphäre zugeordnet, räumliche Dysgnosien und konstruktive Dyspraxien der nichtsprachdominanten, optische Dysgnosien dem visuellen Kortex.

Der Klassifikationsvorschlag von BUSH u. WAUGH (1971) basiert auf der einfachen Zuordnung identifizierbarer umschriebener Leistungsschwächen zu bestimmten Kategorien von Teilleistungen: als solche werden die in Tab. 6.1 aufgelisteten genannt.
Stärker an den zentralnervösen Funktionen orientiert ist GRAICHENS (1979) Klassifikationssystem. Es bezieht nicht nur Aufnahme, Organisation und Verarbeitung von Material (Input) und Expression im Sinne von Output ein, sondern auch Behalten und Vigilanz. In Anlehnung an die von LURIA (1970) vorgeschlagene Einteilung des Zentralnervensystems in drei große funktionale Einheiten unterscheidet er *strukturelle Teilleistungsschwächen* (der ersten und zweiten funktionalen Einheit zuzuordnen), *funktionale* (der zweiten funktionalen Einheit zuzuordnen) und *hemisphärische*. Im einzelnen umfassen die Funktionen der ersten Einheit Aufnahme, Analyse und Speicherung von Informationen, also die intra- und supramodale Klassifikation von Informationsmustern samt der Ultrakurzzeitspeicherung, die Decodierung von Begriffen und Sequenzen samt der Zwischenspeicherung sowie die Integration der entschlüsselten Informationen aus unterschiedlichen Codierungssystemen bei ihrer teilweisen Transformation in Gestalt reversibler Operationen. Die Inhalte des

Tabelle 6.1 Identifizierte Teilleistungsschwächen nach *Busch* u. *Waugh* (1971)

Dem Prozeß der sensorischen Orientierung zugeordnet:
Aufmerksamkeit
auditiv-visuelle Koordination
Übererregbarkeit
auditiv-visuell-haptische Koordination
Perseveration
auditive Diskrimination
visuelle Diskrimination
zeitliche Orientierung
Reifungsverzögerung
auditiv-haptische Koordination
visuell-haptische Koordination
Blickausrichtung
räumliche Orientierung
Körpergleichgewicht
kinästhetische Diskrimination
Untererregbarkeit
taktile Diskrimination
Höraurichtung

Dem Prozeß des Behaltens zugeordnet:
Behalten
auditives Kurzzeitgedächtnis
Langzeitgedächtnis
visuelles Kurzzeitgedächtnis

Dem Prozeß der Informationsaufnahme zugeordnet:
Leseverständnis
mathematisches Verständnis
Verständnis für Gehörtes
auditive Gestaltauffassung
soziales Verständnis
visuelle Figurhintergrunddifferenzierung
visuelle Gestalterfassung

Dem Prozeß der Integration zugeordnet:
Geschwindigkeit bei auditiver Wahrnehmung
visuelle Vorstellung
Lautsynthese
Überwachen
Geschwindigkeit der visuellen Wahrnehmung
Vorhersage

Dem Prozeß des Ausdrucks zugeordnet:
Schreiben
Zählen
Sprechen
Affektäußerungen
Gestik

Kurzzeitspeichers münden gegebenenfalls in die Langzeitspeicherung ein. Die Speicherinhalte bilden die Basis für einen Teil der Tätigkeit der zweiten funktionalen Hirneinheit, der insgesamt die Programmierung, Regulation und Ausführung von Aktivitäten obliegt, also die Vorwegnahme der (hierarchisch angeordneten) Ausführungssequenzen im Sinne eines Programmentwurfs sowie dessen Ausführung und Verlaufsregulation.

Die dritte funktionale Gehirneinheit dient der Regulation von Tonus, Aktivierung und Bewußtsein, gesteuert durch endokrine Mechanismen, äußere und innere Eindrücke, also auch Gedächtnisinhalte, Entschlüsse und Wertvorstellungen im Sinne von aktuellen und überdauernden Motivationen. Durch die Funktion der dritten Hirneinheit wird sowohl eine der intrapsychischen wie externen Situation angemessene Auswahl aus den aufgenommenen Informationen getroffen als auch über die Ausführung bestimmter Handlungen, ihre Vorrangigkeit und Intensität entschieden; das sind Prozesse, die aufgrund neuropsychologischer Experimente vorzugsweise dem Frontalhirn zugeordnet werden. Eine dritte Gruppe von Teilleistungsschwächen beschreibt GRAICHEN als interhemisphärische, also als Defizite beim Zusammenwirken der Hemisphären, das additiv, parallel, hierarchisch oder asymmetrisch organisiert sein, mehr oder weniger synchron verlaufen und sowohl Aktivierungs- wie auch Hemmungsvorgänge einschließen kann.

GRAICHENS Klassifikationsvorschlag bleibt weitgehend *formal*. Kognitiven bzw. sensomotorischen Funktionen entsprechen nur die strukturellen und teilweise die interhemisphärischen Teilleistungsschwächen, während die Einbeziehung von LURIAS dritter funktionaler Hirneinheit Aufmerksamkeit und Motivation, damit grundsätzlich weitere Bereiche des Verhaltens, also auch etwa emotionale Störungen, in die umschriebenen Leistungsschwächen einbeziehen würde. Der Vorschlag erlaubt weiterhin keine Unterscheidung von Funktionen bzw. Funktionsstörungen nach ihrem hierarchischen Organisationsniveau, das in unterschiedlichen Altersstufen unterschiedlich weit ausgeprägt ist. Unter Einbeziehung des Rückgriffs auf LURIA wären Überlegungen von SCHMIDT (1977) dahingehend zu modifizieren, daß unterschieden werden:

- Störungen der intramodalen Diskrimination und/oder Gliederung von optischen, akustischen und taktilen Reizen.
- Berücksichtigung der räumlichen, zeitlichen und sinnhaften Sequenzen solcher Reize.
- Erkennen und Organisation solcher Reize.
- Supramodale Diskrimination und/oder Gliederung von Reizen.
- Berücksichtigung von Sequenzen supramodaler Reizverarbeitung.
- Entschlüsselung und Organisation von Reizen bei supramodaler Verarbeitung.
- Unmittelbares Behalten von Reizen.
- Kurzzeitspeicherung von Wahrnehmungsinhalten.
- Störungen der Reproduktion von Inhalten des Langzeitgedächtnisses.
- Störungen der Transformation von Wahrnehmungsinhalten einer Modalität in eine andere.
- Störungen des Entwurfs von Mimik, Gestik, Sprache und Handlungen.
- Störungen der Ausführung dieser Prozesse.
- Störungen der sequentiellen Regulation dieser Prozesse.
- Störungen der parallelen Koordination von Mimik, Gestik, Sprache und Handlungen.

Die gestörten Funktionen könnten jeweils intra- und/oder interhemisphärisch ablaufen, die Störungen würden sich dementsprechend als intra- oder interhemisphärische Störungen identifizieren lassen.

Betrachtet man die Position von LURIA (s. HAMSTER u. Mitarb. 1980) und ROURKE (1981), der umschriebene Leistungsschwächen als „central processing deficits" bezeichnet und mit „marked difficulty in organizing, integrating and/or synthesizing information" erklärt und demgemäß auf die Testbatterie von REITAN u. DAVISON (1974; s. auch S. 253) zurückführt, oder den im psycholinguistischen Entwicklungstest (ANGERMAIER 1974) verfolgten diagnostischen Ansatz von GOODENOUGH, dann erscheint es fraglich, ob der von SCHMIDT (1977) vorgeschlagene Klassifikationsansatz, der Prozesse der Rezeption von solchen der Organisation bzw. Integration unterscheidet, unter diagnostischen Gesichtspunkten zugunsten der Zusammenziehung beider Vorgänge im Sinne der ersten funktionalen Hirneinheit von LURIA (nach einem Vorschlag von GRAICHEN 1979) generell aufgegeben werden sollte oder weiter auf seine Fruchtbarkeit überprüft werden sollte.

Eine solche inhaltliche Bestimmung von Teilleistungsschwächen erscheint nötig, wenn die umschriebenen Leistungsschwächen, die anhand komplexer alltagsrelevanter Situationen definiert werden, auf solche defizienten Teilfunktionen zurückgeführt werden sollen. Andernfalls bleiben die Klassifikation und damit auch die Diagnostik im Kindesalter vorzugsweise bei schulisch relevanten Phänomenen stehen. Klassifikationsversuche, die auf diese Aufgliederung verzichten, finden sich in der multiaxialen Klassifikation kinderpsychiatrischer Krankheitsbilder. RUTTER, SHAFFER u. STURGE (vgl. REMSCHMIDT u. SCHMIDT 1977) unterscheiden unter dem Oberbegriff „umschriebene Entwicklungsrückstände" (Specific delays of development; im einzelnen werden die Störungen teils als Specific retardation, Learning difficulty oder disorder bezeichnet):

- umschriebene Lese-Rechtschreib-Schwäche,
- umschriebene Rechenschwäche,
- andere umschriebene Lernschwächen,
- umschriebener Rückstand in der Sprech- und Sprachentwicklung,
- umschriebener Rückstand in der motorischen Entwicklung,
- multiple Entwicklungsrückstände.

Sie nehmen mit diesem Begriff und dieser Klassifikation auf den unklaren Verlaufscharakter der Phänomene Bezug und berücksichtigen günstige Spontanverläufe. Das Konzept folgt damit der Vorstellung, daß umschriebene Leistungsschwächen den Entwicklungsverlauf der einzelnen Rückstände bereits mitbestimmen. Das Diagnostic and Statistical Manual of Mental Disorders (DSM-III, 1980) unterscheidet zwischen:

- Developmental Reading Disorder,
- Developmental Arithmetic Disorder,
- Developmental Language Disorder,
- Developmental Articulation Disorder,
- Mixed Specific Developmental Disorder,
- Other Specific Developmental Disorder.

Bezüglich der Sprachentwicklungsstörung wird zwischen einem expressiven und rezeptiven Typ unterschieden.

Die Analyse des Zustandekommens von derart generell definierten Teilleistungsschwächen im Rahmen des diagnostischen Prozesses wurde immer wieder gefordert. Das Fortschreiten auf diesem Weg scheint erfolgversprechend und dürfte

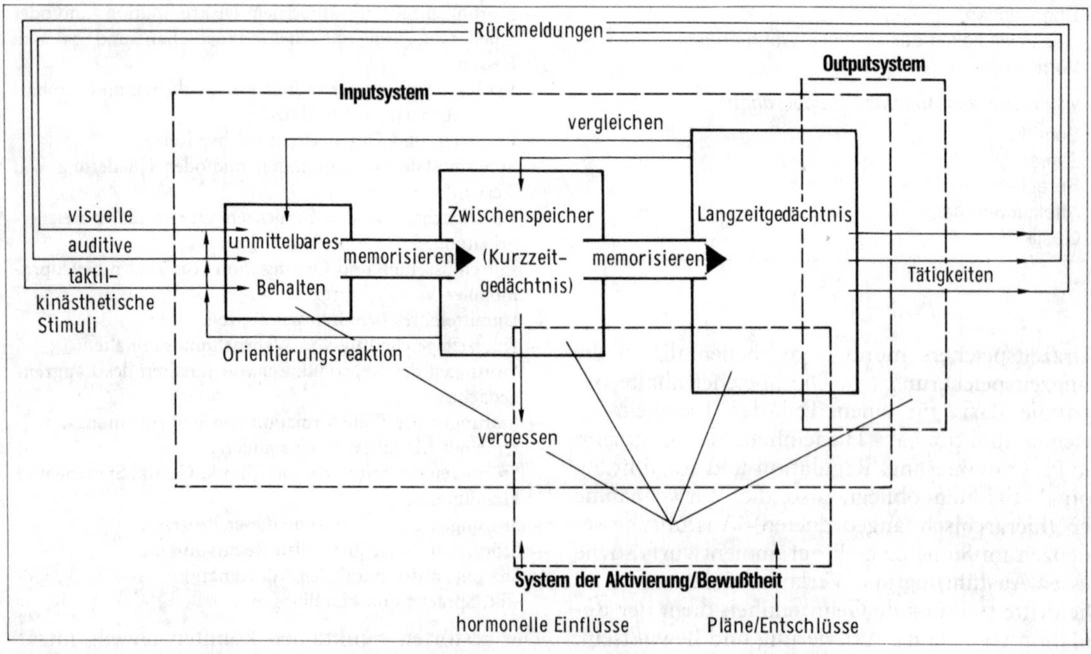

Abb. 6.1 Neuropsychologisches Modell kognitiver Funktionen (in Anlehnung an *Graichen* 1979).

langfristig zu einem Klassifikationssystem führen. Als (ätiologisch ähnliche) umschriebene Entwicklungsstörungen von Teilleistungen auf einem Niveau unterscheidet es zwischen dem eingangs geschilderten Niveau einzelner Teilleistungsschwächen und dem soeben erwähnten Niveau funktionsbezogener Störungen. Eine Annäherung an gestörte zerebrale Funktionssysteme steht damit in Aussicht. Mit der augenblicklichen Entwicklung gewinnt das unter eingangs angesprochene Prinzip an Bedeutung, umschriebene Leistungsschwächen im Kindesalter als Entwicklungsprobleme von erworbenen Störungen abzugrenzen und die Kontaminierung, die Begriffe wie Developmental aphasia oder Developmental dyslexia nahelegen, zu umgehen.

Ätiologie und Pathogenese

Zu unterscheiden ist zwischen der Ätiologie einer *einzelnen Teilleistungsschwäche* im Sinne der oben gegebenen Definition (umschriebene Funktionen im Rahmen eines komplexeren psychischen Geschehens) und der Ätiologie der Schwäche *komplexer* – meist schulisch relevanter – *Alltagsleistungen*. Letztere können aus unterschiedlichen Kombinationen von Teilleistungsschwächen resultieren. Dabei spielen nicht nur deren Art, sondern auch ihre Kombination und vor allem die Modi ihres Zusammenwirkens für das Niveau, auf dem die komplexe Funktion gestört ist, eine Rolle. Im Rahmen dieses Zusammenspiels ist es durchaus wahrscheinlich, daß auch Kompensationen erfolgen, solange gewisse Leistungsminima in einzelnen Funktionen nicht unterschritten werden. Damit ist erklärbar, warum unterschiedliche Autoren mit gleichem Erfolg unterschiedliche umschriebene Leistungsstörungen etwa für den komplexen Vorgang des Lesens und Rechtschreibens als ursächlich beschrieben haben; sie haben offensichtlich jeweils notwendige, aber nicht ausreichende Voraussetzungen für komplexe Leistungen bzw. deren Störungen beschrieben. Wahrscheinlich werden aber einzelne Teilausfälle nur dann im Sinne einer Störung wirksam, wenn andere gleichzeitig defizient sind, d. h. die Kompensation mit ihrer Hilfe nicht möglich ist. Eine solche Vorstellung hat, soweit erkennbar, erstmals WEDELL (1977) für die umstrittene Rolle der optischen Wahrnehmung in der Genese der Lese-Rechtschreib-Störungen diskutiert. Da Teilfunktionen das Zentralnervensystem in ihrer Reifung auch von entsprechenden Lernanreizen abhängig sind, kann die dekompensierende Komponente im Einzelfall auch in ungünstigen Entwicklungsvoraussetzungen bestehen.

Soweit sie von Werkzeugstörungen deutlich unterschieden wurden, wurde für Teilleistungsschwächen ursprünglich an eine genetische Verursachung bzw. genetische Disposition gedacht. Verschiedene Autoren haben eine solche als einzige Ursache etwa für die Lese-Rechtschreib-Schwäche nachzuweisen versucht (WEINSCHENK 1965). Das Design solcher Untersuchungen kontrolliert teilweise auch die niedrigere Belastung durch entsprechende Störungen bei Nichtsymptomträgern in der Aszendenz und Deszendenz.

Die Möglichkeit auch *hirnorganischer Verursachung*, nämlich durch in früher Lebenszeit erworbene zerebrale Beeinträchtigung, die sich in Funktionsstörungen im engeren Sinne äußern, war aufgrund der häufig im Umfeld von Teilleistungsschwächen gefundenen Symptome früh erworbener Hirnfunktionsstörungen wahrscheinlich. Einer der wesentlichen Verfechter dieser Hypothese im deutschen Sprachraum ist LEMPP (1980), der Teilleistungsschwächen deswegen unter den Oberbegriff der organischen Psychosyndrome subsumiert. Untersuchungen, die eine derartige Genese belegen, wurden meist ohne Kontrollgruppen durchgeführt, also an klinischen Populationen. Feldstudien belegen die geringe Überschneidung zwischen umschriebenen Leistungsschwächen und neurophysiologischen Störungen, die auf eine erlittene Hirnschädigung hinweisen (SCHMIDT u. Mitarb. 1982). Die Diagnostik umschriebener Leistungsschwächen als auch von Hirnfunktionsstörungen anhand gestörter neuropsychologischer Funktionen kann zur Klärung ätiologischer Fragen wenig beitragen. Erschwert wird diese Klärung durch die Interferenz von Ursachenfaktoren; nicht nur genetisches Potential und Hirnschädigung beeinflussen sich gegenseitig, sondern auch die Lernumwelt tritt hinzu, während das Intelligenzniveau in diesem Zusammenhang definitionsgemäß eine geringere Rolle spielt. Gründliche Studien zum Einfluß des Intelligenzniveaus auf umschriebene Leistungsschwächen stehen aber aus; die bisherigen Untersuchungen wurden überwiegend an Stichproben mit durchschnittlichem Intelligenzniveau durchgeführt. Die Vorstellung, daß sich bei hirnorganisch beeinträchtigten Kindern Dispositionen zu umschriebenen Leistungsschwächen leichter manifestieren, während die Hirnschädigung nicht der eigentliche Auslöser sei, ist naheliegend, aber nicht belegbar; sie müßte genetische Familienuntersuchungen mit der Diagnostik umschriebener Leistungsschwächen bei hirnorganisch beeinträchtigten und nichtbeeinträchtigten Kindern verbinden. Wenn WEINSCHENK (1979) moniert, daß bisher niemand kausale Einflüsse hirnorganischer Schädigungen auf umschriebene Leistungsschwächen belegt habe, sondern alle Autoren ihre Verursachungshypothesen nur auf anamnestische Daten stützten, charakterisiert er die Forschungssituation in sehr akzentuierter Weise und stellt dabei die fehlenden Lokalisationshinweise deutlich heraus. Es bleibt zu hoffen, daß mit verbesserten Methoden der Lokalisationsdiagnostik diese Schwierigkeit überwunden werden kann; bis dahin können entsprechende Positionen nur durch den – sicher gerechtfertigten – statistischen Ansatz gestützt werden. Letztlich genügt er den Aussageansprüchen einer Kinderpsychiatrie, die sich als kritische Erfahrungswissenschaft versteht, nicht, nur müßten unter einem solchen Anspruch zahlreiche als wissenschaftlich gesichert geltende Positionen geräumt werden. Auch die Verteidiger der genetischen Hypothese können keine hundertprozentige Konkordanz umschriebener Leistungsschwächen bei eineiigen Zwillingen belegen, auch ihnen verbleibt also ein Teil nichtaufgeklärter Varianz. Außerdem ist auch der Ansatz der Zwillingsforschung, solange für den Einzelfall Genorte nicht bekannt sind, auf statistische Nachweise gestützt. Die Vorstellung einer Verursachung durch hirnorganische Beeinträchtigungen im Sinne von Funktionsstörungen ohne Substratdefekte wird auch für Werkzeugstörungen nach Schädel-Hirn-Traumen (nach abgeschlossener Hirnentwicklung) akzeptiert.

Der Gedanke an eine *mangelhafte Lateralisation* als Ursache von Lernschwächen besteht wenigstens seit ORTONs (1928) Idee der *Hemisphärenkonkurrenz* bei Kindern mit umschriebenen Leistungsschwächen. Sein Gedanke, bei solchen Kindern seien beide Hemisphären für die betroffene Leistung gleich gut qualifiziert und keine dominant, wurde inzwischen verlassen. Die widersprüchlichen Ergebnisse von früheren Untersuchungen zu dieser Frage lassen sich teilweise dadurch erklären, daß eine unvollständige oder verspätete Lateralisierung auf verschiedenen Wegen zustande kommen kann, einmal durch eine primär verlangsamte Reifung des Zentralnervensystems, zum anderen durch Hirnschädigungen. Damit ist dieser pathogenetische Mechanismus für die beiden hauptsächlichen Ätiologien umschriebener Leistungsschwächen möglich. KINSBOURNE (1981) verweist auf Arbeiten mit CAPLAN, in denen gefunden wurde, daß Kinder mit Leseschwierigkeiten die typischen Asymmetrien beim dichotischen Hören nicht zeigen, der sogenannte Rechtsohreffekt (Bevorzugung des rechten Ohres bei Aufnahme von Sprache) bei ihnen schwächer ausgeprägt, der kognitive Stil mithin „weniger verbal" sei. Untersuchungen von GUTEZEIT (1978) bestätigten das, fanden jedoch, daß zwischen Leseleistung und Rechtsohreffekt eine kurvilineare Beziehung besteht, die auch einen extrem ausgeprägten Rechtsohreffekt als ungünstig erweist.

Kognitive Stilvariablen wären danach getrennt von unzureichenden Lateralisierungsprozessen (und von den Folgen erworbener Hirnschädigungen) zu betrachten. Für unzureichende Lateralisierungsprozesse bei Kindern mit umschriebenen Leistungsschwächen sprechen auch die Ergebnisse von YULE u. RUTTER (1976), die bei Kindern mit Specific reading disability selten neurologische Veränderungen, aber häufig Rechts-Links-Störungen und häufig Sprachentwicklungsstörungen in der eigenen Anamnese sowie in der Familienanamnese fanden.

Verlassen ist die in den siebziger Jahren stärker diskutierte Hypothese, sämtliche Teilleistungsschwächen ließen sich auf *Störungen der Aufmerksamkeit,* also die vom kognitiven Stil gesteuerten Wahrnehmungsvorgänge, zurückführen (Übersichten bei KNIGHTS u. BAKKER 1976 und bei ROSS 1976), aufgrund widersprechender klinischer Erfahrungen und mangelnder empirischer Belege.

Verschiedene Autoren postulierten eine Verursachung von Teilleistungsstörungen durch *Deprivation* im frühen Kindesalter (z. B. BERGER 1976). Aber auch wenn man Deprivationsfolgen für die Entwicklung von kognitiven Funktionen generell einräumt – entsprechend massive Einflüsse vorausgesetzt – ist schwer verständlich, wie solche Deprivationen zu umschriebenen Entwicklungsverzögerungen anstelle einer generellen Retardierung führen sollen. Diese Vorstellung scheint allenfalls bei der stärker auf Umweltreize angewiesenen Sprachentwicklung und in den sprachnahen Funktionen wie Lesen und Rechtschreiben haltbar. Heutige Definitionen von Teilleistungsschwächen setzen aber stets eine angemessene Förderung durch die Umwelt voraus und schließen damit Deprivationsfolgen aus.

Auch die gelegentlich diskutierte Hypothese *psychogener umschriebener Leistungsschwächen* im Sinne von Entwicklungsverzögerungen ist nicht haltbar. Psychogene Ausfälle im Sinne einer hysterischen Symptomatik sind möglich, die Funktion ist aber intakt und in erkennbar unphysiologischer Weise blockiert. Die unphysiologische Blockierung, wie etwa beim Schreibkrampf oder bei dem den hysterischen Syndromen nahestehenden Ganser-Syndrom, macht aber eine Unterscheidung möglich. Auch nichthysterische psychogene Störungen, bei denen die entsprechende Funktion vorhanden ist, aber demonstrativ nicht eingesetzt wird, sind denkbar; auch hier erfolgt die Differentialdiagnose aufgrund der Vorgeschichte, wie etwa beim Mutismus.

Symptomatologie, Diagnostik, Behandlung und Verlauf einzelner Teilleistungsschwächen

Generalisierbare Aussagen

Diagnostik

Die *Diagnose* umschriebener Leistungsstörungen ist unabhängig von der Ätiologie; ausgeschlossen sind Verluste bereits erlernter Funktionen. Der umschriebene Charakter der Leistungsschwäche definiert, daß Alter, Intelligenzniveau und Förderungsbedingungen zu seiner Genese nicht beitragen durften. Unabhängig davon besteht eine Beziehung zwischen Intelligenzniveau und zu erwartender Teilleistung. Sie ist nicht linear, weswegen die Häufigkeit umschriebener Leistungsschwächen bei höherem Intelligenzniveau eher überschätzt, bei niedrigem eher unterschätzt wird.

Sollen Diskrepanzen zwischen Intelligenzniveau und umschriebenen Leistungen festgestellt werden, sind beide *psychometrisch* zu erfassen. Für die Intelligenzmessung sollten dabei nach Möglichkeit Verfahren angewendet werden, die den von der umschriebenen Leistungsschwäche betroffenen Anteil an den intellektuellen Funktionen ausklammern oder seine Extrapolation zulassen. Zwischen beiden Größen bestehen nämlich keine Nullkorrelationen. Grundsätzlich ist deswegen auch das Postulat, eine umschriebene Leistungsschwäche sei generell unabhängig vom Intelligenzniveau, nicht haltbar.

Günstig ist es, wenn bei gegebener wenigstens durchschnittlicher Intelligenz (mindestens Prozentrang 16) absolute alters- bzw. schulklassenbezogene Normen für die einzelnen umschriebenen Leistungen angegeben werden können, das erspart den Rückgriff auf komplizierte Diskrepanzmaße. Bei niedrigem Intelligenzniveau ist die Anwendung von Diskrepanzbestimmungen jedoch unvermeidbar.

Diagnostisch wenig hilfreich ist die Suche nach Hinweisen auf eine hirnorganische Beeinträchtigung. Sie zeigen nicht nur schwache Korrelationen mit umschriebenen Leistungsschwächen, sondern müssen auch nicht Ursachenfaktor sein. Abnorme EEG-Befunde bei Kindern mit umschriebenen Leistungsschwächen liegen bei wenigstens einem Drittel vor (überwiegend handelt es sich um Vermehrungen der langsamen Frequenzanteile). Selbstverständlich korrelieren solche Befunde in einem gewissen Ausmaß mit neurologischen Auffälligkeiten und belasteten Schwangerschafts- und Geburtsverläufen, die aber bei unauffälligen EEG-Befunden auch relativ häufig angetroffen werden.

Neuropsychologische Testverfahren sind deshalb das diagnostische Mittel der Wahl. Zahlreiche Tests wurden angegeben, vor allem solche, die ursprünglich nicht für diesen Zweck entwickelt wurden, wie etwa die Interpretationen von Subtestwerten aus kombinierten Intelligenztestskalen (wobei die meisten dieser Skalen auf globale Intelligenzkonzepte ausgerichtet und nicht faktoriell konstruiert sind). Derartige Interpretationen verbieten sich, sie sind auch nach einer sorgfältigen Aufgabenanalyse nicht zulässig. Sie kann nicht sicherstellen, ob Tests den gewünschten Meßbereich auch hinreichend abdecken. Außerdem sind viele der als kriteriumsbezogene Verfahren benannten Tests nicht genormt, schon gar nicht für den deutschen Sprachraum. Normen bestehen für den *psycholinguistischen Entwicklungstest* für 3- bis 10jährige (ANGERMAIER 1974); der Test erfaßt die Verarbeitung akustischer und optischer Stimuli im Sinne von LURIAS erster und zweiter funktionaler Hirneinheit auf zwei unterschiedlichen Organisationsstufen (Abb. 6.2). Als weitere Testbatterien werden genannt die von REITAN u. DAVISON (1974) und die *Tübinger-Luria-Christensen neuropsychologische Untersuchungsreihe,* eine Bearbeitung der Skala, die CHRISTENSEN anhand von LURIAS Arbeit erstellt hat, für deutsche Verhältnisse durch HAMSTER u. Mitarb. (1980).

Die Ergebnisse solcher Skalen lassen sich besser unter dem Gesichtspunkt von Leistungsunterschieden auswerten als unter dem von Diskrepanzen zwischen Intelligenzniveau und umschriebenen Leistungen. Sie stehen dem auf S. 250 geschilderten Ansatz, umschriebene Leistungsschwächen im schulischen Bereich auf neuropsychologisch eingrenzbare Teilleistungen zurückzuführen, den auch ROURKE (1981) favorisiert, und entsprechenden Klassifikationsversuchen näher. Gegenüber diesen beiden diagnostischen Ansätzen hat die Suche nach pathognomonischen Zeichen (die zudem keine therapeutische Relevanz haben müssen) und die Suche nach unterschiedlichen Leistungen beider Körperhälften nur geringere Bedeutung. ROURKE hat alle vier Ansätze vergleichend dargestellt. Beim heutigen Stand der Forschungsmethodik und Diagnostik ist eine pragmatische Nutzung sämtlicher Ansätze vertretbar und notwendig. Die beiden diagnostischen Hauptzugänge schildern das schon oben angedeutete Dilemma: Je stärker man sich auf die Identifikation von Teilleistungen festlegt, um so unabhängiger werden einzelne Funktionen erfaßt, um so größer wird aber auch die Gefahr, daß die gemessenen Konstrukte geringere Beziehungen zu den zerebralen Subsystemen haben, daß also bezogen auf diese falsch positive

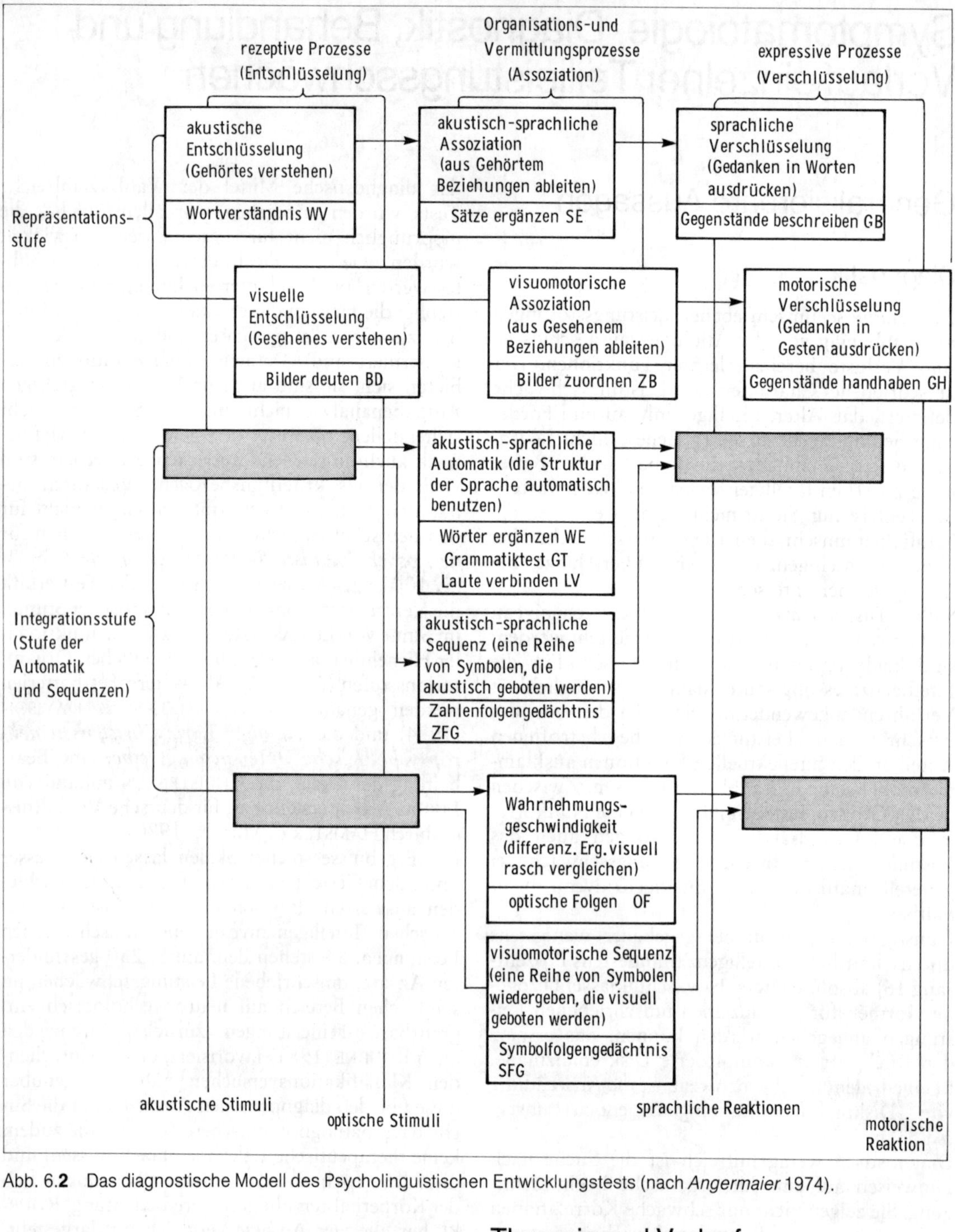

Abb. 6.**2** Das diagnostische Modell des Psycholinguistischen Entwicklungstests (nach *Angermaier* 1974).

Fälle identifiziert werden; diagnostische Bemühungen, die sich auf Diskrepanzen stützen (sei es auf solche zwischen generellem Leistungsniveau und Teilleistung oder zwischen einzelnen Teilleistungen), haben eine größere Chance, Störungen von zerebraler Relevanz zu identifizieren, kommen aber über die Feststellung relativer Schwächen oft nicht hinaus, zumal bei Kindern zusätzlich der Entwicklungsstand berücksichtigt werden muß.

Therapie und Verlauf

Im weiteren Sinn von Behandlung sind sehr allgemeine, am Schulsystem ansetzende Maßnahmen zur Steuerung von Kindern mit umschriebenen Leistungsschwächen als notwendig bezeichnet und erprobt worden, die hier nicht zu besprechen sind. Ähnlich generell sind therapeutische Ansätze, die aus den oben genannten Konzepten entwickelt werden, die Teilleistungsschwächen auf kognitive Defizite, Aufmerksamkeitsstörungen und mangelnde Impulskontrolle zurückführen. Solche Vor-

schläge umfassen das ganze Spektrum von der Stimulantienbehandlung bis zur kognitiven Selbstinstruktion, deren Verbindungsmöglichkeiten zuletzt EISERT u. Mitarb. (1982) dargestellt haben.
Bei den definitorischen und diagnostischen Problemen wundert es nicht, daß Therapievorschläge für spezifische Teilleistungsschwächen rar sind. Zahlreiche Trainingsprogramme für einzelne Leistungsschwächen gingen von der zu Recht kritisierten Annahme aus, daß komplexere Teilleistungsschwächen stets auf Mängeln der ihnen zugrundeliegenden Basisprozesse beruhen. Entsprechend gerieten Versuche, wie Lese-Rechtschreib-Schwäche etwa durch ein Training der optischen Wahrnehmungsfunktionen zu beeinflussen, in Vergessenheit. Von den mehr als zwanzig von GEARHEART (1972) referierten Verfahren – verbunden mit Namen wie KEPHART, AYRES, MYKLEBUST, CRUICKSHANK oder FROSTIG –, die bezüglich ihres Effekts und ihrer Wirkungskomponenten nicht evaluiert wurden, dürften die wirksamen überwiegend auf unspezifischen Effekten beruhen. Ihre geringen spezifischen Anteile sind nicht untersucht, so daß differentielle therapeutische Ansätze schwierig sind. Viele der Behandlungsprogramme wurden zudem von der Arbeit mit hirnverletzten Erwachsenen abgeleitet, etwa die für die Behandlung dysphatischer und dyspraktischer Störungen. Die ihnen zugrundeliegenden Vorstellungen der Regeneration (regenerative und kollaterale Axonsprossung) und der Reorganisation (aufgrund von Redundanz, multipler Kontrolle und/oder funktioneller Substitution aufgrund der Plastizität des Gehirns) hat STURM (1982) referiert. LEHMKUHL u. WENIGER (1984) und auch STURM (1982) beschreiben die heute in der Behandlung von Aphasien, intellektuellen Funktionsstörungen, Wahrnehmungsstörungen, Gedächtnisstörungen und psychomotorischen Störungen nach Hirnverletzungen üblichen Methoden, die jedoch nur Anhaltspunkte geben können. Der in der Behandlung wesentliche Aspekt der Nutzung nichtbeeinträchtigter Fähigkeiten weist auf die Bedeutung der diagnostischen Erfassung des gesamten Leistungsspektrums und nicht nur des Nachweises einer Leistungsbeeinträchtigung hin. Auf einzelne Behandlungsverfahren wird in den folgenden Abschnitten jeweils eingegangen.
Bei einem Teil der umschriebenen Leistungsschwächen ist die *Prognose* günstig, bei denen, die keine verbalen oder psycholinguistischen Leistungen umfassen, offensichtlich besser, also bei Beeinträchtigungen der optisch-räumlichen Wahrnehmung und den Apraxien. Unabhängig davon schwankt die Bedeutung umschriebener Leistungsschwächen mit den in verschiedenen Altersstufen im Vordergrund stehenden Anforderungen; das Profil verändert sich deswegen nach der Schulzeit scheinbar deutlich. Für die tatsächliche Kompensation spielen das Alter, die Hirnreifung, die Förderungsmöglichkeiten, das Intelligenzniveau und die Fähigkeit des Individuums, aus Reaktionen auf seine Leistungen zu lernen, eine wesentliche Rolle. Da Behandlungsmotivation und intellektuelle Voraussetzungen mit der sozialen Schichtenzugehörigkeit variieren, ist die Prognose bei Kindern aus niedrigen sozialen Schichten am ungünstigsten, die Behandlungsindikation aber am dringlichsten. Die genannten prognostischen Kriterien scheinen wesentlich auf diejenigen teilleistungsschwachen Kinder zuzutreffen, die gleichzeitig andere Symptome von Hirnfunktionsstörungen haben. Je isolierter umschriebene Leistungsschwächen sind, um so unabhängiger erscheint die Prognose von Behandlung und intellektuellen Voraussetzungen (vgl. die unten dargestellten Resultate über die Prognose von „specific reading disability" aus der Arbeitsgruppe um RUTTER). Auch diese Erkenntnisse sollten zu einer exakteren Definition umschriebener Leistungsschwächen führen, um dem Vorwurf zu begegnen, die Kinder- und Jugendpsychiatrie wolle schulische Minderleistungen generell psychiatrisieren.

Sekundäre psychiatrische Störungen

Umschriebene Leistungsschwächen sind gehäuft mit *psychiatrischen Auffälligkeiten* assoziiert. Belege dafür finden sich vor allem bei der Lese-Rechtschreib-Schwäche und der Rechenschwäche, aber auch bei Kindern mit motorischen Störungen (HENDERSON u. HALL 1982). Es liegt nahe, daß diese Häufung von der sozialen Bedeutung der gestörten Funktion abhängt. Offensichtlich begünstigen nämlich die schulischen Schwierigkeiten, die aufgrund der Leistungsschwächen entstehen – zumal bei anderslautenden Erwartungen von Eltern und Lehrern – über mangelnde Selbstwerterlebnisse die Entwicklung der Auffälligkeiten. Speziell kommen dissoziale Verhaltensweisen vor, die als kompensatorisch betrachtet werden; auf hohe Raten von Lese-Rechtschreib-Schwächen unter Straffälligen haben WEINSCHENK u. FOITZIK bereits 1967 hingewiesen. Lediglich die bei Lese-Rechtschreib-Schwierigkeiten gehäuft auftretenden Symptome von Hyperaktivität (ANGERMAIER 1974, RUTTER u. Mitarb. 1970) scheinen primär zu bestehen. Temperamentsfaktoren, die dem hyperaktiven Verhalten ähneln, könnten zur Entwicklung sekundärer dissozialer Verhaltensweisen bei lese- und rechtschreibschwachen Kindern beitragen. Verschiedene Studien konnten keinen Beleg dafür finden, daß die Lese-Rechtschreib-Schwäche eine Sekundärfolge des dissozialen Verhaltens ist, die direkte Verursachung dissozialer Symptome durch die Lese-Rechtschreib-Schwäche ist aber auch nicht zu belegen; das gemeinsame Auftreten kann die Folge der Interaktion ungünstiger Hintergrundfaktoren oder eines unbekannten dritten Verursachungsfaktors sein (STURGE 1982).

Einzelne umschriebene Leistungsschwächen

Umschriebene Lese-Rechtschreib-Schwäche

Im folgenden ist nur von umschriebener *Lese-Rechtschreib-Schwäche* im Sinne der *Specific reading retardation* die Rede, also der unter Berücksichtigung von Intelligenzniveau und Alter definierten Schwäche, nicht von den verbreiteten Leseschwierigkeiten im Sinne von Reading backwardness (YULE u. RUTTER 1976). Die hier zu besprechende Form wird bei Jungen drei- bis viermal häufiger gesehen als bei Mädchen und tritt bei männlichen Verwandten gehäuft auf; sie zeigt bei gleichen Lernvoraussetzungen keine erhöhte Frequenz in den sozialen Grundschichten. Die schulischen Leistungen in den übrigen Fächern entsprechen dem Intelligenzniveau. Sprech- und Sprachstörungen treten in der Vorgeschichte der betroffenen Kinder häufiger auf als erwartet, auch in ihren Familien. Häufig bestehen Schwierigkeiten bei der Rechts-Links-Unterscheidung. Andere neurologische Auffälligkeiten sind selten. KLICPERA (1982) fand bei Legasthenikern einen Rückstand in der Entwicklung der motorischen Koordination bis in die frühe Adoleszenz.

Je häufiger neurologische Symptome im Umfeld von Lese-Rechtschreib-Schwierigkeiten auftreten, um so wahrscheinlicher ist die Assoziation mit niedriger sozialer Schichtzugehörigkeit, um so schwächer die Assoziation mit Sprech- und Sprachstörungen und um so schwächer die Diskrepanz zu den Schulleistungen in anderen Fächern; denn bei hirnschädigungsbedingten Lese-Rechtschreib-Schwächen sind ausgedehntere Leistungsbeeinträchtigungen wahrscheinlicher.

Zumindest im deutschen Sprachraum überwiegen Rechtschreibschwierigkeiten die Leseschwierigkeiten. Leseschwierigkeiten werden – wenn vorhanden – leichter ausgeglichen als Rechtschreibschwierigkeiten. Das Zahlenschreiben nach Diktat gelingt fehlerfrei. Routinemäßig erfolgt die Diagnostik mittels Leistungstests. Die im deutschen Sprachraum standardisierten Verfahren zur Messung der Lese- und Rechtschreibleistung beschreiben kritisch EICHLER (1977) und NAEGELE u. Mitarb. (1981). Die von ihnen gegebenen Übersichten beziehen auch Tests für sprachliche Fähigkeiten ein, auf die jedoch nicht hier, sondern im Zusammenhang mit den Sprech- und Sprachstörungen (Bd. III, Kap. 2) eingegangen wird. An *Lesetests,* die für deutsche Kinder geeicht sind, nennen sie folgende Verfahren:

- den Bremer Lesetest für 1. und 2. Klassen (BLT 1–2, 1976);
- den Lesetest für 2. Klassen (LT 2, 1971[3]);
- den Diagnostischen Lesetest für 2. und 3. Klassen (DLT 2/3, 1978);
- Sinnverstehendes Lesen für 3. Klassen (SVL 3, 1969);
- Lesen 3 (1973);
- Lesen 4 (1973);
- Verständiges Lesen für 5. und 6. Klassen (VL 5–6, 1971[2]);
- Lesen als Informationsaufnahme für 5. und 6. Klassen (1977);
- Verständiges Lesen für 7. bis 9. Klassen (VL 7–9, 1971[2]);
- die Lesetests aus der Schulleistungstestbatterie für lernbehinderte und leistungsschwache Grundschüler (SBL I und SBL II, 1972).

Die Neubearbeitung des Zürcher Lesetests (LINDER u. GRISSEMANN 1980) erlaubt eine linguistische Analyse von Lesefehlern, allerdings sind die Normen nicht uneingeschränkt auf deutsche Verhältnisse übertragbar.

An für deutsche Verhältnisse geeichten *Rechtschreibtests* nennen EICHLER (1977) und NAEGELE u. Mitarb. (1981):

- den Rechtschreib-Test für 1. Klassen (RST 1, 1973);
- den Diagnostischen Rechtschreib-Test für 2. Klassen (DRT 2, Neubearbeitung 1982);
- den Diagnostischen Rechtschreib-Test für 3. Klassen (DRT 3, Neubearbeitung 1982);
- Rechtschreibung 4 (für 4. Klassen, 1975);
- den Diagnostischen Rechtschreib-Test für 4. und 5. Klassen (DRT 4–5, 1970);
- den Westermann Rechtschreib-Test für 4. und 5. Klassen (WRT 4–5, 1979);
- den Rechtschreib-Test für 8. und höhere Klassen (RST 8+, 1965);
- den Mannheimer Rechtschreib-Test (MRT, 1973), anwendbar ab der 8. Klasse bis ins Erwachsenenalter.

Die bei den Lese- und Rechtschreibtests genannten Klassengrenzen sind nur als grobe Richtlinien zu verstehen, da die Bandbreite der Anwendbarkeit durch die Klassenangaben nicht exakt erfaßt ist (NAEGELE u. Mitarb. 1981); in der Praxis gilt es abzuwägen, ob ein Kind am Anfang der 3. Klasse bereits an den Leistungen von Drittkläßlern oder noch an den Leistungen von Zweitkläßlern gemessen werden soll.

Für die Diagnostik einer Lese-Rechtschreib-Schwäche wird eine Differenz von 15 T-Wert-Punkten zwischen Intelligenzleistung und Lese- bzw. Rechtschreibleistung gefordert. Begründeter Verdacht ergibt sich aus schwachen Leistungen in den Subtests 1 + 2 und 6 des PSB von HORN (1969).

Die genannten diagnostischen Verfahren stellen überwiegend nur Schwierigkeiten beim Lesen und Rechtschreiben fest, soweit sie auf das Zustandekommen dieser Schwierigkeiten eingehen, erbringen sie wenig Konsequenzen für Behandlungspläne, ausgenommen die Neufassung des *Zürcher Lesetests* (LINDER u. GRISSEMANN 1980). Die Verfahren basieren – sofern theoretische Vorstellungen überhaupt berücksichtigt werden – auf uneinheitlichen Theorien über das Erlernen des Lesens und Rechtschreibens. Erfolgversprechende Ansätze der Erforschung der Lese-Rechtschreib-Schwäche greifen heute auf solche Überlegungen zurück. Sie wurden initiiert von der Unterscheidung verschiedener Untergruppen lese- und rechtschreibschwacher Kinder. Als klassisch ist dafür die Untersuchung von MATTIS u. Mitarb. (1975) anzusehen, die verschiedene Untergruppen von Lese-Rechtschreib-Schwierigkeiten isolierte, indem lese- und rechtschreibschwache Kinder mit und ohne hirnorganische Beeinträchtigungen (bei gleichzeitiger Berücksichtigung lesetüchtiger hirnorganisch beeinträchtigter Kinder) untersucht wurden. Zunehmend wurde zwischen einer akustisch-sprechmotorischen Form der Lese-Rechtschreib-Schwäche, bei der hauptsächlich akustische Wahrnehmung und expressive Sprache betroffen sind (*dysphonematische Legasthenie*), und einer optisch-schreibmotorischen Form mit Störungen der Verarbeitung optischer Eindrücke und der Schreibmotorik (*dyseidetische Legasthenie,* KOBI 1978) unterschieden.

Von solchen Vorstellungen aus ist eine Diagnostik der den Lese- und Rechtschreibschwierigkeiten zugrundeliegenden neuropsychologischen Störungen möglich (ESSER 1980/81). Die heutigen Versuche solcher Diagnostik orientieren sich an neuropsychologischen Modellen der Informationsverarbeitung im Großhirn. KIRBY u. DAS (1977) unterscheiden eine *simultane Informationsverarbeitung,* bei der einzelne Elemente durch quasiräumliche Synthese überschaubar organisiert werden, und eine *analytisch-sequentielle Informationsverarbeitung,* bei der sukzessives Vorgehen im Vordergrund steht. Beide Verarbeitungsstrategien werden beim Lesen benutzt und ergänzen sich gegenseitig. Neuere Vorschläge der Gliederung des Leseprozesses (SCHEERER-NEUMANN 1977) berücksichtigen diese Prozesse. Sie bieten auch den einzigen Ansatzpunkt für Möglichkeiten einer Frühdiagnostik von Lese- und Rechtschreibschwierigkeiten. Diese Möglichkeit wird jedoch dadurch eingeschränkt, daß bestimmte Fähigkeiten dieses Prozesses erst während der Grundschulzeit erworben werden, also nicht antizipatorisch untersucht werden können; das gilt insbesondere für die auditiv-visuelle Integration, die im Laufe der ersten beiden Schuljahre deutlich zunimmt (WARREN 1975).

Die *neuropsychologischen Erklärungsansätze* zielen hauptsächlich auf Probleme bei der Umsetzung von Phonemen in Grapheme, aufbauend auf den Schwierigkeiten von Legasthenikern beim Lesen sinnloser Worte; damit wären Lese-Rechtschreib-Schwierigkeiten eher als Sprech- denn als Sprachstörungen einzuordnen, ein Befund, der mit der verzögerten Sprechentwicklung bei später lese- und rechtschreibschwachen Kindern ebenso korrespondiert wie die Häufung von sensorischem Stammeln bei diesen Kindern (bekannt ist, daß stammelnde Kinder die fehlerhaft gesprochenen Laute oder Lautkombinationen auch dann noch nicht akustisch differenzieren können, wenn sie sie artikulatorisch bereits beherrschen). Eine Übersicht zu dem Problemkreis gibt FRITH (1981). So wird auch erklärt, warum ein Teil der Leseschwierigkeiten erst im Verlauf der Grundschulzeit hervortritt. Schwierigkeiten in der Phonem-Graphem-Zuordnung können in frühen Phasen mit Hilfe simultan-visuell-spatialer Mechanismen entschlüsselt werden, bei der Notwendigkeit schnelleren Lesens versagt diese Methode bei Kindern, die über analytisch-sequentielle Strategien aufgrund ihres phonologischen Defizits nicht verfügen. Eine ganzheitliche Leselernmethode müßte gerade für solche Kinder eher nachteilig sein. Die Schwierigkeit der Umsetzung von Graphemen in Phoneme wird mit Problemen der Kurzzeitspeicherung auditiv-verbaler Informationen erklärt (JORM 1979). Zuordnungen zu Schädigungen der linken unteren Parietalregion stimmen damit überein und stützen die genetische Determinierung des Großteils der Lese-Rechtschreib-Schwächen.

Die Entwicklung von *Programmen für die Behandlung* lese- und rechtschreibschwacher Kinder hat mit der theoretischen Diskussion nur teilweise Schritt gehalten. Viele Trainingsmaterialien müssen an die neuropsychologischen Besonderheiten des einzelnen Kindes adaptiert werden. Die von SCHEERER-NEUMANN (1979) und von GRISSEMANN (1980) vorgeschlagenen Materialien verdienen für die Arbeit mit einzelnen Kindern heute den Vorzug. Ohne nähere Analyse sind die Vorgehensweisen am vorteilhaftesten, die Kindern frühestmöglich Strategien zur Zergliederung der zu lesenden Worte in sinnvolle Einheiten vermitteln. An diese visuelle Operation kann sich dann eine sukzessive Codierung der erhaltenen Phoneme und schließlich die semantische Identifizierung anschließen.

Kritisch zu betrachten sind die Behandlungsansätze, die die Lese-Rechtschreib-Schwäche als hauptsächlich emotional bedingte Störung auffassen und vorwiegend psychotherapeutisch angehen wollen (z. B. PILZ u. SCHUBENZ 1979; GRÜTTNER 1980). Psychotherapeutische oder andere Maßnahmen sind bezüglich der (allerdings häufigen) emotionalen oder dissozialen Störungen indiziert.

Die *Prognose* der umschriebenen Lese-Rechtschreib-Schwäche ist bei den rein genetisch bedingten Formen am ungünstigsten, also dort, wo erworbene hirnorganische Beeinträchtigungen, Milieubedingungen und Lehrmethodik wenig zur Manifestation der Lese-Rechtschreib-Schwäche beigetragen haben. Die derart Betroffenen entwickeln sich im Gegensatz dazu in anderen schulischen Leistungsbereichen häufig gut, so daß die

Diskrepanz zu den Lese- und Rechtschreibleistungen erst recht ins Auge fällt.

Spezifische Rechenstörungen

Definitionsgemäß handelt es sich um eine erhebliche Beeinträchtigung in der Entwicklung der *Rechenfähigkeit* trotz vorhandener Voraussetzungen für das Erlernen des Rechnens. Die Literatur zu diesem Problemkreis ist weitaus weniger umfassend als die zur spezifischen Lese- und Rechtschreibschwäche. Das hängt mit der wesentlich niedrigeren Prävalenzrate und mit der langsameren Entwicklung der Forschung über Rechenstörungen zusammen. Vermutet wird auch, daß die praktische Bedeutung von Rechenstörungen deshalb kleiner ist, weil kompensatorische Strategien zur Überwindung von Rechenschwierigkeiten eher zur Verfügung stehen als für Lese- und Rechtschreibprobleme.

Auch die neue Monographie von GRISSEMANN u. WEBER (1982) gibt keine Definition des Rechenvorgangs. Analog zur Situation der Legasthenieforschung wundert das nicht, wurde doch in einem neuropsychologischen Forschungsansatz in Anlehnung an das medizinische Paradigma stärker nach den Ausfällen gefahndet als von der Entwicklung der Rechenfähigkeit bei nichtbeeinträchtigten Kindern ausgegangen. Auch WEINSCHENKs (1980) Formulierung „Rechnen ist ein Denken, das die Herstellung aufgegebener Beziehungen zwischen gegebenen Zahlen (Zahlbegriffen) im bloßen Vorstellen mit abschließender Feststellung der Ergebnisse zur Aufgabe hat" befriedigt nicht.

Wichtiger ist die Unterscheidung zwischen Rechenschwierigkeiten im Rahmen genereller Leistungsprobleme und spezifischen Rechenstörungen in Abgrenzung von den durch Hirnläsionen erworbenen Akalkulien und ihren Verdünnungsformen (Dyskalkulien). Bei primären oder früh erworbenen Störungen sollte nicht von Entwicklungsdyskalkulien (developmental dyscalculia, KOSC 1974) gesprochen werden, sondern von spezifischen Entwicklungsstörungen des Rechnens (developmental arithmetic disorder).

Prävalenzuntersuchungen über spezifische Entwicklungsstörungen des Rechnens liegen nicht vor. WEINSCHENKS Angabe von 2% spezifischer Rechenstörungen bei Zweitkläßlern erscheint zu hoch gegriffen. Auch GRISSEMANN u. WEBER (1982) geben nicht an, aus welcher Schülerzahl ihre 26 Rechenschwachen ermittelt wurden. Wegen der besseren Rechenfähigkeit der Jungen gegenüber den Mädchen (LANDSDOWN 1978), für die Milieueinflüsse allerdings nicht ausgeschlossen sind, müßten ohnehin geschlechts- und altersspezifische Normen entwickelt werden. Unabhängig vom Kernbereich der Rechenstörungen sind vorübergehende oder bleibende Rechenschwierigkeiten im Zusammenhang mit anderen zum Teil für lese- und rechtschreibschwache Kinder typische Schwierigkeiten vorstellbar (s. u.).

WEINSCHENK (1980) beschreibt sechs Stufen des Erwerbs der Rechenfähigkeit, vom Beherrschen der Zahlworte, deren Zuordnung zu konkreten Mengen, zu abgebildeten Mengen und zu abstrakt gegenständlichen Korrelaten, dem Erlernen des Dezimalsystems bis zum entscheidenden Schritt, „die wahrgenommenen gegenständlichen Korrelate der Zahlbegriffe sich auch im bloßen Vorstellen zu vergegenwärtigen und daran Operationen im Sinne von Zergliederung und Umgruppierungen vorzunehmen". Die basalen Fähigkeiten bestehen demnach in der Entwicklung von Mengenbegriff und Seriation im Rahmen des Zahlensystems. In ähnlicher Weise unterscheiden GRISSEMANN u. WEBER (1982) zentrale und *periphere Operationen* beim Rechnen. Zu den Schwächen der *zentralen Operationen* zählen sie:

- die bei intakten intellektuellen Funktionen seltene Zahlbegriffsschwäche und mangelnde Einsicht in das dekadische Positionssystem,
- mangelndes Verstehen bildlich dargestellter Operationen mit visuomotorischer Vorstellung der Operationen,
- nicht ausreichende ziffernmäßige Darstellung der Operationen unter allmählichem Verzicht auf konkrete Vorstellungen,
- ungenügende Automatisierung im Ziffernbereich im Sinne einer Schwäche der mechanisch-assoziativen Verknüpfung.

Transferschwierigkeiten in der Anwendung dieser erworbenen mathematischen Operationen halten sie vor allem für intellektuell bedingt, lassen darüber hinaus aber folgende *Funktionsstörungen* als verantwortlich für spezifische Rechenstörungen im weiteren Sinne gelten:

- mangelnde operative Flexibilität dadurch, daß (auch bei langsamem Lernen) mechanisch-assoziative Automatisierung ohne operatives Verständnis erfolgt,
- auditive Kurzzeitspeicherungsschwäche,
- Richtungsstörungen im Ziffernumgang,
- andere Fehlleistungen im Zahlenumgang,
- Schwierigkeiten des Sprachverständnisses und der Lesecodierung beim Lösen angewandter Aufgaben,
- graphomotorische Behinderung des Rechnens (meist im Zusammenhang mit psychoorganischen Syndromen, die auch Dysgraphie und Störungen der Rechts-Links-Orientierung nach sich ziehen).

Daß sie darüber hinaus Konzentrationsschwierigkeiten und emotionale Störungen als Störungsmechanismen angeben, weist darauf hin, daß ihr Konzept mit Absicht nicht auf spezifische Rechenstörungen beschränkt ist, sondern soziokulturelle, familiäre, schulische und psychogene Faktoren einbeziehen will. Die Vorstellungen von GRISSE-

MANN u. WEBER gehen über die an der Aphasieforschung bei Erwachsenen orientierten Ansätze von KOSC (1974) und von HRBEK (1976) deutlich hinaus.
Diagnostisch empfehlen GRISSEMANN u. WEBER in ihrem Konzept die Diagnostik der Lernvoraussetzungen, also des Intelligenzniveaus, der Lernsituation, des Aufgabenverständnisses, der Motivation und des sozialen Lernumfeldes in Familie und Schule, eine Lernprozeßdiagnostik und eine spezifische Leistungsdiagnostik, zusätzlich Untersuchung bei Verdacht auf zerebrale Beeinträchtigungen. Als spezifische *Rechentests* nennen sie (GRISSEMANN u. WEBER 1982, S. 84):

- die Rechentests aus der Schulleistungstestbatterie für Lernbehinderte (SBL I und SBL II),
- den diagnostischen Rechentest für 3. Klassen (DRE 3),
- die Tests mathematische Zusammenhänge 3 und 4 (für 3. und 4. Klassen),
- den Test für operatives Rechnen (TOR 5; für Fünftkläßler),
- die mathematischen Denkaufgaben 6+,
- schließlich die Testreihe Rechnen (sämtlich aus dem Beltz-Verlag).

Differentialdiagnostisch sind wegen der Nähe des Rechnens zum schlußfolgernden Denken Intelligenzminderungen auszuschließen, außerdem Akalkulien und Dyskalkulien bei erworbenen Hirnläsionen (über deren Symptomatologie bei Kindern wenig bekannt ist!), die häufig Symptome des Gerstmann-Syndroms zeigen. Differentialdiagnostisch ausgeschlossen werden müssen auch hyperkinetische Syndrome wegen der möglichen Störung von Rechenoperationen durch erhöhte Ablenkbarkeit bei der Zwischenspeicherung von Ergebnissen und durch Impulsivität bei Rechenoperationen.
Ätiologisch werden heute konstitutionelle Faktoren und erworbene hirnorganische Beeinträchtigungen in Betracht gezogen. Von der Vorstellung eines Rechenzentrums im Okzipitallappen ist man abgerückt, parietookzipitale Läsionen stören die den Rechenoperationen zugrundeliegenden räumlichen Synthesen, okzipitale Läsionen das Zahlenerkennen. Nach COLLIGNON (1977) treten Rechenstörungen nicht nur bei Beeinträchtigung der dominanten Hemisphäre auf, sind dabei aber häufiger. Bei linksseitigen Läsionen sind nach ihnen vor allem das Lesen und Schreiben numerischer Symbole, vor allem von Zahlen, und die Reproduktion rhythmischer Strukturen betroffen, bei rechtsseitigen Beeinträchtigungen das mündliche Rechnen mit konkreten Objekten, die Begriffe im metrischen System, das Zahlenkonzept und die Seriation. Wieweit diese Ergebnisse auf Entwicklungsstörungen des Rechnens anwendbar sind, ist offen.
Dem Methodendefizit *pädagogisch-therapeutischer Maßnahmen* bei Rechenstörungen ist durch die ausführlichen Darlegungen, die bei GRISSEMANN u. WEBER mehr als 150 Seiten umfassen, abgeholfen. Wegen ihres Ansatzes sind die Autoren in der Lage, etwaiges Material zur Behebung von Rechenstörungen vorzustellen. Ihre Monographie ist sicher derzeit der beste Fundort. Über die Ergebnisse der Behandlung von Rechenstörungen ist nichts bekannt. Sekundärstörungen sind bei unbehandelten oder nichtkompensierbaren Rechenstörungen selbstverständlich denkbar. Die einzige Zahlenangabe hierzu ist die von WEINSCHENK, er habe unter 20 begutachteten Straftätern 9% mit spezifischen Rechenstörungen gefunden.

Umschriebene Störungen der Sprech- und Sprachentwicklung

Die mit 1 : 1000 bzw. 1 : 2000 seltenen Störungen der expressiven und der rezeptiven Sprache (DSM III, 1980) und die häufigeren Sprachentwicklungsstörungen werden wie die Sprechstörungen in Bd. III/Kap. 2 behandelt.

Spezifische dyspraktische Störungen im Kindesalter

Das neuropsychologische Vollbild der *Apraxie* besteht in einer Störung der Anordnung von Einzelbewegungen zu Bewegungsfolgen oder von Bewegungen zu Handlungsfolgen, wobei die einzelnen Teilbewegungen ungestört möglich sind. Apraxien und dyspraktische Störungen können auch vor abgeschlossener Entwicklung der entsprechenden Funktionen bestehen bzw. auftreten (später werden sie meist traumatisch erworben); sind sie nicht Teil breiterer Syndrome, dann darf von spezifischen dyspraktischen Störungen gesprochen werden. Sie werden mit Störungen der sprachdominanten Hemisphäre in Zusammenhang gebracht, ohne dieser eindeutig zugeordnet werden zu können, möglicherweise wegen der noch großen Plastizität des unreifen Zentralnervensystems.
Die Beschreiber *dyspraktischer Störungen* des Entwicklungsalters (vgl. STAMBAK u. Mitarb. 1964, BERGÈS 1966 und GUBBAY 1975) geben ein Syndrom an, das verschiedene, auch nichtdyspraktische, Störungen umfaßt, u. a. Ungeschicklichkeit, Langsamkeit, Dysgraphie, unzureichende räumliche Strukturierung und Rechenstörungen. Es entspricht mehr einer sensomotorischen Entwicklungsstörung (s. S. 260f) und wird nach Hirnschädigungen nicht selten gesehen. Es ist relativ unspezifisch und erfüllt die Kriterien einer isolierten dyspraktischen Störung des Entwicklungsalters nicht. Deren Existenz – zumal als kongenitale Störung – ist umstritten, beschrieben wurden sie nämlich bisher nur bei X-chromosomal vererbter intellektueller Behinderung (MCLAUGHLIN u. KRIEGSMANN 1980).

Tabelle 6.2 Prüfung der ideomotorischen Apraxie

I. Aufgaben zur Prüfung der bukkofazialen Apraxie:
Strecke mir die Zunge heraus
Zeige mir die Zähne
Blase beide Backen auf
Lecke Dir die Lippen
Mache Deinen Mund spitz
Mache ein Geräusch wie beim Schmatzen

II. Aufgaben zur Prüfung der Gliedmaßenapraxie:
1. Aufgaben für die Arme:
Berühre mit der Hand Dein Kinn
Mache eine Bewegung, als würdest Du mir winken
Mache mit der Hand einen großen Kreis
Mache mir eine lange Nase
Lege Deine Hand auf den Kopf
Tue so, als würdest Du aus einer Tasse trinken
2. Aufgaben für die Beine:
Tue so, als würdest Du beim Fußballspielen einen Ball wegtreten
Mache mit dem Fuß einen großen Kreis
Lege das eine Bein über das andere
Stampfe mit den Füßen so auf, als wärest Du wütend
Stelle den einen Fuß vor den anderen
Mache eine Bewegung wie beim Rollerfahren

LEHMKUHL (1984) gibt ein Untersuchungsschema für die Untersuchung auf *ideomotorische Apraxie* in Gestalt der *bukkofazialen Apraxie* und der *Gliedmaßenapraxie* an (Tab. 6.2). Das Mißlingen der Anordnung von Einzelbewegungen zu Bewegungsfolgen betrifft Bewegungen mit realem und mit vorgestelltem Objekt und die Gestik, unabhängig von der Bedeutung der auszuführenden Bewegungen. Zur diagnostischen Sicherung dient die Feststellung von Parapraxien, also von fehlerhaften Elementen in einer Bewegungsfolge, oder von einer fehlerhaften Sequenz der Einzelbewegungen. Die Aufgaben werden teils verbal vorgegeben, teils ohne verbale Aufforderung zur Imitation vorgemacht. Zu achten ist auf Ersatzhandlungen oder Substitutionen, häufig in Gestalt von Perseverationen, auch aus früheren Aufgaben. LEHMKUHL weist darauf hin, daß totale Perseveration eine weitere Diagnostik nicht erlaubt. Weiter kämen Überschußbewegungen und zusätzliche Geräusche, das Auslassen wesentlicher Elemente oder vorzeitiges Abbrechen der Bewegungen und neben diesen wesentlichen Fehlertypen noch andere vor.
Die *ideatorische Apraxie* wird – ebenfalls in Analogie zu Erwachsenen – mittels der in Tab. 6.3 dargestellten Items geprüft. Untersucht werden soll, ob das Kind zu einer sinnvollen zielerreichenden Bewegungsorganisation fähig ist. Ideomotorische Störungen treten (anders als ideatorische) bereits im Spontanverhalten auf. Bei der Untersuchung ist auf sequentielle Fehler, bei denen Teilhandlungen ausgelassen oder mit falschen Objekten ausgeführt werden, und auf die Notwendigkeit wiederholter Handlungsansätze zu achten.

Tabelle 6.3 Aufgaben zur Prüfung der ideatorischen Apraxie

Aufgabenstellung	*Vorhandene Gegenstände*
Putze Dir die Zähne	Zahnbürste, Zahnpasta, Becher
Bestreiche Dir ein Brot mit Butter und Marmelade	Messer, Brot, ein Päckchen Butter und Marmelade
Ziehe Dir Strümpfe und Schuhe an	Strümpfe, Schuhe
Mache Dir ein Glas Kakao	Milch, Kakaopulver, Löffel, Glas

Bei durchschnittlich 60 möglichen Fehlern kommen bei 5- bis 12jährigen hirngesunden Kindern im Mittel 3,5 Fehler im Sinne ideomotorischer Störungen vor (LEHMKUHL 1984). Ideatorische Störungen sind wesentlich seltener zu beobachten, möglicherweise liegt ihnen eine beidhemisphärische Störung zugrunde.
Behandlungsschemata für Entwicklungsdyspraxien sind von FROSTIG (1979), ARNHEIM u. SINCLAIR (1975), GUBBAY (1975) sowie von AYRES (1979) vorgeschlagen worden. Für AYRES ist die Integration der sensorischen und motorischen Abläufe das Behandlungsziel, also eine generelle Verbesserung der Motorik, denn isolierte ideomotorisch-dyspraktische Störungen sind, da sie in Spontanhandlungen nicht auftreten, nicht behandlungsbedürftig, ausgenommen schwere Formen der bukkofazialen Apraxie, die Sprechstörungen nach sich ziehen kann.

Spezifische sensomotorische Entwicklungsverzögerungen/motorische Ungeschicklichkeit

GUBBAY (1975) definiert *motorische Ungeschicklichkeit* als abnormes Verhalten intellektuell durchschnittlich ausgestatteter Kinder ohne körperliche Deformität, deren körperliche Kraft, Empfindsamkeit und Koordination im Rahmen von Routineuntersuchungen normal erscheinen, deren Fähigkeit bei komplizierten Bewegungsabläufen aber beschränkt ist. Sensorische und motorische Komponente lassen sich dabei nicht leicht trennen.
Die Symptomatik kann isoliert auftreten, aber auch mit anderen Symptomen zerebraler Beeinträchtigung kombiniert sein. Störungen des Körperschemas und Rechts-Links-Störungen werden in unterschiedlicher Weise als zum Syndrom zugehörig oder als separate Symptomatik betrachtet. Nicht verwechselt werden dürfen mit diesen Auf-

fälligkeiten Störungen der Psychomotorik, also der Reaktionsgeschwindigkeit, oder der visuomotorischen Koordination, womöglich auf unterschiedliche Reize und unter Zeitbelastung. Abzugrenzen von den (senso-)motorischen Störungen sind auch die Störungen der räumlichen Orientierung und die sogenannten konstruktiven Apraxien im Entwicklungsalter (s. unten). Die von GUBBAY (1975) für das hier zu besprechende Störungsbild gewählte Bezeichnung Developmental apraxia und agnosia ist auch dann irreführend, wenn man für angeborene oder früherworbene umschriebene Leistungsschwächen die Begriffe Apraxie und Agnosie gebrauchen will, weil es sich hier weder um Störungen der Praxie (sondern der motorischen Koordination) noch um Störungen des Erkennens handelt (der sensible Anteil der Störungen besteht vielmehr in unexakten Informationen bezüglich der kinästhetischen Wahrnehmung).

5% der Kinder zwischen 4;9 und 5;9 Jahren zeigen solche motorischen Auffälligkeiten (HAKALA 1979, KILBERT 1979), 6% im Einschulungsalter (BAX u. WHITMORE 1973) und 5 bis 6% im Schulalter (GUBBAY 1975). Die Angaben sind je nach subsumierter Symptomatik mit etwas unterschiedlichen Erhebungsinstrumenten erfaßt. Am konsequentesten ist die Diagnostik mittels der Rostock-Oseretzky-Skala (ROS, KURTH 1978) und des Körper-Koordinations-Tests für Kinder (KTK, KIPHARD u. SCHILLING 1974). Ihre höchste Meßgenauigkeit liegt im Schulalter. Die Feinstörung der Handmotorik wird durch die Testergebnisse nicht immer befriedigend vorausgesagt, weswegen von manchen Autoren zusätzliche Aufgaben benutzt werden (GUBBAY 1975, NEUHÄUSER 1980); doch wird mit diesen zusätzlichen Verfahren auch die Psychomotorik geprüft. Geistig Behinderte lassen sich mit der Version der Oseretzky-Skala von EGGERT untersuchen, die in die Testbatterie für geistig Behinderte aufgenommen wurde (LOS-KF 18, EGGERT 1974). Erfahrungen mit dem Motoriktest für 4- bis 6jährige Kinder (MOT 4–6, ZIMMER 1983), der auch die Handmotorik einbezieht, liegen noch nicht vor. Eine Profilanalyse der genannten Tests ist unzulässig. Ihr Merkmalsraum ist auf gleichen Altersstufen eindimensional. Die Korrelation der Testergebnisse mit dem Intelligenzniveau nimmt bei abnehmender Intelligenz zu, zeigt auch bei durchschnittlichem Intelligenzniveau einen gewissen Überschneidungsbereich. Differentialdiagnostisch müssen heredodegenerative Erkrankungen in Frühstadien abgegrenzt werden, die aber nicht selten zusätzliche EEG-Symptome und Auffälligkeiten des Sprechens und der Sprache zeigen.

Ätiologisch wird darauf hingewiesen, daß motorische Ungeschicklichkeit isoliert vorkommt, sie wird dann für konstitutionell gehalten (GUBBAY 1975), aber auch kombiniert mit anderen Symptomen hirnorganischer Beeinträchtigungen. Im Hinblick auf das Entwicklungskonzept erfolgt die Beurteilung nicht nach vorhandenen Defekten, sondern nach Abweichungen von einem altersbezogenen Optimalitätsscore. Im neurologischen Befund sind bei diesen Kindern Mitbewegungen häufig, speziell Spiegelbewegungen. Visuomotorische Störungen, also Auffälligkeiten bei Handlungsvollzügen, die die Berücksichtigung optischer Wahrnehmung erfordern, können durch motorische Ungeschicklichkeit bedingt sein, aber auch durch Störungen der Wahrnehmung bzw. des Erkennens. Therapeutisch wurden verschiedene Übungsprogramme vorgeschlagen (GUBBAY 1978, GORDON 1980).

Störungen der räumlichen Orientierung, Zeichenstörungen und andere „konstruktive Apraxien" im Entwicklungsalter

Die *räumliche Orientierung* ist als eigenständige neuropsychologische Leistung zu betrachten. Sie ist definiert als die Fähigkeit, räumliche Beziehungen, die zwischen verschiedenen Objekten oder zwischen einzelnen Elementen eines Objekts bestehen, zu erkennen und vorstellungsmäßig zu erfassen (HARTJE u. STURM 1982). Räumliche Orientierungsstörungen im Entwicklungsalter sind wenig untersucht, sie werden häufig dem von GUBBAY beschriebenen Syndrom der Developmental apraxia und agnosia zugeordnet, d. h. im Kontext hirnorganischer Beeinträchtigungen gesehen, von anderen Autoren für eine Variante der Agnosie gehalten. Nachdem die Neuropsychologie belegt hat, daß diese Störungen in allen Sinnesmodalitäten vorkommen, können sie den Agnosien nicht mehr zugerechnet werden.

Frühformen der räumlichen Orientierungsstörung werden mit der Skala V des Entwicklungstests von FROSTIG (1974) erfaßt. Die Stabilität der räumlichen Beziehungen muß sich im Kindesalter erst entwickeln. Unreife dieser Funktionen wird deswegen auch als Raumlagelabilität bezeichnet. Bei 9jährigen und älteren läßt sich die räumliche Orientierung mit dem Untertest 7 (Körperabwicklungen) des Prüfsystems für Schul- und Bildungsberatung (PSB, HORN 1969) prüfen.

Als mit räumlichen Orientierungsstörungen verwandt werden *Rechts-Links-Störungen* aufgefaßt. Darunter werden die Unterscheidung zwischen rechts und links an eigenen Körperteilen oder an einem Gegenüber und Seitenverwechslungen im Rahmen ausgedehnterer räumlicher Orientierungsstörungen subsumiert. Die beiden erstgenannten Funktionen können sich auf das Erkennen oder nur auf die richtige sprachliche Bezeichnung der jeweiligen Seite beziehen. Letzteres ist häufig, deswegen wird für Erwachsene eine Nähe dieser Störung zu aphasischen Symptomen gefolgert (HARTJE u. STURM 1982). Verbunden mit Rechts-Links-Störungen sind häufig auch Schwierigkeiten der (teilweise nur sprachlichen) Unterscheidung zwischen oben und unten und weiteren räumlichen Begriffen. Rechts-Links-Störungen haben nichts mit dem unsicheren Gebrauch der rechten oder linken Hand zu tun, sind also nicht häufiger mit mangelhafter Lateralisierung verknüpft.

Störungen der räumlichen Orientierung werden der nichtsprachdominanten Hemisphäre zugeordnet. Bei Gesunden sind die taktilen räumlichen Orientierungsleistungen der linken Hand denen der rechten häufig überlegen, desgleichen läßt sich in Split-Brain-Versuchen eine relative Dominanz der rechten Hemisphäre für die stereoskopische Tiefenwahrnehmung nachweisen (beides Befunde an Erwachsenen).

Als *„konstruktive Apraxien"* wurden früher nicht eigentlich apraktische Störungen zusammengefaßt, bei denen bei intakter Handlungsausführung die Form abzubildender oder herzustellender Gegenstände nicht gelang. Das Nachlegen oder Abzeichnen von Figuren wird als Prüfverfahren benutzt. Es wird davon ausgegangen, daß diese Störungen nicht allein Störungen der räumlichen Wahrnehmung oder Vorstellung sind. Bezüglich der Prüfung durch Zeichnungen wirkt sich die unterschiedliche Entwicklung der Zeichenfertigkeit bei Kindern in Abhängigkeit von Alter und sozioökonomischem Status hinderlich aus (JOHN-WINDE 1980). Speziell zur Erfassung der graphomotorischen Entwicklung bei 4–7jährigen Kindern wurde von RUDOLF (in Vorbereitung) eine Testbatterie entwickelt.

Die Zuordnung der konstruktiven Apraxie zu beiden Hemisphären ist möglich. Bei Störungen der sprachdominanten Hemisphäre werden Störungen der Integration von Wahrnehmung und Motorik erwartet, bei Störungen der nichtsprachdominanten Hemisphäre Folgen einer räumlichen Orientierungsstörung. Die heutige Vorstellung ist, daß unabhängig von der Beeinträchtigung einer Hemisphäre die Raumwahrnehmung die hauptsächlich betroffene Funktion ist. Untersuchungen an Kindern dazu fehlen. Sogenannte visuomotorische Störungen, die der Göttinger Form-Reproduktions-Test (SCHLANGE u. Mitarb. 1977) erfaßt, sind letztlich Störungen der Zeichenfähigkeit, also Ausdruck einer konstruktiven Apraxie. Dieser Begriff sollte ersetzt werden. Bezeichnungen wie „spezifische Zeichenstörungen im Entwicklungsalter" oder „spezifische Störungen des Erwerbs der Zeichenfähigkeit" bedürfen der Erweiterung um andere mögliche Funktionen der Formgebung.

Derartige Störungen sind als typisch im Umfeld sonstiger Hirnschädigungssymptome belegt worden (SCHMIDT 1981; POHLMANN 1981); POHLMANN konnte zeigen, daß die *Störung der Zeichenfähigkeit* bei in früher Kindheit leicht hirngeschädigten Kindern anhand von Zeichnungen frei gewählter Tiere mittels bestimmter Kriterien erfaßbar ist, und zwar jenseits graphomotorischer Auffälligkeiten. Grobe Simplifizierungen, unzulängliche Integration der Figuren, mangelnde Proportionierung, Deformierungen, Verstümmelungen gestatteten die richtige Zuordnung von 84% der Versuchspersonen. Einige der Unterscheidungsmerkmale waren altersabhängig, kamen also eher bei jüngeren Kindern vor, was auf die Entwicklungsabhängigkeit der Störung hinweist, d. h. darauf, daß die Zeichenstörungen teilweise unreife Entwicklungsstufen des Zeichnenlernens erfassen (Abb. 6.3).

KOPPITZ (1972) hatte Kriterien für die Diagnostik von Hirnfunktionsstörungen anhand von Menschzeichnungen von Kindern angegeben, augenblicklich der einzige verfügbare Test mit Normen, wobei die Frage isolierter Störungen des Zeichenlernens bei Kindern, soweit erkennbar, nicht untersucht wurde.

Spezifische Wahrnehmungsstörungen des Entwicklungsalters

Die Richtigkeit des Konzepts der klassischen *Agnosie* wird angezweifelt (ORGASS 1982). Schon von daher ist es unwahrscheinlich, daß eine *Developmental agnosia* existiert. Näherliegend ist, daß die für das Kindesalter beschriebenen Wahrnehmungsstörungen keine umschriebenen neuropsychologischen Störungen, sondern Ausdruck einer Störung der Prozesse sind, die die Wahrnehmungsvorgänge steuern. Mangelhaft entwickelt könnten allerdings einzelne Konzepte sein, die Voraussetzungen für Wahrnehmungsleistungen sind, beispielsweise *Formkonstanz, Größenkonstanz, Farbkonstanz* oder *Raumlagestabilität*. Weiter kommen mangelhafte Analysestrategien für komplexe Informationen in Frage, etwa für das Betrachten von Bildern. Wegen dieser Störungen gelingen Unterscheidung und Gliederung von Wahrnehmungsinhalten in optischen und/oder akustischen und/oder taktilen Bereichen nicht altersentsprechend.

Für diese Überlegungen spricht das praktisch völlige Verschwinden dieser Störungen, das vorzugsweise bei hirngeschädigten Kindern mit dem 9. oder 10. Lebensjahr gesehen wird. Dafür spricht auch, daß praktisch bei allen Betroffenen komplizierte supramodale Leistungen nicht gelingen, also automatische Verknüpfungen sensorischer mit expressiven Funktionen und Transformationen einer Sinnesmodalität in die andere. Dem entspräche die hohe Korrelation gängiger Wahrnehmungstests mit dem Intelligenzniveau. Auch die wenigen Arbeiten über Gestenverständnis von hirngeschädigten Kindern (z. B. LEHMKUHL u. WENIGER 1984) oder das Verständnis sozialer Situationen bei solchen Kindern (SCHNEIDER u. REMSCHMIDT 1977) lassen sich so interpretieren.

An geeichten *Tests* für den deutschen Sprachraum sind lediglich Tests für die optische Wahrnehmung zu nennen (Frostigs Entwicklungstests der visuel-

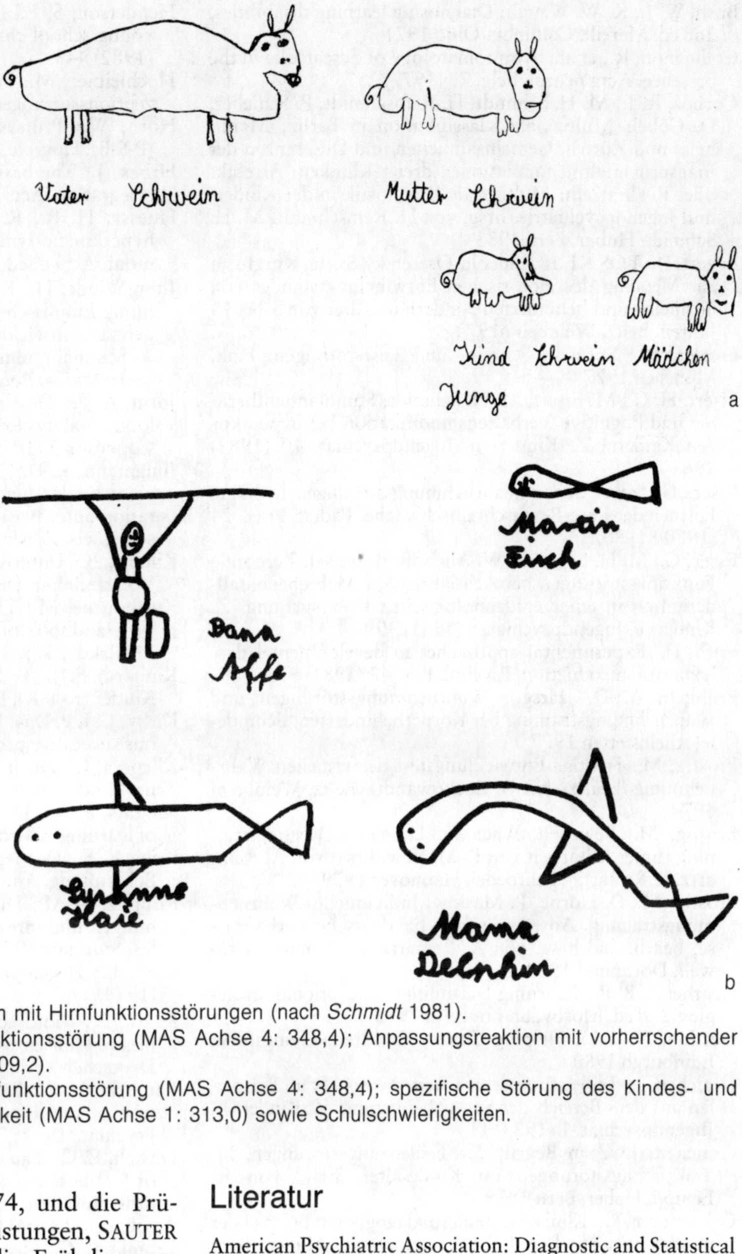

Abb. 6.**3** Tierzeichnungen bei Kindern mit Hirnfunktionsstörungen (nach *Schmidt* 1981).
a F. G., Junge, 9;9 Jahre alt, Hirnfunktionsstörung (MAS Achse 4: 348,4); Anpassungsreaktion mit vorherrschender emotionaler Störung (MAS Achse 1: 309,2).
b M. G., Junge, 10;7 Jahre alt, Hirnfunktionsstörung (MAS Achse 4: 348,4); spezifische Störung des Kindes- und Jugendalters mit Angst und Furchtsamkeit (MAS Achse 1: 313,0) sowie Schulschwierigkeiten.

len Wahrnehmung, FROSTIG 1974, und die Prüfung optischer Differenzierungsleistungen, SAUTER 1979). Darüber hinaus erfolgt die Frühdiagnose von Wahrnehmungsstörungen ohne feste Normen (HOCHLEITNER 1982). Spezifische *Förderungsprogramme* wurden von FROSTIG u. Mitarb. (1974), REINARTZ u. Mitarb. (1979) und von FRÖHLICH (1977; speziell für Körperbehinderte) publiziert.

Literatur

American Psychiatric Association: Diagnostic and Statistical Manual of Mental Disorders, 3. Aufl. (DSM III). APA, Washington/D.C. 1980

Angermaier, M.: Psycholinguistischer Entwicklungstest. Beltz, Weinheim 1974

Angermaier, M. (Hrsg.): Legasthenie. Das neue Konzept der Förderung lese-rechtschreibschwacher Kinder in Schule und Elternhaus. Fischer, Frankfurt 1976

Arnheim, D. D., K. A. Sinclair: The Clumsy Child: A Program of Motor Therapy. Mosby, St. Louis/Ill. 1975

Ayres, A. J.: Lernstörungen, Sensorisch-integrative Dysfunktionen. Springer, Berlin 1979

Bax, M., K. Whitmore: Neurodevelopmental screening in the school-entrant medical examination. Lancet 1973/II, 368

Berger, E. (Hrsg.): Teilleistungsschwächen bei Kindern. Huber, Bern 1976

Bergès, J.: Les dyspraxies chez l'enfant des 5 à 15 ans. Rev. Neuropsychiat. inf. 14 (1966) 267

Bondy, C., R. Cohen, D. Eggert, G. Lüer: Testbatterie für geistig behinderte Kinder (TBGB), 3. Aufl. Beltz, Weinheim 1973

Bush, W. J., K. W. Waugh: Diagnosing learning disabilities, 2nd ed. Merrill. Columbia/Ohio 1971

Collingnon, R., et al.: Symptomatology of dyscalculia in the presence. Acta neurol. belg. 77 (1977) 257

Corboz, R. J., M. H. Schmidt, H. Remschmidt, P. Schieber, D. Göbel: Multiaxiale Klassifikation in Berlin, Mannheim und Zürich. Gemeinsamkeiten und Differenzen der Inanspruchnahmepopulationen dreier Kliniken: Artefakt oder Realität? In: Multiaxiale Diagnostik in der Kinder- und Jugendpsychiatrie, hrsg. von H. Remschmidt, M. H. Schmidt. Huber, Bern 1983

Eggert, D.: LOS KF 18. Lincoln-Oseretzky-Skala. Kurzform zur Messung des motorischen Entwicklungsstandes von normalen und behinderten Kindern im Alter von 5 bis 13 Jahren. Beltz, Weinheim 1974

Eichler, W.: Sprach-, Schreib- und Lesestörungen. Fink, München 1977

Eisert, H. G., M. Eisert, M. H. Schmidt: Stimulantientherapie und kognitive Verhaltensmodifikation bei hyperaktiven Kindern. Z. Kinder- u. Jugendpsychiat. 10 (1982) 196

Esser, G.: Zwei durch Wahrnehmungsstörungen bedingte Formen der Lese-Rechtschreibschwäche. Pädiat. Prax. 24 (1980/81) 607

Esser, G., M. H. Schmidt, W. Allehoff, B. Geisel: Zerebrale Funktionsstörungen bei Achtjährigen – Mehrebenenfalldefinition in einer epidemiologischen Untersuchung. Z. Kinder- u. Jugendpsychiat. 9 (1981) 399

Frith, U.: Experimental approaches to developmental dyslexia: An introduction. Psychol. Res. 43 (1981) 97

Fröhlich, A. D. (Hrsg.): Wahrnehmungsstörungen und Wahrnehmungstraining bei Körperbehinderten. Schindele, Rheinstetten 1977

Frostig, M.: Frostigs Entwicklungstest der visuellen Wahrnehmung (bearb. von O. Lockowandt). Beltz, Weinheim 1974

Frostig, M.: Bewegen, Wachsen, Lernen: Bewegungstraining (unter Mitarbeit von P. Maslow, hrsg. von A. Reinartz, E. Reinartz). Schroedel, Hannover 1979

Frostig, M., D. Horne, P. Maslow: Individuelles Wahrnehmungstraining. Anweisungsheft für deutsche Verhältnisse, bearb. und hrsg. von A. Reinartz, E. Reinartz. Crüwell, Dortmund 1974

Gearheart, B. R.: Learning Disabilities. Educational Strategies, 2nd ed. Mosby, St. Louis/Ill. 1972

Gordon, N. (Ed.): Helping Clumsy Children. Livingstone, Edinburgh 1980

Graichen, J.: Teilleistungsschwächen, dargestellt an Beispielen aus dem Bereich der Sprachbenutzung. Z. Kinder- u. Jugendpsychiat. 1 (1973) 113

Graichen, J.: Zum Begriff der Teilleistungsstörungen. In: Teilleistungsstörungen im Kindesalter, hrsg. von R. Lempp. Huber, Bern 1979

Grissemann, H.: Klinische Sonderpädagogik am Beispiel der psycho-linguistischen Legasthenietherapie. Huber, Bern 1980

Grissemann, H., A. Weber: Spezielle Rechenstörungen. Ursachen und Therapie. Huber, Bern 1982

Grüttner, T.: Legasthenie ist ein Notsignal. Rowohlt, Reinbek 1980

Gubbay, S. S.: The Clumsy Child. Saunders, Philadelphia 1975

Gubbay, S. S.: The management of developmental apraxia. Develop. Med. Child. Neurol. 20 (1978) 643

Gutezeit, G.: Neuropsychologische Aspekte zur zentralen Organisation von Leselernprozessen. Prax. Kinderpsychol. Kinderpsychiat. 27 (1978) 253

Hakala, T.: Untersuchungen zur Körperkoordination im Vorschulalter. Diss., Erlangen 1979

Hamster, W., W. Langner, K. Mayer: TÜLUC – Neuropsychologische Testbatterie (Tübinger-Luria-Christensen Neuropsychologische Untersuchungsreihe). Beltz, Weinheim 1980

Hartje, W., W. Sturm: Räumliche Orientierungsstörungen und konstruktive Apraxie. In: Klinische Neuropsychologie, hrsg. von K. Poeck. Thieme, Stuttgart 1982

Henderson, S. E., D. Hall: Concomitants of clumsiness in young school children. Develop. Med. Child Neurol. 24 (1982) 448

Hochleitner, M.: Frühdiagnose und Frühtherapie von Perzeptionsstörungen. Sozialpädiatrie 4 (1982) 122

Horn, W.: Prüfsystem für Schul- und Bildungsberatung (P-S-B). Hogrefe, Göttingen 1969

Hrbek, J.: The basic physiological mechanisms of nervous integration. Acta Univ. Palacki. Olomuc. 77 (1976) 5

Huessy, H. R., R. M. Gendron: Prevalence of so-called hyperkinetic syndrome in public school children of Vermont. Acta paedopsychiat. 37 (1970) 243

John-Winde, H.: Kriterien zur Bewertung der Kindererziehung. Empirisch-pädagogische Längsschnittuntersuchungen zur Entwicklung der Kinderzeichnungen vom 1. zum 4. Schuljahr unter Berücksichtigung des sozioökonomischen Status. Bouvier, Bonn 1980

Jorm, A. F.: The cognitive and neurological basis of developmental dyslexia: A theoretical framework and review. Cognition 7 (1979) 19

Jungmann, J., D. Göbel, H. Remschmidt: Erfahrungen mit einer kinder- und jugendpsychiatrischen Basisdokumentation unter Berücksichtigung des multiaxialen Diagnoseschlüssels. Z. Kinder- u. Jugendpsychiat. 6 (1978) 56

Kilbert, B.: Untersuchung feinmotorischer Fähigkeiten im Vorschulalter. Diss., Erlangen 1979

Kinsbourne, M.: The development of cerebral dominance. In: Handbook of Clinical Neuropsychology, hrsg. von S. B. Filskov, T. J. Boll. Wiley, New York 1981

Kiphard, E. J., F. Schilling: Körper-Koordinationstest für Kinder (K-T-K). Beltz, Weinheim 1974

Kirby, J., J. P. Das: Reading achievement, IQ and simultaneous successive processing. J. educ. Psychol. 69 (1977) 564

Klicpera, C.: Die motorische Koordination älterer legasthener Kinder. Motorik 5 (1982) 125

Knights, R. M., D. J. Bakker (Hrsg.): The neuropsychology of learning disorders. Univ. Park Press, Baltimore 1976

Kobi, E. E.: Das legasthenische Kind. Seine Erziehung und Behandlung. Antonius, Solothurn 1978

Koppitz, E. M.: Die Menschendarstellung in Kinderzeichnungen und ihre psychologische Auswertung. Hippokrates, Stuttgart 1972

Kosc, L.: Developmental dyscalculia. J. Learn. Disabil. 7 (1974)

Kurth, E.: Motometrische Entwicklungsdiagnostik. Ergebnisse klinisch-psychologischer Untersuchungen. VEB Deutscher Verlag der Wissenschaften, Berlin 1978

Landsdown, R.: Retardation in mathematics: A consideration of multi-factorial determination. J. Child Psychol. Psychiat. 19 (1978) 181

Lechelt, E. C.: Laterality differences and shifts as a function of tactile temporal pattern complexity: Implications for differential processing strategies of the cerebral hemispheres. Psychol. Res. 41 (1980) 319

Lehmkuhl, G.: Ideomotorische und ideatorische Apraxie im Kindesalter. Acta paedopsychiat. 50 (1984) 3

Lehmkuhl, G., D. Weniger: Das Gestenverständnis bei Kindern mit und ohne Hirnschädigung. (in Druck)

Lempp, R.: Organische Psychosyndrome. In: Lehrbuch der speziellen Kinder- und Jugendpsychiatrie, hrsg. von H. Harbauer, R. Lempp, G. Nissen, P. Strunk, 4. Aufl. Springer, Berlin 1980

Linder, M., H. Grissemann: Zürcher Lesetest, 4. Aufl. Huber, Bern 1980

Luria, A. R.: Die höheren kortikalen Funktionen des Menschen und ihre Störungen bei örtlichen Hirnschädigungen. Deutscher Verlag der Wissenschaften, Berlin 1970

Mattis, S., J. H. French, J. Rapin: Dyslexia in children and young adults: Three independent neuropsychological syndromes. Develop. Med. Child Neurol. 17 (1975) 105

McLaughlin, J. F., E. Kriegsmann: Developmental dyspraxia in a family with X-linked mental retardation (Renpenning Syndrome). Develop. Med. Child Neurol. 22 (1980) 84

Myklebust, H. R., B. Boshes: Final Report, Minimal Brain

Damage in Children. Department of Health, Education and Welfare, Washington/D. C. 1969

Naegele, I. M., D. Haarmann, P. Rathenow, K. Warwel, (Hrsg.): Lese- und Rechtschreibschwierigkeiten. Beltz, Weinheim 1981

Neuhäuser, G.: Motometrische Untersuchung bei zerebraler Dysfunktion im Kindesalter. Med. Welt 7 (1980) 267

Orgass, B.: Agnosie. In: Klinische Neuropsychologie, hrsg. von K. Poeck. Thieme, Stuttgart 1982

Orton, S. T.: Specific reading disability: Strephosymbolia. J. Amer. med. Ass. 90 (1928) 1095

Perret, E.: Gehirn und Verhalten. Huber, Bern 1973

Pilz, D., S. Schubenz (Hrsg.): Schulversagen und Kindertherapie. Pahl-Rugenstein, Köln 1979

Pohlmann, B.: Zeichnerische Auffälligkeiten bei Kindern mit Hirnfunktionsstörungen. Diss., Mannheim 1981

Reinartz, A., E. Reinartz, H. Reiser (Hrsg.): Wahrnehmungsförderung behinderter und schulschwacher Kinder. Marhold, Berlin 1979

R. M. Reitan, L. A. Davison: Clinical Neuropsychology: Current Status and Applications. Winston & Sons, Washington/D. C. 1974

Remschmidt, H., M. H. Schmidt: Multiaxiales Klassifikationsschema für psychiatrische Erkrankungen im Kindes- und Jugendalter nach Rutter, Shaffer und Sturge. Huber, Bern 1977

Ross, A. O.: Psychological Aspects of Learning Disabilities and Reading Disorders. McGraw-Hill, New York 1976

Rourke, B. P.: Neuropsychological assessment of children with learning disabilities. In: Handbook of Clinical Neuropsychology, hrsg. von S. B. Filskov, T. J. Boll. Wiley, New York 1981

Rudolf, G.: Testbatterie zur Erfassung der grapho-motorischen Entwicklung von 4–7jährigen Kindern (TEGE) (in Vorbereitung)

Rutter, M., P. Graham, W. Yule: A Neuropsychiatric Study in Childhood. Heinemann, London 1970

Sauter, F.: Prüfung optischer Differenzierungsleistungen. Westermann, Braunschweig 1979

Scheerer-Neumann, G.: Funktionsanalyse des Lesens. Grundlage für ein spezifisches Lesetraining. Psychol. in Erzieh. u. Unterr. 24 (1977) 125

Scheerer-Neumann, G.: Intervention bei Lese-Rechtschreibschwäche: Überblick über Theorien, Methoden und Ergebnisse. Kamp, Bochum 1979

Schlange, H., B. Stein, I. von Boetticher, S. Tanell: Göttinger-Form-Reproduktions-Test (GFT), 3. Aufl. Hogrefe, Göttingen 1977

Schmidt, M. H.: Verbale und nichtverbale Teilleistungsschwächen und ihre Behandlung. In: Intelligenz, Lernen und Lernstörungen, hrsg. von G. Nissen. Springer, Berlin 1977

Schmidt, M. H.: Identifikation hirnfunktionsgestörter Kinder anhand von Tierzeichnungen. Z. Kinder- u. Jugendpsychiat. 9 (1981) 28

Schmidt, M. H., G. Esser, W. H. Allehoff, B. Geisel, M. Laucht, R. Voll: Bedeutung zerebraler Dysfunktion bei Achtjährigen. Z. Kinder- u. Jugendpsychiat. 10 (1982) 365

Schneider, R., H. Remschmidt: Der Einfluß des Schädigungszeitpunktes auf Wahrnehmung, kognitive und soziale Entwicklung hirngeschädigter Kinder. Z. Kinder- u. Jugendpsychiat. 5 (1977) 317

Stambak, M., D. L'Heritean, M. Anzias, J. Bergès, J. de Ajuriaguerra: Les dyspraxies chez l'enfant. La psychologie de l'enfant 7 (1964) 381

Sturge, C.: Reading retardation and antisocial behaviour. J. Child Psychol. Psychiat. 23 (1982) 21

Sturm, W.: Therapie anderer Leistungsstörungen. In: Klinische Neuropsychologie, hrsg. von K. Poeck. Thieme, Stuttgart 1982

Vygotsky, L. S.: Psychology and location of functions. Neuropsychiatry 3 (1965) 381

Warren, D. H., L. J. Anooschan, M. H. Widawski: Measures of visual-auditory integration and their relation to reading achievement in early grades. Percept. Mot. Skills 41 (1975) 615

Wedell, K.: Perceptual deficiency and specific reading retardation. J. Child. Psychol. Psychiat. 18 (1977) 191

Weinschenk, C.: Die erbliche Lese-Rechtschreibschwäche und ihre sozialpsychiatrischen Auswirkungen, 2. Aufl. Huber, Bern 1965

Weinschenk, C.: Leichte frühkindliche Hirnschädigung und Legasthenie. Z. Kinder- u. Jugendpsychiat. 7 (1979) 33

Weinschenk, C.: Rechenstörungen und ihre schicksalhaften Folgen. Psycho 6 (1980) 514

Weinschenk, C., N. Foitzik: Über die Häufung der erblichen Lese-Rechtschreibschwäche bei erwachsenen Strafgefangenen. Mschr. Kriminol. u. Strafrechtsref. 50 (1967)

Yule, W., M. Rutter: Epidemiology and social implications of specific reading retardation. In: The neuropsychology of learning disorders, hrsg. von R. M. Knights, D. J. Bakker. Univ. Park Press, Baltimore 1976

Zimmer, R.: Motorik-Test für 4–6jährige Kinder (MOT 4–6). Beltz, Weinheim 1983

7 Autistische Syndrome

Doris Weber

Wissenschaftliche „Entdeckungen" und Neuerkenntnisse repräsentieren ebenso wie u. a. wissenschaftstheoretische, kulturelle und gesellschaftspolitische Trends epochal geprägte Phänomene. So war es auch kein Zufall, daß zu gleicher Zeit (1943 und 1944) KANNER und ASPERGER – durch Krieg und Ozean getrennt – erstmalig je eine Gruppe schwer beziehungsgestörter Kinder bzw. Jugendlicher beschrieben, die sie als „autistisch" bezeichneten und bei denen sie als primäre Abnormität eine emotionale Störung annahmen. ASPERGER (1960) meint, daß das wachsende Interesse an psychotischen Zuständen der Kindheit, aber auch eine von den Erkenntnissen der Tiefenpsychologie herrührende „Hellhörigkeit für emotionale Probleme des Kindesalters" (S. 285) mitbeteiligt waren, bei der „Entdeckung" dieser Kinder und dem in der Folgezeit weltweit gestiegenen Interesse an ihren Problemen. In dem gleichen Jahrgang der Zeitschrift „Nervous Child", in dem die erste Veröffentlichung KANNERs über den frühkindlichen Autismus erschien, findet sich übrigens eine bisher kaum beachtete Arbeit von FRANKL (1943) mit dem Thema „Language and affective contact", in der wesentliche Sprachbesonderheiten autistischer Kinder dargelegt und ein Junge mit einer tuberösen Sklerose als Beispiel für eine Gruppe von Kindern beschrieben wird, bei denen sich die vordergründige personale Beziehungsstörung – wie der Autor ausführt – nicht einfach aus einem Intelligenzdefekt erklären läßt, weil bei dieser Kindergruppe alle Intelligenzgrade anzutreffen seien und weil bei der Mehrheit der schwachsinnigen Kinder der emotionale personale Bezug weniger gestört sei als der sachliche Bezug zu Objekten, Personen und Situationen.

1952 (van KREVELEN) und 1953 (STERN u. SCHACHTER) erfolgten die ersten europäischen, 1955 (POPELLA) die erste deutsche Veröffentlichung über Kinder mit dem Kannerschen Syndrom. Die Weltliteratur ist inzwischen im einzelnen nicht mehr überschaubar. Merkwürdigerweise findet die Aspergersche Kindergruppe erst seit kurzem in der englischsprachigen Literatur Beachtung. Der frühkindliche Autismus ist eine relativ seltene Störung, daher mag es verwundern, mit welcher Intensität in vielen Ländern der Erde über diese Störung geforscht wird. Dies hängt wohl zusammen mit der Ungeklärtheit vieler gewichtiger Fragen und damit, daß man hofft, über die Lösung dieser Fragen, auch in bezug auf andere deviante Entwicklungen des Kindesalters, ein erweitertes Wissen und einen günstigeren therapeutischen Ansatz zu gewinnen.

Definition und Nomenklatur

Man hat in bezug auf die autistischen Zustandsbilder des Kindesalters von einer babylonischen Verwirrung gesprochen. Diese Verständigungsschwierigkeiten beginnen schon mit der Definition und der Nomenklatur. Der frühkindliche Autismus (KANNER) und die autistische Psychopathie (ASPERGER) werden von den Erstbeschreibern für nosologische Entitäten gehalten. Nach dem derzeitigen Stand der Forschung sind sie jedoch als psychopathologische Syndrome zu bezeichnen, bei denen u. a. Fragen der Ätiologie, Pathogenese und Differentialdiagnose noch diskutiert werden. Das prägnanteste Symptom des klinischen Bildes ist bei beiden Syndromen eine Störung der Beziehung, die ausgeprägter ist zur personalen als zur dinglichen Umwelt. Die Charakterisierung des jeweiligen Syndroms muß der Beschreibung des klinischen Bildes vorbehalten bleiben. Sowohl KANNER als auch ASPERGER haben den Begriff „Autismus" für die Bezeichnung ihrer Kindergruppe gewählt. KANNER spricht von einer seit Beginn des Lebens bestehenden, extremen, autistischen Isolierung, von einer Abkehr des Affektes von der Wirklichkeit (1943, 1973a). ASPERGER (1968b) wählte diesen Begriff, um bei den von ihm beschriebenen Kindern die Einengung der Person auf das eigene Selbst und die damit verbundenen Einschränkungen der Antworten auf die Reize der Umwelt zu charakterisieren. Erstmalig hat E. BLEULER (1911) mit Autismus ein Schizophreniemerkmal bezeichnet, und zwar verstand er darunter eine „Loslösung von der Wirklichkeit, zusammen mit dem relativen oder absoluten Überwiegen des Binnenlebens". Der Schizophrene zieht sich zurück in eine Welt eigener Willkür, da sein autistisches oder dereierendes Denken unabhängig ist von logischen Regeln und von affektiven Bedürfnissen gesteuert wird. Der Autismus entspringt aus dem katathymen Erleben, das sich nach BLEULER auch beim Gesunden, beim spielenden Kind, beim Künstler, Träumer und Hysteriker findet. Der Begriff Autismus ist immer wieder zur Bezeichnung aller möglichen Formen der Kontaktschwäche oder Kontaktgestörtheit verwendet worden. Die Diskussion um diesen Begriff ist bis heute nicht abgerissen (SCHNEIDER 1964).

Wiederholt ist zur Verwendung des Begriffs Autismus bei den beiden hier besprochenen Syndromen

kritisch Stellung genommen worden (WING u. GOULD 1979). RUTTER (1972) betont z. B., daß das autistische Kind sich nicht aktiv in eine Phantasiewelt zurückziehe, sondern daß es unfähig sei, einen sozialen Kontakt zu entwickeln. Er spricht sich aber für die Beibehaltung der Bezeichnung „frühkindlicher Autismus“ aus, da sie inzwischen weltweit gebräuchlich sei und eine allgemeine Verständigung ermögliche.
Hier soll die Deutung des Begriffs Autismus aus daseinspsychologischer Sicht durch BOSCH angefügt werden, die einen neuen Zugang zum Verständnis des kindlichen Autismus ermöglicht. BOSCH (1962, 1968) hat versucht, durch das Studium der Sprache autistischer Kinder Aufschluß über die besondere Struktur der autistischen Welt zu finden. Nach BOSCH liegt die entscheidende Störung des autistischen Kindes in einem „Mißlingen oder einer Verzögerung der Entwicklung einer Begegnungswelt mit Ausbildung einer polaren Ich-Du-Struktur“ (1971, S. 884). Der kindliche Autismus entsteht durch „eine ausbleibende oder verzögerte Konstitution von Eigen- und gemeinsamer Welt“ (1962, S. 118). BOSCH deutet den Begriff, der für ihn auch nichtkrankhafte Störungen einschließt, entsprechend den Hauptausrichtungen der übrigen Forscher, ebenfalls in einem weiten Sinne.
Die von KANNER und ASPERGER beschriebenen Kinder wurden früher wohl meist den Oligophrenien bzw. den schizoiden Psychopathien zugeordnet. Einige mögen auch als Hörstummheit („Entwicklungsaphasie“ im anglo-amerikanischen Schrifttum) diagnostiziert worden sein. In der Literatur werden heute für den *frühkindlichen Autismus* verschiedene Termini synonym verwandt, die z. T. auf unterschiedliche nosologische Klassifizierungen hinweisen, z. B. Kannersches Syndrom; kindlicher Autismus; primärer Autismus; Autismus infantum (diese Bezeichnung wurde von VAN KREVELEN [1960] eingeführt für die Herausstellung des frühkindlichen Autismus als polyätiologisches hirnorganisches Syndrom); organischer, neurotischer (MAKITA 1974) oder durch Sinnesdefekte verursachter (NISSEN 1976) Pseudoautismus; atypische Entwicklung; infantile Psychose; frühe Kindheitspsychose; kindliche Schizophrenie. Die *autistische Psychopathie* wird auch als Aspergersches Syndrom bezeichnet.

Autistische Psychopathie

Epidemiologie

Häufigkeit: Das voll ausgeprägte Syndrom hält ASPERGER (1968a) für selten, jedoch sollen Störungen mit leichterer Gradausprägung öfter zu beobachten sein. Genauere Untersuchungen über die Häufigkeit liegen nicht vor.
Anteil der Geschlechter: Die autistische Psychopathie zeigt nach übereinstimmender Ansicht eine ausgesprochene Knabenwendigkeit. Allerdings stellte ASPERGER (1968a) fest, daß auch einzelne Mütter der Probanden autistisch waren und vermutet, daß bei Mädchen die Wesenszüge erst nach der Pubertät die charakteristische Ausprägung erfahren. WOLF u. BARLOW (1979) berichten über 17 schizoide (autistische) Persönlichkeiten des Kindesalters, bei denen sich ein Geschlechtsverhältnis von 9♂ : 1♀ ergab. Auch die uns bekannten autistischen Psychopathen sind ganz überwiegend männlichen Geschlechts.
Soziale Schicht und Intelligenz der Eltern: ASPERGER (1968a) betont, daß die Kinder mit dieser Störung meist Intellektuellenfamilien entstammen und daß in vielen Fällen schon die Voreltern dieser Kinder seit mehreren Generationen geistigen Berufen angehören, darunter Gelehrten und Künstlern. Umfassendere Untersuchungen auch zu dieser Fragestellung fehlen.

Klassifikationsprobleme

Den Terminus autistische Psychopathie wählte ASPERGER, weil er aufgrund von Untersuchungen an mehreren hundert Kindern und deren Angehörigen annimmt, daß es sich hier um eine vererbte Persönlichkeitsvariante handelt. Von verschiedenen Autoren (GÖLLNITZ 1975; REMSCHMIDT 1978; STUTTE 1960) ist die Problematik der Verwendung dieses Begriffs, vor allem in der Kinder- und Jugendpsychiatrie, erörtert worden.

Klinisches Bild

Das wesentliche Grundsymptom der autistischen Syndrome besteht nach ASPERGER und auch nach KANNER in der Einschränkung des persönlichen Kontaktes zu Menschen und Dingen. Beide Autoren nehmen eine emotionale Verursachung an. Der autistische Psychopath wird jedoch meist nicht vor etwa 3 Jahren auffällig, weil, wie ASPERGER supponiert, erst jetzt „die kortikalen Funktionen auf Kosten der Instinkte" (1968a, S. 198) anfangen vorzuherrschen. Der Mutter ist ihr autistisches Kind in den ersten Lebensjahren nicht so entfremdet wie bei den frühkindlichen Autisten, die Ablehnung von Berührung und Zärtlichkeiten erfolgt ebenfalls später, meist erst im Schulalter, und auch die Blickkontaktstörung wird später und andersartig auffällig. Schwierigkeiten entstehen erst, wenn die Umgebung beginnt, dem Kind die Anerkennung von Regeln für sein Verhalten abzuverlangen. Schon im Kindergarten können solche Schwierigkeiten auftreten, aber erst im Schulalter werden die Anpassungsstörungen der autistischen Psychopathen zu ernsten Problemen. Diese Kinder sprechen im allgemeinen früher als sie laufen, aber auch wenn sie eine gewisse Sprachentwicklungsverzögerung zeigen, entsteht rasch eine hochstehende, in Grammatik und Wortwahl erstaunlich vollkommene Sprache (ASPERGER 1968a), oft mit originellen Wortneuschöpfungen (naszierende Sprache, FELDNER 1955). Die Sprache der Aspergerschen Autisten ist aber ebenfalls in der kommunikativen Funktion gestört. Die Kinder reden, wenn es ihnen gefällt, ohne Anpassung an den Zuhörer („Spontanrede", ASPERGER), sie führen oft auch lange Selbstgespräche. Ihre Intelligenz ist meist durchschnittlich bis überdurchschnittlich. Sie zeigen eine hohe Spontaneität und Originalität des Denkens mit besonderer Fähigkeit zur Logik und Abstraktion. Die autistischen Psychopathen produzieren vor allem spontan, aus sich heraus, und können nur in begrenztem Maße lernen. Ihre Intelligenz befähigt sie oft, ungewöhnliche Lösungen zu finden. Sie zeigen eine Störung der aktiven Aufmerksamkeit (wie die frühkindlichen Autisten übrigens auch), d. h., sie sind von innen her abgelenkt durch ihre eigenen Einfälle und Impulse und sind von vornherein nicht geneigt, ihre Aufmerksamkeit auf das zu richten, was die Außenwelt von ihnen verlangt. Häufig haben sie Sonderinteressen, die ganz abseitig, d. h. fern der Realität, sein können und über die sie zu abstrusen, aber auch zu originellen Erkenntnissen und Hypothesen gelangen (STUTTE 1962a). Diese umschriebenen Wissensbereiche sind „im Vergleich zum Allgemeinwissen übermäßig aufgebläht" (NISSEN 1976, S. 384). Bei Anforderungen oder Einschränkungen können sie massive Wutausbrüche bekommen. Es läßt sich beobachten, daß sie sowohl negativistisch als auch hochgradig suggestibel zu sein vermögen. Sie sind humorlos, unfähig, sich auf ein Gegenüber oder eine Situation richtig einzustellen, rücksichtslos bei der Durchsetzung ihrer Wünsche und haben kein Gefühl für persönliche Distanz. Es macht ihnen Spaß, Bosheiten zu begehen, und sie erfreuen sich oft am Ärger anderer. Gelegentlich können sie eine erstaunliche „Objektivität der eigenen Schlimmheit gegenüber" (ASPERGER 1968a) haben, aus der sich jedoch keine echte Einsicht mit Konsequenzen ergibt. Durch den gereiften Intellekt ist es ihnen oft im späteren Leben eher möglich, mit sozialen Problemen zurechtzukommen. Auffällig ist auch eine meist vorhandene hochgradige motorische Ungeschicklichkeit; in der Kindheit finden sich gar nicht selten dyspraktische Störungen.

Wie bei den Kindern mit frühkindlichem Autismus lassen sich auch bei den autistischen Psychopathen zwanghaft festgehaltene Gewohnheiten beobachten, die jedoch mehr einer allgemeinen Pedanterie gleichen. Beide Kindergruppen können in einer fremden Umgebung (z. B. bei Klinikaufenthalten) „Heimweh" zeigen, das die autistischen Psychopathen verbalisieren, die Kinder mit frühkindlichem Autismus dagegen verweigern unter anderem die Nahrungsaufnahme, erschöpfen sich in Verzweiflungsgeschrei, oder aber sie werden völlig apathisch. Bei beiden Gruppen können Bewegungsstereotypien auffallen (z. B. ein stereotypes Hantieren mit Spielzeug), eine fetischhaft enge Bindung an einen Gegenstand, motorische Störungen und auch sensorielle Überempfindlichkeiten (die ASPERGER [1968a] als „psychopathische Überempfindlichkeiten" bezeichnet und von denen er meint, daß sie im Seelischen verankert seien). ASPERGER betont, daß man diese Kinder nicht als gefühlsarm bezeichnen könne, sondern daß sie in ihrer Emotionalität qualitativ anders seien: disharmonisch im Gemüt, oft voll überraschender Widersprüche und sehr wohl tiefer Gefühlsbindungen fähig. Obwohl die individuellen Unterschiede innerhalb der Gruppe dieser Kinder groß sind, findet sich aber doch eine erstaunliche Übereinstimmung des psychopathologischen Bildes in vielen Einzelheiten.

Differentialdiagnose

Abgrenzungsprobleme bestehen in bezug auf das Kannersche Syndrom, die schizoiden Psychopathien mit anderen Polarisierungen, die Schizophrenien und die schizoiden Persönlichkeitsstörungen bei hirnorganischen Schäden. Bis heute ist die Frage umstritten, ob und in welcher Weise sich die beiden **autistischen Syndrome des Kindesalters** unterscheiden. Wir sind der Ansicht, daß es sich um zwei getrennte klinische Syndrome handelt, haben aber früher, sowie auch andere deutschsprachige Autoren – darunter wohl auch ASPERGER selber – geleitet durch die frappierende Ähnlichkeit der psychopathologischen Bilder, frühkindliche Autisten öfter der Gruppe der autistischen Psychopathen zugeordnet. Dadurch sind eindeutige Unterschiede verwischt worden. Diese Vermutung wird m. E. dadurch bestärkt, daß ASPERGER in einzelnen Arbeiten für seine Kindergruppe alle auch für die frühkindlichen Autisten charakteristischen Symptome aufzählt, darunter sogar die Besonderheiten des Sprachbaues (WEBER 1979). BOSCH erkennt noch 1971 lediglich eine Polarisierung der Symptomatik in den Syndromen an, 1980 jedoch auch deutliche Differenzen bei den Kernfällen. Im Rahmen der eindringlichen Schilde-

rungen kinderpsychiatrischer Krankheitsbilder durch HERZKA (1978) werden diese differentialdiagnostischen Probleme ebenfalls deutlich. Wir selber haben früher verschiedentlich Zuordnungen getroffen, die wir heute revidieren würden. Autistische Kinder mit durchschnittlicher bis überdurchschnittlicher Intelligenz – aber auch noch mit eingeschränkter intellektueller Befähigung – sowie mit speziellen Sonderinteressen und -fähigkeiten haben wir den autistischen Psychopathen zugeordnet. Die autistische Psychopathie ist aber nicht eine quantitative Variante des frühkindlichen Autismus, wie wir selber anfänglich vermuteten. Den wesentlichen Unterschied haben außer ASPERGER (1944, 1968 a) VAN KREVELEN u. KUIPERS (1962) herausgestellt. ASPERGER hebt immer wieder hervor, daß es sich bei der autistischen Psychopathie um einen Zustand handelt, der, zwar mit wechselnden Schwierigkeiten, von klein auf besteht und das ganze Leben konstant bleibt. Nach VAN KREVELEN und KUIPERS ist die autistische Psychopathie eine Persönlichkeitsstörung mit statischen Wesenszügen, die sich nur quantitativ verändern, auch in bezug auf die Alterstypik. Es findet sich kein faßbarer Störungsbeginn und kein feststehender Verlauf. KANNER dagegen beschreibt einen Krankheitsprozeß (gelegentlich noch bis zu einem Alter von 30 Monaten beginnend), der durch den Verlauf charakterisiert ist. Das wichtigste differentialdiagnostische Kriterium gegenüber den (wenigen) gut begabten Kannerschen Autisten ist die unterschiedliche Sprachentwicklung. Bei den Aspergerschen Autisten läßt sich meist eine frühe und rasche Entwicklung der Sprache beobachten, und es zeigt sich bei ihnen weder die auch bei den gut begabten Kannerschen Autisten in der frühen Kindheit immer auftretende charakteristische Deviation der Sprachentwicklung (RUTTER u. Mitarb. 1971) noch die frühen typischen Verhaltensauffälligkeiten dieser Kinder. So werden die Aspergerschen Autisten niemals für taub gehalten und vermögen schon in der vorsprachlichen Entwicklungsperiode Gesten zu verwenden und zu verstehen. Die Diagnose wird bei ihnen kaum einmal vor dem Schulalter gestellt (Tab. 7.1).
Die psychopathologischen Bilder der autistischen Psychopathen hält ASPERGER nicht für Vorstadien schizophrener Prozesse. Er weist darauf hin, daß sich keine vermehrte Belastung in den Familien dieser Kinder mit schizophrenen Psychosen findet, und lediglich bei 2 der über 400 von ihm untersuchten und beobachteten Kinder mit autistischer Psychopathie eine schizophrene Psychose in der Pubertät entstand. Wir kennen jedoch einige Patienten mit Aspergerschem Syndrom, bei denen sich in der späten Kindheit bzw. im Jugendalter eine schizophrene Psychose entwickelte (WEBER 1979) oder das psychopathologische Bild sehr psychosenahe wirkte (DAUNER u. MARTIN 1978). Die differentialdiagnostischen Probleme im Hinblick auf die Abgrenzung gegenüber schizoiden Persönlichkeitsstörungen im Rahmen zerebralorganischer Schädigungen sind im Kapitel „Ätiologie und Genese" erwähnt. Für die subtilere Abklärung der z. T. noch strittigen differentialdiagnostischen Fragen halten wir Einzelfalldarstellungen möglichst frühzeitig untersuchter Kinder mit Aspergerschem Syndrom sowie Langzeitkatamnesen für wünschenswert.

Fallschilderungen in der Literatur aus vielen Ländern der Erde weisen darauf hin, daß die von ASPERGER beschriebenen Persönlichkeitsstrukturen doch gar nicht so selten und in unterschiedlichen Ausprägungsgraden vorkommen. Auch die schon 1926 von SSUCHAREWA beschriebenen „schizoiden Psychopathen im Kindesalter" haben große Ähnlichkeit mit den autistischen Psychopathen ASPERGERs. Sie besitzen eine normale bis überdurchschnittliche Intelligenz, kommen aus einem „intelligenten Familienmilieu" und zeigen folgende Auffälligkeiten: autistische Einstellung, Abgeflachtheit der Gefühle, Neigung zu abstraktem und schematischem Denken, zu Zwangszuständen, impulsiven und absurden Handlungen, erhöhter Suggestibilität, stereotypen Wortneubildungen. Immer findet sich eine betonte motorische Ungeschicklichkeit und Plumpheit, eine Schwäche der Mimik und Gestik, gelegentlich eine Empfindlichkeit gegenüber Schallreizen und außerdem eine Befähigung zur Selbstanalyse und -kritik. Es ist aber das Verdienst ASPERGERs, die vielfältigen Besonderheiten seiner speziellen Gruppe autistischer Psychopathen zusammenschauend erfaßt, meisterlich geschildert und einer dynamischen Gesamtkonzeption eingefügt zu haben. Daraus erklären sich die weltweit von seiner Konzeption ausgegangenen klinischen und forscherischen Impulse.

Ätiologie und Genese

Als Ursache der autistischen Psychopathie nimmt ASPERGER (1968 a) eine konstitutionell verankerte Charakterabnormität an. Meist finden sich in der männlichen Aszendenz Familienangehörige mit mehr oder weniger ausgeprägten „autistischen" Zügen. Auch das voll ausgeprägte Bild kommt überwiegend beim männlichen Geschlecht vor. ASPERGER faßt die autistische Psychopathie als „Extremvariante des männlichen Charakters" auf und erklärt die Störung aus einer Desintegration zwischen intellektuellen und emotionalen Bereichen der Persönlichkeit. VAN KREVELEN (1971 VAN KREVELEN u. KUIPERS 1962) nimmt dagegen eine Störung der intuitiven Fähigkeiten an, worunter er ein Unvermögen versteht, anschaulich mitzuerleben. Die Kontaktnahme des autistischen Psychopathen ist eine verstandesmäßige. Er kann die Gefühle anderer nicht perzipieren und ist daher auch unfähig zu einer angepaßten gefühlsmäßigen Interaktion. Psychopathie ist vor allem im Kindesalter eine umstrittene Diagnose und wird im allgemeinen in der Kinder- und Jugendpsychiatrie nicht gestellt. Psychopathische Entwicklungen bedürfen zu ihrer Manifestation jedenfalls gewisser Milieukorrespondenzen, und außerdem ist zu bedenken, daß „die Träger der Anlage, d. h. die leiblichen Eltern", auch immer „die Gestalter der kindlichen Umwelt" sind (HARBAUER 1976, S. 62). Nach den Untersuchungen von ASPERGER an mehreren hundert Kindern und Jugendlichen mit autistischer Psychopathie sowie deren Eltern und unter Berücksichtigung der Familienpathologie in weitem Erbumkreis ist für die Entstehung der Persönlichkeitsstörung in den meisten Fällen ein genetischer Faktor wahrscheinlich. Es fragt sich allerdings, was eigentlich vererbt wird, eine Frage, die auch

Tabelle 7.**1** *Differentialdiagnose der autistischen Syndrome* („Autismus infantum" ist nicht die Sammelbezeichnung für beide Syndrome, s. S. 269)

Frühkindlicher Autismus	*Autistische Psychopathie*
Erste Auffälligkeiten	
Störung ist meist angeboren, kann aber noch bis zu einem Alter von 30 Mon. entstehen	Störung ist angeboren
erste Auffälligkeiten meist schon im 1. Lj.: z. B. Ausbleiben der Lächelreaktion, der Antizipationshaltung	Kinder werden etwa vom 3. Lj. an verhaltensauffällig, massive Anpassungsprobleme meist erst mit Schuleintritt
Sprache	
später Sprechbeginn, nicht selten sogar Ausbleiben einer Sprachentwicklung	früher Sprechbeginn, Mehrwortsätze häufig vor freiem Laufen, selten verzögerte Sprachentwicklung, aber auch dann entsteht rasch eine in Grammatik und Wortwahl erstaunlich vollkommene Sprache
spezifische Störung der Sprachentwicklung (anfänglich fehlt jegliche kommunikative Funktion: Echolalie) und der nichtverbalen Kommunikation	die Sprache hat immer eine – allerdings gestörte – kommunikative Funktion („Spontanrede")
Störungen der stimmlichen bzw. musischen Elemente der Sprache	= (vergleichende Untersuchungen fehlen)
Personale Kontaktstörung	
Mitmenschen werden anfänglich nicht in ihrer personalen Existenz erfaßt (s. *Nissen* 1976, S. 386)	Mitmenschen werden oft als störend empfunden
Kontakte gelingen leichter zu Erwachsenen	=
Kinder werden lange Zeit nicht beachtet oder angstvoll abgelehnt	die Ängste vor Kindern sind meist nicht so hochgradig, die Kontaktstrebungen frühzeitig geprägt durch Ambivalenz
Blickkontakt	
anfänglich öfter fehlend, später selten, flüchtig oder auch ausweichend (systematische Verlaufsuntersuchungen der Blickkontaktstörung vom 1. Lj. an fehlen)	mehr oder weniger selten und flüchtig, auch ausweichend, meist fehlt dem Blick das wache Interesse an der Außenwelt, dem mitmenschlichen Gegenüber
Intelligenz	
meist unterdurchschnittliche intellektuelle Leistungen, selten auch durchschnittliche bis überdurchschnittliche, charakteristische Intelligenzstruktur	meist gute bis überdurchschnittliche intellektuelle Leistungen, Intelligenzschwäche gelegentlich möglich, Frage der charakteristischen Intelligenzstruktur noch nicht geklärt (*Wolff* u. *Barlow* 1979; *Wurst* 1977)
Sonderinteressen	
können bestehen und sind um so komplizierter, je leichter die Behinderung ist, sie können bei den gut intelligenten Kindern durchaus Ähnlichkeiten mit den Sonderinteressen der *Aspergschen* Autisten haben	sind meist vorhanden, es „dominiert oft die reine Wissensspeicherung, die sammlerische Tendenz, das registrierende Auswendiglernen vor der logischen Verknüpfung und Verwendung" (*Nissen* 1976; S. 384)
Sensorielle Besonderheiten	
immer in bestimmten Entwicklungsphasen vorhanden	meist nachzuweisen, aber mehr im Sinne allgemeiner Reizüberempfindlichkeit, vergleichbar derjenigen bei neuropathischen Kindern (von *Asperger* wird diese Deutung allerdings abgelehnt, er spricht von „psychopathischen Überempfindlichkeiten", die aus der Psyche kommen)
Motorische Besonderheiten	
Motorik wirkt oft graziös, bei motodiagnostischer Prüfung jedoch Auffälligkeiten, häufig dyspraktische Störungen	betonte motorische Ungeschicklichkeit und Plumpheit, häufig dyspraktische Störungen
motorische Stereotypien fast immer vorhanden	motorische Stereotypien häufig vorhanden, nicht so vielfältig wie bei *Kannerschen* Autisten
motorische Besonderheiten der hochgradig sehschwachen bzw. blinden Kinder (einschließlich Augenbohren): häufig	–
Gleiten der Augen in die Endstellungen: häufig	–
Zehengang: häufig, und zwar über Monate und Jahre	Zehengang: nur bei zwei unserer Prob. über Monate beobachtet
Kopfstand, Schaukelbewegungen, Herumwirbeln, Kopfrollen: häufig	–

Tabelle 7.1 Fortsetzung

Frühkindlicher Autismus	*Autistische Psychopathie*
Ritualistische und zwanghafte Phänomene (Veränderungsängste)	
vielförmig und intensiv	auch immer vorhanden, zirkumskripter als bei frühkindlichen Autisten, Ängste meist nicht so panisch
Heimwehreaktionen	
vor allem im Kleinkindesalter meist sehr intensiv	meist sehr intensiv
je nach Entwicklungsphase Veränderungsängste rein auf die dingliche Umwelt oder auch schon auf die personale Umwelt (mit-)bezogen	entstehen aus zwanghafter Bindung an das häusliche Milieu, jedoch kommen echte Gefühle der Verlassenheit hinzu
anhaltende Schreitouren, Nahrungsverweigerung und völlige Apathie möglich	Heimweh wird eindringlich verbalisiert
Frage der stationären Aufnahme muß sorgfältig geprüft werden, es kann darauf u. U. eine nachhaltige Verschlechterung des Zustandbildes erfolgen	

Im Jugend- und Erwachsenenalter sind Kannersche Autisten, mit leicht limitierter bis überdurchschnittlicher Intelligenz, und Aspergersche Autisten in ihrem Verhalten oft nicht mehr zu unterscheiden. Auch die verbale Schwäche kann sich bei den Kannerschen Autisten ausgleichen, darauf haben schon *Rutter* u. Mitarb. (1967) hingewiesen.

Zeichenerklärungen: = entsprechende Befunde; – nicht nachgewiesen

noch für andere psychiatrische Störungsbilder völlig offen ist.

Die von russischen Autoren (MNUKHIN u. ISAEV 1975) beschriebenen 27 schizoiden bzw. autistischen Psychopathen gleichen den von ASPERGER geschilderten in vielen Verhaltensweisen, haben jedoch nicht durchgängig die typische Pointierung der von ihm dargestellten Charakterstruktur. So hatten nur einige Probanden eine normale Intelligenz, die meisten zeigten ungewöhnliche Kombinationen von intellektuellen Defiziten. Die russischen Forscher nehmen für alle 27 Patienten nach den klinischen Befunden prä-, peri- oder postnatale Hirnschädigungen als Ursache der Persönlichkeitsstörung an sowie für die Mehrzahl der schizoiden bzw. autistischen Psychopathen überhaupt. ASPERGER hat auch darauf hingewiesen, daß hirnorganische Schäden, vor allem Enzephalitiden, Persönlichkeitsstörungen verursachen können, die denjenigen der von ihm beschriebenen autistischen Psychopathen gleichen. Er gibt jedoch an, daß sich Nachweise hirnorganischer Schädigungen in seinem Patientengut nur vereinzelt finden.

Unsere Erfahrungen mit dieser Klientengruppe entsprechen weitgehend denjenigen von ASPERGER; wir beobachteten jedoch etwas häufiger Übergänge in prozeßhafte Psychosen und/oder entsprechende familiäre Belastungen (WEBER 1979). Häufiger fanden wir auch neurologische Auffälligkeiten und/oder anamnestische Hinweise auf eine mögliche Hirnschädigung. So gut wie immer vorhanden waren erhebliche motorische Schwächen. Wenn für diese eine exogene Verursachung ausscheidet, müßte eine familiär verankerte motorische Behinderung angenommen werden. Die Eltern berichteten uns zwar gelegentlich über einen verspäteten Gebrauch des Wortes „ich" bei ihren autistischen Kindern, von einzelnen wurden auch flüchtige Echolalie und pronominale Umkehr – wie von Eltern normaler Kinder – registriert, niemals aber ergaben sich Hinweise auf die charakteristische Sprachentwicklungsstörung der Kannerschen Autisten (s. „Differentialdiagnose").

Therapie, Rehabilitation, Prävention

Auch wenn man eine genetische Grundlage für die Verhaltensstörungen bei den autistischen Psychopathien annimmt, kann das nicht besagen, daß diese Störungen nicht therapierbar sind (SHIELDS 1977). Die Tatsache, daß sich unter einer Therapie das Verhalten dieser Kinder erheblich zu wandeln vermag, weist darauf hin, daß die genetische Disposition nicht statisch gesehen werden kann und daß Umwelteinflüsse auch bei diesen Kindern eine gewichtige Rolle spielen. Ein primär verhaltensauffälliges Kind wird durch die vermehrt entstehenden Konflikte mit seiner Umwelt zu sekundären Neurotisierungen neigen, und diese sekundären Verhaltensstörungen können schließlich das Persönlichkeitsbild vordergründig prägen. Aus dem Vorhergesagten wird deutlich, daß Kinder mit Aspergerschem Syndrom (auch die nur leichter Gestörten) und ihre Familien immer einer beratenden Betreuung, gelegentlich auch einer langfristigen Therapie bedürfen. Aus präventiven Gründen wäre es wünschenswert, wenn die Beratung der Eltern möglichst frühzeitig einsetzen könnte. Ein subtiles Wissen um die Eigenart dieser Kinder ist die Grundlage für die heilpädagogische Einstellung aller beteiligten Erzieher. Eltern sollten z. B. wissen, daß diese Kinder in einer besonderen Weise Zuwendung und Bestätigung brauchen, obwohl es den gegenteiligen Anschein haben kann. Auch die Lehrer dieser Kinder müssen über deren Eigenart (mit Einverständnis der Eltern) informiert werden, andererseits kann auch der sachkundige Lehrer dem behandelnden Kinderpsychiater wesentliche Informationen vermitteln. Es ist selbstverständlich ebenfalls notwendig, daß die familiären Probleme, vor allem auch die durch das Kind entstandenen, besprochen werden. Die Aufklärung der Eltern darüber, daß die Erziehung dieser Problemkinder trotz allem Bemühen schwierig sein wird und den Erziehern immer wieder vor Fragen eigener Unzulänglichkeiten stellen kann, ist ebenso notwendig wie das gemeinsame Durchdenken eines dynamischen Erziehungsplans, der angepaßt werden muß an das jeweilige Kind und unter Berücksichtigung seines gesamten Reifungszustands. Selbstverständlich muß die Zuwendung zu den Eltern auch stützende Funktionen beinhalten, da ihnen oft ein langes Durchhalten abverlangt wird. ASPERGER (1968 a) geht sehr ausführlich auf wesentliche pädagogische Gesichtspunkte ein. SPECK (1979 a) weist darauf hin, daß Erziehung „auf das permanente Ausloten aller Entwicklungsmöglichkeiten gerichtet" sein muß, daß der „pädagogische Optimismus" andererseits aber „im Falle grenzenloser Übererziehung zur pädagogischen Überforderung führen" wird (S. 289). Bei sekundärer Neurotisierung des Kindes bzw. Jugendlichen mit autistischer Psychopathie kann eine Psychotherapie (wir bevorzugen eine analytisch orientierte) erforderlich werden. Wegen der von klein auf bestehenden motorischen, öfter sogar dyspraktischen Störungen und möglicherweise auch sensorieller Besonderheiten sollte frühzeitig eine sensomotorische Übungsbehandlung einsetzen.

Prognose

Die autistischen Psychopathen gewinnen als Erwachsene Chancen in der Lebensanpassung durch ihren reifenden Intellekt und dadurch, daß sie es lernen, sich verstandesmäßig auf Menschen und Situationen besser einzustellen. Günstig wirkt sich für sie aus, daß eine Verständigung auf rationaler Ebene unter Erwachsenen leichter gelingt als unter Kindern und daß in manchen Berufssparten verstandesmäßige Anforderungen vorherrschen. Auch als Erwachsene bleiben die autistischen Psychopathen allerdings – vor allem für ihre nächsten Angehörigen – meist schwierig im Umgang. Viele von ihnen finden aber zu einer recht guten beruflichen Eingliederung, öfter sogar in hochgestellte Berufe, in denen sie überdurchschnittliche Leistungen vollbringen können. Einige werden allerdings auch zu nörgelnden Außenseitern oder abseitigen Spintisierern.

Kasuistik

Heinz W. (Fall Nr. 1), Diagnose: Autistische Psychopathie, Alter bei der Erstvorstellung: 12 J., Katamnesenfrist: 11 J.

Familienanamnese: Der *Vater* besitzt eine Gärtnerei. Er hat seit sieben Jahren eine Oligoepilepsie, und zwar bekommt er in Abständen von Monaten große Anfälle (bisher vier), deren Herannahen er spürt. Die Ätiologie der Epilepsie ist ungeklärt. Nach Angaben seiner Frau soll er sich im Wesen nicht verändert haben. Sie schildert ihren Mann als intelligent und differenziert. Zu seiner Familie habe er einen emotionalen Bezug, sei insgesamt aber ein Einzelgänger. In den mit den Eltern geführten Gesprächen wirkte der Vater betont rational. Manchen Fragen wich er aus.

Die *Mutter* hat die Hauptschule besucht und war bis zur Heirat als Sekretärin tätig. Nach ihren Angaben sind weder in ihrer noch in der Familie ihres Mannes psychiatrische Erkrankungen oder auffällige Persönlichkeiten vorgekommen. Sie schließt sich erst im Laufe mehrerer Gespräche auf, wirkt menschlich warm und beteiligt und hat einen emotionalen Bezug auch zu Heinz. Sie sagt von sich selbst, daß sie wohl gute Kontakte, aber keine Freundschaften habe, diese auch nicht vermisse. Sie meint, daß sie störbar, vorsichtig und ängstlich sei und niemanden gern in sich hineinsehen lasse. Die drei jüngeren Schwestern von Heinz sollen gute Schülerinnen sein und keine Schwierigkeiten bereiten.

Eigene Anamnese (Angaben der Mutter): Geburt und Schwangerschaft verliefen ohne Besonderheiten. Heinz wurde 4 Monate gestillt, war ein „Speikind" und schrie sehr viel. Sitzen, Laufen, Greifen nach Gegenständen, Kauen: rechtzeitig. Der Junge lief einige Monate zeitweilig auf Zehen, die Familie bezeichnete es als „Stippen". Er sprach früh, Sätze vor 3. Lj. keine spontane oder verzögerte Echolalie, keine pronominale Umkehr, keine Neologismen. Sprechstimme nicht auffällig. Sagte vielleicht etwas später „ich" als die Schwestern. Zärtlichkeiten mochte er von Mutter und Großeltern gern bis zur Schulzeit. Hatte von klein auf keinen Kontakt zu anderen Kindern, in Kindergarten und Schule war er „Außenseiter". Er hatte nie Freunde. Nur zur Mutter bestand offensichtlich immer ein emotionaler Bezug. In der Klinik z. B. klagte er oft über Heimweh nach seiner Mutter. Er war nie geräuschempfindlich und nie wählerisch bei den Mahlzeiten. Etwa vom Schulalter an wirkte sein Blick oft wie der eines Blinden. Schwerhörigkeit wurde nie erwogen. Flügelschlagstereotypie bis zum 8. Lebensjahr bei Freude. Oft „heimtückisch"-aggressiv zu anderen Kindern, die ihn immer ärgerten und reizten. Konnte Tobsuchtsanfälle bekommen, wenn er geärgert wurde oder man ihn zurechtwies. Ließ sich aber meist alles gefallen, ohne sich zu wehren. Bevor er mit 12 Jahren in die Klinik für Kinder- und Jugendpsychiatrie in Marburg aufgenommen wurde, hatten ihm die Klassenkameraden gesagt (er besuchte eine Realschule), er müsse sein Herz für eine kranke Mitschülerin zur Verfügung stellen und daher nach Kapstadt zu Prof. Barnard fliegen. Obwohl in panischer Angst, hatte sich Heinz schon nach Zügen zum Frankfurter Flughafen erkundigt. Wenig später beauftragten ihn die Klassenkameraden, in den Schulpausen „Flugübungen" zu machen, damit er aus dem Klassenzimmer im 2. Stock auf den Schulhof fliegen könne. Diese Flugübungen wurden von den Lehrern beobachtet und waren der letzte Anlaß für sie, zu einer klinischen Untersuchung des Jungen zu raten.

Heinz war von klein auf motorisch äußerst ungeschickt und zeigte auch dyspraktische Störungen. Seine schlechtesten Schulfächer waren Turnen, Werken und Zeichnen. Er hatte in der Schule erhebliche Konzentrationsstörungen, wurde aber immer versetzt, da die Mutter täglich mit sehr viel Geduld die Schularbeiten mit ihm erledigte. Schon im Kleinkindesalter fielen bei Heinz spezielle Sonderinteressen auf. Er konnte sehr früh Zahlen lesen, Rechenoperationen ausführen, Daten, Auto- und Telefonnummern behalten. Entfernungen rechnete er in Kilometern, Metern und Zentimetern aus und teilte das Tagesprogramm in Stunden und Minuten ein. Mit 8 Jahren legte er in einem unweit von der elterlichen Wohnung gelegenen Wald auf einem Baum eine „Wetterstation" an. Über viele Jahre verbrachte er dort fast täglich bis zu mehreren Stunden, bastelte Geräte zur Bestimmung von Temperatur und Luftdruck (die aber nicht funktionierten), legte Wetterkarten an, erstellte Reiserouten und Pläne für Städte, die nach Zahlen gegliedert waren. Seine Mutter sagte, die Spiele und Beschäftigungen des Jungen hätten zwar für den Außenstehenden phantasievoll gewirkt, seien aber im Grunde einfallsarm, eintönig und undynamisch gewesen. Vom 3. Lebensjahr an entstand bei Heinz ein übermäßig enger Bezug zu verschiedenen Teddybären, mit denen er sich stundenlang unterhielt. Als er 10 Jahre alt war, vernichtete der Vater die Teddybären angeblich auf Rat eines Pädagogen. Das verzieh ihm Heinz nie. Er behielt Datum, Tag, Stunde und Minute der Vernichtung seiner „Lieblinge" unauslöschlich in seinem Gedächtnis. Als Heinz in der Klinik wieder verschiedene Teddybären geschenkt bekam, war er glücklich. Sie erhielten Namen wie „Hausvater Muckelmann", „Marburger Milchbär". Heinz lebte oft in einer Teddywelt, sprach von der Klinik als „Teddyhausen" und von der dazugehörigen Erziehungsberatungsstelle, wo er regelmäßig mit Ref. spielte, von „St. Teddy". Er liebkoste seine Teddys, mißhandelte sie aber auch.

Befunde: In der Klinik suchte Heinz zwar Kontakte zu Kindern und Jugendlichen (Abb. 7.1), meist wich er ihnen jedoch aus. Zu einzelnen Erwachsenen entstanden gewisse gefühlsmäßige Zuwendungen. Heinz wirkte naiv und unkritisch, einerseits hochgradig suggestibel, andererseits aber konnte er stur auf seinen Tendenzen beharren, ohne auf die jeweilige Situation Rücksicht zu nehmen. Für Personen und Situationen fehlte ihm das Einfühlungsvermögen. Er drängte sich z. B. unbekümmert Personen auf, bohrte in ihrer Gegenwart in der Nase und aß die Borken. Er redete wann es ihm paßte und über Themen, die ihm gerade einfielen. Gelegentlich hatte er sehr originelle Einfälle. So öffnete er einmal alle Wasserhähne auf der Station. Zur Rede gestellt, sagte er: „Die weinen für mich, weil ich doch so Heimweh habe". Er selber konnte – auch nach Angaben seiner Mutter – offenbar nicht weinen. Seine Stimmung war bei uns meist gehoben, gelegentlich moros-gereizt, echt verzweifelt oder traurig wirkte er nie, obwohl es seinen Worten manchmal zu entnehmen war.

Neurologischer Befund: Bei der neurologischen Untersuchung fanden sich keine pathologischen Abweichungen. Das EEG war über den zentralen und vorderen Hirnanteilen noch auffallend langsam.

Intelligenztest: HAWIK, Alter: 12; 0 Jahre.

		Verbaltests		Handlungstests	
Gesamt-IQ	= 101	1. AW	14	6. ZS	12
Verbal-IQ	= 109	2. AV	11	7. BE	7
Handlungs-IQ	= 92	3. RD	8	8. BO	11
		4. GF	10	9. MT	6
		5. WT	11	10. FL	8
		ZN	14		

Abgesehen von den hohen Werten im Wortschatztest und Allgemeinen Wissen weicht das Intelligenzprofil von den in der Literatur an wenigen Beispielen dargelegten ab (Wurst [1981] = 15 Prob., Wolf u. Barlow [1979] = 17 Prob.). Allerdings handelt es sich bei den in der Literatur angegebenen Daten um Mittelwerte kleiner Stichproben und außerdem differieren die Ergebnisse von Wurst (1981) und von Wolf u. Barlow (1979). Kritisch soll hier lediglich angemerkt werden, daß die Gruppe der autistischen Psychopathen in mancher Hinsicht wohl doch noch heterogener ist als diejenige der frühkindlichen Autisten.

Heinz hat inzwischen die Realschule mit gutem Erfolg abgeschlossen. Seit Jahren sind Bücher sein zentrales Hobby, und zwar Sachbücher über Erdkunde und Biologie. Er kennt von vielen Büchern Inhalt und Anzahl der Seiten. Nach der Schulentlassung arbeitete er zunächst aushilfsweise in einer städtischen Bücherei und befindet sich jetzt im zweiten Lehrjahr. Er versieht seine Arbeit pünktlich und gewissenhaft, geht sorgsam mit den Büchern um und hat auch organisatorische Fähigkeiten. Er lebt in einer Zweizimmerwohnung für sich, geht aber zu den Mahlzeiten zu seinen Eltern. Heinz hat einen Freund mit dem gleichen Bücherhobby. Für Mädchen interessiert er sich nicht, gehört keiner Gruppe an und besucht keine Diskotheken. So wie früher unternimmt er gern allein weite Radtouren und Waldwanderungen.

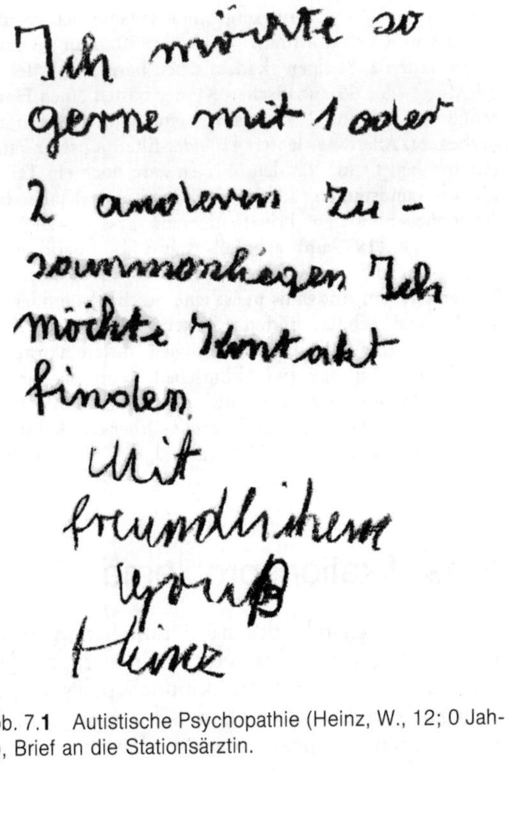

Abb. 7.**1** Autistische Psychopathie (Heinz, W., 12; 0 Jahre), Brief an die Stationsärztin.

Frühkindlicher Autismus

Epidemiologie

Häufigkeit: Es handelt sich beim frühkindlichen Autismus um eine relativ seltene Störung, die jedoch häufiger vorkommt, als man früher annahm. Über die Verbreitung liegen bisher noch keine umfassenden Untersuchungen vor, da sich für ihre Durchführung vielschichtige Probleme ergeben. So kann z. B. vom Schulalter an die Stellung der Diagnose durch die Veränderung des klinischen Bildes erschwert sein. Am zuverlässigsten wäre also eine Untersuchung von drei- bis fünfjährigen Kindern, die aber besonders schwierig umfassend und auslesefrei durchzuführen ist. Die umfassendste Untersuchung unternahm LOTTER (1966, 1967), der 97% aller acht- bis zehnjährigen Kinder (N = 75 930) der englischen Grafschaft Middlesex erfaßte, die dort am 1. Januar 1964 lebten. LOTTER stellte die Diagnose nach den etwas modifizierten CREAKschen Kriterien (1961). Er fand auf je 10 000 Kinder dieser Altersklasse 4,5 autistische Kinder (insgesamt 32), darunter etwa die Hälfte mit dem „Kern-Syndrom". L. WING u. GOULD gaben jetzt (1979) eine entsprechende Häufigkeit, nämlich 4,9 autistische Kinder auf 10 000 für den Südosten Londons, die Stadtgemeinde von Camberwell, an. Legt man die Middlesex-Zahlen zugrunde, so kann man schätzen, daß es in der Bundesrepublik 4000 autistische Kinder im Alter zwischen 5 und 15 Jahren gibt (WENDELER 1977b). Zum Vergleich die Häufigkeit von einigen anderen Behinderungen in der Bundesrepublik: 1969 besuchten 1000 blinde, 1250 sehbehinderte, 4300 gehörlose und 2600 schwerhörige Kinder staatlich anerkannte Sonderschulen (WENDELER 1977b). Wenn auch alle diese Zahlen für die Häufigkeiten der Behinderungen nur Schätzwerte sind, so läßt sich doch sagen, daß die Gruppe der autistischen Kinder im Vergleich zu manchen anderen Behindertengruppen nicht weniger gewichtig ist.

Anteil der Geschlechter: Wie aus der Literatur zu entnehmen, finden sich unter den autistischen Kindern sehr viel mehr Jungen als Mädchen. Folgende Verhältniszahlen werden u. a. angegeben: LOTTER (1967) = 3 : 1 (Kerngruppe), 2,8 : 1 (gemischte Gruppe); KOLVIN (1971) = 3,3 : 1; RITVO u. Mitarb. (1971) = 3,2 : 1. In unserer Gruppe autistischer Kinder ist das Verhältnis 1,4 : 1 (WEBER 1970). Eine Erklärung für den hohen Anteil der Jungen unter den autistischen Kindern hat sich bisher nicht ergeben. Auch bei der frühkindlichen Hirnschädigung findet sich eine deutliche Knabenwendigkeit (höhere zerebrale Empfindlichkeit? [s. LIEPMANN 1979, S. 126]), die jedoch meist in einem Verhältnis unter 2 : 1 angegeben wird (J. K. WING 1977).

Soziale Schicht und Intelligenz der Eltern: Bei fast allen Gruppen eingehend untersuchter autistischer Kinder gehören die Eltern vorwiegend zu den höheren sozialen Schichten und haben im Verhältnis zur Durchschnittsbevölkerung und zu Eltern anderer kinderpsychiatrischer Patienten eine höhere Intelligenz (CANTWELL u. Mitarb., 1978). Auch KANNER hat schon entsprechende Feststellungen gemacht, er äußerte sogar, daß er niemals ein autistisches Kind von intellektuell limitierten Eltern gesehen habe. KANNERs Berühmtheit bedingte zweifellos eine schichtabhängige Auslese seines Patientengutes mit Familien aus allen Ländern der Erde. KANNER (1973a) untersuchte allerdings auch eine Vergleichsgruppe von nichtautistischen Privatpatienten und fand den Ausbildungsgrad und den Berufsstand bei den Eltern dieser Kinder deutlich niedriger als bei den Eltern autistischer Privatpatienten. Die von CANTWELL u. Mitarb. (1978) diskutierten Untersuchungsbefunde zeigen aber, daß diese Ergebnisse nur relativ sind: autistische Kinder finden sich in allen sozialen Schichten, und die Intelligenz der zugehörigen Eltern hat alle Ausprägungsgrade.

Nach einer umfangreichen Untersuchung von RITVO u. Mitarb. (1971) korreliert das Auftreten von frühkindlichem Autismus nicht mit der sozialen Schicht und ebenfalls nicht mit der Intelligenz der Eltern (ORNITZ u. RITVO 1976a). Zur gleichen Feststellung kommen auch FLORSHEIM u. PETERFREUND (1974) sowie GILLBERG u. SCHAUMANN 1982). Unsere eigenen Untersuchungsergebnisse entsprechen ebenfalls denen von RITVO u. Mitarb. (WEBER 1970). Nur 16 der 66 Väter hatten z. B. einen akademischen Beruf, 40 Väter und 44 Mütter der 66 autistischen Kinder hatten einen Hauptschulabschluß, und 2 Väter sowie eine Mutter waren minderbegabt. Allerdings lebten 41% der Eltern unserer Patienten auf dem Land, von den übrigen kam noch ein Teil aus kleinen Landstädten. 13 der 66 autistischen Kinder bzw. Jugendlichen waren Privatpatienten. Erst kürzlich hat SCHACHTER (1979a/b) ebenfalls darauf aufmerksam gemacht, daß die Eltern seiner Gruppe von 17 Kindern mit frühkindlichem Autismus meist eine bescheidene oder sehr bescheidene Schulausbildung hatten. RITVO u. Mitarb. (1971) weisen auf die unterschiedlichen Auslesefaktoren für eine Patientengruppe eines klinischen Zentrums hin und meinen, daß noch viele Untersuchungen überall in der Welt erforderlich seien, um einen Überblick über den kulturellen und sozioökonomischen Hintergrund des frühkindlichen Autismus zu gewinnen.

Klassifikationsprobleme

Das Krankheitsbild des frühkindlichen Autismus wird nosographisch unterschiedlich zugeordnet, am häufigsten zu den (frühkindlichen) Psychosen, aber auch zu den (kindlichen) Schizophrenien, den organischen Psychosyndromen, dem psychischen

Hospitalismus und den psychoreaktiven Störungen. STUTTE (1969) definiert die Psychosen des Kindesalters als Zustandsbilder mit „erst im Laufe der Kindheitsentwicklung in Erscheinung tretender psychischer Gestörtheit, die zumeist als qualitativ abwegig, uneinfühlbar, befremdend, kindlicher Wesensart grob widersprechend erscheinen" (S. 908). Bei dieser unter dynamisch-historischen Aspekten gewonnenen Definition würde der frühkindliche Autismus nicht zu den Psychosen gehören. STUTTE (1975, S. 168) räumt aber ein, daß der Psychosebegriff in der Kinderpsychiatrie „einer epochalbezogenen terminologischen Präzisierung und wahrscheinlich auch einer Korrektur" bedürfe. Er warnt gleichzeitig vor einer „ausufernden Verwendung". Es ist jedoch heute in der europäischen und außereuropäischen Literatur üblich geworden, das Kannersche Syndrom den frühkindlichen Psychosen zuzuordnen. Dies setzt aber voraus, daß ein Hauptkriterium des Psychosebegriffs, nämlich der „Knick in der Lebenslinie", speziell für die Definition der frühkindlichen Psychose gestrichen werden müßte, während dieses Kriterium für die Definition anderer Psychoseformen (z. B. der kindlichen Schizophrenie) bestehen bliebe. Unter entwicklungspsychologischen und -biologischen Aspekten bietet sich eine Unterteilung der infantilen Psychosen an (ANTHONY 1958; BOSCH 1971), und zwar in: 1. frühkindliche Psychosen (1.–3. Lj.); 2. Psychosen des Kleinkind- oder Vorschulalters (4.–6. Lj.) und 3. Psychosen des Schulkind- oder späteren Kindesalters (7.–10. Lj.). Die Frage der Zuordnung des Kannerschen Syndroms zu den kindlichen Schizophrenien, den organischen Psychosyndromen und dem psychischen Hospitalismus wird im Abschnitt „Differentialdiagnose" besprochen.

Klinisches Bild

KANNER hielt den frühkindlichen Autismus für eine Krankheitseinheit mit zwei Haupt- bzw. Primärsymptomen: einer von Geburt an bestehenden schweren Kontaktstörung (vor allem zur personalen Umwelt) und einem ängstlich-zwanghaften Bedürfnis nach Gleicherhaltung der dinglichen Umwelt, sowie drei Sekundärsymptomen: einer schweren Störung der Sprachentwicklung (vor allem der kommunikativen Funktion); einem auffallend engen Verhältnis zu einzelnen Objekten und dem Vorhandensein einer guten kognitiven Potentialität. Hirngeschädigte Kinder schloß KANNER aus seiner Gruppe aus. Bis heute aber ist die Frage nach den primären und sekundären Symptomen beim Kannerschen Syndrom ebensowenig geklärt wie diejenige nach Ätiologie und Pathogenese. Auch das Problem der diagnostischen Umgrenzung des Syndroms wird bis heute diskutiert. Nach dem derzeitigen Forschungsstand hat sich erwiesen, daß hierzu die zwei Hauptkriterien KANNERs nicht ausreichen. Zwei Vorgehensweisen werden vorgeschlagen. Bei der einen ist festgelegt, wie viele Merkmale einer Liste mit diagnostischen Kriterien vorhanden sein müssen, damit die Diagnose gestellt werden kann. Beispiele dafür sind die Listen von CREAK (1961) und Kollegen; RENDEL-SHORT (1969) und RIMLAND (1965). Bei diesen Listen besteht das Problem der fehlenden Gewichtung der Symptome. Mit der anderen Vorgehensweise werden für die Diagnose unerläßliche Hauptsymptome herausgestellt. Diese Art der Diagnostik entspricht auch derjenigen von KANNER und wird von vielen Autoren bevorzugt, da sie zu einer wesentlich exakteren Umgrenzung des Syndroms führt.

Inzwischen sind mit dieser diagnostischen Grundkonzeption zwei Arbeitsdefinitionen erstellt worden. Sie beruhen beide darauf, daß einerseits Merkmale herausgefunden wurden, von denen angenommen wird, daß sie universal und spezifisch sind, d. h. solche Merkmale, die bei allen (oder fast allen) Kindern mit frühkindlichem Autismus vorkommen, dagegen nur selten bei Kindern mit anderen psychiatrischen Krankheiten, und andererseits Merkmale, die bei autistischen Kindern lediglich häufiger sind als bei Kindern mit anderen Störungen oder nur in einer bestimmten Entwicklungsphase vorkommen (SCHOPLER u. RUTTER 1978). Die Autoren meinen, daß diese ebenfalls spezifischen, aber nicht universalen Symptome sehr wohl kausale Mechanismen widerspiegeln können, die dem frühkindlichen Autismus zugrunde liegen, und daß sie nicht weniger wichtig sind als die vier zentralen definitorischen Charakteristika. Bei der Vielzahl von spezifischen Auffälligkeiten bestehe aber die Gefahr, daß jedes Forschungszentrum eine eigene Definition des frühkindlichen Autismus entwickle und die wissenschaftliche Verständigung dann unmöglich werde. Beide Gruppen von Wissenschaftlern bezeichnen den frühkindlichen Autismus (mit möglichen Untergruppen) als *ein vom Verhalten her definiertes Syndrom.* Durch die Erstellung von klar umgrenzten Arbeitsdefinitionen und durch die Anwendung eines multiaxialen Klassifikationssystems (RUTTER 1972; REMSCHMIDT u. SCHMIDT 1977) können die diagnostischen Probleme unter den Wissenschaftlern abgebaut und einheitliche Gruppen für die Forschung eliminiert werden.

RUTTER (1978a) zählt zu den Hauptsymptomen: 1. eine spezifische Form sozialer Entwicklungsstörung; 2. eine verzögerte und abweichende Sprachentwicklung mit beeinträchtigtem Sprachverständnis, Echolalie und pronominaler Umkehr; 3. ritualistische und zwanghafte Phänomene (gleichbedeutend mit „ein zwanghaftes Bedürfnis nach Gleicherhaltung der dinglichen Umwelt": KANNER); 4. ist zur Diagnose erforderlich ein Krankheitsbeginn vor 30 Monaten. Diese von RUTTER u. Mitarb. erhobenen Befunde bestätigen weitgehend KANNERs ursprüngliche diagnostische Kriterien.

Die Arbeitsdefinition der NSAC (National Society for Autistic Children), vorbereitet durch RITVO u. FREEMAN (1978), geht von einer Forschergruppe aus, die sich speziell für die sensorischen Besonderheiten autistischer Kinder interessiert, welche von vielen Forschern beschrieben worden sind (ORNITZ u. RITVO 1968, 1976a/b; SCHOPLER 1965; LEMPP 1973; WEBER 1970, 1972 u. a.). Die Frage, ob es sich hierbei um primäre Merkmale handelt, ist jedoch noch nicht endgültig beantwortet. Nach der Arbeitsdefinition der NSAC werden folgende Hauptsymptome angenommen: 1. Entwicklungsstörungen, bezogen auf Ausprägungsgrad und/oder Reihenfolge; 2. Störungen der Reaktionen auf sensorische Reize; 3. Störungen des Sprechens, der Sprache und der nichtverbalen Kommunikation; 4. Störungen in der Aufnahme von Beziehungen zu Personen, Ereignissen und Dingen. Zur Diagnose gehört hier ebenso wie bei der zuerst erwähnten Arbeitsdefinition ein Krankheitsbeginn vor 30 Monaten. Diese kategoriell aufgeführten Merkmale beider Arbeitsdefinitionen lassen sich jeweils in vielförmige Verhaltensweisen aufgliedern. Es finden sich Hauptmerkmale, die bei beiden Definitionen gleich sind, z. T. aber verschiedenen Kategorien subsumiert werden, es finden sich aber auch klare Unterschiede. Die sensorischen Besonderheiten z. B. werden im Rutterschen Überblick unter die charakteristischen Merkmale eingereiht, die sich nur bei einigen autistischen Kindern oder nur in einer bestimmten Entwicklungsphase finden. Die Autoren räumen auch ein, daß die Übertragung der Forschungsergebnisse einer dieser Untergruppen auf die andere nur begrenzt möglich ist.

Die Autorin dieses Kapitels legt bei der Diagnostik des frühkindlichen Autismus die Ruttersche Arbeitsdefinition zugrunde, ist allerdings wie FREEMAN, ORNITZ, RITVO u. Mitarb. auch der Ansicht, daß sich bei allen autistischen Kindern sensorielle Störungen finden lassen, die durchaus an gewisse Entwicklungsphasen gebunden sein können und evtl. trotzdem zu den primären Störungen gerechnet werden müßten. Bei dem heutigen Stand der Forschung – das betont auch WENDELER (1977a) zu Recht – ist aus therapeutischer und pädagogischer Sicht eine strenge Abgrenzung des autistischen Syndroms nach den unterschiedlichen Arbeitshypothesen (noch?) nicht notwendig. Andererseits sind aber doch gewisse Kriterien für die Diagnose anerkannt. Wir fassen diese nachfolgend zusammen.

Wesentliche Symptome des frühkindlichen Autismus. Das psychopathologische Syndrom ist meist am charakteristischsten zwischen dem 3. und 6. Lebensjahr (unterliegt aber auch in dieser Zeit schon mehr oder weniger starken Wandlungen). Vor dem 2. Jahr fehlen die Veränderungsängste, da für deren Entstehung Beziehungen zur Umwelt geknüpft sein müssen. Nach dem 6. Lebensjahr lassen – vor allem bei den weniger schwer gestörten Kindern – viele Besonderheiten im Ausprägungsgrad nach, und normale Entwicklungsvorgänge sind zu beobachten. Problematisch kann es sein, wenn man nur auf die Anamnese über diese frühe Entwicklungsphase angewiesen ist. Diagnostik und Forschung werden beim frühkindlichen Autismus auch noch *erschwert* durch die Variationsbreite des Schweregrades autistischer Verhaltensweisen bei verschiedenen Kindern.

Krankheitsbeginn vor 30 Monaten

Schwere Beziehungsstörung vor allem zur menschlichen Umwelt (die Verhaltensweisen, die sich aus dieser zentralen Störung ergeben, werden den Altersstufen zugeordnet)

Säuglinge:
- zeigen keine antwortende Lächelreaktion[1];
- nehmen keinen Blickkontakt auf;
- lassen eine Antizipationshaltung vermissen (Reichen der Arme, um aufgenommen zu werden);
- sind öfter gleichgültig oder ablehnend gegenüber Zärtlichkeiten[1];
- zeigen keine selektive Zuwendung;
- kommen gar nicht oder verspätet in die Entwicklungsphase der „Achtmonatsangst";
- sind oft „bequeme", d. h. ruhige Kinder.

Kleinkinder:
- laufen nicht hinter der Mutter her;
- laufen Eltern nicht zur Begrüßung entgegen;
- vermissen Eltern bei Abwesenheit nicht, freuen sich nicht beim Wiedersehen;
- laufen nicht zur Mutter, um sich trösten zu lassen, wenn sie sich verletzen oder hinfallen;
- beachten Personen eine Zeitlang nur wie nicht interessierende Gegenstände;
- haben einen gestörten Blickkontakt (sehen Personen nicht an, weichen auch später Blickkontakt aus oder nehmen nur flüchtig Blickkontakt auf)[1];
- finden im Laufe der Entwicklung besser Beziehung zu Erwachsenen als zu Kindern;
- haben oft Interesse lediglich an Einzelteilen des Körpers von sich selber oder anderen: vor allem Mund, Zähne, Zunge, Hände, Haare;
- führen Personen an der Hand zu erwünschten Objekten, dabei wird die Hand wie ein nicht zu einer Person gehörendes Gerät benutzt;
- zeigen in dieser Entwicklungsphase auch vielerlei symbiotische Verhaltensweisen (s. z. B. Falldarstellung);
- haben oft Mühe, Menschen zu erkennen, auch auf Fotografien.

Kinder und Jugendliche:

Viele soziale Behinderungen bessern sich in dieser Entwicklungsphase, insgesamt bleiben aber meist schwerwiegende soziale Störungen bestehen;
- zeigen eine geringe Neigung zu kooperativen Gruppenspielen mit anderen Kindern bzw. Jugendlichen oder verhalten sich in der Gruppe unangepaßt;
- knüpfen nur selten persönliche Freundschaften;
- haben ein mangelhaftes Einfühlungsvermögen für Personen und Situationen und kein Gespür für die Gefühle und Empfindlichkeiten anderer.

Diese mangelhafte Fähigkeit zur Intuition äußert sich bei günstigem Entwicklungsverlauf oft lediglich darin, daß die jugendlichen bzw. erwachsenen Autisten sozial unangepaßte Dinge sagen oder tun.

Beziehungsstörungen zur dinglichen Umwelt

Autistische Kinder
- zeigen lange eine zweckentfremdete Benutzung von Spielzeug (es wird ihm kein symbolischer oder thematischer Gehalt zugeordnet);
- haben oft eine übermäßig enge Bindung an Einzelobjekte (aber nicht vergleichbar mit der Bindung eines gesunden Kindes an ein Lieblingsspielzeug);
- haben lange keinen Begriff von Eigentum.

Verzögerte und gestörte Sprachentwicklung

(s. z. B. BOSCH 1968, 1970, 1980; RICKS u. WING 1975; RUTTER 1978b; RUTTER u. Mitarb. 1971)

Die Sprachentwicklung bei Kindern mit frühkindlichem Autismus setzt verspätet ein, kann auch ganz ausbleiben (etwa bei 50% der Kinder, es handelt sich dann um eine primäre Alalie und nicht um einen Mutismus). Die Sprache hat eine mangelhafte kommunikative Funktion. Auch in der nichtverbalen Kommunikation zeigen die Kinder Auffälligkeiten.

Autistische Kinder
- entwickeln keinerlei (oder verspätete) geeignete Gesten, die von Mimik begleitet sind, und keine Gesten mit symbolischem Gehalt (z. B. Kinderreime mit Handzeichen);
- unternehmen keine symbolischen, phantasievollen und kreativen Spiele (z. B. Rollenspiele);
- zeigen nicht die Besonderheiten des Lallens gesunder Kinder, bei denen vor Sprechbeginn ein Lallen im Tonfall von Sprache auffällt;
- haben ein mangelhaftes Sprachverständnis;

[1] Diese Symptome können das ganze Leben hindurch bestehenbleiben.

- zeigen über längere Perioden (oder auch bleibend) spontane und verzögerte Echolalie, und zwar zunächst ohne und später mit intendierter Kommunikation, sowie außerdem eine pronominale Umkehr (vor allem Ich – Du), die – wie heute allgemein angenommen – das Ergebnis der Echolalie ist (BAKER u. Mitarb. 1976);
- sagen spät „ich“, „nein“ und „ja“;
- sprechen von sich lange in der dritten Person;
- verwenden nicht oder spät die reziproke Interaktion der normalen Konversation;
- kommen nicht oder verspätet in das „Fragealter“, können dann aber immerzu die gleichen Fragen stellen, obwohl sie die Antworten kennen;
- können nach der Entwicklung von Sprache meist über Jahre oder auch bleibend Erlebtes nicht berichten und Geschichten nicht nacherzählen;
- können manchmal lesen oder abschreiben, ohne den Sinn des Gelesenen oder Abgeschriebenen zu verstehen;
- zeigen grammatische Fehler wie bei anderen Sprachbehinderungen;
- haben oft einen metaphorischen Sprachgebrauch (s. KANNER 1973b);
- verwenden manchmal seltsame sprachliche Neologismen;
- gebrauchen stereotype Äußerungen;
- wiederholen immer wieder die gleichen Sätze (z. B. „Ist 'ne Glatze schön?“ „Darf ich mal ihi hi hi hi sagen?“);
- zeigen Störungen der stimmlichen bzw. musischen Qualitäten der Sprache, u. a. Störungen der Sprachmelodie, der Betonung, der Stimmstärke und des Sprechrhythmus.

Ängstlich-zwanghaftes Bedürfnis nach Gleicherhaltung der dinglichen Umwelt (Veränderungsängste), ritualistische und zwanghafte Phänomene

Autistische Kinder

- zeigen starre und limitierte Spielabläufe sowie andere stereotype Verhaltensweisen;
- lehnen es ab, Neues zu erlernen;
- haben oft Bindungen an seltsame Objekte, die sie ständig mit sich herumtragen müssen;
- entwickeln Ängste bei bestimmten, für das jeweilige Kind wichtigen Veränderungen in seiner Umgebung;
- haben z. B. Angst vor fremden Räumen, einer fremden Umgebung, später auch vor fremden Personen;
- sind z. T. starr auf bestimmte Speisen, bestimmte Spazierwege, einen bestimmten Tagesablauf, bestimmte Verhaltensrituale festgelegt, die aber plötzlich veränderbar sind;
- können von der mittleren Kindheit an ungewöhnliche, einseitige Interessen haben, z. B. Zahlen, Farben, Fahrpläne, Autonummern, Kalenderdaten, auch einseitige Beschäftigungen, z. B. Ausschneiden aus Katalogen, Basteln seltsamer Maschinen;
- bei autistischen Jugendlichen können die Verhaltensrituale in eindeutige Zwangssymptome übergehen.

Sensorielle Auffälligkeiten

ORNITZ u. RITVO (s. z. B. 1976b) unterscheiden visuelle, auditive, taktile, vestibuläre, olfaktorische und gustatorische sowie propriozeptive Symptome.

Autistische Kinder

- lehnen die Berührung mancher Stoffe ab;
- mögen z. T. nicht durch Personen angerührt werden (lehnen Zärtlichkeiten ab);
- bevorzugen häufig bestimmte Speisen und/oder lehnen andere strikt ab (essen z. B. nur einen Brei von bestimmter Farbe und bestimmtem Geschmack); dieses Symptom ist, ebenso wie manche andere auch, mehrschichtig deutbar: bei seiner Entstehung können sensorielle Störungen sowie Veränderungsängste beteiligt sein;
- riechen z. T. an Nahrungsmitteln, Gegenständen und Personen;
- haben oft ein vermindertes Schmerz- und Kälteempfinden;
- reagieren auf alle oder auch nur auf spezifische laute Geräusche mit Angst;
- werden oft in der frühen Kindheit für taub oder schwerhörig gehalten;
- zeigen vielerlei Stereotypien, die als Selbststimulation von Sinnesbereichen zu deuten sind: z. B. sind bei den Kindern, und zwar meist in der frühen Kindheit (bei regelrechtem ophthalmologischem Befund), die motorischen Besonderheiten hochgradig sehschwacher oder blinder Kinder zu beobachten (WEBER 1970), einschließlich des für diese Kinder so charakteristischen Symptoms des Augenbohrens (s. S. 287); die Kinder lieben es, Kopfstand zu machen, Purzelbaum zu schlagen, herumzuwirbeln, den Kopf schnell herumzupendeln, rasche Fächerbewegungen mit den Händen vor den Augen zu vollführen, sich mit den Händen auf die Ohren zu schlagen, Gegenstände in rotierende Bewegung zu versetzen, sie grimmassieren oft intensiv, wobei das Angestrebte für sie offensichtlich die Veränderung der Weite des Sehschlitzes bedeutet (ein Patient z. B. zieht häufig die linke Gesichtshälfte zusammen, schließt und öffnet dadurch sein Auge, auf das er auch öfter den Zeigefinger drückt);
- haben gelegentlich Hyper- und Hyposensorien in einem Sinnesbereich nebeneinander (z. B. Berührungsüberempfindlichkeit und herabgesetzte Schmerz- und Kälteempfindung).

Motorische Auffälligkeiten

Autistische Kinder

- zeigen motorische Stereotypien mit vielgestaltigen Abläufen (s. auch sensorielle Auffälligkeiten);
- wirken in ihrer Motorik oft graziös, es finden sich aber bei motodiagnostischen Untersuchungen, zumindest in der Kindheit, so gut wie immer Auffälligkeiten; häufig sind auch dyspraktische Störungen nachzuweisen;
- können stundenlang ziellos hin und her laufen;
- gehen oft noch Jahre ausschließlich oder zeitweilig auf dem Vorderfuß = „Zehengang“ (WEBER 1970, 1978; s. S. 287);
- zeigen häufig ein plötzliches Gleiten der Augen in die Endstellungen (WEBER 1970), Abb. 7.2;
- grimassieren oft intensiv;
- lächeln und lachen ohne ersichtlichen Anlaß;
- haben eine starre Mimik;
- stecken in der frühen Kindheit z. T. nie Gegenstände in den Mund;
- müssen oft noch gefüttert werden, obwohl ihre motorische Geschicklichkeit ausreicht, um selber zu essen, würden aber eher verhungern, als selber zuzugreifen.

Intellektuelle Auffälligkeiten

s. „Intelligenz“, S. 281

Störungen der Entwicklung nach Grad oder Reihenfolge

„Angstparoxysmen“ (STUTTE 1960)

kurze Aufmerksamkeitsspanne (Kinder werden nicht von außen, sondern durch eigene Impulse abgelenkt)

Tendenz, nur eigene Strebungen durchzusetzen und daher erschwerte Motivierbarkeit

Aggressivität und Autoaggressivität (NISSEN 1975; VON TÖRNE 1974)

keine Angst vor realen Gefahren

Abb. 7.**2** Frühkindlicher Autismus (Heidi G., 3; 4 Jahre).

Jedes klinische Bild – auch wenn es nach den Hauptkriterien dem Kannerschen Syndrom zugeordnet ist – bedarf einer subtilen Beschreibung; denn Art, Ausprägung und Vielfalt der Symptome sind zugehörig der einmaligen Persönlichkeit des Kindes und seiner jeweiligen Umwelt.

Neurologische Befunde

KANNER hat Kinder mit Zeichen einer Hirnschädigung nicht in seine diagnostische Gruppe einbezogen. Da das charakteristische psychopathologische Syndrom aber auch bei Kindern mit Hirnschäden festgestellt werden kann, läßt es sich nicht rechtfertigen, diese Kinder von der Diagnose auszuschließen. Allerdings ist es für die Forschung erforderlich, zwischen Fällen zu differenzieren mit vorhandenem und fehlendem neurologischen Befund – ebenso wie mit vorhandenem und fehlendem intellektuellen Defekt –, und zwar so lange die Frage offen ist, ob beim Kannerschen Syndrom Untergruppen bestehen, für die unterschiedliche Ursachen in Frage kommen. Die Häufigkeit organischer Hirnschäden bei autistischen Kindern wird in der Literatur unterschiedlich angegeben, der Mittelwert beträgt etwa 50% (KOLVIN: 54% (1971); LEMPP: über 90% (1973); LOTTER: 33% (1974), bei Hinzunahme von verdächtigen Zeichen: 47%; RUTTER u. LOCKYER: 28% wahrscheinlich, 25% möglich (1967); WEBER: 41% (1970). Die Problematik der Diagnose einer Hirnschädigung ist oft diskutiert worden. Unterschiedliche Zuordnungen sind vor allem abhängig von der Zuverlässigkeit der anamnestischen Angaben, dem Umfang der neurologischen Untersuchungen sowie der Bewertung von anamnestischen Hinweisen und von Mikrosymptomen. Die Einteilungskriterien sollten daher jeweils möglichst prägnant herausgestellt werden (SCHENK u. WEBER, 1970).
Das Syndrom des frühkindlichen Autismus findet sich bei unterschiedlichen zerebralorganischen Störungen, z. B. bei frühkindlichen Hirnschädigungen, infantiler Zerebralparese (LEMPP 1973; SCHÖNFELDER 1964 u. a.), Rötelnembryopathie (CHESS 1971; WEBER u. SCHMIDT 1969), retrolentaler Fibroplasie (KEELER 1958), kongenitaler Syphilis (RUTTER u. LOCKYER 1967), Hypsarrhythmie (TAFT u. COHEN 1971), tuberöser Sklerose (FRANKL 1943; LOTTER 1974), Phenylketonurie (HOMMES u. PRICK 1964; WEBER 1970). COLEMANN (1976) hat aus der Literatur 111 Fälle zusammengestellt, bei denen spezifische Krankheitsbilder zusammen mit dem Kannerschen Syndrom vorkamen. Im Hinblick auf diese Krankheitsbilder ist es von Interesse, daß einige spezifische Hirnschäden mit geistigen Defekten häufiger mit dem Kannerschen Syndrom zusammen vorkommen (z. B. Rötelnembryopathie, Phenylketonurie, tuberöse Sklerose) als andere, wie z. B. das Down-Syndrom (WAKABAYASHI 1979).
Eine recht hohe Anzahl der Klienten mit frühkindlichem Autismus bekommt *epileptische Anfälle*, und zwar meist erst im Jugendalter. In der Literatur schwanken die Häufigkeitsangaben zwischen 7% (CREAK 1963) und 29% (RUTTER u. BARTAK 1971), sie sind u. a. abhängig vom Alter der Patienten bei den Nachuntersuchungen. Auch 2 der 9 Kinder, die KANNER 1943 erstmalig beschrieb, bekamen epileptische Anfälle. Die meisten dieser Patienten hatten in der Kindheit normale neurologische und elektroenzephalographische Befunde. Auch die Häufigkeit von pathologischen *EEG-Befunden* wird unterschiedlich, zumeist aber recht hoch angegeben (KOLVIN: 32% [1971]; DE MEYER u. Mitarb.: 66% [1973]). Die erhobenen Befunde sind sehr variabel. Die Häufigkeit von Stigmata degenerationis (besser: laesionis) liegt sehr viel höher als bei Gruppen gesunder Kinder (WALKER 1977).

Metabolische, biochemische, chromosomale und hämatologische Befunde

Obwohl auch in diesen Bereichen intensive Forschung betrieben wird, lassen sich bisher verläßliche allgemeingültige Aussagen nicht machen (RITVO u. Mitarb. 1978; RODNIGHT 1978).

Intelligenz

KANNER und andere Forscher nach ihm (BOSCH 1971; FISCHER 1966) nahmen bei autistischen Kindern eine normale intellektuelle Potentialität an, die jedoch durch die Beziehungsstörung (emotionale Sperre – KANNER) nicht zur Entfaltung komme. Das Schicksal autistischer Kinder soll daher von einer frühzeitigen Behebung der Beziehungsstörung abhängen, da vermutet wird, daß ein Rückstand der intellektuellen und sprachlichen Entwicklung später – wenn überhaupt – nur noch begrenzt aufholbar ist. Es liegen aber Untersuchungen vor (von BRACKEN 1969; CLARK 1972; KOLUCHOVA 1972 u. a.), die aufzeigen, daß Sprache und IQ-Werte noch im späten Kleinkind- und Schulalter von hochgradigen Rückständen bis zu einem guten oder sogar überdurchschnittlichen Entwicklungsstand ansteigen können. Auch einer unserer Patienten mit dem charakteristischen Syndrom des frühkindlichen Autismus erlernte noch zwischen 8 und 9 Jahren und ein Patient RUTTERs (1968) zwischen 11 und 12 Jahren eine altersentsprechende Sprache. Diese Ergebnisse stellen die Hypothese in Frage, nach der Sprache sich nicht mehr jenseits der „kritischen Perioden" entwickeln kann. SPIEL (1977) weist auf die Hypothese dieser „kritischen Perioden" in der menschlichen Entwicklung hin, mit der sich auch RUTTER (1968) eingehender auseinandersetzt und auf die immensen Schwierigkeiten der Erforschung solcher Perioden beim Menschen aufmerksam macht. Diese sind aber auch bei Vögeln nicht so klar begrenzt, wie man zunächst annahm.

Die Überzeugung, daß autistischen Kindern primär eine gute intellektuelle Potentialität zur Verfügung steht, wird von folgenden Befunden abgeleitet: die Kinder haben meist hübsche Gesichter, deren Ausdruck gelegentlich durchaus als „intelligent" interpretiert werden kann; sie verfügen häufig über ein gutes mechanisches Gedächtnis, haben öfter spezielle Fähigkeiten und Interessen, einzelne auch spezielle Talente (COBRINIK 1974; FISCHER 1966; WASSING u. VAN KREVELEN 1968; SELFE 1977; L. WING 1973), und ihre Begabungsschwächen scheinen teils im Zusammenhang mit sozialen Schwächen zu stehen (vor allem die Sprachentwicklungsstörung mit der Störung der kommunikativen Funktion). Zweifellos aber gibt es auch isolierte, z. T. hypertrophierte Befähigungen bei nichtautistischen Schwachsinnigen (NURCOMBE 1964, STUTTE 1962b). Neuere Untersuchungen (DEMEYER u. Mitarb. 1974; FREEMAN u. RITVO 1976; RUTTER 1977a/b u. a.) weisen aber darauf hin, daß es sich bei den autistischen Kindern um tatsächliche intellektuelle Defekte handelt und nicht um Retardierungen (aufholbare Entwicklungsverzögerungen), ein Begriff, der im angloamerikanischen Sprachraum allerdings synonym mit Oligophrenie, meist jedoch für alle Arten der Entwicklungsrückständigkeit verwendet wird. Das charakteristische Kannersche Syndrom kommt bei Kindern jeden Intelligenzniveaus vor, und zwar haben ca. 60% einen IQ unter 50, 20% einen IQ zwischen 50 und 70 und 20% einen IQ über 70, darunter nur 3% Intelligenzwerte im Normalbereich (RITVO u. FREEMAN 1978). Voraussetzung für die Testfähigkeit autistischer Kinder ist die Untersuchung mit Testmethoden, die sich ihren besonderen Gegebenheiten anpassen, d. h. z. B., daß zunächst sprachfreie Tests verwendet werden müssen (s. WENDELER 1977b). Auch aus der Spielbeobachtung der autistischen Kinder gewinnt man wichtige Informationen über ihren Entwicklungsstand. Auf das Bestehen eines intellektuellen Defektes weisen u. a. folgende Befunde hin: Die Konstanz der IQ-Werte entspricht derjenigen normaler Kinder (Einschränkung s. u.); unter einer Besserung der Beziehungsstörung kommt es nicht gleichzeitig auch zu einem Ansteigen der IQ-Werte; es finden sich meist charakteristische kognitive Schwächen und Stärken, und zwar lösen autistische Kinder am schlechtesten Aufgaben, die abstraktes Denken, Symbolverständnis oder die Fähigkeit zu logischen Schlußfolgerungen erfordern, und am besten solche, die manipulative, visuellräumliche Fähigkeiten oder mechanische Gedächtnisleistungen voraussetzen. Kinder mit Kannerschem Syndrom zeigen daher beim Verbalteil des Wechsler-Tests häufig die schwächsten Leistungen in dem Untertest Allgemeines Verständnis, die besten im Zahlennachsprechen; beim Handlungsteil liegen die Spitzenwerte meist im Mosaiktest und Figurenlegen, dagegen finden sich besonders schwache Leistungen im Zahlen-Symbol-Test (LOCKYER u. RUTTER 1970; RUTTER 1977a; WASSING 1965; WURST 1981).

Bei den autistischen Kindern mit einem IQ>50 besteht allerdings – wie verschiedene Untersuchungen gezeigt haben (DEMEYER u. Mitarb. 1974) – eine leichte Tendenz des Anstiegs der IQ-Werte, vor allem unter Therapie, während bei geistig schwer behinderten Kindern von der späten Kindheit an eher eine leichte Verschlechterungstendenz festgestellt wird. Zweifellos lassen sich jedoch auch vereinzelt autistische Kinder beobachten, die in der frühen Kindheit intellektuell eindeutig behindert scheinen (selbst nach Entwicklungsskalen und Spielverhalten) und die später eine normale oder sogar überdurchschnittliche Intelligenz entfalten. Hier sei als Beispiel auf das autistische Kind mit Rötelnembryopathie und Taubheit verwiesen, dessen dramatischen Entwicklungsverlauf CHESS (1977) beschreibt. Zu diesem intensiven Entwicklungsschub war es gekommen, trotzdem eine schwer traumatisierende Familiensituation bestand. Wenn nach den neueren Befunden die Intelligenzstörung der Kinder mit frühkindlichem Autismus vom Verlauf her auch zumeist dem Schwachsinn zugehört, so ist es doch erforderlich, sich auch weiterhin gegenüber den Problemen von Genese und Prognose der Intelligenzdefekte offen zu halten.

Episodische und konstante Verschlechterungen

Erstaunlicherweise finden sich in der Literatur kaum Hinweise auf krisenhafte Zustände, die sich bei autistischen Kindern gar nicht so selten beobachten lassen und meist durch massive Erregungszustände und Schlafstörungen sowie durch aggressive, eigenaggressive, gesteigerte zwanghafte Handlungen und dysphorische oder ängstliche Verstimmungen geprägt sind. Nach BOSCH (1971) können solche Zustände schon im Kindesalter und vermehrt in der Pubertät in Erscheinung treten. Bei einer unserer Patientinnen mit frühkindlichem Autismus gingen solche über Tage bis Wochen anhaltenden Episoden im Alter zwischen 3 und 7 Jahren immer mit einem eigenartigen Sprachabbau bis zur Stummheit einher. Mehrere unserer Patienten konnten wegen dieser Zustände schließlich nicht mehr in der Familie belassen werden. Diese krisenhaften Episoden deutet BOSCH (1971) psychoreaktiv. Wir stimmen dieser Ansicht zu, werfen aber doch die Frage auf, ob nicht – zumindest in einigen Fällen – auch hirnphysiologische Vorgänge auslösend sein können. BOSCH (1971) beschreibt eine Probandin mit frühkindlichem Autismus, bei der es zu einer Regression mit nachfolgender Erstarrung und Defektbildung kam. Entsprechende Beobachtungen haben auch wir bei einzelnen Patienten gemacht. RUTTER u. BARTAK (1971) weisen ebenfalls auf Verläufe hin, die mit einem Verlust der Sprechfähigkeit, einer Antriebsstörung und einem allgemeinen Intelligenzabfall einhergingen. Die hier erwähnten krisenhaften Zustände und defekthaften Verläufe werden in der Literatur bisher nicht diskutiert. Auch unter den von MNUKHIN u. ISAEV (1975) geschilderten Patienten mit zerebralorganisch verursachten *autistischen Psychopathien* findet sich einer, bei dem psychotische Episoden mit depressiven Zügen, Depersonalisationserlebnissen, Reizbarkeit und zudringlichen Handlungen beobachtet wurden. STUTTE (1967) hat betont, daß die amorphen „episodischen Psychosen Schwachsinniger“ trotz mancher symptomatologischer Ähnlichkeiten mit den endogenen Psychosen „heute aus guten Gründen den exogenen körperlich begründeten Psychosen zugerechnet werden“ (S. 186). Diese Zuordnung wird auch für einige krisenhafte Zustände bei autistischen Patienten berechtigt sein.

Differentialdiagnose

Es finden sich im Kindesalter noch andere klinische Bilder mit schweren Beziehungsstörungen und Symptomen, die auch bei Kindern mit Kannerschem Syndrom vorkommen. Differentialdiagnostische Erwägungen sind daher gegenüber folgenden Störungen erforderlich:

Autistische Psychopathie: s. S. 270ff.

Schizophrenie: Viele anglo-amerikanische Autoren (BENDER, CREAK, GOLDFARB, O'GORMAN, ORNITZ, RITVO u. a.) sind der Ansicht, daß der frühkindliche Autismus die früheste, meist angeborene Manifestationsform der kindlichen Schizophrenie ist. Hier muß angemerkt werden, daß die Schizophreniediagnose vor allem in Amerika aufgrund sehr unterschiedlicher Kriterien gestellt wird, worauf vor allem MOSSE (1960) eindringlich hingewiesen hat. Andere Forscher, darunter die Mehrzahl der europäischen, grenzen den frühkindlichen Autismus nosologisch von der Schizophrenie ab (BOSCH, DE MEYER, EISENBERG, HERZKA, HIRAI, KANNER, VAN KREVELEN, LOTTER, LUTZ, MAKITA, O'CONNOR, RUTTER, SCHACHTER, SPIEL, STUTTE, WEBER, WING u. a.). Gegen die Zuordnung des frühkindlichen Autismus zur Schizophrenie sprechen u. a. das Fehlen eines prozeßhaften Verlaufs und einer erhöhten familiären Belastung mit endogenen Psychosen sowie die Tatsache, daß frühkindlich autistische Zustandsbilder nicht in Schizophrenie ausmünden. Es bestehen außerdem bei beiden Krankheitsformen Unterschiede in der Familienpathologie, in der Geschlechtsverteilung, in der Häufigkeit epileptischer Anfälle und hirnorganischer Schäden sowie in der Prognose. Gewichtig ist auch die Tatsache, daß im Rahmen der umfangreichen Zwillingsuntersuchungen bei Schizophrenie unter den eineiigen Zwillingen bisher kein dem schizophrenen erbgleicher Zwilling mit einem Kannerschen Syndrom nachgewiesen wurde (FOLSTEIN u. RUTTER 1978). Eine Abgrenzung des Kannerschen Syndroms von der kindlichen Schizophrenie – deren Leitsymptom ebenfalls eine schwere Beziehungsstörung ist – gelingt klinisch zumindest nach Anamnese und Verlauf. Wenn LEMPP (1973) unter seinen 40 „kindlichen Autisten“ in 20% eine familiäre Belastung mit Geisteskrankheiten fand, so ist darauf hinzuweisen, daß seine Kindergruppe sowohl Kannersche wie Aspergersche Autisten umfaßt, die allgemeine Erkrankungsgrenze das 5. Lebensjahr ist und sich in der Gruppe außerdem 7 Kinder finden mit einem Erkrankungsalter zwischen 5 und 10 Jahren. Im Zusammenhang mit der hier aufgeworfenen Fragestellung soll auf die umfassende Arbeit von EGGERS (1978) hingewiesen werden.

Symbiotische Psychose (MAHLER): Ob sich diese von MAHLER (1972) beschriebene Psychose eindeutig vom frühkindlichen autistischen Syndrom abgrenzen läßt, scheint uns noch eine offene Frage.

Für die Problematik der Abgrenzung spricht u. E. auch, daß in der deutschsprachigen Literatur bisher nur 2 Kinder beschrieben wurden, deren Störung der symbiotischen Psychose zugeordnet werden kann (LUTZ 1969; BERGER 1975).

Folgen psychischer Traumen (Syndrome, bezeichnet als Hospitalismus, mütterliche Deprivation; Störungen im Zusammenhang mit einer chronisch traumatisierenden Umwelt): Es ist immer wieder von Autoren mit fundierten Kenntnissen über das Hospitalismussyndrom (darunter werden häufig alle frühen Umweltschäden zusammengefaßt) herausgestellt worden, daß diese Kinder zwar auch schwerste Kontaktstörungen zeigen können, jedoch nicht das typische Syndrom des frühkindlichen Autismus (O'CONNOR 1956; LEMPP 1981; ORNITZ u. RITVO 1976a/b; J. K. WING 1977; RUTTER 1978a). Allerdings hängt diese Zuordnung von der Definition des Kannerschen Syndroms ab. RUTTER (1978a) weist im Zusammenhang mit der Frage der psychoreaktiven Verursachung des frühkindlichen Autismus darauf hin, daß bei diesen Störungen in der Kindheit die Geschlechtsverteilung gleich ist, in der Adoleszenz dagegen die Mädchen überwiegen. Außerdem sei u. a. die Häufigkeit von epileptischen Anfällen bzw. hirnorganischen Schäden allgemein zu berücksichtigen. KANNER (1943) hat die Eltern autistischer Kinder als hochintelligent, rational gesteuert, zwanghaft und kühl beschrieben. Es finden sich in der Folgeliteratur sehr unterschiedliche Angaben über die Persönlichkeitsstruktur der Eltern (MCADOO u. DEMEYER 1978) und die Mutter-Kind- bzw. Familie-Kind-Interaktion (CANTWELL u. Mitarb. 1978; SCHOPLER 1978). CANTWELL u. Mitarb. kommen nach kritischer Würdigung einer Vielzahl wenig einheitlicher Untersuchungen zu dem Schluß, daß die Untersuchungsergebnisse die Vorstellung eines ursächlichen familiär-milieureaktiven Faktors für das Syndrom des frühkindlichen Autismus nicht zu stützen vermögen, psychosoziale Einflüsse jedoch für den Krankheitsverlauf wichtig sind. Die Auseinandersetzung der Mutter eines autistischen Kindes mit einer Vielzahl an Problemen muß nicht zwangsläufig zu einem erzieherischen Fehlverhalten oder zu schweren psychoreaktiven Störungen der Mutter führen – eine Tatsache, die wir auch aus unserer eigenen Erfahrung bestätigen können. Ein Vergleich der Eltern autistischer Kinder mit denjenigen von Child-Guidance-Kindern durch MCADOO u. DEMEYER (1978) zeigt, daß die Elternpersönlichkeiten ähnlich sind, daß aber jedes gestörte Kind wahrscheinlich eine Streßwirkung auf seine Familie ausübt. SCHACHTER (1979a/b) betont, daß sich die Eltern seiner 17 Kinder mit frühkindlichem Autismus weder nach der Schulbildung noch aufgrund der Intelligenz oder der Persönlichkeit (der eine zwanghaft-schizoide Vater ermöglicht noch keine Interpretation) von denjenigen nichtautistischer Kinder unterscheiden. Er nimmt daher auch nicht an, daß der frühkindliche Autismus ursächlich mit der Persönlichkeit der Eltern bzw. deren pädagogischen Fähigkeiten in Zusammenhang steht.

Oligophrenie, zerebralorganische Schädigung: Selbst Kinder mit schweren Schwachsinnszuständen zeigen im allgemeinen nicht die für Kinder mit Kannerschem Syndrom so charakteristischen Beziehungsstörungen. Bei oligophrenen Kindern sind in der Regel die emotionalen Beziehungen zu Menschen, Dingen und Situationen erheblich weniger gestört als die sachlichen (FRANKL 1943). Viele Forscher haben auf Unterschiede zwischen autistischen und nichtautistischen oligophrenen Kindern aufmerksam gemacht, und zwar – abgesehen von den spezifischen Verhaltensauffälligkeiten – z. B. auf das unterschiedliche Intelligenzprofil und das relativ gute, aber vorwiegend mechanische Gedächtnis autistischer Kinder (RUTTER 1977a). Es ist zwar richtig, daß sprachliche Besonderheiten wie Echolalie, Phonographismus, pronominale Umkehr und Wiederholung sinnloser Worte auch bei Schwachsinn, schizophrenen Prozessen (KEELER 1958; NISSEN 1977) sowie auch bei Hörstummheit (RUTTER 1978b) vorkommen können, sie sind jedoch bei diesen Störungen nicht universal, nicht so intensiv und vor allem nicht gebunden an den für autistische Kinder so charakteristischen sprachlichen Entwicklungsprozeß.

Zerebralorganische Schädigung: s. „Neurologische Befunde", S. 280.

Dementia infantilis (HELLER): Bei diesem im Alter zwischen 3 und 4 Jahren beginnenden und etwa innerhalb eines Jahres sich vollziehenden Demenzprozeß (BENDA 1959; STUTTE u. HARBAUER 1965; STUTTE 1974) besteht im Hinblick auf die schwere Beziehungsstörung, den Sprachbau (oft noch bis zu Resten mit nicht kommunikativer Funktion: Echolalie, Phonographismus, evtl. „Kauderwelschsprache"), die stereotypen Hantierungen eine gewisse Ähnlichkeit zum Kannerschen Syndrom, aber schon der charakteristische, innerhalb von Monaten sich vollziehende dementive Prozeß läßt eine sichere Abgrenzung zu.

Sensorische Hörstummheit: Diese Störung der Sprachentwicklung – im anglo-amerikanischen Sprachraum als rezeptive Entwicklungsaphasie bezeichnet (hierzu STUTTEs kritische Stellungnahme 1968) – und frühkindlicher Autismus haben folgende Symptome gemeinsam: inkonstante Reaktion auf Geräusche (die Kinder werden oft für taub oder schwerhörig gehalten), Sprachentwicklungsstörungen (wenn Sprache entsteht, kommt es zu Echolalie, pronominaler Umkehr und Artikulationsstörungen). Außerdem können bei den sensorisch hörstummen Kindern auch Beziehungsstörungen bestehen. Untersuchungen u. a. von RUTTER (1978b) und BARTAK u. Mitarb. (1975, 1977) haben jedoch ergeben, daß eine Unterscheidung zwischen Autismus und sensorischer Hörstummheit sowohl in bezug auf die Form der Sprachstörung als auch nach den Verhaltenskriterien getroffen werden kann. Die sozialen Beziehungsstörungen kommen bei den autistischen Kindern viel häufiger vor und sind intensiver. Ebenfalls ist der Grad der Sprachstörung größer – mit Ausnahme der Artikulationsstörungen. Sensorisch hörstumme Kinder konnten im Gegensatz zu den autistischen Kindern durch nichtverbale Gesten Kontakt aufnehmen und waren sensibel für die Gesten anderer. In ihren Spielen waren sie meist auch wesentlich einfallsreicher. Außerdem zeigten sie im allgemeinen ein ausgeglichenes Intelligenzprofil. Die autistischen Kinder sind gute Leser im mechanischen Sinn, aber schlechte Leser was das Inhaltsverständnis angeht. Bei aphasischen Kindern ist das genaue Gegenteil der Fall (FRITH 1978). Die Sprachstörung und die kognitive Störung sind also bei autistischen Kindern und sensorisch hörstummen nicht die gleichen; RUTTER (1978 b) vermutet aber, daß doch irgendwelche Zusammenhänge bestehen.

Sinnesdefekte: Unter 243 Kindern mit Rötelnembryopathie fanden CHESS u. Mitarb. (1971, 1977) 22 autistische Kinder, das entspricht einer Häufigkeit von 905 auf 10 000 dieser Kindergruppe. Von den 22 autistischen Kindern zeigten 11 das komplette charakteristische Bild des frühkindlichen Autismus nach den Kriterien von KANNER, 11 ein partielles autistisches Syndrom. Es kamen bei diesen autistischen Kindern alle Kombinationen von Behinderungen vor, die sich auch bei den nichtautistischen mit Rötelnembryopathie fanden: Seh- und Hörstörungen, normale bis erheblich unterdurchschnittliche Intelligenz, Herzfehler und andere Mißbildungen. Ein von uns beschriebenes zweieiiges Zwillingspaar mit Rötelnembryopathie und Kannerschem Syndrom (WEBER u. SCHMIDT 1969) hatte keine Hör- und Sehstörungen, war aber deutlich intellektuell behindert. Die Eltern der von CHESS 1971, 1977) beschriebenen autistischen und nichtautistischen Kinder waren nicht unterschiedlich nach sozioökonomischem Status, Intelligenz und Persönlichkeit. In der Gesamtgruppe der Kinder mit Rötelnembryopathie zeigten die Kinder mit schwacher Intelligenz und sensorischen Behinderungen eine große Mannigfaltigkeit an Verhaltensweisen und psychopathologischen Besonderheiten. CHESS u. Mitarb. schließen aus diesen Befunden, daß der Befall des ZNS mit dem Rötelnvirus die Ursache für die Entstehung des Autismus ist. KEELER (1958) fand unter 35 Kindern mit retrolentaler Fibroplasie 5 mit Kannerschem Syndrom; zwei von diesen Kindern waren blind, 3 hochgradig sehschwach. Der Autor vermutet die Ursache in der begleitenden Hirnschädigung, erwägt als zusätzliche Noxen die frühe Erblindung und emotionale Schäden. Im allgemeinen zeigen blinde und/oder taube Kinder jedoch nicht das psychopathologische Bild des frühkindlichen Autismus. Wenn auditive und visuelle Behinderungen mit Schwachsinn kombiniert sind, entspricht die Fähigkeit, Beziehungen zu Personen und Dingen aufzunehmen, dem Entwicklungsstand der kognitiven Funktionen (RITVO u. FREEMAN 1978, S. 165).

Ätiologie und Genese

Die Hypothesen über Ätiologie und Genese des Kannerschen Syndroms reichen in verwirrender Vielzahl von neuropsychologischen bis zu gesellschaftspolitischen Ansätzen. Diese vielfach mehrdimensionalen Hypothesen lassen sich oft nicht in ein nach Kategorien geordnetes Schema einfügen. Wichtige Befunde sind zwar inzwischen erhoben worden, aber auch die Ansichten über die primären und sekundären Symptome gehen noch weit auseinander. So wird die emotionale bzw. die soziale Störung von manchen Forschern (z. B. von allen, die sich mit dem autistischen Syndrom von ethologischen Aspekten her befaßt haben) für ein primäres Symptom gehalten (ASPERGER 1968 a; BETTELHEIM 1977; HUTT 1978; KANNER 1943; PLOOG 1969; TINBERGEN u. TINBERGEN 1978 u. a.), von anderen Forschern dagegen als ein sekundäres Symptom angesehen (AFFOLTER 1977; FRITH 1978; HERMELIN 1978; VAN KREVELEN 1960; LEMPP 1973; ORNITZ u. RITVO 1976 a/b; O'CONNOR 1971; RUTTER 1978 a/b; WASSING 1978; WEBER 1970; J. K. WING 1977; L. WING 1973 u. a.). Es kann hier im Zusammenhang mit der vorliegenden Fragestellung nur auf einzelne wichtige Untersuchungsbefunde hingewiesen werden, außerdem auf einzelne Hypothesen in bezug auf die primären und sekundären Symptome und in bezug auf Ätiologie und Genese. KANNER hält genetische Faktoren (intelligente, emotional kühle Eltern) und milieureaktive (der Einfluß, der von diesen Eltern ausgeht) entscheidend für die Entstehung des frühkindlichen Autismus, den er als nosologische Entität ansieht. Anfänglich war die psychogenetische Hypothese vorherrschend, während heute vorwiegend die hirnorganische Entstehung – zumindest im Sinne eines gewichtigen ätiologischen Teilaspekts – diskutiert wird. Vertreter der psychogenetischen Hypothese sind vor allem BETTELHEIM (1977), DESPERT (1951), GOLDFARB (1961) und MAHLER (1972). Hirnorganische Faktoren machen für die Entstehung des Syndroms (mit-)verantwortlich: HERMELIN (1978), VAN KREVELEN (1960), LEMPP (1973), MAKITA (1974), O'CONNOR (1971), ORNITZ u. RITVO (1976 a/b), RUTTER (1978 a), SCHOPLER (1978), WASSING (1978), WEBER (1970), J. K. WING (1977), L. WING (1973) u. a. Einzelne Autoren vermuten unterschiedliche Entstehungsmöglichkeiten des autistischen Syndroms und/oder Wechselwirkungen verschiedener psychodynamischer, hereditärer oder hirnorganischer Ursachen im Sinne gemeinsamer Ausformung oder gegenseitiger Verstärkung (BOSCH 1970; O'GORMAN 1976; VAN KREVELEN

1971; NISSEN 1978 u. a.). RIMLAND (1964) ist der Ansicht, daß es sich um eine erbliche Störung handelt mit einer Lokalisation in der Formatio reticularis. SPENCE (1976) dagegen kommt zu dem Ergebnis, daß bisher keine Anhaltspunkte für einen spezifischen genetischen Mechanismus bei dieser Störung bestehen. Die Autorin diskutiert auch die Möglichkeit, daß nur ein Symptom oder ein Bündel von Symptomen erblich sein könnte. Die neuesten Zwillingsuntersuchungen von FOLSTEIN u. RUTTER (1978) ergeben ebenfalls noch keine Klärung der hier angeschnittenen Frage, schon wegen der zu geringen Zahlen.

BETTELHEIM (1977) und MAHLER (1972) sind die bekanntesten psychoanalytisch orientierten Vertreter der psychogenetischen Hypothese des frühkindlichen Autismus. MAHLER nimmt folgende ursächliche Faktoren an, die im Sinne einer Ergänzungsreihe wirksam werden: eine Störung der Bemutterung und eine konstitutionell bedingte, möglicherweise auch erbliche oder sehr früh erworbene, also „vorherbestimmte Defizienz“ des Kindes. BETTELHEIM deutet die autistische Störung aus dem Erlebnis dieser Kinder, in ihrer Umwelt unmittelbar existentiell bedroht zu sein – und zwar dadurch, daß die Eltern oder ein Elternteil ihnen extrem negative Gefühle entgegenbringen. Das Kind komme zu der Überzeugung, daß die Außenwelt lebensfeindlich sei und es daran nichts zu ändern vermöge, daher entziehe es der Außenwelt die Aufmerksamkeit und begebe sich in einen autistischen Rückzug. Um das Nichthandeln sicherzustellen, müsse es auf alle äußeren Einflüsse und alle intrapsychischen Vorgänge (es könnte durch seine Feindseligkeit ebenfalls zum Handeln veranlaßt werden) gefühllos reagieren. In der Therapie müsse den autistischen Kindern geholfen werden, Haß und Hoffnungslosigkeit aufzugeben und „zur menschlichen Ambivalenz zurückzukehren, in der Beziehungen gedeihen können“ (S. 119). BETTELHEIM weist zur Unterbauung seiner Hypothese u. a. darauf hin, daß autistische Kinder die Verwendung des Wortes „ich“ aktiv vermeiden. BARTAK u. RUTTER (1974) und Ref. (1970) haben aufgrund eigener Untersuchungen festgestellt, daß bei Kindern mit einer Echolalie der seltene Gebrauch des Wortes „ich“ mit seiner üblichen Stellung am Satzanfang zusammenhängt und autistische Kinder meist nur das Ende des Satzes, den sie hören, echolalieren. Bei der von BETTELHEIM durchgeführten Therapie wird das Kind während der jahrelangen, mit beachtlichem menschlichen Einsatz geführten Behandlung von seiner Mutter getrennt, während MAHLER die Mutter in die (meist ambulant durchgeführte) Therapie einbezieht, um über eine korrigierende symbiotische Erfahrung des Kindes in der Therapie diesem eine langsame Wiederentdeckung der Mutter zu ermöglichen. Aus seiner Parteinahme für das leidende Kind kann BETTELHEIM gelegentlich auch massive Anklagen gegenüber den Müttern autistischer Kinder äußern.

Den neuropsychologischen Ansatz in der Autismusforschung bestimmen im wesentlichen zwei Hypothesen: 1. die Störung der zentralen Aktivierung (Englisch: „arousal“) und 2. die Störung kognitiver Prozesse (MARTINIUS 1974). Autistische Kinder reagieren abnorm auf sensorische Reize, und zwar im Sinne der Übererregung oder des Mangels bzw. des Ausbleibens von Reaktionen. Aufgrund eigener Untersuchungen hat MARTINIUS (1974) festgestellt, daß die aus dem EEG ablesbare, gesteigerte kortikale Aktivierung bei autistischen Kindern kein für das autistische Syndrom spezifisches Phänomen zu sein scheint. Bezogen auf die Hypothese kognitiver Störungen – und zwar ihrer physiologischen Grundlagen – weist MARTINIUS auf Untersuchungen von RITVO u. Mitarb. (1969) hin, die erahnen lassen, daß bei autistischen Kindern die sensorischen Funktionen – in diesem Fall die visuelle Wahrnehmung – „mit anderen Funktionen auf besondere Weise interferieren, um nicht zu sagen kollidieren“ (S. 193). Aufgrund dieser Untersuchung wurde bei autistischen Kindern eine Verkürzung der Dauer des sog. postrotatorischen Nystagmus bei geöffneten Augen festgestellt, während die Dauer bei geschlossenen Augen normal war. MARTINIUS folgert, daß dieser Befund mit gesteigerter allgemeiner Aktivierung nicht mehr erklärt werden kann und daß eine „besondere Störung der Aufnahme und Verarbeitung sensorischer Informationen“ anzunehmen ist, und zwar „entweder nach Art einer abnormen Filterfunktion“ oder eines „noch systematischeren Defekts“ (S. 194).

VOGT u. SCHLACK (1977 äußern aufgrund der Befunde einer kombinierten Untersuchung von Verhalten und elektrophysiologischen Meßwerten die Vermutung, daß die häufig bei autistischen Kindern zu beobachtenden zentralen Aktivierungsvorgänge nicht als Ursache, sondern eher als Folgeerscheinung perzeptiv-kognitiver Verarbeitungsschwierigkeiten aufzufassen sind, und daß die Isolationstendenzen dieser Kinder als eine Art Schutzreaktion zur Vermeidung von Überforderung im perzeptorisch-kognitiven Bereich interpretiert werden können (s. dazu ORNITZ u. RITVO 1968 und KIPHARD 1972). ORNITZ (1971) und ORNITZ u. RITVO (1968, 1976 a/b) vertreten die Hypothese, daß der frühkindliche Autismus durch perzeptuelle Inkonstanz entsteht, d. h. durch einen Defekt in der homöostatischen Regulation sensorischer Reizaufnahme und motorischer Reaktion bzw. einer spezifischen Entwicklungsstörung der sensomotorischen Integration. Die Forscher nehmen an, daß das autistische Syndrom durch eine hirnlokale neuropathophysiologische Störung (vestibuläre Kerne des Hirnstamms) verursacht wird und sich primär in Wahrnehmungsstörungen manifestiert mit begleitenden Störungen der Sprache, der Beziehungen und der kognitiven Entwicklung.

Kognitive Störungen sind beim frühkindlichen Autismus sicher nachgewiesen. Vor allem die englische Forschergruppe FRITH, HERMELIN und O'CONNOR hat vielfältige experimentelle Untersuchungen bei autistischen Kindern durchgeführt, die u. a. auf ein Konkurrieren (HERMELIN 1978) und einen Defekt des intermodalen Transfers (HERMELIN u. O'CONNOR 1970) hinweisen (MARTINIUS 1974).

Hier sei eine interessante Hypothese erwähnt, die sowohl aus ethologischen als auch aus neuropsychologischen Untersuchungsergebnissen resultiert. PLOOG u. Mitarb. (1969) erhoben den Nachweis eines Vokalisationssystems bei Primaten (im Bereich der limbischen Mittelhirnarea), von dem aus durch Hirnreizung alle arteigenen, vokalen sozialen Signale auslösbar sind. Vorerst vereinzelte Befunde weisen darauf hin, daß es möglicherweise auch beim Menschen eine zerebrale Repräsentanz für artspezifisches Sozialverhalten gibt und daß in diesen Hirnstrukturen ein Vokalisationssystem eingebettet ist. Im Hinblick auf die kommunikative Funktion von z. B. Lalläußerungen der Säuglinge nimmt PLOOG an, daß beim Menschen alle emotionalen Lautäußerungen und auch der nichtverbale Anteil beim Sprechen von diesem System abhängen. Der Autor vermutet, daß beim autistischen Kind die gemeinsame Störung von Partnerschaftsverhalten und Sprache (gemeint ist damit auch schon die vorsprachliche Entstehung sozialer Signale und ihres Begreifens) aus diesen psychobiologischen Grundlagen zu verstehen ist.

Eine andere neuropsychologische Hypothese in bezug auf den frühkindlichen Autismus stellt DE LONG (1978) auf. Er unterscheidet zwei unterschiedliche autistische Syndrome, und zwar das linke mediale Temporallappensyndrom und

das bilaterale, ersteres einhergehend mit höherer Intelligenz, letzteres mit einer schweren Störung aller kortikalen Funktionen. Auch diese Hypothese vermag sich auf gewichtige Befunde zu stützen.
Von Beobachtungen an Tieren ausgehend (speziell den Silbermöven und ihren Verwandten), und zwar ihren ambivalenten Stimmungskonflikten bei den Paarbildungsweisen mit einem Verhalten von Annäherung und Flucht, zieht N. TINBERGEN (1984) Vergleiche zu Verhaltensweisen gesunder Kinder Fremden gegenüber und denjenigen autistischer Kinder. In den Mittelpunkt dieser Beobachtungen werden Abwendung und Augenkontakt gestellt, aber es bleibt das entwicklungsabhängige Verhaltensgesamt der sozialen Beziehungsstörung autistischer Kinder unberücksichtigt. Ursächlich werden, meist durch epochal geprägten Streß hervorgerufene, Einstimmungsschwierigkeiten zwischen Mutter und Kind sowie eine genetisch verankerte, außerordentliche Verletzbarkeit der Kinder angenommen, und eine Zunahme des kindlichen Autismus in der heutigen Zeit unterstellt. Bei Gültigkeit dieser Hypothese wäre aber zu erwarten, daß autistische Kinder weitaus häufiger anzutreffen sind, als bisher nachgewiesen. Wenn die Autoren darauf hinweisen, wie wichtig es ist, Mensch und Tier in ihrer natürlichen Umwelt zu beobachten, und wie groß die Gefahren voreiliger Schlüsse aus Experimenten sind, so werden von ihnen wesentliche Probleme auch der klinischen Forschung angesprochen.

RICKS u. WING (1975) erbringen mit den Untersuchungen zum idiosynkratischen Gebrauch von Lallen und Sprache bei frühkindlich autistischen Kindern einen weiteren gewichtigen Hinweis dafür, daß ein zentrales Problem – auch bei nur leicht gestörten autistischen Kindern – eine spezifische Schwierigkeit in der Verarbeitung von Symbolen ist, durch die Sprache, nichtverbale Kommunikation sowie viele andere kognitive Funktionen und soziale Verhaltensweisen beeinflußt werden. HERMELIN (1978) äußert zu Recht, daß aber eine einfache Entwicklungshypothese für diesen kognitiven Bereich – nämlich, daß die Kinder die Phase nicht erreichen, auf der Symbole wirksam werden – zur Erklärung des autistischen Syndroms nicht ausreicht, da die autistischen Kinder sich von den gesunden unterscheiden, lange bevor letztere auf Symbolen basierende Vorstellungen bilden können.
RUTTER u. Mitarb. (s. z. B. 1978b; BAKER u. Mitarb. 1976) gewinnen aus der Summe vieler klinischer Beobachtungen und vielschichtiger Untersuchungen den Eindruck, daß ein kognitives Defizit, zu dessen zentralem Anteil eine Sprachstörung gehört, wesentlich ist für die Entstehung des Syndroms. Diese Hypothese sehen die Autoren (FOLSTEIN u. RUTTER 1978) auch durch die Ergebnisse umfangreicher Zwillingsuntersuchungen (11 monozygote und 10 dizygote Paare) bestätigt, aus denen sie folgern, daß für dieses kognitive Defizit ein genetischer Faktor von Bedeutung ist. Die Autoren stellen jedoch heraus, daß trotz vieler Einzelkenntnisse noch nicht geklärt ist, welcher spezifische Defekt den kognitiven und linguistischen Störungen zugrunde liegt. Offen bleibt weiterhin die Frage nach dem Modus der Vererbung und was tatsächlich vererbt wird. ORNITZ (1978) wendet kritisch ein, daß für diesen kognitiven linguistischen Defekt offenbar ein genetischer Einfluß besteht, nach den Befunden aber eine spezielle Verbindung dieses Defekts zum frühkindlichen Autismus nicht nachgewiesen ist.
Anhand umfangreicher Untersuchungen hat AFFOLTER (s. z. B. 1977) herausgestellt, daß diese Kinder ohne Symbolfunktion eine spezielle Wahrnehmungsstörung zeigen, und zwar bilden sich bei ihnen auf der modalitätsspezifischen Stufe keine Intermodalitätsschemata, d. h., die Kinder zeigen einen Ausfall in Sinnesverbindungen (intermodale Leistungen). Die Autorin weist darauf hin, daß noch große Lücken in der Forschung bestehen, um diese Hypothese weiterhin zu bekräftigen. Auch andere Forscher (s. z. B. TANGUAY 1976) betonen, daß diese Vorgänge sehr komplex und bisher noch nicht geklärt sind.
AFFOLTER entwickelt für die sprachgestörten Kinder mit unterschiedlichen Wahrnehmungsstörungen spezifische therapeutische Ansätze zur Nachentwicklung von Wahrnehmungsleistungen. Der Einstieg erfolgt immer über den taktil-kinästhetischen Bereich, da er Aufnahme und Manipulation gleichzeitig einschließt (AFFOLTER 1976). Auch andere Autoren heben die Bedeutung der Nahsinne (Sinne der Berührung, der Bewegung, der Vibration, des Geschmacks und des Geruchs) bei autistischen Kindern hervor. Diese neigen dazu, ihre Umwelt haptisch und kinästhetisch zu erfassen (SCHOPLER 1965; HERMELIN u. O'CONNOR 1970; WEBER 1970). Die Nahsinne scheinen bei jungen autistischen Kindern eine Präferenz zu haben. Beim Puzzlespiel, mit oft erstaunlichen Leistungen, verlassen sie sich auf ihr kinästhetisches Gefühl, durch das sie, ohne hinzusehen, spüren, ob die Teile zusammengehören. Die Kontaktaufnahme könnte beim jüngeren autistischen Kind daher möglicherweise besonders günstig über die Nahsinne erfolgen (WENDELER 1977a).

BOSCH (1980) vertritt die Ansicht, daß der kindliche Autismus durch verschiedenartige, in unterschiedlichem Ausmaß beteiligte Faktoren verursacht werden kann. Im Sinne einer Beziehungs- und Ergänzungsreihe können folgende Faktoren wirksam werden: erbliche, psychogenetische und zerebralorganische. BOSCH vermutet die fundamentale Schwäche in einer spezifischen Störung der Wahrnehmung, und zwar des Begreifens sozialen Milieus, und lokalisiert diese vor der Sprachentwicklung entstehende Störung – unter Bezugnahme auf PLOOG – in die Area des Systems für soziale Signale.

VAN KREVELEN hat schon früh (s. z. B. 1960, 1964) die Ansicht verteidigt, daß die Grundstörung beim Autismus infantum kein affektiver, sondern ein kognitiver Defekt sei. Der Autor kennt 3 Familien mit rationalistischen, sehr kontrollierten, kontaktgestörten Vätern und jeweils einem Kind mit autistischer Psychopathie (alle männl. Geschlechts) und einem anderen mit frühkindlichem Autismus (1971). Da der Autor annimmt, daß es sich beim frühkindlichen Autismus um ein polyätiologisches hirnorganisches Syndrom handelt – das er mit *Autismus infantum* bezeichnet – leitet er aus den dargelegten Familiengeschichten die nachstehende Hypothese ab: Der frühkindliche Autismus ist eine spezifische Manifestation bei prädisponierter Persönlichkeit, bzw. der Patient mit frühkindlichem Autismus ist ein hirngeschädigter autistischer Psychopath.
NISSEN (1976, 1978) faßt den Begriff Autismus sehr weit. Er unterscheidet den frühkindlichen Autismus, die autistische Psychopathie, den psychogenen, den organischen Autismus und den Pseudoautismus (bei Sinnesdefekten und/oder schwerem Schwachsinn). Bei allen Autismusformen, außer dem Pseudoautismus, sei ein hereditärer Faktor, von NISSEN als „Autismusfaktor" bezeichnet, beteiligt. Der Autor meint, daß sich zusätzliche Interpretationsmöglichkeiten aus der Lehre der „Teilleistungsschwächen" ergäben, die bei autistischen Kindern im wesentlichen den optischen und akustischen Bereich beträfen und sowohl genetisch als auch psychogen oder hirntraumatisch verursacht werden könnten.
Nach LEMPP (1973) liegt beim frühkindlichen Autismus ein vorwiegend hirnorganisch, gelegentlich auch genetisch (mit-)verursachter Teilschwachsinn vor, bei dem Teillei-

stungsschwächen und Teilfähigkeiten stark differieren und bei dem zwar keine mit der Umwelt gemeinsame Realität aufgebaut werden kann, jedoch den erhaltenen Teilfähigkeiten entsprechend eine „individuelle Realität". Leistungsschwäche und Reaktion der Umwelt summierten und potenzierten sich in ihrer Wirkung. Kindlichen Autismus und Schizophrenie hält LEMPP nosologisch für eine Störungseinheit. Er unterstellt, daß die Hälfte der Kinder mit Kannerschem Syndrom aus „Selbständigen- und Akademikerfamilien" stammt und deutet die Häufigkeitsverteilung daraus, daß es in differenzierten Familien früher zu einer einseitigen Förderung der Restfähigkeit und damit erst zur Ausbildung des autistischen Syndroms komme, während in den weniger differenzierten sozialen Kreisen die Teilleistungsstörung zum Bild eines Schwachsinns führe, da die (hier inadäquate) Förderung der Restfähigkeit fehle. Es wird von LEMPP auch vermutet, daß die (hypothetische) deutliche Zunahme des kindlichen Autismus in den letzten Jahren durch eine häufiger durchgeführte Frühförderung entsteht. LUTZ (1968, 1977) dagegen nimmt an, daß eine Hirnschädigung im frühen Kindesalter nur selten und wahrscheinlich nur dann zum frühkindlichen Autismus führt, wenn sie eine autistische Anlage zur Manifestation bringt. Die Störung liegt, nach LUTZ, im seelisch-geistigen Wesenskern, im Ich. Die Kinder sind aus noch unbekannten Gründen nicht bereit oder fähig, Außeneindrücke zu empfangen. Der Autor geht von einer geisteswissenschaftlichen Betrachtungsweise aus, die, über die naturwissenschaftliche hinausreichend, eine im Leiblichen lebende Seele annimmt, der eine intrapsychische Ordnungskraft, das Ich, innewohnt. Die schwer beeinträchtigte Beziehungsbildung autistischer Kinder zur Außenwelt und im inneren geistig-seelischen Bereich erklärt er aus einer (möglicherweise durch verschiedene Ursachen entstehenden) Schwäche der Ich-Einwirkung auf die Seele.

Immer wieder haben Wissenschaftler darauf aufmerksam gemacht, daß sich viele Symptome des frühkindlichen Autismus **auch beim normalen Kind** in einem Stadium seiner Entwicklung finden, beim autistischen Kind sind sie jedoch verschoben in bezug auf den Zeitpunkt des Auftretens im Entwicklungsverlauf, auf die Dauer und die Intensität ihres Auftretens und außerdem stets eingefügt in ein pathologisches Entwicklungsgesamt. BOSCH (1968, 1970) z. B. weist auf eine solche Parallele, bezogen auf die Sprachauffälligkeiten und die lange bestehenbleibenden symbiotischen Beziehungsstrukturen autistischer Kinder hin, VERHEES (1969) u. a. bezogen auf Angst vor dem Ungewohnten, stereotype Verhaltensweisen und rituelle Gewohnheitshandlungen. MAHLER (1972) macht darauf aufmerksam, daß autistische Kinder der normalen Entwicklungsphase des primären Autismus lange verhaftet bleiben. WEBER (1970, 1978) erklärt den nicht selten bei autistischen Kindern zu beobachtenden Zehengang aus einer Entwicklungsretardierung, und WASSING (1978) vergleicht die stereotypen Hand- und Fingerbewegungen autistischer Kinder mit den wiederholten Bewegungen eines 2–3 Monate alten Kindes während einer Frühphase der sensomotorischen Entwicklung (Koordination des Sehens und Greifens). Aufgrund dieser und ähnlicher Befunde ist von verschiedenen Autoren die Vermutung einer disharmonischen Hirnreifestörung geäußert worden.

WASSING (1978) ist davon überzeugt, daß zu den frühesten Defiziten des Autismus Wahrnehmungsstörungen verschiedener Modalitäten gehören und diese für die Genese des Syndroms eine notwendige Bedingung sind. Diese Wahrnehmungsstörungen stellen die frühesten kognitiven Störungen dar und können sich im Laufe der Zeit verringern, diejenigen für optische Sinnesreize früher als für akustische, ohne daß Reste davon meist ganz verschwinden. Die Grundstörung ist also – so vermutet WASSING – nicht ein spezifischer kognitiver Defekt (wie von RUTTER und seinen Kollegen angenommen), sondern eine Störung der kognitiven Entwicklung überhaupt, möglicherweise im Sinne der Hypothese von STROH u. BUICK (1964), die eine Störung in der hierarchisch gegliederten Entwicklungsordnung der Wahrnehmungsfunktionen annehmen. WASSING hat 1965 im Rahmen von Testuntersuchungen an autistischen Kindern mit dem Wechsler-Intelligenztest die Ansicht einer kognitiven Dysfunktion bestätigt gefunden und erstmalig auf eine spezifische Variabilität der Untertestergebnisse aufmerksam gemacht, auf die ein Jahr später auch RUTTER hinwies. Dieses spezifische Testprofil stellt nach WASSING „eine bestimmte Entwicklungsstufe der Intelligenz dar, bei einer von Anfang an verzögerten Entwicklung des Erkennens" (1978, S. 81). WASSING hält für den Behandlungsplan die Erstellung einer möglichst genauen kognitiven Entwicklungsdiagnose für unerläßlich. WEBER (1970, 1972) vertritt – wie heute die meisten Autoren – die Hypothese, daß frühe Entwicklungsstörungen der Wahrnehmung verschiedener Modalitäten („Störungen umschriebener Hirnfunktionen", WEINSCHENK 1978) für die Genese des Kannerschen Syndroms eine wesentliche Rolle spielen, unter ihnen möglicherweise auch eine Entwicklungsstörung des Physiognomie-Erkennens. Zweifellos aber sind noch andere kognitive sowie sensomotorische Störungen von Bedeutung (Mehrfachbehinderung). Frühe Störungen der Wahrnehmungsprozesse werden nicht nur eine Begrenzung der Welterfahrung, sondern auch eine Beeinträchtigung der gesamten Persönlichkeitsreifung bewirken (s. NICKEL 1977). LUTZ (1968) spricht von Beziehungsstörungen zwischen Kind und Umwelt und von intrapsychischen Beziehungsstörungen. Erstmalig hat die Autorin dieses Kapitels (1970) umfassend auf vielförmige Symptome aufmerksam gemacht, die sich sowohl bei Kindern mit frühkindlichem Autismus (ohne periphere Sehbehinderung) als auch bei blinden und hochgradig sehschwachen Kindern (auch ohne Hirnschädigung) häufig beobachten lassen, darunter ein für diese Kinder so charakteristisches Symptom wie das Augenbohren (Abb. 7.3). Die motorischen Besonderheiten blinder und hochgradig sehschwacher Kinder sind von HAMACHER (1966), MACKENSEN (1956) u. a. eingehend beschrieben und diskutiert worden.

Auch BOSCH (1964, 1970) weist bei Kindern mit frühkindlichem Autismus auf spezifische Ausfälle im Bereich des Ausdrucks- und Physiognomieverständnisses hin, die seiner Ansicht nach aber zusammenhängen mit einer verzögerten Entwicklung des gesamten zwischenmenschlichen Erfahrungsbereichs und nicht hirnpathologisch zu verstehen sind. Entsprechend will auch LUTZ (1968) seine Beobachtungen verstanden wissen, daß jüngere autistische Kinder oft Mühe haben, Menschen zu erkennen, eine Beobachtung, die wir ebenfalls machten. Auf visuell-perzeptive Störungen bei autistischen Kindern haben z. B. auch DEMEYER (1971), O'CONNOR (1971) und L. WING (1969) hingewiesen. WASSING (1968) hat ganz recht, wenn er argumentiert, daß von guten visuell-räumlichen Fähigkeiten, wie sie im Wechsler-Test häufig zur Darstellung kommen, noch nicht geschlossen werden kann, daß eine visuelle Wahrnehmungsstörung bei autistischen Kindern nicht für die Genese des Autismus notwendig ist, wie BARTAK u. Mitarb. (1975) gefolgert haben. Ebenso ist gegenüber der Feststellung von WURST (1981), daß autistische Kinder im visuell-perzeptiven Bereich nicht signifikant häufiger Entwicklungsrückstände zeigen als die normalen Vergleichskinder, der kritische Einwand zu erheben, daß die visuell-perzeptive Störung möglicherweise in einer relativ frühen Entwicklungsphase weitgehend überwunden wird. Bedauerlicherweise fehlen systematische Beobachtungen und Untersuchungen aus den ersten beiden Lebensjahren autistischer Kinder, man ist über diese Entwicklungsphasen so gut wie immer auf die Angaben der Eltern angewiesen. Das mag damit zusammenhängen, daß die Kinder für ihre Eltern massiver auffällig erst vom späteren 2. Lebensjahr an werden, und zwar dann, wenn die Sprachentwicklung ausbleibt, möglicherweise aber auch damit, daß die Kinderärzte noch nicht ausreichend über das Syndrom und die frühen Auffälligkeiten informiert sind. Diese frühesten Phasen der Entwicklung sind aber für die Erkenntnis der Genese des Syndroms die wichtigsten, darauf haben verschiedene Autoren aufmerksam gemacht. Für die entscheidenden ursächlichen Faktoren hält die Autorin dieses Kapitels Art, Ausmaß und Lokalisation der Schädigung des Gehirns (pathoklitische Spezifität des organischen Psychosyndroms [STUTTE 1966]) und den frühen Zeitpunkt der Schädigung. Diese Faktoren bestimmen auch vordergründig das Ausmaß (z. B. Vorhandensein oder Fehlen eines intellektuellen Defekts) und die Intensität der Störung. Die Verhaltensbesonderheiten autistischer Kinder aber entstehen aus der primären Schädigung und der Auseinandersetzung des geschädigten Kindes mit der Umwelt.

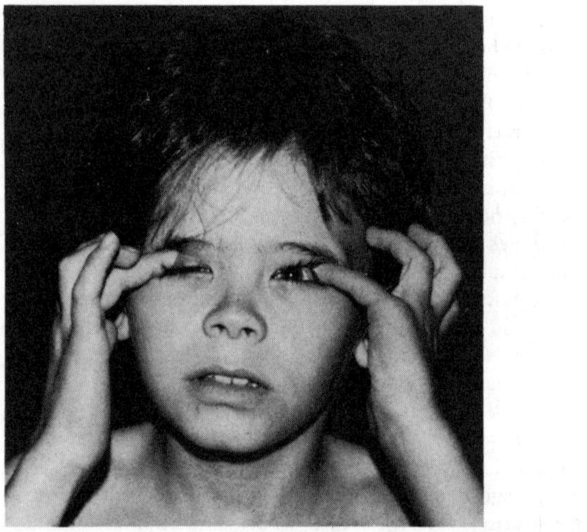

Abb. 7.**3** Frühkindlicher Autismus, digitookuläres Phänomen (Robert T., 9;0 Jahre, ophthalmologischer Befund o. B.).

Die Frage, ob beim Kannerschen Syndrom Untergruppen mit unterschiedlicher Ätiologie und Genese bestehen oder ob letzlich doch eine spezifische Schädigung bzw. eine spezifische Kombination von Schädigungen anzunehmen ist, wird bis heute diskutiert. Eine gewichtige Hypothese über die Entstehung bezieht frühe Entwicklungsstörungen der Wahrnehmung mit ein. Diese können im allgemeinen zerebralorganisch, aber vermutlich auch psychogen (frühe Deprivation) oder erblich (mit-) verursacht sein; beim frühkindlichen Autismus weisen in großer Zahl vorliegende, vielfältige Untersuchungsbefunde auf eine zerebralorganische Verursachung hin. Allerdings ist die Ätiologie der Hirnschäden sehr unterschiedlich. Unter den vielen frühkindlichen hirngeschädigten Kindern sind nur wenige autistisch, und es findet sich auch eine nicht geringe Anzahl autistischer Kinder, bei denen eine Hirnschädigung nicht sicher nachzuweisen ist. Aufschlußreich ist in diesem Zusammenhang die bereits erwähnte Tatsache, daß RUTTER (1970) anläßlich der Nachuntersuchung von 15–29jährigen autistischen Patienten bei 29% epileptische Anfälle registrierte, die erst in der späteren Kindheit, in der Adoleszenz oder im Erwachsenenalter auftraten, und zwar hatte man bei keinem dieser Patienten nach Anamnese und Befunden der Erstuntersuchung eine Hirnschädigung für möglich gehalten. Hierbei handelte es sich meist um Patienten mit einem IQ <65. Für die Entstehung der spezifischen Verhaltensauffälligkeiten autistischer Kinder ist auch der adaptive Gesichtspunkt von zentraler Bedeutung. SPECK (1979a) weist darauf hin, daß – obwohl die das autistische Kind „behindernden pathogenen Prozesse vermutlich extrem bestimmend sind" (S. 60) – es doch darum geht, einen Circulus vitiosus abzufangen, „bei dem Absonderlichkeiten des Verhaltens zu sozialer Verfremdung und diese wiederum zu sozialer Selbstisolation und damit zu immer ineffektiveren Interaktionsversuchen führen" (S. 52).

Die Breite der Forschung, vor allem in bezug auf das Kannersche Syndrom, erklärt sich daraus, daß man hofft, über ein so markantes – und wie es anfänglich schien – klar umgrenztes klinisches Syndrom Erkenntnisse zu gewinnen, die für Psychiatrie und Kinderpsychiatrie eine allgemeine Bedeutung haben. Viele Einzelergebnisse stellen auch heute schon eine wesentliche Bereicherung kinderpsychiatrischen Wissensgutes dar.

Therapie, Rehabilitation, Prävention

Eltern autistischer Kinder bedürfen ebenso sehr einer einfühlenden Beratung wie die Kinder einer langfristigen Behandlung. Die Eltern befinden sich in einer besonders schwierigen und belastenden Situation, die sich nicht nur aus den zwischenmenschlichen und erzieherischen Problemen mit ihren Kindern ergibt. Sie können auch heute noch (von Ärzten, Therapeuten oder aus der Literatur) erfahren, daß die Störung ihres Kindes durch ihre eigenen Probleme entstanden ist bzw. ihr eine spezifische Familienkonstellation zugrunde liegt. Globale Hypothesen der Familientherapie stellen – bei voller Anerkennung der Wichtigkeit familienforscherischer Ansätze – heute einen epochalen Trend dar, der öfter zu unkritischer und damit gefährlicher Handhabung dieser Hypothesen führt. Die Autorin dieses Kapitels meint, aus den jahrzehntelangen Erfahrungen einer intensiven Kommunikation mit Familien autistischer Kinder sagen zu können, daß die Annahme einer globalen spezifischen Familienkonstellation der Realität nicht gerecht wird. Im Zusammenhang mit der psychogenetischen Hypothese des frühkindlichen Autismus hat vor allem van KREVELEN (s. z. B. 1964) schon früh und wiederholt auf iatrogene emotionale Schäden von Familien mit autistischen Kindern hingewiesen; auch das von einem Psychiater (KYSAR 1968) dargestellte, eigene dramatische Familienschicksal ist ein in gleicher Richtung weisender eindringlicher Erfahrungsbericht. BETTELHEIM (1977) gibt zwar die weitaus höchste Heilungschance bei seinem psychoanalytisch-psychotherapeutischen Vorgehen an (nämlich über 80%), da jedoch eine systematische Beschreibung seiner Kindergruppe fehlt, ist ein Vergleich mit den Ergebnissen anderer Veröffentlichungen nicht möglich. Es kann eine psychotherapeutische Behandlung einzelner Eltern autistischer Kinder, die über ihr Lebensschicksal resignieren, angeraten sein, ebenso von einzelnen autistischen Jugendlichen oder Erwachsenen, die keinen Ausweg finden aus dem (ihnen teilweise bewußt gewordenen) Konflikt zwischen Kontaktwünschen und ihrer Unfähigkeit, mitmenschliche Beziehungen herzustellen und zu erhalten. Die frühe Therapie autistischer Kinder aber hat andere Schwerpunkte.

Wenn auch anzunehmen ist, daß bei der Determinierung des Entwicklungsverlaufs autistischer Kinder die individuellen Unterschiede des Schweregrades der Basisstörung die Hauptrolle spielen und es außerdem bisher keine Therapie gibt, welche der großen Gruppe der Schwerbehinderten unter ihnen zu sozialer Unabhängigkeit verhelfen kann, so läßt sich daraus jedoch nicht folgern, daß jegliches therapeutische Bemühen zwecklos ist. Wir befinden uns zwar auch im therapeutischen Bereich bei autistischen Kindern noch im Stadium des Suchens und Experimentierens, haben aber doch schon Erfahrungen gewonnen, und es liegen einige gut kontrollierte Untersuchungen vor, die auf statistisch signifikante Erfolge therapeutischen Bemühens hinweisen, so z. B. die Vergleichsuntersuchung von RUTTER u. BARTAK (1973; BARTAK 1978), bei der drei Gruppen meist schwer gestörter autistischer Kinder in verschiedenen Einrichtungen untersucht wurden. In der ersten Einrichtung standen bei der Behandlung regressive Techniken (analytisches Modell) im Vordergrund, und es wurde wenig Wert auf einen speziellen Unterricht gelegt; in der zweiten Einrichtung wurde – ausgehend von den Besonderheiten des einzelnen Kindes – z. T. ein Unterricht, aber mit nur wenig direkten Anforderungen erteilt und z. T. eine freie Spieltherapie durchgeführt; in der dritten Einrichtung, in der man die kognitiven Störungen für die primären hielt, wurde die Therapie entwickelt aus der Annahme, daß die Umgebung des autistischen Kindes eher eine strukturierte und organisierte als eine gewährende Ausrichtung haben sollte. Die Kinder in der dritten Einrichtung machten nicht nur mehr Lernfortschritte, sondern sie gewannen auch ein stärker aufgabenbezogenes Arbeitsverhalten. Bei den Kindern aller Einrichtungen waren erhebliche Verbesserungen in ihrem Sozialverhalten festzustellen. Eine weitere Vergleichsuntersuchung von HEMSLEY u. Mitarb. (1978) ergab, daß eine in den Familien durchgeführte Therapie (u. a. verhaltensmodifikatorische Techniken, bezogen auf den Entwicklungsstand des Kindes, Casework und Beratungstechniken) bessere Kurzzeit- und Langzeiterfolge erbrachte als eine gleiche, jedoch ambulant durchgeführte Therapie oder auch als eine ambulante Therapie mit anderen Techniken. Es ist wichtig anzumerken, daß Verhaltenstherapie – wie man längst erkannt hat – nur in einem streng entwicklungspsychologischen und -pathologischen Kontext angewandt werden kann (es sollte z. B. bei autistischen Kindern kein Blickkontakttraining erfolgen, solange die Blickkontaktnahme angstbesetzt ist), außerdem muß sie in ein heilpädagogisches und therapeutisches Gesamtkonzept integriert sein. Eine ganzheitliche Förderung ist unverzichtbar. Dazu gehört auch eine Anregung der Eigenaktivität, nicht nur des passiven Nachvollziehens (SPECK 1979b). Der Autor weist außerdem auf die Wichtigkeit der fortlaufenden pädagogischen Reflexion über die Verhaltensnormen hin, denen das Kind ausgesetzt wird, auf die Beachtung der zwischenmenschlichen Wechselwirkungen (Interaktionsanalyse), in denen das Kind steht und auch auf die Grenzen der Verhaltenstherapie, z. B. bei autistischen Verhaltensverfestigungen. Er betont, daß „Verwirklichung von mehr Menschlichkeit" kein standardisierbares und programmierbares Unternehmen ist, sondern „in der mitmenschlichen Begegnung ständig neu gewonnen werden will" (S. 17). In die gleiche Richtung weist auch das therapeutische Hauptanliegen von LUTZ (1976) bei autistischen Kindern, nämlich die Wekkung des Interesses und der durch sie ausgelösten gezielten Aktivität des autistischen Kindes.

Es ist eine erstaunliche Tatsache, daß in der Längsschnittuntersuchung mit steigendem Alter die soziale (emotionale) Störung die größte Besserungstendenz zeigt, vor allem unter Therapie. Andererseits bleibt aber auch bei den Erwachsenen mit dem besten Enderfolg eine soziale Schwäche bestehen. Man kann argumentieren (FRITH 1972), daß diejenigen Symptome, die auch noch nach langer Zeit und intensiver Therapie die geringsten Besserungen zeigen, zu den „grundlegenden Schwierigkeiten" gehören, und das wären die Schwierigkeiten im Sprechen, Denken und Wahrnehmen.

In letzter Zeit wird die „Therapie des erzwungenen Festhaltens" – von der amerikanischen Kinderpsychiaterin WELCH entwickelt und von dem Ehepaar TINBERGEN (1984) propagiert als eine in beträchtlichem Ausmaß Heilung versprechende Therapie beim frühkindlichen Autismus (nach ersten Angaben 25 geheilte autistische Kinder von 29) – lebhaft diskutiert. Wenn TINBERGEN auch in der kürzlich erschienenen Monographie bedachtsamer Stellung nimmt, so muß er sich bei seinen kühnen Thesen und massiven Vorwürfen gegenüber den zum Teil seit vielen Jahren auf diesem Gebiet forschenden Wissenschaftlern nicht wundern, daß er auf erhebliche Kritik stößt. Der Ethologe TINBERGEN hält den Autismus für eine primär emotionale Störung (s. S. 286). Zur Halte-Therapie gibt es wichtige kritische Einwände (einzelne Praktiken sind m. E. nicht vertretbar), vom Ansatz der Therapie her jedoch auch positive Aspekte; z. B. scheinen autistische Kinder im Affekt und im Fieber oft entäußerungsbereiter und geöffneter und können daher die liebevolle Tendenz des Festhaltens bei Verzweiflung vielleicht letztlich doch verspüren. Allerdings wird es bei dieser Therapie ganz darauf ankommen, wann und wie sie beim jeweiligen Kind Anwendung findet. Noch gibt es über die Erfolge der Therapie keine kontrollierten vergleichenden Untersuchungen.

Es läßt sich bisher nur vermuten, daß eine Behandlung schon in den ersten Lebensjahren einen besseren Erfolg ermöglicht. Erschwerend für diese Behandlung ist die Tatsache, daß unser Wissen über die frühen Entwicklungsstufen bzw. Entwicklungsrückstände autistischer Kinder noch lückenhaft ist (s. WASSING 1978). Ein wichtiger Forschungsansatz findet sich bei AFFOLTER (s. S. 28b). Basierend auf PIAGETs Entwicklungskategorien und den Ergebnissen eigener Untersuchungen über die Entwicklung von Wahrnehmungsprozessen bei schwer sprachgestörten Kindern, deren Störungen weder auf einen Hörverlust noch auf Geistesschwäche, Anomalien der Sprachwerkzeuge oder motorische Behinderung zurückgeführt werden konnte (darunter auch autistische Kinder), scheint sich die Annahme zu bestätigen, daß sich nach einer Besserung der primären intermodalen Ausfälle etwas später auch die sekundären Ausfälle vermindern. Ein intermodal geschädigtes Kind (= autistisches Kind) sollte daher im ersten Lebensjahr erfaßt werden, bevor die starken Störungen auftreten (zwischen 9.–10. Monat) und zu viele Leistungen sekundär beeinträchtigen (AFFOLTER 1976). Die Autorin hält es für unerläßlich, vor Beginn der Therapie festzustellen, wo sich ein Kind in der Hierarchie der Leistungen befindet (Vornachahmungs-, Nachahmungs- oder semiotische Stufe). Nach AFFOLTER ist die Frühtherapie ein entscheidender Faktor für den Erfolg. Auch KIPHARD (1972) bringt Beispiele für ein sensomotorisches Intelligenzvortraining bei autistischen Kleinkindern, basierend auf einer sensomotorischen Funktionsdiagnostik und eingebaut – wie bei AFFOLTER – in eine kindgemäße Spieltherapie. Für die sensomotorische Therapie gilt ebenfalls, daß sie in ein heilpädagogisches Gesamtkonzept eingeordnet werden muß. Im Hinblick auf die Sprachbehandlung soll hier noch auf ein Sprachlernprogramm (auf der Syntaxebene) für autistische Schulkinder mit höherem Funktionsniveau hingewiesen werden, das von CORDES u. WILKER (1978) im Rahmen des Bremer Projekts entwickelt wurde. Man hat auch versucht, stummen autistischen Kindern Sprachgesten beizubringen (s. RICKS u. WING 1975, S. 202/203), was extrem schwierig ist. Erlernen autistische Kinder solche Gesten, reduzieren sie diese zu einem dürftigen Bewegungsminimum. Gewisse Erfolge konnten erzielt werden (A. MILLER u. E. E. MILLER 1973). Auch Musik, von erfahrenen Therapeuten eingesetzt, kann eine Möglichkeit zur seelischen Entfaltung sein.

Pharmakotherapie vermag nicht den Verlauf des Kannerschen Syndroms zu beeinflussen. Es mangelt bisher an kritischer Bewertung der Mittel und systematischer Erforschung ihrer Funktion in der Behandlung dieser Patienten. Medikamente können einzelne Symptome abschwächen und Besserungen des Verhaltens beschleunigen. Vor allem bei schwerwiegenden Verhaltensauffälligkeiten wie massiver Aggressivität bzw. Eigenaggressivität oder motorischer Unruhe ist man oft auf die Unterstützung durch Medikamente angewiesen. Hinweise und Diskussionen zur Pharmakotherapie bei autistischen Kindern finden sich vor allem bei CAMPBELL (1975, 1978) und bei KEHRER (1978).

Über den adäquaten schulischen Rahmen für autistische Kinder bestehen kontroverse Ansichten. Einerseits werden Spezialschulen befürwortet, und andererseits wird die Eingliederung in Sonderschulen für geistig Behinderte bzw. für Lernbehinderte angeraten. Es gibt bisher keine Vergleichsuntersuchungen, durch die eindeutig die bessere Förderung autistischer Kinder in Spezialschulen nachgewiesen wird. SPECK (1979a) betont zu Recht, daß diese Kontroverse zu einer erheblichen Blockierung von Lösungen geführt hat. Autistische Kinder brauchen zwar eine spezielle Förderung, vorschulisch und schulisch, sie benötigen aber auch die Gruppe nicht beziehungsgestörter Kinder und sei es zunächst lediglich als „Kulisse“. Zeitweilige Sonderförderung, einzeln oder in kleinen Gruppen, von autistischen Kindern mit etwa gleichem Entwicklungsstand ist jedoch unerläßlich. Es sei hier auf die Orientierungsgesichtspunkte von SPECK (1979a, S. 185) zur sonderpädagogischen Förderung autistischer Kinder verwiesen.

Auch in der Adoleszenz und im Erwachsenenalter der autistischen Klienten können vielerlei Probleme auftauchen, deretwegen sie Rat und Stütze bedürfen (RUTTER 1978c). Durch die reifende Sexualität in Verbindung mit der Unfähigkeit zu heterosexueller Partnerschaft, entstehen neue Spannungen und Kümmernisse. Der Wechsel von der Schule zu einem Arbeitsplatz bereitet oft Schwierigkeiten, und auch bei den Erwachsenen mit guter Intelligenz müssen die Berufstätigkeiten einfacher sein, als dem IQ entsprechen würde, wegen der geringen Flexibilität und Initiative der Klienten. Belastend für ihre Umgebung kann auch ihr einseitiges Gespräch über Fahrpläne, Geschichtsdaten, Himmelskunde oder andere zwanghafte Interessen sein.

Das Teilnehmen am Schicksal dieser Kinder und ihrer Angehörigen erschließt eine Fülle menschlicher Dimensionen. JASPERS (1965, S. 275) sagt über die Grenzsituationen des Menschen: „Was im Abnormen geschieht und erlebt wird, ist nicht selten ein Offenbarwerden von etwas, das den Menschen als Menschen angeht, wahrnehmbar aber nicht mehr für den betrachtenden und sachlich behandelnden Psychopathologen, sondern nur für den Schicksalsgefährten, der der Mensch für den Menschen ist."

Prognose

Bei autistischen Kindern kann die Prognose vom 5.–6. Lebensjahr an geschätzt werden. Die Beurteilung erfolgt am besten unter Berücksichtigung der Schwere der Störung, der intellektuellen Kapazität und des Entwicklungsstands der Sprache (DEMEYER u. Mitarb. 1973; LOTTER 1978; RUTTER 1970, 1978c). Hinweise ergeben sich auch aus dem Entwicklungsstand des Spiels und dem Schulerfolg. KANNER u. Mitarb. (1972) sowie RUTTER (1978c) haben darauf aufmerksam gemacht, daß diejenigen autistischen Kinder die beste Prognose haben, die keine schwere Störung der Reaktion auf Geräusche bzw. Laute zeigen, die eine brauchbare Sprache vor 5 Jahren entwickeln und deren Echolaliephase nur kurz ist. Zwar entstand eine brauchbare Sprache nach dem 6. Lebensjahr noch bei 11% der autistischen Kinder aus der Gruppe von RUTTER und 12% aus derjenigen von DEMEYER u. Mitarb., aber außer einem gehörte von diesen Kindern später keins zur Gruppe der normalen oder fast normalen autistischen Erwachsenen. Etwa die Hälfte der autistischen Kinder war auch im Erwachsenenalter noch stumm. Nach den weitgehend übereinstimmenden Ergebnissen von drei Nachuntersuchungen größerer Gruppen autistischer Klienten (DEMEYER u. Mitarb. 1973; EISENBERG 1956; RUTTER u. LOCKYER 1967) waren 1–2% fast unauffällig, 5–15% „normal" im Grenzbereich, bei 16–25% war der Gesamtbefund einigermaßen günstig und bei 60–75% schlecht bis sehr schlecht (auf fremde Hilfe angewiesen), 42–54% waren in Institutionen untergebracht (der Prozentsatz stieg mit dem Alter der Patienten). Die Kinder mit der besten Sprachentwicklung verbesserten sich stärker in den Verbal-IQ-Wertpunkten als in den Handlungs- oder Gesamt-IQ-Wertpunkten. Bei der Gruppe der Kinder mit niedriger Intelligenz fanden sich oft Anzeichen für eine Hirnschädigung, und ein Teil dieser Kinder bekam später epileptische Anfälle. Unter den Kindern mit normalem IQ waren nur bei einigen hirnorganische Symptome nachzuweisen, und zu epileptischen Anfällen kam es nur bei ganz wenigen. Lediglich eine relativ kleine Gruppe der autistischen Kinder wurde fähig, selbständig einen Beruf auszuüben – nach RUTTER (1970) waren es 17% –, davon arbeitete der größte Teil in ungelernten Berufen. Bisher ist kein Erwachsener bekannt, der verheiratet ist.

Kasuistik

Katharina M. (Fall Nr. 2), Diagnose: frühkindlicher Autismus. Alter bei der Erstvorstellung: 3;0 J., Katamnesenfrist: 16 J.

Familienanamnese: Keine psychiatrischen Erkrankungen bekannt. Der *Vater*, von Beruf Lagerarbeiter, soll mehrfach in der Schule nicht versetzt worden sein. Er ist primitiv strukturiert und durchsetzungsfähig, trinkt und kann dann gewalttätig werden. Bei seiner Arbeit soll er zuverlässig sein. Die *Mutter* ist weich, menschlich warm, aber oft unreifhilflos. Sie ist nichtehelich geboren, wurde aber bei „netten Pflegeeltern" groß. Frau M. absolvierte die Hauptschule und übernahm dann Putzarbeiten. Zu Katrin hat sie einen echten Bezug, diese ist ihr „Lieblingskind". Die Mutter zeigt erstaunliche Geduld. Gerät sie in Erregung (was selten geschieht), handelt sie pädagogisch primitiv. Katrin hat noch *3 ältere Brüder*. Der mittlere litt im Kleinkindalter an großen epileptischen Anfällen und besuchte die Sonderschule für Lernbehinderte. Heute sind die 3 Jungen nicht mehr zu Hause und haben Arbeitsplätze. Der Älteste ist verheiratet. Die Ehe der Eltern wurde geschieden, als Katrin 12 Jahre alt war. Frau M. hat wieder geheiratet und ist mit ihrer neuen Ehe zufrieden. Sie lebt in einer anderen Stadt. Katrin wollte zunächst in der gewohnten Umgebung beim Vater bleiben, zog dann aber zur Mutter und kehrte schließlich nach einigen Monaten doch wieder zum Vater zurück, obwohl sie an ihn keine Bindung hatte.

Eigene Anamnese und Befund: Schwangerschaft und Geburt ohne Besonderheiten. Katrin wurde 3 Wochen gestillt. Keine Trinkschwierigkeiten. Häufiges schrilles Schreien. Die Mutter stellte dann fest, daß Katrin sehr spät (nach dem 2. Lj.) die ersten Worte sprach, wie taub wirkte, weder auf Gesten reagierte noch sich selber durch Gesten verständlich machte und alle möglichen Gegenstände stereotyp in rotierende Bewegung setzte. Katrin aß noch längere Zeit nicht alleine, obwohl sie es gekonnt hätte, lutschte nie am Daumen und steckte niemals Gegenstände in den Mund. Sie hatte bis ins spätere Schulalter Geräuschängste, als Kleinkind waren sie panisch, z. B. vor lautem Radio, lauten Stimmen (z. B. derjenigen des betrunkenen Vaters), hupenden Autos, pfeifender Eisenbahn. Sie zitterte vor Angst und hielt sich die Ohren zu. Das Mädchen bohrte gelegentlich in beiden Augen (es drückte runde Gegenstände auf die Augen oder den Mittel- und Zeigefinger über dem Oberlid am Orbitalrand), machte mit der rechten Hand bei gespreizten Fingern Fächelbewegungen vor den Augen, oftmals, indem es sich einer Lichtquelle zuwandte. Oft roch Katrin an Personen (vor allem an den Haaren) und Eßwaren und hatte Angst vor allen rauhen oder flauschigen Gegenständen, wie z. B. vor Stofftieren, Pelz, langhaariger Wolle. Mit 3 Jahren hatte sie panische Angst vor jeder fremden Umgebung, in der Küche der elterlichen Wohnung durfte nichts verändert werden, niemand durfte die Vorhänge anrühren, die sie oft pausenlos vor- und zurückzog, sie behielt es genau im Gedächtnis, welchen Faltenwurf sie ihnen gegeben hatte. Sie weigerte sich auch, neue Kleidung anzuziehen. Häufig bekam sie heftige, lang anhaltende Schreitouren, schlug dann auch mit dem Kopf auf den Boden, schlug sich mit den Händen ins Gesicht oder biß sich in den Daumen. Sie beschäftigte sich immer allein, nahm von den Brüdern oder anderen Kindern keine Notiz. Nur von der Mutter ließ sie sich anfassen, duldete von ihr aber auch erst ab 3 Jahren Zärtlichkeiten. Faßte jemand anderes sie an, wischte sie mit der Hand „die Berührung weg", wie die Mutter sagte.

Als Katrin mit 3;0 J. erstmalig bei uns war, bekam man nur selten und flüchtig Blickkontakt mit ihr. Gelegentlich glitten ihre Augen in die seitlichen Endstellungen. Sie hatte einen symbiotischen Bezug zur Mutter, wollte sich nicht von ihr trennen lassen, zeigte dann aber später keine freudige Reaktion beim Wiedersehen. Sie nahm ein offensichtlich sehr begehrtes Stück Schokolade erst, nachdem es die Mutter angebissen hatte und diesen Bissen aus ihrem Mund in Katrins Mund schob. Sie ließ sich zu Hause nur von der Mutter füttern, und zwar nur mit einem ganz bestimmten Brei. Ihr Hauptinteresse galt hochhackigen Schuhen. Sie zog bei uns allen im Spielraum anwesenden Mitarbeitern die Schuhe aus, wählte die mit den höchsten Absätzen aus, zog sie selber an und ging glücklich lächelnd, unverwandt auf die Schuhe sehend, über eine Stunde damit recht graziös im Zimmer umher. Zu der Zeit konnte Katrin sich wie eine Katze putzen. Wir beobachteten, daß sie ihre Hände immer wieder beleckte und mit ihnen über Gesicht und Haare wischte. Sie hatte damals eine reine Echosprache ohne kommunikative Funktion. Es fielen weiterhin eine pronominale Umkehr sowie eine monotone Sprechstimme auf. Einige Monate später verwandte Katrin die Echosprache schon teilweise kommunikativ, z. B. beantwortete sie im bejahenden Fall das Ende des gehörten Fragesatzes (...„Schokolade haben!"). Als Katrin 3 Jahre alt war, bekam man nur ganz selten und meist nur flüchtigen Blickkontakt mit ihr, aber schon mit 5 Jahren konnte sie Personen gelegentlich voll und ausdauernd ansehen. Mit 7;5 Jahren sagte sie plötzlich beim Spiel mit Ref.: „Hol' die Mutti, die Mutti ist da drüben so alleine." Die Mutter saß im Wartezimmer.

Mit 8;1 Jahren kann bei Katrin problemlos ein *Intelligenztest* durchgeführt werden.

Test-Profil

HAWIK		Verbaltest		Handlungstest	
Gesamt-IQ	= 82	1. AW	6	6. ZS	10
Verbal-IQ	= 75	2. AV	2	7. BE	9
Handlungs-IQ	= 94	3. RD	6	8. BO	6
		4. GF	6	9. MT	14
		5. WT	6	10. FL	7
		ZN	10		

Dieses Testergebnis zeigt für Kinder mit Kannerschem Syndrom charakteristische Besonderheiten. Der niedrigste Wert findet sich im allgemeinen Verständnis, der höchste Wert im Mosaiktest, eine relativ gute Leistung ist im Untertest Zahlennachsprechen und uncharakteristischerweise auch im Zahlensymboltest nachzuweisen.

Bei der ambulanten *neurologischen Untersuchung* des körperlich wohlgebildeten, feingliedrigen Mädchens fielen außer einem deutlichen Strabismus convergens links keine pathologischen Besonderheiten auf. Das EEG war o. B. Die Motorik wirkte graziös. Nach dem Körper-Koordinationstest (KTK) von KIPHARD und SCHILLING ergab sich jedoch mit 7;5 Jahren eine recht hohe Variabilität in den einzelnen motorischen Leistungen. Ophthalmologischer Befund: leichte Hyperopie des linken Auges.

Katrin wurde mit 7 Jahren eingeschult. Sie hat zu der Zeit einen recht guten Wortschatz, aber eine noch etwas agrammatische Sprache, ist leistungsmotiviert, in die Klassengemeinschaft eingefügt, jedoch ohne selektive Zuwendung. Auffällig ist ein gutes Zahlengedächtnis, sie kennt z. B. mit 8 Jahren die Hausnummern sämtlicher Häuser ihres Wohngebietes und aller Häuser, die an ihrem Schulweg liegen. Lesen und Schreiben lernt sie zwar verzögert, schreibt Diktate dann aber bald fehlerfrei, kann jedoch den Inhalt des Geschriebenen oder Gelesenen nur rudimentär wiedergeben. Es fällt bei ihr eine betonte Konzentrationsschwäche auf, sie wirkt oft „abwesend und mit sich selber beschäftigt". Mit ihren Sachen ist sie teilweise pedantisch ordentlich. Sie ist ein ernstes Kind, das kaum einmal lacht, aber keine dysphorischen Stimmungsschwankungen zeigt. Man läßt sie das erste Schuljahr wiederholen und schult sie dann in die Sonderschule für Lernbehinderte ein, die sie mit einem verhältnismäßig guten Abschlußzeugnis verläßt. Nach der Schulentlassung übernimmt sie Gelegenheitsarbeiten und wohnt bei ihrem Vater, der seit einer Entziehungskur angeblich nicht mehr trinkt. Jetzt aber beginnt Katrin zu trinken, und zwar öfter bis zur Volltrunkenheit. In solchen Zuständen schreit sie herum, verletzt sich absichtlich selber, z. B. mit Scherben von zerschlagenen Bierflaschen. Als sie 18 Jahre alt ist, läßt sie sich von einem 2 Jahre älteren Mann bestimmen, mit ihm zusammenzuziehen. Dieser ist als Tankwart beschäftigt und hat einen guten Leumund. Katrin ist ein zierliches, hübsches Mädchen mit etwas „verträumten" Augen. Es fallen bei ihr weiterhin verschiedene zwanghafte Gewohnheiten, ein spezielles Interesse für Daten und Zahlen sowie sonderbare sozial unangepaßte Verhaltensweisen auf. Wegen der Trunksucht muß sie schließlich in ein psychiatrisches Krankenhaus zur Entziehung eingewiesen werden.

Literatur

Affolter, F.: Therapeutische Erfahrungen mit einer Gruppe autistischer Kinder. Tagungsber. schweiz. Elternverein, 1976. Crummenerl, Lüdenscheid 1976

Affolter, F.: Wahrnehmungsgestörte Kinder: Aspekte der Erfassung und Therapie. Pädiat. Pädol. 12 (1977) 205

Anthony, E. J.: An experimental approach to the psychopathology of childhood autism. Brit. J. med. Psychol. 31 (1958) 211

Asperger, H.: Die „autistischen Psychopathen" im Kindesalter. Arch. Psychiat. Nervenkrankh. 117 (1944) 76

Asperger, H.: Autistisches Verhalten im Kindesalter. Jb. Jugendspsychiat. 2 (1960) 53

Asperger, H.: Autistische Psychopathen. In: Heilpädagogik, hrsg. von H. Asperger, 5. Aufl., Springer, Wien 1968a

Asperger, H.: Zur Differentialdiagnose des kindlichen Autismus. Acta paedopsychiat. 35 (1968b) 136

Baker, L., D. P. Cantwell, M. Rutter, L. Bartak: Language and autism. In: Autism. Diagnosis, Current Research and Management, hrsg. von E. R. Ritvo. Halsted Press, New York 1976

Bartak, L.: Educational approaches. In: Autism. A Reappraisal of Concepts and Treatment, hrsg. von M. Rutter, E. Schopler. Plemum Press, New York 1978

Bartak, L., M. Rutter: The use of personal pronouns by autistic children. J. Autism Childh. Schiz. 4 (1974) 217

Bartak, L., M. Rutter, A. Cox: A comparative study of infantile autism and specific developmental receptive language disorder. I. The Children. Brit. J. Psychiat. 126 (1975) 127

Bartak, L., M. Rutter, A. Cox: A comparative study of infantile autism and specific developmental receptive language disorders. III. Discriminant function analysis. J. Autism Childh. Schiz. 7 (1977) 383

Benda, C. E.: Childhood schizophrenia, childhood autism, and Heller's disease. Internat. Rec. Med. 172 (1959) 137

Bender, L.: Schizophrenia in childhood, its recognition, description and treatment. J. amer. Orthopsychiat. 26 (1956) 499

Berger, M.: Symbiotisch-psychotisches Syndrom (Mahler), Kasuistik eines zwölfjährigen psychotischen Mädchens. Z. Kinder- u. Jugenspsychiat. 3 (1975) 17

Bettelheim, B.: Die Geburt des Selbst. Kindler, München 1977

Bleuler, E.: Dementia praecox oder Gruppe der Schizophrenien. In: Handbuch der Psychiatrie, Abtlg. 4, Teil 1, hrsg. von G. Aschaffenburg. Deuticke, Leipzig 1911

Bosch, G.: Weltbeziehung und Sprachbau in der Pathologie der Kindersprache. Nervenarzt 39 (1968) 489

Bosch, G.: Der frühkindliche Autismus. Eine klinische und phänomenologisch-antropologische Untersuchung am Leitfaden der Sprache. Springer, Berlin 1962. Englische Ausgabe: Infantile Autism. Springer, Berlin 1970

Bosch, G.: Psychosen im Kindesalter. In: Psychiatrie der Gegenwart, 2. Aufl., Bd. II/1. Springer, Berlin 1971

Bosch, G.: Autismus. In: Psychologie des 20. Jahrhunderts, Bd. XII. Kindler, Zürich 1980

Bracken, H. von: Intelligenzschwäche und Umwelt. Jb. Jugendpsychiat. 8 (1969) 39

Campbell, M.: Pharmacotherapy in early infantile autism. Biol. Psychiat. 10 (1975) 399

Cantwell, D. P., L. Baker, M. Rutter: Family factors. In: Autism. A reappraisal of Concepts and Treatment, hrsg. von M. Rutter, E. Schopler. Plenum Press, New York 1978

Chess, St.: Autism in children with congenital rubella. J. Autism Childh. Schiz. 1 (1971) 33

Chess, St.: Follow-up report on autism in congenital rubella. J. Autism Childh. Schiz. 7 (1977) 69

Clarke, A. D. B.: Commentary on Koluchova's „Severe deprivation in twins: A case study". J. Child Psychol. Psychiat. 13 (1972) 103

Cobrinik, L.: Unusual reading ability in severely disturbed children. J. Autism Childh. Schiz. 4 (1974) 163

Coleman, M.: The autistic syndroms. North-Holland Publishing Company, Amsterdam 1976

Cordes, H., F. W. Wilker: Aufbau komplexer Sprachstrukturen bei autistischen Kindern. In: Kindlicher Autismus, hrsg. von H. E. Kehrer. Karger, Basel 1978

Creak, M.: Schizophrenic syndrom in childhood. Progress report of a working party. Cerebr. Palsy Bull. 3 (1961) 501

Creak, M.: Childhood psychosis. Brit. J. Psychiat. 103 (1963) 84

Dauner, J., M. Martin: Autismus Asperger oder Frühschizophrenie? Zur nosologischen Abgrenzung beider Krankheitsbilder. Pädiat. Pädol. 13 (1978) 31

De Long, G. R.: A neuropsychologic interpretation of infantile autism. In: Autism. A Reappraisal of Concepts and Treatment, hrsg. von M. Rutter, E. Schopler. Plenum Press, New York 1978

DeMeyer, M. K.: Perception and social intellectual deficits. In: Infantile Autism. Concepts, Characteristics and Treatment, hrsg. von M. Rutter. Churchill Livingstone, Edinburgh 1971

DeMeyer, M. K., S. Barton, W. E. DeMeyer, J. A. Norton, J. Allen, R. Steele: Prognosis in autism: a follow-up study. J. Autism Childh. Schiz. 3 (1973) 199

DeMeyer, M. K., S. Barton, G. D. Alpern, C. Kimberlin, J. Allen, E. Yang, R. Steele: The measured intelligence of autistic children. J. Autism Childh. Schiz. 4 (1974) 42

Despert, J. L.: Some considerations relating to the genesis of autistic behaviour in children. Amer J. Orthopsychiat. 21 (1951) 335

Eggers, Chr.: Zur nosologischen Abgrenzung zwischen frühkindlichem Autismus und kindlicher Schizophrenie. In: Kindlicher Autismus, hrsg. von H. E. Kehrer. Karger, Basel 1978

Eisenberg, L.: The autistic child in adolescence. Amer. J. Psychiat. 112 (1956) 607

Feldner, J.: Entwicklungspsychiatrie des Kindes. Springer, Wien 1955

Fischer, E.: Zur Frage der Intelligenzentwicklung des autistischen Kindes. In: Jugendpsychiatrische und psychologische Diagnostik, hrsg. von E. Förster, K. H. Wewetzer. Huber, Bern 1966 (S. 67)

Florsheim, J., O. Peter-Freund: The intelligence of parents of psychotic children. J. Autism Childh. Schiz. 4 (1974) 61

Folstein, S., M. Rutter: A twin study of individuals with infantile autism. In: Autism. A Reappraisal of Concepts and Treatment, hrsg. von M. Rutter, E. Schopler. Plenum Press, New York 1978

Frankl, G.: Language and affective contact. Nerv. Child 2 (1943) 251

Freeman, B. J., E. R. Ritvo: Cognitive assessment. In: Autism. Diagnosis, Curent Research and Management, hrsg. von E. R. Ritvo. Halsted Press, New York 1976

Frith, U.: Neuere psychologische Studien über Autismus in England. Ber. 1. Bundestagung „Hilfe für das autistische Kind", Lüdenscheid 1972

Frith, U.: Sprache und Denken bei autistischen Kindern. In: Kindlicher Autismus, hrsg. von H. E. Kehrer. Karger, Basel 1978

Gillberg, Chr., H. Schaumann: Social class and infantile autism. J. Autism Developmental Disorders 12 (1982) 211

Goldfarb, W.: Childhood Schizophrenia. Harvard Univ. Press, Cambridge/Mass. 1961

Göllnitz, G.: Neuropsychiatrie des Kindes- und Jugendalters, 2. Aufl. Gustav Fischer, Jena 1975

Hamacher, E.: Eigentümlichkeiten in der Motorik blindgeborener Kinder. Acta paedopsychiat. 22 (1966) 278

Harbauer, H.: Neuropathie, psychopathische Entwicklung, vegetative Syndrome, Migräne. In: Lehrbuch der speziellen Kinder- und Jugendpsychiatrie, 3. Aufl., hrsg. von H. Harbauer, R. Lempp, G. Nissen, P. Strunk. Springer, Berlin 1976

Hemsley, R., P. Howlin, M. Berger, L. Hersov, D. Holbrook, M. Rutter, W. Yule: Treating autistic children in a family context. In: Autism. A Reappraisal of Concepts and Treatment, hrsg. von M. Rutter, E. Schopler. Plenum Press, New York 1978

Hermelin, B.: Wahrnehmung und Denken bei autistischen Kindern. In: Kindlicher Autismus, hrsg. von H. E. Kehrer. Karger, Basel 1978

Hermelin, B., N. O'Connor: Experiments with Autistic Children. Pergamon Press, Oxford 1970

Herzka, H. St.: Kinderpsychiatrische Krankheitsbilder. Schwabe, Basel 1978

Hirai, N.: Childhood Autism. Tokio 1968

Hommes, O. R., J. J. G. Prick: Een infantiel autistisch syndroom als onderdeel van de ziekte van Fölling (oligophrenia phenylpyruvica). Med. T. Geneesk. 108 (1964) 2448

Hutt, C.: Beiträge der Ethologie zur Erforschung des kindlichen Autismus, hrsg. von H. E. Kehrer. Karger, Basel 1978

Jaspers, K.: Allgemeine Psychopathologie, 8. Aufl. Springer, Berlin 1965

Kanner, L.: Autistic disturbances of affektiv contact. Nerv. Child 2 (1943) 217–250

Kanner, L.: Early infantile autism, 1943–1955. In: Childhood Psychosis. Initial Studies and New Insights, hrsg. von L. Kanner. Winston, Washington 1973a

Kanner, L.: Irrelevant and metaphorical language in early infantile autism. In: Childhood Psychosis. Initial Studies and New Insights. Winston, Washington 1973b

Kanner, L.: Follow-up study of eleven autistic children originally reported in 1943. In: Childhood Psychosis. Initial studies and New Insights. Winston, Washington 1973c

Kanner, L., A. Rodriguez, B. Ashenden: How far can autistic children go in matters of social adaptation? J. Autism Childh. Schiz. 2 (1972) 9

Keeler, W. R.: Autistic patterns and defektive communication in blind children with retrolental fibroplasia. In: Psychopathology of Communication. Grune & Stratton, New York 1958

Kehrer, H. E.: Die medikamentöse Behandlung des kindlichen Autismus. In: Kindlicher Autismus, hrsg. von H. E. Kehrer. Karger, Basel 1978

Kiphard, E. J.: Möglichkeiten und Grenzen eines sensomotorischen Intelligenzvortrainings bei autistischen Kindern. Ber. 1. Bundestagung „Hilfe für das autistische Kind", Lüdenscheid 1972

Koluchová, J.: Severe deprivation in twins: a case study. J. Child Psychol. Psychiat. 13 (1972) 107

Kolvin, I.: Psychoses in childhood – a comparative study. In: Infantile Autism. Concepts, Characteristics and Treatment, hrsg. von M. Rutter. Churchill Livingstone, Edinburgh 1971

Krevelen, D. A. van: Early infantile autism. Z. Kinderpsychiat. 19 (1952) 91

Krevelen, D. A. van: Autismus infantum. Acta paedopsychiat. 27 (1960) 97

Krevelen, D. A. van: Autismus und Iatrogenie. Acta paedopsychiat. 31 (1964) 129

Krevelen, D. A. van: Early infantile autism and autistic psychopathy. J. Autism Childh. Schiz. 1 (1971) 82

Krevelen, D. A. van, Ch. Kuipers: The psychopathology of autistic psychopathy. Acta paedopsychiat. 29 (1962) 22

Kysar, J.: The two camps in child psychiatry: a report from a psychiatrist – father of an autistic und retarded child. Amer. J. Psychiat. 125 (1968) 103

Lempp, R.: Psychosen im Kindes- und Jugendalter – eine Realitätsbezugsstörung. Huber, Bern 1973

Lempp, R.: Adolenszenz. Huber, Bern 1981

Liepmann, M. C.: Geistig behinderte Kinder und Jugendliche. Eine epidemiologische, klinische und sozialpsychologische Studie in Mannheim. Huber, Bern 1979

Lockyer, L., M. Rutter: A five-to-fifteen-year follow-up study of infantile psychosis. IV. Patterns of cognitive ability. Brit. J. soc. clin. Psychol. 9 (1970) 152

Lotter, V.: Epidemiology of autistic conditions in young children. I. Prevalence. Social Psychiat. 1 (1966) 124

Lotter, V.: Epidemiology of autistic conditions in young children. II. Some characteristics of the parents and children. Social Psychiat. 1 (1967) 163

Lotter, V.: Factors related to outcome in autistic children. J. Autism Childh. Schiz. 4 (1974) 263

Lotter, V.: Follow-up studies. In: Autism. A Reappraisal of Concepts and Treatment, hrsg. von M. Rutter, E. Schopler. Plenum Press, New York 1978

Lutz, J.: Zum Verständnis des Autismus infantum als einer Ich-Bewußtseins-, Ich-Aktivitäts- und Ich-Einprägungsstörung. Acta paedopsychiat. 35 (1968) 161

Lutz, J.: Symbiotische Kinderpsychose. Acta paedopsychiat. 36 (1969) 262

Lutz, J.: Neurer Überlegungen zum Verständnis des Autismus. Tagungsber. schweiz. Elternverein 1976. Crummenerl, Lüdenscheid 1976

Lutz, J.: Infantiles psychoorganisches Syndrom und kindlicher Autismus. Ther. Umsch. 34 (1977) 21

Mackensen, G.: Die Psychomotorik blinder Kinder. Klin. Mbl. Augenheilk., Beiheft 26 (Bücherei des Augenarztes). Enke, Stuttgart 1956

Mahler, M. S.: Symbiose und Individuation. Bd. I: Psychosen im frühen Kindesalter. Klett, Stuttgart 1972

Makita, K.: Contemporary concept of autism and autismus infantum. Acta paedopsychiat. 41 (1974) 162

Martinius, J.: Der neuropsychologische Ansatz zum Verständnis des frühkindlichen Autismus. Z. Kinder- u. Jugendpsychiat. 2 (1974) 187

McAdoo, W. M. G., M. K. DeMeyer: Personality characteristics of parents. In: Autism. A Reappraisal of Concepts and Treatment, hrsg. von M. Rutter, E. Schopler. Plenum Press, New York 1978

Miller, A., E. E. Miller: Cognitive – developmental training with elevated boards and sign language. J. Autism Childh. Schiz. 3 (1973) 65

Mnukhin, S. S., D. N. Isaev: On the organic nature of some forms of schizoid or autistic psychopathy. J. Autism Childh. Schiz. 5 (1975) 99

Mosse, H.: Der Mißbrauch der Schizophreniediagnose im Kindesalter. Jb. Jugendpsychiat. 2 (1960) 68

Nickel, H.: Der normale Entwicklungsverlauf von Wahrnehmungsprozessen im Kindesalter. In: Teilleistungsschwächen bei Kindern, hrsg. von E. Berger. Huber, Bern 1977

Nissen, G.: Zur Genese und Therapie der Autoaggressivität. Z. Kinder- u. Jugendpsychiat. 3 (1975) 29

Nissen, G.: Der kindliche Autismus. In: Lehrbuch der speziellen Kinder- und Jugendspsychiatrie, 3. Aufl., hrsg. von H. Harbauer, R. Lempp, G. Nissen, P. Strunk. Springer, Berlin 1976

Nissen, G.: Psychopathologie des Kindesalters. Wiss. Buchgesellschaft, Darmstadt 1977

Nissen, G.: Wechselwirkungen bio- und informationsgenetischer Faktoren in den Familien autistischer Kinder. In: Kindlicher Autismus, hrsg. von H. E. Kehrer. Karger, Basel 1978

Nurcombe, B., N. Parker: The idiot savant. J. Amer. Acad. Child Psychiat. 3 (1964) 469

O'Conner, N.: The evidence for the permanently disturbing effects of mother-child separation. Acta Psychol. 15 (1956) 174

O'Conner, N.: Visual perception in autistic children. In: Infantile Autism. Concepts, Characteristics and Treatment, hrsg. von M. Rutter. Churchill Livingstone, Edinburgh 1971

O'Gorman, G.: The Nature of Childhood Autism. Butterworths, London 1976

Ornitz, E. M.: Childhood autism: a disorder of sensorimotor integration. In: Infantile Autism. Concepts, Characteristics and Treatment, hrsg. von M. Rutter. Churchill Livingstone, Edinburgh 1971

Ornitz, E. M.: Biological homogeneity or heterogeneity? In: Autism. A reappraisal of Concepts and Treatment, hrsg. von M. Rutter, E. Schopler. Plenum Press, New York 1978

Ornitz, E. M., E. R. Ritvo: Perceptual inconstancy in early infantile autism and its variants. Arch. gen. Psychiat. 18 (1968) 76

Ornitz, E. M., E. R. Ritvo: The syndrome of autism. A critical review. Amer. J. Psychiat. 133 (1976a), 609

Ornitz, E. M., E. R. Ritvo: Medical assessment. In: Autism. Diagnosis, Current Research and Management, hrsg. von E. R. Ritvo. Halsted Press, New York 1976b

Ploog, D.: Psychobiologie des Partnerschaftsverhaltens. Nervenarzt 40 (1969) 245

Popella, E.: Zum Krankheitsbild des frühkindlichen Autismus. Nervenarzt 26 (1955) 268

Remschmidt, H.: Die „Psychopathie" in der Kinder- und Jugendpsychiatrie. Z. Kinder- u. Jugendpsychiat. 6 (1978) 266

Remschmidt, H., M. Schmidt, unter Mitarbeit von C. Klicpera: Multiaxiales Klassifikationsschema für psychiatrische Erkrankungen im Kindes- und Jugendalter nach Rutter, Shaffer und Sturge. Huber, Bern 1977

Rendle-Short, J.: Infantile autism in Australia. Med. J. Austr. 2 (1969) 245

Ricks, D. M., L. Wing: Language, communication, and the use of symbols in normal and autistic children. J. Autism Childh. Schiz. 5 (1975) 191

Rimland, B.: Infantile autism. The syndrome and its implications for a neural theory of behavior. Appleton-Century-Crofts, New York 1964

Ritvo, E. R., Ph. D. Freeman: National Society for autistic children: Definition of the syndrome of autism. J. Autism Childh. Schiz. 8 (1978) 162

Ritvo, E. R., K. Rabin, A. Yuwiler, B. J. Freeman, E. Geller: Biochemical and hematologic studies: a critical review. In: Autism. A Reappraisal of Concepts and Treatment, hrsg. von M. Rutter, E. Schopler. Plenum Press, New York 1978

Ritvo, E. R., E. M. Ornitz, A. Eviatar, C. H. Markham, M. B. Brown, A. Mason: Decreased postrotatory nystagmus in early infantile autism. Neurology 19 (1969) 653

Ritvo, E. R., D. Cantwell, E. Johnson, M. Clements, F. Benbrook, S. Slagles, P. Kelly, M. Ritz: Social class factors in autism. J. Autism Childh. Schiz. 1 (1971) 297

Rodnight, R.: Biochemical strategies and concepts. In: Autism. A Reappraisal of Concepts and Treatment, hrsg. von M. Rutter, E. Schopler. Plenum Press, New York 1978

Rutter, M.: Concepts of autism: a review of research. J. Child Psychol. 9 (1968) 1

Rutter, M.: Autistic children: Infancy to adulthood. Semin. in Psychiat. 2 (1970) 435

Rutter, M.: Childhood schizophrenia reconsidered. J. Autism Childh. Schiz. 2 (1972) 315

Rutter, M.: Charakteristische Verhaltensweisen und kognitive Funktionen autistischer Kinder. In: Frühkindlicher

Autismus, 2. Aufl., hrsg. von J. K. Wing. Beltz, Weinheim 1977a
Rutter, M.: Prognose: psychotische Kinder im Jugend- und frühen Erwachsenenalter. In: Frühkindlicher Autismus, 2. Aufl., hrsg. von J. K. Wing. Beltz, Weinheim 1977b
Rutter, M.: Diagnosis and definition of childhood autism. J. Autism Childh. Schiz. 8 (1978a) 139
Rutter, M.: Language disorder and infantile autism. In: Autism. A Reappraisal of Concepts and Treatment, hrsg. von M. Rutter, E. Schopler. Plenum Press, New York 1978b
Rutter, M.: Developmental Issues and Prognosis. In: Autism. A Reappraisal of Concepts and Treatment, hrsg. von M. Rutter, E. Schopler. Plenum Press, New York 1978c
Rutter, M., L. Bartak: Causes of infantile autism: some considerations from recent research. J. Autism Childh. Schiz. 1 (1971) 20
Rutter, M., L. Bartak: Special educational treatment of autistic children. A comparative study. II. Follow-up findings and implications for services. J. Child Psychol. Psychiat. 14 (1973) 241
Rutter, M., L. Lockyer: A five to fifteen-year follow-up study of infantile psychosis. I. description of sample. Brit. J. Psychiat. 113 (1967) 1169
Rutter, M., D. Greenfeld, L. Lockyer: A five to fifteen-year follow-up study of infantile psychosis. II. Social and behavioural outcome. Brit. J. Psychiat. 113 (1967) 1183
Rutter, M., L. Bartak, St. Newman: Autism – a central disorder of cognition and language? In: Infantile Autism. Concepts, Characteristics and Treatment, hrsg. von M. Rutter. Churchill Livingstone, Edinburgh 1971
Schachter, M.: Un cas d'autisme infantile précoce (Kanner), fils d'un psychopathe obsessif – schizoïde. Rev. int. Pédiat. 89 (1979a) 43
Schachter, M.: Psychologie et Psychopathologie des parents d'enfants autistiques. Méd. et Hyg. 37 (1979b), 590
Schenk, K., D. Weber: Diagnostische Kriterien zur Einteilung frühkindlicher Hirnschädigungen. In: Charakteropathien nach frühkindlichen Hirnschädigungen. Springer, Berlin-Heidelberg 1970
Schneider, H.: Über den Autismus. Springer, Berlin 1964
Schönfelder, Th.: Über frühkindliche Antriebsstörungen. Acta paedopsychiat. 31 (1964) 112
Schopler, E.: Early infantile autism and receptor processes. Arch. Gen. Psychiat. 13 (1965) 327
Schopler, E.: Limits of methodological differences in family studies. In: Autism. A Reappraisal of Concepts and Treatment, hrsg. von M. Rutter, E. Schopler. Plenum Press, New York 1978
Schopler, E., M. Rutter: Subgroups vary with selection purpose. In: Autism. A Reappraisal of Concepts and Treatment, hrsg. von M. Rutter, E. Schopler. Plenum Press, New York 1978
Selfe, L.: Nadia. A case of extraordinary drawing ability in an autistic child. Academic Press, London 1977
Shields, J.: Polygenic influences. In: Child Psychiatry, hrsg. von M. Rutter, L. Hersov. Blackwell, Oxford 1977c
Speck, O.: Verhaltensstörungen, Psychopathologie und Erziehung. Marhold, Berlin 1979a
Speck, O.: Verhaltenstherapien im Rahmen der Gesamtförderung geistig Behinderter. Lebenshilfe 18 (1979b) 14
Spence, M. A.: Genetic studies. In: Autism. Diagnosis, Current Research and Management, hrsg. von E. R. Ritvo. Halsted Press, New York 1976
Spiel, W.: Vorwort und Einleitung. In: Teilleistungsschwächen bei Kindern, hrsg. von E. Berger. Huber, Bern 1977
Ssucharewa, G. E.: Die schizoiden Psychopathien im Kindesalter. Mschr. Psychiat. Neurol. 60 (1926) 235
Stern, E., M. Schachter: Zum Problem des frühkindlichen Autismus. Prax. Kinderpsychol. 2 (1953) 113
Stroh, G., D. Buick: Perceptual development and childhood psychosis. Brit. J. med. Psychol. 37 (1964) 291
Stutte, H.: Kinderpsychiatrie und Jugendpsychiatrie. In: Psychiatrie der Gegenwart, hrsg. von H. W. Gruhle, R. Jung, W. Mayer-Gross, M. Müller. Springer, Berlin 1960
Stutte, H.: Intellektuelle Hochbegabungen bei autistischen Kindern. Unsere Jugend 14 (1962a) 225
Stutte, H.: Zustände psychischer Vorentwicklung im Kindesalter. Nervenarzt 33 (1962b) 337
Stutte, H.: Determinanten des organischen Psychosyndroms im Kindesalter. Acta paedopsychiat. 33 (1966) 337
Stutte, H.: Psychotische Störungen bei kindlichen Oligophrenien. Jb. Jugendpsychiat. 6 (1967) 181
Stutte, H.: Wann sollten wir von kindlicher Aphasie sprechen? Acta paedopsychiat. 35 (1968) 1
Stutte, H.: Psychosen des Kindesalters. In: Handbuch der Kinderheilkunde, Bd. VIII/1, Springer, Berlin – New York 1969
Stutte, H.: Der Sprachabbau beim Heller-Syndrom. Z. Kinder- u. Jugendpsychiat. 2 (1974) 34
Stutte, H.: Historische Aspekte zum Psychosebegriff in der kinderpsychiatrischen Nosographie. Z. Kinder- u. Jugendpsychiat. 3 (1975) 102
Stutte, H., H. Harbauer: Die Nosologie der Dementia infantilis (Heller). Jb. Jugendpsychiat. 4 (1965) 206
Taft, L. T., H. J. Cohen: Hypsarrhythmia and infantile autism: a clinical report. J. Autism Childh. Schiz. 1 (1971) 327
Tanguay, P. E.: Clinical and electrophysiological research. In: Autism. Diagnosis, Current Research and Management, hrsg. von E. R. Ritvo. Halsted Press, New York 1976
Tinbergen, N., E. A. Tinbergen: Autismus bei Kindern. Paul Parey, Berlin 1984
Törne, J. von: Zur Ätiologie der Automutilation im Kindes- und Jugendalter. Z. Kinder- u. Jugendpsychiat. 2 (1974) 261
Verhees, B.: Über den frühkindlichen Autismus. Ein kasuistischer Beitrag zum Verständnis des autistischen Syndroms im Kindesalter unter entwicklungspsychologischem Aspekt. Dipl.-Arbeit (Angewandte Psychol.) Heilpäd. Institut, Freiburg/Schweiz 1969 (unveröff.)
Vogt, H. J., H. G. Schlack: Elektrophysiologische Korrelate des Verhaltens bei autistischen Kindern. Mschr. Kinderheilk. 125 (1977) 416
Wakabayashi, Sh.: A case of infantile autism associated with Down's syndrome. J. Autism Childh. Schiz. 9 (1979) 31
Walker, H. A.: Incidence of minor physical anomaly in autism. J. Autism Childh. Schiz. 7 (1977) 165
Wassing, H. E.: Cognitive funktioning in early infantile autism: an examination of four cases by means of the Wechsler intelligence scale for children. Acta paedopsychiat. 32 (1965) 122
Wassing, H. E.: Zum Problem des Erkennens und der Sprache bei frühkindlichem Autismus. In: Kindlicher Autismus, hrsg. von H. E. Kehrer. Karger, Basel 1978
Wassing, H. E., D. A. van Krevelen: Zur Frage der Intelligenz zeichenbegabter autistischer Kinder. Acta paedopsychiat. 35 (1968) 215
Weber, D.: Der frühkindliche Autismus unter dem Aspekt der Entwicklung. Huber, Bern 1970
Weber, D.: Sensorielle Störungen in der Genese des frühkindlichen Autismus. Acta paedopsychiat. 39 (1972) 213
Weber, D.: „Toe-walkung" in children with early childhood autism. Acta paedopsychiat. 43 (1978) 73
Weber, D.: Autistische Syndrome des Kindesalters und Schizophrenie. Zwei Langzeitkatamnesen. Festschrift für Hermann Stutte. Heymanns, Köln 1979
Weber, D., B. Schmidt: Autistisches Syndrom und Pseudoretinitis Pigmentosa nach Röteln-Embryopathie bei einem Zwillingspaar. Jb. Jugendpsychiat. 7 (1969) 117
Weinschenk, C.: Legasthenie – ein Unfug? Fortschr. Med. 96 (1978) 1923
Wendeler, J.: Neuere Forschungsergebnisse. In: Frühkindlicher Autismus, 2. Aufl., hrsg. von J. K. Wing. Beltz, Weinheim 1977a
Wendeler, J.: Ergänzung zu Kapitel 1, S. 39 und Anmerkung zu Kapitel 5, S. 312–313. In: Frühkindlicher Autismus, 2. Aufl., hrsg. von J. K. Wing. Beltz, Weinheim 1977b
Wing, J. K.: Symptome, Verbreitung und Ursachen des

frühkindlichen Autismus. In: Frühkindlicher Autismus, 2. Aufl., hrsg. von J. K. Wing. Beltz, Weinheim 1977
Wing, L.: The handicaps of autistic children – a comparative study. J. Child Psychol. Psychiat. 10 (1969) 1
Wing, L.: Das autistische Kind. Maier, Ravensburg 1973
Wing, L., J. Gould: Severe impairments of social interaction and associated abnormalities in children: epidemiology and classification. J. Autism Childh. Schiz. 9 (1979) 11
Wolff, S., A. Barlow: Schizoid personality in childhood. A comparative study of schizoid, autistic and normal children. J. Child Psychol. Psychiat. 20 (1979) 29
Wurst, E.: Autismus. Huber, Bern 1976 (2. Aufl. 1981)
Wurst, E.: Die Intelligenzprognose beim autistischen Kind. Pädiat. Pädol. 12 (1977) 112

Zur Fortbildung empfohlene Monographien:
Asperger, H.: Autistische Psychopathen. In: Heilpädagogik, 5. Aufl. Springer, Wien 1968
Bosch, G.: Der frühkindliche Autismus. Eine klinische und phänomenologisch-antropologische Untersuchung am Leitfaden der Sprache. Springer, Berlin 1962. Englische Ausgabe: Infantile Autism. Springer, Berlin 1970
Kanner, L.: Childhood psychosis. Initial Studies and New Insights. Winston, Washington 1973
Kehrer, H. E.: Kindlicher Autismus. Karger, Basel 1978
Park, C. C.: Eine Seele lernt leben. Scherz, Bern 1973
Ritvo, E. R. (Ed.): Autism. Diagnosis, Current Research and Management. Halsted Press, New York 1976
Rutter, M., E. Schopler (Eds.): Autism. A Reappraisal of Concepts and Treatment. Plenum Press, New York 1978
Selfe, L.: Nadia. A Case of Extraordinary Drawing Ability in an Autistic Child. Academic Press, London 1977
Weber, D.: Der frühkindliche Autismus unter dem Aspekt der Entwicklung. Huber, Bern 1970
Wing, J. K. (Ed.): Frühkindlicher Autismus. Klinische, pädagogische und soziale Aspekte, 2. Aufl. Beltz, Weinheim 1977
Wing, L.: Das autistische Kind. Maier, Ravensburg 1973

8 Psychotische Störungen

Christian Eggers, Gerhardt Nissen

Körperlich begründbare Psychosen

Christian Eggers

Definition, Nosologie, Noxenspezifität und Typologie

Der Begriff „körperlich begründbare Psychosen" geht auf K. SCHNEIDER (1947) zurück. Er bezeichnete damit durch körperliche Erkrankungen bzw. äußerliche Schädigungen hervorgerufene Geistesstörungen. Weitgehend synonym hiermit werden folgende Termini verwandt: „akute exogene Reaktionstypen" (BONHOEFFER), „symptomatische Psychosen" (GRUHLE), „Geistesstörungen im engen Zusammenhang mit Körperkrankheiten" (E. BLEULER). Es hat sich jedoch eingebürgert, kurz von „organischen", „symptomatischen" oder „exogenen" Psychosen zu sprechen. Durch die erwähnten Begriffe soll zum Ausdruck gebracht werden, daß die damit bezeichneten Psychosen – im Unterschied zu den endogenen Psychosen – auf eine *direkte* oder *indirekte Hirnerkrankung* zurückzuführen sind. Diese Psychosen könnten nicht vorkommen ohne eine hirnorganische Bedingtheit, die für ihr Auftreten unerläßlich ist, wenn sie auch nicht ausschließlich für deren Genese und Phänomenologie verantwortlich ist (HUBER 1972).

Neben der organischen Schädigung sind andere Faktoren am Entstehen sowie an der phänomenologischen Ausgestaltung der Psychosen beteiligt. Neben den noziven Faktoren, deren ätiologischer Einfluß um so stärker ist, je höher die schädigende Potenz der jeweiligen Noxe ist, sind *individualtypische Determinanten* für das Zustandekommen und die Ausprägung einer exogenen Psychose von Bedeutung. Wie dies bereits für metabolisch und toxisch bedingte psychoorganische Symptombilder festgestellt wurde (s. Kap. 4, S.202), gehören hierzu die prämorbide Persönlichkeitsartung, das Lebensalter, das jeweils erreichte psychophysische Reifungs- und Entwicklungsniveau des Kindes, die Stoffwechsellage, Leber- und Nierenfunktion (deren Intaktheit besonders bei Intoxikationen wichtig ist) und situative Gegebenheiten, insbesondere die Art der familiären Verankerung und Beschützung.

Die zuletzt genannten Faktoren schränken die *pathoklitische Spezifität* exogen-psychotischer Zustandsbilder ein, die STUTTE (1969) für einzelne Krankheitserscheinungen herauszuarbeiten versucht hat. Ihre Variabilität wird durch die Heterogenität der o. g. Bedingtheiten mitbestimmt. Wie bereits in Kap. 4, S. 202 ausgeführt, zeigen manche Intoxikationsformen, wie z. B. die Benzydaminhalluzinose oder Antihistaminkörperpsychosen, beim Kind typische Färbungen. Eine für eine Noxe jeweils spezifische psychopathologische Phänomenologie konnte bei unseren Untersuchungen (EGGERS 1975) jedoch nicht festgestellt werden. Verschiedene metabolische, endokrinologische oder intoxikationsbedingte Erkrankungen können identische psychopathologische Symptombilder hervorrufen, und ein und dieselbe Grundkrankheit kann bei verschiedenen Individuen mit unterschiedlichen psychischen Begleiterscheinungen einhergehen. Die Beobachtung, daß chemisch bzw. pharmakogen ausgelöste toxische Psychosen jeweils noxentypische Färbungen aufweisen (EGGERS 1975), stimmt mit den Erfahrungen älterer Psychiater überein, die bei Intoxikationspsychosen gewisse noxenabhängige Besonderheiten sowohl im Symptombild als auch im Verlauf feststellten.

Die Erforschung morbiditätsspezifischer Einflüsse auf Symptomatologie und Verlaufsweise exogener Psychosen ist sowohl auf kinder- als auch erwachsenenpsychiatrischem Gebiet im Vergleich zu anderen Forschungsbereichen und speziell zu der Intensität der Beschäftigung mit endogenen Psychosen, Neurosen oder Charakterstörungen im Rückstand geblieben. Das hängt damit zusammen, daß Patienten mit exogenen Psychosyndromen im allgemeinen in den jeweiligen Spezialkliniken entsprechend der zugrundeliegenden Basisstörung behandelt werden und der pädopsychiatrische bzw. allgemeinpsychiatrische Fachmann nur in schweren Fällen hinzugezogen wird. Gerade intoxikationsbedingte halluzinatorische Bilder ohne Bewußtseinstrübungen oder kurzdauernde Fieberdelirien im Rahmen entzündlicher Erkrankungen sind im Kindesalter so flüchtig, daß es eines besonderen Interesses des pädiatrisch, internistisch oder chirurgisch tätigen Arztes bedarf, um diese Erkrankungen näher zu untersuchen. Es gelingt dann in der Tat, etwas zur Erhellung klinischer, verlaufsdynamischer, differentialtypologischer, neuropharmakologischer und entwicklungspsychologischer Bedingtheiten solcher Störungen beizutragen (EGGERS 1975).

Die Phänomenologie somatogener Psychosen hängt aber auch von der *Lokalisation* der einzusetzenden Schädigung ab. Dies gilt besonders für Hirntumoren, Hirnabszesse, lokalisierbare Hirntraumata und für produktiv-psychotische Phänomene im Rahmen einer Temporallappenepilepsie. Lokalisatorische Einflüsse auf die Symptomatologie organischer Psychosen lassen sich am besten bei isolierten Hirntraumata im Initialstadium von Hirntumoren studieren. Zerebrale Gefäßinsulte sind im Kindesalter selten. Es lassen sich im Idealfall z. B. frontale, parietale, temporale oder okzipitale Syndrome beschreiben.

Symptomatologie und Differentialdiagnostik

Körperlich begründbare Psychosen sind ebenso wie endogene Psychosen durch Störungen der Wahrnehmung, des Denkablaufes, des Antriebs, der Stimmung und der emotionalen Steuerung gekennzeichnet. Die Wahrnehmungsstörungen zeigen sich in optischen, akustischen, selten auch osmischen oder gustatorischen Sinnestäuschungen. Das Denken kann inkohärent bis zerfahren oder delirant-verworren sein. Der Antrieb ist reduziert, von der Apathie bis zum Stupor, oder gesteigert bis zur katatonen Erregung. Die Emotionalität ist so gut wie immer verändert, entweder freudig-euphorisch-maniform oder depressiv-herabgedrückt, moros, reizbar, quengelig oder hochgradig angstvoll-verzweifelt, gepeinigt. Auch hier sind fluktuierend-wechselnde Übergänge im zeitlichen Verlauf möglich.

Die frühere Auffassung, daß zur Diagnosestellung neben fakultativen obligate Symptome vorhanden sein müßten, d. h. solche, die stets, und solche, die nur unter bestimmten Bedingungen auftreten, ist inzwischen relativiert worden. Als obligates Symptom der akuten somatogenen Psychosen wurde insbesondere die Bewußtseinstrübung angesehen; bei den chronischen hirnorganischen Psychosyndromen dagegen der Persönlichkeitsabbau und die Demenz. Dies ist jedoch nicht zwingend, wie gerade am Beispiel der optischen Halluzinose des Kindesalters gezeigt werden konnte (EGGERS 1975). Auch im Erwachsenenalter gibt es akute und chronische Halluzinosen ohne Bewußtseinsveränderungen. Chronische hirnorganische Psychosen müssen nicht unbedingt mit einem dementiven Persönlichkeitsabbau einhergehen, sie können lediglich zu mehr oder weniger ausgeprägten Akzentuierungen bereits vorher vorhandener Persönlichkeitszüge oder zu isolierten intellektuellen bzw. kognitiven Ausfällen oder Teilleistungsstörungen führen, ohne daß es zu einer generellen Beeinträchtigung intellektueller Fähigkeiten im Sinne einer Demenz kommen müßte. Im Gegensatz zu zahlreichen Autoren der Erwachsenenpsychiatrie möchten wir für die Kinderpsychiatrie die Notwendigkeit der Postulierung von obligaten oder Achsensymptomen für die Diagnosestellung einer exogenen Psychose ablehnen. Gerade im Kleinkindesalter fehlen Bewußtseinstrübungen häufig auch bei bedrohlichen körperlichen Grunderkrankungen (EGGERS 1975) und selbst schwere Schädel-Hirn-Traumen hinterlassen in dieser Altersphase häufig keine bleibenden Persönlichkeitsveränderungen oder Intelligenzeinbußen (LANGE-COSACK u. TEPFNER 1973). Störungen der Merkfähigkeit und der Orientierung sprechen eher für eine körperlich verursachte Psychose, schließen aber eine endogene Psychose keineswegs aus.

Wenn keine Bewußtseinsstörungen vorhanden sind und ein hirnorganisches Psychosyndrom nicht zurückbleibt, stellt sich die Frage der Abgrenzung gegenüber endogenen Psychosen. Ganz allgemein kann festgestellt werden, daß die psychopathologische Symptomatologie bei den somatogenen Psychosen in der Regel *bewegter* und *farbiger* ist als bei den endogenen Psychosen. Die exogen bedingten Halluzinationen stehen in der Regel realen Wahrnehmungen sehr viel näher, als dies bei endogenen Störungen der Fall ist. Sie sind häufig lebhaft, farbig, bewegt und bunt. Den halluzinierten Gestalten fehlt im allgemeinen das Befremdliche, Uneinfühlbare, Neuartige, das die Halluzinationen schizophrener Kinder kennzeichnet, wenn sie z. B. das „Welttelefon" an der Zimmerdecke oder einen „Riesen aus Rauch sich um einen Apfel ringeln und den Menschen in die Münder kriechen" sehen. Auch die Wahnerlebnisse sind bei exogenen Psychosen alltäglicher, banaler, „welthafter". Systematisierte Wahninhalte sind extrem selten, während schizophrene Kinder ab dem 10./11. Lebensjahr schon recht feinsinnige, differenzierte und strukturierte Wahngebäude aufbauen können (s. Kap. 8, S.320). Exogen psychotische Kinder sehen *bevorzugt Tiere,* aber auch Menschen aus ihrer gewöhnlichen Umgebung. Nicht selten bestehen Beziehungen zwischen den halluzinierten oder phantasierten Inhalten und (Fernseh-)Filmen, die die Kinder kurz zuvor gesehen haben oder anderen rezenten Ereignissen, wie beispielsweise dem Besuch eines Zoos.

Bemerkenswert ist, daß exogene Psychosen so gut wie nie das Bild einer Hebephrenie oder einer Dementia simplex imitieren. Zeigt eine frühkindliche Psychose (insbesondere vor dem 6./7. Lebensjahr) ein buntes Erscheinungsbild und ähnelt es phänomenologisch einer akuten Erwachsenenschizophrenie, so handelt es sich eher um eine exogene Psychose, auch wenn Bewußtseinstrübungen oder delirante Symptome fehlen. Sind letztere vorhanden, wird die Differentialdiagnose zugunsten einer somatogenen Genese sehr erleichtert. – Auch in der Erwachsenenpsychiatrie gelingt die Abgrenzung von schizophrenen Psychosen oftmals nicht. So wurde ein Patient mit einer CO-Vergiftung wiederholt u. a. von K. SCHNEIDER begutachtet und als Schizophrener eingestuft. Erst autoptisch gelang die Zuordnung. Es hatten sich ausgedehnte Zerstörungsherde im Frontal- und Okzipitalbereich, eine beidseitige Ammonshornsklerose und symmetrische Ausfälle im Pallidum gezeigt, ein Befund, der die Bedeutung limbischer, insbesondere amygdalopallidostriärer Faserverbindungen und deren Funktionen für die Genese halluzinatorisch-wahnhafter Phänomene (s. Kap. 4, S. 202) unterstreicht. –

Die Abgrenzung von zyklothymen Psychosen gelingt im allgemeinen leichter, da exogene Psychosen häufiger ein *schizophreniformes Gepräge* haben. *Depressiv-hypochondrische Bilder* sind bei Chorea-Huntington-Psychosen des Kindes- und Erwachsenenalters beschrieben worden (STUTTE 1969). Maniforme Zustände können im Rahmen von Enzephalomeningitiden und der sehr seltenen luogenen progressiven Paralyse des Kindes- und Jugendalters auftreten. Bei der Virusgrippe, bei Hirntumoren, bei endokrinologischen Störungen, bei der hepatolentikulären Degeneration (WILSON) sowie beim Prader-Labhart-Willi-Syndrom können schwere psychotiforme depressive Verstimmungszustände vorkommen, die dann teilweise auch reaktiv auf die durch die Krankheit hervorgerufene Beeinträchtigung der Lebensfreude zurückzuführen sind.

Es sollte bei Vorliegen einer psychotischen Störung stets eine organische Verursachung ausgeschlossen, d. h. nach einem *belangvollen somatopathologischen Befund* gefahndet werden. Besteht eine eindeutige zeitliche Beziehung zu einer organischen Grundkrankheit, ist die Differentialdiagnose einfach, vor allem dann, wenn Psychose und Körperkrankheit einigermaßen parallel verlaufen. Sonst muß an eine somatogen ausgelöste endogene Psychose gedacht werden (vgl. Kap. 8, S. 329). In manchen Fällen kann jedoch die exogen bedingte Psychose der körperlich-neurologischen Symptomatik vorausgehen, wie dies z. B. bei der subakuten sklerosierenden Leukenzephalitis oder bei manchen Hirntumoren, selten einmal auch bei systemischen Bluterkrankungen (Anämien, Leukosen) möglich ist.

Als Sondertyp kindlicher exogener Psychosen wurde von uns die sogenannte *akute optische Halluzinose* des Kindesalters beschrieben (EGGERS 1975). Sie ist durch das Hervortreten optischer gegenüber anderen Sinnestäuschungen und durch das Fehlen von deliranten Symptomen und Bewußtseinstrübungen gekennzeichnet. Die Stimmung ist entweder hochgradig ängstlich oder aber freudig-euphorisch erregt, wobei das gesamte Ausdrucksverhalten des betroffenen Kindes völlig dieser gesteigerten Emotionalität entspricht. Die Halluzinosen pflegen innerhalb weniger Stunden bis Tage folgenlos abzuheilen, ohne bleibende körperliche oder psychopathologische Residualsymptome zu hinterlassen.

Die exogenen Psychosen mit deliranter Symptomatik und insbesondere die *Korsakow-Psychosen* (delirante Unruhe, Sinnestäuschungen, Bewußtseins- und Orientierungsstörungen, mnestische Beeinträchtigungen, Konfabulationsneigung) sind komplexerer und tiefgreifenderer Natur als die optischen Halluzinosen. Bei ihnen treten weitere psychotische (schizophreniforme, depressive, maniforme, expansive, amnestische oder konfabulatorische) Symptome stärker hervor. Häufig sind Störungen des Denkablaufs, der Emotionalität, des Antriebs und meist auch des Bewußtseins vorhanden. Nicht selten ist auch bei exogenen Psychosen eine bleibende Persönlichkeitsveränderung mit oder ohne Demenz die Folge, während die beschriebenen optischen Halluzinosen (15 Kinder) folgenlos abheilten (EGGERS 1975).

Akute Halluzinosen stehen wegen ihrer Reversibilität den von H. H. WIECK beschriebenen Durchgangssyndromen nahe. Das Durchgangssyndrom ist allerdings ein verlaufsdynamischer Begriff und bezeichnet ein Durchgangsstadium beispielsweise von der schweren Bewußtseinstrübung über ein amnestisches, depressiv-hypochondrisches, euphorisch-expansives oder paranoid-halluzinatorisches Zustandsbild bis zur Wiederherstellung des Patienten oder zur Ausbildung eines hirnorganischen Defektsyndroms. Dabei ist die *chronologische Reihenfolge* des Abbauprozesses bei progredient absinkender Hirntätigkeit in der Regel relativ konstant: von einer tiefen Bewußtseinstrübung über ein delirant-amnestisches Stadium evtl. mit Beschäftigungsdelirium über eine Korsakow-Phase zu einem intentional-emotional reduzierten Persönlichkeitsniveau mit oder ohne dementive Abbauerscheinungen. Aber auch eine Restitutio ad integrum mit Rückkehr zum Ausgangszustand der prämorbiden Persönlichkeit ist möglich. Bezüglich des Ab- und Wiederaufbaus der motorischen und sensorischen Leistungen lassen sich ebenfalls verschiedene Funktionsstufen unterscheiden: von der Akinese zu einer ungezielten Primitivmotorik (Primitivschablonen), zu impulsiven Dranghandlungen mit allmählichem Objektbezug und schließlich zu regulierten motorischen Entäußerungen im Raum.

HUBER (1972) weist zu Recht darauf hin, daß für die *Abbauresistenz* hirnorganischer Funktionen im Rahmen eines somatogenen Durchgangssyndroms oder einer organischen Defektpsychose mit bleibendem Persönlichkeitsabbau das phylogenetische und ontogenetische Alter geistig-seelischer Leistungen sowie die Häufigkeit und Sicherheit der Konditionierung dieser Potenzen von Bedeutung sind. Je sicherer die Automatisierung, je stabiler die ausgebildeten Leistungsprogramme und je leichter damit die Verfügbarkeit der verschiedenen kognitiven Funktionen, je besser die Abrufbarkeit ohne größeren Einsatz der Steuerung von Prozessen der Informationsaufnahme, -speicherung, -verarbeitung und -weitergabe gelingt, um so resistenter sind sie gegenüber drohendem Zerfall. Die zeitliche Abfolge des dementiven Abbaus verläuft cum grano salis in der Regel umgekehrt wie der ontogenetische Erwerb in der Entwicklung des Kindes.

Bei Kindern sind diese Gesetzmäßigkeiten lediglich bei schweren, länger dauernden deliranten Syndromen als Folge von Vergiftungen, schweren Schädel-Hirn-Traumen, Meningoenzephalitiden, Enzephalotoxikosen und bei dementiven Hirnabbauprozessen im Rahmen progredienter heredodegenerativer, entzündlicher oder neurometabolischer Hirnerkrankungen zu beobachten, nicht aber bei den relativ flüchtigen Halluzinosen ohne Bewußtseinsveränderungen und delirante Symptomatik. Grundsätzlich muß zwischen *akuten und chronischen Halluzinosen* unterschieden werden, wobei letztere im Kindesalter extrem selten sind, während sie beim Erwachsenen als sogenannte chronisch taktile Halluzinose (Dermatozoenwahn), als akustische Verbalhalluzinose bei chronischem Alkoholabusus und seltener als optische Halluzinose auf der Basis verschiedenartiger Hirnerkrankungen (vorwiegend Zwischenhirnschädigungen) eher zu beobachten sind.

Die optische Halluzinose des Erwachsenenalters unterscheidet sich von der kindlichen Form in folgenden Punkten: Szenische, systematisierte halluzinatorische Abläufe werden bei Klein- und jungen Schulkindern nicht oder nur andeutungsweise beobachtet. Es werden vorzugsweise Tier- und märchenhafte Gestalten und kaum Personen halluziniert. Auffallend ist, daß im Gegensatz zu erwachsenen Halluzinanten, für die die Kleinheit der halluzinierten Gegenstände, Tiere und Personen kennzeichnend ist, Kinder eher *große* Gestalten sehen (große Tiere, große schwarze Männer, Riesenaugen, hohe Berge). Analsexuelle Inhalte, wie sie bei der optischen Halluzinose des Erwachsenen beschrieben worden sind, sind bei Kindern zumindest unüblich.

Die differentialdiagnostischen Erörterungen abschließend sei noch erwähnt, daß die Existenz und das Ausmaß *pathoanatomischer Hirnveränderungen* den Charakter der organischen Psychosen im Hinblick auf Intensität, psychopathologische Phänomenologie und Prognose bestimmen. Bei den zuletzt besprochenen funktionell-reversiblen Halluzinoseformen sind primäre Hirnerkrankungen sehr viel seltener als bei den zu irreversiblen chronischen hirnorganischen Psychosyndromen führenden Erkrankungen. Bei letzteren wiederum überwiegen die diffusen unstrukturierten gegenüber den umschriebenen Hirnaffektionen.

Verlauf und Prognose

Akuitätsgrad, Dauer, Verlaufsweise und Restitutionsmodus von exogenen Psychosen hängen weitgehend von der ätiologischen Noxe, in geringerem Maße aber auch von nicht morbiditätsspezifischen Faktoren ab, wie prämorbides Persönlichkeitsniveau, Konstitution, biologische Ausgangsbasis und insbesondere Lebensalter. In der Regel heilt die somatische Psychose mit der sie verursachenden Grundkrankheit ab. Es handelt sich dann in verlaufsdynamischer Hinsicht um eine *reversible Funktionspsychose.* Exogene Psychosen können aber auch in ein *organisches Defektsyndrom* einmünden, das als irreversibler Folgezustand der Grundkrankheit zurückbleibt. Dies ist besonders bei zerebralen Affektionen mit strukturellen Hirnschädigungen der Fall.
Die *reversible Funktionspsychose* durchläuft meist mehrere Stadien, die von der schweren Bewußtseinstrübung über ein mnestisches, depressiv-hypochondrisches oder paranoid-halluzinatorisches Zustandsbild schließlich zur völligen Wiederherstellung oder aber zu einem hirnorganischen Psychosyndrom führen können. Akute reversible Funktionspsychosen können bei endokrinen Störungen, wie bei der Hyperthyreose, beim Morbus Addison oder beim Hyperparathyreoidismus intermittierend-episodenhaft in Erscheinung treten; durch eine entsprechende Substitutionstherapie können sie wieder beseitigt werden.

Zwischen akuten und chronischen, reversiblen und irreversiblen organischen Psychosen und Defizienzverfassungen bestehen keine scharfen und endgültigen Grenzen. Halluzinosen und delirante Syndrome können von der akuten Form in subakute und chronische übergehen oder sich vollständig zurückbilden, ohne daß aus dem psychopathologischen Querschnittsbild Anhaltspunkte für die jeweilige Verlaufsgestalt zu gewinnen sind. Mit zunehmender Dauer des psychopathologischen Syndroms nimmt jedoch die Chance der vollen Restitution ab. Andererseits können auch zunächst als irreversibel erscheinende organische Wesensänderungen und Defektsyndrome gerade beim Kind, dessen prospektive Potenz der psychischen Weiterentwicklung sehr viel größer ist als beim Erwachsenen, im weiteren Krankheitsverlauf Kompensationen aufweisen, die vorher nicht voraussagbar gewesen sind.

Ursachen exogener Psychosen des Kindesalters

Exogene Psychosen des Kindes treten im Gefolge zentralnervöser oder allgemeiner interner Erkrankungen auf. Zu letzteren gehören Allgemeininfektionen und Infektionskrankheiten durch bestimmte Erreger, metabolische und endokrinologische Störungen, akute und chronische Hepato- und Nephropathien, Intoxikationen, Neoplasien sowie postoperative Krisen insbesondere nach Herzoperationen, hypoxische Zustände bei kardiovaskulären Erkrankungen, schweren Anämien, Blutungen und Schockzustände (traumatisch, anaphylaktisch, hypo- oder hyperthermisch).
Im Rahmen von *hochfieberhaften Infekten* sind Fieberhalluzinosen und flüchtige delirante Zustände beim Kind häufig.

So halluzinierte ein 5½jähriger Junge, der an einem hochfieberhaften Infekt mit Temperaturen um 40° erkrankt war, lebhaft optisch (Schlangen, Frösche, Hasen, Schiffe, Ringe, Bälle). Er sah diese Dinge auf seinem Bett und zeigte mit der Hand darauf. Außerdem hörte er Stimmen (z. B. von Nachbarskindern), mit denen er sich unterhielt. An der Wand sah er eine nicht vorhandene Uhr, las von ihr die Zeit ab, sah Frösche auf dem Boden herumhopsen und äußerte u. a. „da springen Männer hoch wie Porsche", wobei er auf das Fenster wies. Die Stimmung des Buben war ängstlich-erregt, das Bewußtsein war nicht getrübt. Am Tag darauf (Temperatur 38°) sagte der Junge: „Jetzt ist alles weg."

Ähnliche Erscheinungsbilder können auch als Prodromalerscheinungen oder im Verlauf spezifischer Viruserkrankungen wie *Masern oder Mumps* auftreten, ohne daß eine begleitende Meningoenzephalitis nachweisbar ist (EGGERS 1975).
Delirante Symptombilder mit Bewußtseinstrübungen bei *Salmonelleninfektionen* des Kindesalters, insbesondere beim Typhus abdominalis, sind jedem Pädiater bekannt. Es handelt sich dabei fast

immer um akute und reversible psychotische Durchgangssyndrome. Solche sind im Kindesalter auch beim akuten rheumatischen Fieber beschrieben worden (AITA 1973).

Vorwiegend im Endstadium *leukämischer* und anderer *neoplastischer* Erkrankungen des Kindesalters werden symptomatische Psychosen deliranter oder katatoner Prägung beobachtet. Möglicherweise spielen hierbei metastatische enzephalomeningitische Infiltrationen eine Rolle, sicher aber die schwere Beeinträchtigung allgemeiner vitaler Funktionen im Endstadium dieser malignen Erkrankungen.

Psychosen, die als Folge von *Vergiftungen* oder *metabolischen* und *endokrinologischen Erkrankungen* auftreten, wurden bereits im Kap. 4, S. 202 besprochen, so daß hierauf verwiesen werden kann. Dazu gehören auch psychotische Erscheinungsbilder bei akuter und chronischer *Niereninsuffizienz* mit Urämie sowie bei akuten und chronischen *Störungen der Leberfunktion* als Folge einer Hepatitis, einer Leberatrophie oder einer Zirrhose mit Anstieg des Ammoniakgehalts im Serum (vgl. Kap. 4).

Postoperative Psychosen sind im Kindes- wie im Erwachsenenalter pathogenetisch uneinheitlich. Sie können unterschiedliche Schweregrade haben und symptomatologisch verschiedenartig sein – je nach Ursache und Grunderkrankung. Pathogenetisch können sie auf operationsbedingte Veränderungen der Herzkreislauffunktion oder der allgemeinen Stoffwechsellage, auf sekundäre Komplikationen wie Infektionen, Blutverlust, endokrine Dysregulationen oder auf Narkoseschäden zurückzuführen sein.

Eine Sonderstellung nehmen Psychosen nach *Herzoperationen* ein, die in der Pädiatrie und Kinderchirurgie in den letzten Jahren zunehmend an Bedeutung gewonnen haben. Der Prozentsatz psychischer Störungen nach Herzoperationen wird in der Literatur mit 10 bis 60% angegeben (LEHMANN u. Mitarb. 1968; MEYENDORF 1976; SPEIDEL u. Mitarb. 1979), während die Rate an psychiatrischen Komplikationen nach allgemeinchirurgischen Eingriffen bei 0,1 bis 1% liegt! Psychosen nach Operationen am offenen Herzen scheinen mit der Schwere des präoperativen Zustands und mit der Dauer des Anschlusses an das extrakorporale System zuzunehmen (KORNFELD u. Mitarb. 1965; MEYENDORF 1976). Neuere Untersuchungen über den neurologischen Status sowie verbale, kognitive, soziale und motorische Fähigkeiten bei herzoperierten Kindern zeigen jedoch, daß mit zunehmender Verbesserung der Technik die Hypothermie keinen Einfluß auf die neuropsychologische Entwicklung des Kindes hat, die ausschließlich mit der Schwere des zyanotischen Herzfehlers korreliert (HAKA-IKSE u. Mitarb. 1976). MEYENDORF (1976) fand unter 150 herzoperierten Patienten aller Altersstufen keine Beziehungen zwischen der Versorgung in einer Intensivpflegeeinheit und dem Auftreten psychopathologischer Komplikationen, die bei 40 bis 60% der Patienten zu beobachten waren. Statistisch signifikante Korrelationen bestanden jedoch zwischen ihnen und dem Vorkommen endogener Psychosen in der Familie, dem Schweregrad des Herzfehlers, dem Anschluß an eine Herz-Lungen-Maschine, dem Lebensalter und dem männlichen Geschlecht. Die Psychosen entsprachen dem akuten exogenen Reaktionstyp (BONHOEFFER). Es konnten reaktive und Umwelteinflüsse auf den Charakter der Wahnsymptome und Halluzinationen nachgewiesen werden. Am häufigsten fanden sich Verfolgungsideen, Ängste, getötet zu werden, und Befürchtungen, schwere körperliche Veränderungen und Verstümmelungen zu erleiden.

Unter den *zentralnervösen Erkrankungen,* die im Kindesalter zu psychotischen Syndromen führen können, sind ganz allgemein *entzündliche, degenerative, vaskuläre* und *tumoröse ZNS-Leiden* zu nennen. Außerdem gehören dazu Psychosen nach Schädel-Hirn-Traumen. Grundsätzlich können alle Krankheiten und Schädigungen, die das ZNS unmittelbar betreffen, zu somatogenen Psychosen führen; eine vollständige und detaillierte Erfassung dieser Störungen ist unmöglich, so daß die Einteilung absichtlich „grobmaschig" gehalten wurde.

Es ist allgemein bekannt, daß im Rahmen *enzephalomeningitischer Erkrankungen* exogene Begleitpsychosen mit oder ohne delirante Symptome vorkommen können, die in der Regel spätestens nach Abklingen der organischen Symptomatik ebenfalls sistieren bzw. als Durchgangssyndrome im Verlauf der Grunderkrankung auftreten. Bei den Enzephalitiden sind bakterielle und abakterielle Formen zu unterscheiden. Letztere sind häufiger und umfassen u. a. die durch Polio- und Tollwuterreger hervorgerufenen Enzephalitiden, die von Economosche Enzephalitis, die Frühsommermeningoenzephalitis und die Zecken-, Masern-, Mumps-, Varizellen-, Herpesvirus- und postvakzinalen Enzephalitiden. Stammhirnenzephalitiden können viral, aber auch bakteriell (z. B. im Rahmen einer Kokkensepsis) entstehen und auch im Kindesalter mit schizophreniformen Begleitpsychosen einhergehen (FISCHMAN 1974; SZILARD u. STUTTE 1968; WEBER u. KLOPP 1953).

Unter den spezifischen entzündlichen Hirnerkrankungen spielte früher die *infantile* und *juvenile Paralyse* eine Rolle. Sie ist heute extrem selten geworden. Die Symptomatologie ist durch nachlassende intellektuelle Leistungen, euphorische Stimmungen, Kritiklosigkeit, vereinzelt auch durch Größenideen sowie impulsive Erregungszustände gekennzeichnet. Im Jugendalter ähnelt das Bild eher den klassischen expansiven Bildern mit Größenwahn, Verwirrtheitszuständen, deliranten Symptomen und Korsakow-ähnlichen Zuständen.

Bei der seit Abklingen der Epidemie im Jahre 1926 nur noch vereinzelt auftretenden *Economoschen Encephalitis lethargica* stehen häufig uncharakteristische emotional-hyperästhetische Schwächezustände, flüchtige oneiroide Erscheinungen, delirante Züge (Beschäftigungsdelirium), Trugwahrnehmungen und Orientierungsstörungen am Anfang. Die Variabilität der Verlaufsmöglichkeiten ist groß: rascher letaler Verlauf, apathische oder hyperton-hyperkinetische Zustände (Parkinsonoid), hyperkinetisch-choreatische Bilder mit dranghaft-enthemmten, maniformen, depressiven, katatonen oder heboiden Episoden, somnolent-komatöse Zustände und verschieden schwere Formen hirnorganischer Persönlichkeitsveränderungen und Leistungseinbußen. Bei frühem Erkrankungsbeginn (vor dem 4. Lebensjahr) ist ein dementiver Abbau bzw. ein psychomotorischer Entwicklungsstillstand zu erwarten, während später charakteropathische, soziopathische und neurologische (extrapyramidalmotorische) Störungen vorherrschen (STUTTE 1969).

Größere Bedeutung haben heute *Slow-Virus-Infektionen* des ZNS, die eine Enzephalitis hervorrufen können. Als wichtigste Form ist die *subakute sklerosierende Leukenzephalitis* zu nennen. Sie pflegt mit einer knickhaft einsetzenden Wesensänderung zu beginnen, die einen psychotischen Charakter haben kann. Häufig wird anfänglich über nachlassende Schulleistungen, Unkonzentriertheit, aggressives oder desinteressiert-teilnahmsloses Verhalten berichtet. Fokale oder generalisierte zerebrale Anfälle und Gleichgewichtsstörungen kommen gelegentlich vor. Eine generalisierte Steigerung des Muskeltonus ist ebenfalls ein Frühsymptom der Erkrankung, sie geht häufig mit plötzlichem Tonusverlust einher (Stolpern, Fallneigung). Im weiteren Verlauf gesellen sich neurologische (Herd-)Symptome und (rhythmische) extrapyramidal-motorische Hyperkinesen sowie typische generalisierte Myoklonien oder 1 bis 3 Sekunden dauernde atonische oder tonische Anfälle hinzu, die mit entsprechenden charakteristischen EEG-Veränderungen korreliert sind (sog. Radermecker-Komplexe, s. Abb. 8.**1**). Spätestens dann sollte die Verdachtsdiagnose einer SSLE gestellt werden! Im weiteren Verlauf kommt es zu einer allmählich fortschreitenden Dezerebrierung mit Sprachzerfall, intellektuellem Abbau, affektiv-emotionaler Verarmung, Kontaktabbruch, akinetischem Mutismus, ungezielten Erregungen mit Schreiattacken („cris encéphaliques“), Rigor, Spasmen, Tetraspastik, Erblindung und Entwicklung eines apallischen Syndroms mit schließlich letalem Ausgang nach monate- bis jahrelangem Verlauf. Im apallischen Zustand mit zunehmender allgemeiner Tonuserhöhung und ausgeprägten zentralen vegetativen Regulationsstörungen können die Patienten manchmal sogar wenige Jahre überleben, und es kann danach zu intermittierenden Besserungen und vereinzelt auch zu Teilremissionen kommen.

Auch im Rahmen einer *tuberkulösen Meningitis* können halluzinatorische oder delirante Psychosen auftreten, die sich innerhalb weniger Tage wieder zurückbilden.

Schizophreniforme oder stark depressiv-hypochondrische Verstimmungszustände können Erst- oder Begleitsymptome einer bereits in der Kindheit sich manifestierenden *heredodegenerativen Erkrankung* sein. Die autosomal dominant vererbte *Chorea Huntington* manifestiert sich in etwa 3% der Fälle schon vor der Pubertät (STUTTE 1969). Bei etwa 10% dieser Frühformen kommen exogene Psychosen vor (paranoide Wahnideen, autistische, hypochondrische depressive Symptome, Suizidhandlungen, abrupte, impulsive Erregungszustände, Fremd- und Selbstbeschädigungen). Im Verlauf der Erkrankung, die protrahierten Charakter hat, entwickeln sich nicht selten für längere Zeit soziopathische Verhaltensweisen; es kommt zu einer allmählichen affektiven Abstumpfung und autistischen Abkapselung mit immer wieder aufflammenden aggressiven Durchbrüchen. Der psychoorganisch-dementive Abbau ist nur langsam progredient. Intermittierend sind auch später noch schizophreniforme, paranoide oder depressiv-hypochondrische Episoden zu beobachten.

Zerebrale Gefäßerkrankungen sind im Kindesalter selten. Flüchtige psychotiforme Durchgangssyndrome oder Korsakow-Bilder können im Rahmen von Subarachnoidalblutungen bei angeborenen Gefäßaneurysmen und Angiomen oder auch bei zerebralen Sinusthrombosen auftreten. Selten werden schwere Migräneattacken von oneiroiden Verwirrtheitszuständen oder expansiv-agitierten Episoden begleitet.

Hirntumoren gehen bei Kindern in Abhängigkeit

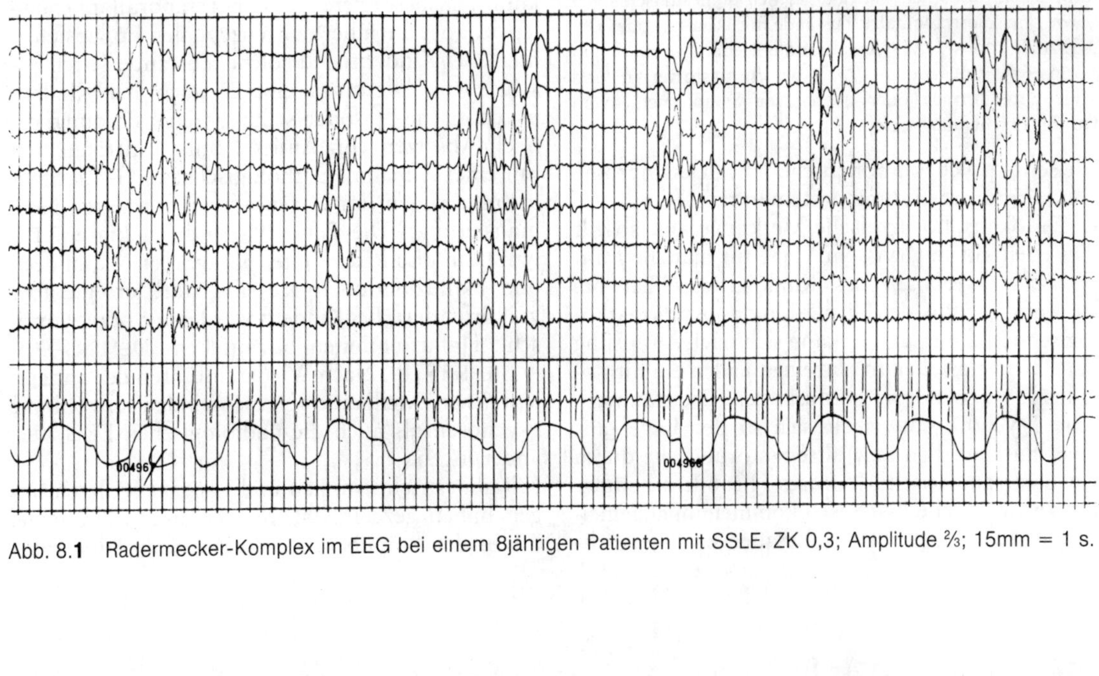

Abb. 8.**1** Radermecker-Komplex im EEG bei einem 8jährigen Patienten mit SSLE. ZK 0,3; Amplitude ⅔; 15mm = 1 s.

vom Entwicklungsalter mit ganz verschiedenen psychopathologischen Bildern einher und führen im Spätstadium zu unterschiedlichen Graden von Bewußtseinstrübungen, zu Störungen der Aufmerksamkeit, der mnestischen Funktionen, der Sprache und der intellektuellen Leistungsfähigkeit sowie zu Beeinträchtigungen auf emotionalem und intentionalem Gebiet. Daneben können praktisch alle Formen exogener Psychosen, psychotischer Durchgangssyndrome und chronischer Defizienzverfassungen vorkommen und verschiedenartig ausgeprägt sein hinsichtlich Intensität, zeitlicher Dauer und Verlauf. Bei zunehmendem Hirndruck kommt es zu fortschreitender Bewußtseinstrübung bis zum Koma. Die intrakranielle Drucksteigerung führt je nach Intensität und Entwicklungstempo zu kurz- oder längerdauernden, flüchtigen oder eindrucksvollen psychotischen Durchgangssyndromen mit Überleitung in die Bewußtseinstrübung und schließlich Bewußtlosigkeit. Das hirnorganische Psychosyndrom und die Bewußtseinsstörungen stellen einen feinen Indikator für das Ausmaß der allgemeinen Hirnfunktionsstörung dar. Die Bewußtseinsveränderungen und die psychischen Begleitsymptome sind dabei einer wechselnden Fluktuation unterworfen.

Von besonderer Wichtigkeit für die *Frühdiagnose* von Hirntumoren ist die Deutung unmotiviert einsetzender Wesensänderungen und Leistungseinbußen (Veränderungen von Stimmung, Antrieb, Denk- und Gedächtnisfunktion, Konzentration, Ausdauer und psychischem Tempo). Psychotische Syndrome endogener Färbung sind relativ selten. Unter 600 Hirntumoren aller Altersstufen fand WALTER-BÜEL (1968) nur in etwa 2% manische oder depressive und in 1% schizophrene Zustandsbilder. Sie werden – ähnlich wie bei enzephalitischen Erkrankungen in diesem Bereich – vorwiegend bei *Stammhirn-* und *Zwischenhirntumoren* sowie bei medial liegenden Temporallappengeschwülsten beobachtet (HUBER 1972). Tumoren der basalen Mittellinie in der mesodienzephalen Region gehen häufig mit amnestischen und Korsakow-Syndromen einher. Bei *Temporallappengeschwülsten* können Halluzinosen mit olfaktorischen, gustatorischen, optischen und akustischen Sinnestäuschungen sowie oneiroid-traumhafte Zustände mit Déjà-vu- oder Depersonalisations- und Derealisationserlebnissen (u. U. in Form sog. uncinatus-fits), Körperschemastörungen und schizophreniformen oder depressiven Symptomen schon früh in Erscheinung treten.

Weisen psychopathologische Begleitsymptome von Hirntumoren zumindest im Initialstadium teilweise lokalisationstypische Merkmale auf, so gilt dies ebenfalls in gewissem Maße für manche *traumatische Psychosen* des Kindesalters. Hier bestimmt die Topik der Hirnläsion das psychopathologische Bild mit, und es kann sich nach Auflösung der Bewußtlosigkeit in einzelnen Fällen ein hirnlokales Psychosyndrom herausbilden. Die traumatische Psychose entwickelt sich in der Regel aus einer anfänglichen Bewußtseinsstörung, die durch ein posttraumatisches diffuses Hirnödem bedingt ist. Traumatische Psychosen kommen im allgemeinen erst ab dem Kleinkindesalter zur Beobachtung; von 23 von HEINTEL (1972) untersuchten Kindern mit einer traumatischen Psychose war das jüngste 5 Jahre alt. Die Dauer schwankt zwischen wenigen Tagen und einigen Wochen, in der Regel sind sie spätestens nach 6 bis 8 Wochen abgeklungen. Das psychopathologische Bild ist im Kindesalter weniger eindrucksvoll als bei Erwachsenen. Störungen des Affekts, des Antriebs, des Bewußtseins, der Orientierung und der Wahrnehmung beherrschen die klinische Symptomatologie. Vorwiegend bei jüngeren Kindern kommen akinetische und mutistische Bilder vor. Das Achsensymptom traumatischer Psychosen stellt für gewöhnlich die Bewußtseinstrübung dar, jedoch sind auch optische Halluzinosen ohne Bewußtseinstrübungen beim Kind beschrieben worden. Häufig bleiben hirnorganische Psychosyndrome mit intellektuellen oder kognitiven Leistungseinbußen und polyphänen Verhaltensstörungen zurück. Bei Kindern und Jugendlichen sind vereinzelt traumatisch induzierte schizophrene oder schizophreniforme Psychosen beschrieben worden, die sich nach Symptomatologie und Verlaufsweise nicht von anderen endogenen Schizophrenien unterscheiden (EGGERS 1973; GÖTZE u. KÜHNE 1978; STUTTE 1969).

Produktiv-psychotische Phänomene mit deliranter Symptomatik, Orientierungs- und Bewußtseinsstörungen können auch bei *Epilepsien* auftreten, als postparoxysmale Dämmerzustände nach (fokalen) Grand-mal-Anfällen oder als paroxysmale Dämmerzustände im Rahmen eines Petit-mal-Status (im EEG zentrenzephale Entladungen in Form von regulären oder irregulären generalisierten 3–4/Sek.-Spike-wave-Paroxysmen) oder sehr selten bei statusartig gehäuften psychomotorischen Anfällen (temporal lobe status) – im EEG finden sich dann Herdzeichen meist über der Temporalregion (slow wave- oder spike-focus). Darüber hinaus sind schizophrenieähnliche produktiv-psychotische Phänomene bei forcierter Normalisierung (LANDOLT) bekannt, insbesondere bei der Temporallappenepilepsie, aber auch bei zentrenzephalen Epilepsieformen. Bei Kindern sind solche Zustände selten beschrieben. Allerdings gibt es auch bei Kindern psychotische Episoden schizophrener Prägung, die nach Absetzen von Antiepileptika auftreten und mit einer Zunahme pathologischer EEG-Merkmale einhergehen (im Gegensatz zur forcierten Normalisierung). Die Patienten sind bei klarem Bewußtsein und leiden unter paranoiden Wahnideen und Halluzinationen; sie sind stark erregt, aber voll orientiert. Bei Kindern werden bevorzugt optische Halluzinationen beschrieben (DEMERS-DESROSIERS 1978). Nach Wiedereinführen der antiepileptischen Medikation verschwinden sowohl die Psychosen als auch die pathologischen EEG-Veränderungen.

Katamnestische Studien und Langzeitbeobachtungen haben gezeigt, daß Kinder und Jugendliche, die in der Präpubertät, Pubertät und Adoleszenz an einer psychomotorischen bzw. Temporallappenepilepsie erkranken, später, meist erst im mittleren Erwachsenenalter, schizophreniforme Psychosen durchmachen. Dabei scheint eine positive Korrelation zwischen organischen Temporallappenschädigungen und paranoid-halluzinatorischen Psychosen zu bestehen (KRISTENSEN u. SINDRUP 1978). Im Gegensatz zu den postparoxysmalen Dämmerzuständen und den psychotischen Episoden beim Petit-mal-Status und im Status psychomotoricus gehen die zuletzt erwähnten Psychosen ebenso wie die Alternativpsychosen *ohne* Bewußtseinstrübungen einher.

Erscheinungsformen und alterstypische Besonderheiten

Die klinischen Erscheinungsformen exogener Psychosen sind beim Kind phänomenologisch schon recht differenziert und vielfältig. Ähnlich wie beim Erwachsenen können delirante Psychosen, paranoide Formen, symptomarme Verwirrtheitszustände, amentielle Symptome, Halluzinosen, depressive, manische oder hyperästhetisch-emotionale Syndrome auftreten. Sie sind häufig flüchtiger und in der symptomatologischen Ausprägung fluktuierender als beim Erwachsenen. Bei den Halluzinosen überwiegen optische Wahrnehmungsstörungen. Während die exogenen Psychosen im Erwachsenenalter meistens ein schizophreniformes Gepräge haben, kommen im Kindesalter auch affektiv gefärbte symptomatische Psychosen vor.
Körperliche Erkrankungen, die vor dem 3./4. Lebensjahr auftreten und später durchaus passager mit psychotischen Durchgangssyndromen und mannigfaltig gefärbten organischen Psychosyndromen einhergehen können, führen dort in der Regel zu symptomarmen Bildern, wenn man von flüchtigen halluzinatorischen Syndromen oder kurzdauernden Delirien bei gutartigen fieberhaften Erkrankungen und Vergiftungen absieht. Die Symptomatologie wird in dieser frühen Altersphase dann von psychomotorischen Retardierungen, Beeinträchtigungen im kognitiven, intellektuellen und insbesondere sprachlichen Bereich, von Antriebs- und Aktivitätsminderungen, Beziehungsstörungen und emotionalen Auffälligkeiten (affektive Abstumpfung, Reizbarkeit, Affektlabilität) geprägt.
Eine auf das Kindesalter beschränkte, alterstypische Sonderform einer exogenen Psychose stellt die sogenannte *Dementia infantilis Heller* dar. Die Erkrankung setzt nach normaler Entwicklung im 3. und 4. Lebensjahr ein mit fortschreitendem Interesseverlust, Nachlassen der Spielfähigkeit, autistischem Rückzug von der Umwelt, emotionalen Störungen (Gefühlskälte, Roheit, abnorme Reizbarkeit, mangelnde Steuerbarkeit), Erregungs- und Angstzuständen, Stereotypien und Sprachstörungen (Telegrammsprache, Echolalie, Laut- und Wortvertauschungen, Neologismen, Wortverstümmelungen). Es zeigt sich häufig ein sinnloser Zerstörungsdrang, manche Kinder erwecken den Eindruck, als ob sie unter akustischen und optischen Halluzinationen litten. Schließlich kommt es zum Sprachverlust und zur Ausbildung einer schweren Demenz, wobei charakteristischerweise eine intelligent wirkende, differenzierte Physiognomie („Prinzengesicht") über viele Jahre hinweg erhalten bleibt (vgl. Abb. 8.2). Die Ätiologie ist uneinheitlich; es handelt sich um ein polyätiologisches Syndrom. Am häufigsten wird eine entzündliche oder eine metabolische Genese diskutiert, oft bleibt die Ätiologie jedoch ungeklärt.

Abb. 8.2 Patient mit Dementia infantilis Heller im Alter von 23 Jahren (Erkrankungsalter 3½ Jahre).

Syndromgenetische Überlegungen

Es gibt noch keine einheitliche Theorie zur Genese paranoidhalluzinatorischer Syndrome. Exogene Psychosen halluzinatorischer Natur sind, wie auf S. 300 erwähnt, wiederholt bei Affektionen des limbischen Systems, des Zwischenhirns und des Temporallappens beschrieben worden (Tumoren, Entzündungen, Blutungen, Operationen). Untersuchungen mit Halluzinogenen, Belladonnaalkaloiden und Antihistaminika haben ergeben, daß diese Substanzen u. a. auf die mesodienzephale Formatio reticularis, thalamisch-hypothalamische Regionen, das Corpus striatum und das limbische System einwirken und dort bioelektrische, neurochemische und morphologische Veränderungen hervorrufen können.
Von Bedeutung ist die Beeinflussung der Neurotransmitterfunktion durch Psychotomimetika wie LSD, Psilocybin, Dimethyltryptamin und Amphet-

amin, die sich wahrscheinlich gerade im Bereich der erwähnten Hirnareale besonders fatal auswirkt. Neurochemische und neuropharmakologische Untersuchungen der letzten Jahre haben zahlreiche Hinweise dafür gegeben, daß bei endogenen Psychosen der Neurotransmitterstoffwechsel beeinträchtigt ist. Dabei ist zu beachten, daß die verschiedenen Neurotransmittersysteme in einem engen dynamischen Gleichgewicht zueinander stehen, das auch dann nachhaltig gestört wird, wenn auch nur eine Transmittersubstanz betroffen ist. Aufgrund bisheriger biochemischer Untersuchungen ist zu vermuten, daß bei verschiedenen Psychosetypen schwerpunktmäßig unterschiedliche Neurotransmittersysteme befallen sind. Für die Schizophrenie wird eine Überempfindlichkeit dopaminerger Rezeptoren angenommen, so daß es zu einem Ungleichgewicht zwischen dopaminergen Rezeptoren einerseits und cholinergen, serotonergen und evtl. auch GABA-ergen Rezeptoren andererseits kommt, das durch die Gabe von Neuroleptika wieder ausgeglichen werden kann (vgl. auch Kap. 13.3., Abschnitt 9.).

Experimentelle Befunde mit Halluzinogenen, die eine sogenannte *Modellpsychose* hervorrufen, wie beispielsweise Amphetamin, das als Dopaminfreisetzer wirkt und gleichzeitig den aktiven Rücktransport von Dopamin aus dem synaptischen Spalt zurück in die präsynaptische Nervenendigung hemmt, so daß Dopamin vermehrt am postsynaptischen Rezeptor zur Verfügung steht, stützen die Vermutung, daß *dopaminerge Hirnstrukturen* am Entstehen wahnhafthalluzinatorischer Syndrome beteiligt sind. Amphetamine verstärken also die Dopaminwirkung am postsynaptischen Rezeptor. Dopaminerge Fasern und Kernkomplexe befinden sich bevorzugt im *nigrostriären* und *mesolimbischen System,* die beide wiederum durch enge Neuronenverbindungen miteinander liiert sind und sich auf diese Weise gegenseitig beeinflussen. Das nigrostriäre System übt nun einen kontrollierenden und abschirmenden Einfluß auf motorische Impulse und sensorische Reize aus, das heißt, es wacht darüber, daß nicht zu viele motorische Impulse durchgelassen werden, was sich u. a. in Zwangsbewegungen, Stereotypien, Hyperkinesien und einer allgemeinen motorischen Übererregung äußern kann, Phänomene, die für exogene und endogene Psychosen typisch sind. Eine Beeinträchtigung der Kontroll- und Hemmfunktion auf sensorische Stimuli würde dazu führen, daß die Hirnrinde mit sensorischen Reizen überflutet wird, was wieder eine Prädisposition zu Trugwahrnehmungen und illusionären Verkennungen schaffen kann. Unter Amphetamineinfluß können denn auch im Tierversuch Zwangsnagen, Stereotypien, eine gesteigerte motorische Aktivität und ein Verhalten beobachtet werden, als ob diese Tiere unter Halluzinationen litten.

Das *mesolimbische System* und der dazu gehörige Nucleus amygdalae spielt für die *Emotionalität* des Menschen eine große Rolle, die wiederum für die *Wahrnehmung* von Bedeutung ist. Die Emotionalität unterliegt in der Psychose einer starken Veränderung. Es besteht im übrigen Grund zu der Annahme, daß eine pathologisch veränderte Affektivität für die Wahnbildung einerseits und das Entstehen von Sinnestäuschungen andererseits wesentlich mitverantwortlich ist.

Das Wahrnehmungserleben des Kindes, insbesondere des Vorschulkindes, ist nun wiederum stark von der Emotionalität und der Phantasie bestimmt; die Wahrnehmungswelt des Klein- und jungen Schulkindes ist eine „Welt des Ausdrucks, eine *physiognomische Welt*" (WERNER 1959), die zur magisch-phantastischen Erlebnisverarbeitung disponiert. Die physiognomisch-animistische Entwicklungsphase des Kleinkindes wird später in der Übergangsphase zum Schulalter allmählich von der „Phase der Realitätsprüfung" (DÜHRSSEN 1954) abgelöst, in der die rationale Realitätskontrolle die Überhand gewinnt und das Kind lernt, zwischen Realem und Imaginärem zu unterscheiden. Beim psychotischen Kind gelingt nach unserer Meinung dieser Übergang entweder nicht, oder es kommt später zu einem Rückfall in die Phase des magisch-physiognomisch-animistischen Welterlebens. Die Welt wird jetzt verzerrt erlebt und nunmehr von einer pathologischen Affektivität beherrscht, wodurch wiederum eine Prädisposition zu Wahnsymptomen und Halluzinationen entsteht.

Diese Störung der Ich-Entwicklung ist polyätiologisch durch verschiedene sich wechselseitig beeinflussende und einander u. U. potenzierende Faktoren bedingt. Ätiologisch sind sowohl bei der Entstehung exogener als auch endogener Psychosen des Kindesalters entwicklungspsychologische Faktoren wirksam. Für die Genese *exogener* Psychosen dürften durch entzündliche, degenerative oder neoplastische ZNS-Erkrankungen, allgemeine Infektionen, Stoffwechselstörungen oder Intoxikationen bedingte Affektionen subkortikaler Strukturen eine Rolle spielen, die für die Steuerung affektiver Vorgänge, motorischer Impulse und der sensorischen Reizverarbeitung von Bedeutung sind. Das synergistische Zusammenwirken entwicklungsdynamischer Gesetzmäßigkeiten und der durch Fieber, Pharmaka, Allgemeininfekte oder verschiedene zentralnervöse Affektionen hervorgerufenen neurochemischen und neurophysiologischen Veränderungen könnte auch die relative Häufigkeit psychotisch-deliranter oder halluzinatorischer Episoden im Kindesalter erklären, die allerdings häufig flüchtig sind und verkannt werden. Sie treten als Fieberdelirien, Fieberhalluzinosen sowie Halluzinosen unter Einwirkung auch solcher Pharmaka auf, die beim Erwachsenen keine Psychosen hervorzurufen pflegen.

Literatur

Aita, J. A.: Neurologic manifestations of rheumatic fever. Postgrad. Med. 54 (1973) 82

Demers-Desrosiers, L. A., J. N. Nestoros, P. Vaillancourt: Acute psychosis precipitated by withdrawal of anticonvulsant medication. Amer. J. Psychiat. 135 (1978) 981

Dührssen, A.: Psychogene Erkrankungen bei Kindern und Jugendlichen. Verlag für medizinische Psychologie, Göttingen 1954

Eggers, Chr.: Verlaufsweisen kindlicher und präpuberaler Schizophrenien. Monographien aus dem Gesamtgebiete der Psychiatrie, Psychiatry Series, Bd. IX. Springer, Berlin 1973

Eggers, Chr.: Nichtdelirante Intoxikationspsychosen im Kindesalter. Z. Kinderheilk. 119 (1975) 71

Eggers, Chr.: Die akute optische Halluzinose im Kindesalter. Fortschr. Neurol. Psychiat. 43 (1975) 441

Eggers, Chr.: Schwachsinn. In: Enzyklopädie des 20. Jahrhunderts, Bd. X. Kindler, Zürich 1980

Fischman, M.: Brain stem encephalitic lesions and schizophrenia. A report of 3 cases. S. Afr. med. J. 48 (1974) 1491

Götze, P., D. Kühne: Zur Problematik schizophrener/schizophrenie-ähnlicher Psychosen nach Schädel-Hirn-Traumen. Nervenarzt 49 (1978) 361

Haka-Ikse, K., M. J. Blackwood, D. J. Steward: Psychomotor development of infants and children after profound hypothermia during surgery for congenital heart disease. Develop. Med. Child Neurol. 20 (1978) 62

Heintel, H.: Traumatische Psychosen im Kindesalter. Acta paedopsychiat. 39 (1972) 125

Huber, G.: Klinik und Psychopathologie der organischen Psychosen. In: Psychiatrie der Gegenwart, Bd. II/2, hrsg. von K. P. Kisker, J.-E. Meyer, M. Müller, E. Strömgren. Springer, Berlin 1972

Kornfeld, D. S., S. Zimberg, J. R. Malm: Psychiatric complications of openheart surgery. New Engl. J. med. 273, (1965) 287

Kristensen, O., E. H. Sindrup: Psychomotor epilepsy and psychosis. I. Physical aspects. Acta. neurol. scand. 57 (1978) 361

Lange-Cosack, H., G. Tepfner: Das Hirntrauma im Kinder- u. Jugendalter. Monografien aus dem Gesamtgebiet der Neurologie, Bd. XIII. Springer, Berlin 1973

Lehmann, H. J., H. Grahmann, K. Hauss, G. W. Rodewald, Th. Schmitz: Akute organische Psychosyndrome nach Herzoperationen. Nervenarzt 39 (1968) 529

Meyendorf, R.: Psychische und neurologische Störungen bei Herzoperationen. Prä- und postoperative Untersuchungen. Fortschr. Med. 94 (1976) 315

Schneider, K.: Der Aufbau der körperlich begründbaren Psychosen. Dtsch. med. Wschr. 72 (1947) 177

Speidel, H., B. Dahme, B. Flemming, P. Götze, G. Huse-Kleinstoll, H.-J. Meffert, G. Rodewald: Psychische Störungen nach offenen Herzoperationen. Nervenarzt 50 (1979) 85

Stutte, H.: Psychosen des Kindesalters. In: Handbuch der Kinderheilkunde. Bd. VIII/1, hrsg. von H. Opitz, F. Schmid. Springer, Berlin 1969

Szilárd, J., H. Stutte: Enzephalitis mit Stammhirnsymptomatik bei Kindern und Jugendlichen. Schweiz. Arch. Neurol. Neurochir. Psychiat. 101 (1968) 402

Walter-Büel, H.: Zur allgemeinen Psychiatrie der somatogenen Psychosen. Schweiz. Arch. Neurol. Neurochir. Psychiat. 101 (1968) 121

Weber, D., H. W. Klopp: Über eine exogene Psychose schizophrener Prägung im Schulalter. Arch. Psychiat. Neurol. 190 (1953) 104

Werner, H.: Einführung in die Entwicklungspsychologie, 4. Aufl. Barth, München 1959

Affektive Psychosen

Gerhardt Nissen

Definition

Affektive Psychosen haben zu allen Zeiten weit weniger das psychiatrische Interesse auf sich gezogen als schizophrene Erkrankungen. Die Faszination der affektiven Psychosen liegt nicht so sehr in ihren psychopathologischen Inhalten als in ihrem abrupten Beginn, ihrer unberechenbaren Periodik, der wechselnden Phasendauer, der Monotonie ihrer Symptomatik und dem spontanen Zurückschwingen in die syntone Ausgangslage.

KRAEPELIN (1896) bezeichnete mit dem manisch-depressiven Irresein eine „Geisteskrankheit, bei der nur der Affekt, bei völlig erhaltenem Intellekt" in den Phasen einer freudigen Affektsteigerung mit Zuständen einer depressiven Herabsetzung der Emotionen wechsele. BLEULER (1969) führt als Grundsymptome an: 1. heitere oder depressive Verstimmung, 2. Ideenflucht oder Hemmung des Gedankenganges, 3. abnorme Erleichterung oder Hemmung der zentrifugalen Funktionen des Entschließens, Handelns, einschließlich des psychischen Teils der Motilität, zu denen die akzessorischen Symptome wie Wahnideen, Halluzinationen und nervöse Erscheinungen hinzukommen, sowie gewisse andauernde konstitutionelle Stimmungsverschiebungen. RAFAELSEN (1974) nennt vier Kriterien: 1. phasischer Verlauf, 2. Tagesschwankungen, 3. psychomotorische Veränderungen, 4. Veränderungen des Selbstwertgefühls.

Nach der internationalen Klassifikation der WHO: ICD (9. Revision 1978) handelt es sich bei affektiven Psychosen um „häufig sich wiederholende Psychosen, bei denen eine schwere Affektstörung vorliegt, meistens als Depression und Angst, aber auch als gehobene Stimmung und Erregung. Eines oder mehrere der folgenden Symptome sind zusätzlich vorhanden: Wahnideen, Ratlosigkeit, gestörte Selbsteinschätzung, Wahrnehmungs- und Verhaltensstörungen; sie alle stehen im Zusammenhang mit der vorherrschenden Stimmung des Patienten (so auch Halluzinationen, wenn sie auftreten)".

Besonders charakteristisch sind außerdem, daß die manischen oder depressiven Phasen meistens ohne erkennbaren Anlaß auftreten. Das Gedächtnis ist während der krankhaften Episoden nicht beeinträchtigt. Krankheitsbewußtsein und Krankheitseinsicht fehlen meistens.

Auch bei *Kindern und Jugendlichen* sind *endogen-phasische Depressionen* nicht oder unzureichend motiviert. Dieser numinose Aspekt der Affektpsychosen wird von Kranken, die bereits mehrere Phasen durchlebt haben, oft als persönlichkeitsfremder Einbruch erlebt, während Menschen, die erstmalig phasisch erkranken, ihren unmotivierten Stimmungsveränderungen hilflos gegenüberstehen; besonders Kinder und Jugendliche, die zu einer kritischen Introspektion noch nicht fähig sind. Endogen-phasische Depressionen gehen auch im Kindes- und Jugendalter mit „Enge, Schwere, Bedrückung, Müdigkeit" (KUHN 1979) einher. Manische Phasen in der Adoleszenz und die seltenen *endogen-phasischen Manien* vor der Pubertät sind gekennzeichnet durch Euphorie (heiter, albern, witzig, fröhlich), manchmal durch Gereiztheit (provokativ, aggressiv, streitsüchtig). Im psychomotorischen Bereich liegt Hyperaktivität (enthemmt, triebhaft, betriebsam, dranghaft) vor. Die gesteigerte Ablenkbarkeit geht mit Ideenflüchtigkeit einher. Es wird pausenlos und übergangslos unter Verlust des Denkzieles geredet, ohne Wesentliches von Unwesentlichem zu trennen. Das Thema wird ständig gewechselt, oft anknüpfend an belanglose Vorgänge in der Umgebung, oder es handelt sich um lockere Klang- oder Wortassoziationen. Das Selbstgefühl ist gesteigert: Sie fühlen sich allen überlegen, glauben z. B. wirtschaftliche oder politische Probleme rasch lösen zu können. Manische Jugendliche verfassen z. B. Entwürfe für eine Neuordnung der Klinik, Finanzierungspläne für einen von ihnen vorgeschlagenen Hausbau der Eltern, oder sie richten Eingaben an die Schulbehörde mit Vorschlägen für eine Schulreform u. a.

Nomenklatur

Synonyma für affektive Psychosen (Affektpsychosen) sind manisch-depressives Irresein (KRAEPELIN) oder manisch-depressive Erkrankungen bzw. manisch-depressive Krankheit, auch Zyklothymie (K. SCHNEIDER 1967). Die schon im letzten Jahrhundert (ZIEHEN 1894) benutzte Bezeichnung „affektive Psychose" bzw. „Affektpsychose" hat sich erst langsam durchgesetzt. Sie ist heute durch die WHO: ICD international gültig.

Als „monopolare" Affektpsychosen werden Krankheitsbilder bezeichnet, bei denen nur gleichsinnige affektive Zustandsbilder auftreten; vorwiegend „endogen-phasische Depressionen". Als „bi-

polare" Affektpsychosen werden Verlaufsbilder charakterisiert, die sowohl depressive als auch manische Phasen aufweisen. Endogen-phasische Depressionen werden auch als „Melancholie" bezeichnet.
Zu den affektiven Psychosen gehören nicht „zykloide Reaktionen", „zykloides Temperament" oder „zykloide Persönlichkeiten", die auf abnorme Reaktionen, Neurosen oder Persönlichkeitsstörungen (Psychopathien) hinweisen. Begriffe wie „larvierte" oder „maskierte" Depression oder „depressive Äquivalente" haben in der Psychiatrie des Erwachsenenalters (KIELHOLZ 1973, WALCHER 1969) einen fest umrissenen Platz. Dieser ursprünglich nur für atypische, leibnahe „endogenphasische" Depressionen verwendete Begriff ist inzwischen auf alle, auch auf nichtpsychotische Depressionsformen ausgedehnt worden. Er sollte aus entwicklungspsychiatrischer Sicht bei Kindern nicht angewendet werden, da die psychosomatische Symptomatik die alterstypische Ausdrucksform einer depressiven Erkrankung ist (NISSEN 1978).
Der Begriff einer „*Phase*" hat psychopathologisch eine spezifische Prägung dadurch erfahren, daß er nur zur Kennzeichnung periodischer Krankheitszustände im Rahmen affektiver Psychosen verwendet wird. Die zwischen den Phasen liegende syntone Zeit wird als „*freies Intervall*" bezeichnet. Es sollte nur dann von einer Phase gesprochen werden, wenn mindestens zwei Phasen bei einem Patienten registriert wurden, da „monophasische" Erkrankungen diagnostisch meistens nur schwer zweifelsfrei zu belegen sind. Als „*maniforme Syndrome*" werden manische Zustände bezeichnet, die nicht im Rahmen einer Affektpsychose auftreten, sondern bei anderen psychischen Erkrankungen, z. B. bei Schizophrenien, schizoaffektiven Psychosen oder bei exogenen Psychosen (etwa akuten Intoxikationen).

Epidemiologie

Die *Häufigkeit* affektiver Psychosen liegt bei 0,3 bis 0,5% (BELLAK u. Mitarb. 1952; STRÖMGREN 1967) bis 3% (STENSTEDT 1952). Sie ist auch von der jeweils dominierenden nosologischen Systematik abhängig. In der Ära nach KRAEPELIN verdoppelte sich die Häufigkeit der Diagnose manisch-depressiven Irreseins. Später wurden dagegen unter dem Einfluß von K. SCHNEIDER atypische Bilder, Übergangs- und Mischfälle aus dem zyklothymen Formenkreis ausgeklammert, wodurch sich diesmal eine Verschiebung zugunsten der Schizophreniediagnose ergab.
Das durchschnittliche *Ersterkrankungsalter* (ANGST 1966) liegt bei 30 Jahren, davon erkranken über die Hälfte erstmalig vor dem 30. Lebensjahr und davon ein Drittel bis zum 20. Lebensjahr. Diese Zahlen bestätigen weitgehend die Erhebungen von LANGE (1928), der feststellte, daß 20% aller manisch-depressiven Phasen sich vor dem 20. und 50% vor dem 30. Lebensjahr manifestieren. Aus den bisher bekannten Zahlenangaben errechnet sich für die ersten 20 Lebensjahre eine Morbiditätsrate von 0,05 bis 0,1%.
Diese Prozentsätze für das Ersterkrankungsalter affektiver Psychosen gründen sich jedoch ausnahmslos auf retrograden Angaben erwachsener Patienten zu ihrer Vorgeschichte und bleiben deshalb fragwürdig.
Depressive Phasen im Rahmen mono- oder bipolarer Affektpsychosen sind generell häufiger als manische Phasen. Frauen erkranken häufiger an depressiven Phasen als Männer; das Verhältnis beträgt etwa 7 : 3. Bei den manischen Phasen ist die Geschlechtsdifferenz weniger deutlich ausgeprägt. Dem Versuch, die Seltenheit depressiver Phasen bei Männern dadurch zu relativieren, daß diese häufiger ihre melancholischen Zustände durch exzessiven Alkoholgenuß zu mildern suchen und deswegen als chronische Alkoholiker eingestuft werden, muß entgegengehalten werden, daß bereits im Jugendalter depressive Phasen bei Mädchen häufiger auftreten als bei Jungen. Häufigkeit und Verteilung der Erkrankungstypen sind außerdem geographisch verschieden. In den nordeuropäischen und in den Mittelmeerländern sind endogen-phasische Depressionen offenbar häufiger, in Afrika und in den asiatischen Ländern seltener.
Während das Vorkommen affektiver Psychosen in der Adoleszenz und in der Präpubertät, wenn auch selten, so doch unbestritten ist, bleibt dies für Erstmanifestationen *vor dem zehnten Lebensjahr* umstritten. STUTTE (1972) wies darauf hin, daß in älteren Lehrbüchern Sonderkapitel über manische und depressive Psychosen im Kindesalter vorhanden waren, während sie in manchen Lehrbüchern der Gegenwart nicht einmal erwähnt werden; eine Reihe von Autoren äußert Zweifel am Vorkommen affektiver Psychosen vor der Pubertät überhaupt. Die Feststellung von BÜRGER-PRINZ (1935), daß die von KRAEPELIN geleistete Arbeit für die Systematik der Psychosen der Erwachsenen für den Bereich der Kinder und Jugendlichen noch zu tun sei, ist weiterhin aktuell. Während einige erfahrene Autoren erste Phasen schon vor dem zehnten Lebensjahr annehmen und teilweise kasuistisch belegen, äußern andere, nicht weniger erfahrene Beobachter demgegenüber begründete Zweifel, insbesondere im Hinblick auf fehlende katamnestische Erhebungen, speziell von Nachuntersuchungen, die das Hauptmanifestationsalter der Affektpsychosen nicht berücksichtigten.

Unter denen, die das Vorkommen von Affektpsychosen bei jüngeren Kindern *negieren* bzw. nicht diagnostizieren konnten, gehören ASPERGER (1961), CORBOZ (1958), VAN KREVELEN (1972). BARTON-HALL (1952) meinte, daß allgemein bekannt sei, daß affektive Psychosen im Kindesalter nicht vorkämen; sie habe unter 1200 psychiatrischen Patienten keine Hinweise für endogen-phasische Erkrankungen unter 15 Jahren gefunden. McCHARG (1954) stellte fest, daß in der Literatur keine überzeugenden Hinweise für Manien in der puberalen Periode vorliegen. AUCH (1962) ermittelte unter 4672 endogen-psychotischen Kranken für die manisch-depressiven Psychosen ein Ersterkrankungsalter zwischen dem 16. und 17. Lebensjahr, während schizophrene Psychosen bei Frauen bereits bei 10;7 und bei Männern mit 12 Jahren diagnostiziert wurden. KAMP (1970) äußerte, daß er noch nie eine endogene Depression bei einem Kind gesehen habe, und folgerte, daß der endogene Faktor, der die schweren psychotischen Depressionen bei Erwachsenen mitbedingt, „offenbar in der frühen Kindheit nicht wirksam sein kann". MAKITA (1973) fand unter 3000 Kindern „nicht einen Fall" mit einer „depressive disease". NISSEN (1975) konnte unter 1730 Patienten, die in drei Jahren in den psychiatrischen Kliniken von Berlin-West aufgenommen worden waren, nur ein Kind unter zehn Jahren mit der Diagnose einer affektiven Psychose ermitteln; der weitere Verlauf blieb unerkannt. MAHLER (1961) stellte fest: „Many investigators expressed doubt that manic-depressive disease as a clinical entity occurs before adolescence."

Andererseits gibt es eine große Anzahl von Autoren, die die Existenz affektiver Psychosen in der Kindheit, d. h. auch vor dem zehnten Lebensjahr, *bejahen* und teilweise kasuistisch belegen. Unter den zeitgenössischen Klinikern gehören dazu STUTTE (1972) und KUHN (1963). KRAEPELIN (1927) berichtete über eine sechs Monate dauernde manische Phase bei einem fünfjährigen Jungen. BÜRGER-PRINZ (1935) führte in seiner klassischen Arbeit über den „Beginn der Erbpsychosen" aus, daß manisch-depressive Erkrankungen „weit vor dem Schulalter diagnostiziert" wurden, schon bevor klare Vorstellungen von der Symptomatik im Kindesalter vorlagen. Er selbst stellte überwiegend erste Phasen im 14. bis 15. Lebensjahr fest, der früheste Beginn lag im 11. Lebensjahr. VARSAMIS u. MCDONALD (1972) beobachteten einen zehnjährigen Jungen mit einer depressiven Phase, der ein Jahr später eine manische Phase entwickelte; während der folgenden 16 Jahre konnte ein bipolarer Verlauf gesichert werden. SCHACHTER (1952, 1973) beschrieb einen vierjährigen Jungen mit Stimmungsschwankungen, psychomotorischer Retardierung, Interesselosigkeit und Indifferenz, der später eine Periode hypermotorischer Aktivität, überschießender Spontaneität und hypomanische Verstimmungen aufwies. Ferner u. a. einen neunjährigen Jungen mit im Vergleich zu Erwachsenen atypischem „depressivem Zustandsbild". SZILARD u. VARGHA (1972) beobachteten die früheste Phase bei einem neunjährigen Kind. REMSCHMIDT u. Mitarb. (1973) führten einen Patienten an, bei dem die Erkrankung mit acht Jahren begann. WISDOM (1977) beschrieb nach den Berichten des Vaters sogar eine depressive Phase bei einem sechs Monate alten Jungen, allerdings ohne katamnestische Bestätigung.

ANTHONY u. SCOTT (1960) sichteten die anglo-amerikanische Literatur über die Affektpsychosen des Kindesalters. Bei Anlegung ihrer sehr strengen, inzwischen teilweise durch die Untersuchungsergebnisse von ANGST (1966) und PERRIS (1966) überholten Kriterien (s. „Diagnose") ergab sich, daß von den ermittelten 63 Fällen nur drei ihrer Überprüfung standhielten. Diese drei Kinder waren bereits alle elf Jahre alt und zeigten einen Wechsel von Manie und Depression.

Aufgrund der katamnestischen Studien der letzten Jahrzehnte (DAHL 1972; NISSEN 1971; SPIEL 1972) erscheint es fraglich, daß es sich bei allen beschriebenen depressiven oder manischen Episoden tatsächlich um erste Krankheitserscheinungen einer später rezidivierenden depressiven oder manisch-depressiven Erkrankung gehandelt hat. Die von WINZENRIED (1969) in die Diskussion eingebrachten „periodischen Verhaltens- und Befindensstörungen" als Vorläufer bzw. atypische Frühphasen einer Affektpsychose konnten bislang nicht erhärtet werden (DAHL 1972; NISSEN 1971; SPIEL 1961).

Klassifikationsprobleme

KRAEPELINs Unterteilung der endogenen Psychosen in „Dementia praecox" und „manisch-depressives Irresein" ist bis heute Grundlage der nosologischen Klassifikation der endogenen Psychosen geblieben. Ihr entsprechen in der Terminologie der internationalen Klassifikation der Krankheiten der WHO die Gruppe der Schizophrenien (ICD Nr. 295–295.0) und der affektiven Psychosen (ICD Nr. 296–296.9).

LEONHARD, der schon früh (1968) die Trennung von bi- und monopolaren Psychosen wegen der unterschiedlich hohen erblichen Belastung forderte, wurde von ANGST und PERRIS, die unabhängig voneinander ausgedehnte Untersuchungen durchführten, bestätigt. Ihre Familienuntersuchungen (ANGST 1966; PERRIS 1966) ergaben, daß die Einheitlichkeit der affektiven Psychosen in Frage gestellt werden muß. Bei einem Vergleich (monopolarer) endogener Depressionen mit (bipolaren) manisch-depressiven Psychosen ergab sich, daß die monopolaren von den bipolaren Psychosen zu trennen sind. Für die Trennung wurden genetische Befunde, Unterschiede in der prämorbiden Persönlichkeit und im Krankheitsverlauf beider Erkrankungen geltend gemacht. Die Penetranz der bipolaren Anlage ist höher als diejenige der monopolaren (phasisch-depressiven) Anlage. Den Umweltfaktoren kommt anscheinend eine unspezifische manifestationsfördernde Rolle zu. Manische Phasen treten vorwiegend im Verlauf bipolarer manisch-depressiver Psychosen auf. Bei der „reinen periodischen Manie" handelt es sich nur um eine zufällige Häufung manischer Phasen innerhalb manisch-depressiver Krankheitsverläufe; die periodische Manie stellt danach kein eigenes Krankheitsbild dar.

Für das Kindes- und Jugendalter sind Untersuchungen von SMERALDI u. Mitarb. (1977) an Verwandten ersten und zweiten Grades von 99 Probanden mit affektiven Psychosen (49 mono-, 50 bipolar) beachtenswert. Die bipolare Form setzte früher ein, bedeutete ein höheres Risiko für die Verwandtschaft und verlief schwerer als die unipolare Form.

Klinisches Bild

Kinder und Jugendliche mit einer affektiven Psychose werden meistens *nicht* wegen ihrer phasischen Verstimmungszustände dem Arzt vorgestellt, sondern wegen Schwierigkeiten und Konflikten in der Familie und in der Schule. Eltern und Lehrer sind über die vermeintliche „Bequemlichkeit“ und Nachlässigkeit, die Schwunglosigkeit und Interesselosigkeit der Kinder, ihre fehlende Spontaneität, ihre unerklärliche Bedrücktheit und Gehemmtheit oder ihre Ausgelassenheit und „Frechheit“ besorgt oder verärgert. Die Kinder und Jugendlichen spüren zwar eine gefühlsmäßige Veränderung, können sie aber nicht analysieren und nicht artikulieren. Sie spüren nur, daß man sie nicht versteht. Sie fühlen sich nicht genug geliebt, ihren Geschwistern gegenüber zurückgesetzt und benachteiligt. Sie ziehen sich immer weiter zurück, verweigern manchmal die Schule, reagieren sensitiv gegenüber Forderungen der Eltern. Sie suchen bei sich selbst die Schuld, entwickeln Skrupel, Selbstzweifel, Selbstvorwürfe und Minderwertigkeitsgefühle. Oder aber sie zeigen eine überbordende Betriebsamkeit, eine unverständliche Aktivität und sind von einer grundlosen Heiterkeit, einem unableitbaren Optimismus erfüllt.

Bei der Erhebung der Anamnese erfährt man, daß diese *„Bequemlichkeit“* oder *„Flegelhaftigkeit“* vor einigen Wochen oder Monaten unvermittelt oder rasch zunehmend auftrat. Vorher sei ihr Verhalten ausgeglichen und harmonisch gewesen. CAMPBELL (1955) schildert die prämorbide Persönlichkeit dieser Kinder und Jugendlichen als warmherzig, freundlich, interessiert, sozial engagiert und altruistisch. Andererseits seien sie aber oft unsicher, nervös, ehrgeizig und gespannt, manchmal ernst, ängstlich und besorgt, aber nicht introvertiert, abgekapselt oder überspannt. Manisch-depressive Erwachsene geben (nach CAMPBELL) oft an, daß sie in ihrer Kindheit unter deprimierten Stimmungen, Kopfschmerzen und Realitätsstörungen litten, aber auch Perioden der Verlangsamung und der Hochstimmung feststellten. WINZENRIED (1969) ermittelte, daß affektpsychotische Erwachsene häufig über „periodische Verhaltens- und Empfindungsstörungen“ in der Kindheit berichteten, die als alters- und entwicklungsadäquate Phasenäquivalente angesehen werden müßten.

Solche *retrograden Berichte* zyklothymer Erwachsener über frühe manische oder depressive Phasen lassen drei Ausdeutungen zu: 1. Es handelt sich tatsächlich um echte Krankheitsphasen, die nicht als krankhaft erkannt wurden, besonders dann, wenn es sich um leichte oder kurz dauernde Phasen handelt. 2. Der manisch-depressive Kranke unterliegt einer Täuschung. Biographisch ableitbare Konflikte und Verstimmungen in der Kinder- und Jugendzeit werden retrograd als phasische Erkrankungen mißdeutet, wenngleich auch manchmal ein Zusammenhang mit der prämorbiden Persönlichkeitsstruktur bestehen mag. 3. Es handelt sich um atypische, deshalb zunächst nicht erkannte endogene Phasen, die sich in kindereigentümlichen Symptomen wie psychomotorische Unruhe, Schulversagen und Erziehungsschwierigkeiten ausdrückten.

Allein vom *phänomenologischen Syndrom* kann, besonders dann, wenn es sich um die erste periodische Verstimmung handelt, auch beim Vorliegen „typischer“ Symptome nicht mit Sicherheit auf die Diagnose einer affektiven Psychose geschlossen werden. So ließ sich von zehn „endogen-phasischen Psychosen“, die bei Patienten im Alter von sechs bis 16 Jahren stationär diagnostiziert wurden, in keinem Fall diese nosologische Zuordnung bei einer Nachuntersuchung nach zehn bis 22 Jahren aufrechterhalten (NISSEN 1971). DAHL (1972) ermittelte, daß von 200 Probanden, die vor 20 Jahren wegen differenter Verhaltensstörungen stationär kinderpsychiatrisch beobachtet worden waren, 30% später erneut in Krankenanstalten eingewiesen wurden. Eine manisch-depressive Psychose wurde in keinem Fall diagnostiziert. BECK u. KOVACS (1978) untersuchten mit dem „Beck Depression Inventory“ 72 Kinder im Alter von 11 bis 16 Jahren. Alle Kinder, die von den Lehrern als „exzellent“ beurteilt waren, hatten niedrige BDI-Scores, während die schlechten Schüler hohe Scores aufwiesen. Manche dieser Kinder könnten Frühformen des „Typus melancholicus“ entsprechen, die von TELLENBACH (1976) als hypermoralisch, übergewissenhaft, anhänglich, überanstrengt, ernst, pflichteifrig und ehrgeizig, andererseits aber als sensitiv, weich und gefühlsbetont geschildert wurden. Überzeugende Längsschnittuntersuchungen, die nachweisen, daß bestimmte prämorbide Persönlichkeitsstrukturen im Vorfeld affektiver Psychosen überdurchschnittlich häufig sind, existieren bislang nicht.

Besondere Untersuchungsmethoden nach Art von Beurteilungsskalen (Rating-Scales) oder Bewertungsbögen bzw. Merkmalslisten für depressive Erwachsene liegen für Kinder entweder noch nicht vor oder sind noch nicht genügend erprobt. KOVACS (1978) hat ein Kinder-Depressions-Inventar (CDI) entwickelt, das für die Anwendung bei Kindern im Alter von 8 bis 13 Jahren geeignet ist. Der MMPI- und der FPI-Test (REMSCHMIDT u. Mitarb. 1973) haben sich ebenso wie andere Persönlichkeitstests bewährt. Unterstützend können den verschiedenen Alters- und Entwicklungsstufen angepaßte psychologische Untersuchungen wie Szeno-Test, TAT, Rorschach-Test, aber auch das diagnostische Spielen, Malen und Musizieren eingesetzt werden. In der Jugendpsychiatrie werden die für Erwachsene entwickelten Rating-Scales von BECK u. Mitarb. (1961), HAMILTON (1960), LEHMANN u. Mitarb. (1958), ANGST u. Mitarb. (1969) gelegentlich verwendet. Die Ergebnisse solcher Unter-

Tabelle 8.**1** Angstsymptomatik der Patienten während der klinischen Behandlung und zum Zeitpunkt der Nachuntersuchung (nach *Remschmidt* u. Mitarb. 1973)

	Vorkommen bei Erkrankung	Katamnestischer Befund
Allgemeine Ängstlichkeit	73,1%	12,2%
Grübelzustände	70,7%	29,2%
Gedankenkreisen	56,1%	17,0%
Problemüberbewertung	39,0%	14,6%
Phobische Ängste	29,2%	4,8%
Todesangst	24,3%	7,3%
Versündigungsideen	24,3%	–
Furcht vor Krankheiten	21,9%	12,2%
Schulangst	21,9%	–

Tabelle 8.**2** Störungen der Vitalsphäre der Patienten während der stationären Aufnahme und zum Zeitpunkt der Nachuntersuchung (nach *Remschmidt* u. Mitarb. 1973)

	Vorkommen bei Erkrankung	Katamnestischer Befund
Schlafstörungen	75,6%	14,6%
Kopfschmerzen	51,2%	17,0%
Druckgefühl auf der Brust	36,5%	12,2%
Schweregefühl im Körper	34,1%	12,2%
Appetitstörungen	26,8%	4,8%
Herzbeschwerden	26,8%	12,2%
Obstipation	21,9%	9,7%
Schwitzen	19,5%	17,0%
Nächtliches Aufschrecken	17,0%	2,4%

suchungen können die Diagnose manchmal unterstützen, sie ersetzen aber nicht eine gründliche psychopathologische Befunderhebung unter Einbeziehung der nächsten Bezugspersonen.

Für das *klinische Bild* endogen-phasischer Psychosen im Kindes- und Jugendalter gelten die Kurzphasigkeit depressiver oder manischer Verstimmungen und rasche Phasenwechsel. STUTTE (1972) wies auf die Mannigfaltigkeit alterstypischer Ausdrucksformen hin. Sie reichen von episodischen Verhaltensstörungen manisch-expansiver Form, die das Kind mit der umgebenden Ordnung in Konflikt geraten, zumeist auch schulisch abfallen lassen, über Zustände depressiver Gehemmtheit mit Grübelzwang, intellektueller Leistungsschwäche, hypochondrischen Vorstellungen und phobischen Anwandlungen bis zu manischen oder depressiven Episoden, die gradmäßig und inhaltlich völlig den Zyklothymien des Erwachsenenalters gleichen können. Dennoch stehen meistens die Trieb-, Antriebs-, Affekt- und Verhaltensstörungen ganz im Vordergrund des klinischen Bildes in diesem Lebensabschnitt. Depressive Kinder können ihre innere Stimmungslage nicht analysieren und abstrakt formulieren. Sie reagieren häufig mit motorischen oder vegetativen Auffälligkeiten: motorische Gehemmtheit oder Unruhe, Appetitlosigkeit oder Freßsucht, innere Unruhe, Verdauungsstörungen oder Kopfschmerzen. Die Tab. 8.1 und 8.2 geben eine Übersicht über Art und Häufigkeit der Angstsymptomatik und der Störungen der Vitalsphäre in einer klinischen Stichprobe endogendepressiver Patienten. Meistens äußern erst ältere Kinder und Jugendliche Schuld- und Versündigungsideen, hypochondrische Ängste und Suizidvorstellungen oder entwickeln Wahnideen (EGGERS 1973).

Endogen-depressive Kinder und Jugendliche verhalten sich antriebsschwach und gehemmt, sie scheinen in sich versunken und reagieren erst mit Verzögerung auf Reize. Sie weinen leicht und ohne erkennbare Ursache. Alle psychischen Äußerungen drücken Hoffnungs- und Entschlußlosigkeit aus. Sie schildern sich als interessenlos, gelangweilt, gleichgültig, versteinert, abgestorben, als gelähmt und gehemmt. Sie sind apathisch und willenlos. Alles steht ihnen bevor, sie fühlen sich nichtig, elend, minderwertig. Sie haben kein Krankheitsgefühl. Die relativ hohe Frequenz von Suizidalität bei älteren Kindern und Jugendlichen hängt auch damit zusammen, daß sie noch über keine Erfahrungen über die Begrenztheit und Endlichkeit von Stimmungstiefs verfügen; sie sind in der Unendlichkeit befangen und tendieren deshalb rascher zu definitiven Lösungen. Im *depressiven Stupor* verharren sie fast regungs- und teilnahmslos. Sie sitzen oder liegen im Bett mit geschlossenen oder weit aufgerissenen Augen und seltenem Lidschlag. Sie reagieren nicht oder nur andeutungsweise auf akustische, optische oder Schmerzreize.

Die *endogen-manische Phase* kommt in der Präpubertät noch seltener vor als eine endogen-depressive Phase. Sie ist auch bei Jugendlichen von einer ansteckenden Heiterkeit, Gefühlen der Lust und des körperlichen und geistigen Wohlbefindens gekennzeichnet.

Der Vorstellungsablauf ist erleichtert. Die Ablenkbarkeit ist gesteigert. Sie wirken ausgelassen, witzig, mitreißend, manchmal fordernd und aggressiv. Der Antrieb ist gesteigert: starker Bewegungsdrang, ziellose Betriebsamkeit, erhöhte Aggressivität. Bei subjektivem „Gedankendrängen" wirken sie ideenflüchtig: pausenloses Reden ohne Gedankenziel mit lockeren Wort- und Klangassoziationen (Alliterationen) und thematischer Sprunghaftigkeit mit Verlieren in Nebensächlichkeiten. Neben der Logorrhö besteht meistens auch ein Schreib- und Beschäftigungsdrang. Briefe werden mit aufgeklebten Münzen, Buchstaben oder Bildern versehen. Es werden Denkschriften an die Schulbehörden mit Reformvorschlägen verfaßt, andere schreiben ihren Lehrern bekennerische

Briefe; viele geraten aber auch hier über Ansätze nicht hinaus und verlieren sich in sinnlosen Aufzählungen und Aneinanderreihungen oder sie verfolgen persönliche, weltanschauliche oder politische Pläne. In der Adoleszenz führt der Wegfall moralischer Bindung zu Erleichterungen beim Anknüpfen sexueller Beziehungen bei gesteigerter libidinöser Ansprechbarkeit.

Über die körperliche oder seelische Auslösung von depressiven oder manischen Phasen besteht eine umfangreiche Literatur. Körperliche Auslösungen wurden bei 3 bis 15% aller Phasen (PAULEIKOFF 1959, 1970; PETRILOWITSCH 1959) ermittelt. Psychogene Auslösungen ließen sich in einer statistischen Breite von 7 bis 30% (KIELHOLZ 1959; KORNHUBER 1955; TASCHEV 1965; WEITBRECHT 1958) im Vorfeld endogen-phasischer Verstimmungen feststellen. Zusammenhänge zwischen psychischen Erschütterungen auf den Ausbruch depressiver Phasen sind besser untersucht als die auf manische Phasen (BLEULER 1969). KORNHUBER (1955) ermittelte, daß bei Frauen die Phasen häufiger als bei Männern psychisch oder physisch ausgelöst werden, besonders die erste Phase.

Diagnose und Differentialdiagnose

Die *Vieldeutigkeit* leichter oder schwerer depressiver oder manischer Syndrome, ihre unterschiedliche Häufigkeit und Zusammensetzung, ihre Ähnlichkeit mit nichtpsychotischen depressiven Symptomen und bei Kindern und Jugendlichen zusätzlich die alters- und entwicklungsbedingte unterschiedliche Symptomgestaltung erfordern strenge diagnostische Richtlinien. Da die Diagnose einer Affektpsychose sehr weitgehend die Prognose beinhaltet, sollte sie nur dann fixiert werden, wenn sie absolut gesichert ist. Von den zahlreichen, von manchen Autoren als „zuverlässig" und „sicher" bezeichneten Merkmalen haben nur wenige dem klinischen Alltag standgehalten, am ehesten ihr phasisches Auftreten und die familiäre Belastung. Das bedeutet, daß die Diagnose meistens erst retrograd, durch das Auftreten einer neuen periodischen Verstimmung gesichert werden kann.

ANTHONY u. SCOTT (1960) stellten rigorose Kriterien zur Abgrenzung endogen-phasischer Psychosen auf, es muß 1. sich um ein Syndrom handeln, das den klassischen Formen der manisch-depressiven Erkrankungen entspricht, 2. eine homologe familiäre Belastung vorliegen, 3. eine frühzeitige Tendenz zu manisch-depressiven Verläufen erkennbar sein, 4. wird ein mindestens einmaliges Rezidivieren der Phasen gefordert und 5. ein zweiphasiger, manisch-depressiver Verlauf, 6. exogene Ursachen müssen ausgeschlossen sein, 7. sich um Verstimmungszustände von Krankheitswert handeln, 8. die Primärpersönlichkeit ist in der Regel abnorm extravertiert, 9. eine exogene Erkrankung und eine Schizophrenie ausgeschlossen sein, 10. die Absicherung der Diagnose muß durch den Krankheitslängsschnitt erfolgen. Diese Forderungen müssen durch die inzwischen erfolgten Untersuchungen von ANGST (1966) und PERRIS (1966) im Hinblick auf den geforderten zweigipfligen Verlauf (Punkt 5) abgeschwächt bzw. aufgehoben werden, eine „abnorme extravertierte Primärpersönlichkeit" (Punkt 8) gilt ebenfalls als nicht gesichert und kann allenfalls bei ihrem Vorliegen mitbewertet werden. Die Diagnose ist relativ leicht, wenn depressive oder manische Phasen mit gesunden Intervallen vorausgingen und wenn sie plötzlich mit typischen Symptomen einsetzten. Die Diagnose wird bestätigt durch typische Tagesschwankungen (Morgentief und Abendhoch, manchmal aber auch umgekehrt) und durch hypomanische oder manische Nachschwankungen am Ende einer endogen-phasischen Depression, manchmal auch durch subdepressive oder depressive Nachschwankungen gegen Ende einer manischen Phase.

Differentialdiagnostisch ist in erster Linie zu berücksichtigen, daß Affektpsychosen bei Kindern, aber auch bei Jugendlichen oft einfach deshalb nicht diagnostiziert werden, weil nicht bekannt ist oder ignoriert wird, daß ihr Auftreten im 11. bis 12. Lebensjahr oder noch früher möglich bzw. gesichert ist. Das hat verschiedene Gründe. Es gibt einseitig psychodynamisch eingestellte Ärzte, die die Existenz „endogener" psychiatrischer Krankheiten grundsätzlich negieren. Es gibt aber auch Ärzte, die nicht über ausreichende psychiatrische Erfahrungen verfügen, eine so schwerwiegende Diagnose bei einem Kind oder einem Jugendlichen zu stellen.

Im Hinblick auf andere, nichtpsychotische depressive Syndrome sind auszuschließen (s. Bd. III, Abb. 1, Kap. 4): 1. *anaklitische Depression* (SPITZ 1946) nach schwerer und anhaltender Deprivation in frühester Kindheit, 2. *depressive Persönlichkeitsstörungen* (Psychopathen, abnorme Persönlichkeiten), wie sie u. a. für das Kindes- und Jugendalter von PIEPER (1940) beschrieben wurden, 3. *depressive Vorstadien* bzw. atypische Schübe einer beginnenden Schizophrenie, 4. *depressiv-dysphorische Verstimmungen* im Beginn bestimmter *heredodegenerativer Erkrankungen,* z. B. der Chorea Huntington (STUTTE 1963), 5. *organisch bedingte* affektive und psychomotorische Psychosen (symptomatische depressive Psychosen, depressive exogene Psychosyndrome), wie sie ALBERT (1953) und SSUCHAREWA (1956) bei Kindern mit Hirntraumen beschrieben. 6. *Depressive Verstimmungszustände* als Begleiterscheinung bei *zerebralen Anfallsleiden* (epileptische Wesensänderung, chronische dysphorische Verstimmungen).

Ätiologie und Genese

Die „folie circulaire" oder „folie à double forme" wurden in Frankreich von FALRET und BALELLARGER zu Beginn des 19. Jahrhunderts als anlagebedingte Leiden angesehen. KRAEPELIN ordnete die „periodischen Psychosen" den „Erbkrankheiten" zu. MOEBIUS (1893) führte den Begriff „endogen" in die Psychiatrie ein. Er verstand darunter einen Ausdruck angeborener Anlagen, sei es „daß sie von vornherein vorhanden sind, sei es, daß sie sich im Laufe des Lebens von selbst oder auf Anstöße, Gelegenheitsursachen hin entwickeln" (VLIEGEN 1973). SCHNEIDER und seine Schule sprechen von einer „körperlich begründbaren Psychose", verbinden damit aber die Hoffnung auf eine später zu entdeckende Somatose. KRETSCHMER ordnete in seiner Konstitutionspsychiatrie die manisch-depressiven Erkrankungen dem pyknischen Habitus zu, während bei der monopolar-depressiven Erkrankung eher der leptosome Typus vorzuherrschen scheint. Für das Kindes- und Jugendalter bilden solche körperlichen Merkmale kein diagnostisches Hilfsmittel, da sich der Konstitutionstyp erst im mittleren Lebensalter ausbildet. Eine allgemein befriedigende Definition des Endogenen gelang bislang ebensowenig wie eine Aufdeckung des Erbganges. Dennoch zweifeln erfahrene Psychiater nicht an der maßgeblichen Beteiligung eines erblichen Faktors. Für eine starke genetische Beteiligung sprechen nicht nur die gleichbleibende Häufigkeit in Kriegs- und Krisenzeiten (BAHLMANN 1954) und, im Gegensatz zu Neurosen, unspezifische Entstehungsmechanismen. Die genetische These wird erhärtet u. a. durch eindeutige Konkordanzunterschiede bei eineiigen und zweieiigen Zwillingen und auf Erfahrungen mit Kindern depressiver Mütter, die bald nach ihrer Geburt von ihnen getrennt wurden und ganz allgemein auf die Häufung affektiver Psychosen in bestimmten Familien, die wesentlich höher ist als in der übrigen Bevölkerung.

Die Polyätiologie psychischer Auffälligkeiten und psychiatrischer Krankheiten ergibt sich z. B. auch daraus, daß auch neurotische Depressionen einen genetischen Manifestationsfaktor (SCHEPANK 1974) aufweisen können. ANGST u. BLEULER (1971) fanden bei einer Gegenüberstellung von Neurosen und Psychosen keine signifikaten Differenzen in der Häufigkeit des Broken-home-Faktors. Daß manisch-depressive Erkrankungen nicht einfache Reaktionen auf ungünstige Umwelteinflüsse sind, ergibt sich u. a. auch daraus, daß geistig behinderte Kinder und Jugendliche, die nicht über die psychodynamischen Voraussetzungen für die Etablierung von Neurosen oder Psychosen verfügen, dennoch dann gehäuft Affektpsychosen aufweisen, wenn sie aus homolog belasteten Familien stammen. Andererseits fanden PERRIS u. PERRIS (1978), die 534 Patienten mit bipolaren und unipolaren affektiven Psychosen, nichtpsychotischen depressiven Syndromen und zykloiden Psychosen untersuchten, negative frühkindliche Erfahrungen bei fast allen psychiatrischen Patienten.

Tabelle 8.**3** Ungefähre Erkrankungsrisiken für die Verwandten Manisch-Depressiver einschließlich rein Depressiver nach *Zerbin-Rüdin* (aus *G. Huber:* Psychiatrie. Systematischer Lehrtext für Studenten und Ärzte. Schattauer, Stuttgart 1974)

Durchschnitt	0,4– 2,5%
Eltern	10,0–15,0%
Kinder	10,0–15,0%
Geschwister	10,0–15,0%
Zweieiige Zwillinge	20,0%
Eineiige Zwillinge	70,0%

ANGST u. PERRIS (1968) weisen darauf hin, daß zur Manifestation affektiver Psychosen Anlage- und Umweltfaktoren in unterschiedlichem Maße gemeinsam beitragen. Die Penetranz der bipolaren Anlage sei größer als diejenige der phasisch-depressiven Anlage. Dem Umweltfaktor komme anscheinend eine unspezifische manifestationsfördernde Rolle zu. CARLSON u. Mitarb. (1974) gingen von der These aus, daß bipolare Verläufe schon bei Kindern und Jugendlichen einen besonders schweren oder atypischen Verlauf nehmen. Sie verglichen deshalb Patienten mit frühem Erkrankungsbeginn mit solchen, die erst nach dem 45. Lebensjahr erkrankten; sie konnten dabei jedoch keine wesentlichen Unterschiede feststellen.

Für das Kindes- und Jugendalter gibt es eine reichhaltige *kasuistische Literatur* über gleichsinnige Erkrankungen in Familien mit Affektpsychosen. CAMPBELL (1955) wies darauf hin, daß unter seinen manisch-depressiven Patienten die Krankheitsgeschichte oft erstaunliche Ähnlichkeit zu der ihrer Eltern aufwies: im Hinblick auf den Zeitpunkt ihres Beginns, der Reaktionsform, dem Verlauf und auf mögliche Komplikationen. Schon BÜRGER-PRINZ (1935) stellte bei 20 Kindern mit manisch-depressiver Erkrankung fest, daß ca. ¾ aus „belasteten Familien" stammten. DE LA CRUZ (1972) ermittelte, daß die Prüfung der Heredität von 24 manisch-depressiven Jugendlichen ergab, daß nur in zwei Fällen keine krankhaften Abweichungen in der Familie vorlagen. MCKNEW u. Mitarb. (1979) untersuchten die Kinder von 14 Patienten mit bi- oder unipolaren affektiven Psychosen. Von 14 Jungen „waren 5 bei 2 Interviews und 3 bei einem Interview depressiv". REMSCHMIDT u. Mitarb. (1973) registrierten, daß von 34 Kindern und Jugendlichen mit Affektpsychosen in 28 Fällen eine Familienbelastung mit psychiatrischen Erkrankungen insgesamt, in 17 Fällen davon eine solche mit endogen-phasischen Psychosen, uni- oder bipolaren Verlaufstyps vorlag. ZERBIN-RÜDIN (1971) führte aus, daß „genetische Ursache" nicht heiße, daß diese schicksalsmäßig zur psychotischen Manifestation führen müsse. Nicht alle Träger einer Anlage erkranken manifest. Nicht Eigenschaften, sondern Informationen werden vererbt. Daß Frauen nur unter den erkrankten Verwandten der monopolaren Affektpsychosen überwiegen, gab Anlaß zur Vermutung, daß der bipolare Typ in manchen Familien von einem

X-gekoppelten dominanten Gen abhängt; es liegen inzwischen aber auch Untersuchungen vor, die dies nicht bestätigen (GOETZL u. Mitarb. 1974) können.

Die *biochemische Depressionsforschung* erzielte in den letzten Jahren bedeutende Fortschritte. Es hat den Anschein, daß der Stoffwechsel der biogenen Amine, insbesondere des Noradrenalins und des Serotonins, an der Pathogenese wesentlich beteiligt sind. Die vorliegenden Ergebnisse stimmen noch nicht so weit überein, daß sich daraus eine allgemeingültige Hypothese ableiten ließe. Es hat jedoch den Anschein, daß sowohl ein niedriger Noradrenalinspiegel als auch ein erniedrigter Serotoninspiegel bei der Melancholie, entsprechend hohe Spiegel dagegen bei der Manie angetroffen werden. Depressionen vom „Serotonin-Typ" gehen mit Symptomen der Angst, Erregung und mit Schlaflosigkeit einher, solche vom „Noradrenalin-Typ" mit psychomotorischer Verlangsamung. Darüber hinaus werden noch weitere biochemische Depressionstypen diskutiert; einer, der aus einem „Ungleichgewicht zwischen beiden Substanzen" resultiert und einer als Folge einer „Hyposensibilität der Rezeptoren" (KIELHOLZ 1979). Durch trizyklische Antidepressiva und Monoaminoxydasehemmer, die klinisch depressionslösend wirken, werden sowohl der Serotonin- als auch der Noradrenalinspiegel in den Gehirnen von Tieren angehoben. Die sehr komplexen, teilweise widersprüchlichen, dennoch zukunftsträchtigen Forschungsergebnisse lassen sich hier nicht referieren; es liegt darüber eine umfangreiche Literatur vor (BIRKMAYER 1977; MATUSSEK 1980).

Psychodynamische Theorien haben angesichts der humangenetischen und biochemischen Befunde an Bedeutung verloren. KLEIN (1935) sprach die Überzeugung aus, daß Kinder in ihrer frühen Entwicklung durch einen „transitorischen manisch-depressiven Zustand hindurchgehen". Andere psychoanalytische Theorien sprachen von einer „primären Depression" (ABRAHAM 1924) des Kleinkindes, einer „primären agitierten Depression" (RANK) und schließlich SPITZ (1946) von einer „anaklitischen Depression". Aber eine anaklitische Depression wird nicht durch die Mutterentbehrung ausgelöst, sondern durch sie verursacht. Eine affektive Psychose bedarf dagegen keiner exogenen Auslösung und keiner devianten frühkindlichen Entwicklung. Auf die Möglichkeit einer psychogenen Auslösung endogener Phasen wurde bereits (s. S. 313) hingewiesen. Die Frage, wieweit ungünstige psychodynamische Konstellationen darüber hinaus auch als Ursachenfaktoren in Betracht kommen, ist umstritten. Es ist z. B. weiterhin ungeklärt, weshalb sich affektive Psychosen nicht regelmäßig bei beiden, sondern manchmal nur bei einem eineiigen Zwilling manifestieren.

Therapie, Rehabilitation, Prävention

Für die *Therapie* affektiver Psychosen im Kindes- und Jugendalter kommen vornehmlich psychopharmakologische und psychotherapeutische Maßnahmen in Betracht. Bei jüngeren Kindern vorwiegend Elternberatung, Elterntherapie und Spieltherapie für das Kind. Bei älteren Kindern und Jugendlichen daneben allgemeine heilpädagogische und familientherapeutische Maßnahmen unter Einbeziehung der Lehrer und der Schule. Die antidepressive medikamentöse Therapie steht in diesem Lebensalter im Vordergrund, darüber dürfen aber psychotherapeutische Maßnahmen, auch hier unter Einbeziehung der Eltern, der Familie, der Schule oder der Lehrstelle, nicht vernachlässigt werden. Wenn gelegentlich über Erfolge einer ausschließlich psychotherapeutischen Behandlung berichtet wird, bleibt immer offen, welche Rolle dabei spontane Remissionen gespielt haben. Als *begleitende Maßnahme* sind psychotherapeutische Behandlungen in allen, auch bei schweren und schwersten endogen-phasischen Depressionen von großer Bedeutung für das situative Befinden der Kranken. Sie empfangen aus der zwischenmenschlichen Beziehung Hoffnung und Verständnis für ihr isoliertes Dasein. In Gesprächen nach abgeklungenen Phasen wird immer wieder Dankbarkeit darüber geäußert, daß ihre Therapeuten ihnen nicht nur Trost und Hoffnung zusprachen, sondern keine Forderungen stellten, die sie nicht erfüllen konnten. Besonders Jugendliche und Kinder, die ihre erste depressive Phase durchleiden und über keine Erfahrung über die zeitliche Begrenztheit episodischer Verstimmungen verfügen, müssen immer wieder auf die gute Prognose im Hinblick auf die Behebung der aktuellen Verstimmtheit hingewiesen werden. Sie sind dankbar dafür, wenn der Arzt ihnen geduldig zuhört oder mit ihnen schweigt, wenn es ihnen nicht möglich ist, sich zu verbalisieren. Im Hinblick auf die suizidale Einstellung kann in einer akuten depressiven Periode die Bindung an den Therapeuten lebensrettend sein. Für mögliche spätere Phasen hat sie einen prospektiven Aspekt, da die depressiven Kinder und Jugendlichen dann wissen, wo sie auf Verständnis, Hilfe und Unterstützung rechnen können.

Ein Kind oder ein Jugendlicher mit einer Depression ist hilflos und kann selbst dann nicht die notwendigen Entscheidungen treffen, wenn er in der Lage ist, seine Situation zu erkennen. Eltern, die ihren Kindern sonst tolerant und großzügig begegnen, gelangen manchmal erst allmählich zu der Einsicht, daß diese infolge ihres Verstimmungszustandes handlungs- und entscheidungsunfähig geworden sind. Die Eltern benötigen überzeugende ärztliche Ratschläge für die Durchführung der ambulanten thymoleptischen Behandlung. Sie müssen auf die Möglichkeiten einer Verschlimmerung, eines Stimmungsumschwungs und einer möglichen suizidalen Vorbereitung informiert werden. In schwierigen Fällen muß es möglich sein, den Arzt jederzeit persönlich oder telefonisch kurzfristig zu erreichen. Suizidgefährdete Kinder und Jugendliche benötigen eine stationäre Behandlung. Zur Überwindung einer akuten suizidalen Bedrohung muß versucht werden, mit dem Patienten einen „Pakt" abzuschließen, ein Versprechen, während der nächsten 8 bis 12 Stunden oder während der nächsten Tage keinen Suizidversuch zu unternehmen. Medikamentös können zusätzlich Neuroleptika verordnet werden.

Im Umgang mit dem depressiven Kind oder Jugendlichen wird der Arzt es sorgfältig vermeiden, zweck- und wirkungslose Forderungen an sie heranzutragen. Aufforderungen wie „Du kannst doch wirklich Deinen Eltern Freude machen und wieder tüchtig in der Schule mitarbeiten" oder „Du wirst schon sehen, daß Du Dich besser fühlst, wenn Du Deine Aufgaben erfüllst", zeigen ihnen, daß auch der Arzt sie nicht versteht und verstärken ihre Resignation. Empfehlungen an die Eltern, mit ihrer Tochter oder dem Sohn eine Reise zu unternehmen, sind nicht effektiv. Vorstellungen „die Tapeten zu wechseln", um die Traurigkeit zu vergessen, „um etwas anderes zu sehen", können den Ablauf endogener Phasen nicht erleichtern. Der sonnigste Strand und die schönste Landschaft erscheinen ihnen „grau in grau", wie von Schleiern verhängt. Während des Klinikaufenthaltes dürfen die Patienten weder in Passivität verharren noch zu Aktivitäten ermuntert werden, die sie nicht ausüben können. Als *begleitende therapeutische Maßnahmen* kommen eine leichte Beschäftigungs- oder eine Musiktherapie in Betracht, nach Besserung des Allgemeinbefindens Physiotherapie (Nackenmassage, Rotlicht, Gymnastik); zur „Entängstigung" haben sich formelhafte Vorsatzbildungen im Rahmen des autogenen Trainings bewährt.

Nach Einführung der thymoleptischen Substanzen (Kuhn 1957) wurde die Behandlung depressiver und manischer Phasen zu einer Domäne der *psychiatrischen Pharmakotherapie*. Die Pharmakotherapie affektiver Psychosen erfordert ausreichende Kenntnisse über Zielsyndrome und Zielsymptome im Hinblick auf die Auswahl des richtigen Medikamentes, seiner Dosierung und das Einsetzen der Wirkung, die ebenso bekannt sein müssen wie etwaige Gegenindikationen, Neben- und Nachwirkungen sowie Möglichkeiten der Unverträglichkeit mit anderen Medikamenten. Sie setzt eine gründliche Kenntnis der deskriptiven und nosologischen Systematik psychiatrischer Krankheiten voraus. Speziell für die Verabreichung an Jugendlichen und an Kindern ist zu berücksichtigen, daß nur Medikamente, die zuverlässig eingenommen werden, wirken können. Bei der Einnahme muß bei einigen Patienten regelmäßig kontrolliert werden, ob das Medikament nicht unter der Zunge oder zwischen Zahnreihe und Wangenschleimhaut verborgen gehalten wird. Gerade depressive Jugendliche neigen aus selbstzerstörerischen Impulsen dazu, Medikamente nicht einzunehmen und wegzuwerfen oder zu sammeln, um damit suizidale Handlungen vorzubereiten. Die Eltern müssen darauf hingewiesen werden, daß die Medikamente nicht sofort, sondern einige ihre volle Wirkung erst nach der zweiten oder dritten Woche entfalten. Ein Medikamentenwechsel sollte in der Regel deshalb erst nach diesem Zeitraum vorgenommen werden. Die Einleitung der Therapie sollte mit niedrigen Dosen, die während oder nach dem Essen gegeben werden, beginnen und schrittweise erhöht werden, bis eine ausreichende Wirkung ohne allzu störende Nebenwirkungen erreicht wird. Nach Abklingen der depressiven oder manischen Phase sollte das Medikament in einer reduzierten Dosierung noch für längere Zeit weitergegeben werden.

Eine absolute Indikation zur Klinikeinweisung besteht bei Suizidverdacht, bei Therapieresistenz und aus sozialen Gründen. Das Suizidrisiko ist um so größer, je ängstlicher und umtriebiger der depressive Jugendliche sich verhält. Es ist kontraindiziert, ängstlich-depressiven Patienten aktivierende antidepressive Medikamente zu verordnen. Bei therapieresistenten Depressionen kommen Infusions- und Dauertropfbehandlung mit Anafranil, Ludiomil oder Noveril bzw. Alival für die Dauer von zwei bis drei Wochen in Betracht. Bei einem Eisenmangel im Blut („Eisenmangeldepression"), die bei 5% der Depressionen vorliegt (Kuhn 1973), ist eine Eisensubstitutionstherapie durchzuführen. Zerebrale Anfälle und zerebrale Läsionen bilden eine relative *Kontraindikation* für eine antidepressive Medikation. Das Thymoleptikum Viloxazin (Vivalan) soll (Pöldinger 1979) die Krampfschwelle nicht senken. In der Regel ist es aber empfehlenswert, bei solchen Patienten zusätzlich Diazepamderivate zu verordnen. Kontraindikationen bilden ferner Glaukome, Herz- und Kreislaufstörungen, thrombophlebitische und thrombotische Erkrankungen und Leberschädigungen.

Häufige Nebenwirkungen unter der Einnahme antidepressiver Medikamente sind anticholinergische Reaktionen, z. B. Mundtrockenheit, Obstipation, Verschwommensehen, Miktionsstörungen und zentrale Reaktionen, etwa Schwitzen, Müdigkeit, Unruhe, Schlafstörungen, Tremor, Kopfschmerzen und bei lang dauernder Medikamenteneinnahme stärkere Gewichtszunahme.

Eine Aufgliederung der Antidepressiva nach Zielsyndromen hat Kielholz (1971) erarbeitet. Er unterscheidet 1. den *Amitryptilin-Typ*, der eine depressionslösende, stimmungsaufhellende, sedierende und anxiolytische Wirkung zeigt, 2. den *Imipramin-Typ*, bei dem eine depressionslösende, stimmungsaufhellende und leichtere psychomotorisch aktivierende Wirkung eintritt, und 3. den *Desimipramin-Typ*, der eine depressionslösende

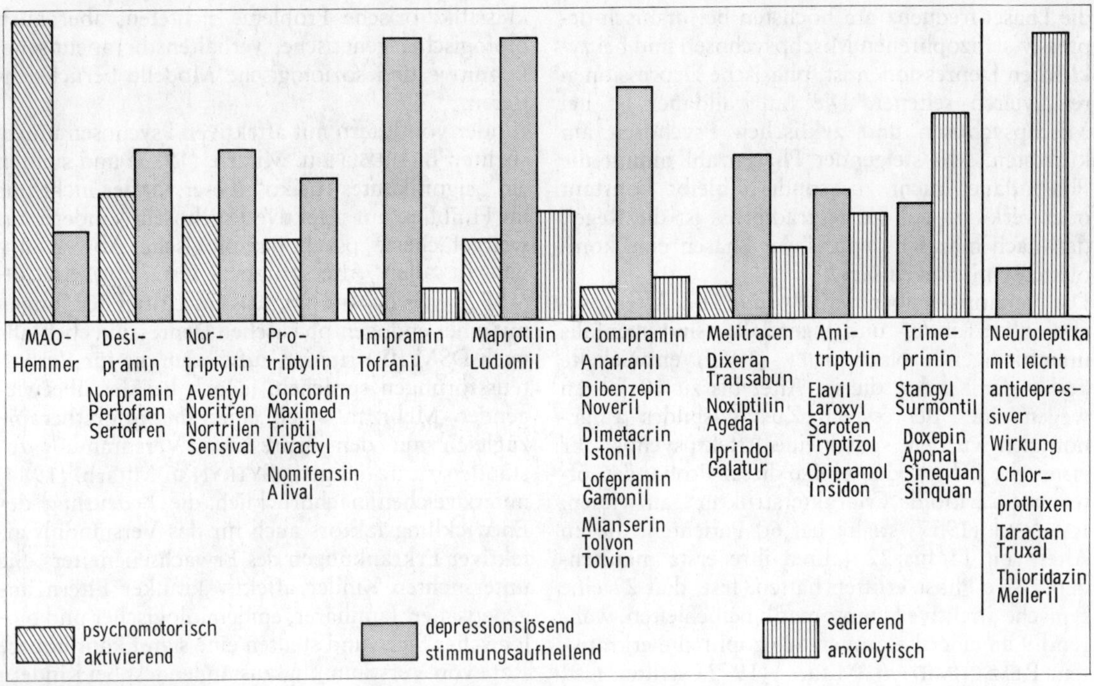

Abb. 8.**3** Schematische Darstellung der Wirkungsprofile der Antidepressiva (nach *Kielholz* 1971).

und stimmungsaufhellende, daneben jedoch eine spezifisch psychomotorisch stark aktivierende Wirkung zeigt. Depressionslösende und anxiolytisch wirkende Antidepressiva sind z. B. Laroxyl, Saroten, Tryptizol. Depressionslösend und stimmungsaufhellend z. B. Tofranil, Ludiomil, Alival. Psychomotorisch aktivierend z. B. Pertofran. MAO-Hemmer sollten wegen ihrer teilweise starken Nebenwirkungen nicht mehr eingesetzt werden. Für die Bekämpfung der Schlafstörungen haben sich zusätzliche Gaben von Benzodiazepinderivaten bewährt. Für die Bekämpfung der Angst kommen zusätzlich Neuroleptika, Betablocker und Tranquilizer in Betracht.

Besonders für die Behandlung manischer Phasen haben sich *Lithium*salze (SCHOU 1969) als großer Fortschritt erwiesen. Sie stehen als Lithiumacetat (Quilonum), Lithiumcarbonat (Hypnorex, Quilonum retard) und Lithiumsulfat (Lithium-Durilis) zur Verfügung. Lithium wird besonders zur Prophylaxe manischer und depressiver Phasen eingesetzt. Zahl und Intensität der Phasen gehen darunter deutlich zurück. Es wirkt in der akuten Manie therapeutisch, während es in der depressiven Phase fast wirkungslos ist. Es muß regelmäßig und über lange Zeiten unter ständiger Kontrolle des Serumspiegels gegeben werden. Die prophylaktische Wirkung setzt nicht sofort, manchmal erst nach vier- bis sechsmonatiger Latenzzeit ein. Jugendliche benötigen durchschnittlich hohe Dosen zur Erreichung des prophylaktischen oder therapeutischen Effektes. Dadurch können gelegentlich unangenehme Nebenwirkungen nach Einnahme der Tabletten eintreten. Die Wirksamkeit der Lithiumprophylaxe bei Kindern und Jugendlichen ist nicht so gründlich wie bei Erwachsenen erforscht. Die Beurteilung der prophylaktischen Wirksamkeit wird durch die Tatsache beeinträchtigt, daß 85% aller Menschen mit Affektpsychosen nur ein bis fünf Phasen und nur 15% über fünf Phasen im Leben absolvieren. Dies sollte bei der Indikation der Lithiumtherapie bei Jugendlichen besonders berücksichtigt werden.

Die *Elektroschockbehandlung* ist unter dem Eindruck der psychiatrischen Pharmakotherapie zahlenmäßig völlig in den Hintergrund getreten. Sie hat für therapieresistente Depressionen aber ihre Bedeutung behalten. Neuere amerikanische Untersuchungen an einem großen Krankengut (FINK 1979) haben nachgewiesen, daß eine rechtzeitige Elektroschocktherapie die Zahl der Suizide dramatisch senken kann.

Prognose

Die *Prognose* affektiver Psychosen bei Kindern und Jugendlichen ist ungewiß. Dauer und Häufigkeit der *Phasen* und Intervalle weisen große individuelle Variationsmöglichkeiten auf. Für die akute Phase gilt für das Kindes- und Jugendalter nach Beobachtungen zahlreicher Autoren die relative Kurzphasigkeit als pathognomonisch. Es hat aber nicht den Anschein, daß es sich bei Stimmungsschwankungen um ein charakteristisches Kriterium einer Affektpsychose im Kindes- und Jugendalter handelt. ANGST (1966) weist darauf hin, daß die Phasenfrequenz am höchsten bei manisch-depressiv-schizophrenen Mischpsychosen und bei zyklischen Depressionen ist, phasische Depressionen rezidivieren seltener. Die Intervalldauer ist bei Mischpsychosen und zyklischen Psychosen am kürzesten. Mit steigender Phasenzahl nimmt die Phasendauer nicht zu, sondern bleibt konstant oder verkürzt sich geringgradig. Es ist die Regel, daß nach manisch-depressiven Phasen eine komplette Remission einsetzt.

Die Kenntnisse über den *Verlauf* von Affektpsychosen im Kindes- und Jugendalter sind ebenfalls unbefriedigend. Nach SPIEL (1969) entwickelte keines der Kinder, die im Alter bis zu 10 Jahren wegen eines depressiven Zustandsbildes aufgenommen wurden, später eine Affektpsychose. Er ermittelte jedoch, daß einige dieser Probanden öfter eine „zykloide Charakterstruktur" aufwiesen. LANDOLT (1957) stellte bei 60 Patienten, die im Alter von 15 bis 22 Jahren ihre erste manisch-depressive Phase erlitten hatten, fest, daß 27 eine typische affektive Symptomatik beibehielten, während 9 an einer katatonen Schizophrenie erkrankten. REMSCHMIDT u. Mitarb. (1973) stellten fest, daß von 39 Kindern mit endogen-phasischen Psychosen 7 später an einer schizophrenen Psychose erkrankten. NISSEN (1971) konnte bei 10 Kindern, bei denen eine manisch-depressive Erkrankung diagnostiziert worden war, bei Nachuntersuchungen in keinem Fall diese Diagnose bestätigen.

Das *Suizidrisiko* von Patienten mit depressiven oder manischen Phasen ist drastisch; ihre Suizidhäufigkeit liegt mit 10 bis 15% (RAFAELSEN 1974) erheblich höher als das der Gesamtpopulation (bei 1%).

Ergänzende Hinweise unter Einbeziehung neuerer Literatur nach Manuskriptabgabe

In den letzten Jahren sind eine Reihe von Arbeiten erschienen, die sich mit den frühen Manifestationsformen affektiver Psychosen beschäftigen. Das hängt in erster Linie mit der bereits seit längerer Zeit erfolgten Neuorientierung der Psychiatrie in den anglo-amerikanischen Ländern, aber auch in Europa, zusammen. Die Rückbesinnung auf die multikausale Ätiologie der meisten psychischen Erkrankungen, insbesondere der „endogenen" Psychosen, ging mit einer Relativierung des Einflusses der bislang dominierenden Psychoanalysen einher. Die Entwicklung der biologischen Psychiatrie, bislang fast ausschließlich von Psychiatern, Chemikern und Biologen vorangetrieben, fand nun ihren ersten Niederschlag auch in kinder- und jugendpsychiatrischen Studien, überwiegend in den USA. Eine Literaturübersicht legten KASHANI u. Mitarb. (1981) vor, in der sie ihr besonderes Augenmerk auf die Epidemiologie, auf die Diagnose und auf klassifikatorische Probleme richteten, aber auch biologische, genetische, verhaltenstherapeutische, kognitive und soziologische Modelle berücksichtigten.

Kinder von Eltern mit affektiven Psychosen untersuchten BEARDSLEE u. Mitarb. (1983) und stellten ein „signifikantes Risiko" dieser Kinder nicht nur im Hinblick auf affektive Psychosen, sondern auf weitgefächerte psychopathologische Abweichungen in allen Altersgruppen fest. PUIG-ANTICH (1982) wies darauf hin, daß ein Drittel der Jungen mit einer endogen-phasischen Depression ebenfalls nach DSM III Kriterien aufwiesen, die für Verhaltensstörungen sprachen, jedoch bei der überwiegenden Mehrzahl nach einer Imipramintherapie zugleich mit den depressiven Verstimmungszuständen zurückgingen. CYTRYN u. Mitarb. (1984) unterstreichen nachdrücklich die Bedeutung des Entwicklungsfaktors auch für das Verständnis affektiver Erkrankungen des Erwachsenenalters. Sie untersuchten Kinder affektiv kranker Eltern aus genetischer, familiärer, epidemiologischer und biologischer Sicht und stellten eine signifikant höhere Rate von Verstimmungszuständen fest bei Kindern mit „manisch-depressiven" Eltern als in einer Kontrollgruppe. Sie konnten bereits bei 5- bis 6jährigen Kindern ähnliche Untersuchungsmethoden wie bei Erwachsenen anwenden. Sie nehmen in der Untersuchung eingehend zu dem Problem der Kontinuität oder Diskontinuität depressiver Erscheinungen im Kindes-, Jugend- und Erwachsenenalter Stellung und vertreten den Standpunkt, daß nur katamnestische Studien Fortschritte in einer alters- und entwicklungsspezifischen Syndromdiagnostik bringen können. Für die Kontinuität der Krankheitserscheinungen spreche, daß Kinder mit mono- oder bipolaren Affektpsychosen auf dieselbe Medikation (hier: Trizyklika) wie Erwachsene ansprechen. Zur Krankheitsdauer von Anpassungsstörungen mit depressiver Verstimmung, dysthymen Verstimmungen und endogen-phasischen Depressionen untersuchten KOVACS u. Mitarb. (1984 und im Druck) zwei Gruppen von Schulkindern, die nach den Kriterien der DSM III die Voraussetzungen für affektive Psychosen, dysthyme Verstimmungen oder Anpassungsstörungen erfüllten. Sie stellten fest, daß 90% der depressiven Anpassungsstörungen innerhalb von 9 Monaten remittierten, dagegen hatten dysthyme Verstimmungen in 89% eine Remissionszeit von 6 Jahren. Bei endogen-phasischen Depressionen besteht ein hohes Rezidivrisiko, es liegt unter 2 Jahren. – Über Erfahrungen mit der revidierten Version des CTRS-R (children's depression rating scale) berichteten POZNANSKI u. Mitarb. (1984), den sie an einer klinisch-pädiatrischen und an einer ambulanten und stationären psychiatrischen Kindergruppe testeten und gut brauchbar fanden.

Bei Kindern mit endogenen Depressionen stellten PUIG-ANTICH u. Mitarb. (1982 und im Druck) und POZNANSKI u. Mitarb. (1982) in ca. zwei Drittel der Fälle positive Dexamethason-Suppressions-Tests fest, außerdem eine Hypersekretion des Wachstumshormons im Schlafzustand. McKNEW u. CYTRYN (1979) ermittelten bei chronisch depressiven Kindern eine signifikant reduzierte MHPG-Ausscheidung im Urin.

Literatur

Abraham, K.: Versuch einer Entwicklungsgeschichte der Libido aufgrund der Psychoanalyse seelischer Störungen. Neue Arb. zur ärztl. Psychoanalyse 11 (1924) 96

Albert, E.: Organisch bedingte affektive und psychosomatische Psychosen bei Kindern. Criança port. 12 (1953) 12

Angst, J.: Zur Ätiologie und Nosologie endogener depressiver Psychosen. Springer, Berlin 1966

Angst, J., M. Bleuler: Die Entstehung der Schizophrenie. Huber, Bern 1971

Angst, J., C. Perris: Zur Nosologie endogener Depressionen. Vergleich der Ergebnisse zweier Untersuchungen. Arch. Psychiat. 110 (1968) 373

Angst, J., R. Battegay, D. Bente, P. Berner, W. Broerer, F. Cornu, P. Dick, M.-P. Engelmeier, H. Heimann, K. Heinrich, H. Helmchen, H. Hippius, W. Pöldinger, P. Schmidlin, W. Schmitt, P. Weis: Das Dokumentations-System der Arbeitsgemeinschaft für Methodik und Dokumentation in der Psychiatrie (AMP). Arzneimittel-Forsch. (Drug-Res.) 19 (1969) 399

Anthony, J., P. Scott: Manic-depressive psychosis in childhood. J. Child Psychol. 1 (1960) 53

Asperger, H.: Heilpädagogik. Springer, Wien 1961

Auch, W.: Untersuchungen über das Ersterkrankungsalter endogener Psychosen. Vita hum. 5 (1962) 87

Bahlmann, H.: Festschrift Bremer Nervenklinik. Bremen, 1954

Barton-Hall, M.: Our present knowledge about manic-depressive states in childhood. Neur. Child 9 (1952) 319

Beardslee, W. R., J. Bemporad, B. Keller, L. Klermann: Children of parents with major affective disorder: A. review. Amer. J. Psychiat. 140, 7 (1983) 825

Beck, A. T., M. Kovacs: An empirical-clinical approach toward a definition of childhood depression. In: Depression in Childhood: Diagnosis, Treatment, and Conceptual Models, hrsg. von J. G. Schulterbrandt, A. Raskin. Raven Press, New York 1978

Beck, A. T., C. H. Ward, J. Mendelson, J. Mock, J. Erbaugh: An inventory for measuring depression. Arch. Gen. Psychiat. 4 (1961) 561

Bellak, L., B. Pasquarelli, E. Parkes, S. S. Bellak, S. Bravermann: Manic-depressive psychosis and allied conditions. Grune & Stratton, New York 1952

Birkmayer, W.: Depression. Biochemie. Klinik. Therapie. Deutscher Ärzteverlag Köln, 1977

Bleuler, E.: Lehrbuch der Psychiatrie, 11. Aufl., Springer, Berlin 1969

Bürger-Prinz, H.: Der Beginn der Erbpsychosen. Nervenarzt 8 (1935) 617

Campbell, J. P.: Manic-depressive disease in children. J. Amer. med. Ass. 21 (1955) 154

Carlson, G. A., J. Kotin, Y. Davenport, M. A. Adland: A follow-up of 53 bipolar manic-depressives. Brit. J. Psychiat. 124 (1974) 134

Corboz, R.: Gibt es Geisteskrankheiten im Kindesalter? Schweiz. med. Wschr. 88 (1958) 703

De la Cruz, N.: Manisch-depressives Kranksein bei Jugendlichen zwischen 16 und 19 Jahren. Schweiz. Arch. Neurol. Neurochir. Psychiat. 2 (1972) 279

Cytryn, L., S. Gershon, D. H. McKnew: Childhood depression: Genetic or environmental influences? Integr. Psychiat. Jan.–Febr. (1984) 17–23

Dahl, V.: Follow-up study of a childpsychiatric clientele with special regard to manic-depressive psychosis. In: Depressive States in Childhood and Adolescence, hrsg. von A.-L. Annel. Almquist & Wiksell, Stockholm 1972

Eggers, Chr.: Verlaufsweisen kindlicher und präpuberaler Schizophrenien. Springer, Berlin 1973

Fink, M.: Convulsive Therapy: Theorie and Practice. Raven Press, New York 1979

Goetzl, U., B. Green, P. Whybrow, R. Jackson: X linkage revisited. A further family study of manic-depressive illness. Arch. gen. Psychiat. 31 (1974) 665

Hamilton, M.: A rating scale for depression. J. Neurol. Neurosurg. Psychiat. 23 (1960) 56

Kamp, L. N. J.: Psychosen bij kinderen. In: Nederl. Handb. Psychiatr. IV, hrsg. von J. J. G. Prick, H. G. van der Waals. van Loghum Slaterns, Arnhem 1970

Kashani, J. H., A. Husain, O. Shekim, K. K. Hodges, L. Cytryn, H. McKnew: Current perspectives on childhood depression. An overview. Amer. J. Psychiat. 138 (1981) 143

Kielholz, P.: Klinik, Differentialdiagnostik und Therapie der depressiven Zustandsbilder. Geigy, Basel 1959

Kielholz, P.: Diagnose und Therapie der Depressionen für den Praktiker. Lehmann, München 1971

Kielholz, P.: Die larvierte Depression. Huber, Bern 1973

Kielholz, P., S. Terzani, M. Gastpar: Treatment for therapy resistant depressions. Int. Pharmacopsychiat. 14 (1979) 94

Klein, M.: A contribution to the psychogenesis of manic-depressive states. Int. J. Psycho-Anal. 16 (1935

Kornhuber, H.: Über Auslösung cyclothymer Depressionen durch seelische Erschütterungen. Arch. Psychiat. Nervenkr. 193 (1955) 391

Kovacs, M.: Conclusions and recommandations of the subcommittee on assessment. In: Depression in Childhood: Diagnoses, Treatment, and Conceptual Models, hrsg. von J. G. Schulterbrandt, A. Raskin. Raven Press, New York 1978

Kovacs, M., T. L. Feinberg, M. A. Crouse-Novak, S. L. Paulauskas, R. Finkelstein: Depressive disorders in child hood. I. Longitudinal prospective study of characteristics and recovery. Arch. gen. Psychiat. 41 (1984) 229

Kovacs, M., T. L. Feinberg, M. Crouse-Novak, S. L. Paulauskas, M. Pollock, R. Finkelstein: Depressive disorders in childhood. II. A longitudinal study of the risk for a subsequent major depression. Arch. gen. Psychiat. (im Druck)

Kraepelin, E.: Psychiatrie, 5. Aufl. Barth, Leipzig 1896

Kraepelin, E.: Psychiatrie, 9. Aufl. Barth, Leipzig 1927

van Krevelen, A.: Zyklothymien im Kindesalter. Acta paedopsychiat. 39 (1972) 202

Kuhn, R.: Über die Behandlung depressiver Zustände mit einem Iminodibenzyl-Derivat (G 22355). Schweiz. med. Wschr. 87 (1957) 1135

Kuhn, R.: Über kindliche Depressionen und ihre Behandlung. Schweiz. med. Wschr. 2 (1963) 86

Kuhn, R.: Diskussionsbemerkung. In: Die larvierte Depression, hrsg. von P. Kielholz. Huber, Bern 1973

Kuhn, R.: Vortrag in Vaduz/Liechtenstein (1979) – unveröffentlicht

Landolt, A. B.: Follow-up studies on circular manic-depressive reactions occuring in the young. Bull. N.Y. Acad. Med. 33 (1957) 65

Lange, J.: Die endogenen und reaktiven Gemütserkrankungen und die manisch-depressive Konstitution. In: Handbuch der Geisteskrankheiten, Bd. VI, hrsg. von O. Bumke. Springer, Berlin 1928

Lehmann, H. E., C. H. Cahn, R. L. de Verteuil: The treatment of depressive conditions with imipramine. Canad. psychiat. Ass. J. 3 (1958) 155

Leonhard, K.: Über monopolare und bipolare endogene Psychosen. Nervenarzt 39 (1968) 104

Mahler, M. S.: On sadness and grief in infancy and childhood: Loss and restoration of the symbiotic love-object. Psychoanal. Stud. Child 16 (1961) 332

Makita, K.: The rarity of „depression" in childhood. Acta paedopsychiat. 40 (1973) 37

Matussek, N.: Stoffwechselpathologie der Zyklothymie und Schizophrenie. In: Psychiatrie der Gegenwart, Bd. I/2: Grundlagen und Methoden der Psychiatrie. Springer, Berlin 1980
McCharg, J. F.: Mania in childhood. Report of a case. Arch. Neurol. Psychiat. (Chic.) 72 (1954) 53
McKnew, D. H. jr., L. Cytryn, A. M. Efron et al.: Offspring of patients with affective disorders. Brit. J. Psychiat. 134/2 (1979) 148
McKnew, D. H., L. Cytryn: Urinary metabolites in chronically depressed children. J. Amer. Acad. Child Psychiat. 18 (1979) 608
McKnew, D. H., L. Cytryn, A. M. Efron, E. S. Gershon, W. E. Bunney jr.: Offspring of manic-depressive patients. Brit. J. Psychiat. 134 (1979) 148
Moebius, P. J.: Abriß der Lehre von den Nervenkrankheiten. Vogel, Leipzig 1893
Nissen, G.: Depressive Syndrome im Kindes- und Jugendalter. Beitrag zur Symptomatologie, Genese und Prognose. Springer, Berlin 1971
Nissen, G.: Affektive Psychosen in der Adoleszenz. Nervenarzt 46 (1975) 302
Nissen, G.: Das depressive Kind. Mschr. Kinderheilk. 126 (1978) 463
Pauleikoff, B.: Über die Auslösung endogener depressiver Phasen durch situative Einflüsse. Arch. Psychiat. Nervenkr. 198 (1959) 456
Pauleikoff, B., H. Mester, H. Müller-Fahlbusch: Endogene Depressionen nach Unfall. Psychiat. Clin. 3 (1970) 129
Perris, C.: A study of bipolar manic-depressive and unipolar recurrent depressive psychoses. Acta psychiat. scand., Suppl. 194 (1966) 1
Perris, C., H. Perris: Status within the family and early life. Experiences in patients with affective disorders and cycloid psychosis. Psychiat. Clin. 11 (1978) 155
Petrilowitsch, N.: Beitrag zur Frage der Provokation endogener Psychosen durch exogene Schäden. Arch. Psychiat. Nervenkr. 198 (1959) 399
Pieper, R.: Die sogenannte konstitutionelle Depression bei Kindern. Z. Kinderforsch. 48 (1940) 116
Pöldinger, W.: Persönliche Mitteilung (1979)
Poznanski, E. O., B. J. Carroll, M. C. Bemejas, S. C. Cook, J. A. Grossmann: The dexamethasone suppression test in prepubertal depressed children. Amer. J. Psychiat. 139 (1982) 321
Poznanski, E. O., J. A. Grossmann, Y. Buchsbaum, M. Banegas, L. Freeman, R. Gibbons: Preliminary studies of the reliability and validity of the children's depression rating scale. J. Amer. Acad. Child Psychiat. 23 (1984) 191
Puig-Antich, J.: Major depression on conduct disorder in prepuberty. J. Amer. Acad. Child Psychiat. 21 (1982) 118
Puig-Antich, J.: Age and sex effects on sleep/neuroendocrine state and trait markers of major depressive disorder. In: Depression in Children: Developmental Perspectives, hrsg. von M. Rutter, C. E. Izard, P. B. Read (im Druck)
Puig-Antich, J., H. Novacenko, M. Davies, W. J. Chambers, M. A. Tabrizi, V. Krawiec, P. J. Ambrosini, E. J. Sachar: Growth homone secretion in prepubertal major depressive children in response to insulin induced hypoglycemia.
Paper presented at the annual meeting of the American Academy of Child Psychiatry, Washington, D.C. Oct. 1982
Rafaelsen, O. J.: Manic-depressive psychosis on manic-melancholic mode. Dan. med. Bull. 3 (1974) 81
Remschmidt, H., B. Brechtel, F. Mewe: Zum Krankheitsverlauf und zur Persönlichkeitsstruktur von Kindern und Jugendlichen mit endogen-phasischen Psychosen und reaktiven Depressionen. Acta paedopsychiat. 1 (1973) 2
Schachter, M.: The cyclothymic states in the prepubescent child. Neur. Child 9 (1952) 357
Schachter, M.: Zur Frage der Depression und des depressiven Zustandes bei Kindern und Jugendlichen. Acta paedopsychiat. 5 (1973) 191
Schepank, H.: Erb- und Umweltfaktoren bei Neurosen. Springer, Berlin 1974
Schneider, K.: Klinische Psychopathologie. Thieme, Stuttgart 1959
Schou, M.: Lithium als Psychopharmakon. Fortschr. Neurol. Psychiat. 37 (1969) 349
Smeraldi, E., F. Negri, A. M. Melica: A genetic study of affective disorders. Acta psychiat. scand. 56 (1977) 399
Spiel, W.: Die endogenen Psychosen des Kinder- und Jugendalters. Karger, Basel 1961
Spiel, W.: Depressive Zustandsbilder im Kindes- und Jugendalter. In: Melancholie in Forschung, Klinik und Behandlung, hrsg. von W. Schulte, W. Mende. Thieme, Stuttgart 1969
Spiel, W.: Studien über den Verlauf und die Erscheinungsformen der kindlichen und juvenilen manisch-depressiven Psychosen. In: Depressionszustände bei Kindern und Jugendlichen, hrsg. von A.-L. Annell. Almquist & Wiksell, Uppsala 1972
Spitz, R. A.: Anaclitic depression. Psychoanal. Stud. Child 2 (1946) 313
Ssucharewa, G. F.: Episodic psychosis in a remote period after cerebral infections and traumata. Čs. Psychol. 52 (1956) 135
Stenstedt, A.: A study in manic-depressive psychosis: Clinical, social and genetic investigations. Acta psychiat. neurol. scand., Suppl. 79 (1952)
Strömgren, E.: Manisch-depressive Psychosen. In: Psychiatrie der Gegenwart, Bd. I/1. Springer, Berlin 1967
Stutte, H.: Psychosen im Kindesalter und in der Pubertät. Med. Klin. 13 (1963) 526
Stutte, H.: Epochale Wandlungen in Diagnostik und Verlauf endogen-depressiver Psychosen des Kindesalters. In: Depressionszustände bei Kindern und Jugendlichen, hrsg. von A.-L. Annell. Almquist & Wiksell, Uppsala 1972
Szilard, J., M. Vargha, T. Farkasinszky, A. Wagner: Depressionssyndrome im Kindesalter. In: Depressionszustände bei Kindern und Jugendlichen, hrsg. von A.-L. Annell. Almquist & Wiksell, Uppsala 1972
Taschev, T.: Statistisches über die Melancholie. Fortschr. Neurol. Psychiat. 33 (1965) 25
Tellenbach, H.: Melancholie. Springer, Berlin 1976
Varsamis, J., S. M. McDonald: Manic depressive disease in Childhood. A case report. Canad. psychiat. Ass. J. 17 (1972) 279
Vliegen, J.: Endogenität. In: Lexikon der Psychiatrie, hrsg. von Ch. Müller. Springer, Berlin 1973
Walcher, W.: Die larvierte Depression. Hollinek, Wien 1969
Weitbrecht, H. J.: Depressive Syndrome bei endogenen Psychosen und die Bedeutung exogener Faktoren. Regensb. Jahrb. Ärztl. Fortb. 6 (1958) 194
Winzenried, F. J. M.: Beziehungen periodischer Verhaltens- und Befindensstörungen im Kindes- und Jugendalter bei den endogenen Psychosen. In: Das depressive Syndrom, hrsg. von H. Hippius, H. Selbach. Urban & Schwarzenberg, München 1969
Wisdom, J. O.: A phase of depression in a six-month-old boy. Inform. J. Psycho-Anal. 58 (1977) 375
Zerbin-Rüdin, E.: Genetische Aspekte der endogenen Psychosen. Fortschr. Neurol. Psychiat. 39 (1971) 459
Ziehen, Th.: Psychiatrie für Ärzte und Studierende. Hirzel, Leipzig 1911

Schizophrene Psychosen

Christian Eggers

Definition, Einteilung, Altersbegrenzung, Häufigkeit

Die Schizophrenie, „Rätsel des Menschseins selber" (JASPERS 1969) stellt wohl das faszinierendste, aber auch das schwierigste Problem der klinischen Psychiatrie dar. So nimmt es nicht wunder, daß eine nicht mehr zu überblickende Fülle von Publikationen sich mit diesem Krankheitsbegriff beschäftigt hat und noch immer befaßt. Das hat gleichzeitig zur Folge, daß die Heterogenität der Auffassungen über die terminologische Bedeutung und nosologische Umgrenzung der Bezeichnung „Schizophrenie" ganz erheblich ist. Dies gilt auch für die kindliche Schizophrenie, und es ist STUTTE (1975) zuzustimmen, wenn er feststellt, daß im Laufe der Geschichte der Kinderpsychiatrie bis in die Gegenwart kaum ein terminologischer Begriff solche Bedeutungswandlungen durchgemacht habe wie der der kindlichen Psychosen. Ab der Mitte des vorigen Jahrhunderts ist unter verschiedenen Etikettierungen wie „Irresein der Kinder" (GRIESINGER 1845), „Wahnsinn des Schulkindes" (GÜNTZ 1859), „monomania", „cataleptoid insanity", „affective insanity" (MAUDSLEY 1867) in verschiedenen psychiatrischen Lehr- und Handbüchern der damaligen Zeit auf das Vorkommen psychotischer Störungen des Kindesalters hingewiesen worden. Damit waren exogene, hirnorganische, reaktive, endogene und konstitutionelle seelische Abnormitäten und Wesensauffälligkeiten gemeint, die heute nur noch zum Teil den endogenen Psychosen zugerechnet würden.
In Anlehnung an die grundlegenden Arbeiten von KRAEPELIN (1915), BLEUER (1911), JASPERS (1969) und SCHNEIDER (1962) haben im wesentlichen HEUYER (1960), LUTZ (1937), SPIEL (1961), SSUCHAREWA (1932), STUTTE (1960), VILLINGER (1959) und USCHAKOV (1965) den Schizophreniebegriff für die Kinderpsychiatrie definiert und seine individual- und alterstypischen Besonderheiten ausgearbeitet. Vor allem im nordamerikanischen Schrifttum ist es besonders unter dem Einfluß der Psychoanalyse zu einer zunehmenden Ausweitung des Schizophreniebegriffs sowohl in der Erwachsenen- als auch in der Kinderpsychiatrie gekommen. Dies ist verständlich, denn gerade die kinderanalytische Forschung (BETTELHEIM 1967, DIATKINE 1970, KLEIN 1962, LEBOVICI 1969, MAHLER 1954, SPITZ 1955, WINNICOTT 1974) hat wesentliche Einblicke in *psychodynamische Bedingtheiten* psychischer Erkrankungen gegeben. Insofern sind Kriterien wie „Verstehbarkeit" oder „Einfühlbarkeit" heute nicht mehr dazu dienlich, zwischen neurotischen, erlebnisreaktiven und psychotischen Erkrankungen eindeutig zu klassifizieren.
Es sind vielmehr *Ausmaß und Artung des Persönlichkeitszerfalls bzw. Ich-Desintegration,* die die Eigenständigkeit psychotischer Entgleisungen gegenüber neurotischen, exogen-organischen, konstitutionell-charakterogenen, reaktiven oder sonstwie determinierten psychopathologischen Verhaltensweisen und Wesensauffälligkeiten bestimmen. In der Tat stellt die Bezeichnung „Psychose" für die rezidivierende Katatonie, für akute oder chronische paranoid-halluzinatorische Syndrome, für die Melancholie und die Manie das „adäquate Etikett" (STUTTE 1975) dar, wenngleich einer abnormen Erlebnisreaktion oder einer neurotischen Entwicklung ähnliche oder manchmal auch gleichartige psychodynamisch wirksame Mechanismen zugrunde liegen, die allerdings zu ungleichen Zeitpunkten im Individuationsprozeß eingewirkt haben und auf verschiedenartige Entwicklungsniveaus in der Ich-Reife getroffen sind, so daß die heilenden Kräfte unterschiedlich wirksam und gegenüber dem jeweiligen Krankheitsprozeß uneinheitlich widerstandsfähig sind.
Weil dem so ist, bestehen eben keine *ehernen Grenzen* zwischen Neurose und Psychose, sondern die Übergänge sind eher fließend. Trotzdem gibt es Prägnanztypen, die eine eindeutige Zuordnung z. B. als Hebephrenie, als Zwangsneurose oder als Hysterie gestatten, wenngleich Ähnlichkeiten in der Art der Abwehrmechanismen bestehen und im Verlauf der Entwicklung die Auseinandersetzung mit den Krankheitsbedingungen unterschiedliche Formen annehmen kann, wobei neurotische und psychotische Verteidigungshaltungen miteinander abwechseln können, je nach der jeweils aktuellen Leistungsfähigkeit der synthetischen Ich-Funktionen. Psychische Prozesse sind ihrem Wesen nach *dynamischer Natur,* nicht statisch, und eben dieses erschwert nosographische Abgrenzungen verschiedener psychopathologischer Zustandsbilder. Trotzdem ist aus Gründen der Verständigung und wegen der sich daraus ergebenden therapeutischen Konsequenz das Bemühen um eine nosographische Einordnung psychischer Krankheitsbilder dringend notwendig.

Kompliziert wird dieses Bemühen weiterhin durch die – notwendige – Berücksichtigung organischer, konstitutioneller, reifungsbiologischer, charakterogener, situativer und erbgenetischer Determinanten seelischer Seinsmöglichkeiten, die sowohl die Phänomenologie als auch die Verlaufsgestalt psychischer Krankheiten bestimmen. Dies ist bei nosographischen, diagnostischen, differentialtypologischen und therapeutischen Überlegungen stets mit zu bedenken.

Für die Kinderpsychiatrie sinnvoll ist eine Beziehungssetzung zwischen Psychosedefinitionen und entwicklungspsychologischen Reifestadien bzw. Altersphasen des Kindes. Unter Psychose kann dabei ganz allgemein eine schwere Störung der Beziehung sowohl zum eigenen Selbst als auch zur personalen Mit- und dinglichen Umwelt verstanden werden. Diese Beeinträchtigung ist je nach dem Grad der Ich-Reife und dem erreichten Niveau der strukturellen Ausformung der Persönlichkeit sowie in Abhängigkeit vom Grundmorbus und von den bereits erwähnten Determinanten unterschiedlich ausgeprägt.

Unter *entwicklungspsychologischen Aspekten* lassen sich demnach verschiedene Psychoseformen beschreiben, die von französischen Autoren als „psychoses de devéloppement“ zusammengefaßt werden. In frühen Entwicklungsstadien erscheinen psychotische Beziehungsstörungen unter dem Bild des frühkindlichen Autismus (KANNER 1957) oder der symbiotischen Psychose (MAHLER 1954). Hierzu gehören weiterhin die pseudodefektive Form (BENDER 1956) und der no-onset-type (DESPERT 1938) der kindlichen Schizophrenie. Die von DESPERT gewählte Bezeichnung weist schon darauf hin, daß ein eigentlicher Anfang und damit eine unauffällige prämorbide Entwicklung nicht abgrenzbar sind. Letzteres ist jedoch bei solchen Psychosen der Fall, die sich um das 3. bis 5. Lebensjahr herum manifestieren wie die Dementia infantilis Heller, die Dementia praecocissima de Sanctis und die pseudoneurotische Form der kindlichen Schizophrenie (BENDER 1956).

Die nosologische Zugehörigkeit dieser Psychosengruppen zur kindlichen Schizophrenie ist umstritten. Manche Autoren halten sie für Früh- oder Sonderformen schizophrener Erkrankungen. Solche Hypothesen sind jedoch recht spekulativ; je jünger das Kind ist, desto größer ist die Unsicherheit der nosologischen Zuordnung einer psychotiformen Störung. In diesem Alter ist die Gefahr groß, daß organische Befunde und eine bestehende frühkindliche Hirnschädigung übersehen werden.

Die Fähigkeit zur Produktion psychotischer Symptome, die denjenigen Erwachsener ähneln oder gar gleichen, hat bereits ein differenziertes geistig-seelisches Entwicklungsniveau, einen höheren Grad der Ich-Reife, zur Voraussetzung. Es ist dann eine solche Ich-Strukturierung erreicht, die z. B. das Entstehen von Schuldgefühlen oder Minderwertigkeitsideen und die Erfahrung von Ich-Fremdheit ermöglicht, was wiederum das Erleben der eigenen Identität zur Voraussetzung hat. („Ich bin, ich existiere, ich sammle Erfahrungen und bereichere mich und habe eine introjektive und projektive Interaktion mit dem Nicht-Ich, der wirklichen Welt der gemeinsamen Realität“, WINNICOTT 1974). Ein solches psychisches Integrationsniveau ermöglicht erst depressive oder schizophrene Psychosen, die als late-onset-psychoses bzw. psychoses de la phase de latence (Beginn kaum vor dem 5. Lebensjahr) bezeichnet werden, im Gegensatz zu den autistischen, symbiotischen oder organischen frühkindlichen Psychosen des Säuglings- und Kleinkindalters (infantile psychose, early onset psychoses, psychoses précoces) oder den Folgezuständen einer mißlungenen Lösung der schizoidparanoiden Position (KLEIN 1962), z. B. einer „schizophrénie proliferative et pseudodélirante“ (LEBOVICI 1969). Wir befinden uns auch in Übereinstimmung sowohl mit der französischen (HEUYER 1960, MICHAUX 1965, LEBOVICI 1969, DUCHÉ 1972) als auch englischen Schule (KOLVIN, RUTTER, REISER), wenn wir eine schizophrene Psychose erst nach dem 5. Lebensjahr diagnostizieren und vorher auftretende psychotische Symptome der erwähnten Kategorien nicht zum schizophrenen Formenkreis hinzurechnen.

Das Aufspüren und akribische Studium üblicherweise beim Erwachsenen vorkommender psychopathologischer Phänomene in der frühen Kindheit zeigt uns, daß bereits vor dem 10. Lebensjahr unzweifelhaft manische, depressive oder schizophrene Symptome in Erscheinung treten können, die, zwar modifiziert durch entwicklungsphasische Determinanten, durchaus denjenigen bei Erwachsenen entsprechen. Nur in solchen Fällen sollte von kindlicher Depression bzw. kindlicher Schizophrenie gesprochen werden, um eine der wissenschaftlichen Verständigung abträgliche Begriffsverwirrung zu vermeiden.

Die vor dem 10. Lebensjahr auftretenden Schizophrenien werden als kindliche, die zwischen dem 10. und 14. Lebensjahr als präpuberale Formen unterschieden. Diese Einteilung hat sich inzwischen eingebürgert, obwohl im Zuge der allgemeinen körperlichen Akzeleration die Pubertät entsprechend früher eintritt. Etwa 4% der Gesamterkrankungen an Schizophrenie manifestieren sich bereits vor dem 14. Lebensjahr, vor dem 10. Lebensjahr sind es 0,1 bis 1% (PETRILOWITSCH 1969; STUTTE u. DAUNER 1971; WINNICOTT 1974).

Nosologische Auffassungen verschiedener kinderpsychiatrischer Schulen

Bei der Vielfalt der Auffassungen über die *nosologische Einordnung* psychotischer Störungen in eine Gesamtklassifikation psychischer Erkrankungen des Kindesalters können nur einige wichtige Gesichtspunkte angeschnitten werden. Auch können die einzelnen kinderpsychiatrischen Schulen und deren historisch gewachsene Divergenzen und Äquivalenzen nicht im einzelnen dargestellt werden, so reizvoll und wichtig das wäre. Zunächst bestehen Meinungsverschiedenheiten zwischen den verschiedenen Schulen in der Frage, ob zwischen der kindlichen und der Erwachsenenschizophrenie Beziehungen bestehen oder ob es sich dabei um selbständige und voneinander weitgehend unabhängige Krankheitsbilder handelt. Die meisten mitteleuropäischen und russischen Kinderpsychiater, aber auch einige amerikanische Forscher, vertreten die Ansicht, daß die Schizophrenien des Kindes- und Erwachsenenalters ein Kontinuum bilden und ätiologisch und letztlich psychopathologisch eine Einheit darstellen. Frühkindliche Psychoseformen wie der *early infantile autism,* die *symbiotische Psychose* (MAHLER 1954), die *Dementia infantilis Heller* oder andere psychotiforme Demenzprozesse des Kleinkindesalters werden dagegen als getrennte und gegenüber der Schizophrenie der Latenzphase bzw. der Präpubertät eigenständige Einheiten angesehen.

Für zahlreiche anglo-amerikanische, aber auch einige französische und russische Autoren stellt das Vorhandensein einer *frühkindlichen Hirnschädigung* mit zerebraler Retardierung kein Hindernis für die Diagnose einer frühkindlichen Schizophrenie dar. Zerebralgeschädigte und psychomotorisch retardierte Kinder werden als psychotisch angesehen, wenn sie Symptome zeigen, wie sie auch bei der Schizophrenie vorkommen können (Emotions- und Kontaktstörung, Stereotypien, Iteration, Hyperkinesien, stuporös-katatone Zustände, Sprachstörungen, Ängste, dranghafte Erregungs- und Zwangszustände, Phobien oder Zerstörungsimpulse). Hirnorganischen Störungen wird von diesen Autoren ein wesentlicher pathogenetischer oder zumindest pathoplastischer Einfluß zugemessen.

Hier handelt es sich u. E. um eine Frage der Quantität. So ist es sicher verfehlt, aus den eben genannten Symptomen, die ubiquitären Charakter haben und keineswegs psychosespezifisch sind, bei zerebralgeschädigten Kindern auf das Vorliegen einer Schizophrenie zu schließen. Andererseits kommt aber leichten (perinatalen) Hirnschädigungen, die zu neuropsychologischen Dysfunktionen beim Kind führen, eine Bedeutung für die Genese schizophrener Symptome zu (s. S. 304).

Forscher der anglo-amerikanischen Schule vertreten weitgehend den Standpunkt, daß der *frühkindliche Autismus* die früheste Manifestationsform der kindlichen Schizophrenie darstellt. Dem wird jedoch von der Mehrzahl der europäischen Kinderpsychiater entgegengehalten, daß im Gegensatz zur schizophrenen Psychose, die erst nach zunächst unauffälliger prämorbider Entwicklung einsetzt, der frühkindliche Autismus im Sinne von KANNER (1957) in der Regel bereits von Geburt an bestehe. Da die Frage einer angeborenen bzw. unmittelbar nach der Geburt einsetzenden schizophrenen Psychose bislang mangels eindeutiger ätiologischer Befunde ein müßiger Streitpunkt ist, sind folgende *Einwände* gewichtiger: Fehlen eines prozeßhaft-progredienten Verlaufs bei autistischen Kindern sowie Fehlen einer erhöhten familiären Belastung mit endogenen Psychosen beim frühkindlichen Autismus im Gegensatz zur kindlichen Schizophrenie. Auch hinsichtlich der Sprach- und Intelligenzentwicklung unterscheiden sich autistische und schizophrene Kinder, erstere weisen in sehr viel stärkerem Maße hirnorganische Schädigungen und epileptische Anfälle auf. Außerdem unterscheiden sich die beiden Gruppen hinsichtlich der Familienpathologie (höhere Rate von Kontakt- und Bezugsstörungen und Introvertiertheit bei Müttern Schizophrener, höherer Prozentsatz von Sensitivität und Paranoidität bei Eltern Schizophrener, dagegen stärkere Überprotektivität bei den Eltern autistischer Kinder). Auch spricht die Knabenwendigkeit des frühkindlichen Autismus im Gegensatz zur kindlichen Schizophrenie gegen eine gemeinsame nosologische Wurzel. Andererseits bestehen in neurophysiologischer, neuropsychologischer und neurochemischer Hinsicht Ähnlichkeiten und Parallelen zwischen den beiden Krankheitsformen (EGGERS 1978).

Eine große Zahl vor allem *psychoanalytisch* orientierter Kinderpsychiater der amerikanischen Schule bezieht psychogenetisch verstehbare Krankheitsbilder des Kindesalters in das Syndrom der kindlichen Schizophrenie mit ein, wenn schwere psychoseähnliche Verhaltensabnormitäten und vor allem Störungen auf dem emotionalen und sozialen Sektor auftreten. Die Bezeichnungen „childhood schizophrenia“ bzw. „psychosis“ und „atypical development“ werden von ihnen meist gleichbedeutend verwandt. Konstitutionellen und psychogenen Faktoren wird eine unterschiedliche Bedeutung für das Entstehen einer kindlichen Schizophrenie eingeräumt: Einige Autoren sehen das Wesen der Erkrankung in einer angeborenen Ich-Schwäche des später schizophren erkrankten Kindes bzw. in einer anlagebedingten Störung der Ich-Reifung; andere sehen die Ursache der Beeinträchtigung der Ich-Reifung, die zur kindlichen Schizophrenie führt, in pathologisch veränderten Umweltverhältnissen, in denen das – organisch gesunde – Kind aufwächst. Insbesondere wird gestörten Mutter-Kind-Beziehungen eine ätiologische Bedeutung beigemessen ebenso wie einem Versagen emotionaler Zuwendung an Liebe in frühester Kindheit.

Auch hier liegt das Problem in der *Gewichtung* der ätiologischen Faktoren. Wenngleich psychodynamisch wirksame Bedingungen bei der Genese schizophrener Geistesstörungen eine Rolle spielen, so ist jedoch nicht jede neurotische Ich-Schwäche bereits mit einer schizophrenen Erkrankung gleichzusetzen. Schon die ungewöhnlich günstigen Remissionszahlen der letztgenannten Autorengruppe sprechen gegen eine nosologische Zugehörigkeit der von ihnen als schizophren etikettierten Krankheitsbilder zur Schizophrenie.

Die russische Schule um SSUCHAREWA, USCHAKOV und VRONO lehnt sich gegenüber mitteleuropäischen und insbesondere deutschsprachigen Autoren noch enger an die klassische Schizophreniekonzeption von BLEULER (1911) und den Kraepelinschen (1915) Begriff der Dementia praecox an. Sie bezieht auch Früherkrankungen des Kleinkindes- und Vorschulalters in die Schizophreniediagnostik mit ein, wobei nach unserer Nomenklatur psychotiforme Demenzprozesse organischer Prägung sowie autistische Syndrome das Hauptkontingent der Erkrankungen dieser Altersgruppe darstellen. Besonderer Wert wird von der Arbeitsgruppe um USCHAKOV auf die Frühdiagnostik schizophrener Erkrankungen des Kindes- und Jugendalters gelegt, wobei Sprachauffälligkeiten, autistische Züge, phobische und Zwangssymptome eine besondere Rolle spielen. Starke Beachtung schenken die genannten Autoren prolongierten psychotraumatisierenden Konfliktsituationen der frühen Kindheit als krankheitsauslösende oder zumindest den Psychoseausbruch begünstigende Faktoren. Im Gegensatz zu der französischen kinderanalytischen Schule (LEBOVICI, DIATKINE, KOUPERNIK, u. a.) und zahlreichen anglo-amerikanischen Autoren werden auch frühkindliche psychotiforme Demenzprozesse des Kleinkindesalters nosologisch als zur Erwachsenenschizophrenie zugehörig angesehen. Psychopathologische und verlaufsdynamische Unterschiede werden dabei als Ausdruck der Unreife zentralnervöser Strukturen gedeutet.

Klinische Symptomatologie

Im Unterschied zur Erwachsenenschizophrenie wird die Ausprägung kindlicher Psychosen stark von *entwicklungsdynamischen* Faktoren beeinflußt. In einer frühen Altersstufe, vor dem 10. Lebensjahr, herrschen *unproduktive* Symptome vor, vorwiegend auf dem Gebiet des *Antriebs,* des *Kontakts,* der *Motorik,* der *Emotionalität* und der *Sprache.* Kindliche Lebensfreude und Aktivität gehen verloren, es kommt zum Verlust des Spielinteresses, zu einer Abkehr von der kindlichen Bezugswelt, zur Unfähigkeit, Bindungen aufrechtzuerhalten. Es treten Alterationen der Grundstimmung auf, oft zum Ängstlich-Mißtrauischen hin. Es machen sich eine vorher nicht beobachtete Stimmungslabilität und eine gefühlsmäßige Abstumpfung bemerkbar, die bis zur Gefühlskälte und Roheit gehen kann – früher tierliebe Kinder quälen jetzt unmotiviert Tiere, vorher zärtliche, empfindsame, anhängliche Kinder werden plötzlich lieblos, unnatürlich kalt, hart, widerspenstig, frech und zeigen keinerlei Emotionen ehemals geliebten Bezugspersonen gegenüber.

Es gilt als allgemeine Lehrmeinung, daß die psychopathologische Symptomatologie beim schizophrenen Kind um so ärmlicher sei, je jünger es ist. Wahnideen und Halluzinationen seien im Kindesalter, insbesondere vor dem 10. Lebensjahr, schlecht definierbar und flüchtig. Das mag mit der relativen Unreife der kindlichen Psyche und der Unfähigkeit des Kindes zusammenhängen, sich selbst zu beobachten und Erlebnisse zu analysieren. Immerhin konnten wir auch bei vor dem 10. Lebensjahr erkrankten Kindern eindeutige Wahnsymptome und Halluzinationen beobachten, das jüngste Kind mit Wahnideen, akustischen, optischen und zönästhetischen Halluzinationen war 7 Jahre alt (EGGERS 1973).

Frühe Wahnformen, wie sie für kindliche Schizophrenien charakteristisch zu sein scheinen, manifestieren sich als sogenannte *transitivistische Depersonalisationserlebnisse* – die Kinder identifizieren sich mit Menschen, Tieren oder auch Gegenständen ihrer Umgebung. Es handelt sich nicht im eigentlichen Sinn um Wahnideen, sondern um „Délires imaginatifs" (HEUYER 1960). Hierin zeigt sich die Unfähigkeit des kindlichen Ich, zwischen Ich und Nicht-Ich zu unterscheiden, zugleich Ausdruck der beginnenden psychotischen Desintegration der Persönlichkeit. Typisch für diese Altersstufe sind weiterhin wahnhaft-halluzinatorisch anmutende Leibempfindungen und Befürchtungen, wie sie z. B. ein 10jähriger Patient schilderte: „Der Nabel platzt", „Das Herz bleibt stehen", „Der Blitz geht durch mich durch", „Das Geschlecht geht entzwei". Auch Äußerungen wie: „Ich bin nicht mehr ich selbst" oder „Ich bin in zwei kleine Menschlein geteilt" (SSUCHAREWA 1932) deuten darauf hin, daß bereits kindliche Schizophrene ein Erlebnis von der in ihnen vorsichgehenden Persönlichkeitsveränderung haben. Im übrigen äußern sich Wahnsymptome bei vor dem 10. Lebensjahr erkrankten Kindern häufig in Form von gegenstandslosen, diffusen Ängsten oder auch als kosmische Bedrohtheitserlebnisse; „Die Sonne fällt vom Himmel", „Der Regen wird nicht mehr aufhören, und alle Menschen werden ertrinken". Vereinzelt kam es bei den 11 vor dem 11. Lebensjahr erkrankten Kindern schon zur Ausbildung von flüchtigen Beziehungs-, in einem Fall zu Vergiftungsideen. In der präpuberalen Phase nehmen Wahnsymptome an Häufigkeit zu, in diesem Zeitraum sind paranoide und hypochondrische Themen vorherrschend. Erstmals treten in diesem Alter auch vereinzelt religiöse und depressiv gefärbte Themen auf.

Schizophrene Mädchen im Alter von 12 bis 14 Jahren haben nicht selten die Wahnvorstellung, ein Kind zu bekommen. Grob kann gesagt werden, daß in der zeitlichen Reihenfolge der zönästhophathisch-leibhypochondrische Inhaltstyp am frühesten auftritt, worauf später paranoide Wahnsyndrome (Vergiftungs-, Verfolgungs-, Beziehungs-, Beeinflussungs-Ideen) folgen. Sie werden dann später, im 13. bis 14. Lebensjahr, durch weitere Inhalte wie Größen-, Sendungs-, religiöse, depressive, Selbstbeschuldigungs-, Maternitäts- und Liebeswahnideen bereichert.

Während vor dem 10. Lebensjahr Wahnideen meist relativ flüchtig und unbeständig sind und oft in fast spielerischer Weise in Form von Fragen, wenn auch mit ängstlichem Affekt, vorgetragen werden, wird ab dem 12. Lebensjahr mitunter schon eine mehr oder weniger weitgehende *Systematisierung* von Wahnsymptomen beobachtet (EGGERS 1973; VILLINGER 1959). Die Grundthemen, die die kindlichen Wahnsysteme als „Leitmotive" durchziehen, können recht verschieden sein. Bei den Kindern mit früh ausgebildeten Wahnsystemen handelt es sich um überdurchschnittlich intelligente, feinsinnige und empfindsame Individuen mit einer schon früh sich zeigenden Neigung zu Grübeleien über metaphysische oder religiöse Probleme (EGGERS 1973).

So hatte ein im Alter von 11 Jahren erkrankter Patient mit einem ausgeprägten Wahnsystem bereits mit 5 Jahren geäußert: „Ich betrachte dieses Leben nur als Übergangszeit." Eine andere Patientin sagte mit 13 Jahren: „Man muß an den Herbst des Lebens denken." Sie entwickelte später in ihrer Psychose ein ideologieartiges Weltbild, in dem u. a. Gott als „Spielleiter der Welt" fungierte und ihr u. a. den Auftrag gegeben hatte, etwas Entscheidendes zu tun und dafür zu sorgen, daß die Welt genügend spiele. In skurrilen Zeichnungen versuchte sie, die Gesetze im Menschen darzustellen.

Halluzinationen sind vor dem 10. Lebensjahr ebenfalls selten, sie sind häufig zönästhetischer, später auch akustischer, optischer, olfaktorischer und haptischer Natur. Wie bei den Wahnsymptomen, so überrascht auch in der Präpubertät bei den Trugwahrnehmungen deren reichhaltige Mannigfaltigkeit. Bei den recht verschiedenartigen und mannigfaltigen Halluzinationen zönästhetischer Natur handelt es sich um Leibempfindungen, die ganz andersartig sind als übliche leibhypochondrische Beschwerden und Sensationen, die man als neurovegetativ bezeichnet. Die Kinder spüren und vernehmen Menschen im Kopf, die reden, sie fühlen eine Schlange im Bauch, haben das Gefühl, als ob Rauch durch den Körper ziehe, daß der Kopf immer länger und größer werde, der Nabel platze, das Geschlecht entzweigehe, ein Blitz durch den Körper fahre oder eckige Steine im Bauch lägen. Das ganz Ungewöhnliche und Fremdartige der Zönästhesien weist sie als *heteronome Leibgefühlsstörungen* aus. Bei kindlichen Psychosen ist meist nicht zu trennen, ob es sich um primäre oder sekundäre heteronome Leibgefühlsstörungen handelt. In diesem Alter scheint es nicht möglich, halluzinatorisches Erleben und wahnhaftes Vorstellen voneinander zu trennen, was wiederum mit dem zu diesem Zeitpunkt noch wenig entwickelten Abstraktionsvermögen des Kindes zusammenhängt. Möglicherweise trifft man hier auf die von KOLLE (1955) postulierte „gemeinsame Wurzel von Wahnwahrnehmungen und Trugwahrnehmungen". USCHAKOV (1965) spricht denn auch von „interprétations cénéstopathiques" bzw. von „cénéstopathies interprétatives".

Sprachstörungen werden ebenfalls erst jenseits des Vorschulalters und in der Präpubertät eindrucksvoller. Sie können durch Rededrang mit beschleunigten Assoziationen, bizarre Wortneubildungen oder auch durch mutistische Züge gekennzeichnet sein.

Oft sind die Kinder dranghaft enthemmt, zerstören sinn- und ziellos Dinge, koten ins Zimmer, masturbieren ohne Scham vor Fremden, sind maßlos im Essen, beschädigen sich selbst mit scharfen und spitzen Gegenständen oft lebensgefährlich und unternehmen gelegentlich auch Suizidversuche.

Die Motorik der schizophrenen Kinder ist durch eine Disharmonisierung, durch Stereotypien und bizarre, manierierte, automatensteife Körperbewegungen und gelegentlich kataleptische Verkrampfungen gekennzeichnet.

Die Manieriertheit, eine verschiedene Bereiche umfassende Störung, äußert sich bei einigen psychotischen Kindern auch im Schriftbild oder im zeichnerischen Ausdruck. (Abb. 8.4 **a** und **b**, 8.5).

Bei beiden Zeichnungen imponiert die starre Maskenhaftigkeit, teilweise kombiniert mit einer verschnörkelt-manierierten, recht harten und ungeschmeidigen Linienführung. Die dargestellten Gesichter wirken durch die schematisch-konturenbetonte Starre unlebendig und unnatürlich. Das Maskenhafte in der Darstellung hat möglicherweise eine magische Bedeutung als Schutz gegen Angst. Die scharfe Konturierung kann überdies als Versuch der Abgrenzung gegenüber der Außenwelt oder als versuchte Abwehr gegenüber einem Überwältigtwerden durch unheimliche und fremde, außerhalb des eigenen Selbst befindliche Kräfte interpretiert werden, die das Ordnungsgefüge des betroffenen Kindes zu zerstören drohen.

Das Bild wird durch eine unbekümmert-heitere Fröhlichkeit geprägt, die recht kindgemäß wirkt. Im Mittelpunkt scheint sich der kleine Junge selbst dargestellt zu haben, er sah sich in der Psychose u. a. als Erzbischof, gleichzeitig aber auch als unmittelbarer Nachfahre von Adolf Hitler.

Eine besondere Rolle bei kindlichen Psychosen spielen *Zwangssymptome,* die flüchtig und auf den Beginn der Psychose beschränkt oder aber sehr beständig sind und u. U. jahrelang ohne begleitende oder allenfalls zusammen mit ganz zurücktretender psychotischer Symptomatik das psychopathologische Bild beherrschen können. Sie kommen in Form von Zwangsgedanken, Gedankenketten, Zwangsvorstellungen, Zwangsbefürchtungen, Zwangsimpulsen, Zwangshandlungen und Zwangsritualen vor. In der sinnlosen Iteration des Gleichen und in der Verhaftung am Gegenwärtigen, das nur ganz sektorenhaft Bedeutung für das kranke Kind gewinnt, versuchte es sich dem drohenden Realitätsverlust zu entziehen, indem es sich durch die zwanghafte Wiederholung den Status quo zu erhalten trachtet. Zwangsphänomene haben somit eine *protektive Wirkung* gegen die psychotische Desintegration.

a b

Abb. 8.**4a** u. **b** Zeichnungen eines 14jährigen schizophrenen Mädchens.

Abb. 8.**5** Zeichnung eines 9jährigen schizophrenen Knaben.

Die Bedeutung der Emotionalität und des physiognomisch-magisch-animistischen Welterlebens für den kindlichen Wahn

Bis zum 3./4. Lebensjahr ist die magisch-animistische Erlebensweise, die durch die Physiognomisierung der dinglichen Umwelt und die Personifizierung von Objekten gekennzeichnet ist, physiologisch. In diesem Alter ist die Subjekt-Objekt-Beziehung besonders unmittelbar, gefühls- und affektbetont, wie später nie wieder. Die *Affektivität* spielt für die physiognomische Welterfahrung eine eminente Rolle. Dies zeigt sich z. B. in dem Kindheitserlebnis von BELLA CHAGALL anläßlich ihres ersten Besuches in einem rituellen Bad in Jerusalem. Unter dem Einfluß einer situationsgebundenen ängstlichen Erregung, entstanden in einer fremden und auf das Kind unheimlich wirkenden Umgebung, zuckte das Kind zusammen „wie vom Donner gerührt" und sah an der schwarzen Decke einen „Blitz niederfahren und uns alle töten". Außerdem befürchtete es: „Aus der steinernen Wand werden sich Fluten ergießen und uns alle ertränken."

Über fast identische wahnhaft-halluzinatorische Inhalte berichteten die von uns untersuchten schizophrenen Patienten während ihrer psychotischen Erkrankung in der Kindheit: „Der Regen wird nie mehr aufhören, und alle Menschen werden ertrinken"; „Die Sonne fällt vom Himmel"; ein 10jähriges Mädchen bemerkte eine „Beeinflussung aus der elektrischen Leitung, aus der Strahlen herauskommen", die es am Kopf, den Armen, an der Brust und „überhaupt überallhin" getroffen hätten. Zum Unterschied von der situagen ausgelösten Angst und dem damit verbundenen wahnhaft-halluzinatorischen Erlebnis, wie es von BELLA CHAGALL berichtet wird, läßt sich der *psychotische* Affekt *nicht* durch eine Änderung der Situation, etwa durch die beruhigende Mutter, beheben. Die psychotische Angst ist *nicht* situationsgebunden, sie ist autochthoner Natur, wesentlich stabiler und dadurch schwerer zu beeinflussen.

Das Kindheitserlebnis von BELLA CHAGALL spiegelt ebenso wie die Ballade vom Erlkönig die „urtümliche dynamisierte und physiognomische Anschauungsweise" (WERNER 1959) des Kindes wider, die in hohem Maße vom Gefühl bestimmt ist. Daß die Wahrnehmungswelt des Kleinkindes eine Welt des Ausdrucks, eine physiognomische Welt ist, geht Hand in Hand mit einem Mangel an Differenzierung. Dabei treten u. a. die Unterschiede zwischen Vorstellung und Wahrnehmung noch weitgehend zurück, wodurch in dieser Altersphase leichter Phänomene auftreten, die dem Erwachsenen als illusionäre Verkennung oder gar als Trugwahrnehmung imponieren.

Die magisch-animistische Erlebnisweise des Kindes zeigt sich auch im *Spiel*. Im Spiel pendelt das Kind häufig zwischen Phantasie und Wirklichkeit. Hier bestehen durchaus Parallelen zur Schizophrenie: „Die Mischung von Wirklichkeit und Wahnbild, die doppelte Orientierung, ist charakteristisch für die Schizophrenie" (BLEULER 1911). In ähnlicher Weise stehen beim spielenden Kleinkind in der Phase des illusionär-magisch-animistischen Welterlebens *imaginäres* und *reales* Bewußtsein nebeneinander.

Im Zuge der psychophysischen Weiterentwicklung kommt es zu einer allmählichen *Desillusionierung* des kindlichen Weltbildes; dies ermöglicht einen *realistischeren Bezug zur Welt*. Bei autistischen und schizophrenen Psychosen des Kindesalters wird der Aufbau dieses Realitätsbezugs entweder *primär* von Anfang an verhindert oder *sekundär* nach einer Phase unauffälliger Vorentwicklung gestört. Im letzteren Fall kommt es zu einem *Rückfall in urtümliche Verhaltensweisen*, in die Phase des magisch-physiognomisch-animistischen Erlebens, das für die emotionsbestimmte Vorstellungswelt des Kleinkindesalters charakteristisch ist (EGGERS 1973).

Prodromalerscheinungen

Schizophrene Psychosen kündigen sich auch im Kindesalter in etwa der Hälfte der Fälle in Form von „Vorboten" an, die flüchtig sind und durch plötzlich eintretende, unmotivierte Verhaltens- und Wesensänderungen, depressive oder morosgereizte Verstimmungszustände und häufig auch durch kleinkindhaft-regressives Gebaren gekennzeichnet sind. VILLINGER (1959) erwähnt zusätzlich transitorische mutistische Verhaltensweisen und traumhafte Erlebnisse mit oder ohne Wahnstimmung. Manche Kinder zeigen plötzlich kurzdauernde, für sie völlig ungewöhnliche Unarten und Frechheiten, plötzliches Weglaufen, Schuleschwänzen oder kleine Diebstähle, unvermittelte tätliche Aggressionen gegen Familienangehörige und gegenüber Lieblingstieren, oder sie leiden unter einer vorher nicht gekannten Zerstörungswut. Häufige Symptome sind: Bedrücktheit, Antriebsminderung, Schlaflosigkeit, flüchtige Wahnideen, Angst, Widersetzlichkeit, grundloses Weinen, Konzentrationsstörungen, Unruhe- und Erregungszustände. Rein depressive und rein manische Prodrome sind ebenfalls nicht selten. Auch Suizidhandlungen können in dieser Phase vorkommen. Der Suizid mag einigen Kindern in diesem Stadium als einzig möglicher Ausgang erscheinen, um der unerträglichen Spannung unmittelbar vor der hereinbrechenden Psychose zu entfliehen, auf die sie mit starker Angst, Ratlosigkeit, Verzweiflung oder auch Aggression reagieren.

Der Begriff „Prodrom" stimmt nur teilweise mit dem Begriff „prépsychose" überein, mit dem die französische kinderanalytische Schule psychische Verfassungen umschreibt, die durch eine Schwäche der Realitätserfassung gekennzeichnet sind und die ständige Gefahr der psychotischen Entgleisung in sich bergen. Bei präpsychotischen Kindern ist nach LEBOVICI und DIATKINE eine extreme Ich-Schwäche vorhanden, die u. a. zu einer unzulänglichen Entwicklung von Verteidigungsmechanismen führt, was sich wiederum in Verhaltensstörungen äußert, wie in Phobien, Zwängen, impulsiven Handlungen, wobei letztere eine Art „obsessionnalisation du comportement" bedeuten. Präpsychotische Zustandsbilder im Kindesalter stellen keineswegs immer Vorläufer einer Psychose dar, sondern können sich ebenso in Richtung einer Neurose oder Psychopathie entwickeln, insbesondere unter dem Einfluß einer therapeutisch wirksamen Umgebung, die die psychotische Desintegration zu verhindern vermag.

Während es sich bei den „états prépsychotiques" der französischen Schule letztlich um langdauernde Reifungskrisen, bedingt durch eine mangelhaft funktionierende Realitätskontrolle bei noch unvollständiger Persönlichkeitsentwicklung mit deutlichen Zeichen der Ich-Schwäche, handelt, stellen Prodrome letztlich kurzdauernde Reaktionen des Kindes auf die unheilvolle, bedrohliche psychotische Überwältigung der eigenen Persönlichkeit dar. Man könnte durchaus den nosologischen Begriff „Prodrom" durch den erlebnisqualitativen Begriff *„Trema"* (CONRAD 1958) ersetzen, um damit den Zustand erhöhter Spannung zu bezeichnen, in dem sich das präpsychotische Kind befindet. Daß es in diesem angstgeladenen präpsychotischen Zustand zu Erregungen und Unruhezuständen kommen kann, ist psychologisch verständlich. Aggressive Verhaltensweisen oder aber die Flucht in Tagträumereien und magisch-illusionäre Phantasien können als Maßnahmen der *Angstabwehr* verstanden werden. Wir möchten die verschiedenen Prodromalerscheinungen kindlicher Psychosen als je individuelle Ausdrucksformen der Auseinandersetzung des Kindes mit der bevorstehenden und sich in der Art eines Wetterleuchtens ankündigenden Psychose ansehen. Sie stellen Verteidigungsmaßnahmen und Schutzmechanismen gegen eine als bedrohlich erlebte Gefährdung des eigenen Selbst durch den bevorstehenden Psychoseeinbruch dar. Irgendwie spürt das Kind den drohenden Identitätsverlust und die Gefahr, nicht mehr Initiator seiner eigenen Erlebnisse und Handlungen zu sein. Es hat eine Ahnung des Ausgeliefertseins an fremde und unheimliche Kräfte. Das aber erzeugt Angst, depressive Verstimmung, Erregung, Unruhe, Spannung und eine Stimmung der aggressiven oder aber auch manischen Abwehr.

Verlaufstypologie

Die Verlaufsformen auf kindliche Schizophrenien sind mannigfaltig und *variationsreich*. Grob schematisierend lassen sie sich folgendermaßen aufgliedern: einfache Verläufe in Form rascher und akuter oder blande-schleichender Versandungen, einmalige akute Episoden und häufig rezidivierende bis monatelang anhaltende psychotische Episoden mit bunt-wechselvoller Symptomatik, die voll ausheilen oder zu jeweils unterschiedlichen Defizienzverfassungen führen – von der leichten, kaum merkbaren Wesensauffälligkeit bis zum schizophrenen Sonderling. Die psychotische Aktivität kann aber auch in leichte Formen postpsychotischer Aktivitätseinbußen einmünden oder zu hochgradigen Insuffizienzverfassungen führen, die sich wiederum in vielerlei Gestalten zeigen können: als ausdruckslose Adynamie („ausgebrannter Krater"), als läppische „Defekthebephrenie", als impulsiv-dranghafte oder im Gegenteil bewegungsarme, negativistische oder sprachträge „Defektkatatonie" gemäß den subtilen Klassifizierungen von KLEIST u. LEONHARD (1940). Weitere verlaufstypologische Varianten sind: wellenförmige Verläufe mit allen Möglichkeiten des Krankheitsausgangs von der Heilung bis zum schweren Defekt, chronisch-progrediente Prozesse mit unterschiedlicher psychotischer Aktivität und Floridität mit zum Teil erstaunlichen Besserungen, aber auch mit teilweise stetig fortschreitendem Persönlichkeitszerfall sowie jahrelang sich anbahnende und allmählich herausdifferenzierende psychotisch akzentuierte Wesensänderungen, die schließlich in die manifeste Psychose übergehen, die selbst wiederum voll ausheilen oder verschiedengradige energetische Potentialeinbußen und unterschiedlich gefärbte postpsychotische Wesensänderungen und Persönlichkeitsabwandlungen zur Folge haben kann.

Vor dem 10. Lebensjahr überwiegen die schleichenden und deletären Verläufe, es kommen aber auch akut-rezidivierende Formen vor. Auch die schleichenden Krankheitsverläufe weisen bereits in diesem frühen Alter Zeichen der „dynamischen Unstetigkeit" (JANZARIK 1978) auf und verlaufen keineswegs stetig progredient auf ein mehr oder minder ausgeprägtes Endstadium hin. Positive Aufwärtsentwicklungen mit allerdings zeitlich begrenzten erstaunlichen Besserungen sind möglich.

In der *Präpubertät* – und dies scheint für das Kindesalter typisch zu sein – kommen neben monatelang anhaltenden psychotischen Episoden mit Ausgang in Heilung auch flüchtige, nur wenige Tage lang anhaltende ängstlich-paranoid-halluzinatorische Episoden vor, die sich in der klinischen Phänomenologie jedoch nicht von anderen langdauernden benignen oder malignen Schüben unterscheiden.

Eine weitere verlaufstypologische Besonderheit kindlicher Schizophrenien ist das Vorkommen gut abgrenzbarer flüchtiger, nur mehrere Tage lang anhaltender psychotischer Phasen, die dann eine mehrere Monate, vereinzelt bis zu einem Jahr lang währende kontinuierliche floride psychotische Symptomatik einleiten. Wir fanden solche Verläufe in 10% der von uns untersuchten 57 Erkrankungsfälle. Bildlich-anschaulich könnte man von relativ flachen Wellen sprechen, die in einer heftigen Brandung auslaufen, ohne jedoch die Persönlichkeit über die Zeit der dynamisch-psychotischen Bewegtheit hinaus bleibend zu alterieren.

Häufig rezidivierende akute psychotische Episoden können voll ausheilen, aber auch alle Grade verschiedener postpsychotischer Persönlichkeitsveränderungen zurücklassen, während bei *schleichenden* Verläufen Vollremissionen in der Regel nicht zu beobachten sind. Letztere sind im *frühen Schulalter* mehr als doppelt so häufig wie die akuten Verlaufsformen. Dagegen überwiegen in der Präpubertät die akut-dynamisch-bewegten Formen eindeutig. Sie waren in unserem Krankengut nach dem 10. Lebensjahr 5mal so häufig wie die schleichenden. Dies steht in Einklang mit den Erfahrungen anderer Autoren.

Die allgemein übliche Kategorisierung von Schizophrenieverläufen in akute, schleichende, knickhaft beginnende, langsam fortschreitende oder intermittierend-progressive Formen reicht nicht aus, um den Variationsreichtum kindlicher und präpuberaler Schizophrenien zu kennzeichnen. Blande, symptomarme Versandungen, ausgeprägte Defektsyndrome nach einem Schub oder nach häufig rezidivierenden Episoden mit blühender, bunter, akut-psychotischer Symptomatik, jahre- bis jahrzehntelang bestehende halluzinatorisch-katatone Erscheinungsbilder, paranoid-halluzinatorische Dauerformen, langwährende hebephren-läppische, autistische Verhaltensweisen mit gestelzt-manieriertem Gebaren, einmalige flüchtige, ängstlich-paranoid-halluzinatorische Episoden oder immer wiederkehrende maligne psychotische Störungen mit kaum beeinflußbaren stuporös-katatonen Erregungszuständen mit oder ohne Ausgang in Defektbildungen verschiedenster Ausprägung und Schweregrade kommen vor. Manische oder depressive Phasen unterbrechen in einzelnen Fällen den schizophrenen Krankheitsverlauf oder leiten ihn ein. Bei den akut-rezidivierenden und zu schweren postpsychotischen Persönlichkeitsabwandlungen führenden Verläufen scheint die Verlaufsneigung von inhaltsreichen und bunten zu psychopathologisch farblosen und symptomarmen Zustandsbilder vorzuherrschen. Obwohl sich die Psychopathologie der psychotischen Schübe zu Beginn der Erkrankung bei den ungünstig verlaufenden, zu starkem Defekt führenden schizophrenen Phsychosen nicht von den günstigen Verlaufsformen unterscheidet, wird die psychopathologische Phänomenologie mit zunehmender Ausprägung der Persönlichkeitsveränderungen unproduktiver und inhaltsärmer (EGGERS 1973). Im fortgeschrittenen Stadium kann es zu einer gewissen Nivellierung der Verlaufsdynamik insofern kommen, als einzelne Schübe bzw. psychotische Episoden nicht mehr streng abgrenzbar sind, teilweise kann sich ein labiles Gleichgewicht zwischen florider Prozeßaktivität und psychosebedingten Defizienzverfassungen und Strukturverformungen der Persönlichkeit herausbilden. Bei günstigen Verlaufsweisen bleibt die Psychopathologie in der Regel jedoch auch nach jahre- bis jahrzehntelangem Krankheitsverlauf noch reichhaltig und blühend, und die psychotischen Phasen sind dann auch sehr gut abgrenzbar von Zeiten seelischer Gesundheit. Es scheint so, daß die intakte, wenig angegriffene Persönlichkeit auch auf die Ausgestaltung der Psychopathologie schizophrener Psychosen in der Präpubertät Einfluß hat.

Bei schleichend verlaufenden kindlichen Schizophrenien vor allem bei frühem Beginn (vor dem 10. Lebensjahr) pflegen produktive Symptome, insbesondere Wahnideen und Halluzinationen, spät, oft erst Jahre nach Psychosebeginn, aufzutreten, während bei den akuten Verlaufsformen das Einsetzen der Psychose mit der Erstmanifestation von Wahnsymptomen und Trugwahrnehmungen in der Regel zusammenfällt. Phänomenologisch sind die Wahnproduktionen und Halluzinationen ebenso wie deren Verlaufsdynamik bei den akuten Verlaufsweisen im allgemeinen bewegter als bei den schleichenden.

Eine bevorzugte Verlaufsrichtung vom Wahn zur Halluzinose, wie sie bei Verlaufsstudien von Erwachsenenschizophrenien beobachtet worden ist (JANZARIK 1978), scheint bei kindlichen Schizophrenieverläufen eher selten zu sein; aber es kann auch dort nach jahrelangem Krankheitsverlauf mit zunehmender Ausgliederung andersartiger psychotischer Phänomene zu isolierten Halluzinosen kommen, wobei Halluzinationen schließlich bildbeherrschend werden (EGGERS 1973). Eine ähnliche Dynamik der Ausfeilung mit allmählichem Fortfall anderer psychotischer Symptome kann jedoch auch in Richtung einer ausschließlichen Persistenz von Wahnsymptomen gehen. Beide Entwicklungstendenzen, der „Untergang" des Wahns in der halluzinatorischen Verrücktheit einerseits und die Verdünnung einer bunten wahnhaft-halluzinatorischen Bewegtheit auf eine persistente paranoide Eintönigkeit andererseits, treten bei kindlichen und präpuberalen Schizophrenieverläufen eher zurück (in unserem Untersuchungsgut etwa 10% der Fälle), während jahrelang anhaltende psychopathologisch vielgestaltige und farbig-lebhaft-bewegte Bilder, bei denen Wahnideen und Halluzinationen auch im zweiten und dritten Jahrzehnt der Erkrankung noch als gleichberechtigte Partner auftreten, ganz eindeutig dominieren (in unserem Untersuchungsgut über 50% der akut-rezidivierenden und chronischen Verläufe).

Prognose

Die frühere Ansicht von der infausten Prognose der kindlichen Schizophrenie ist zu relativieren. Bei gut 50% von 57 nach einer durchschnittlichen Katamnesenfrist von 16 Jahren untersuchten Patienten, die im Kindesalter erkrankt waren, war der Heilungsverlauf gut; 11 von ihnen sind sogar voll remittiert. Knapp 20% erreichten eine mäßige bis schlechte, 30% eine sehr schlechte Sozialremission. Diese Zahlen entsprechen weitgehend sowohl den Befunden anderer kinderpsychiatrischer mitteleuropäischer und russischer Autoren (ANNESBY 1961, BACHINA 1963, RUGGERI 1951, SPIEL 1961, SSUCHAREWA 1932, STUTTE 1960, USCHAKOV 1965, VRONO 1971) als auch den Ergebnissen von Langzeiterhebungen, die von BLEULER (1972) bei 208 und von HUBER u. Mitarb. (1979) bei 756 erwachsenen Schizophrenen durchgeführt worden sind. Gerade die Übereinstimmung mit den Langzeitbeobachtungen von BLEULER und HUBER u. Mitarb. ist besonders interessant und spricht u. a. für die nosologische Zusammengehörigkeit der Schizophrenien des Kindes- und Erwachsenenalters! Sowohl unsere als auch die Untersuchungen von BLEULER und HUBER haben ergeben, daß in etwa der *Hälfte* der Fälle mit einem *günstigen Remissionsverlauf* und in einem *Fünftel* der Erkrankungen sogar mit *Vollheilungen* zu rechnen ist!

Die präpuberalen Schizophrenieformen unterscheiden sich in prognostischer *Hinsicht* nicht von der Erwachsenenschizophrenie: Der Anteil der Vollremissionen liegt sowohl in unserem Untersuchungsgut als auch bei den von BLEULER und HUBER untersuchten Patienten übereinstimmend bei 20%. Die guten bis befriedigenden Sozialremissionen schwanken bei BLEULER (1972) zwischen 42 und 53% und betragen bei EGGERS (1973) 51% und bei HUBER u. Mitarb. (1979) 56% der Gesamterkrankungen. Dagegen ist die Prognose der vor dem 10. Lebensjahr Erkrankten sehr viel ungünstiger, die 11 von uns untersuchten Psychosen dieser Altersgruppe sind ausnahmslos schlecht remittiert. Dies steht in Einklang mit der üblichen Literatur, und es kann als gesichert gelten, daß die Heilungsaussichten der kindlichen Schizophrenie um so *schlechter* sind, je *früher* sie beginnt; dem Erkrankungsalter kommt mithin eine prognostische Bedeutung zu.

Das Ausmaß der *familiären Belastung* mit neuropsychiatrischen Erkrankungen allgemein oder speziell mit schizophrenen Psychosen hat *keinen* Einfluß auf Verlauf und Prognose. Dies gilt auch für Störungen des *Familienmilieus,* in dem das Kind aufgewachsen ist. Obwohl vor Erkrankungsbeginn manifeste soziodynamische Faktoren pathogenetisch je nach Durchschlagskraft eine mehr oder weniger starke Bedeutung für den schizophrenen Prozeß haben können, haben sie keine Auswirkungen auf dessen Prognose.

Ähnlich wie bei Verlaufsstudien an Erwachsenenschizophrenen zeigte sich bei Katamnesen kindlicher Psychosen ein Zusammenhang zwischen *prämorbider Charakterstruktur* und Prognose. Prämorbid syntone, differenzierte, ausgeglichene, kontaktfähige, zyklothyme und intelligente Kinder haben ungleich bessere Heilungschancen als introvertierte, anpassungs- und kontaktgestörte, ängstlich-selbstunsichere, gehemmte, überempfindliche, eigenbrötlerische Kinder mit schizoiden Charakterzügen oder mit bereits früh manifesten Zeichen einer Ich-Defizienz, die sich z. B. in einem Ausbleiben der Trotzphase im Kleinkindesalter zeigt. Über die prognostische Bedeutung der sogenannten *Untergruppen* in der Schizophrenie bestehen sowohl hinsichtlich der kindlichen als auch der Erwachsenenform recht unterschiedliche Meinungen in der Literatur; dasselbe gilt auch für die prognostische Aussagekraft von psychotischen Einzelsymptomen. Paranoid-halluzinatorische Verläufe sind auch bei der kindlichen Schizophrenie weitaus am häufigsten; hebephrene, zönästhetische, kataton-stuporöse, hebephren-paranoide, hebephren-katatone und Simplexformen sind demgegenüber relativ selten. Rein paranoide Bilder kommen nach eigenen und den Erfahrungen anderer Autoren im Kindesalter nicht vor. Unsere Verlaufsuntersuchungen zeigten in Übereinstimmung mit bei Erwachsenenschizophrenien erhobenen Untersuchungsbefunden von JANZARIK (1968), daß fast alle Unterformen schließlich in die wahnhaft-halluzinatorische Grundform einmünden oder sie zumindest phasenweise durchlaufen. Auf die günstigere Prognose des „intensiven Krankheitstypus" (produktiv bewegte Bilder mit lebhaft-florider, fluktuierend-polymorpher Symptomatik) gegenüber den „amorphen Psychosen" mit Tiefendimension (unproduktive, diskret-uneindringliche, wenig intensive, verfestigte Symptomatik) hat PETRILOWITSCH (1969) hingewiesen und es entspricht dieser Vorstellung, daß hebephrene und Dementia-simplex-Formen im allgemeinen eine ungünstige Prognose haben und so gut wie nie voll ausheilen.

Analoges gilt auch für alltägliches Erleben und normalpsychologische Reaktionsweisen. „Je größer die manifeste Intensität psychischer Abläufe ist, um so geringer sind meist ihre Nach- und Rückwirkungen auf die Persönlichkeitsstruktur" (um so geringer ist ihre „strukturelle Extensität", KRUEGER [1953] und WELLEK [1966]). Das Gewitter überschießender Affektausbrüche klingt meist folgenlos ab, aber ein leises Gefühl der Beschämung, ein kaum merklicher Gewissensbiß, ein kaum eingestandenes Insuffizienzbewußtsein – das sind die „Tiefengefühle" im Sinne der Strukturtheorie – können als ein Vis a tergo ein Leben lang im Menschen wirken und an seinem Wirken mitwirken" (SPIEL 1961).

Die aufgrund unserer Verlaufsuntersuchungen hergeleitete Feststellung, daß psychopathologische *Einzelsymptome* keine zuverlässigen Kriterien für die Prognosestellung darstellen, deckt sich mit an Erwachsenenverläufen gewonnenen Erfahrungen anderer Autoren. Eine besondere Stellung im Hinblick auf die Prognose nehmen allerdings *Zwangssymptome* ein, die in Übereinstimmung mit PETRILOWITSCH (1969) überwiegend bei wenig intensiven und protrahierten Verläufen und nur selten in akuten und intensiven Krankheitsphasen vorkommen. Bei günstigen Verläufen sind sie etwa doppelt so häufig anzutreffen wie bei defektuösen (EGGERS 1973). Dies steht im Einklang mit der Vorstellung der Abwehr- und Schutzfunktion von Zwangsmechanismen gegen die Gefahr einer psychotischen Desintegration der Persönlichkeit, die so stark ausgeprägt sein kann, daß es zu einer „cicratisation d'épisodes psychotiques par obsessionnalisation" (AJURIAGUERRA 1974) kommt.

Die *Häufigkeit* und *Zeitdauer der psychotischen Episoden* beeinflußt den Krankheitsausgang nicht. Auch noch nach ein ganzes Jahr ununterbrochen anhaltender Aktivität ist eine Restitutio ad integrum möglich! Die ersten Zeichen einer postpsychotischen Defizienzsymptomatik pflegen nach den Beobachtungen von MAUZ (1930) auch bei Psychosen des Erwachsenenalters in der Mehrzahl nach dem ersten Schub, seltener nach dem 2. oder 3. Schub aufzutreten. Die allgemeine Erfahrung, daß sich innerhalb der ersten drei bis vier Jahre nach Psychosebeginn entscheidet, ob es zur Ausbildung deutlicher Zeichen einer postpsychotischen Persönlichkeitsdesintegration kommt oder nicht, gilt auch für kindliche Schizophrenien. Bei den nicht voll ausheilenden Erkrankungen treten erste „Defekt"-Zeichen im allgemeinen nach dem ersten Schub auf, bei zu schwerem Defekt verlaufenden Psychosen mit ungünstiger Prognose werden sie innerhalb der ersten drei Schübe, meistens schon nach dem ersten Schub, sichtbar. Es gibt jedoch auch Verläufe, bei denen eindeutige Defizienzsymptome erst nach mehr als fünf, vereinzelt auch mehr als zehn Jahren in Erscheinung treten.

Somatische (Operationen, Unfälle, banale Infektionen) oder psychogene *Auslösefaktoren* bzw. Anlaßsituationen scheinen eher bei prognostisch günstigen und akut-rezidivierenden Verläufen vorzukommen. Remanifestationen schizophrener Episoden werden – auch nach Erhebungen bei erwachsenen Schizophrenen – öfter durch exogene oder psychogene Anlässe ausgelöst als Erstmanifestationen. Kurz oder länger dauernde Verlusterlebnisse und Enttäuschungen im Bereich von Freundschafts- und Liebesbeziehungen stellen typische psychogene Auslöseereignisse dar. Spezifische äußere auslösende Faktoren gibt es jedoch nicht. Es ist aber zu bedenken, daß es sich bei den psychoreaktiven Auslösungen häufig um tiefgreifende Störungen bzw. Eingriffe im allernächsten sozialen Umfeld der Kinder handelt. Hier sind also äußere Anlässe mit der Psychose verknüpft, die viel stärker und tiefer als somatische Erkrankungen in die innerste Erlebnissphäre, den endothymen Grund und seinen gemüthaften Kern der Persönlichkeit eindringen.

Differentialdiagnose

Bei differentialdiagnostischen Überlegungen ist das Manifestationsalter zu berücksichtigen. Im frühen Kleinkindesalter sind die sogenannten *Entwicklungspsychosen* (frühkindlicher Autismus [KANNER 1957], symbiotische Psychose [MAHLER 1954], pseudodefektive und pseudoneurotische Psychose [BENDER 1956]) und *psychotiforme Demenzprozesse* (Dementia praecocissima, Dementia infantilis Heller, Kramer-Pollnow-Syndrom, metabolische und postenzephalitische Demenzstörungen mit psychotischen Einsprengseln) von endogen-schizophrenen Psychosen abzutrennen. Die zuletzt erwähnten psychotiformen Demenzprozesse sind organischer Natur, sie sind in Kapitel 8, S. 298 und 4, S. 202 eingehend besprochen worden.

Im Gegensatz zu zahlreichen Autoren vorwiegend aus dem anglo-amerikanischen Sprachraum halten wir an einer nosologischen Trennung zwischen frühkindlichem Autismus und kindlicher Schizophrenie fest. In Übereinstimmung mit der russischen Schule und der überwiegenden Mehrzahl mitteleuropäischer und britischer Forscher sowie mit KANNER selbst sehen wir in der Tatsache, daß beim frühkindlichen Autismus ein Versagen der sozialen Entwicklung, meist von Geburt an, bei der kindlichen Schizophrenie aber ein Verlust bereits erworbener sozialer Fähigkeiten vorliegt, ein Argument gegen eine nosologische Einheit von frühkindlichem Autismus und Schizophrenie. Auf weitere Unterschiede zwischen diesen beiden Krankheitsbildern wurde bereits auf S. 322 hingewiesen.

Die *symbiotische Psychose* (MAHLER 1954) setzt etwas später und auf einem gegenüber dem frühkindlichen Autismus höheren psychophysischen Entwicklungsniveau ein, das Kind ist aus der rein solipsistischen Befangenheit herausgetreten. Die Beziehung zur Mutter ist symbiotisch, das mütterliche Objekt wird nicht als getrennte, eigenständige Individualität erfahren. Mütterliches Objekt und kindliches Subjekt sind im Erleben des Kindes zu einer untrennbaren Einheit fusioniert. Die klinische Symptomatologie ist um das verzweifelte Bemühen des Kindes zentriert, der unerträglichen Angst vor der Trennung von der Mutter zu entgehen. Sie spitzt sich krisenhaft zu, wenn die Anforderungen der Individuation und Separation für das Kind real werden, denen es sich durch Angst- und Erregungsparoxysmen mit Schrei- und Wutattacken zu entziehen trachtet. Schlafstörungen, häufiges und heftiges Schreien und Übernervosität herrschen schon in der zweiten Hälfte des ersten Lebensjahres vor.

In emotionaler Hinsicht sind die Kinder ambivalent, die Intentionalität ist durch ambitendente Strebungen gekennzeichnet. Einerseits besteht ein gieriges Bedürfnis nach Kontakt, entsprechend den Verschmelzungsphantasien dieser Kinder, andererseits kommt es zu panikartigen Angstzuständen phobischen Charakters bei Versuchen der Zuwendung und Annäherung durch andere. Die Verlaufsdynamik fluktuiert zwischen Regressionen auf autistische Verhaltensweisen, symbiotischen Beziehungsmustern und Ansätzen zu evolutiven Weiterentwicklungen in Richtung einer beginnenden Subjekt-Objekt-Separation. Bei der symbiotischen Psychose steht die Hemmung der Individuation und Sozialisation ganz im Vordergrund, während es bei der psychopathologisch vielgestaltigeren Schizophrenie sekundär zu einer mehr oder weniger tiefgreifenden Einschränkung intentionaler Strebungen, affektiver Äußerungsformen und emotional-struktureller Gefühls- und Gemütsveränderungen sowie sozialer Kommunikations- und Interaktionsweisen kommt, und zwar von einem höheren und bereits wesentlich differenzierteren Niveau der Ich-Entwicklung aus, als dies bei der symbiotischen Psychose der Fall ist.

Bei älteren Kindern ist die *Differentialdiagnose* durch ein ganzes Spektrum neurotischer, erlebnisreaktiver, charakteropathischer und exogen-organisch bedingter Wesens- und Verhaltensauffälligkeiten erschwert. Eine auch nur knappe Diskussion dieser verschiedenen Möglichkeiten würde den vorgegebenen Rahmen weit sprengen; einiges hierzu wurde bereits angedeutet (s. S. 322). In differentialdiagnostischer Hinsicht muß insbesondere auf das Vorliegen akzentuierter Reifungskrisen, auf hysterische und narzißtische Neurosen, Borderline-Strukturen, (prä-)pubertäre Wesens- und Gemütsänderungen ohne Prozeßcharakter vom Typ einer Parathymie bzw. eines Heboids, schizoide Charakterstrukturen, auf organische Störungen wie z. B. epilepsiebedingte produktiv-psychotische Dämmerzustände und epileptische Begleitpsychosen oder intoxikationsbedingte Halluzinosen (s. S. 205f) aber auch auf atypische Zyklothymien geachtet werden. Oft entscheidet erst der Verlauf über die endgültige Zuordnung einer im Querschnitt als schizophreniform imponierenden Störung.

Die differentialdiagnostische Abklärung psychotischer Symptombilder im Kindesalter und in der Pubertät wird dadurch erschwert, daß die prospektive Potenz des Kindes und die dadurch bedingten Entwicklungs- und Entfaltungsmöglichkeiten eben so viel größer sind als bei Erwachsenen. Was im Erwachsenenalter fest umrissen und wohldefiniert erscheint, steht im Kindesalter unter dem Druck der psychobiologischen Weiterentwicklung und Reifung und kann starken Änderungen – nicht selten zum Positiven hin – unterworfen sein. Dies ist auch der Grund dafür, daß in der Erwachsenenpsychiatrie geläufige und bekannte psychopathologische Zustandsbilder nicht einfach beim Kind auch erwartet werden können bzw. in der Kindheit in gleicher Ausprägung erscheinen. Im übrigen sind die Schwierigkeiten der Differentialdiagnose zwischen endogenen und psychogenen Störungen gerade in der Pubertät besonders groß. Abnorme Entwicklungen und psychotische Prozeßpsychosen kommen sich gerade in dieser Altersphase besonders nahe. Auch können neurotische Entwicklungen in der Pubertäts- und

Adoleszentenperiode krisenhaft in schizophreniforme Psychosen übergehen bzw. kann ein schwaches oder ungenügend entwickeltes Ich unter dem Druck herandrängender Triebsimpulse und anwachsender Realitätsanforderungen psychotisch dekompensieren.

Ätiologische Hypothese

Die Ätiologie sowohl der kindlichen als auch der Erwachsenenschizophrenie kann nicht auf eine einzige Ursache zurückgeführt werden. Es wird heute die Ansicht von der *multifaktoriellen Bedingtheit* schizophrener Geistesstörungen vertreten, wobei die verschiedenen als ätiologisch wirksam angesehenen Faktoren in komplexer und vielschichtiger Weise ineinandergreifen. Wenn BENEDETTI (1977) feststellt, daß „die Ursache der Schizophrenie (oder der meisten Schizophrenien) aus einem Zusammenspiel vererbter Dispositionen zur Krankheit und gefährlicher Lebenserfahrungen besteht", so trifft diese sehr allgemein gehaltene Aussage nur zwei Faktoren, die zudem im Einzelfall in sehr unterschiedlich wichtiger Weise pathogenetisch wirksam sind. So können in einem Fall genetische und im anderen lebensgeschichtliche Faktoren ganz dominieren. In der Regel ist das Ausmaß der jeweiligen Gewichtung dieser beiden Faktoren nicht bestimmbar. Es ist vielmehr so, daß neben erbgenetischen und lebensgeschichtlichen noch andere, insbesondere biologische und psychodynamische Momente ätiologisch bedeutsam sind und in einem engen dynamisch-kohärenten Beziehungsgeflecht zueinander stehen.

Die familiäre Häufung neuropsychiatrischer Erkrankungen und speziell schizophrener Psychosen – sie liegt sowohl bei Erwachsenen als auch bei Kindern bei 50% – belegt, daß *genetische Faktoren* einen Beitrag zur Ätiologie schizophrener Psychosen leisten. Dies wird auch durch die bekannten Zwillingsuntersuchungen sowie durch Adoptivstudien weiter untermauert. Die Frage ist nur, was denn in spezifischer Weise vererbt wird, wobei eine einfache Genstörung, die nach dem Mendelschen Gesetz vererbt würde, bei der Schizophrenie nicht vorliegt.

Wahrscheinlich ist, daß genetische Faktoren über enzymatische Störungen den Hirnstoffwechsel beeinflussen. Daher muß ganz offenbleiben, ob es eines Tages gelingen wird, *den* Gendefekt und somit *die* Enzymstörung nachzuweisen, die die pathogenetische Matrix *aller* Schizophrenien bilden würden. Daran, daß der *Neurotransmitterstoffwechsel* bei der Schizophrenie betroffen ist, besteht aufgrund neurochemischer und neuropharmakologischer Untersuchungen der letzten Jahre kein Zweifel.

Am vielversprechendsten unter den biochemisch begründeten Schizophreniehypothesen ist die Dopamintheorie. Neuropharmakologische und neuroendokrinologische Untersuchungen sowie neurochemische Befunde bei Amphetaminpsychosen lassen vermuten, daß der Schizophrenie als biochemisches Korrelat eine *Überempfindlichkeit dopaminerger Rezeptoren* insbesondere im Bereich des *mesolimbischen Systems* zugrunde liegt. Dadurch ließen sich zahlreiche psychopathologische Symptome, in erster Linie wahnhafte und halluzinatorische Phänomene und die damit verbundenen emotionalen Veränderungen, aber auch die phänomenologischen Ähnlichkeiten zwischen exogenen und endogenen Psychosen erklären. Die Behandlung mit Neuroleptika, die zu einer Blockade dopaminerger Rezeptoren führt, würde sich bei Bestätigung der Dopaminhypothese als kausale Therapie erweisen. Ob ein Defekt der Dopamin-Beta-Hydroxylase vorliegt, wie biochemische Untersuchungen an Gehirnen verstorbener Schizophrener vermuten lassen (WISE u. STEIN 1973), ist noch ungeklärt.

Durch den Nachweis von Methyltransferasen im Gehirn hat die Transmethylierungshypothese wieder an Gewicht gewonnen. Sowohl durch Methylierung von Katecholaminen (Dopamin, Noradrenalin) als auch von Indolaminen (Tryptamin, Serotonin) können halluzinogen wirksame Substanzen entstehen. So ist das N-Dimethyltryptamin ein sehr potentes Halluzinogen, das Modellpsychosen erzeugt. Eine In-vivo-Entstehung dieser Substanz bei Schizophrenen ist bisher allerdings noch nicht bewiesen. Dagegen wurde eine erhöhte Aktivität der N-methylierenden Transmethylase in den Thrombozyten Schizophrener nachgewiesen (WYATT u. Mitarb. 1973).

In jüngster Zeit sind Befunde publiziert worden, die eine Beteiligung GABA-erger Neurone an der Störung des Neurotransmittergleichgewichts bei Schizophrenen nahelegen. Da sie hemmend auf dopaminerge Neurone einwirken, läßt sich leicht die Hypothese einer Gleichgewichtsstörung zwischen dem GABA-ergen und dopaminergen Neuronensystem aufstellen, für die es inzwischen einige Anhaltspunkte gibt.

Für eine *biologische* Grundstörung sprechen weiterhin neuro- und psychophysiologische, elektro- und pneumenzephalographische, klinisch-neurologische wie neuropathologische Untersuchungsbefunde bei schizophrenen Patienten. Entzündliche und tumoröse Erkrankungen im Bereich des Zwischenhirns und limbischer Hirnstrukturen verweisen ebenso wie elektrische Reizversuche und pharmakoneurochemische Untersuchungen mit direkten Hirnzellableitungen in diesen Gebieten auf eine Funktionsbeeinträchtigung subkortikaler und insbesondere limbischer Hirnstrukturen. Auch Untersuchungen über die Registrierung sensorisch-evozierter Potentiale sprechen für eine subkortikale Filterstörung.

Daß eine *Dysfunktion* des dopaminergen *limbischen Systems* für das Entstehen schizophrener Symptome von Bedeutung ist und möglicherweise für die Kerngruppe schizophrener Psychosen den Charakter einer Basisstörung hat, wird zusätzlich zu den erwähnten biochemischen, neurophysiologischen und neuropathologischen Befunden durch neuropsychologische Untersuchungen einerseits und psychophysiologische Experimente andererseits unterstützt (EGGERS 1980). Erstere haben sowohl bei kindlichen als auch bei erwachsenen Schizophrenen Störungen der Assoziationsfähigkeit, der selektiven Aufmerksamkeit, der Overinclusion oder Overexclusion, der Response-Interferenz erbracht, die ganz allgemein als Ausdruck einer Beeinträchtigung informationsverarbeitender Systeme bzw. als eine „input-dysfunction" angesehen werden können. Sie finden ihre psychophysiologische Entsprechung in Veränderungen der psychogalvanischen Orientierungsreaktion, der Pupillenreaktion auf Lichtreize und der Herz-Kreislauf-Reagibilität auf neue Stimuli.

Neurophysiologische Untersuchungen von VINOGRADOVA (1975) mit Einzelzellableitungen am Hippokampus haben ergeben, daß die CA_3-Neurone für die Registrierung *neuer* Umweltreize zuständig sind, auf die der Organismus mit einer Orientierungsreaktion reagiert, die mit einer Veränderung der vegetativen Erregbarkeit einhergeht (ablesbar z. B. an der psychogalvanischen Hautwiderstandsänderung, der autonomen Pupillenreaktion oder der Herzfrequenz). Diese Reagibilität ist bei Schizophrenen verändert im Sinne einer verstärkten Reaktion auf irrelevante Stimuli oder einer verminderten Reagibilität auch gegenüber relevanten Umweltreizen. Letzteres ist beispielsweise bei autistisch-zurückgezogenen Schizophrenen, aber auch bei autistischen Kindern der Fall, die sich phänomenologisch und psychogalvanisch ähnlich wie Affen mit Amygdalaläsionen verhalten, deren visuelle Orientierung gegenüber unvertrauten Reizen stark reduziert ist. Patienten mit akut-bewegten, floriden schizophrenen Psychosen mit farbig-eindrucksvoller Psychopathologie und heftig expansiver „Unstetigkeit der seelischen Dynamik" (JANZARIK 1968) sind dagegen psychogalvanisch den sogenannten Responders zuzurechnen, die auch bei Wiederholung derselben und damit vertraut gewordenen sensorischen Reize nicht habituieren, sondern immer wieder mit einer elektrodermalen Response reagieren. Das heißt, sie beachten zu viele, auch irrelevante Reize, während autistisch-zurückgezogene Schizophrene, deren psychopathologisches Bild durch eine Restriktion der seelischen Dynamik gekennzeichnet ist, auch relevanten Informationen aus der Umwelt keine Beachtung schenken (sog. non-responder).

Reizversuche und psychogalvanische Untersuchungen bei Tieren mit experimentell gesetzten Amygdala- und Hippokampusläsionen haben gezeigt, daß die dem limbischen System zugehörigen Amygdala- und Hippokampusformationen die Orientierungsreaktion in antagonistischer Weise beeinflussen. Eine verstärkte Orientierungsreaktion und eine verzögerte oder nicht eintretende Habituation bei hippokampalen Läsionen können zurückgeführt werden auf eine Beeinträchtigung des hemmenden Einflusses der Hippokampusformation auf den sensorischen Input. Dadurch kann es zu einer Überflutung des Kortex mit sensorischen Stimuli kommen, wodurch sich die hohe Ablenkbarkeit, die Störung der Assoziationsfähigkeit, die „overinclusion" bzw. die Filterstörung bei Schizophrenen erklären läßt. Durch das Überschwemmtwerden mit sensorischen Stimuli könnte darüber hinaus eine Prädisposition zu Trugwahrnehmungen und illusionären Verkennungen entstehen, wie dies auch unter dem Einfluß von Halluzinogenen und Psychotomimetika – wie LSD, Amphetamin oder Haschisch – möglich ist, die neurophysiologisch und -chemisch u. a. auf das limbische System einwirken.

Eine weitere Stütze für die eminente ätiologische Bedeutung limbischer Funktionsstörungen für kindliche Psychosen ist die Tatsache, daß ein hoher Prozentsatz von autistischen und schizophrenen Kindern und solchen mit einem erhöhten Schizophrenierisiko Zeichen einer leichten prä-, perioder postnatalen *Hirnschädigung* aufweisen. Letztere ist meist hypoxämisch bedingt, und es ist bekannt, daß der Hippokampus und die Amygdala besonders empfindlich gegenüber Sauerstoffmangel sind.

Auch die antipsychotisch wirksamen Neuroleptika wirken in erster Linie auf das limbische System, und zwar, wie neueste Untersuchungen gezeigt haben, auf die Dopaminrezeptoren des mesolimbischen Faserkomplexes (A 10). Vieles spricht dafür, daß der Schizophrenie eine Überempfindlichkeit dopaminerger Rezeptoren, insbesondere im mesolimbischen System, zugrunde liegt und/oder daß das Gleichgewicht zwischen GABA-ergen und dopaminergen Neuronensystemen in diesem Bereich gestört ist. Einer Überempfindlichkeit postsynaptischer dopaminerger Rezeptoren würde durch die neuroleptikabedingte Dopaminrezeptorblockade ebenso entgegengewirkt wie einem relativen funktionellen Übergewicht dopaminerger Neurone gegenüber dem GABA-System, das auf erstere einen hemmenden Einfluß ausübt und dessen Aktivität bei der Schizophrenie herabgesetzt zu sein scheint (BIRD u. Mitarb. 1973).

Abschließend noch eine *entwicklungspsychologische* Überlegung zur Bedeutung des limbischen Systems für die *Genese* kindlicher Psychosen. Limbische Formationen und ihre engen Verbindungen insbesondere zum Hypothalamus, zum Nucleus-anterior-Komplex des Thalamus (Papezsche Schleife) und zu mesenzephalen Strukturen sind von großer Bedeutung für die *Emotionalität,* die wiederum eine bedeutsame Rolle beim Entstehen von Wahnsymptomen und Halluzinationen spielt. Wie auf S. 323 gezeigt, ist beim schizophrenen Kind die Emotionalität pathologisch verändert, möglicherweise als Folge einer limbischen Funktionsstörung.

Eine weitere Unterstützung der Hypothese, daß eine limbische Dysfunktion für die Ätiologie der kindlichen Schizophrenie von Bedeutung ist, stellen die psychophysiologischen Untersuchungen der Arbeitsgruppe um MEDNICK an schizophreniegefährdeten Kindern dar. Hier erwiesen sich psychogalvanische Veränderungen als prognostisch aussagekräftig für die spätere Manifestation einer Schizophrenie! Kinder mit psychogalvanisch verkürzter Erholungszeit der elektrodermalen Reagibilität wiesen darüber hinaus statistisch signifikant gehäufte Zeichen einer frühkindlichen Hirnschädigung auf mit anamnestischen Hinweisen auf prä-, peri- und postnatale Hypoxämien. Auch andere Untersuchungen haben Zusammenhänge zwischen prä-, peri- oder postnataler Hypoxie, minimaler zerebraler Dysfunktion und schizophrenen Psychosen des Kindes- und Erwachsenenalters ergeben (DUCHÉ u. Mitarb. 1972; HANDFORD 1977). Gerade die zuletzt genannten Befunde sprechen dafür, daß die beschriebenen organischen Störungen nicht nur *genetisch tradiert*, sondern auch *peristatisch erworben* werden. In ihrer Gesamtheit bilden sie Teilelemente des somatischen Sektors in einer Ganzheit verschiedener ätiologischer Grundbedingungen für das Entstehen schizophrener Geistesstörungen, die selbst wieder nicht eine Einheit, sondern eine differente Vielheit phänomenologisch und verlaufstypologisch verwandter Krankheitsbilder darstellen. Das heißt, es gibt aufgrund unseres heutigen Kenntnisstandes *nicht die* Ätiologie eines einheitlichen schizophrenen Grundmorbus. Zu den somatischen Faktoren kommen situative, lebensgeschichtlich verstehbare und psychodynamische Momente hinzu, die ebenfalls untereinander stark verschränkt sind und selbst wiederum nicht die Alleinursache schizophrener Psychosen darstellen. Sie sind aber sicher auch bei genetisch vordeterminierten Psychoseformen in unterschiedlichem Ausmaß an der Krankheitsmanifestation beteiligt.

Psychodynamisch ausgedrückt, ist es beim Schizophrenen zu einer „objektiven Spaltung und Fragmentierung der Ich-Struktur" (BENEDETTI 1977) gekommen, die selbst von schizophrenen Kindern erlebt und in Worten ausgedrückt wird (s. Klinische Symptomatologie, S. 323). Diese *Spaltung* kann ihre Wurzel in Projektions- und Identifikationsvorgängen der frühen Kindheit haben. So wird beispielsweise ein Säugling oder Kleinkind auf Versagung mit destruktiv-aggressiven Regungen wie Haß, Neid, Wut bis hin zu Zerstörungsphantasien reagieren. Diese Gefühle können auf das Gegenüber, in der Frühperiode auf die mütterliche Brust, projiziert werden, die damit in einen guten und schlechten Anteil gespalten wird („splitting"). Der schlechte Anteil, die böse Brust, wird nun wieder als gefährlich und rächend erlebt und zum Ursprung von paranoiden Verfolgungsängsten. Andererseits wird der gute, befriedigende Anteil der Brust idealisiert, er bildet das beschützende und bewahrende Gegenstück zur verfolgenden Brust. Die Idealisierung kann so weit gehen, daß in Form einer halluzinatorischen Wunscherfüllung eine unerschöpfliche, nie versagende und niemals versiegende Brust halluziniert wird. Das heißt, das Kind phantasiert sich eine ideale Phantasiewelt der Omnipotenz, in der „Milch und Honig fließen" (LOCH 1976). Bleibt die Umwelt versagend oder wird sie konstant als böse erlebt, entsteht die Gefahr des dauernden autistischen Rückzugs in eine halluzinierte Phantasiewelt, oder es kommt zu einem anhaltend gestörten Realitätsbezug, der später unter dem Einfluß ungünstiger äußerer oder innerer Bedingungen zur psychotischen Desintegration mit dem völligen Wegfall einer tragenden Verbindung zu einer Bezugsperson führen kann. So verstanden liegt einer schizophrenen Psychose immer eine „disharmonie grave du Moi" (LEBOVICI 1969) zugrunde. Die gerade für die kindliche Schizophrenie so typischen transitivistischen Depersonalisationserlebnisse sowie schon beim schizophrenen Kind auftretende Spaltungsempfindungen spiegeln die Zusammenhangslosigkeit des frühen Ich und die Tendenz zur Desintegration des psychotischen Ich wider.

Die *Ätiologie* der Schizophrenien des Kindes- und Jugendalters erweist sich also in ihrer *multidimensionalen Bedingtheit* als äußerst *komplex*. Dies zwingt dazu, im Einzelfall jeweils *subtil* in mühsamer Anstrengung die verschiedenen möglichen ätiologischen Determinanten herauszuarbeiten. Dabei ist stets die Individuationsgeschichte und frühe Lebenserfahrung des Kindes zu berücksichtigen und zu bedenken, daß „erbliche und angelegte Inklinationen im Sinne der strukturell-dynamischen Kohärenz mit lebensgeschichtlich erworbenen Reaktionsbereitschaften und dem situativen Hintergrund verschränkt sind" (JANZARIK 1978).

Therapie

Entsprechend der multifaktoriellen Genese und phänomenologischen Uneinheitlichkeit schizophrener Psychosen des Kindesalters muß die Therapie mehrdimensional ausgerichtet sein. Neben somatotherapeutischen sind auch heilpädagogische und psychotherapeutische Maßnahmen indiziert. Die früher sehr häufig angewandte Elektro- und Insulinschocktherapie ist durch die moderne Psychopharmakatherapie ersetzt worden. Das noch in Entwicklung begriffene kindliche Gehirn ist gegenüber diesen hypoxämischen Schäden besonders sensibel, und die wenigen Nachuntersuchungen von mit Elektro- und Insulinschock behandelten Kindern zeigen, daß zwar akut die Unruhe und soziale Anpassungsfähigkeit dieser Kinder positiv beeinflußt werden konnte, jedoch um den Preis einer stärkeren Persönlichkeitsdesintegration (SPIEL 1961) im Sinne eines hirnorganischen Psychosyndroms. Einen wichtigen Platz in der Behandlung autistischer und schizophrener Psychosen des Kindesalters nimmt heute die Psychopharmakatherapie ein, wobei die Butyrophenone – in der Pädiatrie und Pädopsychiatrie das Haldol und das Dipiperon – und die Phenothiazine an erster Stelle stehen. Unter den Phenothiazinen ist das Thioridazin im Kindesalter am gebräuchlichsten. Die Butyrophene haben sich bei Kindern als besonders wirksam zur Beeinflussung von Hyperaktivität, gesteigerter Impulsivität, Angst und Aggressivität erwiesen. Bei der Behandlung psychotischer Angst und Erregungszustände des Kindes hat sich neben den Butyrophenonen und Phenothiazinen auch das Chlorprothixen (Truxal bzw. Taractan) bewährt. Alle 3 Präparategruppen haben den Vorteil, daß sie individuell sehr gut

dosierbar sind und in Tropfen- oder Saftform verabreicht werden können, was von Kindern in der Regel gegenüber Tabletten oder Kapseln bevorzugt wird.
Die Dosierung ist abhängig vom Alter und Gewicht der Kinder bzw. von der Körperoberfläche. Im allgemeinen sind mittlere Erwachsenendosen zu empfehlen; wegen der extrapyramidal-motorischen Nebenwirkungen empfiehlt sich eine Kombination mit Anticholinergika. Grundsätzlich sollte einschleichend mit niedrigen Dosen begonnen und dann bis zur optimalen Dosis je individuell gesteigert werden.

Psychopharmaka beeinflussen den Stoffwechsel der für die Übertragung von Nervenimpulsen verantwortlichen biogenen Amine (Dopamin, Adrenalin, Noradrenalin, Serotonin, Acetylcholin, Gamma-Aminobuttersäure). Neuroleptika blockieren den postsynaptischen Rezeptor und machen ihn somit unempfindlich für die aus der präsynaptischen Nervenendigung freigesetzten Monoamine. Zum Hauptangriffspunkt der Psychopharmaka zählen das limbische System, thalamische und hypothalamische Regionen und das Corpus striatum, also Hirnstrukturen, denen einerseits eine Filter- und Kontrollwirkung auf von der Peripherie herkommende sensorische und motorische Impulse zukommt und die andererseits für die Emotionalität von Bedeutung sind. Die antipsychotische Wirkung der Neuroleptika ließe sich somit durch Wiederherstellung der gestörten Funktionen dieser Hirnregionen erklären: Wiederherstellung der emotionalen Balance und eines Gleichgewichts zwischen sensorischem Input und motorischem Output, wodurch der Prädisposition zu psychotischen Phänomenen entgegengewirkt wird, die sich u. a. in einer angstvollen Erregung, motorischen Hyperkinesien, drangvoller Bewegungsunruhe bis hin zu kataton-stuporösen Zuständen, Wahnsymptomen und Halluzinationen äußern, wobei vorstellbar ist, daß letztere aufgrund der Beeinflussung der emotionalen Gestimmtheit durch Neuroleptika therapeutisch zu beherrschen sind.

Die Behandlung mit Psychopharmaka muß den jeweiligen psychophysischen Entwicklungsstand des Kindes berücksichtigen. Psychotische Kinder reagieren auf ein und dasselbe Medikament unterschiedlich je nach Alter; manche Kinder, die im jüngeren Alter stimulierende Pharmaka benötigen, reagieren später (mit 9 bis 10 Jahren) günstiger auf sedierende Neuroleptika, die vorher keine Hilfe brachten. Die Butyrophenone und das Trifluoperazin (Jatroneural, Stelazine) haben sich zur Behandlung älterer psychotischer Kinder als wesentlich wirksamer erwiesen als bei jüngeren autistischen Kindern.
Die Psychopharmakabehandlung ist nur ein Pfeiler in der kinderpsychiatrischen Therapie schizophrener Psychosen. Die beiden anderen Pfeiler, die das therapeutische Gebäude abstützen, sind die heilpädagogische und die psychagogisch-psychotherapeutische Führung des psychotischen Kindes. Sie wird jedoch erst durch eine Psychopharmakabehandlung ermöglicht, durch die dadurch bewirkte Anxiolyse, die Besserung der Kontaktfähigkeit und Minderung der aggressiven Impulsivität. Durch heilpädagogische und psychagogische Maßnahmen soll versucht werden, Kontaktscheu, aggressive Angstabwehr, emotionale und impulsive Steuerungsschwäche und Störungen des Realitätsbezugs im allgemeinen und des Ich-Erlebens im besonderen günstig zu beeinflussen, etwa durch Teilnahme an Gruppenturnen, Schwimmen, an gemeinsamen Spielen, Kasperletheater, sportlichen Wettkämpfen oder an Musik-, Mal- oder Bastelgruppen.
Außer Gruppenaktivitäten ist eine individuelle und kontinuierliche Einzelbetreuung durch konstante Bezugspersonen (möglichst nicht mehr als zwei) von großer Bedeutung für den angestrebten Heilungsprozeß. Hierdurch sollte behutsam versucht werden, allmählich ein solches Vertrauensverhältnis herzustellen, daß das Kind über seine Ängste und evtl. auch über seine psychotischen Inhalte sprechen kann. Dies gelingt beim Kind anfänglich am besten über das Spiel. Das Spiel, das auch das Malen und Modellieren umfaßt, ist eine wichtige kindgemäße Form des Sich-Mitteilens. Es ist bereits als solches heilsam, da es innere Spannungen löst und aufgestaute Impulse sich hier unzensiert durch eigene oder fremde Über-Ich-Instanzen entäußern können.
Es ist darüber hinaus dazu geeignet, Ich-Funktionen zu stärken, indem das Kind dabei erfährt, daß es etwas leisten, wagen und unternehmen und sich im Wettbewerb mit anderen behaupten kann. Im spielerischen Umgang mit der gegenständlichen und personalen Umwelt werden die Beobachtungsfähigkeit und das Realitätsbewußtsein durch unmittelbare Erfahrung geschult und die Entwicklung eines Objektverständnisses gefördert. Darauf aufbauend wird versucht, dem Kind zu einer sinnvollen Beziehung zur dringlichen und auf diesem Weg auch zur personalen Umgebung zu verhelfen, vor der sich das psychotische Kind ängstigt. Im Spiel kann das psychotisch-gehemmte, aber auch das aggressiv-antriebsgesteigerte Kind lernen, gebremste, gestaute oder verschüttete Spontanmotorik zu entfalten oder übermäßige motorische Impulse zu steuern und zu beherrschen. Psychosebedingte Bewegungs-, Sprach- und Schriftstörungen sollten durch Bewegungsübungen und eine Sprach-, Mal- und Gestaltungstherapie angegangen werden.
Die therapeutische Beziehung zum Kind muß über einen langen Zeitraum hinweg aufrechterhalten werden. Eine Aktivität in Gruppen ist oft erst nach einer längeren Initialperiode der Einzelbetreuung möglich. Täglich wiederkehrende Verrichtungen (Körperpflege, Nahrungsaufnahme, Sauberkeitstraining) sind Gelegenheiten zum Einüben sozialer Verhaltensweisen, zur Regulierung von Störungen des Körperschemas, zur Behandlung alimentärer Phobien, von Bulimie, Polydipsie, Anorexie oder anderen Eßstörungen und zur Entwicklung der Körperhygiene. Wichtig ist, daß der Therapeut die Frustration ertragen und auszuhalten vermag, die durch die nur zögernd sich einstellenden und oft minimalen therapeutischen Fortschritte, die häufigen Rückfälle und die Tatsache bedingt ist, daß die

positiven Gefühle, die der Therapeut dem Kranken entgegenbringt, vom autistisch-psychotischen Kind in der Regel nicht erwidert werden können. Die Zeichen der Liebe von seiten des Kindes sind aber eigentlich Voraussetzung für die Wiederaufladung des Therapeuten mit mütterlichen bzw. väterlichen Gefühlen gegenüber dem Kind. Es kommt dabei darauf an, daß der Therapeut unverbrüchlich zum kranken Kind steht, ihm kontinuierlich Halt gewährt und so die Voraussetzung schafft, für den Patienten Hilfs-Ich-Funktionen zu übernehmen. So kann es dem Kind ermöglicht werden, aus der schizoid-paranoiden, angst- und aggressionsbesetzten Erlebnisweise herauszukommen und einen wichtigen Reifungsschritt in Richtung der „depressiven Position" (KLEIN 1962) zu machen, indem das Kind befähigt wird, Schuldgefühle zu entwickeln und über die Folgen eigener Aggressionen „besorgt" zu sein. – Depressive Phasen kommen im Heilungsverlauf schizophrener Psychosen des Kindes- und Erwachsenenalters vor und können mit vollem Recht als Remissionsstadien schizophrener Schübe aufgefaßt werden. Voraussetzung hierfür ist, daß der Therapeut – möglichst in Zusammenarbeit mit den Eltern – dem Kind Gelegenheit zur „Wiedergutmachung" gibt und damit die Grundlage für gemeinsam mit Eltern und Kind zu leistende „Versöhnungsarbeit" (WINNICOTT 1974) schafft.

Literatur

Ajuriaguerra, J. de: Manuel de la psychiatrie de l'enfant, 2. Aufl. Masson, Paris 1974
Annesby, A. T.: Psychiatric illness in adolescence: presentation and prognosis. J. ment. Sci. 107 (1961) 268
Bachina, V. M.: La capacité de travail et l'adaption sociale chez les schizophrénes attaints depuis l'enfance ou l'adolescence. Zh. Nevropat. Psikhiat. 7 (1963) 2041
Bachina, V. M.: Besonderheiten der Klinik in der Spätperiode der Schizophrenie. Psychiat. Neurol. med. Psychol. (Lpz.) 17 (1965) 134
Bender, L.: Schizophrenia in childhood, its recognition, description and treatment. J. Amer. Orthopsychiat. 26 (1956) 499
Benedetti, G.: Identifizierung und Identitätsbildung in der individuellen Psychotherapie bei Schizophrenen. Z. Klin. Psychol. Psychotherap. 25 (1977) 219
Bettelheim, B.: The empty fortress: infantile autism and the birth of the self. Collier-Macmillan, New York 1967
Bird, E. D., A. V. P. McKay, C. N. Rayner, L. L. Iversen: Reduced glutamic-acid decarboxylase of postmortem brain in Huntington's Chorea. Lancet 1973/I, 1090
Bleuler, E.: Dementia praecox oder Gruppe der Schizophrenien. In: Handbuch der Psychiatrie, spezieller Teil, hrsg. von G. Aschaffenburg, 4. Abt. Deuticke, Wien 1911
Bleuler, M.: Die schizophrenen Geistesstörungen. Thieme, Stuttgart 1972
Conrad, K.: Die beginnende Schizophrenie. Thieme, Stuttgart 1958
Despert, L.: Schizophrenia in children. Pschiat. Quart. 12 (1938) 366
Diatkine, R.: L'enfant prépsychotique. Psychiat. Enf. 12 (1970) 413
Duché, D. J., Ph. Mazet, Ph. Dardenne: Psychoses infantiles et épisodes somatiques précoces. Ann. Méd. int. 123 (1972) 945
Eggers, Chr.: Verlaufsweisen kindlicher und präpuberaler Schizophrenien. Monographien aus dem Gesamtgebiete der Psychiatrie. Psychiatry Series IX. Springer, Berlin 1973
Eggers, Chr.: Nosologische Beziehungen zwischen kindlichem Autismus und kindlicher Schizophrenie. Bibl. psychiat. 157 (1978) 1
Eggers, Chr.: Neuropsychologische Befunde bei der kindlichen Schizophrenie. In: Neuropsychologie des Kindesalters, hrsg. von H. Remschmidt, M. Schmidt. Enke, Stuttgart 1980
Griesinger, W.: Die Pathologie und Therapie der psychischen Krankheiten. Hirschwald, Berlin 1845
Güntz, E.: Wahnsinn der Schulkinder, eine neue Art der Seelenstörung? Allg. Z. Psychiat. 16 (1859) 187
Handford, H. A.: Brain hypoxia, minimal brain dysfunction and schizophrenia. Amer. J. Psychiat. 132 (1977) 192
Heuyer, G.: Introduction à la notion de démence en psychiatrie infantile. Rev. Neuropsychiat. infant. 8 (1960) 83
Huber, G., G. Gross, R. Schüttler: Schizophrenie. Eine verlaufs- und sozialpsychiatrische Langzeitstudie. Springer, Berlin 1979
Janzarik, W.: Schizophrene Verläufe. Monographien aus dem Gesamtbereich der Neurologie und Psychiatrie, Heft 126. Springer, Heidelberg 1968
Janzarik, W.: Wandlungen des Schizophreniebegriffes. Nervenarzt 49 (1978) 133
Jaspers, K.: Allgemeine Psychopathologie, 7. Aufl. Springer, Berlin 1969
Kanner, L.: Child Psychiatry. Thomas, Springfield/Ill. 1957
Klein, M.: Das Seelenleben des Kleinkindes und andere Beiträge zur Psychoanalyse. Klett, Stuttgart 1962
Kleist, K., H. Leonhard, H. Schwab: Die Katatonie aufgrund katamnestischer Untersuchungen. Z. ges. Neurol. Psychiat. 168 (1940) 535
Kolle, K.: Die endogenen Psychosen, das delphische Orakel der Psychiatrie. Lehmann, München 1955
Kolvin, I.: Studies in the childhood psychoses. Brit. J. Psychiat. 118 (1971) 381
Kraepelin, E.: Psychiatrie, 8. Aufl., Bd. III. Barth, Leipzig 1915
Krueger, F.: Zur Philosophie und Psychologie der Ganzheit. Springer, Berlin 1953
Lebovici, S.: A propos du pronostic de la psychose de l'enfant. Confront. psychiat. 3 (1969) 141
Loch, W.: Die kindliche Depression. Fortbildungstage der Univ.-Nervenklinik, Tübingen 1976
Lutz, J.: Über die Schizophrenie im Kindesalter. Schweiz. Arch. Neurol. Psychiat. 39 (1937) 335 und 40 (1938) 141
Mahler, M. S.: Childhood schizophrenia. Amer. J. Orthopsychiat. 24 (1954) 523
Maudsley, H.: Physiology and Pathology of the Mind. London 1867
Mauz, F.: Die Prognostik der endogenen Psychosen. Thieme, Leipzig 1930
Michaux, L., D. Duché: Schizophrénies infantiles. Rev. Prat. (Paris) 25 (1965) 3295
Petrilowitsch, N.: Die Typologie der Schizophrenien unter prognostisch-therapeutischen Aspekten. Med. Welt 20 (1969) 2167
Reiser, D. E.: Psychoses of infancy and early childhood, as manifested by children with atypical development. New Engl. J. Med. 269 (1963) 790
Ruggeri, R.: Le prognostic de la démence précocissime. Acta paedopsychiat. 17 (1951) 129
Rutter, M., L. Lockyer: A five to fifteen year follow-up study of infantile psychosis. Brit. J. Psychiat. 113 (1967) 1169
Schneider, K.: Klinische Psychopathologie. Thieme, Stuttgart 1962
Spiel, W.: Die endogenen Psychosen des Kindes- und Jugendalters. Karger, Basel 1961

Spitz, R. A.: The primal cavity. A contribution to the genesis of perception and its role for psychoanalytic theory. Psychoanal. Stud. Child 10 (1955) 215

Ssucharewa, G.: Über den Verlauf der Schizophrenien im Kindesalter. Z. ges. Neurol. Psychiat. 142 (1932) 309

Stutte, H.: Kinder- und Jugendpsychiatrie. In: Psychiatrie der Gegenwart, Bd. II. Springer, Berlin 1960

Stutte, H., I. Dauner: Systematized delusions in early life schizophrenia. J. Autism. Childh. Schizophr. 1 (1971) 411

Stutte, H.: Historische Aspekte zum Psychosebegriff in der kinderpsychiatrischen Nosographie. Z. Kinderpsychiat. 3 (1975) 1

Uschakov, G. K.: Clinique de la schizophrénie. Psychiat. Enf. 8 (1965)

Villinger, W.: Zum Problem der Kinderschizophrenie nebst Differentialdiagnose und Prognose. Wien. med. Wschr. 109 (1959) 295

Vrono, M. S.: Schizophrenie bei Kindern und Jugendlichen (Besonderheiten der Klinik und des Verlaufs). Moskau Medizina 1971

Wellek, A.: Die Polarität im Aufbau des Charakters, 3. Aufl. Francke, Bern 1966

Werner, H.: Einführung in die Entwicklungspsychologie, 4. Aufl. Barth, München 1959

Winnicott, D. W.: Reifungsprozesse und fördernde Umwelt. Kindler, München 1974

Wise, C. D., L. Stein: Dopamine-β-hydroxylase deficits in the brains of schizophrenic patients. Science 181 (1973) 344

Wyatt, R. J., J. M. Saavedra, J. Axelrood: A dimethyltryptamine forming enzyme in human blood. Amer. J. Psychiat. 130 (1973) 754

9 Gerichtliche Kinder- und Jugendpsychiatrie

Reinhart Lempp

Rechtliche Grundlagen

Der forensische Gutachter aus der Erwachsenenpsychiatrie ist in seiner gutachterlichen Tätigkeit ganz überwiegend auf die Frage konzentriert, ob bei dem zu begutachtenden Probanden eine krankhafte Störung aus dem Bereich der Psychiatrie vorliege oder nicht. Das hat sich auch dadurch nicht wesentlich geändert, daß darüber hinaus psychologische Fragen rechtliches Gewicht bekommen haben. Wie auch BRESSER betont, steht damit die Auseinandersetzung mit dem Krankheitsbegriff im Vordergrund. Dies ist in der gerichtlichen Kinder- und Jugendpsychiatrie wesentlich anders, und zwar deshalb, weil hier von der gerichtlichen Fragestellung her sehr viel mehr Fragen der unterschiedlichen psychischen und psychosozialen Entwicklung innerhalb der Norm zur Beantwortung anstehen als in der forensischen Psychiatrie der Erwachsenen. Darüber hinaus nimmt die Gutachtertätigkeit außerhalb des strafrechtlichen Bereiches einen ungleich größeren Raum ein als bei der Erwachsenenpsychiatrie, weil hier zu den umfangreichen Fragen des Zivilrechts, insbesondere des Familienrechts, auch noch die zahlreichen Problemstellungen im Bereich des Jugendrechts zur Bearbeitung anstehen.

Es geht also gar nicht so sehr um das Recht der Gemeinschaft, das durch den Kriminellen gestört wird, um dessen Schuldfähigkeit im Bereich des Strafrechts oder seine Geschäftsfähigkeit im Rahmen des Zivilrechts, sondern es geht in der gerichtlichen Psychiatrie des Kindes- und Jugendalters vorwiegend um das Recht des Kindes, das dort gutachterlich definiert werden muß, wo es mit dem Recht des Erwachsenen kollidiert oder es Überschneidungen gibt. Auch wenn eine solche Kollision des Kindesrechts etwa im Bereich der Grundrechte von juristischer Seite zum Teil bestritten oder auch zugunsten der Erwachsenen nachrangig behandelt wird oder durch den rechtlich unabgesicherten Begriff der Grundrechtsmündigkeit zu überbrücken versucht wird, so muß sich der kinder- und jugendpsychiatrische Sachverständige vor Gericht auch als Hilfe des Gerichts aufgrund seiner besonderen Sachverständigkeit doch auch stets als »Anwalt des Kindes« verstehen, ohne allerdings die gesamtsozialen Bezüge, in welche das Kind oder der Jugendliche ja hineinwachsen soll, aus dem Auge zu verlieren (REUTTER 1968, JANS 1969). Die klassischen forensisch-gutachterlichen Aufgaben, nämlich die Feststellung einer psychischen Krankheit mit dem Ziel, dem Gericht die Feststellung der Schuldfähigkeit zu ermöglichen, wie auch die Frage der zukünftigen Entwicklung dieser Krankheit und damit ihrer Therapierbarkeit, stehen demgegenüber zumindest quantitativ im Hintergrund, wenngleich es immer noch die großen Strafprozesse sind, die Schlagzeilen machen und unter Umständen den vor Gericht auftretenden Kinder- und Jugendpsychiater ins Scheinwerferlicht der Öffentlichkeit stellen.

Bei der großen Bedeutung, die den Fragen der normalen Entwicklungspsychologie und ihrer Prognose wie auch der Motivation und der interfamiliären Bindungen für den kinder- und jugendpsychiatrischen Gutachter zukommt, ist es naheliegend, daß der klinische Psychologe nicht nur Helfer und Mitarbeiter, sondern oft genug weitgehend ebenbürtiger Fachmann für diese Fragen sein kann. Da die Grenze zur Psychopathologie aber bei allen Fragen angeschnitten wird, muß das Gesamtgebiet der gerichtlichen Kinder- und Jugendpsychiatrie doch dem Kinder- und Jugendpsychiater, also dem Arzt, vorbehalten bleiben.

Die Entwicklung der rechtlichen Grundlagen für die Aufgaben des gerichtlichen Kinder- und Jugendpsychiaters spiegelt eine zunehmende Differenzierung unseres Rechts, sowohl des Strafrechts wie des Zivilrechts, wider, das den besonderen Bedingungen, aber auch den besonderen Bedürfnissen der Kinder und Jugendlichen immer mehr Rechnung zu tragen sich bemüht.

Auch wenn schon im römischen Recht und in der Constitutio Criminalis Carolina eine Straffreiheit für Kinder bis zum 7. bzw. bis zum 14. Lebensjahr vorgesehen war und im Strafgesetzbuch aus dem Jahre 1871 die Strafmündigkeit gemäß § 55 StGB in der damaligen Fassung auf das 12. Lebensjahr festgesetzt wurde, so leitete doch erst die Verkündigung des Jugendgerichtsgesetzes vom 16. 2. 1923 eine Entwicklung ein, welche die heutigen Verhältnisse bestimmt. Während das jugendliche Alter im früheren Strafrecht nur als Schuldminderungsgrund anerkannt wurde, schuf die Reformbewegung der internationalen kriminalistischen Vereinigung im Jahre 1889 erst die Voraussetzungen, den besonderen Bedingungen der jugendlichen Täter Rechnung zu tragen und pädagogischen Gesichtspunkten in dem Strafgesetzbuch Eingang zu verschaffen (PETERS 1965). Im Jugendstafrecht manifestiert sich der Trend von dem reinen Tatstrafrecht zum Täterstrafrecht, das die Persönlichkeit des Täters, seinen sozialen Hintergrund und seine psychologisch konstitutionellen Bedingungen bei der Feststellung der Schuld wie bei der Feststellung der zu treffenden Maßnahmen in den Vordergrund stellt. Die Erörterung eines Jungtäterstrafrechts für die Altersgruppe bis 24 oder 25 Jahre zeigt, daß die das Jugendstrafrecht tragenden Gedanken sich auch in das allgemeine Strafrecht hinein auszudehnen beginnen. Diese Besonderheit des Jugendstrafrechts mit seinem ausgesprochen pädagogischen Grundgedanken bedingt eine völlig andere Voraussetzung für die Arbeit des kinder- und jugendpsychiatrischen Gutachters vor Gericht im

Vergleich zu seinen Kollegen der Erwachsenenpsychiatrie.

Im Bereich des *Strafrechts* sind vom Gesetzgeber sowohl feste als auch relative Grenzen der *Schuldfähigkeit* festgelegt worden. Das Gesetz unterscheidet:

Das Kind. Dieses ist absolut schuldunfähig bis zum vollendeten 14. Lebensjahr. Der Gesetzgeber unterstellt hier eine generelle Strafunreife (§ 1 Abs. 3 JGG, § 19 StGB).

Die Jugendlichen vom vollendeten 14. bis zum vollendeten 18. Lebensjahr. Diese sind bedingt schuldfähig, d. h., ihre Schuldfähigkeit hängt von ihrer sittlichen und geistigen Entwicklung ab. Diese Schuldfähigkeit muß hier in jedem Einzelfall geprüft und festgestellt werden.

Die Heranwachsenden vom vollendeten 18. bis zum vollendeten 21. Lebensjahr. Diese sind absolut schuldfähig, ebenso wie die erwachsenen Täter, die zur Zeit der Tat das 21. Lebensjahr bereits vollendet haben. Bei den Heranwachsenden muß aber von Gerichts wegen in jedem Einzelfall geprüft werden, ob der Betreffende noch einem Jugendlichen, also einem 14- bis 18jährigen, gleichzustellen ist oder nicht.

Der Jungtäter vom vollendeten 21. bis zum 25. Lebensjahr ist bis jetzt noch allein Gegenstand von strafrechtlichen Reformbestrebungen. Er unterliegt vorläufig noch der gleichen rechtlichen Beurteilung wie der Erwachsene. Immerhin spielt diese Altersgruppe im Jugendstafvollzug insofern eine gewisse Rolle, als im allgemeinen Heranwachsende, die nach Jugendstrafrecht verurteilt wurden, und Jugendliche bei längerdauernden Jugendstrafen bis zum 24. Lebensjahr im Jugendstrafvollzug verbleiben können.

Die Erwachsenen, gleichgültig, ob man schon die über 21jährigen oder erst die über 24jährigen darunter faßt, unterliegen in ihrer forensisch-psychiatrischen Beurteilung nicht mehr dem kinder- und jugendpsychiatrischen Sachverständigen, was nicht heißen kann, daß die in der Kinder- und Jugendpsychiatrie gewonnenen Einsichten über Ursachen, Bedingungen und Prognosen sozialer Fehlentwicklung nicht auch für diesen Täterkreis zuträfen oder ohne Bedeutung seien (LEMPP 1973, SCHÜLER-SPRINGORUM 1975).

Auch in der Entwicklung des *Familienrechts,* dem für den kinder- und jugendpsychiatrischen Gutachter besonders wichtigen Teil des Zivilrechts, zeichnet sich eine Entwicklung ab, die das Kindesrecht und den Begriff des Kindeswohls immer mehr in den Vordergrund stellt, so insbesondere in der Reform des Ehescheidungsrechts vom 1. 7. 1977. Seit 1. 1. 1980 gilt die neue Fassung über das Recht der elterlichen Sorge, die anstelle elterlicher Gewalt getreten ist. In den neuen Formulierungen kommen Tendenzen zu einer gewissen erweiterten Selbständigkeit des Kindes zum Ausdruck.

In derselben Richtung, in der die Vorverlegung der Volljährigkeit vom 21. zum 18. Lebensjahr eine größere Selbständigkeit und Selbstverantwortlichkeit der Jugendlichen möglich macht und postuliert, im selben Maße richtet sich die Tendenz des Gesetzgebers auf eine gewisse Absicherung der Selbständigkeit der Jugendlichen und eine Ermöglichung eines begrenzten Mitspracherechts, zum Beispiel bei der Berufswahl, aus. Wieweit diese Bestrebungen sich durchsetzen können, wird man abwarten müssen.

Im Rahmen des *Zivilrechts* ist die Feststellung der *Deliktfähigkeit* ein Bereich, in dem der kinder- und jugendpsychiatrische Sachverständige gehört werden kann. Dabei wird wiederum unterschieden zwischen absolut deliktunfähigen Kindern und Jugendlichen gemäß § 828 Abs. 1 BGB, die zum Zeitpunkt der schädigenden Handlung das 7. Lebensjahr noch nicht vollendet haben. Voll verantwortlich ist dagegen nach § 828 Abs. 2 BGB jeder, der das 18. Lebensjahr vollendet hat. Bei Jugendlichen, die das 7., aber noch nicht das 18. Lebensjahr vollendet haben, muß im Einzelfall geprüft werden, ob sie die zur Erkenntnis der Verantwortlichkeit erforderliche Einsicht gehabt haben. Die Prüfung der erforderlichen Einsicht im Sinne des § 828 Abs. 1 BGB wird kinderpsychiatrisch-forensisch vor allem im Zusammenhang mit Brandstiftungen oder Verletzungen im Spiel relevant (LENCKNER 1972).

Das Jugendhilferecht regelt alle Maßnahmen zur Hilfe für Jugendliche, wenn die Voraussetzung zu ihrer positiven psychosozialen Entwicklung pädagogisch und sozial nicht mehr gewährleistet sind. Auch im Rahmen des Jugendhilferechts können sich für den kinder- und jugendpsychiatrischen Sachverständigen zahlreiche Fragestellungen ergeben, die zunächst allerdings mehr in einer gutachterlichen Tätigkeit für die Jugendbehörden zum Ausdruck kommen als in einer gerichtlichen Sachverständigentätigkeit im engeren Sinne. Die speziell gerichtliche Gutachtertätigkeit entsteht aus solchen Fragestellungen in der Regel erst in den gerichtlichen Berufungsinstanzen.

Im selben Maß, in dem die Familie durch ihre Veränderung in Richtung auf eine Klein- und Kleinstfamilie ihre Sozialisierungsfunktion nur noch beschränkt wahrnehmen kann und zum Teil an andere Institutionen abtreten muß, im selben Maße gewinnt die Jugendhilfe in Ergänzung, Hilfe und Konkurrenz zur Familienerziehung Bedeutung.

Im Rahmen der *Sozialgesetzgebung* liegen gutachterliche Aufgaben für den Kinder- und Jugendpsychiater im Bereich des Bundessozialhilfegesetzes. Auch hier kommt es erst zu einer gerichtlichen Gutachtertätigkeit, wenn die Verfahren von den Sozialbehörden im Zuge von Klageverfahren vor die Sozialgerichte gekommen sind. Gutachterliche Tätigkeit für die Sozialbehörden umfassen auch Gutachten für die Versorgungsämter, die nach dem Bundesseuchengesetz für die Impfschädigun-

gen zuständig geworden sind. Auch wenn eine Pockenschutzimpfpflicht nicht mehr besteht, ziehen sich die Verfahren zur Anerkennung von Entwicklungsstörungen aller Art als Folge einer Pockenschutzimpfung aus der Zeit der Impfpflicht noch unter Umständen jahrzehntelang hin. Hinzu kommen die relativ seltenen Impffolgen nach Keuchhusten und Poliomyelitisimpfungen.
Die Vielschichtigkeit, die unterschiedlichen Ausgangspunkte und die Heterogenität der rechtlichen Gesichtspunkte für die Realisierung von Ersatzansprüchen wie von therapeutischen Maßnahmen bei Kindern und Jugendlichen bringen es mit sich, daß der kinder- und jugendpsychiatrische Sachverständige auch in Auseinandersetzungen zwischen den Verwaltungsstellen unterschiedlicher Kompetenzbereiche zur Beurteilung therapeutischer Verfahren und Möglichkeiten und ihrer rechtlichen Zuordnung gehört wird. Hierher gehören auch seltene schulrechtliche Fragen, in denen kinder- und jugend-psychiatrische Fragestellungen angesprochen sein können.
Im Rahmen von Strafverfahren gegen Erwachsene oder andere Jugendliche oder Heranwachsende kann der Kinder- und Jugendpsychiater als Sachverständiger aufgefordert sein, zur Beurteilung der *Zeugentüchtigkeit* und *Glaubwürdigkeit* von Kindern und Jugendlichen Stellung zu nehmen. In der überwiegenden Zahl der Fälle wird dies Kinder, aber auch Jugendliche betreffen, die von Sittlichkeitsdelikten Dritter betroffen wurden, in seltenen Fällen kann es aber auch um die Glaubwürdigkeit als Zeuge bei Kindern und Jugendlichen im Rahmen anderer Strafverfahren, ja auch in Verkehrsstrafsachen gehen. Zum Gesamtkomplex der gerichtlichen Kindes- und Jugendpsychiatrie s. Lempp (1983).

Allgemeine Aufgaben und Möglichkeiten des kinder- und jugendpsychiatrischen Sachverständigen

Die Indikation zur Einholung eines forensischen kinder- und jugendpsychiatrischen Gutachtens

Soweit es sich bei Fragestellungen nicht von vornherein eindeutig um Feststellung und Beurteilung psychopathologischer Zustände und von Krankheitsformen aus dem Bereich der Kinder- und Jugendpsychiatrie handelt, wie etwa bei sozialrechtlichen Verfahren oder bei Prozessen um Entschädigungen nach Unfällen, Traumen, Impfungen usw., kann die Indikationsstellung zur Einholung eines kinder- und jugendpsychiatrischen Fachgutachtens für das Gericht außerordnetlich schwierig sein. Es ist dies zwar zunächst kein Problem für den Kinder- und Jugendpsychiater, sondern für den das Gutachten in Auftrag gebenden Juristen oder Verwaltungsbeamten; der Kinder- und Jugendpsychiater kann aber sehr wohl schon bei der Frage nach der Notwendigkeit der Einholung eines kinder- und jugendpsychiatrischen Fachgutachtens als Berater zugezogen werden. So verlangt § 73 JGG, daß der Richter die Anordnung zur Verbringung des Beschuldigten in eine zur kriminalbiologischen Untersuchung geeignete Anstalt zur Vorbereitung eines Gutachtens über den Entwicklungsstand des Beschuldigten erst »nach Anhörung eines Sachverständigen und des Verteidigers« trifft. Soll und kann das Gutachten allerdings ambulant erstattet werden oder kann die gutachtliche Untersuchung in der Justizvollzugsanstalt, etwa im Rahmen der Untersuchungshaft, durchgeführt werden, ist eine solche vorherige Anhörung eines Sachverständigen nicht notwendig.
Im Bereich des Zivilrechts, etwa bei familienrechtlichen Fragen oder bei der Frage nach der Deliktfähigkeit gemäß § 828 BGB, ist die Entscheidung, wie auch sonst, in das freie pflichtgemäße Ermessen des Richters gestellt. In Strafverfahren wird häufig die Staatsanwaltschaft ebenfalls aufgrund eigenen freien Ermessens den Gutachtenauftrag erteilen. Nach § 34 Abs. 3 JGG soll ein Sachverständiger, »soweit erforderlich«, zu einem jugendgerichtlichen Verfahren hinzugezogen werden. Mehr wird vom Gesetzgeber hierzu nicht ausgesagt. Natürlich muß die das Gutachten in Auftrag gebende Stelle, das Gericht, die Staatsanwaltschaft oder eine andere Behörde, die Verhältnismäßigkeit in zeitlicher wie auch finanzieller Hinsicht prüfen. Dazu kommt die Schwierigkeit, daß es immer noch an kompetenten Sachverständigen fehlt. Es kann aber kein Zweifel sein, daß die allgemeine Zurückhaltung der Jugendgerichte bei der Einholung von

Gutachten nicht im Sinne einer wohlverstandenen Kriminalrechtspflege liegen kann. Aus der Sicht des Sachverständigen liegt die Notwendigkeit einer kinder- und jugendpsychiatrischen Begutachtung in Jugendstrafverfahren besonders dann nahe, wenn folgende Merkmale beim Täter gegeben sind:

Im familiären Bereich: fehlende und offensichtlich gestörte Familienbeziehung oder eine der Tat zeitlich vorausgegangene Änderung der Familiensituation.

Im Bereich der Persönlichkeitsentwicklung und des *Verhaltens:*

1. Bei auffallender Ängstlichkeit in der Kindheit,
2. bei Störungen der sprachlichen und motorischen Entwicklung,
3. bei auffälligem Kontaktverhalten, bei isolierten Ausfällen in der schulischen Leistung wie auch
4. bei dem Verdacht auf eine allgemeine Leistungsüberforderung in Schule und Beruf,
5. bei auffallend aggressivem Verhalten aus inadäquatem Anlaß,
6. bei dissozialer Entwicklung bei äußerlich intaktem Milieu,
7. bei auffälligen Symptomen, wie zum Beispiel Stottern, Einnässen, Einkoten, Tics usw. (Empfehlung der Deutschen Vereinigung für Jugendgerichte und Jugendgerichtshilfen in Zusammenarbeit mit der Deutschen Gesellschaft für Kinder- und Jugendpsychiatrie vom November 1978).

Die Indikation zur Einholung eines kinder- und jugendpsychiatrischen Gutachtens in familienrechtlichen Prozessen ist für den Richter noch schwerer zu stellen als in Jugendstrafverfahren, da es bei den letzteren letztlich doch auch um psychopathologische Fragen und eine dadurch bedingte Veränderung der Schuldfähigkeit wie auch der psychosozialen Prognose geht. Die Fragestellung im Familienrechtsverfahren betrifft jedoch in aller Regel Fragestellungen aus der Normalpsychologie und Entwicklungspsychologie. Nach BRESSER (in LANGELÜDDEKE 1976) ist der Richter für die meisten Belange der Menschenbeurteilung zuständig und aufgrund seiner »Lebenserfahrung und Menschenkenntnisse selbst verantwortlich und hinreichend sachverständig« (BGHSt *3*, 27 und *23*, 132). Es ist offenkundig, daß aber im Grunde damit viele Richter überfordert sind und daß da, wo die Richter diese Überforderung selbst nicht erkennen, gerade in familienrechtlichen Verfahren echte Gefahren für die von den Urteilen betroffenen Kinder erwachsen können. Die in den letzten Jahrzehnten zunehmenden Erkenntnisse auf dem Gebiet der Entwicklungspsychologie und über die Bedeutung frühkindlicher Erfahrungen und ihrer Langzeitwirkung machen deutlich, daß Richter, die sich nicht selbst spezielle Kenntnisse auf diesem Gebiet erworben haben oder über eine langjährige Erfahrung verfügen, sehr schnell an die Grenzen ihrer Kompetenz gelangen müssen. Dabei ist zu beachten, daß in familienrechtlichen wie in strafrechtlichen Verfahren die Kinder und Jugendlichen, über die ein Urteil auszusprechen ist, vielfach aus einem ganz anderen soziologischen Umfeld stammen als die Richter, was die Übertragung eigener Erfahrungen außerordentlich erschweren, ja was zu verhängnisvollen Fehlurteilen führen kann. So wird gerade in familienrechtlichen Gutachten der Richter den Auftrag zur Erstellung eines kinder- und jugendpsychiatrischen oder -psychologischen Gutachtens sehr vom eigenen Erfahrungs- und Kenntnisstand abhängig machen müssen. Dabei ist aber gerade hier die zeitliche Verhältnismäßigkeit und die durch das Gutachten bedingte Verzögerung zu beachten.

Vom Gesetz zwingend vorgeschrieben ist die Zuziehung von Sachverständigen, wie oben ausgeführt, nur dann, wenn gemäß § 73 JGG ein Beschuldigter zur Vorbereitung eines Gutachtens über den Entwicklungsstand in eine zur kriminalbiologischen Untersuchung Jugendlicher geeignete Anstalt gebracht und dort beobachtet werden soll. Außerdem ist die Zuziehung eines Sachverständigen gesetzlich vorgeschrieben, wenn mit der Anordung einer Unterbringung in einem psychiatrischen Krankenhaus gemäß § 63 StGB, in einer Entziehungsanstalt gemäß § 64 StGB oder in einer sozialtherapeutischen Anstalt gemäß § 65 StGB zu rechnen ist. Die Einweisung gemäß § 65 StGB in eine sozialtherapeutische Anstalt kommt allerdings für Jugendliche nicht in Betracht (§ 7 JGG), sondern nur für Heranwachsende, sofern sie nach Erwachsenenrecht verurteilt werden.

Aufgabe und Rolle des kinder- und jugendpsychiatrischen Sachverständigen

Der kinder- und jugendpsychiatrische Sachverständige ist wie jeder gerichtliche Sachverständige gemäß §§ 72 ff StPO Gehilfe des Richters, der die Aufgabe hat, der richterlichen Beweiswürdigung vorzuarbeiten (LENCKNER 1972). Sowohl die Tatsachenfeststellung wie auch die rechtliche Würdigung fallen ausschließlich in die Kompetenz des Richters. Da der kinder- und jugendpsychiatrische Sachverständige jedoch nicht nur zu rein psychiatrischen Fragestellungen im engeren Sinn Stellung zu nehmen hat, wie zum Beispiel zur Frage der Krankhaftigkeit eines Befundes, sondern darüber hinaus im Sinne einer am Erziehungsgedanken orientierten Jugendkriminalrechtspflege über normalpsychologische Entwicklungsbeurteilungen hinaus auf Prognose, wie auch auf mögliche Wirkungen der vom Gericht anzuordnenden Maßregeln, Zuchtmittel oder Strafen eingehen soll, ist er weit stärker in das prozessuale Geschehen eingebunden als der forensische Gutachter der Erwachsenenpsychiatrie.

Ist der Kinder- und Jugendpsychiater ohnehin in der Gefahr, sich auch außerhalb seiner Gutachtertätigkeit allzu rasch mit dem Kind oder dem Jugendlichen zu identifizieren und damit gegenüber Eltern, Schulen und Jugendämtern Stellung zu nehmen, so besteht diese Gefahr in seiner Tätigkeit als Sachverständiger vor Gericht in viel stärkerem Maße, weil er hier in der ihm in seiner sonstigen ärztlichen Tätigkeit zugewiesenen und auch von ihm akzeptierten Rolle verändert ist. Er ist nicht primär Arzt des von ihm zu begutachtenden Kindes oder Jugendlichen, sondern er ist Arzt des Gerichts. Das heißt aber gerade in Jugendgerichtsverfahren nicht, daß er deswegen seine ihm naheliegende ärztlich helfende Einstellung völlig beiseite legen muß, wenngleich er natürlich in keinem Fall Helfer des begutachteten Jugendlichen gegen das Gericht sein darf und sich beiden gegenüber, dem Jugendlichen wie dem Gericht, um Neutralität und Objektivität bemühen muß. Da aber der Sinn des Jugendgerichtsgesetzes nicht in erster Linie Vergeltung und Sühne, sondern Erziehungs- und Wiedereingliederungshilfe bedeutet, liegt seine vorrangige Aufgabe darin, diese Gesichtspunkte dem Gericht helfend nahezubringen. Damit aber kann er wieder seiner ärztlich helfenden Rolle gerecht werden. Da diese idealtypischen Bedingungen keineswegs immer gegeben sein werden, sind echte Rollenkonflikte nicht auszuschließen.

In der gutachterlichen Untersuchungssituation muß daher eingangs dem zu begutachtenden Jugendlichen diese veränderte Rolle des Arztes klargemacht werden. Der Gutachter muß den Probanden belehren, daß er alle bedeutsamen Informationen, die er von ihm erhält, an das Gericht weitergeben muß. Das bedeutet allerdings nicht, daß es keine mit der Aufgabe des Gutachters zu vereinbarende Möglichkeit gäbe, gewisse, für den Prozeß bei strenger Auslegung nicht entscheidende Erkenntnisse für sich zu behalten. Dies kann die Exploration des zu begutachtenden Jugendlichen erschweren, und es erfordert eine besondere Erfahrung in psychiatrischer, speziell jugendpsychiatrischer Gesprächsführung und auch ein hohes Einfühlungsvermögen, um die notwendige Vertrauensbasis herzustellen, die auch für die Erstattung eines letztlich dem Jugendlichen und seiner sozialen Integration dienenden Gutachten notwendig ist. Es muß auch dem Probanden klar werden, daß im Rahmen der Begutachtung nicht nur seine Persönlichkeit analysiert werden soll, sondern vor allem Wege gefunden werden sollen, ihm in seiner weiteren sozialen Entwicklung zu helfen. Andererseits dürfen aber auch keine Hoffnungen oder falschen Vorstellungen geweckt werden, wie sie häufig vom Jugendlichen dem Sachverständigen entgegengebracht werden, wonach dieser das Verfahren entscheide.

Die Hilfe für das Gericht, die der Sachverständige zu bieten hat, sollte aber auch nicht so weit gehen, daß sich der Sachverständige um die Ermittlung von Tatsachen bemüht, soweit sie nicht für die Beantwortung der gutachtlichen Fragestellung von Bedeutung sind. Der Sachverständige ist nicht Gehilfe der Staatsanwaltschaft und sollte es auch vermeiden, einem Jugendlichen, der ihm zur Last gelegte Straftaten leugnet, zu einem Geständnis zu drängen. Die Entscheidung des Beschuldigten, was und wieviel er aussagen möchte, ist auch vom Sachverständigen zu respektieren.

Ernste Konflikte grundsätzlicher Art ergeben sich oft für den forensisch tätigen Psychiater oder Jugendpsychiater dadurch, daß die Rechtsnormen der Gesetze, insbesondere der Strafgesetze, der weiteren Entwicklung der psychiatrischen und psychologischen Wissenschaft immer häufiger unvereinbar gegenüberstehen. Manche rechtlich unabdingbaren Normen, nicht nur die grundsätzliche Frage der Willensfreiheit, sondern auch die Frage der Vorhersehbarkeit einer Handlungsfolge, die Möglichkeit oder Unmöglichkeit der Motivanalysen, können das Verständnis zwischen Gericht und Sachverständigen erschweren. Dabei ist es wichtig, daß der Sachverständige die normativen Grundlagen unseres Strafrechts, an das die Gerichte sich halten müssen, kennt. Es kann aber nicht Aufgabe des Sachverständigen sein, dem Gericht unbedingt dabei behilflich zu sein, mit sich daraus ergebenden grundsätzlichen Problemen fertig zu werden. Der Sachverständige soll hier Vertreter der Wissenschaft sein, wobei er allerdings echte Erkenntnisse von wissenschaftlichen Modeströmungen unterscheiden muß. Der Sachverständige kann sich aber, und das ist der große Vorsprung, den der kinder- und jugendpsychiatrische Sachverständige vor Gericht vor dem Erwachsenenpsychiater hat, immer auf das wirkliche Ziel des Jugendgerichtsgesetzes, die soziale Integration des Jugendlichen zu fördern, berufen.

Es wäre auch im Sinne einer solchen Jugendkriminalrechtspflege durchaus zweckmäßig, wenn der Sachverständige in den Entscheidungsprozeß des Jugendgerichtsverfahrens unmittelbar einbezogen würde oder wenn in konsequenter Verfolgung des erzieherischen Ansatzes des Jugendgerichtsgesetzes, wie zum Beispiel in Kanada, dem Jugendgerichtsverfahren erzieherische Instanzen vorgeschaltet würden, die nach jeder Straftat gemeinsam mit dem angeschuldigten Jugendlichen und seinen Eltern angemessene erzieherische Maßnahmen erörtern und beschließen und es nur dann zum Jugendgerichtsverfahren kommt, wenn die dabei getroffenen Anordnungen vom Jugendlichen oder seinen Eltern nicht akzeptiert werden können. Dieses Verfahren gilt dort bei jeder Art von Straftat, selbst bei Tötungsdelikten.

Aufgabe und Rolle des kinder- und jugendpsychiatrischen Sachverständigen in Familienrechtsverfahren

In Familienrechtsverfahren kann der Rollenkonflikt zwischen dem helfenden, beratenden oder gar therapierenden Arzt auf der einen Seite und dem gegenüber beiden Parteien zur Neutralität verpflichteten Gutachter andererseits noch schwerwiegender sein. Da es hier in aller Regel um das Kindeswohl geht, ist der Gutachter auch berechtigt, ja verpflichtet, sich mit dem Kind und seinen Bedürfnissen voll zu identifizieren. Der Konflikt entsteht auch nicht dadurch, daß er in einen Widerstreit zwischen den Belangen des Kindes und seiner Aufgabe vor Gericht geraten könnte. Der Rollenkonflikt entsteht vielmehr gegenüber den Eltern bzw. Elternteilen, die ja in aller Regel in starker emotional geprägter Auseinandersetzung stehen und jedem Ratschlag und jeder Hilfe des Gutachters gegenüber einer Partei mit Mißtrauen begegnen müssen und in einem sich darauf stützenden Befangenheitsantrag in aller Regel auch recht bekommen müssen. Es ist daher in diesen Verfahren absolut notwendig, daß der Gutachter alle früheren Kontakte, auch einfache kurze Beratungen einer Partei vor Erstattung des Gutachtens, dem Gericht und damit beiden Parteien zur Kenntnis gibt. Er muß sich darüber hinaus, solange er Gutachter ist, aller prozessualen Ratschläge enthalten, um die er gerade in diesen Verfahren von den Parteien oft angegangen wird. Er sollte auch Versuche, eine Einigung zwischen den Elternteilen zum Wohle des Kindes herbeizuführen, nur gleichzeitig mit beiden Elternteilen vornehmen oder vorher die Zustimmung des Gerichts bewirken. Deshalb sollte er auch weitere Ermittlungen über die Elternteile und ihre Verhältnisse ganz dem Gericht überlassen und unbedingt für eine Ausgewogenheit seiner Gespräche mit den Eltern und seiner Bemühungen um eigene Erfahrungen mit diesen sorgen, d. h., er sollte möglichst gleich viel Zeit für beide Elternteile aufwenden.

Da in Sorgerechts- und Verkehrsrechtsgutachten eine fundierte Stellungnahme ohne große Vorbehalte nur möglich ist, wenn der Kontakt mit beiden Parteien aufgenommen werden konnte, verbieten sich Partei- und Privatgutachten grundsätzlich. Wenn sich allerdings beide Elternteile, auch ohne daß ein gerichtlicher Gutachtenauftrag vorliegt, zu einer Rücksprache mit dem Kinder- und Jugendpsychiater bereit erklären, bestehen natürlich keine Bedenken gegen eine entsprechende Beratung. Allerdings ist dann auch eine Begutachtung nicht mehr notwendig.

In familienrechtlichen Gutachten mehr als in allen anderen Gutachten des Kinder- und Jugendpsychiaters ist sein Gutachten für den Beschluß des Familiengerichts entscheidend. In diesem Falle übernimmt er, ob er will oder nicht, bis zu einem gewissen Grad die Rolle des „Richters in Weiß“, auch wenn er diese Rolle grundsätzlich ablehnen muß, insbesondere den sich streitenden Parteien gegenüber.

Aufgabe des kinder- und jugendpsychiatrischen Sachverständigen in der Hauptverhandlung

Im Hinblick auf die erzieherische Aufgabe des Jugendgerichtsgesetzes ist der kinder- und jugendpsychiatrische Sachverständige auch in der Hauptverhandlung in einer anderen Situation und mit einem anderen Auftrag tätig als der psychiatrische Sachverständige im Verfahren gegen den Erwachsenentäter. Eine wesentliche Aufgabe für den kinder- und jugendpsychiatrischen Sachverständigen liegt in der Information des Jugendlichen und seiner Vorbereitung auf die Hauptverhandlung. Diese sollte nicht nur die Erklärung der Rollen der einzelnen Prozeßbeteiligten, sondern auch der zu erwartenden Schwierigkeiten beinhalten, etwa in der verbalen Kommunikation und im Verständnis der unterschiedlichen Aufgaben z. B. des Staatsanwaltes und des Verteidigers. In der Regel werden diese Aufgaben vom Verteidiger nicht in hinreichender Weise übernommen. Die Aufgabe des Sachverständigen endet auch nicht mit der Hauptverhandlung. Die nachträgliche Betreuung, die Hilfe bei der Bewältigung der neuen Situation nach dem Urteilsspruch wie überhaupt die Aufgabe einer begleitenden Beratung während und nach der Strafhaft ergeben sich häufig aus der vorangegangenen Gutachtensituation. Der Gutachter sollte sich dieser oft an ihn herangetragenen Aufgabe nicht entziehen. Die Möglichkeit ihrer Bewältigung wird aber von den räumlichen und zeitlichen Bedingungen abhängen (SCHÖNFELDER 1974).

Ein grundsätzlicher Mangel ist es, daß Jugendliche nach schwerwiegenden Taten, Vergewaltigungen, Tötungsdelikten usw. in aller Regel keine Möglichkeit eingeräumt bekommen, außer mit den vernehmenden Beamten der Kriminalpolizei mit einer neutralen, psychologisch geschulten Person über die Tat und die Möglichkeit ihrer intrapsychischen Bewältigung zu sprechen. Hierin liegt ein häufig die Sozialprognose mitbestimmender Mangel im jugendgerichtlichen Strafverfahren.

Der Sachverständige hat im Strafverfahren, in der Regel im Anschluß an Staatsanwaltschaft, Verteidigung und Angeklagten, ein Fragerecht an jeden Zeugen oder anderen Sachverständigen. Er sollte hiervon immer dann Gebrauch machen, wenn es zur Erläuterung seines später vorzutragenden Gutachtens dienlich oder gar notwendig ist. Er sollte sich aber unbedingt auf diesen Zweck beschränken und sich davor hüten, weder die Rolle des Staatsanwaltes noch die des Verteidigers mit zu übernehmen.

Aufgabe des Gutachters und die ärztliche Schweigepflicht

Auf das sehr begrenzte Schweigerecht unter Berufung auf eine Schweigepflicht des gerichtlichen Sachverständigen wurde bereits hingewiesen. Wenn er aber schon früher privatärztlich für den jetzt zu begutachtenden Jugendlichen tätig war, so muß er sich vor Erstattung des Gutachtens ausdrücklich von der Schweigepflicht entbinden lassen. Erfolgt diese Entbindung nicht, muß er dies dem Gericht mitteilen, das dann zu entscheiden hat, ob er als Gutachter noch sinnvollerweise in Frage kommt. Andererseits steht grundsätzlich eine solche frühere privatärztliche Tätigkeit, zum Beispiel für einen jetzt beschuldigten Jugendlichen, einer Sachverständigentätigkeit nicht entgegen. Allerdings können daraus für den zu Begutachtenden unter Umständen Gründe zur Ablehnung des Sachverständigen aus der Besorgnis der Befangenheit vernünftigerweise geweckt werden, denen stattgegeben werden muß, auch wenn diese Gründe objektiv nicht gegeben sind. Der Sachverständige kann sich selbst nicht ablehnen, er kann aber wohl dem Gericht Gründe vortragen, wenn er sich befangen fühlt oder die sonst zu einer Ablehnung berechtigen könnten. Die Entscheidung liegt aber beim Gericht (GÖPPINGER 1972).

Die Exploration durch den Gutachter und das Aussageverweigerungsrecht der zu Begutachtenden und ihrer Angehörigen

Im Rahmen der gutachtlichen Exploration muß der Sachverständige im weiten Sinne auch „Ermittlungen" anstellen, auch wenn diese nie den Charakter kriminalpolizeilicher oder staatsanwaltschaftlicher Ermittlungen annehmen können. Aber auch in der einfachen psychiatrischen Exploration muß der Sachverständige, wie schon ausgeführt, respektieren, daß der Angeklagte sich nicht selbst belasten muß und daß er jederzeit das Recht hat, die Aussage zu verweigern. Es kann auch nie Aufgabe des Sachverständigen sein, dazu Stellung zu nehmen, ob die Aussagen des von ihm zu begutachtenden Beschuldigten glaubhaft sind oder nicht. Gelegentlich kommt es vor, daß ein solches Ansinnen an den Sachverständigen herangetragen wird. Es ist rechtlich nicht zulässig.

Zu einer jugendpsychiatrischen Begutachtung, insbesondere im Jugendstrafverfahren, ist eine Exploration der Eltern, soweit sie überhaupt möglich ist, unumgänglich notwendig. Nur auf diesem Wege können für die Beurteilung des Jugendlichen Tatsachen über die frühkindliche Entwicklung in körperlicher, seelischer und sozialer Hinsicht in Erfahrung gebracht werden. Der Verzicht auf eine solche Exploration, wo sie möglich wäre, oder gar ihre grundsätzliche Ablehnung muß im Hinblick auf das Ziel des Jugendgerichtsgesetzes und die Aufgabe des jugendpsychiatrischen Sachverständigen als ein elementarer Fehler der Begutachtung angesprochen werden. Die nächsten Angehörigen, insbesondere die Eltern, haben aber vor Gericht ein Zeugnisverweigerungsrecht. Zwar ist zweifellos eine psychiatrische Exploration nicht mit einer Ermittlung oder einer Vernehmung gleichzusetzen, auch wird es beim Bestreben der Eltern, alle Möglichkeiten der Hilfe zur späteren sozialen Eingliederung ihres Kindes auszunutzen, kaum zu Konflikten kommen. Es empfiehlt sich aber gleichwohl, die Eltern vor der Exploration auf dieses grundsätzliche Recht hinzuweisen. Da die bei der Exploration gewonnenen Anschlußtatsachen korrekterweise in der Hauptverhandlung durch die ja in der Regel erreichbaren Zeugen, also die Eltern selbst, durch ihre Vernehmung eingebracht werden müssen und die Eltern dabei vom Gericht auf ihr Aussageverweigerungsrecht hingewiesen werden, würde eine unterlassene Belehrung der Eltern durch den Sachverständigen dadurch wieder geheilt.

Schwierigkeiten müßten allerdings dann entstehen, wenn die Eltern in der Hauptverhandlung von ihrem Aussageverweigerungsrecht Gebrauch machen. Dann dürfte der Sachverständige die bei der Exploration der Eltern erworbenen Kenntnisse nicht verwerten.

Solche Schwierigkeiten entstehen häufiger bei der Begutachtung von Kindern und Jugendlichen zur Frage der Glaubwürdigkeit. Hierbei geht es ja häufig um Verfahren gegen unmittelbare Angehörige der zu begutachtenden Kinder und Jugendlichen, etwa gegen den Vater oder einen älteren Bruder. Im Zuge der Familienauseinandersetzungen, die bei solchen innerfamiliären Vorkommnissen überhaupt erst zur Anzeige führen und zunächst eine unmittelbare Aussagebereitschaft des Kindes oder nach Einverständniserklärung durch einen dazu bestellten Pfleger gegeben ist, sind vielfach auch für das Verfahren entscheidende Angaben bereits polizeilich protokolliert. Da bis zur Durchführung der gutachterlichen Untersuchung häufig eine mehr oder weniger lange Zeit verstreicht, während welcher die innerfamiliären Auseinandersetzungen zur Ruhe kommen können, sind die Kinder und Jugendlichen häufig zu diesem Zeitpunkt nicht mehr aussagebereit und machen von ihrem Zeugnisverweigerungsrecht Gebrauch. Der Gutachter ist zwar nicht verpflichtet, die zu Begutachtenden in solchen Fällen auf ihr Zeugnisverweigerungsrecht hinzuweisen, er ist aber gut beraten, wenn er es tut. Eine kinder- und jugendpsychiatrische Sorgfaltspflicht kann auch den Umstand nicht aus dem Auge verlieren, daß Kinder, die gegen unmittelbare Angehörige belastende Aussagen machen, später möglicherweise mit der Tatsache leben und fertig werden müssen, daß sie diese nahen Angehörigen vor Gericht und unter Umständen ins Gefängnis gebracht haben. Je nach Alter und Auffassungsfähigkeit des zu begutachtenden Kindes und Jugendlichen sollte möglichst sachneutral diese Problematik mit dem betreffenden oder dem begleitenden Erziehungsberechtigten oder Pfleger erörtert werden, allerdings nicht in der Absicht und dem Ziel, prozeßbeeinflussend einzugreifen.

Da die Belehrung über das Zeugnisverweigerungsrecht bei der Aussage gegen nahe Angehörige durch einen Sachverständigen nicht rechtswirksam sein kann, kann der Sachverständige die dabei gewonnenen Erkenntnisse, soweit sie sich auf die Aussagen des Kindes oder Jugendlichen stützen, dann in der Hauptverhandlung nicht verwerten, wenn das Kind oder der Jugendliche dann erst von seinem Aussageverweigerungsrecht Gebrauch macht und seine Angaben vor dem Sachverständigen mit einbezieht.

Im Zivilrecht, insbesondere in Familienrechtsverfahren geht es in der Regel nicht um das Recht der Aussageverweigerung. Dennoch muß vom Gutachter der Konflikt erkannt werden, der unter Umständen daraus entsteht, daß das zu begutachtende Kind oder der Jugendliche dem Gutachter gegenüber eine Stellungnahme gegen einen der Elternteile abgibt, die für die gutachterliche Entscheidung ausschlaggebend sein kann, von denen das Kind oder der Jugendliche aber nicht möchte, daß sie der Elternteil, gegen den die Aussage oder Stellungnahme gerichtet war, erfährt. Dies ist in aller Regel nicht möglich und sollte auf keinen Fall dem begutachteten Kind oder Jugendlichen versprochen werden. Die Aussparung einer solchen Aussage aus dem Gutachten ist nur dann möglich, wenn sie für die abschließende Stellungnahme des Gutachters nicht von wesentlicher Bedeutung war. Gerade in diesen Verfahren ergeben sich mannigfache Konfliktmöglichkeiten. Vielfach berichten auch Eltern dem Gutachter Dinge, die ihnen vom Kind unter dem Siegel der Verschwiegenheit mitgeteilt wurden. Auch hier ist es gut, wenn der Gutachter dem Elternteil rechtzeitig sagt, daß er alle Dinge, die für die Begutachtung wesentlich sind und die er auf diesem Wege der Exploration erfährt, auch ins Gutachten aufnehmen muß (LEMPP 1976).

Kinderpsychiatrische oder -psychologische Kompetenz

Die ursprüngliche Aufgabe einer Sachverständigenbeurteilung der Zurechnungsfähigkeit bzw. Schuldfähigkeit eines Täters, bei der es um die Feststellung einer psychischen Krankheit ging, lag eindeutig und unbestritten in der Kompetenz des Psychiaters. Im selben Maße wie das Strafrecht sich von der grundsätzlichen Ausgangsbasis löste, wonach nur krankhafte Störungen einen Einfluß auf die Zurechnungsfähigkeit bzw. Schuldfähigkeit haben können, waren auch normalpsychologische Vorgänge Gegenstand sachverständiger Erörterung, wie zum Beispiel der starke Affekt. Bei der Unsicherheit des Krankheitsbegriffes im psychischen Bereich war eine solche Entwicklung unvermeidlich. Auch die Erörterung der Motive, wie sie etwa der Mordparagraph vorschreibt, zogen Feststellungen über normalpsychologische Vorgänge nach sich. In der klassischen forensischen Psychiatrie im Rahmen der Begutachtung in Strafverfahren konnte aber an der regelmäßigen Kompetenz des Psychiaters festgehalten werden.

Im Bereich des Jugendstrafrechts tritt die Erörterung psychopathologischer Phänomene erheblich in den Hintergrund im Vergleich zu entwicklungspsychologischen und psychodynamischen Gesichtspunkten. Für diese kann sich aber auch der klinische Psychologe kompetent fühlen, wie er ja auch in der kinder- und jugendpsychiatrischen Klinik eine praktisch gleichberechtigte Funktion neben dem Kinder- und Jugendpsychiater einnimmt, wobei ihre Aufgabengebiete sich in größeren Bereichen decken, als sie sich unterscheiden.

Außerhalb der Begutachtungen im Jugendstrafrecht gewinnen die normalpsychologischen Beurteilungen noch mehr an Bedeutung, so besonders in familienrechtlichen Gutachten zur Frage der Sorgerechtszuteilung und der Verkehrsregelung, in welchen die affektiven Bindungen eines Kindes und seine psychischen Bedürfnisse zur Diskussion stehen. Aber auch die Beurteilung der Glaubwürdigkeit ist primär eine psychologische Fragestellung, bei der allerdings psychopathologische Befunde eine manchmal wichtige Bedeutung erlangen können.

Bei den sozialrechtlichen Gutachten und bei den Gutachten zu Entschädigungsfragen stehen dann wieder die ärztlichen, also die psychiatrischen Fragen, mehr im Vordergrund.

Die von der forensischen Erwachsenenpsychiatrie und -psychologie ausgehende Diskussion um die Kompetenz in Gutachterfragen ist für den Gesamtbereich der gerichtlichen Kinder- und Jugendpsychiatrie wenig sinnvoll, da sich im Grund beide Richtungen in weiten Bereichen gegenseitig vertreten und in einzelnen Punkten sich fruchtbar ergänzen können. Grundsätzliche Alternativen wie aber auch die andere Disziplinen ausschließenden Ansprüche sind hier unangebracht.

Erstellung des Gutachtens

Das Gutachten wird in der Regel in schriftlicher Form angefordert, im Strafverfahren ist allerdings das in der Hauptverhandlung mündlich vorgetragene Gutachten entscheidend. In Zivilprozessen, auch in den Verfahren vor den Familiengerichten, wird das Gutachten nur schriftlich erstellt, nur in Einzelfällen kann es dann noch zur Klärung von nach dem schriftlichen Gutachten noch offenen Fragen zu einer mündlichen Verhandlung bzw. einer Vernehmung des Sachverständigen vor Gericht kommen.

In jugendgerichtlichen Verfahren steht der Gutachter in der Regel unter einem erheblichen Zeitdruck, wenn der zu begutachtende Jugendliche sich in Haft befindet. Die Haftzeit sollte beim Jugendlichen möglichst kurz gehalten werden. In weniger schwerwiegenden Fällen ist es wünschenswert, wenn nach Absprache zwischen Gericht, Staatsanwaltschaft, Verteidigung und Gutachter die Möglichkeit geschaffen wird, auf ein ausführliches schriftliches Gutachten zu verzichten und die Befunde in der Hauptverhandlung mündlich vorzutragen.

Auch die familienrechtlichen Gutachten fordern eine möglichst rasche Bearbeitung, da hier der Faktor Zeit oft für die kinder- und jugendpsychiatrische Entscheidung und damit auch für das Gericht ausschlaggebend sein kann, weil sie Fakten schafft, an denen man ohne Verletzung des Kindeswohls nicht mehr vorbeigehen kann. Familienrechtliche Gutachten können geradezu den Charakter kinder- und jugendpsychiatrischer Krisenintervention annehmen und sind daher in aller Regel die eilbedürftigsten Gutachten, die im Bereich der Kinder- und Jugendpsychiatrie anfallen.

Demgegenüber sind die Entschädigungsgutachten von relativ geringer Eilbedürftigkeit.

Die Form des schriftlichen Gutachtens ist nicht vorgeschrieben. Sie sollte sich am Zweck des Gutachtens, nämlich der Information und Beratung des Gerichts, orientieren. Das heißt, daß alle Fakten, die dem Gericht bekannt sind, im Gutachten grundsätzlich nicht aufzutauchen brauchen, daß aber alle Gedankengänge, Vorstellungen und Überlegungen, die der Gutachter angestellt hat, um zu seinem Ergebnis zu kommen, so wiedergegeben werden sollen, daß die Schlüsse vom Gericht nachvollzogen werden können. Dies bedingt auch, daß auf eine Fachsprache weitgehend verzichtet werden sollte.

Da das Gutachten allerdings nicht nur der Information und Beratung des Gerichts dient, sondern in seiner schriftlich niedergelegten Form gleichzeitig ein Dokument für den Gutachter selbst und sein Institut darstellt, das möglicherweise später auf diese Befunde im Rahmen einer gutachtenunabhängigen ärztlichen Behandlung zurückgreifen möchte oder auch einer wissenschaftlichen Auswertung zugeführt werden soll, besteht das Bedürfnis, auch von den dem Gericht bekannten Fakten so viel im Gutachten wiederzugeben, als zum Verständnis des Gesamtvorganges notwendig ist.

Es bietet sich daher eine klare Dreiteilung des schriftlichen Gutachtens an:

1. Teil: Die Wiedergabe der Fragestellung und die Darstellung aller vom Gericht bzw. der Staatsanwaltschaft festgestellten Fakten, soweit sie im Gutachten inhaltlich Verwendung finden und für das Verständnis des Gutachtens und seines Ergebnisses unbedingt notwendig sind. Dieser Teil stellt also einen sich auf das Notwendigste beschränkenden Aktenauszug dar.
2. Teil: Dieser Teil sollte alle Explorationen, Erhebungen und Befunde darstellen, die der Gutachter durchgeführt und angewandt hat.
3. Teil: Dieser Teil ist weitgehend identisch mit der Beurteilung, die zu den in den Akten niedergelegten Fakten Stellung nehmen kann, die eigenen Untersuchungsergebnisse kritisch würdigen soll und für das Gericht nachvollziehbar aus Vorgeschichte und Befund die für das Gericht entscheidenden kinder- und jugendpsychiatrischen Diagnosen und die daraus zu ziehenden forensisch-psychiatrischen Schlüsse wiedergeben soll. Außer der unmittelbaren Beantwortung der vom Gericht gestellten Frage sollte in Jugendgerichtsverfahren auch die Frage der Prognose Darstellung finden.

In der Regel soll sich der Gutachter möglichst streng an die Fragestellung des Gerichts halten und sich darauf beschränken. Vielfach verzichten Staatsanwaltschaft oder Gericht auf eine scharf umschriebene Fragestellung, so daß sich der Gutachter die für das Gericht relevante Frage selbst formulieren muß.

In begründeten Fällen ist der jugendpsychiatrisch-forensische Sachverständige insbesondere auch in Familienrechtsfragen durchaus berechtigt, über die vom Gericht gestellte Frage hinauszugehen, wenn er dadurch zwangsläufig sich ergebende weitere Entwicklungen vorab klären kann und unvermeidliche Rückfragen sich dadurch erübrigen. Er hat sich aber dabei sehr zurückzuhalten und darf in keinem Fall die Entscheidung des Gerichts gewissermaßen vorwegnehmen.

Die hier dargestellte Form des schriftlichen Gutachtens ist keineswegs zwingend, es gibt vielerlei Formen, in denen Gutachten in guter Form erstellt werden können. Es soll dabei aber nicht aus dem Auge verloren werden, daß ein Gutachten ausschließlich der Hilfe für das Gericht dient und nicht der Selbstdarstellung des Gutachters.

Die Wahl der Untersuchungsmethoden

Die Wahl der Untersuchungsmethoden ist in aller Regel dem Gutachter überlassen. Eingreifende Untersuchungsmethoden, wie sie früher bei der Anfertigung des Pneumenzephalogramms notwendig werden konnten und wie sie heute noch in seltenen Fällen die Vornahme einer Lumbalpunktion darstellen könnte, bedürfen in jedem Fall der ausdrücklichen Einwilligung des zu Untersuchenden bzw. dessen gesetzlichen Vertreters. Diese Frage dürfte aber heute kaum mehr relevant sein.

Die Anwendung testpsychologischer Untersuchungen stößt im allgemeinen, soweit es sich um sogenannte psychometrische Verfahren handelt, also um Intelligenzmessungen, kaum auf Widerspruch oder Beanstandung. Die Anwendung projektiver Testverfahren wurde vom Bayerischen Oberlandesgericht München in Zweifel gezogen, da die Auswertung weitgehend von der Interpretation des Gutachters abhänge und sie möglicherweise einen unerlaubten Eingriff in die schutzwürdige Privatsphäre des zu Begutachtenden darstelle. Auch wenn es unbestreitbar ist, daß projektive Testverfahren interpretationsbedürftig und interpretationsfähig sind und damit keine objektiven Untersuchungsmethoden darstellen, so besteht jedoch kein Grund, sie dem erfahrenen und kritischen Gutachter nicht als Möglichkeiten der Absicherung seiner explorativen Befunde und seines klinischen Eindrucks zuzugestehen. Ihr Mißbrauch kann keinen Vorwurf gegen die Art der Testuntersuchungen, wohl aber gegen die Qualität des Gutachters begründen. Der angesprochene Schutz der Privatsphäre als Argument gegen die Berechtigung der Anwendung projektiver Testuntersuchungen bei Kindern und Jugendlichen im Rahmen von familienrechtlichen Begutachtungen ist deswegen obsolet, weil das Verfahren selbst bzw. die das Verfahren notwendig machende Ehescheidung bereits eine massive Gefährdung der Privatsphäre des zu begutachtenden Kindes oder Jugendlichen bedingen, welche unter kritischer Abwägung deutlich zu machen gerade diese Testverfahren in der Hand des erfahrenen Gutachters geeignet sind.

Das Gutachten sollte allerdings nicht mit einem Ausschließlichkeitsanspruch einer bestimmten Theorie verpflichtet sein, zumindest aber müßte dem Gutachten zu entnehmen sein, auf welche wissenschaftliche Theorie sich das Gutachten und die Auswertung der Testuntersuchungen stützt, wobei gleichzeitig deutlich zu machen ist, daß möglicherweise andere Theorien zu anderen Ergebnissen führen könnten.

Das mündliche Gutachten in der Hauptverhandlung

Der Sachverständige, der vor der Hauptverhandlung ein schriftliches Gutachten vorgelegt hat, ist keineswegs verpflichtet, bei dem dabei niedergelegten Ergebnis zu bleiben, ja er ist im Gegenteil verpflichtet, sein schriftliches Gutachten gegebenenfalls zu revidieren, wenn die Hauptverhandlung neue Gesichtspunkte erbringt. Er muß natürlich die Änderungen seines Ergebnisses ausführlich begründen können.

Die Einführung von Anschlußtatsachen, die der Sachverständige während der Vorbereitung seines Gutachtens gewonnen hat, etwa durch Befragung der Eltern, müssen strafprozessual bei erreichbaren Zeugen durch diese selbst eingeführt werden. Die Handhabung in der Hauptverhandlung ist allerdings unterschiedlich. Es gibt Gerichte, die sich damit begnügen, daß der Sachverständige diese Tatsachen vorträgt, andere Gerichte vernehmen ihn insoweit als sachverständigen Zeugen.

Das Gutachten selbst soll mündlich in freier Rede vorgetragen werden. Es ist von einem gerichtlichen Sachverständigen zu erwarten, daß er weder sein vorher ausgearbeitetes schriftliches Gutachten abliest noch einen neu verfaßten Gutachtentext zur Verlesung bringt. Desgleichen muß er in der Lage sein, die von ihm vertretenen Schlußfolgerungen auch mündlich in der Diskussion mit Staatsanwaltschaft und Verteidung zu vertreten.

Spezielle Aufgaben des kinder- und jugendpsychiatrischen Sachverständigen im Jugendstrafrecht

Wesentliche Bestimmungen des Jugendgerichtsgesetzes

Das Jugendgerichtsgesetz ist dem Erziehungsgedanken verpflichtet. Dies wird auch dadurch deutlich, daß gemäß § 34 JGG der Jugendrichter nach Möglichkeit zugleich auch Vormundschaftsrichter sein soll mit den Aufgaben, die Eltern, den Vormund und den Pfleger durch geeignete Maßregeln zu unterstützen, Maßnahmen zur Abwendung einer Gefährdung des Minderjährigen zu treffen, wie auch Entscheidungen, welche die Erziehungsbeistandschaft und die Fürsorgeerziehung betreffen.
Dem Jugendrichter stehen mehrere Möglichkeiten zur Verfügung, die er als Folgen der Jugendstraftat anordnen kann, auch ist er bei Anordnung der Jugendstrafe nicht an die Strafrahmen des allgemeinen Strafrechts gebunden, wobei das Mindestmaß der Jugendstrafe 6 Monate, das Höchstmaß 5 Jahre beträgt. Handelt es sich bei der Tat um ein Verbrechen, für das nach dem allgemeinen Strafrecht eine Höchststrafe von mehr als 10 Jahren Freiheitsstrafe angedroht ist, so beträgt das Höchstmaß 10 Jahre. Der Jugendrichter soll die Jugendstrafe so bemessen, daß die erforderliche erzieherische Einwirkung möglich ist (§ 18 JGG).
Der Jugendrichter kann Erziehungsmaßregeln, Zuchtmittel oder Jugendstrafe anordnen.
Gemäß § 9 JGG gehören zu den Erziehungsmaßregeln:

1. die Erteilung von Weisungen,
2. die Erziehungsbeistandschaft und
3. die Fürsorgeerziehung,

wobei die Weisungen Gebote und Verbote sind, welche die Lebensführung des Jugendlichen regeln und die Erziehung fördern und sichern sollen (§ 10 JGG). Die Anordnung der Erziehungsbeistandschaft und Fürsorgeerziehung richten sich nach den Vorschriften über die Jugendwohlfahrt (§ 12 JGG).
Zu den Zuchtmitteln, die der Richter anordnen muß, wenn Erziehungsmaßregeln nicht ausreichen (§ 5 Abs. 2 JGG), sind nach § 13 JGG:

1. die Verwarnung,
2. die Erteilung von Auflagen und
3. der Jugendarrest.

Die Zuchtmittel haben nicht die Rechtswirkung einer Strafe. Der Jugendarrest kann gemäß § 16 JGG als Freizeitarrest, Kurzarrest oder Dauerarrest angeordnet werden, der Dauerarrest beträgt mindestens eine Woche und höchstens 4 Wochen.
Die Voraussetzungen zur Anordnung einer Jugendstrafe, die in einer Jugendstrafanstalt verbüßt werden muß, sind gemäß § 17 Abs. 2 JGG die in der Tat hervorgetretenen schädlichen Neigungen des Jugendlichen und die Feststellung, daß Erziehungsmaßregeln oder Zuchtmittel zur Erziehung nicht ausreichen, oder aber auch die Schwere der Schuld.
Jugendstrafe kann gemäß § 19 JGG von unbestimmter Dauer angeordnet werden, wenn eine Jugendstrafe von höchstens 4 Jahren geboten ist und sich nicht voraussehen läßt, welche Zeit erforderlich ist, um den Jugendlichen durch den Strafvollzug zu einem rechtschaffenen Lebenswandel zu erziehen. Das Höchstmaß der Jugendstrafe von unbestimmter Dauer beträgt 4 Jahre, der Unterschied zwischen dem Mindest- und dem Höchstmaß soll nicht weniger als 2 Jahre betragen.
Die Verurteilung zu einer Jugendstrafe von bestimmter Dauer von nicht mehr als einem Jahr kann zur Bewährung ausgesetzt werden, wenn zu erwarten ist, daß der Jugendliche sich schon die Verurteilung zur Warnung dienen läßt und auch ohne Einwirkung des Strafvollzugs unter der erzieherischen Einwirkung in der Bewährungszeit künftig einen rechtschaffenen Lebenswandel führen wird (§ 21 JGG). Der Jugendliche wird dann für die Dauer der Bewährungszeit der Aufsicht und Leitung eines hauptamtlichen Bewährungshelfers unterstellt (§ 24 JGG).
Nach § 27 JGG kann der Jugendrichter dann, wenn nach Erschöpfung der Ermittlungsmöglichkeiten nicht mit Sicherheit beurteilt werden kann, ob in der Straftat schädliche Neigungen von einem Umfang hervorgetreten sind, daß eine Jugendstrafe erforderlich ist, die Schuld des Jugendlichen feststellen, die Entscheidung über die Verhängung der Jugendstrafe aber für eine von ihm zu bestimmende Bewährungszeit aussetzen.
In einem Verfahren gegen einen Jugendlichen ist die Jugendgerichtshilfe heranzuziehen, und zwar so früh wie möglich (§ 38 Abs. 3 JGG). Die Jugendgerichtshilfe soll die erzieherischen, sozialen und fürsorgerischen Gesichtspunkte im Verfahren vor den Jugendgerichten zur Geltung bringen (§ 38 Abs. 2 JGG).
Für die Dauer von Erörterungen, aus denen Nachteile für die Erziehung des Jugendlichen entstehen können, soll der Vorsitzende des Jugendgerichts den Angeklagten von der Verhandlung ausschließen (§ 51 Abs. 1 JGG). Dies betrifft in aller Regel auch die Erstattung eines jugendpsychiatrisch-fo-

rensischen Gutachtens. Nach § 51 Abs. 2 JGG soll der Vorsitzende auch Angehörige, den Erziehungsberechtigten und den gesetzlichen Vertreter des Angeklagten von der Verhandlung ausschließen, soweit gegen ihre Anwesenheit Bedenken bestehen. Dies kann für die Aussagebereitschaft nicht nur zur Tat, sondern vor allem auch zur Person des Jugendlichen oft von Bedeutung sein. Der jugendpsychiatrisch-forensische Gutachter ist hier gehalten, in Erkennung solcher Hinderungsgründe und Spannungen zwischen dem zu vernehmenden Jugendlichen und anwesenden Erziehungspersonen unter Umständen das Gericht auf die Notwendigkeit des Ausschlusses hinzuweisen.

Nach § 73 JGG kann der Richter zur Vorbereitung eines Gutachtens über den Entwicklungsstand des Beschuldigten nach Anhören eines Sachverständigen und des Verteidigers anordnen, daß der Beschuldigte in eine zur kriminalbiologischen Untersuchung Jugendlicher geeignete Anstalt gebracht und dort beobachtet wird. Nach Absatz 3 darf die Verwahrung in der Anstalt die Dauer von 6 Wochen nicht überschreiten.

Kann die Untersuchung ambulant erfolgen oder ist der Jugendliche in Haft und kann in einer Justizvollzugsanstalt oder nach Vorführung aus einer solchen die Begutachtung durchgeführt werden, ist die vorherige Anhörung eines Sachverständigen nicht notwendig.

Die Frage der strafrechtlichen Verantwortlichkeit gemäß § 3 JGG

§ 3 JGG lautet:

„Ein Jugendlicher ist strafrechtlich verantwortlich, wenn er zur Zeit der Tat nach seiner sittlichen und geistigen Entwicklung reif genug ist, das Unrecht der Tat einzusehen und nach dieser Einsicht zu handeln. Zur Erziehung eines Jugendlichen, der mangels Reife strafrechtlich nicht verantwortlich ist, kann der Richter dieselben Maßnahmen anordnen wie der Vormundschaftsrichter.“

Der § 3 JGG verlangt also in jedem Strafverfahren gegen einen Jugendlichen zwischen dem vollendeten 14. und dem vollendeten 18. Lebensjahr die ausdrückliche Feststellung seiner strafrechtlichen Verantwortlichkeit. Dabei geht es nicht nur um die Reife zur Einsicht in die Strafbarkeit, wie dies noch § 56 StGB von 1871 forderte, sondern neben der Reife zur Einsicht auch um die Reife, gemäß dieser Einsicht zu handeln, also zur Willensbildung. Außerdem geht es nicht mehr um Einsicht in die Strafbarkeit der Tat oder das Ungesetzliche der Tat, wie es der § 3 JGG von 1923 formulierte, sondern in das Unrecht der Tat. Der Jugendliche braucht also nicht das Strafgesetz zu kennen, er muß auch nicht unbedingt mehr die Fähigkeit zur Erkenntnis der Gesetzwidrigkeit haben, er muß nicht mehr wie früher in der Lage sein, eine Verbindung zwischen seiner Tat und dem Gesetz herstellen, sondern es genügt die Einsicht in den sittlichen und rechtlichen Gehalt seiner Handlung. Nach PETERS (1967) ist damit die Einsicht in die Verletzung der Ordnung, die dem einzelnen von seiner Würde her in seinem Indivualbereich auferlegt ist, gemeint. Der Begriff „Unrecht“ greift weiter aus, er umfaßt das, was die früheren Formulierungen über Strafbarkeit und Ungesetzlichkeit besagten. Der Gesetzgeber hat hier auf etwas abgestellt, was nach PETERS (1967) am besten als „soziale Reife“ umschrieben wird. Der Jugendliche soll in der Lage sein, sein Handeln aus der Sozialbindung heraus zu begreifen und um dieser Sozialbindung willen rechtmäßig zu gestalten. Er ist nicht schon dann sittlich reif, wenn er weiß, daß das, was er tut, verboten ist, er muß vielmehr den Unterschied zwischen Spiel und Ernst erkannt haben, und die Normen müssen für ihn Realitätswert erhalten haben.

Diese Forderungen sind am konkreten Fall des vielleicht gerade 14 Jahre alten Jugendlichen oft schwer zu fassen, ja es besteht der Verdacht, daß manche Erwachsene, bei welchen diese Frage nicht mehr von Gesetz wegen geprüft werden muß, diesen Normen noch keineswegs entsprechen können. So ist auch BRESSER (1972) insoweit durchaus zuzustimmen, daß es für die Reife keine exakten Kriterien geben kann und daß die Fragestellung des § 3 JGG keine psychiatrischen Probleme im engeren Sinne aufwirft. Kinder- und Jugendpsychiatrie kann sich jedoch nicht, wie es die Erwachsenenpsychiatrie noch lange Zeit getan hat, von sozialen Dimensionen freihalten und sich auf die reine Psychopathologie beschränken. Insofern ist die Feststellung einer sozialen Reife sehr wohl eine konkrete, vom Kinder- und Jugendpsychiater am konkreten Fall auch zu beantwortende Fragestellung.

So schwierig die Definition der strafrechtlichen Verantwortlichkeit, d. h. die Feststellung der Reife zur Einsicht und zur Willensbildung sein muß, wenn man sie abstrakt beantworten will, so konkret und beantwortbar wird diese Frage doch dann, wenn sie für den konkreten Jugendlichen beantwortet und an der von ihm konkret verübten Tat gemessen wird.

Dabei geht es ausdrücklich nicht darum festzustellen, ob der straffällige Jugendliche zur Zeit der Tat einem körperlich und geistig durchschnittlich entwickelten Jugendlichen entspricht, der das 14. Lebensjahr vollendet hat, sondern es geht darum, ob der betreffende Jugendliche bei seiner konkreten Handlung reif genug zur Einsicht war und auch reif genug, entsprechend dieser Einsicht zu handeln.

Damit wird die Feststellung der Reife zur Einsicht in das Unrecht der Tat im allgemeinen leicht und in aller Regel positiv zu beantworten sein. Dies gilt insbesondere für die in diesem Alter häufigste Delikform, für die Eigentumsdelikte. Schon vom Kind, das eben eingeschult wird, erwartet man, daß es zwischen „Mein" und „Dein" zu unterscheiden weiß und gelernt hat, das Eigentum des anderen ebenso zu respektieren, wie es die Beachtung seines eigenen Eigentums durch die andern selbstverständlich erwartet. Ähnlich verhält es sich bei aggressiven Handlungen, sofern sie nicht in reiner Abwehr begangen wurden. In aller Regel ist das schlechte Gewissen des Jugendlichen, sein Bemühen, die Straftat oder sogar sich selbst nach der Tat zu verbergen, Beweis genug für die Fähigkeit zur Einsicht in das Unrecht seiner Tat. Zweifel an der Reife zur Einsicht können sich allenfalls dann ergeben, wenn es sich um sehr ungewöhnliche und schwer durchschaubare Strafbestimmungen handelt, wie etwa Devisenvergehen oder ähnliches, was kaum einmal relevant sein dürfte. Ähnliche Zweifel können bei Taten entstehen, die in der Bewertung ihrer sozialen Schädlichkeit für einen Jugendlichen nicht ohne weiteres erkennbar sind, bei welchen also der Jugendliche zwar weiß, daß er unrecht handelt, das Ausmaß der negativen moralischen Bewertung aber nicht ohne weiteres erfassen kann, wie etwa zum Beispiel bei der Urkundenfälschung (§ 267 StGB). Eine solche kann sich unter Umständen im Einzelfall für den Jugendlichen nicht von dem Unrechtsgehalt einer einfachen Lüge unterscheiden lassen, die ja nach seiner eigenen Erfahrung in der Regel nicht eigens bestraft wird. Auch bei Begünstigung und Hehlerei (§ 257 ff StGB) können ähnliche Probleme auftreten.

Fehlende Einsicht in das Unrecht der Tat allein oder überwiegend aufgrund einer mangelnden Begabung oder gar eines Schwachsinns fällt im allgemeinen nicht unter die vom § 3 JGG angesprochene Unreife zur Einsicht in das Unrecht der Tat, sondern ist allenfalls unter den noch zu besprechenden § 20 oder 21 StGB zu fassen. Hier kann aber im Einzelfall eine echte Konkurrenz zwischen § 3 JGG und § 20 oder 21 StGB vorliegen, auf die noch ausführlich einzugehen sein wird.

Sehr viel schwieriger kann die Beurteilung der Reife gemäß einer vorhandenen Einsicht in das Unrecht der Tat zu handeln sein. Nicht wenige Jugendliche sind in ihrer sozialen Reife noch nicht so weit entwickelt, daß sie auch in der Lage wären, trotz vorhandener Einsicht in das Unrecht ihres Tuns entsprechend zu handeln bzw. die inkriminierte Handlung zu unterlassen. Dabei geht es auch hier nicht um psychopathologische Zustandsbilder und Ursachen einer solchen beeinträchtigten Willensbildungsfähigkeit. Es geht vielmehr darum, festzustellen, ob möglicherweise andere, stärkere Einflüsse für den Jugendlichen bestimmend sein mußten als sein eigener Wille, kein Unrecht zu tun. Eine solche, für den Jugendlichen aus Gründen der Reife nicht zu überwindende Konfliktsituation kann sich etwa ergeben, wenn ein Jugendlicher gemeinsam mit seinem Vater oder einem älteren Bruder Unrechtstaten verübt. Es verlangt ein relativ großes Maß an sozialer Reife, in solchen Fällen sich von den Handlungen der älteren Bezugsperson loszusagen, und zwar nicht nur innerlich, sondern auch durch die Verweigerung der Teilnahme. Solche nicht zu bewältigenden Konflikte können schon bei Gruppentaten entstehen, nämlich dann, wenn der Jugendliche vor der Alternative steht, sich entsprechend seiner Einsicht in das Unrecht des beabsichtigten Tuns von der ihn dazu auffordernden Gruppe zu lösen und damit für ihn vielleicht außerordentlich wichtige emotionale Bindungen aufzugeben, oder entgegen der Einsicht die unrechte Tat auszuführen. Deswegen ist beim Mitläufer wie auch beim vorgeschobenen jüngeren Haupttäter bei Gruppendelikten, selbst und gerade bei Zweiergruppen im Einzelfall sorgfältig zu prüfen, ob dem Jugendlichen unter Berücksichtigung seiner Situation überhaupt zuzumuten war, die Tat zu unterlassen. Dabei ist zu berücksichtigen, daß es durchaus typisch für Jugendliche ist, daß sie diese Entscheidung meist nicht frühzeitig im Vorfeld der vorbereitenden Handlungen treffen, sondern in der trügerischen Hoffnung, es werde doch nicht so weit kommen, diese Frage und Entscheidung so lange vor sich herschieben, bis sie zu einer freien Entscheidung nicht mehr in der Lage sind.

Solche Konflikte können auch dann entstehen, wenn Familien-, Stammes- oder Sittengesetze einer Subkultur im Widerspruch zu den allgemeinen Rechtsnormen stehen, was insbesondere auch bei Taten ausländischer Jugendlicher aus fremder soziokultureller Umgebung, im einzelnen zu prüfen ist.

Schließlich kann eine solche Unfähigkeit zur Bewältigung einer Konfliktsituation auch bei schweren Delikten, wie zum Beispiel Kindstötung (§ 217 StGB), zu einer Verneinung der Strafreife führen (LEMPP 1973).

Das vielfach benutzte Argument bei einem älteren, unter Umständen beinahe 18 Jahre alten Jugendlichen, für ihn könne eine Verneinung der Voraussetzungen des § 3 JGG nicht in Frage kommen, da er ja in Kürze das 18. Lebensjahr vollende und damit bei ihm von Gesetzes wegen eine absolute strafrechtliche Verantwortlichkeit vorausgesetzt werde, ist ein offensichtlicher Fehlschluß, da der Gesetzgeber diese Grenze notwendigerweise als feste Grenze ziehen mußte, damit aber keineswegs die Frage nach dem Abschluß einer genügenden sozialen Reife bindend beantworten konnte, daß jeder nach dem vollendeten 18. Lebensjahr diese auch erreicht haben müsse. Es ist vielmehr, darauf sei noch einmal hingewiesen, jedesmal die konkrete Persönlichkeit und ihre konkrete Tat in ihrer Beziehung zueinander zu prüfen.

Schwierigkeiten bei der Beurteilung der Strafreife können sich auch bei Sexualdelikten Jugendlicher ergeben. So kann in bestimmten Situationen der sexuelle Drang bei einer exhibitionistischen Handlung (§ 183 StGB), bei Verführung eines Mädchens unter 16 Jahren (§ 182 StGB) oder auch bei sexuellem Mißbrauch von Kindern unter 14 Jahren (§ 176 StGB) so stark sein, daß auch hier eine Unreife zur Willensbildung im Hinblick auf eine Unterlassung der Handlung besprochen werden kann, dies um so mehr, als auch hier die Frage der Einsicht unter bestimmten Bedingungen zweifelhaft sein kann. So wird zwar von den Jugendlichen in solchen Fällen oft das Unschickliche und Unanständige ihrer Taten eingesehen, nicht jedoch der Unrechtsgehalt im Sinne einer Verletzung des Rechts des andern. Eine Einsicht, jemanden anderen etwa durch eine exhibitionistische Handlung geschädigt oder verletzt zu haben, ist in solchen Fällen oft schwer zu unterstellen.

Da gerade bei pubertären sexuellen Fehlentwicklungen die strafrechtlichen Normen und die jugendpsychiatrischen und psychologischen Erkenntnisse über die sexuelle Entwicklung von Jugendlichen weit divergieren und es zu echten, gerade für diese Jugendlichen verhängnisvollen Fehlentscheidungen bei einfacher Zugrundelegung der gesetzlichen Normen kommen kann, bietet sich hier eine sorgfältige Interpretation des § 3 JGG zur vollen Ausschöpfung der Möglichkeiten, das Jugendstrafrecht als ein Erziehungsstrafrecht zu verstehen, an.

Die Verneinung des § 3 JGG beinhaltet allerdings auch oft eine pädagogische Wirkung, die vom jugendpsychiatrischen Gutachter nicht übersehen werden sollte. Auch wenn er die Auswirkungen seiner Begutachtung und der Mitteilung seiner Befunde an das Gericht nicht in den Vordergrund seiner Überlegungen stellen darf und die Verantwortung für die Folgerungen und Schlüsse, die das Gericht aus seinen nach bestem Wissen und Gewissen vorgetragenen Befunden zieht, ausschließlich beim Gericht selbst liegt, so darf er doch aufgrund seiner Fachkunde bestimmte Wirkungen, die sich aus bestimmten Schlüssen ergeben, dem Gericht mitteilen. So kann die Feststellung gegenüber dem Jugendlichen, er sei für die von ihm verübte Tat strafrechtlich noch nicht verantwortlich, weil er die zur Einsichts- und Willensbildungsfähigkeit notwendige Reife noch nicht habe, eine schwere Kränkung und damit eine Schädigung seiner psychosozialen Entwicklung bedeuten. Je nach Voraussetzungen könnte er daraus einen gewissen Freibrief ableiten oder aber ein Gefühl schwerer Selbstwertunsicherheit, das ihn veranlassen könnte, die bei ihm bestrittene Reife durch weitere, unter Umständen schwerere Straftaten provozierend unter Beweis zu stellen. Hinzu kommt, daß bei Verneinung der Voraussetzungen des § 3 JGG es vielfach zu einer „stillschweigenden" Einstellung des Verfahrens kommt, von der allenfalls die Eltern und gesetzlichen Vertreter, allzu häufig die betroffenen Jugendlichen selbst nicht in Kenntnis gesetzt und sie so über Monate im unklaren gelassen werden. Solche Reaktionen müssen pädagogisch sehr nachteilig wirken. Gerade wenn einem Jugendlichen auf diesem Wege erst der Unrechtsgehalt seiner Tat und seine Verantwortung der Umwelt gegenüber deutlich gemacht werden kann, so sind die dem Jugendrichter zur Verfügung stehenden Erziehungsmaßregeln oder Zuchtmittel vielfältig genug, um auch beim Vorliegen eines gewissen Zweifels an der Einsichts- und Handlungsreife eine entsprechend positive pädagogische Reaktion herzustellen. Bei der Verneinung der Voraussetzungen des § 3 JGG klafft zwischen der „Nichtreaktion" und der Anordnung vormundschaftsgerichtlicher Maßnahmen gerade für die zahlreichen Bagatellfälle eine große Lücke.

Läßt sich allerdings der Gutachter in seinem zweifellos gegebenen Ermessensspielraum bei der Beantwortung der Frage nach der strafrechtlichen Verantwortlichkeit gemäß § 3 JGG von solchen pädagogischen Gesichtspunkten beeinflussen, so darf er dies auf keinen Fall stillschweigend tun, sondern muß dem Gericht deutlich machen, wieweit er sich auch durch solche Gesichtspunkte in seiner Beurteilung hat leiten lassen.

Zur Frage der Anwendung des Jugendstrafrechts auf Heranwachsende gemäß § 105 JGG

Der § 105 JGG lautet:

1. Begeht ein Heranwachsender eine Verfehlung, die nach den allgemeinen Vorschriften mit Strafe bedroht ist, so wendet der Richter die für einen Jugendlichen geltenden Vorschriften der §§ 4 bis 8, 9 Nr. 1, §§ 10, 11 und 13 bis 32 entsprechend an, wenn
   1. die Gesamtwürdigung der Persönlichkeit des Täters bei Berücksichtigung auch der Umweltbedingungen ergibt, daß er zur Zeit der Tat nach seiner sittlichen und geistigen Entwicklung noch einem Jugendlichen gleichstand, oder
   2. es sich nach der Art, den Umständen oder den Beweggründen der Tat um eine Jugendverfehlung handelt.
2. § 31 Abs. 2 Satz 1, Abs. 3 ist auch dann anzuwenden, wenn der Heranwachsende wegen eines Teiles der Straftaten bereits rechtskräftig nach allgemeinem Strafrecht verurteilt worden ist.
3. Das Höchstmaß der Jugendstrafe für einen Heranwachsenden beträgt 10 Jahre.

Die Beantwortung der in § 105 Abs. 1 Ziffer 1 und 2 gestellten Fragen entscheidet darüber, ob die 18 bis 21 Jahre alten Heranwachsenden wegen der ihnen zur Last gelegten strafbaren Handlungen nach allgemeinem Strafrecht oder nach dem Jugendstrafrecht verurteilt werden. Die Entscheidung ist nicht nur wegen der unterschiedlichen Registerfolgen und der gemäß dem allgemeinen Strafrecht eingeschränkten Möglichkeiten im Straftenor, sondern besonders beim Vorliegen von Verbrechen von weittragender Bedeutung, beinhaltet sie doch etwa bei der Feststellung eines Mordes im allgemeinen die Alternative zwischen 10 Jahren Jugendstrafe und lebenslänglicher Freiheitsstrafe. Diese Alternative wird allerdings durch den § 106 JGG gemildert, nach der der Richter anstelle von lebenslanger Freiheitsstrafe auf eine Freiheitsstrafe von 10 bis 15 Jahren erkennen kann, wenn auf einem Heranwachsenden das allgemeine Strafrecht angewendet wird. Auch darf gegen einen Heranwachsenden Sicherungsverwahrung nicht angeordnet werden, und der Richter kann anordnen, daß der Verlust der Fähigkeit, öffentliche Ämter zu bekleiden und Rechte aus öffentlichen Wahlen zu erlangen, nicht eintritt.

Auch bezüglich des § 105 JGG hat BRESSER (1972) darauf hingewiesen, daß es keine psychiatrischen oder sonstigen objektiven Kriterien gebe, aus denen mit Sicherheit festgestellt werden könne, daß ein Heranwachsender zur Zeit der Tat nach seiner sittlichen und geistigen Entwicklung noch einem Jugendlichen gleichstand. Tatsächlich sind „Jugendliche" und „Heranwachsende" juristische Begriffe, denen keine abgrenzbaren Entwicklungsstufen entsprechen. War bei der Beurteilung der strafrechtlichen Verantwortlichkeit gemäß § 3 JGG noch auf den Jugendlichen im Verhältnis zu der von ihm verübten konkreten Straftat abzustellen gewesen, so bietet der § 105 JGG diese Möglichkeit nicht. § 105 Abs. 1 Ziffer 2 JGG benennt zwar auch die Tat des Jugendlichen als Kriterium für die Möglichkeit, ihn noch einem Jugendlichen gleichzustellen. Diese Frage, ob es sich um eine Jugendverfehlung handelte, ist aber allein vom Gericht zu beantworten und unterliegt im allgemeinen nicht der Beurteilung des jugendpsychiatrischen Sachverständigen, auch wenn er zweifellos im einen oder anderen Fall hierzu einmal gefragt werden kann. Der jugendpsychiatrische Sachverständige muß vielmehr unabhängig von der Tat prüfen, ob der Jugendliche nach seiner geistigen und sittlichen Entwicklung noch einem Jugendlichen entspricht, also jemandem, der das 18. Lebensjahr noch nicht vollendet hat.

Nach der Neueinführung des § 105 JGG wurden von einem jugend-psychiatrischen Gremium die „Marburger Richtlinien" vorgelegt. Danach liege das Fehlen folgender Züge nahe, einen Heranwachsenden einem Jugendlichen gleichzustellen: Eine gewisse Lebensplanung, Fähigkeit zum selbständigen Urteilen und Entscheiden, Fähigkeiten zum zeitlich überschauenden Denken, Fähigkeit, Gefühlsurteile rational zu unterbauen, ernsthafte Einstellung zur Arbeit und eine gewisse Eigenständigkeit zu anderen Menschen.

Charakteristische jugendtümliche Züge könnten danach zum Beispiel sein: ungenügende Ausformung der Persönlichkeit, Hilflosigkeit, die sich allerdings nicht selten hinter Trotz und Arroganz versteckt, naiv-vertrauensseliges Verhalten, Leben im Augenblick, starke Anlehnungsbedürftigkeit, spielerische Einstellung zur Arbeit, Neigung zu Tagträumen, Hang zu abenteuerlichem Handeln, sich Hineinleben in selbsterhöhende Rollen und mangelhafter Anschluß an Altersgenossen.

Von VILLINGER wurde diesen Richtlinien aus seiner persönlichen Erfahrung noch folgende Wesenszüge der Unreife beigefügt:

Eine der Altersstufe nicht mehr entsprechende Suggestibilität, der Mangel an echter und begründeter Bindung an andere, zum Beispiel Kameraden und Lehrer, eine starke Labilität in den mitmenschlichen Beziehungen, eine nicht zustande kommende Integration von Eros und Sexus, Mangel an altersgemäßem Pflicht- und Verantwortungsgefühl, besondere Neigung zu neurotischen Fehlreaktionen und Fehlhaltungen, typisch jugendtümliche Phasen, spezifische Unausgeglichenheit und Widersprüchlichkeit, Neigung zu kindlich-jugendlichem Stimmungswechsel aus inadäquatem Anlaß.

Diese zwangsläufig recht allgemein gehaltenen Merkmale können im Einzelfall oft wenig zu einer dem Gericht hilfreichen Stellungnahme beitragen. Das vielfach vorgebrachte Argument gegen die in den Marburger Richtlinien aufgeführten Merkmale, man könne sie auch bei über 21jährigen Erwachsenen finden, welche vom Gesetzgeber uneingeschränkt dem allgemeinen Strafrecht unterstellt werden, ist zur Argumentation gegen den § 105 JGG nicht geeignet, da es sich auch bei der Grenze von 21 Jahren nicht um eine psychologische oder soziologische Entwicklungsgrenze handelt – nach der Herabsetzung der Volljährigkeit auf das 18. Lebensjahr ohnehin nicht mehr –, sondern um eine normative Festlegung. Deswegen kann auch in diesem Fall das Alter eines zu begutachtenden Heranwachsenden von beinahe 21 Jahren kein Argument gegen die Bejahung der Voraussetzungen des § 105 JGG sein.

In der Praxis eignet sich die Feststellung puberaler Persönlichkeitszüge und Reaktionseigentümlichkeiten weit eher als Entscheidungshilfe zur Beantwortung der Frage des § 105 JGG. Die Pubertätszeit, die Phase der psychischen Ablösung vom Elternhaus, mit ihren Auseinandersetzungen wurde vom Gesetzgeber ausdrücklich in das Alter strafrechtlicher Verantwortlichkeit einbezogen. Das Vorliegen solcher puberalen Denk- und Reaktionsweisen kann daher kein Argument für die Verneinung des § 3 JGG abgeben, wohl aber ein zwingendes Argument zur Bejahung der Voraussetzungen des § 105 JGG, da die Pubertätszeit eine für das Jugendalter zwischen 14 und 18 Jahren typische Phase darstellt. Daß sich diese Reifungsphase mit der Verlängerung der Ausbildungszeit für viele Jugendliche und damit auch mit der Verlängerung der sozialen Abhängigkeit Heranwachsender von ihren Eltern und Erziehungsberechtigten allmählich immer weiter hinausschiebt und ausdehnt, spricht nicht gegen eine Bejahung der Voraussetzungen des § 105 JGG in allen diesen Fällen, da diese soziale Unreife auch die Anwendung eines Erziehungsstrafrechts rechtfertigt. Lassen sich demnach in der Tat selbst oder aber in den direkten oder indirekten Äußerungen des zu begutachtenden Heranwachsenden solche typischen puberalen Probleme wie ausgeprägter und unausgleichbarer Elternprotest oder auch eine starke emotionale Abhängigkeit von einem oder beiden Elternteilen feststellen, dann kann bejaht werden, daß der Heranwachsende in seiner Persönlichkeit nach seiner sittlichen und geistigen Entwicklung noch einem Jugendlichen gleichstand. Dabei ist allerdings zu berücksichtigen, daß diese Protesthaltungen, viel weniger noch die oft uneingestandenen inneren Bindungen und Abhängigkeiten sich in einer oberflächlichen Exploration kaum kundtun können, sondern sich oft erst in längerem Gespräch und bei der Erhebung einer gründlichen biographischen Anamnese oder auch erst bei der Durchführung projektiver Testuntersuchungen feststellen lassen. Hinter mancher offenbaren äußeren sozialen Unabhängigkeit verbirgt sich eine kindliche Abhängigkeit, insbesondere dann, wenn die äußere soziale Selbständigkeit nicht freiwillig gesucht, sondern durch äußere Umstände erzwungen war.

Ein weiteres für die Beurteilung der sittlichen und geistigen Entwicklung eines Heranwachsenden geeignetes Kriterium ist auch die Prognose. Wenn sich nämlich unter Berücksichtigung der bisherigen Entwicklung ergibt, daß der Heranwachsende mit Wahrscheinlichkeit sich aus seiner jetzigen Entwicklungsphase heraus noch zu einer größeren Reife, inneren Stabilität und sozialen Sicherheit entwickeln wird, er sich also zur Zeit der Tat offensichtlich noch in einer psychosozialen Entwicklungsphase befand, dann kann dies ebenfalls die Bejahung der Voraussetzungen des § 105 JGG berechtigen, insofern als für ihn dann die Anwendung der Möglichkeiten des Jugendgerichtsgesetzes geeigneter sind und ein erzieherischer Effekt noch erwartet werden kann. Gewinnt man dagegen aus der bisherigen Entwicklung den Eindruck, daß es sich bei diesen unter Umständen für eine Retardierung sprechenden Eigenschaften tatsächlich um Symptome einer Fehlentwicklung, etwa im Sinne einer infantil-neurotischen Persönlichkeitsstruktur handelt, dann ist zu prüfen, ob diese gegebenenfalls unter die Voraussetzungen der §§ 20 und 21 StGB zu fassen sind, weniger dagegen Anlaß sein können, den Heranwachsenden noch einem Jugendlichen gleichzustellen. Allerdings sind solche prognostischen Entscheidungen sehr schwer zu treffen, und man wird daher im Zweifel immer noch die Möglichkeit einer weiteren Reifung bejahen. Diese Kriterien geben wohl auch Veranlassung dazu, daß die Voraussetzungen des § 105 JGG in allmählich immer größerer Zahl von Verfahren gegen Heranwachsende bejaht wird, zumindest dann, wenn ein kinder- und jugendpsychiatrischer Sachverständiger zugezogen wird.

Besondere Schwierigkeiten treten dann auf, wenn ein bereits erwachsener Mensch wegen einer unter Umständen Jahre zurückliegenden Tat, die er als Heranwachsender begangen hat, beurteilt werden muß. In solchen Fällen sollte der jugend-psychiatrische Sachverständige sich nicht scheuen, sein Nichtwissen und die Unbeantwortbarkeit der Fragestellung des Gerichts zuzugeben.

Die Unschärfe der für die Beurteilung der sittlichen und geistigen Entwicklung geeigneten Kriterien, der dadurch bedingte relativ große Ermessensspielraum des jugendpsychiatrischen Sachverständigen und die daraus folgende Rechtsungleichheit und Rechtsunsicherheit haben zu ausgedehnter Kritik am § 105 JGG geführt und Bestrebungen in Gang gesetzt, die Problematik dadurch zu überwinden, daß die Voraussetzungen des Jugendrechts bis auf das 21. Lebensjahr ausgedehnt werden.

So legte die Deutsche Vereinigung für Jugendgerichte und Jugendgerichtshilfen e. V. im Januar 1977 eine Denkschrift über die kriminalrechtliche Behandlung junger Volljähriger vor.

Schuldunfähigkeit wegen seelischer Störung gemäß §§ 20 und 21 StGB

Der § 20 StGB lautet: „Ohne Schuld handelt, wer bei Begehung der Tat wegen einer krankhaften seelischen Störung, wegen einer tiefgreifenden Bewußtseinsstörung oder wegen Schwachsinns oder einer schweren anderen seelischen Abartigkeit unfähig ist, das Unrecht der Tat einzusehen oder nach dieser Einsicht zu handeln."

Der § 21 StGB lautet: „Ist die Fähigkeit des Täters, das Unrecht der Tat einzusehen oder nach dieser Einsicht zu handeln, aus einem der in § 20 bezeichneten Gründe bei Begehung der Tat erheblich vermindert, so kann die Strafe nach § 49 Abs. 1 gemildert werden."

Diese beiden Paragraphen entstammen dem allgemeinen Strafrecht, sie stellen daher keine spezielle Aufgabe für den jugendpsychiatrischen Sachverständigen vor Gericht dar, wohl aber ergeben sich für diesen andere und weitere Gesichtspunkte als für den vor Gericht gutachtenden Allgemeinpsychiater.

Gegenüber dem früher gültigen § 51 Abs. 1 und 2 StGB (alte Fassung) ist nicht mehr die Einsichtsfähigkeit in das Unerlaubte der Tat, sondern in das Unrecht der Tat gefordert, außerdem trat anstelle der krankhaften Störung der Geistestätigkeit die krankhafte seelische Störung, anstelle der Bewußtseinsstörung die tiefgreifende Bewußtseinsstörung, anstelle der Geistesschwäche der Schwachsinn, und zusätzlich trat eine schwere andere seelische Abartigkeit als Schuldausschließungsgrund hinzu. Der entscheidende Beurteilungszeitraum wurde anstelle von „zur Zeit der Tat" auf „bei Begehung der Tat" eingegrenzt.

Auch die §§ 20 und 21 StGB unterscheiden zwischen der Einsichtsfähigkeit in das Unrecht der Tat und der Fähigkeit, entsprechend dieser Einsicht zu handeln.

In der klassischen forensischen Psychiatrie wird in der Aufgabe des forensischen Sachverständigen scharf unterschieden zwischen der Aufgabe, die im Gesetz genannten biologischen Voraussetzungen beim Probanden festzustellen oder auszuschließen und zu den psychologischen Voraussetzungen Stellung zu nehmen, die sich aus dem Vorhandensein oder Nichtvorhandensein der biologischen Voraussetzungen ergeben, d. h., er muß zunächst feststellen, ob eine der vom Gesetz genannten vier Gründe beim Täter bei der Begehung der Tat vorgelegen haben (krankhafte seelische Störung, tiefgreifende Bewußtseinsstörung, Schwachsinn, schwere andere seelische Abartigkeit). Danach hat er darüber zu befinden, wieweit der Angeschuldigte bei der Begehung der Tat aufgrund einer oder mehrerer dieser biologischen Voraussetzungen unfähig war, das Unrecht der Tat einzusehen oder nach dieser Einsicht zu handeln. Es braucht an dieser Stelle auf den langen wissenschaftlichen Streit nicht eingegangen zu werden, wieweit der forensische Gutachter überhaupt in der Lage ist, für den konkreten Einzelfall eine solche psychologische Voraussetzung festzustellen, d. h. nachträglich zu urteilen, ob beim Angeschuldigten wirklich eine Einsichts- und Handlungsfähigkeit gegeben war oder nicht. Es ist unstreitig, daß das Gericht allein aufgrund seiner allgemeinen Menschenkenntnis zu einer solchen Feststellung sicher weniger fähig ist als der Sachverständige, der aus praktischer und klinischer Erfahrung die Handlungs- und Reaktionsweisen psychisch gestörter Mensch zu beurteilen gelernt hat.

Andererseits muß sich der Sachverständige darüber im klaren sein, daß hier nicht die Frage der Willensfreiheit zur Debatte gestellt werden kann, sondern daß diese vielmehr vom Gesetzgeber grundsätzlich unterstellt wird. Diese Voraussetzung hat auch der forensische Sachverständige vom Grundsatz her zu akzeptieren, er braucht allerdings auch nicht einschränkende Beeinflussungen der Einsichts- und Steuerungsfähigkeit außerhalb der vom Gesetz genannten psychopathologischen Störungsformen zu verneinen. Er muß aber erkennen, daß das Gericht an den Wortlaut des Gesetzes gebunden ist und daß es dem Gericht allenfalls zur Information, keinesfalls jedoch zur Hilfe gereichen kann, wenn er diese Voraussetzung der Gebundenheit des Gerichtes an das Gesetz nicht nachvollziehen kann.

Der jugendpsychiatrische Sachverständige wird bei seiner Beurteilung der Schuldfähigkeit des Angeschuldigten im allgemeinen folgendermaßen vorgehen:

Er wird zunächst unter Berücksichtigung der frühkindlichen Entwicklung, der sonstigen Vorgeschichte, der neurologischen, psychologischen und Laborbefunde versuchen, bei dem Angeschuldigten eine Diagnose zu stellen, wobei allerdings auch dessen Reaktions- und Handlungsweise bei der Tat gelegentlich Hinweise auf die Diagnose erbringen kann. Er wird danach prüfen, ob diese Diagnose auch bei der Begehung der Tat angenommen werden kann, und wird schließlich versuchen, die so gestellte Diagnose unter die vom Gesetz genannten vier Kriterien zu subsumieren.

Danach wird er unter Berücksichtigung seiner fachlichen Erfahrung zu klären versuchen, wieweit die psychopathologischen Besonderheiten des diagnostisch festgestellten Zustandsbildes das Tatverhalten des Angeschuldigten beeinflußt haben, insbesondere ob die Beeinflussung von solchem Grade war, daß im Sinne des § 21 StGB von einer erheblichen Verminderung gesprochen werden kann oder ob die Beeinflussung gar so hochgradig war, daß eine Einsichts- oder Handlungsunfähigkeit angenommen werden kann. Dabei wird man sich bei dem weitgehenden Mangel objektiver Kriterien und der Notwendigkeit, sich auf allgemeine Erfahrungsgrundsätze zurückzuziehen, auch an allgemeine Konventionen halten müssen. Allerdings sollten solche Konventionen nie kritiklos übernommen werden, sondern jeder Sachverständige sollte in jedem neuen Fall ihre Haltbarkeit an den wissenschaftlichen Erkenntnissen und Erfahrungen überprüfen.

Die vom Gesetz genannten vier Kriterien, die krankhafte seelische Störung, die tiefgreifende Bewußtseinsstörung, der Schwachsinn und die schwere andere seelische Abartigkeit, stellen Begriffe dar, die, vom Schwachsinn abgesehen, in der psychiatrischen Diagnostik, noch viel weniger in der jugendpsychiatrischen Diagnostik keine eindeutige Entsprechung finden. Sie sind im wesentlichen unter Zusammenfassung verschiedener psychopathologischer Zustandsbilder bei erwachsenen psychiatrischen Patienten entstanden, ohne daß der für die jugendpsychiatrische Nosologie entscheidende Zeit- und Entwicklungsbegriff dabei Berücksichtigung hätte finden können. Dennoch ist der jugendpsychiatrische Sachverständige gehalten, sich auf die im Gesetz aufgeführten Kriterien festzulegen.

Krankhafte seelische Störung

Unter krankhafter seelischer Störung wird zunächst der Formenkreis der endogenen und exogenen Psychosen erfaßt. Dieser spielt allerdings im Bereich der forensischen Kinder- und Jugendpsychiatrie ja nur eine recht geringe Rolle. Aus der

Sicht der Erwachsenenpsychiatrie meint BRESSER (1976), daß mit der Neuschaffung des Tatbestandes der schweren anderen seelischen Abartigkeit das gedankliche Ringen um den Begriff des „Krankheitswertes“ als abgeschlossen betrachtet werden kann. Er will damit wohl alle neurotischen Störungen unter den Begriff der schweren anderen seelischen Abartigkeit erfaßt wissen. Dies kann aus der Sicht der Kinder- und Jugendpsychiatrie keine befriedigende Lösung sein, da der Begriff der „Abartigkeit“ zweifellos den Charakter des Definitiven und Devianten hat, der gerade bei kindlichen und jugendlichen Neurosen noch keineswegs so gesehen werden kann, ohne daß deswegen die Krankhaftigkeit eines solchen unter Umständen durch frühe Beziehungsstörungen und dadurch bedingte Fehlentwicklungen entstandenen Zustandsbildes bestritten werden könnte. Es erscheint durchaus sinnvoll und dem Gesetzestext entsprechend, wenn man solche zu einer emotionalen Bindungslosigkeit führenden seelischen Fehlentwicklungen im Jugendalter unter dem Begriff der krankhaften seelischen Störung erfassen würde. Die Erörterung darüber ist deswegen nicht abgeschlossen, weil, wie noch zu zeigen sein wird, der Begriff der anderen schweren seelischen Abartigkeit ebenfalls aus der Erwachsenenpsychiatrie abgeleitet wurde und in dieser Form für die forensische Kinder- und Jugendpsychiatrie wenig geeignet ist.

Auch die Folgezustände einer frühkindlichen Hirnschädigung in Form des frühkindlich exogenen Psychosyndroms sollten unter dem Begriff der krankhaften seelischen Störung erfaßt werden. Dies gelingt noch mit einer vertretbaren systematischen Logik insofern, als das frühkindlich exogene Psychosyndrom im weitesten Sinne auch unter die exogenen Psychosen gefaßt werden kann.

Unter den krankhaften seelischen Störungen werden alle Formen endogener Psychosen, insbesondere solcher aus dem schizophrenen Formenkreis, in der Regel zu einer Schuldunfähigkeit gemäß § 20 StGB führen, zumindest zu einer erheblich eingeschränkten Schuldfähigkeit gemäß § 21 StGB.

Auch Zustandsbildern aus dem Formenkreis der exogenen Psychose im engeren Sinne wird man, zunächst vom einfachen Alkoholrausch abgesehen, doch in der Regel eine ebenfalls erhebliche Einschränkung der Schuldfähigkeit, wenn nicht gar ihre Aufhebung, zumessen müssen. Sowohl von den endogenen wie von den exogenen Psychosen ist allerdings festzustellen, daß sie nur relativ selten forensisch relevante Bedeutung erlangen.

Die im weitesten Sinne unter die exogenen Psychosen und damit auch unter die krankhafte seelische Störung zu subsumierende leichtgradige frühkindliche Hirnschädigung mit dem forensisch durchaus relevanten frühkindlich exogenen Psychosyndrom (LEMPP 1977) wird dagegen nur ausnahmsweise eine Schuldunfähigkeit im Sinne des § 20 StGB begründen können. Selbst die Feststellung einer erheblich verminderten Schuldfähigkeit im Sinne des § 21 StGB wird eher den Ausnahmen als dem Regelfall zuzumessen sein. Hierbei ist allerdings der Grad der Persönlichkeitsveränderung im Zusammenhang mit der konkreten Tat zu berücksichtigen, wie auch der Umstand, ob weitere, die Schuldfähigkeit beeinträchtigende Faktoren hinzugetreten sind, wie zum Beispiel ein Alkoholgenuß, der gerade eine durch frühkindlich exogenes Psychosyndrom veränderte Persönlichkeitsstruktur in ihrer Steuerungsfähigkeit nicht unerheblich beeinträchtigen kann.

Gerade beim frühkindlich exogenen Psychosyndrom als einem prognostisch jenseits der Pubertät in der Regel günstigen Zustandsbild erscheint es notwendig, daß unabhängig von jeder Erörterung der Schuldfrage die notwendigen erzieherischen Maßnahmen ergriffen werden. Unter diesen Umständen haben nicht nur hier, sondern auch in diesem Bereich der leichtgradigen frühkindlichen Hirnschädigung und ihren Folgen im besonderen Maße die pädagogischen Gesichtspunkte Vorrang vor jeder rein theoretisch juristischen Erörterung der Schuldfähigkeit.

Dies gilt in gleichem Maße auch für die Diagnose kindlicher Neurosen, von denen leichtere Formen ohnehin zwar für die Entstehung strafbarer Handlungen von Bedeutung sind, in ihrer forensischen Bewertung jedoch keinesfalls vorschnell einer krankhaften seelischen Störung von forensischer Relevanz zugeordnet werden sollten. Dies gilt allenfalls für schwere Zwangs- und Angstneurosen, die allerdings nur selten mit dem Gesetz in Konflikt kommen. Schwieriger zu beurteilen sind schwere seelische Fehlentwicklungen durch anhaltende und gravierende frühkindliche Beziehungsstörungen, wie sie bei schweren dissozialen Verhaltensweisen und damit oft auch in forensischem Zusammenhang festzustellen sind. Hierbei sollte das Kriterium der Beeinflußbarkeit zur Feststellung herangezogen werden, ob man bereits von einer krankhaften seelischen Störung mit erheblich eingeschränkter oder aufgehobener Schuldfähigkeit ausgehen will oder nicht. Auch hier sollte, wie im Jugendgerichtsverfahren überhaupt, der pädagogische Gesichtspunkt vor der Erörterung der Schuldfähigkeit oder ihrer Einschränkung stehen. Ähnlich wie bei der Verneinung der Voraussetzungen des § 3 JGG bedeutet auch die Feststellung einer erheblich verminderten oder gar aufgehobenen Schuldfähigkeit für den davon betroffenen Jugendlichen einen schweren Eingriff in sein Selbstverständnis, das in seiner Wirkung Berücksichtigung finden sollte.

Darüber hinaus muß gerade bei den Zweifelsfällen zur Anwendung des § 21 StGB daran gedacht werden, daß im Anschluß an die Bejahung der Voraussetzungen des § 20 und 21 StGB auch die Frage nach den Voraussetzungen des § 63 StGB gestellt wird. Da die weitere Entwicklung und die weiter zu treffenden Maßnahmen häufig nicht von dem das Gutachten in Auftrag gebenden Gericht und durch den das Gutachten erstattenden Sachverständigen bestimmt werden, sondern bei sich wiederholenden Straftaten von anderen, fremden Gerichten und anderen Sachverständigen, ist schon aus diesem Grunde in Jugendgerichtsverfahren bei der Bejahung der Voraussetzungen einer erheblich verminderten Schuldfähigkeit größte Zurückhaltung am Platze. Besonderheiten in der psychosozialen Entwicklung, auch psychopathologische Befunde können unabhängig davon zur Erhellung der Persönlichkeitsstruktur des Jugendlichen und Heranwachsenden dargestellt, erläutert und vom Gericht als mildernde Umstände bewertet werden. Anlaß, von dieser Regel eine Ausnahme zu machen, ergibt sich dann, wenn es sich um psychopathologisch schwer erfaßbare und prognostisch kaum vorhersehbare schwerwiegende Tatbestände bei Jugendlichen oder Heranwachsenden handelt. Gerade in der Pubertät, bei krisenhaften Abläufen begegnet man immer wieder Handlungen, die in ihrem Ausmaß, in ihrer Motivation und in der Möglichkeit, sie der Persönlichkeit des Täters zuzuordnen, erhebliche Schwierigkeiten bereiten. Es ist in der Querschnittsuntersuchung zur gerichtlichen Begutachtung oft kaum festzustellen, ob es sich um eine einmalige, prognostisch günstig zu beurteilende Entgleisung im Rahmen einer Pubertätskrise oder um einen sogenannten „Borderline“ oder aber um den Beginn einer sich allmählich manifestierenden jugendlichen Schizophrenie handelt. Die Bejahung der Voraussetzungen des § 21 StGB unter gleichzeitiger Bejahung der Voraussetzungen des § 63 StGB ermöglichen es allein, die weitere psychopathologische Entwicklung des Jugendlichen zu verfolgen und zu verhindern, daß er mit unter Umständen schwer devianter psychischer Entwicklung und echter Gefahr für die Mitmenschen ohne weitere fachliche Prüfung nach Verbüßung der Strafe entlassen wird. Nach allgemeiner Erfahrung ist die Prognose solcher zunächst schwer einzuordnenden Straftaten günstig. Die Möglichkeit einer begleitenden psychiatrischen, insbesondere psychotherapeutischen Behandlung im Jugendstrafvollzug würde eine solche gutachterliche „Notbremse“ unnötig machen (LEMPP). Es muß allerdings dabei auch bedacht werden, daß bei Anordnung einer Maßregel gemäß § 63 StGB im vorhergehenden Strafvollzug alle üblichen Vollzugslockerungen, die eine wesentliche rehabilitierende Bedeutung haben, automatisch wegfallen.

Tiefgreifende Bewußtseinsstörung

Während BRESSER (1976) konsequenterweise die Alkoholeinwirkung als eine Form der exogenen Psychose zu der krankhaften Störung der Geistestätigkeit rechnet und den Begriff der tiefgreifenden Bewußtseinsstörung allein für die Affekttaten reserviert, faß LENCKNER (1972) auch die Alkoholeinwirkung unter diesen Begriff. Dies erscheint insofern naheliegend, als die Häufigkeit und die in der Regel absolute Reversibilität der Alkoholbeeinflussung diesen so weit in der allgemeinen Vorstellung vom Krankhaften entfernt, daß es durchaus sinnvoll erscheint, die Alkoholwirkung unter die tiefgreifende Bewußtseinsstörung zu subsumieren. Aus forensischer Sicht ist es schließlich unbedeutend, unter welchem der Begriffe die alkoholische Beeinflussung erfaßt wird.

Forensische Beurteilung des Alkoholgenusses

Gerade bei Taten Jugendlicher und Heranwachsender spielt der vorangegangene Alkoholgenuß eine relativ große Bedeutung, vor allem bei Gruppendelikten. Einige vor der Tat getrunkene Gläser Bier oder anderer alkoholischer Getränke können offensichtlich entscheidend dazu beitragen, daß im Augenblick der Begehung der Tat eine normalerweise zu erwartende Hemmschwelle herabgesetzt ist. Nach der Tat bildet sich bei der Erörterung des kriminellen Geschehens und der Entwicklung dazu die sichere Überzeugung, daß ohne den vorangegangenen Alkoholgenuß mit überwiegender Wahrscheinlichkeit die Tat nicht in der nun zur Anklage stehenden Weise abgelaufen wäre. Das bedeutet allerdings noch keineswegs, daß jeder vorher genossene Alkohol nun auch zu einer forensisch relevanten Einschränkung oder gar Aufhebung der Schuldfähigkeit führen könnte. Daß er im entscheidenden Moment die Steuerungsfähigkeit beeinträchtigen kann, steht nach allgemeiner Erfahrung ganz außer Zweifel. Bei der Häufigkeit des Alkoholgenusses und des von Fall zu Fall und von Persönlichkeit zu Persönlichkeit außerordentlich unterschiedlichen Grades der Beeinflußbarkeit der Persönlichkeit durch den Alkohol ist es unabdingbar, für die Annahme einer erheblich eingeschränkten oder gar aufgehobenen Schuldfähigkeit durch vorangegangenen Alkoholgenuß relativ strenge und auch relativ hohe Grenzen festzulegen. Die Berechtigung dafür ist auch darin zu sehen, daß die Wirkung des Alkoholgenusses in aller Regel als gut bekannt vorausgesetzt werden darf, so daß die Verantwortlichkeit dessen, der Alkohol trinkt, auch insofern höheren Anforderungen genügen muß. Dabei braucht das Problem der Actio libera in causa hier zunächst noch gar nicht erörtert zu werden.

Man wird aber gerade unter diesen Gesichtspunkten etwa einen trinkungewohnten Jungen, der vielleicht von seinen Kameraden entgegen seinem Willen zum Mittrinken genötigt wurde und der noch keine eigenen Erfahrungen mit Alkohol machen konnte, anders beurteilen als den regelmäßig trinkenden Jugendlichen.

Die Feststellung der Schuldunfähigkeit oder der eingeschränkten Schuldfähigkeit kann keinem bestimmten Blutalkoholspiegel gleichgesetzt werden, wenngleich auch hier gewisse Relationen gelten müssen. So wird man generell annehmen können, daß ein Blutalkoholgehalt von etwa 3 Promille bei Begehung der Tat die Möglichkeit einer Schuldunfähigkeit nahelegt und daß bei einem Blutalkoholgehalt von etwa 2 Promille von einer erheblich verminderten Schuldfähigkeit ausgegangen werden kann. Im einzelnen ist aber sowohl der Bewußtseinsgrad, der sich in der Regel in der Erinnerungsfähigkeit widerspiegelt, als auch die Gesamtsituation, die Persönlichkeit des Täters und seine Alkoholtoleranz sowie sein Gesamtverhalten bei der Begehung der Tat oder kurz zuvor und kurz danach, mit zu berücksichtigen. So wird man zum Beispiel einem Jugendlichen oder Heranwachsenden mit einer leichtgradigen frühkindlichen Hirnschädigung von vornherein eine geringere Alkoholtoleranz unterstellen müssen als einem sonst Gesunden.

Die Frage der Schuldunfähigkeit im Sinne des § 20 StGB nach Alkoholgenuß stellt sich eigentlich nur dann, wenn neben einem wahrscheinlich zu machenden hohen Blutalkoholgehalt auch ein echter Erinnerungsausfall oder erhebliche Erinnerungslücken nachzuweisen sind. Dies ist ein sichererer Maßstab als die sonstigen, von Zeugen oft nur ungenau beschriebenen Zeichen der Alkoholisierung, wie schwankender Gang, lallende Sprache usw. Auch in hoher Angetrunkenheit können im Einzelfall scheinbar oder tatsächlich zielgerichtete Handlungen ausgeführt werden, ohne daß tatsächlich noch eine relevante Steuerungsfähigkeit angenommen werden könnte.

Die Feststellung der Echtheit einer angegebenen Erinnerungslücke stößt oft auf Schwierigkeiten. Alkoholbedingte Erinnerungslücken zeichnen sich wie alle Erinnerungslücken exogener Psychosen dadurch aus, daß sie unmittelbar nach der Tat am größten sind, sich im Laufe der Zeit danach allmählich verkleinern und durch inselhafte Erinnerungsbruchstücke aufzufüllen pflegen. Häufig werden gerade Handlungen, die mit starker affektiver Erregung vonstatten gingen, noch inselhaft erinnert, wogegen nebensächliche Ereignisse und Zeitabschnitte völlig der Erinnerungslosigkeit anheimgefallen sind. Die vorgetäuschte oder auch die auf unbewußter Verdrängung beruhende Erinnerungslosigkeit dagegen bleibt entweder von Anfang an in ihrer Ausdehnung gleich oder vergrößert sich sogar, so daß Ereignisse, an die man sich zunächst noch erinnern konnte, später angeblich nicht mehr erinnerlich sind. Diese Formen sparen auch immer die eigentliche Tat aus der Erinnerung aus.

Bestehen so ausgedehnte echte, für eine exogene Psychose charakteristische Erinnerungslücken, dann ist in der Regel auch eine Schuldunfähigkeit im Sinne des § 20 StGB zu bejahen. Die von WITTER (1972) für die Annahme eines Ausschlusses der Verantwortungsfähigkeit geforderten Persönlichkeitsstörungen – die Persönlichkeitsfremdheit der Tat, Sinnlosigkeit des Rauschverhaltens und amnestische Lücken – sind oft eine zu weit gesteckte Forderung, da die Persönlichkeitsfremdheit ein schwierig zu definierender Begriff ist und auch die Feststellung der Sinnlosigkeit der Tat eine objektive Sinnfeststellung voraussetzen würde, die es prinzipiell nicht geben kann. Nicht die innerliche Nachvollziehbarkeit durch den Gutachter oder Richter kann eine Tat als sinnvoll oder nicht sinnvoll erkennen lassen, sondern nur der Versuch eines psychodynamischen Nachvollzuges, der aber immer ein Versuch bleiben muß.

Ist eine Schuldunfähigkeit wegen Alkoholgenuß insgesamt doch eine relativ selten zu treffende Feststellung, so ist die Erörterung einer erheblich verminderten Einschränkung der Schuldfähigkeit im Sinne des § 21 StGB recht häufig. Bei einem anzunehmenden Blutalkoholgehalt zur Zeit der Tat zwischen 1,5 Promille und 2 Promille und höher wird man eine erheblich verminderte Fähigkeit annehmen müssen, entsprechend der in der Regel noch vorhandenen Einsicht in das Unrecht der Tat zu handeln.

Der sogenannte pathologische Rausch oder die dämmerige Rauschform ist dann anzunehmen, wenn sichere Symptome einer exogenen Psychose mit charakteristischen Erinnerungslücken schon bei einem relativ niedrigen Blutalkoholspiegel auftreten. Man kann diese Rauschform am ehesten, wenn auch nicht ausschließlich, bei zerebralorganisch vorgeschädigten Probanden beobachten. Insgesamt ist diese Form ein seltenes Ereignis, wenngleich wohl auch nicht so selten, wie viele klassische forensische Psychiater annehmen. Das Ereignis einer Erinnerungslücke oder eines „Filmabrisses" nach einem durchzechten Abend ist ein relativ häufiges Ereignis, das allerdings nur dann interessant wird, wenn in dieser Phase eine kriminelle Handlung verübt wird.

Berechnung der Blutalkoholkonzentration

Die exakte Berechnung der Blutalkoholkonzentration für den Zeitpunkt der Tat ist Sache des Rechtsmediziners, jedoch sollte auch der kinder- und jugendpsychiatrischforensisch tätige Sachverständige in der Lage sein, zuverlässige Rückrechnungen von gemessenen Blutalkoholwerten nach der Tat oder Berechnungen aus angegebenen Trinkmengen durchzuführen. Dabei sind keineswegs die bei Verkehrsstraftaten üblichen pseudoexakten Bestimmungen notwendig, da es für die forensische Beurteilung der Schuldfähigkeit kaum um zwei Stellen hinter dem Komma gehen kann. Tabellen über den Alkoholgehalt verschiedener Getränke wie auch Hinweise auf die Berechnungsformen finden sich bei BRESSER-LANGELÜDDEKE 1976, PONSOLD 1967 oder auch in Documenta Geigy, wissenschaftliche Tabellen 1962 (s. a. FORSTER u. JOACHIM).

Forensische Beurteilung der Schuldfähigkeit bei Genuß von anderen Rauschdrogen

Der Genuß von Rauschdrogen, insbesondere von Cannabisderivaten, Heroin und anderen hat in den letzten Jahren zugenommen, auch wenn die große Drogenwelle im Anfang der 60er Jahre wieder abgeebbt ist. Grundsätzlich wird man bei der Beurteilung der Schuldfähigkeit ähnliche Kriterien zugrunde legen wie bei der Beurteilung der Alkoholrauschtat. Eine vor der Tat genossene Haschischzigarette bedingt noch keine erheblich eingeschränkte Schuldfähigkeit. Aber auch hier muß der Einzelfall genau geprüft werden. Die Realitätsbezugsstörung mit Veränderung der Erlebnisqualitäten ist gerade bei Drogen dieser Art stärker als beim Alkohol und für viele auch ungewohnter.
Eine besondere Bedeutung haben dabei die Delikte, die zur Beschaffung der Drogen führen sollen, also Apothekeneinbrüche und dergleichen. Hierbei ist im allgemeinen davon auszugehen, daß nur derjenige in die Apotheke einbricht, der in einer echten Drogenabhängigkeit befangen ist. Hier wird man im allgemeinen immer eine erheblich verminderte Schuldfähigkeit annehmen müssen, wobei ein gezieltes, Risiken vermeidendes Vorgehen beim Einbruch kein Argument dagegen sein kann, daß die Tat einen Ausdruck der Drogenabhängigkeit darstellt und einem süchtigen Tun entspricht. Auch das hungrige Tier in freier Wildbahn handelt allein triebhaft und vermag dennoch Gefahren zu vermeiden. Derjenige allerdings, der lediglich zum Eigenbedarf Drogen kauft und sich dadurch strafbar macht, muß deswegen noch keineswegs unter dem Zwang der Sucht handeln.

Actio libera in causa und die Bestrafung wegen vorsätzlichen oder fahrlässigen Vollrauschs gemäß § 323a StGB

Auch wenn ein Täter wegen eines schweren Alkoholrauschs oder wegen anderer eingenommener Drogen schuldunfähig war, so kann unter zwei Voraussetzungen dennoch eine Bestrafung erfolgen, nämlich dann, wenn er schon vor Genuß des Alkohols oder der Drogen den Vorsatz zur Tat gefaßt hat und erst danach in den die Schuldfähigkeit ausschließenden oder erheblich einschränkenden Zustand geriet.
Unabhängig vom Vorsatz zur Tat wird derjenige gemäß § 323a StGB bestraft, der sich vorsätzlich oder fahrlässig durch alkoholische Getränke oder andere berauschende Mittel in einen Rausch versetzt hat. Dies setzt allerdings voraus, daß der Betreffende schon einmal die Erfahrung bei sich selbst gemacht haben muß, daß er unter Alkohol oder Rauschdrogenwirkung Handlungen begeht, die er im einzelnen nicht mehr zu kontrollieren vermochte. Man wird also gerade bei einem Jugendlichen darauf achten müssen, ob er schon einmal eine Volltrunkenheit mit anschließender Erinnerungslosigkeit bei sich erlebt hat.

Tiefgreifende Bewußtseinsstörung durch außergewöhnlichen Affekt

Jeder starke Affekt ist geeignet, das Bewußtsein einzuengen, im Extremfall es auszulöschen. Da es sich bei diesen Affekten jedoch im allgemeinen nicht um krankhafte seelische Störungen handelt, sondern um noch normalpsychologisch einzuordnende Ausnahmezustände, ergeben sich dann Schwierigkeiten in der juristischen Zuordnung, wenn man dem ursprünglichen Ansatz des Gesetzgebers folgt, wonach nur der vermindert schuldfähig oder ohne Schuld handelt, der in seiner Einsichts- oder Willensfähigkeit durch eine krankhafte Störung beeinträchtigt oder behindert ist. Diese Fiktion ist letzlich gerechterweise nicht aufrechtzuerhalten, weswegen auch nicht krankhafte Störungen des Bewußtseins im außergewöhnlichen Affekt Schuldausschließungsgründe sein können.
Dabei ergeben sich in der forensischen Beurteilung oft große Schwierigkeiten. Gerade bei aggressiven Delikten, bei Körperverletzung oder Tötungsdelikten spielt der Affekt des Täters bei Begehung der Tat eine große Rolle. Es ist schlechthin unmöglich, wissenschaftlich zu bestimmen, von welchem Augenblick an der Affekt des Täters noch von solchen minderen Graden war, daß dem Täter seine Steuerung hätte zugemutet werden können, und von welchem Augenblick ab eine solche Steuerungsfähigkeit nicht mehr erwartet werden konnte. Gerade auf solche Abgrenzungen wird aber oft das Gericht in der Hauptverhandlung besonderen Wert legen müssen. Es läßt sich allerdings immer wieder gerade bei Tötungsdelikten eine sogenannte Vortat (KAHLERT u. LAMPARTER 1979) von der eigentlichen Tötungshandlung abgrenzen, oder es kommt vor der „Flucht nach vorne" (LEMPP 1977) zu einer objektiven Handlungszäsur, die den Wechsel in der Affektlage deutlich machen kann. Eine über das Tötungsziel hinausschießende Reaktion, etwa eine Tötung durch zahllose Messerstiche oder Hammerschläge, kann deutlich machen, daß der Affekt in diesem Augenblick offensichtlich und nachvollziehbar nicht mehr zu steuern war. Zur Annahme einer völligen Schuldunfähigkeit gemäß § 20 StGB wird man aber auch die weitgehende Erinnerungslosigkeit fordern müssen, andernfalls ist jedoch die Annahme einer erheblich eingeschränkten Schuldfähigkeit gemäß § 21 StGB zu vertreten.

Der Schwachsinn

Der Schwachsinn bereitet in seiner forensischen Zuordnung relativ geringe Schwierigkeiten. Die Ursache des Schwachsinns, aufgrund schwerer frühkindlicher Hirnschädigung, durch eine andere Gehirnerkrankung oder ohne nachweisbare Ursache, spielt dabei keine Rolle. Der Schwachsinn wird dabei üblicherweise bei einem Gesamt-IQ von weniger als 70 angenommen oder dann, wenn der betreffende Täter in einer Sonderschule für Lernbehinderte nicht mehr mitgekommen ist. Das letzte Kriterium ist allerdings relativ unzuverlässig, da die Schulverhältnisse recht unterschiedlich sein können, um so mehr, wenn es sich um einen Jugendlichen oder Heranwachsenden handelt, der außerhalb unseres engeren soziokulturellen Umkreises aufgewachsen ist. Diese IQ-Grenze kann aber keineswegs als starre Leitlinie genommen werden, da sehr wohl auch höhere Intelligenzgrade im Bereich der erheblichen Unterbegabung geeignet sein können, zumindest eine erheblich eingeschränkte Schuldfähigkeit zu begründen. Es müssen hier im Einzelfall die Persönlichkeit, die Tatbedingungen und die Art des Deliktes geprüft werden. Einen einfachen Diebstahl in eindeutiger Situation wird man auch einem erheblich unterbegabten, ja unter Umständen auch einem leichtgradig schwachsinnigen Menschen schuldhaft anrechnen, wogegen diese Grenze bei stark triebbestimmten Sittlichkeitsdelikten sicher höher anzusetzen ist.

Bei Schwachsinnszuständen wird man auch relativ schnell zur Feststellung einer völligen Schuldunfähigkeit gemäß § 20 StGB kommen, da bei jugendlichen und heranwachsenden schwachsinnigen Tätern sich die Frage nach der weiteren Betreuung und der Möglichkeit ihrer sozialen Eingliederung stellt. Diese dafür geeigneten Maßnahmen stehen gegenüber –in ihrer Wirkung ohnehin recht zweifelhaften– Strafen ganz im Vordergrund. In diesen Fällen stellt sich auch regelmäßig die Frage des § 63 StGB.

Die schweren anderen seelischen Abartigkeiten

Dieser neu ins Gesetz aufgenommene Begriff hat im psychiatrischen, speziell im kinder- und jugendpsychiatrischen Sprachgebrauch keine unmittelbare Entsprechung. Man wird bei einem Kind oder einem Jugendlichen, der noch in der Entwicklung begriffen ist, nie von einer Abartigkeit sprechen, die im allgemeinen Sprachgebrauch sehr stark den Charakter des Defekts und des Definitiven beinhaltet. Der Gesetzgeber ist dabei auch von erwachsenen Tätern ausgegangen und wollte damit die früher von der klassischen Psychiatrie nicht in den Bereich möglicher Schuldausschließungsgründe aufgenommenen schweren neurotischen Fehlhaltungen insbesondere sexueller Art wie Pädophilie und ähnliches erfassen und ausdrücklich als mögliche Schuldausschließungsgründe anerkennen. Die entsprechenden psychosexuellen Fehlhaltungen im Jugendalter, auch noch im Heranwachsendenalter, haben jedoch einen grundsätzlich anderen psychiatrischen Stellenwert als die fixierten Fehlhaltungen erwachsener Täter. Dieselben Verhaltensweisen, wie etwa die Neigung zum Exhibitionismus oder zur Unzucht an kleinen Kindern, können hier den Charakter einer harmlosen Durchgangsphase einnehmen, dessen Betrachtung unter strafrechtlichen Gesichtspunkten ohnehin fragwürdig ist und nicht selten für die weitere psychosexuelle Entwicklung des betreffenden Jugendlichen katastrophale Folgen nach sich ziehen kann. Bei Heranwachsenden ist in aller Regel die Unterscheidungsmöglichkeit zwischen verspäteter passagerer und prognostisch günstiger Durchgangsphase und bereits eingeleiteter fixierter Fehlentwicklung durchaus möglich.

Die Bejahung der schweren anderen sexuellen Abartigkeit sollte daher für den kinder- und jugendpsychiatrischen Gutachter möglichst vermieden werden. Selbst bei einem Täter wie Jürgen Bartsch wäre eine solche Feststellung wohl zur Zeit seiner Begutachtung mit Recht, zur Zeit seiner Taten noch kaum mit Sicherheit zu treffen gewesen.

Konkurrenz der §§ 3 JGG und 20 und 21 StGB

Der § 3 JGG über die strafrechtliche Verantwortlichkeit und die §§ 20 und 21 StGB über die Schuldunfähigkeit oder erheblich verminderte Schuldfähigkeit können bei Jugendlichen in Einzelfällen durchaus in Konkurrenz treten. Es ist durchaus möglich, daß beim Vorliegen krankhafter seelischer Störungen oder auch tiefgreifender Bewußtseinsstörungen gleichzeitig eine Reifungsstörung nachgewiesen werden kann, die bei der Beurteilung des Täters beachtlich wird. Manche krankhaften seelischen Störungen, wie bestimmte Neuroseformen, auch manche Formen des frühkindlich exogenen Psychosyndroms, können von einer deutlichen psychosozialen Reifungsstörung begleitet sein. Die Frage, die Voraussetzung welcher Paragraphen vor den anderen Vorrang haben sollte, ist von seiten der Juristen nicht beantwortet. Die Frage ist deswegen nicht nur von theoretischem Interesse, weil die Bejahung der Voraussetzungen des § 3 JGG die unabdingbare Voraussetzung für die Anwendung des Strafrechts, sowohl des allgemeinen wie des Jugendstrafrechts, überhaupt darstellt. Die Erörterung der Voraussetzungen der §§ 20 und 21 StGB würde sich also dann erübrigen, wenn die Strafreife gemäß § 3 JGG verneint werden müßte. Rein rechtstheoretisch müßte demnach bei einem schwer schwachsinnigen Jugendlichen vor der Bejahung der Voraussetzungen des § 20 StGB die Voraussetzungen des § 3 JGG bejaht werden, was kaum sinnvoll sein könnte. Weniger theoretischer Natur ist allerdings die Erörterung, ob etwa bei Bejahung einer Schuldunfähigkeit gemäß § 20 StGB wegen tiefgreifender Bewußtseinsstörung infolge eines schweren Alkoholrauschs auch die Voraussetzungen des § 3 JGG zu bejahen sind. Wurde der Jugendliche vielleicht von seinem eigenen Vater zum Trinken animiert, dann müßte möglicherweise die strafrechtliche Verantwortlichkeit gemäß § 3 JGG verneint werden und der Jugendliche könnte auch nicht wegen Vollrausches gemäß § 323a StGB bestraft werden.

Im allgemeinen wird man aber die Unterscheidung so treffen können, daß die Einschränkung der Einsichts- und Willensfähigkeit, soweit sie unter dem Aspekt einer verzögerten Reife in Zukunft voraussichtlich ausgleichbar erscheint, unter die Voraussetzungen des § 3 JGG zu fassen ist; ist die Einschränkung oder Aufhebung der Einsichts- und Willensfähigkeit dagegen weniger auf eine Verzögerung der Entwicklung als auf eine Fehlentwicklung zurückzuführen, dann müßte sie unter die Voraussetzungen des § 20 und 21 StGB gefaßt werden.

Im übrigen gilt auch hier, daß im Rahmen von Jugendgerichtsverfahren zunächst und vorrangig darauf geachtet werden soll, welche Maßnahmen zur Hilfe und Sozialisierung für den Jugendlichen geeignet sind. In einer zweiten Überlegung kann dann geprüft werden, wie diese Maßnahmen unter Anwendung des Gesetzes möglich und wirksam gemacht werden können. Diese finalen Gesichtspunkte im Rahmen jugendpsychiatrischforensischer Begutachtung sind dann durchaus mit dem Sinn des Jugendgerichtsgesetzes vereinbar, wenn das Gericht über die Gedankengänge und Vorstellungen des Gutachters ausreichend informiert wird.

Aufgabe des Sachverständigen zu den §§ 63 und 64 StGB

Der § 63 StGB lautet:

1. Hat jemand eine rechtswidrige Tat im Zustand der Schuldunfähigkeit (§ 20 StGB) oder der verminderten Schuldfähigkeit (§ 21 StGB) begangen, so ordnet das Gericht die Unterbringung in einem psychiatrischen Krankenhaus an, wenn die Gesamtwürdigung des Täters und seiner Tat ergibt, daß von ihm infolge seines Zustandes erhebliche rechtswidrige Taten zu erwarten sind und er deshalb für die Allgemeinheit gefährlich ist.
2. (Gilt nicht im Jugendgerichtsverfahren)

Der § 64 StGB lautet:

1. Hat jemand den Hang, alkoholische Getränke oder andere berauschende Mittel im Überfluß zu sich zu nehmen, und wird er wegen einer rechtswidrigen Tat, die er im Rausch begangen hat oder die auf seinen Hang zurückgeht, verurteilt oder nur deshalb nicht verurteilt, weil seine Schuldunfähigkeit erwiesen oder nicht auszuschließen ist, so ordnet das Gericht die Unterbringung in einer Entziehungsanstalt an, wenn die Gefahr besteht, daß er infolge seines Hanges erhebliche rechtswidrige Taten begehen wird.
2. Die Anordnung unterbleibt, wenn eine Entziehungskur von vornherein aussichtslos erscheint.

Der § 7 des Jugendgerichtsgesetzes über die Maßregeln der Besserung und Sicherung sieht im Rahmen des Jugendstrafrechts nur die Unterbringung in einem psychiatrischen Krankenhaus oder einer Entziehungsanstalt, darüber hinaus die Führungsaufsicht oder die Entziehung der Fahrerlaubnis vor. Eine Unterbringung gemäß § 65 StGB in einer sozialtherapeutischen Anstalt ist daher vom Gesetzgeber nicht vorgesehen. Ob § 65 Abschnitt 3 StGB auf einen Jugendlichen oder einen nach Jugendrecht verurteilten Heranwachsenden angewandt werden kann, erscheint fraglich. Danach kann bei einem Täter, bei welchem die Voraussetzungen des § 63 Abs. 1, also die Unterbringung in einem psychiatrischen Krankenhaus, vorliegen, statt dessen die Unterbringung in einer sozialtherapeutischen Anstalt anordnen, wenn nach dem Zustand des Täters die besonderen therapeutischen Mittel und sozialen Hilfen dieser Anstalt zu seiner Resozialisierung besser geeignet sind als die Behandlung in einem psychiatrischen Krankenhaus.

Heranwachsende, die nach allgemeinem Strafrecht verurteilt werden, können natürlich gemäß § 65 in eine sozialtherapeutische Anstalt eingewiesen werden.

Für den forensischen Gutachter stellt sich die Frage, ob von dem Begutachteten in Zukunft infolge seines Zustandes erheblich rechtswidrige Taten zu erwarten sind, immer dann, wenn eine Schuldunfähigkeit oder erheblich verminderte Schuldfähigkeit gemäß § 20 oder 21 StGB bejaht worden ist. Konnten die Voraussetzungen einer erheblich verminderten Schuldfähigkeit gemäß § 21 StGB nicht ausdrücklich bejaht, sondern lediglich nicht mit Sicherheit ausgeschlossen werden, ergibt sich die Frage nach der Prognose gemäß § 63 StGB nicht. Die Frage der Gefährdung der Allgemeinheit unterliegt dagegen allein richterlicher Feststellung und ist nicht vom Sachverständigen zu beantworten. Die Gefahr der Wiederholung liegt immer dann vor, wenn es sich bei dem schuldausschließenden oder schuldverminderten Zustand um einen Dauerzustand handelt. Gerade dies kann im Jugendgerichtsverfahren vielfach verneint werden, da es sich oft um reifungsbedingte und damit passagere psychische Störungen handelt, die zur Herabsetzung der Schuldfähigkeit führen. Auch die Feststellung einer leichten frühkindlichen Hirnschädigung mit ihren psychopathologischen Folgen braucht nach allgemeiner Erfahrung nicht als Dauerzustand angesehen werden, da sich erfahrungsgemäß diese Folgen nach der Pubertät in der Regel weitgehend ausgleichen lassen und überwunden werden können. So bleiben im wesentlichen für die wahrscheinliche Annahme einer Wiederholungsgefahr die Zustandsbilder aus dem Formenkreis des Schwachsinns und der chronischen endogenen Psychosen, die jedoch in dieser chronisch defektuösen Form in diesen Altersgruppen kaum je beobachtet werden.

Dennoch kann bei starken kriminellen Tendenzen und bei gleichzeitigem Bestehen die Schuldfähigkeit vermindernder Befunde eine Wiederholungsgefahr zumindest für die kommenden Jahre oft kaum bestritten werden. Hierin liegen aber gerade die gefährlichen Konsequenzen einer leichtfertigen Bejahung der Voraussetzungen des § 21 StGB, da die Einweisung in ein psychiatrisches Krankenhaus in aller Regel nicht die für die zukünftige soziale Integration des Jugendlichen notwendigen Maßnahmen bereitstellen kann, sondern unbestreitbar mehr bewahrenden Charakter trägt. Die nötigen Voraussetzungen, auch im Rahmen psychiatrischer, speziell jugendpsychiatrischer Krankenhäuser, entsprechende Einrichtungen zu schaffen, fehlen zur Zeit und in absehbarer Zukunft noch völlig. So kann eine Einweisung eines Jugendlichen oder Heranwachsenden in ein psychiatrisches Krankenhaus gemäß § 63 StGB einer falschen Weichenstellung entsprechen, die zu irreversiblen Versäumnissen für den Betreffenden führen können. Hier wäre die Möglichkeit der Einweisung in eine sozialtherapeutische Anstalt gemäß § 65 StGB im Grunde viel sinnvoller. In aller Regel wird es in einer gut geführten Jugendstrafanstalt jedoch viel eher möglich sein, die zur Therapie und Rehabilitation notwendigen Maßnahmen einschließlich beruflicher Förderung bereitzustellen als in einem psychiatrischen Krankenhaus. Hier wird wiederum deutlich, daß gerade im Jugendgerichtsverfahren sowohl bei der Diagnose wie aber auch im selben Maße bei den zu treffenden Maßnahmen die Entwicklung und Prognose viel mehr zu berücksichtigen sind als im Erwachsenenstrafrecht.

Die Unterbringung in einer Entziehungsanstalt bei alkohol- oder drogenabhängigen Jugendlichen und Heranwachsenden gewinnt allmählich immer mehr an Bedeutung. Nicht nur der Mangel an entsprechenden geeigneten Einrichtungen, sondern auch die Tatsache, daß eine erfolgreiche Behandlung eigentlich nur mit der Zustimmung des zu Behandelnden möglich ist, macht eine Einweisung von Gerichts wegen so problematisch. Hinzu kommt, daß alkohol- und drogensüchtige Jugendliche häufig durch die der Begutachtung vorausgegangene Untersuchungshaft bereits entzogen sind und eine unmittelbare Sucht nicht mehr vorliegt, so daß der eigentliche Grund zur Einweisung gemäß § 64 StGB entfällt. Die Verhinderung eines in der Regel zu erwartenden späteren Rückfalles in die Alkohol- oder Drogenabhängigkeit kann aber gerade bei Jugendlichen und Heranwachsenden nicht von stationären, sondern von die Gesamtsituation umfassenden sozialtherapeutischen Maßnahmen erhofft werden.

Aufgabe des Sachverständigen zum § 17 Absatz 2 JGG

Der § 17 Abs. 2 JGG lautet:

Der Richter verhängt Jugendstrafe, wenn wegen der schädlichen Neigungen des Jugendlichen, die in der Tat hervorgetreten sind, Erziehungsmaßregeln oder Zuchtmittel zur Erziehung nicht ausreichen oder wenn wegen der Schwere der Schuld Strafe erforderlich ist.

Die Feststellung der schädlichen Neigungen ist zwar Sache des Gerichts, es kann aber durchaus vorkommen, daß das Gericht den jugendpsychiatrischen Sachverständigen zu ihrer Klärung zuzieht und befragt. POTRYKUS (1955) meint sogar, der Sachverständige solle in jedem Fall unverbindlich dazu Stellung nehmen, ob nach der Stärke der schädlichen Neigungen auf Jugendstrafe erkannt werden sollte. Hiergegen ergeben sich erhebliche Bedenken. Zum einen ist der Begriff der schädlichen Neigung weder ein im psychiatrischen noch im sozialpädagogischen Bereich definierter Begriff, der im Grunde den ebenfalls unbrauchbaren Begriff der Verwahrlosung ersetzen soll, zum anderen dient er einer Etikettierung zur Berechtigung einer bestimmten Strafform, nämlich der Jugendstrafe. Tatsächlich haben Untersuchungen ergeben (SCHÜTZE u. REINHARDT 1979), daß der Begriff in der gerichtlichen Praxis weniger von echten prognostischen Kriterien bestimmt wird als von den Kriterien der Schuld und Sühne. Es wäre daher klarer, man würde die Berechtigung zur Anwendung der Jugendstrafe auf die bisherige Entwicklung des Täters allein stützen. Auch hier müßte der prognostische und pädagogische Gesichtspunkt gegenüber dem Gedanken von Schuld und Sühne eindeutig Vorrang erhalten.

Es ist bei der unklaren Definition des Begriffes der schädlichen Neigungen und der daraus sich ergebenden Schwierigkeit ihrer Feststellung erstaunlich, wie selten Gerichte zur Anwendung des § 27 JGG kommen, nach dem der Richter lediglich die Schuld des Jugendlichen feststellen kann, wenn nach Erschöpfung der Ermittlungsmöglichkeit nicht mit Sicherheit beurteilt werden kann, ob in der Straftat eines Jugendlichen schädliche Neigungen von einem Umfang hervorgetreten sind, daß eine Jugendstrafe erforderlich ist.

Auch der Begriff der „Schwere der Schuld" als Voraussetzung für die Anwendung der Jugendstrafe ist im Rahmen eines auf die Erziehung ausgerichteten Jugendgerichtsgesetzes fragwürdig. Auch nach der Denkschrift der Deutschen Vereinigung für Jugendgerichte und Jugendgerichtshilfen über die kriminalrechtliche Behandlung junger Volljähriger sind an die Feststellung der Schwere der Schuld ganz besonders und sicher höhere Anforderungen zu stellen, als dies in der bisherigen Praxis geschehen ist.

Aufgabe des Sachverständigen zu § 10 Absatz 2 JGG

Der § 10 Abs. 2 JGG lautet:
Der Richter kann dem Jugendlichen auch mit Zustimmung des Erziehungsberechtigten und des gesetzlichen Vertreters auferlegen, sich einer heilerzieherischen Behandlung durch einen Sachverständigen oder einer Entziehungskur zu unterziehen. Hat der Jugendliche das 16. Lebensjahr vollendet, so soll dies nur mit seinem Einverständnis geschehen.
Von dieser, dem Sinn des Jugendgerichtsgesetzes in besonderem Maße entsprechenden Bestimmung wird nur sehr selten Gebrauch gemacht. Ein Expertenkreis der Deutschen Vereinigung für Jugendgerichte und Jugendgerichtshilfen und der Deutschen Vereinigung für Kinder- und Jugendpsychiatrie hat hierzu im Jahre 1972 Empfehlungen ausgearbeitet, wonach vor allem vor Verhängung einer Jugendstrafe zu prüfen sei, ob nicht statt dessen eine Weisung nach § 10 Abs. 2 JGG sinnvoll sein könne. Der Begriff der heilerzieherischen Behandlung ist nicht auf Heilpädagogik im engeren Sinne beschränkt, sondern sie umfaßt alle dem Alter der betreffenden Jugendlichen angemessenen psychotherapeutischen Maßnahmen, wobei auch erhebliche Minderbegabungen nicht grundsätzlich ausgeschlossen sein sollten. Für die Durchführung der Weisung kommen verschiedene Fachkräfte in Betracht, und zwar nicht nur speziell dafür ausgebildete Ärzte und Psychologen, sondern ebenso auch Heil-, Sozial- und Sonderpädagogen.
Von der Empfehlung werden folgende Merkmale als Hinweise dafür genannt, daß die Voraussetzungen des § 10 Abs. 2 JGG geprüft werden sollten:

A. Im familiären Bereich:
  1. fehlende Familienbeziehung oder Unvollständigkeit der Familie,
  2. erzieherische Diskontinuität,
  3. chronische Spannungen in der Familie.

B. Im Bereich der Persönlichkeitsentwicklung und des Verhaltens:
  1. auffallende Ängstlichkeit in der Kindheit,
  2. Störungen der sprachlichen und motorischen Entwicklung,
  3. auffälliges Einzelgängertum,
  4. isolierte Ausfälle im Lesen und Schreiben,
  5. gesteigertes aggressives Verhalten aus inadäquatem Anlaß,
  6. dissoziale Entwicklung bei äußerlich intaktem Milieu,
  7. auffallende Symptome, wie zum Beispiel Stottern, Einnässen, Einkoten, Tics.

C. Im Bereich körperlicher Befunde:
  1. chronische Erkrankungen,
  2. Sinnesdefekte,
  3. grobe körperliche Auffälligkeiten.

D. In der Art der Delikte:
  1. Diskrepanz zwischen Tat und bisheriger Persönlichkeitsentwicklung,
  2. sexuelle Delinquenz,
  3. scheinbar sinnlose Bereicherungsdelikte,
  4. Brandstiftung.

Vor der Weisung nach § 10 Abs. 2 StGB sollte in der Regel ein Gutachter gehört werden.

Aufgabe des Sachverständigen zur Frage der Motive des Täters

Die Klärung des Tatmotivs ist zunächst allein richterliche Aufgabe und beschränkt sich im allgemeinen Strafrecht auf die durch ihr Motiv bestimmten Delikte, wie zum Beispiel den Tatbestand des Mordes.
Im Jugendgerichtsverfahren muß allerdings das Motiv für die Tat, die emotionellen Bindungen des Jugendlichen oder Heranwachsenden, die bei der Begehung der Tat von Bedeutung waren, nicht nur für die Klärung von Tatbeständen, sondern in besonderem Maße für die Feststellung der Prognose, des Vorliegens schädlicher Neigungen gemäß § 17 JGG und im Hinblick auf die zu treffenden Maßnahmen eingehende Erforschung und Erörterung finden, will man den Erziehungsaufgaben des Jugendgerichtsgesetzes gerecht werden. Es kann aber kein Zweifel bestehen, daß für die Erforschung und Klärung der Motivlage der jugendpsychiatrische oder psychologische Sachverständige viel kompetenter sein kann als ein Jugendrichter ohne entsprechende spezielle Ausbildung.
Bei der Klärung der Motive des Jugendlichen bei seinen Taten muß sich der jugendpsychiatrische Sachverständige allerdings jederzeit klar sein, wieweit er sichere Erkenntnisse, auf Erfahrung gegründete wahrscheinliche Ergebnisse oder spekulative Vorstellungen und bloße Möglichkeiten vorträgt.
Er hat dies dem Gericht deutlich zu machen und auch den wissenschaftstheoretischen Hintergrund seiner Folgerungen darzulegen. Die Gefahr der Überbewertung projektiver Testuntersuchungen ist in einem solchen Zusammenhang zweifellos gegeben.
Besonders wichtig ist bei der Rekonstruktion der psychodynamischen Entwicklung, die zur Tat geführt hat, auch die Kenntnis über die Formen menschlichen Handelns und ihre Darstellung, wie sie gerade bei Jugendlichen deutlich werden und wie sie aus der Sicht des Erwachsenen ohne spezielle jugendpsychiatrische und -psychologische Kenntnisse oft mißverstanden werden. Die Neigung vieler Jugendlicher, im Augenblick zu leben, auf bestimmte Situationen zu reagieren, anstatt bestimmte Situationen zielgerichtet anzustreben, täuscht unter Umständen durch die Aneinanderrei-

hung solcher Reaktionen Handlungsketten vor, die bei Polizei, Staatsanwaltschaft und Gericht nicht selten den ungerechtfertigten Eindruck planvollen Handelns auch dort hervorrufen können, wo ein solches mit Wahrscheinlichkeit gar nicht vorgelegen hat.
Auch die Überwindung gelegentlich zu beobachtender Sprachbarrieren und Verständigungsschwierigkeiten zwischen den vor Gericht stehenden Jugendlichen und dem Gericht selbst, die bei der oft großen Kluft in Alter und sozialer Herkunft zwischen beiden und im besonderen der situationsbedingt gegebenen Unsicherheit des Jugendlichen kann eine Aufgabe des jugendpsychiatrischen Sachverständigen sein, die allerdings auch von der Jugendgerichtshilfe übernommen werden könnte.
Hier ergeben sich viele Aufgaben für den jugendpsychiatrischen Sachverständigen in der Funktion des Helfers für das Gericht, die er wahrnehmen muß, ohne in die Kompetenz des Gerichts einzugreifen. (LEMPP 1975).

Aufgaben des jugendpsychiatrischen Sachverständigen bei der Beurteilung der Glaubwürdigkeit kindlicher und jugendlicher Zeugen

Grundsätzlich ist festzustellen, daß es keine psychologischen Kriterien gibt, nach denen beweisbar wäre, ob eine Aussage eines Kindes mit Sicherheit wahr ist oder nicht. Das Ergebnis eines wissenschaftlichen Gutachtens zur Frage der Glaubwürdigkeit kann daher nur aus dem psychologischen Befund im Verhältnis zu der Aussagengeschichte und unter Berücksichtigung der Motivlage feststellen, ob sich Hinweise finden, daß eine bestimmte Aussage eines Zeugen möglicherweise oder wahrscheinlich nicht der Wahrheit entspricht oder ob sich solche Hinweise nicht finden lassen. Auch das unglaubwürdigste Kind kann im konkreten Fall einmal die Wahrheit sagen, und der glaubwürdigste Zeuge kann unter bestimmten Bedingungen einmal eine falsche Aussage machen. Es ist daher korrekt, wenn ein Sachverständigengutachten zur Frage der Glaubwürdigkeit nicht mit der positiven Feststellung endet, die Aussage eines kindlichen oder jugendlichen Zeugen sei glaubwürdig, sondern mit der Feststellung, es ließen sich keine Hinweise finden, die dafür sprechen, daß es sich bei der Aussage um eine Falschaussage handele.

Allgemeine Glaubwürdigkeit

Bei der in der Regel zunächst zu prüfenden allgemeinen Glaubwürdigkeit wird untersucht, ob die intellektuellen Voraussetzungen vorliegen, entsprechende Beobachtungen zu machen, sie zu behalten und wiederzugeben. Darüber hinaus kann mittels Exploration und testpsychologischer Untersuchungen festgestellt werden, ob eine besondere Tendenz zur Konfabulation und Suggestibilität vorliegt, wobei gerade die Suggestibilität weitgehend vom Alter unabhängig ist, und wie es mit der allgemeinen Phantasiebegabung des Kindes bestellt ist.
Des weiteren ist im Rahmen der allgemeinen Glaubwürdigkeit zu prüfen, welchem Milieu der kindliche oder jugendliche Zeuge entstammt, wie er sich bisher daheim und etwa in der Schule in ihn belastenden Situationen verhalten hat, ob er dazu neigt, einerseits zu renommieren oder andererseits Ausflüchte zu suchen. Diese Ergebnisse bei der Prüfung der allgemeinen Glaubwürdigkeit können allerdings nur den gesamtpsychologischen Hintergrund aufzeigen, vor dem eine spezielle, für das Gerichtsverfahren relevante Aussage geprüft werden muß.

Spezielle Glaubwürdigkeit

Zur Prüfung der speziellen Glaubwürdigkeit, die allein für die Beurteilung der Zeugentüchtigkeit vor Gericht von Bedeutung sein kann, ist es notwendig, zunächst die Aussagengeschichte zu prüfen und die Veränderung der Aussagen im Laufe der inzwischen erfolgten Vernehmungen und gegenüber unterschiedlichen Personen zu verfolgen. Dabei ist eine starre, stereotype Aussage ebenso fragwürdig wie eine sich allmählich ausdehnende und immer weitere Details miteinbeziehende Schilderung der Vorfälle. Im Laufe der oft längeren Zeit, die gerichtliche Verfahren, oft durch mehrere Instanzen, dauern können, kommt es natürlicherweise zu einer gewissen Verdünnung des Aussagenkomplexes, wobei emotionell intensiv erlebte Ereignisse in der Regel besser in Erinnerung bleiben als affektiv unwesentliche Randdetails. Gegebenenfalls ist auch darauf zu achten, ob etwa von interessierten Familienangehörigen vor der gutachterlichen Untersuchung die Aussage gewissermaßen noch einmal „trainiert" wurde.
Im ganzen wird man die Konstanz der Aussage unter Berücksichtigung der abgelaufenen Zeit prüfen, wie auch die Wahrscheinlichkeit der zum inkriminierten Ereignis passenden Randdetails, die sich kindliche und jugendliche Zeugen in der Regel nur schwer auszudenken vermögen. Dabei ist auch zu berücksichtigen, daß nicht tatsächlich erlebte Ereignisse viel weniger sicher erinnert werden können als Ereignisse, denen ein konkreter Erlebnishintergrund zugrunde liegt.
Von besonderer Bedeutung ist in jedem Falle die Erstaussage, die Situation, in der das Kind oder der jugendliche Zeuge sein Erlebnis als erstes berichtete, ob diese Aussage freiwillig und spontan oder ob

sie auf drohenden Vorhalt oder Drängen entstanden ist. Hierbei ist die Motivlage, die für den Zeugen bei seiner Erstaussage bestimmend war, nach Möglichkeit sorgfältig zu rekonstruieren. Da es sich in der Regel um sexuelle Ereignisse handelt, die vielfach auch innerfamiliäre Beziehungen tangieren, können die Beweggründe und die veränderten Motivationen sehr komplex und vielschichtig sein. Die große Bedeutung eines schlechten Gewissens beim Zeugen anläßlich der Erstaussage muß Beachtung finden, wobei das schlechte Gewissen sich häufig nicht auf eine mögliche Falschaussage bezieht, sondern auf ein Gefühl der Mitschuld, das Kinder und Jugendliche häufig haben, wenn sie in von den Erwachsenen mit Vorwürfen verbundene Situationen geraten sind, oder insbesondere dann, wenn das Kind dabei ein vermeintliches oder tatsächliches früheres Verbot übertreten oder wenn es zunächst ein jetzt schuldhaft erlebtes Interesse gezeigt hat, oder auch nur, wenn ein Kind eine Situation nicht rechtzeitig als verboten erkannt hat.

Man wird bei der Beurteilung der speziellen Glaubwürdigkeit am ehesten zu einem verwertbaren Ergebnis kommen, wenn man die im konkreten Fall möglichen Falschaussagen im einzelnen berücksichtigt, also zunächst unterstellt, daß die vom Kind oder dem Jugendlichen gemachten Angaben, etwa entsprechend den Einlassungen des Angeschuldigten, falsch seien.

Es könnte sich dann

1. um eine bewußte Falschaussage, eine Lüge handeln, die spontan oder auf Anstiftung gemacht wurde. Hierzu ist vor allem das Motiv zu prüfen, das eine bewußte Lüge begründen könnte. Darüber hinaus ist zu prüfen, wieweit das Kind aufgrund seiner intellektuellen und sonstigen psychischen Voraussetzungen in der Lage ist, einen real gar nicht erlebten Ereignisablauf zu schildern, über mehrere Vernehmungen einigermaßen stimmig aufrechtzuerhalten und in natürlicher, nicht auswendig gelernte Weise wiederzugeben.

Um dem Vorwurf der Lüge aus dem Wege zu gehen, bemühen sich zwar manche Kinder, vorschnell geäußerte falsche Behauptungen um jeden Preis aufrechtzuerhalten. Dies gelingt aber über längere Zeit in der Regel nur sehr schwer.

2. Es besteht die Möglichkeit einer Fremdsuggestion, wobei dem Kind oder Jugendlichen von dritter, interessierter Seite ein falscher Tatbestand suggeriert wird. Dieser Möglichkeit kommt weitgehend theoretische Bedeutung zu, da ältere Kinder und Jugendliche allenfalls zu einer Falschaussage angestiftet werden können, die dann unter den obengenannten Kriterien zu prüfen wäre, und kleinere Kinder, denen gegenüber bestimmten Personen ein hohes Maß an Suggestibilität zugetraut werden könnte, nur selten in der Lage sind, ein solches Ereignis aufgrund fremder Suggestion in natürlicher Weise wiederzugeben.

3. Die Möglichkeit der Autosuggestion liegt dann vor, wenn das Kind ein vielleicht in anderer Form, mit anderen Personen erlebtes Ereignis nun auf eine andere Person, den jetzt Angeschuldigten, überträgt. Solche Falschaussagen brauchen sich nicht unbedingt auf konkrete Vorerlebnisse zu beziehen, es genügt bei einer lebhaften sexuellen Phantasie, daß das Kind oder der Jugendliche – meistens handelt es sich hier um Kinder in der vorpuberalen Phase – sich intensiv mit sexuellen Vorgängen auseinandersetzt. In aller Regel wird aber der Aussage ein realer Hintergrund mit der angeschuldigten Person zugrunde liegen, der dann in der Phantasie des Kindes mißdeutet und aufgebauscht wird.

4. Eine Veränderung der Aussagen von Kindern und jugendlichen Zeugen entsteht häufig durch eine Veränderung der eigenen Einstellung zur Tat. Die Kinder und Jugendlichen erfahren häufig erst im Laufe des Verfahrens, daß sie sich mit dem Angeschuldigten in Handlungen eingelassen haben, die die Eltern, andere Erwachsene, schließlich die Polizei und das Gericht offenbar sehr negativ bewerten. Das Kind wird also sehr stark daran interessiert sein, seinen eigenen Anteil am Geschehen zu vermindern und seine eigene Rolle zu seiner eigenen Entschuldigung zu verändern. Hierdurch kann nicht nur ein schlechtes Gewissen wegen einer falschen Aussage beim Zeugen entstehen, die tatsächlich nur im Hinblick auf die eigene Rolle falsch ist, nicht aber im Hinblick auf die Handlungen des Angeschuldigten, sondern auch ein völlig falsches Bild über Aktivität und Gewaltanwendung des Angeschuldigten.

Die bloße psychologische Abklärung der beim kindlichen oder jugendlichen Zeugen vorhandenen psychischen Voraussetzung mittels testpsychologischer Untersuchung und die Überprüfung der Aussagegeschichte und ihr inhaltlicher Vergleich hinsichtlich Wahrscheinlichkeit und Unwahrscheinlichkeit genügt für ein Glaubwürdigkeitsgutachten keineswegs. Die besondere Sachkunde des psychologischen oder psychiatrischen Sachverständigen liegt hier auch in der Analyse der Motive der Zeugen wie deren Angehörigen und Freunde und die Berücksichtigung der eigenen Einstellung zu den berichteten Ereignissen und ihre mögliche Veränderung im Laufe der Aussagengeschichte.

Die Darstellung bloßer psychologischer Befunde und einer Erörterung der aussagepsychologischer Kriterien allein kann dem Gericht zur Urteilsfindung nicht dienen. Andererseits muß sich der Sachverständige auch von der Vorstellung freihalten, er müsse um jeden Preis die Glaubwürdigkeit des kindlichen oder jugendlichen Zeugen beweisen oder gar, in einer naheliegenden, aber unbedingt zu vermeidenden Identifikation mit dem Kind, sich bemühen, das Kind vor dem Vorwurf, es könne möglicherweise falsch ausgesagt haben, zu schützen.

Bei der Untersuchung eines Kindes zur Frage der Glaubwürdigkeit ist daher letztlich ein viel größeres Gewicht auf die Erörterung seiner emotionellen Beziehungen zu seinen nächsten Angehörigen und evtl. zum Angeschuldigten wie auch die eingehende Klärung der Motivlage zu legen, als auf die wiederholte, unermüdlich ins Detail gehende Exploration zum Tatgeschehen selbst, das ja in der Regel schon durch vielfache Vorexplorationen und durch die Vernehmung durch die weibliche Kriminalpolizei bereits hinreichend protokolliert ist. Der Schutz des Kindes vor einer gegebenenfalls unzumutbaren psychischen Belastung durch solche sich ständig wiederholenden Explorationen muß letztlich den Vorrang haben vor dem Ziel, um jeden Preis einen Angeschuldigten zu überführen.

Die Aufgabe des kinder- und jugendpsychiatrischen Sachverständigen in zivilrechtlichen Verfahren

Im Rahmen des Zivilprozeßrechts werden kinder- und jugendpsychiatrische Gutachten im wesentlichen in drei sehr unterschiedlichen Bereichen angefordert, und zwar in Verfahren des Familienrechts, in Fragen der Deliktfähigkeit gemäß § 828 BGB und Fragen der Entschädigung.

Aufgaben des kinder- und jugendpsychiatrischen Sachverständigen in familienrechtlichen Verfahren

Im vergangenen Jahrzehnt, bereits vor Einführung des neuen Scheidungsrechts am 1. 7. 1977, wurden im Zusammenhang mit Problemen der Ehescheidung in zunehmendem Maße kinderpsychiatrische und -psychologische Gutachten eingeholt. Unabhängig voneinander wurden im amerikanischen (GOLDSTEIN u. Mitarb. 1974) wie im deutschen Sprachraum (LEMPP 1972 u. 1983, LEMPP u. RÖKKER 1973) die Rechtsstellung des Kindes und seine Beurteilung im Ehescheidungsverfahren zur Diskussion gestellt, die auch von juristischer Seite ein lebhaftes Echo fanden (SIMITIS u. ZENZ 1975, GERNHUBER 1973). Es ging dabei im wesentlichen um die Konkretisierung des schon lange Zeit im BGB verankerten Begriffes des Kindeswohls. Dieser Begriff findet sich in § 1627 BGB über die Ausübung der elterlichen Gewalt, die die Eltern in eigener Verantwortung und gegenseitigem Einvernehmen zum Wohle des Kindes auszuüben haben. Des weiteren kann das Wohl des Kindes es gemäß § 1634 BGB erforderlich machen, daß der persönliche Verkehr des Kindes aus geschiedener Ehe mit dem nichtsorgeberechtigten Elternteil für eine bestimmte Zeit oder dauernd ausgeschlossen wird.

Nach § 1666 BGB hat das Vormundschaftsgericht zur Abwendung der Gefahr erforderliche Maßregeln zu treffen, wenn das körperliche, geistige oder seelische Wohl des Kindes gefährdet wird.

Bei der Ehescheidung kann das Familiengericht von einem gemeinsamen Vorschlag der Eltern gemäß § 1671 Abs. 3 BGB nur abweichen, wenn dies zum Wohle des Kindes erforderlich ist. Nach § 1671 Abs. 3 BGB trifft das Familiengericht die Regelung, die unter Berücksichtigung der gesamten Verhältnisse dem Wohle des Kindes am besten entspricht, wobei die Bindungen des Kindes zu berücksichtigen sind.

Nach § 1671 Abs. 4 BGB kann einem Elternteil die Sorge für die Person, dem anderen die Sorge für das Vermögen des Kindes übertragen werden, sofern es das Wohl des Kindes erfordert. Ein gemeinsames Sorgerecht ist möglich.

Nach § 1671 Abs. 5 BGB kann das Familiengericht die Sorge für die Person und das Vermögen des Kindes einem Vormund oder Pfleger übertragen, wenn dies erforderlich ist, um eine Gefahr für das geistige oder leibliche Wohl oder für das Vermögen des Kindes abzuwenden.

Das Wohl des Kindes ist somit ein schon lange Zeit im Gesetz fest verankerter, nichtsdestoweniger sehr unbestimmter und schwer definierbarer Begriff. Während früher dabei vorwiegend auf das körperliche Wohl und die Ordnung seiner äußerlichen Verhältnisse geachtet wurde, rückten Kinderpsychiater das seelische Wohl des Kindes als für seine zukünftige Entwicklung entscheidend in den Vordergrund.

Eine positive Definition des Kindeswohls ist kaum möglich, sofern sich die Beschreibung nicht in utopischen und allgemeinen Formulierungen verlieren will. Dagegen ist die negative Definition des Kindeswohls im konkreten Fall durchaus möglich. Es ist aufgrund kinderpsychiatrischer und entwicklungspsychologischer Erfahrung sehr wohl feststellbar, was dem Wohl des Kindes, insbesondere auch dem psychischen, entgegensteht. Die Orientierung am konkreten Fall und der konkreten Situation des Kindes erleichtert die gutachtliche Stellungnahme im Rahmen von familienrechtlichen Verfahren. Diese zeichnen sich durch ein besonderes Maß an emotionaler Beteiligung der Parteien aus, die dem kinder- und jugendpsychiatrischen Sachverständigen eine strikte Neutralität zur besonderen Pflicht machen, wogegen eine gewisse selbstkritische Identifikation mit dem zu begutachtenden Kinde in diesem Falle unschädlich, ja sogar im Sinne des Gesetzes ist, da das Wohl des Kindes bei der Beurteilung absolut im Vordergrund steht. Dies kann in Einzelfällen eine harte, ja ungerechte Stellungnahme gegenüber dem einen oder anderen Elternteil notwendig machen.

Die Sachverständigenaufgaben im Rahmen des Sorgerechtsverfahrens

Gemäß § 1671 BGB muß die elterliche Gewalt nach der Ehescheidung einem Elternteil übertragen werden.
Der § 1671 lautet:

1. Wird die Ehe der Eltern geschieden, so bestimmt das Familiengericht, welchem Elternteil die elterliche Gewalt über ein gemeinschaftliches Kind zustehen soll.
2. Das Gericht trifft die Regelung, die dem Wohle des Kindes am besten entspricht; hierbei sind die Bindungen des Kindes, insbesondere an seine Eltern und Geschwister, zu berücksichtigen.
3. Von einem übereinstimmenden Vorschlag der Eltern soll das Gericht nur abweichen, wenn dies zum Wohle des Kindes erforderlich ist. Macht ein Kind, welches das vierzehnte Lebensjahr vollendet hat, einen abweichenden Vorschlag, so entscheidet das Gericht nach Absatz 2.
4. Die elterliche Sorge ist einem Elternteil allein zu übertragen. Erfordern es die Vermögensinteressen des Kindes, so kann die Vermögenssorge ganz oder teilweise dem anderen Elternteil übertragen werden.
5. Das Gericht kann die Personensorge und die Vermögenssorge einem Vormund oder Pfleger übertragen, wenn dies erforderlich ist, um eine Gefahr für das Wohl des Kindes abzuwenden. Es soll dem Kind für die Geltendmachung von Unterhaltsansprüchen einen Pfleger bestellen, wenn dies zum Wohle des Kindes erforderlich ist.
6. Die vorstehenden Vorschriften gelten entsprechend, wenn die Ehe der Eltern für nichtig erklärt worden ist.

Die Auseinandersetzung um das Sorgerecht gelingt erfahrungsgemäß in etwa 85% aller Ehescheidungen ohne ernstere Auseinandersetzungen der Eltern. Nur in 15% ergeben sich größere Schwierigkeiten, und nur in einem Teil davon werden die Familiengerichte Sachverständigengutachten einholen. Der in Familienrechtsfragen tätige Kinder- und Jugendpsychiater wird demnach gerade und nur mit Ehescheidungsproblemen für das Kind konfrontiert, die in besonderem Maße im emotionellen Spannungsfeld der beiden Eltern stehen. Dabei verbirgt sich hinter dem Bemühen jedes Elternteils um das Wohl des Kindes häufig der konkrete finanzielle Vorteil, der mit dem damit verbundenen Unterhaltsanspruch verbunden ist. Nach dem neuen Scheidungsrecht wird zwar, im Gegensatz zu früher, mit der Scheidung gleichzeitig auch über das Sorgerecht entschieden. Es ist aber dabei zu beachten, daß für das Kind die tatsächliche Scheidung der Eltern bereits mit der Trennung der Eltern beginnt, die ja nach der Vorstellung des Gesetzgebers 1 bis 3 Jahre vor dem Antrag auf Scheidung bestehen soll. Bereits während dieser Zeit kann – allerdings üblicherweise nur auf Antrag eines Elternteils – vom Familiengericht festgestellt werden, welchem Elternteil die elterliche Gewalt über das gemeinschaftliche Kind zustehen soll. Um für das Kind Zeiten der Ungewißheit und unnötige und belastende Wechsel zu ersparen, sollte diese Entscheidung nach § 1672 BGB bereits einer endgültigen Entscheidung gemäß § 1671 BGB entsprechen.

Auch wenn jeder Fall seine eigene Problematik bietet und sich vom anderen unterscheidet, lassen sich doch einige grundsätzliche Richtlinien aufstellen.

1. Der Wunsch des Kindes oder die Tendenz seiner inneren Bindung sollte, soweit irgend möglich, Berücksichtigung finden. Der Wunsch des Kindes hat Vorrang vor den meisten anderen Gründen. Dabei ist allerdings zu berücksichtigen, daß viele Kinder sich nicht entscheiden wollen, da eine Entscheidung für einen Elternteil auch immer eine Entscheidung gegen den anderen ist, die es um jeden Preis verhindern möchte. Manche Kinder könnten sich zwar entscheiden, möchten sich aber um keinen Preis äußern. Projektive Testuntersuchungen, sofern sie kritisch und mit größter Zurückhaltung und Erfahrung ausgewertet werden, können dabei Orientierungshilfen geben. Ihr Ergebnis muß aber immer an der konkreten Situation gemessen werden.

2. Die innere Beziehung, die das Kind in seinen ersten Lebensjahren entwickelt hat, meist zur Mutter, manchmal zur Großmutter, seltener zum Vater, muß Beachtung finden. Dies gilt insbesondere für Kinder im Vorschul- und Grundschulalter. Am Ende des Grundschulalters und im Alter der Vorpubertät kann sehr wohl ein Wechsel von der ursprünglichen primären Bezugsperson weg zum anderen Elternteil, in der Regel zum Vater, angebracht sein.

Die scheinbare Bevorzugung der Mütter bei Kleinkindern rührt nicht daher, daß die kinderpsychiatrischen Gutachter väterfeindlich wären oder einer überkommenen Rollenvorstellung verhaftet wären, sondern darin, daß die konkrete Rollenverteilung in aller Regel noch traditionell so gelagert ist, daß die Mutter die primäre Betreuung des Kleinkindes übernimmt. Die Vorstellung modernen Rollenverständnisses kann nur da Berücksichtigung finden, wo sie bereits vor der Ehescheidung konkretisiert wurde. Sie darf nicht nach der Ehescheidung am Kind erstmals versucht werden.

3. Deshalb sollten in den meisten Scheidungsfällen Kinder bis zum 5. oder 6. Lebensjahr der Mutter zugesprochen werden. Dabei ist deren soziale Situation von zweitrangiger Bedeutung

4. Die Kontinuität der Erziehung sollte gewahrt bleiben. Ein Wechsel des Milieus und der Bezugsperson ist nur dann sinnvoll, wenn das Kind unter den bisherigen Bedingungen leidet oder durch sie geschädigt wird. Die Ansicht, daß das Kind in der neuen Umgebung bessere soziale Verhältnisse vorfindet oder sich vielleicht wohler fühlen würde, reicht als Anlaß der Änderung der Sorgerechtsentscheidung nicht aus. Überhaupt ist eine Bewertung der sozialen Situation, der moralischen und charakterlichen Qualitäten der Eltern ebenso zu unterlassen wie selbstverständlich auch eine Bewertung etwa der Religionszugehörigkeit. Solange bei den Elternteilen keine psychopathologischen, das Kind sicher schädigende und krankhafte Auffälligkeiten nachzuweisen sind, solange sich der Erziehungsstil innerhalb der Normen einer pluralistischen Gesellschaft, also außerhalb von Terror und Zwang auf der einen und Vernachlässigung und Verwahrlosung auf der anderen Seite bewegt, können diese Unterschiede für eine Sorgerechtsentscheidung nicht von Bedeutung sein.

5. Vor und während der Reifezeit, also etwa vom 12. Lebensjahr ab, kann ein Wechsel, vor allem von der Mutter zum Vater, in Einzelfällen einem echten Bedürfnis des Kindes entsprechen und für alle eine Verbesserung bedeuten. Ein solcher Wechsel ist nach § 1696 BGB sowohl durch das Vormundschaftsgericht wie durch das Familiengericht dann anzuordnen, wenn sie dies im Interesse des Kindes für angezeigt halten. Bei älteren Kindern besteht auch die Möglichkeit, im Einverständnis mit beiden Elternteilen unter Belassung der bisherigen Sorgerechtsregelung das Kind probeweise für etwa ein halbes Jahr zum anderen Elternteil zu geben und erst danach über die Sorgerechtsänderung gemäß § 1696 BGB zu entscheiden. Ein solcher Versuch kann dann angebracht sein, wenn zu vermuten ist, daß die Tendenz des Kindes zum anderen Elternteil im wesentlichen dadurch begründet ist, daß es diesen im Rahmen der Besuchsregelung nur in der Sonntags- und Feriensituation erlebt hat und möglicherweise von einem ständigen Zusammenleben enttäuscht werden könnte.

6. Geschwister, die sehr aneinander hängen, sollte man möglichst beieinander lassen. Die Bindung an Vater oder Mutter ist aber wichtiger als die Bindung der Geschwister untereinander.

Aufgabe des Sachverständigen beim Verfahren über den persönlichen Verkehr gemäß § 1634 BGB

Der § 1634 BGB lautet:

§ 1634. (Recht zum persönlichen Umgang mit dem Kind; Auskunft):

1. Ein Elternteil, dem die Personensorge nicht zusteht, behält die Befugnis zum persönlichen Umgang mit dem Kinde. Der Elternteil, dem die Personensorge nicht zusteht, und der Personensorgeberechtigte haben alles zu unterlassen, was das Verhältnis des Kindes zum anderen beeinträchtigt oder die Erziehung erschwert.
2. Das Familiengericht kann über den Umfang der Befugnis entscheiden und ihre Ausübung, auch gegenüber Dritten, näher regeln; soweit es keine Bestimmung trifft, übt während der Dauer des Umgangs der nicht personensorgeberechtigte Elternteil das Recht nach § 1632 Abs. 2 aus. Das Familiengericht kann die Befugnis einschränken oder ausschließen, wenn dies zum Wohle des Kindes erforderlich ist.
3. Ein Elternteil, dem die Personensorge nicht zusteht, kann bei berechtigtem Interesse vom Personensorgeberechtigten Auskunft über die persönlichen Verhältnisse des Kindes verlangen, soweit ihre Erteilung mit dem Wohl des Kindes vereinbar ist. Über Streitigkeiten, die das Recht auf Auskunft betreffen, entscheidet das Vormundschaftsgericht.
4. Steht beiden Eltern die Personensorge zu und leben sie nicht nur vorübergehend getrennt, so gelten die vorstehenden Vorschriften entsprechend.

Die Umgangsbefugnis muß ausdrücklich vom nichtsorgeberechtigten Elternteil beantragt werden. Es soll nach der Vorstellung des Gesetzgebers dazu dienen, daß sowohl eine persönliche Beziehung zwischen dem Kind und seinem nichtsorgeberechtigten Elternteil gepflegt und aufrechterhalten wird und außerdem dieser die Entwicklung des Kindes verfolgen und überwachen kann.

Auch die Umgangsbefugnis bereitet nur in etwa 15% aller geschiedenen Ehen Schwierigkeiten. In der überwiegenden Zahl aller Ehescheidungen spielt sich die Besuchsregelung auf freiwilliger Basis ohne Schwierigkeiten ein, oder es finden überhaupt keine Besuche statt. Die Besuchsregelung wird häufig dadurch zum Problem, daß die juristisch geschiedenen, emotional aber durchaus noch miteinander in Liebe oder Haß verbundenen Elternteile auf diesem Wege auf dem Rücken des Kindes ihre Ehe mit negativen Vorzeichen fortsetzen und sie sich mit dem anderen Elternteil noch auseinandersetzen können.

Auch hier können bei aller Vielfältigkeit einige Grundsätze herausgestellt werden:

1. Der regelmäßige Kontakt zwischen einem Kind und seinem nichtsorgeberechtigten Elternteil bedeutet, daß in dieser Beziehung zwar nicht die Ehe, aber doch ein Teil der Ehe weiterbesteht. Für das Kind ist der Umgang nur dann ohne Belastung möglich, wenn die geschiedenen Ehepartner zu einer sachlichen Neutralität gegeneinander zurückgefunden haben. Wer eine vollkommene Scheidung will, muß daher gegebenenfalls auf das Kind und jeden Kontakt mit ihm verzichten können. Bei Kindern, die sich noch mit dem sorgeberechtigten Elternteil, mit dem sie ständig zusammen leben, identifizieren müssen, also bis etwa zum 10. oder 12. Lebensjahr, muß eine Besuchsregelung, die gegen den ausgesprochenen oder verborgenen, dem Kinde aber spürbaren Willen des sorgeberechtigten Elternteils durchgeführt wird, auf die Dauer zur schädlichen Belastung werden und kann dem Kindeswohl nicht entsprechen.
2. Jeder Besuchskontakt gegen den Willen und Wunsch des Kindes widerspricht dem Sinn der Umgangsbefugnis und kann dem Wohle des Kindes ebenfalls nicht entsprechen. Andererseits sollte bei bestehenden Spannungen der Eltern dann ein Besuchskontakt noch aufrechterhalten werden, wenn das Kind ausdrücklich noch den Kontakt mit dem nichtsorgeberechtigten Elternteil wünscht. Es ist dann alles zu versuchen, den sorgeberechtigten Elternteil dazu zu führen, diese Besuche innerlich zu akzeptieren. Gelingt dies nicht, so wird in aller Regel der Besuchskontakt auf die Dauer nicht aufrechterhalten werden können. Bei älteren, selbständigen Kindern verliert dann die Einstellung der geschiedenen Eltern gegeneinander zunehmend an Bedeutung.
3. Der sorgeberechtigte Elternteil, der das Kind erzieht, hat immer den größeren Einfluß auf das Kind, den er verantwortungsbewußt wahrnehmen soll. Dieser Einfluß darf aber auch nicht einfach mit Beeinflussung gleichgesetzt werden.
4. Bewußte oder unbewußte negative Beeinflussung des Kindes durch den sorgeberechtigten gegen den nichtsorgeberechtigten Elternteil sollte, wegen des Verdachts mangelnder Erziehungsfähigkeit, Anlaß sein, die Sorgerechtsentscheidung zu überprüfen. Ist aber eine andere Sorgerechtsentscheidung nicht möglich oder entspricht sie nicht dem Kindeswohl, dann dient die Durchsetzung des Elternrechts und der Umgangsbefugnis des Nichtsorgeberechtigten sicher nicht dem Kindeswohl. Die Strafe, die den sorgeberechtigten Elternteil treffen soll, trifft in Wahrheit das Kind.
5. Eine Regelung der Umgangsbefugnis im Sinne des Kindeswohls kann manchmal ein schweres Unrecht für einen Elternteil bedeuten und notwendig machen.
6. Bei Kindern bis etwa zum Grundschulalter ist eine Besuchsregelung nur zu vertreten, wenn die Eltern zu einer Minimalform gegenseitiger Höflichkeit in der Lage sind. Sie müssen sich in Gegenwart des Kindes wenigstens die Hand geben können, ohne in Streit zu geraten.
7. Der Wechsel der Bezugspersonen, vor allem die Trennung von einem und die Angewöhnung an den anderen Elternteil an den Besuchstagen belastet das Kind besonders. Seltenere dafür aber längere Besuche sind deshalb oft besser als häufige, jedoch kurze. Es kann für das Kind eine wesentliche Erleichterung bedeuten, wenn entgegen der allgemeinen Gepflogenheit der sorgeberechtigte Elternteil das Kind am Besuchstag zum nichtsorgeberechtigten bringt. Dem Kind wird dadurch deutlich, daß dieser mit den Besuchen einverstanden ist.
8. Kinder unter 4 Jahren sollten beim nichtsorgeberechtigten Elternteil nur über Nacht bleiben, wenn sie ihn schon lange und gut kennen.

Durchführung und Begutachtung im familienrechtlichen Verfahren

Die Abgabe einer gutachtlichen Stellungnahme in einem familienrechtlichen Verfahren, ohne mit beiden Parteien persönlichen Kontakt aufgenommen und mit ihnen gesprochen zu haben, ist ein Kunstfehler. Ist eine Kontaktaufnahme nur mit einem Elternteil möglich, kann das Gutachten nur mit größtem Vorbehalt erstattet werden. In keinem anderen Verfahren ändern sich die anscheinend objektiven Fakten so sehr, je nachdem von welchem Elternteil sie vorgetragen werden.

Deshalb ist auch die Erstattung von Privatgutachten praktisch nicht vertretbar, ganz abgesehen davon, daß sie im Gerichtsverfahren nachher ohne Bedeutung sind, da sie jederzeit von der Gegenpartei angefochten werden können. Dagegen ist es nicht unbedingt erforderlich, das zu begutachtende Kind zweimal, jeweils mit dem anderen Elternteil zusammen zur Begutachtung einzubestellen. Es sollte aber, wenn irgend möglich, von dem begleitenden Elternteil zur Untersuchung getrennt werden.

Während man sich bei Kindern bis zum 3. oder 4. Lebensjahr im allgemeinen auf die Verhaltensbeobachtung im Umgang mit dem Elternteil beschränken muß, sind Kinder vom 4. oder 5. Lebensjahr ab durchaus mit Geschick und Einfühlung explorierbar. Auch können hier testpsychologische Untersuchungen (Sceno-Test, Bene Anthony, Family Relations-Test, CAT und TAT und andere) Anwendung finden. Ihre Auswertung erfordert aber größte Erfahrung und kritische Zurückhaltung. Bei älteren Kindern führt im allgemeinen das einfühlsame längere Gespräch zu sicheren Kriterien, die gegebenenfalls noch durch projektive Testuntersuchungen unterbaut werden können. Nach dem Gesetz über die freiwillige Gerichtsbarkeit (FGG) muß ein Gericht in einem Verfahren, das die Personensorge betrifft, das

Kind stets persönlich anhören, sofern dieses das 14. Lebensjahr vollendet hat und nicht geschäftsunfähig ist. Aber auch unterhalb dieser Altersgrenze ist die persönliche Anhörung des Kindes grundsätzlich angeordnet, „wenn die Neigungen, Bindungen oder der Wille des Kindes für die Entscheidung von Bedeutung sind oder wenn es zur Feststellung des Sachverhalts angezeigt erscheint, daß sich das Gericht von dem Kind einen unmittelbaren Eindruck verschafft".

Aufgaben des Sachverständigen bei Gefährdung des Kindeswohls gemäß § 1666 BGB und bei Adoption

Der § 1666 lautet:

1. Wird das körperliche, geistige oder seelische Wohl des Kindes durch mißbräuchliche Ausübung der elterlichen Sorge, durch Vernachlässigung des Kindes, durch unverschuldetes Versagen der Eltern oder durch das Verhalten eines Dritten gefährdet, so hat das Vormundschaftsgericht, wenn die Eltern nicht gewillt oder nicht in der Lage sind, die Gefahr abzuwenden, die zur Abwendung der Gefahr erforderlichen Maßnahmen zu treffen. Das Gericht kann auch Maßnahmen mit Wirkung gegen einen Dritten treffen.
2. Das Gericht kann Erklärungen der Eltern oder eines Elternteils ersetzen.
3. Das Vormundschaftsgericht kann einem Elternteil auch die Vermögensverwaltung entziehen, wenn er das Recht des Kindes auf Gewährung des Unterhalts verletzt hat und für die Zukunft eine erhebliche Gefährdung des Unterhalts zu besorgen ist.

Durch die letzte Änderung dieses Paragraphen ist die Eingriffsmöglichkeit des Vormundschaftsrichters nicht mehr, wie früher nur bei ausdrücklichem Mißbrauch der Personensorge, bei Vernachlässigung oder bei einem ehrlosen und unsittlichen Verhalten möglich, sondern auch bei unverschuldetem Versagen. Diese Neufassung verhindert, daß bei offensichtlicher Insuffizienz der Eltern aus ihrer verweigerten Zustimmung zu einem vormundschaftsrichterlichen Eingriff nicht jedesmal ein Mißbrauch des Rechts der elterlichen Sorge konstruiert werden muß.

Bedeutsam ist ein neuer § 1666a, wonach Maßnahmen, mit denen eine Trennung des Kindes von der elterlichen Familie verbunden ist, nur zulässig sind, wenn der Gefahr nicht auf andere Weise, auch nicht durch öffentliche Hilfen, begegnet werden kann, wenn andere Maßnahmen erfolglos geblieben sind oder wenn anzunehmen ist, daß sie zur Abwendung der Gefahr nicht ausreichen.

Die Stellungnahme des kinder- und jugendpsychiatrischen Gutachters in diesem Rahmen wird sich auf die Frage beziehen, ob das geistige oder leibliche Wohl des Kindes durch das Verhalten der Eltern gefährdet ist, gegebenenfalls auch auf die Frage nach den zur Abwendung der Gefahr erforderlichen Maßnahmen. Auch hier ist es Aufgabe des Sachverständigen, das Kindeswohl uneingeschränkt in den Vordergrund der Entscheidung zu stellen. Auch hier sind aber die bestehenden Bindungen des Kindes zu berücksichtigen und gegenüber der möglichen oder auch konkreten Gefährdung die regelmäßige prognostische Unsicherheit der praktisch realisierbaren Maßnahmen abzuwägen.

Die Frage an den Gutachter, ob und welche Maßnahmen zur Abwendung der Gefahr für die leibliche, geistige oder seelische Entwicklung eines Minderjährigen geboten sei, stellt sich im Zusammenhang mit § 1666 BGB in gleicher Weise bei der Anordnung der Erziehungsbeistandschaft, freiwilligen Erziehungshilfe oder Fürsorgeerziehung durch das Vormundschaftsgericht gemäß § 55 ff JWG.

Über Pflegekinder für ein Vormundschaftsgericht ein kinder- und jugendpsychiatrisches Gutachten zu erstatten kann eine Herausnahme eines Kindes aus seiner bisherigen Pflegefamilie gem. § 1632 BGB Anlaß geben. Nach Absatz 4 des § 1632 BGB kann das Vormundschaftsgericht von Amts wegen oder auf Antrag der Pflegeperson anordnen, daß das Kind bei der Pflegeperson verbleibt, wenn und solange für eine solche Anordnung die Voraussetzungen des § 1666 Abs. 1 .Satz 1 insbesondere im Hinblick auf Anlaß und Dauer der Familienpflege gegeben sind. Hierbei können sich für den Gutachter oft äußerst schwierige Fragestellungen ergeben, wenn den leiblichen Eltern im Hinblick auf das Primat der psychischen Bindung des Kindes an seine Pflegemutter das Recht der elterlichen Sorge bestritten werden muß.

Das Kindeswohl ist auch in den Paragraphen über die Annahme Minderjähriger (Adoption), die seit 1. 1. 1977 eine neue Fassung erhalten haben (§§ 1741 bis 1772 BGB), als wesentliches Kriterium festgelegt. So ist nach § 1741 Abs. 1 die Annahme eines Kindes nur zulässig, wenn sie dem Wohle des Kindes dient und zu erwarten ist, daß zwischen den Annehmenden und dem Kind ein Eltern-Kind-Verhältnis entsteht. Dabei darf nach § 1745 die Annahme nicht ausgesprochen werden, wenn ihr überwiegende Interessen der Kinder des Annehmenden oder des Anzunehmenden entgegenstehen oder wenn zu befürchten ist, daß das Interesse des Anzunehmenden durch Kinder des Annehmenden gefährdet werde. Vermögensrechtliche Interessen sollen nicht ausschlaggebend sein. Dabei kann die Einwilligung in die Adoption gemäß § 1746 durch das Vormundschaftsgericht ersetzt werden, wenn der Vormund oder Pfleger die Einwilligung oder Zustimmung ohne triftigen Grund verweigert. Ebenso kann nach § 1748 die Einwilligung eines Elternteils durch das Vormundschaftsgericht ersetzt werden, und zwar auf Antrag des Kindes, wenn der Elternteil seine Pflichten gegenüber dem

Kind anhaltend gröblich verletzt oder durch sein Verhalten gezeigt hat, daß ihm das Kind gleichgültig ist, und wenn das Unterbleiben der Annahme dem Kind zu unverhältnismäßigem Nachteil gereichen würde. Die Einwilligung kann auch ersetzt werden, wenn die Pflichtverletzung zwar nicht anhaltend, aber besonders schwer ist und das Kind voraussichtlich dauernd nicht mehr der Obhut des Elternteils anvertraut werden kann.

Nach Absatz 2 darf die Einwilligung jedoch nicht ersetzt werden wegen Gleichgültigkeit, die nicht eine anhaltende gröbliche Pflichtverletzung ist.

Schließlich kann nach § 1749 die Einwilligung des anderen Ehegatten durch das Vormundschaftsgericht ersetzt werden, allerdings nicht, wenn berechtigte Interessen des anderen Ehegatten und der Familie der Annahme entgegenstehen.

In allen diesen Fragen kann der Sachverständige zur Frage des Wohls des Kindes als Gutachter gefragt werden, wobei die besondere Schwierigkeit die Feststellung einer Prognose ist, wie sie nach § 1741 Abs. 1 BGB gefordert wird. Gerade bei fehlender Einwilligung des anderen Ehegatten ist die Motivation der Elternteile sowohl für Annahme wie auch für ihre Ablehnung eingehend zu prüfen, da sie für das Wohl des Kindes von entscheidender Bedeutung sein können. Die Befürwortung einer Adoption erscheint vor allem dann problematisch, wenn sie ausschließlich oder vorwiegend dem Bestreben dient, den abgebenden Elternteil auf diese Weise definitiv aus dem Gesichtskreis des Kindes zu verbannen und damit einen objektiven Tatbestand, den der biologischen Elternschaft, zu unterdrücken. Der Vorrang der psychologisch-soziologischen Elternschaft gegenüber der biologisch-genetischen kann nicht bedeuten, daß die Letztere völlig negiert oder unterdrückt wird, solange der abgebende Elternteil nicht zu einer ständigen Störung der psychischen Entwicklung des Kindes beiträgt.

Aufgaben des kinder- und jugendpsychiatrischen Sachverständigen zur Frage der Deliktfähigkeit gemäß § 828 BGB

Der § 828 BGB lautet:

1. Wer nicht das 7. Lebensjahr vollendet hat, ist für den Schaden, den er einem anderen zufügt, nicht verantwortlich.
2. Wer das 7., aber nicht das 18. Lebensjahr vollendet hat, ist für einen Schaden, den er einem andern zufügt, nicht verantwortlich, wenn er bei der Begehung der schädigenden Handlung nicht die zur Erkenntnis der Verantwortlichkeit erforderliche Einsicht hat. Das gleiche gilt von einem Taubstummen.

Der Kinder- und Jugendpsychiater wird zu dieser Frage in aller Regel als Gutachter gehört, wenn es sich um größere Schadensfälle handelt, die von Kindern verübt wurden, insbesondere nach Brandstiftungen oder bei schweren Körperverletzungen beim Spielen, etwa durch Pfeilschuß, Steinwurf oder ähnliches. Ähnlich wie bei der Feststellung der Strafreife wird auch hier nicht die Frage gestellt, ob das betreffende Kind in seiner geistigen und seelischen Entwicklung einem durchschnittlich normalen 7jährigen Kind entspricht, sondern es soll die zur Verantwortlichkeit erforderliche Einsicht im konkreten Fall festgestellt werden.

Aufgrund eines Urteils des BGH werden in der Regel von den Gerichten oder auch im Vorfeld eines Schadensersatzprozesses von einer der beteiligten Versicherungen die Fragen gestellt:

1. War das beklagte Kind zur Tatzeit so weit geistig entwickelt, daß es ihm möglich war, das Unrecht seiner Handlung und damit die Verpflichtung zu erkennen, in irgend einer Weise für die Folgen seines Tuns einstehen zu müssen?
2. War bei ihm aufgrund seines geistigen Entwicklungsstandes ein allgemeines Verständnis dafür vorhanden, daß das Handeln seine Verantwortung begründen könnte, wobei nicht erforderlich ist, daß bestimmte Vorstellungen von der Art der Verantwortlichkeit bestehen, sondern die Fähigkeit zur Erkenntnis einer Vergeltungspflicht dem Verletzten oder der Allgemeinheit gegenüber gleichgültig, ob in zivilrechtlicher oder strafrechtlicher Hinsicht?

Es kann zwar von einem 7 Jahre alten oder älteren Kind in aller Regel erwartet werden, daß es im allgemeinen angerichteten Schaden wieder gutmachen und zerstörte Gegenstände anderer wieder ersetzen muß. Die Schwierigkeit dieser Fragestellung ergibt sich im allgemeinen aber aus der für die Kinder oft nicht mehr überschaubaren Divergenz zwischen einer von ihnen selbst möglicherweise als verboten erkannten Handlung und einem daraus, von ihnen in seinen oft unvorstellbar großen Dimensionen nicht voraussehbaren entstehenden Schaden. Ein zündelndes Kind kann schon rein rational oft nicht mehr eine Verantwortlichkeit im Falle eines Millionenschadens verstehen, es kann aber vor allem vielfach nicht unter dem Drange einer konkreten Situation dem Spieltrieb oder dem Reiz eines im Grunde als harmlos angesehenen verbotenen Tuns widerstehen.

Die im Urteil des BGH verwandten Begriffe der „Verantwortlichkeit" und der „Erkenntnis einer Vergeltungspflicht" sind weder von juristischer Seite eindeutig definiert noch aus kinder- und jugendpsychiatrischer Sicht klar abzugrenzen. Vom Bewußtsein des Kindes, daß es gegebenenfalls eine Bestrafung durch die Eltern zu gewärtigen habe, bis zur konkreten Vorstellung einer möglichen Wiedergutmachungspflicht und Ersatzleistung kann die Interpretationsmöglichkeit reichen. Dieser weite Ermessensspielraum bedingt eine unbefriedigende Unsicherheit auch für den Gutachter. DAUNER (1980) hat das Problem anhand einer ausführlichen Untersuchung an kindlichen Brandstiftern erneut zur Diskussion gestellt. Sie fand dabei, daß die kindlichen Brandstifter in aller Regel eine hohe psychische und soziale Normalität zeigen. Dennoch werden bei ihr 57% der kindlichen Brandstifter als nicht deliktfähig angesehen. Die Verneinung der Deliktfähigkeit kann sich dabei keineswegs nur auf die intellektuellen Fähigkeiten stützen, die in aller Regel vorliegen. Neben der ethischen und moralischen Entwicklung, die keineswegs mit der intellektuellen gleichzusetzen ist, ist auch die phasenspezifische Emotionalität und die Triebdynamik in der konkreten Situation bei der Beurteilung mit zu berücksichtigen. Von DAUNER wird daher auch eine Heraufsetzung des Alters der Deliktfähigkeit von 7 auf 10 Jahre gefordert.

Die Aufgaben des kinder- und jugendpsychiatrischen Sachverständigen in Entschädigungsverfahren

Ist der Geschädigte in einem Schadensersatzprozeß ein Kind oder ein Jugendlicher oder betrifft der geltend gemachte Schaden die Kindheit oder Entwicklungszeit einer inzwischen erwachsenen Person, so kommt die Einholung eines kinder- oder jugendpsychiatrischen Gutachtens zur Zusammenhangsfrage ebenso in Betracht wie zur Feststellung des Schadens, seiner Auswirkung, seiner Prognose und der durch den Schaden bedingten Minderung der Erwerbsfähigkeit, sofern die Schäden auf psychischem, psychiatrischem oder neurologischem Gebiet liegen. In aller Regel wird der Gutachter dabei mit einer ganz gezielten und differenzierten Fragestellung durch das Gericht rechnen können.
Bei der Erörterung der Frage des Zusammenhangs ergeben sich regelmäßig auf organischem Fachgebiet keine besonderen Schwierigkeiten, die Feststellung eines vorübergehenden oder dauernden Schadens auf psychischem Gebiet ist daher ungleich schwerer und ist in strenger Abgrenzung prinzipiell unmöglich, da jede Einflußnahme auf die psychische Entwicklung eines Kindes von schadensunabhängigen psychischen Einflüssen überlagert, verändert, fixiert oder verdeckt werden kann.
In psychischen Schadensfällen nach erlittenen Unfällen ergibt sich häufig die Fragestellung nach der Unfallbedingtheit neurotisch reaktiver Symptome, die nach dem Unfall aufgetreten sind. Dabei ist zu berücksichtigen, daß für die Bewältigung belastender Erlebnisse das Verhalten der das Kind umgebenden Bezugspersonen von mitentscheidender Bedeutung ist. Hier können sich häufig fixierende Tendenzen bewußter oder unbewußter Art durch die Eltern bemerkbar machen. Dabei ist allerdings auch zu berücksichtigen, wieweit eine die Folgen nachteilig verstärkende Überbesorgtheit der Eltern nach einem Unfall nicht natürliche, verständliche und unvermeidbare Verhaltensweisen darstellen.
Besonders nachhaltige psychoreaktive Störungen findet man häufig bei Kindern nach Verkehrsunfällen dann, wenn sie nicht bewußtlos waren und den Unfall, insbesondere aber die Reaktion der Erwachsenen, unter Umständen deren schwere Verletzung, bewußt miterlebt haben.

Zur Feststellung der Minderung der Erwerbsfähigkeit bei Kindern

Häufig wird im Zusammenhang mit Entschädigungsgutachten die Feststellung einer Minderung der Erwerbsfähigkeit gefordert in Anlehnung der bei Erwachsenen üblichen Gebräuche. Eine solche Feststellung kann bei einem Kind vor Abschluß der Schulpflicht wenig sinnvoll sein, weil zum einen ein unmittelbarer Vergleich mit der Erwerbsfähigkeit des Erwachsenen nicht möglich ist, zum anderen sich noch wesentliche Änderungen und Anpassungen im Laufe der psychischen Entwicklung des Kindes oder des Jugendlichen ergeben können.
Aufgrund bestimmter verwaltungstechnischer Vorschriften wird manchmal von den Gerichten oder Behörden auf einer solchen Feststellung bestanden, da ohne eine solche die Entschädigungssumme nicht festgestellt werden kann. In solchen Fällen muß dann in Analogie zu den Bewertungen bei Erwachsenen ein bestimmter Prozentsatz genannt werden, auf dessen Relativität und Vorläufigkeit jedoch ausdrücklich hingewiesen werden sollte.

Gutachten im Rahmen des Bundesentschädigungsgesetzes

Wenn auch deutlich im Rückgang begriffen, fallen doch noch immer wieder Gutachten im Rahmen des Bundesentschädigungsgesetzes wegen Schaden an Körper und Gesundheit nach nationalsozialistischer Verfolgung an. Die besondere Schwierigkeit ergibt sich hierbei, daß in der Regel nach Aktenlage aufgrund qualitativ sehr unterschiedlicher Gutachten, und zum anderen aus der Tatsache, daß über die Folgen grundsätzlich unmeßbarer psychischer Belastung im frühen Kindes- oder Jugendalter bei inzwischen erwachsenen Menschen geurteilt werden muß.
Eine Auswertung von solchen Gutachten ergab (LEMPP 1977), daß sich nach frühkindlicher Isolierung und längerem Leben im Versteck unter in der Regel extremen körperlichen Belastungen regelmä-

ßig schwere Persönlichkeitsstörungen in Form sozialer Unreife, infantiler Abhängigkeit und Unselbständigkeit ergeben. Die Spätfolgen nach Verfolgung während der frühesten Kindheit betreffen vor allem die Kontaktfähigkeit. Waren die Betroffenen dagegen während der Vorpubertät oder Reifezeit der Verfolgung ausgesetzt, entwickelte sich mehr die charakteristische Symptomatik der chronischen reaktiven Depression und Persönlichkeitsveränderung, wie sie v. BAEYER, HÄFNER u. KISKER (1964) als Verfolgungssyndrom beschrieben haben. Die Spätfolgen nach psychischer Belastung sind in aller Regel bei Kindern, welche die psychisch belastende Verfolgungszeit zusammen mit ihren unmittelbaren Angehörigen erleben mußten, stärker als solche, die von ihnen getrennt der Verfolgung ausgesetzt waren. Hier spielt mit Wahrscheinlichkeit das Miterleben der dauernden Angst der Bezugspersonen eine nachteilige Rolle, von denen die Kinder Schutz und Hilfe erwarteten und nicht erhalten konnten.

In allen diesen Fällen ist zu berücksichtigen, daß außer der extremen psychischen Belastung auch in praktisch allen Fällen eine für die Entwicklung des Kindes wesentliche Schädigung durch chronischen Nahrungsmangel, körperliche Überbelastung und Traumafolgen zu berücksichtigen sind. Bei Betroffenen, die die Verfolgungszeit unter der dabei üblichen frühkindlichen Situation und Verpflegungslage erlebt haben, kann generell das Vorliegen einer frühkindlichen Hirnschädigung angenommen werden.

Die Aufgaben des kinder- und jugendpsychiatrischen Sachverständigen im Rahmen der Jugendhilfe

In den §§ 55 bis 77 des JWG sind die Bestimmungen über die Erziehungsbeistandsschaft, freiwillige Erziehungshilfe und Fürsorgeerziehung zusammengefaßt. Die Einholung von Sachverständigengutachten in diesem Zusammenhang regelt § 66 JWG. Der § 66 JWG lautet:

1. Das Vormundschaftsgericht kann im Verfahren nach § 64 (Voraussetzungen der Fürsorgeerziehung) zur Beurteilung der Persönlichkeit des Minderjährigen die Untersuchung durch einen Sachverständigen anordnen.
2. Zur Vorbereitung des Sachverständigengutachtens kann das Vormundschaftsgericht die Unterbringung des Minderjährigen bis zu 6 Wochen in einer für die pädagogische, medizinische oder psychologische Beobachtung und Beurteilung geeignete Einrichtung anordnen. Erweist sich diese Zeit als nicht ausreichend, so kann das Vormundschaftsgericht die Unterbringung durch Beschluß verlängern. Die Dauer der Unterbringung darf insgesamt 3 Monate nicht überschreiten. Das Grundrecht der Freiheit der Person (Artikel 2 Abs. 2 Satz 2 des Grundgesetzes) wird insoweit eingeschränkt.

Dabei sind die Voraussetzungen für die Fürsorgeerziehung in § 64 JWG geregelt. Danach ordnet das Vormundschaftsgericht für einen Minderjährigen, der das 17. Lebensjahr noch nicht vollendet hat, Fürsorgeerziehung an, wenn sie erforderlich ist, weil der Minderjährige zu verwahrlosen droht oder verwahrlost ist. Fürsorgeerziehung darf nur angeordnet werden, wenn keine ausreichende andere Erziehungsmaßnahme gewährt werden kann. Sind die Personensorgeberechtigten, also im allgemeinen die Eltern, bereit, die Durchführung einer Erziehungshilfe zu fördern, so steht als minderstark eingreifendes Verfahren die freiwillige Erziehungshilfe gemäß § 62 JWG als Möglichkeit zur Verfügung. Die einfachste Form der Erziehungshilfe ist die Anordnung der Erziehungsbeistandschaft. Die Voraussetzung hierfür ist nach § 55 JWG gegeben, wenn die leibliche, geistige oder seelische Entwicklung eines Minderjährigen gefährdet oder geschädigt ist.

Zuständig für die Durchführung der freiwilligen Erziehungshilfe und der Fürsorgeerziehung ist das Landesjugendamt als Ausführungsbehörde (§ 69 JWG).

Kinder- und jugendpsychiatrische Gutachten dienen in diesem Zusammenhang nach § 66 JWG der Beurteilung der Persönlichkeit des Minderjährigen. Selbstverständlich wird ein Gutachter in diesem Zusammenhang die sozialen, körperlichen und psychischen Faktoren, die für die Entwicklung bzw. Fehlentwicklung des zu begutachtenden Kindes oder Jugendlichen bestimmend waren, gleichermaßen in seine Beurteilung mit einbeziehen und wird darüber hinaus auch konkrete Vorschläge für die zu treffenden Maßnahmen einbringen. Er wird sich dabei tunlichst nicht an dem groben Raster der gesetzlich vorgegebenen Möglichkeiten orientieren, sondern möglichst detaillierte Bedingungen nennen, die für die günstige Entwicklung des Kindes oder Jugendlichen Voraussetzung sind. Der Gutachter läuft dabei immer Gefahr, nicht realisierbare Forderungen zu stellen. Es wäre aber sicher falsch, wenn der Gutachter lediglich sich in seinen Vorschlägen an den konkreten Realitäten orientieren würde. Es sollte im Gutachten auch aus jugendpolitischen Gründen deutlich werden, wo Schwächen und Defizite im Jugendhilfewesen vorliegen. In zweiter Linie kann er dann die Vorschläge auf das Realisierbare einschränken.

Dem Bundestag lag ein Entwurf eines Sozialgesetzbuches (SGB) – Jugendhilfe – vor. Der Entwurf enthielt tendenziell eine größere Beteiligung der betreffenden Jugendlichen an ihrer Entwicklung und an den zu ihrer Förderung, Hilfe und Erziehung geeigneten Maßnahmen. Dieser Entwurf kam nicht mehr zur Beratung. Auch wenn damit der dabei vorgesehene Gesamtplan zur Festlegung der erzieherischen Maßnahmen keine rechtliche Fixierung erfahren hat, so kann er doch inhaltlich zu einer sinnvollen Fragestellung an den jugendpsychiatrischen Sachverständigen werden. Auch ohne gesetzliche Verpflichtung ist in der kinder- und jugendpsychiatrischen Klinik und Praxis ein enger Kontakt und eine Zusammenarbeit mit den Jugendhilfebehörden notwendig, wobei allerdings die kinder- und jugendpsychiatrischen Institutionen darauf achten müssen, sich die Freiheit einer unabhängigen Beratung zu erhalten.

Aufgaben des kinder- und jugendpsychiatrischen Sachverständigen im Rahmen des Bundessozialhilfegesetzes (BSHG)

Das Bundessozialhilfegesetz garantiert bei Behinderungen aller Art einen Rechtsanspruch auf Eingliederungshilfen. Das BSHG ist nach der Geschichte seiner Entstehung ein Sozialhilfegesetz für erwachsene Behinderte. Es wurde erst später auf Kinder und Jugendliche ausgedehnt, weswegen mannigfache Formulierungen nicht ohne weiteres auf die Bedingungen von Kindern und Jugendlichen anzuwenden sind. So wird regelmäßig von der Rehabilitation gesprochen, was bei von Geburt an Behinderten, bei Früherfassung und Frühbehandlung wenig sinnvoll ist. Dabei ist dieses Gesetz auch zunächst von der Körperbehinderung ausgegangen. Bei der Ausdehnung des Gesetzes auch auf geistige und seelische Behinderung mußten wiederum zwangsläufig manche Formulierungen des Gesetzes als nicht gut angepaßt erscheinen.

Das BSHG umfaßt in diesem Zusammenhang Körperbehinderte, Blinde, Hör- und Sprachbehinderte, geistig Behinderte und seelisch wesentlich Behinderte. Die Abgrenzung der seelischen Behinderung, die lediglich durch den Zusatz „wesentlich" vor einer völlig unbegrenzten Ausdehnung geschützt ist, läßt sich von dem Begriff der Verhaltensstörung und dem im JWG (§ 55) angewandten Begriff der Verwahrlosung oft definitorisch gar nicht trennen. Hier kommt es zu weitreichenden Überschneidungen der Hilfsmöglichkeiten, die dazu führen, daß auch sachfremde Gesichtspunkte – welches ist der günstigere Kostenträger? – wirksam werden können (5. Jugendbericht der Sachverständigenkommission der Bundesregierung). Zwar unterliegt das BSHG dem Prinzip der Subsidiarität, wonach Leistungen aus Sozialhilfe nur derjenige erhält, der sich nicht selbst helfen kann und für den keine anderen Kostenträger in Frage kommen. Bei der sich zwar überschneidenden, aber doch auch unterschiedlichen Definition der Indikation für Hilfsmaßnahmen und die unterschiedlichen, daraus sich ergebenden Zuständigkeiten sind oft sich lange hinziehende gerichtliche Auseinandersetzungen zwischen den Kostenträgern nicht zu vermeiden.

Dies gilt insbesondere auch im psychiatrischen Bereich für die Abgrenzung der Zuständigkeit der Krankenkassen vom BSHG. Hieraus ergeben sich die Aufträge für kinder- und jugendpsychiatrische Sachverständige zur Definition von Krankheitsbildern und ihre gesetzmäßige Zuordnung an bestimmte Kostenträger (LEMPP 1977).

Aufgaben des kinder- und jugendpsychiatrischen Sachverständigen im Versorgungsrecht

Im Versorgungswesen müssen ähnlich wie in Schadensersatzprozessen gutachtlich die Feststellung der Schwerbehinderteneigenschaft auch bei Kindern und Jugendlichen und die Feststellung der Minderung der Erwerbsfähigkeit erfolgen. Das hierzu im Rahmen der Schadensersatzprozesse Geäußerte gilt auch hier.

Bei der Feststellung des Ausmaßes der Hilflosigkeit ist zu beurteilen, welche Hilfen das behinderte Kind im Ablauf des täglichen Lebens benötigt, wieweit es bei alltäglichen Verrichtungen, Ankleiden, Körperpflege usw. Hilfe benötigt oder selbständig ist, wieweit es durch besondere Unruhe vermehrter Pflege bedarf und ob es gegebenenfalls völlig pflegebedürftig ist.

Bei der Bewertung der Minderung der Erwerbsfähigkeit, die sich traditionsgemäß auch an schwerbeschädigten Erwachsenen orientiert, wird im allgemeinen die Bedeutung einer hirnorganischen Wesensänderung oder Leistungsschwäche tendenziell eher zu niedrig eingestuft. Bei der sozial und kommunikativ entscheidenden Bedeutung charakterlicher und geistiger Eigenschaften sollten psychische Veränderungen und intellektuelle Minderleistungen entsprechend hoch bewertet werden.

HARBAUER schlägt bei Hirnbeschädigungen mit geringen leistungsbeeinträchtigenden Ausfallserscheinungen eine MdE von 30 bis 40% vor, bei mittelschweren Ausfallserscheinungen eine solche von 50 bis 60% und bei schweren Ausfallserscheinungen von 70 bis 100%.

Während die Feststellung bei Schwachsinn, der in der Regel eine 100%ige Erwerbsminderung begründet relativ einfach ist, werden schwerere kindliche Verhaltensstörungen nicht nur vorübergehender Art oft zu niedrig eingestuft. Eine MdE von 50 bis 80% erscheint auch hier angemessen.

Aufgaben des kinder- und jugendpsychiatrischen Sachverständigen im Versorgungswesen im Rahmen des Bundesseuchengesetzes

Auch nachdem die Pockenimpfpflicht aufgehoben ist, müssen wohl noch lange Zeit Sachverständigengutachten zur Frage von Spätschäden nach Pockenschutzimpfung oder auch nach Keuchhustenschutzimpfung erforderlich werden. Hier geht es nicht nur um die Feststellung des Behinderungsgrades und um Definition des Krankheitsbildes, sondern vor allem um Klärung der oft außerordentlich schwierigen Zusammenhangsfrage. Während bei gegebenem zeitlichen Zusammenhang von charakteristischen Erstsymptomen bis zu 3 Wochen nach erfolgter Pockenschutzerstimpfung die Klärung der Zusammenhangsfrage relativ leicht ist, ergeben sich Schwierigkeiten bei unklaren Berichten zur Vorgeschichte und bei uncharakteristischen Verlaufsformen. So können charakteristische Symptome einer Impfenzephalitis bei Frühimpfung im 1. und 2. Lebensjahr unter dem Bild der Impfenzephalopathie nach oft weniger dramatischen Primärereignissen zu schweren Defektzuständen führen. Die Feststellung eines Entwicklungsknicks ist dabei für die Klärung der Zusammenhangsfrage wichtig, seine zeitliche Zuordnung jedoch oft außerordentlich schwierig (DOOSE 1976).

Zu den gesetzlichen Bestimmungen in der Schweiz

Im schweizerischen Strafgesetzbuch sind auch die erzieherischen Maßnahmen für Kinder zwischen dem 7. und 15. Lebensjahr mit Erziehungsmaßnahmen (Artikel 84, besonderer Behandlung bei Geisteskrankheit, Schwachsinnigkeit, Sinnesbehinderung, Epilepsie und anderem in Artikel 85 sowie die Disziplinarstrafen in Artikel 87) mit einbezogen. Auch für Jugendliche zwischen dem 15. und 18. Lebensjahr sind Erziehungsmaßnahmen und Erziehungshilfen nach Artikel 91 und besondere

Maßnahmen nach Artikel 92 vorgesehen. Darüber hinaus können Maßnahmen in einer Arbeitserziehungsanstalt oder in einem Erziehungsheim durchgeführt werden (Artikel 93 und 93.2). Die Einweisung in ein Therapieheim für außerordentlich schwer erziehbare Eingewiesene kann nach Einholung eines Gutachtens erfolgen (Artikel 93.3). Für die Altersgruppe der 18 bis 25 Jahre alten sogenannten „jungen Erwachsenen“ gelten die Artikel 100 ff.

Die Bestimmungen über die Unzurechnungsfähigkeit (Artikel 10) und die verminderte Zurechnungsfähigkeit (Artikel 11) entsprechen im wesentlichen den §§ 20 und 21 StGB. Die Untersuchung des Geisteszustandes des Angeschuldigten wird obligatorisch angeordnet, wenn u. a. der Beschuldigte erheblich gehör- oder sprachbehindert ist oder geltend macht, er sei epileptisch, ebenso bei Angeschuldigten, die unzüchtige Handlungen mit Kindern und Jugendlichen vorgenommen haben.

Die besondere Behandlung von Jugendlichen ist ähnlich wie bei den Erwachsenen in Artikel 92 davon abhängig gemacht, ob der Jugendliche geisteskrank, schwachsinnig, blind, erheblich gehör- oder sprachbehindert, epileptisch, trunksüchtig, rauschgiftsüchtig oder in seiner geistigen oder sittlichen Entwicklung erheblich gestört oder ungewöhnlich zurückgeblieben ist. Hier wird im Gegensatz zu Artikel 13 des Erwachsenenrechts nicht ausdrücklich die Einholung eines Gutachtens durch einen Sachverständigen vorausgesetzt, sondern die urteilende Behörde ordnet die notwendige Behandlung an, wenn es der Zustand des Jugendlichen erfordert. Nach Ansicht von VOSSEN (1973) dürfte in der Praxis dennoch eine vorausgehende fachärztliche Untersuchung kaum zu umgehen sein.

Zu den gesetzlichen Bestimmungen in Österreich

Die jugendrechtlichen Bestimmungen für Österreich sind im 19. Bundesgesetz vom 26. Oktober 1961 (JGG 1961) niedergelegt und von LEUKAUF u. STEININGER (1974) kommentiert. Die gesetzlichen Grundlagen unterscheiden sich nur geringfügig von denen der Bundesrepublik Deutschland.

Nach § 1 JGG werden als *Unmündige* Personen bezeichnet, die eine mit Strafe bedrohte Handlung oder Unterlassung begangen haben und die das 14. Lebensjahr noch nicht vollendet haben, als *Jugendliche* Personen, die das 18. Lebensjahr noch nicht vollendet haben.

Nach § 2 JGG werden bei einem Unmündigen oder Jugendlichen, der eine mit Strafe bedrohte Handlung oder Unterlassung begangen hat oder Ursache dafür war, unabhängig davon ob er bestraft wird oder nicht, die zur Abhilfe erforderlichen und den Umständen angemessenen Verfügungen getroffen. Diese sind aufzuheben, sobald der Zweck erreicht ist oder der Zweck in anderer Weise sichergestellt ist oder seine Erreichung voraussichtlich unmöglich ist.

Eine eigene Bestimmung, die dem in der Bundesrepublik kodifizierten § 105 JGG für die Gruppe der Heranwachsenden entspricht, gibt es im österreichischen Jugendrecht nicht, vielmehr gelten nach § 27 StGB die Bestimmungen des § 2 JGG nur bis zur Volljährigkeit. Allerdings findet die Altersgruppe der Heranwachsenden insofern eine abweichende Strafzumessung, als nach § 34 StGB ein Milderungsgrund vorliegt, wenn der Täter die Tat nach Vollendung des 18., jedoch vor Vollendung des 21. Lebensjahres begangen hat. Nach § 36 StGB kann ein Täter, der zur Zeit der Tat das 20. Lebensjahr noch nicht vollendet hat, nicht mit lebenslanger Freiheitsstrafe belegt werden. Im übrigen tritt nach § 11 JGG anstelle von lebenslanger Freiheitsstrafe oder anstelle Freiheitsstrafe von 10 bis 20 Jahren für Täter nach Vollendung des 16. Lebensjahres eine Freiheitsstrafe von 5 bis 15 Jahren, sonst, d. h. für Täter unter 16 Jahren, eine solche von 5 bis 10 Jahren.

Dem § 3 JGG nach bundesdeutschem Recht entspricht der § 10 JGG, wonach Jugendliche, die eine mit Strafe bedrohte Handlung oder Unterlassung begehen, nicht strafbar sind, wenn sie aus besonderen Gründen noch nicht reif genug sind, das Unrecht der Tat einzusehen oder nach der Einsicht zu handeln. Als „besondere Gründe“ können allerdings nach der österreichischen Rechtsprechung nur Entwicklungshemmungen außergewöhnlichen Grades gewertet werden. Hierzu gehören Entwicklungshemmungen, ererbte Defekte, Verwahrlosung, Krankheit, Unterernährung und anderes. Eine Unreife, die das normale Maß überschreitet und ihre Ursache in einer durch besondere Umstände, zum Beispiel Krankheit, ungünstig beeinflußte Entwicklung oder schwere Erziehungsmängel, hat, hebt ausnahmsweise die Zurechnungsfähigkeit auf.

Hier wird die im bundesdeutschen Recht bestehende Konkurrenz zwischen § 3 JGG und § 20 und 21 StGB in der Rechtsprechung ausdrücklich angesprochen.

Im übrigen gibt es auch im österreichischen Recht nach § 16 JGG die Rahmenstrafe, wenn sich nicht voraussehen läßt, welche Zeit erforderlich ist, um den Täter zur Überwindung seiner schädlichen Neigung und zu einem rechtschaffenen Lebenswandel zu erziehen. Damit ist der Begriff der schädlichen Neigungen auch im österreichischen Recht verankert. Auch die Bewährungshilfe und die Jugendgerichtshilfe wie auch die Mitwirkung der Erzieher entspricht im wesentlichen den bundesdeutschen Bestimmungen.

Die Frage der Schuldfähigkeit wird im § 11 StGB gefordert. Danach handelt nicht schuldhaft, wer zur Zeit der Tat wegen einer Geisteskrankheit, wegen Schwachsinn, wegen einer tiefgreifenden Bewußtseinsstörung oder wegen einer anderen schweren, einem dieser Zustände gleichwertigen seelischen Störung unfähig ist das Unrecht seiner Tat einzusehen oder nach dieser Einsicht zu handeln.

Einen gesonderten, dem bundesdeutschen § 21 StGB entsprechenden Paragraphen, der eine erheblich verminderte Schuldfähigkeit feststellt, gibt es im österreichischen Recht nicht, es ist allerdings in § 34 StGB als ein für die Strafzumessung bedeutsamer Milderungsgrund unter Absatz 1 aufgeführt, „wenn er sie (die Straftat) unter dem Einfluß eines abnormen Geisteszustandes begangen hat, wenn er schwach von Verstand ist oder wenn seine Erziehung sehr vernachlässigt worden ist".

Weitere Milderungsgründe sind gegeben, wenn die Tat unter Einwirkung eines Dritten oder aus Furcht oder Gehorsam verübt wurde (Abs. 4) oder aus Unbekümmertheit (Abs. 7) oder wenn die Täter sich in einer allgemein begreiflichen heftigen Gemütsbewegung zur Tat hat hinreißen lassen (Abs. 8).

Literatur

v. Baeyer, W., H. Häfner, K. P. Kisker: Psychiatrie der Verfolgten. Springer Berlin 1964

Bayrisches Oberlandesgericht München: BGB § 1671 (Bedenken gegen den Beweiswert projektiver Persönlichkeitstests). In: JW 1979, S. 603–604

Bresser, P. H.: Grundlagen und Grenzen der Begutachtung jugendlicher Rechtsbrecher. de Gruyter, Berlin 1965

Bresser, P. H.: Die Beurteilung Jugendlicher und Heranwachsender im Straf- und im Zivilrecht. In: Handbuch der forensischen Psychiatrie II, Teil C, hrsg. von H. Göppinger, H. Witter. Springer, Berlin 1972 (S. 1284–1313)

Dauner, I.: Brandstiftung durch Kinder. Huber, Bern 1980

Deutsche Vereinigung für Jugendgerichte und Jugendgerichtshilfen e.V.: Denkschrift über die kriminalrechtliche Behandlung junger Volljähriger. Januar 1977

Deutsche Vereinigung für Jugendgerichte und Jugendgerichtshilfen e. V. u. Deutsche Gesellschaft für Kinder- und Jugendpsychiatrie: Empfehlungen zur Stellung des psychiatrisch-psychologischen Sachverständigen. Dezember 1978

Deutsche Vereinigung für Jugendgerichte und Jugendgerichtshilfen e. V. u. Deutsche Vereinigung für Kinder- und Jugendpsychiatrie e. V.: Empfehlungen zur „Weisung nach § 10, II, JGG". Z. Kinder- u. Jugendpsychiat. 1 (1973) 88

Documenta Geigy: Wissenschaftliche Tabellen, 6. Aufl. Basel 1962

Doose, H.: Pathogenese, klinisches Bild und Begutachtung von cerebralen Komplikationen nach der Pockenschutzimpfung. Dtsch. Ärztebl. 25. 4. 1976, S. 1103–1106

Forster, B., H. Joachim: Blutalkohol und Straftat. Thieme, Stuttgart 1975

Gernhuber, J.: Kindeswohl und Elternwille. Fam. RZ. (1973) 229–244

Göppinger, H.: Das Verfahren. In: Handbuch der forensischen Psychiatrie II, Teil D, hrsg. von H. Göppinger, H. Witter. Springer, Berlin 1972 (S. 1531)

Goldstein, J., A. Freud, A. Solnit: Jenseits des Kindeswohls. Suhrkamp, Frankfurt 1974

Goldstein, J., A. Freud, A. Solnit: Diesseits des Kindeswohls. Suhrkamp Tb, Frankfurt 1980

Jans, K. W.: Jugendhilfe und Elternrecht: Jahrbuch für Jugendpsychiatrie und ihre Grenzgebiete, Bd. VII. Huber, Bern 1969 (S. 167)

V. Jugendbericht: (Bericht der Sachverständigenkommission der Bundesregierung) 1979

Kahlert, Th., U. Lamparter: Tötungsdelikte bei Jugendlichen und Heranwachsenden. Mschr. Krim. 62 (1979) 206

Langelüddeke, A., P. H. Bresser: Gerichtliche Psychiatrie, 4. Aufl. Walter de Gruyter, Berlin 1976

Lempp, R.: Das Wohl des Kindes in §§ 1666 u. 1671 BGB. Neue Jurist. Wschr. 1963, S. 1659

Lempp, R.: Die Rechtsstellung des Kindes aus geschiedener Ehe aus jugendpsychiatrischer Sicht. Neue Jurist. Wschr. 1972, S. 314

Lempp, R.: Das Problem der Strafmündigkeit aus kinder- und jugendpsychiatrischer Sicht. In: Strafmündigkeit hrsg. von G. Nissen, H. Schmitz. Luchterhand, Neuwied 1973 (S. 15–29)

Lempp, R.: Die Verständigung über das Tatmotiv im Jugendgerichtsverfahren. Zentralbl. f. Jugendrecht u. Jugendwohlfahrt 62 (1975a)

Lempp, R.: Reifungskriminalität. Nervenarzt 46 (1975b) 297

Lempp, R.: Die Ehescheidung und das Kind. Kösel, München 1976

Lempp, R.: Frühkindliche Hirnschädigung und Neurose, 3. Aufl. Huber, Bern 1977a

Lempp, R.: Jugendliche Mörder. Huber, Bern, Wien 1977b

Lempp, R.: Heilpädagogik oder Pädagogik? Z. Kinder- u. Jugendpsychiat. 6 (1978) 142

Lempp, R.: Zeugnisverweigerungsrecht von Angehörigen im Rahmen kinder- und jugendpsychiatrischer Begutachtung. Z. Kinder- u. Jugendpsychiat. 7 (1979) 337
Lempp, R.: Zur Anwendbarkeit projektiver Testuntersuchungen im Rahmen der Begutachtung für Familiengerichte. Z. Kinder- u. Jugendpsychiat. 8 (1980) 220
Lempp, R.: Gerichtliche Kinder- und Jugendpsychiatrie. Huber, Bern 1983
Lempp, R., D. Röcker: Die kinder- und jugendpsychiatrische Problematik bei Kindern aus geschiedener Ehe. Z. Kinder- u. Jugendpsychiat. 1 (1973) 25
Lenckner, Th.: Die rechtlichen Grundlagen. In: Handbuch der forensischen Psychiatrie I, Teil A, hrsg. von H. Göppinger, H. Witter. Springer, Berlin 1972 (S. 3–286)
Leukauf, O., H. Steininger: Kommentar zum Strafgesetzbuch. Prigg, Eisenstadt 1974
Leukauf, O., H. Steininger: Strafrechtliche Nebengesetze. Prigg, Eisenstadt 1975
Peters, K.: Jugendstrafrecht. Handwörterbuch der Kriminologie, 2. Aufl., Bd. I. de Gruyter, Berlin 1965 (S. 455)
Peters, K.: Die Grundlagen der Behandlung junger Rechtsbrecher. Mschr. Krim. 49 (1966) 49–62
Peters, K.: Die prozeßrechtliche Stellung des psychologischen Sachverständigen. Handbuch der Psychologie, Bd. XI „Forensische Psychologie“. Hogrefe, Göttingen 1967a (S. 768)
Peters, K.: Die Beurteilung der Verantwortungsreife. Handbuch der Psychologie, Bd. XI, „Forensische Psychologie“. Hogrefe, Göttingen 1967b (S. 260)
Ponsold, A.: Lehrbuch der gerichtlichen Medizin, 3. Aufl. Thieme, Stuttgart 1967
Potrykus, G.: Kommentar zum Jugendgerichtsgesetz. Stoytscheff, Darmstadt 1955
Reutter, D.: Kindesgrundrechte und elterliche Gewalt. Duncker & Homblot, Berlin 1968
Schönfelder, Th.: Die erzieherische Wirkung der Hauptverhandlung im Jugendgerichtsverfahren. Z. Kinder- u. Jugendpsychiat. 2 (1974) 128
Schüler-Springorum, H.: Zum Strafrecht für junge Erwachsene. Festschrift für Friedrich Schaffstein. Schwartz, Göttingen 1975
Schütze, G., G. Reinhardt: Jugendpsychiatrischer Aspekt des Begriffs der schädlichen Neigungen. In: Recht, Behörde, Kind, hrsg. von M. Müller-Küppers, F. Specht. Huber, Bern 1979 (S. 169)
Simitis, S., G. Zenz: Seminar: Familie und Familienrecht, Bd. I u. II. Suhrkamp, Frankfurt 1975
Vossen, R.: Das revidierte Maßnahmerecht aus der Sicht des Psychiaters. Schweiz. Zschr. f. Strafrecht 89 (1973) 113
Witter, H.: Die Beurteilung Erwachsener im Strafrecht. In: Handbuch der forensischen Psychiatrie II, Teil C, hrsg. von H. Göppinger, H. Witter. Springer, Berlin 1972 (S. 966)

Sachverzeichnis

Halbfette Seitenzahlen weisen auf wichtige, ausführliche Darstellungen hin.

A

AB0-Inkompatibilität 115
Abartigkeit 337
– schwere seelische 356, **361**
Abbauresistenz hirnorganischer Funktionen 302
Abetalipoproteinämie 90
Absenceepilepsie 217 f
Absencen 215 ff, 222, 224, 228, 231, 242
– „hypertonische" 217
– komplexe 216
Absence-Status 218
Abweichungsquotient 33
Acetontest 64, 68
Achsensyndrom, chronisches hirnorganisches 188
Acne vulgaris 19
ACTH 219, 222, 227, 231
Actio libera in causa 358, **360**
Adaptationsprozeß 2
Adaptives Verhalten 35
Adoleszentenkrise 15, 18
Adoleszenz 13 ff
Adoption 133, 371 f
Adrenogenitales Syndrom (AGS) 204
Adrenoleukodystrophie 82
Advanced Progressive Matrices (APM) 46
Adversivanfall 221
Adynamie 329
Affekt 360
Affektkrämpfe, respiratorische 228
Affektpsychosen 310 ff
– Ätiologie und Genese 316
– Auslösung 315, 317
– (Differential-) Diagnose 315
– Epidemiologie 311
– Grundsymptome 310
– Klassifikationsprobleme 312
– klinisches Bild 313
– Nomenklatur 310
– Prognose 319 f
– Therapie 317 ff
– Verlauf 320
Aggressivität 11
Agnosie 165, **171**, 200, 248, 263 f
Agrypnie 182
AGS (Adrenogenitales Syndrom) 204
Agyrie 94
Ahornsirupkrankheit (Leuzinose) 64
Aicardi-Syndrom 92
Akalkulie 260
Akanthozyten 90
Akinese 165
Akkommodation 53
Akromegalie 198
Akrozephalosyndaktylie 102
Aktivität und Hirnschädigung 153
Alalie, primäre 278
Alanin 67, 71
β-Alaninämie 65
Albinismus 65
Albrights hereditäre Osteodystrophie 88
Alkoholembryopathie 115
Alkoholgenuß 358 ff
Alkoholrausch 357
Alkoholsyndrom, embryofetales 239
Allgemeinfaktor der Intelligenz 43
Alliteration 314
Alpers-Syndrom 83
Alternativpsychose 241
Amaurose 83, 202
Aminoazidopathie 202
Aminoazidurie, dibasische 65
Aminosäurestoffwechselstörung 64 ff
Amnesie 161 ff
Amniozentese 132
Amphetamin 308
Amphetaminpsychose 206, 333
Amygdaläsion 334
Analatresie 58
Analstenose 58
Anämie, hämolytische 73
Anfälle 58 ff, **212 ff**
– Abortivformen 215 ff
– astatische 231
– atonische generalisierte 215
– epileptische 70, 82, 105, **212 f**, 285, 290, 324
– – Autismus 280
– fokale, epileptische 214, 220 ff
– – – mit elementarer Symptomatik 220 ff
– – – mit komplexer Symptomatik 220, 222 ff
– – – sekundär-generalisierte 225
– generalisierte, ohne fokale Symptomatik 214 f
– Impulsiv-petit-mal 219 f
– komplex-fokale 225
– myoklonisch-astatische 218 f
– myoklonische 218 f, 231
– pektanginöse 212
– psychomotorische 223 f
– sekundär zerebrale 212, 228
– sensible 220
– synkopale 229 f
– tonische generalisierte 215
– tonisch-klonische 225
– zerebrale, bei Intelligenzminderung 58 ff
– – Untersuchung 232
– – Ursachen 212
Anfallsbereitschaft 212
Anfallsformen 215 ff
Anfallsleiden (s. auch Epilepsie) 211 ff
– zerebrales 315
Angiographie 232
Angiokeratoma diffusum 75
Angiomatosesyndrom, zerebrokutanes 99
Angst beim Kleinkind 9
– psychotische 328
Angstsymptomatik 314
Anhänge, präaurikuläre 58
Anomalien, motorische 154
– sensorische 154
Anophthalmie 60
Anorexie 82, 84 f, 87 f, 196, 199 f
Anoxie, neonatale 148
Anstalt, sozialtherapeutische 362 f
Antidepressiva 318 f
Antiepileptika s. Antikonvulsiva
Antiepileptikasyndrom, embryofetales 239
Antihistaminika 205, 307
Antihistaminkörperpsychosen 300
Antikoagulanzien 237
Antikonvulsiva 217 f, 237 f
– Nebenwirkungen 218, 238 ff
Antrieb bei Psychosen 301
Antriebsarmut, posttraumatische 171
Antriebsstörung 165, 284, 314
Antriebsverhalten, Frontalhirnsyndrom **165**
Apathiesyndrom 150
Apert-Syndrom 102
Aphasie 125, 165, **166 ff**, 169, 248
– amnestische 167 f
– kongenitale 166
– motorische (Broca-Aphasie) 167
– nichtsprachliche Ausfälle 166
– sensorische (Wernicke-Aphasie) 167 f
– Therapie 169
– totale 167
– traumatisch bedingte 166
Aphasieuntersuchung 168
APM (Advanced Progressive Matrices) 46
Apraxie 165, 261 ff
– bukkofaziale 262
– Gliedmaßenapraxie 262
– ideatorische 170, 262
– ideomotorische 169, 262
– konstruktive 170, 263 f
Apraxieprüfung 170
Aquäduktstenose 92, 187

Arbovirus-Enzephalitis 183
Argininämie 67
Argininbernsteinsäurekrankheit 67
Arnold-Chiari-Fehlbildung 92
Arousal 41, 287
Arrhinenzephalie 60
Artane (Benzhexolhydrochlorid) 206
Arthrogryposis multiplex congenita 102
Aspartylglukosaminurie 74
Aspergersches Syndrom 271 ff
Asphyxie 144, 147 ff
Assimilation 53
Astrozytom 195, 200
Asymmetrie des Gehirns, funktionelle 176
Ataxia teleangiectatica 98
Ataxie 66, 71, 81, 87, 89 f, 94, 98, 105
– progressive zerebellare 98
– spinozerebellare 100, 106, 109
– zerebellare 66, 73, 106, 126, 202
Athetose 65
Athyreose, kongenitale 85
Atrophia bulborum hereditaria 108
Atropin 205
Aufmerksamkeit 30, 153, 163
Aufmerksamkeitsstörung 165, 256 f
Aufwach-Grand-mal 217
Augenbohren 281, 289
Augenstellung, antimongoloide 58 f
Aura 223 ff
Aussageverweigerungsrecht 346 f
Austin-Harn-Test 81
Autismus 270 ff
– Definition 270 f
– frühkindlicher, Kanner 52, 270, **278 ff**, 323 f, 332
– – Ätiologie und Genese 286 ff
– – Differentialdiagnose 284
– – Epidemiologie 278
– – Kasuistik 293 f
– – klinisches Bild 279 ff
– – neurologische Befunde 282
– – Prognose 293
– – Therapie 290 ff
– infantum 271, 274, 288
– organischer 288
– Prognose 293
– psychogener 288
– Therapie 290 ff
Autismusfaktor 288
Autistische Psychopathie Asperger 271 ff, 284
– – Ätiologie u. Genese 273
– – Differentialdiagnose 272 f
– – Epidemiologie 271
– – Kasuistik 276 f
– – klinisches Bild 271 f
– – Prognose 276
– – Therapie 275 f
Automatismen 216, 223 f
Automutilation 4, 89, 203
Autorität 17
Autosomen, Aberrationen 54, 57 ff

B

Backwardness 34
Balkenmangel 92 f
Balkentumor 199
Barbexaclon 218 ff
Barbiturate 225, 227
Barr-Körperchen 61 f
Bassen-Kornzweig-Syndrom 90
Beck Depression Inventory 313
Beckenanomalie 59
Beckwith-Syndrom 104
Befangenheit, Besorgnis der 345 f
Begriffsbildung 5 f
Begutachtung, Schädel-Hirn-Trauma 178 f
Behandlung, heilerzieherische 364
Behinderung, geistige und seelische 375
– Häufigkeit, BRD 213
Beidhänder 4
Belladonnaalkaloide 307
Bender-Gestalttest 155
Benzinschnüffler 207
Benzodiazepine 218 f, 227 f, 241
Benzydaminhalluzinose 300
Beratung, genetische 132
Bernard-Soulier-Syndrom 119
Besuchsregelung 369
Bewährung, Aussetzen zur 350
Bewegung, choreatiforme 154
– myoklonische 87
Bewegungsstörung, zerebrale 56, 129 ff, 191
– – Häufigkeit, BRD 213
Bewußtlosigkeit 145, 161 f, 172, 214 ff, 306
Bewußtseinsstörung 162, 216, 306
– tiefgreifende 356, 358 ff, 361
Bewußtseinstrübung 162, 196, 214 ff, 223, 301, 306
Bezugsgruppe, Adoleszenz 17
BGB, § 828 341 f, 367, **372**
– § 1627 367
– § 1634 367, **369 f**
– § 1666 367, **368 f**
– § 1671 362 f, 367
– § 1672 368
– § 1696 369
– § 1741 371
– § 1745 371
– § 1746 371
– § 1748 371
– § 1749 371
Bilanzdiagnostik, Intelligenz 40
Bildertest (BT) 46
Biopteridinreduktasemangel 70
Biperiden (Akineton), Vergiftung 205
Bird-Headed-Dwarf 109
Blasenkontrolle 5
Bleiintoxikation 207
Bleiserumspiegel, Verhaltenskorrelate 152
Blinzelanfälle 220
Blitz-Nick-Salaam-Krämpfe s. BNS-Krämpfe 226 f
Bloch-Sulzberger-Syndrom 105
Blutalkoholgehalt 358 f
BNS-Krämpfe 92, **226 f**, 231, 242
Borderline intelligence 34
– mental deficiency 34
Bourneville-Pringle-Syndrom 99
Brachmann-De-Lange-Syndrom 103
Brachyphalangie 59
Brachyzephalie 59 f, 97
Brandstifter 372
Broca-Aphasie (motorische Aphasie) 167
Broken-home-Situation 145
Brückensymptom 182, 187
Brushfieldsche Irisflecken 60, 110
BT (Bildertest) 46
Bulbärparalyse 78
Bundesentschädigungsgesetz 373
Bundesseuchengesetz 376
Bundessozialhilfegesetz (BSHG) 341, **375**
Bürgerliches Gesetzbuch s. BGB
Butyrophenon 335

C

Caeruloplasmin 203
Café-au-lait-Fleck 99
Carbamazepin 22, 225, 227, 237 f, 241
Carbamylphosphatsynthetasedefekt 67
Carpenter-Syndrom 102
Cerebellar fits 196
CFT, Grundintelligenztest 46
Cherry-red-spot-Myoklonus-Syndrom 232
Chlorprothixen 335
Chorea Huntington 55, 100, 305
– minor 151
Chorea-Huntington-Psychose 302
Chotzen-Syndrom 102
Chromosomenabberration 38, 54, **57 ff**, 132, 135
Chromosomenanalyse 42
Clonazepam 222, 225, 236
CMM-LB, Columbia Mental Maturity Scale 46
CO-Vergiftung 301
Cobalamin 69
Cockayne-Syndrom 103
Coffin-Syndrom 239
Columbia Mental Maturity Scale 46
Coma vigile 164
Conners Scale 153, 193
Contingend Negativ Variation (CNV) 41
Cornelia-de-Lange-Syndrom 103
Corpus-callosum-Agenesie 93
Corticoide 222
Coxa valga 58
Coxsackie-Virus 183
CPM, Raven-Matrizen-Test 46
Cranium bifidum occultum 96
Cri-du-chat-Syndrom 58
Crigler-Najjar-Syndrom 90
Cross-Syndrom 65
Crouzon-Syndrom 106
Culture-fair-(free)-Test 30, 41, 45
Cutis verticis gyrata 103

D

Dämmerzustände 240 f
Dancing-eye-and-feet-Syndrom 231
Dandy-Walker-Syndrom 93
Dauerarrest 350
Debre-Semelaigne-Syndrom 86
Decarboxylasehemmer 203
Defekthebephrenie 329
Defektkatatonie 329
Defektsyndrom 182
– neurologisches, Infektionskrankheiten, ZNS 187
– – Therapie 191
– organisches, exogene Psychose 303
– posttraumatisches 164
– psychisches 188
Defizienzsymptomatik, postpsychotische 331
Defizitdiagnostik, Intelligenz 40
Degeneration, hepatolentikuläre (Morbus Wilson) 55, 89, 202 f, 302
– spinozerebellare 65
Déjà-vu 222
Deliktfähigkeit 341, 372
Delires imaginatifs 325
Dementia infantilis Heller **285 f**, 307, 323 f
– praecocissima de Sanctis 323
– praecox 325
– simplex 301, 331
Demenz **31**, 52
– Differentialdiagnose, Oligophrenie 52
– traumatisch bedingte 164
Demenzprozeß, psychotiformer 324 f, 332
Denken 7 f, 45
– divergentes 33, 49
– formales 15 f
– konvergentes 33
– „produktives", Test 49
– schlußfolgerndes (reasoning) 43
Denkstörung, Durchgangssyndrome 163
– körperlich begründbare Psychosen 301
Depersonalisationserlebnis 15, 18, 335
– transitivistisches 325
Depression (s. auch Affektpsychosen) 310 ff
– anaklitische 315, 317
– larvierte 311
– neurotische 316
– primäre, agitierte 317
Depressionsforschung, biochemische 317
Deprivation 133, 152, 254
Derealisationserlebnis 15, 18
Dermatozoenwahn 302
De-Sanctis-Caccione-Syndrom 103
Desorientierung 6
Developmental agnosia 264
Dexamethason 219, 227, 236
Dezerebration 163
Diabetes insipidus renalis 86
Diabetes mellitus 239
– – Häufigkeit, BRD 213
Diagnostic and Statistical Manual of Mental Disorders (DSM III) 23 f
Diät, ketogene 218
Diathese, hämorrhagische 119 ff
Diazepam 236, 242, 318
Diebstähle, kindliche 11
Dimethyltryptamin 333
Dipiperon 335
Diskrimination, intramodale 251
Dolichozephalie 59
Dopamin 308, 333 f
Dopamin-Beta-Hydroxylase 333
Dopamintheorie 333
Doppelbildaufzeichnung, simultane 214
Down-Syndrom 60, 119, 132, 135
Dreamy-state 223 ff
Drogen, Intoxikation 206
Drogenpsychose 206
Drucksteigerung, intrakranielle, Zeichen der 127
D-Schlaf 198
DSM III, Diagnostic and Statistical Manual of Mental Disorders 23 f
Dubowitz-Syndrom 103
Dunkelangst 5
Durchgangssyndrom 162 f, 302
– Diagnose 163
Durchschlafstörung 5
Dysarthrie 167
Dysdiadochokinese 154
Dysencephalia splanchnocystica 106
Dysfunktion, minimale zerebrale, MCD 142 ff, 148 ff, 155
– zerebrale 182
Dysgraphästhesie 154
Dyskalkulie 258
Dyskeratosis congenita 104
Dysmorphophobie 3
Dysostose, kraniofaziale 106
Dysostosis multiplex 75 ff, 80
Dysphagie, Lesch-Nyhan-Syndrom 203
Dysphasie 52
Dysplasie, okuloaurikulovertebrale 107
Dyspraxie 52, 169, 262
Dyssynergia cerebellaris myoclonica 232
Dystrophia myotonica Steinert-Batten 104
Dystrophie 69, 91, 98

E

Early onset psychoses 323
Echolalie 274, 287, 307
Economosche Encephalitis lethargica 304
Edwards-Syndrom 60
EEG, Epilepsie 213 ff, 235
– frühkindlicher Autismus 282
– Infektionskrankheiten des ZNS 185
– Intelligenzminderung 41
– MCD, Minimale zerebrale Dysfunktion 154 f
– subakute sklerosierende Leukenzephalitis 305
– Teilleistungsschwächen 255
EEG-Anomalie 154 f
Ehlers-Danlos-Syndrom 119
Eingliederungshilfe 375
Einschlaf- oder Müdigkeitssyndrom 162
Einschlafangst 9
Einschlafstörung 5
Einschulung 136
Einsicht 341, 351 ff
Eisenmangeldepression 318
Eklampsie 133
Elektroenzephalogramm s. EEG
Elektrolythaushalt, Störung, Psychopathologie 64 ff, 88 ff, 204
Elektroschockbehandlung 319
Elfengesicht 88
Elfin facies syndrome 110
Embryopathie 56, 110 ff
Emotionalität, Psychose 301, 308
Encephalitis epidemica 166, 182
– lethargica 189, 304
Enkopresis 5, 199
Enophthalmus 59
Enterovirusinfektion 189
Entmarkungsenzephalitis, herdförmige 190
Entschädigungsverfahren 373
Entwicklung, intellektuelle (s. auch Intelligenzminderung) 7
– kognitive 16, 53
– neurotische 332
– psychomotorische 3
Entwicklungsagnosie 250, 264
Entwicklungsalter 33
Entwicklungsanamnese 42
Entwicklungsaphasie 165 f, 285
Entwicklungsapraxie 165, 250
Entwicklungsaufgaben 16
Entwicklungsdyspraxie 170
Entwicklungspsychose 332
Entwicklungsrückstand 58 ff, 249, 283, 292
– umschriebener (s. auch Teilleistungsschwächen) 247 ff, 252
– – Ätiologie u. Pathogenese 253
– – Definition 248
– – Epidemiologie 249
– – Klassifikation 250
Entwicklungsstottern 4
Entwicklungstest, psycholinguistischer 256
Entwicklungsverzögerung, sensomotorische 262
Entwicklungsvorsprung 7
Entziehungsanstalt 363
Entziehungskur 364
Entzündung s. Infektion
Enuresis 5, 199
Enzephalitis 64, 124 f, 142, 144, 157, **182 ff**, 187, 304
– Diagnose 185
– epidemische 183
– Kardinalsymptome 185
– Krankheitsverlauf 186
– postvakzinale 183

Enzephalomeningitis 302
Enzephalomyelopathie, subakute, nekrotisierende 71
Enzephalopathie, myoklonische 232
– subakute 125
– – nekrotisierende 84
Enzephalozele 96
Enzephalozystozele 96
Enzymstörung, Schizophrenie 333
Ependymitis 190
Epiglottishypoplasie 58
Epikanthus 58, 60, 62
Epilepsia partialis continua (Koshewnikow-Syndrom) 222
Epilepsie (s. auch Anfälle, s. auch Anfallsleiden) 53, 106, 109 f, 116, 124 f, 142, **211 ff**, 306
– affektive Störungen 242
– Ätiologie 215, 232 f
– Autismus 282
– benigne, des Kindesalters mit sog. Rolandi Fokus 221
– Blitz-Nick-Salaam-Krämpfe 226 f
– Definition 212
– Diagnose 228
– Epidemiologie 212 f
– episodische Psychosen 241
– essentielle 214
– gelastische 225
– Genetik 234 ff
– genetische 213
– genuine 213
– Grand-mal-Anfälle 225
– Häufigkeit, BRD 213
– Hirnschädigung 157
– idiopathische 144, 214
– Klassifikation 213
– kognitive Störungen 241
– kortikoretikuläre 214
– Lachanfälle 225
– Langzeitbetreuung 238
– Langzeitmedikation 237 f
– motorische 306
– musikogene 216
– Normalisierung, forcierte, EEG 241
– posttraumatische 122, 171, 175
– Prävalenz psychiatrischer Störungen 143
– „primär" generalisierte 214
– psychische Störungen 240 ff
– psychomotorische 144
– Psychose 305 f
– residuale 213
– spätastatische Anfälle 228
– Status epilepticus 215, 224, 236 f
– symptomatische 213
– – Hirntumoren 199
– Therapie 236 ff
– – akuter Anfall 236
– – nichtmedikamentöse 239 f
– zentrenzephale 214
Epilepsieverläufe 215
Epilepsy, common generalized 214
Epiloia 99
Episode, psychotische 306, 329, 331
Erbrechen 64 f, 67 ff, 71 f, 86 ff, 91, 127
Erinnerungslücken (s. auch Amnesie) 359
Erkrankungen, entzündliche, ZNS 182 ff
– Häufigkeit, BRD 213
– manisch-depressive 18
– zerebrovaskuläre 123 f
Ernährungsstörungen 88, 91
Erwachsene 341
Erwerbsfähigkeit, Minderung (MdE) 179, 375
– – Schädel-Hirn-Traumen 179
Erythroblastopenie, kongenitale 105
Erythroblastose 115
Erythrodermie 109
Erziehungsbeistandschaft 350, 374
Erziehungshilfe, freiwillige 374
Erziehungsmaßregel 350
Erziehungsverhalten 11
Ethosuximid 217 f, 220, 228, 239 f
Evans-Syndrom 120
Exomphalos-Makroglossie-Gigantismus-Syndrom 104
Exploration, gutachterliche 346
Expressivsprache 167

F

Fahrsche Krankheit 86
Falschaussage 366
Familiengericht 367
Familienrecht 341, 345, 367, 370
Fanconi-Anämie 104, 119
Fanconi-Schlesinger-Syndrom 88
Farbersche Krankheit 83
Farbkonstanz 264
Faziotelezephalopathie 94
FDA (Frankfurter Denkaufgaben) 50
FE s. Fürsorgeerziehung
Feeblemindedness 34
FEH s. Erziehungshilfe, freiwillige
Fehlentwicklung, neurotische 19
– seelische 357
Feinmotorik 4
Fernsehepilepsie 215
Fetopathien 56, 110 ff
Fibromatose, gingivale 65
Febroplasie, retrolentale 286
Fieber 6
– rheumatisches 151
Fieberhalluzinose 303
Fieberkrämpfe 216, 224, 230 f
Filterstörung, Schizophrenie 334
Flucht nach vorne 360
Fluidität 43 f
Folie à double forme 316
– circulaire 316
Forensische Kinder- und Jugendpsychiatrie s. Gerichtliche Kinder- und Jugendpsychiatrie
Formatio reticularis 307
Formkonstanz 6, 264
Fragerecht, Sachverständiger 345
Freiheitsstrafe 350
Fremdeln 11
Friedreich-Variante 100, 106 f
Frontalhirnsyndrom 165
Frostigs Entwicklungstest 264
Fructoseintoleranz, hereditäre 73
Frühepilepsie 171
Frühförderung, Intelligenzminderung 136
Fukosidose 75
Funktionen, kognitive, neuropsychologisches Modell 252
– vegetative 5
Funktionspsychose, reversible 303
Furosemid 236 f
Fürsorgeerziehung 350, 374

G

GABA-erge Neurone 333
Galaktosämie 55, 73, 145
Galaktosidasedefekt 75
Ganglioside 75 f, 232
Gangliosidose 80 f, 231
– Typ Batten (juvenile Form der amaurotischen Idiotie) 202
Ganser-Syndrom 254
Gedächtnis 6, 30 f, 162 f, 251
Gefäßerkrankung, zerebrale 305
Gelegenheitskrämpfe 212, 228
Genie-Irrsinn-Hypothese 134
Genitalien, Wachstum 18
Gerichtliche Kinder- und Jugendpsychiatrie 339 ff
Geschlechterunterschiede, Intelligenz 45
Geschlechtschromosomen, Aberrationen 57 ff
Geschlechtsreife, Entwicklung 14
Geschlechtsrolle 17
Geschwülste s. Hirntumoren
Gesichtsmißbildung 94
Gewalt, elterliche 367 f
g-Faktor 43 f
GFT (Göttinger Form-Reproduktions-Test) 264
Giant-platelet-Syndrom 119
Gicht 89, 203
GIFT (Group Inventory for Finding Creative Talent) 49
Gigantismus, zerebraler 110
Glasgower Komaskala 162
Glaubwürdigkeit 342, 346, 365 ff
Gliedmaßenapraxie 262
Globoidzellenleukodystrophie 80
Glutamat 67
Glutamin 67
γ-Glutamylcysteinsynthetasemangel 65
Glutathionsynthetasemangel 72
Glycin 69, 72
Goldenhar-Syndrom 107
Gonosomen, Aberrationen 54, 61 ff
Goodglass-Skala 169
Göttinger Form-Reproduktions-Test 264
Graefe-Sjögren-Hallgren-Syndrom 109
Grand-mal-Absence-Epilepsie 242
Grand-mal-Anfälle 215 ff, 225 f
Grand-mal-Serie 215
Grand-mal-Status 215
Groenblad-Strandberg-Syndrom 119

Größenkonstanz 6, 264
Großwuchs 110, 198
Group Inventory for Finding Creative Talent (GIFT) 49
Grundintelligenztest (CFT) 46
Gruppenkonformität 10
Guilfords Testbatterie 49
Gutachten, Erstellung (siehe auch Begutachtung) 343, **348 ff**
Guthrie-Test 70
Gynäkomastie 62

H

Haareausreißen (Trichotillomanie) 4
Hallermann-Streif-Syndrom 104
Hallervorden-Spatzsche Krankheit 100
Halluzination 163, 205, 207 f, 223, 301, 325 f, 330
Halluzinogene 307 f, 334
Halluzinose **301 ff**, 306, 330
Haltermüller-Wiedemann-Syndrom 97
Hämatom, intrakranielles 177
Hamburg-Wechsler-Intelligenztest für Kinder (HAWIK) 46
Hämolytisch-urämisches Syndrom 120
Hämophilusmeningitis 183
Hannover-Wechsler-Intelligenztest für das Vorschulalter (HAWIVA) 46
Hartnupsche Erkrankung 66
Hartung, progressive Myoklonuskörperchenepilepsie 232
Hauptverhandlung 345, 347, 349
Hautwiderstandsänderung, psychogalvanische 334
HAWIK (Hamburg-Wechsler-Intelligenztest für Kinder) 46
HAWIVA (Hannover-Wechsler-Intelligenztest für das Vorschulalter) 46
Hebephrenie 301, 322, 331
Heidelberger Intelligenztest (HIT) 46
– – Sondertest Kreativität 49
Heimaufnahme 137
Hellersche Demenz 41, 52, 97, 190, **285**, 307, 323 f, 332
Hemiatrophia cerebri 93
Hemi-Grand-mal-Anfälle 215
Hemiplegie 144, 146
Hemisphärektomie 134, 146, 166
Hemisphärenasymmetrie, funktionelle 176
Hemisphärenkonkurrenz 254
Heranwachsende 341, 353 ff, 362
Herdanfälle 214, 224
Herdzeichen (s. auch Hirnschädigung, Lokalisation) 165 ff, 242
Heredoataxie 98 ff
Heredopathia atactica polyneuritiformis 90
Heteritabilität, der Intelligenz 53
Heteroglykanose 74 ff
Hexosaminidase 76
High grade defect 34
Hippokampusläsion 334
Hirnatrophie 133
Hirndruck 306
Hirnfunktionsstörung 134, 141 ff, 162, 173, 248 f, 253
Hirnfunktionsstörung, Diagnostik 264
Hirnfunktionsstörung, Verhaltenskorrelate 149 ff
Hirnkontusion 162
Hirnläsion 134
Hirnnervenlähmung 177
Hirnödem 204
Hirnschädigung (s. auch Schädel-Hirn-Trauma) 58 ff, 95, 111, 113 f, 116 ff, 121 f, **141 ff**, 156, 161 ff, 171 f, 182, 253 f, 290, 293, 300, 324
– Art, psychiatrische Störung 144 f
– Autismus 282
– Diagnostik 155
– Epidemiologie 161
– Epilepsie 157
– frühkindliche 142 ff, 182, 324, 357, 359 f, 362
– Geschlechtsunterschiede 144
– hirnlokal bedingte Ausfälle 165 ff, 300
– Hyperaktivität 152
– hypermotorisches Syndrom 171
– Intelligenzminderung 37
– Leserückstand 146
– Lokalisation 144, 165 ff, 176
– MdE 376
– minimale zerebrale Dysfunktion 148 ff, 159 f
– passagere Verhaltenskorrelate 149 ff
– Prognose 157
– psychische Störungen 142 ff, 143, 172
– Schwere, psychiatrische Störung 145, 147
– Therapie 156 f, 173
– überdauernde Verhaltensabweichung 152 ff
– unilaterale, Sprachentwicklung 144
– Wesensänderung 171
– Zeitpunkt 144, 166, 174
Hirnsklerose, diffuse 202
– tuberöse 55, 99
Hirnstoffwechsel, schizophrene Psychosen 333
Hirnszintigraphie 232
Hirntumor **195 ff**, 232
– Chiasma 198
– Diagnose und Differentialdiagnose 199
– Epidemiologie 195
– Epiphyse 199
– Hemisphären 199
– histologische Klassifikation 196
– Hypophyse 198
– infratentorieller 195
– klinisches Bild 195 ff
– Kommissuren 199
– Mittellinie 197
– Pons 198
– psychische Störungen 195 ff, 305 f
– supratentorieller 198
– Therapie 200
Histidinämie 66, 202
Histiozytose 128
HIT (Heidelberger Intelligenztest) 46, 49
Hochbegabung 32, 136, 138
Hochwuchs 62
Holoprosenzephalie 94
Homokarnosinose 66
Homozystinurie 66, 69
Hören, dichotisches 254
Hörstörung 130
Hörstummheit (s. auch Aphasie) 166, 285
Hospitalismus **11**, 279, 285
Hurler-Dysmorphie 76, 78
Hutchinson-Zähne 113
Hydantoin 218, 239
Hydrocephalus communicans 97, 128
– occlusus 92 f, 129
Hydroxykynureninurie 67
Hydroxytryptophan 203
Hydrozephalus (s. auch Hydrocephalus) 56, 58, 92, 102, 111 ff, 123 f, *128 f*, 133, 145, 187, 195
Hyperaktivität 51, 115, 134, 142 f, 148, 152 f, 166, 182, 257, 310
Hyperakusis 80
Hyperaminoazidurie 69
Hyperammonämie 67, 72
Hyperexzitabilitätssyndrom 150
Hyperglyzinämie, nichtketotische 67, 69
Hyperglyzinämiesyndrom, ketotisches 72
Hyperkalzämie Fanconi-Schlesinger, chronische idiopathische 88
Hyperkinese 182
Hyperkinetisch s. Hyperaktivität
Hyperlysinämie 67, 68
Hyperparathyreoidismus 302
Hyperphagie 198
Hypertelorismus 58 ff, 98, 102 f, 107
Hyperthyreose 203, 302
Hypertrichose 85
Hypervalinämie 68
Hyperventilation 216 f
Hypoaktivität 166
Hypogenitalismus 62, 106, 108
Hypoglykämie 110, 121, 164
Hypogonadismus 61 f, 103
Hypoparathyreoidismus 87
Hypoplasie, Maxilla 58
Hypospadie 58
Hypothyreose **85**, 133, 203
Hypotonie 65, 82
Hypoxämie 332
Hypoxanthin-Guanin-Phosphoribosyltransferase 203
Hypoxie 164
– perinatale 56, 116 ff
Hysterie 322

I

I-cell-disease 76
ICD, International Classification of Diseases 22
Ich-Entwicklung 16

Ichthyosis congenita 105, 109
Identifikationslernen 7
Identitätsfindung 16
Idiotie, amaurotische 202
– spätinfantil amaurotische 232
Idiots-savants 32
Ikterus, kongenitaler 90
Illusionen, dysmetrope 223
Imipraminintoxikation 206
Imitationslernen 7
Impfkomplikationen, Begutachtung 192
Impression, basiläre 97
Impressionsfraktur 172, 177
Impulsiv-Petit-mal 219 f
Impulskontrolle, mangelnde 256
Inaktivitätssyndrom 162
Inappetenz 5
Incontinentia pigmenti 105
Indol 66
Infektion, enterovirale 151
– vor, nach Geburt, Intelligenzminderung 37
Infektionskrankheiten 303
– ZNS 56, 124 ff, **182 ff**, 302
– – Ätiologie 184, 190
– – Diagnose 189
– – Folgezustände 187
– – Klassifikation 183
– – neurologisches Defektsyndrom 187
– – Prognose 192
– – Psychopharmakatherapie 191
– – Verhaltensstörungen 187
– – Verlaufsuntersuchungen 190
Infektkrämpfe 230 f
Informationsaufnahme 251
Informationsverarbeitung 259
Inguinal- und Umbilikalhernie 60
Initialkrämpfe 230 f
Inkontinenz 5
Input-dysfunction 334
Intelligenz 30 ff, 40 f
– genetische Determinierung 53
– hohe, psychiatrische Morbidität 136
– Klassifikation 36
– Normvarianten, Übersicht 32
– Primärfaktoren 43
Intelligenzdiagnostik 40 ff
Intelligenzentwicklung 44, 53 ff
Intelligenzfaktoren 43 f
Intelligenzminderungen 29 ff
– Ätiologie 54 ff
– biologische Ursachen 37 f
– Chromosomenaberrationen 54, 57 ff
– chronische und passagere 50
– Deprivation 56
– Differentialdiagnose, Autismus 52
– – Schizophrenie 52
– Erbkrankheiten 55, 98 ff
– erworbene Erkrankungen, ZNS 55 f, 110 ff
– Fehlbildungen 55, 92 ff
– Förderung 41, 45
– infantile Zerebralparese 56, 110 ff, 129 ff
– Klassifikation 33, 36
– Lebenserwartung 40
– nach Hirnschädigungen 122, 149, 152 ff
– passagere 31, 50
– Prävention 132 f
– Prävalenz 39
– psychiatrische Morbidität 134
– psychologische Ursachen 38
– Schule 136 f
– Stoffwechselstörungen 55, 64 ff
– umweltbezogene Ursachen 38
Intelligenzquotient 33 ff
Intelligenzstruktur 44
Intelligenz-Struktur-Test (IST) 46
Intelligenztest, Körperbehinderung (ITK) 46
Intelligenztests 42 f, 46 ff
Intelligenzvarianten 29 ff, 136
Intervall, freies 309
Intoxikation 152, 156, **205 ff**
– Chemikalien 207 f
– Drogen 206 f
– Hirnfunktionsstörung 152
– Pharmaka 205 f
– psychische Auffälligkeiten 204
Intoxikationspsychose 300
Iriskolobom 58, 60
Irresein, manisch-depressives s. Affektpsychosen
Isle-of-Wight-Studie 143 ff, 153
Isoleucin 67
Isoniazid 206
Isovalerianazidämie 68
IST (Intelligenz-Struktur-Test) 46
ITK (Intelligenztest, Körperbehinderung) 46

J

Jackson-Anfall 220
Jackson-March 220
Jaktation 4
JGG, § 1 341
– § 3 **351 ff**
– § 5 350
– § 7 343, 362
– § 9 350
– § 10 350, **364**
– § 12 350
– § 13 350
– § 16 350
– § 17 350, **363 f**
– § 18 350
– § 19 350
– § 21 350
– § 24 350
– § 27 350, 363
– § 31 353
– § 34 342, 350
– § 38 350
– § 51 350
– § 73 342 f, 351
– § 105 **353 ff**
– § 106 354
Jugendarrest 350
Jugendgerichtsgesetz s. JGG
Jugendgerichtshilfe 350
Jugendgerichtsverfahren 362 f
Jugendhilfe 374
Jugendhilferecht 341
Jugendliche **341**, 354, 362, 364, 377
Jugendrichter 350
Jugendstrafe 350, 363
Jugendstrafrecht 347, 350 ff
Jugendwohlfahrtsgesetz s. JWG
Jungtäter 341
Jungtäterstrafrecht 340
JWG, § 55 374 f
– § 62 374
– § 64 374
– § 66 **374**
– § 69 374

K

Kannersches Syndrom 271, 278 ff
Kasabach-Merritt-Syndrom 120
Katarakt 58, 60, 69, 73, 90, 109, 113
Katatonie, posttraumatische 163
Katzenaugensyndrom 58
Kausalitätsvorstellung 7
Keratansulfat 75
Kernikterus 115 f
Kernspintomographie 231
Ketosteroide 61
Keuchhustenschutzimpfung 376
Kinder-Depressions-Inventar (CDI) 313
Kindeswohl 367 f, 371
Kinky-hair-Syndrom 88
Klassifikation, Kinder- und Jugendpsychiatrie 21 ff
– multiaxiale 23 ff
Klauenhände 77
Kleeblattschädelsyndrom 97
Kleinhirnagenesie 94
Kleinhirnhypoplasie 94
Kleinwuchs (s. auch Minderwuchs) 62, 70, 75, 78
Klinefelter-Syndrom (XXY-Syndrom) 62
Klinodaktylie 58 f, 61 f
Klippel-Feil-Syndrom 97
Koagulopathie 119 ff
Kolobom 58, 60
Koma 112 f, 126 f, 145, **162**
– prolongé 163
Komaskala 162
Kompetenz, soziale 40
Komplikationen, perinatale 149 f
Konfabulation 163, 302
Konflikte, intrapsychische 10
Konstanzphänomen 6
Kontamination u. Schädel-Hirn-Trauma 163
Kontusion s. Hirnkontusion
Kontusionspsychose 163
Konzentrationsstörung 153
Koordination, visuomotorische 4, 144
Koordinationsstörung, motorische 166
Kopfschmerzen 127, 174, 199
Kopfverletzungen, penetrierende 144
Kornealring 89

Körper-Koordinations-Test für Kinder (KTK) 263
Körpergröße, Wachstumsgeschwindigkeit 14
Körperschemastörung 262, 306
Korsakow-Psychose 302
Koshewnikow-Syndrom (Epilepsia partialis continua) 222
Krampf 64, 68 f, 72, 76, 80, 86, 89 f, 111 ff, 212 ff
Krampfanfälle (s. auch Epilepsie, s. auch Anfälle) 58 ff, 76, 84, 100, 126, 130
Krampfbereitschaft 212
Kraniopharyngeom 195, 198 f
Kraniostenose 97
Kreativität 33, 44, 49 ff
Kreativitätsdiagnostik 48 f
Kreislaufregulationsstörungen 228 f
Kristallisation 43 f
Kryptorchismus 108
KTK (Körper-Koordinations-Test für Kinder) 263
Kuru 125
Kurzzeitgedächtnis 6
Kwashiorkor 91
Kyphose 76

L

Labyrinthtest nach Portens 50
Lachen, Epilepsie 225
Lactatazidose, primäre kongenitale 71
Lafora-Körperchen 84
Langer-Giedion-Syndrom 106
Langzeitgedächtnis 6
Lateralisation 254, 264
Lateralitätsentwicklung (Handdominanz) 176
Laurence-Moon-Bardet-Biedl-Syndrom 106
Learning disability 248
– disorder 248
Lebenserwartung, Intelligenzminderung 40
Leberinsuffizienz 67
Legasthenie (s. auch Lese-Rechtschreib-Schwäche) 259
Leibgefühlsstörung, heteronome 326
Leigh-Syndrom 71, 84
Leistungsmotivation 10, 138
Leistungsschwächen, umschriebene 248, 254
Lennox-Gastaut-Syndrom 215, 219, 227, 242
Lentigines 98
Leopardsyndrom 98
Lernen 6 f, 30, 40, 146
– soziales 2
Lernfähigkeit 40
Lernstörungen, hirngeschädigte Kinder 146
Lesch-Nyhan-Syndrom 89, 203
Lesefertigkeiten, Geburtsgewicht 150
Leselernmethode, ganzheitliche 259
Lesen 169
Lese-Rechtschreib-Schwäche 147, 253, 257 f
– umschriebene 252
Lesetest 258
Leucin 67
Leukenzephalitis 190
– subakute, sklerosierende 302, 305
Leukenzephalopathie (PML), progressive, multifokale 126
Leukodystrophie, metachromatische 81, 202
– sudanophile 202
Leuzinose (Ahornsirupkrankheit) 64
Leydig-Zell-Hyperplasie 62
Limbisches System 224, 307, 333 f
Linkshänder 4
Linsenfleck 98
Lipidose 56, 202
Lipogranulomatose, disseminierte 83
Lippen-Kiefer-Gaumen-Spalte 58 ff
Lissenzephalie 94
Listeriose 113
Lithium 319
Logorrhoe 314
LOS-KF, Testbatterie f. geistig Behinderte 263
Louis-Barr-Syndrom 98
LSD-Psychose 206
Lues connata 113
Lügen 3, 11
Lupus erythematodes 120
Lupussyndrom 237
Lysin 67, 72
Lysinintoleranz 68

M

Makroglossie 60
Makrozephalie 80
Makulafleck, kirschroter 76, 80, 82
Mangelernährung 91, 152
Manie 310
Manisch-depressives Irresein s. Affektpsychosen
Mann-Zeichen-Test 170
Mannheimer Intelligenztest (MIT) 46
Mannosidose 76
MAO-Hemmer 319
Marasmus 91
Marburger Richtlinien 354
March of convulsion 220
Marfan-Syndrom 66, 119
Marinesco-Sjögren-Syndrom 106
Martin-Bell-Syndrom 63
MAS, Multiaxiales Klassifikationssystem 23 f
Masern 303
Masernenzephalitis 183
May-Hegglin-Anomalie 119
MBD (minimal brain damage) 142 ff
MCD s. Minimale zerebrale Dysfunktion, s. MBD
MDA (Mathematische Denkaufgaben) 50
MdE s. Minderung der Erwerbsfähigkeit
Meckel-Gruber-Syndrom 106
Medulloblastom 195 f, 198, 200
Megaenzephalie 95
Melancholie 311
Melanoleukodystrophie 82
Mengenbegriff 6
Meningitis 124, 187, 191, 305
– tuberculosa 183
Meningoenzephalitis 190
Meningokokkenmeningitis 183
Meningozele 96
Menkes-Syndrom 88
Merkfähigkeitsstörung 171
Meryzismus (Rumination) 5
Mesolimbisches System 308
Methsuximid 217, 225
Methylazetoazetaturie 68
Methylmalonazidämie 69, 72
Methyltransferase 331
Mikrenzephalie 95
Mikrognathie 60
Mikrokranie 95
Mikrophthalmie 59 f
Mikrozephalie 58, 61, 63, 70, 84, 94, 95, 101 ff, 187, 190, 239
Mikrozephalus 59, 115
Mild mental deficiency 34
– – retardation 37
Minderbegabung s. Intelligenzminderungen 30 ff
Minderung der Erwerbsfähigkeit 179 f, 373, 375 f
Minderwuchs 58 ff, 67, 70, 73, 75 ff, 86 f, 98, 103 ff, 111, 115, 199, 239
Minimal brain damage, MBD 142 ff
Minimale zerebrale Dysfunktion (s. auch Hirnschädigung frühkindliche 142 ff
Minnesota Test für kreatives Denken 49
Mißbildungen 58 ff
– Epilepsie 239
Modellernen 7, 9
Modellpsychose 308, 333
Moderate mental deficiency 34
– – retardation 37
Moebius-Syndrom 107 f
Monosomie 58
Morbus Abt-Letterer-Siwe 128
– Addision 87, 202, 302
– Bourneville 226
– Crigler-Najjar 115
– Gaucher 82, 202
– Glanzmann-Naegeli 119
– Greenfield 81
– Hand-Schüller-Christian 128
– Hunter A 78
– Hurler 76
– Hurler-Scheie 77
– Jansky-Bielschowsky 83
– Krabbe 80
– Landig 80
– Niemann-Pick 82
– Pelizaeus-Merzbacher 84
– Pfaundler-Hurler 77
– Recklinghausen 99
– Rendu-Osler 119
– Sandhoff 76, 81
– Sanfilippo 78
– Scheie 77
– Schilder 87, 125
– Scholz 81

– Spielmeyer-Sjögren 83
– Spielmeyer-Vogt 83
– Tay-Sachs 80 f
– Wilson 55, 89, 202, 302
Moschcowitz-Syndrom 122
MOT (Motoriktest) 263
Motiv, Täter 364
Motivation, Entwicklung 10
Motoriktest 263
Moyamoya-Syndrom 124
MTP (Mannheimer Test zur Erfassung des physikal.-techn. Problemlösens) 50
Müdigkeitssyndrom 162
Mukolipidose 76 f
Mukopolysaccharidose 77 f
Mukosulfatidose 79
Mukoviszidose 152
Multiaxiales Klassifikationssystem, MAS 23 ff
Mumps 303
Mumpsenzephalitis 183
Mumpsmeningitis, Aqäduktstenose 187
Muskelatrophie 63, 90
Muskeldystrophien, Häufigkeit, BRD 213
– kongenitale 106
Muskelhypertonie 70, 80, 86
Muskelhypotonie 60, 63, 65, 67, 69, 71, 76, 83 ff, 104, 108
Muskelrigidität 116
Musterepilepsie 215
Mutation, spontane 38
Mutismus 11
– akinetischer 163
Mutter-Kind-Beziehung, Schizophrenie 324
Myelomeningozelen 95
Myoklonien 81, 84, 126, 216 ff, 231
Myoklonusepilepsie, progressive 84
Myoklonuskörperchenepilepsie, progressive, Hartung 232
– – Unverricht 232
Myopathie 65
– mitochondriale 106
Myxödempsychose 203

N

Nabelkolik 5
Naevus flammeus 99, 104
Nagelhypoplasie 59
Nahsinne, Autismus 288
Neigungen, schädliche 350, 363, 377
Neologismus 168
Neugierverhalten 9 f
Neurofibromatose 99
Neuroleptika 333 ff
Neurolipidose 202
Neurose 148, 316, 328, 357
Neurotisierung, sekundäre, Autismus 275 f
Neurotransmitterstoffwechsel 308, 333
Nierenstoffwechsel, Störung 204
Nigrostriäres System 308
Noll Test of Scientific Thinking 49
Noonan-Syndrom 107
Normalisierung, forcierte, EEG bei Epilepsie 241
Normvorstellung Adoleszenz 18
Norrie's disease 108
Nucleus amygdalae 308

O

Obstipation, habituelle 5
Ödipuskomplex 9
Okkasionskrämpfe 212
Okulozerebrorenales Syndrom 69
Oligophrenie (s. auch Intelligenzminderungen) 29 ff, 285
– Differentialdiagnose, Demenz 52
Optikusatrophie, komplizierte, infantile 105
Oral-fazialdigitales Syndrom 107
Orbitalhirnsyndrom 165
Orientierung, sensorische 251
Orientierungsreaktion, psychogalvanische 334
Orientierungsstörung, räumliche 170, 263
Ornithinämie 67
Ornithintranscarbamylasedefekt 67
Orotsäure 67
Oseretzky-Skala 263
Osteomalazie 238
Osteomyelitis, aseptische 82
Österreich, gesetzliche Bestimmungen 377
Otopalatodigitales Syndrom 107
Overexclusion 333
Overinclusion 333 f
Overprotection 175
Oxyzephalus 97

P

Pachygyrie 96
Palmoplantarkeratose, hereditäre 105
Panenzephalitis, subakute, sklerosierende (SSPE) 126, 190, 232
Panmyelopathie, familiäre 104
Papezsche Schleife 334
Paracetamol 237
Paragraphie 168
Paraldehyd 237
Paralyse 302, 304
– progressive 113
Paraphasie 167 f
Parapraxie 170, 262
Parenchymnekrose 190
Parietallappen 169
Parkinson-Syndrom 164
Partialanfälle 214, 220 ff
PAS (Preconscious Activity Scale) 49
Pätau-Syndrom 60
Pavor nocturnus 5, 196 f, 199
Personality Measure of Creativity 49
Personensorge 371
Persönlichkeitsstörung, depressive 315
Persönlichkeitszerfall 322
Petit mal, atonischer 217
– – Impulsiv-Petit-mal 219
– – Propulsiv-Petit-mal 226
– – zentrenzephaler, akinetischer 219
Petit-mal-Status 239, 307
Pfeiffer-Syndrom 102
Pfropfpsychose 52
Phakomatose 55, 98 f
Phase 311, 314
Phasenfrequenz 320
Phenobarbital 218 ff, 236 ff
Phenothiazin 335
Phenylalaninhydroxylase 70
Phenylketonurie 31, 55 f, 70, 133, 145, 202, 282
– Häufigkeit, BRD 213
Phenytoin 222, 225, 227, 236 ff, 242
Photodermatose 73
Photoepilepsie 215
Photosensibilität 218, 235
Photostimulation 214 f
Physiognomisierung 327
Phytansäure 90
Pica 3, 5, 135
Pierre-Robin-Anomalie 108
Pille, empfängnisverhütende, antikonvulsive Therapie 237
Pipekolaturie 71
Plagiozephalus 97
Platybasie 97
Pneumokokkenmeningitis 183
Pockenschutzimpfung 349
Poland-Anomalie 108
Polioenzephalitis 190
Polydaktylie 60
Polymikrogyrie 96
Polymyoklonie, infantile 231
Polyphagie 200
Power-Test 43, 48
Prader-Labhardt-Willi-Syndrom 108, 302
Preconscious Activity Scale (PAS) 49
Primidon 218 ff, 222, 239
Prinzengesicht 57, 307
Problemlöseprozesse 33
Profound mental deficiency 34
– – retardation 37
Propionazidämie 72
Propulsiv-Petit-mal 226
Prosopagnosie 171
Proteinintoleranz, Lysinurische 67
Prüfsystem für Schul- und Bildungsberatung (PSB) 46
Prüfung optischer Differenzierungsleistungen nach Sauter 265
PSB (Prüfsystem für Schul- und Bildungsberatung) 46
Pseudoautismus 271, 288
Pseudobulbärparalyse 130
Pseudodebilität 31
Pseudodemenz 31
Pseudogliom mit Schwachsinn 108
Pseudo-Hurler-Polydystrophie 77
Pseudo-Hurler-Syndrom 80
Pseudohypoaldosteronismus 87
Pseudohypoparathyreoidismus 87
Pseudointelligenz 30, 51
Pseudoneurotische Schizophrenie 323
Pseudo-Pseudohypoparathyreoidismus 88
Pseudopubertas praecox 204

Pseudo-Turner-Syndrom 107
Pseudoxanthoma elasticum 119
Psycholinguistischer Entwicklungstest 255
Psychoneurological impairment 248
Psychopathie 273
– autistische 271 ff, 284
Psychopharmaka 336
Psychose 24, 134, 163, 190, 278, 284, 299 ff, **310 ff**, **322 ff**, 356 f
– affektive s. Affektpsychosen
– akute, toxische 206
– Alternativpsychose 241
– amorphe 331
– Definition 323
– desintegrative 52, 57
– drogeninduzierte 206
– endogene (s. auch Affektpsychose, s. auch Schizophrenie) 207, 310 ff, 322 ff
– exogene 163, 206 f, 300 ff, 303 ff, 306 f
– frühkindliche 190, 278
– infantile 279
– körperlich begründbare 300 ff
– maskierte, Carbamazepin 241
– postoperative 303 f
– pseudodefektive 323, 332
– pseudoneurotische 323, 332
– schizophrene 15, 18, 322 ff
– schizophreniforme 307
– symbiotische 284, 323 f, 332 f
– symptomatische 300
– traumatische 306
– zentralnervöse Erkrankung 304
– zyklothyme 302
Psychoses de la phase le latence 323
– precoces 323
Psychosyndrom, chronisches, hirnorganisches 301
– frühkindliches, exogenes 182, 357
– hirnlokales 165, 178
– hirnorganisches (s. auch Schädel-Hirn-Trauma, s. auch Hirnschädigung) 135, 165, 171, 178, 301, 303, 306
– organisches 182, 248, 253, 278
– – exogenes 182
– posttraumatisches, hirnorganisches 171
Psychotische Episode 306, 329, 331
Psychotomimetika 206, 307, 334
Pterygium colli 61
Pubertät 6, 13 ff, 284, 354, 358
Pubertätshypochondrie 15, 18
Pubertätskrise 15
Pupillenreaktion 334
Purinstoffwechsel 203
Purpura fulminans 120
Pyknolepsie 217
Pylorusstenose 152
Pyridoxinmangel 133
Pyroglutaminazidämie 72
Pyruvat 71

Q

Quecksilbervergiftung 208

R

Radermecker-Komplex 305
Raumbegriff, Entwicklung 6
Raumforderung, intrakranielle 233 f
Raumlagelabilität 263
Raumlagestabilität 6, 264
Rausch, pathologischer 359
Rauschdroge 359 f
Raven-Matrizen-Test (CPM) 46
Reaktionstyp, akuter, exogener 300, 304
Realitätskontrolle 328
Reasoning-Faktor, Intelligenz 33, 43
Rechenschwäche, umschriebene 252
Rechenstörung, spezifische 260 f
Rechentest 261
Rechtschreibtest 258
Rechts-Links-Störung 263
Rechtsohreffekt 254
Reflexepilepsie 216
Refsum-Krankheit 90
Rehabilitation 169, 375
Reife 351 ff
Reifezeit 369
Reifung, sexuelle 14
Reifungsstörung 361
Renpenning-Syndrom 63
Responder 334
Response-Interferenz 333
Retardation 34
Retardierung (s. auch Entwicklungsrückstand) 58 ff, 283, 307
Retardierungszeichen 174
Retinitis pigmentosa 90
Retinopathie pigmentosa 83
Reye-Syndrom 67
Rezeptivsprache 167
Rhesusunverträglichkeit 115, 132
Ringchromosomenbildung 59
Risikokinder 133
Rituale 5, 7
Rivotril 236
Rocky Mountain spotted Fever 112
Rolandi Fokus, benigne Epilepsie, Kindesalter 221
Rollendiskrepanz 17
Rollenfindung 9
Rostock-Oseretzky-Skala (ROS) 263
Rötelnembryopathie 113, 282 f, 286
Röteln-Panenzephalitis, progressive 126
Rötelnschutzimpfung 132
Rubeolen 190
Rubeolenembryopathie 145
Rubinstein-Taybi-Syndrom 108
Rud-Syndrom 109
Rumination (Meryzismus) 5
Rybakoff, Figuren 50

S

Saccharopinämie 72
Sachverständiger 343 ff
Salmonelleninfektion 303
Sauberkeitserziehung 5
Schadensersatzprozeß 373
Schädel-Hirn-Trauma (s. auch Hirnschädigung) 52 f, 122, 143 f, 151, 157, **161 ff**, 174, 232, 302
– Begutachtung 178 f
– Entwicklungsverzögerung 174
– Epidemiologie 161
– familiäre Situation 175
– Klassifikation 161
– Lokalisation, psychopatholog. Auffälligkeiten 165
– Prognose 176
– psychoreaktive Störungen 172
– psychosoziale Folgen 173
– Schule 174
– Schweregrad 162, 172, 174
– Therapie 177
Schaumzellen 80
Scheidungsrecht 368 f
Schichtzugehörigkeit, und perinatale Komplikationen 149
Schilddrüsenaplasie 85
Schilddrüsenektopie 85
Schilddrüsenhormone 238
Schilddrüsenhypoplasie 85
Schildersche Erkrankung 202
Schizenzephalie 96
Schizophrenie 52, 284, 315, **322 ff**, 331, 357 f
– Ätiologie 333 f
– Auslösefaktoren 331
– Definition 322 f
– Differentialdiagnose 332
– Ich-Reifung 324
– kindliche 271, 278 f, 284, 323 f, 330 ff
– late-onset-psychoses 323
– no-onset-type 323
– präpuberale 323
– Prodromalerscheinungen 328
– Prognose 330
– pseudoneurotische 323
– Risiko 334
– Symptomatologie 325
– Therapie 335 ff
– Verlaufsformen 329
Schlaf 5
Schlafstörungen 5, 197
Schnabelnase 106, 108 f
Schnüffeln 207
Schreibmotorik 4
Schub, psychotischer 330
Schuldfähigkeit 341, 355 ff, 377
Schulerfolg, Epilepsie 241
Schulleistungstest 48
Schulversagen, intellektuelle Behinderung 146
– Schädel-Hirn-Trauma 174
Schutzimpfung, Komplikationen 192
Schwachsinn (s. auch Intelligenzminderung) **29 ff**, 58 ff, 283, 356, 360 f, 376
Schwangerschaftsabbruch 132
Schwangerschaftsvorsorge 133
Schweigepflicht 346
Schweiz, gesetzliche Bestimmungen 376
Schwere der Schuld 363

SDA (simultane Doppelbild-Aufzeichnung) 214
Seckel-Syndrom 109
Sehstörungen 130
Selbständigkeit 10
Selbstwertgefühl 10, 146 f, 310
Septum pellucidum, Fehlbildungen 93
Severe mental deficiency 34
– – retardation 37
Sexualdelikt 350
Sexualentwicklung 14, 167
Sexualität, Kindesalter 9
Sialidose 76
Sicherungsverwahrung 354
Sigmatismus 4
Sjögren-Syndrom 109
Skaphozephalus 97
Skeletdysplasie, spondyleopiphysäre 75
Sklerose, tuberöse 282
Slow-Virus-Infektion 56, 125 f, 305
Smith-Lemli-Opitz-Syndrom 109
Snijders-Omen, nicht verbale Intelligenztestreihe, S.O.N. 46
Soft signs (weiche neurologische Zeichen) 154
Somatomedin 14
Somatometrie 42
Sonderbegabung 32
Sonderschule 137, 174, 241, 292
Sotos-Syndrom 110
Sozialgesetzbuch 374
Sozialgesetzgebung 341
Sozialverhalten, Entwicklung 10
Soziopathie 157
Spaltung 335
Spasmolytika 206
Spastik 76 ff, 116, 202
Spätentwickler 137
Spätepilepsie 171
Specific learning disability 248
Speed-Test 43, 48, 52
Sperre, emotionale 283
Spielen mit Feuer 12
Spike-wave-Muster 214, 218, 232
Spina bifida 59, 147, 156 f
Spinalparalyse, spastische 101, 109
SPM (Standard Progressive Matrices) 46
Spontanrede 272, 274
Sprache, innere 169
– naszierende 270
Sprachentwicklung 4, 8 f, 52, 135, 249
Sprachentwicklungsstörung 252, 254, 261, 272, 274 f, 285 f
Sprachfunktion 166
Sprachleistung, Prüfung 168
Sprachlernprogramm, Autismus 292
Sprachniveau 8
Sprachstörung 130, 167 f, 259, 326
– Diagnostik 168 f
Sprachverständnis, Prüfung 168
Sprachverständnisstörung 168
Sprechstörung 130, 259
Stammeln, physiologisches 4
– sensorisches 259
Stammhirnenzephalitis 304
Stammhirnsyndrom 166
Stammhirntumor 306
Standard Progressive Matrices (SPM) 46
Stanford-Binet-Intelligenztest 48
Status epilepticus 215, 224, 226
– Akutbehandlung 236 f
– psychomotoricus 305
Steatose, Leber 73
Steely-hair-Syndrom 88
Steinbrinck-Chediak-Higashi-Syndrom 119
Stereoelektroenzephalographie (SEEG) 214, 225
Stereotypie 4, 134, 171, 272, 324
Steroide 231
Steroidhormon 237
Steroidtherapie 227,236
Steuerungsfähigkeit 360
StGB, § 19 341
– § 20 352, **355 ff**, 362, 376 f
– § 21 352, **355 ff**, 362, 376 f
– § 51 355
– § 55 340
– § 56 351
– § 63 343, 357, 361, **362**
– § 64 343, **362**
– § 65 343, 362 f
– § 176 353
– § 182 353
– § 183 353
– § 217 352
– § 257 352
– § 267 352
– § 330 360, 362
Stigmata, degenerative 56
Stigmatisierung, degenerative 146
Stigmatisierung, soziale, bei Epilepsie 146
Stirnhirnsyndrom 177
Störungen, dyspraktische 261
– emotionale 51
– hyperkinetische, Intelligenzminderung 134
– krankhafte seelische 356 ff, 361
– neurotische, Intelligenzminderung 134
– visomotorische 263 f
Stoffwechselstörungen 55, 132, 152, 202 ff
– Aminosäuren 64 ff
– Elektrolyte 88 ff, 212
– genetisch bedingte 202
– Hormonhaushalt 79, 85 ff
– Intelligenzminderungen 37
– Kohlenhydrate 74 ff
– Lipide 88, 90
– Pigmente 88, 90
– Plasmaproteine 88 f
– psychische Auffälligkeiten 202 ff
– Purinstoffwechsel 88 f
– Sphingolipide 79 ff
– Vitaminhaushalt 88 f
Stottern, physiologisches 4
StPO, § 72 343
Strabismus 58, 62, 102, 104, 106, 108 f
Strafgesetzbuch s. StGB
Strafmündigkeit 340
Strafprozeßordnung s. StPO
Strafrecht 341
Streakgonade 61
Stupor, depressiver 314
Sturge-Weber-Syndrom 99
Subnormality 34
Subsidiaritätsprinzip 375
Succinimide 227
Suizid 314, 318, 320
Sulfitoxidasemangel 72
Sulthiam 225
Symbolverständnis 7
Symptomatik, dissoziale 12
Symptome, vegetative, bei Epilepsie 223
Syndrom, adrenogenitales (AGS) 204
– apallisches 162 ff
– ataktisches 187
– autistisches 269 ff
– depressives 18
– hyperkinetisches (s. auch Hyperaktivität) 142, 148, 171, 182
– hypermotorisches (s. auch Hyperaktivität) 171
– maniformes 311
– multiple Lentigines 98, 134
– paranoid-halluzinatorisches 307
– postenzephalitisches 182
– postmeningitisches 182
– psychotisches 134
– zerebrohepatorenales 110
Syndromtest 163
Synkinesien 154
Synkopen, Ursachen 229
System, limbisches 224
– nigrostriäres, mesolimbisches 308

T

Tabes dorsalis 113
Tagesschwankung 310, 315
Tantumvergiftung 206
Täterstrafrecht 340
TBGT (Testbatterie für geistig behinderte Kinder) 46
Teilfunktion 48
Teilleistung 48
Teilleistungsschwächen 31, 51, 130, 135 f, 182, **247 ff**, 288 f
– Ätiologie 253
– Behandlung 255 ff
– Definition 248
– Diagnostik 255 ff
– Epidemiologie 249
– hyperkinetisches Syndrom 250
– identifizierte 251
– interhemisphärische 251
– Klassifikation 250
– psychiatrische Auffälligkeiten 257
– Symptomatologie 255 ff
– Verlauf 255 ff
TEKO (Testbatterie zur Erfassung kognitiver Operationen) 50
Teleangiectatica hereditaria 119
Teleangiektasie 98

Temperament, Hirnschädigung 147
Temporallappenepilepsie 144, 224, 306
Temporallappengeschwulst 306
Temporallappensyndrom 288
Test zum divergenten Denken 49
– für „produktives Denken" 49
– psychometrischer, Hirnschädigung 155
– von Welch 49
Testbatterie, geistig behinderte Kinder (TBGT) 46
Testintelligenz 33
Testverfahren, neuropsychologische 255
Tetanie 87
Tetraäthylblei 207
Thalliumvergiftung 207
Thersites-Komplex 15
Theta-Rhythmisierung, abnorme 235
Thioridazin 335
Thrombasthenie 119
Thrombopathie 119 ff
Thrombozytopenie 119 ff
Thymoleptika 318 f
Thyphus abdominalis 303
Tic 4
Tiefenwahrnehmung 6
TKD (Test zum divergenten Denken) 49
Token-Test 168
Toleranzgrenzen 2
Torrance-Test für kreatives Denken 49
Toxoplasmose, konnatale 112
Transmethylierungshypothese 333
Trennungsangst 9
Trichorhinophalangeales Syndrom 109
Trichotillomanie (Haareausreißen) 4
Trifluoperazin 336
Trigonozephalie 97
Trimethadion 218, 239
Triplo-X-Syndrom 61
Trisomie (s. auch Down-Syndrom) 58 ff, 60
Trotz 9
Trugwahrnehmung 326
Tryptophan 66
Tryptophanurie 73
Tübinger-Luria-Christensen, neuropsychologische Untersuchungsreihe 254
Tubulusatrophie 62
Tubulussklerose 62
Tumoren (s. auch Hirntumoren) 127
Turner Syndrom 61, 238
Typus melancholicus 313
Tyrosinämie 73

U

Überempfindlichkeit, „psychopathische" 272
Überforderung 137
Überprotektion 156
Ulrich-Turner-Syndrom 61, 239
Uncinatus-fits 199
Unfall (s. auch Schädel-Hirn-Trauma) 161 ff, 373
– Persönlichkeit 176
Unfallrente 179 f
Unfallversicherung 178 f
Ungeschicklichkeit, motorische (s. auch Bewegungsstörung, s. auch Dysdiadochokinese) 262 f
Unmündige Person 377
Unrecht 351 f
Unreife 354
Unruhe, motorische 163
Unspecified mental retardation 37
Unterbringung 362 f
Unverricht, progressive Myoklonuskörperchenepilepsie 232
Unverricht-Lundborg 84
Unzinatusanfälle 224
Urämie 204

V

Valproat 217 ff, 225, ff, 237, 241 f
Varizellenenzephalitis 183
Vasopathie 119 ff
Ventrikulitis 190
Veränderungsängste 280 f
Verantwortlichkeit 351 ff, 372
Verbaler Kreativitätstest (VKT) 49
Verbrennungen 122
Verfahren, familienrechtliche 367, 370
Verfolgungssyndrom 373
Vergeltungspflicht, Erkenntnis einer 372
Vergiftungen 122 f, 302
– Intelligenzminderungen 37
Verhalten, dissoziales 4, 134 f, 257
– emotionales 8
– hypermotorisches 171
– regressives, Hirntumor 196
– sexuelles 9 f
Verhaltensauffälligkeiten, affektive Psychosen 310
– Autismus 274, 279 ff
– Epilepsie 241
– Hirnschädigung 142 ff, 153
– Hirntumor 116 ff
– Infektionskrankheiten ZNS 183 ff
– Intelligenzminderung 134 ff
– Schädel-Hirn-Trauma 165, 173 ff
– schizophrene Psychosen 328
– Stoffwechselstörungen 202 ff
– Teilleistungsschwächen 257
Verhaltensstörung (s. auch Verhaltensauffälligkeiten) 152, 275, 314, 376
– Altersstufen 3
Verhaltenstherapie, Autismus 291
Verkehr, persönlicher 369 f
Verkennung, illusionäre 6
Verlassenheitssyndrom 11
Versivanfall 221
Versorgungsrecht 375
Verstimmung, depressiv-dysphorische 315
Verwarnung 350
Vierfingerfurche 59 f, 94
Vigilanz 164, 250
Vineland Social Maturity Scale (VSMS) 41
Virilisierung 204
Virusenzephalitis, Ätiologie 186
Vitalsphäre, Störung 314
Vitamin-B6-abhängige Krämpfe 89
Vitaminmangelkrankheit 133
VKT (Verbaler Kreativitätstest) 49
Vogelkopfzwergwuchs 109
Vokalisationssystem 287
Volljährigkeit 13, 341
Vollrausch 360
Vormundschaftsgericht 367
Vormundschaftsrichter 350
Vorsorgeuntersuchung, Risikokinder 133, 136
Vortat 360
Vulnerabilität 146

W

Wachstumsgeschwindigkeit 14
Wachstumshormon 14
Wachstumsverzögerung (s. auch Minderwuchs) 60, 65, 77, 196
Wahn 301, 325 f
Wahngedanke 163
Wahnidee 310, 314, 330
Wahnsyndrom 325 f
Wahnwahrnehmung 326
Wahrnehmung 5, 251, 308
– soziale 11
Wahrnehmungsgeschwindigkeit 45
Wahrnehmungsstörung 264 f, 301
Wasserhaushalt, Störungen, Psychopathologie 204
Wasserspeiergesicht 77
Waterhouse-Friedrichsen-Syndrom 120
WBT (Wort-Bild-Test) 50
Wechsler-Intelligenz-Test für Kinder 155
Weisung 350
Welch, Test 49
Werkzeugstörung 32, 200, 248
Wernicke-Aphasie 167
Wertvorstellung 10
Wesensänderung, epileptische 243, 315
– postenzephalitische 182, 189
– postpsychotische 329
– posttraumatische 171, 178
West-Syndrom 226
White spot 99
Wiedemann-Beckwith-Syndrom 104
Willebrand-Jürgens-Syndrom 119
Willensbildung 351
Willensfreiheit 356
Williams-Beuren-Syndrom 110
Wilsonsche Erkrankung (hepatozerebrale Degeneration) 55, 89, 203, 302
Wiskott-Aldrich-Syndrom 119
Wolf-Syndrom 58
Wortfindungsstörung 167
Wortschatz, Entwicklung 8
Würfelabwicklungen 50

X

X-chromosomal mentale Retardierung 63
Xanthomatose, zerebrotendinöse 90
Xeroderma pigmentosum 103
XO-Syndrom (Ulrich-Turner-Syndrom) 61
XXXX-Syndrom 61
XXXXX-Syndrom 61
XXXXY-Syndrom 62
XXXY-Syndrom 62
XXY-Syndrom (Klinefelter-Syndrom) 62
XXYY-Syndrom 62
XYY-Syndrom 62

Z

Zahlbegriff, Entwicklung 6
Zehengang 281
Zeichen, weiche, neurologische (soft signs) 149, **154**
Zeichenmotorik 4
Zeichenstörung 263
Zeitbegriff, Entwicklung 6
Zellweger-Syndrom 110
Zephalozele 96
Zerebellitis 187
Zerebralparese 146 f
– infantile 56, 110 ff, 122, **129 ff**, 203
– psychiatrische Störungen 143
Zeroidlipofuszinose, neuronale 83
Zeugenaussage 365 ff
Zeugentüchtigkeit 342
Zeugnisverweigerungsrecht 346 f
Zinsser-Cole-Engmann-Syndrom 104
Zitrullinämie 67
Zivilrecht 341
Zönästhesie 326
Zuchtmittel 350
Zwangsneurose 10, 322
Zwangssymptome 326, 331
Zwangssyndrom 166
Zwergwuchs 95, 103
Zwischenhirntumor 306
Zygodaktylie 60
Zyklop 60
Zyklothymie 310 ff
Zysten 234
Zytomegalie 112, 190